图书在版编目(CIP)数据

北京海淀年鉴.2014/《北京海淀年鉴》编纂委员会编.—北京：方志出版社，2014.12
ISBN 978-7-5144-1534-6

Ⅰ.①北… Ⅱ.①北… Ⅲ.①海淀区－2014－年鉴
Ⅳ.①Z521.3

中国版本图书馆CIP数据核字(2014)第311567号

北京海淀年鉴（2014）

编　　者：《北京海淀年鉴》编纂委员会
责任编辑：王笃银

出 版 人：冀祥德
出 版 者：方志出版社
地址　北京市朝阳区潘家园东里9号（国家方志馆4层）
邮编　100021
网址　http://www.fzph.org
发　　行：方志出版社发行中心
电话（010）67110500
经　　销：各地新华书店
印　　刷：廊坊飞腾印刷包装有限公司

开　　本：889×1194　　1/16
印　　张：39.12
字　　数：1413千字
版　　次：2014年12月第1版　2014年12月第1次印刷
印　　数：0001～1500册

ISBN 978-7-5144-1534-6/K·1256　　定价：220.00元

《北京海淀年鉴（2014）》编纂委员会

顾　问：隋振江　　关成启　　彭兴业

主　任：孙文锴

副主任：李彦来　　穆　鹏

《北京海淀年鉴（2014）》编辑部

主　　　编：李彦来　　穆　鹏

执 行 主 编：李　强

常务副主编：钟　冷

副　主　编：胥天寿　　李恺彦　　王宋文

编　　　辑：（以姓氏笔画为序）

田　颖　　刘江英　　李　苗

李相伟　　陈　斌　　周　勇

戴金胜

目 录 翻 译：郭　浩

主要撰稿人

（以姓氏笔画为序）

丁　夕	丁　尧	丁　旭	于佩丽	于清昌	于　淼	马　达	马　岚	马学兵
马薇冬	尹玲利	毛重渝	王小民	王东旭	王　华	王　帆	王芳云	王京红
王卓然	王承娟	王　奕	王　洋	王洪娟	王　玲	王茹萍	王荣梅	王　倩
王海广	王　珧	王彩虹	王　敏	王　瑛	王　锐	王新欣	王　溪	邓雪萍
韦培平	丛　颖	代　韧	冯小泉	史建伟	叶亮清	田　力	田列朋	田　颖
白　帆	白　静	石　军	石　峰	石　悦	石　鑫	乔东升	乔　捷	任克红
任婉君	任嵩迪	关　欣	刘中发	刘丹丹	刘凤山	刘双阳	刘　冉	刘伟杰
刘　旭	刘京飞	刘松雪	刘绍鹏	刘春华	刘　洋	刘　洪	刘珊珊	刘蓓蓓
刘　鹏	刘　慧	刘　繁	刘　鑫	危宏晓	向　华	孙　旭	孙学刚	孙　骁
孙腾飞	孙静燕	孙燕艳	曲少枫	许　亮	邢晓蕊	闫　强	齐国元	何文辉
何春媚	何慧敏	余　浚	吴向荣	吴宜秋	吴保军	吴博超	宋玉成	宋亚甫
张文博	张　伟	张　帆	张丽伟	张秀峰	张怡歌	张金晓	张彦臣	张晓静
张海翔	张润生	张　敏	张　梅	张雪松	张雪薇	张　瑶	张鹤腾	张　蕾
李　飞	李丹阳	李东霞	李冬妮	李生勇	李　冰	李　纯	李　苗	李春玲
李　洋	李素琴	李堃伟	李　婧	李晨祺	李　雪	李晶晶	李　淼	李　萱
李燕炜	杨　帆	杨　阳	杨炎辉	杨　亮	杨晓芳	杨晓美	杨　靓	沈成保
肖征详	肖　洁	苏　欢	邹立宏	邹俊华	陈子权	陈天昊	陈天鹏	陈以民
陈玉玉	陈育红	陈　捷	陈　萍	陈　魁	陈　霖	周　月	周志强	周南南
周翊兰	国雪丽	孟凡杰	孟　欣	屈连春	房　洁	罗　军	罗　勇	罗　茜
罗　莎	郑　珊	姜　阳	姜英鎏	姜　哲	段　蕾	洪　烨	省　南	祝岁平
胡少诚	胡文欣	胡俊华	赵　琴	赵灵娟	赵佳蔷	赵国春	赵　欣	赵振营
赵德慧	赵　燕	郝广志	郝建秀	钟占蓉	钟玉谦	骆建国	唐志安	唐　卓
唐晓东	姬胜利	徐　云	徐志媛	徐　意	秦　奇	秦　笠	袁　玲	贾　俊
贾　然	郭安安	郭　欣	郭　英	郭胜清	郭晋越	高　飞	高五一	高传辉
高　洁	高炳波	高　斌	高　蕾	崔清山	常玉舟	常欣欣	梁文钧	梁宏业
梁　娜	梁洪江	盖凌雁	黄创新	黄苗苗	彭秋艳	曾　天	曾　军	温力宏
焦　阳	焦园媛	程建华	程　霈	董军梅	董　健	蒋　薇	韩慧新	廉　斯
解利艳	雷　磊	缪　伟	翟俊宏	蔡　民	蔡　莹	樊文辉	穆　笛	魏明昭

海淀区行政区划图

图例

符号	说明	符号	说明
★	区人民政府驻地		高速公路、城市快速路
	街道办事处驻地		城市主干路
	地区办事处驻地		城市次干路
	镇人民政府驻地		城市支路
	区界交会点		城市次支路
	区县界		政府机构
	街道（地区）办事处、镇界		社区服务中心
	河流、湖泊、泉、闸桥		学校
	渠道、鱼塘		古迹
	车站 铁路		绿地
	西土城 运营地铁		等高线、山峰

北京市海淀区民政局　北京市测绘设计研究院　2011年11月联合编制

编 辑 说 明

1.《北京海淀年鉴》是一部年度资料性文献。在中共海淀区委、海淀区人民政府领导下，由《北京海淀年鉴》编纂委员会及其编辑部组织编纂，版权属《北京海淀年鉴》编纂委员会及其编辑部。编辑部设在海淀区党史地方志办公室。

2.《北京海淀年鉴》从2002年开始，逐年编纂。本卷为第13卷，全面记述海淀区2013年经济和社会发展各方面的基本情况和重大事件，记述时限为2013年1月1日至2013年12月31日（部分内容根据实际情况，时限略有前后延伸）。凡在文中直书月、日的，均指2013年内的日期，文中“本年”“年内”一律指2013年。书中涉及其他年份的时间均标明年份。

3.本卷设党和国家领导人在海淀、特载、规范性文件选载、区情概述、大事记、中国共产党海淀区委员会、海淀区人民代表大会、海淀区人民政府、中国人民政治协商会议北京市海淀区委员会、民主党派•工商联、群众团体、法治•武装、中关村国家自主创新示范区核心区、综合经济管理、农业•水务•气象、商业服务业•对外经济贸易、旅游、城乡建设、城市管理与服务、文化、教育、科技•卫生•体育、社会民生、社会建设、街•镇、人物、统计资料（选编）、附录28个类目。类目下设分目，部分分目下设次分目，类目或分目之下为条目。

4.本年鉴体裁以文章、条目为主，有少量表格、名录等。用记述文体，直陈其事。

5.烈士按批准时间收录；先进人物一般是按表彰年度（2013年度）收录，不按年度表彰或实际表彰时间较晚、未能收录该年度年鉴的，则按实际表彰时间收录相应年度年鉴。党政机关、民主党派、群众团体、事业单位负责人名录以2013年在职为限，此前任免未记的，本年补记。

6.本年鉴配有双重检索系统：书前刊有详细目录，书后备有索引。

7.统计资料由海淀区统计局提供，业务部门的统计数字由各相关部门提供，个别数字与统计资料不一致的，以统计资料为准。某些对应指标数据在上年卷刊出后做了调整的，一般不予说明，以本年卷刊出的为准。

8.本年鉴出有电子版（光盘），主要内容在海淀区史志办电子资料库（hdszb.bjhd.gov.cn）推出。

《北京海淀年鉴》编辑部

地址：北京市海淀区长春桥路17号海淀区政府办公楼

电话：010－82510073　82510776

邮编：100089

网址：hdszb.bjhd.gov.cn

2014年12月

数字海淀

辖区面积：430.77平方千米

年末户籍人口：235.3万人

年末常住人口：357.6万人

地区生产总值：3835.2亿元

地区生产总值同比增速：9.1%

地区生产总值占北京市的比重：19.7%

第一产业：2.1亿元

第二产业：505.6亿元

第三产业：3327.5亿元

人均地区生产总值：17051.4美元

规模以上工业企业总产值（现价）：1708.3亿元

农村经济总收入：235.3亿元

农村经济纯收入：54.6亿元

区域财政收入：1867.36亿元

区级财政收入：336.19亿元

全社会固定资产投资总额：775.1亿元

社会消费品零售额（产业在地）：1614.0亿元

海关进出口总额：401.4亿美元

实际利用外资额：16.0亿美元

房屋施工面积：1020.2万平方米

房屋竣工面积：191.9万平方米

商品房销售面积：77.4万平方米

私人汽车：848188辆

旅游业营业收入：443.3亿元

地方财政支出中科学技术支出的占比：3.0%

地方财政支出中教育支出的占比：14.0%

专利授权数：21372件

技术合同成交金额：1248.5亿元

高考本科录取率：76.1%

幼儿园数：153所

中小学学校数：211所

中等职业学校数：13所

区域内高等院校数（含分部）：38所

国有科研院所数：142个

每千人拥有医院床位数：3.0张

农村社会养老保险覆盖率：99.2%

地区总用水量：32404万立方米

银行人民币存款余额：19595.8亿元

银行人民币贷款余额：5418.0亿元

城乡居民储蓄存款余额：4690.9亿元

城镇居民人均可支配收入：45952.7元

农村居民人均纯收入：24673元

人均绿地面积：47.3平方米

海淀园总收入：12533.58亿元

海淀园区企业数：9051家

海淀园上缴税费总额：490.31亿元

三山五园（刘培恩 摄）

数字海淀

地方财政收支及增速（亿元、%）
Local Financial Revenue and Expenditure (100 million yuan,%)

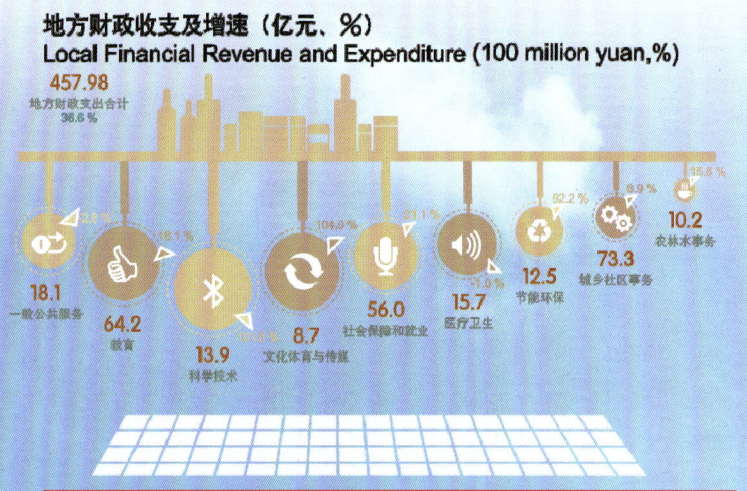

财政收入
（亿元）
336.19

海淀区分行业增加值构成图（亿元、%）
Distinguish Between Haidian Industry Added Value Proportion Chart (100 million yuan,%)

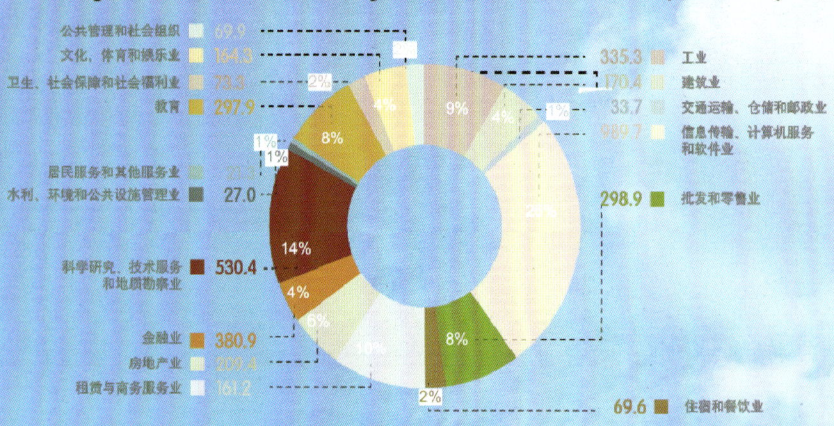

城镇居民家庭人均现金收入构成（元、%）
Cash Income Per Capita of Urban Households (yuan,%)

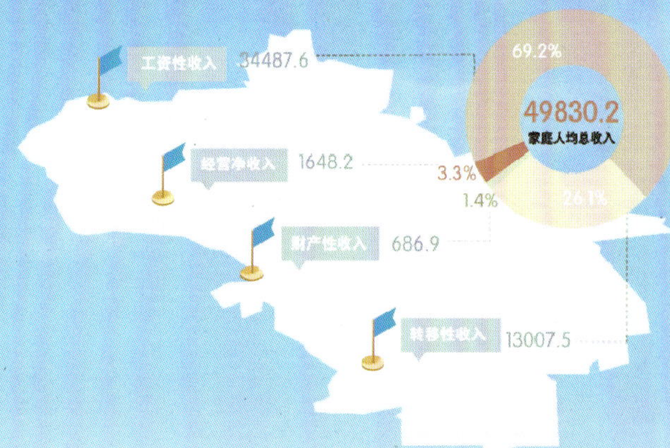

城镇居民家庭每百户主要耐用消费品拥有量
Annual Possession of Durable Consumer Goods Per 100 Households of Urban Households

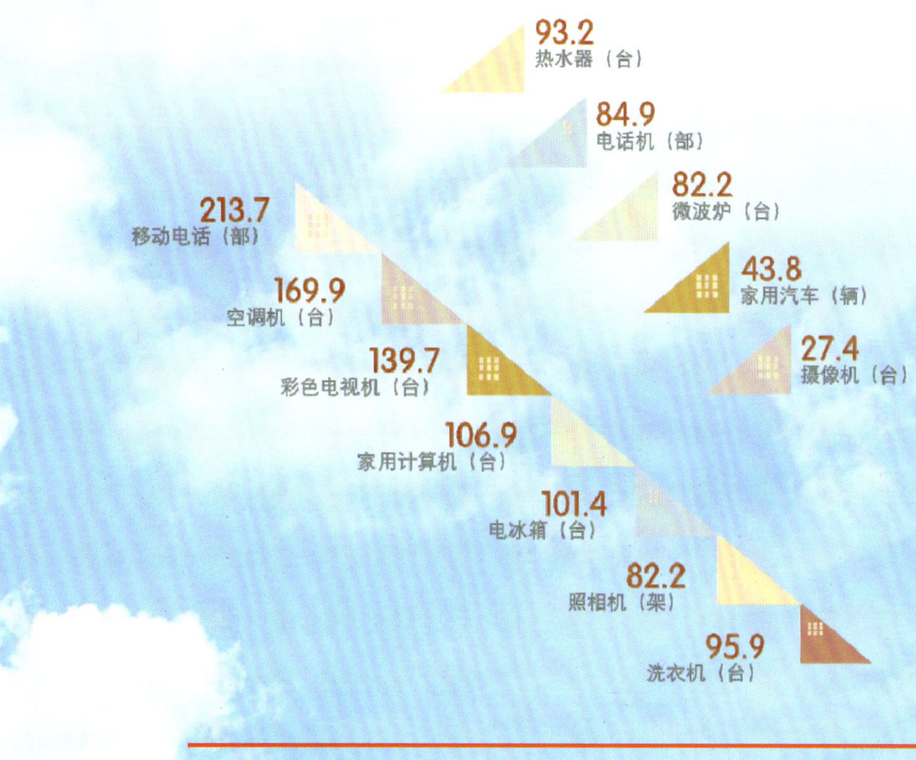

环境治理能力
Environment Management

5月11日，市委书记郭金龙（前右一）到地区检查防汛准备工作（田峰 摄）

3月21日，市长王安顺（前右一）到东升镇双泉堡、清河村、东升科技园调研城乡一体化发展情况（田峰 摄）

12月3日，市人大常委会主任杜德印（左二）到地区基层联系点北太平庄街道志强北园社区调研（北太平庄街道 供图）

“5·12”防灾减灾日，区委书记隋振江（中）参观“纪念汶川地震5周年海淀区防震减灾成果展”（李瑞林 摄）

12月18日，区长孙文锴（左二）为2013年度“感动海淀”十大文明人物颁奖（李瑞林 摄）

4月9日，区人大常委会主任关成启（前中）视察花园路街道社区普法工作（花园路街道 刘力文 摄）

6月17日，区政协主席彭兴业（右二）到万寿路街道走访慰问（万寿路街道 供图）

《3月18日，三星中国公司与中国社会科学院签订战略合作协议，成立“中国企业社会责任研究基地”（李瑞林 摄）

》7月29日，海淀区创业投资引导基金第三批合作机构签约暨“中国创业投资示范基地”授牌（李瑞林 摄）

《11月27日，中关村核心区生物工程和新医药产业联盟成立（田峰 摄）

》12月1日，由海淀区人民政府、中国股权投资基金协会、北京市金融工作局、北京股权投资基金协会联合主办的第五届全球PE北京论坛在北京香格里拉饭店召开（田峰摄）

《12月13日，中关村互联网金融产业园一期开园（李瑞林摄）

》建设中的大工村循环经济产业园（李瑞林摄）

城乡建设

3月下旬，位于地铁4号线终点龙背村车辆段的北京华联商厦肖家河店试营业（李瑞林 摄）

5月，海淀区平原造林工程基本完成，工程实施范围涉及6个镇、17个行政村，共完成造林面积约266.67公顷（区建委 供图）

5月8日，颐和园周边违建拆除（李瑞林 摄）

6月26日，八家嘉苑小区第一批回迁住户入住（区城乡一体办 供图）

9月，位于北京林业大学内的生态环保产业技术研究院竣工（区建委 供图）

11月18日，香山四王府等东部地区旧村改造工作展示（李瑞林 摄）

12月，八家南北线（安宁庄东路南延）竣工（区建委 供图）

学院路街道志新小区改造（李瑞林 摄）

《 3月8日，海淀区召开2013年创建全国文明城区工作会暨海淀区精神文明建设委员会第二十一次全体会议（李瑞林 摄）

》 3月19日，中关村西区工商所上门办理年检（田峰 摄）

《 5月10日，海淀区第七届政府特约监察员聘任大会召开（李瑞林 摄）

》5月21日，举办“建设美丽海淀 助力核心区发展”主题宣传实践活动启动仪式暨海淀区“我的梦•中国梦”百姓宣讲首场报告会（区委宣传部 供图）

《7月2日，市委第三巡视组反馈对海淀区的巡视工作情况（田峰 摄）

》10月28日，海淀区举办行政执法人员公共法律知识培训（区法制办 供图）

2月28日，海淀区文化创意产业合作交流会在中关村国家自主创新示范区展示中心召开（李瑞林 摄）

3月26日—29日，西苑学区举办第十五届“苑鹰杯”春季田径运动会（李瑞林 摄）

5月11日，2013年中关村国家自主创新示范区核心区体育健身系列活动中的趣味游园、拔河比赛在圆明园遗址公园举行（区体育局 冯小明 摄）

7月5日，“三山五园”文化全球巡展《圆明园》特展在台北国父纪念馆开幕。图为观众在雍正剧场观看雍正建园的清史故事（区文促中心供图）

7月23日—9月10日，中关村科教旅游节举行。图为北航博物馆的讲解员为学生讲解航空知识（区旅游委 供图）

8月15日，“曹雪芹小道”旅游标识系统发布并举办红楼梦化妆游园会（区文促中心 供图）

9月26日—10月27日，大黄鸭亮相颐和园昆明湖（颐和园 金伟 摄）

10月17日，正在进行修缮的大慧寺（区博物馆 姜英鋆 摄）

3月28日，彩和坊小学编写的国学校本教材《经典与练笔》首发（李瑞林 摄）

3月29日，海淀培智中心学校举办古诗词诵读书写活动（区教委 供图）

4月4日—6日，海淀公园儿童乐园举办“宝宝来赶集”公益活动（田峰 摄）

4月28日，联合国教科文组织专家组在中关村学院参观（区教委 供图）

5月至6月，北师大实验小学举办首届“童悦杯”啦啦操比赛（区教委 供图）

11月23日，八一中学银帆京剧团参加市教委主办的第四届“国戏杯”学生戏曲大赛获得一等奖。图为《孔子拜项橐》剧照（区教委 供图）

11月28日—12月1日，北京理工大学附中学生参加第七届亚洲机器人锦标赛，李紫嵩获得人型机器人冠军（区教委 供图）

医疗卫生

3月4日，区妇幼保健院到行知打工子弟小学开展义诊活动（李瑞林 摄）

5月，中国中医科学院西苑医院整体改扩建工程二期完工，新门诊医技楼试运行（李瑞林 摄）

5月8日，区疾控中心启动"防病知识进社区"宣传活动（田峰 摄）

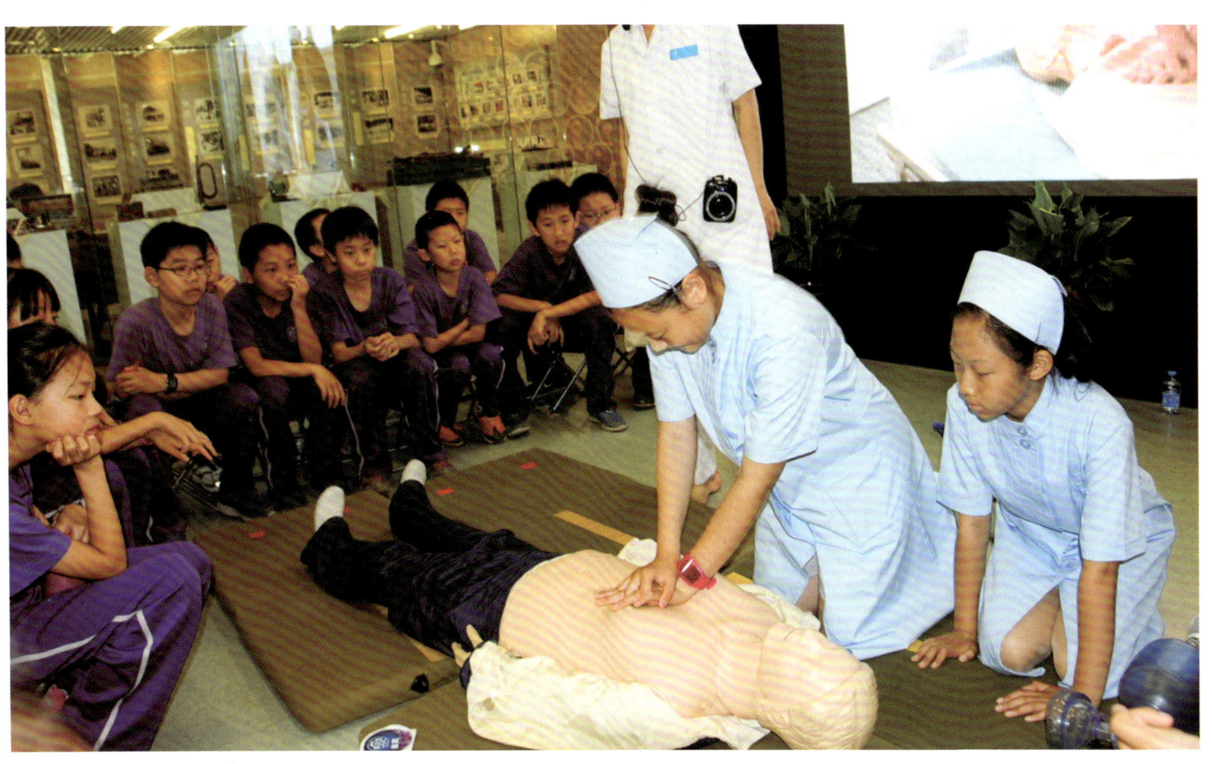

5月31日，海淀医院儿科医务人员走进清华附小，举办"水木童心"健康体验大课堂活动（李瑞林 摄）

《9月6日，创建全国卫生应急综合示范区国家验收专家组对海淀区进行全面验收（区卫生局 任晓峰 摄）

《12月29日，“北京市海淀区清河医院开业暨海淀区卫生局、区公共委—北京大学人民医院医疗卫生服务共同体启动仪式”在海淀区昌平路南段36号新院举行（区公共委 供图）

目 录

党和国家领导人在海淀

特 载

规范性文件选载

区情概述

大事记

中国共产党海淀区委员会

老干部工作

党校（行政学院）

精神文明建设

创建全国文明城区

党史研究

海淀区人民代表大会

综述

依法审议决定重大事项

重要会议

海淀区人民政府

中国人民政治协商会议 北京市海淀区委员会

民主党派·工商联

中国民主建国会北京市海淀区委员会

中国民主促进会北京市海淀区委员会

中国农工民主党北京市海淀区委员会

中国致公党北京市海淀区委员会

九三学社北京市海淀区委员会

台湾民主自治同盟北京市海淀区工作委员会

北京市海淀区工商业联合会

群众团体

海淀区总工会

中国共产主义青年团北京市海淀区委员会

海淀区妇女联合会

园区投融资

中关村西区

园区党建和精神文明建设

综合经济管理

经济社会发展与经济调控

金融服务管理

商业服务业·对外经济贸易

旅　游

城乡建设

城市管理与服务

文　化

教　育

科技·卫生·体育

科技

卫生·红十字会

卫生

社会建设

街·镇

人　物

统计资料（选编）

附　录

索　引

Contents

People's Government of Haidian District

Beijing Haidian District People's Political Consultative Conference

Democratic Parties and Federations of Industry and Commerce

People's Societies

Rule of Law•Armed of Forces

Core zone of Zhongguancun National Innovation Demonstration Zone （Zhongguancun Science Park）

Comprehensive Administration of Economy

Agriculture · Water · Meteorology

Commercial Service Industry ·External Economy and Trade

Tourism

Urban and Rural Development

City Administration and Service

Culture

Education

Science and Technology · Health · Sports

Society and People's Livelihood

Social Development

Sub-Districts and Townships

People

Statistics (Selected)

Appendix

Index

党和国家领导人在海淀

刘云山看望清华大学教授吴良镛

1月30日上午，春节前夕，中共中央政治局常委、中央书记处书记刘云山，来到著名的清华大学建筑学院教授、中国科学院院士、中国工程院院士、国家最高科技奖获得者吴良镛家中，代表习近平总书记和党中央看望吴良镛院士，向他致以诚挚问候和新春祝福。

刘云山关切地询问吴良镛的身体、生活和工作情况，对他长期以来在建筑学教学、科研、实践方面做出的卓越成就深表敬意。吴良镛介绍了他从事中国人居史科学研究的情况，还就推进我国城镇化提出要重视建筑领军人才培养，城市总建筑师、总规划师、总设计师队伍建设和城市管理者素养提升等建议。

吴良镛对党中央的亲切关心表示感谢，对习近平总书记提出实现中华民族伟大复兴"中国梦"高度赞同，对新一届中央领导集体的务实作风高度评价。刘云山说，实现"中国梦"是中华儿女的美好夙愿，是广大知识分子的理想追求，离不开科技的驱动，离不开教育的支撑，离不开知识的力量。吴良镛等老一辈科学家胸怀理想、淡泊名利，献身科技事业，投身国家建设，以不懈奋斗精神和卓越科技成就实现了自己的报国之志。广大科技工作者都应该像他们那样弘扬科学精神，志存高远、脚踏实地、潜心钻研，为全面建成小康社会、实现伟大"中国梦"贡献智慧和力量。各级党委和政府要认真贯彻党的知识分子政策，尊重劳动、尊重知识、尊重人才、尊重创造，为科技工作者成长进步、施展才华创造良好条件，把各方面优秀人才集聚到党和国家事业中来。

中共中央政治局委员、中央书记处书记、中央组织部部长赵乐际陪同看望。中央组织部、教育部、国家自然科学基金委员会、清华大学有关负责人参加看望活动。

张高丽到中关村国家自主创新示范区调研

3月28日下午，中共中央政治局常委、国务院副总理张高丽到中关村国家自主创新示范区调研。29日上午，在北京召开企业家座谈会。在位于中关村国家自主创新示范区核心区的曙光信息产业（北京）有限公司、百度在线网络技术（北京）有限公司、联想集团有限公司、科兴控股生物技术有限公司等企业了解生产经营情况，与企业家、科技人员深入交流。参观中关村国家自主创新示范区展示中心的"中关村二十年历程"展、集成电路展区、卫星应用展区、生物医药展区及未来制造业展区。张高丽指出，中关村国家自主创新示范区，对首都经济发展和科技进步发挥了重要作用，也为全国提供了很好的示范。实施创新驱动发展战略，是中央在改革发展关键时期做出的重大决策，是促进结构优化、节能环保、生态建设和国民健康的重要支撑。实施好这一战略，要充分发挥企业的主体作用，大力增强创新能力，大力发展战略性新兴产业，大力支持科技型企业发展，要认真研究公平竞争规则，完善鼓励企业创新的财税、金融政策，激发各类企业和人才创新创造创业的积极性和主动性。中共中央政治局委员、北京市委书记郭金龙，中央有关部委、北京市等相关负责人陪同考察。

习近平给北京大学学生回信

5月2日，习近平总书记给北京大学考古文博学院2009级本科团支部全体同学回信。全文如下。

北京大学考古文博学院2009级本科团支部全体同学：

来信收悉。得知你们近一年来不仅校园学习取得新的进步，而且在野外考古实习中很有收获，甚为欣慰。从字里行间，我感受到了你们立志为实现中华民族伟大复兴的中国梦而奋斗的决心和信心。你们在信中写到，中国梦让你们感受到了一份同心奋进的深沉力量，让你们更加懂得了当代青年所肩负的历史责任。说得很好。中国梦是国家的梦、民族的梦，也是包括广大青年在内的每个中国人的梦。“得其大者可以兼其小。”只有把人生理想融入国家和民族的事业中，才能最终成就一番事业。希望你们珍惜韶华、奋发有为，勇做走在时代前面的奋进者、开拓者、奉献者，努力使自己成为祖国建设的有用之才、栋梁之材，为实现中国梦奉献智慧和力量。五四青年节即将来临，我向你们致以节日的问候。

2012年6月19日，习近平到北京大学调研高校党建工作时，看望了考古文博学院2009级学生。2013年五四青年节前夕，学生团支部全体同学于4月28日给总书记写信，向总书记汇报了他们近一年来的学习、生活、思想情况。习近平收到北京大学党委转交的这封信后随即回信。

习近平到中国空间技术研究院
参加“实现中国梦，青春勇担当”主题团日活动

5月4日，五四青年节到来之际，中共中央总书记、国家主席、中央军委主席习近平来到中国航天科技集团公司中国空间技术研究院，参加“实现中国梦、青春勇担当”主题团日活动，同各界优秀青年代表座谈并发表重要讲话，代表党中央向全国广大青年致以节日问候。

习近平来到中国空间技术研究院展厅，参观空间技术成就展。在导航卫星系统、通信卫星、载人航天系统、航天技术应用产业、探月工程等实物展品前，在介绍几代航天青年优秀代表人物的展板前，习近平仔细听取介绍，同青年科研带头人交流。他指出，我国航天事业的发展历程充分说明，创新的制高点在科技，科技创新的希望在青年。他希望大家认真学习航天青年科研团队的创新创造精神，结合实际发扬光大。

随后，习近平来到会议室，同各界优秀青年代表座谈。10多位青年代表先后发言。他们结合各自岗位和成长经历，抒发了与祖国共奋进、与时代齐发展的青春感受，表示要坚定跟党走的信念，勇敢担负起当代青年的历史责任，为国家富强、民族振兴、人民幸福而不懈奋斗。

在听取大家发言后，习近平发表重要讲话。他指出，历史和现实都告诉我们，青年一代有理想、有担当，国家就有前途，民族就有希望，实现我们的发展目标就有源源不断的强大力量。中国梦是历史的、现实的，也是未来的；是国家的、民族的，也是每一个中国人的；是我们的，更是青年一代的。中华民族伟大复兴终将在广大青年的接力奋斗中变为现实。

习近平指出，我们党始终代表青年、赢得青年、依靠青年，始终重视青年、关怀青年、信任青年。面向未来，各级党委、政府和领导干部要进一步关注青年愿望、帮助青年发展、支持青年创业，为青年驰骋思想打开更浩瀚的天空，为青年实践创新搭建更广阔的舞台，为青年塑造人生提供更丰富的机会，为青年建功立业创造更有利的条件。

习近平强调，为实现中华民族伟大复兴的中国梦而奋斗，是中国青年运动的时代主题。共青团要在广大青少年中深入开展“我的中国梦”主题教育实践活动，用中国梦打牢广大青少年的共同思想基础，用中国梦激发广大青少年的历史责任感，为每个青少年播种梦想、点燃梦想，让更多青少年敢于有梦、勇于追梦、勤于圆梦，让每个青少年都为实现中国梦增添强大青春能量。

王沪宁、刘延东、李源潮、栗战书一起参加主题团日活动。共青团中央、教育部等有关部门负责人，“中国青年五四奖章”获得者、“中国青年创业奖”获得者、“全国农村青年致富带头人”标兵、“西部计划”优秀志愿者、2012中国大学生年度人物和全国高校辅导员年度人物等各界优秀青年代表约70人出席座谈会。

李克强、刘云山到北京航天飞行控制中心
观看神舟十号飞船发射实况

6月11日，中共中央政治局常委、国务院总理李克强，中共中央政治局常委、中央书记处书记刘云山在北京航天飞行

控制中心观看神舟十号载人飞船发射实况。发射成功后，李克强、刘云山与北京航天飞行控制中心的工作人员握手交谈。

中共中央政治局集体到中关村国家自主创新示范区展示中心集体学习

9月30日上午，中共中央政治局集体来到中关村国家自主创新示范区展示中心参观创新成果展示，并在现场进行以“实施创新驱动发展战略”为题的第九次集体学习。建筑规模4万平方米的中关村国家自主创新示范区展示中心，是展示中关村自主创新成就的平台，也是北京市重要科普基地。各展区重点展示最具代表性、最前沿的技术产品，产业发展情况、技术领先程度、体制机制创新、政策先行先试等内容，共涉及中关村高新技术企业118家，其中海淀园企业84家。

习近平对中关村创新发展情况给予充分肯定。他强调：实施创新驱动发展战略决定着中华民族前途命运。全社会都要充分认识科技创新的巨大作用，敏锐把握世界科技创新发展趋势，紧紧抓住和用好新一轮科技革命和产业变革的机遇，把创新驱动发展作为面向未来的一项重大战略实施好。

随后，习近平等前往展厅参观，在3D打印、集成电路装备、新一代信息技术、智能终端与新型显示、生物和健康、新材料、节能环保与新能源等展区，习近平等仔细察看和了解情况，并同企业负责人和科研人员深入交谈，询问增材制造、云计算、大数据、高端服务器、水处理、纳米材料、生物芯片、农作物精准生物育种、量子通信等技术研发和应用情况。习近平对我国科研人员勇攀科学高峰、不断掌握和突破核心技术的拼搏精神给予高度评价。

参观结束后，在主持学习时习近平发表发表重要讲话。他强调：科技兴则民族兴，科技强则国家强，党的十八大做出了实施创新驱动发展战略的重大部署，强调科技创新是提高社会生产力和综合国力的战略支撑，必须摆在国家发展全局的核心位置。这是党中央综合分析国内外大势、立足国家发展全局做出的重大战略抉择，具有十分重大的意义。

最后，习近平指出，面向未来，中关村要加大实施创新驱动发展战略力度，加快向具有全球影响力的科技创新中心进军，为在全国实施创新驱动发展战略更好发挥示范引领作用。

习近平看望四季青敬老院老人

12月28日上午，中共中央总书记、国家主席、中央军委主席习近平在北京看望一线职工和老年群众，并向全国的一线职工表示慰问，向全国的老年群众致以祝福。

当习近平来到四季青敬老院时，正在开展读书读报活动的老人们见到总书记来了，十分激动，热情邀请总书记听他们诵读《养生歌》。习近平认真听完后，同老人一一交谈，关切询问他们的身体状况、家庭情况和在敬老院的生活情况。习近平表示，活到老，学到老。保持健康心态和身体，就要靠这样积极进取的精神。从你们的读书活动中我得到很多启示。

习近平强调，我国老年人口增加很快，老年服务产业发展还比较滞后。要完善制度、改进工作，推动养老事业多元化、多样化发展，让所有老年人都能老有所养、老有所依、老有所乐、老有所安。习近平要求养老服务机构加强管理，增强安全意识，提高服务质量，让每一位老人都能生活得安心、静心、舒心，都能健康长寿、安享幸福晚年。

特　载

海淀区城乡结合部重点村城市化后续发展研究

重点村城市化建设是北京市委市政府落实中央提出的城乡发展一体化战略，从北京现实出发做出的重大战略部署。海淀区作为重要组成部分，本着坚持“农民主体、政府主导、政策创新”的工作原则和“宅基地腾退置换、农民就近上楼、适度预留产业用地、积极发展集体经济”的改造方法，经过近3年的实践，8个重点村城市化建设已经取得了突破性进展，基本完成了调规划、拆旧村、建新村的任务。为了做好下一步的建业（发展集体经济）、转制（农村集体产权制度改革）、转居（解决农民社会保障）、转业（农村劳动力的转移就业）和转型（社会管理体制由农村管理向城市管理转换）工作，课题组先后对海淀区重点村及其相关乡镇进行了实地考察和问卷调查，分别与乡镇、村干部、村民以及区政府相关职能部门负责同志进行了广泛而深入的交流，基本厘清了发展思路，明确了重点村后续发展的重点方向和实施路径。

一、海淀区重点村建设基本情况

2010年2月，北京市正式启动50个重点村的建设工程，海淀区有8个重点村纳入其中。8个重点村包括20个自然村，总占地面积944.2公顷，拆迁前有户籍人口2.7万人，其中农业户籍人口1万人，流动人口30万人。按照综合改造计划，8个重点村需要建设用地162公顷，其中回迁安置用地92公顷，产业发展用地及筹资所需的商品房用地70公顷，促进了土地的集约利用。

（一）拆迁建设工作进展顺利

海淀区重点村整治改造主要采取市区土地联储、重点工程带动搬迁改造、宅基地腾退换房、旧村实现绿化和“一村一策”等4种模式。按照村民宅基地1：1置换或者人均50平方米的住房标准，以及劳均50平方米的产业建设用地标准，截至2012年年底，唐家岭、八家、后营、中坞、振兴、门头、六郎庄等7个重点村已经完成旧村拆迁腾退工作，农民回迁安置房正在加紧建设，其中唐家岭、六郎庄、后营和八家的回迁楼已经竣工，唐家岭村民已经开始陆续入住，其他村的回迁房正在建设之中。搬迁后的村民不仅获得了较高的拆迁补偿费，同时可以享受经济适用房政策。

（二）集体产业功能定位基本确定

围绕海淀建设高科技核心区的功能定位，8个重点村利用区位优势发展高端产业的方向已经确定，八家所在的中关村东升科技园、中坞所在的玉泉慧谷科技园二期和唐家岭为满足园区职工住房需求的10万平方米公租房建设已经启动，其余重点村的产业项目正在推进之中。

（三）集体经济产权制度改革全面展开

八家的改制工作已完成，成立了八家股份经济合作社；肖家河、六郎庄、后营三个重点村已完成劳龄登记和老股金退偿，正在对清产核资初查结果进行审核；唐家岭已完成老股金和劳龄登记工作；振兴、中坞、门头正在做基础情况调研。按照海淀区委区政府的部署，2013年年底之前全区各集体经济组织的产权制度改革将全部完成。

（四）就业保障全面实施

2012年8月，海淀区政府出台了《北京市海淀区人民政府关于推进城乡就业一体化发展创建充分就业区的意见》，随后海淀区人力资源和社会保障局相继出台了就业和培训配套政策，并计划每年出资1.4亿元作为政策支持，为受到拆迁影响的重点村村民实现再就业搭建制度平台。西北旺镇政府出资23万元，为唐家岭和土井村272名有就业意向的农村劳动力进行7类岗位的技能培训。重点村都建立了农村就业服务站，为有就业需求的劳动力提供就业服务，其中已经回迁上楼的重点村，通过成立物业管理公司等渠道创造就业岗位，尽可能吸纳农转非劳动力就业。

（五）社会管理体制暂未改变

由于重点村村民还处于暂住周转房的情况，重点村尚维持原有的村委会和居委会并存的社会管理体制。目前随着唐家岭村民的陆续回迁，唐家岭和土井两个自然村准备在完成各自的集体经济产权制度改革之后按照社企分离的原则，联合组建一个居委会，实现农村社会管理体制向城市社会管理体制的过渡。

二、海淀区重点村后续发展面临的主要困难

调查显示，海淀区重点村后续发展涉及的建业、转制、转居、转业、转型面临着较多困难，其原因也比较复杂。

（一）资金困难成为前期建设与后续发展的关键环节

海淀区重点村城市化前期建设是后续发展的基础。在前期建设中，8 个重点村的腾退搬迁和安置房建设需要资金约 300 亿元，目前融资到位的资金约占需求总额的一半左右，除了唐家岭和肖家河的建设费用已经纳入重点项目工程之外，其余重点村都提出资金紧张。当前重点村的回迁房建设资金不足部分主要依靠建筑单位垫支来解决。造成重点村建设资金紧张的主要原因：一是集体自有资金不足。8 个重点村资产全部加起来也满足不了前期建设所需资金。二是土地融资困难。受近两年房地产调控的影响，集体资金平衡用地迟迟不能上市交易，无法回笼资金。三是后期融资受到严格限制。2012 年 11 月 5 日国土资源部等四部委联合下发的《关于加强土地储备与融资管理的通知》，以及 2012 年 12 月 24 日财政部等四部门《关于制止地方政府违法违规融资行为的通知》，进一步规范了土地融资行为，使得以往地方政府通过注入公益性资产、土地来包装融资平台的做法受阻，未来依靠土地融资将更加困难，其结果不仅有可能影响到前期建设，而且会直接限制到重点村的后续发展。

（二）集体产权制度改革进程仍需加快

集体产权制度改革是重点村经济发展和社会管理体制转型的基础和重要支撑，目前的改革进度偏慢影响着后续发展。其原因，一是情况复杂影响清产核资。四季青镇作为镇级核算，中坞、振兴、门头 3 个重点村的产权制度改革不能独立运作，镇级产权制度改革因房地产开发项目需要核查认定的业务量较大，并存在一定难度。唐家岭因拆迁补偿款没有到位无法进行清产核资等。二是历史遗留问题需要解决。包括四季青镇尚未收回北坞开发回迁房占用的 13.5 亿元集体资金，前期改制乡镇和后期改制乡镇因政策不同形成的矛盾需要妥善解决，等等。

（三）集体经济发展限制因素较多

重点村产业发展首先需要获得建设用地开工权。多数重点村的产业用地之所以不能开工建设，主要原因，一是审批时间长。产业用地使用的审批需要经过市规划、国土和建设三个部门的逐个审核，由于历史遗留的村域内国企、私企、事业单位等搬迁困难，无法满足建设部门提出的土地清平的要求，重点村产业用地无法获批。从区的角度要求重点村产业发展与区域功能定位相适应，不希望出现“建而不拆”的局面。从乡村角度，希望尽早开工建设，但是原有一些问题没有解决，例如玉泉慧谷一期土地变性的差额尚未补齐，影响了二期用地的审批。二是缺少启动资金。重点村集体产业发展需要自筹资金，由于集体自有资金有限，而集体资产又不能抵押贷款，也限制着产业项目的启动。产业发展的停滞，使多数重点村集体收入受到严重影响。

（四）整建制转居资金缺口较大

重点村拆迁改造后农民整建制转居的前提是完成城乡社会保障的对接，即要补齐农村社会保险与城市社会保险的差额。据海淀区人力社保局 2011 年测算，8 个重点村农转居所需费用约 40 亿元，其中农村劳动力补缴社会保险费等 15 亿元，超转人员安置费 25 亿元。资金缺口较大的原因：一是土地融资困难。海淀区重点村自身土地资源有限，已经很难在有限的土地上融出农转居所需费用，所以社保资金没有纳入拆迁建设计划。二是趸交费用过高。完全通过重点村自筹资金解决有一定困难。三是农转居人数多。因绿隔政策等历史遗留问题，以往没转的人较多，此次整建制转居时测算人数多，费用高。

（五）就业意愿不强，就业技能与就业岗位失衡

海淀区已经全面实施了就业保障，总体讲就业岗位总量可以满足就业需要。但现实情况是有一部分重点村村民没有就业愿望或者是就业意愿、职业技能与岗位需要不匹配。例如西北旺镇政府为唐家岭和土井村安排了 100 个就业岗位，但实际只有 20 人上岗。究其原因，一是没有就业意愿。重点村村民一次性获得了较高的拆迁补偿，短期内没有生存压力，主观上没有就业意愿。二是缺乏职业技能。村民对物业管理、绿化等再就业岗位没有兴趣，希望从事的技术性岗位又缺乏应有的职业技能，客观上难以找到合适工作。

综上所述，海淀区重点村后续发展面临的困难既有政策上的限制，也有操作层面的问题，从根本上讲是传统城乡二元结构的必然结果，因此，打破制度瓶颈，构建城乡一体化的发展格局才是解决重点村后续发展的必由之路。

三、海淀区重点村后续发展的基本思路

海淀区重点村后续发展的重点是发展，即从前期的拆迁、回迁等硬件建设转向后期的与村民产业发展、民生权益、社会发展密切相关的软件建设，其基本思路是：将重点村后续发展置于海淀区整体发展战略框架之中，以国家和北京市“城乡一体化”发展战略为依据，以区域经济社会协调发展为主线，以经济、社会建设领域中相关配套改革为突破口，以提高城乡一体化质量为重点，基本实现集体经济腾飞发展、新型合作经济组织规范运营、城乡社会保障有序衔接、农转居人员安居乐业、具有区域特征的新型社会管理体制发挥作用，真正实现农民向市民化的转变。

实现重点村后续发展的目标必须遵循以下原则：一是城乡一体、统筹发展。将重点村后续发展作为海淀区城乡一体化的样本，统筹规划、统筹安排、统筹解决集体经济发展、社区管理、社会保障、居民就业面临的难题，明确责任要求，扎实稳

步推进。二是政府引导、农民主体。政府在重点村城市化前期建设中起主导作用，在后续发展的角色则重在引导，即按照海淀区国民经济与社会发展规划，协助重点村解决遇到的问题，引导重点村的健康发展。强化村民在重点村后续发展中的主人翁地位，尊重村民意愿，支持和鼓励村民在集体经济发展、社区管理、社会保障、转移就业中的首创精神，确保重点村村民在后续发展中的主体地位。三是改革创新、重点突破。坚持与时俱进、创新发展，根据政策环境的变化和发展需要，有针对性地调整原有的工作节奏和工作程序，在产业发展、融资途径、社会服务管理创新方面实现新的突破。四是先急后缓、先易后难。先急后缓是指先把在后续发展中具有承上启下，与百姓利益关系最大的工作做起来，产业项目的选择与启动，事关重点村村民日后的就业、收入和福利，可以优先运作。先易后难是先从与其他工作没有直接的因果关系，有条件、有基础、有经验借鉴的工作做起，城乡社会管理体制的创新可以先于集体产权制度改革和整建制农转居工作，尽快启动。五是因势利导、整合资源。政府和党组织应该对重点村后续发展给予方向上的引导，发挥组织优势，整合外部资源，争取上级领导的关注、争取区域单位的理解、争取职能部门的帮助，为重点村后续发展牵线搭桥，促进重点村健康、和谐、可持续发展。

四、推进海淀区重点村后续发展的对策建议

海淀区重点村后期发展应从大处着眼，从解决具体问题入手，即要站在城乡一体化发展的高度，结合区域特征，从保护村民合法权益，促进经济、社会协调发展的角度寻求解决具体问题的方案。

（一）充分发挥基层组织在重点村后续发展中的核心作用

重点村城市化前期建设之所以取得了突破性进展，基层组织的作用功不可没，要继续发挥基层组织在后续发展工作中的核心作用。一是充分发挥基层党组织在后续发展中的引领作用。党组织的引领作用，主要体现在把握发展方向、整合社会资源、动员群众参与上。重点村后续发展涉及党组织、政府、村民和合作单位等多个参与主体，发挥好不同参与主体的角色作用，协调好各个参与主体之间的关系，就能成为凝聚多元主体的核心力量。二是充分发挥社区自治组织的作用。重点村所在的村民委员会（居民委员会）是村民主体的代言人，在后续发展工作中一方面要认真听取村民的意见和愿望，把村民利益放在首位；另一方面要做好人口结构和社会需求的调查研究，根据人口状况确定未来产业发展与村民就业、社区服务的匹配结构，并制定具体的实施方案。

（二）加快集体经济产权制度改革，大力发展优势产业

集体经济产权制度改革分三步走：第一步是加快集体资产处置。合理界定乡镇政府管理职能与集体经济经营运行职能，明确集体经济清产核资的时间进程表，确保2013年年底前完成全区各集体经济组织的产权制度改革。第二步是完善集体经济组织的治理结构。加快完善股东会、董事会、监事会及经理层的选举、聘任及监督制度，形成各司其职、协调规范、相互制衡、有效运作的法人治理结构。积极探索社区股份合作制资本结构调整的有效途径。第三步是剥离村委会中的经济功能，使改制后的集体经济组织成为经济活动的唯一主体，实现社企分开。积极发展园区配套产业。充分利用先行先试的政策优势、高校科研院所多的区位优势和大量科技成果转化落地迫切的市场优势，把建设高科技产业园区，拓展高科技产业发展空间作为推动重点村产业结构优化升级和转变经济发展方式的主攻方向，加快推进乡镇集体产业园建设，逐步形成区域新的经济增长点。

（三）加快解决城乡社会保障对接问题

一是优先解决超转人员社保衔接。针对超转人员一次性趸交社保费用高的问题，按照有关规定，采取年度汇缴、按月发放的方式。认真核算8个重点村超转人员趸交总额，并根据需要测算年度汇缴的适度区间，针对具体问题，加强与市人力社保局的沟通，尽快落实到位。二是创造条件引导农民直接参加城镇社会保障。目前海淀区已经开通了农民自愿选择参加城镇社会保障的渠道，下一步要结合需要和可能，通过补贴参保费用等途径，引导农民主导做好城乡社保衔接。

（四）寻求转移就业与职业匹配的实现途径

转移就业与职业匹配重在产业发展与培养新型职业工作者的有机结合。要认真分析农转居人员的年龄、性别、文化程度、家庭环境和就业意愿，做好三方面工作。一是强化劳动至上的意识。高度重视重点村年轻人中出现的主动失业现象，把转变劳动观念作为首要任务，在寻找切实有效的办法上下功夫，可以通过政策解读、专家讲座、案例分析等途径，培养年轻人正确的劳动价值观。二是因势利导设计培训课程。结合年轻人的特点、兴趣、爱好和愿望，按照“定岗、定向、订单”的要求，有针对性地设计培训课程。要变传统的简单岗前培训为定期的现代专业技术培训，下本钱，花力气培养农转非青年成为今后产业发展不可或缺的、具有专业服务水准和道德水平的合格职业工作者。三是从社区服务入手解决困难群体就业。对于有就业意愿但能力不足的中年人，可以从社区服务就业入手解决他们的从业困难。要从社区服务体系建设入手，把覆盖社区全体成员、服务主体多元、服务功能完善、服务质量和管理水平较高的社区服务体系作为回迁社区的发展目标，借鉴城市社区“参与式社区服务项目化管理”的经验，以公共服务需求为导向，自下而上由社区服务参与主体多方共同筛选服务项目，并通过专业化的能力培训，提升中年人社区服务项目的参与能力。

（五）建立符合区域特点的新型社会管理模式

一是探索实有人口一体化管理，争取纳入改革试点。试点纳入包括：改变以农业和非农业人口划分城乡社区的做法，将

重点村作为一个整体社区，按照城市社区组织的功能定位，重新组建社区党组织、社区自治组织、社区服务站以及社区各类社会组织。原有的村委会按照社企分离的原则“一分为二”，原有经济管理职能交由村经济组织负责，原来的社会管理和服务功能让渡给新建的社区居民委员会。新建的社区党支部和居民委员会由户籍居民、户籍村民、流动人口选举的代表构成。经民主选举产生的社区居民委员会全面负责社区日常公共事务和公益事业管理，配合当地政府做好辖区社会治安综合治理工作，将目前以治安防控为主的封闭社区管理转变为全方位的社区管理，真正实现农村社区管理城市化。二是以社区服务为抓手，探索变传统的福利赠予为投资性福利服务。发挥重点村集体经济有资产，村民社区服务有需求的优势，探索把以往年终作为福利发放的部分资金投资社区服务业，使村民在助人自助的社区服务理念下，在服务中受到教育，在工作中提升能力，在生活中享受服务。三是加强居委会和社区成员的能力建设。可以请以推动社区能力建设为己任的能力支持型社会组织，通过社区参与式治理能力建设的专业化培训，使参与培训的社区居民在自我学习、相互学习、实践学习的过程中，提升领导力，增强创新力。四是创新“集中住宿”的管理模式。“集中住宿”是落实流动人口服务管理的基础性环节。海淀区推行的集中出租房屋的做法值得肯定，已经得到了回迁村民的认可与支持。下一步要积极探索与“集中住宿”相适应的“公寓管理”模式，以活动为媒介吸引流动人口回归社区，通过社区活动，增进户籍人口和流动人口的相互了解、彼此信任和实现互动。

（六）争取政策支持，促推重点村后续发展

政策法规是实现重点村城市化后续健康发展的保障。除了区政府不断在体制机制上进行创新和完善之外，也需要上级政府在深层次的体制机制创新方面有所突破，或者是对相关政策法规进行完善。建议市有关部门加快对以下问题的研究：

一是建议市有关部门加快完善融资政策，借鉴三权（农村土地承包经营权、农村居民房屋使用权和林权）抵押经验，开辟以农村集体资产为抵押物向银行申请贷款的新渠道。

二是建议市有关部门将海淀区纳入国土部的土地综合整治实施试点，研究出台农村集体产业用地准入市场的政策，包括农村建设用地准入市场进行合法交易的条件和实施路径，通过土地制度创新，破解农村集体经济发展的瓶颈。

三是建议市有关部门加快出台农村社会保障、合作医疗等方面城乡统一或城乡社保衔接的相应政策，减少重点村城市化中的制度成本。

四是建议市有关部门根据重点村情况，适当放宽启动产业用地的条件。优先安排用地指标，优先安排资金平衡用地上市。

五是建议有关部门批准海淀乡镇享受远郊区县土地出让金及溢价收益的返还政策，以创新的方式满足金融机构关于合法合规的融资要求，争取把海淀区重点村纳入北京市小城镇基金的合作单位等，确保重点村改造后续建设的顺利推进。

五、海淀区下一步城乡结合部改造建设需要注意的问题

海淀区重点村城市化前期建设已经取得了预期效果，也得到了重点村村民的认可。借鉴前期建设中的经验、教训，在下一步城乡结合部改造建设时我们应该防患于未然，注意解决好以下几个问题。

一是在国家和北京市城乡一体化战略体系框架下，做好顶层设计和实践对接。在城中村改造建设之前做好顶层设计与实践的有机结合，即明确指导方针、确立基本内容、提出实现路径的同时，着重研究解决预期可能发生的问题和困难，特别是历史遗留问题，提前做好应对准备。

二是逐步改变以行政村为主的拆迁模式，整合乡镇甚至更大范围的资源。行政村地域范围偏小，难以通过产业调整和空间整合的方式实现城乡一体化全面发展。因此，在完善重点村城市化建设模式的同时，根据区域功能定位，整合乡镇甚至更大范围的资源，积极探索“城中镇（乡）”的改造途径，即在镇域（乡）范围根据区域功能定位，统一规划，实施整体改造。

三是积极探索“城中村”有机更新改造模式。转变“城中村”改造就是整体搬迁的认识，从维系自然形成的社会关系网络和缓解融资压力的角度考虑，推动“城中村”有机更新改造。“城中村”有机更新改造是对城乡一体化建设中需要改善生存条件的农村社区做的局部更新改造，既包括居民点的实体改造，也包括对各种生态环境、空间环境、文化环境、视觉环境、游憩环境等的改造与延续，使之获得重新发展和繁荣，北京已有许多前车之鉴。需要注意的是如果“城中村”位于绿化隔离带地区，必须获得规划许可，这就要求我们把城中村有机更新改造与生态建设结合起来，统一规划。

四是探索建立拆迁改造平衡基金。目前商业开发和公益用地在拆迁补偿资金上存在很大差距，为了避免因拆迁补偿款差距引发的社会矛盾，可以考虑通过在补偿款较高的拆迁项目中提取一定比例的资金作为“拆迁改造平衡基金”，用于补偿公益性征地项目，做到相对公平。

（课题主持人系中共海淀区委常委、常务副区长 穆鹏）

中关村“1+6”先行先试政策评估报告

核心区（海淀园）管委会

2010年年底，国务院同意支持中关村实施“1+6”系列新政策。在党中央、国务院的高度重视和正确领导下，在中关村国家自主创新示范区部际协调小组和国家有关部门的大力支持下，“1+6”先行先试政策在核心区扎实有效推进。按照区领导关于加强“1+6”政策落实评估，加快推动核心区新一轮管理和政策创新的指示精神，海淀园组织市委研究室等单位共同开展联合调研，先后对北大、北邮、北交大、北科大、机械科学研究总院等进行了实地调研，对266家核心区高新技术企业进行了问卷调查并借鉴了上海张江和武汉东湖落实相关先行先试政策的经验。现将“1+6”政策实施进展、存在的问题以及如何结合形势发展需要进一步深化完善新一轮政策创新等情况汇报如下：

一、关于“1+6”先行先试政策实施进展情况

“1+6”先行先试新政策中，“1”是搭建中关村创新平台，“6”是在科技成果处置权和收益权、股权激励个人所得税、中央单位股权激励审批方案、科研项目经费管理体制、统一监管下的全国场外交易市场和完善高新技术企业认定等方面实施6项新政策。两年多来，中关村创新平台打破了按行政层级配置资源的传统格局，探索建立了跨层级、跨部门的协同创新组织模式，为实现中关村示范区统筹协调发展提供了强有力的制度安排和组织保障，成为中关村当前和今后一个时期加快发展的重要依托。先行先试的各项政策整合优化了人才、技术、资本、管理等创新要素，实现了一次自上而下、较为系统的创新顶层设计和制度重大突破。股权激励和科技成果处置权、收益权改革，从激发人才、高校院所等创新源头的积极性出发，探索建立了适应创新型经济的长效激励机制；科研项目经费管理改革和税收政策试点，着重突出企业主体地位，提高财政资金的使用效益，探索建立有利于自主创新的财税政策引导机制；完善高新技术企业认定试点和建设统一监管下的全国场外交易市场，体现了统一的国家政策和有区域特点的地方政策的有效衔接。

（一）中关村创新平台发挥了高位协调的资源整合功能，但统筹协调力度有待进一步强化

一是中央有关部委会同北京市共同制定先行先试政策实施细则。各部委共牵头出台了支持中关村先行先试政策文件12项，北京市出台了20余项配套实施文件。二是建立部市会商机制。在各部门的支持下，北京市单位承接重大专项约占全国50%，中央经费支持约110亿元。国家发展改革委支持项目61项，科技部支持863计划、973计划、工程技术研究中心项目1600余项，工业和信息化部支持项目165项，向卫生部推荐了公共服务平台和产业化项目39项。三是联合开展中关村现代服务业试点。四是统筹资金支持重大科技成果产业化项目。2010年支持159个重大项目，安排资金59亿元；2011年共支持4批重大项目295项，安排资金100亿元；2012年共支持4批重大项目241项，安排资金100亿元。

中关村创新平台为深化科技体制机制创新、加快重大科技成果转化落地提供了新通道，有利于形成央地和跨部门联动共同推进中关村创新驱动发展的新格局。但平台更多侧重统筹体制内的创新资源，挖掘既有创新资源的潜力，还需进一步探索变政府驱动创新为市场驱动创新，强化市场配置创新资源的决定性作用，发挥创新平台在优化政府与市场关系的统筹协调作用。

（二）中央级事业单位科技成果处置权和收益权改革试点遭遇审批难、绕道行

从政策内涵来看，科技成果处置权改革试点主要是指中央级事业单位对其拥有的科技成果进行产权转让或注销产权等处置行为，一次性处置单位价值或批量价值在800万元以下的，由所在单位按照有关规定自主处置，并于一个月内将处置结果报财政部备案；一次性处置单位价值或批量价值在800万元以上的，仍按现行规定执行，即由所在单位经主管部门审核同意后报财政部审批。科技成果收益权改革试点主要是指中央级事业单位科技成果处置行为产生的收益，以及科技成果对外投资形成的股权（权益）进行初次处置产生的收益（不包括二次或多次转让股权产生的收益）分段按比例留归单位，纳入单位预算统筹用于科研及相关技术转移工作，其余部分上缴中央国库。

从实施情况来看，2011年度，示范区中央和市属高校院所技术转让（科技成果处置）项目共261项，收入约6.5亿元。其中中央级事业单位200项，收入5.1亿元；北京市属单位61项，收入1.4亿元。2012年度，示范区中央和市属高校院所技术转让（科技成果处置）项目共1026项，收入约100.65亿元，成果转让项目数是2011年度的近3倍，收入是原来的近15倍。（见表1）

表 1 中央和市属高校院所科技成果处置收益表

	2011 年	2012 年	增幅
中央和市属高校院所技术转让（科技成果处置）项目（项）	261	1026	293%
中央和市属高校院所技术转让（科技成果处置）收入（亿元）	6.5	100.65	1448%

该项政策意在激发科研院所加强科技成果转化的积极性，但由于政策创新的相关链条未打通，导致具体执行走样。主要原因是："科技成果处置权和收益权归项目承担单位所有"与现行《事业单位国有资产管理规定》相抵触，虽然中关村开了口子，但仍要履行投资审批、国有资产使用审批等。以北航王华明教授的3D打印项目审批为例，王华明教授是国家科技进步一等奖获得者，财政部门对此项目的审批算是比较宽松，即便如此前后历时四个月。四个月的审批周期对于多数企业来说是等不及的，而审批长达一年之久，甚至更长的项目就可想而知了。按照新规定处置800万元以上的仍需报批，但由于法律和政策上未打通，高校和院所的院长所长为规避风险，不愿意签字。到目前为止，还没有一家单位在自行处置科技成果后到财政部门备案，很多通过拆分项目、横向课题、技术许可规避了相关规定。

（三）股权和分红权激励广受欢迎，但具体操作困难

从政策内涵来看，股权激励试点是指对示范区内国有及国有控股的院所转制企业、高新技术企业及高等院校和科研院所以科技成果作价入股的企业开展股权和分红权激励，明确了激励方案审批机构、程序和时限。

从政策具体落地情况看，截至 2013 年 9 月，示范区共有 91 家单位（项目）的激励试点方案获得批复，其中市属单位 60 家，中央单位 31 家。截至目前，海淀区共有 25 家单位实施了股权激励试点，其中市属单位 24 家，区属单位 1 家。（见表 2）

表 2 股权激励试点情况

	中央单位	市属单位	区属单位	总计
示范区（家）	31	60	0	91
核心区（家）	0	24	1	25

调查显示，80.5%的相关企业认为该政策实用性较强，并且资产总额越大的企业对该项政策越肯定。但近 60%的企业认为该项政策不易操作，主要原因包括：一是部分主管部门和企业集团对试点工作的认识不一致。比如一些主管部门认为实施股权激励不符合国有资产保值增值的要求，不支持其系统内单位开展试点。二是针对科研人员的奖励比例偏低，激励作用不明显。科技成果入股的奖励比例上限（30%）相比原有政策有所收紧（教育部规定原则上不超过 50%）；科技成果收益分成的奖励比例一般在 20% ~ 30%，具体到科研人员的比例更低，难以形成有效的激励。三是在中关村以外地区转化的科技项目不适用该政策。中关村 80%的成果都是在京外转化，无法享受股权激励试点政策。

（四）三项税收试点政策最实用，但适用范围窄、缺配套实施细则

研发费用加计扣除、职工教育经费税前扣除和股权奖励个人所得税分期缴纳三项税收政策试点含金量最高，最受企业欢迎。研发费用加计扣除政策是指适当扩大可税前扣除的研发费用范围，增加"五险一金"、研发仪器设备运行维护维修、新药研制临床试验费等；研发活动领域除《国家重点支持的高新技术领域》和国家发展改革委等公布的《当期优先发展的高技术产业化重点领域指南（2011 年度）》外，中关村制订的当期重点发展的高新技术领域也纳入政策适用范围。职工教育经费税前扣除政策是指将中关村内高新技术企业职工教育经费税前扣除限额从工资薪金总额的 2.5%提高至 8%。技术人员股权奖励税收政策是指中关村内高新技术企业转化科技成果，以股份或出资比例等股权形式给予本企业相关技术人员的奖励，技术人员可分期缴纳个人所得税，最长不超过 5 年。

从实施情况来看，2010 年度，示范区共有 512 家企业享受研发费用加计扣除试点政策，新增归集项目加计扣除额 5.31 亿元，享受所得税优惠共计 0.8 亿元；共有 56 家企业享受示范区职工教育经费税前扣除试点政策，超过工资总额 2.5%的税前扣除金额 4835 万元，享受所得税优惠共计 725.25 万元。海淀区享受研发费用加计扣除政策的企业有 271 家，新增归集项目加计扣除额 3.95 亿元，享受所得税优惠 0.59 亿元。享受职工教育经费税前扣除政策的企业有 44 家，超过工资总额 2.5%的税前扣除金额为 845 万元，享受所得税优惠 126.75 万元。

2011 年度，示范区共有 831 家企业享受研发费用加计扣除试点政策，新增归集项目加计扣除额 9.74 亿元，享受所得税

优惠共计 1.46 亿元；共有 92 家企业享受示范区职工教育经费税前扣除试点政策，超过工资总额 2.5%的税前扣除金额 2502.45 万元，享受所得税优惠共计 375.37 万元。海淀区享受研发费用加计扣除政策的企业有 487 家，新增归集项目加计扣除额 6.15 亿元，享受所得税优惠 0.92 亿元。享受职工教育经费税前扣除政策的企业有 52 家，超过工资总额 2.5%的税前扣除金额为 1261 万元，享受所得税优惠 189.15 万元。

2012 年度，示范区共有 803 家企业享受研发费用加计扣除试点政策，新增归集项目加计扣除额 12.31 亿元，享受所得税优惠共计 1.85 亿元；共有 83 家企业享受示范区职工教育经费税前扣除试点政策，超过工资总额 2.5%的税前扣除金额 2022.06 万元，享受所得税优惠共计 303.31 万元。海淀区享受研发费用加计扣除政策的企业有 528 家，新增归集项目加计扣除额 9.46 亿元，享受所得税优惠 1.42 亿元。享受职工教育经费税前扣除政策的企业有 50 家，超过工资总额 2.5%的税前扣除金额为 1545.98 万元，享受所得税优惠 231.9 万元。（见表 3）

截至 2013 年，仅有位于海淀区的北大先锋科技有限公司 1 家企业享受股权奖励个人所得税试点政策。

表 3　税收优惠政策实施情况表

年度	区域	研发经费加计扣除情况			职工教育经费税前扣除		
		户数	新增归集项目加计扣除额（亿元）	享受所得税优惠（亿元）	户数	超过工资总额2.5%的税前扣除金额（万元）	享受所得税优惠（万元）
2012	示范区	803	12.31	1.85	83	2022.06	303.31
	核心区	528	9.46	1.42	50	1545.98	231.90
	核心区占比（%）	65.8	76.8	76.8	60.2	76.5	76.5
2011	示范区	831	9.74	1.46	92	2502.45	375.37
	核心区	487	6.15	0.92	52	1261	189.15
	核心区占比（%）	58.6	63.1	63.1	56.5	50.4	50.4
2010	示范区	512	5.31	0.8	56	4835	725.25
	核心区	271	3.95	0.59	44	845	126.75
	核心区占比（%）	52.9	74.4	73.8	78.6	17.5	17.5
合计	示范区	2146	27.36	4.11	231	9359.51	1403.93
	核心区	1286	19.56	2.93	146	3651.98	547.8
	核心区占比（%）	60	71.5	71.3	63.2	39	39

调查显示，89.5%的被访企业认为研发费用加计扣除政策实用性强，认为亟须该政策的占 87.6%，认为该政策易于操作的占 58.6%；77.8%的被访企业认为职工教育经费税前扣除政策使用性强，认为亟须该政策的占 74.1%，认为该政策易操作的占 53.4%。

三项税收试点政策执行过程中主要面临政策适用范围窄、配套实施细则不完善等问题。如三项税收试点政策适用企业范围仅为国家高新技术企业，政策受惠面较小。在研发费用加计扣除政策方面，企业在研发和创新方面的相关投入，不能全部享受加计扣除政策，可列入加计扣除的研发费用核算范围还需要进一步扩大。在职工教育经费税前扣除政策方面，职工教育经费的会计核算范围还需要明确细化。在股权奖励个人所得税政策方面，个税分期缴纳最长不超过 5 年，即 5 年后即使没有转让股权获得现金收益，仍要缴纳个税，影响了企业奖励股权的积极性。目前只有 1 家企业在税务部门办理了分期缴纳个人所得税备案。

（五）科研项目经费管理改革试点需求迫切，初见成效，但尚有政策障碍

科研项目经费管理改革试点是指在科技部、国家发改委、工信部、卫计委分别与北京市确定的联合支持的新立项项目中，开展间接费用补偿机制试点，以及科研项目经费分阶段拨付、科研项目后补助和增加科研单位经费使用自主权试点。该项政策的主要突破点包括：一是将试点项目范围扩大；二是增加了分阶段拨付、后补助和经费使用自主权试点内容。

从实施情况来看，2011 年，北京市共有 1238 个项目纳入科研经费管理改革试点，包括 723 个北京市科技项目、303 个重大科技成果转化和产业统筹项目、212 个部市会商项目，其中北京市科技项目列支间接费用 4560 万元。2012 年，北京市共有 1925 个项目纳入科研项目经费管理改革试点，列支间接费用 1.8229 亿元。

调研显示：85%的被访企业认为该政策实用性强，其中中小企业更是 100%赞成，而且 83.8%的企业认为亟须科研项目管理改革试点政策，但超过一半（51.9%）的企业认为该政策不易操作。主要原因包括：在间接经费列支改革方面，中关村示范区试点政策与新出台的财政部 434 号文政策有交叉，执行标准不一致，即前者是按照全额拨款、差额拨款、自收自支和民营企业等不同机构类型采取不同的比例来实施，后者是按照课题经费中直接费用扣除设备购置费后的一定比例来核定。在科研经费使用方式改革方面，财政部文件关于分阶段拨付、后补助的规定，其支持对象都是新项目，对原有项目一概不适用。截至目前，这项政策尚未落实。

（六）高新技术企业认定试点政策虽受欢迎，但缺乏实质性优惠，对企业的吸引力不足

高新技术企业认定试点政策的突破主要包括三个方面：一是在中关村试点缩短高新技术企业认定资格年限（全国认定办法要求企业必须注册一年以上），即中关村内注册满半年不足一年的企业，符合相关规定的也可申请认定高新技术企业，但不享受税收优惠。二是补充完善“核心自主知识产权”内容，增加反映创新成果的“国家新药、国家一级中药保护品种、经审（鉴）定的国家级农作物品种、国防专利、技术秘密”。三是调整相关单项指标测算依据，“科技研究开发管理水平”“企业总资产和销售额增长率”指标由认定机构组织评价。

从实施情况来看，截至目前，仅有 12 家企业通过采用试点政策获得蓝底证书，造成该项政策落地效果不佳的主要原因包括：一是关于注册满半年不足一年的企业，发蓝底证书，不享受税收优惠，实际上对于新创立企业的吸引力不大。二是企业对鉴定技术秘密存在顾虑，认为技术秘密的保密性与申报高新技术企业需要明确描述之间存在矛盾。

与企业对高新技术企业认定试点政策“雷声大、雨点小”形成鲜明对比的是，核心区高新技术企业对申请和保持高新技术企业的身份极为重视。2011 年度，新认定高新技术企业 1282 家，示范区高新技术企业总数同比增长 20%。海淀区新增高新技术企业数量 345 家，复审企业数量 1388 家，累计高新技术企业数量 4142 家，高新技术企业总量占全市比重 57.2%。2012 年度，示范区新认定高新技术企业 945 家，累计数量达到 6305 家，占北京市总数 8027 家的 78.5%。海淀区新增高新技术企业数量 249 家，复审企业数量 1086 家，累计高新技术企业数量 4391 家，高新技术企业总量占全市比重 53.2%。（见表 4）

表 4 高新技术企业认定表

年 度	区 域	新增高新技术企业数量（家）	累计高新技术企业数量（家）	占全市比重（%）
2012	示范区	945	6305	78.5
	核心区	249	4391	53.2
2011	示范区	1282	5914	81.6
	核心区	345	4142	57.2

（七）全国场外交易市场试点政策有力支持了科技型企业融资并向全国推广

全国场外交易市场试点政策是指在中关村开展非上市股份转让试点，为高科技成长型非上市企业提供股份转让和募集资金服务。其突破点是，在中关村代办股份报价转让试点基础上，建立统一监管下的全国场外交易市场。

截至目前，中关村获得试点资格确认函的企业近 270 家，其中已挂牌 186 家，正在接受券商尽职调查或在等待挂牌审核的 80 多家。2012 年 8 月，“新三板”首次扩容，适用范围新增上海张江、武汉东湖和天津滨海新区。2013 年 1 月，全国中小企业股份转让系统正式挂牌并落户西城区。2013 年 6 月，国务院确定将“新三板”试点扩大至全国。

二、“1+6”先行先试政策实施总体效果及存在的问题

（一）“1+6”先行先试政策实施的总体效果

“1+6”政策是突破传统的科研管理体制机制束缚，面向服务创新，推动科技与经济紧密结合上实现了有限突破，进行了有益的探索。调查显示，51.9%的被访企业对“1+6”政策整体执行效果表示满意，表示很满意的占 4.1%，认为一般的占 37.6%；其中超过 3 成（32.3%）的被访企业认为大部分政策得到了落实并起到积极作用，认为部分落实、起到一定作用，但效果不明显的占 31.6%，认为暂时说不好，有待进一步观察的占 28.6%。总体上看，在“1+6”先行先试政策的促进下，整合了创新资源、激发了创新活力，营造了适宜创新创业和企业发展的良好环境，推动了战略性新兴产业的快速发展，加快了示范区建设发展进程。

具体体现在以下几方面：

一是有限突破了束缚创新的体制机制壁垒，初步释放了改革红利。“1+6”政策围绕推进科技成果转化、调动科研人员积极性、以减负激发企业加大研发投入、缓解中小企业融资难等问题进行了定点突破，不仅取得了实实在在的成效，更重要的是进一步激发了改革的链式反应，为充分释放体制机制创新的潜力开辟了道路。

二是激发了科研院所参与科研成果转化的积极性，释放了创新潜力。数据显示，2011 年，中关村技术合同成交额 1890 亿元，同比增长 20%，占全国近 40%，核心区技术合同成交额 967.72 亿元，同比增长 6.68%，占全市一半，占全国 1/5。2012 年，中关村技术合同成交额 2459 亿元，比上年增长 30.1%，占全国近 40%，核心区技术合同成交额 1134.4 亿元，同比增长 17.2%，占全市 46.1%，占全国近 1/5。与日趋活跃的技术交易相伴的是，中关村对全国的辐射带动能力显著增强，流向京外的技术合同成交额占 80%。

三是激发了企业研发投入的积极性，增强了企业创新实力。2011 年，中关村企业研究与试验发展（R&D）经费支出 317.4 亿元，相当于园区增加值的 10.4%，企业科技活动经费总额超过 780 亿元，同比增长近 20%；核心区企业内部用于科技活动的经费支出 371.61 亿元，研发强度达 4.23%。2012 年，中关村企业研发投入突破了 900 亿元，同比增长达到 25%，核心区企业科技活动经费内部支出 381.49 亿元，增长 26.5%，研发强度达 4.6%。据不完全统计，核心区涌现了一批研发强度超过两位数增长的创新型企业，2012 年，四维图新总收入 56863 万元，研发投入 31580 万元，研发强度达 55.5%；新浪总收入 63600 万元，研发投入 13929 万元，研发强度为 21.9%；北斗星通年总收入 22055 万元，研发投入 4218 万元，研发强度为 19.1%；大唐电信年收入 618326 万元，研发投入 69865 万元，研发投入强度为 11.3%。此外，良好的政策环境，辅以不断完善的创业孵化服务体系，中关村加快形成了有利于小微企业孵化和成长的创业环境，中小微企业创新创业十分活跃。

四是整合了创新资源，提升了协同创新能力。“1+6”政策的实施，进一步激发了各类创新主体开展协同创新的积极性，高校院所和中央企业积极参与中关村科学城和未来科技城建设。中科院部分院所、北大、清华、航天科技、中航工业等 35 家高校院所和中央企业，开展了新型产业技术研究院和特色产业创新园建设。

五是促进了高端创新创业人才集聚。2011 年中关村人才特区引进海内外高层次人才 1962 人，其中引进海外高层次人才 436 人。目前，北京地区共引进“千人计划”入选专家 467 人，占全国入选总数的 28.2%，227 人入选了“海聚工程”。示范区企业拥有博士学历人才 1.3 万名；硕士以上学历人才 12.8 万名，其中 2011 年新增 1.5 万人，同比增长 11.7%。

（二）“1+6”先行先试政策执行中存在的突出问题

在充分肯定“1+6”政策取得初步成就的同时，我们也要清醒地认识到政策落地过程中依然面临诸多障碍，概括起来包括如下几方面：

一是政策开口过窄，力度不足。例如，在调研中高校、科研院所反映，与美国等发达国家相比，科技成果的所有权仍然不能归研发单位和个人所有，科研人员的创造性、积极性未得到充分调动。职务发明人对科技成果最多只能获得 30%的处置收益，这一政策与张江、东湖相比，力度偏弱，影响了科技人员的积极性。再如，有企业反映，三项税收试点政策适用企业范围仅为国家高新技术企业，政策受惠面较小，该标准应当给予放宽。部分院所反映科技项目及经费管理“重物轻人”的情况严重，且规定过细过死，使用方缺乏足够的自主性和灵活性，造成投入不足和浪费严重的现象并存。此外，在无形资产管理中，无形资产的价值评估问题没有解决，同时国有资产保值增值困难，极大阻碍了科技创新。

二是相关政策配套不到位，严重制约政策潜力挖掘。超过 65%的企业认为配套政策和实施细则不足是政策落地面临的突出问题。部分政策缺乏可操作性的实施细则，导致政策难以落实。例如，有高校反映“科技成果处置权和收益权归项目承担单位所有”与现行《事业单位国有资产管理规定》相抵触，虽然中关村开了口子，但仍要履行投资审批、国有资产使用审批等。有单位反映，间接经费列支改革与新出台的财政部 434 号文政策有交叉，前者是按照全额拨款、差额拨款、自收自支和民营企业等不同机构类型采取不同的比例实施的，后者是按照课题经费中直接费用扣除设备购置费后的一定比例来核定，执行标准不一致。

三是地方话语权有限，心有余而力不足。在调研中，高校院所普遍反映，地方政府在推动“1+6”政策落地中的话语权不足影响了政策潜力的挖掘。一方面“1+6”政策是中央部委在自身权限范围内的自我艰难放权。其放权幅度的大小地方政府显然难以左右。另一方面，“1+6”政策作用的对象许多为中央在京高校院所，地方政府只能从旁服务和助推，并无实质性的话语权。此外，目前“一区十六园”的空间格局，有效调动了各区县参与示范区发展的积极性，但也面临各分园发展阶段和目标不一致、产业布局同质化严重等问题，地方政府相互之间也难以在推动相关政策落地上“共同发声”，形成政策突破的倒逼机制。同时，与武汉东湖、上海张江等国内其他自主创新示范区相比，核心区在财政、税收、工商管理、土地开发等方面也缺乏足够的自主权。

三、推动“1+6”政策深化落实的对策建议

为了进一步贯彻落实习总书记在中央政治局第九次集体学习会上的讲话精神，努力突破一切束缚创新驱动发展的思想观念、体制机制和政策束缚，把握当前新一轮科技革命和产业变革的趋势，遵循科技创新规律和发挥市场配置创新资源的决定性作用，借鉴发达国家和其他省市的成功经验，未来中关村示范区先行先试政策创新要把握好存量政策挖潜和增量政策突破，点上切入线上延伸面上拓展、政策优惠和制度创新三措并举，勇于涉险滩、敢于啃硬骨头，努力开创核心区制度创新先行先试新局面，形成创新驱动发展新格局。具体政策建议如下：

（一）以点带面，以线串点，充分挖掘“1+6”政策潜力

一要继续深化科技成果处置权和收益权改革。一是由科研成果处置权收益权改革向科研成果所有权改革试点延伸，借鉴美国《拜杜法案》，抓住《中华人民共和国促进科技成果转化法》修订契机，在核心区争取率先明确项目承担单位拥有政府出资形成的科研成果的所有权，进一步明确科技成果处置权和收益权归项目承担单位。二是针对科技成果等技术类无形资产的特点，修订事业单位国有资产管理相关规定，明确将科技成果作为有别于国有固定资产和一般经营性资产的智慧型资产加以管理。三是将“智慧型资产”处置权下放给高校，给予高校自主权，取消由财政部、教育部审批制度，改为向教育部报备登记制度。除特别规定的重大科研项目和涉及国家安全的项目外，均不需审批，同时简化备案手续。

二要缩短个人贡献和其本人取得报酬的差距，强化针对科研人员的经济激励。一是深化股权激励改革，进一步提高科技成果入股奖励比例上限，大幅提高科技人员股权激励上限，加大股权、期权、分红奖励力度，激发科技人员的积极性。二是借鉴国际经验，对股权、期权奖励个人所得税实行减免税。三是引导科研人员带薪到企业工作，完善高校院所科技成果实际完成人利用职务发明成果创办企业、推动产业化方面的机制。四是争取将投资到中关村以外地区的成果一并纳入股权激励试点政策。

三要进一步完善研发及相关支出加计抵扣所得税等财税政策。一是扩大政策适用对象范围，研发费用加计扣除和职工教育经费税前扣除，建议由国家高新技术企业扩大到中关村高新技术企业；同时扩大研发费用范围和提高教育经费扣除比例，细化教育经费税前扣除相关会计细则。二是出台针对产学研合作项目、企业设立研发中心和实验室、中试基地等财税激励机制，研究制定企业研发仪器设备加速折旧制度。

四要积极推动科研经费管理向创新服务管理转型升级。一是探索科研经费总量调控、流量自由调节的更加灵活的经费管理办法。二是加快构建以产业化助推经济社会发展贡献率为主要导向的科研立项、经费分配、评价奖励体系。三是最大限度赋以科研人员创新自主权。科研项目一经立项，研究过程、技术路线、经费分配由参加单位或个人自主决定。

五要深化高新技术企业认定试点政策，实现有名有实有利。一是结合高新技术企业认定，探索企业所得税先征后返试点。重点解决新创办企业认定及税收优惠问题，从企业取得蓝底证书之日起到正式被认定为高新技术企业之间的企业所得税实行先征后返。二是探索将科技服务业内的技术转移、知识产权、标准化等专业服务机构纳入高新技术企业认定范畴。

（二）以制度创新为主，以政策优惠为辅，制定新一轮先行先试路线图

一要努力构建与企业快速占领市场赛跑的高效便捷的行政审批制度。一是围绕园内事、园内办，取消、下放、简化、优化多措并举、上下联动，每年编制服务园区企业的行政审批清单，确保行政审批数量只减不增、流程紧缩不伸、时间大幅缩短。近期重点推进核心区梳理涉及的园区固定资产投资及企业日常运行的市级行政审批权限下放，同步规范审批前的各种前置性评估标准和时限，引入竞争机制，降低其收费标准。二是聚焦核心区企业境外投资、技术并购、企业重组涉及的投资、外汇管理等超越市级权限的行政审批，建议争取与国家有关部门共同商定在核心区设立专门的审批分支机构，建立相应的绿色通道，突破现行审批制度的束缚。三是结合商事登记制度改革，进一步简化企业日常运营中涉及的各种资质认证、职业资格认定、工商年检、执法检查等事项，确保企业有诉求、政府有回应，企业不欢迎、政府不插手。

二要努力构建创新要素自由流动高效配置公开透明的市场运行机制。一是构筑服务创新的开放、无歧视、无障碍的投资准入机制。围绕制约科技创新的科技金融、技术转移、文化与科技融合、知识产权服务、外资人才服务等重点领域，制定“负面清单”，对负面清单之外的领域，按照内外资一致的原则，加快对外开放的步伐，将相关投资项目由核准制改为备案制（国务院规定对国内投资项目保留核准的除外），将外商投资企业合同章程审批改为备案管理。二是构筑全球高端创新创业人才自由流动的吸引和凝聚机制。重点突破鼓励创新政策与经济社会管理政策之间的冲突，围绕各类高端人才引得进来、落得下去、发展得好、循环得起来，尝试突破双重国籍、职业资格国际互认、外资医疗机构进入等现行政策障碍。三是构筑符合WTO规则的政府采购自主创新产品和服务机制。

三要优化科技创新与金融创新互动支撑机制。一是进一步完善信贷融资政策体系，协调发展中小企业信贷服务体系的构成要素，有效发挥各要素的合力作用，发展立体、无缝对接的信贷服务体系。进一步丰富科技金融服务，通过建立完善贷款贴息、创投基金、科技担保代偿基金等形式，分散成果转化风险，引导各类资金投入。二是探索发展服务于科技型中小企业的政策性金融机构。根据中小企业有技术缺资金的实际，探索知识产权质押、供应链融资、科技担保、科技保险、高新区债券、创业投资和多层次资本市场等多种融资方式。三是实现中关村高新企业、科研机构、科技服务业机构和科技金融机构之间的信息互联互通。四是对中关村示范区内的创业投资机构，加大税收支持力度，放宽享受所得税优惠政策的条件，扩大政策覆盖面。五是扩大创业风险投资和产权交易规模，降低科技型风险投资公司准入门槛，采取降低所得税率、适当给予政府补贴、提供担保等形式，扶持科技风险投资行业做大做强。加快建设产权和技术交易平台，完善服务体系，推动产权高效流

转，促进技术和市场快速对接。

四要努力构筑面向产业融合创新的跨界政策支撑体系。一是结合产业交融、交叉替代、异质淘汰等新的发展趋势，探索由单一产业政策向跨界融合产业政策转型升级，增强产业政策针对性和实效性。二是借助国内外顶尖智库，紧密跟踪和把握新科技革命和产业变革最新趋势，围绕信息技术、生物经济、新能源新材料等领域，率先研究制定相应的创新扶持政策，吸引和培养相关领域的跨界高端复合型人才。三是遴选和重点支持一批跨界创新项目，打造跨界创新合作平台。建立跨界技术创新项目的引导基金，对涉及的研究机构采取税收优惠政策；支持产业联盟、行业龙头企业建设符合新型科研活动范式的公共创新平台，集聚驻区国际一流创新资源在生物医药、新能源、3D 打印等新兴领域合力实现重大科技突破。四是探索完善跨界创新创业服务体系。发展创业孵化、知识产权、管理咨询等科技服务业，支持风险投资、科技资本市场、产权交易市场和科技保险等科技金融业发展，创造支撑跨界创新的服务生态。

（三）以我为主、为我所用，以强化核心区示范引领作用为切入点，积极推动创新政策的区域统筹协调

一要强化创新政策的纵向集成，形成不同层级创新政策的共振。发挥地方政府贴近创新主体、了解创新政策需求的独特优势，强化地方政府对不同层级创新的政策地方集成权，实现各层级政策差异化定位、协同化推进、集成化放大效应。二要优化创新政策的横向部门协同，形成部门联动的放大效应，避免政策执行中遭遇部门梗阻而搁浅。三要探索创新政策跨区域的统筹协调，找准区域创新政策协同的利益切合点，消除区域政策创新的过度无序竞争和政策壁垒，构筑与区域经济发展阶段相适应的差异互补、合作共赢的创新政策网络体系。四要充分发挥各类社会组织在推动政策创新中的生力军作用。鼓励和支持市场自发形成的各类行业协会、产业联盟、技术联盟等社会组织发展，发挥其了解产业前沿和企业创新需求的信息优势，为政府制定和完善相关创新政策提供决策支撑。

此外，要进一步强化创新政策社会面宣传，借助网络新媒体等创新政策宣传方式，确保各项创新政策落地有声、执行高效、绩效有评估、问题有反馈，努力形成政策制定—执行—评估—完善的闭合循环。

（主持人系海淀区副区长孟景伟　执笔人：宋洁尘、武巍）

规范性文件选载

进一步加快核心区科技创新发展实施方案（2013—2015）

为贯彻落实党的十八大、市第十一次党代会、全国和北京市科技创新大会精神，抓住国务院同意调整示范区空间规模和布局的有利契机，加快将核心区建设成具有全球影响力的科技创新中心，制定本方案。

一、加快核心区创新发展的总体思路、基本原则和发展目标

1.总体思路

加快实施创新驱动发展战略，围绕建设具有全球影响力的科技创新中心，以全球视野谋划和推动创新，以聚集高端创新要素为抓手，以构建企业为主体的协同创新体系为突破，以大力发展科技服务业为支撑，以培育战略新兴产业集群为重点，以加快科学城和北部生态科技新区建设为载体，以深化体制机制创新和政策先行先试为动力，重点实施五大工程，加快建立五大机制，优化创新创业环境，全力推动核心区率先形成创新驱动发展格局，为建设创新型国家、首都建设中国特色世界城市和推动海淀新一轮科学发展做出新贡献。

2.基本原则

协同创新。着力构建行业龙头企业和产业技术联盟为主体的协同创新体系，加快海淀创新资源优势向产业优势转化，提升原始创新能力。聚焦突破。聚焦重点产业细分领域，瞄准产业链关键环节，着力突破一批产业关键核心技术和核心专利，形成若干拥有技术主导权的产业集群，抢占全球新兴产业制高点。示范引领。发挥先行先试政策优势，加快体制机制创新，促进创新资源高效配置和综合集成，打造与全球创新中心接轨的创新创业环境。全球融合。强化与硅谷等创新中心双向互动，提升核心区整合全球创新资源能力，实现开放式协同创新。

3.发展目标

创新驱动能力显著提升。企业创新主体地位全面确立，高新技术企业 R&D 占总收入比重超过 6%，年发明专利授权量达 1.7 万件，依托龙头企业、产业联盟掌握一批产业关键核心技术，主导和参与制定一批国际标准，转化一批带有颠覆性和国际影响力的科研成果和产业化项目。

产业集群培育实质突破。高新技术产业总收入达 1.6 万亿元，占示范区总收入超过 40%；战略性新兴产业占高新技术产业增加值逐年提升，围绕导航和位置服务、下一代互联网和移动互联网、集成电路设计、云计算、新能源和环保等形成 2 至 3 个千亿级产业集群。

重点领域领军企业加速涌现。重点产业培育 3 家千亿级龙头企业，40 家百亿级行业领军企业，100 家十亿级特色企业，境外上市企业规模总数达到 55 家。拥有核心技术，成长快，引领商业模式创新的科技型中小微企业加速涌现。

高端创新要素加快聚集。聚集一批占据世界科技和产业前沿的顶级研究团队和高层次人才，新增跨国公司地区总部和研发总部 20 家；聚集一批国际知名的技术转移、知识产权服务等科技服务机构；聚集和培育一批国内外知名的天使投资、VC、PE 投资机构和投资人。

示范引领作用进一步突显。面向第三次工业革命，抢抓新一代信息技术、智能制造、节能环保等战略产业技术价值链高端，创新商业模式，发挥核心区战略性新兴产业策源地作用。坚持企业需求和国际接轨导向，强化体制机制协同创新，完善先行先试政策，发挥核心区制度创新引领示范作用。

二、加快两大重点功能区建设，提升核心区在全球创新网络的影响力

（一）加快中关村科学城建设

1.推进特色产业园建设，打造科学城高端产业形象。盘活科学城存量空间资源，为重点产业项目落地释放空间。制定特色产业园建设实施方案和产业准入标准。强化市区协调联动，实施市区联合招商，加快梳理筛选重大项目落地特色产业园。

2.促进科技成果转化产业化。支持北理工、北航等有条件的产业技术研究院注册独立法人实体，采取专项资金、引导基金等方式支持成果在海淀落地转化。依托软交所等机构搭建研发供求对接平台，组织科研机构联合攻关，加速创新成果转化。

3.完善科学城建设服务推进机制。建立市区科学城工作组、街镇、重点建设项目单位的联合工作对接机制。研究制定市区联合招商工作方案。探索与驻区大院大所建立常态对接平台，健全和完善早期潜力型项目的先期筛选机制。

（二）加快北部生态科技新区建设

1.加快培育战略性新兴产业集群。聚焦信息通信、新能源新材料、生物医药，延伸产业链，增强主导产业辐射带动力。完成云计算、集成电路设计、生物医药、新能源新材料和节能环保产业基地挂牌，打造1~2个国家级产业基地。对接“十百千”和区重点企业空间需求，推进领军企业落地，培育领军企业整合全产业链创新的自组织能力，增强集群发展的内生动力。

2.加快北部创新创业要素聚集。以标准化定制楼宇吸引创新创业服务要素加快聚集，打造特色鲜明的要素聚集功能区，建设北部创新中心。支持领军企业以市场化方式推动技术转移、投融资、知识产权等要素集聚，形成要素聚集合力。探索建立以技术前瞻性、成长性、辐射力和综合效益为导向的项目准入退出机制，动态优化要素聚集规模和结构。

3.搭建产业公共服务平台，提升承载高端产业能力。强化北部产业公共服务平台统筹规划，重点培育一批支撑全产业链创新、专业化运营管理水平高、辐射带动能力强、特色鲜明的示范性产业公共服务平台、孵化器。支持社会资本参与搭建产业公共服务平台、建设新型孵化器，优化产业发展环境。

4.加快基础设施配套，建设活力北部。加快北部信息、商务、交通等基础设施配套，提升北部宜业宜居水平。加强海淀高新技术企业新技术新产品在园区示范应用，建设绿色节能、水和固废资源等循环利用示范工程。

三、重点实施五大工程，提升核心区创新引领辐射力

（一）实施产业领航工程，打造战略性新兴产业策源地

1.制定和实施“6+1”重点产业三年行动计划，聚焦产业细分领域，培育龙头企业。制定和实施三年行动计划，编制“6+1”重点产业技术路线图，梳理产业链关键环节，明确产业发展细分领域。编制重点产业扶持目录，出台细分产业扶持措施；梳理重点扶持企业目录，聚焦扶持“十百千”重点培育企业和区重点创新型企业，用好产业促进专项资金。组建重点产业发展战略咨询委员会，把握全球领先的技术创新和产业发展方向，建立产业、项目科学评估和快速决策机制。

2.发挥产业联盟作用，深化协同创新，攻克核心关键技术。以关键技术突破和标准创制为切入点，依托龙头企业和产业联盟，联合攻关重点产业关键核心技术，掌握重点产业技术主导权。组建核心区战略性新兴产业联盟，支持产业技术联盟等新兴产业组织承担国家重大科技项目，推进大唐移动以TD–LTE标准为核心搭建移动互联网产业公共服务平台，建设移动互联网中心。支持龙头企业对接国家科技重大专项、重大科技基础设施和科技成果产业化项目、具有国际影响力的重大项目落地海淀。

3.推进特色产业园和产业基地建设，形成集群效应。明确“6+1”产业落地园区，精心规划特色产业园，推动科学城、翠湖、永丰等组团建设，加快产业空间聚集。依托软件园，整合空间资源、优化设施配套，打造大软件园品牌，加快建设具有全球影响力的软件聚集区。建立专业园区和产业基地动态跟踪服务机制，完善配套服务。支持产业园和基地建设创新创业孵化器、公共服务平台，引导产业链企业、研发机构加速聚集。

4.加快建设国家级文化和科技融合示范基地。把握文化科技融合发展规律，研究制定产业促进政策，保持新媒体、数字内容、文化装备，文化科技服务等优势领域在全国领先地位。促进优势产业和空间资源融合发展，打造一批领先的文化科技融合示范基地。强化版权交易、投融资、产业转化平台文化创意产业联盟等文创要素支撑，打造一批支持产业聚集发展的公共技术服务平台。通过高校院所培养、龙头文化企业引进、园区聚集团队，多渠道吸引文化科技融合领军人才，打造文化科技融合人才高地。

（二）实施创新聚变工程，加快构建协同创新体系

1.构建企业为主体的技术创新体系，畅通科技成果转化渠道。支持英特尔中国物联技术研究院建设，完善运作模式，支持龙头企业建设产业技术研究院和技术研究中心，引导企业与高校院所及国内外顶级研发机构进行联合研发和技术创新，完善新兴技术突破机制。以财政资金带动社会投资机构与北大、清华等联合设立科技成果转化和技术转移基金，引进和转化一批具有核心技术的科技成果。与中科院北京分院合作建设中科海淀先进技术研究院，面向优势产业、市场和企业需求，开展共性和关键技术攻关，搭建成果转化应用综合服务平台。推进科技产业双促专项工程，完善科技中介服务平台，支持北京民营科技实业家协会等行业协会及产业联盟整合创新资源，开展协同创新，实现产品创新攻关向支撑全产业链转变。

2.加快推进国际技术转移聚集区建设。以建设国际技术转移中心为依托完成集聚区主体功能规划，引进国际化技术转移品牌服务机构。搭建国际技术转移服务平台，开放实验室、建设中试基地和公共服务平台，降低技术转移风险成本，落地一批重大国际技术转移和企业主导的技术转移项目。组织开展有国际影响力和示范效应的技术转移品牌活动，发挥专业服务机构作用，完善技术转移服务链条，打造促进技术转移有效模式。

3.深化知识产权战略，促进知识产权创造与运用。统筹推进知识产权“聚核工程”，支持企业开展知识产权标准化管理、参与国家知识产权优势企业培育，打造重点产业“专利创造高成长企业”，建设专利信息传播利用数据支持平台，提升企业专利质量和布局。建设知识产权服务业集聚发展区，以打造特色鲜明的知识产权服务功能区为抓手，聚集知识产权高端要素，

培育高端知识产权服务市场，培养专业人才，促进高端知识产权服务业集聚发展。推进知识产权商用化，优化知识产权质押融资环境，探索知识产权助力企业股权交易、上市融资新模式。

（三）实施创业光合工程，全面优化创新创业环境

1.聚集创新创业要素，大力发展科技服务业。建设西区天使投资大道，支持创投圈等搭建天使投资人与创业项目线上线下对接平台，吸引创业投资群体，聚集知名天使投资机构和投资人，壮大创业导师队伍，打造与国际接轨、最具吸引力的创业中心。支持公共技术服务、行业共性技术、科技条件平台、专业孵化器等协同创新平台建设，鼓励创新资源开放、共享，增强服务企业创新能力。实施科技服务业提升行动，实现科技服务业投资主体多元化、运行机制多样化、组织体系网络化、创业服务专业化、服务体系规范化和资源共享国际化。

2.支持新型孵化器建设，构建全过程创业服务体系。支持创新工场、车库咖啡、3W 等社会资本建设新型孵化器，构建创业辅导、孵化、加速、风投的全程创业服务体系。引导微软、用友等龙头企业建设新兴产业领域的专业孵化器，鼓励新型孵化器建立公共技术服务平台，推动综合孵化器向专业技术型孵化器转变。引进产业化共性关键技术环节的特色企业作为轴心企业，采取横向产业化共性技术链+纵向细分产业技术链的叠加方式，形成产业化关键技术支撑链，推动企业孵化器向产业孵化器转型。建立在孵企业动态跟踪机制，遴选优质企业及时引导入驻专业园区或基地，实现“孵化器—加速器—产业园区”无缝对接，推动优质项目和企业扎根海淀。

3.加强集中办公区管理与服务。联合工商、税务等规范管理集中办公区，每年认定 1~2 批集中办公区，引导支持集中办公区为入驻中小微企业提供增值服务。支持天使投资机构、天使投资人、孵化器开办集中办公区，鼓励创业投资增加对早期中小企业的投资。

（四）实施创想圆梦工程，激发区域内在创新活力

1.聚焦创新创业人才及团队，加快实施“海英计划”。坚持高端人才引领、核心技术主导、骨干企业支撑导向，进一步完善关键人才引进、生活服务、事业拓展等配套机制。依托光合创业、海银资本等创投机构和各类科技中介组织，吸引全球领军创业人才来海淀创办企业、研究机构及工作室，鼓励其参与本行业主要国际组织关键岗位竞选，增强话语权。围绕产业集群培育产业人才，重点引进一批科技领军人才、科技企业家。启动“全球行业领军人才计划”，引进一批世界一流创新团队。创新人才培养方式，探索开展“校企高端研发人才联合培养基地”和“订单式人才培养”试点，借助产学研合作、互派交流等方式，建立科研成果转化无缝衔接机制。

2.支持专业机构举办国际化品牌创业活动。支持专业机构和社会资本举办全球移动互联网大会、天使投资大会、创业世界杯等有国际影响力的品牌活动。鼓励和支持行业协会、社会中介机构组织开展创新、创意、创业、创想活动，搭建思想交流场所，打造创意人群聚集区，吸引、凝聚、发现和培养创意人才，鼓励原创思想碰撞交流，激发原始创新。

3.优化服务中小微企业。对接市中小企业服务中心，整合服务资源，设立核心区中小企业服务中心。在有条件的孵化器尝试开展面向中小微企业的创新服务券，鼓励中小微企业从创业起即借助专业服务提升发展质量。争取国家、北京市中小企业服务政策在核心区先行先试，适时推出中小企业引导基金。

（五）实施全球联动工程，加快核心区国际化进程

1.实施与全球创新中心双向对接计划。加强核心区与硅谷等全球创新中心合作，支持企业、院所在硅谷设立专业孵化器、研发中心，建立国际技术转移和研发服务平台，参与国际大科学计划和大科学工程。吸引世界 500 强、境外知名科研机构来海淀设立研发机构、联合搭建世界顶级实验室或创新中心，突破核心关键技术。

2.实施国际化能力提升计划。聚集国际化服务中介机构、搭建国际化服务平台，集成和创新企业国际化支持政策，完善服务企业国际化工作体系。提升领军企业家国际化素质，培育核心区企业跨文化整合能力。支持龙头企业、产业联盟和风投机构等吸引硅谷、欧盟等创新创业团队、中小企业异地同创，优化核心区外籍人才创新创业土壤。

3.实施旗舰远航计划。支持企业参与国际展会、承接研发服务外包、扩展海外市场、获取国际认证、申请国际专利、创制国际标准，设立境外分支机构，鼓励有实力的企业境外上市和兼并重组，打造世界一流跨国公司。推动“科技兴贸”计划，重点培育一批拥有自主知识产权的出口企业。

四、建立五大发展机制，增强核心区创新发展内在活力

（一）建立新技术新产品推广应用机制

1.加大新技术新产品推广应用。细化落实《海淀区新技术新产品政府采购和应用推广实施办法（试行）》，加大新技术新产品应用政策支持力度。推进政府投资项目优先应用新技术新产品，提高政府投资采购新技术新产品比例，形成新兴市场培育机制。结合智慧海淀、美丽海淀、生态文明、社会服务管理、北部生态科技新区、南部老旧小区改造等重点工程，建设新技术新产品应用示范工程。建立中小企业新技术新产品创新营销平台。鼓励驻区社会单位、友城应用新技术新产品。

2.深化智慧海淀建设。打造智慧教育、卫生、住建、社区等示范工程。成立核心区智慧城市产业联盟，促进新技术新产品推广应用。完成北部生态科技新区和中关村科学城信息基础设施规划和建设方案，完善北部新区通信信号，扩大光纤到户

规模，实现科学城、西区等无线局域网覆盖；吸引社会资本，创新智慧海淀建设运营模式。建设智慧园区，畅通企业诉求表达渠道，实现园区与企业无缝全天候衔接。

3.打造和谐的企业信用环境。实施核心区中小企业专项扶持计划，推进首批企业纳入信用体系建设，整合企业信用信息，建立信息化平台，深化信用产品等金融服务创新，为中小企业融资，拓展市场创造良好环境。建立区域高科技人才信用数据库，优化人才信用环境。

（二）建立园区重点企业动态监测和服务跟进机制

1. 加强重点企业动态监测，建立企业信息全景视图。整合数据资源，建立重点企业信息数据库。完善产业地图，建设企业动态监测分析平台，实时跟踪区域产业发展、空间布局、资本流向、科技创新等最新信息，确保底数清、比得明，为完善重点企业服务跟进机制提供依据。

2.强化跟踪服务，构建可持续的经济发展和财税建设机制。建立健全重点企业动态监测信息部门共享和分析会诊机制，形成发改、财政、投促、工商、税务等多部门联动服务重点企业的合力。围绕重点产业，筛选锁定目标企业，实施精准招商，逐步建立招得来、扶得大、留得住的长效机制。

（三）建立园区和乡镇产业园发展的统筹联动机制

1.强化乡镇产业园发展定位和项目准入。确定乡镇产业园差异化产业定位，明确企业和项目准入标准。建立项目引进联席会制度，重点吸引产业领军企业和引领带动辐射力强的潜力型企业，兼顾公共服务平台和技术服务类企业。

2.探索乡镇产业园建设运营新模式。因地制宜，灵活采取与专业园区开发运营机构合作或乡镇自主开发建设等方式，提升乡镇产业园集群化布局、专业化运营管理、集约化发展水平，挖掘乡镇产业园综合效益。

3.创新服务乡镇产业园发展的政策措施。完善乡镇产业园投资促进、税源激励、重大项目引进等支持政策，调动乡镇建设专精特新园区和配套服务设施的积极性。

（四）建立楼宇招商投资促进机制

1.摸清楼宇底数，建立信息平台。加强楼宇资源跟踪监测，协调各街镇、相关职能部门和中介机构，摸清楼宇底数，建立楼宇资源监控工作体系。搭建楼宇信息管理平台，实时掌握楼宇动态信息，建立信息及时发布制度、定期统计楼宇内部企业主要经济指标。

2.完善楼宇经济发展促进政策。加强海淀区楼宇空间资源跟踪调研，梳理整合现有政策，注重引导、强化激励，完善区域楼宇经济发展促进政策。合理利用街镇税源建设奖励资金，支持楼宇并购、改造升级和业态调整，健全楼宇业主单位支持区域经济建设激励机制。

3.建立园区与街镇联动服务楼宇经济发展的对接机制。坚持高端高效高辐射导向，把好楼宇产业、企业准入关，探索紧密依托街镇筛选引进优质项目。加强园区与各街镇的联系和协作，围绕楼宇经济发展，主动对接区内委办局服务资源，在企业服务、空间资源利用、政策支持和提升发展环境等方面，深化落实协同联动的工作和服务机制，为业主和入驻企业提供服务。

（五）建立产业有序转移和利益共享机制

1.摸清产业转移需求。加强产业跟踪监控，摸清园区“十百千”企业、上市公司等企业跨区域发展需求。掌握产业转移信息，推介产业转移项目，协调转移企业、项目落地实施。

2.创新产业转移的模式和路径。建立跨区域产业合作机制，探索产业转移路径，采取合作共建等方式，加速产业转移速度，规范转移方向；建立与异地合作地区的联系机制，共同研究促进产业转移与合理布局的政策措施，统筹重大产业转移项目区域布局和要素配置，协调解决项目转移和承接中的重大问题。

3.优化形成产业转移合力。引导相关机构为拟转移或投资企业提供服务与指导，鼓励相关机构组织有实际转移实力和需求的企业异地扩张；支持大学科技园、专业园区、孵化器、加速器及公共技术服务平台等内部主体开展对外合作，完善产业转移政策体系，实现产业有序转移。

五、优化核心区软环境建设，增强核心区创新发展吸引力

（一）建设富有竞争力的政策环境

细化落实“1+6”先行先试政策，加强政策落地效果的跟踪评估，积极争取新 5 条政策落地海淀，主动对接市级层面突破性政策，全力推进区级层面政策突破。完善专项资金支持政策，加强专项资金统筹和整合，完善支持项目的“发现机制、筛选机制、统筹机制、市场机制、透明机制和撬动机制”。采取梯级贴息、风险补偿，加大股权投资、投资基金等权益类投资比重，完善专项资金支持方式。探索依托产业园区、专业孵化器、产业联盟和行业协会寻找、发现、筛选支持项目，拓宽、优化支持项目来源渠道。探索资金项目专员责任制度。

（二）建设值得企业信赖的法制环境

以维护核心区企业合法权益，保障企业创新发展为中心，充分发挥海淀园法律工作领导小组作用，整合行政、司法等服务资源，畅通企业法律诉求反映解决渠道，建立核心区企业法律服务需求动态跟踪和服务保障机制。以知识产权保护为切入点，建立举报、投诉、受理一站式法律服务平台，打造保护企业合法权益绿色通道。发挥行业协会、产业联盟、商会等社会组织反映诉求、促进行业自律作用，完善诉外纠纷解决机制，减轻核心区企业诉讼负担，降低企业维权成本。

（三）营造包容创新的人文环境

营造“鼓励创新，包容失败”文化氛围，培育企业家精神，促进思想碰撞，迸发创新火花，增强核心区创业文化辐射力。加强核心区品牌形象的定位和设计，突出核心区特色，传播“海淀创想圆梦热土”新形象。整合网络、微博、微电影等新媒体，加强与境外主流媒体合作，加大海外宣传推介力度，提升核心区国际影响力和品牌号召力。

附件：实施方案重点任务分解及进度安排（略）

关于落实中关村国家自主创新示范区建设国家科技金融创新中心的实施方案

为贯彻落实《关于中关村国家自主创新示范区建设国家科技金融创新中心的意见》（京政发〔2012〕23 号），深化首都科技金融综合改革，加快国家科技金融创新中心建设，结合我区实际，制订本实施方案。

一、建设国家科技金融创新中心的指导思想、原则与目标

1.指导思想。深入贯彻落实科学发展观，坚持金融服务实体经济的本质要求，深刻把握科技创新与金融创新的互动发展规律，解放思想、深化改革，通过政策引导，建立和完善满足大中小企业多元化金融需求的科技金融组织体系、发展有利于梯次企业成长的多层次资本市场体系、创新适应科技企业融资的金融产品体系、搭建促进科技与金融融合的金融服务体系，充分发挥中关村核心区科技金融辐射和引领作用，提高金融在促进重大科技成果转化和产业化的带动作用，支持科技企业成长壮大，培育发展战略性新兴产业，建设以中关村核心区为基础的国家科技金融创新中心。

2.基本原则。坚持政策引领，服务国家战略，强化市区两级联动和错位支持；坚持市场引导，创新体制机制，强化市场配置金融资源的基础性作用；坚持先行先试，深化改革开放，加快创新政策在海淀试点；坚持产融结合，加强良性互动，促进金融业发展和金融促进实体经济发展。

3.发展目标。围绕中关村建设国家科技金融创新中心，以及海淀区建设中关村国家自主创新示范区核心区的要求，积极落实和推动科技金融创新，力争用 3~5 年时间，强化海淀作为全国股权投资中心的地位，建立覆盖科技创新与发展全过程的金融创新支撑体系，促进资本与科技有效对接，形成以科技金融支撑区域创新创业、企业做强做大和产业升级转型的良好格局。

到 2020 年，实现完备的科技金融体系，即实现一二三四五战略目标：建成一个全国创新资本中心，建设两个科技金融聚集区，打造三个科技金融服务平台，创建四个科技金融创新基地，构建五个科技金融综合体系，把海淀建设成为与具有国际影响力的科技创新中心地位相匹配的科技金融创新中心。

全国创新资本中心。强化海淀股权投资在全国的领先地位，鼓励天使投资、创业投资、风险投资等各类股权投资在核心区发展，探索互联网金融等创新型金融交易模式在核心区推广，促进金融机构开发适合科技企业的创新型组合金融产品，推动要素市场发挥科技成果发现、价值评估、技术转移、成果产业化等功能，实现创新资本驱动科技创新和产业升级，把海淀建设成为金融资本集聚、金融创新活跃、投融资交易集中的全国创新资本中心。

两个科技金融聚集区。建设中关村西区和西直门外科技金融商务区两个科技聚集区，分阶段开展国家科技金融功能区规划建设，树立中关村西区国家科技金融中心核心区品牌形象，将西直门外商圈打造成新兴科技金融聚集区，彰显国家科技金融创新中心的示范引领和辐射带动效应。

三个科技金融服务平台。建设中小微企业融资服务平台、股权投资服务平台、促进企业上市服务平台，形成服务高效、对接有效的政府公共服务体制机制。

四个科技金融创新基地。创建产融结合示范基地、上市公司培育基地、天使投资孵化基地、中小微企业融资创新示范基地，实现金融资源的充分集聚和金融功能的充分发挥。

五个科技金融综合体系。完善上下联动错位互补相结合的科技金融政策体系，推动国家科技金融创新中心建设全面协调发展；强化传统和创新型金融共促发展的科技金融组织体系，加速集聚金融要素和主体；建立覆盖企业全成长周期的科技金融产品体系，推动创新试验突破和示范推广；完善支持科技企业创新创业的多层次资本市场体系，充分发挥资本市场效能；

打造多方协调联动的科技金融服务体系，实现金政企高效便利对接。形成政策集合、机构集聚、产品集中、资本聚焦、服务集成的五大科技金融体系。

二、大力发展金融产业，构建多样化的金融机构体系

4.加强政策引导，聚集新型科技金融机构。落实金融监管部门的金融创新政策，并在海淀区先行先试；加大财政支持力度，鼓励金融机构开展机构创新和机制创新。支持银行在我区设立投资银行、中小企业专营机构、消费金融公司、科技分行、跨境交易中心等新型机构；支持证券公司在我区设立自营业务、经纪业务、券商直投、投行和场外业务等专业公司；支持保险集团、保险资产管理、保险经纪、保险公估等公司及保险交易市场在我区设立；支持金融产品销售公司、风险管理公司、客户服务公司等金融新兴实体落户我区。

5.依托区域 IT 产业优势，创新发展互联网金融。吸引依托互联网和移动通信、大数据处理等技术的机构在海淀区聚集发展，鼓励其开展资金融通、支付、机构间交易结算平台等金融业务。支持新设立或新迁入的第三方支付、供应链金融等机构的发展。支持北京软件和信息服务交易所等具有互联网金融交易实体的要素机构在海淀发展。鼓励各类机构加强互联网金融研究与创新，探索新型融资模式，促进民间金融的阳光化、规范化。

6.充分发挥政策优势，打造产融结合示范基地。引导大中型企业和产业龙头企业通过设立金融控股集团，建立和完善财务公司、大企业集团资金调拨和结算公司、投资公司等机构融合的金融板块，通过金融手段支持集团实体经济发展壮大，实现科技和金融依托集团实体实现产业融合，以金融创新带动产业结构升级和产业链的延伸。支持金融机构创新产品，以金融创新促进、引领科技创新。

7.建立金融中介服务联盟，聚集科技金融中介服务机构。支持各类金融行业协会在海淀区聚集，吸引专注金融领域特别是为中小微企业开展投融资业务提供咨询服务的会计师事务所、律师事务所、资产评估机构、信用评级机构、信息咨询公司等中介服务机构在海淀发展。成立科技金融中介服务联盟，搭建企业与金融机构对接的桥梁。

8.借助核心区科技优势，强化对金融服务的科技支撑。充分发挥科技支持金融发展的作用，鼓励为金融机构提供专业设备、软件开发、信息管理、电子商务后台支撑、金融服务外包服务等科技企业的发展。支持科技企业加大在移动支付、电子交易系统、金融信息系统等方面的投入，提高金融科技化水平。加强科技创新成果在金融领域的应用和推广，提高金融服务实体经济的水平和质量。利用科技手段支持金融创新，实现安全、规范、高效发展。

三、推进科技金融创新，构建企业全周期金融产品体系

9.积极推动金融改革创新试点，建立中小微企业融资创新示范基地。推动银行、证券、保险、股权投资等多类金融机构相互合作，建立多种融资手段联动并用、多种金融产品融合发展的中小微企业创新型金融产品体系。在金融功能区和高科技园区开辟专门区域试点中小微企业融资创新产品。推动银行、保险、证券、租赁、信托、金融资产管理等机构针对中小微企业在风险评价、机构设置、产品设计和考核机制等方面开展创新，并在海淀区先行先试。

10.加大引导力度，推动中小企业专营机构向深度和广度发展。鼓励银行针对中小微企业信贷专营机构建立专业团队、快捷的审批机制、科学化产品体系、风险控制体系及特色化激励机制。鼓励保险公司在海淀区试点科技保险业务，充分发挥科技保险在企业资金融通中的功能。鼓励银行、保险等金融机构试点设立知识产权专营机构，引导其针对中小微企业开展相关服务。引导小额贷款公司增强中小微企业服务能力，协调有关部门争取中小微企业贷款业务突出的小额贷款公司在中关村范围内开展业务。

11.完善中小微企业信用担保体系，促进担保机构健康发展。推动中小企业信用担保体系建设，综合运用资金补充和财政补贴多种方式，对开展中小微企业信贷担保业务的担保机构给予支持。引导融资担保机构创新担保品种，为中小微企业提供信用担保。鼓励担保机构加入再担保体系，扩大担保规模。

12.培育发展科技保险市场，提升科技企业风险管理水平。引导驻区保险机构面向海淀区推出科技企业研发责任保险、关键研发设备保险、出口信用保险、员工忠诚险、科技人员养老保险等特色产品。支持和鼓励驻区企业购买科技保险产品。鼓励在海淀区设立保险交易市场，支持中小微企业保单流转，鼓励联保互保、再保险产品交易；支持保险经纪公司参与保险交易市场发展，并开展保险经纪业务品种交易。研究推动探索保险资金参与北部建设项目融资、战略性新兴产业培育和重大科技项目投资等支持核心区建设的机制措施。

13.完善知识产权融资体系，促进科技成果转化。推动企业开展知识产权标准化管理，建设专利信息传播利用数据支持平台。推进知识产权商用化，探索知识产权助力企业股权交易、上市融资新模式。设立知识产权质押贷款质权处置引导资金，引导、支持知识产权中介机构建立知识产权质押贷款处置机制，推动企业运用知识产权质押融资。聚集知识产权高端服务要素，建设知识产权服务聚集发展区。

14.建设融资服务平台，优化中小微企业融资环境。打造有海淀特色的科技金融创新综合服务平台。利用平台健全金政企资源对接机制，提高融资成效，降低金融机构的信贷风险。支持科技金融创新综合服务平台向中小微企业提供公益或低收费的相关服务。建立政府部门信用信息交换共享机制，完善对中小微型企业基础信用、企业政务信用、企业经营信用等信息的归集、征集和共享机制。建立健全区域科技型企业信用服务体系，支持金融机构、信用评级机构、科技中介组织、行业协会、专业园区等机构参与企业信息征集与信用评级工作，推广信用产品在金融服务领域的应用。

四、完善创业投资体系，打造全国股权投资中心

15.吸引股权投资机构聚集，加快股权投资业发展。大力吸引天使投资、创业投资、产业投资、并购重组和券商直投基金在我区发展，打造交易活跃、投资规模大、知名股权投资机构聚集的全国股权投资中心。对新设立或新迁入我区的股权投资机构给予房租补贴和投资奖励；对关注初创期高科技企业的风险投资给予重点支持。

16.培育聚集天使投资人，支持小微企业孵化成长。建立健全合格天使投资人备案登记制度，开展知名天使投资人、天使投资机构和优秀创业导师评选，吸引境内外天使投资人聚集并开展业务。鼓励各类天使投资会议活动在我区举办，搭建天使投资与项目的交流对接平台，为小微企业提供增值服务。支持以车库咖啡、创投圈为代表的天使投资中介服务机构和行业组织聚集，并通过线上线下方式实现投融资对接，促进小微企业通过股权融资实现创新创业。

17.发挥财政资金引导作用，支持企业创新创业。发挥我区引导基金的投资引导作用，吸引各类风险投资、天使投资机构聚集并投资于我区特色优势产业的初创期（含天使期）企业，积极争取市级中小企业发展资金配套支持。推动引导基金与社会资本合作成立产业投资母基金和并购重组基金，提高财政资金的杠杆放大作用。在促进股权投资行业自身发展的同时，鼓励更多创业企业通过引导基金实现股权融资或并购重组，增强企业配置高端要素和资源的能力，助推产业结构优化升级。

18.构建股权投资服务平台，服务实体经济发展。支持中关村创业投资和股权投资基金协会等行业组织做大做强，定期发布《海淀区股权投资行业发展报告》，积极为股权投资机构提供选址入驻、项目对接、政策申报和宣传展示等一系列个性化服务。支持全球 PE 论坛以及中关村金融家俱乐部、PE 早餐会等各类行业高端会议在我区举办。推动银行、证券、保险等传统金融机构与股权投资机构开展资金募集、基金托管、银投联贷、并购重组等投融资合作。

五、完善企业上市服务体系，建设多层次资本市场

19.加快要素聚集，建设多层次资本市场。支持中国技术交易所等要素市场建设，探索引导科技成果进场交易的有效途径，完善推动科技成果转化的服务功能。大力发展北京股权交易中心（四板市场），支持企业在四板市场挂牌及转板。提高四板市场交易活跃度，拓宽企业股权融资渠道和股权投资机构的退出通道。积极参与机构间交易市场筹建，针对中小企业建立包括金融产品交易、股权交易的网上交易平台，创新网络交易金融产品，完善多层次资本市场体系。

20.搭建企业上市服务平台，打造上市公司培育基地。支持企业在境内外证券交易所上市；鼓励中小微企业在场外市场挂牌，优化公司治理结构、提升企业知名度。以海淀区促进企业上市联席会议和促进企业上市服务机构联盟为抓手，为企业提供联动高效的服务，力争形成分阶段、多层次的上市梯队。

21.提供全链条服务，做实上市公司总部经济。推动上市公司产业园区建设，鼓励优质的上市公司募投项目落地我区。聚集总部经济，鼓励上市公司在我区打造独立运营的总部中心、研发中心、营销中心。力促上市公司实施并购重组，提高行业集中度、贯通产业链。配合监管部门督导上市公司规范运营，承担企业社会责任。落实上市公司人才奖励政策，将上市公司纳入重点企业范畴并提供相应服务。

六、推动国家科技金融功能区建设，拓展产业发展空间

22.打造天使投资孵化基地和互联网金融培育基地，树立国家科技金融功能区核心区品牌形象。巩固中关村西区已形成的科技金融业态和金融资源聚集优势，以中关村 PE 大厦和金融大厦为核心，加速西区业态调整，不断扩大辐射范围，加快聚集科技金融要素。以海淀图书城为基础建设“天使投资大道”，构建适合创业企业和天使投资交流合作的空间平台。借助区域互联网金融资源优势，鼓励各类机构创新发展互联网金融。

23.整合西外商圈资源，形成新兴科技金融聚集区。结合中关村科学城建设规划和西直门外城市功能规划，整合西外空间资源，聚集创新型金融机构和金融中介服务机构，建设西直门外科技金融商务区。以中央财经大学科技金融产业园为中心，打造科技金融人才和智力培育基地，形成新兴科技金融聚集区。

24.拓展产业发展空间，推动建设玉渊潭产融结合示范基地。以我区大力发展总部经济为契机，加快建设中关村玉渊潭科技商务区。以玉渊潭科技商务区滨河长廊为基础，积极拓展科技金融产业发展空间，重点吸引大型企业的总部结算中心、金融控股集团、财务公司等机构落地，逐步形成产融结合示范基地和企业总部结算中心。

25.满足科技企业发展需求，建设北部地区科技金融生态圈。按照北京市“十二五”规划“两城两带”的战略部署，在北部地区科技园区预留一定空间，以中关村壹号楼为核心，吸引科技金融中介、股权投资机构等金融要素聚集，大力培育北部地区科技金融生态圈，为北部研发服务和高新技术产业发展带提供全方位金融服务。

七、完善配套服务体系，优化科技金融发展环境

26.建立金融机构快捷服务机制，加快科技金融人才队伍建设。加大政策宣传力度，积极落实人才奖励政策。推进人才培养引进工作，拓展人才引进渠道，完善人才培养引进体系。与中央财经大学合作，探讨设立服务核心区的科技金融创新研究院。探索建立金融机构政府专项服务通道，快捷处理金融机构人才落户、子女入学、住房保障等方面事务。设立金融人才办事窗口，提高金融人才服务效率。

27.推动核心区外汇管理政策试点，优化企业利用外资和境外投资环境。积极争取外汇管理、商务和发改部门支持，简化外汇审批流程，下放审批权限。推动各级监管部门在核心区开展外汇管理政策试点，适当放宽核心区企业境外募集资金进入国内的限制；鼓励核心区企业投资境外有成长潜力和核心技术的创业企业，促进先进科技成果跨国转化和技术转移；支持外商股权投资企业在核心区投资；扩大跨国公司总部资金集中运营试点范围，提高核心区服务外包企业服务贸易单笔对外支付额。

28.加强科技金融创新文化建设，激发创新意识。营造鼓励创新、共担风险、讲求信用的投融资文化环境。加大宣传车库咖啡、创新工场等扶持创新创业的典型案例，积极推动以创新文化、创业文化、创造文化为核心的金融文化体系建设。充分利用高校院所科研资源，为区域科技金融创新提供智力支持。建立科技金融创新研究院，形成集聚知名学者、经济学家、金融企业家的科技金融专家库，为金融机构提供专业咨询意见。

29.加强宣传推介，打造海淀科技金融品牌。通过金博会、京港洽谈会等有影响力的论坛、会展等活动，宣传海淀科技金融的整体形象。通过承办全球PE北京论坛、中国股权投资论坛、中关村科技金融论坛和各类专项金融论坛，研究探索科技金融创新中心建设、科技与金融融合等战略发展问题。发展科技金融媒体圈，通过主流媒体及时发布海淀科技金融创新的最新动态。

八、加强保障措施，推动科技金融创新中心建设

30.组织领导。由区主要领导牵头，成立由相关副区长和委办局主要领导为成员的海淀区建设国家科技金融创新中心领导小组，协调推进科技金融创新中心建设的各项工作，加强与市级部门的协调沟通，强化市区两级金融工作联动，加强与金融机构沟通交流，全面提升我区金融服务水平。

31.政策协调。准确把握国家金融体制改革趋势，加强与监管部门、市级部门的沟通协调，争取政策突破和创新在我区先行先试。加强区内部门的协调配合，加强金融政策与科技政策的协调，建立健全跨部门、跨层级、跨领域的工作协调机制。

32.资金保障。设立科技金融产业发展专项资金，支持国家科技金融创新中心建设。把握金融业发展趋势，根据不同的金融行业，不同类型的金融机构，不同层次的金融人才，适时制定扶持金融业发展的专项政策措施，发挥政府资金引导作用，保障各项工作顺利实施。

附件：实施方案重点任务分解及进度安排（略）

区 情 概 述

海淀区是北京市市辖区，位于北京市西北部（北纬 39° 53' ~ 40° 09'，东经 116° 03' ~ 116° 23'），东与西城区、朝阳区相邻，南与丰台区毗连，西与石景山区、门头沟区交界，北与昌平区接壤。全区总面积 430.73 平方千米，约占北京市总面积的 2.6%，南北长约 30 千米，东西最宽处 29 千米。区党政领导机关驻地——海淀区长春桥路 17 号。

气候属暖温带半湿润半干旱大陆性季风气候，春季干旱多风，夏季高温多雨，秋季天高气爽，冬季寒冷干燥。年平均气温 8 ~ 11℃，极端最低气温-15℃，极端最高气温 40℃；多年平均降水量为 585 毫米；年均蒸发量 1800 ~ 2000 毫米；年均日照时间是 2600 ~ 2800 小时；年均无霜期是 190 ~ 195 天。2013 年全年平均气温春季比常年偏低，其他三季偏高，降水偏多。年平均气温 12.3℃，与历年平均气温持平；年总降水量 524.8 毫米。

全区地处华北平原北部边缘与太行山余脉交汇地带，总体地势西高东低，形成山区和平原两个部分。西部为海拔 100 米以上的丘陵山地，面积约 68 平方千米，占全区总面积的 15%左右。西部山区统称西山，属太行山余脉，山势呈南北走向，有山峰 60 多座，最高峰为西北部阳台山的妙高峰，海拔 1278 米，最低处为东部的黑泉村，海拔 35 米。东部和南部为海拔 50 米左右的平原区，面积约 362.73 平方千米，占全区总面积的 85%左右。以百望山为界，山南习称“山前”，山北则称“山后”。主要土壤类型为砂姜潮土，其次是褐潮土和壤质潮土、砂潮土。山地土壤类型垂直分布明显，棕壤及地带性褐土交错分布。山前平原土壤多为碳酸盐褐土，接近洼地多为褐潮土；山后倾斜平原广泛分布潮土。有大小河渠 18 条。

全区陆地植物共 110 科 313 属 684 种。受地貌、气候、土壤等条件的影响，区内植被垂直分布规律明显。海拔 800 米以上的中山地区，一般生长着黄刺玫等野生植物，覆盖率达 60%~70%；海拔 300~800 米的低山地区，主要分布着油松、侧柏、刺槐等人工林；海拔 70~300 米的浅山地区，多为人工栽培的苹果、梨、杏等果树林和油松、侧柏风景林；平原地带主要为农田，以蔬菜、水稻、小麦为主，此外还分布有杨、柳、槐、榆等林网。

海淀区是著名的文化科学教育区、风景名胜旅游区。境内名胜古迹众多，有各类文物古迹 262 处，著名的清代皇家园林“三山五园”就建在境内。区内聚集了清华大学、北京大学等 38 所普通高校、37 所成人高等院校以及中央党校、国家行政学院、国防大学等中国党政军最高学府以及近 1200 所各类继续教育学校。驻有 100 多个中央、市属机关，近 200 个部队大院。有以中科院为代表的 142 家国有科研单位。有各类图书馆、博物馆、影剧院、著名表演单位数百处。海淀区是新技术产业开发区，中关村科技园区的中心区和发展区绝大部分在海淀区境内。2009 年，中关村科技园区海淀园成为中关村国家自主创新示范区核心区。

海淀区现辖域于 1949 年 7 月设置单独行政建制，1952 年 9 月命名为海淀区。

截至 2013 年年底，辖 7 镇（地区）、22 个街道、84 个村、570 个社区。全区户籍人口 235.3 万人，其中农业人口 8.2 万人，非农业人口 227.1 万人。全年出生 21922 人，出生率 9.4‰；死亡 5454 人，死亡率 2.3‰；人口自然增长率 7.1‰。计划生育率 98.0%。

经 济 建 设

2013 年，实现地区生产总值 3835.2 亿元，同比增长 9.12%；人均地区生产总值 17051.4 美元。区域财政收入 1867.36 亿元，同比增长 10.8%。区级财政收入完成 336.19 亿元，增长 18.94%。一、二、三产业增加值占生产总值比重分别为 0.05%、13.18%和 86.76%。规模以上工业企业实现工业总产值 1708.3 亿元，同比增长 12.8%。城镇居民人均可支配收入 45952.7 元，同比增长 9.8%。农村居民人均纯收入 24673 元，同比增长 10.3%。城镇登记失业率 0.70%。

全社会固定资产投资完成 775.1 亿元，增长 12.5%。围绕民生改善、产业发展、环境提升等重点领域，拓宽融资渠道、创新投资模式。推进东升科技园二期一级开发、玲珑巷、五路居整体改造等重点项目，完成大工村再生能源发电厂项目 PPP 模式融资方案。

社会消费品零售额实现 1614.0 亿元，同比增长 7.3%。组织中关村国际美食节、海淀品牌消费节等 35 项促销活动。编制三山五园地区商业发展意见，修订北部地区商业服务业和物流业发展规划，落实商业服务业跨越发展行动计划，新增清河五彩城二期等商业设施40万平方米，玉渊潭商务区被命名北京市商务服务业聚集区。举办“三山五园”皇家园林旅游节、中关村科教旅游节、海淀西山文化休闲旅游节三大品牌节庆活动。中关村科教游服务业标准化试点获国家标准委验收通过。实现旅游营业收入443.3亿元，同比增长8.2%。

中关村“1+6”政策深化落实，395家单位享受试点政策。发挥核心区“1+10”政策效应，配套20亿元专项资金，重点支持1416个自主创新和产业发展项目。加大企业服务力度，完善税源建设工作机制，出台促进总部经济、楼宇经济、小微企业发展等政策，支持企业申报国家火炬计划68项，帮助企业申请到国家和北京市各类专项资金11.5亿元。认真执行企业税收优惠政策和税制改革，高新技术企业全年减免税超过200亿元。“营改增”试点企业突破7万户，其中97%的税改企业平均税负大幅下降。

重点产业快速发展。构建与核心区发展相适应的现代产业体系，三次产业占比分别为0.05∶13.18∶86.76。全区26家单位的61个标准项目获得资金补助，占全市的41%，其中国际标准10项，占全市国际标准的77%。启动实施战略性新兴产业三年行动计划，产业集群发展态势明显。

提升大气环境质量，二氧化硫等4项主要污染物排放量削减5%以上。制订《海淀区2013年节能降耗与应对气候变化工作计划》和《海淀区2013—2017年加快压减燃煤和清洁能源建设工作任务分解方案》，推进节能降耗和压减燃煤工作。改造燃煤锅炉557蒸吨，减少劣质燃煤6.3万吨，淘汰老旧机动车辆3.34万辆和14家高污染企业落后产能，削减工业挥发性有机物排放190吨。完成12千米中小河道治理，南沙河截污工程、稻香湖再生水厂开工建设。初步建立起覆盖全区的用水指标管理体系，全区万元地区生产总值水耗为8.2立方米，下降约5.2%。初步实现水务精细化管理。将北部38座污水处理厂（站）全部委托专业机构进行运营管理。全年处理污水1826万吨，北部地区污水处理率达到78%以上。循环经济和节能减排工作成效明显，万元地区生产总值能耗下降4.92%。成为全国首批分布式光伏发电示范区，被北京市评为节能先进区。

开展新一轮新农村“三起来”工程建设，做好农村基础设施管理，将镇管河道保洁及绿化养护纳入管理范围。发展休闲农业、生态农业、智慧农业，推动产业融合。在东升科技园建设智慧农业综合试验示范点。启动京西稻、杏的地理标识认证申报工作。指导7个镇挂牌成立农产品质量管理站。建成3个国家级现代农业示范园。促进集体产业转型升级，出台“一镇一园”建设指导意见，温泉镇起步区建设迈出实质性步伐。推进镇级集体经济产权制度改革和车耳营、七王坟村就地改造试点，基本完成集体建设用地使用权调查。完成第九届村委会换届选举。农村经济总收入235.3亿元，同比增长1.2%。

全年完成进出口总额401.4亿美元。其中出口90.6亿美元，同比下降1.8%。合同外资15.2亿美元，实际利用外资16亿美元，同比增长5%。跨国公司地区总部增至9家，海淀园被认定为总部经济集聚区。完成京交会推介等工作，举办印度NASSCOM对接会，签约197亿美元。

中关村国家自主创新示范区核心区

海淀园实现总收入12533.58亿元，同比增长17.5%，占中关村示范区的41.7%。实现利润938.42亿元，同比增长14.1%；实缴税费总额490.31亿元，同比增长15.9%。其中电子与信息产业收入7079.64亿元，同比增长14.9%。进出口总额359.12亿美元，同比增长75.3%。其中出口总额110.15亿美元，同比增长31.3%。有各类孵化器48个，累计孵化企业8776家。有加速器6个，大学科技园19个，其中国家级大学科技园13个。印发《关于推进产业有序转移的实施意见》，海淀园全国首个分园落户河北秦皇岛市。

海淀区国家高新技术企业认定复审通过482家，新认定国家高新技术企业785家。全区存量国家高新技术企业5005家，约占一区十六园的55%。存量中关村高新技术企业达到1.2万家。海淀区有812个产品被认定为中关村国家自主创新示范区新技术新产品，占全市的64.5%；23家企业的28项服务被认定为中关村国家自主创新示范区新技术新服务，占全市的62.2%。推动建立仁创公司砂基透水砖等11个新技术新产品示范应用工程。全年海淀区新技术新产品政府采购额达4亿元。

9月，市政府提出在中关村国家自主创新示范区核心区建设“中关村软件城（大上地地区）”“知识产权与标准化一条街”“创新创业孵化一条街”“科技金融一条街”（简称“一城三街”）。通过全面梳理“一城三街”空间资源，推动空间腾退、机构引进、政策扶持等工作。推进海淀图书城、鼎好大厦等中关村西区楼宇的业态调整，海淀置业腾退回租回购面积超过1万平方米，3W咖啡、贝塔咖啡、天马旅项目等集体入驻。

实施“6+1”重点产业三年行动计划和海淀区战略性新兴产业技术路线图，明确规划7大战略性新兴产业近中期发展目标。组织200项近中期重点项目的征集、筛选、凝练和评估工作。聚力“导航与位置服务”“移动互联网与下一代互联网”两个挂牌专精特色产业园产业聚集工作，重点打造“6+1”专精特新产业集群。汇龙森联合北大、清华等共建的生物技术产业创新基地启动运行。北京外国语大学国际文化创新园一期和北京林业大学林业生态产业创新园一期建成。北林林业生态产业创新园引进国内全部4家上市的园林工程设计公司入驻。

加快建设国家级文化和科技融合示范基地，全区文化和科技融合专项支持项目66项，支持资金4860万元。引导社会资本投入，推进形成两支基金，总额达3.5亿元。文化创意产业收入4222.1亿元，增长7.9%。发布实施《海淀区文化科技园区及孵化器认定和管理办法》，认定首批12家文化科技园区及孵化器。打造创意经济孵化转化平台，形成虚拟科技园区“1园N平台”建设方案。推动建立互联网电视、工业创意设计、网络教育等产业联盟。塑造文化科技融合品牌，举办2013中国•中关村文化和科技融合产业峰会。

推进校地合作，设立科研成果转化基金。出资1000万元与清华大学工研院合作设立“水木启程基金”。出资1亿元与航天科工集团成立航天科工创投基金，首期规模6亿元。与中科院北京分院共建中科海淀先进技术转移转化中心。共建北航先进工业技术研究院、北交大现代轨道交通产业技术研究院等10家产业技术研究院，实施协同创新。设立专项资金支持公共技术平台建设，累计投入资金2000万元，认定公共技术服务平台23家。

推进国际技术转移聚集区建设，国家技术转移集聚区和中国国际技术转移中心揭牌。吸引包括中意技术转移中心、葡萄牙仕博创新管理咨询公司等52家国际化创新服务机构入驻，进驻面积超过1.2万平方米。通过北京国际技术转移大会、京交会等途径，与近百家企业对接，共促成33个国际技术转移案例，技术交易额达2.79亿元，国际技术转移中心对国际资源的聚集效应初步显现。

深化知识产权战略，与北京市知识产权局签署《知识产权“聚核工程”框架协议》，推进“知识产权一条街”建设。全区有市级专利试点企业977家，专利示范单位62家，在各区县中名列第一。与国家知识产权局专利复审委员会接洽，建立加快核心区企业专利审查通道。

发布《中关村核心区科技服务业发展三年行动计划（2013—2015年）》，首次将科技服务业作为海淀区产业发展战略。支持新型孵化器建设，共认定新型产业孵化器14个，筹建用友云加速器、西北旺镇唐家岭孵化器等，成立“上地创业谷”。发布首批集中办公区认定名单，国际技术转移中心、厚德创新谷等11家集中办公区正式挂牌。

优化服务中小微企业，帮助中小微企业争取国家、北京市资金支持。北京市中小企业公共服务平台和北京市股权交易中心（四板市场）入驻中关村国家自主创新示范区展示中心，加快海淀区中小企业服务中心设立工作。发布首批965家“海帆计划”企业名单。中关村国家自主创新示范区核心区企业综合服务平台正式上线，畅捷通、中国电信等20余家服务机构和服务商入驻平台。举办2013互联网金融峰会和金博会互联网金融专场展览。引导基金合作参股基金总规模超过65亿元，基本形成对科技企业自初创期、成长期到并购期的完整支持链条。成为全国首批首家“中国创业投资示范基地”。利用财政资金引导银行针对中小微企业开展信贷业务，直接引导中小微企业贷款总额达到30亿元。鼓励专营机构、担保公司开展中小微企业信贷业务，涉及信贷总额达到30亿元。成立中国财务公司协会海淀财务公司俱乐部。全区各类金融机构及分支机构达2201家，其中新增股权投资机构130家，累计达696家，管理资本量达2140.11亿元。推动企业上市挂牌融资，新增上市（含挂牌）企业62家，累计达331家，现存329家。

海淀园被认定为北京市国际科技合作示范基地。中关村科创硅谷孵化器在美国硅谷正式成立，吸引10余家企业项目入驻。启动国际化专项资金的申报工作，共收到有效申报项目50项。发挥iBridge平台作用，多层级开展国际互联互通。全年共邀请外商90批115人次，接待来自美、欧、亚等国内外来访36批523人次。从业人员中留学归国人员超过6000人，微软、法国电信、AMD等40多家全球500强企业和知名跨国公司在海淀设立总部型分支机构或研发中心，共有微软、甲骨文、IBM等世界500强企业的研发机构70多个。

推进人才特区建设，全区有70人入选首批“万人计划”（国家高层次人才特殊支持计划），占北京市的70%，占全国的四分之一。612人入选“千人计划”，205人入选“海聚工程”，126人入选“高聚工程”，分别占北京市总入选人数的67.8%、39.9%和66.7%。院士专家工作站总数达22家，累计进站院士专家49人；海淀区博士后工作站分站57家，博士后累计进站215人，出站110人；青年英才基地工作站6家，累计进站人数7人。为171家企业累计配租人才公租房5000多套。加强高端人才创业基地建设，共聚集86家高端企业、高端项目，实现产值18.64亿元，税利1.38亿元，申报专利123项，获批69项。实施“海英计划”，开展对2012年入选的261名人才的资金支持和本年度新入选人才的申报、评审工作，两年共计331人入选“海英计划”，其中创业领军人才155人、创新领军人才130人、青年英才46人。启动“海英计划”后续非资金性支持工作。加强雏鹰基地建设，争取中关村管委会资金支持295万余元。

加速智慧海淀建设，以政府购买服务的方式在海淀人才大厦等13个政务服务大厅、群众休闲广场等区域建设无线局域网络，免费向公众开放。推进第四代移动通信TD-LTE网络和光纤到户建设，全年建设基站1200个，宽带用户达107万户，其中光纤接入56万户，完成有线电视数字化改造约85.8万户，其中高清化改造约58万户。启动智慧卫生、智慧教育建设等信息化系统的建设工作，构建实有人口、实有房屋等9大基础数据库，搭建全区社会服务管理应急监督指挥平台和行政服务信息化平台。完成网格化社会管理服务系统建设，开展一站式服务大厅建设。成立海淀智慧城市产业联盟，依托社会力量助力智慧海淀建设。启动全区政务光缆网的规划和旧网改造，启动海淀区政务云平台建设。制订《海淀北部生态科技新区信息基础设施规划》和《中关村科学城信息基础设施规划》。

功能区建设

南部中关村科学城建设步伐加快。签约授牌46家单位48个建设项目，其中涉及海淀区的共42项。统筹各级各类资源，全年新增产业空间89万平方米。其中，新增电信研究院宽带产业创新园等6个中关村科学城签约项目，林业大学学研大厦等12个项目约56.8万平方米已经完工并投入使用。制定和完善北航国际航空航天创新园、北林中关村生态产业创新园、汇龙森中关村生物医药产业园等8家特色产业园建设方案。启动中科科仪科学仪器产业创新园、中关村数字电视产业园等特色产业园规划建设方案。建立了中关村科学城联合招商机制和产业准入机制，组织签约授牌单位梳理科技成果转化和产业化项目57项，其中重点项目14项，项目总投资超过28亿元。累计纳入科学城项目储备库的产业化及现代服务业项目204项，其中中科院等单位的82个产业化项目获得政府资金支持11.47亿元，7个现代服务业项目获得资金支持0.8亿元。完成玲珑巷、五路居、营会寺、巨山村、西小口村、后屯村、西八里庄、曹家村等搬迁腾退任务，学院路科技园完成企业搬迁腾退，东升科技园二期、五路商务楼、阜石路商务楼等重点项目开工建设。

北部生态科技新区建设全面提速。坚持产城融合，打造中关村创新中心区（CID），启动实施北部生态规划，确定成本统筹方案。全年开复工683万平方米，竣工201万平方米。下一代互联网及重大应用技术创新园等33个产业项目落地，文思研发楼等11个项目竣工投产。大工村等第二批5个村庄搬迁腾退基本完成，165万平方米农民安置房竣工入住。辛店东路等16条道路建设基本完工，北部文化中心、一零一中学温泉校区等开工建设，完成环保园至安河桥地铁站通勤班车、园区配套商业网点、员工文体设施等17个配套设施项目。

中部“三山五园”历史文化景区建设取得突破性进展。“三山五园”总体规划及各专项规划编制基本完成，整体规划和改造工作思路得到市委市政府认可和支持。完成中央党校西墙外地区居民搬迁腾退工作，推进一亩园等地区改造前期工作；香山四王府地区改造方案获市政府批准，一期搬迁腾退完成45%；香山中心区4条道路建设启动。

城乡建设与管理

全年完成投资289亿元。推进保障性安居工程，全年建设、筹集保障性住房14791套，配租配售7158套，竣工12611套。老旧小区综合整治累计开工164.46万平方米，竣工162.8万平方米，惠及2.4万户居民。启动首批39个棚户区改造项目，8个项目完成整治。西三旗村路、田村路等19条道路建成通车，新增城市道路里程31.5千米；地铁6号线西延、15号线、16号线进场施工。完成车耳营、七王坟两个新农村建设试点村的摸底排查、总体规划、实施方案和农民动员组织工作。全年完成20个项目、58万平方米、约2080户家庭拆迁安置。房屋全生命周期平台建设取得重大进展。选取志强北园、蓟门里等老旧小区试点老旧小区自我服务管理新模式，破解老旧小区管理难题。在全市率先开展集体建设用地房屋产权登记发证工作，推进城乡一体化发展。在全市试点开展房产证加密工作，保障房屋交易安全。

持续推进交通、治安、环境三大秩序专项整治，集中治理300余处环境脏乱点，查处无照经营等各类环境违法行为3万多起，建立“环境整治周”、道路环境卫生分级分类管理、环境卫生秩序专项考核检查等长效机制。针对城乡结合部违法建设出租房屋、开发建设遗留地区滋生违法建设、繁华地区临街违法商铺、楼顶和地下违法建设等重点难点集中开展攻坚战，全年拆除违法建设160多万平方米。持续保持高压态势，新生违法用地、新生违法建设得到有效遏制。对中关村、学院路等6个区域约62平方千米的交通现状及出行需求进行调查，提出缓解拥堵综合措施。完成22.2万平方米道路大修、20个疏堵点位改造等道路养护和疏堵工程建设。推动40个停车场、4600个停车位开展错时停车。对20个老旧小区停车设施进行改造，建设停车位4088个。23个居住区利用地下民防设施设立停车场，增加停车位3126个。

新增100个垃圾分类达标小区。大工村再生能源发电厂综合办公楼、烟囱、中控楼等土建结构基本竣工，开始安装焚烧车间相关设备，完成厂外市政配套工程立项等前期工作，开展工程设计和征地拆迁工作。六里屯填埋场渗滤液处理扩容工程进入调试阶段。全年完成绿化737公顷，在全市率先完成平原造林4000亩，新改建11处公园绿地，完成15条道路绿化，建成3.1千米“三山五园”绿道示范段，翠湖湿地生态恢复工程获“中国人居环境范例奖”。

推进网格化社会服务管理体系建设，调整网格划分，搭建区、街镇、社区（村）3级综合服务管理平台，整合下沉4类工作力量，完善固化5项工作机制，完善网格化信息管理系统，开展网格化绩效考评，健全“纵向到底、横向到边、条块结合、多方参与、协调联动”的工作体系。新增社区用房7000多平方米，达标率达到91%；完成第三批90个社区基本公共服务全覆盖和60个“一刻钟社区服务圈”市级示范点。推行四方共建机制，完善社区民主决策议事程序和制度。公开招录295名社区工作者，对全区2030名社区骨干进行培训。建立实有人口调控目标责任制，初步建成“四个实有”信息平台，在今日家园等小区开展群租房集中整治和出租房规范管理试点。

科技 教育 文化 卫生 体育

完成科技部“全国科技进步示范区”考核和“国家创新型城区”验收工作。海淀驻区单位作为第一完成单位共有53个项目分获国家自然科学奖、国家技术发明奖、国家科技进步奖和创新团队奖（通用项目），占北京市通用项目获奖总数的70.7%，占全国的21.5%。海淀区域内单位（个人）参与的项目共有78个项目获得国家科学技术奖，占北京市的72.9%，占全国的31.7%。连续三年空缺后产生的国家自然科学二等奖以及唯一的国家技术发明一等奖均出自海淀，在3个创新团队奖中，北京占据2席，均来自海淀。推荐区内企业申报2014年国家火炬计划68项。全区专利申请量41325万件，同比增长7%，占北京市33%，专利授权量21372万件，同比增长10%，占全市的34%。其中发明专利授权量10977万件，同比增长5%，占全市的54%。全区技术合同成交额实现1248.5亿元，同比增长5%，占全市的46%，占全国的15%左右。深入推进产学研合作机制，从清华、北大、中科院梳理出一批自主创新能力强的项目实现成果转化和产业化。

区财政教育经费支出641630亿元。推进教育改革创新，完成5个国家级教育改革实验项目。新建2所、改扩建10所幼儿园，新增2300个入园名额。三年共新建17所、改扩建106所幼儿园，新增14100个入园学位，超额完成《海淀区学前教育三年行动计划》目标。新增5所市级示范园，全区市级示范幼儿园总数达21所。新增9050个中小学学位，建成3家国家级中小学质量教育基地和3家北京市级质量教育基地。启动《海淀区中小学基本建设三年行动计划》，建成清华附中永丰学校、翠微小学温泉分校等6所学校。由首师大附小、人大附中等5所优质校承办新建校和相对薄弱校。全区有31个社团被评为金帆艺术团，占北京市金帆团总数的33%；有市级艺术教育特色学校36所，同比增长16%。在各类体育、科技和艺术比赛中，共获34项国际金奖、100项国家级一等奖。获得中小学科技创新市长奖5项，占全市50%。高考本科录取率76.1%。

参加国家公共文化服务体系示范区创建答辩。“在高新技术企业园区构建公共文化服务长效机制”入选国家示范项目。北部文化中心开工建设。街镇和社区（村）文化设施达标率分别提升至90%和81%；依托演出联盟、海淀文化节等平台开展各类公益文化活动8200多场，参与人数约200万人次。成立区文物保护中心，新增第四批77处区级文物保护单位，实施17项文物修缮及保护工程。建立三级文物安全检查网络。推选5个市级项目申报第四批国家级非遗项目名录。在文化部、市文化执法总队组织的“大比武、大练兵”活动中获法律知识竞赛团体第一名。营业性演出1285场，电影票房收入4.4亿元，同比增长均超过20%。海淀区第二轮（1996—2010）修志工作进入初稿改写、总纂阶段，完成部分章节试改稿，编印8册共200余万字的修改稿，新增社会风俗、生活等19个类目的有时代特色的内容。

推进医药卫生体制改革。出台鼓励社会资本举办社区卫生服务机构支持政策；与北大人民医院等全面建立医疗卫生服务共同体，清河医院开业；海淀医院与北医三院合作取得实质进展，“北京大学第三医院海淀院区”揭牌；“智慧卫生”项目启动实施；社区卫生机构诊疗量增长15.3%。开展家庭医生式服务“一键式”互动平台试点。启动“中医服务百姓健康行”活动。完成中关村医院、羊坊店医院、中西医结合医院、海淀医院、海淀区妇幼保健院五家医院改扩建项目融资。开展苏家坨中心医院建设项目等5个储备项目的前期工作。完成建设8个新建小区配套卫生站。海淀区被评为国家“卫生应急综合示范区”、北京市“慢性病综合防控示范区”。创建“全国艾滋病综合防治示范区”。

新建和更新全民健身居家工程233套，新建16个专项球类场地、143个轨道棋。新建达标体育生活化社区170个，创建2个市级农村体育特色村，有7个街镇被评为群众体育活动“一街（镇）一品”。对19个街镇2万余人开展国民体质监测，培训社会体育指导员2000余人。开展科学大讲堂6次，成立海淀区社区体育协会、社会体育指导员协会和体育志愿者协会。开展全民健身活动，参加、承办市级活动9次，举办区级活动29次，参与人数26万余人，海淀区被评为北京市第九届全民健身体育节精神文明奖。全年组织中小学生足球、篮球等10项比赛，参赛人数3000多人。全年注册运动员3500多人，排在全市首位。完成668人的体育特长生招生工作。完成审批国家级运动员335人，向市一、二线运动队输送运动员52人。在第十二届全运会上，海淀区输送的45名运动员获得15个大项决赛资格，获得金牌10枚、银牌5枚、铜牌7枚，26人获得奖牌。全区运动员在各类比赛中共获得金牌353枚、银牌315枚、铜牌328枚。新办裁判员证200余个、“北京市体育设施注册登记证”11家；新办8家体育民办非企业，年检26家，复核“北京市体育设施注册登记证”180余家。

社会民生

加大社会民生领域投入力度，全年共计投入290亿元。完成36件区级、321件街镇级惠民实事。25211名失业人员实现再就业，再就业率为68%。城镇登记失业率为0.7%。15475名就业困难人员通过再就业援助实现就业，就业困难人员就业率达 67%。 深入实施“1+10”政策[①]，帮助 4449 名农村劳动力就业，为 1343 名灵活就业、自主创业的农村劳动力办理个人社会保险补贴。全区参保人数 275.5 万人，同比增长 5.74%。五项社保基金收缴 341.9 亿元，支出 185 亿元。下沉至社保所办理的社保业务项目增至 20 个，已办理业务 16 万余笔。95%缴费单位实现网上办社保。城乡居民基础养老金待遇上调至月人均 607.5 元。成立全市第一家孵化器劳动争议调解组织。受理劳动人事争议案件 10995 件，结案率 98%；受理投诉举报案件 1856 件，结案率 100%；绿色通道快速稳妥处理群体访案件 359 批次。

城乡低保标准从家庭月人均 520 元上调至 580 元，城乡低保救助累计 76264 人，支出各项社会救助资金 3691.4 万元。医疗救助 2343 人，累计支出费用 505.14 万元。制定加快养老服务业发展意见，鼓励引导社会力量提供社区居家养老专业服务，建成 30 家养老服务管理中心和 200 个社区老年互助社，新增养老床位 1332 张，全区养老机构达 34 所，养老总床位 10302 张。

推进和谐社区创建，全年共有 120 个社区创建“六型社区”，其中 118 个社区申报创建北京市“六型社区”示范单位，组织实施“六型社区”百项惠民项目。启动“全国社会组织建设创新示范区”创建活动。采取“3+1 创新模式”，形成以菜市场、生鲜超市、便民菜店为主体，车载直销点为补充的蔬菜零售格局，新建蔬菜销售终端 50 处。提出“零距离”“全覆盖”早餐工程方案，新建和升级固定式早餐网点 150 家。对社区商业累计投入财政资金近 3000 万元，在 501 个社区实现基础性商业服务功能全覆盖。

精神文明建设

深化全国文明城区创建工作。339 项创建基础指标，已符合 288 项，符合率为 84.96%。与驻区社会组织开展“创文明海淀 建诚信商业”等活动 30 多次；与中国人民大学、中国农业大学开展区校共建；与驻区银行、三级医院和电信企业建立共建协调机制。在 139 个主要路口及天桥、工地围挡等处，设立宣传牌匾（旗）1 万多块。制播《文明观察》《文明海淀》宣传片 49 期，利用全区 700 多个社区宣传栏进行创建宣传。开展“文明交通”“文明出游”“文明印象”微记录、新春送福入户、文明礼仪知识竞赛以及“绿主妇”“绿足迹”等系列文明主题活动，吸引 10 余万群众参与，提高创建工作的群众参与度。依托全区 1000 余个道德讲堂，开展市民道德教育。评选表彰道德模范，2 人获“全国道德模范”提名奖，并组织“德耀中华”集中宣讲和“我的梦 中国梦”道德模范宣讲 30 余场，开展“诚信海淀•文明共建”百日践行活动。坚持创建惠民，群众对创建工作的支持率达到 98.54%。

民主法治建设

全区各级党组织和广大党员干部深入学习贯彻中共十八大、习近平总书记系列重要讲话和中共十八届三中全会精神。贯彻落实中央八项规定精神，扎实推进作风转变。全区性会议精简 78.5%，区委区政府文件下降 12.3%。行政经费预算整体压缩 7%，因公出国（境）经费预算压缩 10%，公务接待费预算压缩 20%，会议费预算压缩 10%，区领导出国团组取消 5 批 25 人次，处级单位因公出国（境）人数同比下降 47%。开展机关干部“改作风、下基层、送温暖”活动，走访慰问困难党员、群众 9.2 万余户，覆盖全部社区、村。开展中国特色社会主义宣传教育，举办“中国梦•我的梦”等主题教育活动。开展科级干部跨部门交流，加强和改进军转干部安置工作。深入开展城乡党建“三级联创”活动，推进基层党建工作创新，非公党建“孵化器”、商务楼宇“五站合一”和区域化党建工作取得新成效。开展街镇党委书记、系统负责人党建述职工作，强化一把手抓党建工作的意识和责任。推进廉政风险防控体系建设和区委权力公开透明运行试点。成立预防腐败局，全年共查办案件 45 件，给予党纪政纪处分 41 人，其中处级干部 11 人。

区人大全年听取和审议“一府两院”工作报告 29 项，形成审议意见书 8 份，依法做出决议、决定 8 项。对区政府 2012 年居家养老（助残）服务券补贴和城乡无保障老人生活补贴的使用和管理情况开展专题询问。参与对区教委 2014 年预算中 9 大类 44 个专项总额 4.02 亿元资金的事前绩效评估。推动预算监督向街镇延伸，指导人大街道工委、镇人大组织代表听取、视察、检查预算编制和执行情况，对街镇一级的财政预算资金使用和重大民生项目进展情况实施监督。推进预决算信息公开，加强对全区重点工作和民生领域热点难点问题的督办落实，拓宽监督领域，增强实效。

区政协围绕团结和民主两大主题，切实履行政治协商、民主监督、参政议政职能。探索创新界别工作机制和工作模式，组织专委会及界别活动 160 余次，完成调研报告 36 篇，提出常委会建议案 2 件、专委会建议 13 件，办复提案 196 件，报送社情民意信息 217 件。通过组织专题协商会、议政会、调研和视察等提出各类意见建议 190 余条。探索专题协商、对口协商、

① “1+10”政策：指 2012 年区委、区政府制定并发布的《关于加快核心区自主创新和产业发展的若干意见》及 10 个配套支持政策。

界别协商、提案办理协商等协商形式，全年开展各类协商活动 70 余次。

区政府批复使用办理建议提案专项资金 2200 余万元。梳理规范 1054 项政务服务事项。接收办理公文 9100 余件，完成 6000 余项督查任务。全年主动公开政府信息 14702 件，受理 611 件，处理信息公开诉讼案件 56 件次。在全市率先公开部门“三公”经费决算信息，对 113 个单位的 143 个项目进行全过程预算绩效管理。全年办理行政复议案件 418 件，开展行政调解 4 万余件。

成立区改革工作领导小组，强化改革顶层设计和重点任务督导。海淀园管委会加挂中关村国家自主创新示范区核心区管理委员会牌子，强化核心区建设的管理职责。成立区综合行政服务中心，以投资项目审批改革为重点进行业务整合和流程再造，50 多项便民服务事项在街镇试点办理。成立食品药品监督管理局、农村集体资产监督管理委员会、实有人口管理委员会。对区属商业企业、北部园区开发企业进行整合重组。建立区、街镇、社区（村）三级集社会服务管理、城市管理、非紧急救助和应急管理于一体的综合平台。与清华、农大、首农集团等驻区单位和有关部队签订战略合作协议。与秦皇岛市、唐山市等首都经济圈地区建立合作发展新模式，开展内蒙古敖汉旗等对口帮扶工作。深化与韩国友城首尔西大门区的高层互访。

深化“平安海淀”建设，完成十八届中共三中全会等重大活动维稳安保任务，海淀区被评为“全国平安建设先进区”。治安乱点专项整治效果明显，全区刑事警情下降 14.6%。全年共破获各类刑事案件 2.25 万起，命案破案率 100%。全年接报 110 刑事警情 1.82 万件，同比下降 11%。推进社会面巡逻防控，巡逻警务站发布警情提示信息 5000 余条，帮助群众解决困难 3 万余人次。开展“惊雷”“清风”“三大秩序”“夏秋百日”等专项整治行动，推进治安整治、行业管理和安全监管。推进安全社区创建，加快警务室硬件建设，全区 433 个社区警务室全部具备独立办公条件。推动社区基础建设投入，全区居民小区封闭率、楼房门禁安装率、重点部位监控探头安装率全部达标。实行领导包案责任制，化解矛盾纠纷。全区受理信访案件 46106 件次，同比下降 9.96%。受理信访复查申请 75 件，办结 70 件。进行两次信访矛盾纠纷大排查及六次专项排查，共排查重点矛盾 130 件。在全区推广甘家口街道的“微事处理机制”。推进海淀区政府机构公众责任保险试点工作。开展“讲法制守秩序、普法惠民进万家”等法制宣传活动 9100 余场次，发放宣传品 256 万余份。创建 100 个规范化人民调解委员会。完善“1+10+81”普法工作组织体系，开展“六五”普法中期检查验收。建立“海淀区领导干部法制宣传教育基地”，与北大法学院签约共建。深化“法律服务村居行”和“法律大讲堂”，实现全区 84 个行政村法律顾问全覆盖。发放残疾人法律援助 IC 卡 3.1 万张，受理法援案件 3510 件。全区人民调解组织共调解纠纷 32257 件，实现社区矫正和安置帮教人员脱管失控“零指标”。

（李相伟　刘江英）

大事记

1月

1日—7月28日　第九届村委会换届选举。6个镇的64个村委会参选，占村委会总数的76%；村民参选率为94.4%；一次性选举成功比例比上一届提高13.8%。

4日　区委十一届四次全会召开。会议学习贯彻中共十八大、中央经济工作会和市委十一届二次全会精神，审议通过区委常委会工作报告、关于海淀区经济社会发展工作的报告，表决通过区委十一届四次全会决议。

4日　海淀政协微博圈成功升级至发布厅，这是全国首个政协微博发布厅，吸引粉丝8万人。

5日　由北京大学与海淀区委、区政府联合主办的2013第十届中国文化产业新年论坛在北京大学开幕。论坛的主题是“文化创新战略：创意与科技”。

6日—8日　区政协第九届委员会第二次会议召开。会议审议区政协常委会工作报告和提案工作报告，讨论2013年区政府工作报告，381名委员出席会议。

9日—12日　区第十五届人民代表大会第三次会议召开。会议听取并审议2013年区政府工作报告、区2012年财政预算执行情况和2013年财政预算报告、区2012年国民经济和社会发展计划执行情况与2013年国民经济和社会发展计划报告、区人大常委会工作报告、区人民法院工作报告、区人民检察院工作报告。379名区人大代表出席会议。会上收到“建议、批评和意见”409件，议案转“建议”35件。

14日　海淀区组建由决策、咨询和执行机构共同构成的“1+1+6”文化发展工作领导体系，即由1个文化发展领导小组，1个文化发展专家委员会和6个专业小组即文化科技融合组、文化消费提升组、公共文化服务组、文化精品创作组、文化人才发展组、文化研究与服务组构成。

15日　13个小区启动市场化筹集公租房房源试点工作。通过租赁社会存量房源和按照市场价租房两种模式，缩短保障房轮候家庭的等待时间。从7月起，市场化租赁补贴模式扩大政策覆盖面，保障房轮候家庭只要在城六区租房，都可获得市、区政府的租房补贴。全区共涉及2.9万户保障房轮候家庭。

16日　《北京市海淀区林地保护利用规划（2010—2020年）》正式发布。

18日　海淀区公务员外语培训工作总结会议在北京外国语大学举行。自2010年7月启动的海淀区公务员外语培训项目结束，10580名公务员完成培训。

18日　海淀区促进企业上市服务机构联盟成立，35家成员机构为海淀区企业的股份制改造、发行上市、新三板和四板市场挂牌等提供金融服务。

18日　2012年度国家科学技术奖发布。海淀驻区单位作为第一完成单位共有53个项目分获国家自然科学奖、国家技术发明奖和国家科技进步奖（通用项目），占北京市通用项目获奖总数的70.7%，占全国通用项目获奖总数的21.5%。海淀区域内单位（个人）参与的项目共有78个，占北京市通用项目获奖总数的72.9%，占全国通用项目获奖总数的31.7%。2人获得国家最高科学技术奖。

18日　中宣部理论局到海淀，就编写《理论热点面对面》读物征集热点、难点问题。

23日　区公共委启动首批海淀区名老中医传承工作室建设。12月6日，海淀区启动中医药“三五工程”，为首批15家引进或培养创建的名老中医工作室（站）授牌。

23日—2月8日　海淀区开展“改作风、下基层、送温暖”实践活动，60家区级单位将温暖送到29个街道、564个社区、84个村委会的困难人群中。

31日　区委召开第53次常委会。会议传达习近平总书记关于厉行勤俭节约，反对铺张浪费的重要批示精神和中央、市委相关要求，审议并通过《海淀区关于改进工作作风密切联系群众的措施》。

2月

27日　中国国民党荣誉主席连战一行到海淀区参观访问。

27日　区纪委十一届三次全会暨全区党风廉政建设工作会召开。会议表决通过区纪委常委会工作报告和《中共北京市海淀区第十一届纪律检查委员会第三次全体会议决议》。

27日　海淀区实有人口服务管理委员会成立。区实有人口委下设办公室，办公室设在区流管办。

3月

1日　北京工商首个官方微信平台在海淀成立。输入微信号hdgsxf，市民就可以通过语音、短信、视频等直接向工商部门咨询投诉，获得相应的消费指导。

8日　海淀区召开2013年创建全国文明城区工作暨海淀区精神文明建设委员会第二十一次全体会议，部署重点工作任务，即：培育五个特色品牌、推进四大民生工程、开展八大文明行动、落实六项保障措施。

11日　第50次政府常务会审议通过《2013—2015年“健康海淀”创建工作方案》，“健康海淀”的总目标是：“十二五”时期，海淀健康支撑环境稳步改善，人均期望寿命值较“十一五”末增长1岁，居民健康水平进入世界先进行列。

13日　海淀区贯彻落实中央八项规定，以“深入基层知民意、服务群众聚民力”为主题，在全区各级党组织和广大党员干部中开展“十个一”系列活动[①]。

17日　海淀区政府、中关村科技园区管委会与吉林省通化市人民政府签署战略合作框架协议。

19日　海淀区启动“中医经方进社区工程”。首批10家试点单位已培养100余名经方中医师。

21日　市委书记郭金龙、市长王安顺到东升镇双泉堡、清河村、东升科技园调研城乡一体化发展情况。

22日　海淀区委党的建设工作领导小组暨海淀区建设学习型党组织工作协调小组工作会召开，制定13项党建重点工作。

25日—4月25日　开展2013年政务服务事项梳理工作，梳理范围为截止到2013年2月28日前，区级各部门（包括区属部门和市垂直管理部门）、街镇、社区正在实施的行政职权和便民服务事项，构建区街居三级政务服务体系。

27日　区委组织部命名海淀区委党校、圆明园遗址公园、中关村国家自主创新示范区展示中心、海淀区培训中心、玉泉慧谷·清华科技园、中关村东升科技园、曹氏风筝工艺坊、海淀区看守所、海淀区教育党校、翠微党校等10家单位为海淀区党员培训示范基地。

29日　全面启动事业单位分类工作。至年底，完成全区614家事业单位分类方案的初审工作。

30日　《海淀区文化创意产业发展报告（2012）》发布，这是北京市首份区县全面系统的区域文化创意产业年度报告。海淀区规模以上文化创意产业单位数量约2800家，占全市总量的三分之一；从业人员平均人数和收入分别达到48.8万人和3914.4亿元，分别占全市总量的46.7%和42.2%；利润额和应缴税金占全市总量的一半以上。

31日　以“深入开展植树造林，积极建设生态文明”为主题的2013年“共和国部长义务植树活动”在苏家坨镇“锦绣大地景观生态林建设”项目举行。186名部级领导干部参加义务植树活动。

4月

2日　市知识产权局与海淀区签署全市首个区县级知识产权战略协议——“聚核工程”框架协议。合作期间（2013年至2015年），双方重点实施三大计划九大专项，合作重点包括实施创新驱动计划、专利引领计划、环境优化计划等三项内容。

2日　《海淀区落实〈北京市2013年清洁空气行动计划〉》发布，提出10个方面、45项重点措施任务和完成时间节点：到2014年20蒸吨以上燃煤锅炉退出四环，2015年所有燃煤锅炉退出五环，2017年高污染企业全部退出，力争空气中的PM2.5年均浓度比上年下降30%以上，达到每立方米60微克。

12日—8月6日　以“创文明海淀　建诚信商业”为主题的第七届海淀商业服务业职业技能风采大赛举行。500余家企业、上万名职工参加11个项目的比赛。105名职工分获第一、二、三等奖及纪念奖，19家企业获优秀组织奖。

19日　海淀区4000亩平原造林种植任务完成，累计栽植常绿乔灌木24.5万余株。

20日　市委书记郭金龙、市长王安顺到驻区的京东商城、中科院半导体研究所、北京数码大方科技调研，强调要抓住科技产业化体制、机制创新两大关键，建设好中关村国家自主创新示范区。

25日　海淀区庆祝“五一”国际劳动节暨表彰大会在海淀剧院举行。会议表彰2名全国五一劳动奖章获得者、1个全国工人先锋号集体、19名首都劳动奖章获得者、3个首都劳动奖状集体，6个北京市工人先锋号集体。

25日—5月25日　“圆明重光——圆明园文化特展”在中华世纪坛展出。包括24件（组）文物、9座按照1∶25比例制作的木雕模型楼阁、8个石构原件等属首次集中展出。

26日　北京市首家以审理知识产权案件为主的派出法庭——海淀法院中关村人民法庭成立。

26日—5月28日　由海淀区政府主办的第十一届中关村国际美食节举行。美食节主题为“文明餐饮　健康餐饮　科技餐饮”。来自韩国、泰国、朝鲜等国的美食和四川、新疆、云南、北京等近20省份及港澳台的美食集中亮相。

5月

3日　市长王安顺到海淀区调研“三山五园”历史文化景区周边城中村旧城改造情况。

4日　市委书记郭金龙、市长王安顺围绕“优化创新创业环境，服务青年成长发展”主题到中关村高端人才创业基地——北京兆易创新科技公司、北京启明星辰公司调研青年成长创新创业环境建设工作。

月初—11月15日　完成“四个实有”信息采集工作。共采集“四个实有”信息数据122.8万条，其中更新修改实有房屋信息27800条、出租房屋104989条、实有人口1033614条、实有单位61293条。

10日　本市首个由工商部门实行“备案”管理的便民菜市场——交大菜市场开张。

11日　市委书记郭金龙到海淀检查防汛准备工作。

21日　区教委发布《中小学心理健康教育三年行动计划（2013—2015）》，未来三年，将按照1∶500的比例为辖区中小学生配备兼职心理教师。

23日—6月16日　2013“三山五园”皇家园林旅游节开幕式暨昆曲专场演出在颐和园德和园举行。皇家园林旅游节推出七条精品旅游线路、八大主题活动。

---

① “十个一”系列活动：指制订一份工作计划、组织一次主题党日活动、开展一系列入户走访、建立一批联系点、组织一项专题调研、创建一批服务载体、结成一批帮扶对子、解决一系列民生问题、健全一系列长效机制、培养一批先进典型。

24 日—6 月 28 日　主题为“青春照亮梦想，青春燃烧未来”的第三届“青春的海”中关村国际青年艺术节举行。艺术节由区政府主办，共分 6 个板块、19 项、120 场活动。

28 日　北京市首个农民回迁安置房整体社会化趸租项目——唐家岭趸租住房全面入住，400 户保障家庭入住。

31 日　在全国深化平安中国建设工作会议上，海淀区被中央综治委评为“2009 年—2012 年度全国平安建设先进区”。

5 月　上年开工的第一批老旧小区抗震加固综合改造试点工程——甘家口小区 1、3、4 号楼工程完工，涉及 132 户、7600 平方米。

6 月

1 日　中国（北京）国际服务贸易交易会“北京主题日”活动举行，中关村科技园区海淀园和中关村玉渊潭科技商务区分别获首批北京市总部经济集聚区和北京市商务服务业集聚区称号。

1 日—12 月　海淀区开展主题为“强基础、解难题、促发展”的基层党建帮扶试点工作。选派 100 多名党员干部到 12 个基层单位，帮助基层党组织解决一批突出问题和困难。

7 日—8 日　全国高考日，海淀区有 12651 名考生参加全国普通高考，占全市总数的 1/5。普通高等院校统考统招录取率 90.56%。

8 日　海淀区综合行政服务中心成立，为区政府派出机构，机构规格为正处级。

20 日　中国女航天员王亚平在距离地面约 300 千米的神舟十号飞船为全国青少年授课，成为中国首位“太空教师”。太空第一课地面课堂设在人大附中，来自全市的 330 余名学生及港澳台地区学生代表观看太空实验并与王亚平展开天地互动。全国 8 万余所中学的 6000 余万名师生同步组织收听收看太空授课。

20 日　“我的梦·中国梦”北京市道德模范首场巡讲暨海淀专场在北京大学英杰交流中心举行，5 位道德模范讲述自己的事迹。全市 10 位全国道德模范候选人在所在区县或系统进行专场宣传讲，活动于 7 月 3 日结束。

25 日　全国首家驻所“青少年司法社工站”揭牌仪式在海淀看守所举行。通过政府购买服务的形式，为涉诉未成年人提供合适成年人、社会调查、帮教以及刑事和解服务。

26 日　八家村回迁房八家嘉苑小区第一批回迁住户入住。该项目总占地面积 11.73 万平方米，总建筑面积 46.61 万平方米，共 3926 套回迁安置用房。截至年底，回迁入住率近 99%。

27 日　海淀区正式发布《进一步加快核心区科技创新发展实施方案（2013—2015）》和《海淀区战略性新兴产业技术路线图》，首次对移动互联网与下一代互联网，北斗及空间信息，云计算，集成电路设计，生物工程和新医药，新能源、新材料和节能环保，文化和科技融合 7 大战略性新兴产业进行了规划。

28 日　北京市规划委与海淀区开展协作规划管理试点，启动以中关村科学城、香山中心区和“三山五园”历史文化景区两园地区等协作规划管理工作。这是北京市首次开展市区协作规划管理试点。

28 日　由区委宣传部和北京语言大学人文学院共建的“三山五园”文化国际传播与研究中心成立。

6 月　由区总工会与中国劳动关系学院共同开展的“劳动者就业能力指数研究”课题完成。课题根据对劳动者就业能力定量评价结果确定就业服务措施的做法，以提高就业帮扶效果，这在国内属首次。

6 月—9 月　在全区开展安全生产大检查大治理工作，累计出动检查人员 6.9 万人次，检查生产经营单位 6.6 万家次，查处安全生产隐患 4 万余处。

7 月

1 日　市长王安顺到海淀区调研燃煤锅炉改造和污染企业调整退出工作。

1 日　海淀区网络化社会服务管理信息平台正式上线运行。全区划分区、街镇、居村三级网络 643 个，“四个实有”数据库搭建完成，“一网一库一平台”的网络化社会服务管理模式初步形成。

1 日　海淀区公务卡强制结算办法在区属各行政事业单位和各街镇正式推行，17 类公务支出必须通过银行转账或公务卡结算，禁止使用现金。

2 日　全市首个“社区养老服务体制创新试点项目”——北下关街道南里二区“养老助残管理服务中心”正式启动，将为辖区无自理能力的老人提供家庭病床服务，并对社区老人进行慢性病管理和健康照料。

3 日　北京中关村高新技术企业协会发布“2013 中关村高成长企业 TOP100”评选结果，海淀园 75 家企业入选。上榜企业平均增长率为 117.75%，其中生物与新医药技术行业高达 154.59%；上榜企业数量最多的是电子信息技术行业，占 58%。

5 日　北京市科学技术委员会发布 2013 年度北京市科技中小型企业创新基金初步评审结果，480 个项目获得立项支持，其中海淀有 4 家创业孵化项目和 3 个一般项目共 7 个项目获得创新资金支持。

5 日—9 月 30 日　由中国工艺艺术品交易所有限公司、台湾顽石创意股份有限公司共同举办的北京市“三山五园”文化全球巡展《圆明园》特展首展在台北国父纪念馆举行。12 月 24 日—2014 年 1 月 3 日，“三山五园”文化全球巡展在中国国家博物馆举行。随后赴中国香港、法国巴黎、韩国首尔、美国洛杉矶、英国伦敦等地巡展，展期三年。

6 日　海淀区与河北省秦皇岛市人民政府签署合作框架协议书。双方将在科技创新及成果转化、教育、旅游、生态环境建设等领域加强合作与交流。

8 日　驻京中外知名企业投资海淀行暨海淀北部生态科技新区重大项目签约仪式举行，550 余家驻京中外知名企业、100 余家“十百千”重点企业代表、专业机构代表、上市及拟上市企业代表受邀参加。

8 日　区政府宣布，在海淀北部生

态科技新区打造中关村新创中心（CID），建立战略新兴产业“专精特新”产业集群，使 CID 成为创新发展的新的增长极。

11 日　市委书记郭金龙到中央党校西墙外拆迁腾退地块、四季青镇四王府地区察看旧村腾退工作现场和环境整治情况，并听取了海淀区环境整治和生态文明建设情况的汇报。

15 日　“海淀新市民文明学校”在北京城市学院航天城校区正式挂牌。

17 日—11 月 15 日　完成“四个实有”信息采集工作和信息平台建设。共采集“四个实有”信息数据 122.8 万条，其中更新修改实有房屋信息 27800 条、出租房屋 104989 条、实有人口 1033614 条、实有单位 61293 条。

20 日　区政府与中国农业大学举行“同创文明城区，共建文明校园”签约仪式，双方将在共创文明环境、共展文明风范、共享优质资源、共铸文明诚信、共推志愿服务、共建宣传平台方面开展合作。

23 日—9 月 10 日　主题为“启迪未来 实践中国梦”的 2013 中关村科教旅游节举行，推出蓝色畅想之旅等 6 条旅游线路。

27 日　全国“讲文明树新风”公益广告宣传现场会在海淀召开。

29 日　海淀区创业投资引导基金第三批合作机构签约暨“中国创业投资示范基地”授牌仪式在中关村展示中心举行，这是全国首批首家被中国投资协会授予的创业投资示范基地的国家级园区。海淀区出资 2.4 亿元参股 11 家创业投资引导基金合作机构。

7 月　海淀区创业投资引导基金与清华控股有限公司合作设立 6 亿元的产业投资母基金。海淀区创业投资引导基金设立 16 支参股基金和 1 支母基金，总规模超过 65 亿元。

7月　全区 29 个司法所由司法局垂直管理调整为街镇属地管理。

7 月起　海淀区市场化租赁补贴模式扩大政策覆盖面，全区约有 2.9 万户保障房轮候家庭只要在城六区租房，都可获得政府的租房补贴。

8月

2 日　海淀区精神残疾人居家与社区康复试点工作启动。试点建立医院—社区—家庭的全方位一体化治疗康复管理服务模式。首批组织 350 名稳定期精神残疾人参与。试点工作持续到 2014 年 1 月底。

5 日　市长王安顺到海淀调研水务工作。

7 日　海淀图书城再次启动业态调整，腾退包括回购、回租，涉及使用权单位有 89 个。为创业投资机构及中介服务组织进驻提供条件。

9 日　国家能源局正式公布第一批分布式光伏发电示范区名单，海淀区成为 18 个示范区项目之一。

12 日　市委书记郭金龙围绕水资源、水环境、水安全问题，到位于四季青的市自来水集团 309 厂以及清河再生水厂调研检查水务工作。

13 日　位于四季青桥的市自来水集团 309 水厂竣工通水，新增日供水能力 8 万立方米，日供水能力由 40 万立方米增加到 48 万立方米。

14 日　海淀区人民法院举行知识产权案件综合审判试点工作发布会，海淀法院将试点对辖区内的知识产权案件开展民事、刑事、行政综合审判三审合一。

18 日　中华民族大团结绿色文化园建设启动暨中华第一龙砚落座仪式在稻香湖景酒店举行。“中华第一龙砚”由北京市绿化基金会向海淀区捐赠，长 13.8 米，宽 3 米，重达 66 吨，雕刻有 56 条龙。

26 日　海淀区北部文化中心开工建设。规划建设用地面积 28900 平方米，总建筑面积 88100 平方米，投资达 11 亿元。

28 日　据《北京日报》报道，北京市最大的沼气发电项目在六里屯垃圾填埋场建成，这是亚洲地区一次性装机容量最大的 12 兆瓦垃圾填埋气发电厂，平均每天发电 16 万千瓦时，消耗沼气约 8000 立方米，产生的 80%的沼气实现资源化处理。沼气发电项目是 2012 年 12 月 31 日并网发电的。

29 日　“书香家庭·阅读北京”——首届北京惠民文化消费季暨北京家庭阅读季·海淀区全民阅读活动举行开幕式。活动持续至 9 月 8 日，设置 4 大主题、近百场活动。

31 日—9 月 12 日　第十二届全国运动会举行。北京体育代表团中海淀籍运动员共获得金牌 10 枚、银牌 5 枚、铜牌 7 枚。

8月　自 2011 年开始筹建的南长河滨水绿廊工程全部完工，沿河而建的南长河公园对市民免费开放。南长河滨水绿廊工程东起西三环，西至蓝靛厂南路，长 3.5 千米，南北两岸的总面积为 17 公顷。

8 月　海淀区在北京市率先实施集体征地补偿费由镇、村、银行三方共同监管。单笔支出数额超过 1000 万元的，须经区级主管部门审核批准。

9月

1 日　清华附中永丰学校正式投入使用。

5 日　海淀区与清华大学签署全面合作框架协议，双方将在战略咨询、重大项目建设、科技创新与产业化、教育合作和人才培养交流、区校文化交流、建立健全合作协调机制等方面开展深度合作。

9 日　海淀区综合行政服务中心挂牌。全区 39 家单位的 650 多个法人服务事项整合到服务中心，对企业行政审批事项实现“一窗口受理，一条龙服务”。

9 日　海淀区食品药品监督管理局挂牌，整合区食品办、区药监局、区质监局、海淀工商分局等部门的食品药品监管职责。9 月 29 日，29 个街镇成立食品药品监督管理所，作为食品药品监督管理局的派出机构和街镇的内设机构，主要承担“四品一械”的准入、监管以及服务工作。

9 日—11 月　由区委、区政府主办，主题为“精品演出荟萃海淀·多彩节目尽在金秋”的第二届（2013）中关村金秋演出季举行。这是首届北京市惠民文化消费节推出的重点活动之一。其间，国内外 47 个优秀团体在北京大学百年讲堂等 12 个场馆带来 7 大类、53 台、200 场精彩演出。

13 日　科技部、北京市政府“部市共建国家技术转移集聚区工作会议”召开。会议签署《科技部 北京市人民政府共同建设国家技术转移集聚区合作框架协议》，中国首个国家技术转移集聚区同时揭牌。

13 日—10 月 11 日　主题为“文明海淀·诚信商业”的 2013“梵仑斯男装”第九届海淀品牌消费节举行。七大活动贯穿文化、科技两条主线。

22 日　翠湖国家城市湿地公园二期正式面向中小学生，教育、科研机构实行团体预约开放。

22 日—10 月 25 日　“曹雪芹逝世 250 周年纪念大会暨第四届曹雪芹文化艺术节”举行。艺术节主推十项特色的文化活动，“曹雪芹西山故里”项目同时启动建设。

22 日—11 月 6 日　主题为“锦绣欢歌”的第十届海淀文化节举行。文化节包括 6 个板块、35 项活动，参与群众超过 55 万人次。

23 日　区农委组培室“甜（辣）椒未成熟小孢子直接诱导萌发成植株的方法”获得国家发明专利，该专利技术将使甜（辣）椒的育种年限缩短 3 至 4 年，收益得到显著提升。

23 日—27 日　区委书记隋振江带队到友好城市——韩国首尔西大门区考察垃圾处理及生态修复工作。

26 日　于滨、张惠领获得第四届全国道德模范提名。

27 日　海淀区发布《中关村核心区科技服务业发展三年行动计划（2013—2015）》，11 家北京市首批政府正式批准的创业期科技型企业集中办公区在海淀正式挂牌运营。

27 日　中关村翠湖科技园重大项目开工开业仪式举行。包括 5 个新开工项目和 8 家新开业企业，入园企业累计 408 家。

从 9 月下旬起　海淀区在全市率先推行 41 个涉及居民个人的行政审批事项“同区办理”试点，即居民在居住地就近办理。

9 月　甘家口街道、万寿路街道试点为每位 80 岁以上的户籍老人免费安装“老年 999”智能呼叫一键式电话，24 小时进行医疗咨询，共为 2200 多户老年人家庭免费安装。

9 月　区属百货商业企业整合重组工作启动。年内，翠微集团完成与北京当代商城有限责任公司、北京甘家口大厦有限责任公司两家企业相关的离退休人员、内退等人员的划转承担工作。

9 月　海淀区基本形成平战协调统一、平战紧密结合、平战迅速转换的“平战一体化”应急管理组织体系，建立全区城市管理和应急管理数据资源共享应用平台。

9 月　位于上庄镇永泰村的纳兰纪念馆重新开馆。

9 月　四季青镇西冉村砂石坑雨洪利用工程竣工。工程按照 20 年一遇防洪标准设计，50 年一遇防洪标准校核。

9 月　市政府提出在中关村国家自主创新示范区核心区建设“一城三街”，即中关村软件城、知识产权与标准化一条街、创新创业孵化一条街、科技金融一条街。

10 月

8 日　海淀区委党校、海淀区行政学院高级顾问聘任仪式举行，正式聘请国防大学副校长毕京京、北京市社科院院长谭维克、中国劳动关系学院院长李德齐为海淀区委党校、海淀区行政学院高级顾问。

9 日　位于树村后营的六郎庄新村回迁入住。该项目规划总建设规模 41.06 万平方米，住宅面积 28.13 万平方米，共 4034 套回迁安置用房。

10 日　海淀区防治大气污染工作会召开。会议部署全区大气污染防治工作：今后五年，在压减燃煤、控车减油、治污减排、清洁降尘四个领域落实大气污染防治任务；同时通过植树造林、扩大水面、生态修复等措施提升环境容量。会上，区长与区环保局、区农林委、区园林绿化局、区城管执法监督局签订《目标责任书》。

10 日　海淀区举行《核心区中小微企业助力计划（2013—2015 年）》发布会暨首批海帆企业授牌仪式。首批 965 家“海帆企业”名单正式对外公布。

17 日　历时两年的肖家河重点村搬迁腾退工作全部完成。共签订住宅拆迁协议 900 份，拆除住宅建筑面积近 50 万平方米。年底，该项目 22 万平方米回迁安置房工程开工建设。

18 日　市委书记郭金龙到海淀区调研人口服务管理工作。

18 日　海淀区第一次水务普查公报公布。普查的标准时点为 2011 年 12 月 31 日，普查时期为 2011 年度。

19 日　海淀区举行《关于促进互联网金融创新发展的意见》发布暨互联网金融中心、互联网金融产业园、互联网金融基地揭牌仪式。同时发起设立 5 亿元的互联网金融产业投资引导基金。6 家互联网金融机构签约入驻。

22 日　据《北京日报》报道，“三山五园”历史文化景区绿道示范工程完工。绿道长 3.1 千米、宽 2.5~3 米，完成绿化面积 10 万余平方米。“三山五园”景区绿道全长 32.93 千米。

25 日　在中关村文化和科技融合产业峰会开幕式上，海淀区发布创意数码成果转化平台、移动互联创新创业孵化平台、数字化设计创新平台 3 个创意快速转化平台，为创业者提供创意快速转化为生产力的孵化平台。

25 日　海淀区召开大气环境污染综合整治工作会。会议部署 2013 年全区集中开展燃煤、机动车、扬尘、工业、汽修、餐饮共 6 个专项整治行动，实现大气主要污染物平均浓度下降 2%的目标。

29 日　2013 年海淀区“全民终身学习周”暨“教育进社区”活动启动。启动仪式上对 2013 年“海淀区市民学习品牌”“海淀学习之星”进行表彰。

30 日　主题为“大数据、大金融、大战略”的首届全国互联网金融峰会在海淀举行。

30 日　国内首个天使众筹平台——天使汇正式启动。天使汇成立于 2011 年 11 月，已为中小企业融资 2.5 亿元，注册的创业项目达 8000 个。

31 日　区政府与中信银行签署战略合作协议，中信银行每年提供不低于

500 亿元的项目融资。

10 月　核心区首个国际孵化器——中关村科创硅谷孵化器在美国硅谷正式挂牌投入运营。

11 月

6 日　中关村海淀园管委会与秦皇岛经济技术开发区管委会在秦皇岛签订协议，共建中关村海淀园秦皇岛分园。这是海淀园在全国首次设立分园。

7 日　首届“中国文化创意产业新领军者”颁奖仪式举行。腾讯控股有限公司 CEO 马化腾、小米科技 CEO 雷军等获得“中国文化创意产业最具网络影响力十大人物”奖项；美团网 CEO 王兴、搜狗网 CEO 王小川等获得“中关村核心区文化创意产业最具网络影响力十大人物”奖项。

9 日　北京三山五园研究院成立。北京三山五园文献馆、北京联合大学文化传承协同创新中心同时揭牌。

9 日　第二十五届海淀区职工“长春杯”越野赛在圆明园遗址公园举行，比赛分全民健身组、竞赛组二个组别，4000 余名职工参加。

13 日　国内第一个科教文化游服务业标准体系——《北京中关村科教文化游服务业标准体系》通过国家标准委考核评估验收，并正式发布。

15 日　由北京大学、中国音乐剧孵化基地、海淀区委宣传部联合主办的首届“中关村国际音乐剧节”开幕式在北京大学百周年纪念讲堂举行。其间展演十余部国内原创音乐剧和外国音乐剧；来自国内外著名高等院校的音乐剧专家学者，围绕“中国原创音乐剧的民族化与国际化”议题进行研讨。音乐剧节持续至 12 月 11 日。

19 日　占地面积 121 公顷、总建筑规模 133 万平方米的中关村软件园二期正式入驻。

20 日　全国首家农村集体资产监督管理委员会——海淀区农村集体资产监督管理委员会成立。

23 日　《海淀北部地区生态建设实施纲要》正式印发实施，实施期限为 2013—2020 年，明确产业功能区提升、清洁能源推广、再生水综合利用、绿心生态建设、河道综合治理等 6 个方面的重点工程项目。

27 日　设立北京市海淀区预防腐败局，与区纪委、区监察局合署办公，受区政府和市预防腐败局双重领导。

27 日　北京市首个生活饮用水水质远程在线监测系统在海淀区正式启用，首批选定 10 个监测点。

29 日　北京市首个区县级的房屋中介动态监管系统在海淀区上线试运行，12 月 1 日正式对公众开放。市民可随时查询海淀区的 380 家经纪机构、586 家分支机构、5303 名从业人员的信息。

29 日　首家区级老年人心理健康服务站——西三旗地区老年心理健康服务站在富力桃园社区启动，服务项目全部免费。

至月底　超额完成《海淀区学前教育三年行动计划（2011—2013）》各项指标。新建幼儿园 13 所、接收 17 所配套幼儿园、改扩建 106 所幼儿园，新增 1.41 万个入园名额，在园儿童三年净增 20%。

12 月

3 日　市人大常委会主任杜德印到地区基层联系点——北太平庄街道志强北园社区调研。

3 日　海淀区全国文明城区创建办公室发布 2014 年《海淀社会环境秩序整治志愿服务行动方案》。依据该方案，创建工作将围绕文明交通秩序、自然环境保护、市容市貌维护、诚信经营建设等社会管理突出问题，组织 40 多万名志愿者开展 10 项志愿服务行动。

13 日　北京首个互联网金融产业园项目——北京中关村互联网金融产业园一期暨宝蓝·金园国际中心正式开园。一期总建筑面积约 4 万平方米，首批入驻 3 家金融机构。

13 日　北京市首家街道社会组织孵化基地——西三旗街道社会治理创新园开园，街道与社会组织联盟签订购买服务协议，投放首批公益创投资金 50 万元，涵盖 9 大类项目、涉及 30 多家社会组织。

17 日　持续两个月的第四届“海之声”新年演出季拉开帷幕。其间，41 个国内外优秀演出团体推出 12 类 200 场精品演出。海淀区投入 800 万元，用于演出项目和票价补贴。

18 日　海淀区举行 2013 年度“感动海淀”十大文明人物颁奖典礼。

20 日　中关村核心区新兴产业联盟成立，核心区互联网电视产业联盟、网络教育产业联盟、工业创意设计产业联盟同时揭牌成立。

20 日　北京中关村国际孵化软件协会会长、中关村软件行业党委书记于滨荣获第四届“首都道德模范”称号。

25 日　市科协在海淀园的 6 家企业挂牌成立院士专家工作站。海淀区累计建立企业院士专家工作站 22 家，占全市建站总数的 36.7%；累计进站院士专家 49 人次，合作项目 51 个，企业配套研发人员逾 1000 人。

28 日　海淀区与内蒙古赤峰市签署共建中关村海淀园赤峰分园合作协议。

29 日　区公共委、北医三院、海淀医院合作协议签署暨揭牌仪式举行，北京大学第三医院海淀院区正式挂牌。

29 日　海淀区清河医院开业暨区卫生局、区公共委——北京大学人民医院医疗卫生服务共同体启动仪式举行。

12 月　北京百度网讯科技有限公司、联想（北京）有限公司等 4 家单位的云计算示范工程项目被纳入 2013 年中央财政战略性新兴产业发展专项，获得国家补助资金 10900 万元。

12 月　2013 年度中国创业投资暨私募股权投资年度排名发布，海淀区的弘毅投资、九鼎投资、鼎晖投资 3 家机构进入私募股权投资机构 10 强；IDG 资本、深创投等 10 家位列创业投资机构 20 强；君联资本等 5 家入围早期投资创投机构 10 强。

年内　完成 162.84 万平方米的老旧小区综合整治任务，完成率 116.3%。涉及 33 个小区、289 幢楼，23553 户居民居住条件得到改善。

年内　启动棚户区改造和环境整治项目 39 个。完成 8 个拆迁项目，共计拆迁 1994 户、42.7 万平方米。

年内　建设、筹集各类政策性住房14791套、竣工12611套，分别完成市级任务的123%和170%。

年内　实施清洁空气行动计划，重点落实以严格环境准入、强化重点污染源减排、淘汰更新老旧车辆和加强挥发性有机化合物排放控制为主的10个方面46项治理措施。完成燃煤锅炉改造557蒸吨，淘汰高排放老旧机动车3.34万辆，14家高污染企业淘汰退出。全区二氧化硫、二氧化氮、可吸入颗粒物三项主要污染物比2012年下降3.6%。

年内　区政府投资建设水务工程16项，总投资15.45亿元。完成中小河道治理、水环境改善工程、雨洪利用工程等一批重点建设任务。

年内　围绕企业设立审批、固定资产投资项目审批、高新技术企业认定、人力资源服务等四个方面进行行政审批改革；推动"一科制"改革，实现"一个窗口受理、一个机构审批、一个公章办结"，所有办事时限缩短50%以上。

年内　中关村科学城签约6个新项目，储备库项目累计达204项。在建42个重点建设项目。至年底，累计建成10个新型产业技术研究院、32个特色产业园和182个公共服务平台，总投资达500多亿元，释放产业空间720万平方米。

年内　北部新型科技生态新区安排开发建设项目229个，全年开复工569万平方米，竣工201万平方米。完成开发建设投资402亿元，园区总收入1600亿元。16条道路建设完工，完成17个配套设施项目。

年内　北部地区城乡一体化建设基本完成第一批8个村庄宅基地腾退；第二批6个村庄宅基地腾退全面启动，部分村庄腾退工作进入收尾阶段。165万平方米农民安置房竣工入住。

年内　"三山五园"历史文化景区总体规划和各专项规划编制基本完成。全面完成中央党校西墙外地区拆迁腾退；香山四王府地区改造方案获得市政府批准，一期搬迁腾退完成45%；普安店安置房开工建设。

年内　投资8.2亿余元，实施平原造林等10项美丽海淀生态文明建设工程。全年共完成绿化任务737公顷，其中新增城市绿地54公顷、新增平原造林267公顷，种植苗木55万余株、花卉300万余株。

年内　海淀区首次尝试引入社会资本办社区卫生服务机构，主要有与政府合办、受托承办、独立举办三种形式。年底，两家民营诊所正式挂牌。

年内　海淀区网络化社会服务管理体系初步形成，明确10项网络内容，搭建区、街镇和社区（村）"三级工作平台"，实现全覆盖。

年内　海淀区采取文化科技融合发展、文化旅游融合发展、区域文化融合发展、文化人才创新创业、统筹谋划产业发展等5项措施推进文化创意产业发展。

年内　全区专利申请量3.9万件，占北京市的33%；专利授权量2.2万件，占北京市的34%。技术合同成交额1191亿元，占北京市的46%，占全国的15%左右。

年内　继续深化创建全国文明城区工作，在339项创建基础指标中，符合288项，符合率为84.96%。群众对创建工作的支持率达到98.54%。

（钟冷）

中国共产党海淀区委员会

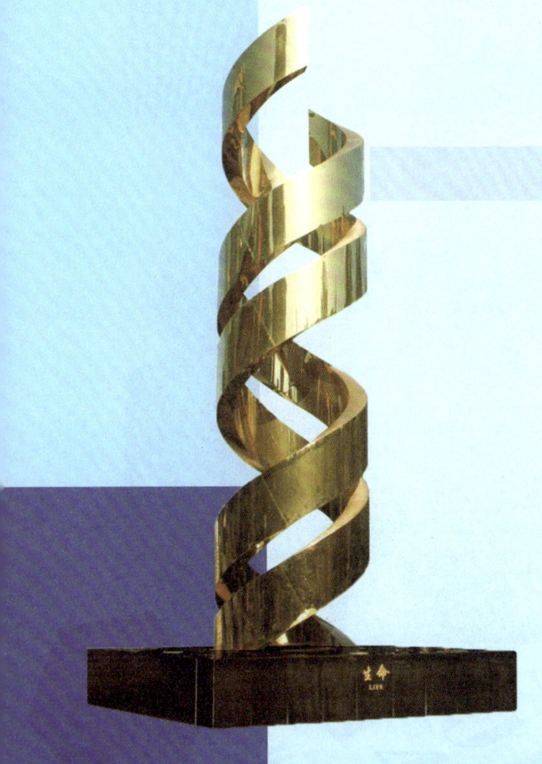

1月8日，中组部到海淀调研，听取非公企业对开展党的群众路线教育实践活动的意见和建议（区委组织部 供图）

4月9日，海淀区校园文明餐桌行动启动仪式在海淀区第二实验小学举行（区文明办 供图）

5月4日，四川省广安市代表团到海淀区就相关合作事宜进行座谈交流（田峰 摄）

5月22日，海淀区启动“文明过马路 安全伴您行”高校创建文明城区文明交通主题日活动（李瑞林 摄）

7月19日，海淀区举办2012至2013年度新任职处级领导干部集体廉政谈话及党纪政纪条规考试（区纪委 吴爱年 摄）

8月7日，海淀区召开四套班子领导与老领导暑期座谈会（区老干局 曹壮林 摄）

12月3日，海淀高校志愿者代表点燃“正能量火炬”，海淀高校“正能量联盟”正式成立（李瑞林 摄）

12月4日，海淀区保密局举办保密法规宣传活动（李瑞林 摄）

12月17日，海淀区举办处级领导干部学习贯彻党的十八届三中全会精神轮训班（区委党校 杜家幸 摄）

中国共产党海淀区委员会

综述

【概况】 中共北京市海淀区委员会是中国共产党在海淀区的领导机关，中共北京市海淀区纪律检查委员会是负责海淀区党的纪律检查工作的领导机关。本届（第十一届）区委、区政府是在2011年12月召开的中共北京市海淀区第十一次代表大会上选举产生的。

2013年，全区各级党组织和广大党员干部认真学习领会中共十八大、习近平总书记系列重要讲话和中共十八届三中全会精神，贯彻落实市委十一届二次、三次全会部署和市委市政府主要领导多次调研海淀的指示要求，以中关村科学城、北部生态科技新区、“三山五园”历史文化景区三大功能区建设和全国文明城区创建工作为重点，较好完成了年初确定的各项目标任务。年内召开区委全体会议1次，常委会议39次，专题会议18次。

截至年底，海淀区共有中共党员150498人（不包括驻区中央、市直属单位和部队单位党员），比2012年增加3690人，增长2.5%。其中女党员69876人，占46.43%；少数民族党员5733人，占3.81%；35岁以下党员31230人，占20.75%；大专以上文化程度党员97002人，占64.45%。区委派出工委24个，党组45个，所属的基层党组织5277个（党委246个、党总支356个、党支部4675个）。全年新发展党员1262人。

党的建设 区委常委会学习贯彻落实习近平总书记系列重要讲话精神，不断强化政治意识、大局意识、责任意识，在思想上行动上自觉与党中央保持高度一致。研究核心区建设发展的战略性、前瞻性重大问题，及时回应群众呼声，坚持重大问题集体讨论、集体决定。进一步规范选人用人程序，提高选人用人的公信度。整合、改进干部考核制度，提高考核针对性和实效性。首次开展科级干部跨部门交流。强调接收安置与培养管理并重，探索安置双选、多措培养、择优使用等多种军转干部安置方式。开展城乡党建“三级联创”活动，推进基层党建工作创新，非公党建“孵化器”、商务楼宇“五站合一”和区域化党建工作取得新成效。开展街镇党委书记、系统负责人党建述职工作，强化“一把手”抓党建工作的意识和责任。

扎实推进廉政风险防控体系建设和区委权力公开透明运行试点，制定党风廉政责任制考核指标体系，严格落实“一把手”不直接分管人财物等事项规定。成立预防腐败局。全年共查办案件45件，给予党纪政纪处分41人，其中处级干部11人。

区委落实中央和市委关于八项规定、正风肃纪、厉行节约、反对浪费等各项要求，及时查找问题，完善制度措施，把中央和市委要求落到实处。区领导带头加强和改进调查研究，以问题为导向，深入基层解决实际问题；带头改进文风、会风，全区性会议精简78.5%，区委区政府文件下降12.3%。厉行勤俭节约，反对铺张浪费，行政经费预算整体压缩7%，因公出国（境）经费预算压缩10%，公务接待费预算压缩20%，会议费预算压缩10%，区领导出国团组取消5批25人次，处级单位因公出国（境）人数同比下降47%。开展机关干部“改作风、下基层、送温暖”活动，走访慰问困难党员、群众9.2万余户，覆盖全部社区、村。成立联合督查组，加强对贯彻落实情况的督促检查，中秋、国庆等重要节点明察暗访，加大查处违纪行为力度，坚决刹住公款送节礼、公款吃喝、公款旅游、奢侈浪费等不正之风。

经济建设 落实中关村先行先试系列政策和核心区“1+10”产业促进政策，制定加快核心区科技创新的工作方案，出台发展战略性新兴产业、科技服务业、促进文化科技融合发展、助力中小企业发展的行动计划，全年新增国家高新技术企业785家，总数突破5000家，占全市的55%，园区实现总收入1.2万亿元，增长17.5%；科技服务机构总数超过1200家，科技服务业收入增长15%以上；规模以上文化创意产业总收入增长9%，网络视频、新媒体设备等领域发展势头良好。加快建设国家科技金融创新中心，完善科技金融功能区建设的规划布局，出台支持互联网金融发展的工作意见，新增各类金融机构150余家，新增上市挂牌企业44家，总数达到313家，占全市的70%。深化与清华、北大、北航、中科院北京分院等区域单位的融合发展与协同创新，通过建立引导基金、搭建对接平台等方式，打通技术转移和科技成果转化渠道。

发挥三大功能区指挥平台的统筹调度作用，加快规划、开发、建设和项目落地。探索与市规划委开展协作规划试点，形成中关村科学城、三山五园地区、大上地地区、北部生态科技新区等一批规划成果。北部生态科技新区基本完成第二批北庄子、西马坊、北安河、大工村、河北村5个村庄腾退，11个产业项目投产，33个产业项目落地，竣工安置房165万平方米，以导航与位置服务、移动互联与下一代互联网、医疗器械等为代表的“专精特新”产业园和“一镇一园”起步区建设取得进展。南部中关村科学城中心区共有12个新型产业技术研究院和特色产业园投入使用，建筑面积约47万平方米，在建规模约233万平方米；辐射区全面实施城中村整治，腾退集体低效用地，中关村东升科技园、玉渊潭科技商务区、小米科技园、学院路科技园等产业园基本完成土地一级开发和规划调整工作。中部三山五园历史文化景区取得实质性进展，党校西墙外完成居民腾退。通过市政重点工程带动，在香山四王府地区1200个院落统一实施镇村主体的村（居）民自助性改造，一期拆迁完成45%；开展三山五园“园外园”绿色空间规划；实施香山静宜园等17项重点文物修缮保护工程。

全力解决人口问题、交通拥堵、大气污染、环境脏乱、违法建设等难题。把全区城乡结合部遗留的城中村、边角地统筹纳入首都平房棚户区改造计划。坚持政府扶持、镇村主体、多方协同的工作机制，完成四季青镇营慧寺、巨山村，东升镇西小口、后屯村，海淀镇中央党校西墙外青龙桥村，玉渊潭玲珑巷、五路居、西八里庄8个城中村棚户区改造和6个遗留项目与边角地整治；启动双泉堡地区旧村腾退，共腾退安置5990户，调整退出低端产业用地98万平方米。开展“打非治违”专项行动，拆除各类违法建设160万平方米，新生违法建设得到有效遏制。全面推进生态文明建设，完成南北旱河河道治理和南沙河一期截污工程，探索建立污水处理设施的市场化、专业化托营机制，建设集雨工程。加大扬尘污染控制、燃煤锅炉改造、老旧机动车淘汰和污染企业关停的力度，空气质量优于全市平均水平；完成4000亩平原造林，启动“三山五园”绿道系统、南沙河滨水绿廊和西山彩化工程。举全区之力创建全国文明城区，抓好第三方测评整改，举办社区宣传活动800多次，组织近10万名群众参与城市清洁日（周）、排队日、垃圾分类、文明出游、绿色出行等实践活动；持续推进交通、治安、环境三大秩序整治，治理300余处环境脏乱点，建立道路环境卫生分级分类管理长效机制；测评体系基础指标达标率超过90%。

政治建设 支持区人大、区政协围绕全区工作创造性开展工作。区人大不断创新监督方式，开展专题询问、预算项目事前绩效评估，推动预算监督向街镇延伸、预决算信息公开，加强对重点工作和民生领域热点难点问题的督办落实，监督领域进一步拓宽，实效进一步增强。区政协探索创新界别工作机制和工作模式，通过组织专题协商会、议政会，探索协商民主的制度化渠道。区工会、团区委、区妇联等群团组织不断创新工作方式，为区域社会和谐发挥桥梁和纽带作用。深化双拥共建，广泛开展特色拥军活动，军地融合发展和民兵预备役建设取得新成效。完善社区居民自治机制，增强社区公益服务和便民利民服务职能；推进村务公开，完善村民自治制度，优化基层干部队伍结构，完成第九届村委会换届选举。

成立区综合行政服务中心，以投资项目审批改革为重点进行业务整合和流程再造，50多项便民服务事项在街镇试点办理。成立食品药品监督管理局，加强对食品药品的统一监管。海淀园管委会加挂中关村国家自主创新示范区核心区管理委员会牌子，进一步强化核心区建设的管理职责。对区属商业企业、北部园区开发企业进行整合重组。设立农村集体资产监管机构，加强对集体“三资”规范化管理。出台深化社会管理体制改革和网格化管理的实施意见，推进13个专业部门和街镇力量向基层下沉，强化街镇统筹协调能力；建立区、街镇、社区（村）三级集社会服务管理、城市管理、非紧急救助和应急管理于一体的综合平台。加快智慧海淀建设，建成网格化社会服务管理信息系统和核心区企业综合服务信息平台，在13个公共服务区域免费开放无线局域网。成立实有人口管理委员会及，开展网格化社会服务管理体系试点和全面建设工作，完善以“四个实有”为重点的数据采集平台。以“社区青年汇”为载体，加强对外来青年人口的服务管理。制定加强社会组织发展的意见，健全社会组织考核评价体系和激励机制，推动政府购买社会组织服务的规范化。

社会建设 加大社会民生领域投入力度，全年共计投入290亿元，占区级财政支出的80.4%。完成36件区级、321件街镇级惠民实事。

社会治理体制机制进一步完善。制定实施加强街镇统筹协调能力、深入推进网格化工作意见，整合司法所、统计所、城管执法监察队等13个部门力量、各街镇力量和各类协管员力量向社区网格下沉，搭建三级综合服务管理平台，“条块结合、协调联动”的网格化工作体系进一步健全。制定促进社会组织发展意见，培育扶持社会组织，激发社会组织活力。加强社区规范化建设和“一刻钟社区服务圈”建设，新增社区办公服务用房7000余平方米，达标率提升到91%。建立实有人口调控目标责任制，初步建成“四个实有”信息平台，在今日家园等小区开展群租房集中整治和出租房规范管理试点。

就业和社会保障工作扎实推进。城乡就业促进政策深入实施，2.7万人实现再就业。五项社保基金预计收缴341.9亿元，增长18.3%。城乡居民养老保险基础养老金待遇上调至每人每月607.5元，居全市第一。制定加快养老服务业发展意见，鼓励引导社会力量提供社区居家养老专业服务，建成30家养老服务管理中心和200个社区老年互助社，新增养老床位1332张。

群众住房和出行条件不断改善。新建、筹集各类保障性住房1.47万套，配租配售7158套。完成162.8万平方米老旧小区综合整治，惠及2.4万户居民。启动首批39个棚户区改造项目，8个项目完成整治。西三旗东路、田村路等19条道路建设完工，新增道路通车里程31.5千米。完成22.2万平方米道路大中修、10 千米道路微循环和 20 个疏堵点位改造。地铁 6 号线西延、15 号线、16 号线进场施工。新增停车位 1.1 万个，实现 4600 个停车位错时停车。

社会事业稳步发展。推进教育改革创新，5 个国家级教育改革实验项目完成。实施中小学基本建设三年行动计划，建成清华附中永丰学校、翠微小学温泉分校等 6 所学校，新增 9050 个中小学学位，有效应对小学入学高峰。超额完成学前教育三年行动计划，累计新增 1.4 万个入园学位。深化医药卫生体制改革，出台鼓励社会资本举办社区卫生服务机构支持政策；与北京大学人民医院等全面建立医疗卫生服务共同体，清河医院开业；海淀医院与北京大学第三医院合作取得实质进展，“北京大学第三医院海淀院区”揭牌；“智慧卫生”项目启动实施；社区卫生机构诊疗量增长 15.3%。获国家“卫生应急综合示范区”、北京市“慢性病综合防控示范区”称号。公共文化服务体系建设取得长足进展，街镇和社区（村）文化设施达标率分别提升至 90%和 81%；依托演出联盟、海淀文化节等平台开展各类公益文化活动 8200 多场。成立区文物保护中心，新增第四批 77 处区级文物保护单位，实施 17 项文物修缮及保护工程。新建（更新）全民健身居家工程 233 套。此外，工会、妇女儿童、计划生育、助残、国防、双拥、民防、民族、宗教、侨务、对台、档案、地震、气象等各项工作均取得新进展。

首都安全稳定工作扎实有效。充分发挥群防群治优势，全面加强社会面防控和综合治理，妥善处置突发敏感案（事）件，完成重要会议、重大活动、重点地区场所、重点时期的安保维稳工作。深化“平安海淀”建设，推进重大决策社会稳定风险评估，加强社会矛盾排查化解，完善信访和调解联动的工作体系，加强社会治安防控体系建设，海淀区荣获全国平安建设先进区称号。坚持公正司法，推进司法实践创新，妥善化解一批涉法涉诉信访案件。开展法制宣传教育活动，进一步营造法治环境。集中开展安全生产大检查和群租房整治试点，及时排查消除安全隐患。在重点项目腾退工作中，区政法系统和相关部门、街镇加强会商研判，使一批多年遗留的腾退问题依法得到解决。

文化建设　把深刻理解和学习宣传贯彻中共十八大、习近平总书记系列重要讲话和中共十八届三中全会精神作为重要政治任务来抓，研究部署全区学习宣传贯彻工作；组织区级理论中心组专题学习；制定下发关于开展“中国梦”学习宣传和深入学习贯彻习近平总书记一系列重要讲话精神的实施方案；组织全区处级以上干部集中培训、研讨；编写印发《习近平总书记重要讲话选编》等学习读物；组织领导干部、专家和百姓宣讲团开展宣讲活动 500 多场。通过深入学习宣传，全区广大党员干部群众切实增强了为实现“中国梦”贡献力量的责任感和紧迫感，增强了中国特色社会主义的道路自信、理论自信和制度自信。

落实中央、市委宣传思想工作会议精神，进一步强化党委抓宣传思想工作的责任意识，广泛开展中国特色社会主义宣传教育，举办“中国梦• 我的梦”等主题教育活动，多种形式推动社会主义核心价值观深入人心。把宣传力量、管理力量向网上延伸，壮大网上正能量。扎实推进公民道德建设，2 人获第四届全国道德模范提名奖。

（孙腾飞）

【中国国民党荣誉主席连战到区访问】　2 月 27 日，中国国民党荣誉主席连战一行到海淀区参访，中共海淀区委书记隋振江对连战和夫人一行表示热烈欢迎。中共海淀区委常委、组织部部长、统战部部长杨智慧，海淀区副区长徐永全，海淀区政协副主席刘恪，区台办主任杨志洪等参加欢迎活动。

（孙腾飞）

【郭金龙调研地区城乡一体化情况】　3 月 21 日，市委书记郭金龙、市长王安顺到东升镇双泉堡、清河村、东升科技园调研城乡一体化发展情况。郭金龙强调要高度重视城乡结合部管理，通过深化改革推动产业优化升级，加大环境整治力度，抓好基础设施建设，积极探索解决问题的新措施。

（孙腾飞）

【郭金龙调研环境整治和生态文明工作】　7 月 11 日，市委书记郭金龙到中央党校西墙外拆迁腾退地块、四季青镇四王府地区察看旧村腾退工作现场和环境整治情况，并听取海淀区环境整治和生态文明建设情况的汇报。

（孙腾飞）

区委重要工作和重大活动

【区委十一届四次全会召开】　1 月 4 日，中共北京市海淀区委十一届四次全会召开。会议学习贯彻中共十八大、中央经济工作会和市委十一届二次全会精神，审议通过十一届区委常委会工作报告以及《关于全区经济社会发展工作的报告》，表决通过《中国共产党北京市海淀区第十一届委员会第四次全体会议决议》。

（孙腾飞）

【举办第十届中国文化产业新年论坛】　1 月 5 日，北京大学与海淀区委、区政府联合主办的 2013 第十届中国文化产业新年论坛在北京大学开幕。论坛的主题是“文化创新战略：创意与科技”。全国人大常委会副委员长陈昌智，全国政协副主席厉无畏，北京大学、国家行政学院等相关单位负责人，区长孙文锴出席开幕式。

（孙腾飞）

【“改作风、下基层、送温暖”实践活动】　1 月 23 日—2 月 8 日，海淀区贯彻落实中央和北京市关于改进工作作风、密切联系群众的有关规定，开展“改作风、下基层、送温暖”实践活动，60家区级单位将温暖送到29个街道、564个社区、84个村委会的困难人群。

（孙腾飞）

【改进工作作风】 1月31日，区委召开第53次常委会。会议传达习近平总书记关于厉行勤俭节约，反对铺张浪费的重要批示精神和中央、市委相关要求，审议并通过《海淀区关于改进工作作风密切联系群众的措施》，从改进调查研究、精简会议活动、精简文件和信息简报、规范外出学习考察、简化新闻报道、加强督促检查六个方面做了详细规定。

（孙腾飞）

【2013年全区工作要点】 2月7日，区委召开第54次常委会，确定2013年全区工作总的要求和工作要点。总要求：全面贯彻落实中共十八大、中央经济工作会和市委十一届二次全会精神，以邓小平理论、“三个代表”重要思想和科学发展观为指导，解放思想，改革创新，真抓实干，稳中求进，着力推进三大功能区建设，提高经济增长质量和效益；着力提高文化软实力，创建全国文明城区；着力创新社会服务管理，保障和改善民生；着力建设生态文明，打造美丽海淀；着力加强作风建设，全面提高党的建设科学化水平，为在“十二五”末把海淀初步建设成为具有全球影响力的科技创新中心奠定坚实基础。工作要点：落实创新驱动发展战略，推动经济持续健康发展；抓好重点文化工程，提高文化软实力；夯实工作基础，全力争创全国文明城区；切实保障改善民生，让全区人民共享改革发展成果；建设生态文明，打造美丽海淀；加强民主政治建设，推进依法治区；深化改革创新，为科学发展增添新动力；扎实提高党的建设科学化水平。主要目标：地区生产总值增长9%，区级公共财政预算收入增长9%，固定资产投资增长10%，城乡居民收入增长9.5%，万元GDP能耗、水耗分别下降2.5%和4%，城镇登记失业率控制在1.5%以内。

（孙腾飞）

【确定102项重点建设项目折子工程】 2月7日，区委常委会审议通过2013年海淀区重点建设项目折子工程。折子工程共102项，总投资约1722.28亿元，包括基础设施类、民生保障类、市级折子项目、社会事业类、三大功能区产业项目以及其他产业项目共六类。

（孙腾飞）

【社会管理体制改革】 4月11日，区委区政府出台《关于深化社会管理体制改革，加强街、镇统筹协调能力，深入推进网格化工作的实施意见》，意见提出要通过体制机制创新，理顺街、镇与专业部门派驻机构的关系，增强街、镇统筹协调能力，强化条块间协调联动，充分发挥出街、镇在社会服务管理中的主体作用，确保网格化工作取得实效，全面提升海淀区社会服务管理精细化、科学化水平，解决好当前社会服务管理中的突出问题。同时，进一步促进服务管理资源有效整合，强化街、镇公共服务职能，切实保障和改善民生，不断推进基本公共服务均等化和城乡发展一体化。

（孙腾飞）

【区委权力公开透明运行试点】 5月24日，区委常委会审议通过《中共北京市海淀区委关于开展区委权力公开透明运行工作的实施意见》及《实施方案》。6月5日，海淀区委权力公开透明运行暨廉政风险防控管理工作部署会召开。会议要求在总结推广廉政风险防控管理经验基础上，做好区委权力公开透明运行试点工作，确保取得新成果新成效。

（孙腾飞）

【确定11个智慧海淀项目】 5月30日，区委常委会议召开，听取关于《智慧海淀2013年度建设项目及预算安排》的汇报。智慧海淀建设确定海淀区社会服务管理应急监督指挥平台项目、智慧社区试点工程项目、行政服务信息化平台项目、核心区企业服务体系和动态监控系统项目、政务内部运行平台项目、智慧卫生项目、智慧教育项目、信息网络基础设施提升项目、区云数据中心项目、网络及信息安全设备更新项目和第三方管理咨询服务项目等11个项目，预计总投资约15亿元。

（孙腾飞）

【学习贯彻习近平系列重要讲话精神】 9月5日，区委印发《关于深入学习贯彻习近平总书记一系列重要讲话精神的实施方案》。要求全区各级党组织要认真组织好习近平总书记一系列重要讲话精神的学习宣传工作，深刻领会习近平总书记一系列重要讲话精神实质，以习近平总书记一系列重要讲话精神指导推动海淀各项工作。

（孙腾飞）

【区领导赴韩国考察】 9月23日—27日，区委书记隋振江带队到友好城市——韩国首尔西大门区考察垃圾处理及生态修复工作。

（孙腾飞）

【专题学习政治局第九次集体学习精神】 10月10日，海淀区召开专题座谈会，传达学习中共中央政治局于9月30日在中关村国家自主创新示范区展示中心以“实施创新驱动发展战略”为题的第九次集体学习时的重要精神。与会的区四套班子领导和应邀参会的中关村高科技企业家代表畅谈了学习体会并对实施创新驱动发展战略提出了意见和建设。

（孙腾飞）

区委日常事务

【概况】 中共海淀区委办公室是区委日常工作部门和区委系统工作协调部门。区保密委员会办公室、区国家保密局对外保留牌子，机构设在区委办公室。

综合协调及值班工作 全年共保

障中央、市领导调研和检查工作24次，服务区主要领导调研、走访、安全检查等活动近40余次。安排全区性重要会议30余次，重要活动50余次，牵头召开“四办”主任协调会52次。共拨打接听值班电话1.6万余个，收发传真约3000份，分发报刊、信件9万余份，安排车辆服务1300余次。协调邀请区四套班子领导出席各类会议和公务活动约1000余次，与区属各单位沟通协调工作约6000次；在OA网上会议、活动通知累计下载约700余件，均做到及时、准确处理。

文秘工作　起草各类文稿共计80余件，制发《海淀区党政机关公文格式规范化若干标准》和《关于进一步精简全区各单位信息简报和期刊的通知》，严格做好区委系统各类公文的起草、审核和发文工作，制发各类公文260多件，同比减少14%，其中京海发19件，京海办发48件，京海报25件，区委常委会、区委专题会等各类会议纪要57件。组织保障区委全会1次、区委常委会39次、区委专题会18次、区理论中心组学习12次、领导干部小组会9次，书记工作会8次及全区重要会议20余次。

督查工作　全年督办重点事项1079项。其中，与区政府督查室联合督办区委区政府2013年重点工作任务154项；督办2012年区四套班子民主生活会征求意见建议、区委常委会议定事项、区委主要领导调研指示事项、市区各级领导批示指示事项、区政协党派团体提案和委员提案及2012年区级老领导意见建议共400余项。区委督查工作形成“台账式管理、项目制负责、规范化督办”的工作机制。

信息工作　全年累计被《北京信息》各类刊物采用信息542条，累计积分2380分，均列全市各区县首位。完成两办区内信息刊物整合，全年共编发《海淀信息》等刊物1217期。强化重点信息单位工作调度，搭建小而专的主体化信息平台，进一步完善了全区信息网络建设。引入专业技术力量，实施舆情服务外包，提升工作效率。开展新任信息员顶岗培训，组织工作交流和走访培训，增强基层指导的针对性。

机要档案　党委信息化建设快速推进，成立专家咨询委员会，完成电子政务内网涉密机房建设。实行机要密码干部持证上岗制度。全年收发中央、市委机要文件8053份。定期对涉密要害部门进行保密检查，及时消除各种泄密隐患。

保密工作　扎实推进《海淀区“十二五”时期保密事业发展规划》实施，基本形成“抓规范管理、重宣传教育、严执法检查”的良好格局。组织保密法制宣传教育月、“12　4”法制宣传日活动。举办宣教系列讲堂5次、播放保密警示教育片50余次。保密法制宣传教育活动受到市国家保密局充分肯定，区国家保密局是全市唯一一家被推荐参加全国“六五”保密法制宣传教育先进集体评选的单位。对329家区属单位及军工企业共473名保密人员进行业务培训。参加全国法制动漫大赛，获全国法制动漫大赛漫画类三等奖。在全国性杂志《保密工作》等期刊、网站刊载报道文章5篇；面向全区机关干部发送保密警示教育短信7000余条。对126家区属单位和176家驻区军工企业开展保密普查。清理磁盘介质60个，监控各类互联网站99家，未发现重大涉密信息。

交流联络　共接待来自各省、市及中央国家机关、高校科研院所等各级代表团60余批次；联系并服务保障区领导走访中国保险集团等驻区重点单位10余次。协调服务保障区领导率队赴贵州等地学习考察活动10余次。区友好城区的数量达到30家。服务保障十六届科博会等全国全市性活动7次。收集41家重点企业的187条意见建议并积极协调解决有关问题。向市外联办报送信息64条，采纳9条，全市排名第二。海淀秘书学会组织“插花花艺培训”等主题讲座、品牌植树、参观清华大学等活动10余次。

协办工作　共办理区委收文1623件，撰写《关于领导批示件纳入协办程序的建议》92期。236件区委领导批示件纳入协办事项，协办事项共办结191件，办结率达81%。在区委办公室协同管理系统信息平台上处理办公室网上收文1575件。

（孙腾飞）

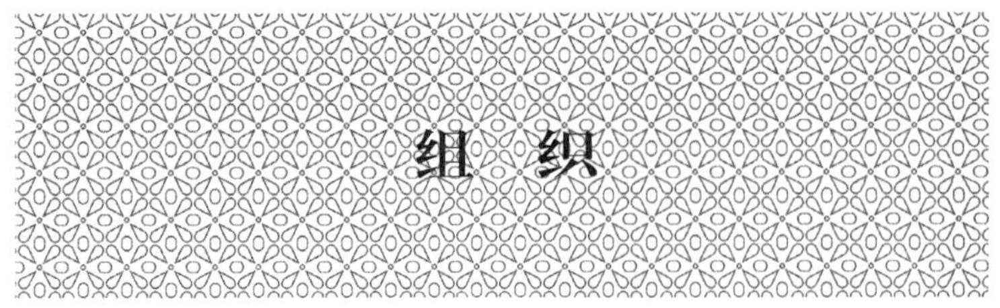

组　织

【概况】　中共海淀区委组织部是海淀区党的组织工作、干部工作、人才工作的主管部门。2013年，区委组织部以学习贯彻中共十八大、十八届三中全会、习近平总书记系列讲话、全国组织工作会议和全市组织工作会议精神为指导，以改进党员干部作风建设为主线，推进干部人事制度改革，加强领导班子和干部队伍建设、基层组织建设、人才工作及组织部门自身建设，各项工作取得新进展。

（赵远飞）

【完成第九届村委会换届选举】　1月1日—7月28日，完成海淀区第九届村委会换届工作。先后制定印发海淀区《关于做好村党组织换届选举工作的意见》和《关于在第九届村民委员会选举工作中切实加强党的领导的实施意见》，成立由区委副书记、政法委书记任组长的区村“两委”换届选举工作领导小组，由区委常委、组织部部长及两位主管副区长任副组长，下设领导小组办公室。全区共有6个镇的64个村委会参加换届选举，占全区村委会总数的76%；20个村因征地拆迁、整体转居等原因，依据北京市有关规定，经区政府批准，不参加本次换届选举。64个村共登记参加选举村民68070人，参加投票选举的村民64253人，参选率为94.4%。在64个参选村中53个村一次选举成功，10个村另行选举成功。一次性选举成功比例比上一届提高13.8%。共选出村委会成员284人，其中党员200人，占70.4%；女性成员89人，占31.3%；村“两委”交叉任职的85人，占30%；连选连任的196人，占69%。

（赵远飞 孙学刚）

【公务员外语培训结束】 1月18日，海淀区公务员外语培训工作总结会议在北京外国语大学举行。自2010年7月启动的海淀区公务员外语培训项目结束，10580名公务员完成培训。

（赵远飞）

【“深入基层知民意、服务群众聚民力”主题活动】 3月13日，以“深入基层知民意、服务群众聚民力”为主题，在全区各级党组织和广大党员干部中开展“十个一”系列活动（即“制定一份工作计划、组织一次主题党日活动、开展一系列入户走访、建立一批联系点、组织一项专题调研、创建一批服务载体、结成一批帮扶对子、解决一系列民生问题、健全一系列长效机制、培养一批先进典型”），进一步转变观念、沉下身子，深入实际、深入基层、深入群众，做到知民情、解民忧、暖民心，保持同人民群众的血肉联系。各单位共建立领导联系点1000余个，开展调研1900余次，听取意见建议6000余条，为群众办好事办实事3500余件；建立完善服务群众的制度机制200余个、民意倾听机制180余个、纠纷化解机制130余个，创新服务群众载体600余个。

（赵远飞）

【确定八项党建重点工作】 3月22日，海淀区委党的建设工作领导小组暨海淀区建设学习型党组织工作协调小组工作会召开，确定八项党建重点工作，即：加强党的思想理论建设，加强党的作风建设，加强干部队伍建设，加快推进中关村人才特区建设，加强基层党组织建设，深入推进反腐倡廉建设，加强民主集中制建设，健全和落实党建工作责任制。

（赵远飞）

【命名十家党员培训示范基地】 3月27日，区委组织部命名海淀区委党校、圆明园遗址公园、中关村国家自主创新示范区展示中心、海淀区培训中心、玉泉慧谷·清华科技园、中关村东升科技园、曹氏风筝工艺坊、海淀区看守所、海淀区教育党校、翠微党校等十家单位为海淀区党员培训示范基地。引导各级党组织充分利用区级党员培训示范基地资源，进一步转变培训方式，丰富培训内容，增强培训实效，使广大党员的理想信念更加坚定、宗旨意识更加牢固、素质能力更加过硬，不断加强党员队伍建设。

（赵远飞）

【郭金龙调研中关村高端人才创业基地】 5月4日，市委书记郭金龙，市委副书记、市长王安顺围绕“优化创新创业环境，服务青年成长发展”主题到中关村高端人才创业基地——北京兆易创新科技公司、北京启明星辰公司，调研青年成长创业环境建设工作，与首都优秀青年代表座谈，勉励广大青年努力实现伟大的“中国梦”激情奉献。

（赵远飞）

【党建帮扶主题活动】 6月1日—12月，海淀区开展以主题为“强基础、解难题、促发展”的选派党员干部组建党建工作组帮扶基层党组织试点工作。区委组织部和区人力社保局跨领域、跨部门、跨层级共选派100余名党员干部到实际困难较突出的社区、村、区属学校、区属医院和国有企业共12家单位进行帮扶试点。试点基层党组织分别提出基层组织建设、环境和工程建设、农村经济发展、条块协调配合等不同的工作需求和人员类别需求。此举旨在通过跨领域、跨部门、跨层级整合资源，帮助基层党组织解决一批突出问题和困难，探索区级、基层党组织及其上级单位党员干部“上派下选、共同参与、相互联动”的工作模式，形成推动基层发展的工作合力。

（赵远飞）

【群众路线教育实践活动准备工作】 7月9日，召开区委党的建设工作领导小组扩大会，提出“四个一批”（深入推进一批主题活动、切实解决一批实际问题、着力完善一批制度机制、积极打造一批服务品牌）要求，指导全区各级党组织做好第二批党的群众路线教育实践活动前期准备工作。组织开展“深入基层知民意、服务群众聚民力”主题活动、在职党员到社区（村）报到和党组织党员“双报到”试点工作，探索党组织党员联系基层、服务群众的有效途径。做好组建机构、人员抽调、方案制定、确定分工、问卷调查等前期准备工作，为第二批群众路线教育实践活动打下良好基础。

（赵远飞）

【领导干部军事日活动】 7月18日—20日，海淀区领导干部军事理论培训暨军事日活动在国防大学举办，培训活动共安排7次授课，内容涵盖对中国梦的探索、国家安全战略、军民融合式发展、武器装备发展研究、人民战争研究、海洋军事斗争战略等。此次培训旨在全面贯彻落实了中共十八大关于推进军民融合式发展的战略部署，围绕增强海淀区领导干部的国家安全和国防意识，提高支持国防和军队建设的主动性积极性，不断推动军民融合式发展创新。全区70多名局、处级领导干部参加培训活动。

（赵远飞）

【“深入基层看党建 建言党建促发展”活动】 7月中旬，组织开展以“深入基层看党建 建言党建促发展”为主题的系列党代表调研视察活动。市级基层一线党代表和区级基层一线党代表共160余人，分4批参加调研视察活动，每批半天时间，深入2个不同系统的基层单位进行调研视察、座谈交流，了解基层党建情况，并形成党代表提议，为基层党建工作建言献策。

（赵远飞）

【党组织党员“双报到”试点】 8月27日，在区直机关系统和政法系统开展主题为“亮身份、做示范、讲奉献、树形象”党组织党员“双报到”试点。在职党员“双报到”是指区属单位党组织到单位所在地社区（村）、单位所在地附近社区（村）或单位结对共建的社区（村）报到，在基层组织建设、引领经济发展、环境综合整治、维护社会稳定等方面提供志愿服务；党政机关和企事业单位的在职党员到居住地社区（村）、单位所在地社区（村）或单位党组织结对共建的社区（村）报到，在职党员通过认领一个服务岗位、联系一户困难群众、参加一次公益活动、提出一条意见建议、当好一名信息员、办好一件好事实事等“六个一”的方式，开展志愿服务活动，发挥先锋模范作用。共有 1.1 万余名党员到社区（村）报到，其中区属党政机关在职党员到社区（村）报到率达到 100%。

（赵远飞）

【录制党员教育培训精品课程】 9 月 27 日，区委组织部从各级党组织录制拍摄的党员教育培训课程中择优遴选 30 门课程为第一批海淀区党员教育培训精品课程。精品课程内容涵盖中共十八大精神辅导、党课教育、理论解析、形势教育、北京精神、基层党建工作及优秀党员事迹等多个方面，包括专家辅导、专题讲座、党课报告、工作纪实、人物事迹等多种形式，集中反映全区各级党组织开展党员教育培训工作的丰硕成果，进一步丰富了党员教育培训的内容和形式。

（赵远飞）

【行政团职军转干部双向选择安置】 11 月，海淀区创新行政团职军转干部安置方式，首次采取安置单位和行政团职军转干部本人双向选择的方式进行安置。对双向选择不成功的，采取指令性安置方式进行安置。

（赵远飞）

【改革处级领导班子和领导干部绩效考核】 12 月 16 日，向全区印发《海淀区处级党政领导班子和领导干部年度考核评价办法（试行）》，首次把领导班子、领导干部的考核和绩效工作考核进行整合。将以往由区内各有关部门分头开展的督查考核、绩效考核、党建实绩考核、第三方满意度调查和领导班子、领导干部综合考核整合为一个完整的考核体系。形成区委组织部牵头抓总、有关部门分头负责、干部群众广泛参与的考核工作大格局。在该体系中，由区委组织部考核领导班子和领导干部，区绩效办考核工作，区监察局组织第三方满意度测评，评价领导班子和领导干部时充分运用绩效考核和第三方满意度测评结果，有效解决了以往多头考核、重复考核以及工作考核与干部考核“两张皮”等问题。通过精简，原有的 111 项各类工作考核整合为 52 项，考核主责单位由 37 家减少到 22 家。需进行实地检查的考核项目由 81 项减少到 17 项。

（赵远飞）

【区处级领导班子专题民主生活会】 12 月下旬—2014 年 1 月上旬，按照党的群众路线教育实践活动要求，按照“照镜子、正衣冠、洗洗澡、治治病”的总要求，以为民务实清廉为主题，以“反对‘四风’、服务群众”为重点，全区 127 家处级以上领导班子均召开了民主生活会。在学习、征求意见、交流谈心和自我剖析的基础上，海淀区委常委会、区人大常委会党组、区政府党组、区政协党组于 12 月下旬分别召开专题民主生活会。

（赵远飞）

【处级女干部、少数民族干部、非中共党员干部情况】 截至 12 月 31 日，在全区 850 名处级干部（含企业领导人员）中，处级女干部 249 人，占 29.3%；处级少数民族干部 34 人，占 4.0%（其中满族 15 人，回族 6 人，蒙古族 6 人，土家族 2 人，朝鲜族 4 人，苗族 1 人）；非中共党员处级干部 34 人，占 4.0%。

（赵远飞）

【调整处级干部】 年内，对街镇正职和承担发展任务较重的政府委办局进行重点调配；为区委巡视组配强力量；向 11 个委办局派驻纪检组组长；分批对各单位长期在同一岗位任职的处级领导干部进行交流；从基层一线提拔一批敢于担当、实绩突出的副处级领导干部。全年共调整处级领导干部 250 人，其中正处级领导干部 90 人，副处级领导干部 160 人；提拔 93 人，交流 88 人，改任 69 人。

（赵远飞）

【党代表提议办理“三见面一测评”】 年内，海淀区创新党代表提议办理工作方式。即在提议交办、提议办理、提议答复三个环节中，由区党代表联络室牵头，系统党工委、承办单位与提议代表要见三次面，并对提议办理进行满意度测评。一次见面是沟通情况，明确提议办理方向；二次见面是了解提议办理进度，督促办理工作推进；三次见面是当面进行答复，履行签字确认手续；一测评是指在提议办理完成后，由党代表联络室向提出提议的党代表下发“提议办理满意度测评表”，对于承办单位的提议办理态度、效率、实际效果等方面进行评议，促进承担单位提议办理工作和本职业务工作的提升。

（赵远飞）

【领导班子和干部队伍建设】 年内，以为民、务实、清廉为主题，以“反对‘四风’、服务群众”为重点，组织处级以上领导班子召开专题民主生活会，切实转变作风、服务群众。落实“一把手”抓班子、带队伍的政治责任，处级领导班子整体功能和解决自身问题的能力得到提高。推进干部选拔任用和调整交流培养等工作，对街镇正职和承担发展任务较重的政府委办局进行重点调配；为区委巡视组配强了力量；向 11 个委办局派驻纪检组组长。全年共调整处级领导干部 250 人。围绕学习十八大、十八届三中全会和习近平总书记系列讲话精神，全年共举办各类培训班 37 期，培训处级及后备干部约 3600 人次。完善行政团职军转干部安置、培养、使用办法。出台《处级领导干部改任非领导职务的有关规定》。老干部的各项待遇得到切实保障。

（赵远飞）

【干部人事制度改革】 年内，完善考核体系，将督查考核、绩效考核、党建实绩考核、第三方满意度调查和领导班子、领导干部综合考核整合为一个完整的考核体系，将 111 项各类工作考核整合为 52 项。加强对后备干部的培养，有计划地选调后备干部参与老旧小区改造、基层党建工作组、文明城区创建、信访督导组等重点工作任务。将近年来进入考察、符合条件未任用人员，按程序纳入处级后备干部队伍进行培养。完成24名科级领导职务公务员跨部门交流工作。以对领导干部监督和对选人用人工作监督为重点，加大从严管理监督干部力度，对28名党委（党组）书记进行离任检查，对24名党政正职领导干部进行任期经济责任审计；加大信访举报查核力度，对区属单位10名正职进行谈话提醒。

（赵远飞）

【基层党组织和党员队伍建设】 年内，完成64个村委会换届选举任务，采取多项举措帮助新任书记、委员提升履职能力。在12个基层党组织试点开展“强基础、解难题、促发展”主题活动，探索党建工作新模式。统筹推进党的建设“三级联创”活动，将政法、教育系统纳入创建范围。推进非公企业党建“孵化器”项目，全年建立“孵化器”90个，孵化独立非公企业党组织151个。全区29个街镇、地区党工委均安排属地派出所所长兼任党工委委员，在羊坊店、万寿路街道探索实施“席位制”委员制度，增强街道和地区党工委服务地区、服务民生的能力。通过建立完善工作模式和考核机制，进一步发挥了联合党支部在推进老旧小区综合整治工作中的作用。严格落实发展党员公示制和票决制，党员发展质量不断提高。通过命名区委党校等10家区级党员培训示范基地、从基层遴选30门精品课程、开展第二批基层党建创新示范项目创建活动，不断丰富党员教育的内容和形式。对流动党员、困难党员的关心关爱力度继续加大。推进党代表任期制工作，创新“三级审核”“三见面一测评”“重点提议督办”的党代表提议提案办理方式；在上庄镇及其下属各村分别设立党代表工作室和党代表服务站；指导各镇召开首届党代会年会。

（赵远飞）

【中关村人才特区建设】 年内，海淀区高新技术企业新增16人入选“千人计划”，33人入选“海聚工程”，12人入选高聚工程。截至年底，全区有614人入选“千人计划”，205人入选“海聚工程”，126人入选“高聚工程”。新增70人入选“海英计划”，两年共331人入选“海英计划”。新增百度公司等7家企业院士专家工作站，新增拓尔思、星网锐捷、奥特美克等3家博士后工作站分站，新增海泰方圆、南昊等2家创新实践基地工作站。累计设立院士专家工作站22家，博士后工作站分站57家，青年英才基地工作站6家，“三站”建站总数达85个，涉及79家企业（其中“双站”企业6家）。建站企业中海淀区重点企业42家，“十百千”企业40家，“瞪羚企业”36家。中关村高端人才创业基地共进驻企业70家，其中“千人计划”入选者创办研发机构及企业10家，“海聚工程”“高聚工程”“瞪羚计划”企业14家。入驻高端人才中10人为“千人计划”入选者（其中1人入选“顶尖千人计划”），8人为“海聚工程”入选者，5人为“高聚工程”入选者，13人为“海英计划”入选者。在清华大学、复旦大学等知名高校设立人才培训基地，与市海外学人中心合作共建服务大厅，筹集102套高级人才公寓，推进教育、卫生等各类人才引进培养工作，形成各类人才队伍协同发展的格局。

（刘伟杰）

【组工队伍建设】 年内，区委组织部贯彻落实中央八项规定、市委15条意见和区委18条实施意见，从调查研究、联系群众、文风会风、从严治部等方面入手，在部机关营造了人人争做践行群众路线、转变工作作风模范的氛围。举办全区组工干部培训班，提升理论水平和业务素质。加大调查研究力度，将各系统党（工）委和街镇组织部门纳入组织系统大调研格局，参谋助手作用得到进一步发挥。网宣和涉组涉干舆情引导工作优势明显，居全市前列。信息化、干部档案管理、党统干统等服务支撑体系不断完善。

（赵远飞）

【干部在线学习全覆盖】 年内，根据市委组织部、市人力资源和社会保障局要求，干部在线学习参学范围首次覆盖到全市公务员和参照公务员法管理单位人员。区委组织部与区人力社保局联合印发《海淀区干部在线学习管理办法（试行）》，全区127家单位7011名干部参加在线学习。其中，处级干部参学人数为1118人，人均学习63.6学时；科级及以下公务员参学人数为5893人，人均学习39.9学时，学时完成率100%。

（赵远飞）

宣传

【概况】 中共海淀区委宣传部是区委负责意识形态和精神文明创建工作的主管部门。2013年，全区宣传思想文化战线围绕贯彻宣传中共十八大精神和习近平总书记系列重要讲话精神、推广“中国梦”宣传教育活动、建设“三区两道一基地”等重点工作和重大主题开展工作。

（陈魁）

【国内首份文化科技融合报告发布】 5月18日，由海淀区委宣传部、海淀园管委会、海淀区文化发展促进中心、道略文化产业研究中心联合编撰，社会科学文献出版社出版的《海淀区文化和科技融合发展报告（2013）》蓝皮书在第九届中国（深圳）国际文化产业博览交易会上正式发布，这是国内首份文化科技融合报告。海淀区文化创意产业多项指标占北京市比重超过四成。2012年1—11月，海淀区文化创意产业收入合计3198亿元，占北京市收入总量的43.1%；

全区规模以上文化创意企业2731家，占全市总量的三分之一；文化创意产业从业人员46.8万人，占全市从业人数的46.9%。网络传媒、数字出版、动漫游戏、数字影视、创意设计和文化装备6类业态处于全国前列。

（陈魁）

【成立“三山五园”文化国际传播与研究中心】 6月28日，由区委宣传部和北京语言大学人文学院共建的“三山五园”文化国际传播与研究中心成立。依托北京语言大学的海外17所孔子学院和校际合作国际化平台和海淀区委宣传部的支持，在海外推广和传播“三山五园”文化，并承担相应的研究。中心的具体工作包括：在海外图书馆、博物馆搜集有关“三山五园”的文献、影像和文化信息，将系统整理海外有关三山五园的历史文献、影像和文物等形成数据库，为国内研究和文化传播提供参考。组织来华留学生到“三山五园”开展相关的中国文化体验活动以及研究“三山五园”对世界园林文化的影响等。

（陈魁）

【“全民终身学习周”启动】 10月29日，2013年海淀区“全民终身学习周”暨“教育进社区”活动启动。启动仪式上对2013年“海淀区市民学习品牌”“海淀学习之星”进行了表彰。全国的全民终身学习活动周由教育部职业教育与成人教育司、中国教科文组织全国委员会秘书处、中国成人教育协会联合组织发起的。自2005年以来已成功举办8届，参与城市从最初的10个，扩大到600多个。这一活动已成为全国推动全民终身学习的重要载体、推进终身教育体系建设和学习型社会建设的一大品牌，具有广泛的社会影响。

（陈魁）

【三山五园研究院成立】 11月9日，在北京联合大学与区委宣传部共同主办的“三山五园和京西文化”专家研讨会上，北京三山五园研究院正式成立。北京三山五园研究院、北京三山五园文献馆、北京联合大学文化传承协同创新中心同时揭牌。北京三山五园研究院主要职能除了进行三山五园历史文化研究之外，还将开展三山五园历史文化景区发展规划和建设计划，组织论证三山五园重大产业化项目和组织开展三山五园的宣传推广活动等。

（陈魁）

【中关村国际音乐剧节】 11月15日，由北京大学、中国音乐剧孵化基地、海淀区委宣传部联合主办的首届“中关村国际音乐剧节”开幕式在北京大学百周年纪念讲堂举行。音乐节包括“中关村国际音乐剧节”“中关村国际音乐剧研讨会”两个部分。其间展演《大红灯笼》《断桥》《大梦神猴》《洛神赋》等十余部国内原创音乐剧以及“美国百老汇音乐剧集锦”等外国音乐剧。12月10日，首届“中关村国际音乐剧节研讨会”在北京大学英杰交流中心举办，来自国内外著名高等院校的音乐剧专家学者，围绕“中国原创音乐剧的民族化与国际化”议题，在理论、创作、制作与表演方面进行研讨。音乐剧节持续至12月11日。

（陈魁）

【学习十八大精神系列活动】 年内，区委宣传部举办中共十八大、十八届三中全会和习近平总书记系列讲话精神的系列学习宣传贯彻活动。举办区级领导学习习近平总书记系列讲话活动，组织开展理论中心组学习12次，收到理论文章50余篇。举办全区宣传部长专题学习班，各单位主管领导和宣传部长近300人参加。开展“理论宣讲月”活动，面向广大党员和群众组织讲座280余场。发放《习近平总书记重要讲话选编》《理性看 齐心办——理论热点面对面2013》等书籍2万余册。

（陈魁）

【推进学习型党组织建设】 年内，指导各单位开展学习型党组织建设，共评选出示范点、品牌活动各15名，遴选并培育出八里庄世纪新景元社区等学习典型。开展《推进学习型党组织建设与坚守共产党人精神追求》课题研究。举办推进学习型党组织建设主题征文活动，收集征文180余篇。创办海淀区理论思考与实践沙龙，全年共举办4期。

（陈魁）

【开展“中国梦”宣传教育活动】 年内，在中宣部指导下开展“2013理论热点面对面——专家基层讲解活动”，并在中央电视台《新闻联播》播出。与市委宣传部合作开展理论家进基层活动，受到中央和市级媒体关注。统筹组织各单位积极参与“我的梦 中国梦”海淀区百姓宣讲活动，全区成立100余支1000多人的宣讲队伍，巡回宣讲200余场，涌现出了以特教老师于文、80后废品回收员赵纪为代表的一大批优秀宣讲员。海淀园工委组建创新海淀园特色宣讲团，区公共委在全系统内开展宣讲比赛，区教委、区国资委在系统内开展巡回宣讲，中国梦宣传深入人心。

（陈魁）

【推进全国文明城区创建】 年内，围绕全国文明城区测评体系的要求，以创建惠民为主线，开展宣传动员，健全督导检查机制。实施区域共创共建、舆论氛围营造、行政效能提升、公共文明引导、网络文明传播、居家安全建设、未成年人成长护航、“大爱海淀”志愿服务等八大文明行动，广泛开展“公共文明引导”、周四“垃圾减量日”和“文明旅游宣传实践活动”等主题活动，区域文明程度进一步提升。

（陈魁）

【开展群众性宣传教育活动】 年内，开展贯穿全年的“建设美丽海淀 助力核心区发展”主题宣传实践活动，包括讲座论坛、展览展示、文化活动、教育活动等四大板块34项活动。深入基层开展“唱响美丽海淀 共建和谐家园”2013文化演出季，在全区开展“建设美丽海淀 助力核心区发展”主题征文活动，在区委全会和区两会上展出“2013年海淀区工作成果展”，产生了良好的社会效果。开展“爱国主义教育月”活动，完成区级爱国主义教育基地申报及市级爱国主义教育基地检查验收相关工作。组织全区20多家部门和单位开展文化科技卫生“三下乡”活动。

（陈魁）

【支持精品文艺创作】 年内，支持具有海淀和中关村元素的文艺精品创作，以新东方创业团队为背景拍摄的电影《中国合伙人》获得较好的口碑与票房；反映归国留学生扎根中关村创业的电视连续剧《错放你的手》取得放映许可证；歌剧《王选》、音乐剧《曹雪芹》、京剧《云之上》、话剧《海淀之北》等登陆首都舞台，受到观众好评；海淀城市形象宣传片《山水海淀 创新之城》、纪录片《京西稻》拍摄完成；反映海淀西山中法文化交流史迹群的大型纪录片《贝家花园往事》启动拍摄。

（陈魁）

【文化活动】 年内，依托海淀演出联盟，加大演出项目及惠民票补贴，让市民低价观看国内外精品文化演出。持续做强海淀文化节、"海之声"新年演出季、"青春的海"中关村国际青年艺术节等文化品牌，为区域群众提供高品质的文化演出。广泛开展五月的鲜花、夏日文化广场、百姓周末大舞台等群众文化活动，为百姓搭建多样化的展示平台。全年组织各类文化活动8200余场，参与人数约200万人次。为农村地区和外来务工人员免费放映电影5000余场，送文化演出进农村200余场。具有海淀特色的苏家坨镇喝立夏粥习俗、西北旺镇屯佃村评剧团演出等活动受到群众欢迎。

（陈魁）

【推进"三山五园"建设】 "三山五园"历史文化景区战略规划工作初步完成，重点地区的拆迁和环境改造工作稳步推进。陆续整理"三山五园"历史脉络和文化资源，正式出版《清代三山五园史事编年》。召开"三山五园与京西文化专家研讨会"，研究"三山五园"与京西文化的保护、开发和利用。开展《三山五园历史文化景区"中国人文旅游示范区"建设》等课题研究。举办第四届曹雪芹艺术节，启动曹雪芹西山故里项目。成功举办"三山五园"文化全球巡展台北站、国博站及圆明园旅游文化莫斯科展，推动文化交流。

（陈魁）

【推进文化产业发展】 加快推进集聚区和重大项目建设，西山文化创意大道的"益园"产业园、中间艺术园区、坦博艺术中心（北楼）、金园国际中心，以及中国艺交所、中央新影动漫文化城（一期）等多个项目完工或投入使用，总面积超过45万平方米。协调故宫"北院区"、航天博物馆、影视及文化产品保税园、北京文创国际集团等一批重大项目（企业）落地。文化创意产业运行平稳，2013年，全区规模以上文化创意产业收入合计突破4000亿元，同比增长9.0%。

（陈魁）

【完善新闻宣传会商机制】 年内，着力创新新闻宣传机制，注重统筹新闻宣传资源，坚持用足用好新媒体力量。全年组织新闻发布会、集体采访、领导专访等150余次，完善了新闻办搭台、职能部门唱戏、新闻媒体宣传放大的新闻宣传会商机制。在中央和市级媒体的发稿数量位居全市前列，在《北京日报》头版发稿量和总体发稿量均位居全市第一。加强与大型网站的合作，在新浪网、人民网、大公网、光明网等推出系列报道，网络宣传力度不断加大。

（陈魁）

【区属媒体与宣传阵地】 全年出版《海淀报》（含《中关村导刊》）187期，《城市周刊》46期，推出《美丽海淀纪行》《走基层看变化话发展》等数十个精品栏目。海淀有线电视共播出《海淀新闻》358期，制作《红盾时空》《人大在线》《科学讲堂》等6个专题栏目合计147期。出版《海淀文艺》6期、《中关村》12期，《中关村》杂志在第三届中国传媒大会上获评"最佳品牌价值10佳期刊"。海淀在线门户网站影响力稳步提升，成为宣传海淀、展示海淀的重要窗口。

（陈魁）

【舆论引导工作】 年内，围绕重大突发敏感事件，做好舆情跟踪、分析、研判和应对建议等工作。有效应对"人济山庄楼顶违建"等情况十余次。全面及时反映新媒体舆情动态，获得区领导批示200余条，中央领导批示10条。利用新媒体技术，开展蚁族群体和北漂群体的思想状况调研。区政务微博发布厅正式上线，"海淀在线"主微博粉丝量达122万人，被评为全市十大政务微博。

（陈魁）

纪检监察

【概况】 中共北京市海淀区纪律检查委员会是本区负责维护党的章程和其他党内法规，检查党的路线、方针、政策和决议的执行情况，协助区委加强党风廉政建设和组织协调反腐败工作的领导机关。海淀区监察局是负责本区行政监察工作的政府部门。2013年新设立海淀区预防腐败局，负责全区的预防腐败工作。区纪委、区监察局、区预防腐败局合署办公。

2013年，全区各级纪检监察组织学习贯彻中共十八大、十八届三中全会、习近平总书记一系列重要讲话和中央、北京市有关会议精神，推进党员干部作风转变，加大惩治腐败工作力度，党风廉政建设和反腐败工作取得新成效。

（黄创新）

【区纪委十一届三次全会召开】 2月27日，区纪委十一届三次全会暨全区党风廉政建设工作会议召开。会议传达习近平总书记在中央纪委二次全会上的讲话精神，通过区委常委、纪委书记芦育珠所作的题为《深入学习贯彻党的十八大精神 扎实推进海淀区党风廉政建设和反腐败工作》的工作报告，形成会议决议。市纪委副书记杨逸铮、区委书记隋振江到会并讲话。区四套班子领导、区属各单位党政主要负责人以及区纪检监察干部等400多人参会。

（黄创新）

【落实中央八项规定精神】　年内，区委区政府落实中央八项规定精神和北京市实施意见，制定 18 条具体措施。全区性会议、区委区政府文件同比减少。在全市率先公开区属各政府部门“三公经费”预决算信息，加大对“三公”经费等支出的严格管控，压缩预算资金 2530 万元。区领导出国团组取消 5 批 25 人次，处级单位因公出国（境）人数同比下降 47%。开展正风肃纪专项整治，狠刹公款送贺卡送节礼、公款吃喝、公款旅游和奢侈浪费等不正之风，37264 名党员干部做出会员卡“零持有”承诺。全区纪检监察组织认真履行监督执纪职责，严肃查处违反中央八项规定精神案件 11 件，给予党纪处分 11 人，组织处理 10 人，及时通报典型案件，发挥了警示和教育作用。

（黄创新）

【查办案件】　年内，全区各级纪检监察组织共受理群众信访举报 918 件次，同比增长 17.1%；立案 45 件，同比增长 87.5%；结案 37 件，同比增长 131%；给予党纪政纪处分 42 人，其中处级干部 11 人，涉嫌犯罪移送司法机关 5 件。坚持依纪依法、安全文明办案，完善办案责任制等工作机制。对 34 名党员干部苗头性问题进行谈话提醒、诫勉、函询。为 125 名党员干部澄清反映失实的举报问题，维护了党员干部的合法权利。

（黄创新）

【政风行风建设】　年内，引入第三方调查机构对 113 个党政部门和单位实施群众满意度考评。围绕考评中发现的问题，推动相关部门通过增设服务窗口、下沉审批业务、推广网上申报等方式，提升群众办事便捷度和服务满意度。以义务教育择校、乱收费为重点开展专项治理，规范教育收费行为。对在定慧福里小区绿地违法占用等案件中的 6 名相关责任人予以行政问责。加大政风行风热线和行政投诉办理力度，解决了某艺术学校续签承租协议、某娱乐中心扰民等一批群众反映集中的热点难点问题。

（黄创新）

【党风廉政建设】　年内，建立党风廉政建设责任制考核指标体系，强化反腐倡廉主体责任。推进区委权力公开透明运行，开展职权清理和审核，公开区委重要权力事项。落实党政“一把手”不直接分管人、财、物等事项的规定，出台街道小型工程项目管理指导意见，建立农村征地补偿费三方监管机制，完成电子监察平台二期建设，深化对重点领域和关键环节的廉政风险防控。开展对全国文明城区创建等重大决策部署落实情况的监督检查，围绕北部地区开发建设等政府折子工程进行立项效能监察，发现并督促整改问题 78 个。查处并督促纠正管理不规范资金 22.27 亿元。增设两个巡视组，完成对 23 个处级领导班子的巡视工作，移送涉嫌违法违纪线索 7 件。聘请 29 名新一届政府特约监察员，进一步强化民主监督。

（黄创新）

【廉政教育】　年内，突出教育重点对象，举办党政正职反腐倡廉专题研讨班。开展市、区级“勤廉之星”评选活动。深化反腐倡廉警示教育，举办警示案例专题巡展，在区看守所初步建成具有海淀特色的反腐倡廉警示教育基地。开展廉政微小说、书画作品、平面公益广告征集活动。筹建圆明园廉政文化教育基地，继续进行第二批廉政文化示范点培育创建活动，玉泉小学、超市发公司等 9 家单位被评为区级廉政文化示范点。对 111 名新任处级领导干部进行党纪条规测试和任职集体廉政谈话，对 244 名区管干部廉洁自律情况进行审核。

（黄创新）

【机构调整】　年内，区纪委新设立预防腐败室、纪检监察二室；撤销党风廉政建设室（海淀区为纳税人服务活动办公室）和纠正部门和行业不正之风工作室，设立党风政风监督室，加挂海淀区纠正行业不正之风办公室牌子；撤销执法监察室，设立执法和效能监督室，区纪委、监察局、预防腐败局行政编制数由 52 名增至 55 名。清理调整议事协调机构，由 115 个清理调整为 42 个，对确需纪检监察机关参加的予以保留，属于其他部门职责范围的不再参与，突出主业，聚焦党风廉政建设和反腐败工作。进一步加强基层纪检监察组织建设，为 11 个委办局增配专职纪检组长。

（黄创新）

统一战线

【概况】　中共北京市海淀区统一战线工作部是负责海淀区统一战线工作的区委机构。中共海淀区委台湾工作办公室挂海淀区政府台湾事务办公室牌子（简称区台办），是区委、区政府负责海淀区对台工作的机构，与区委统战部合署办公。2013 年,全区统一战线认真贯彻落实全国、市统战部长和对台工作会议精神，以增进政治共识为核心，以服务科学发展和促进社会和谐为重点，以加强党外代表人士队伍建设为基础，以抓好理论研究和改进工作作风为保障，不断提高统战工作水平。

（王彩虹）

【统战工作会召开】　3 月 1 日，2013 年海淀区统战工作会与组织工作会召开。各民主党派主副委、工商联副主席，海淀驻区高校、科研院所党委统战部部长，全区各单位分管统战工作的领导和统战干部以及区政协各委（室）主任共 200 余人参加了会议，区委常委、组织部部长、统战部部长杨智慧到会并讲话。常务副部长林虹在会上做了《坚持用十八大精神统领统战工作，为服务海淀经济社会发展做出新贡献》的报告，总结了海淀统一战线 2012 年的主要工作，部署 2013 年的五项重点任务。

（王彩虹）

【新的社会阶层人士联谊会会长会召开】 3月19日，海淀区召开新的社会阶层人士联谊会会长会。会议研究讨论2013年联谊会工作计划和重点工作，并就如何更好地开展学习培训、调查研究、社会服务以及联谊交友等工作提出了很多有深度、有价值的意见建议。

（王彩虹）

【党外知识分子联谊会会长会召开】 3月26日，海淀区召开党外知识分子联谊会会长会。会议研究讨论2013年联谊会工作计划和重点工作，并就如何在新的一年发挥好知联会平台作用，更好地开展活动提出了自己的意见建议。

（王彩虹）

【民主党派基层组织经验交流会召开】 3月29日，海淀区召开第十七次民主党派基层组织经验交流会。会议围绕贯彻落实中共中央4号文件精神，以“加强基层组织建设，努力培养党外代表人士”为主题展开。中共海淀区委常委、组织部部长、统战部部长杨智慧，海淀区委统战部常务副部长林虹和各民主党派负责人参加了交流会。

（王彩虹）

【党外代表人士种植“同心林”】 3月30日，海淀区统一战线在苏家坨镇前沙涧村锦绣大地景观生态林建设项目区开展以“同心·绿化”为主题的义务植树活动。海淀区各民主党派、民族宗教界代表人士以及海淀地区海外联谊会、海淀区新阶层人士联谊会、海淀区党外知识分子联谊会理事代表共100多人参加活动。区委常委、组织部部长、统战部部长杨智慧参加了植树活动，与各界人士共同种下象征海淀统战事业欣欣向荣的“同心林”。

（王彩虹）

【组织党外代表人士异地培训班】 4月24日—27日，海淀区举办第一期党外代表人士井冈山培训班，区委统战部再次组织海淀区新的社会阶层人士联谊会、党外知识分子联谊会及致公党海淀区委的部分成员40余人赴井冈山统一战线教育实践基地进行异地培训。

（王彩虹）

【举办第十九期党外中青年骨干培训班】 5月13日—15日，海淀区举办第十九期党外中青年骨干培训班。各民主党派、工商联的中青年骨干和选调到海淀区工作的党外优秀毕业生参加了培训。

（王彩虹）

【天津市南开区一行到区访问】 6月17日，天津市南开区台办一行到海淀区座谈交流对台经济工作。海淀区台办主任杨志洪介绍了海淀区对台工作。北京市台资企业协会海淀区联谊会副理事长朱国龙，副理事长兼秘书长徐幸暄介绍了海淀台商的基本情况。

（王彩虹）

【举办党外代表人士培训班】 8月21日，2013年海淀区党外代表人士培训班正式开班。在开办仪式上，中共海淀区委书记隋振江，区委副书记、区长孙文锴与各民主党派、工商联、无党派和新阶层代表人士举行谈心活动。区委常委、组织部部长、统战部部长杨智慧主持谈心会。海淀区各民主党派主副委、工商联主席、无党派人士、新阶层联谊会和党外知识分子联谊会会长共75人参加了培训班。

（王彩虹）

【举办宗教界代表人士培训班】 9月2日，2013年海淀区宗教界代表人士培训班正式开班，来自海淀区五大宗教的50位代表人士参加培训。

（王彩虹）

【举办区台胞台属界政协委员座谈会】 9月24日，海淀区举办区台胞台属界政协委员座谈会。大家围绕岛内政治生态、台海局势、对台政策等相关问题进行了热烈的探讨，为做好对台工作出谋划策。区政协副主席、港澳台侨委员会主任刘恪应邀参加座谈会。

（王彩虹）

【区司法系统赴台考察】 10月16日—23日，海淀区司法系统赴台交流考察团一行赴台考察台湾的少年司法与矫治制度，对司法部门办理未成年人案件与社会化帮教预防体系完善方面具有借鉴作用。

（王彩虹）

【全国政协领导到区调研】 11月6日，全国政协副主席、民建中央常务副主席马培华视察海淀，并举行座谈会。随行的有民建中央副主席、北京市政协副主席、民建北京市委主委王永庆，民建中央组织部部长李世杰，民建北京市委常务副主委任学良等。中共海淀区委书记隋振江、中共海淀区委常委、组织部部长、统战部部长杨智慧，中共海淀区委统战部常务副部长林虹等参加座谈。

（王彩虹）

【党外人士民主协商会召开】 12月27日，海淀区召开党外人士民主协商会，就区政府工作报告（征求意见稿）进行协商讨论，听取各民主党派、工商联、无党派人士的意见建议。区委书记隋振江，区委副书记、区长孙文锴，区委常委、组织部部长、统战部部长杨智慧出席会议。

（王彩虹）

【思想建设】 年内，加强对统一战线广大成员的政治引导。举办纪念“五一口号”发布65周年报告会，开展“我心中的中国梦”主题征文活动，共收到稿件420篇。举办大讲堂6场，分别围绕钓鱼岛问题、宏观经济形势、中国梦、中共十八届三中全会精神解读等社会热点问题对各方面党外人士2200余人次进行培训。开展非公经济人士理想信念教育实践活动，成立“创业心·中国梦”民营企业家理想信念宣讲团。创新党建工作模式，邀请非公企业家党员列席工商联党组会议，增强企业家党员的组织归属感和荣誉感。成立二代企业家联谊会，开展爱国主义和理想信念教育，促进“富二代”向“创二代”的转变，打牢后备基础。开展海淀区民营经济文化月活动，通过信念宣讲、光彩惠民、文明创建、摄影展示、书画创作等形式，带动近1000家非公企业参与活动。推进民主党派、工商联与北部地区“手拉手”，组织开展专家义诊、科技下乡、项目合作和资助困难群体等服务地区实际需求的特色活动。全年捐款捐物折合人民币2364.6万元。

（王彩虹）

【党外代表人士队伍建设】 年内，按照总量适度增长、结构逐步优化、素质不断增强、作用更加突出的要求，继续实施“1020”增长计划，推进党外代表人士队伍建设。一是建立后备干部队伍。各民主党派选拔推荐后备干部468人，其中67人作为党外人士挂职锻炼人选。选拔新阶层后备人士301人，选拔无党派后备人士189人，建立涵盖五大宗教的后备人才库。二是加强教育培训。与中国人民大学合作，对五大宗教52名代表人士进行为期2周的培训。委托江西省吉安市社会主义学院举办党外代表人士异地培训班两期，民主党派主副委和后备干部、党外知识分子联谊会、新阶层人士联谊会理事近百人参加培训。在市、区两级社会主义学院分别举办党外代表人士，党外后备干部，街道、镇、社区基层统战干部等8个主体班次的培训。三是做好安排使用。加强党外实职干部安排力度，在6个政府部门安排党外实职干部7人，在检察院、监察局、司法局、统计局和北部办安排党外实职干部6人，在街镇安排3人，其中正职2人。20名民主党派成员担任区政府特约监察员。推荐5人作为北京市政府特约监察员人选。推荐5名非公经济人士作为北京市第四届优秀中国特色社会主义事业建设者人选，4人当选。

（王彩虹）

【落实多党合作制度】　年内，落实协商民主制度召开协商会、座谈会、通报会、议政会、谈心活动14次。区委书记、区长等6位中共区委常委走访调研所联系的民主党派、工商联，区四套班子16名领导与32位党外朋友建立联系。一是支持民主党派、工商联围绕区域经济社会发展的重点难点问题，深入开展调查研究。民主党派围绕文明城区创建、“三山五园”规划等重点工作承担调研课题32项。区工商联协助全国工商联、市工商联开展系列调研工作，完成《当前形势下制约民营企业发展的因素》、北京非公经济发展政策环境调查等多项课题研究。全年编报统战信息342篇，其中69条分别被中央统战部、市委统战部等采用，致公党徐晓兰《关于加快制定信息技术应用标准规范的建议》得到中央领导的批示。区委统战部被评为“北京市统战系统信息工作优秀单位一等奖”。二是支持民主党派、工商联加强自身建设。对民主党派基层组织建设情况进行调研，召开第17次民主党派基层组织建设经验交流会。协助做好3批次9名非公经济人士加入民主党派的综合评价和考察。区工商联已建成地区商会12家，行业分会3家，园区2家，7个团体会员，1个青年企业家联谊会。

（王彩虹）

【民族宗教工作】　年内，在全区开展民族团结进步创建活动。制作4套104块展板在全区巡展。向少数民族流动人口发放民族政策宣传册，加强民族团结宣传教育。与人力社保局、司法局签订协议，为少数民族群众在劳动就业、职业培训方面的权益保障及法律援助提供帮助。举办全区基层干部民族宗教政策法规知识培训班，组织民族工作重点社区（村）开展创建文明城区民族知识竞赛，营造各民族平等相待、团结和睦、友好互助的社会氛围。区委统战部、区民宗侨办等被市委市政府评为“第七届首都民族团结进步先进集体”。引导宗教界开展教风年活动。举办宗教政策法规知识竞赛、宗教活动场所现场交流会、宗教界传统文化系列讲座等，宗教团体民主管理和规范管理的能力得到提高。举办第六届海淀区民族宗教界爱心捐助活动。各宗教以“慈爱人间•五教同行”为主题，开展系列公益慈善活动。全力做好宗教维稳工作，全年共召开宗教专项工作会议3次。坚持重大节日看望、慰问宗教界人士，协调解决宗教房产政策的落实。

（王彩虹）

【社会领域统战工作】　一是把联谊会作为统一战线新的工作领域，组织新阶层、党外知识分子和海外联谊会理事赴内蒙古等少数民族地区调研，帮助和支持少数民族经济发展。组织各联谊会理事参观地质大学博物馆、循环经济示范园和驻区企业，加强企业间交流合作。组织部分理事参加海淀区科技创新扶持政策解读等活动，服务企业创新发展。组织新阶层理事参与走访困难群众，使他们在活动中受到教育。二是探索新媒体和网络意见人士统战工作。走访百度、新浪、腾讯、网易等新媒体企业，与企业高层进行座谈，建立了联系制度。三是举办2013年度北京市社会领域党组织负责人第五期统战教育二级培训班，200余人参训。

（王彩虹）

【港澳台统战工作】　年内，围绕五个方面开展港澳台统战工作。一是开展对台交流交往。接待中国国民党荣誉主席连战一行等十余个台湾参访团。全年办理赴台审批278件，854人次。二是推进对台经济合作交流，维护涉台稳定。妥善处理涉台投诉求助案件，依法维护台胞正当权益。海协会顾问陈云林率知名台资企业到地区交流座谈，区领导接待并帮助协调解决企业在经营过程中遇到的困难。三是强化涉台教育针对性。以领导干部、青少年学生为重点，开展涉台教育。举办基层统战、对台干部培训班，邀请有关专家做台海形势报告并详解对台有关方针政策。发挥育英学校作为市级青少年涉台教育基地的引领作用，在中小学教育过程中，把台湾知识教育与学科教学有机融合。四是代表人士队伍进一步加强。坚持传统节日区领导与台商座谈联谊活动，走访慰问知名台胞台属。区台办注意发挥台资企业联谊会的作用，加强与代表性台商联系，组织台胞台属中的代表人士到对台工作任务重的地区参观考察。五是充分发挥台办、工商联、侨联优势，引导广大工商界人士、港澳台朋友和海外华侨华人为核心区建设做贡献。全年接待第十三届海外侨界高层次人才为国服务团、首届海外侨领中国国情研修班、加拿大侨领访问团、香港师生北京文化与抗战历史学习交流团等高层次参访团12批次，660余人。新增台资企业12家。

（王彩虹）

【举办统一战线大讲堂活动】　2013年，区委统战部共举办6场统一战线大讲堂活动，分别围绕钓鱼岛问题、宏观经济形势、中国梦、中共十八届三中全会精神解读等社会热点问题对党外人士进行培训，2200余人次参加。

（王彩虹）

调查和政策研究

【概况】 中共北京市海淀区委北京市海淀区人民政府研究室（简称区委区政府研究室）是承担全区综合性政策研究和咨询服务的区委机构。2013年，区委区政府研究室共形成文稿和报告210余篇，计60余万字；开展和参与调研活动共计150余人次；对165项调研课题开展跟踪管理服务；编印《海淀研究》6期；编印《2012年海淀区调查研究重点课题集》和《2012年海淀区调查研究关注课题选编》。

（孙旭）

【完成8项课题研究】 年内，完成调研报告8篇，共计10万余字。牵头完成区委书记主持的《海淀区统筹区域资源推动区域融合发展研究》；协助完成区长主持的《国家科技金融创新中心功能区建设研究》；开展《东城、西城、朝阳三区与我区社会服务管理模式比较分析》课题研究；完成《海淀区融合发展背景下的社会建设研究》《建设美丽海淀社会动员机制研究》；推进《美丽海淀建设研究》《海淀区农村集体资金、资产、资源管理研究》《加强海淀区机关作风建设研究》等课题研究。

（孙旭）

【调研课题管理】 年内，加强对课题的组织、管理、服务工作。协助四套班子领导选定年度调研课题27项、区属单位主要负责人选定课题138项。跟踪课题进展情况，通过主持召开座谈会、调研等形式，加强对课题研究工作的业务指导，帮助协调解决有关问题。坚持开门搞调研，加强与国家行政学院、中关村管委会、北京师范大学、城市学院等区域课题单位的沟通与合作。

（孙旭）

区直属机关党建

【概况】 中共海淀区委区直属机关工作委员会是负责领导直属机关党的工作的区委派出机构，领导62家机关基层党组织（含7家机关党委、23家直属机关党总支、32家直属党支部），所属党员7034人，在职党员5291人，离退休党员1249人，其他存档党员494人。机关纪工委、机关工会、机关团工委、机关妇工委4家机构隶属于区直机关工委，下辖50家机关工会分会（小组），有工会会员1980人；17家机关基层团组织，有共青团员288人。

2013年，区直机关工委学习贯彻中共十八大和区委十一届四次全会精神，围绕“一城三区”建设中心工作，从“主题活动聚力、教育培训提升、评优选先引领、组织建设强基、关爱服务凝心”等方面，全面加强机关党的思想、组织、作风、队伍建设。

（周志强）

【主题活动】 年内，以推进全国文明城区创建为主题，制订《区直机关工委、区创建办关于开展2013年创建全国文明城区活动的实施方案》，在《海淀报》刊登《关于“倡导文明 厉行节约 反对浪费”的倡议书》，举办 “创建文明城区唱响美丽海淀——迎接建党92周年歌咏演唱暨创建全国文明城区主题宣传日活动”；在机关建立“道德讲堂”13个，培训道德讲堂主持人20人；组织开展“中国梦”学习教育知识竞赛和“我的梦 中国梦”宣讲活动，参与人数超过3000人。

（周志强）

【学习型党组织建设】 年内，采取多种形式开展中共十八大精神和新党章学习宣传活动。举办机关党组织书记集中培训班1次、发展对象培训班3次，153名入党积极分子参加培训并通过结业考试。组织各基层党组织党员4987人、群众1572人参与学习中共十八大报告和党章知识网上竞赛活动，覆盖率超过95%；2家单位被评为区级党员教育培训示范基地，3家单位被评为区级创建学习型组织示范单位，10个单位的党建项目被区委组织部命名为区级党建示范项目。

（周志强）

【评优选优】 年内，组织开展庆“七一”，“服务群众争先锋、文明创建当标兵、学习组织创先进、精品项目共交流”推选活动，评选表彰10家服务群众先锋队、10家文明创建标兵团、10家“学习型党组织”、5个精品党建示范项目，50名为民服务优秀党员、32名文明标兵、40名学习型党员。编印《海淀区直机关党建工作先进事迹选编》发放各党支部交流学习。

（周志强）

【基层党组织建设】 年内，完成2013年基层党组织晋位升级工作，所属371个党支部评定为好的334个，比例达90%；评定为较好的37个，占10%。完成政法系统8个党组织1304名党员及卫生系统1个党组织388名党员的组织关系转出及党建相关工作交接。加强机关作风建设调研工作，发布机关党员干部《扬正气、促勤廉、树形象“十做到”倡议书》。全年发展党员137名，接转组织关系811人次。开展反腐倡廉教育，组织落实会员卡清退工作。处理2名党员。

（周志强）

【关爱工程】 年内，建立区直机关系统党组织到社区（村）报到、在职党员到社区（村）报到的机关党组织、党员

"双报到"制度，推进"深入基层知民意，服务群众聚民力"主题实践活动；继续开展"1+1"手拉手献爱心、"城乡携手、共建文明"、"拉手共建城乡党建"和"改作风、下基层、送温暖"等帮扶实践活动；组织"向雅安灾区献爱心"和"共产党员献爱心"慈善募捐活动，共募集善款 91.1387 万元。全年共帮扶困难党员 22 人，发放困难补助 11.5 万元。

（周志强）

【群团工作】 年内，推进党建带工建、带团建、带妇建工作，组织机关党员干部参加翠湖湿地义务植树活动，开展"日行万步保健康，为建设美丽海淀、创建全国文明区做贡献"健步走活动，举行庆祝新中国成立 64 周年机关干部"升国旗、唱国歌"活动，组织开展扑克友谊赛、香山健身登山、颐和园游园等文体活动，推进机关群团工作。

（周志强）

机构编制

【概况】 海淀区机构编制委员会办公室（简称区编办）是海淀区机构编制委员会的常设办事机构，负责海淀区行政管理体制改革以及机构编制日常管理工作。

（李堃玮）

【海淀园管委会加挂核心区管委会牌子】 3 月 20 日，根据市编办《关于同意中关村科技园区海淀园管理委员会加挂中关村国家自主创新示范区核心区管理委员会牌子的函》（京编办行〔2013〕253 号）精神，经区委区政府和中关村管委会共同研究决定，中关村科技园区海淀园管理委员会加挂中关村国家自主创新示范区核心区管理委员会牌子，简称"核心区管委会"。

（李堃玮）

【全面启动事业单位分类工作】 3 月 29 日，召开海淀区事业单位分类工作动员部署和培训会议，正式启动事业单位分类工作。全面梳理各单位职能，针对分类中的重点、难点问题，选取事业单位较多、情况较复杂的部门进行专访调研；对事业单位设置相对统一的街镇系统，采取主动研究、自上而下的方式推进，划定统一的分类标准，进一步强化街镇事业单位服务属地的功能；盘活存量、动态管理，对职能萎缩的事业单位进行清理拟予以撤销；密切联系市编办和其他区县，保持分类工作一致，提高分类的科学性。截止到年底，按照全市统一进度安排，完成全区 614 家事业单位分类方案的初审工作。

（李堃玮）

【城管监察大队更名】 5 月 31 日，根据市编办《关于进一步健全完善区县城管执法体制机制规范机构设置的通知》和《关于同意北京市海淀区城市管理监察大队更名的批复》文件精神，北京市海淀区城市管理监察大队更名为北京市海淀区城市管理综合行政执法监察局（简称区城管执法监察局），为区政府直属行政执法机构，负责海淀行政区域城管综合行政执法工作，对海淀行政区域城管执法监察队伍实行统一管理。街道（镇）组织开展本行政区域日常城管执法监察工作。

（李堃玮）

【成立区综合行政服务中心】 6 月 8 日，根据市编办《关于同意成立北京市海淀区综合行政服务中心的批复》（京编办行〔2013〕111 号）文件精神，成立北京市海淀区综合行政服务中心，为区政府派出机构，机构规格为正处级。

（李堃玮）

【城管监督应急指挥中心更名】 7 月 8 日，根据市编办《关于同意调整北京市海淀区城市管理监督与应急指挥中心名称及主要职责的批复》（京编办行〔2013〕135 号）精神，北京市海淀区城市管理监督与应急指挥中心（北京市海淀区突发事件应急委员会办公室）更名为北京市海淀区城市服务管理指挥中心，继续加挂北京市海淀区突发事件应急委员会办公室牌子。

（李堃玮）

【区综治委办公室更名】 8 月 5 日，根据市编办《关于同意北京市海淀区社会治安综合治理委员会办公室更名的批复》（京编办行〔2013〕158 号）精神，北京市海淀区社会治安综合治理委员会办公室更名为北京市海淀区社会管理综合治理委员会办公室，为区综治委的常设办事机构，与区委政法委合署办公。

（李堃玮）

【区住房保障服务中心更名】 11 月 18 日，根据市编办《关于同意组建北京市海淀区住房保障事务中心的批复》（京编办事〔2013〕66 号）精神，北京市海淀区住房保障服务中心（北京市海淀区公共租赁住房发展中心）更名为北京市海淀区住房保障事务中心，为房管局所属副处级全额拨款事业单位，主要职责为承担保障性住房相关的技术性、事务性、辅助性工作。

（李堃玮）

【设立区预防腐败局】 11 月 27 日，根据市编委《关于建立区县预防腐败工作体制的通知》（京编委〔2013〕17 号）和《关于同意设立北京市海淀区预防腐败局的批复》（京编办行〔2013〕200 号）文件精神，设立北京市海淀区预防腐败局，与区纪委、区监察局合署办公，负责海淀区的预防腐败工作，列入区政府工作部门序列，不计入政府机构个数。区预防腐败局在区政府和市预防腐败局双重领导下开展工作。

（李堃玮）

【组建区农资委】 12 月 30 日，组建区农资委，调整区农经站"三定"职责及内设机构。七个镇成立镇级农资委，玉渊潭农工商总公司由区农资委进行监管，进一步强化各镇农经站对农村集体资产进行监管的职能。

（李堃玮）

【部署第一批事业单位改革工作】 12月31日，区编办组织召开海淀区推进事业单位改革工作办公室第一次会议，动员部署第一批事业单位改革工作。按照成熟一个推进一个的原则，先行推进区房地中心及所属事业单位，区文化委所属海淀剧院、电影管理处、评剧团等13家事业单位的改革工作。

（李堃玮）

【事业单位登记管理】 全年办理法人设立登记6家，变更登记105家，注销登记6家，年检合格831家，收缴印章40枚。

（李堃玮）

老干部工作

【概况】 中共海淀区委老干部局是区委、区政府服务管理全区离休和副处以上退休干部工作的职能部门，下属海淀区老干部活动中心，负责海淀老龄大学挂靠管理工作。截至年底，全区有区属离休干部818人，易地来京安置离休干部101人，副处以上退休干部1328人。

2013年，区老干局学习贯彻中共十八大及十八届三中全会精神，按照区第十一次党代会"带着责任和感情认真做好老干部工作"的要求，落实老干部的政治、生活待遇，发挥好老同志的积极作用，提高老干部工作科学化水平。

离退休干部政治待遇 加强离退休干部思想政治建设。依托老干部党校和社区课堂，举办党支部书记培训班、座谈会、形势报告会和专题讲座等，重点学习中共十八大、十八届三中全会和习近平总书记系列重要讲话精神。全年共举办老干部党校培训班3期，参加培训300余人（次）；形势报告会7场，参会800余人（次）；开展"学习贯彻十八大、共建小康乐晚年"主题征文活动，共收集整理54篇征文，上报北京市老干部局优秀征文3篇。组织四套班子老领导和部分副处以上退休干部赴青海、宁夏等地开展"重走红军长征路，感受西部大开发"主题活动，提高思想政治工作的吸引力。加强离退休干部党支部建设。年初，下发《2013年海淀区离退休干部党支部工作意见》，明确离退休干部党支部工作的指导思想和重要内容。召开海淀区离退休干部"同心共筑中国梦"暨纪念建党92周年座谈会，交流离退休干部党支部工作和老党员发挥先锋模范作用的经验、做法与感受。引导离退休干部发挥优势作用。通过北京电视台《晚晴》栏目、《北京党建》数字电视、《海淀老干部》杂志等媒介宣传离退休干部先进典型，用身边人、身边事引导离退休干部自愿量力、发挥余热。召开四套班子领导与老领导暑期座谈会，倾听老领导对海淀社会发展建设的意见建议；发挥老干部自身优势，用实际行动当好全国文明城区创建的宣传员、示范员、监督员；组织关工委老同志参加中央财经大学金融学院"中国梦，梦工厂"大型活动暨成果展示会，并与大学生到甘家口街道西三环社区开展"携手进社区，共建中国梦"活动；组织区老干部宣讲团11次深入社区、走进学校，面向群众和学生进行宣讲，受众人数1000余人；在三个社区（总参信息化部机关社区、定慧东里社区、三虎桥社区）组建老党员先锋队，进一步发挥老党员在建设和谐社区、文明社区中的示范引领作用。

离退休干部生活待遇 全年共计完成9位区属离休干部大额医疗费共计38万余元自费单据审核工作，自费补助报销合计4.8万余元。为2名困难企业去世的离休干部申报补助金223464元。为离休干部办实事，落实高龄离休干部护理费标准调整、去世离休干部无工作配偶生活困难补助费标准调整等文件。为390位离休干部安装家庭无障碍设施；做好呼叫器服务管理工作，2013年实际运行796台呼叫器。完成1650名离休及副处级以上退休干部的体检工作。做好离退休干部信访工作及易地来京安置离休干部服务管理工作。春节、国庆等节日期间共走访慰问老红军、红军遗属，行政14级以上离休干部、四套班子老领导、直属离休干部、特困离退休干部、易地离休干部、离退休干部党支部书记等共计350余人（次）。看望重病住院老干部30余人（次），送去慰问品、慰问金总计70余万元。

利用社区资源做好离退休干部工作 在万寿路街道和中关村街道开展助老员试点工作，聘请30名助老员，专职为市属和区属离休干部提供"四就近"服务。年底对400多名离休干部问卷调查显示，98%以上的离休干部认为开展这项服务工作是必要的，近90%的离休干部对这项服务满意。《北京老干部工作》介绍了海淀区开展这项工作的基本情况，在市老干部局召开的"四就近"工作交流会上做了经验交流。

离退休干部文化活动 举办老干部"学习贯彻十八大，共建小康乐晚年"文艺会演和"同心共筑中国梦"书画、摄影展。组织老干部长青艺术团舞蹈队参加北京市第十六届中老年优秀健身项目表演赛和海淀区第十八届中老年优秀健身项目展示大会,分获优秀奖和优胜奖。举办老干部电脑、柔力球、广场健身舞等培训班；开展"安全用药，安享晚年"保健知识下基层活动；组织开展老干部春节游艺会、茶话会、团拜会、国庆联欢会、老干部运动会等活动。老干部活动中心共接待老干部2万余人（次）。投入88万余元完成区老干部活动中心门窗及围栏的更新改造工程。

（王瑛）

【召开第26次老干部座谈会】 1月30日，海淀区第26次老干部座谈会在鑫泰大厦召开。区四套班子领导及四套班子老领导、区委老干部工作领导小组成员单位、各单位主要领导、老干部工作主管领导、工作人员和离退休干部代表参加了大会。区委副书记、区长孙文锴在会上讲话，区委副书记、区政法委书记刘鸿代表区委老干部工作领导小组做《认真学习贯彻十八大精神扎扎实实做好全区老干部工作》的工作报告，区委常委、组织部部长、统战部部长杨智慧传达北京市第 26 次老干部座谈会精神。万寿路街道工委、羊坊店街道离退休干部党支部、离休干部尹世昌在大会中进行了交流发言。

（王瑛）

【举行老干部第 27 届文艺会演】 5 月 24 日，海淀区老干部第二十七届文艺会演在区老干部活动中心举行。会演以“学习贯彻十八大、共建小康乐晚年”为主题，来自 15 个单位的 300 余名老同志参加会演。共评选出创作奖 1 名、优秀奖 3 名、风采奖 3 名和组织奖 8 名。

（王瑛）

【老领导暑期座谈会召开】 8 月 7 日，海淀区四套班子领导与老领导暑期座谈会召开。区委书记、区长、区人大常委会主任、区政协主席等 22 位区领导和 23 位老领导参加会议。会上，区长孙文锴代表区委、区政府通报全区上半年工作情况和下半年工作安排。区委常委、组织部部长、统战部部长杨智慧详细通报了 2012 年区四套班子老领导在暑期座谈会上所提意见建议办理情况。四套班子领导认真听取了老领导的意见建议。

（王瑛）

【举办老干部工作人员培训班】 8 月 29 日—30 日，2013 年全区老干部工作人员培训班在稻香湖酒店举办，全区各单位老干部工作人员 80 余人参加了培训，相关科室做了老干部业务知识培训。清华大学历史系教授王晓毅讲授了《国学识人用人智慧》；区委组织部副部长，老干部局党组书记、局长张维明做结业讲话。

（王瑛）

【举办第 27 届老干部运动会】 10 月 11 日，海淀区第 27 届老干部运动会在海淀体育场举行。区委书记隋振江，区委副书记、区长孙文锴，区政协主席彭兴业等 14 位四套班子领导及相关单位主要领导、老干部工作主管领导出席开幕式，区属 94 个单位 1500 余名离退休干部参加乒乓球、足球射门、保龄球等 9 个老年项目运动会。

（王瑛）

党校（行政学院）

【概况】 中共海淀区委党校与海淀区行政学院、海淀区社会主义学院合署办公，是一个机构三块牌子的全额拨款事业单位。党校在中共海淀区委领导下，负责培养全区党政领导干部和理论干部；行政学院按照海淀区人力资源和社会保障局制订的全区公务员培训计划完成相关培训任务；社会主义学院负责培训海淀区的中共统一战线工作干部和民主党派、无党派干部并开展理论研究工作。

2013 年，区委党校按照《2010—2020 年干部教育培训改革纲要》和《2013—2017 年全国干部教育培训规划》的任务要求，共完成各级各类培训班 138 期，培训 11489 人次。在继续抓好中共十八大精神学习培训同时，举办学习贯彻习近平总书记系列讲话精神轮训班。加大基层干部队伍培训合作力度，开设公务员初任培训班、军转干部培训班、农村党组织书记培训班、突发性事件处置专题班、基层廉政建设专题班等。

围绕区委区政府确定的中关村科学城建设、北部生态科技城建设、三山五园历史文化景区建设和创建全国文明城区等四项重点工作，重点开发关于创新驱动发展、文化与科技融合发展示范区建设、产业结构优化升级等专题课程。综合运用专题讲授、情景模拟、现场教学、案例研讨、互动交流等教学方式，不断增强培训的针对性和实效性。研究式、案例式、现场式、情景模拟式等教学方式占全部课程的三分之一。

（贾俊　赵燕）

【中组部到区委党校调研】 4 月 28 日，中组部干部教育局副局长李刚一行到区委党校就海淀区干部教育培训工作及贯彻落实中组部《关于在干部教育培训中进一步加强学员管理规定》的情况进行调研。海淀区委常委、组织部部长、统战部部长杨智慧陪同调研。

（贾俊　赵燕）

【评选精品课程】 7 月—8 月，区委党校完成《中共海淀区委党校（行政学院）精品课程建设实施办法》等相关的制度起草、修改工作。9 月—10 月，经过市委党校及海淀区 6 名专家、领导两轮评审，推荐 1 名教师参加北京市党校系统精品课程评选，并获得二等奖。

（贾俊　赵燕）

【举办理论思考与实践沙龙】 8 月 22 日，以“中关村核心区发展模式”为主题的海淀区理论思考与实践沙龙活动（第三期）在区委党校举行。区委常委、宣传部部长陈名杰出席活动。“海淀区理论思考与实践沙龙”每个月举办一至两次，以哲学社会科学海淀实践基地为依托，由区委宣传部主办，区委党校协办，全年共举办 5 期。

（贾俊　赵燕）

【聘任 3 名高级顾问】 10 月 8 日，区委党校聘请国防大学副校长毕京京、北京市社科院院长谭维克、中国劳动关系学院院长李德齐 3 人为高级顾问，区委书记隋振江为 3 名高级顾问颁发聘书。至此，党校共有 12 名高级顾问。2012 年，来自中央党校、国家行政学院、中央社会主义学院等单位的 9 名高级顾问为区委党校发展规划提出建议、亲自授课，培训师资、指导科研，引入高端学术资源，发挥重要作用。

（贾俊　赵燕）

【举办师资培训班】 12月9日—13日，区行政学院师资培训班在国家行政学院举行。区行政学院院领导班子成员、各科室负责人、全体教研人员等30多人参加培训，培训内容包括“现代培训理论与实务”“案例教学设计与应用”“结构化研讨方式与运用”“教学科研咨询良性互动”“桌面推演方式与运用”等专题。

（贾俊 赵燕）

【举办习近平系列讲话精神轮训班】 12月16日—27日，海淀区第一、二期学习贯彻习近平总书记系列讲话精神轮训班在区委党校举办，320名处级领导干部参加了培训。

（贾俊 赵燕）

【开办46期主体培训班】 2013年，党校（行政学院）完成各类主体培训班46期，培训学员3183人次。

1. 第一期新任正处级领导干部任职培训班，3月4日—8日，学员14人。

2. 第一期新任副处级领导干部任职培训班，3月4日—8日，学员45人。

3. 2013年处级干部进修一班，3月4日—29日，学员50人。

4. 第27期中青年干部培训班，3月4日—26日，学员48人。

5. 第一期四川广安、青海海西班，3月4日—23日，学员40人。

6. 第一期北京市哲学社会科学教学科研骨干研修班，3月25日—4月12日，学员70人。

7. 信息化建设与“智慧海淀”专题研讨班，4月10日—12日，学员59人。

8. 加强核心区城市建设管理专题研讨班，4月17日—19日，学员72人。

9. 群体性事件应急处置及群众工作方法研讨班，4月24日—4月26日，学员70人。

10. 2013年正处级后备干部培训班，5月6日—31日，学员30人。

11. 社会服务管理创新专题研讨班，5月7日—10日，学员50人。

12. 统战部中青班，5月13日—15日，学员70人。

13. 反腐倡廉专题研讨班，5月15日—16日，学员41人。

14. 提升领导干部依法行政能力专题研讨班，5月22日—24日，学员123人。

15. 第二期北京市哲学社会科学教学科研骨干研修班，5月27日—6月14日，学员117人。

16. 应急管理专题研讨班，5月29日—31日，学员57人。

17. 2013年处级干部进修二班，6月4日—28日，学员43人。

18. 第三期北京市哲学社会科学教学科研骨干研修班，6月17日—7月5日，学员122人。

19. 加强领导干部职业道德建设专题研讨班，6月26日—28日，学员34人。

20. 统一战线理论政策专题研讨班，7月3日—5日，学员120人。

21. 第四期北京市哲学社会科学教学科研骨干研修班，7月8日—19日，学员62人。

22. 节能减排与循环经济专题研讨班，7月10日—12日，学员50人。

23. 加强和改善行政执法专题研讨班，7月24日—26日，学员50人。

24. 区政协委员培训班，7月24日—26日，学员190人。

25. 国有企业改革与发展专题研讨班，8月7日—9日，学员46人。

26. 2013年处级干部进修三班，9月2日—28日，学员45人。

27. 第28期中青年干部培训班，9月2日—28日，学员34人。

28. 第二期四川广安、青海海西班，9月2日—21日，学员40人。

29. 推进城乡一体化发展专题研讨班，9月18日—9月20日，学员67人。

30. 海淀区处级女干部培训班，10月10日—12日，学员136人。

31. 上海市松江区宗教界代表人士培训班，10月13日—18日，学员46人。

32. 第二期新任正处级领导干部任职培训班，10月21日—25日，学员17人。

33. 第二期新任副处级领导干部任职培训班，10月21日—25日，学员36人。

34. 山西忻州干部培训班，10月21日—25日，学员16人。

35. 第四届新闻发言人专题研讨班，11月6日—8日，学员80人。

36. 第一期贯彻习近平总书记系列讲话精神轮训班，12月16日—20日，学员164人。

37. 第二期贯彻习近平总书记系列讲话精神轮训班，12月23日—27日，学员156人。

38. 海淀区第31期正科级公务员培训班，4月1日—426日，学员49人。

39. 海淀区2013年度第一期军转干部培训班，5月13日—17日，学员91人。

40. 海淀区2013年度第二期军转干部培训班，5月20日—24日，学员63人。

41. 海淀区第24期副科级公务员培训班，5月27日—6月21日，学员77人。

42. 海淀区2013年第一期公务员初任培训班，6月10日—21日，学员100人。

43. 海淀区行政学院第32期正科级公务员培训班，10月8日—11月1日，学员58人。

44. 海淀区行政学院第25期副科级公务员培训班，11月4日—29日，学员72人。

45. 海淀区2013年第二期公务员初任培训班，11月11日—22日，学员108人。

46. 海淀区2013年第一期批准过渡、参照管理、纳入规范人员单位培训班，12月2日—6日，学员55人。

（贾俊 赵燕）

【开发9个专题课程模块】 年内，区委党校以中国特色社会主义理论为中心、以“中关村国家自主创新示范区核心区建设、人才特区建设”为重点、以干部“党性修养、理论基础、世界眼光、战略思维、综合能力”五个方面为学科布局，开发 出“1+6”政策体系与中关村国家自主创新示范区核心区建设，政府管理服务创新与企业发展、海淀区城乡一体化模式探索、海淀区经济发展与高科技产业、自主创新与政府公共服务、创新型城区建设、新农村建设与城乡一体化建设、城市规划建设与管理、干部素质能力提升、发展和繁荣文化产业等 9 个具有海淀特色的专题课程模块，形成一批品牌班次、品牌课程、品牌现场教学点。

（贾俊　赵燕）

【培训外地干部】 年内，按照区委区政府关于友好合作和对口支援的要求，区委党校承接四川广安市、青海海西州、新疆喀什地区和内蒙古敖汉旗、湖南湘潭市、广西南宁市等地的部分干部培训工作。干部培训作为对口支援的重要方式，受到了受援方的普遍欢迎。

（贾俊　赵燕）

【科研成果】 年内，区委党校共立项课题 31 个。公开发表文章 14 篇，内刊发表文章 27 篇，1 篇文章被人大复印资料全文转载。撰写决策咨询报告 10 篇，上报 3 篇，其中，“关于深圳前海开发区发展、上海自贸区建设的启示与建议”得到区委书记、区长等领导的批示。编印完成区委党校《科研课题成果汇编（2009—2012）》和《公开发表学术论文汇编（2009—2013）》。科技部国家级软课题《国家创新型城区研究》海淀子课题《北京市海淀区创新型城区建设研究》和北京市社科规划办“十二五”规划课题《海淀区城乡一体化进程中的社会管理服务创新研究》课题成果由人民出版社出版发行。

（贾俊　赵燕）

精神文明建设

【概况】 海淀区精神文明建设委员会办公室是海淀区精神文明建设委员会的常设办事机构，负责海淀区精神文明建设的组织、协调、指导和督察工作。

2013 年，海淀区精神文明建设以创建全国文明城区工作为重点，围绕社会主义核心价值体系，推进公民道德建设，加强公共文明引导，开展群众性精神文明创建，推进未成年人思想道德建设，加强文明委驻区单位的统筹协调，提高市民文明素质和城区文明程度，为海淀经济社会全面协调发展提供思想保证、精神动力和舆论支持。

2013 年，创建区级文明街道 11 个、区级文明社区 260 个、区级文明村 31 个、区级文明镇 2 个、区级文明单位 866 个。区内 13 家全国文明风景旅游区、首都文明旅游景区单位通过复查验收。评选中关村核心区电子市场“规范经营示范店”119 家。评选“社区文明小使者”966 名。于滨、张惠领入选“全国道德模范”候选人。

（邹立宏）

【道德模范专场巡讲】 6 月 20 日，“我的梦• 中国梦”北京市道德模范首场巡讲暨海淀专场在北京大学英杰交流中心举行。首都文明办、市委宣传部、市总工会、市妇联、海淀区、北京大学等单位的领导出席活动。海淀园高新技术企业员工、公安干警、公共文明引导员、燕园街道社区居民、北京大学学生、医护人员等各界代表 500 余人参加。活动中，北京市推荐的 10 位第四届全国道德模范候选人参加，其中 5 位道德模范分别讲述自己的感人事迹。全市 10 位全国道德模范候选人在所在区县或系统进行专场宣讲，整个活动于 7 月 3 日结束。此次巡讲是北京市“中国梦”宣传教育活动的一项重要内容。

（邹立宏）

【海淀新市民文明学校成立】 7 月 15 日，“海淀新市民文明学校”在北京城市学院航天城校区正式挂牌，旨在为北部地区工作、生活的外来务工人员和北部新区农转非人员提供公共文明教育、市民素质教育、北京精神和北京文化教育等服务。学校课程分为四个板块，即：公民素质教育板块、文化艺术板块、健康生活板块、时尚生活板块。所有板块的课程都将以集中授课、参观、体验式教学、网上平台授课等多种形式展开，以师资培养和普遍教学相结合，扎实推进，注重实效。

（邹立宏）

【“公民道德日”宣传教育实践活动】 9 月 15 日—10 月 15 日，在全区范围内开展以“道德立身 文明强区”为主题的 2013 年海淀区“公民道德日”主题宣传教育活动。活动内容：广泛开展公民道德实践活动；开展海淀区道德模范基层宣讲、道德讲堂、道德学堂等系列活动；开展集中宣传教育活动；组织国庆、中秋“双节”宣传活动。其中 9 月 18 日在中关村西区广场主会场，在政法委、教工委、团区委、公共委、商务委、工商海淀分局等及全区 29 个街道、镇分会场，组织动员所属单位、社区、村广泛开展“公民道德日”主题宣传教育活动。网络会场与各单位、各街镇、社区官方微博同步宣传，并进行网络互动。来自全区的公共文明引导员、导游、绿色环保志愿者、网络文明传播志愿者和餐饮行业代表，共同发出“社会公德”倡议，让文明成为自觉行动。中关村企业的员工代表进行“可信中关村”的集体宣誓，倡导行业自律，共立诚信社会机制。

（邹立宏）

【开展“中国梦”系列宣传教育活动】 年内，在全区范围开展“寻访追梦人，讲述中国梦”主题活动，以“海淀文明网”为平台，开辟“追梦人”“说出你的中国梦”“梦想真人秀”专题栏目，通过互动形式，发掘、讲述身边的励志故事。组建海淀区“我的梦，中国梦”道德模范宣讲团和公共文明引导员宣讲团，深入到学校、机关、企业、社区等基层广泛宣讲 30 余场。开展“和谐家园——感动海淀征文”活动，列说百姓身边事，展现生活真善美。

（邹立宏）

【道德模范评选和宣传活动】　年内，组织开展“第四届首都道德模范”评选活动，于滨、张惠领成为“全国道德模范”候选人；在全区持续开展“我推荐我评议身边好人”推荐和网络投票活动，朱良玉入选全国“敬业奉献”身边好人。加强对各类典型人物和事迹的宣传，组织宋青、李成友等5位海淀典型人物参加新华网“会客厅”栏目，举办“永远的雷锋”大型展览，一万多名市民观看了展览。

（邹立宏）

【“道德讲堂”】　年内，建设道德讲堂总堂2个，道德学堂140个，道德讲堂1000个，建立起覆盖全区上下的网络。“道德讲堂”以“身边人讲身边事，身边人讲自己事，身边事教身边人”的形式，广泛宣讲助人为乐、见义勇为、诚实守信、敬业奉献、孝老爱亲等“五类”道德故事。每月一讲，5万余名市民参与。根据每期课堂主题，制定当期网络话题，线上线下进行探讨，在互动中提升市民道德素质。

（邹立宏）

【诚信教育】　年内，开展“当可信人，做可信品”活动，提出“诚信立业，文明强区”主题口号，推广“可信中关村公约”，组织500多名企业家开展诚信培训。开展“规范经营示范店”评选活动，评选出中关村核心区电子市场“规范经营示范店”119家。在医疗行业开展“诚信医疗活动”，加大民营医疗机构的诚信约束力。联合工商海淀分局，开展道德领域突出问题专项教育和治理活动，营造诚实守信的市场环境。

（邹立宏）

【引导文明交通】　年内，开展“文明过马路、安全伴您行”文明交通主题日活动，引导广大市民自觉遵守交通法规，提高交通安全意识。发挥1231名公共文明引导员作用，确保284个公交、地铁站台高峰期的有序运行，完成春运、清明、五一等重要节点的疏导。在每月开展“11排队推动日”宣传活动，提升市民在公共场所自觉排队的文明意识。

（邹立宏）

【引导垃圾减量分类】　年内，开展周四“垃圾减量日”活动，举办2次全民宣传教育讲座。通过系列特色活动广泛发动居民参与，在百旺家园和千秋园社区开展试点活动，3800户居民办理“零废弃”卡登记；全区有24个社区组建“绿主妇志愿者公益服务队”，增强了市民垃圾分类垃圾减量意识。

（邹立宏）

【引导文明旅游】　年内，组织开展“提升公民旅游文明素质专项行动”，在颐和园举办“文明旅游宣传实践活动启动仪式”，在圆明园举办“三山五园旅游文明大讲堂”讲座。组织驻区旅游网站开展“文明接力”活动，搜狐旅游、出游客等网站平台开设文明旅游专题栏目。在海淀区出入境管理大厅举办“文明出境，爱护环境”主题宣传实践活动等，向广大市民发出倡议，做文明使者，提升海淀文明形象。

（邹立宏）

【“创文”宣传】　对海淀文明网进行改版，共推出“创建全国文明城区”“海淀公益广告展示”等45个专题，信息更新总量近5万条，重要信息同时上传“首都文明网”，重要专题同时链接到“中国文明网”。利用国家、市、区电视、报纸、广播、杂志，宣传海淀典型人物，宣传创建全国文明城区成果，对社会上不文明现象进行曝光。在八里庄、学院路等街道建成一批高品位、有特色的宣传栏和文化墙，在北部农村新建5个LED显示屏。开展公益广告宣传，设计“遵德守礼——讲文明　树新风”系列公益广告，设置一批公园绿地、广场、旅游景点等公共文明提示牌，利用建筑围挡宣传公益广告，在全区营造浓郁的宣传氛围。

（邹立宏）

【市民素质教育】　年内，组织各街镇文明市民学校中心校、分校开展教育培训，编写系列教材。加强文明市民学校网络平台建设，实现优质教育资源的互补共享。举办海淀区第四届文明市民“艺术节”活动，开展“文明的力量”演讲比赛和厨艺、书法绘画、棋类、钢琴、歌舞等各类技艺比赛，参与市民10万余人。

（邹立宏）

【建立志愿服务工作机制】　年内，出台《海淀区学雷锋志愿服务工作管理办法》《海淀区学雷锋志愿服务工作联席会议制度》《海淀区学雷锋志愿服务信息报送工作制度》《海淀区“爱心超市”管理办法》等四项制度。落实《全国志愿服务工作测评体系》指标要求，组建敬老志愿服务总队、爱幼志愿服务总队等12支学雷锋志愿服务总队。定期召开工作协调会，加强高校资源的有效配置，使高校志愿服务与社区需求有效对接，推进学雷锋活动的常态化和长效化。

（邹立宏）

【开展品牌志愿服务活动】　年内，以“关爱他人、关爱社会、关爱自然”为主题，开展“一月一队一品牌”专项志愿服务活动。开展春节“红红火火过大年”主题活动，志愿者为老人换煤气罐、打扫卫生，陪老人聊家常过大年，让老人感受节日温暖。开展“‘智’愿服务、‘科技雷锋’”活动，组织海淀园区高科技企业员工，运用高新技术开展社会公益活动。开展“小小志愿者”的社区服务实践活动，形成“老帮老”的社区服务模式。

（邹立宏）

【“爱心超市”】　年内，按照“服务——回报”累计转化的方式，成立海淀区“爱心超市”，区文明办统筹安排支持资金、街镇管理具体服务项目、社区落实服务和认证、指定连锁超市负责兑换实物奖励，通过“爱心超市”，志愿者全年累计服务1万余小时，爱心超市支出近3万元。

（邹立宏）

【网络文明志愿队伍建设】　年内，按照“1+8+N”工作模式加强网络文明传播志愿者队伍建设。建立“一个”网络文明传播工作的组织领导，搭建“八个”枢纽平台，发挥区八大工委系统牵头部门的枢纽作用，发展“N个”传播力量，全区形成了多领域、全覆盖的网络文明传播力量体系。组建1000人的网络文明志愿队伍，开展“文明的力量随手拍”微博征文、“我的敬老孝老故事”话题讨论等活动，官方微博已有粉丝2.5万个，微博数量和转发数量有了较大提升。

（邹立宏）

【未成年人思想道德建设】　年内，以《全国未成年人思想道德建设工作测评体系》为抓手，发挥学校、社会、家庭、网络“四位一体”教育体系作用。在六一、国庆等重要时间节点，组织全区 23 万名中小学生开展童心向党歌咏活动、向国旗敬礼签名寄语活动和优秀童谣创作传唱活动等。开展“家庭教育公益大讲堂”“家庭成长星”儿童假期训练营等系列家庭教育活动。在全区 600 余个社区开展“争做小小志愿者”“寻找最美孝心少年”“国学经典大家读”“童谣传唱中国梦”“科学实践之旅”“艺术殿堂之旅”“网上文明之旅”等 7 个假期专题实践活动，全年共评选出“社区文明小使者”966 名。在海淀文明网开设“网上祭英烈”“美德少年故事”“向国旗敬礼”等专题栏目，开展新媒体线上线下互动活动，中小学生参与活动达 40 万余人次。联络 23 所城市学校少年宫和 7 所乡村学校少年宫组成乡村少年宫联盟，形成区域少年宫网络。组织第七届“海淀校外教育理论与实践征文评选活动”，开展“中国梦 我的梦”第二届北京海淀青少年微电影节活动，学生们在自导、自拍、自演的过程中，提升和观察能力、社会实践能力和综合素质。发挥关工委老干部、老战士、老专家、老教师、老模范等“五老”队伍作用，参与校园周边文化环境整治工作和闲散青少年帮扶工作。加强未成年人法制宣传教育，并通过“听老战士讲历史”“听老科学家讲趣味科学”等活动形式，激发学生爱国情怀。

（邹立宏）

【驻区部队共建】　年内，在驻区部队继续实施“和谐、文明、关爱、育人、荣誉”五项工程，开展军民共建、扶贫帮困、便民助民等活动，在“城市清洁日”“三关爱志愿服务”“军营一日国防教育”等活动中，海军、空军、二炮、武警、总参信息化部、总参十四号院等部队干部踊跃参与，展现驻区部队文明之师的精神风貌。

（邹立宏）

【培育五个特色品牌】　年内，海淀区创建全国文明城区着力培育五个特色品牌，即“感动海淀”品牌，弘扬正气，倡导新风，聚焦文明力量；“诚信海淀”品牌，内诚于心，外信于人，推动诚信建设；“书香海淀”品牌，教育群众，推动发展，以文化引领风尚；“毓秀海淀”品牌，明德至善，博学笃行，提高未成年人综合素质；“印象海淀”品牌，广泛宣传，关爱自然，提升城市形象。

（邹立宏）

【推进四大民生工程】　年内，创建全国文明城区工作推进四大民生工程，即文化强区建设工程、公共服务幸福工程、平安海淀放心工程、“美丽海淀”生态工程。

（邹立宏）

【开展八大文明行动】　年内，创建全国文明城区重点工作之一是开展八大文明行动，即区域共创共建行动、宣传舆论传播行动、行政效能提升行动、公共文明引导行动、网络文明传播行动、“居家安全”建设行动、“未成年人护航”行动、“大爱海淀”志愿服务行动。

（邹立宏）

【文明市民学校全覆盖】　年内，海淀区建立健全文明市民学校总校，街道文明市民学校中心校，社区、村委会文明市民学校分校三级教育网络，文明市民学校达到社区、行政村全覆盖。至年底，全国共创办文明市民学校中心校 29 所，文明市民学校分校 632 所，其中社区分校 507 所，村分校 125 所。海淀区文明市民学校总校设在中关村学院。

（邹立宏）

创建全国文明城区

【概况】　海淀区的全国文明城区创建工作启动于 2012 年，领导体系是创建全国文明城区工作委员会，委员会下设总指挥部，总指挥部下设办公室和 10 个专项指挥部。总指挥部办公室下设协调、宣传、动员、督导、档案、指标、材料 7 个工作组，负责全国文明城区创建工作的牵头策划、总体部署、协调调度、督查指导、保障协调工作，定期了解创建工作各指挥部工作进展情况，牵头召开总指挥部办公会议。

2013 年是创建工作的深化之年。全区围绕测评指标要求开展工作。339 项创建基础指标，已符合 288 项，符合率为 84.96%。

凝聚创建合力。与驻区社会组织开展“创文明海淀 建诚信商业”等活动 30 多次；与驻区高校、单位、企业建立共建协调机制，全面开展共建工作。

深化宣传发动。在 139 个主要路口设立宣传牌匾（旗）1 万多块，利用全区 700 多个社区宣传栏进行创建宣传；制播《文明观察》《文明海淀》宣传片 49 期，开展“文明交通”“文明出游”“文明印象”微记录、新春送福入户、文明礼仪知识竞赛以及“绿主妇”“绿足迹”等系列文明主题活动，吸引 10 余万群众参与，有效提高了群众的参与度。

落实创建难点指标。开展 2 次第三方测评以及未成人思想道德建设、窗口行业专项测评，查漏补缺、整改问题。推进环境秩序、经营秩序、交通秩序专项整治，查处无照经营等违法行为 2.8 万起。

提升公民道德素质。依托全区千余个道德讲堂，开展市民道德教育。组织“德耀中华”集中宣讲和“我的梦、中国梦”道德模范宣讲 30 余场，开展“诚信海淀·文明共建”百日践行活动。2 人获“全国道德模范”提名奖。

提高创建支持率。以创建指标为统领，在医疗卫生、就业保障、住房保障、教育、食品安全、治安管理、文化服务等方面普施惠民之策，取得良好成效，群众对创建工作的支持率达到98.54%。

（李雪）

【“新春送福入户”活动】 春节前，在全区开展“新春送福入户”活动。送福入户内容包括“三个一”，即“一个福字、一本宣传册、一份纪念品”，入户范围为辖区所有家庭。

（李雪）

【创建全国文明城区工作会召开】 3月8日，海淀区创建全国文明城区工作会暨海淀区创建全国文明城区工作委员会第二次会议暨海淀区精神文明建设委员会第二十一次全体会议在中关村国家自主创新示范区展示中心召开。中央文明办、首都文明办及驻区单位领导，区四套班子领导，区创建全国文明城区工作委员会副主任及委员单位领导，全区各单位主要负责人出席会议。会上，区长孙文锴对2013年重点工作任务进行部署，即培育“五个特色品牌”，推进“四大民生问题”，开展“八大文明行动”，落实“六项保障措施”，实现348项指标基本达标，市民对创建工作的支持率达到80%。区长与主责单位代表——区文化委、区教委、区综治办、工商海淀分局签订《2013年海淀区创建全国文明城区工作折子工程任务责任书》。区委书记隋振江对2013年的创建工作提出三点要求：增强创建的紧迫感，落实各项文明创建指标和营造广泛参与的浓厚氛围。

（李雪）

【文明家庭承诺活动】 3月12日，在全区启动以“建文明城区 做文明家庭——我承诺、我践行、我文明”为主题的文明家庭承诺书签订活动，倡导居民做到“五要五不要”——要勤俭节约、不要铺张浪费；要邻里和睦、不要冷漠相待；要文明出行、不要闯灯抢行；要爱护环境、不要乱扔乱弃；要言语礼貌、不要粗口脏话。

（李雪）

【创建工作第三方测评】 5月26日—6月2日，区创建办委托华夏社会发展研究院对海淀区创建全国文明城区工作开展情况进行第一次第三方测评。此次测评围绕《全国文明城区测评体系（2011版）》指标要求展开，测评人员共分为12组，采取实地考察、问卷调查、网络调查、材料审核以及整体观察5种测评方法，分别对海淀区城区、29个街镇、各委办局文明城区创建情况进行测评，测评结果显示：海淀区城区文明指数为81.20，其中基本指标得分为75.95分，特色指标得分为5.25分（包含荣誉称号3分，承办大型活动0.25分，整体形象2分）。11月19日至25日，区创建办委托华夏社会发展研究院对海淀区创建全国文明城区工作开展情况进行第二次第三方测评，此次测评结果显示：海淀区城区综合成绩为88.78分，其中实地考察得分为90.23分，问卷调查得分为76.10分，网络调查得分为100分。

（李雪）

【“十百千”评选活动】 6月中旬—12月中旬，在全区开展“十佳创建示范工程”“百佳创建优秀活动”“千名文明达人”为主要内容的“十百千”评选活动。活动共收到29个街镇和60个委办局及公司、协会申报的特色活动78个，十佳贡献单位64个；百家文明单位124个，百名文明标兵185人；千名先进个人1030人，千户文明家庭4.5万户。活动累计参与人数达361.5万人次。评出十佳贡献单位10个；文明单位100个，文明标兵100人；先进个人1000人，文明家庭1000户。

（李雪）

【与农大签订共建协议】 7月20日，区政府与中国农业大学“同创文明城区，共建文明校园”协议签订仪式在中国农业大学举行。区委副书记、区长孙文锴与中国农业大学校长柯炳生代表区校双方签署合作共建协议书。根据共建方案，海淀区与中国农业大学将成立“同创文明城区，共建文明校园”领导小组，定期召开会议，协调精神文明创建有关工作，整体推进区校精神文明建设。双方合作共建的主要内容包括共创文明环境、共展文明风范、共享优质资源、共铸文明诚信、共推志愿服务、共建宣传平台。

（李雪）

【“讲文明树新风”公益广告现场会】 7月27日—28日，海淀区与首都文明办承办全国“讲文明树新风”公益广告现场会。中央文明办专职副主任王世明，市委常委、宣传部部长李伟及全国省会城市、计划单列市文明办主任40人参会。会上，区委副书记、区长孙文锴介绍海淀区开展“讲文明树新风”公益广告宣传的做法，得到中央文明办的高度肯定。

（李雪）

【微记录创意大赛】 8月中旬，区创建办组织开展海淀区“文明印象”微记录创意作品大赛。活动以微电影、微动漫、微小说、微剧本、微漫画、照片等形式开展，征集讲文明话、行文明事、做文明人和生活中的文明瞬间。海淀区各社区、驻区近20所高校及驻区单位参与活动，征集“微记录”作品1350份。

（李雪）

【未成年人工作第三方测评】 9月23日—27日，区创建办委托上海华夏社会发展研究院对海淀区未成年人思想道德建设工作进行第三方测评工作。测评工作以《全国未成年人思想道德建设工作测评体系（2011年版）》为主体内容，增加2012、2013版年度重点工作测评体系的14项最新内容，指标项目达到279项，涉及全区39家委办局和29个街镇，第三方测评结果显示：海淀区基本指标得分为83.24分，特色指标得分为5分（包含获得荣誉称号两个，加2分；未成年人专项经费大于每人每年0.4元，加2分；建立学生意外伤害保险制度，加1分），总得分为88.24分。

（李雪）

【“感动海淀”十大文明人物】 12月18日，在海淀剧院举办第三届“感动海淀”十大文明人物颁奖典礼。2013年度“感动海淀”十大文明人物评选活动于10月启动，面向社会征集文明人物候选人，依据社会公德、职业道德、家庭美德、个人品德等标准，评选出十大感动海淀文明人物：张惠领、朱良玉、杜佳楣、高玉红、马莉、牛月茹、邵根伙、王春易、宋秀芝、高兴贵和杨妍君（组合），十位提名人物：刘小林、郭红阳、魏福敏、孙月英、王宏伟、杨淑兰、王同康、李胜荣、冀华、李阳。

（李雪）

【六项保障措施】　年内，创建全国文明城区重点工作之一是落实六项保障措施，即坚持科学管理，提升统筹协调能力；坚持夯实基础，加大业务培训力度；坚持督导检查，确保工作有效开展；坚持指标对接，加强实地实战演练；坚持制度建设，形成长效工作机制；坚持活动引领，开展特色创建评选。

（邹立宏）

【区校共建】　年内，海淀区加强与驻区高校系统的统筹协调，召开三次主题研讨会，汇聚高校智力资源，探索精神文明建设的新思路和新方法。在高校系统开展“五个一”活动，即培育一支文明宣教队伍、建立一个信息宣传平台、开展一项专题研讨活动、打造一批社会实践基地、组织一次征文活动。高校师生踊跃参与“文明印象”微记录创意作品大赛、“回眸文明”高校摄影赛、“文明的力量”微博征集等活动。与中国农业大学签约，开展“共建文明校园，共创文明城区”活动，在志愿服务、公益大讲堂、校园环境整治等方面实现共建共享。

（李雪）

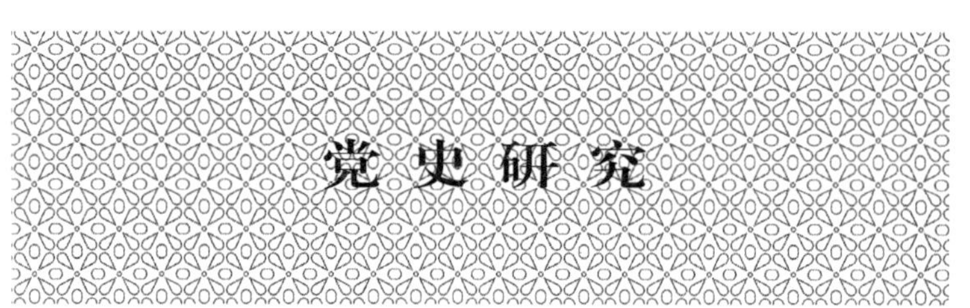

党史研究

【概况】　海淀区党史地方志办公室（简称区史志办）成立于2001年11月，承担海淀区地方中共党史、地方志资料的征集、研究、编写、保存、利用工作，负责海淀区地方史的宣传教育工作。

2013年，继续修改补充整理《中国共产党北京市海淀区历史大事记（2001—2013年）》工作。完成编辑发行6期《海淀史志》约40万字，继续做好海淀区党史地方志网站建设，上传内容200多万字，更新工作动态条目近10条。

（王荣梅）

【开展“党史宣传周”活动】　7月1日，开展“党史宣传周”活动。向上庄镇李家坟村村民文化活动站赠阅图书，整理史志图书50余种120多册，扩大地方的党史宣传覆盖面。

（王荣梅）

【论文获奖】　11月，参加北京市委党史研究室和党的建设研究会共同举办的《关于纪念毛泽东诞辰120周年》征文活动,题为《浅谈新时期加强党的学风及文风建设——兼论毛泽东学风文风观的基本特色》一文被评为优秀论文三等奖，被收入《毛泽东诞辰120周年》论文集。

（王荣梅）

海淀区人民代表大会

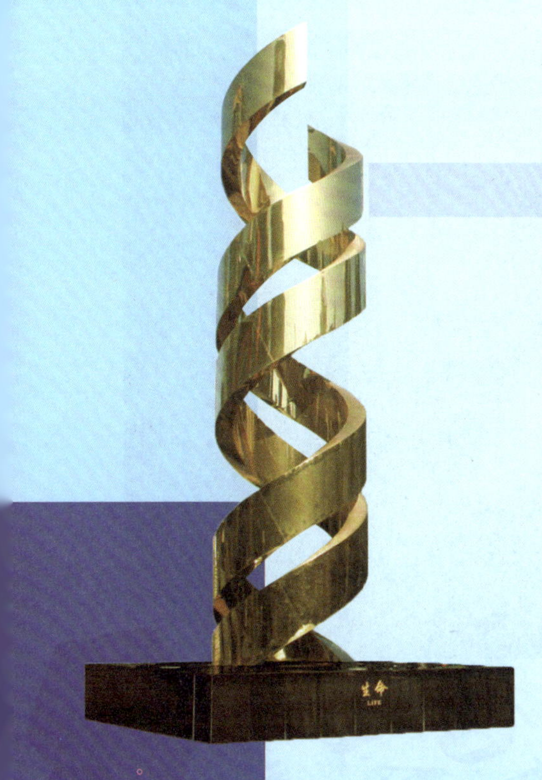

3月28日，召开区人大常委会专题询问工作部署会（区人大 供图）

4月17日，召开区人大常委会2013年第一次代表论坛（区人大 供图）

4月26日，召开区人大常委会环境建设专项工作评议动员会（区人大供图）

7月5日，全国人大常委会就预算法立法到海淀调研（区人大供图）

7月10日，地区部分市、区人大代表在海淀公安分局调研（区人大供图）

9月24日，地区部分市、区人大代表视察“大力推进生态文明建设，打造和谐美丽海淀”议案办理情况（区人大供图）

海淀区人民代表大会

综　述

【概况】 海淀区人民代表大会是海淀区地方国家权力机关，区人民代表大会常务委员会是区人民代表大会的常设机关。常委会设五委四室：办公室、研究室、代表联络室（人事委员会）、信访室以及财政经济工作委员会、内务司法工作委员会、教科文卫工作委员会、城建环保工作委员会、农村工作委员会。

2013年，召开区人民代表大会会议1次；举行常委会会议7次、主任会议12次；听取和审议“一府两院”工作报告29项，形成审议意见书8份；依法做出决议、决定8项，完成区十五届三次人代会确定的各项工作任务。接受8人辞去代表职务的请求，依法补选13名区人大代表。截至年底，有区人大代表442名，市人大代表100名。

（吴向荣）

【举办两次代表论坛】 4月18日，举办第一次代表论坛。与会代表围绕“全国文明城区创建工作”主题，从建设文明政府、提升公民素质、加大宣传力度、营造文明氛围、改造硬件设施、明确责任措施等多方面提出意见和建议。区人大常委会主任、常务副主任、副主任，区政府副区长、区文明办、区政府办、区人大常委会教科文卫工委办、研究室负责人以及32位市、区人大代表出席会议。

10月23日，第二次代表论坛暨“大力推进生态文明建设，打造和谐美丽海淀”议案领衔代表座谈会召开。会议听取区政府《关于办理“大力推进生态文明建设，打造和谐美丽海淀”议案的报告》以及《美丽海淀发展规划纲要》的说明。区人大常委会对议案办理工作及地区生态文明建设提出三点要求：希望区政府重视议案办理，积极履行职责，严格依法行政；加大宣传力度，营造氛围，动员社会力量参与，共建和谐美丽海淀；发挥人大常委会及人大代表的作用，帮助支持和监督政府以议案办理为契机，推进地区生态文明建设。区政府办、区市政市容委、区发改委、区住建委、区园林局、区水务局、国土海淀分局、规划海淀分局等单位的负责人以及20余名市、区人大代表参加座谈。

（吴向荣）

【杜德印两次到地区调研】 5月24日，市人大常委会主任杜德印到地区基层联系点北太平庄街道志强北园社区调研。杜德印察看了北太平庄街道志强北园社区活动广场，检查了社区服务站和社区居委会办公及工作情况，听取了北太平庄街道、志强北园社区有关情况的汇报，并就社区公共服务、管理、养老、民主自治、“城中村”及老旧小区改造等问题进行座谈。杜德印就社区民主自治、资源融合、志愿者队伍建设、居家养老、老旧社区改造等问题提出意见。12月3日，杜德印再次到北太平庄街道志强北园社区基层联系点调研。座谈会上，区委书记隋振江汇报了网格化管理、推进城市化进程和全国文明城区创建等工作，街道和社区也汇报了工作情况。与会人员就养老服务、文化建设、城市管理等热点问题进行讨论。杜德印对下一步工作的开展提出指导意见。

（吴向荣）

【全国人大常委会领导到地区调研】 7月5日，全国人大常委会委员、法律委员会副主任委员李飞到地区进行预算法立法调研。在听取区政府关于预算监管基本情况的介绍、区属各部门关于预算法修正案草案具体的意见和建议及区人大常委会关于区人大预算审查监督的经验和做法后，与会人员就预算法修正案中关于预算编制、政府债务、财政专户等问题的规定进行了交流。

（吴向荣）

【举办区人大常委会读书班】 7月26日—8月3日，举办区人大常委会读书班。读书班的主题是：加强区人大常委会自身建设，发挥好组成人员作用。本次读书班分为集中学习交流和外出学习考察两个阶段进行。集中学习交流包括：区人大常委会组成人员学习市人大常委会主任的讲话，就如何发挥好自身作用进行座谈；区委、区政府领导与常委会组成人员交流。常委会组成人员赴内蒙古呼伦贝尔考察生态文明建设情况，并与呼伦贝尔市人大常委会就如何做好人大工作进行交流。

（吴向荣）

【召开中共十八大精神研讨会】 9月12日，“学习贯彻党的十八大精神，进一步推动人大工作创新发展”研讨会召开。区人大常委会常务副主任，副主任以及26名区人大代表参加会议。代表们从学习中共十八大精神的体会、如何进一步推动代表及人大常委会工作创新发展、如何进一步做好代表履职培训及建议议案办理工作、如何利用社交新媒体宣传人大工作等方面提出意见及建议。

（吴向荣）

【与呼伦贝尔市签订交流协议】 10月22日，区人大常委会与内蒙古呼伦贝尔市人大常委会签订加强人大工作交流协议书。经协商，双方达成增进友好往来、开展交流研讨活动、互派干部学习锻炼、促进两地经济社会繁荣发展、不断开拓新的合作领域等共识。

（吴向荣）

【召开党风廉政建设情况通报会】 12月19日，召开党风廉政建设情况通报会。会议听取区纪委关于全区党风廉政建设情况的通报。代表们对党风廉政建设工作所取得的成绩给予肯定，并就如何进一步加强地区党风廉政建设提出意见和建议。区人大常委会、区纪委领导以及13名区人大代表出席会议。

（吴向荣）

【区长与市、区人大代表座谈】 12月26日，区长孙文锴与部分市、区人大代表座谈。与会代表从加快推进核心区建设、创建全国文明城区、推进生态文明建设、发展养老事业、促进教育均衡发展、推进民主法治建设进程、做好城市长远规划、加强与驻区中央单位联系、加快第三产业升级换代、加强廉政建设等方面提出意见和建议。孙文锴简介了核心区体制机制建设、海淀空间合理利用、文明城区创建、教育优质均衡发展、政府自身建设、群众路线教育实践活动等下一年工作重点，并表示区政府对人大代表反映的各项问题和提出的建议，将密切关注、认真研究解决，同时希望市、区人大代表一如既往地关注和支持地区的科学发展和长远发展。

（吴向荣）

依法审议决定重大事项

【概况】 年内，区人大常委会听取并审议区政府关于《2012 年财政决算报告》《2012 年预算执行和其他财政收支情况的审计工作报告》《2013 年国民经济和社会发展计划上半年执行情况和下半年工作安排的报告》《2013 年上半年财政预算执行情况和对本级财政预算做部分调整的报告》等，并作出相关决议。听取并审议区政府关于《海淀区“十二五”规划纲要实施情况中期评估报告》和《海淀区“十二五”规划纲要中期调整方案的报告》，对规划纲要中期调整提出意见和建议，批准海淀区“十二五”规划纲要中期调整方案。

（吴向荣）

【区十五届人大三次会议】 1月9日—12日，召开十五届人大三次会议。会议听取并审议《政府工作报告》《关于海淀区 2012 年财政预算预计执行情况和 2013 年财政预算（草案）的报告》《海淀区人大常委会工作报告》《海淀区人民法院工作报告》和《海淀区人民检察院工作报告》，审议《关于海淀区 2012 年国民经济和社会发展计划执行情况与 2013 年国民经济和社会发展计划（草案）的报告》，并通过相应决议。十三个团的 13 名代表围绕转变政府工作作风、加强社会管理与服务、农村集体经济发展、文化发展、民生保障等做大会发言。会议期间，组织人大代表询问活动，区四套班子有关领导及区人大常委会、区政府各委办局、区法院、区检察院共 55 个单位参加询问活动；召开“核心区建设”“生态文明建设”“城市建设与管理”和“文化教育发展”四个专题座谈会，区四套班子领导分别参加座谈会，听取代表的意见和建议。会议期间，大会秘书处议案组共收到代表 10 人以上联名提出的议案 42 件，其中立案 1 案 7 件，主要内容是“大力推进生态文明建设，打造和谐美丽海淀”；收到建议、批评和意见 409 件。会后，区人大常委会将把这些议案和建议转交区“一府两院”办理。

（吴向荣）

【出席市十四届人大一次会议】 1月22日—28日，海淀团市人大代表出席市十四届人大一次会议。会议期间，海淀团市人大代表，依法行使选举权，审议各项工作报告，并与市领导进行座谈。会上，代表们提出议案 45 件，建议、批评和意见 210 件。

（吴向荣）

【区人大常委会第 10 次会议】 2月26日召开。会议审定通过区人大常委会 2013 年工作要点，决定印发全体代表监督执行。会议通过相关人事任免事项。

（吴向荣）

【区人大常委会第 11 次会议】 4月23日召开。会议听取并审议海淀公安分局《海淀公安分局关于贯彻落实修改后刑事诉讼法实施情况的报告》、区检察院《海淀区检察院贯彻落实修改后的刑诉法、民诉法有关情况的报告》、区法院《海淀区人民法院关于“两法”落实情况的报告》和区司法局《海淀区司法局关于新刑诉法、民诉法实施情况的报告》。会议通过相关人事任免事项。

（吴向荣）

【区人大常委会第 12 次会议】 6月25日召开。会议听取并审议区财政局受区政府委托所做的关于海淀区 2012 年财政决算（草案）的报告和区审计局受区政府委托所做的关于海淀区 2012 年度预算执行和其他财政收支情况的审计工作报告，会议决定批准区政府关于海淀区 2012 年财政决算的报告。会议通过相关人事任免事项。

（吴向荣）

【区人大常委会第 13 次会议】 7 月 23 日召开。会议听取并审议区政府关于海淀区环境建设工作情况的报告，各代表联组和常委会组成人员对区政府环境建设工作进行专项评议。听取并审议区政府关于海淀区 2012 年部分重点项目资金使用和管理情况的专项工作报告，并就区政府关于 2012 年居家养老（助残）服务券补贴和城乡无保障老人生活补贴两个重点项目的资金使用和管理情况进行专题询问，区财政局、民政局、人力社保局、残联等有关部门负责人进行解答和说明。

（吴向荣）

【区人大常委会第 14 次会议】 9 月 17 日召开。会议听取并审议了区发改委关于海淀区 2013 年国民经济和社会发展计划上半年执行情况及下半年工作安排的报告和区财政局关于海淀区 2013 年上半年财政预算执行情况和对本级财政预算做部分调整（草案）的报告，会议通过关于批准区政府部分调整 2013 年本级财政预算的决议。听取区发改委关于编制《海淀区“十二五”规划纲要实施情况中期评估报告》的说明。

（吴向荣）

【区人大常委会第 15 次会议】 11 月 19 日召开。会议审议通过了海淀区人民代表大会常务委员会关于召开海淀区第十五届人民代表大会第四次会议的决定。听取和审议区政府、区人民法院、区人民检察院关于区政府、区法院、区检察院办理十五届人大三次会议代表“建议、批评和意见”情况的报告，以及区人大常委会关于十五届人大三次会议代表“建议、批评和意见”办理及检查情况的报告。听取和审议区政府关于办理“大力推进生态文明建设，打造和谐美丽海淀”议案的情况报告。听取和审议区教委关于学前教育三年行动计划落实情况的报告。会议通过相关人事任免事项。

（吴向荣）

【区人大常委会第 16 次会议】 12 月 24 日召开。会议听取和审议区政府关于海淀区“十二五”规划纲要中期调整方案（草案）的报告，会议决定批准该报告。听取区审计局关于海淀区 2012 年度预算执行和其他财政收支情况审计查出问题的整改工作报告、区财政局《海淀区 2013 年财政预算预计执行情况和 2014 年财政预算（草案）的报告》，并进行初步审查。听取区统计局《海淀区 2013 年经济运行情况分析及 2014 年展望的报告》。听取代表资格审查委员会关于区第十五届人民代表大会第四次会议个别代表的代表资格的报告。讨论通过提请区第十五届人民代表大会第四次会议审议的区人大常委会工作报告。听取关于举行区第十五届人民代表大会第四次会议筹备工作情况的报告。会议通过相关人事任免事项。

（吴向荣）

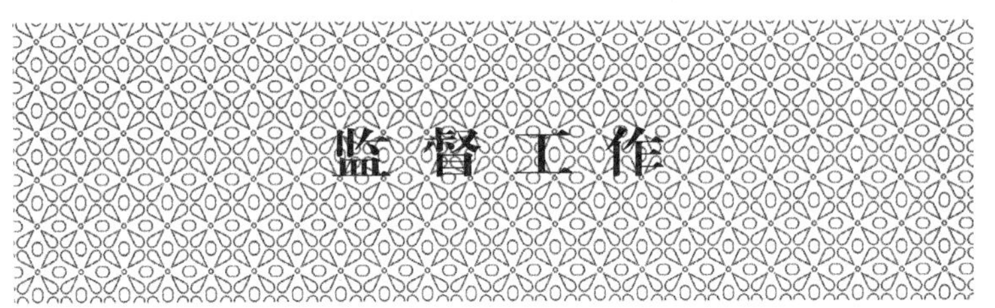

监督工作

【概况】 2013 年，首次开展专题询问，对区政府 2012 年居家养老（助残）服务券补贴和城乡无保障老人生活补贴的使用和管理情况开展专题询问，重点询问两个民生项目的政策落实、制度建设、工作流程及预算安排、资金拨付使用和绩效管理等内容。

区人大常委会会议听取并审议区“一府两院”关于《中华人民共和国刑事诉讼法》和《中华人民共和国民事诉讼法》实施情况和代表建议办理情况的报告，区政府关于落实学前教育三年行动规划情况的报告。听取区政府关于海淀区 2013 年财政预算预计执行情况和 2014 年财政预算（草案）的报告、关于 2013 年审计工作报告发现问题整改情况和处理结果的报告、关于海淀区关于 2013 年经济形势分析和 2014 年经济形势预测的情况报告。

区人大常委会主任会议听取区政府关于社区体育设施建设，“六五”法制宣传教育阶段性工作，完善社区医疗服务模式，绿化工作情，加强排水基础设施建设、解决积滞水点改造工作，实有人口服务管理体系建立，街道办事处房产管理专项调查中发现问题的整改，商业便民设施建设，促进农村居民增收，第九届村委会换届选举等工作情况的报告，督促区政府不断提高依法行政水平。

督办“大力推进生态文明建设，打造和谐美丽海淀”1 项议案，跟踪督办“大力推进海淀区文化建设，加快海淀文化繁荣发展”1 项议案。

年内，区人大常委会组织全体代表以十三个联组为单位，对区政府环境建设工作开展历时 4 个多月的专项评议活动，地区环境建设及工作水平不断提升。

（吴向荣）

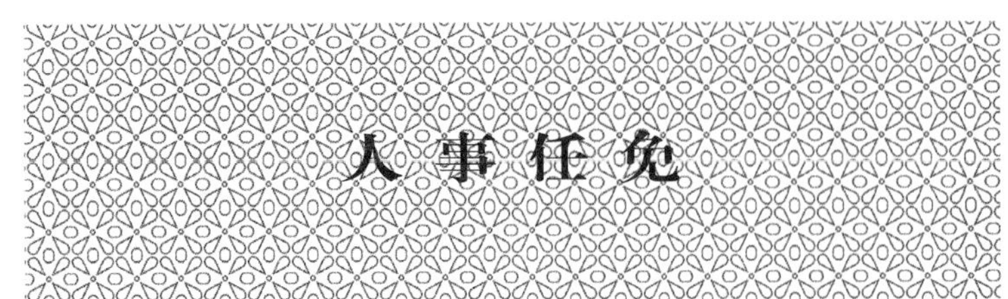

人事任免

【概况】 2013 年，区人大常委会依法行使人事任免权，全年共任免国家机关工作人员 74 人次。

（吴向荣）

【任免事项】 2 月 26 日，区十五届人大常委会第十次会议根据区人民政府区长孙文锴的提请，决定：任命周玉鑫为海淀区司法局局长。

4月23日，区十五届人大常委会第十一次会议，根据区人民政府区长孙文锴的提请，决定：任命程培衡为海淀区民政局局长；任命王凌志为海淀区统计局局长。免去南顺弟海淀区民政局局长职务；免去李泉海淀区统计局局长职务。

根据区人民法院院长鲁为的提请，决定：任命游涛为未成年人案件审判庭庭长；任命王冲为刑事审判第一庭副庭长；任命徐进、张鹏为刑事审判第二庭副庭长；任命蒋凯宇为民事审判第二庭副庭长；任命王卫东为民事审判第四庭副庭长；任命杨靖为复兴路人民法庭副庭长；任命李颖为中关村人民法庭副庭长。免去徐进、张鹏刑事审判第一庭副庭长职务；免去王冲刑事审判第二庭副庭长职务；免去游涛审判监督庭副庭长职务；免去杨靖民事审判第三庭副庭长职务；免去李颖民事审判第五庭副庭长职务；免去王卫东、蒋凯宇复兴路人民法庭副庭长职务；免去张咏华审判员职务。

6月25日，区十五届人大常委会第十二次会议，会议经过审议，决定接受程培衡、那梅辞去海淀区第十五届人民代表大会代表职务的请求。

决定接受韦俊辞去海淀区人民政府副区长的请求，并报海淀区人民代表大会备案。

根据区人民法院院长鲁为的提请，决定：任命陈雷为海淀区人民法院刑事审判第一庭庭长；任命范君为海淀区人民法院刑事审判第二庭庭长；任命王永章为海淀区人民法院审判监督庭庭长；任命杨靖为海淀区人民法院东升法庭副庭长；任命方岩为海淀区人民法院执行局执行三庭副庭长。

免去杭涛海淀区人民法院副院长、审判委员会委员、审判员职务；免去范君海淀区人民法院刑事审判第一庭庭长职务；免去陈雷海淀区人民法院刑事审判第二庭庭长职务；免去方岩海淀区人民法院东升法庭副庭长职务；免去杨靖海淀区人民法院复兴路法庭副庭长职务。

根据区人民检察院检察长王伟的提请，决定：任命宋英辉为海淀区人民检察院副检察长、检察委员会委员、检察员。

11月19日，区十五届人大常委会第十五次会议，根据区人民政府区长孙文锴的提请，决定：任命王光贤为海淀区人民政府副区长（挂职一年），任命刘涵为海淀区农村工作委员会主任；免去王桐慧海淀区农村工作委员会主任职务。

根据区人民法院院长鲁为的提请，决定：任命贾柏岩为海淀区人民法院审判委员会委员，任命秦硕为海淀区人民法院刑事审判第一庭副庭长；免去杨德嘉海淀区人民法院中关村人民法庭副庭长职务，免去秦硕海淀区人民法院未成年人案件审判庭副庭长职务。

根据区人民检察院检察长王伟的提请，决定：任命姚光银、刘红刚、苗继元、王波峰、马晶、丁轶鸣、张冬、胡晓亮、王征、刘松、万磊、戴佳玲、许丹为海淀区人民检察院检察员；免去刘壮海淀区人民检察院副检察长、检察委员会委员、检察员职务，免去袁春桔海淀区人民检察院检察委员会委员、检察员职务，免去朱希斋、王仁俊、曾静音、程晓璐、刘丽娜、柳斯、贾洁琼、钟李钧海淀区人民检察院检察员职务。

12月24日，区十五届人大常委会第十六次会议，根据区人大常委会主任会议的提请，决定：曹宇明不再担任人大常委会万寿路街道工作委员会主任职务，李泉任人大常委会万寿路街道工作委员会主任；寇平不再担任人大常委会北太平庄街道工作委员会主任职务，郭森任人大常委会北太平庄街道工作委员会主任；王京立不再担任人大常委会紫竹院街道工作委员会主任职务，白建平任人大常委会紫竹院街道工作委员会主任；邢玉平不再担任人大常委会清河街道工作委员会主任职务，张西渭任人大常委会清河街道工作委员会主任；林德江不再担任人大常委会北下关街道工作委员会主任职务，李旭东任人大常委会北下关街道工作委员会主任；李旭东不再担任人大常委会上地街道工作委员会主任职务，王京立任人大常委会上地街道工作委员会主任；仲良喜不再担任人大常委会田村路街道工作委员会主任职务，寇平任人大常委会田村路街道工作委员会主任；孙玉芝不再担任人大常委会曙光街道工作委员会主任职务，林德江任人大常委会曙光街道工作委员会主任；张宝信不再担任人大常委会中关村街道工作委员会主任职务，张鑫任人大常委会中关村街道工作委员会主任。

（吴向荣）

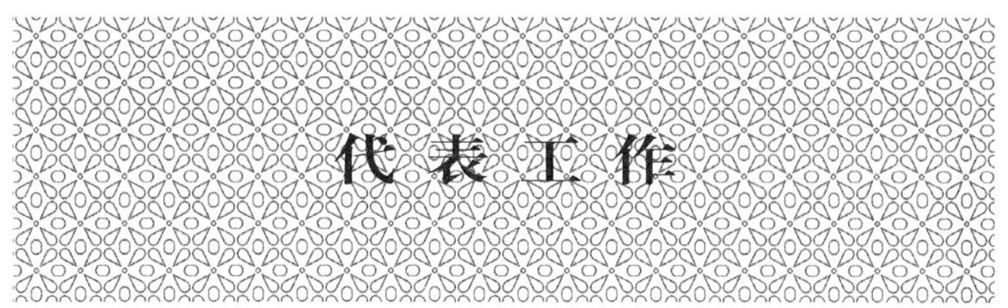

代表工作

【代表建议督办】 年内，区人大常委会从代表多年提出的24件建议入手，加大督办力度，集中解决一批群众关心的实际问题。如“永泰西区教育配套设施”“清河医院建设”“牤牛桥居委会办公用房”“熊希龄墓园住户搬迁”等。在督办建议的过程中，逐步形成区人大常委会重点督办、代表跟踪监督、区政府高位协调三位一体的建议办理机制。

（吴向荣）

【代表培训】 年内，区人大常委会有针对性地开展专题培训和知识讲座。举办财政预算编制及监督工作专题知识讲座，使代表进一步了解地区财政预算编制的全过程；举办人大工作视频讲座，增强代表对人民代表大会制度的理解；邀请老代表介绍履职经验，提高代表审议报告的水平；人大街道工委、地区代表小组开展多种形式的代表履职培训活动。同时，向代表通报全区经济社会发展情况、党风廉政建设情况等，保障代表的知情权、知政权。

（吴向荣）

【保障代表履职】　年内，区人大常委会加强对代表小组、镇人大的指导和联系，提升代表小组和镇人大的工作水平。通过《海淀报》专版和《海淀人大》刊物，展示代表履职成果；编印代表履职事迹文集，宣传代表履职事迹，凝聚务实为民的正能量。开展两年一次的评选先进人大街道工委和地区代表小组活动。

（吴向荣）

【落实代表联系选民制度】　年内，围绕选民关注的地区热点、难点问题，组织人大代表进社区听意见。坚持人大代表选民接待日制度，全年共接待群众5400人次，反映问题1787件，直接协调解决992件，转交政府313件。

（吴向荣）

【加强市、区人大代表联系】　年内，采取将市代表编入十三个区代表联组及年中集中活动的形式，组织市代表开展城市管理专题视察、会前社会建设工作视察，倾听民声，反映民意，推动解决地区一批难点问题。

（吴向荣）

常委会机关建设

【理论学习】　年内，区人大常委会继续坚持和完善学习制度，采取读书班、专题培训、听讲座、举办研讨会等形式，学习习近平总书记一系列重要讲话和中共十八届三中全会精神，提高组成人员的议事决策能力，提高区人大常委会会议审议水平。

（吴向荣）

【干部队伍建设】　年内，区人大常委会以建设“学习型、法制型、服务型、廉洁型、和谐型”机关为载体，注重在学习培训中提升素质，在工作实践中锻炼能力，努力培养一支业务精通、作风严谨、团结协作的机关干部队伍，提高常委会机关的服务保障能力。

（吴向荣）

【作风建设】　年内，区人大常委会领导及机关委室贯彻落实群众路线教育实践活动的要求，深入基层，深入群众，加强调查研究，直接听取代表反映，了解社情民意。全年共受理群众来信来访190件次，及时转交有关部门研究办理。落实中央八项规定精神，转变会风，提高会议实效，在区人大常委会机关形成厉行节约、反对浪费的风气。

（吴向荣）

【信息宣传】　年内，采用多种形式及时宣传报道区人大常委会主要工作和人大代表活动。全年共制作《海淀报》人大工作专版10期、海淀有线电视台“人大在线”栏目4期，海淀人大信息38期，《海淀人大》刊物4期，展示了地区民主法制建设的成就和人大代表的履职风采。升级改造网上办理代表议案建议系统，提高信息化服务水平。

（吴向荣）

【调研研究】　年内，区人大常委会围绕全区工作大局、重点监督议题、群众关心的热点问题，组织开展专题调研活动。全年共完成调研报告25篇。编印《学习 思考 创新》征文集，一些调研成果及时转化为工作措施，促进了实际工作的开展。

（吴向荣）

海淀区人民政府

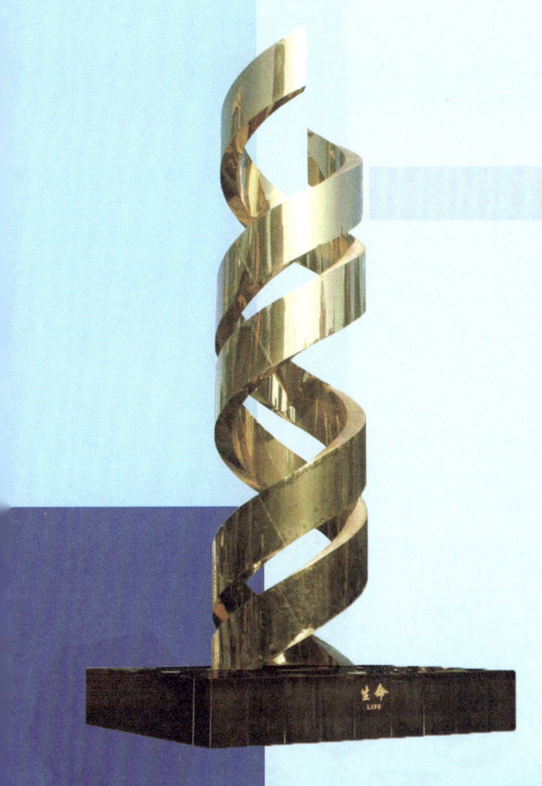

3月17日，吉林省通化市人民政府与北京市中关村科技园区管理委员会、北京市海淀区人民政府签署战略合作框架协议（李瑞林 摄）

3月27日，区人力社保局对公务员报考人员进行资格审查（区人力社保局 供图）

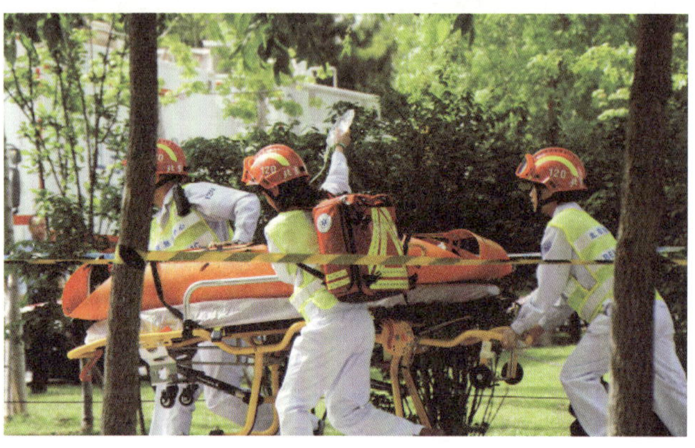

5月12日，北京市多部门在海淀公园举行“防灾减灾日”城市暴雨应急救援综合演练（李瑞林 摄）

《5月29日—31日，区应急办在区委党校举办应急管理专题研讨班。图为学员在海淀区凤凰岭国家地震紧急救援训练基地观摩学习（区城市服务管理指挥中心供图）

《6月，区机关事务管理处举办“践行节能低碳，建设美丽海淀”海淀区公共机构节能宣传活动（区机关事务管理处供图）

7月6日，秦皇岛市与海淀区签署合作框架协议，双方将在科技创新及成果转化、教育、旅游、生态环境建设等领域加强合作与交流（田峰 摄）

10月23日，区信访办到社区开展工作调研（区信访办 供图）

10月31日，第五届中关村质量奖发布（田峰 摄）

海淀区人民政府

综 述

2013年，全区深入学习贯彻中共十八大和习近平总书记系列重要讲话精神，完成区十五届人大三次会议确定的各项任务。

本年区政府共召开区政府例会100次，研究议题286项。其中：区政府全体会1次；区政府常务会43次，研究议题136项；区长专题会56次，研究议题149项。此外，召开区政府党组民主生活会2次；召开部门座谈会、工作汇报会、专项调度会等其他会议55次。研究全区经济和社会发展计划、重大项目安排、重要资金使用以及协调日常工作。制发会议纪要140期，其中常务会43期，专题会97期。

经济发展 实现地区生产总值3835.2亿元，同比增长9.12%左右；区域财政收入1867.36亿元，同比增长10.77%；区级财政收入336.19亿元，同比增长18.94%。全社会固定资产投资775.1亿元，同比增长12.51%。社会消费品零售额实现1614亿元，同比增长7.62%。进出口总额实现401.4亿美元。实际利用外资16亿美元。城镇居民人均可支配收入约4.6万元，农村居民人均纯收入约2.5万元，分别增长9.8%、10.3%；城镇登记失业率0.7%；万元地区生产总值能耗下降4.92%，二氧化硫等4项主要污染物排放量削减5%以上。

（于淼）

创新驱动 制定实施进一步加快科技创新发展三年工作方案等系列政策措施，强化创新驱动。中关村“1+6”政策深化落实，395家单位享受试点政策；新增国家高新技术企业785家，总数突破5000家。重点支持1416个自主创新和产业发展项目。出台促进总部经济、楼宇经济、小微企业发展等政策，支持企业申报国家火炬计划68项，帮助企业申请国家和北京市各类专项资金11.5亿元。高新技术企业全年减免税超过200亿元；“营改增”试点企业突破7万家，其中97%的税改企业平均税负大幅下降。北京股权交易中心正式挂牌；新增金融机构150余家、上市挂牌企业44家，总数分别达2100余家和313家；打造全国创新资本中心，成为全国首批“中国创业投资示范基地”，出台促进互联网金融创新发展意见，中关村互联网金融中心、产业园和基地挂牌。着力构建与核心区发展相适应的现代产业体系，一、二、三产业比例为0.05：13.18：86.76。巩固高新技术产业优势，实现总收入1.25万亿元，增长17.5%，占中关村科技园区的41.7%。促进文化科技融合发展，文化创意产业收入突破4222.1亿元，增长7.9%。不断拓宽融资渠道、创新投资模式，全社会固定资产投资增长12.51%。落实商业服务业跨越发展行动计划，新增清河五彩城二期等商业设施40万平方米。旅游营业收入完成443.3亿元，增长8.2%。农村经济总收入实现235.3亿元，增长1.2%。制定发展现代农业新形态的指导意见，建成3个国家级现代农业示范园。促进集体产业转型升级，出台“一镇一园”建设指导意见，温泉镇起步区建设取得实质性进展。

三大功能区建设 全年完成棚户区、城中村、边角地改造等涉及的搬迁腾退约178万平方米、共5990余户（个）居民（单位）。南部中关村科学城全年新增产业空间89万平方米。其中，新增电信研究院宽带产业创新园等6个中关村科学城签约项目，启用林业大学学研大厦等12个项目、约47万平方米。克服重重困难，完成玲珑巷、五路居、营会寺、巨山村、西小口村、后屯村、西八里庄、曹家村等搬迁腾退任务，学院路科技园完成企业搬迁腾退，东升科技园二期、五路商务楼、阜石路商务楼等重点项目开工建设。北部生态科技新区坚持产城融合，打造中关村创新中心区（CID），启动实施北部生态规划，确定成本统筹方案。全年开复工683万平方米，竣工201万平方米。下一代互联网及重大应用技术创新园等33个产业项目落地，文思研发楼等11个项目竣工投产。大工村等第二批5个村庄搬迁腾退基本完成，165万平方米农民安置房竣工入住。辛店东路等16条道路建设基本完工，北部文化中心、一零一中学温泉校区等开工建设，完成环保园至安河桥地铁站通勤班车、园区配套商业网点、员工文体设施等17个配套设施项目。中部“三山五园”历史文化景区的“三山五园”总体规划及各专项规划编制基本完成，整体规划和改造工作思路得到市委市政府的认可和支持。两园之间改造取得实质性突破，中央党校西墙外地区居民搬迁腾退完成，一亩园等地区改造前期工作加快推进；香山四王府地区改造方案获市政府批准，一期搬迁腾退完成45%；香山中心区4条道路建设启动。

改善民生　社会民生领域全年共计投入290亿元，占区级财政支出的80.4%。完成36件区级、321件街镇级惠民实事。制定实施加强街镇统筹协调能力、推进网格化工作意见，整合司法所、统计所、城管执法监察队等13个部门力量、各街镇力量和各类协管员力量向社区网格下沉，搭建三级综合服务管理平台，“条块结合、协调联动”的社会管理网格化工作体系进一步健全。推进就业和社会保障工作，2.7万人实现再就业。五项社保基金预计收缴341.9亿元，增长18.3%。城乡居民养老保险基础养老金待遇上调至每人每月607.5元，居全市第一。鼓励引导社会力量提供社区居家养老专业服务，建成30家养老服务管理中心和200个社区老年互助社，新增养老床位1332张。

新建、筹集各类保障性住房1.47万套，配租配售7158套。完成162.8万平方米老旧小区综合整治，惠及2.4万户居民。启动首批39个棚户区改造项目，8个项目完成整治。西三旗东路、田村路等19条道路建设完工，新增道路通车里程31.5千米。完成22.2万平方米道路大中修、10千米道路微循环和20个疏堵点位改造。地铁6号线西延、15号线、16号线进场施工。新增停车位1.1万个，实现4600个停车位错时停车。5个国家级教育改革实验项目完成。实施中小学基本建设三年行动计划，建成清华附中永丰学校、翠微小学温泉分校等6所学校，新增9050个中小学学位。超额完成学前教育三年行动计划，累计新增1.4万个入园学位。出台鼓励社会资本举办社区卫生服务机构支持政策，清河医院开业；海淀医院与北医三院合作取得实质进展，北京大学第三医院海淀院区正式揭牌；社区卫生机构诊疗量增长15.3%。街镇和社区（村）文化设施达标率分别提升至90%和81%；依托演出联盟、海淀文化节等平台开展各类公益文化活动8200多场。成立区文物保护中心，新增第四批77处区级文物保护单位，实施17项文物修缮及保护工程。新建（更新）全民健身居家工程233套。

环境治理和生态建设　推进创建工作，治理环境问题，加强城市精细化管理，区域环境面貌进一步改善。推进交通、治安、环境三大秩序专项整治，集中治理300余处环境脏乱点，查处无照经营等各类环境违法行为3万多起，建立“环境整治周”、道路环境卫生分级分类管理、环境卫生秩序专项考核检查等长效机制。全年拆除违法建设160多万平方米。有效遏制新生违法用地、新生违法建设。推进生态文明建设。制定实施清洁空气五年行动计划，全年改造燃煤锅炉557蒸吨，减少劣质燃煤6.3万吨，淘汰老旧机动车3.3万辆和3家高污染企业落后产能。北部各镇38座污水处理厂（站）统一委托专业企业运营。新增100个垃圾分类达标小区，大工村再生能源发电厂加快建设。全年完成绿化737公顷，在全市率先完成平原造林4000亩，新改建11处公园绿地，完成15条道路绿化，建成3.1千米“三山五园”绿道示范段，翠湖湿地生态恢复工程获“中国人居环境范例奖”。建设平安海淀，完成中共十八届三中全会等重大活动维稳安保任务，获“全国平安建设先进区”称号。治安乱点专项整治效果明显，全区刑事警情下降14.6%。化解矛盾纠纷，信访总量下降10%。

政府自身建设　深化重点改革。成立区改革工作领导小组，强化改革顶层设计和重点任务督导。海淀园管委会加挂中关村核心区管委会牌子。成立综合行政服务中心、食品药品监督管理局、农村集体资产监督管理委员会、实有人口管理委员会。强化依法行政。执行区人大及其常委会的决议，自觉接受区人大、区政协、人民群众和新闻媒体的监督，加强制度建设和重点督办，全年办理国家、市、区三级建议、提案619件。强化行政行为监督，行政调解4万余件。公开各类政府信息1.5万条，在全市率先公开部门“三公”经费决算信息，对113个单位的143个项目进行全过程预算绩效管理。落实中央关于改进工作作风密切联系群众、厉行勤俭节约等有关规定，全区性会议减少78.5%，普发全区公文减少12.3%，压缩一般性支出和“三公”经费2500多万元。持续开展第三方群众满意度考评和正风肃纪等专项整治，着力解决群众反映的突出问题。促进区域融合发展。不断提高“四个服务”水平，深化区域合作共建，与清华、农大、首农集团等驻区单位和有关部队签订战略合作协议，产学研合作、军民融合发展迈上新台阶。与秦皇岛市、唐山市等首都经济圈地区建立合作发展新模式，开展内蒙古敖汉旗等对口帮扶工作。

（于淼　李萱）

日常政务

【外语广播进社区活动】　3月初，区外办举办北京市民讲外语系列活动之北京外语广播进社区活动。推荐西三旗社区教育培训中心、学院路街道富润社区、香山社区青少年宫作为此次活动培训基地，为市民带来多种英语课程，使各个年龄阶段、不同需求的市民都能找到合适自己的公益英语培训，市民外语应用能力进一步提升。

（田力）

【签署三方战略合作协议】　3月17日，海淀区人民政府与通化市人民政府、北京市中关村科技园区管理委员会签署《中关村科技园区管理委员会、北京市海淀区人民政府、吉林省通化市人民政府战略合作框架协议》。标志着三方以科技创新、产业化项目合作为重点的多领域、全方位合作深入开展。

（田颖）

【组建国际语言环境建设工作志愿者队伍】 4月19日，区外办从北京外国语大学、北京语言大学等5所大学聘请13名学生，建立国际语言环境建设工作志愿者队伍。志愿者主要承担海淀区英语标识检查纠错、大型涉外活动服务等工作。

（田力）

【创建全国文明城区英文宣传座谈会】 7月17日，召开海淀区创建全国文明城区英文宣传标语口号及公共场所英文标识工作座谈会，并邀请国际语言环境建设专家对海淀区13家单位的相关负责人进行培训，以提升海淀区英文宣传口号标识牌的规范性、正确性。

（田力）

【与清华大学签署全面合作协议】 9月5日，举行清华大学—海淀区人民政府全面合作框架协议签约仪式。根据框架协议，清华大学和海淀区将本着“战略统筹、资源共享、优势互补、协同创新、发展共赢”的原则，在战略咨询、重大项目建设、科技创新和产业化、教育合作和人才培养、文化交流等方面开展深入合作。

（田颖）

【与首农集团签署合作协议】 10月12日，海淀区政府与北京首都农业集团有限公司签署合作协议。根据协议，双方将遵循“整合资源、优势互补、共建共赢”的原则，重点就首农集团在海淀区域内的北京市西郊农场、北京市巨山农场和北京三元种业科技股份有限公司等所属企业的国有土地资源综合开发利用等方面开展深入合作。

（田颖）

【区长参加“一把手”访谈】 12月12日，在“清洁空气 为美丽北京加油——一把手访谈”新闻通报会上，海淀区区长孙文锴就海淀区大气污染防治工作，接受新华社、中央电视台等近20家中央市级媒体采访。在市政府发布北京市清洁空气行动计划后，海淀区立即制订并发布《海淀区2013–2017年清洁空气行动计划实施方案》，围绕全市确定的压减燃煤、控车减油、治污减排和清洁降尘等四大领域制定了共10个方面45项措施任务。区领导还就媒体记者提出的海淀区防治大气污染工作总体思路、急需解决的问题等进行了现场回答。

（田颖）

【公文处理】 制发政府公文762件，其中海政发67件，海政函396件，海政报49件，海政任176件，海行规发10件，其他各类政府便函64件。制发政府办公文138件，其中海政办发91件，海政办函34件，海政办报12件，其他各类政府办便函1件。登记办理公文6380件，其中市属文件2153件，区属文件4227件。收集整理区政府、区政府办文件资料，立卷2012年文件576卷，其中永久298卷，长期30年220卷，长期10年58卷。

（于森　刘蓓蓓　杨阳）

【领导调研】 全年区领导共参加各类调研、检查、走访慰问等活动34次，涉及内容包括调研驻区企业18家、走访基层社区6个、走访慰问困难群众2次、走访区属单位12个、走访驻区大型单位5个、视察区属重大项目4次，参加各种安全检查11次。

（李洋）

【政务信息】 全年累计收集、整理信息近万条，编发《昨日区情》（合刊后统一命名为《海淀信息》）刊物131期，为区领导和区属单位各级领导提供信息1700余条。市政府《昨日市情》采用区政务信息242条，同比增长42.4%。市政府《今日舆情要闻》采用区摘编的舆情信息10条。“政府购买公共服务的情况、存在的问题及建议”等6篇信息被选送国务院办公厅。信息获市区领导批示90条（次）。

（李生勇　杨阳）

【建议提案办理】 年内，区政府制订印发《进一步做好人大代表建议和政协委员提案办理工作的意见》，在完善和强化区政府领导高位协调机制、协调会商机制、办理工作专项资金管理三大机制的基础上，增加“日常检查，动态管理”两项具体措施，强化过程管理。区政府全年接收办理全国人大代表建议2件，北京市人大代表建议29件、北京市政协委员提案11件、海淀区人大代表建议426件、海淀区政协委员提案159件，总计627件建议、提案。办理区人大议案1件、区政协建议案2件。10件多年未解决的区人大代表建议得到彻底解决。区级人大代表建议、政协委员提案的解决率达到50%以上。

（李冰）

【督查工作】 2013年督办的28类863项市区折子和104项市委市政府、区委区政府领导交办任务全面按时完成，督促落实居民和驻区单位对区委区政府及街镇工作意见建议2644项。在督查工作中，贯彻执行督查任务台账、落实预案、实地检查、报告反馈等工作制度，强化“周督月查月反馈”的工作机制，采取督查、督办、督促等不同方式，推动市区折子和领导交办任务的落实。完成督查督办任务的绩效考核工作。

（张海翔）

【绩效管理】 2013年，党群、政府、街道、镇、区属企业系统全面推行绩效管理，成立考核工作领导小组，形成“区委组织部考核班子和干部、全区绩效管理考核工作，考人考事有机融合”的工作思路，建立“区政府办（绩效办）牵头抓总、各系统绩效管理责任单位协调推进、专项考评实施主体分项落实”的工作机制，按照“协调一致、重点突出、导向明确”原则完善了“三效一创一否决”[①]的绩效管理指标体系，强化过程管理、日常监督、统一考核、结果应用，实现绩效管理与领导班子、干部考核的深度融合，全面完成年度绩效管理工作。

海淀区对全区考核、评比、检查项目进行精简整合，整合后全区考核项目由原来的111项精简为52项，牵头考核部门由37家减少到22家；集中组织实地检查，明确各系统检查内容、检查方式、检查人员，采取统一时间、统一方式、统一要求集中实施，实地检查项目由81项减少到15项，时间集中到15天，减轻了基层负担，提高了考评效率。

政府系统建立了绩效督导制度，实现绩效管理从“重考核”向“全过程”转变。人民大学出版社正式出版由北京市海淀区政府绩效办、国家行政学院项目组编著的《北京市海淀区政府绩效管理的实践探索》一书，多次接待全国各地和北京市兄弟区县考察学习。

（廉斯）

【养犬管理】 截至年底，共办理登记

[①] 是指：履职效率、效能建设、服务效果、创新创优、一票否决。

年检犬只 91891 条,收缴无证犬和流浪犬 3490 条，查处违规养犬行为 1666 人，警告养犬户 1004 人,查处各类举报 386 件，答复人大代表、政协委员建议 5 件。发放各种宣传材料 20 余万份，悬挂横幅 3000 余条。

（李洋）

【政府信息公开】 全区共开展 2 次大型业务培训，指导、检查各单位信息公开工作 120 余次。主动公开政府信息 12789 条，全文电子化率 100%。接受公民、法人及其他组织咨询 7840 人次。受理政府信息公开申请 658 件，其中当面申请 297 件，以信函形式申请 352 件，传真申请 2 件,电子邮件形式申请 7 件。申请内容主要涉及拆迁补偿、腾退方案、用地规划、征地批复、请示等与群众利益密切相关的信息。全区因信息公开引发的行政复议 87 件，行政诉讼案 99 件。

（赵振营）

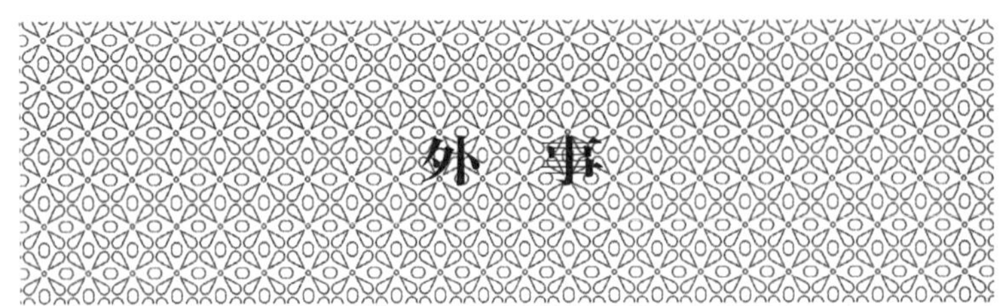

外　事

【概况】 2013 年，共接待来自北美洲、亚洲、欧洲、非洲国家外宾 22 批 227 人，其中区领导接待 13 批 103 人。包括加拿大阿尔伯塔省埃德蒙顿市政府、美国硅谷银行、美国华盛顿市政府、纳米比亚全国委员会代表团等。海淀园管委会共接待来自美、欧、亚洲等国及国内来访共计 36 批次、523 人次。

接待以比利时马达里亚加基金会执行主任皮埃尔·德福安先生为团长的欧盟国家媒体 17 人考察团。深化海淀区与韩国友城首尔西大门区的多层次交流，两地开展中韩青少年国际文化交流与寄宿家庭活动，开展两区高层互访活动。

加强涉外预案管理，维护重大活动期间涉外环境稳定。

按照中央、北京市对因公出国（境）管理工作的要求，开展自查，调整因公出访计划，缩减任务不实团组数量。2013 年，海淀区因公出国（境）共 421 人次，同比减少 15%；其中党政干部 68 人次，同比减少 47%。

进一步规范因公证照登记、领取、收缴和保管的流程，保证护照信息无遗漏。区外办对负责保管的公务普通护照及因公往来香港澳门特别行政区通行证进行集中统计、整理，集中催缴部分单位的滞留护照。共注销超过有效期的护照、因公往来港澳通行证 208 本。截至 2013 年年底，海淀区外办共保管公务普通护照 964 本，因公往来港澳通行证 22 本。

建设国际语言环境，推进国际化社区建设，区外办对海淀区外国人居住相对密集的学院路街道富润家园、东王庄，中关村街道华清园三家社区进行实地走访调研，了解社区在国际化方面的需求和面临的困难，制定工作方案。

（田力）

【埃德蒙顿市市长来访】 1 月 8 日，区长孙文锴接待加拿大阿尔伯塔省埃德蒙顿市市长史蒂芬·曼德尔一行 5 人来访。双方就寻求垃圾资源化利用、环境保护领域的务实合作进行交流。

（田力）

【硅谷银行董事长来访】 2 月 18 日，区长孙文锴接待美国硅谷银行董事长魏高思一行 4 人来访。代表团希望为海淀区高科技创新企业提供全方位的金融服务，发展更加广泛和深入的合作，实现双赢。

（田力）

【得克萨斯大学 OLED[①]团队来访】 3 月 6 日，副区长孟景伟接待美国德克萨斯大学达拉斯校区 OLED 团队布鲁斯·葛内德博士一行 4 人来访。双方深入探讨 OLED 产业的发展现状和得克萨斯大学达拉斯校区 OLED 技术项目落地海淀区需要解决的问题，并就得克萨斯大学达拉斯校区 OLED 项目在海淀区落地达成初步共识。

（田力）

【克罗地亚萨格勒布市体育交流团到地区考察】 3 月 8 日，海淀区外办会同区体育局共同接待克罗地亚首都萨格勒布市体协副主席卡尔罗率体育交流团一行 4 人考察海淀区体育设施和业余训练情况等。

（田力）

【希腊青年领袖代表团考察东升科技园】 4 月 1 日，在市友协的协调下，区友协会同东升博展投资管理有限公司共同接待希腊青年领袖代表团一行 5 人，实地考察东升科技园的整体环境和基础设施建设，并同区友协、东升博展相关负责人进行友好座谈。

（田力）

【法国友人考察中法交流历史文化遗迹】 4 月 2 日，应海淀区温泉镇政府、苏家坨镇政府邀请，法国著名艺术史专家、北京尚 8 文化集团董事克里斯汀·佳玥女士以及国内学者一行考察中法交流的历史文化遗迹。各方就如何于 2014 年中法建交 50 周年开发中法交流历史资源，开通西山中法旅游观光带等进行研讨。

（田力）

【尼克松基金会代表团来访】 5 月 5 日，美国尼克松基金会代表团一行 44 人参观考察海淀区四季青镇，详细了解海淀区新农村的社会经济发展状况。代表团来访旨在重温 1972 年尼克松访华之旅。成员包括美国前总统尼克松外孙克里斯托弗·考克斯及其夫人，尼克松基金会会长桑迪·奎因等尼克松总统时期多位高级官员。

（田力）

【美国吉普森集团来访】 5 月 15 日，接待美国吉普森集团董事长亨利·加斯科维茨一行 4 人友好访问。代表团希望进一步加强与海淀区在文化产业领域的深入合作。

（田力）

① Organic Light Emitting Diode，意即有机发光二极管显示器。

【越共中央代表团来访】　7月25日，海淀区外办、羊坊店街道办事处接待由越共中央政治局委员、中央书记处书记、中央宣教部部长、中央理论委员会主席丁世兄为团长的越共中央代表团一行22人。代表团成员参观社区的舞蹈室、运动室、图书馆、社区卫生服务站及社区居委会办公室等职能场所，了解社区居委会的运行机制及居委会为服务社区居民所做的工作。

（田力）

【圣马力诺中国友好协会主席来访】　8月7日，应全国友协会长邀请，圣马力诺共和国国务大臣、圣中友好协会主席、前国家元首姜弗兰科—泰伦齐访问海淀区，双方商讨推进圣马力诺大学和北京城市学院合作在圣马力诺开办孔子学院事宜。

（田力）

【美国华盛顿市政府代表团来访】　9月10日，美国华盛顿市政府商业发展与战略部主任大卫·晋谱一行3人访问海淀区。双方就建立直接联系机制，搭建深入合作平台，共同携手为促进两地城市繁荣和发展进行了讨论。

（田力）

【印度高级外交官代表团来访】　9月17日，海淀区外办、百度公司接待以印度驻缅甸大使穆克帕迪亚为团长的印度高级外交官代表团一行4人。代表团实地观摩百度搜索引擎、智能手机应用程序以及各类网络服务的使用，参观百度公司为员工提供的工作和生活环境。

（田力）

【国际友人环昆明湖长走活动】　10月26日，由北京市人民对外友好协会、北京市民间组织国际交流协会、北京市人民政府外事办公室、北京市人民政府新闻办公室、北京市公园管理中心、北京市海淀区人民政府、北京市外国专家局、北京市体育总会、北京外商投资企业协会等单位联合主办的2013“三山五园杯”国际友人环昆明湖长走活动在颐和园公园开幕，开展了13年的长走活动第一次由区县政府冠名并参与外宣活动。此次长走活动共吸引近百个国家的驻华使馆官员、驻京外国机构工作人员、公司外籍职员及专家、留学生等800余名中外长走爱好者参加。

（田力）

【英国伦敦哈克尼区教育代表团来访】　10月28日至31日，英国伦敦哈克尼区教育代表团一行15人访问海淀区，专题交流中小学教育管理体系和教学方式方法。代表团到清华大学附属中学、北京市第十九中学、首都师范大学附属育新学校、五一小学等学校，实地观摩海淀区教师的教学过程，对海淀区中小学的教学方法给予高度评价。

（田力）

【接待欧盟国家媒体考察团】　11月25日，应中联部及市民交协要求，海淀区接待了以比利时马达里亚加基金会执行主任皮埃尔·德福安先生为团长的欧盟国家媒体考察团一行17人参观中国普通百姓家庭。区外办通过区委宣传部和团区委协助，选取9户热心居民作为接待家庭，并选取八里庄街道世纪新景园社区作为接待社区。考察团考察了社区基础设施建设、社区党建工作和精神文明建设工作相关情况，随后参观社区宣传精神文明的“八德”文化墙、孝亲亭和社区服务中心。

（田力）

关系群众生活的36件实事

1. 全年完成新建、收购、筹集任务1.4791万套；累计配租8358套。

2. 实施老旧小区综合整治，累计开工164.46万平方米，竣工157.1万平方米，超额完成年初确定的指标任务；继续推进34栋简易楼改造工程，累计为2.4万户居民改善居住条件。

3. 推进青年政治学院南墙外、西四环东侧五路居、青龙桥周边等10个“城中村”改造。

4.全面落实促进城乡就业的“1+10”扶持政策，投入就业资金3.96亿元，推进充分就业创建工作。实施精细化就业服务，整合公共就业服务资源，做好充分就业街镇及充分就业区申报和迎接北京市充分就业创建检查评估工作。

5. 开展风筝绘制、厨艺、计算机等培训69期，培养农村妇女致富带头人、民俗旅游观光休闲领域实用人才、文化创意产业带头人200名，扶持管家岭民俗旅游村、巧娘工作室、“妇”字号基地、创新种植技术中心、桂花毛衣加工等具有发展前景的妇女创业项目5个。

6. 帮扶4819名农村劳动力实现就业。落实促进就业政策，开展“就业援助月”“春风行动”和“民营企业招聘月”“城乡手拉手”就业援助活动，帮助农村劳动力通过单位招用、自主创业、灵活就业以及公益性就业岗位实现就业，提高就业援助服务质量。培训农业户籍劳动力，对全区一线就业服务的工作人员和劳动保障协管员开展培训，强化社区（村）在三级就业服务体系中的基础作用。

7. 为年满65周岁的独生子女死亡、伤残的特别扶助对象发放养老帮扶金（65~74岁每人每年2000元，75岁以上每人每年5000元）。全区独生子女特扶家庭养老帮扶对象上报材料审核通过共计666人（其中75周岁以上为168人，65~74周岁498人），帮扶金已全部拨付到位，共计183.6万元。

8. 推进社区卫生家庭医生式服务，新增签约居民总人数211.78万人，签约率达到常住人口的64.55%；培养家庭保健员2108人。

9. 加大医疗资源统筹力度，投资约300万元，新建前沙涧社区卫生服务站、西二旗社区卫生服务站、美和园社区卫生服务站、西钓鱼台社区卫生服务站、富力桃园社区卫生服务站、宝盛里社区卫生服务站6个社区卫生服务站，共计面积1350平方米，实现所有政府举办的社区卫生服务中心与三甲医院转诊对接。

10. 已完成西三旗东路、八家南北线、田村路、双清路南段、友谊渠路、西三旗村路西段、前屯西路、金沟河路、马连洼南路、动物园北路（东段）、永丰北环路、苏家坨前沙涧北区、西区安置房小区周边道路、纵二路（A地块）道路、创新园纬三路、邓庄西路、苏家坨镇东路、苏家坨镇中街、苏家坨南一街19条道路建设，新增道路里程31.5千米。

11. 固化日常联勤联动管理机制，已完成711处信号灯配时优化调整工作，规范交通秩序并提高通行能力，在西三旗东路、小营路、苏家坨地区设置交通信号灯20个。

12. 推进疏堵工程、道路大修工程建设。完成永丰路非机动车道、昆明湖路与二龙闸路、厢红旗路与香山路交叉口、小营东路与前屯路交叉口、花园东路总参老干部局西门路口、文慧园路路口、成府路新建公交港湾、上地东路与上地南路交叉口、中关村一小、三小周边、朱各庄与万寿路交叉口、玉渊潭南路与柳林馆路交叉口、玉渊潭南路水利医院门前、信息路机非隔离护栏、西二旗城铁站人行步道护栏建设、颐和园周边引导标识建设15项道路疏堵工程，完成10万平方米道路大中修工程。

13. 完成圣华里小区、锦宜里小区、北京师范大学东门家属区等25个小区5057个车位建设；利用希格玛大厦、冶建院办公区、北京电影制片厂为周边居民提供错时停车共2385个停车位。

14. 健全养老服务平台，引导社会力量投资，推动养老项目开工建设，完善社会化养老服务体系。共建成助老健康服务站170个、居家养老服务超市170个、居家养老管理服务中心30个、社区老年互助社200个，新建、改扩建10个养老机构，新增养老床位1332张。

15. 建成85个“一刻钟社区服务圈”示范点，包括60个市级示范点和25个区级示范点，为居民提供了优质、便捷、高效服务。

16. 为永定路、清华园、燕园等3个大院街道配备30名纳入全区统一管理范畴的社区工作者。加强社区工作者队伍建设，继续落实全市“万名社工培训”，共组织500余人参加培训。

17. 3个批发市场、5个农产品质量管理站和36个三品（无公害农产品、绿色食品和有机食品）认证基地建立农产品快速监测系统，各项设备分发到位；进行设备使用培训，有效保障农产品质量安全。

18. 完成科技部小区附近道路、中裕大厦周边、西山庭院周边、农大南路东口、金庄社区东侧路、上地七街、龙岗路口、知春路与科南路路口、黑龙潭路、黑山扈路等10处积滞水点治理，农大西家属院中间路、西山庭院小区西侧路、枣林路、毛纺南小区南北两侧路、安宁庄中街、罗庄南路、广源闸路、二里庄斜街、彰化路等9条、共3.6公里雨污老旧管网改造工作。

19. 完成124个老旧小区“除四害”专业消杀工作，并通过北京市病媒生物防制协会专家组验收。

20. 推进清洁空气行动计划。以治理PM2.5污染为重点，启动实施大气环境污染综合整治行动，开展燃煤、机动车、扬尘、工业、汽修、餐饮共6个专项整治行动，对1500余家企业进行了排查整治，查处违法单位近100家，处罚60余万元；组织联合执法检查30余次，对8家混凝土搅拌站开展了绿色生产达标考核，对300余个在施工地进行排查，移送扬尘类违法案件90个，罚款40余万元；完成市政府下达的燃煤锅炉改造和老旧机动车淘汰任务目标，改造燃煤锅炉557蒸吨，减少12万吨燃煤使用量；加强机动车排放污染防治，淘汰老旧机动车3.34万辆，检查机动车60余万辆，查处超标排放机动车3164辆。清洁空气行动中各项治理措施深入推进，促进空气质量持续改善。

21. 更新（新建）全民健身工程200套，培训社会体育指导员2000名。

22. 推进人防工程整治工作，规范、清理、整治用于租住的60处人防工程，消除电线路老化、消防设施缺损、通道堵塞等安全隐患问题。

23. 改扩建北京市海淀区美华彩苑外国语幼儿园、北京市海淀区智合国学双语幼儿园、中国科学院第三幼儿园永丰嘉园分园、北京市海淀区美和园幼儿园、北京市海淀区富力桃园幼儿园、北京大学医学部幼儿园、国务院机关事务管理局花园村幼儿园、中国人民解放军总参谋部管理保障部幼儿园、总参谋部测绘局幼儿园、北京明天幼稚集团等10所幼儿园。新建完成唐家岭新城配套幼儿园、温泉镇C06-C08\C11地块限价房配套幼儿园，新增2300个入园学位。

24. 清华附中永丰学校建设项目工程已完工交付学校使用，学校于2013年9月1日正式开学。翠微小学温泉校区改扩建工程、五一小学整体改造二期项目均已实现竣工。

25. 建立乡村少年宫联盟，形成区域少年宫网络，30所学校少年宫已全部挂牌，覆盖全区29个街镇。通过开展“微电影”“百家讲堂进校园”“阳光少年”等多项专题活动和体育、书法、绘画、京剧、游戏等日常活动，为未成年人开辟全新的校外活动场所。

26. 加强基层图书馆（室）建设，完成45个社区益民书屋建设工作，为53个图书分馆新增图书3.2万册。

27. 组织文化志愿者进企业、进基层，开展海淀区基层文化干部艺术素养培训班、群文干部合唱指挥培训班、群文干部群众文化活动组织培训班、文体专干培训班、数字文化社区管理员培训班、益民书屋管理员培训班、图书管理员培训班、公益讲座等各类培训班，共培训基层文化工作者3650人次。

28. 实施文化惠民工程，通过星火工程、夏日文化广场等活动，为农村地区和外来务工人员免费放映3715场，送文艺演出进农村126场；依托海淀演出联盟的力量，组织“海之声”新年演出季、“青春的海——第三届中关村国际青年艺术节”、第二届中关村金秋演出季，推出惠民精品文艺演出250余场。

29. 完善“菜篮子”便民服务体系，指导各街镇、海淀置业公司开展便民菜店建设工作，共新增50个“菜篮子”销售网点，全区覆盖率达到85%。

30. 结合全国文明城区创建和广大市民对城市环境的要求，推进环境建设精细化管理。实施环境建设工程，完成15条主要大街沥青路面铺设22776平方米，步道铺设28170平方米，绿化29689平方米，规范牌匾950平方米，外立面粉饰及护栏油饰3637平方米，清理卫生死角320处；实施市容环境秩序分级分类管理机制，制定《海淀区环境秩序专项考核办法》，每月开展全区相关单位和各街镇的环境秩序考核工作，按照分级分类管理标准，对各街镇组织、统筹、协调城管、公安、交通等职能部门对六大类26项环境秩序问题执法工作情况和效果进行考核，将专项考核结果进行通报，持续改善城乡环境秩序。

31. 完成海淀区违法建设台账任务，共拆除违法建设1938处、面积146.3260万平方米；动员整合各方面巡查、执法力量，对重点地区实行重点防控，遏制新生违法建设的势头。

32. 完成10座旱厕改造工作，达到达标公厕标准。

33. 开展《北京市养犬管理规定》的宣传活动，深入宣传法规内容，开展10场文明养犬讲座、10场文明养犬培训班，举办第四届海淀区宠物运动会，设置文明养犬提示牌500余块、悬挂横幅2000余条、现场咨询答疑5000余人次、发放宣传材料20万余份，确保文明养犬社区宣传普及率达到100%；收缴无证犬和流浪犬3490条，警告养犬户1004人，查处各类举报386件；办理登记年检犬只91891条，年检率达到已登记年检犬数的100%。

34. 完成北京银行田村路支行、农行西三旗支行、工商银行温泉新区支行、北京银行温泉支行、农业银行田村路支行等5个金融服务网点的建设工作，优化和改善田村、西三旗以及北部地区金融服务水平。

35. 完成区内平原造林4000亩工程，落实养护管理工作；完成“三山五园”地区绿道规划设计、审批立项、主体示范工程建设等工作；完成西土城、南长河、君安家园、兰德华庭、西二旗公共租赁房代征地5处公园绿地、八家东西线、永泰东里一、二号路、清河北路、西三旗东路4条道路绿化工程建设工作，生态兴绿工作成效明显。

36. 完成北航等高校垃圾就地减量化、资源化处理试点工作，邀请专家组考察北航处理站设施现场，对相关运行数据进行了全面、系统的收集整理，为海淀区高校生活垃圾减量化、资源化工作提供数据支撑。新增100个小区开展垃圾分类工作，硬件设施已全部配置完毕，实现垃圾分类收集、分类运输和分类处理的全过程衔接。

（李冰）

【概况】 海淀区综合行政服务中心（以下简称区政务中心）是根据北京市编办《关于同意成立北京市海淀区综合行政服务中心的批复》，经2013年2月26日区编委会研究决定设立的区政府正处级派出机构。区政务中心于2013年9月9日挂牌成立，并于2013年11月20日根据《北京市海淀区人民政府办公室关于印发北京市海淀区综合行政服务中心主要职责内设机构和人员编制规定的通知》（海政办发〔2013〕81号）确定三定职能。

区政务中心主要职能是：在区行政审批制度改革工作领导小组领导下，参与深化行政审批制度改革有关工作，组织落实本区行政服务事项改革调整有关工作。负责统筹推进全区三级联动政务服务体系建设，研究搭建全区政务服务信息化系统和公共资源交易平台。负责区政务服务大厅的日常管理，研究确定入驻区政务服务大厅具体项目、部门范围及人员规模，并制定相应的运行机制、工作流程和管理措施。

区政务中心内设办公室（监察科）、体系建设科（信息化科）、运行管理科等3个科室，下辖海淀区政府采购中心、海淀区行政审批服务中心2个事业单位，人员编制共计45人。区政务中心位于海淀区阜成路甲67号。

2013年，区政务中心推进重点领域的改革试点。研究提出模块化改革基本思路，力争通过业务整合和流程再造，逐步把“碎片化”的政务服务整合成体系完整、协同联动、统一面对群众的整体政务服务格局。启动北京市投资项目审批改革试点、海淀区同区通办三级联动政务服务模式改革试点、海淀区企业设立流程再造改革试点等重点改革工作。

（张润生）

【梳理政务服务事项】 3月20日，召开海淀区2013年政务服务事项梳理工作启动大会，全区政务服务事项梳理工作正式启动。会议介绍了《海淀区2013年政务服务事项梳理工作方案》以及《海淀区综合政务服务中心功能定位和入驻方案》。本次梳理工作分为工作部署阶段、全面梳理阶段、核查阶段、征求意见和优化阶段以及成果审议和运用阶段，全面梳理工作于3月25日至4月25日进行。

（张润生）

【启动同区办理三级联动试点】 10月23日，海淀区在青龙桥、西三旗、八里庄、东升镇启动同区通办三级联动试点工作，将包括准生证、残疾人证等在内的41个居民个人事项纳入试点，并根据业务需求开发了海淀区智慧政务综合服务平台。试点工作通过对政务服务事项进行规范和统一，采用技术手段，实现区街居之间审批的电子化和信息化，解决纸质流转问题，提高工作效率。为方便居民就近办事，将服务延伸到社区（村），在不改变事项审批权限的前提下，提供社区（村）办理、街镇大厅办理、网上办理等多种申办方式，让群众尤其是人户分离的人群可以灵活地就近申办、就近领取结果，突破审批服务“户籍地”限制。

（张润生）

【行政审批】 年内，区政务中心设对外服务窗口132个，进驻部门29个，进驻工作人员240多人，入驻的行政审批与服务项目169个。2013年，区政务服务大厅共接待各类咨询122万余人次，同比增长27%；受理政务服务事项97万余件，同比增长23.6%；发放证照71万余件，同比增长11.8%。

（张润生）

【政府采购】 年内，区采购中心共完成集中采购项目66个，采购项目预算金额约为17734.38万元，实际招标采购结果金额为17186.72万元，节约财政预算资金547.67万元，节约率约为3%；结合采购项目，完成信息发布、资料流转上报和采购档案整理归档工作。完成投标和履约保证金收退等工作。坚持落实监督机制，在按照质量管理体系制定的《海淀区政府采购招投标流程》开展工作的同时，对外实时接受区财政、监察、审计部门和社会各界的监督；大型项目由区财政局派出的公证机构进行公证；采购预算、招标信息、中标信息等全部在财政部指定的政府采购网向社会公开。供应商实质性质疑和投诉为零；根据调查问卷结果，区属采购单位对中心工作的满意率达到100%；区财政局对采购中心年度招投标工作的监督考核结果为优秀。

（张润生）

法治政府建设

【概况】 海淀区政府法制办公室是负责本区政府法制工作事务的政府机构。主要负责承办区政府行政复议案件，代理应诉，推进本区依法行政工作，并为区政府决策提供法律意见。

全年共审查各部门报送文件89件，主要涉及食品安全、环境建设、居家养老、互联网金融创新等方面。提出法律建议150余条。区政府全年制发行政规范性文件4件，各委办局报备行政规范性文件16件。审核区城管监察大队报送强制拆除违法建设41件，批准38件。每月初向区政府报告拆违执行情况，强化强制拆除违法建设案件的监督。

组织开展2013年度全区行政执法案卷集中评查，随机抽查71个行政处罚案卷，19个许可案卷。

（郝广智）

【处级干部依法行政专题培训】 5月22日—24日，由区委组织部、区政府法制办和区委党校联合举办的“海淀区处级领导干部依法行政专题培训班”在区委党校开班，主要安排“依法行政工作面临形势及要求”“法理学若干问题分析研究”“行政法若干问题分析研究”“刑法学问题概论”“行政管理概论”“公共事件中涉法问题分析研究”等内容，参训人员了解推进依法行政工作的形势、任务及要求，掌握有关法学理论与法律知识，进一步培养领导干部法制思维要求。126位处级领导干部参加培训。

（郝广智）

【处级干部执法工作专题研讨班】 7月24日—7月26日，区法制办举办“加强和改善行政执法工作专题研讨培训班”。150名处级领导干部参加培训。培训班突出“重实践，接地气”，课程安排以实际执法现状分析为切入点，每一课程都与全区加强执法工作密切关联。培训课程包括党的十八大对行政执法工作要求的深入分析，北京市加强和改善行政执法工作的背景和要求，执法程序对行政执法工作的特定意义，行政复议与行政诉讼的制度和案例点评，行政执法与刑事司法衔接等内容。培训内容涵盖当前执法工作中最主要的方面，特别是结合海淀区当前的执法工作有关项目情况进行了系统的介绍。

（郝广智）

【中层干部专题培训】 8月21日—22日，区法制办组织开展2013年度依法行政工作培训会，各镇政府、街道办事处和各委办局法制科长、工作联系人80余人参加。课程内容包括行政复议、应诉与调处、海淀区行政规范性文件制定与备案等依法行政工作相关具体内容。区依法行政工作领导小组专项考评单位结合各自职责就有关专项考评事项进行讲解。

（郝广智）

【梳理执法主体执法依据事项】 9月11日，区法制办召开专题会部署并启动街镇执法依据事项梳理工作，对街道职权事项运行情况进行专题调研，明确职权事项内容，梳理的具体标准事宜。组织开展委办局执法依据梳理工作，组织30家委办局对执法主体、依据、事项进行梳理，根据法律、法规和规章的制定、修改、废止情况进行动态管理、及时调整。截至年底，区共有行政执法主体45个，具体行政执法事项共4328项。

（郝广智）

【法制宣传】 10月19日，区法制办在海淀公园开展主题为“讲法制守秩序，普法惠民进万家”的法制宣传活动。在现场设置宣传展板2块，向市民发放《中华人民共和国行政复议法》《中华人民共和国行政复议法实施条例》《北京市人民政府办公厅关于进一步加强本市行政调解工作的意见》等行政复议宣传材料1500余份、行政调解宣传材料500余份，解答群众有关复议、调解方面的咨询50余次，进一步拓宽市民了解行政复议、行政调解的渠道，提高市民依法维权的法制意识。

（郝广智）

【行政复议委员会试点总结会召开】11月6日，区法制办组织召开行政复议委员会试点工作四周年总结会。市法制办有关领导到会。会议听取区法制办关于海淀区行政复议委员会四年多试点工作推进情况及四点主要做法：一是畅通渠道，扩大效能，打造化解行政争议主渠道，促进社会和谐；二是培养专才，依法行政，提高审案质量，维护法治政府权威；　三是简化程序，完善机制，为百姓提供高效便捷服务，提高社会效果；四是扩充专家库，提高公信力，推进权力公开透明运行，有效维护好群众的合法权益。

（郝广智）

【物业管理行政执法培训】11月14日，区政府法制办和区房管局联合组织物业管理行政执法培训。22个街道办事处7个镇政府相关工作人员参加。培训的主要内容是提高负责社区物业管理方面的行政科室执法人员的业务素质和执法能力，实现以法治的思维和法治的方式做好物业管理工作，提升物业管理执法规范化水平。

（郝广智）

【行政复议案件办理】全年新收行政复议案件356件，同比增加116件。通过撤销、确认违法、责令限期履责等方式直接纠正15件，行政机关自行纠正80件。行政复议成功调解率为27%。督促行政机关自行纠错的占到调解总案件数的65%。办理行政调解案件4万余件。参与区政府涉法事项处理6件，主要涉及大工村搬迁项目借款协议、海淀区科技担保扶持基金管理和确认农村集体建设用地使用权等方面，出具法律意见书5份。

（郝广智）

【概况】海淀区人力资源和社会保障局（简称区人力社保局）设立于2009年9月，由原海淀区人事局、原海淀区劳动和社会保障局合并组建而成，是负责人力资源和社会保障工作的政府工作部门。现有下属事业单位13个（其中负责人事管理的5个）。

（张丽伟）

【公务员管理】截至2013年年底，科级及以下公务员4979人（不含检察院和法院）。录用101名应届毕业生、48名社会人员、8名大学生“村官”、3名退役大学生士兵为公务员。6796名公务员参加2012年度考核工作，1340人被评为优秀等次，5062人被评为称职等次；360人记三等功，1330人记嘉奖。

（张丽伟）

【事业单位人事管理】全区共有事业单位614个，编制36830名，其中教委所属事业单位编制19293名，实有17037人；公共委所属事业单位编制6997名，实有4515人。2013年事业单位公开招聘应届高校毕业生510人，面向社会公开招聘568人。全区共有24983人参加2011年度事业单位考核，其中优秀4527人、合格20032人、基本合格10人、未确定等次210人、未参加考核204人。事业单位专业技术人员25781人，占全区总量69%。其中，教委共有专业技术人员17360人，公共委共有专业技术人员6862人，上述两家单位专业技术人员总数占区属单位总数的94%。

（张丽伟）

【人才管理】2013年，围绕核心区“人才金塔”建设目标，通过促进高端人才聚集交流，加强优秀人才服务管理，优化各类人才发展环境等一系列举措，推动人才工作的创新发展。全年共引进各类优秀人才400人，解决夫妻两地分居150人，新办工作居住证14178人，续签2106人。

（张丽伟）

【军转干部及随军家属安置】2013年北京市下达海淀区计划安置军转干部438人，实际报到142人（其中团职47人，营以下及技术级95人），进入公务员队伍84人，安置报到率56.8%。接收2013年自主择业干部243名，随军家属348人。

（张丽伟）

【人力资源市场建设】2013年，全年共举办招聘会186场，参会单位5589家，向社会提供工作岗位7.3万余个。其中，举办大学生专场招聘会43场，参与企业1638家次，提供招聘岗位1.9万个；举办博士及高端人才对接会2场，参与企业87家次，提供各领域博士、博士后、高端人才岗位500余个；开展境外宣讲招聘活动2场；开展核心区企业宣传推介活动8场，京内外校园招聘活动18场，参加企业556家。完成高端岗位的人才寻访50个；开展高端领军人才培养计划专项人才培训5期，开展高端领军人才培养计划高端培训2期；完成8项公务员培训项目，全年共为约2.3万人次提供培训服务。

（张丽伟）

【人事考试】2013年完成各类人事考试17种，接待考生20.36万人次。设考点140个，考场3856个，接待各类证书领取考生1.9万人次，咨询电话3万余次。参与一级建造师、二级建造师等8类人事考试资格审核，涉及考生24643人。

（张丽伟）

信息化城市服务管理

【概况】 2013年7月8日，北京市海淀区城市管理监督与应急指挥中心职能调整，更名为北京市海淀区城市服务管理指挥中心，加挂北京市海淀区突发事件应急委员会办公室牌子，归口区政府办管理，是负责城市服务管理与突发事件指挥协调及日常监督评价工作的区政府正处级行政机构。

北京市海淀区城市服务管理指挥中心新增及转变的职责有：围绕市政管理、公共服务、便民服务、治安防控、矛盾排查调处、综合执法等一系列城市运行中涉及的问题，以全新的城市服务管理理念构建网格化服务管理新模式。信息化平台由城市事件、部件管理向城市服务管理的转变，强化区级城市服务管理的指挥协调和监督评价职责。

截至2013年年底，全区网格化社会服务管理信息平台累计受理案卷286630件，社区民情25049条，走访日志261396条，社区热线185件；受理各类城市管理问题534879件，结案524344件，及时率96.97%，结案率99.11%。受理各类群众及企业诉求134827件，除咨询类直接回复外，分拣转办41075件，及时率99.9%，办结率99.99%；通过视频监控系统发现问题76008件，协助公安部门调取查看录像3729次，累计3705.23小时。

全年共接报并妥善处置各类突出问题810起，无较大以上突发事件。区应急办参与现场协调处置突发事件42起。组织防汛、雾霾、烟花爆竹等集中指挥工作10余次。

2013年，中心被北京市委、市政府授予抗击“7·21”特大自然灾害先进集体称号，被区档案局评为工作成绩突出单位，被评为海淀区综治工作先进单位，中心党支部被区直机关工委授予服务群众先锋队称号。4人被北京市首都城市环境建设委员会评为首都环境建设突出贡献先进个人，1人获得北京市“三八”红旗奖章，1人获得区级“巾帼建功标兵”称号，1人获区级档案工作先进个人，2人获得海淀区2013年度创建全国文明城区工作文明标兵，6人获得海淀区2013年度创建全国文明城区工作文明达人。

（邢晓蕊）

【燃气泄漏现场处置】 2月22日，北清路与上庄路交叉口往西150米路南发生燃气泄漏。现场大量燃气喷出，气雾高达一米左右，现场燃气示味剂特有的臭味非常浓，随时有爆炸的危险，而泄漏点南侧路边就是西北旺镇屯佃村。由于事态紧急，接报后，区应急办立即通知区消防支队、公安分局、交通支队、宣传部、市政市容委、安监局、环保局、西北旺镇等相关单位赶赴现场处置，并向市应急办及区领导报告。区领导以及市公安消防总队等部门第一时间到现场指挥协调事故处置工作，并召开现场协调会，形成“六点意见、十三项应对措施”。区应急办负责指挥协调调度、后勤服务保障及善后处置协调等工作。23日上午9时完成外线抢修，全面复气。23日完成18362户的通气工作，剩余4207户的恢复供气工作。至24日20:30，仅剩54户尚未通气，均为无用气需求住户。截至3月4日，已有48户住房通气，剩余6户无人居住户尚未通气。

（邢晓蕊）

【承办市“5·12”防灾减灾日主会场活动】 5月12日，海淀区承办北京市“5·12”防灾减灾日主会场活动，区应急办牵头落实，活动主会场设在海淀公园。北京卫戍区、市政府、海淀区政府领导以及区属委办局、街镇领导、应急工作者、社区工作者、群众共2000余人参与主会场演练观摩、展位咨询、现场互动和应急救援知识普及等活动。同时在全区开展以“识别灾害风险、掌握应急技能”为主题的应急管理与防灾减灾系列宣传活动，10万余人参与。

（邢晓蕊）

【网格化社会服务管理平台上线运行】 7月1日，网格化社会服务管理平台正式上线运行。截至年底，平台实现三级循环案件数据8676条，同期中关村热线96181接收群众诉求量明显减少，下降8.6%。网格化社会服务管理信息平台的运行，提高了基层网格解决问题的效率和能力，降低了群众诉求量。同时建立数据采集、更新维护和数据共享应用机制，推进“四个实有”数据库建设，累计形成917万余数据信息。

（邢晓蕊）

【建成三级应急预案体系】 7月8日，区应急办制定下发《海淀区突发事件应急预案管理办法》，将专项应急预案修订工作列入各单位绩效考核指标。年内全区共建成1个总体应急预案，31个区级专项应急预案，1个应急保障（财政资金）预案，783个区属部门、街镇应急预案，1693个社区（村）应急预案，86536个企事业单位、生产经营单位应急预案，初步建成“横到边、纵到底、全覆盖”的三级应急预案体系。

（邢晓蕊）

【启动网格化图像信息系统建设】 8月12日，中心启动网格化图像信息系统建设。建设任务为：一是补充重点区域2212路高清数字摄像机建设，其中区公安分局所提出的涉及警卫路线、警卫区域、重点地区监控共计2112路，区交通支队所提出的涉及区内群众反映的违法停车热点区域共计100路。二是以社区为单元，对约4800路由街镇出资建设的社区图像资源进行整合，实现图像资源统一管理、全区共享。

（邢晓蕊）

【中关村热线96181“进万家”】 12月，开展中关村热线96181进万家活动；全年在《海淀报》“我爱我家”民声专栏报道190期；设立大型公益广告牌，宣传市区热线拨打方式；开展进社区宣传活动，发放宣传手册8万份，张贴海报6000余张；开通新浪微博“中关村96181”并取得官方认证，为倾听群众意见建议搭建重要平台。

（邢晓蕊）

【创建平战一体应急管理模式】 2013年，海淀区创新建立的本区平战一体化应急管理模式，“平”即常态管理状态下，注重事前管理，加强风险识别、形势预判、监测和预警，做好应急预防、基础配备、资源规划及保障工作等；“战”，即突发事件发生后，即时启动应急预案，加强应对处置、资源协调、工作调度指挥及善后工作等。“平战一体”，是指平战协调统一、平战紧密结合、平战迅速转换的应急管理体系。“平战一体”工作模式完善了非紧急与应急协调统一、融合发展的机制体制，增强了常态管理的针对性、有效性，强化了应急管理的前瞻性、科学性，提升了应急处置的能力和效率。

这一应急管理模式得到国务院应急办的肯定，在《中国应急管理》杂志第10期刊登题为《平战一体融合发展——北京市海淀区创新推进应急管理体系建设》的文章，重点推介海淀区应急管理体系建设的创新做法和经验。

（邢晓蕊）

【“平战一体”模式初见成效】 一是建立平战协调统一的应急管理体系。实现“五个层面”的应急管理体系整合提升:即壮大处置力量，全区应急队伍186支，共计12300余人，应急志愿者服务队33支，共计6000余人，平战业务的高度统筹，实现“平时”3个单元[1]独立运转，而“战时”打破单元界限，直接投入应急指挥和应急保障；把网格、视频、直属队、专项普查等力量全部纳入应急信息员队伍；延伸镇、街道层面应急业务，吸纳驻地力量等，有效扩大应急管理的工作面和影响力；扩充社区（村）层面应急力量，吸纳社区网格力量，形成全方位城市运行巡控和全覆盖社会动员，提升广大群众的公共安全意识和自救互救能力。二是建立平战紧密结合的应急管理机制。通过建立“应急网格化”机制，将风险管理和隐患排查嵌入网格化社会服务管理“大、小、微”三级循环，力争“多层次、全方位”识别和评估风险，确保将已识别的风险隐患消除在闭环内。同时建立“1+1+N”[2]集中指挥机制，在有效应对自然灾害方面效果显著，成功应对“7·21”等特大自然灾害。三是实现平战迅速转换的应急管理科技支撑。全面推进“6+1”[3]信息汇聚网络、“4+1”[4]数据库和“3+1”[5]支撑平台的“一网一库一平台”[6]建设，强化平战的迅速转换。四是推动应急管理能力大幅提升。通过“应急网格”，实现风险管理和隐患排查“关口前移”和“重心下移”，形成精细化管理的强大合力。

（邢晓蕊）

【应急物资储备】 年内，分别在清河小营和世纪金源建立两个区级物资储备库，面积达到1万平方米，并以此为基准向周边辐射，建立8个大型社区物资储备库，共计6000余平方米。区人防工程事故应急指挥部投资100余万元，完成花园路街道、苏家坨镇2处物资库和金源购物中心物资库增补工作。应急物资管理系统于11月正式运行，实现应急物资综合管理、动态监控、实时更新，形成南北呼应、重点覆盖的应急物资储备网络，储备物资共计600余种、80余万件。

（邢晓蕊）

【应急宣教培训】 年内，举办全区应急管理干部培训班、全区处级领导干部应急管理专题研讨班，首次开办社区（村）领导干部应急管理工作培训班，600余名社区居委会（村委会）主任参加。开办应急志愿者培训班10余次，培训2000余人；培训应急救援队伍500余次，5万余人参加。汇编《海淀区街镇应急管理应知应会》《海淀区社区（村）应急管理应知应会》工作手册，推动街镇和社区（村）应急管理规范化；编辑印发10万册《应急避险知识宣传册》，面向家庭普及公共安全知识，实现宣教进社区、进家庭。指导、督促各专项应急指挥部、各街镇开展形式多样、丰富多彩的应急演练和应急宣教培训活动，辖区户籍人口接受1次以上应急避险宣教培训的达到25%以上。

（邢晓蕊）

【建立信息化城市管理问题专题曝光

---

[1] 3个单元：非紧急救助服务、城管监督指挥、应急指挥。

[2] 1+1+N：第一个“1”为区应急办，第二个“1”为主责专项指挥部，即由区应急办和主责专项指挥部牵头组织各成员单位实施集中指挥，“N”为不同情况下的协同配合部门。

[3] “6+1”：“6”指通过网格监控、视频监控、网络监控、公众监督、专项普查、物联网“六位一体”的多维立体监控体系，将城管监督员、视频监控员、市区便民电话、网络媒体、物联网等各种渠道发现和反映的城市常态运行、社会服务管理和突发事件信息集中汇聚到指挥中心；“1”指通过信息联动共享、信息快速报送机制，将110、119、120、122、999等紧急呼叫平台接报的突发事件信息集中汇聚到指挥中心。通过“6+1”信息汇聚网络，实现各类信息的快速聚合。

[4] “4+1”：“4”指整合全区数据资源，建设公安、综治、民政、残联、计生等业务部门数据采集和双向更新，涵盖全区人口、社会、企业、房屋等多个领域的实有人口、实有房屋、实有单位、实有用工“四个实有”数据库（简称四个“四个实有”数据库）；“1”指以“基础地理数据库”为基础，整合全区300余个基础数据图层，800余万条城市管理相关的“人、地、事、物、组织”等数据资源信息，将大型超市、宾馆、医院、避难场所、应急队伍、应急物资库等应急资源，井盖、路灯、交通信号灯、户外广告牌等城市管理部件，人员密集场所、危化企业、加油站、易积水点等风险源全部标注在图层上，建成“全区基础数据库”。

[5] “3+1”：“3”指全区数据资源共享应用平台、信息化支撑平台、值守调度平台“三轮驱动”，“1”指以全新搭建的应急指挥平台为“引擎”。

[6] “一网一库一平台”：“一网”指整合中关村热线“96181”以及社区服务热线“96156”等平台搭建海淀区社会管理和社会服务综合信息网，作为全区面向企业、群众提供社会服务管理和信息互动的门户，着重通过网络手段提供更为便捷的办事服务或信息。“一库”指建立共享、交换、应用的海淀区社会管理和社会服务综合数据库。在梳理海淀区社会管理和社会服务资源目录的基础上，基于全区地理信息平台构建以区、街道（镇）、社区（村）等空间信息为链接点的，涵盖人、地、物、事、组织等内容的社会管理和社会服务综合数据库。数据库依托于海淀区政府政务信息资源共享与数据交换平台，用以实现社会服务管理信息全区集中交换、存储和共享，为各部门、各街道（镇）实施社会管理和社会服务提供基础支撑。“一平台”指建立海淀区社会管理和社会服务应用平台。具体包括建设区、街道（镇）、社区（村）三级社会管理和社会服务应用平台和各职能部门子平台两项内容。区级平台搭建在区城市管理监督与应急指挥中心，具备信息采集、信息传递、协调处置和监督考核等功能，包含综治维稳、安全生产、城市管理、社会服务、劳动和社会保障、科教文卫、人口计生服务管理、社会救助、党建工作等事项。街道（镇）级平台和社区（村）级平台除具备以上基础功能外，各街道（镇）可结合本地区实际，按统一技术标准提出需求，由区经信办和区城市管理监督与应急指挥中心充分利用现有资源搭建个性化应用平台。区级平台要与各职能部门建立的专项子平台对接，保证街道（镇）反映的、需要区级解决的问题得到快速解决。

机制】 年内，中心联合区市政市容委、区城管执法监察局和新闻中心，拍摄专题片对城市环境和违法建设问题进行曝光，并全面跟踪各单位和部门的整改情况，共完成5期专题片，并在区政府常务会上播放，有效推动一批环境脏乱点和难点问题的治理。

（邢晓蕊）

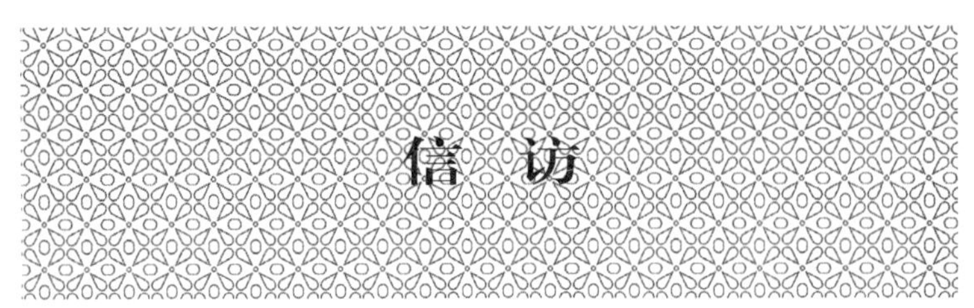

信访

【概况】 海淀区委区政府信访办公室是区委区政府负责本区人民来信来访事务的工作部门，挂人民建议征集办公室牌子。同时负责全区重点人民内部矛盾纠纷排查调处工作、人民建议征集工作和区长信箱的办理工作。

2013年，推进领导干部接访下访、及时就地解决信访问题、畅通信访渠道和规范信访秩序、用群众工作统揽信访工作和信访干部队伍建设，维护群众合法权益。11月4日至11月12日，完成中共十八届三中全会期间信访矛盾纠纷排查化解和信访秩序维护工作。区政府每年安排5000万元矛盾纠纷排查化解专项资金，用以解决信访人生活困难，疑难信访积案久拖不决和影响当前社会稳定的重大信访问题，推动息诉罢访。2013年，区信访办共申请办理信访矛盾纠纷排查化解专项资金161.1625万元，化解5件矛盾纠纷。

（梁文钧）

【化解老知青上访问题】 1月31日，区信访办对居住在中国政法大学家属院、今典花园的两户异地退休返京老知青进行走访慰问。10月17日召开海淀区老知青上访问题化解工作调研座谈会。把握他们政治意识强、有责任感、光荣感同时又有自卑感的特点，进行个案化、人性化处理，着眼于“四个需要”，即需要理解、需要关爱、需要引导、需要帮扶，有效化解老知青上访问题。11月11日，北京市信访办公室、北京人力资源和社会保障局、北京市社会办、北京市民政局联合发文，向全市推广海淀区化解老知青上访问题的做法。

（梁文钧）

【购买社会法律服务】 2月7日，区信访办与北京市博景泓、新开、汇昕三所律师事务所举行签约仪式，正式聘请3位律师介入社会矛盾调处、提供法律咨询、法律意见以及化解矛盾纠纷等服务，全程陪同区领导接待上访群众。这是政府购买法律服务的新举措。

（梁文钧）

【中央信访督导组到地区考察】 3月13日，全国“两会”期间北京地区信访工作中央督导组到海淀检查指导工作，实地查看了甘家口街道、四季青镇，并听取工作汇报。市政府、市信访办和区相关领导参加。海淀区就“全国两会”期间信访工作情况、海淀区发展中矛盾排查化解情况进行汇报。中央督导组对海淀区在全国两会期间信访工作给予肯定。

（梁文钧）

【信访干部培训】 4月15日，召开海淀区信访工作总结暨培训会，全区各委办局、街、镇、企事业单位信访工作主管领导和信访干部，居、村委会主任，司法所所长，共计400余人参加会议。邀请市信访办进行题为《关于做好新时期群众工作、信访工作的思考》的培训。

10月18日，举办首届海淀区网上信访工作培训班，就全国信访信息系统、北京市信访综合办公系统和北京市长信箱系统的平台搭建、操作流程和后台维护进行培训，70余名信访干部参加培训。

10月29日，召开海淀区联席会议暨信访系统培训工作会议。各单位信访工作主管领导和工作人员258人参加会议。会上，国家信访局办信司、北京市信访办公室领导出席。

（梁文钧）

【试点政府公众责任险】 4月24日，海淀区开展政府机构公众责任保险试点工作会召开。会议原则同意在全区开展政府机构公共责任保险工作，试行一年。成立由区信访办主任为组长的专项工作组。工作组制订完成公众责任保险试点项目工作计划。开展政府机构工作责任保险的保险方案和保险条款，测算出所需的保费价格，并会同区财政局按照财政资金的使用程序开展相关工作。区信访办协调保险经纪公司，结合全区实际制定工作计划，分别组织召开街镇系统、委办局系统工作会，开展业务培训，并对重点单位进行风险踏勘、评估、培训，规范流程，提高全区各单位风险防范和应对的能力。

（梁文钧）

【信访宣传月】 5月10日，海淀区以海淀公园东门为主会场，29个街道、镇为分会场，启动以“畅通和规范群众诉求表达、利益协调、权益保障渠道”为主题的《信访条例》宣传月活动。通过设置展板、发放材料、解答群众问题、提供法律咨询、组织宣传演出活动等多种形式宣传贯彻《信访条例》。启动仪式当天全区共发放宣传材料2万余份，其他宣传品2万余件。

（梁文钧）

【微事处理机制】 5月16日，开展甘家口街道微事处理机制宣传活动，全市11家媒体参加活动。通过经验介绍、宣传片、媒体互动和实地采访，获得媒体的积极评价，纷纷刊发文章对微事处理机制进行报道，许多新闻媒体进行转载。甘家口街道微事处理机制是通过民意征集队、环境处理队和民事协调队 3 支微事处理队伍，采用共建家园奖励办法，强化社区自治和服务功能，从源头化解矛盾纠纷的工作。

（梁文钧）

【群众来信来访】 2013 年，全区各级共受理信访案件 46106 件次，同比下降 26.9%。受理群众来信 30498 件，同比下降 14.57%；接待群众来访 15607 批 49269 人次，分别下降 4.69%、15.76%；其中集体访 695 批 18846 人次，批次略有下降、人次与上年基本持平。

区信访办受理群众来信来访 6851 件次，同比信访总量略有上升。受理群众来信 6106 件 18346 人次，同比件次、人次分别上升 2.62%、3.75%。接待到区来访群众 1112 批 10580 人次，同比批次下降 9.39%，人次上升 82.51%；其中集体访 278 批 9850 人次，同比批次、人次分别上升 15% 和 69.92%。受理群众申请信访复查件 75 件，已办结 70 件。

2013 年，全区信访形势具有热点问题突出、秩序问题突出的特点。年初劳动社保类问题集体访明显高发，共发生讨要工资的集体访 22 批、565 人次。五、六月因政策原因，非京籍子女入学问题集中出现，共发生集体访 9 批、194 人次，并发生围堵区政府大门 12 次。全年发生到区集体访 98 批、5880 人次，占到区集体访总量的 37.5% 和 63.68%。

（梁文钧）

【矛盾排查】 全年共开展 11 次信访矛盾纠纷集中排查工作，梳理信访矛盾 3934 件，重点信访人 667 人，化解矛盾 3888 件，包括永定河北岸绿地脏、乱、差、肖家河拆迁腾退、紫金长安小区管道漏水等 393 件区处级重点矛盾。

（梁文钧）

【领导接待信访制】 年内，以畅通信访渠道为基础，推进领导干部接访、约访、下访制度，区级党政领导、61 名委办局领导和 29 个街镇的主要领导参与接待群众来访。统筹安排城建、劳动、城管等 17 个相关职能部门和法律专业人员全程参与区领导接访活动。自 4 月起，区领导接待日固定为每月 16 日、26 日，节假日往后顺延一天。18 名区级领导接待群众 62 批 294 人次，召开 112 次协调会，化解疑难信访问题。

（梁文钧）

【领导包案制】 年内，坚持“分级负责、分类处置”的工作原则，对涉及面大、群众反映强烈的重点矛盾纠纷，落实区、处两级领导包案制度，实行领导包案“六包”责任制（包调研、包稳控、包协调、包处置、包督办、包巩固）。区、处两级领导全年包案 413 件，成功化解 378 件，推进 35 件案件的解决。紫金长安小区一期热水管道漏水纠纷、永定河引水渠北岸绿地环境整治、爱家市场业主与市场管理方经济纠纷、兴隆庄用水难等区级重点矛盾纠纷全部化解。返京知青、中关村亿世界物业纠纷等群体性强、影响面广、化解难度大的矛盾纠纷得到有效控制。

（梁文钧）

【督查督办】 健全海淀区信访维稳督导组工作机制，推动信访工作部署落实和重点矛盾化解。第三批信访督导组自 2012 年 9 月成立以来，对全区各单位的信访工作部署落实情况和信访重点案件开展督导，加大对重点疑难信访案件的督促办理。在推动信访工作发展方面，起到了重要作用。11 月 15 日，第三批信访督导组总结会议召开，信访督导工作结束。

（梁文钧）

【人民建议征集】 2013 年，共收到并转发人民建议 132 件。海淀区有 5 人被聘为北京市人民政府人民建议特邀建议人。区信访办和区政协合作，选取有代表性和前瞻性的政协委员提案，作为人民建议向市人民建议征集办提交，2013 年北京市人民建议征集办发布的 4 期《人民建议摘报》中，有 2 期对海淀区转发的人民建议进行刊发。

（梁文钧）

【四项创建指标测评符合率 100%】 2013 年，区信访办共承担 4 项全国文明城区创建指标任务，其中平安建设指挥部 2 项（无影响较大的群体性事件发生；扎实做好矛盾纠纷排查调处工作），政务环境建设指挥部 2 项（说明区政府接受新闻舆论和社会公众监督的渠道和措施，以及对群众反映强烈问题的处理情况；说明党政主要领导接待群众来访制度的内容和执行情况）。第一次第三方测评结果反馈，区信访办材料审核两项，符合率 100%；实地考察 2 项，符合率 100%，主责部门综合排名第一。

（梁文钧）

【走基层、促化解、建和谐】 2013 年，区信访办以“不要走形式，要实事求是、真正解决问题”为目的，结合全区信访工作实际制定工作方案，开展“走基层、促化解、建和谐”活动。在活动中，区信访办推进信访创新发展，走访近 100 个社区、村，了解基层情况和工作中存在的问题，发现和总结基层工作的经验、亮点，寻求解决问题的新途径、新办法。

（梁文钧）

【建立驻区单位周边信访秩序工作机制】 年内，根据中央及北京市的统一要求，将驻区中央国家机关、部队、高校及大型国企等全部纳入，在全区建立维护中央国家机关门前及高等院校周边信访秩序工作机制，涉及全区 29 个街、镇，确保重点单位及高校周边落实“四不”[①]工作目标。

（梁文钧）

[①] 即：不能形成聚集，不发生堵门、堵路、拦车等过激行为，不形成事实上的游行示威，不能前往政治中心区聚集滋事。

机关事务管理

【概况】 海淀区政府机关事务管理处主要负责海淀区委、区人大、区政府、区政协机关运转的支持保障工作，负责海淀区区属行政事业非经营性国有资产管理、公共机构节能管理、机关职工住房管理、机要通信保障、公务用车保障、机关职工幼儿教育等后勤服务保障工作。下设北京市海淀区机关住房管理中心、北京市海淀区政府机关幼儿园2个事业单位。

截至2013年年底，机关事务管理处集中管理和保障服务第一办公区、第二办公区、中关村人才发展中心、招商大厦、新海大厦、八里庄一站式服务大厅、曙光办公中心、综合楼办公区、上地办公中心、田村路办公中心、妇女儿童活动中心、西北旺办公中心等12个集中办公场所，负责79家处级单位、29家处级以下单位、6600多人的后勤服务保障工作。负责管理东北旺东馨园1号楼、西北旺春晖园和秋露园公寓等2处机关干部单身公寓。

（罗军）

【区机关幼儿园】 是北京市市级示范幼儿园，坚持以“幼儿发展，家长满意，服务机关，服务社会”为办园宗旨。2013年有小、中、大3个年龄段的8个教学班，250多名幼儿。编辑《童话新语》《乐在研究中》等书。机关幼儿园党支部被评为区直机关系统“学习型党组织”，机关幼儿园获“海淀区2013年幼儿园社区早期教育工作先进集体”。承担的区级“十一五”课题《在绘画活动中培养幼儿创造力》获得海淀区2013年度教育科研成果一等奖。幼儿园努力增加入园学位，为实施“海淀区学前教育三年行动计划”做出贡献，被评为“海淀区三年行动计划先进集体”。

（罗军）

【国有资产管理】 1月，完成北京市海淀区宝盛里观林园土地证的办理工作，土地使用面积10324.99平方米；5月，与区民防局等单位签订《房屋移交协议书》，接收艾瑟顿商业广场共计9486.91平方米房产。12月，接收中关村街道、紫竹院街道、学院路街道、甘家口街道、区发改委、区审计局等单位空置公房共计58套，面积为4733.65平方米。将机关事务管理处所属招商大厦房产产权无偿划转至区国有资产投资管理中心，资产性质由非经营性资产转为经营性资产，招商大厦的使用权仍属于海淀区人民政府。7月至9月对财政局国有资产管理系统中的固定资产数据进行初始化工作，将所有资产分类更新为2010版新国标。截至2013年年底，共有房产26处，总面积45万平方米，账面总资产近30亿元。

（罗军）

【开展厉行节约活动】 2月，联合区直机关工委开展“厉行节约反对浪费活动”，发放“厉行节约 反对浪费”的倡议书，采取张贴标语、宣传画、电子屏幕等方式加强“厉行节约 反对浪费”舆论宣传。加强机关食堂、公务用车管理。3月，在各办公区开展“厉行节约 反对浪费”专项工作检查，各办公区在节约和节能管理及杜绝机关人员食品浪费方面取得实效。

（罗军）

【公共机构节能管理】 6月，区机关事务管理处开展“践行节能低碳，建设美丽海淀”海淀区公共机构节能宣传系列活动，举办首个低碳日的启动仪式和一系列节能产品展示、生态文明报告会等活动。10月，完成2013年度海淀区公共机构节能督查绩效考核工作。初步完成海淀区公共机构节能管理平台建设，进入平台试用阶段，形成覆盖全区110余家公共机构的能耗监测体系和信息化、智能化的节能管理软件系统。

（罗军）

【机关住房管理】 年内，完成观林园198套住房、龙岗路安居里1410套住房建设。完成小区物业费评估、物业公司招标，物业管理软件系统开发等工作。制订《海淀区行政事业单位机关周转住房管理办法》及《第一批配租实施方案》。3月，龙岗路幼儿园开工建设。11月底，第一批周转住房的配租工作全部完成。

（罗军）

【日常办公保障】 2013年，行政服务中心工程建设由区政府综合服务中心代表海淀区政府进行统筹协调和管理。机关事务管理处负责全区机要收发机关公务用车及班车服务工作。年内有机要交换站交换箱共有182个，国务院交换站箱1个，双箱2个，已用箱位151个，备用箱位31个。有机要收发单位19个，自取机要文件单位66个，外送机要文件单位64个。为149家单位提供文件收发服务，接收、发送机要文件22944件（其中外收文件9492件、外发文件1793件、内部交换文件11659件），普通文件32万余件，共收发文件34.2万余件，接收分发报刊、信件50万余件，未出现丢失、错送等问题。全年公务用车4100多台次，安全行驶近55万千米。

（罗军）

中国人民政治协商会议
北京市海淀区委员会

2014
北京海淀年鉴

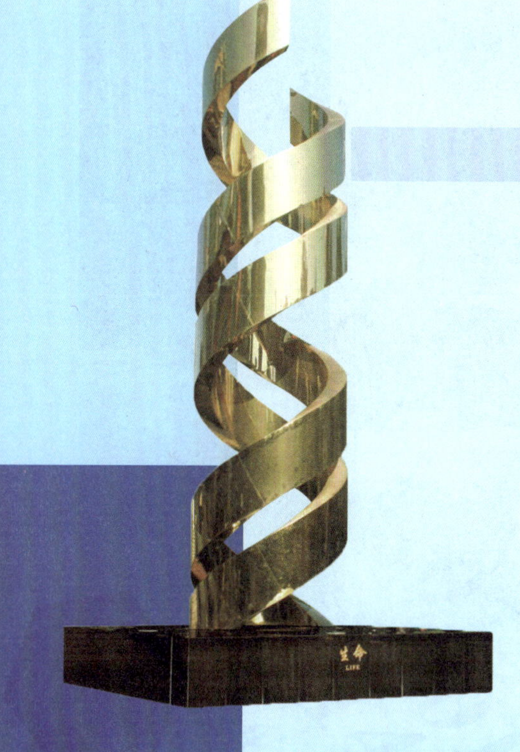

1月6—8日，区政协九届第二次会议召开（李瑞林 摄）

2月22日，海淀区召开地区全国政协委员座谈会（田峰 摄）

4月26日，区政协与湖北省丹江口市政协考察团举行座谈，双方就南水北调对口支援协作展开交流（李瑞林 摄）

9月17日，地区人大代表、政协委员视察永泰地区教育重点工程及周边环境整治情况（区政协 供图）

中国人民政治协商会议北京市海淀区委员会

综述

【概况】 中国人民政治协商会议北京市海淀区委员会（简称“区政协”）成立于1981年。2011年12月召开政协北京市海淀区第九届委员会第一次会议，选举产生主席、副主席、秘书长和常务委员。截至2013年年底，九届区政协共有委员413人，比上年减少1人；常委会组成人员81人。年内，九届区政协共召开常委会议6次（第8次至第13次），主席会议6次，秘书长会议3次。

（石峰）

【全国首个政协微博发布厅上线】 1月4日，由“@海淀政协”牵头组建的“海淀政协微博圈”成功升级至发布厅http://focus.weibo.com/pub/i/zt/haidianzhengxie），来自32个界别的400多位政协委员加入其中，通过微博新媒体进行“微协商、微监督、微议政”，履行政协委员职能。该发布厅是全国首个政协微博发布厅。吸引粉丝8万人。

（石峰）

【召开全国政协委员座谈会】 2月22日，区政协组织召开全国政协委员座谈会。会议通报海淀区情和经济社会发展情况，倡议与会全国政协委员在全国政协会议上，围绕金融、税收等内容向中央呼吁和争取扶持中关村核心区建设发展的优惠政策；通报区政协九届二次会议提案征集、立案等工作情况，倡议全国政协委员将超出海淀事权范围的提案带到全国政协会议上提出。区委书记隋振江及区政府、区政协相关领导出席。

（石峰）

【召开科技创新座谈会】 2月26日，区政协与中国高新区协会联合召开科技创新座谈会。会议就中关村的创新定位、机制创新、孵化器模式创新、培育产业集群、企业创新能力的转化和辐射作用、企业家的成长和培养等进行座谈并提出意见建议。科技部原部长朱丽兰，全国政协社会和法制委员会主任、司法部原部长张福森，国家外国专家局原局长马俊如出席。中国高新区协会理事长、科技日报社原社长张景安主持。中国常驻联合国代表团原科技参赞孔德勇做主旨发言。隋振江、孙文锴、彭兴业等区领导出席。

（石峰）

【全体委员培训会】 4月2日，区政协全体委员培训会召开。部署“界别活动年”各项工作；全国政协经济委员会办公室主任陈惠丰围绕全国“两会”关注的焦点问题以及新一届全国政协关于政协工作的发展思路做培训辅导。

（石峰）

【接待丹江口市政协考察团】 4月26日，区政协与来访的湖北省丹江口市政协考察团举行座谈，双方就南水北调对口支援协作开展交流。

（石峰）

【举办第二十五期读书班】 7月24日—26日，区政协、区委统战部和区社会主义学院联合举办第25期读书班。听取全国政协理论研究会秘书长原冬平关于《人民政协与协商民主》，中央社会主义学院副院长、教授张峰关于《中国梦与中国道路、中国精神、中国力量》的专题辅导报告，赴山东临沂革命老区开展现场教学。

（石峰）

重要会议

【区政协九届二次会议】 1月6日—8日召开。会议审议通过区政协常委会工作报告和提案工作报告；听取并讨论区政府工作报告；审议2012年国民经济和社会发展计划执行情况与2013年国民经济和社会发展计划（草案）报告；

审议 2012 年财政预算执行情况和 2013 年财政预算（草案）报告；协商讨论区委、区政府关于九届一次会议以来提案办理情况的报告；审议通过九届二次会议决议。围绕中关村科学城及北部生态科技新区建设、“三山五园”历史文化景区及文明城区建设、民生与社会管理创新等内容举办专题协商议政会，组织大会发言、新委员培训、委员联谊等，各专门委员会分别召开 2013 年第一次全体会议。大会应出席委员 414 人，实际出席 401 人。

（石峰）

【常委会议】

第 8 次会议 1 月 8 日召开。审议通过九届区政协关于任命胡敏健为副秘书长的决定和 2013 年区政协常委会工作要点；听取各小组讨论情况的汇报；审议大会决议（草案）；研究关于精简区政协九届二次会议闭幕式程序有关事宜。

第 9 次会议 3 月 20 日召开。学习全国“两会”精神；听取区政府办公室关于 2013 年为群众拟办的重要实事、区环保局关于大气污染控制措施、北京市工商管理局海淀分局关于食品安全工作的通报；研究 2013 年区政协重点调研课题有关事宜。

第 10 次会议 5 月 22 日召开。听取区北部办关于《海淀区政协常委会关于北部生态科技新区规划建设若干问题的建议案》办理情况、区发改委关于海淀区 2013—2015 年推进重点改革任务指导意见、区文化发展促进中心关于“三山五园”历史文化景区建设进展情况的通报；研究 2013 年“创新与和谐海淀”论坛筹备工作以及常委会组成人员、副秘书长外出学习考察等有关事宜。

第 11 次会议 7 月 17 日召开。审议并表决通过《政协海淀区第九届委员会常务委员会关于核心区科技服务业发展若干问题的建议案》《政协海淀区第九届委员会常务委员会关于加强核心区法治环境建设的建议案》；听取区文化委关于《政协海淀区第九届委员会常务委员会关于加快海淀区文化基础设施建设建设的建议案》办理情况、区金融办关于落实中关村国家自主创新示范区建设国家科技金融创新中心实施意见的通报；研究第 25 期读书班、常委会组成人员及副秘书长走访友城等工作。

第 12 次会议 9 月 18 日召开。听取区发改委关于海淀区“十二五”规划中期评估情况、区国土分局关于中关村科学城建设进展情况、区经信办关于智慧海淀 2013 年度重点项目进展情况的通报；以书面方式听取关于海淀区 2013 年上半年国民经济和社会发展计划执行情况及下半年工作安排的通报。

第 13 次会议 12 月 11 日召开。听取区纪委关于党风廉政建设和反腐败工作情况、区文明办关于创建全国文明城区工作进展情况、2013 年提案办理情况的通报；审议区政协九届三次会议议程（草案）、日程（草案）以及常委会工作报告、提案工作报告；表决同意冈栋俊关于辞去区政协委员的申请。

（石峰）

【主席会议】

第 10 次会议 1 月 7 日召开。审议九届区政协关于任命副秘书长的决定和 2013 年区政协常委会工作要点；研究关于精简区政协九届二次会议闭幕式程序有关事宜。

第 11 次会议 3 月 13 日召开。学习全国政协十二届一次会议精神；审议 2013 年区政协常委会工作要点任务分解和全年工作安排表、常委会议及主席会议议题安排等；审议通过拟增补专委会特邀委员名单；研究 2013 年区政协政治协商工作、民主监督工作、各位主席牵头的常委会、专委会重点调研课题等有关事宜。

第 12 次会议 5 月 8 日召开。听取区发改委关于 2013 年重点建设项目折子工程有关情况、区教委关于 2013 年小学入学有关情况、区经信办关于建设中小企业信用体系有关情况的通报；审议通过拟增补的专委会特邀委员名单；研究常委会组成人员、副秘书长外出学习考察等有关事宜。

第 13 次会议 7 月 3 日召开。审议 2013 年区政协常委会关于科技服务业发展和核心区法治环境建设的建议案；听取区市政市容委关于环境建设情况、区环保局关于 2013 年主要污染物减排总量减排工作情况的通报；研究“创新与和谐海淀”论坛调整为专题协商会、第 25 期读书班和常委会组成人员、副秘书长走访友城等有关事宜。

第 14 次会议 9 月 4 日召开。听取区文化委关于文物保护工作情况、区农委关于农村居民增收情况的通报；研究 2013 年议政会有关事宜。

第 15 次会议 11 月 28 日召开。审议通过 2013 年提案工作和反映社情民意信息工作表彰决定；研究冈栋俊辞去政协委员有关事宜、九届三次会议各环节领导分工、第十三次常委会议安排等有关事宜。

（石峰）

【秘书长会议】

第 4 次会议 3 月 1 日召开。通报区政协 2013 年工作安排；研究 2013 年区政协常委会重点调研课题、论坛、议政会及政协全会大会发言、委员联谊等有关事宜。

第 5 次会议 6 月 8 日召开。研究 2013 年“创新与和谐海淀论坛”、议政会、理论研讨会、九届三次会议大会发言等有关事宜。

第 6 次会议 11 月 22 日召开。讨论 2013 年区政协常委会工作报告和提案工作报告；研究九届三次会议议程（讨论稿）、日程（讨论稿）、委员分组、大会发言以及提案、社情民意信息工作表彰等有关事宜。

（石峰）

【概况】　按照推进协商民主广泛多层制度化发展的要求，完善政协全会、常委会、主席会等既有的协商形式，探索专题协商、对口协商、界别协商、提案办理协商等协商形式。将每年举办的“创新与和谐海淀”论坛改革为专题协商会。年初向区委提出政治协商议题建议，全年开展各类协商活动70余次。

（石峰）

【全体会议协商】　1月，在召开的区政协九届二次会议上集中协商区政府工作报告、2012年国民经济和社会发展计划执行情况与2013年国民经济和社会发展计划（草案）报告、2012年财政预算执行情况和2013年财政预算（草案）报告等，并就自主创新、三大功能区建设、民生改善、文化发展、文明城区创建、生态文明建设、政府作风建设等方面内容进行协商议政，形成《区政协九届二次全会期间政协委员对政府工作报告的评价和对政府工作的意见建议》，提出协商意见58条，报区委、区政府研究参考。

（石峰）

【医药卫生体制改革专题协商】　3月14日，区政协召开医药卫生体制改革专题协商会。围绕《海淀区2013—2015年深化医药卫生体制综合改革实施意见》进行协商，就海淀区医药卫生行业现状、在全国的定位、与发达国家的差距、高校和流动人口医药卫生服务状况、强化养老机构的健康预防功能、将全民健康预防体系建设放在医药卫生体制改革的首位等内容提出意见建议。卫生部医改办副主任、应急办主任梁万年，北京市卫生局副局长雷海潮出席会议，听取协商意见。会后共梳理11个方面34条意见建议，报区委、区政府研究参考。

（石峰）

【常委会议协商】　5月22日，区政协第10次常委会议对《海淀区2013—2015年推进重点改革任务的指导意见》进行协商，提出协商意见3条。

（石峰）

【“发展生态文明，建设美丽海淀”专题协商】　7月12日，区政协围绕“发展生态文明，建设美丽海淀”主题召开专题协商会。听取关于海淀生态文明建设情况的通报；围绕建筑节能、水资源循环、交通绿色发展、大气质量控制、循环经济产业园建设、土壤改良等进行协商议政；国务院参事、中科院可持续发展战略研究组组长兼首席科学家、世界科学院院士、国家规划委委员牛文元，市政协委员、中坤集团董事长黄怒波作为特邀专家对发言进行点评。会后共梳理7个方面18条意见建议，报区委、区政府研究参考。

（石峰）

【党派团体协商】　11月28日，区政协召开党派团体协商会。围绕区政协九届三次会议议程、日程、常委会工作报告、提案工作报告和委员分组等有关事宜与各民主党派、人民团体负责人进行协商。

（石峰）

【界别协商】　年内，区政协围绕科技服务业发展、特殊教育、翠湖湿地保护等方面，通过界别内协商、界别间协商、界别与政府职能部门协商等形式，提出具有界别特色的意见建议。

（石峰）

【对口协商】　年内，区政协各专委会围绕城乡一体化进程中的文物保护、生物医药发展、交通规划建设、中高考改革、棚户区与“城中村”改造、地下空间利用等内容与区政府职能部门进行对口协商，提出建立文化遗产标识系统、建设生物医药研发设计服务平台等协商意见。

（石峰）

【提案办理协商】　年内，区政协将提案办理协商纳入提案工作全过程，强化提案综合分析和同类提案并案办理协商，选取食品安全、医疗卫生、基础教育、文物保护、养老服务和道路交通等人民群众和社会各界普遍关注的提案，通过召开现场会、协调会等方式组织提办双方充分协商讨论，推动问题的解决。

（石峰）

民主监督

【议政会】　9月27日，区政协、区委统战部联合举办2013年议政会。听取关于区政府2013年上半年工作开展情况和下半年工作安排的通报；各民主党派、工商联、城建城管和环保委员会及基层群众代表分别围绕高端商业区打造、乡镇集体土地利用、企业创新政策、中小学国学教育、康复医疗事业发展、资源回收利用、城乡一体化、“智慧社区”建设、行业协会商会发展、地下空间安全利用、农村地区建设发展、建设中关村科学文化基地、老旧小区物业管理等重点工作及群众关注的难点、热点问题提出意见建议。议政会前后，共收集网络政协平台意见建议100余条。会后形成意见建议专报，共梳理7个方面46条意见建议，报区政府研究办理。

（石峰）

【创新议政会形式】　年内，区政协对议政会进行创新，一是开门议政，邀请来自基层社区的群众代表参加今年的议政会；二是将议政会期间各党派团体、政协委员和群众代表提出的意见建议梳理后，建议区政府纳入 2014 年拟为群众办理的重要实事线索；三是以议政会作为契机，组织区政协 32 个界别开展有特色的活动，形成界别提案、界别社情民意的信息；四是在上年微博议政的基础上，面向政协委员和群众代表开放政协网站平台，开展网上议政活动，并开发以手机为运行载体的移动政协服务终端。

（石峰）

【视察与监督】 年内，区政协围绕全区重点工作以及商务环境、创新人才队伍建设、文化场所管理、校园周边环境治理、区域交通规划、精神残疾康复等工作，组织各类视察活动 90 余次，参加委员 1100 余人次。在原有 6 个咨议小组的基础上成立生态文明咨议小组和民族宗教咨议小组，发挥各咨议小组开展教育、财政与金融、社会保障、核心区建设、城乡一体化发展、文化发展、生态文明建设、民族和宗教事务等专项监督。协调推荐 33 名政协委员担任 9 个政府部门的特约监督员，加强对政府工作的民主监督。召开地区政协委员活动小组工作会议，各地区小组全年共组织视察、调研、座谈、研讨等活动 60 余次，为政协委员开展民主监督活动搭建平台。

（石峰）

参政议政

【常委会建议案】 年初，区政协将关于核心区科技服务业发展和核心区法治环境建设作为常委会重点调研课题，围绕科技服务业发展开展调研、座谈、研讨等活动 7 次，围绕核心区法治环境建设，历时 3 个月，走访 40 余家单位，完成《核心区科技服务业发展问题研究》和《关于加强核心区法治环境建设》的调研报告，在此基础上形成《政协海淀区第九届委员会常务委员会关于核心区科技服务业发展若干问题的建议案》和《政协海淀区第九届委员会常务委员会关于加强核心区法治环境建设的建议案》，经九届区政协第 11 次常委会议审议通过，报区政府研究办理。第 10 次常委会议、第 11 次常委会议先后听取区政府相关部门关于 2012 年度常委会《关于北部生态科技新区规划建设若干问题的建议案》和《关于加快海淀区文化基础设施建设建设的建议案》办理情况的通报。

（石峰）

【调研活动】 年内，区政协各专委会和相关界别围绕历史文化景区中的文物保护与利用、核心区中小微企业创新人才队伍建设、教育综合改革等内容开展调研，完成调研报告 29 篇，形成《关于上庄镇永泰庄建设“纳兰文化村”的建议》《关于北京市中高考改革的应对建议》等 13 件专委会建议，为区委区政府科学决策提供参考。常委会组成人员赴湖北丹江口、河南郑州等地考察调研，形成《海淀区政协常委会、秘书长会议组成人员赴延安等地学习考察的报告》，报区委、区政府研究参考。

（石峰）

理论研究

【概况】 围绕政治协商制度建设、民主党派在政协中的地位与作用、民主监督职能、网络政协建设以及政协自身建设 5 个课题，开展系列研讨活动，形成 5 篇调研报告。

举办区政协“学习贯彻中共十八届三中全会精神，推进协商民主制度化发展”全体委员培训会暨 2013 年主题研讨会，邀请国家行政学院原副院长周文彰、全国政协经济委员会办公室主任陈惠丰分别做了题为《用改革给力中国梦》的主题辅导报告和题为《学习贯彻中共十八届三中全会精神，推进人民政协协商民主建设》的辅导讲座。研讨会共收到研讨论文 28 篇，形成一批具有较高理论水平和实践价值的研究成果。

参加市政协“人民政协民主监督职能建设”主题研讨会，推荐多篇优秀论文入选论文目录并在大会上做交流。

《海淀政协》杂志全年出刊 6 期，刊载文章 120 余篇、图片 600 余张，总文字量 38 万字。

（石峰）

社情民意信息

【概况】 在政协委员中遴选 10 名专业人士组成信息工作专家组，加强信息工作指导，提高报送信息的质量。

调动党派团体、专委会、界别、广大委员和特邀信息员的积极性，拓宽信息渠道，全年共收集社情民意信息 531 件，编报 217 件，被各级采用 61 件，为城镇化发展、民营企业人才引进、政协工作科学发展等决策形成提供参考。其中，《关于在天气预报中增设“大气污染条件潜势预报”》中提出的建议得到国家环保部的采纳，推动相关政策措施的出台；《关于建立煤电期货金融交易市场及工具的建议》《城镇化的农村视角和协同发展》《中小民营企业引进人才问题应该得到切实重视》《六点建议综合治理空气污染》《加快推进自然灾害高发地区的城镇化建设》《应加强我市幼儿园及中小学校舍装修装饰材料环境安全监管》等信息分别被全国政协、市政协和区委、区政府采用。

（石峰）

专门委员会工作

【提案委员会】　年内，提案委员会向区委办、区政府办、区发改委等单位征集提案参考选题，通过政协网站公告、寄发提案征集信等方式为委员提供撰写提案的线索。建立提案办理定期通报制度。优化政协网站提案中心建设，推动提案办理全过程公开化，提高提案办理工作的透明度。探索跨区域提案办理，与石景山及昌平区政协就跨区提案办理工作进行沟通交流。协助区委、区政府开展提案交办及承办人员培训。全年共收到提案 213 件，立案 196 件，其中党派团体提案 22 件，界别提案 6 件，委员提案 168 件。因超出事权范围未予立案的 17 件，已转全国、北京市政协或作为人民来信转有关部门处理。立案提案全部办复。

（石峰）

【经济科技委员会】　年内，经济科技委员会开展关于核心区科技服务业发展常委会重点调研，形成常委会《关于促进核心区研发服务业发展的建议案》。开展中小微企业创新人才队伍建设、北部生态科技新区商务环境建设深度研究、核心区生物医药产业发展研究等专委会重点调研。组织召开商业服务业发展、财政金融问题等专题研讨会。参与组织中关村建设具有世界影响力的科技创新中心座谈会和“深化科技体制改革，着力提升原始创新能力”专题座谈会。组织民建、科协、工商联、科技、经济等界别委员开展视察活动。全年共举办调研视察座谈活动 19 次，参与委员 246 人次。

（石峰）

【城建城管和环保委员会】　年内，城建城管和环保委员会成立生态文明建设咨议小组。牵头组织 2013 年度专题协商会，形成 7 个方面共 18 条协商意见报区委、区政府研究参考。就《海淀北部地区生态建设实施纲要》与区政府有关部门进行对口协商。围绕海淀区北部科技新区建设及上年度常委会建议案办理情况、海淀区生态文明建设指标体系、“三山五园”规划建设问题、地下空间管理等内容召开专题座谈会，组织追踪视察。组织委员对青龙桥地区、颐和园周边地区、香山周边地区、棚户区改造工作等进行重点地区专项视察。完成关于泉宗南路西延的专委会建议。全年共举行各类活动 27 次，参与委员 300 余人次。

（石峰）

【教文卫体委员会】　年内，教文卫体委员会组织召开医药卫生体制改革专题协商会，共汇总梳理 11 个方面 34 条协商意见，形成《关于“海淀区 2013—2015 年深化医药卫生体制综合改革实施意见”专题协商会有关情况的报告》，报区委、区政府研究参考。开展学校周边环境问题和心理健康问题调研，形成专委会建议。组织委员对“精神残疾人康复之家”工程、中小学校园周边地区、文化场所、卫生（慢病及艾滋病防治）示范区创建、特殊教育工作等进行视察。全年组织各类视察活动 20 余次，参与委员 400 余人次。

（石峰）

【社会和法制委员会】　年内，社会和法制委员会开展加强核心区法治环境建设常委会重点调研，形成常委会《关于加强核心区法治环境建设的建议案》。组织委员对法制教育基地、区检察院、区公安分局指挥中心、特色农业、海淀寄读学校、公共场所卫生安全状况等进行视察。组织开展庆祝“三八”国际妇女节女委员活动、“讲法制守秩序，普法惠民进成家”主题宣传日、“爱满重阳 ，情满夕阳”重阳节活动等活动。全年组织各类视察、监督、调研、界别等活动共 10 次，参与委员 380 人次。

（石峰）

【学习和文史委员会】　年内，学习和文史委员会开办委员讲坛，面向全体委员公开征集讲坛课题，回收申报课题 37 件、话题 80 个，围绕钓鱼岛问题与中日关系、西山地质成因等组织学习培训。开展“三山五园”历史文化景区的文物保护和利用的专题调研，形成《关于“样式雷”文化遗产的保护建议》《关于上庄镇永泰庄建设“纳兰文化村”的建议》《关于建立海淀区文化遗产标识系统的建议》等专委会建议。组织委员参加区委“三山五园”重点文化项目座谈会。围绕学习全国“两会”和中共十八届三中全会精神举行全体委员学习培训。编印《海淀文史选编》第 18 辑“知青岁月”专辑；完成《海淀古村落六郎庄》专题文史丛书的抢救性征编工作。全年共开展各类活动 17 次，参与委员 640 人次。

（石峰）

【港澳台侨委员会】　年内，港澳台侨委员会开展北部地区和文化创意产业调研，形成《海淀区北部农村经济薄弱地区发展对策建议》和《借鉴台湾模式助推海淀区文化大发展大繁荣》调研报告。组织视察街道侨联工作、东升科技园建设、北部地区发展等。参与组织第十三届海外侨界高层次人才为国服务团走进海淀活动；邀请海外侨界参观东升科技园；配合区侨联等单位组织区第二届新侨乡文化节羽毛球团体邀请赛和运动会。全年共组织调研、视察、界别活动 11 次，参与委员 103 人次。

（石峰）

【民族和宗教委员会】 年内，民族和宗教委员会围绕少数民族专项扶持资金开展调研，形成《关于利用好少数民族经济发展专项扶持资金》的调研报告，提出意见建议 6 条。牵头成立民族和宗教咨议小组。与区民宗侨办联合召开“关注民生，维护民族团结，促进宗教和睦，建设美丽海淀”专题座谈会。组织视察宗教场所建设、清真餐饮网点布局、中小学清真餐等。全年共组织调研、座谈、视察、界别活动 11 次，参与委员 172 人次。

（石峰）

民主党派·工商联

2014
北京海淀年鉴

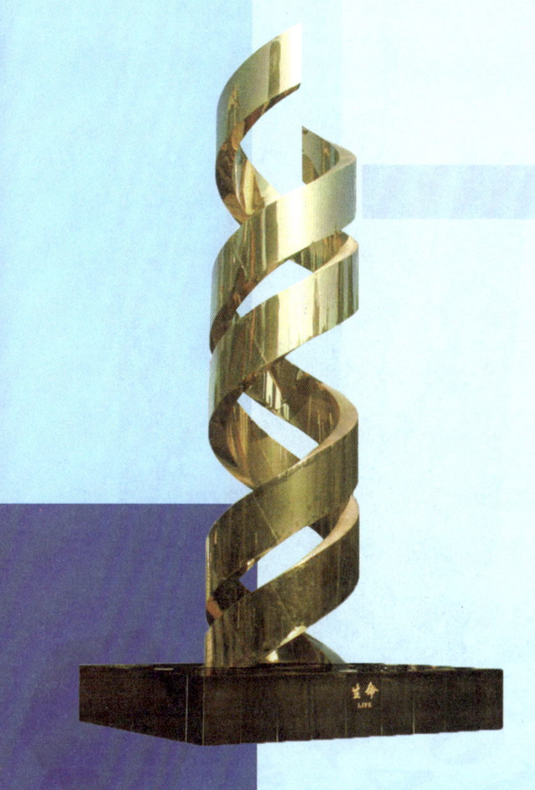

1月14日，“民建海淀同心基金”发放仪式在中国政法大学昌平校区举行（民建区委 供图）

2月27日，中国国民党荣誉主席连战（左二）和夫人、台湾各界知名人士参访团到海淀区参访（李瑞林 摄）

5月8日，民盟海淀区委到上庄镇开展“手拉手”活动，为上庄镇“一镇一园”建设建言献策（民盟区委 王东旭 摄）

5月16日，民盟海淀区委到中关村三小开展“传统文化进校园”活动（民盟区委 王东旭 摄）

6月17日，区工商联召开参政议政委员会成立暨创新社会服务管理专题研讨会（区工商联 供图）

11月9日，民进海淀区北航委员会与民进怀柔区艺术支部联合组织“航空航天与区域文化”特色交流活动（民进区委 供图）

民革海淀区工委和海淀第十一支部为五所盲人学校捐赠盲人有声读物，并在红丹丹“心目影院”永久设立“民革海淀区工委爱心捐赠”书架（民革工委 供图）

民主党派·工商联

中国国民党革命委员会北京市海淀区工作委员会

【概况】 中国国民党革命委员会（简称“民革”）是具有政治联盟性质的、致力于建设中国特色社会主义和祖国统一事业的政党，是中国共产党领导的多党合作和政治协商制度的参政党。民革海淀区工委是民革北京市委的派出机构，成立于1990年11月16日。现为第六届委员会，2011年6月成立。民革海淀区工委现有21个支部、858名党员，其中2013年新发展党员54人，转入党员19人。党员中有全国政协委员3人，市人大代表2名，市政协委员5名（其中常委2名）；区人大代表1名，区政协委员18名（其中常委2名）。

3月16日，举行学习全国“两会”精神报告会，传达全国政协十二届一次会议精神。5月10日，召开纪念“五一口号”发布65周年座谈会。6月28—29日，为纪念长城抗战80周年，区工委在遵化市石门镇长城抗战烈士陵园和迁西县长城抗战喜峰口战役遗址举行“弘扬爱国主义，振奋民族精神”主题教育活动。7月，协助民革市委在抗战名将纪念馆举办纪念杨虎城将军120周年诞辰活动暨张学良、杨虎城文史资料展。8月，全国人大常委会副委员长、民革中央主席万鄂湘带队就民革基层组织牵手困难家庭情况进行调研，看望海淀区百岁民革党员陈殿学。9月29日，区工委举行全委扩大会议暨骨干党员学习班，听取海淀区经济社会发展情况和有关协商民主报告。12月13日，区工委举行学习中共十八届三中全会精神报告会。

在区政协召开的议政会上，做《海淀南部高端商业区打造及消费拉动效应放大的建议》的发言。在区政协“学习贯彻中共十八届三中全会精神，推进协商民主制度化发展”主题研讨会上，提交《人民政协：中国特色的民主政治》《社会主义协商民主的文化内涵及作用》《协商民主是中国对世界民主制度的伟大贡献》《参在关键之处，议在必论之时》4篇论文。完成《海淀北部四镇农村集体经济组织以集体土地参与科技园区建设的情况调查与实施路径分析》《海淀科技旅游的资源发掘与发展策略研究》《海淀区公共交通资源利用现状及未来绿色出行模式的调研》3篇调研报告。向区政协九届三次会议提交《关于海淀北部四镇农村集体经济组织以集体土地参与中关村创新中心区CID开发建设的建议》《关于加强海淀区科技旅游水平的几点建议》2篇提案。报送信息150余条，其中《建议人大常委会加强监督司法》获市人大常委会主任杜德印批示；《房屋中介市场隐患多亟待加强规范与监管》获市长王安顺和副市长陈刚批示；《建议实施恢复白浮泉工程，加强我市地下水系统保护和修复》获市委常委、统战部部长牛有成批示，《关注北京城市水源地安全 提高水资源支撑能力》获副市长夏占义批示，《圆明园国家考古遗址公园保护和发展亟待关注》获副市长程红批示，《关于增加女性企业家高工及北京市优秀人才评选比例》获副市长戴均良批示。民革海淀区第十一支部获“北京市民主党派基层经验典型”称号。

（石军）

【与温泉镇开展“手拉手”活动】 4月，组织20余名专业技术人员调研温泉镇城镇化建设，对农民的就业培训，缩小医疗保险、养老保险的城乡差别，乡镇企业的升级发展、总体规划的论证及规划实施的连续性等问题提出建议。8月，为温泉地区村镇捐赠17台电脑。

（石军）

【开展社会公益活动】 年内，民革区工委和海淀第十一支部为北京红丹丹视障文化服务中心服务的五所盲人学校捐赠价值1万元的盲人有声读物，并在红丹丹“心目影院”设立“民革海淀区工委爱心捐赠”书架。民革海淀第十一支部、北京体育大学支部在水立方主办第五届红丹丹盲人趣味运动会，并支持举办盲人话剧演出。区工委组织各支部及党员向四川雅安地震灾区捐款捐物，民革党员陈定旺向灾区捐赠价值66万元的救灾物资，民革首都师范大学支部党员张越秦缴纳2万元特殊党费，资助5名甘肃地震灾区的孤儿完成学业。区工委设立全国首家劳动人事争议预防调解中心，并与民革市委在门头沟区推广劳动人事争议预防调解工作，进行帮扶工作的签约。

（石军）

中国民主同盟北京市海淀区委员会

【概况】 中国民主同盟（简称民盟）是由从事文化教育以及科学技术工作的高中级知识分子组成的、具有政治联盟性质的、致力于社会主义事业的政党，是同中国共产党通力合作的参政党。1990年11月24日，民盟北京市海淀区工作委员会成立。1999年12月8日，民盟海淀区委员会成立。至2013年年底，民盟海淀区委下属1个基层委员会、3个总支委员会、48个支部。有盟员1404人。年内发展新盟员60人，转入7人，转出2人，退盟1人，去世4人。北京体育大学等2个支部完成换届，张月华被增补为民盟海淀区第四届委员会副主任委员。盟员中，有民盟中央委员4人（其中常委2人），民盟北京市委常委1人、委员11人；有市人大代表1人，区人大代表3人（其中常委1人）；有全国政协委员5人，市政协委员3人，区政协委员14人（其中副主席1人、常委2人、副秘书长1人）；院士1人。

2013年，召开主任委员会议5次，全体委员会议5次，调研课题工作会4次。选派百余名中青年盟员参加各类学习班。全年编发《海淀盟讯》1期，《盟务动态》5期，《信息专刊》1期。

盟员、全国政协委员徐世杰、梁晓声、俞敏洪、胡扬、陈力出席全国政协十二届一次会议，并提交十几件个人提案。在区政协九届二次会议上提交《关注海淀北部农村地区，推动文化建设全面覆盖——海淀区北部农村文化建设现状调研及对策建议》等3件党派团体提案，个人提案近10件，做题为《关于海淀区上庄镇发展休闲体育，带动区域经济增长的建议》大会发言。完成区委统战部《引导海淀北部乡镇集体土地合理利用，助推产业发展与新型城镇化》《建立海淀区网络民主监督标杆平台调研》《海淀区养老服务模式现状与可持续发展对策研究》《大力保护知识产权，提升核心区专利竞争力》《关于建立初期创业园——创业网络平台型创业园的可行性调研报告》5篇调研报告，其中《引导海淀北部乡镇集体土地合理利用，助推产业发展与新型城镇化》《建立海淀区网络民主监督标杆平台调研》为中共海淀区委调研关注课题，《引导海淀北部乡镇集体土地合理利用，助推产业发展与新型城镇化》作为区政协恳谈议政会大会发言。全年上报信息92条，其中《殷切期待两会，走好实现“中国梦”重要一步》《对〈外国人入境出境管理条例（征求意见稿）〉的意见和建议》被全国政协采用。《国家安全战略视阈下汉语国际传播的路径选择》被中央统战部采用。《关于综合治理空气污染的建议》被北京市副市长张工、市政协副主席赵文芝批示。《人民热盼国家新老领导层实现平稳交接》《国务院机构改革和政府职能转变承载着新使命》被北京市政协、中共海淀区委区政府采用。民盟海淀区委获区政协反映社情民意信息工作先进单位称号，3人获区政协优秀信息员称号，1人被聘为第九届海淀区政协信息工作专家组成员。民盟海淀区委被评为2012年度海淀区统战系统信息工作优秀单位二等奖，1人被评为2012年度海淀区统战系统优秀信息工作者。

民盟海淀区委获民盟北京市委“思想宣传工作优秀集体”，北京理工大学支部和首都师范大学委员会获民盟北京市委“思想宣传工作先进集体”。主委张维佳被聘为汉藏语成果评奖委员会委员，被全国方言学会聘为学术委员会委员，获北京市语言文字工作先进个人称号。《朝鲜汉字音的层次和来历》被教育部评为第六届高等学校科学研究优秀成果奖（人文社会科学）、语言学论文奖三等奖。1人被聘为国务院侨务办公室第四届专家咨询委员会委员。

年内，民盟海淀区委主要开展以下活动：召开学习全国两会精神座谈会，组织青年盟员参加“同心·绿化”为主题的义务植树活动。联合海淀区政协在国家图书馆举办主题为“网络时代、书香依旧”参观调研。5月，组织盟员专家赴上庄镇开展手拉手活动，赴中关村三小举办主题为“传统文化进校园”活动。8月，举办“民族复兴中国梦”读书班，组织主副委参加2013年海淀区党外代表人士培训班、民盟北京市委十一届四次全委（扩大）会议暨2013年暑期学习班。组织盟员参加海淀区政协、区统战部联合举办的2013年议政会。10月，组织盟员参加“2013民盟华北五省市区生态研讨会”。11月，举办青年专委会与上庄镇座谈会、科技文化专委会座谈会、经济专委会座谈会。12月，举办赴河北省肃宁县义诊支教活动，捐赠价值两万余元的书包和图书，做4场教育讲座和医疗讲座，为当地群众义诊。举办“学习十八届三中全会精神，增强民盟支部活力”座谈会。

（王东旭）

【开展“手拉手”活动】 5月8日，民盟海淀区委及盟内相关专家赴上庄镇开展主题为“充分发挥民盟智力密集的优势，为上庄镇‘一镇一园’建设建言献策”手拉手活动。针对上庄镇科技园建设的手续报批、融资招商、科技对接等问题，民盟海淀区委从上庄镇科技园的产业特色定位，上庄镇的模式思考，资本引进，产业的组织方式，空间与产业同步规划五个方面提出建设性意见。

（王东旭）

【“传统文化进校园”活动】 5月16日，民盟海淀区委在中关村三小主校区开展“传统文化进校园”活动，邀请北京市书法家协会会员、民盟盟员孙四海老师主讲“少年书法”。以“汉字的演变”为主线，为同学们介绍书法的历史演变，以及如何更好学习书法知识。孙老师向中关村三小捐赠300本《孙四海楷书唐诗》。

（王东旭）

【举办“民族复兴中国梦”主题读书班】 8月27日—28日，民盟海淀区委举办

"民族复兴中国梦"主题读书班。中共海淀区委统战部领导做区情介绍，并通报海淀区 2013 年上半年经济社会发展情况和下半年工作安排。民盟北京市委领导做题为《凝聚共识，同心协力，共同铸就中国梦》报告。学员结合报告，就如何凝心聚力，同心共筑中国梦；如何围绕中心，服务大局，为海淀区经济社会发展建良言、献良策；如何继承和发扬民盟的优良传统，进一步加强自身建设，提高参政议政质量三个方面进行讨论交流。

（王东旭）

【开展义诊支教活动】 12 月 6 日—7 日，民盟海淀区委、民盟海淀区医卫社会服务专委会组织盟内教育界、医务界专家赴河北省肃宁县开展义诊支教活动。将价值两万多元的两百个书包和图书捐赠给肃宁县玉皇庙小学，为师生做题为"钓鱼岛问题与中日关系"的爱国主义教育课。医疗组到肃宁县人民医院举办《中国 2 型糖尿病防治指南解读》和《脑卒中的诊治》两个专题讲座，并答疑解惑。12 月 7 日，教育组到肃宁县第二实验小学，以"幸福的不一样的未来学校"为主题，为肃宁县全县 200 余名中小学校长及管理人员举办讲座，并就学校管理机制建设、教师队伍评价等问题进行互动、交流；医疗组 4 人到肃宁县人民医院，为患者进行义诊，指导当地医生的医疗工作，为近百名患者提供医疗服务。

（王东旭）

中国民主建国会北京市海淀区委员会

【概况】 中国民主建国会（简称民建）是主要由经济界人士组成的、具有政治联盟特点的、致力于建设中国特色社会主义事业的政党。1981 年 2 月，民建北京市海淀区工作委员会成立。1998 年 9 月 28 日，民建北京市海淀区委员会成立。本届委员会为第四届，成立于 2011 年 6 月 27 日。截至 2013 年年底，有基层委员会 3 个，支部 27 个，会员 1272 人，全年新发展会员 16 人，转入 31 人，转出 3 人，去世 1 人。会员中有民建中央委员 2 人（其中常委 1 人），民建市委委员 15 人（其中副主委 3 人，常委 1 人）；全国政协委员 2 人；各级人大代表 13 人（其中区人大代表 11 人）；区政协委员 26 人（其中副主席 1 人，常委 5 人）；特约职务 45 人。

2013 年，召开主任委员会议 4 次，全体委员（扩大）会议 2 次，专委会、联席会 2 次，调研工作专题会议 4 次。编印《海淀民建》5 期；向《人民政协》《民讯》《北京民建》《海淀政协》《海淀报》等刊物投稿 106 篇，其中，39 篇被民建中央采用，86 篇被民建北京市委采用。报送社情民意信息 260 篇，被民建中央采用 6 篇，被民建北京市委采用 53 篇，被区委统战部采用 113 篇，其中《中小民营企业引进人才问题应该得到切实重视》《中学生手机上网情况调查报告及建议》被北京市副市长苟仲文批示。

完成参政议政调研报告 24 篇，《中关村核心区（海淀园）企业创新环境研究》为海淀区关注课题，调研成果转化为区政协九届三次全会大会发言。《关于落实国家现代服务业试点政策、助力海淀区电子商务产业发展的研究与建议》为海淀区关注课题，调研成果转化为区政协九届三次全会党派团体提案。《促进海淀区企业创新发展政策研究与建议》作为民建区委在海淀区议政会的发言。《关于建立公平科学的公租房分配和管理体制的建议》《中关村园区海淀园创新型中小企业成长模式研究》为区委统战部一般课题。

《关于对中学生使用手机加强管理的几点建议》被评为年度优秀党派团体提案，《通过区域联盟，创新合作模式，提高科技成果转化率，共同享受到产业化的成果》被评为优秀委员提案。2 人被评为年度优秀提案人。民建区委获海淀区政协反映社情民意信息工作先进单位，海淀区统战系统信息工作优秀单位特等奖。

年内，为四川芦山地震灾区捐款 14.6 万元。由中国政法大学和中关村支部发起"民建海淀同心基金"资助的 28 名困难学生进行二次基金发放。三综支部慰问龙泉老年公寓。文教一支部主办企业家进校园活动，年内走进北航材料学院。由文教二支部发起，联合民进市委开展为期三年的丰宁支教活动。

年内主要开展以下活动：赴南京参加"民建南京地方组织成立 60 周年纪念大会"开展系列交流活动。4 月召开社情民意信息工作会。组织会员参加"统一战线大讲堂"。6 月率重点课题组到海淀园调研。7 月召开"作风建设年"活动调研座谈会。10 月召开组织工作研讨会，学习交流民建全国基层组织建设经验研讨会精神。组织老会员参观苏家坨镇车耳营村。11 月举办参政议政专家智库交流研讨会。12 月召开民建海淀区委成立 15 周年工作总结会。举行民建海淀区委与民建湘潭市委结对共建签约仪式。赴民建乐山市委开展交流共建活动。

（赵欣）

【举办民建首届城市发展论坛】 5 月 26 日，民建北京大学委员会主办第一届民建"城市发展论坛"，主题是"城市文化建设与城市繁荣之路"，民建中央副主席辜胜阻、副主席王永庆、北京大学党委副书记敖英芳、民建北京市委秘书长李申虹、民建海淀区委主委王玉梅、北京大学统战部部长张晓黎出席论坛。学校各民主党派负责人、海淀区民建会员 100 余人参加论坛。本次论坛共五个主题演讲："趋利避害走健康城镇化之路""全球化与城镇化，追寻城市发展的新文化路向""城市文化建设与非物质文化遗产传承""历史遗产活化、城市文化继承与现代文化创新""文化中心城市的发展模式"。

（赵欣）

【举办2013年读书班】 9月14日，民建区委举办2013年读书班。民建区委委员，基层组织和专委会负责人50余人参加。中共海淀区委统战部领导做题为“海淀区情介绍”专题报告。常务副主委部署民建区委“作风建设年”活动实施方案。学员们围绕如何结合“海淀区情”做好参政议政工作、如何认真开展“作风建设年”活动、如何开展好基层组织的工作等问题进行讨论交流。

（赵欣）

【马培华到海淀调研组织建设工作】 11月6日，全国政协副主席、民建中央常务副主席马培华到民建海淀区委，就自身建设工作进行调研。马培华听取民建区委主委的工作情况汇报，与区委领导班子成员、支部主委和基层组织骨干会员进行座谈。民建中央副主席、北京市政协副主席、民建北京市委主委王永庆，民建中央组织部部长李世杰，民建北京市委常务副主委任学良陪同调研。

（赵欣）

【与民建湘潭市委签约结对共建】 12月7日，民建海淀区委与民建湘潭市委举行结对共建签约仪式，并就两地民建组织如何积极推进两地智力、资金、项目等方面的交流与合作等话题进行座谈交流。民建海淀区委主委王玉梅和民建湘潭市委主委刘长庚分别介绍民建海淀区委和民建湘潭市委的工作情况，分别代表两地民建组织在协议上签字。

（赵欣）

【民建区委成立15周年工作总结会召开】 12月11日，召开民建区委成立15周年工作总结会。民建北京市委常务副主委任学良，中共海淀区委常委、组织部部长、统战部部长杨智慧，中共海淀区委统战部常务副部长林虹等到会。民建海淀区委主委王玉梅做民建海淀区委15周年工作总结。统战部部长杨智慧代表中共海淀区委向民建海淀区委表示祝贺，对今后的工作提出3点要求：第一，加强学习、认真领会，以十八届三中全会精神凝聚共识。第二，围绕中心、服务大局，充分发挥参政党优势和作用。第三，继承传统、提升能力，全面升华参政党自身建设的水平。会议表彰民建区委1998—2013年度优秀会员75名，先进基层组织5个。

（赵欣）

中国民主促进会
北京市海淀区委员会

【概况】 中国民主促进会（简称民进）是以从事教育文化出版工作的高中级知识分子为主的、具有政治联盟性质的、致力于建设中国特色社会主义事业的政党。1984年10月，民进海淀区工作委员会成立。1996年12月6日，民进海淀区委成立，是海淀区第一个民主党派区级组织。现为第三届委员会，2011年6月换届选举产生。至2013年年底，有区属基层委员会1个（下属支部4个），区属支部36个，会员864人。年内发展新会员39人，转入会员4人。会员中，有民进中央委员4人（其中常委1人），民进市委委员8人（其中常委5人）；全国人大代表（常委）1人，全国政协委员1人；市人大代表1人，市政协委员5人（其中常委2人）；区人大代表2人（副主任1人），区政协委员17人（其中常委4人）；各类特约监察员20人；长江学者1人。

完成2个基层支部的换届工作。召开一次新会员培训会。民进区委被评为民进北京市委会2013年度会员发展工作先进组织。

2013年，民进区委召开主委会4次，全委（扩大）会2次，中青年骨干读书班1次，其他会议7次。组织200余名骨干会员参加各级各类学习培训。

完成中共海淀区委关注调研课题《高校文化设施在海淀区公共文化服务体系建设中发挥作用有效模式》《海淀国学教育经验、问题及对策》，完成一般调研课题《三山五园地区商业发展规划建议报告》《海淀区中小学国防科学与技术知识科普教育情况调研》《关于合理优化学院桥区域路网，改善中关村地区交通状况的调研》。《对海淀区综合治理大学生就业难的思考与建议》转化为海淀区政协九届二次会议大会发言，《海淀国学教育经验、问题及对策》转化为政协议政会的大会发言，《三山五园地区商业发展规划建议报告》作为中共海淀区委与区政府在区委统战部暑期读书班上交流的重要内容。提交《关于海淀区中小学深入开展国学教育的建议案》党派提案1份。出版第43期《海淀民进》。民进区委被评为民进北京市委宣传思想工作先进集体，民进海淀区委北京航空航天大学基层委员会被评为全国宣传思想工作先进集体、民进北京市委宣传思想工作先进集体。1人获全国宣传思想先进个人、民进北京市委宣传思想工作先进个人等荣誉称号。

2013年，报送社情民意信息41条，被中央统战部采用1条，被市委统战部采用8条，被中共海淀区委采用12条。16篇信息被评为民进北京市委会优秀信息成果，1篇信息被海淀区政协评为优秀党派团体提案，1篇信息被评为区政协九届二次会议委员优秀提案。2名会员被评为优秀提案人，4名会员被评为优秀信息员，民进区委被评为海淀区政协反映社情民意信息工作先进单位。

年内，101中学支部为河北省丰宁满族自治县450名中学骨干教师进行专业培训；北京外国语大学支部和小教北支部联合赴平谷区熊尔寨中心小学捐资助学；立新支部将300多件校服和上百本书籍捐助给河北涞水赵各庄学校；八一中学支部参与荣昌洗衣主办的“捐衣服 传爱心”活动；企业支部开展“民进北京海淀企业支部送文化下乡社会服务活动”；中国农业大学支部对口支持北京市大兴区佟营村。民进区委被评为民进北京市委社会服务先进单位。

（王玲）

【专委会工作】 4月27日，民进海淀区委召开2013年工作部署及专委会启动会。为参政议政、组织发展、青年工作等专委会的主任、副主任、委员分别颁发聘书。年内，组织专委会召开新会员培训会，组织新会员学习民进会章和会史；宣传专委会召开《海淀民进》编辑会议，从工作流程到工作细节进行了统筹安排；参政议政专委会组织召开课题研讨会，对提交课题进行研讨；社会服务专委会组织面向八个党派和工商联的法律专题讲座；青年专委会召开骨干会员联谊会，商讨会员活动事宜。

（王玲）

【举办暑期读书班】 8月19日—20日，民进海淀区委举办主题为"学习十八大报告，提高党派自身素质"的暑期读书班，各支部负责人以及部分骨干会员50余人参加。民进北京市委领导，北京社会主义学院领导应邀出席读书班，并作辅导报告。

（王玲）

【开展创先争优活动】 10月，民进海淀区委根据民进北京市委的工作部署，组织各基层支部开展为期一年的创先争优活动。要求各支部开展"向身边的优秀会员学习""中国梦"等专题性主题教育活动；组织回顾支部发展历史、畅想支部未来的座谈会；配合中共北京市委及中共海淀区委完成开展基层组织建设调研活动，开展有特色、有意义、有影响的主题活动。

（王玲）

中国农工民主党北京市海淀区委员会

【概况】 中国农工民主党（简称农工党）是以医药卫生界高、中级知识分子为主、具有政治联盟特点、致力于建设中国特色社会主义事业的政党。农工党北京市海淀区委员会成立于2004年6月20日，现为第三届委员会，成立于2011年6月。现有支部25个，党员580人，年内新发展党员30人，转入6人，去世1人。党员中，卫生系统占34.2%，科教系统占29.0%，人口资源系统占15.6%。党员中有农工中央委员2人（其中常委1人），农工市委委员9人（其中常委4人），市人大代表1人，区人大常委1人，全国政协委员1人，市政协委员2人，区政协委员17人（其中常委4人）。

1月，召开2012年度表彰联谊会，表彰3个先进集体和10名优秀信息员。3月，农工党区委召开2013年参政议政暨专委会工作启动会，确定17个立项课题。召开三届四次全委扩大会议，就农工党北京市委后备干部推荐名单征求意见。5名党员参加海淀区第十九期党外中青年骨干培训班。为四川雅安地震灾区捐款19630元。举办第九期学习会。组织党员参加中共海淀区委统战部举办的"我心中的中国梦"主题征文活动。6月，农工党区委在海淀区温泉社区卫生服务中心举行"2013中国环境与健康宣传周"启动仪式，举办义诊咨询活动。8月，科技教育文化工作委员会、海淀四支部、中国农业大学支部组织部分党员赴凤凰岭对海淀区农家乐经营和发展现状进行考察。农工党区委班子成员参加2013年海淀区党外代表人士培训班，举办第八期暑期干部读书班。11月，召开2013年高端参政议政会，各调研课题负责人汇报2013年调研课题完成情况，部署调研结项和理论研究工作。11月，医委会派出医疗专家到海淀区苏家坨镇海峰老年公寓义诊，并赠送慰问品。区委在海淀区政府办公区举办"国际科学与和平周"健康咨询活动。12月，举办第六期联情会，召开领导班子述职暨支部经验交流会。

《海淀区农家乐经营现状调查》《关于提升海淀区网格化社会管理水平的调研》被中共海淀区委列为调研关注课题，《非高新企业在海淀区发展研究》《关于设立"海淀区心理健康日"的调研》被区委统战部列为一般课题。《关于在社区推广建立"精残人康复之家"的建议》被区政协评为2013年度优秀党派提案。

全年上报信息179条，农工党区委被评为区政协反映社情民意信息工作先进单位。

（魏明昭）

中国致公党北京市海淀区委员会

【概况】 中国致公党是以归侨、侨眷中的中上层人士、有海外关系的代表性人士及其他方面有代表性的中高级知识分子组成的政党，是中国共产党亲密合作的友党和参政党。1994年3月28日，致公党海淀区工作委员会成立。2002年12月22日致公党北京市海淀区委员会成立。现为第三届委员会，成立于2011年6月16日。

至2013年年底，致公党海淀区委有支部18个，党员632名。年内发展党员27人，下拨党员15人，转出5人，去世党员2人。党员中，有致公党中央委员8人（其中常委1人），各专门委员会委员107人；全国政协委员5人；致公党北京市委员会委员10人（其中常委4人）；市人大代表1人，市政协委员3人（其中常委2人）；区人大代表5人（其中常委1人），区政协委员

21 人（其中常委 5 人）；担任全国、北京市、海淀区各类特邀人员 15 人。

在区政协九届二次全会上，提交党派提案《关于在海淀区创新创业企业可持续发展的建议》《关于在海淀区建设ICT 低碳产业示范园的建议》，做题为《发挥科教资源优势创建知识创新示范区》大会发言，提交 15 份委员提案。《促进北京市大学与中学教育衔接研究》入选 2012 年海淀区调研重点课题集。在区政协议政会上，做题为《关于促进海淀区资源回收利用的政策建议》发言，《关于京郊农村冬季供暖煤改电的建议》作为政协“发展生态文明建设美丽海淀”专题协商会发言，《关于以合作教育项目为载体促进官产学研合作的建议》作为海淀政协理论研究会专题文章。

全年报送信息 68 条。《关于加快制定信息技术应用标准规范的建议》获中共中央政治局常委、全国政协主席俞正声批示，并被中央统战部及市委统战部采用。《关于制定民主监督制度的建议》《关于担任社会公共职务的名人的双重国籍问题及建议》《城镇化的农村视角和协同发展》被全国政协采用。《关于改进海外高层次人才引进计划的评审程序的建议》被致公党中央、市委统战部采用。《健全工业经济和金融良性互动发展机制的建议》被市委统战部采用。《建立我国首席信息官制度的若干建议》被致公党中央、全国政协采用。《进一步利用电子商务扩大内需的建议》《关于改进网络软件及应用服务管理的建议》《关于完善国家大学科技园和科技企业孵化器房产税和城镇土地使用税优惠政策的建议》被致公党中央采用。《关于加强北京城市洪涝积水点标识的建议》被市委、市政府、市政协采用，并被北京市政协副主席赵文芝批示。《专利工作应弱化行政干预，强化市场驱动》被致公党中央、市政协采用。《关于为在海淀区工作、学习的外籍人士创建宜居环境的建议》《关于提请重视农村农田撂荒问题》被海淀区委、区政府采用。致公党区委被区委统战部和区政协评为信息工作先进单位。

致公党海淀区委组织 120 名党员参加统战部纪念“五一口号”发布 65 周年四次大讲堂活动。组织 30 名党员听取中共十八届三中全会精神辅导报告会。组织 30 名老党员参加致公市委重阳节游园博园活动。

（李冬妮）

【支部活动】 年内，致公党海淀区委联合致公党中央直属支部、平谷支部组织党员活动，参观北京“四大物流基地”之一的马坊物流园区和 “模拟医院”，听取致公党海淀区委和平谷支部的情况介绍和汇报。这次活动使中央和基层支部上下联通，是基层支部活动形式的一种创新。

首都师范大学支部到河北省丰宁县考察调研非遗文化保护和群众文化生活。邀请门头沟支部开展向高校学生赠书活动。

（李冬妮）

【后备人才建设】 年内，徐晓兰、赵进东、林金星、陈仲强、易建强 5 名党员当选新一届全国政协委员。向区统战部推荐后备人才 38 人，为致公党市委推荐后备干部 35 人，局级后备人才 13 人，参政议政后备人才 40 人，推荐特约人员 7 人，特约通讯员 5 人。17 名党员参加区委统战部组织的培训。向致公党中央推荐 1 名参政议政先进个人。组织 20 余人参加致公党市委的基层负责人培训班。

（李冬妮）

【“手拉手”活动】 年内，致公党海淀区委联合区工商联与西北旺镇多次开展“手拉手”座谈活动。致公党区委向西北旺镇提供咨询服务，科研方面：种子、水土保持、林木养护；法律方面：公证、税收知识产权；医疗方面：常见病的预防、中老年的饮食保健等。

（李冬妮）

九三学社北京市海淀区委员会

【概况】 九三学社是以科学技术界高、中级知识分子为主的具有政治联盟特点的政党，是接受中国共产党领导、同中国共产党亲密合作、致力于建设中国特色社会主义事业的参政党。九三学社北京市海淀区委员会成立于2000年6月 13 日。本届委员会为第四届，成立于 2011 年 6 月。现有基层委员会 4 个，支社（小组）45 个，成员 1565 人，本年共发展社员 66 人 ，转出 3 人，去世 2 人。成员中有九三学社中央委员 7 人（其中副主席 1 人），九三学社市委委员 9 人（其中常委 1 人）；市人大代表 4 人，区人大代表 3 人（其中常委 1 人）；全国政协委员 4 人（其中常委 1 人），市政协委员 7 人，区政协委员 27 人（其中政协副主席 1 人、常委 3 人）。有院士 3 人、长江学者 3 人。

年内新成立九三学社北京市海淀科技园区支社和九三学社北京邮电大学委员会。

出版《海淀九三》报三期，向九三学社北京市委网站、《九三北京社讯》投稿 65 篇。4 月，举办“发挥中关村创新优势，促进区域高端辐射，加强国家战略支撑”主题议政会。6 月，与九三学社中央、九三学社市委联合举办促进科技服务业发展主题议政会。11 月，举办组织工作培训班，九三学社中央领导做题为“组织建设的形势与任务”报告。

完成《关于海淀区将生态文明建设融入文化建设的问题与对策调研》《走新型城镇化道路，完善北部新区建设中城乡公平体制机制》《关于在生态文化观指导下建好美丽海淀》《关于海淀区加强区域合作的调研》《关于加强移动互联网产业集群发展和支撑智慧海淀建设的调研》《外资机构在促进中关村创新发展中的作用》6 篇调研报告。

向区政协九届二次会议提交《提升海淀生态文明水平，建好北部科技新区》《海淀北部新区集体产业园建设、管理政策与长效运行机制调研》2 篇大会发言。其中《海淀北部新区集体产业园建设、管理政策与长效运行机制调研》提案得到区领导批示。《对海淀北部新区集体产业园建设、管理政策与长效运行机制的建议》被评为年度优秀党派提案，6人被评为优秀提案人。

全年编报信息 36 篇。其中《关于在天气预报中发布“大气污染条件潜势预报”的建议》《关于地震灾后重建的建议》《河北宣化滥采乱挖现象严重 保护地质遗产刻不容缓》3 篇信息被全国政协采纳，《关于在天气预报中增设“大气污染条件潜势预报”的建议》得到环保部重视。九三学社区委获九三学社中央组织建设先进集体称号，1 人获先进组工干部称号。九三学社区委获区政协反映社情民意信息工作先进单位奖，区统战系统信息工作优秀单位二等奖。

（赵国春）

【举办基层干部读书班】 8月23日—24日，九三学社海淀区委与九三学社北京市委联合举办基层干部读书班。邀请中国人民大学新闻学院党委书记做《互联网信息传播的发展及对社会运行的影响》主题辅导报告；九三学社北京市委领导做题为《学习中央文件精神加强基层组织建设》辅导报告，对《九三学社中央关于加强组织建设的若干意见》进行解读。

（赵国春）

【社会服务工作】 年内，中国农科院委员会、北京邮电大学委员会赴顺义“太阳村儿童教育中心”开展献爱心活动。北京交通大学支社赴贵州省荔波瑶山乡调研，为瑶山编制“扶贫生态移民修建性详细规划”。中国农业大学委员会、中国农科院委员会等 7 个基层组织获九三学社北京市社会服务工作先进集体称号，16名社员获九三学社北京市社会服务工作先进个人称号。

（赵国春）

台湾民主自治同盟北京市海淀区工作委员会

【概况】 台湾民主自治同盟是由台湾省人士组成的社会主义劳动者、社会主义事业的建设者和拥护社会主义的爱国者的政治联盟，是为社会主义服务的政治力量，是爱国统一战线的组成部分。台盟海淀区工委成立于 1998 年 10 月。现为第四届委员会，成立于 2011 年 6 月。台盟海淀区工委现有 3 个支部，截至 2013 年年底有盟员 75 人，新发展盟员 6 人，自然减员 2 人。盟员中有全国人大代表 1 人、全国政协委员 2 人（其中常委 1 人），市人大代表 1 人（常委 1 人），市政协委员 4 人（其中政协副主席 1 人、常委 1 人），区人大代表 1 人（常委 1 人），区政协委员 9 人（其中常委 1 人，副秘书长 1 人）。

2013 年，完成中共海淀区委重点调研课题《海淀区“智慧社区”发展现状研究》《海淀区社区医疗服务中心现状的调查分析》，向区人大会议提交议案 1 件，向区政协提交党派提案 2 件，委员提案 7 件，上报信息 86 条。《扎实推进“智慧社区”建设 助力打造“智慧海淀”》获台盟北京市委年度优秀调研报告二等奖，《海淀区社区卫生服务中心现状的调查》获台盟北京市委优秀调研报告三等奖，台盟海淀区工委获台盟北京市委年度参政议政先进集体一等奖，2 人获参政议政先进个人称号。台盟海淀区工委获台盟中央 2013 年地市级参政议政先进集体称号。《关于加强社区居民体育健身支持力度，提高社区居民身心健康水平的建议》获区政协优秀党派团体提案，1 人获个人优秀提案奖。

台盟海淀区工委被台盟北京市委评为 2013 年度社情民意信息工作先进单位，1 人获信息先进一等奖，被区政协评为 2013 年度社情民意信息工作优秀单位、被区委统战部评为 2013 年度海淀区统战系统信息工作优秀单位三等奖；1 人被区统战部评为优秀信息员。全年组织盟员参加区统战部组织的“统一战线大讲堂”6 次、各类培训班 4 次和报告会 6 次，盟员累计参加 130 人次。

2013 年，成立“台情小组”，邀请全国台联副会长杨毅舟为“台情小组”讲台情，增强对台情的了解和对台政策的理解。举办春节联欢会、春季植树和中秋节组织大型活动，邀请在海淀区就读的台湾学生参加。

年内，为海淀区温泉镇敬老院的 16 位五保户老人送生活物品。组织盟员、家属和在海淀区就读的台湾学生 60 多人，到海淀区苏家坨镇沙涧村参加全民义务植树活动。组织老年支部到京西著名古村落爨底下村参观，组织老盟员参观抗日战争纪念馆举办的“台湾同胞抗日史实展”。组织青年支部在日本侵略军南京大屠杀纪念日到京郊延庆参观“平北抗日纪念馆”。

（曾军）

北京市海淀区工商业联合会

【概况】 海淀区工商业联合会的前身是成立于 1951 年 6 月的北京市工商联海淀区办事处，为北京市工商联的派出机构。1993 年 5 月更名为北京市海淀区工商业联合会。截至 2013 年年底，有会员近 1600 户。会员单位法人代表中有全国人大代表 1 人，全国政协委员 1 人；市人大代表 1 人，市政协委员 8 人；区人大委员 11 人，区政协委员 52 人。有团体会员 8 个，有基层组织分会 14 个，有行业分会 3 个（2013 年新成立 2 个）。

参政议政 组织非公有制经济人

士围绕市区中心工作和企业发展需求建言议政。在区政协九届二次全会上，做题为“优化产业发展环境，加速科技创新跨越”大会发言，在区领导谈心会上做“关于推进城市精细化管理的建议”“关于支持中关村生物医药产业及超大公司发展的建议”的发言，在政协议政会上提“创新社会服务管理模式推动行业协会商会组织发展”建议，做题为“安全利用地下人防空间”发言。组织上市会员企业、餐饮行业、生物医药行业等系列座谈会，关于在北部新区建立上市公司总部的意见被区领导采纳。完成《关于海淀区民营企业在经济下行压力下的路径选择研究》课题研究。协助全国工商联、市工商联开展系列调研调查活动，完成2012年度规模民营企业调研、北京非公经济发展政策环境调查、第四次民营企业军民两用高新技术项目等调研调查。

服务区域经济社会及公益事业　组织企业申购文化惠民票，共计800余张，享受补贴10万余元，惠及非公企业50余家。组织会员企业考察金丰餐饮公司和湘鄂情餐饮公司食堂建设项目，帮助解决企业员工就餐问题。举办核心区自主创新和产业发展政策解读会、核心区知识产权政策扶持介绍会，组织企业参加2013中关村政金企对话，帮助企业把握区域政策信息。组织50余家会员企业参加张家口市、呼和浩特金桥开发区、“中国光彩安徽六安行”、首都非公经济食品产业链对接会招商等活动，调研考察秦皇岛市北戴河开发区、天津北辰经济开发区建设。

会员服务工作　通过网站会刊及时将市、区最新经济政策传达到会员企业。调整充实政府顾问单位，制订工商联专家顾问工作规则。为会员企业解决异地经营、税务、劳动纠纷、安全生产等问题。加强与渣打、光大、招商、北京等银行合作，与海科金集团、中信证券等机构联系，为会员企业争取金融支持。清河分会向北京银行推荐优秀会员企业，给予优惠贷款。上地分会开办“思想茶馆”，为会员企业交流搭建平台，促成合作额达2亿余元。翠湖科技园分会编制企业产品宣传手册。马连洼分会开展“思想下午茶”，中关村分会开展“一份简餐，一个话题，一杯清茶，一份收获”活动。推荐5名企业家参评“北京市第三届优秀中国特色社会主义事业建设者”，5名女企业家获得区“三八红旗手”称号，3家企业参评全国工商联“科技进步奖”。

组织建设　全年召开主席、会长会议4次。推进非公有制经济代表人士数据库建设，组织体系数据库建设基本完成。新成立文化创意分会、传统行业分会。成立参政议政、社会服务、会员服务、精神文明建设、对外联络、妇委会六个专委会。会员规模不断扩大。如上地分会发展会员企业达170多家，中关村分会达230多家，海淀种子商会达到94家。

原工商业者工作　帮助原工商业者解决生活上的困难，提高生活困难的原工商业者补助标准，坚持传统节日走访慰问，做好原工商业者接待工作，对房产、股息等历史遗留问题进行政策解答。全年为原工商业者发放困难补助、慰问金近100人次、10万余元。

（张雪松）

群众团体

3月15日，海淀区启动主题为“科技支撑惠农兴村”的第十五届“科普之春”活动（李瑞林 摄）

4月9日，区侨联和区海外联谊会邀请加拿大侨领访问团到海淀区考察金融业和股权投资行业发展情况（区侨联 供图）

6月3日，“我的中国梦”第六届首都新侨乡文化节海淀区表演分会场在海淀少年宫举行。图为印度尼西亚民间乐器“昂格隆”伴奏的歌舞表演《椰岛之歌》（区侨联 供图）

6月3日，以“建设美丽海淀 助力核心区发展”为主题的第二十一届海淀区职工艺术节“我的梦·中国梦”合唱比赛（李瑞林 摄）

11月2日，团区委组织社区青年参加凤凰岭森林公园青年汇长走活动（李瑞林 摄）

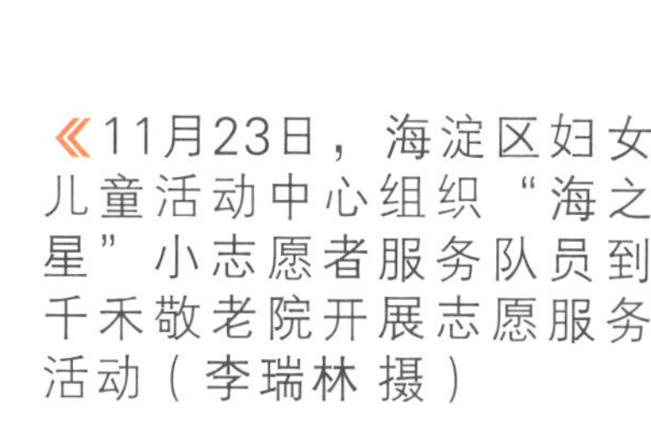

11月23日，海淀区妇女儿童活动中心组织“海之星”小志愿者服务队员到千禾敬老院开展志愿服务活动（李瑞林 摄）

群众团体

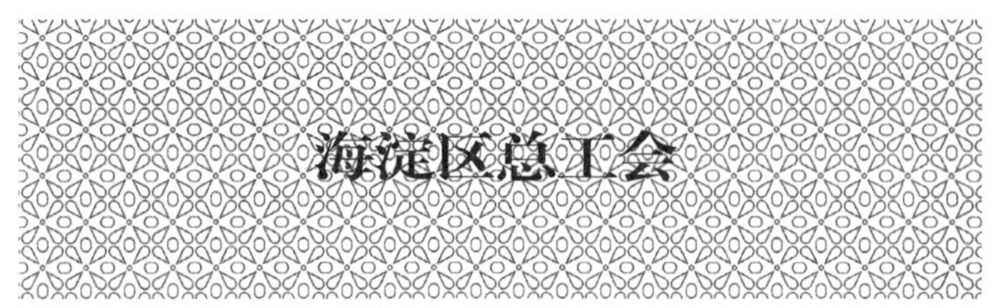

海淀区总工会

【概况】 北京市海淀区总工会是海淀区委领导下的职工自愿结合的工人阶级群众组织，是海淀区各企事业单位工会组织和机关工会组织的领导机构。现为第十五届委员会（2012 年产生），下属海淀工人文化宫、海淀职业介绍所、海淀区职工休养服务部、海淀区技术交流站等4个直属事业单位。2013年，有基层直属工会116家。

2013年，区厂务公开协调小组被全国厂务公开协调小组评为“全国推动厂务公开民主管理工作先进单位”，5家基层工会所属企业被北京市总工会评为“北京市厂务公开管理先进单位”；区总工会“劳动者就业能力指数研究”获人力社保部职业指导优秀成果一等奖；区总工会获北京市司法局授予的“北京市法律援助模范集体”称号，获中国职工保险互助会北京办事处授予的“2013年度职工互助保障工作优秀代办处”称号，获第八届首都职工文化艺术节优秀组织奖。区总工会成为中国劳动关系学院首批九家 MPA 专业学位研究生实践基地之一。全区有1个集体获“全国工人先锋号”称号，2名个人获“全国五一劳动奖章”称号，3个集体获“首都劳动奖状”称号，6个集体获“北京市工人先锋号”称号，19名个人获“首都劳动奖章”称号。

（胡文欣）

【职工摄影大赛】 3月至7月，开展“爱海淀，拍海淀”职工摄影大赛。大赛是“建设美丽海淀 助力核心区发展”第二十一届海淀区职工艺术节活动中的一项区级示范项目。大赛共征集各类摄影作品600余件，评选出一等奖作品8幅、二等奖作品10幅、三等奖作品29幅、优秀奖作品52幅。

（胡文欣）

【第二十一届海淀区职工艺术节】 3月至年底，以“建设美丽海淀 助力核心区发展”为主题的第二十一届海淀区职工艺术节举行，涵盖职工歌手大赛、职工合唱比赛、职工舞蹈大赛、职工摄影大赛等，各基层工会围绕“我的梦·中国梦”“建设美丽海淀 助力核心区发展”等主题，开展系列职工文化体育活动。区总工会在各基层工会开展的活动基础上，相继举办“我的梦·中国梦”合唱比赛、海淀区职工艺术节“我的梦·中国梦”舞蹈大赛、海淀区职工艺术节“爱海淀 拍海淀”摄影大赛、“我的梦·中国梦”第二十一届海淀区职工艺术节文艺汇演。约5万人参加。

（胡文欣）

【“五一”国际劳动节表彰大会】 4月25日，海淀区举办庆祝“五一”国际劳动节暨表彰大会，对获“全国工人先锋号”“全国五一劳动奖章”“首都劳动奖状”“北京市工人先锋号”“首都劳动奖章”称号的10个先进集体、21名先进个人进行表彰。

（胡文欣）

【举办第三届大型职工集体婚礼】 5月18日，区总工会在圆明园绮春园举办海淀区大型职工集体婚礼，24对新人在现场来宾和亲朋好友的祝福声中，携手步入婚姻的殿堂。

（胡文欣）

【完成“劳动者就业能力指数”课题】 6月，区总工会完成并正式对外宣布“劳动者就业能力指数”课题。该课题于2012年下半年立项，由海淀区总工会与中国劳动关系学院专家共同开展，旨在为海淀区总工会就业帮扶提供参考。该调查可以对各类失业人员或就业困难人员进行评价，并根据评价结果采取有效的就业服务，从而提高部门的各类就业促进项目的针对性和有效性。调查包括就业意愿、就业技能、求职技能和歧视规避等四个指数，并考虑到技术进步、老龄化、社会和家庭环境、就业歧视等因素，每个指数下包括若干评价指标。经过培训的工作人员对劳动者，特别是就业困难人员的各项就业能力指标进行评价，可确定有针对性的就业帮扶措施，例如：勉励、心理疏导、职业介绍、技能提高、取证培训、安排政府公益岗位给予资助等。这一课题在全国为首次发布，形成《劳动者就业能力指数》研究报告，获人力资源和社会保障部职业指导优秀成果一等奖，并获得《工人日报》《北京日报》《中国劳动保障报》、人民网等主流媒体的关注。11月18日—19日，在人力资源和社会保障部召开的2013年全国高级职业指导师年会上，区总工会作为获奖单位发言。

（胡文欣）

【赴延安培训】 7月7日—8月3日，区总工会分两批组织直属基层工会主席98人赴中国延安干部学院进行群众路线教育实践活动培训。

（胡文欣）

【第二十五届职工“长春杯”越野赛】 11月9日，由区总工会主办的第二十五届海淀区职工“长春杯”越野赛在圆明园遗址公园南广场开幕，4000余名职工参加比赛。比赛分为全民健身组和竞赛组，最终教育工会、东升地区总工会和当代商城工会分获团体前三名。

（胡文欣）

【工会组织建设】 2013年新建基层工会组织1443家，新增会员单位5974家，发展会员10.2万人，全总非公企业数据库内企业建会率达92%，会员发展率达93%。500强企业建会率达95%以上。截至年底，累计采集工会组织信息6051家，采集企业信息7893家，采集会员信息22.1万人，为1.3万余名职工办理“京卡·互助服务卡”。

在全区范围内开展“两模三优”评选活动，评选出区级模范职工之家35个、模范职工小家38个、优秀工会工作者67人、优秀工会积极分子91人、优秀职工之友53人。在北京市总工会和全国总工会的“两模一优”评比中，6个基层工会被评为“北京市模范职工之家”，6个基层工会分会组织被评为“北京市模范职工小家”，8人获“北京市优秀工会工作者”称号。佳讯飞鸿工会获全国总工会授予的“模范职工小家”称号，翠微小学工会获全国总工会授予的“模范职工小家”称号，1名个人获“全国优秀工会工作者”称号。在落实建会三年规划工作中，1人获得全总授予的“全国工会落实建会三年规划先进个人”称号。

（胡文欣）

【职工素质教育】 年内，区总工会在全区职工中宣传贯彻中共十八大精神，开展“中国梦”系列主题教育活动。职工参加素质工程各项培训教育活动比例达到53%，参加通用能力培训职工21777人次。年内，区总工会向110家全国、市级职工书屋赠送价值23万余元的书籍，全区1家单位获得“全国职工书屋示范点”称号，8家职工书屋获得“北京市职工书屋示范点”称号，20名职工获海淀区“知识型职工标兵”称号，用友软件股份有限公司谢志华创新工作室被评为市级职工创新工作室。组织全区职工开展“安康杯”竞赛活动，北京昊海建设有限公司、北京超市发连锁股份有限公司获全国“安康杯”竞赛优胜单位；北京翠微百货龙德店电工班获全国“安康杯”竞赛优胜班组；北京市海淀区总工会刘萍获全国“安康杯”竞赛组织工作优秀个人；北京市海淀区房屋土地经营管理中心、北京市西山农场获北京市“安康杯”竞赛优胜单位；北京一二零一印刷厂获北京市“安康杯”优秀组织单位；北京国工印刷厂激光照排组获北京市“安康杯”竞赛优胜班组。

（胡文欣）

【宣传教育】 年内，海淀区总工会编发信息61期；向市总和海淀区委分别编报信息1000余条，在《北京工会信息》和《海淀信息》上刊登18条；在《工会博览》上刊登60余条。

（胡文欣）

【维权机制建设】 截至年底，全区共有4914家企业开展工资集体协商工作，覆盖职工24.5万人，企业覆盖率达到84.8%，职工覆盖率达到94.5%，其中，通过区域性、行业性工资集体协商覆盖企业4387家，覆盖职工12.8万余人；企业单独开展工资集体协商527家，覆盖职工11.7万余人。完成百人以上企业工资集体协商395家，覆盖职工15.4万余人，百人以上企业覆盖率达到95%，职工覆盖率达到94.2%。区劳动争议调解中心全年调解劳动争议案件1451件，调解成功720件，为职工挽回各项经济损失700万元。

（胡文欣）

【职工文体活动】 年内，区总工会围绕“我的梦·中国梦”“建设美丽海淀 助力核心区发展”的主题，开展第二十一届职工艺术节，多项活动贯穿全年。“五一”假日文化活动推陈出新，职工演唱会、免费电影专场等活动精彩纷呈。举办第二十五届海淀区职工“长春杯”越野赛，第十届职工速度钓鱼比赛，第九套广播体操、健身舞小教员培训；组织开展公益大讲堂、职工合唱培训班，摄影采风活动讲评会，首届围棋、中国象棋和扑克牌“双升”裁判员培训班等活动。区职工体育代表队在市职工足球联赛中晋级甲级队，在市总龙舟赛300米竞速赛中夺得冠军；本区选送的文艺作品在市总第九届文化艺术节获得一等奖1名、二等奖2名，三等奖6名，优秀奖12名。海淀工人文化宫获北京市职工文化示范单位称号，安泰科技股份有限公司职工宋雅丽获北京市“职工艺术家”称号。

（胡文欣）

【帮扶工作】 年内，区总工会开展“面对面、心贴心、实打实”服务职工在基层活动，继续为基层办结11件实事，率先在全市启动“1对1追踪式困难职工家庭就业帮扶工程”。“两节”期间，北京市总工会为区内符合条件的市级劳模以及享受市级劳模待遇的360名劳模发放市级劳模春节慰问金3.6万元，为部分困难劳模和低收入劳模发放劳模补贴95644元；海淀区总工会为区部分困难劳模以及低收入劳模发放帮扶金196630元，为区属全部劳模（389名）发放春节慰问金193500元。同时，在“两节”期间，区总工会发放送温暖资金超过30万元；全区各级工会组织向困难职工发放慰问补助金400余万元；继续开展“把海淀的问候带回家活动”，慰问各行各业的外来务工人员1000余名；“五一”前夕，向220名困难职工发放温暖包，使用送温暖专项资金11万元；为12名单亲女职工申请4.2万元子女助学补助。全面推开“暖·互助”——在职职工医疗互助保障计划，减轻职工门诊、住院医疗负担；通过《区总工会临时应急救助资金申请办法》，为患病困难职工开启绿色通道；深化三级服务体系建设，9家工会服务站完成规范化建设；完善制度建设，提高专职工会社会工作者工作补贴待遇。加大就业帮扶力度，与中国劳动关系学院共同开发并在全国首次发布劳动者就业能力指数课题研究成果。

本年，新增职工互助保险会员6274人，会员总数达12.3万人，职工参保率达到27%，收缴保费304万元，全年受理赔付1264人次，发放赔付金170.7万元。

（胡文欣）

【就业援助】 年内，区总工会延续“八会制”就业服务模式，举办就业援助月专场招聘会 3 场，春风行动招聘会 10 场，已建工会组织用人单位专场招聘会 88 场，就业援助送岗位系列活动走进专场招聘会 13 场，海淀区总工会庆“三八”女大学生专场招聘会 1 场，全国民营企业招聘月专场招聘会 7 场，大学生兼职专场招聘会 1 场，北京市温暖基金会“困难职工家庭就业援助”海淀专场招聘会 1 场，“城乡手拉手 岗位进清水”招聘会 1 场，海淀区总工会家政服务人员专场招聘会 16 场。全年共举办各种招聘会 135 场，参会招聘单位 2484 家，为求职者提供就业岗位 12 万个，1 万余人次参会，达成就业意向数 3575 人次。

（胡文欣）

【“八会制”促就业】 为拓展就业渠道，区总工会形成通过“八会制”系统促进就业的服务新模式，即每年定期举办“综合会”“已建工会组织专场招聘会”“随军家属招聘会”“走进街镇就业援助送岗位会”“家政会”“交友会”“民企会”和“三八会”八个类别专场招聘会。六年来，累计举办各类招聘会 680 场，提供就业岗位 268910 个，参会 76217 人，达成就业意向 22551 人。

（胡文欣）

【举办“把海淀的问候带回家”活动】 “把海淀的问候带回家”品牌送温暖活动已连续举办 4 年。4 年来，区总工会慰问保安、保洁、家政、建筑工等外来务工人员近 5000 人次，累计投入资金 80 余万元。

（胡文欣）

【首都农民工大学生助推计划】 年内，区总工会开展的农民工大学生助推计划实施三年以来，海淀区共有 46 名农民工被北京市职工大学建筑工程管理、市场营销、人力资源管理、社会工作、工商企业管理等专业录取，实现免费上大学的梦想。

（胡文欣）

【为职工办十一件实事】 年内，区总工会为全区广大会员和基层工会办十一件实事，内容包括：职工继续教育学费资助，为“职工书屋”赠书，为在职劳模、先进人物代表和工会服务站订阅《工人日报》，为基层工会主席送书活动，为离退休劳模体检和为患大病和低收入劳模补足养老金及困难劳模帮扶，举办第三届大型职工集体婚礼，举办“缘在工会，爱在海淀”大型交友活动 2 场，举办 2013 年职工技能大赛，开展职工就业援助活动，对基层工会财务软件的年服务费用进行全额补贴，为基层送文化活动。

（胡文欣）

中国共产主义青年团北京市海淀区委员会

【概况】 截至 2013 年年底，全区共有团员 71344 人，基层团组织 4020 个，其中团委 215 个，团工委 26 个，团总支 770 个，团支部 3009 个。

2013 年，海淀团区委以实现中华民族伟大复兴的“中国梦”为目标，围绕“提高团组织的吸引力和凝聚力，扩大团的工作有效覆盖面”的新要求，履行组织青年、引导青年、服务青年、维护青年四项基本职能，为推动全区新一轮科学发展发挥作用。

2013 年，海淀团区委被评为 2013 年北京共青团信息工作先进单位。2 个基层团组织被评为北京市五四红旗团委，2 个基层团支部被评为北京市五四红旗团支部，3 人获北京市优秀团干部称号，1 人获北京市优秀团员称号，1 人获希望工程北京捐助中心先进个人称号，1 人获全国优秀少先队辅导员称号。

（孙骁）

【海淀区青年联合会】 海淀区青年联合会成立于 1990 年 12 月 22 日。海淀青联实行委员制，设有团体会员组、科学教育组、经济金融组、公共管理组、解放军政法组、文艺体育组、医药卫生组，民族·宗教·民主党派组，归国留学、华人、华侨 9 个界别组。海淀区青联之友联谊会和地区青年联谊会是海淀青联的外围组织。5 月 25 日，海淀区青联召开七届四次全会，增补 2 名副主席、8 名常委及 47 名青联委员，委员总数达 390 名。海淀青联引导委员、会员参与捐资助学、义诊、植树、城市志愿服务等社会公益活动，提高服务社会能力。

（孙骁）

【海淀区未成年人保护委员会】 海淀区未成年人保护委员会（简称未委会）成立于 1989 年 3 月，是从事未成年人权益保护工作的专门机构，未委会办公室设在团区委，现有成员单位 38 家，街镇未委会 29 家。2013 年，继续深化中小学校法制校长工作，共有 267 名法制校长对学生开展法制宣传和自我保护教育。建成五彩城彩虹之家青少年服务中心。选取万寿路街道、花园路街道、曙光街道和西北旺镇的四家社区设立彩虹之家工作站。深入社区开展星光自护、青春红丝带等品牌活动 60 场次，辐射青少年 5000 人次。

（孙骁）

【希望工程北京捐助中心海淀区工作站】 希望工程北京捐助中心海淀区工作站成立于 2003 年 12 月。全年共筹集款物累计 307.28 万元，捐助覆盖青少年 3.4 万人。并被评为 2013 年度希望工程北京捐助中心、北京青少年发展基金会优秀工作站。

（孙骁）

【海淀区志愿者联合会】 北京市海淀区志愿者联合会成立于 2009 年 5 月，是经海淀区民政局核准登记的非营利性社会团体，业务主管单位为共青团北京市海淀区委员会，接受海淀区民政局的监督，办公室设在团区委。

海淀区志愿者联合会是全市第一家区级层面的志愿者联合会，截至年底，有团体会员270余家。2013年建立34家社区志愿服务示范站。联合会秘书处设在海淀区志愿服务指导中心，聘请区委四套班子主要领导担任名誉会长，聘请主管社会建设和共青团工作的区领导担任顾问，并形成了以常务理事会、理事会为核心的议事机制，理事会成员由委办局、驻区高校、驻区部队、驻区企事业单位及地区分会组成。

（孙骁）

【海淀志愿者梦想行动】 3月—12月，举办“放飞梦想 心的志愿”2013海淀志愿者梦想行动，面向儿童、空巢老人、残疾人、农民工、大学生和园区青年征集梦想。活动经历寻梦、追梦、圆梦三个阶段，寻梦阶段通过在社区志愿服务站、学校、企业放置梦想收集瓶，在网络平台设置专区，收集六类群体的梦想一千余个。追梦阶段，通过“志愿者梦想嘉年华”“爱在海淀”等系列活动推广梦想行动，动员志愿者、爱心人士认领梦想，助推志愿服务团队与困难群体“一帮一”或“多助一”结对。圆梦阶段，志愿者与梦想申请人对接，实现少年儿童的成长梦、空巢老人的亲子梦、残疾朋友的出行梦、农民工的学习梦、高校学生的志愿梦、园区青年的创业梦。

（孙骁）

【表彰海淀区五四奖章获得者】 5月2日，召开海淀区“五四”青年大会，评选15名海淀区第十三届五四奖章，表彰优秀青年代表和先进团组织。

（孙骁）

【志愿服务工作会议】 12月3日，2013年度海淀区志愿服务工作会议暨海淀志愿者创建全国文明城区动员大会在海淀区少年宫举行，本次大会以“海淀志愿者梦想行动”为主线，总结回顾了2013年全区志愿服务工作，表彰本年度十大明星志愿者，成立海淀志愿服务基金，动员全区志愿者为创建全国文明城区做贡献。

（孙骁）

【开展青春海淀梦想系列活动】 年内，团区委以“汇聚海淀正能量 共铸青春中国梦”为主题，开展青春海淀梦想行动系列活动。召开高校团委书记联谊会，整合驻区高校资源，及时了解高校青年思想动态，完善区校共建机制。召开“五四”青年大会，评选海淀区五四奖章，表彰优秀青年代表和先进团组织，树立榜样、典型，激励各界青年立足岗位积极进取。举办第九届青年歌手大赛，吸引区内500余名青年报名参赛。组织600名团员青年在凤凰岭自然风景区以“青春海淀健步走 携手共建文明区”为主题的健康长走活动。

（孙骁）

【宣传工作】 全年上报团市委信息平台信息3429条。被团市委《北京团讯》采纳信息100余条，被推荐上报中国共青团网站及团中央《全团要讯》等刊物信息17条，列全市第一。在北京台、海淀台、《人民政协报》、《北京日报》、《北京青年报》及《海淀报》等媒体发表新闻报道200余篇。海淀共青团官方微博更新300余条，粉丝人数增加4000余人，达到28088人。

（孙骁）

【理论调研】 年内，团区委与高校、专业机构和专家学者合作，开展“中关村科技园区海淀园90后大学毕业生青年群体工作生活及思想状况”“海淀区00后青少年思想意识状态”“海淀区科技企业青年人才住房需求”“海淀区重点街镇流动青年流向规律”四项大型调研活动。着力研究党政关心、社会关注、青年关切的青年现象、青年问题和青年政策，为服务青年提供理论依据。其中，“中关村科技园区海淀园90后大学毕业生青年群体工作生活及思想状况”调研项目获2013年度北京共青团及青少年工作研究课题二等奖。

（孙骁）

【基层团组织建设】 年内，团区委继续加强党建带团建工作，坚持和完善团干部双重管理制度，以同级党组织管理为主，上级团组织协助管理。将社区青年汇、志愿服务、闲散青少年工作纳入到“三级联创”考核指标体系，促进街镇党建带团建工作的开展。举办海淀区社区青年汇骨干训练营、2013年海淀区团干部培训班，团干部培训班纳入区委组织部干部培训重点班次。召开共青团北京市海淀区委员会第十二届十次全委会，会议审议并通过《共青团北京市海淀区十二届十次全委会关于团区委委员、候补委员卸职递补确认案》，增选3名常委，8名委员。

（孙骁）

【“两新”[①]组织团建】 年内，团区委继续建立健全共青团“两新组织”团建工作体系。协调区委组织部、区社工委、区教委等部门力量，对全区规模以上非公有制企业分布等情况进行摸底，编制团建工作台账，为团建任务分级提供详尽的数据支撑。2013年新建“两新”（新经济组织、新社会组织）团组织552家，其中，新经济组织533家，新社会组织19家，超额完成年度任务。截至2013年年底，海淀区共建两新团组织2954家，其中新经济组织建团2886家，新社会组织建团68家。

（孙骁）

【建立60家市级示范社区青年汇】 全年全区建设市级示范青年汇60家，开展各类活动5000余次，直接联系服务青年10万人次，辐射带动23万人次。召开全区社区青年汇工作协调小组会，明确“区—街—社”三级联动机制，将社区青年汇工作纳入区委区政府重点工作任务和“三级联创”考核指标。构建“1+4+60”[②]的片区化管理体制和“1+4+56”[③]的梯度化发展路径，逐步形成体系化和制度化的顶层设计。统一社区青年汇标识和外部装饰，建立4家旗舰店，开拓微博、微信等新媒体宣传渠道，拍摄制作青年汇微电影宣传片。依托学习培训、志愿公益、参观实践、运动健康、组织培育、文艺娱乐、创业就业、婚恋交友、普法维权九大功能，设计以“新青年学堂”“新青年城市体验营”“心动北京 全城热恋”“青檬夜

① 是指新经济组织、新社会组织。

② 是指1个区，4个片区，60家市级示范社区青年汇。

③ 是指1个区级运营中心，4个市级示范社区青年汇旗舰店，56个市级示范社区青年汇社区店。

校”为代表的品牌活动，形成青年问题的扫描仪和微循环化解机制。

与海淀公安分局合作建立“驻汇民警”制度，与区公共委合作开展应急志愿者培训，与计生委合作建设“图书角”，与区文化委合作免费发放价值7万余元的演出门票500余张。

（孙骁）

【创业带动青年成长】 年内，团区委举办“第二届海淀青年创意季”，开展全球青年创意领袖论坛、未来领袖文化创意大赛、第二届中关村数字设计创业大赛等活动。在第二届中关村数字设计创业论坛中，经过线上征集，走进校园，与发明协会、软件交易所、专业机构合作等方式，共征集项目210项，评出金奖2项，银奖3项，铜奖3项，鼓励奖3项。完成30余名博士生挂职对接工作并纳入人才库。

（孙骁）

【青联品牌活动】 年内，青年联合会联合北京大学学生民乐团与交响乐团，在北京植物园举办以“争创海淀文明城，共赏高雅文化新风”为主题的海淀文创联盟高雅音乐艺术节活动。承办“品味健康美食 传递青年能量”海淀社工厨艺大赛。扩大社区青年汇在青年群体中的知名度和影响力。联合海淀区志愿者联合会开展梦想行动认领活动，组织青联委员认领百余个梦想并助人圆梦。

（孙骁）

【重点青少年管理工作】 年内，作为北京市唯一一家开展“关爱青少年彩虹行动示范项目”的试点城区，继续开展重点青少年教育帮扶活动。协调法院、社会组织、企业等单位选出20名专业人员，担任青少年的人生导师，对青少年开展思想教育、法律教育、文化知识教育。联系职业技能学校对区内60名重点青少年开展人力资源、计算机等方面的教学。依托60家市级示范社区青年汇开展个案帮扶工作。截至年底，全区纳入北京市重点青少年群体服务管理系统和社区青年汇服务管理系统、实现日常联系和重点帮扶的青少年有600人。举办关爱青少年“雨后彩虹，青春绽放”活动，讲述重点青少年在成长过程中如何战胜困难的故事，传递正能量。开展面向各类特殊青少年群体的“青少年活动空间”“深宵外展”等服务，帮助各类青少年克服不良心理行为倾向、预防犯罪、健康成长。

（孙骁）

【未成年人司法保护】 年内，团区委动员各方力量参与青少年维权，将涉诉未成年人司法保护工作纳入全区综治考核指标体系，推进法制化维权进程。2013年6月，选取北京超越青少年社工事务所，在海淀看守所设立全国首家驻所“青少年司法社工站”。通过政府购买服务的形式，由北京超越社工事务所向海淀看守所派驻4名驻所社工，为涉诉未成年人提供合适成年人及社会调查服务[①]。巩固涉诉未成年人司法保护“公检法一条龙”的海淀模式，海淀区在未成年人司法保护工作走在全国前列。

（孙骁）

【志愿服务事业】 年内，团区委依托地区分会和社区志愿服务站举办“社区志愿者嘉年华”活动，整合社区周边志愿服务资源，加强社区与志愿服务团队、社会公益组织的联系沟通，组织驻区军队、医疗机构、企事业单位等社会群体在社区开展文艺汇演、健康义诊、法律咨询、义务理发、小家电维修等各类便民志愿服务，促进志愿服务社会化发展。举办“志愿走进生活 健康伴你同行”2013北京志愿者组织乒乓球团体邀请赛海淀分赛区比赛，39支团队参加。

评选年度“十大明星志愿者”，并组建明星志愿者宣讲团，进社区、进学校、进企业宣传志愿服务精神及感人事迹，树立志愿者健康、时尚、正面、积极的形象，传播“志愿真情，爱在海淀”的文化理念。2013年，海淀区志愿者累计上岗约12万人次，累计服务时间300多万小时，累计服务群众近500万人次。

（孙骁）

【志愿者队伍建设】 年内，团区委依托海淀志愿者信息管理平台，实现与“志愿北京”的互联互通与数据共享。截至2013年底，海淀区通过验证的注册志愿者470368人，占全市注册人数的22%，占全区常住人口总数的13%；注册志愿团队2520个，占全市的34%；登记志愿服务项目2747个，占全市的24.4%。

（孙骁）

【设定社区志愿日】 年内，团区委将每月第一个星期六设定为“海淀社区志愿日”，围绕“关爱他人、关爱社会、关爱自然”的方向，依托社区志愿服务站开展“学习雷锋榜样月”“尊师重教感恩月”等主题志愿活动。共计两万余人参与活动。

（孙骁）

【“爱在海淀”系列志愿服务项目】 年内，志愿者联合会继承奥运会、国庆志愿者工作的良好经验，开发“永动的蓝立方”服务项目，在旅游景点、交通枢纽、购物场所等重点区域设置城市志愿服务站点，为市民提供语言翻译、信息咨询、便民服务等基本服务，同时结合各站点位置开展特色宣传活动。开展“快乐共成长”项目，启动新学期“七彩课堂”，志愿者在农民工子女学校，建立“七彩课堂”，开展课业辅导、亲情陪伴、阳光运动等服务。开展“温情暖夕阳”项目，实现对海淀区26所敬老机构全覆盖。开展“健康伴你行”项目，联合区红十字会、公共委、卫生局开展应急医疗志愿者培训。开展“平安在身边”项目，在全国两会等重要时间节点，组织社区志愿者、文明引导员、青年志愿者，在代表驻地周边，参加社会治安巡逻等服务。

（孙骁）

[①] 社会调查是指通过对涉诉未成年人成长各方面的了解，分析其违法犯罪原因，为司法机关正确适用法律提供参考依据；也可以在社会调查的基础之上，对涉诉未成年人开展有针对性的帮教工作，促进其获得反思、改善。而合适成年人工作则是当涉诉未成年人的法定代理人无法到场旁听其讯问的时候，由司法社工承担起合适成年人的角色，旨在维护涉诉未成年人的权益，使讯问顺利进行。

海淀区妇女联合会

【概况】 海淀区妇联成立于1951年1月，是中共海淀区委领导下的海淀区各族各界妇女的群众团体组织，是党和政府联系妇女群众的桥梁和纽带。现为第十二届执行委员会(2012年11月选出)。下属海淀区妇女儿童活动中心、海淀区三八家政服务中心等2个事业单位和海淀区家庭教育研究会1个法人社团。截至2013年底，共有区直机关、教育工委、公共委、国资委、民主党派（民建合在其中）、工商联等6家妇工委，1家非公企业妇工委（2013年8月成立），区级工会女职工委员会1家，设有区域女性人才联谊会、女领导干部联谊会、女司法工作者联谊会、中小学女校长联谊会、台港澳侨胞姐妹联谊会、女教授联谊会、女村长女书记联席会、女企业家联谊会、女医务工作者联谊会、中关村核心区女企业家沙龙（2012年3月7日新成立）等10个女性联谊组织。

2013年，海淀区妇联结合区委区政府重点工作任务分解方案、为群众拟办重要实事、文明城区创建折子工程等重要工作部署，发挥“凝聚妇女、带动家庭、联动社会”的群团工作优势，力求在参与社会管理、提供公共服务的过程中解决好妇女儿童最关心、最直接、最现实的利益问题。

2013年，海淀区妇联获北京市妇女之家工作成果展示活动二等奖，北京市第二届巾帼健身风采展示活动优秀组织奖，第十届北京百万家庭数字生活技能大赛区县优秀组织单位；北京金秋果实电子科技有限公司、北京纽曼腾飞科技有限公司、北京格林曼光电科技有限公司三家单位被评为北京市“女大学生实习实践基地”，三家公司的女负责人石卫丽、程静、张华被评为北京市“女大学生创业导师”；北京市海淀区西北旺镇土井村经济合作社、北京周家巷农业发展有限公司、北京英成懋金园果树种植中心、北京市香御四季农业发展有限公司、北京百旺农业种植园、北京上庄逸然种植专业合作社被评为北京市“双学双比”示范基地；青龙桥爱心妈妈团队和海之星小志愿者服务队被评为首都“巾帼圆梦之星”优秀团队。

（郭安安　陈萍）

【海淀区妇女儿童工作委员会】 海淀区妇女儿童工作委员会是海淀区政府负责妇女儿童工作的协调议事机构，负责组织、协调、指导、督促有关部门落实海淀区妇女和儿童发展规划目标任务，以及妇女儿童权益保障工作。海淀区妇女儿童工作委员会办公室设在区妇联，由区属39个成员单位组成。年内，接受市、区两级督导组对市、区妇女和儿童规划实施情况的中期评估督导，市级重点监测指标有38项，完成了37项，达标率为97%，在全市位列第一。办公室主要协调和推动区委、区政府有关部门及有关团体按照职责分工，实施区妇女和儿童发展规划，开展男女平等基本国策主题宣传、组织教育培训、开展妇女“两病筛查”宣传动员以及儿童伤害干预项目等工作。

（郭安安　陈萍）

【海淀区家庭教育研究会】 海淀区家庭教育研究会成立于1982年，是由区妇联发起，海淀区从事家庭教育理论研究与实践工作的专家、学者及热心家庭教育的人士和团体自愿组成的社会团体。海淀区家庭教育研究会办公室设在区妇联，业务主管部门是海淀区教委。

2013年，联合区教委、区文明办制定《海淀区家长学校管理办法》。开展“家庭教育宣传月”活动，邀请专家进社区、农村，共组织各类家庭教育宣传活动65场。编制印发家庭教育宣传彩页3万份，发放到各社区（村），宣传科学家教理念和家庭美德。举办“家教公益大讲堂”9次，提供系统的家庭教育指导。在四季青御香园建立全区首个“亲子教育示范基地”。开展“好家长”评选活动，60名“好家长”入选北京市千名“好家长”。

（郭安安　陈萍）

【春节走访慰问】 春节前夕，各级妇联组织开展以“营造温暖之家、共享美好生活”为主题的走访慰问活动，共计慰问贫困妇女儿童及其家庭164户，发放慰问金13万元以及价值1万余元的慰问品。

（郭安安　陈萍）

【海淀巾帼健步走活动】 3月7日，区妇联、甘家口街道妇联在玉渊潭公园联合举办“美丽女性、绿色出行”海淀巾帼健步走活动。区各界优秀女性代表约100人参加，倡导环保、健康、文明的生活理念。

（郭安安　陈萍）

【开展男女平等基本国策宣传培训】 3月26日，在区妇女儿童活动中心以“倡扬男女平等文明风尚，共同建设和谐美丽海淀”为主题，开展男女平等基本国策宣传和培训活动。各街镇妇儿工委、人大办公室、村两委成员、大学生“村官“等100多人参加。全国妇联妇女研究所政策研究室研究员就男女平等基本国策做辅导讲解。向39个妇儿工委成员单位和镇、街道印发了300份知识问答题。

（郭安安　陈萍）

【交流联谊】 3月30日，全国地市州妇联主席任职培训班49名学员到海淀区妇女儿童活动中心、清华科技园·玉泉慧谷及香山御香观光采摘园，参观了解海淀区妇女儿童工作及领先的科技、农业发展情况。

6月27日，新华社《人民日报》《北京日报》等16家中央及市属媒体，分别参观区示范“妇女之家”海淀妇女儿童活动中心和市级“双学双比”示范基地四季青镇绿色果品观光采摘园。各家媒体随后对海淀妇女工作和基地建设成果进行报道。

8月7日，北京市妇联到西北旺镇土井村航天蔬菜基地和上地街道嘉华大厦调研妇女工作，了解海淀区农村妇代会换届情况、农村“妇”字号基地建设情况、楼宇妇女工作站建设情况和非公领域女性的实际需求。

9月15日，全国妇联到海淀区总参信息化部机关大院社区调研，了解海淀基层妇女工作的情况、社区妇联组织建设情况、社区“妇女之家”运转情况、广大妇女存在的普遍性需求以及基层妇联在工作中遇到的问题和困难。

12月12日，澳门妇女骨干培训班一行27人，到海淀区中关村街道东里南社区参观考察社区建设情况。

（郭安安　陈萍）

【国际商务研修班成员考察儿童伤害干预项目】　6月3日，区妇儿工委接待国务院妇儿工委办、商务部国际商务官员研修学院“发展中国家校园安全与儿童伤害应急救护研修班”学员对其承担的国务院和北京市妇儿工委预防儿童伤害干预试点项目的考察参观，来自孟加拉、尼泊尔、巴勒斯坦等九个国家的十余位官员到项目试点单位二里沟中心小学参观。来宾们观摩全校1600多名师生安全有序的疏散，并考察“课堂教学为中心、课外活动为拓展、家庭教育重养成”的综合安全教育新模式。国务院妇儿工委办、商务部、国家质检总局、联合国儿童基金会、北京市妇联、市教委相关领导参加活动，向孩子们赠送《儿童权利公约》、儿童用品安全消费知识系列动画片光盘等图书礼物。

（郭安安　陈萍）

【未成年人思想道德建设】　年内，区妇联围绕“中国梦”教育，开展以“放飞少年中国梦”为主题的系列实践活动，包括：“我心中的小小中国梦”儿童绘画征集评选活动、“共绘少年中国梦”庆祝“六一”国际儿童节主题实践活动、“我的‘中国梦’——做文明有礼的北京人”新童谣征集活动。

围绕节日组织开展系列传统文化教育活动，包括：“网上祭英烈”清明节文明祭扫活动、“学习雷锋、做美德少年”网上签名寄语活动、“向国旗敬礼，做一个有道德的人”网上签名寄语活动。

落实创建“全国未成年人思想道德建设工作先进城区”指标任务。区妇联承担28项指标，整理提交21项指标的档案材料共计293份。

（郭安安　陈萍）

【关注未成年人成长】　年内，区妇联举办“家庭成长星”假期训练营，开设国学、茶艺、魔术、沙画等15种课程，受益人数2500人次。组织“海之星”小志愿者服务队志愿服务4次，即“大手牵小手、绿色在行动”植树活动、“爱与温暖”义卖义捐活动、“传递温暖、爱心永相伴”志愿者走进敬老院、孤儿院活动，300余人次参与。开展“我心中的小小中国梦”庆“六一”儿童才艺展演活动，26个家庭的95人参加比赛。启动“小手牵大手　文明进我家”——海淀区家庭文明小监督员活动。以家庭为单位，由家中小朋友来担任小监督员，监督家长的行为表现，1000个家庭参与。

（郭安安　陈萍）

【妇女“两癌筛查”】　妇女“两癌筛查”是区政府2013年实事项目，妇儿工委办与成员单位财政局、卫生局、妇幼保健院共同开展工作，面向基层妇女开展健康知识宣传，发放4万份宣传资料，使广大妇女及时正确了解政策，2013年“两癌筛查”人数19611人，为提高自愿参与筛查做工作。

（郭安安　陈萍）

【开展儿童伤害干预项目】　“十二五”期间，海淀区继续参加国务院和北京市妇儿工委办与联合儿童基金会合作的“儿童伤害干预项目”。目标是通过创建安全社区、安全学校、安全幼儿园、安全家庭模式，实施儿童伤害干预，从而减少儿童伤害的发病率和死亡率，提高儿童的健康水平。年内，组织10所小学和41个试点社区开展项目工作宣传展报研讨，开展宣传画征集，收集到100多幅宣传展报，建立预防儿童伤害宣传栏。在试点社区实行伤害干预、安全活动大事记工作手册登记制度。举办“创建全国文明城区　预防儿童伤害”知识竞赛。12支队伍参加决赛，评出一等奖1名，二等奖4名，三等奖7名。

（郭安安　陈萍）

【维护妇女儿童合法权益】　年内，区妇联开展男女平等基本国策和保障妇女权益法律法规的宣传教育活动。“三八”维权周期间，全区共开展208场主题宣传教育活动，制作发放宣传品34138份，参与群众14920人。

在“维权服务在身边”系列活动中，以社区、家庭为重点宣传对象，开展15场普法讲座和法律咨询服务，千余人次受益，发放宣传材料5000余份。开展禁毒、防艾、法律宣传平安家庭创建宣传教育活动。举办加强对流动人口的消防安全教育。启动“防邪知识进家庭”活动，筑牢家庭反邪教的第一防线。

推动维权专业化服务。将合作律师事务所由5家增加到7家，服务内容更加全面：一是每周三、每月末的周五定期由合作律师事务所指派律师提供法律咨询服务；二是将全区街、镇分为7个片区，与律师事务所签订服务协议，事务所随时为街道、镇提供法律宣传等公益服务；三是律师事务所在工作日八小时内设有专人解答妇女的法律问题。

全区有646个“家庭方圆驿站”和“心愿信箱”。“家庭方圆驿站”共受理家庭矛盾、邻里纠纷、财产纠纷等案件271件。“心愿信箱”共收集文化教育、公共服务等各类心愿313条。“家庭方圆驿站”为19213名妇女开展维权宣传、就业岗位招聘会、心理健康讲座、手工技能培训等活动235场。

（郭安安　陈萍）

【家庭文化建设】　年内，区妇联推荐15户家庭成为“第九届首都和谐家庭”，4户家庭成为“第九届全国五好文明家庭”。

开展“家庭美德宣传月”活动。以“创想文明生活、圆梦美丽海淀”为主题，各级妇联组织开展“优质小家庭、社会大文明”家庭美德大家谈、“我身边的美丽海淀”摄影作品征集、“我的梦·中国梦”梦想寄语征集、“传递正能量、和谐邻里情”好邻居节等491场宣传实践活动，94310人参与。

开展海淀区家庭数字生活技能大赛，16700余人参加网上答题活动，500余人参加网上摄影比赛。

（郭安安　陈萍）

【关注非公企业女性发展】　年内，区妇联实施“芳华绽放”海淀区非公企业女员工关爱服务项目，围绕健康关爱、权益维护、联谊交流、文化娱乐、素质提升等五方面开展服务。举办“关爱企业女性 圆梦魅力海淀”活动，以“运动使生命更精彩”为主题，为 30 多家 100 余名非公企业的白领女性开展科学健身知识讲座。在金秋集团成立海淀首家非公企业妇女工作委员会。推选出 11 位女企业家所在企业的尖端技术及产品参加北京市妇联“三八”国际妇女节服务月的展示活动。

（郭安安　陈萍）

【服务城乡妇女】 年内，区妇联开展非京籍女性生活现状专题调研，启动“绽放·点亮幸福”——服务流动女性系列活动，举办法律咨询、技能培训等，共为流动妇女举办 7 场法律讲座，3 场烹饪培训。

开展“海淀巾帼服务月”活动。以“服务、凝聚、发展”为主题，围绕“三八维权、志愿服务、倡扬新风、成长关爱”四个主题开展维权观摩、志愿服务、公益讲座、文化论坛、风采展示、走访调研、家庭美德宣讲、妇女代表交流等主题活动 661 场， 63576 人次参与。

举办多场文化、文艺展示活动，调动各界女性参与文化事业发展的积极性。

启动“中国梦”海淀梦工厂计划，为高新技术企业的青年朋友开展 3 次梦工场之减压活动，让青年朋友放松身心，恢复心理的平衡健康。

与街道联合举办 4 次“玫瑰之约 牵手海淀”青年男女联谊活动。

成立“巧手慧心”手工志愿者服务队，举办“心系雅安情 共筑中国梦”爱心义卖活动，募得善款 2034.5 元捐至北京市妇女儿童发展基金会。

（郭安安　陈萍）

【促进城乡妇女发展】 年内，区妇联推选命名海淀区三八红旗手 150 名、海淀区三八红旗集体 50 个。评选出 4 家区级巧娘工作室。推选 2 名巧娘为市级优秀巧娘。并推荐 6 名巧娘参加园博会、文博会展卖活动。

开展“春风送暖”慰问活动，来到市级“双学双比”示范基地四季青镇海舟慧霖农业发展有限公司，慰问农村创业妇女代表，解决她们创业及生活中遇到的实际困难。

组织 8 名妇字号基地负责人参加市妇联举办的农产品中级女经济人培训班，均取得中级职业资格证书。

开展手工技能进农村、进社区活动。组织中国结、剪纸、面包花、三维立体画、折纸、毛线编织厨艺、健康类等培训 69 期，培训妇女 2446 人次。举办 9 期“曹氏风筝”绘制培训班。

与区商联会联合举办海淀区商业服务业、家庭服务业女职工技能竞赛，竞赛设有风筝绘制、化生活妆、“半自理病老人”护理三个比赛项目。

（郭安安　陈萍）

【女性技能培训】 年内，海淀妇女儿童活动中心开展手工、厨艺和计算机等技能类培训 356 次，培训 6553 人次；声乐、书法、国画等艺术欣赏类 6 门课程，培训 152 期，培训 2577 人次；舞蹈、健美操、瑜伽、拉丁舞等 10 门健身类课程，培训 256 期，培训 2648 人次；还开设京剧、模特、低碳环保知识等培训课程。

（郭安安　陈萍）

【组织建设】 年内，完成 64 个村妇代会换届选举。新一届农村妇代会主任 100%进入村两委，平均年龄 48 岁，大专以上学历占比 62%。

结合海淀南、北、中三大功能区建设，提出建立涵盖楼宇、园区、企业的妇女工作示范站点的战略构想。在北京金秋果实电子科技有限公司成立海淀首家非公企业妇女工作委员会，培育树立了北体大、苏州桥西社区、恩菲大厦等妇女之家先进典型。

通过交流考察、专题研讨、现场教学、以会代训等不同形式共培训执委、专职妇女工作者、基层妇联主席及妇女之家负责人、处级女干部等相关人员共计 1300 余人次。

（郭安安　陈萍）

海淀区归国华侨联合会

【概况】 海淀区归国华侨联合会（简称区侨联）是在中共海淀区委领导下的由归侨、侨眷组成的人民团体，成立于 1984 年，现为第六届委员会（2011 年选出）。下属海淀区华侨咨询中心 1 个事业单位。海淀区现有花园路、海淀、中关村、田村路、紫竹院、北下关 6 个街道侨联组织及海淀园 1 个园区侨联组织。

2013 年，区侨联获“全国侨联系统先进组织”称号，1 名常委当选中国工程院院士，7 名侨界人士分别获“中国侨界杰出人物”“全国归侨侨眷先进个人”“第七届首都民族团结先进个人”称号。

（李东霞）

【开展“海淀北部经济薄弱地区发展问题对策调研”】 4 月—9 月，区侨联与中国农科院联合开展“海淀北部经济薄弱地区发展问题对策调研”。课题组在海淀山后四镇（温泉镇、西北旺镇、苏家坨镇、上庄镇）进行面上调查，向农户和农村基层管理者发放 200 份调查问卷，实际收回 181 份，其中有效问卷为 142 份；专题调查以文献分析、问卷调查、实地调研、深度访谈、典型案例分析等方式进行，主要涉及 32 户村民和 8 个村集体经济组织，并与安徽、江苏、广东、广西等地 9 个基层新型农业经营主体进行比较，形成最终调研报告。“报告”提出推进北部经济薄弱地区发展的具体对策，为区委区政府制定和实施强农惠农富农政策提供借鉴。该调研被列入海淀区调研关注课题、区政协港澳台侨委员会重点调研课题，并获得 2013 年度北京市侨联理研调研工作建言献策类优秀成果一等奖。

（李东霞）

【爱心捐助】 4月12日，区侨联、区妇联与驻区侨资企业——北京福升兴业自动化技术有限公司在苏家坨镇举办“爱心助力成才”捐资助学活动，为苏家坨镇贫困学生捐资助学。4月20日，四川省雅安市芦山县发生7.0级地震，区侨联向灾区捐款8550元，侨企恒泰艾普石油天然气技术服务股份有限公司通过区侨联向灾区捐款人民币30万元。

（李东霞）

【举办海淀区第二届新侨乡文化节】 4月—10月，区侨联联合区人大、区政协、区民宗侨办、致公党海淀区委、区文明办、区文化委、区体育局等单位共同举办主题为“活力新侨乡 文明新海淀”的“海淀区第二届新侨乡文化节”。作为区委宣传部“建设美丽海淀 助力核心区发展”主题宣传实践活动的重要组成，文化节以动员侨界人士积极参与创建全国文明城区为目标、丰富侨界群众的文化体育生活为主要内容，配合北京市侨联第六届首都新侨乡文化节，举办了侨界运动会、羽毛球邀请赛、摄影采风、文艺演出、海淀文化体验、征文、法律宣传等多项活动。驻区高校、科研院所、新侨企业和街道、社区的3000余名归侨侨眷和侨务干部参与。

（李东霞）

【海外侨界高层次人才为国服务团走进海淀活动】 7月29日—31日，区侨联举办第十三届海外侨界高层次人才为国服务团走进海淀活动。该活动共分为“侨聚人才 圆梦北京”科技创新与人才专题研讨会、“核心区发展相关政策说明会”“海外项目推介”活动、“高端智力园区行”四个板块。活动共有来自11个国家的29位海外人才参加。区侨联与3家海外企业签订推荐引进项目意向书。

（李东霞）

【举办侨联普法大讲堂活动】 12月4日，区侨联、中关村街道侨联共同举办“侨联普法大讲堂·走进中关村”活动，邀请专家结合《中华人民共和国归侨侨眷权益保护法》就当前大家关注的热点法律问题进行讲解和交流。侨联普法大讲堂是以区侨联法律援助服务中心为平台，开展“侨法五进”“法律六进”普法宣传的具体举措，通过举办系列普法讲座，提高广大侨界群众的法律知识水平。

（李东霞）

【参政议政】 年内，区侨联开展“海淀北部经济薄弱地区发展对策调研”。在区政协九届二次全会上提交团体提案1项、界别提案2项，并作题为“加快海淀留创园国际化建设为打造具有全球影响力的科技创新中心奠定坚实基础”的大会发言，区侨联《关于在海淀区建立海外归国留学人员人才基地的建议》被评为优秀党派团体提案。全年报送提案、信息、舆情等共计122件（条）。

（李东霞）

【联谊交流】 年内，区侨联举办第十三届海外侨界高层次人才为国服务团走进海淀活动。接待来自41个国家和地区的76位海外侨领参观中关村东升科技园。邀请加拿大侨领访问团到海淀进行股权投资考察。承办市侨联第二届“情缘京华”夏令营走进海淀活动，接待安排来自美国、意大利、斯洛伐克、加拿大的65名学生参观北京大学并与八一中学同学联欢交流。全年共接待来自美国、法国、日本等45个国家和地区的近200名海外侨胞及外国友人访问海淀。密切与驻区科研院所、大专院校的联系，加强与侨界代表人士的沟通和交流。与外省市侨联和科技园开展联谊交流活动，帮助园区企业走出去，实现产业化发展。

（李东霞）

【群众文化活动】 年内，区侨联举办以“活力新侨乡 文明新海淀”为主题的“海淀区第二届新侨乡文化节”系列活动、新侨沙龙活动及“海淀侨界新春联谊暨侨友合唱团成立二十周年汇报演出”。开展“感受科技创新，体验健康生活”海淀侨界主题党日活动及中秋联谊活动。组织侨界群众参加第九次全国归侨侨眷代表大会，参加区委统战部“我心中的中国梦”主题征文、“统一战线大讲堂”活动及区委宣传部“海淀质量之美”摄影和征文比赛、区纪委廉政微小说、廉政书画展及书画笔会等活动。

（李东霞）

【依法护侨】 年内，区侨联完善区侨联法律援助服务中心各项工作，接待来访来电涉侨法律咨询21件，及时做好矛盾化解和维稳工作。以中心为平台开展“侨联普法大讲堂”“普法宣传角”活动，制作发放法制宣传手册1000余册，加强普法宣传。走访侨企，调研留创企业的需求和发展现状，帮助企业解决创业中的实际困难。

（李东霞）

【举办新侨沙龙活动】 年内，区侨联举办“侨界巾帼魅力绽放”主题沙龙活动，邀请文化培训学校老师向海淀侨界女性代表做女性职场礼仪专题讲座。与区金融办、中关村海淀金融创新商会联合举办“创业融资”主题沙龙活动，11家留创企业和11家银行与股权投资机构参加本次融资需求对接活动。联合区人大、海淀园管委会等部门共同举办新侨创新创业座谈会，帮助新侨企业了解掌握核心区的创新创业政策，分享创业经验，促进新侨企业健康发展。

（李东霞）

【关爱侨界空巢老人】 年内，区侨联召开“侨界空巢老人社区互助会”工作座谈会。组织侨界空巢老人志愿者参加培训。开展“暖巢五个一”活动，即每周给空巢老人打一个电话；每月见一次面；每季度举办一次联谊活动，为空巢老人提供相聚、交流、开展娱乐活动的平台；每半年汇报一次工作情况，定期做好总结；为每一位空巢老人建立一份生活档案。

（李东霞）

海淀区科学技术协会

【概况】 海淀区科学技术协会（简称海淀区科协）成立于1979年11月，是海淀地区科技工作者的群众组织，是北京市科学技术协会的地方组织，是党和政府联系科技工作者的桥梁。2013年为第六届委员会（2009年选出）。

2013年，海淀区科协进一步巩固全国科普示范区创建成果，结合群众关心的热点开展科普宣传，利用区域科技资源开展科普活动，青少年科普工作继续开展。海淀区科普工作职能重新调整：区科协负责全区科普工作的具体实施和日常推进工作，包括科普项目的申报、立项和管理，科普工作年度计划的制定和实施，与市科委、市科协对接相关科普工作等。区科普工作联席会议办公室和全民科学素质建设工作办公室均设在区科协，由区科协负责组织召开科普工作联席会议，并由联席会审议科普工作年度计划和科普项目等相关工作。

（李纯）

【开展“科协文化”专题调研】 1月10日，区科协召开“钱学森科协文化思想与当代文化建设”研讨会，此次研讨会为2012年启动的“科协文化”专题调研活动之一。研讨会邀请到著名物理学家、中科院院士、北京市科协名誉主席陈佳洱，以及国杰老教授科技咨询开发研究院、中国科协调研室、国家纳米科学中心、中国科普研究生学术委员会、北京市社会科学研究院文化所等多位专家进行研讨。

（李纯）

【获第13届北京市青少年机器人竞赛18个奖项】 2月1日—3日，在第13届北京市青少年机器人竞赛上，海淀区获得一等奖7项、二等奖6项、三等奖5项，海淀区科协获得竞赛优秀组织奖。

（李纯）

【海淀区第十五届“科普之春”活动】 3月15日，由区科协主办的、主题为“科技支撑 惠农兴村”的海淀区第十五届“科普之春”活动在上庄镇启动，活动现场包括中国农科院的专家讲解蔬菜安全食用及养生食材的知识，摆放有关自然灾害的认知与应急、食品安全等系列展板，发放有关资料及科普书籍，来自302医院的医疗团队进行义诊活动。

（李纯）

【获125项北京青少年科技创新大赛奖】 3月21日—24日，在第33届安捷伦北京青少年科技创新大赛上，海淀区共获得中学项目一等奖31项，二等奖27项，小学项目一等奖7项，二等奖12项，国内专项奖35项，国外专项奖11项，“十佳”科技实践活动2项，1人被评为“十佳”科技辅导员。4名学生获“第十一届北京青少年科技创新市长奖”，占获奖人数的40%。海淀区科协获得竞赛优秀组织奖。

（李纯）

【召开2013年专家建议工作会】 3月27日，区科协召开2013年专家建议工作会，表彰2012年专家建议工作优秀单位和优秀个人。2012年区科协有3篇建议被市、区主要领导批示，有3篇建议被市委办公厅《北京信息》采刊，有60篇建议被区委宣传部《海淀舆情》采用。会议授予国杰老教授科技咨询开发研究院等3家单位“专家建议工作先进集体”称号，授予中国老教授协会林业专业委员会等8家单位“专家建议工作优秀组织奖”，授予王汉杰等15人“专家建议工作先进个人”称号。

（李纯）

【海淀区科技周主场活动】 5月17日，由区科协主办、翠微大厦承办、羊坊店街道协办的“海淀区科技周主场活动”在翠微大厦南广场举办。活动主题为“携手建设创新型国家——科技融入生活”，为期一周时间，突出“节约能源资源、保护生态环境、保障安全健康、促进创新创造”内容，分为科普互动体验活动区和展览展示区两大区域。海淀科技周共组织大型标志性科普活动1项、重点科普活动6项。各街、镇开展科技周活动共64项。

（李纯）

【百万家庭数字生活技能大赛】 6月25日，区科协主办的、以“创建智慧家园 乐享数字生活”为主题的“2013年海淀区百万家庭数字生活技能大赛”在北京理工大学附属中学举行，市科协信息中心、区科协等负责人出席活动。大赛期间开展社区讲座，内容涉及智慧北京、物联网、数码摄影、网上购物、网上银行、网络安全、智能手机等。组织中小学开展网上答题1.2万人次以上，大学网上答题万人次以上。通过网上知识竞赛参与人数、数码影像稿件数量、组织数字科普讲座次数、参与培训人数、信息化基础设施建设情况等综合评定，参与“数字生活魅力社区”评选活动。

（李纯）

【承办第十五届北京“科普之夏”暨电动汽车进社区活动】 7月16日，由区科协承办的第十五届北京“科普之夏”暨电动汽车进社区活动在曙光街道世纪金源时代购物中心南广场启动。活动以“保护生态环境 建设美丽北京”为主题，开展“电动汽车绿色社区行”工作，走进社区宣传科技节能知识。现场活动分为科普电影、新能源汽车展示及相关科普知识宣讲、绿色出行竞赛答题、科学达人秀、超市行、创意空间科普动漫创意大赛、海淀科协科普互动展示等区域。活动突出体验互动特色，吸引众多民众参与。

（李纯）

【召开科普工作联席会】 7月23日，区科协召开2013年科普工作联席会议。会议重新审议《海淀区科学技术普及工作暨全民科学素质建设工作联席会议制度》及《海淀区科普项目管理办法》。科普工作联席会议是在区委区政府领导下，全区科学普及工作和全民科学素质建设工作的领导、组织和协调机构，联席会议主持人由副区长担任，成员包括32家区属单位。

（李纯）

【全国科普日海淀区主场活动】 9月17日，由区科协主办的“2013年全国科普日海淀区主场活动”在温泉公园举行。活动围绕“保护生态环境，建设美丽海淀”主题，宣传“低碳经济与低碳生活”“节能减排”等与广大群众生产生活实际需求密切相关的科普知识。启动仪式上，区、镇领导向农民工代表赠送图书，并举行温泉镇科普示范基地揭牌仪式。科普示范基地设在温泉公园，广场两侧建成科普宣传栏4组，可放置标准展板16块，道路两侧放置介绍植物特性的科普小标牌20个。

（李纯）

【第二届“科协文化——中关村论坛”召开】 11月29日，区科协召开第二届“科协文化——中关村论坛”。论坛以“中国梦与科技工作者人文观”为主题，邀请中国工程院院士杜祥琬等7名科技工作者，分别就“精神和文化是民族的脊梁”“谈谈钱学森”“科学家的人文情怀”等主题探讨科协文化的起源与发展，展望科协文化在加强科技自主创新能力，实现科教兴国、人才强国战略中的重要作用。

（李纯）

【“中关村科技淘金网”建成】 年底，“中关村科技淘金网”网络平台基本建成。“中关村科技淘金网”网站内容包括发明发现创造博览会、青少年奇思妙想、科普资源展示、科普动态、科技文件政策、科普项目申报等12大板块。平台具有科普信息发布、资源导航、资源搜索、资源展示以及论坛、博客、网上调查等功能，为公众和科普工作者提供资源发现、使用、分享的途径，提供信息交流和沟通的渠道。

（李纯）

【科普惠农、科普益民】 年内，区科协在市科协的科普惠农、科普益民两个计划工作中，共有10个优秀科普社区、12名优秀科普宣传员、1个优秀基层科普场馆、1个优秀农村科普基地和1个农村科技服务专家获得市财政支持，资助总金额129万元。

（李纯）

【通过全国科普示范区中期评估】 年内，全国科普示范区中期检查评估组对海淀区2011至2012年科普工作及全民科学素质建设工作进行检查评估。检查评估组对海淀区科技中心和北下关街道科普示范街进行实地考察，对全区科普工作和全民科学素质建设工作各类档案材料进行审核，并听取区科协的汇报。检查评估组对海淀区作为全国科普示范区在科普工作和全民科学素质建设方面的各项工作表示满意。海淀区科协通过全国科普示范区中期评估。

（李纯）

【青少年科技人才培养】 年内，在第十三期北京青少年科技后备人才早期培养计划科学探索专项资金项目申报工作中，海淀区共有来自7所学校的13个项目获得科学探索专项资金资助，占全市受资助项目的将近一半，资助总金额6.6万元。

（李纯）

【编印科普读物】 年内，区科协编制《2012年中国十大科技进展》《2012年世界十大科技进展》《科学解读PM2.5》《良药善用》《防控感染H7N9禽流感》《探病释源》《神舟十号》《养生百科》《为您解释“转基因”知识》《节能减排五十招》等为内容的科普展板九套共511块，科普书籍5.5万册，制作科普知识扑克1万副，发放到各街镇。

（李纯）

【专家建议工作】 年内，编印上报专家建议74篇。铁科院老科协专家撰写的《关于发展城市现代有轨电车的建议》被国务院领导批示；铁科院老科协撰写的《关于北京“排水防涝”工作的建议》《改进北京BRT运营管理的建言》分别被市政府办公厅《昨日市情》、市委办公厅《北京信息》采用。

（李纯）

【组织开展11项调研课题】 年内，区科协利用专家建议平台组织各科研院所、大专院校专家开展以《关于在北京建设“高技术区域组团”试点项目的建议》《关于海淀区中关村高新技术企业实施知识产权战略的建议》《跟踪调研百万亩平原造林工程的生态、环境和经济效益》《北京市城乡结合部自办园师资现状的调查研究》《植物防治PM2.5作用和对策的研究》《营建节能环保绿色地面公共交通的建议》《提升海淀区河湖景观、加快美丽海淀建设》《海淀区“鹫峰国家森林公园”生态文明示范基地建设的调研》《海淀区上庄镇发展都市型现代农业调研》《北京地区重雾霾成因及其联防联控的调研和建议》《关于对海淀区中小企业创新驱动发展的建议》等11项调研课题。

（李纯）

【“海淀科学讲堂”电视栏目开播】 年内，区科协与海淀新闻中心联手打造主题为“中国梦”的海淀科学讲堂电视栏目。栏目主要面对机关公务员、社区居民、中小学生、城镇劳动者、农民五类人群。栏目采取集中录制、分期播出的形式。2013年邀请天体化学与地球化学家、中国科学院院士欧阳自远讲《中国人的探月梦》；中国科技馆原馆长、研究员王渝生讲《中国传统科学的复兴》；北京航空航天大学教授陈光讲《从歼15在航母上成功起降谈现代战斗机的发展与特点》。

（李纯）

【举办系列科普活动】 年内，区科协结合创建全国文明城区重点工作，将“海淀科普文化讲堂”和“海淀科普巡展”系列科普活动由以往较零散的状态进行整合规范，实现宣传组织化、活动多样化的两项品牌活动。围绕食品安全、核辐射、“神十”、青少年成长等热点问题，邀请专家为社区居民举办专题讲座，将科普挂图、科普展品送到社区进行巡回展出。全年共举办科普文化讲堂68期，科普巡展活动40场，参与人数近5万人次。

（李纯）

【新建7个院士专家工作站】 年内，区科协配合市科协、海淀园开展企业建立院士专家工作站工作。全年有11家单位申请建立企业院士专家工作站，建成7家，分别是百度在线网络技术（北京）有限公司、中国电子工程设计院、北京国电通网络技术有限公司、央视国际网络有限公司、北京星网锐捷网络技术有限公司、中国大唐集团环境技术有限公司、北京闪铁科技有限公司。全区的院士专家工作站累计达到22个。

（李纯）

法治·武装

2014
北京海淀年鉴

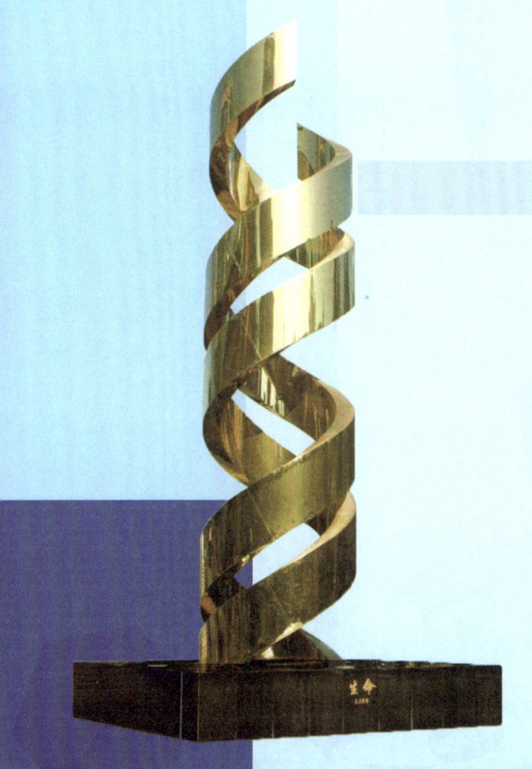

1月28日，区旅游委、区安监局、区消防支队、区城管大队和区民防局组成联合检查组，对社会旅馆进行安全生产、消防安全、违法建筑治理整顿和地下空间联合大检查（李瑞林 摄）

4月26日，北京市首家以审判知识产权案件为主的海淀法院派出法庭——中关村人民法庭正式成立（李瑞林 摄）

5月28日，区法院与区教委联合举办第九届六一儿童节专场开放日（李瑞林 摄）

6月22日，海淀区启动夏秋季征兵体检工作（田峰 摄）

6月26日，海淀区影院消防应急演练在星美国际影城北京金源店举行（李瑞林 摄）

7月17日，海淀区召开“四个实有”信息采集工作部署会（区流管办 供图）

8月28日，区检察院监所处与区司法局在阳光中途之家设立社区矫正检察官联络室（区检察院 刘军 摄）

11月15日，海淀消防支队、地方扑火队、武警部队在凤凰岭地区联合开展山地森林灭火战法及消防装备展示活动（区消防支队 供图）

11月25日，区法院与中国政法大学青少年法制教育研究中心暨青少年法制教育实践基地、北京大学附属中学签订共建协议，推进未成年人犯罪预防制度建设（区法院 供图）

法治·武装

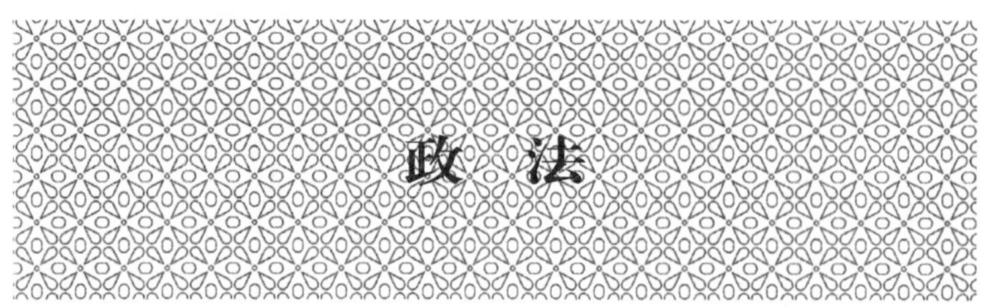

政法

【概况】 2013年，海淀区政法系统围绕海淀区“一城三区”建设目标，统筹推进平安海淀、依法治区、过硬队伍三大建设，为全区经济社会发展创造安全稳定的社会环境、公平正义的法治环境和优质高效的服务环境。

维护社会政治稳定 完成全国“两会”、中共十八届三中全会等重大政治活动和敏感时期的维稳任务。在重大政治活动和敏感日期间，成立维稳安保工作总指挥部，在公安分局指挥中心设置现场指挥部，加强指挥协同，加强力量调配。在启动一级社会面防控期间，发动公安干警、武警、民兵、治保积极分子等17.6万名专群防控力量每天参加安保活动，维稳、安全等情报信息部门加强信息收集研判，确保“大事不出，力争小事不出、出了及时妥善处置”的目标。

社会服务管理 推进重大决策风险评估，完成全区125项重大决策社会稳定风险评估项目的报备工作。对风险评估工作纳入区委会议、区政府会议决策程序的工作进一步细化明确，试点开展“凡未经风险评估重大决策一律不上区委、区政府会议”的工作，得到市维稳办的充分肯定。强化“四个服务”（即为党政军首脑机关正常开展工作服务，为日益扩大的国际交往服务，为国家教育、科技和文化的发展服务，为市民的工作和生活服务），探索并建立为驻区中央、市属单位重大决策项目风险评估报告论证评审的工作模式，完成国家行政学院、中国地质科学院、中科院等18家中央驻区单位风险评估报告的评审工作。入村入户开展法律宣传，为肖家河、玉渊潭、五路居、南水北调、中关村软件园等重点项目腾退拆迁提供法治保障，实现“四个不发生”（即不发生有影响的重大群体事件、不发生重大刑事案件、不发生个人极端行为、不发生大规模媒体恶意炒作）的目标。推进法律服务核心区建设，围绕推进法治建设，营造公平正义的法治环境，坚持动态跟踪调查研究，完善保障机制，创新活动载体，为“两法”（新刑事诉讼法和新民事诉讼法）的有效实施营造良好条件。组织海淀公安分局、区检察院、区法院、区司法局、区民政局、区交通支队、区消防支队等7个单位开展“爱民月”活动，为群众排忧解难。开展法制宣传和法律援助活动，推进司法服务进社区、进学校、进企业、进机关，为全区186所中小学校配备232名法制校长，覆盖率100%。深化法律服务村居行，实现84个行政村法律顾问全覆盖。发放残疾人法律援助便民服务IC卡3.1万张，办理农民工法律援助案件1231件，挽回经济损失1650万元。在全区范围内开展安全技术防范系统应用大普查工作，实现全区安全技术防范系统的动态管理和信息掌握。投入资金1.7亿元新建视频监控探头2112个，整合100个小区（村）约4800路图像资源，实现对区域内敏感地区和重点部位实时、可视、动态管控。全区达到封闭标准的楼房小区841个，封闭率61.2%；安装门禁系统的楼房单元门达到35950个，安装率76.2%。

矛盾纠纷排查化解 开展区、处两级领导干部接访、约访活动，加大案件诉前化解，发动787个社会组织参与矛盾纠纷化解，把社会矛盾纠纷化解在源头、消除在萌芽状态。加大重大社会矛盾纠纷的化解力度，推进非京籍学生家长集体访、村委会换届贿选引发群体访问题、团职军转干部集体上访等群体性社会矛盾化解。全区信访总量下降9.9%，实现信访积案逐步化解、新发矛盾大幅减少、信访总量平稳下降的目标。区委政法委在全国纪念枫桥经验50周年大会上作《发挥社会组织独特优势，夯实维护稳定基层基础》的发言。

预防和打击违法犯罪 开展公平公正司法执法活动，海淀公安分局全年破获各类刑事案件2.25万起，同比上升8.7%，刑事案件发案率下降13.8%。区检察院全年受理审查批捕案件2927件3703人，受理审查起诉案件3341件4343人，依法批准逮捕2750人，提起公诉3752人，不予批准逮捕464人，决定不起诉492人。区法院全年收案45462件，审结44810件。海淀消防支队全年接处警4363起，其中火警2200起、抢险救援2163起。

围绕群众反映强烈的社会治安问题，组织开展清理整治行动。建立区、街镇城市秩序和社会治安秩序重点地区挂账整治工作台账，确定10处区级、29处街镇级城市秩序和社会治安秩序重点地区。对中关村自主创新示范区核心区企业服务中心周边、双泉堡地区、四季青锦绣大地市场周边等地环境秩序开展专项整治行动，环境秩序混乱的问题得到根治。开展“春雷行动”“夏季攻势”等专项行动，组建由公安、综治、交通、城管、工商、安监和属地街镇参与的联合执法队伍，对治安重点地区、重点问题持续开展清理整治，净化社会环境。组织消防、公安、工商、城管等部门和街镇开展百日专项行动及大排查大整治行动，发动群防群治力量，加强对商品批发市场和农贸市场、快捷连锁酒店等进行不间断检查，督促整改火灾隐患或违法行为57553件，下发责令改正通知书21633份，责令三停（停产停业、停止施工、停止使用）单位430家，罚款782.4万元。

政法队伍建设　全区政法系统坚持以提升“五个能力”（即新形势下群众工作的能力；维护公平正义的能力；新闻媒体时代舆论引导能力；科技信息使用能力；拒腐防变能力）为目标，以深化“一个主题、两个年”（开展政法干警核心价值观教育主题实践活动，开展“基层基础建设年”和“继续教育年”活动）活动为载体，深入开展十八大精神的学习贯彻活动，通过专家辅导、网络学习、主题演讲、知识竞赛等形式，加强理论的灌输和精神实质的讲解，提高学习的质量效果。组织政治处主任培训、基层党支部书记培训、政法干警核心价值观专题培训等，提高政法干警规范执法水平和履职能力，强化党员干部维护社会安全稳定的责任意识、法治意识，增强政法队伍的凝聚力、战斗力。区委政法委针对政法系统党建管理中存在的突出问题，制订出台《关于调整理顺区政法系统党建管理关系建议方案》，依据方案，区司法局（律师协会）、区民政局、区安全分局、区委政法委、区综治办、区流管办等7个单位的党的工作由区直机关工委正式划归区委政法委政治部管理。组织召开区委政法委机关党委第一次、第二次和第三次党代表大会，选举产生首届政法委机关党委和机关纪委，并开展基础建设工作。

基层平安创建　发挥平安建设指挥部的作用，加强对11家成员单位的统筹协调，对平安建设37项指标和未成年人思想道德建设12项指标进行任务分解，制定工作方案。组织开展基层平安建设大走访、安全社区（村）创建、高发案地区排查整治、基层人民防线建设、实有人口及特殊人群服务管理、社会矛盾预防化解、法制宣传服务、环境秩序排查整治、推进“两新”（新经济组织、新社会组织）组织参与平安创建、行业系统平安建设等十项基层平安创建活动。11家成员单位开展“100个规范化调委会”建设、建立平安建设千人观察员评价机制等创新实践活动。截至年底，49项平安创建指标均完成进度的90%以上。

（王海广）

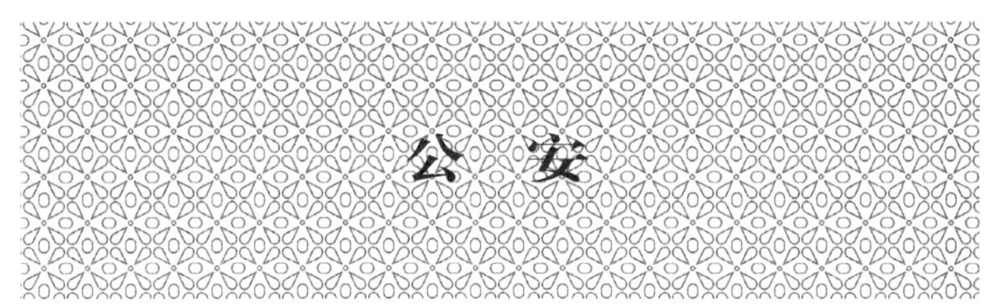

公安

【概况】　2013年，海淀公安分局围绕建设最安全城市，打造最廉洁警队和全国文明城区创建，服务地区经济社会发展。年内，完成中共十八届三中全会、全国两会等重要会议安保工作及各类警卫勤务任务，累计投入警力8.7万人次。全年破获各类刑事案件2.25万起，同比上升8.7%。命案破案率100%。破获破坏社会主义市场经济秩序案件2693起，同比上升20.9%，追缴赃款1.2亿元。刑事拘留5781人，同比下降9.2%；行政拘留1.28万人，同比上升13.3%。全年接报110刑事警情1.82万件，同比下降11%；通过快速反应抓获违法犯罪人员1184人，同比上升3.8%。巡逻警务站发布警情提示信息5000余条，帮助群众解决困难3万余人次。开展“惊雷”“清风”“三大秩序”“夏秋百日”整治等专项行动，以治安复杂地区和突出秩序问题为重点，推进治安整治、行业管理和安全监管，整治黑车载客、流浪乞讨、无照游商、非法散布小广告等行为。治安拘留各类扰序违法人员5612人，查扣黑车960辆，清理取缔无照游商3190摊。对大型活动实施行政许可和安全监管，确保676场大型活动及464万名观众的安全。全区433个社区警务室全部具备独立办公条件。全区居民小区封闭率，楼房门禁安装率，出租地下室、大院、公寓和社区重点部位监控探头安装率全部达标。采取执法监督措施2599个，全年共发生行政复议、行政诉讼、国家赔偿、刑事不予立案复议案件118件，同比上升22.9%。行政复议案件无一件被上级部门撤销或变更，行政诉讼案件无一件败诉。

本年，分局下设26个业务处队，44个派出所，其中户籍派出所35个、治安派出所9个。中关村大街派出所更名为中关村西区派出所，派出所性质由治安调整为户籍。

（周南南）

【开展流动人口聚居区专项行动】　1

月 9 日，海淀公安分局组织各派出所对 50 个流动人口聚居区集中开展清理整治和安全隐患排查专项行动。出动警力 590余人，入户检查出租房屋 1690余户，走访流动人口 2890 余人，核录可疑人员 2600 余人，督促流动人口登记办证 1000余人，打击处理各类违法人员 4 人，发现排查治安、消防安全隐患 18 件。

（周南南）

【成立海淀公安志愿者联合会】 2月 28 日，海淀公安分局召开海淀公安志愿者联合会成立大会，分局民警志愿者代表和海淀区青年志愿者共 300 余人出席会议。会上，分局与首批共建单位北京市翠湖敬老院、海淀艺师附小签署志愿服务对接协议。海淀公安分局志愿者联合会由 75 支志愿者服务队、830 余名志愿者组成，主要从事两会安保、平安社区、安防宣传、尊老敬老、扶贫济困、节能环保、文明出行等志愿服务活动。

（周南南）

【举行“警营开放日”活动】 4 月 12 日，市公安局在海淀公安分局举行“警营开放日”活动启动仪式。市委政法委、公安部宣传局、市公安局领导以及市人大代表、政协委员、媒体记者、微博网友和群众代表共计 100 余人参加启动仪式。当日，共接待群众 800 余人，展示警用车辆 20 余辆、警用装备 300 余件、宣传展板 60 余个、警犬 10 条，发放宣传材料 3000 余份。

（周南南）

【完成高考安保工作】 6 月 7 日—8 日，2013 年全国高考举行，海淀区设有考点 19 个，考生 1.3 万余人。海淀公安分局成立高考安保工作领导小组，围绕考前安全检查、试卷安全保密、考场周边秩序维护、考期服务保障等工作，细化工作措施。共出动警力 320 人次，确保高考顺利举行。

（周南南）

【清理整治监所周边律师事务所】 6 月 14 日，海淀公安分局对海淀看守所、拘留所周边律师事务所进行清理整治。经过逐一登记、核查，监所附近共有律师事务所 16 家，其中 3 家具有合法的注册登记手续，5 家为异地办公，其他事务所处于空置状态，不符合执业规定。对于不符合规定的事务所限期办理注册登记转移手续，不能办理手续的要求其搬回原注册地。

（周南南）

【捣毁销售有毒有害药品窝点】 7 月 3 日，海淀公安分局组织 26 个派出所开展联合打击行动，端掉 75 个销售有毒有害药品的黑窝点，抓获嫌疑人 91 人，现场起获各类有毒有害药品 1700 余件。

（周南南）

【开展“民意征集周”主题活动】 8 月 5 日—11 日，海淀公安分局开展“民意征集周”主题活动。各业务部门和派出所通过采取“网上”征集、“网下”走访，“对内”访谈、“对外”座谈等四大类 15 项措施，召开专场座谈会 30 余场，发送征集短信 7000 余条，发放调查问卷 3000 余份。收集各类意见建议 1000 余条（次），广泛听取社会各界及民警代表的意见建议，提升辖区群众对海淀公安工作的认可度。

（周南南）

【打击非法经营密拍密录器材活动】 9 月 4 日，海淀公安分局会同市局有关单位，集中打击中关村西区电子市场涉嫌非法经营密拍密录器材活动。行动中，出动警力 160 余人，查抄 28 个涉嫌销售、存放窃听窃照器材的摊位及库房，抓获犯罪嫌疑人 52 人（其中刑事拘留 43 人），扣押各类非法密拍密录设备 26 类共 3691 件。

（周南南）

【张惠领获全国道德模范提名奖】 9 月 26 日，第四届全国道德模范授奖仪式在京举行，北京市共有 4 人获“全国道德模范”称号，包括海淀公安分局双榆树派出所治安民警张惠领在内的 6 人获得全国道德模范提名奖。张惠领在京西宾馆受到习近平等中央领导的亲切接见。

（周南南）

【完成重大安全警卫任务】 9月 30 日，习近平等中共中央政治局委员集体到海淀区中关村国家自主创新示范区展示交易中心参观创新成果展示、在现场集体学习。海淀公安分局创新现场管控警卫模式，投入警力 950 人次，完成此次重大安全警卫任务。

（周南南）

【完成颐和园节日安保任务】 10月 1 日，颐和园因“大黄鸭”[①]的到来，游客激增超过 10 万人，同比增加 65%，成为海淀区节日安保工作的重中之重。海淀公安分局出动警力 150 人，在公园重点区域维护治安秩序，加强游客疏导，防止出现踩踏事故，确保颐和园游园始终井然有序。

（周南南）

【召开驻区高校安全工作会】 11 月 8 日，海淀公安分局召开全区高校安全工作会，驻区 30 所高校的保卫处长参加会议。会上，北京林业大学、北京理工大学领导做典型发言。会议提出，要全力预防和减少校园发案，对校内发生的各类涉稳事件，要抓住初始环节，提早排查、发现和化解，以保证在海淀区的全国文明城区创建工作中发挥最大作用。

（周南南）

【开展反恐防暴处突演练】 11 月 19 日，海淀公安分局会同金源新燕莎 MALL 物业安保部在金源燕莎南广场举行反恐防暴处置突发事件演练。分局职能部门和派出所的主管民警、有关公司领导及员工共计 300 余人参加演练。通过演练，提高保安员、商户及员工的安全责任意识，提高单位内部处置突发事件的能力水平。

（周南南）

【推进“两最”建设】 年内，北京市公安局提出“建设最安全城市，打造最廉洁警队”（简称“两最”）的奋斗目标，从 2013 年起 2020 年，利用八年时间实现这一目标。海淀公安分局强化涉稳、

---

① 大黄鸭：由荷兰艺术家 Florentijn Hofman 设计，为经典黄鸭仔造型，是世界上最大的吹气橡皮鸭，在全球多个国家和地区下水畅游。

涉访、涉恐问题管控处置，严厉打击涉众型经济犯罪和暴力侵财犯罪，保障了民生安全。全区未发生重大影响的涉稳事件，刑事犯罪发案下降、破案上升。加强全警政治素养、党风廉政、遵纪守法教育，健全完善日常监督管理制度，查处12名违法违纪民警。

（周南南）

【维稳处置】 年内，海淀公安分局与区属相关部门配合，实现各类问题隐患稳控到位，确保全区和谐稳定。完善非正常访专项工作机制，市级、区级上访事件预警率均达到90%以上，重点时期预警率达到100%。有效应对各类群体事件660余批次、2.5万人次；协调化解各类纠纷100余件、涉及2300余人；妥善处置各类上访人员7000余人。处理人民群众来信来访来邮来电3870件次。开展“两排一清”专项工作，组织相关职能部门和派出所，围绕人、地、事、物、组织，深入排查不放心重点人（事），深入排查安全隐患问题，清理负面因素，摸排、梳理出各类隐患1500余个。针对排查出的问题隐患，逐一落实责任部门、责任人，确保整改措施到位，推动问题有效解决。

（周南南）

【打击遏制违法犯罪活动】 年内，海淀公安分局针对群众反映强烈、多次举报的治安问题，加大对重点地区、复杂场所涉黄涉赌违法犯罪活动的打击查处力度，深挖违法犯罪活动的幕后组织者、经营者和获利者。全年打掉违法犯罪团伙、窝点49个，抓获涉黄、涉赌违法犯罪人员2200余人，同比增长24.4%。组织偷盗自行车警情高发的派出所成立专业打击小分队，以繁华场所、公交场站、警情高发社区为重点，打击偷盗自行车的行为，拘留偷盗自行车人员400余人，警情同比下降11%。

（周南南）

【集中整治治安突出问题】 年内，海淀公安分局针对军事博物馆、五棵松等地区长期存在“黑摩的”非法营运情况，牵头组织城管、交通、属地街道等单位开展日常执法，共拘留各类非法运营人员280余人，查扣黑车150余辆。加大缉枪治爆监管力度，对重点单位逐一进行检查。封停不符合规定的刀具销售单位。集中收缴流散社会的枪支弹药、爆炸物品，收缴枪支59支，枪状物40把，各类子弹8861发，管制刀具73把，刀具474把；收缴非法烟花爆竹220余箱。涉案刑事拘留53人，治安拘留35人。

（周南南）

【实有人口服务管理】 截至年底，海淀区共有常住人口70.7万户，235.3万人；新登记办证流动人口67.8万人。海淀公安分局完成“实有人口和实有房屋”关联工作，人房信息关联匹配率达到98.7%。推动新建新居民服务中心286个，社区网格覆盖率提升至98.7%。加强流动人口和出租房屋管理，动态摸排、新增列管高危重点流动人口3200余人。建立职能部门现职领导包责帮扶机制，围绕29个户籍派出所94个重点社区开展安全社区创建包责帮扶工作。

（周南南）

【建立政府科技创安专项资金】 年内，海淀公安分局落实科技创安建设，推动区政府投资1.7亿余元专项资金，围绕警卫路线、敏感部位、主要公共区域、高发案区域、交通秩序重点地区，增加2212路数字高清监控点位，提高科技创安图像资源覆盖率。安装监控探头标识1.2万个。协调有关部门，为36个三级视频巡控平台组建280余人的视频巡控队伍，建立24小时巡控值守机制。全年抓获违法犯罪嫌疑人970余人。

（周南南）

【推进6家平安科技园建设】 年内，海淀公安分局继续深化驻警制，推进平安科技园区建设。在中关村软件园、东升园等6家科技园区开展安全防范宣传教育活动55次，组织应急处突演练10次，开展清理整治行动14次。共出动警力230余人次，检查园区单位225家，发现并整改问题隐患38处。6个科技园区新增探头221个，加强重点要害部位的技防监控。

（周南南）

【推进8家平安医院建设】 年内，海淀公安分局推进以院警制为主导的平安医院建设，在8家驻警医院制定《医院警务室工作手册》，出动警力910人次，检查医院内部重点防范部位，排查内部治安隐患。全年组织应急处突演练32次，处理医托25人，拘留号贩子29人，稳控化解医患纠纷98件。8家驻警医院警情总量大幅下降，特别是“号贩子”警情同比下降34.8%。

（周南南）

【建立保安服务行业长效管控机制】 年内，海淀公安分局依托群众举报、信息员提供线索等手段，按照分步实施、分类推进的原则，对多次被举报以及检查中存在问题的保安公司和保安驻勤点开展专项重点整治，并同步跟进建立保安服务行业管控机制。共检查保安服务公司208家次、保安服务驻勤点423个、自招保安单位154家。依法处罚290家，行政处罚保安服务企业违规问题6起，限期整改287起。

（周南南）

【开展党的群众路线教育实践活动】 年内，海淀公安分局开展党的群众路线教育实践活动，推动全警增强宗旨意识，树立群众观点。深化两级民意库建设，完善每月民意分析、回访报警人机制，探索建立执法办案责任累积制度，强化负面民意责任累积和问题追责机制。选定三个派出所设立出入境证件办理受理点，方便群众证件办理。围绕公安部取保候审突出问题专项督察工作的目标要求，全面清理采取取保候审强制措施5425人的案卷，逐人逐案查摆剖析、指出办案问题、督促限期纠错整改、制定规范流程、健全督导机制，确保办案程序合法公正，实现专项督察工作法律效果和社会效果的统一。

（周南南）

案例选辑

【破获轮奸案】 2月19日，海淀公安分局接到一女事主报警称，2月17日晚，其在海淀区一酒吧内与李某某等人喝酒后，被带至一宾馆内轮奸。接警后，分局立即开展工作。2月21日，分局抓获李某某（男，北京海淀人）、魏某某（男，北京海淀人）等5名犯罪嫌疑人。经工作，魏某某等4名犯罪嫌疑人交代伙同李某某将事主杨某某（河北张家口人）强行带至海淀区湖北大厦客房，在违背其意愿情况下将其轮奸的犯罪事实。

（周南南）

【破获系列持刀抢劫案】 3月6日，海淀公安分局破获昆玉河沿线系列持刀抢劫案，抓获犯罪嫌疑人王某某（男，河北邢台人）。经工作，王某某交代自1月下旬起，在海淀昆玉河沿线及石景山古城地区持刀抢劫6起的犯罪事实。

（周南南）

【破获北京大学系列入室盗窃案】 3月8日，海淀公安分局破获北京大学学生公寓系列入室盗窃案。抓获犯罪嫌疑人聂某某（男，湖南衡阳人）。经工作，聂某某对其在春节期间多次以钻窗入室方式进入学生公寓作案40余起，盗窃笔记本电脑和手机等价值20余万元物品的犯罪事实供认不讳。

（周南南）

【破获系列撬砸车窗盗窃财物案】 3月12日，海淀公安分局破获系列撬砸车窗盗窃财物案。抓获犯罪嫌疑人肖某某（男，内蒙古开鲁县人），起获改锥、手套、手电筒等作案工具以及笔记本电脑、手机、高档烟酒等大量被盗物品。经工作，肖某某交代自2月中旬起，在海淀、丰台等地以撬砸汽车车窗方式盗窃车内财物，连续作案60余起的犯罪事实。

（周南南）

【破获抢劫杀人案】 5月11日，海淀公安分局破获一起抢劫杀人案。抓获郭某某（男，河北省新乐市人）、孙某某（男，山西省永济市人）等3名犯罪嫌疑人。经工作，郭某某等对在5月2日凌晨流窜至海淀区上地树村抢劫便利超市并持刀将超市男店主杀死的犯罪事实供认不讳。

（周南南）

【破获持刀入室抢劫案】 6月21日，海淀公安分局破获一起持刀抢劫案，抓获犯罪嫌疑人乔某某（男，陕西蒲城人）。经工作，乔某某交代5月11日在永定路一小区内、用拉闸断电的方式引诱事主开门，捆绑并持刀威胁事主、抢走现金及手机的犯罪事实。

（周南南）

【破获特大系列涉众型诈骗案】 7月26日，海淀公安分局破获一起特大系列涉众型诈骗案，抓获犯罪嫌疑人冯某某（男，河北邯郸人），从冯某某的租住房屋内起获700余台涉案笔记本电脑。经工作，冯某交代其冒充他人在中关村西区骗走43个商户700余台笔记本电脑、涉案金额达300余万元的犯罪事实。

（周南南）

【打掉溜门入室盗窃犯罪团伙】 8月9日，海淀公安分局会同市局有关单位，打掉一个以安徽枞阳籍人员为主的溜门入室盗窃犯罪团伙，抓获团伙成员章某（女，安徽枞阳人）、周某（男，安徽枞阳人）及其他收销赃人员共21人，起获笔记本电脑10台、手机40部以及大量涉案物品。经工作，章某等交代自年初起多次在海淀、朝阳、丰台等地溜门入室盗窃100余起的犯罪事实，周某等对低价收购大量被盗笔记本、手机并销往广东深圳等地的犯罪事实供认不讳。

（周南南）

【堵截一起巨额电信诈骗活动】 10月25日，事主潘女士接到一个匿名电话，称其涉嫌南京一诈骗犯罪团伙的活动，需要马上将全部资产转到指定账号。潘女士立即赶到中国银行西翠路支行，准备将家中的32笔定期存款共计370余万元汇往对方指定的账号，银行柜面工作人员根据公安机关培训中讲到的电信诈骗的各种特征，及时劝阻，果断报警，海淀公安分局指导中国银行西翠路支行成功堵截该起电信诈骗案件的发生，为事主挽回巨额经济损失。

（周南南）

【打掉撬盗底商保险柜犯罪团伙】 11月11日，海淀公安分局打掉一个夜间入室撬盗底商保险柜犯罪团伙。抓获简某某（男，贵州德江人）等3名团伙成员。经工作，简某某等交代自10月下旬以来，在海淀、西城等地区夜间入室撬盗底商保险柜12起、窃走巨额现金和贵重物品的犯罪事实。

（周南南）

检　察

【概况】 2013年，海淀区检察院深入学习贯彻中共十八大、十八届三中全会精神，围绕“强化法律监督，维护公平正义”的工作主题，忠实履行检察职责。年内，区检察院被最高人民检察院评为信息直报点先进单位，在第26次全国“扫黄打非”工作电视电话会议上被评为全国“扫黄打非”先进集体。

年内，重点打击严重暴力犯罪、多发性侵财犯罪、涉众型经济犯罪、侵害食品药品安全犯罪、非法销售间谍专用器材犯罪等危害社会稳定、侵害民生民利的刑事犯罪。全年共受理审查批捕案件2927件3703人，受理审查起诉案件3341件4343人。依法批准逮捕2750人，提起公诉3752人。依法批准逮捕侵犯知识产权犯罪嫌疑人 95 人，提起公诉 158 人。深化检企联络制度，就商业秘密保护、计算机软件著作权等重点问题深入调查研究，破解法律难题，帮助企业提高自我保护能力。受理审查批捕未成年人刑事案件 100 件 125 人，受理审查起诉案件 180 件 241 人。拓宽帮教涉罪未成年犯罪嫌疑人的途径，建立考察帮教基地开展帮教。实施未成年被害人救助项目“四叶草计划”，通过资金发放、心理辅导、社会调查等方式，为未成年被害人提供救助。对涉嫌犯罪但无逮捕必要的，决定不予批准逮捕 464 人；对犯罪情节轻微，依照刑法规定不需要判处刑罚或者免除刑罚的，决定不起诉 492 人。规范轻微刑事案件追诉标准，探索轻罪案件非犯罪化处理，统一执法标准，减少社会对抗。全年立案侦查贪污贿赂犯罪 27 件 36 人、渎职侵权犯罪 7 件 7 人。

（刘中发　徐云）

【与蓝靛厂村签订共建协议】 2 月 7 日，区检察院与四季青镇蓝靛厂村签订城乡共建活动协议，区政法委、区检察院、四季青镇相关领导参加签订仪式。为贯彻落实中央和市区镇文明办关于开展城乡共建活动相关文件精神，丰富城乡精神文明创建内容，推动新农村建设和城乡一体化进程，区检察院与蓝靛厂村于 2006 年 11 月签订共建协议书，自愿结为“城乡携手迎奥运共建文明京郊行”对子。共建活动开展 6 年来，区检察院发挥自身优势，广泛开展交流、助困、助学、业务技术扶持、法律知识普及等活动，于 2007 年被评为首都“城乡携手迎奥运共建文明京郊行”活动的十大示范对子之一。

（刘中发　徐云）

【获优秀党建工作创新项目奖】 2 月，区检察院公诉二处党支部微博被评为“北京市政法系统第二届优秀基层党建工作创新项目”，成为北京市检察系统唯一获奖项目。活动共推荐上报参评项目 19 个，共 10 个项目被评为“北京市政法系统第二届优秀基层党建工作创新项目”。区检察院公诉二处党支部于 2012 年 9 月在新浪微博和腾讯微博平台开通党支部微博，名称为“海检公诉二处”，微博内容包括“微法条”“微案例”“检察官说”“TOUCH 公诉二处”“公诉人生”“践行核心价值观”等六个板块。

（刘中发　徐云）

【公检法会签《纪要》】 2 月，区检察院与区法院、区公安分局以联席会议形式，达成《海淀区公检法三机关关于办理恶意透支型信用卡诈骗、寻衅滋事案件的会议纪要》（以下简称“纪要”）。“纪要”以刑法谦抑理念为指导，从行为人的主观目的、动机入手，对恶意透支型信用卡诈骗案、寻衅滋事案的入罪、出罪标准进行探索性规定，严格区分严重违法与刑事犯罪的界限，以期减少社会对立面，增加社会和谐因素。“纪要”相关内容被《最高人民法院、最高人民检察院关于办理寻衅滋事刑事案件适用法律若干问题的解释》吸收。纪要实施后，两类案件的审查批捕案件人数下降 48.8%，审查起诉案件人数下降 33.5%；批捕人数下降 57.1%，起诉人数下降 41.1%。

（刘中发　徐云）

【启动“四叶草计划”】 4 月，为保护未成年被害人合法权益，彰显司法的人文关怀，海淀区检察院启动未成年被害人救助项目——“四叶草计划”。以四叶草为计划名称，代表救助被害人的四个方面：检察机关的法律援助，专业社工的社会救助，心理专家的心理辅导，民政等社会机关的经济补偿。项目是在刑诉法修改后进一步完善未成年犯罪嫌疑人权益保护背景下，根据少年司法领域双向保护原则，区检察院着力加强对未成年被害人司法保护的具体举措。区检察院就该项目向区社会建设工作领导小组办公室申请资助并获得通过，成为海淀区 2013 年加强和创新社会管理专项资金支持项目。

（刘中发　徐云）

【开展主题检务公开活动】 5月21日，区检察院举办以检察职能宣传为主题的专题检务公开活动，17 名区人大代表受邀参加活动。活动通过听、看、走、说向代表介绍检察机关的基本职能、区检察院各项工作进展情况及区检察院落实刑诉法修改、队伍建设、信息化建设等工作，观看区检察院人才建设专题宣传片——微电影《人才的力量》，参观区检察院检务接待大厅、地下提讯室、未检处文化长廊以及知识产权检察处办案工作区，通过座谈交流听取代表意见建议。

（刘中发　徐云）

【开展“举报宣传周”活动】 6 月 24 日—28 日，区检察院举办主题为“完善举报制度，加强举报人保护”的“举报宣传周”活动。区检察院通过社区内设点宣传、走访下访、奖励举报有功人员、讲授法制课、电视台播报、微博互动等形式，宣传检察机关职能，举报的正确方法和途径，保护、奖励举报人的相关规定，帮助人民群众学会如何举报，如何安全举报，最大限度地保护自身合法权益。

（刘中发　徐云）

【瑞典客人到访】 8 月 28 日，瑞典罗尔·瓦伦堡人权与人道法研究所副所长 Royf Rinn 先生一行三人到区检察院参加座谈活动。双方就 9 年来开展项目合作的情况进行回顾，其中 2013 年项目成果文件《海淀区办理未成年人刑事案件若干问题的意见》被最高人民检察院全文转发。

（刘中发　徐云）

【设立社区矫正检察官联络室】 8 月 28 日，区检察院监所处与区司法局签署《关于加强社区矫正工作协作机制的意见》。在海淀区阳光中途之家设立社区矫正检察官联络室。区检察院立足阳光中途之家，深入社区矫正人员的实际矫正生活，通过面谈、走访、社区举报电话、邮箱等方式，及时解决社区矫正人员的控告、申诉、举报等情况，依法保障社区矫正人员的合法权益。

（刘中发　徐云）

【与海淀看守所会签三个规范性文件】 10月，区检察院驻所检察室与海淀看守所会签《羁押必要性审查协作办法》《暂予监外执行同步监督办法》《关于进一步加强信息通报和工作联系的意见》等三个规范性文件。《羁押必要性审查协作办法》进一步规范驻所检察部门开展羁押必要性审查工作的程序；《暂予监外执行同步监督办法》进一步规范暂予监外执行的提请和审批工作，强化检察监督；《关于进一步加强信息通报和工作联系的意见》进一步拓展驻所检察室发现违法线索的知情渠道。

（刘中发　徐云）

【开展预审卷宗电子扫描】 12月2日，区检察院在全市检察机关率先启动侦查卷宗电子化工作，对移送区检察院审查起诉的侦查卷宗进行扫描。截至年底，108件案件的全部卷宗均实现电子化。

（刘中发　徐云）

【查办34件职务犯罪】 年内，立案侦查贪污贿赂犯罪27件36人、渎职侵权犯罪7件7人。查处重点领域职务犯罪，其中物资采购、工程建设等领域犯罪案件13件16人，高校、科研院所犯罪案件6件6人。反渎职侵权局被评为“北京市检察机关严肃查办危害民生民利渎职侵权犯罪先进集体”。

（刘中发　徐云）

【开展预防职务犯罪宣传】 年内，深入50余家单位开展专项调研，帮助完善廉政风险防控体系。在44家单位组织开展专题法制讲座，8000余名工作人员受到教育。运用廉政公益海报、动画短片等方式，提高职务犯罪预防宣传影响力，动漫短片《小恶未治，必然大患》获全国法制动漫作品优秀奖。参与农村“两委”换届选举的组织、协调、监督和宣传工作，展示警示宣传挂图13套，发放普法宣传手册3万余册。参与重点地区腾退拆迁的法律监督，完成调研报告《因拆迁引发刑事案件实证分析》，为拆迁领域职务犯罪预防、管理机制设置等提供决策参考。

（刘中发　徐云）

【诉讼监督】 年内，共办理刑事立案监督16人，追诉漏罪113起，追诉漏犯37人。刑事审判监督提起抗诉5件13人，法院改判3件3人。民事检察监督审理民事申诉案件144件，依法提请抗诉或发出再审检察建议书18件，法院改判14件。刑罚执行和监管活动监督，发出纠正违法通知书32份，发出检察建议书13份，移送违法违纪线索6起。建设完成独立的看守所视频监控存储系统，实现监所检察监督的实时、动态、全覆盖。改进诉讼监督方式，继续加强与公安、法院的工作联系，通报信息、提出问题、确定对策，共同解决执法办案中存在的问题。

（刘中发　徐云）

【化解社会矛盾】 年内，坚持来信、来访、电话、网络“四访合一”，方便群众反映诉求，共接访10896人次。落实领导接访制度，对疑难复杂利益协调难度大、群众反映强烈的12件信访案件检察长亲自接待。定期发放测评表，虚心接受群众对接访工作的意见并持续改进工作。海淀区检察院获得全国检察机关“文明接待示范窗口”称号。推进执法办案风险评估预警机制，筛查出重点案件43件，通过释法说理、帮扶救助、监督纠正等多项措施逐一排查化解。加大信访事项的公开审查力度，发挥控告申诉后置监督功能，通过反向倒查，及时发现诉讼过程中存在的问题，发出检察意见书3份、纠正违法通知书1份。

（刘中发　徐云）

【接受区人大监督】 年内，向区人大常委会专题报告落实修改后《中华人民共和国刑事诉讼法》和《中华人民共和国民事诉讼法》工作。继续开展内设处室对口联系人大代表工作，定期发送《海检工作》月报、《海检手机报》，向区人大代表通报检察工作。举办“走进检察院”系列活动，100余位区人大代表参加。办理代表提出的“进一步发挥检察职能，维护律师法定权利”和“检察院可进一步做好预防青少年犯罪工作”两项建议。邀请市、区两级人大代表参与10件刑事、民事申诉案件的公开示证、公开答复，增加透明度。邀请代表为新招录大学生授课，强化接受监督意识。

（刘中发　徐云）

【接受社会监督】 年内，邀请区政协委员观摩远程视频提讯专项工作。组织检察开放日活动5次，向社区发放预防侵害民生犯罪的普法宣传海报1万余份，召开新闻发布会5次，发布微博广播500余条。完善集网络舆情收集、预警、研判、处置为一体的涉检舆情应对机制，对于发现的问题及时答疑释惑，不断改进工作。向律师及当事人提供案件查询1833件次，安排阅卷1299件。及时更新看守所检务公开内容，方便在押人员及其家属准确了解修改后的刑诉法。

（刘中发　徐云）

案例选辑

【32人特大跨国电信诈骗案】 2011年9月16日，被告人黄某某等29人受他人雇佣在老挝万象市西沙达腊县撒潘通村19组别墅内，冒充法院、检察院、公安机关工作人员身份，通过电信技术手段拨打电话，以身份信息被盗为由骗取被害人马某某（女，38岁）人民币41万元。2011年9月18日至26日，被告人戴某某伙同王某某、周某受他人雇佣在老挝万象市西沙达腊县彭巴报村24组别墅内，冒充法院、检察院、公安机关工作人员身份，通过电信技术手段，向本市海淀区等地不特定多数人拨打电话，以身份信息被盗为由实施诈骗，拨打电话总计19200余次。2012年9月20日，区检察院依法对该案提起公诉。2013年8月13日，区法院依法对该案做出判决。被告人王某某等32人犯诈骗罪，分别判处六年至二年六个月不等的有期徒刑，并分别判处人民币四万元至五千元不等的罚金。

（刘中发　徐云）

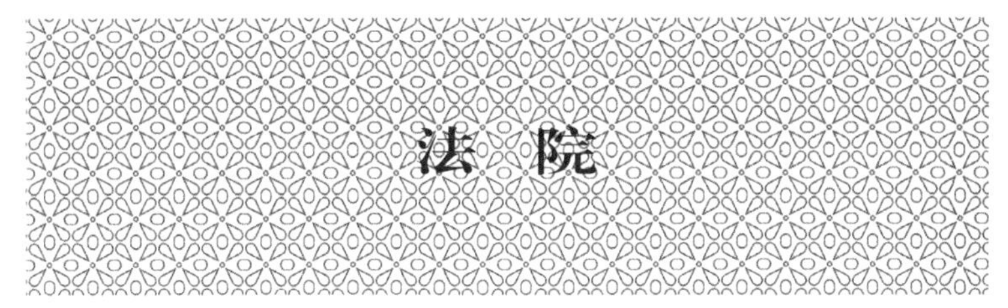

法 院

【概况】 2013年，海淀区人民法院审判工作以“学习、争创”为主题，按照“五个一流”[①]的标准，提升审判质效，为区域经济发展和社会和谐稳定提供司法保障。全年收案45462件，审结44810件。其中，刑事案件收案2975件，结案2946件；民事案件收案19526件，结案19274件；商事案件收案7282件，结案7215件；知识产权民事案件收案3152件，结案3142件；行政诉讼案件收案434件，结案432件；执行案件收案11928件，结案11635件；申诉、再审及国家赔偿案件收案165件，结案166件。

准确适用法律，提升审判质效。按照新刑事诉讼法及其司法解释关于未成年人案件的程序规定，公正审理李某某等五人强奸案，准确适用庭前会议、证人出庭作证、不公开审判、犯罪记录封存、法庭教育等规定，充分保障各方举证、质证、陈述和辩护等诉讼权利；全面查明事实，准确定罪量刑，充分保护被害人和未成年被告人的合法权益，得到最高人民法院充分肯定并通报全国法院学习借鉴。对于应当判处有期徒刑以上刑罚的取保候审被告人，决定逮捕93人并全部判处实刑；对因法定入罪标准发生变化，或犯罪事实不清、证据不足的案件，裁定准予检察机关撤回起诉13件，做到罪刑法定、不枉不纵。根据新刑事诉讼法及时修订审委会工作规则，将外国人犯罪、非法证据排除等新类型案件纳入审判委员会的讨论范围。针对新民事诉讼法规定的小额诉讼程序等原则性制度，出台操作细则，审结小额诉讼案件668件；在医疗纠纷等案件中适用专家辅助人制度，邀请专家出庭对鉴定意见进行专业解读和质询，为依法裁判提供技术支持和参考，促进司法公正。由副庭长或资深法官组建30余个审判小组，对类型化民商事案件进行专门化审理，规范自由裁量权。全年二审发回重审和改判案件239件，同比下降28.9%。

依法保障当事人程序性权利与实体利益，践行司法为民。诉讼服务大厅接待当事人查询案件17000余次、收转材料5400余份，帮助当事人及时了解诉讼进程，方便参与诉讼。全年完成诉讼保全1269件，委托司法鉴定1359件。全年批准延长审限案件117件，同比下降45.1%。审结涉北部新区建设案件1350件，在五路居、玲珑巷项目现场设立法律咨询办公室。妥善执结东升科技园、安宁庄等重点项目拆迁腾退案件。发挥调解作用，促进纠纷及时化解，当事人自愿达成调解6730件，同比上升13.5%。加强刑事附带民事调解工作，373件案件的被害人得到调解赔偿款共计2200余万元。加强执行联动机制建设，查找可供执行的财产，发还执行案款近8亿元。推行涉诉信访分流接待、通报制度等法治化改革，化解重点信访案件39件。

年内，完成清华大学、北京大学、中国人民大学、中国政法大学等8家全国知名大学或法学院的共建合作；选派40余名优秀法官到高校授课或开设讲座200余次，该项工作得到中央政法委的充分肯定，并作为北京市政法系统唯一代表应邀参加中央政法委、教育部召开的法律人才互聘“双千计划”会议。选派37名优秀法官担任全区105所中小学校的法制副校长，为师生讲授法制课。

（杨炎辉 雷磊）

【成立中关村人民法庭】 4月26日，中关村人民法庭正式挂牌成立。新成立的中关村人民法庭共有人员18人，法官及法官助理全部具有硕士以上学历。中关村人民法庭是北京市第一家以审理知识产权案件为主的派出法庭，主要审理媒体、网络侵犯人格权案件、特许经营案件以及中关村街道辖区内的部分民事案件等。

（杨炎辉 雷磊）

【开设“家庭教育课堂”】 6月7日，区法院组织的“家庭教育课堂”首次开讲，13位失足少年父母参加活动。该课堂是在总结区法院未成年人案件审判26年工作经验的基础上，全国首创的为家长提供家庭监护责任和教育方法的教育课堂；8月2日，区法院联合区检察院将授课对象扩大到被不起诉少年的监护人，为20余位触法、涉诉少年的父母进行有针对性的家庭教育指导讲座；8月，区法院联合区司法局、区教委等合作开展“家庭教育指导进社区、进校园”活动，将授课对象从失足少年家长扩大到一般家长，为多个社区和学校的数百位学生家长进行家庭教育指导讲座；9月26日，区法院与中国预防青少年犯罪研究会、海淀公安分局、区检察院、区司法局、区教委等单位联合出台《关于共同开展家庭教育指导工作的意见》。“家庭教育课堂”分为针对性教育和一般预防性教育两类，前者主要适用于触法、涉诉未成年人的父母或其他监护人，后者适用于其他有需求的广大未成年人的父母或其他监护人。教学方式包括个别辅导、团体辅导、亲子互动、读书会和家庭探访等多种形式。“家庭教育课堂”被中央综治办评为未成年人健康成长法治保障制度创新“最佳事例”。

（杨炎辉 雷磊）

【5款审判辅助软件获自主知识产权】 7月22日—9月9日，区法院完成的“行政简易法律文书快速生成系统”“民事无争议离婚快速办理系统”“简易道路交通事故损害赔偿案件文书快速生成系统”“商事简易买卖案件文书快速生

① “五个一流”：一流的司法理念、一流的管理水平、一流的创新能力、一流的工作效能、一流的司法形象。

成系统”“民事简易案件笔录调解书快速生成系统”五款软件的计算机软件著作权的申报工作。经中国版权保护中心审核，获得国家版权局颁发的“计算机软件著作权登记证书”，取得软件自主知识产权的全部权利。

（杨炎辉　雷磊）

【知识产权“三审合一”审判试点】 8月8日，区法院知识产权庭正式开展知识产权案件三审合一试点工作。所有知识产权民事、刑事与行政案件都由知识产权庭集中审理、综合审判。区法院是北京市首家开展知识产权案件综合审判试点工作的基层法院。

（杨炎辉　雷磊）

【远程视频庭审经验在全国推广】 8月29日—30日，中央政法委召开实行轻微刑事案件快速办理机制暨发挥拘役刑教育矫治作用现场会，区法院作为北京市基层法院代表应邀出席会议，并在会上介绍试点轻微刑事案件快速办理机制的做法和经验。北京市人大常委会组织人大代表到院旁听庭审7件次，召开座谈会两次。区法院建立的轻罪案件远程视频庭审模式的技术构成分别安装在法院和看守所的数字化法庭终端构成。开庭过程中，公诉人、辩护人及旁听人员在法院的数字化法庭，而法官、书记员、被告人在看守所的数字化法庭，通过音视频远程实时传输实现同步审理。全年1328件被告人在押的刑事简易程序案件，全部采用远程视频方式开庭审理，保证在法定羁押期限内公正高效审结，为完善轻微刑事案件裁判机制积累实践经验。

（杨炎辉　雷磊）

【出版10本司法实务丛书】 12月27日，区法院与法律出版社共同举行“‘海淀法院文丛’之‘司法实务丛书’新书发布会”。该套丛书由区法院170余名法官总结多年来的审判经验，历时近8个月编写而成，共10本，300余万字，旨在为社会公众处理日常纠纷进行分类指导，分别为《医疗损害责任纠纷诉讼指引与实务解答》《买卖合同纠纷诉讼指引与实务解答》《公司纠纷诉讼指引与实务解答》《社会保险与福利待遇纠纷诉讼指引与实务解答》《民间借贷纠纷诉讼指引与实务解答》《道路交通事故纠纷诉讼指引与实务解答》《著作权纠纷诉讼指引与实务解答》《人身损害赔偿纠纷诉讼指引与实务解答》《劳动争议纠纷诉讼指引与实务解答》《物业纠纷诉讼指引与实务解答》。

（杨炎辉　雷磊）

【推行未成年人司法制度改革与创新】 年内，区法院制定《未成年人司法保护工作办法》，由未成年人案件综合审判庭专门审理涉未成年人的刑事和民事案件，创新寓教于审、信息限制公开、司法救助等工作制度，全方位保护未成年人合法权益；与中国预防青少年犯罪研究会、区教委等6家单位联合出台《关于共同开展家庭教育指导工作的意见》，在全国法院率先开设家庭教育课堂。与教育部青少年法制教育基地、北京大学附属中学签订共建协议，推进青少年法制教育和犯罪预防工作创新。与团中央中国预防青少年犯罪研究会共同举办少年司法制度改革中的帮教责任全国研讨会，推动完善未成年人犯罪预防体系建设。

（杨炎辉　雷磊）

【审判作风建设】 年内，深入查摆司法工作中的“四风”[①]问题，专门召开党组会8次，征集改进意见建议83条，逐一落实整改。制订《集中开展司法廉洁教育活动实施方案》，通过开展“一把手”讲廉政课、创新“微党课”、编印《廉政微生活》专刊等形式，强化警示教育。聘请67名特邀监督员和廉政监察员开展日常审务督察；通过推行执行案款管理软件等信息化手段，确保案款收发全程接受监督。

（杨炎辉　雷磊）

① “四风”：即是“形式主义、官僚主义、享乐主义和奢靡之风”。

案例选辑

【全国首例小额诉讼案件】 2011年5月，刘某与鄂某某达成口头借款协议，鄂某某向刘某借款1万元。鄂某某书面承诺于2011年10月31日前归还借款，但逾期未履行。2013年1月11日，刘某以民间借贷纠纷为由将鄂某某诉至海淀区法院。在向双方当事人充分释明小额诉讼程序的法律规定、可能产生的法律后果以及双方当事人权利义务后，原被告双方均同意适用小额诉讼程序。1月15日，区法院公开开庭审理本案，在刘某坚决不同意调解的情况下，当庭裁判，由被告鄂某某返还原告刘某借款1万元，于判决书生效后三十日内给付5000元，于判决书生效后六十日内付清余款5000元。此案是全国法院系统适用小额诉讼程序并实现当庭宣判、当庭制作和送达民事裁判文书的第一案。新华社、中央电视台、北京电视台、《北京青年报》《新京报》等主流媒体对此案进行采访报道。

（杨炎辉　雷磊）

【首次确认人民调解协议效力案】 1月20日，区法院受理申请人刘某刚（男）、刘某英（女）请求确认人民调解协议效力一案。刘某刚与刘某英系兄妹关系，其父母刘某某与时某某于2005、2010年先后去世，生前未留遗嘱。兄妹因继承纠纷产生争执，2013年1月9日，北太平庄街道人民调解委员会主持调解，经调解协议书确认，双方父母所留房产归刘某刚所有，所留存款和股票归刘某英所有。后刘某刚与刘某英向区法院申请确认上述人民调解协议的效力。2月4日，区法院开庭审理该案，认为该调解协议符合法律规定，当庭做出调解协议有效的民事裁定，并送达双方当事人。该案系新民事诉讼法实施后，区法院做出的首份人民调解协议司法确认裁定书。

（杨炎辉　雷磊）

【全市首例申请强制医疗案】 2012年11月30日，宋某某在地铁2号线鼓楼大街站将在站台边候车的李某某推下站台，致李某某被正在进站的列车碾压多处受伤。2013年1月6日，宋某某经法定程序鉴定，依法不负刑事责任。1月7日，北京市公安局公共交通安全保卫分局做出撤销案件的决定，11日向海淀区检察院移送强制医疗意见书。2月17日，区法院受理区检察院对宋某某提起的申请强制医疗案。经审理认为，被申请人宋某某在2007年2月被诊断为患有精神分裂症，其间虽经多方治疗但无明显好转。2012年1月至10月，宋某某连续多次无故辱骂、殴打他人。被申请人宋某某虽经法定程序鉴定为依法不负刑事责任能力的精神病人，但其行为严重危害他人人身和公共安全，具有现实的社会危险性。其法定代理人未能对宋某某进行有效的监护和控制。在案证据表明，被申请人宋某某的病情没有康复，仍然存在继续危害社会的可能，应予以强制医疗，3月18日，区法院做出强制医疗决定书，决定对被申请人宋某某予以强制医疗。该案是新刑事诉讼法实施后北京市首例强制医疗申请案件。

（杨炎辉　雷磊）

【李某某等五人强奸案】 7月9日，区法院受理李某某等五人强奸案。2月17日，被告人李某某、王某、魏某某（兄）、张某某、魏某某（弟）等人，到海淀区夜半酒吧包间饮酒消费，被害人杨某某等二人被安排在该包间内与5人喝酒、唱歌、玩游戏。后杨某某被架扶着与李某某等人离开酒吧，五名被告人强行将杨某某带至海淀区湖北大厦8915房间，依次强行与杨某某发生性关系。在此过程中，杨某某遭到李某某、王某等人的殴打。案发后，杨某某先后两次就医，经诊断为头面部外伤、脑震荡，处女膜缘可见新鲜破裂。经依法鉴定，身体损伤程度属轻微伤。2月21日，五名被告人被公安机关抓获。除王某为成年人外，其余4名被告均系未成年人。7月9日，区检察院向区法院提起公诉。8月28日、29日，区法院开庭审理。9月26日，区法院依法做出一审判决：被告人李某某犯强奸罪，判处有期徒刑十年；被告人王某犯强奸罪，判处有期徒刑十二年，剥夺政治权利二年；被告人魏某某（兄）犯强奸罪，判处有期徒刑四年；被告人张某某犯强奸罪，判处有期徒刑三年，缓刑五年；被告人魏某某（弟）犯强奸罪，判处有期徒刑三年，缓刑三年。10月11日，北京市第一中级人民法院受理李某某案上诉请求。11月27日，二审宣判，终审裁定驳回上诉，维持原判。此案因被告人李某某的父母均为名人而受到社会和网络舆论的广泛关注。

（杨炎辉　雷磊）

【首次发布知识产权诉讼禁令】 9月11日，区法院受理合一信息技术（北京）有限公司诉优视科技有限公司、广州市动景计算机科技有限公司不正当竞争纠纷一案，合一公司诉称其是优酷网的经营者，向网络用户提供有偿或无偿的视频点播服务，不提供相关视频的下载服务。其发现UC浏览器可以通过其“页面视频下载”功能向访问优酷网的最终用户提供视频下载服务，该行为构成不正当竞争，故将UC浏览器的运营商优视公司、动景公司等诉至区法院，并提出停止侵权、书面致歉及赔偿经济损失500万元等诉讼请求。同时，合一公司向区法院递交禁止优视公司、动景公司为最终用户提供UC浏览器的“页面视频下载”功能下载优酷网视频的行为的申请。经审查认为，合一公司已经提交初步证据证明其对优酷网的视频点播服务享有合法权益及UC浏览器软件“页面视频下载”功能提供优酷网视频下载服务。在尚无证据证明优视公司、动景公司对所经营的UC浏览器软件有权下载优酷网视频内容的情况下，优视公司、动景公司如继续其行为可能构成对合一公司的不正当竞争，优视公司、动景公司应暂时停止涉案行为。10月9日，区法院做出行为保全裁定，裁定优视公司和动景公司停止提供UC浏览器的“页面视频下载”功能下载优酷网视频的行为。该禁令是区法院在新民事诉讼法实施后做出的首例知识产权诉讼禁令。

（杨炎辉　雷磊）

【知识产权“三审合一”刑事第一案】 2012年以来，被告单位北京嘉德安泰商贸有限公司及其法定代表人被告人胡某某雇佣被告人刘某、孙某某、齐某某、刘某某，通过网络等途径在海淀区大河庄苑3号楼1单元102号对外销售耗材时掺杂销售假冒硒鼓。2012年10月17日，被告人胡某某、刘某、孙某某、齐某某、刘某某在上述地点被公安机关抓获，民警现场从该公司位于大河庄苑6号楼106号的库房内起获松下牌硒鼓73个，三星牌硒鼓497个。经鉴定，上述三星牌硒鼓均系假冒，其中393个假冒三星牌硒鼓市场价格为人民币176410元。2013年8月12日，区检察院向区法院提起公诉，指控被告单位北京嘉德安泰商贸有限公司及被告人胡某某等五人涉嫌犯销售假冒注册商标商品罪。10月15日，区法院经审理判处被告单位北京嘉德安泰商贸有限公司罚金人民币15万元；判处案件主犯胡某某有期徒刑一年六个月，并处罚金人民币10万元；判处被告人刘某等四名从犯有期徒刑一年，并处罚金人民币2万元。该案系北京市第一例知识产权“三审合一”刑事案件。

（杨炎辉　雷磊）

【中注协信息公开案】 2012年9月16日，马某某参加国家注册会计师综合阶段考试，并于2013年邮寄政府信息公开申请。2013年6月26日，中注协就马某某提出的政府信息公开申请通过手机短信方式向其做出告知：不予公开您的答卷、答题过程记录及评分记录。8月13日，原告马某某不服被告中国注册会计师协会做出的政府信息公开行为，向区法院提起行政诉讼，请求法院判令被告公开上述信息。9月22日，区法院依法公开开庭审理此案。经审理认为，马某某向中注协申请公开其2012年度注册会计师综合阶段考试答题试卷、答题过程的记录及评分记录，属于中注协履行职责过程中制作或获取的内部管理的相关信息，其做出被诉回复，并无不当。11月11日，区法院判决驳回原告马某某的诉讼请求。

（杨炎辉　雷磊）

【“微博大V”合同诈骗案】 2003年3月，禹某某代表凯爰投资公司与山东省梁山县政府签订投资开发经营合同书，约定凯爰投资公司投资10亿元开发梁山高科技工业园区项目，梁山县政府出让1500亩土地给凯爰投资公司使用。5月，禹某某在项目及土地未获合法审批、没有落实资金来源，不符合招投标条件的情况下，以凯爰投资公司的名义发布招标公告，并以交纳购买标书款和投标保证金为由在海淀区骗取被害单位中科软件股份有限公司（后更名为中科软科技股份有限公司）52.2万元。2012年7月13日，禹某某被抓获。2013年5月15日，区检察院向区法院提起公诉。区法院于7月17日、10月15日开庭审理此案，认为禹某某明知自己及其公司并不具备相应的投资能力，仍与梁山县政府签订投资协议，假借运作梁山高科技工业园区项目，采用虚构项目招标的手段骗取被害单位的标书款和投标保证金并非法占为己有。11月26日，依法作出判决：被告人禹某某犯合同诈骗罪，判处其有期徒刑11年，剥夺政治权利2年，罚金10万元，责令其退赔中科软科技股份有限公司52.2万元。禹某某系拥有115万名新浪粉丝的微博“大V”认证名人，号称身价3000亿元，该案在社会上引起广泛影响。

（杨炎辉　雷磊）

【网络电视盒案】 8月19日，原告北京盛世骄阳文化传播有限公司向区法院起诉被告小米科技有限责任公司、未来电视有限公司侵犯其享有电影《神奇侠侣》的独家信息网络传播权，并称小米公司未经许可，利用其生产销售的小米盒子连接未来电视公司的互联网电视平台向公众提供《神奇侠侣》的在线点播服务，请求法院判令小米公司、未来电视公司停止侵权、共同赔偿经济损失4万元。11月25日，区法院开庭审理此案。经审理认为，小米公司是小米盒子制造、销售商，并未直接提供《神奇侠侣》，对未来电视公司播控平台上出现的《神奇侠侣》系侵权并非明知或应知，未来电视公司应对该平台未经许可提供《神奇侠侣》承担侵权责任。12月2日，区法院公开宣判，判定未来电视公司停止侵权、赔偿盛世骄阳公司经济损失2万元。本案系区法院首例网络电视盒侵权纠纷案件。

（杨炎辉　雷磊）

【就业性别歧视案】 2012年6月，郭某某（女）通过智联招聘网站应聘北京市海淀区新巨人培训学校的行政助理职位，并向其投递个人简历。新巨人培训学校在该岗位的招聘条件中写明“仅限男性”。在投递简历未得到答复的情况下，郭某某致电新巨人培训学校询问情况，被告知因该岗位仅限男性，故不考虑录用郭某某。郭某某认为新巨人培训学校在招聘条件中写明“仅限男性”并因此拒绝录用自己的行为，违反相关法律关于不得歧视女性的规定，侵害其平等就业权、自由择业权。2013年9月27日，郭某某将北京市海淀区新巨人培训学校起诉至区法院，要求判令被告赔礼道歉并赔偿精神损害抚慰金5万元。2013年12月18日，区法院公开开庭审理此案。经调解，双方当事人达成调解协议。新巨人培训学校当庭向郭某某交付书面致歉函并表示愿意承担全部诉讼费，并于12月20日前给付郭某某人民币3万元，作为学校关爱女性平等就业专项资金。该案广受网络舆论关注，被称为“中国就业性别歧视第一案”。

（杨炎辉　雷磊）

司法行政

【概况】 2013年，海淀区司法局下辖3家公证处、法律援助中心、法律培训中心以及阳光中途之家。全区26个司法所由司法局垂直管理调整为街镇属地管理，并加强清华园街道、燕园街道和永定路街道3个大院街道司法所建设。管理律师事务所339家，基层法律服务所12家，执业律师4419人，基层法律服务工作者94人。年内，围绕全国文明城区创建，突出司法所体制机制改革和队伍建设，发挥法律宣传、法律服务和法律保障职能作用，提升司法行政工作水平。羊坊店司法所所长郝学获“全国模范人民调解员”“北京市社区矫正工作标兵”“首都法律援助十佳个人”“首都政法先锋”等称号。

（王卓然）

【举办“开放日”和“爱民月”活动】 4月12日，区阳光中途之家举办“开放日”和“爱民月”活动。百余名司法行政干警、律师、公证员现场为群众答疑解惑并提供法律援助等法律服务。活动共摆放宣传展板70块，发放司法行政宣传品1万余份，收集调查问卷200余份，解答群众法律咨询200余人次，受教育群众达5000余人。

（王卓然）

【成立青少年法律援助工作站】 7月8日，区法律援助中心成立海淀区首个“青少年法律援助工作站”，并在北京东硕律师事务所举行揭牌仪式。青少年法律援助工作站借助12348法律援助专线开通“海淀区青少年维权热线”；为青少年申请法律援助开通“审批绿色通道、咨询绿色通道、畅通法律援助运作通道”；建立“刑事法律援助律师团”和“民事法律援助律师团”，由专门律师从事未成年人案件的代理工作，在承办未成年人案件时，援助律师及时向中心反映案件进展情况，确保受援人的合法权益，适时对未成年犯罪嫌疑人开展法制教育，使其充分认识到犯罪行为的社会危害性，鼓励其改过自新。

（王卓然）

【接受“六五”普法中期检查】 8月9日，市“六五”普法中期检查组到海淀区指导检查法制宣传教育工作。检查组听取海淀区法制宣传教育工作的报告，现场检查工作档案；建议加强重点人群的普法教育，不断提高法制宣传工作的社会影响力和针对性，提升法制宣传教育的覆盖面和普及率。

（王卓然）

【举办“阳光中途学院亲职教育进社区”活动】 8月27日，区司法局、区法院在学院路街道举办“阳光中途学院亲职教育进社区”活动，面向已经为人父母的社区矫正人员讲授亲职教育。针对当前家庭教育中普遍存在的误区，讲解父母应如何培养孩子健全的人格和良好的品性。

（王卓然）

【成立“海淀区领导干部法制宣传教育基地”】 9月2日，区司法局与区委党校共同成立“海淀区领导干部法制宣传教育基地”。教育基地借助区委党校的教学基础设施和教学管理体系，将法制宣传教育纳入党校主体班教学课程，聘请北京大学法学院教授为基地顾问，每年举办法制宣传教育专题培训班。

（王卓然）

【建立全市首家领导干部法制培训高端合作项目】 10月16日，区司法局与北京大学法学院共建协议签约仪式在区政府举行，启动全市司法行政系统首家领导干部法制培训高端合作共建项目。区司法局与北大法学院在专题培训、项目研究、教学实践、学生就业等方面达成合作共建意向，主要包括：北大法学院为“海淀区领导干部法制宣传教育基地”委派法律顾问，为海淀区举办领导干部法律专题培训班，为海淀区领导干部法制宣传教育基地和区委理论学习中心组授课，承担有关课题项目的研究，安排大学生志愿者充实海淀区法律宣传、法律服务力量等；区司法局为北大法学院提供教学实践基地，优先录用北大法学院推荐的应届毕业生等。海淀区领导干部每年将参加海淀区领导干部法制宣传教育专题班1~2期，由北京大学教授授课，授课内容更加深入、前沿，并定期考核。11月8日，北京大学法学院王磊教授应邀为海淀区理论学习中心组学习会围绕“法治思维与法治政府”主题做专题辅导，启动领导干部法制培训高端合作共建项目的首次培训。

（王卓然）

【举办“讲法制守秩序，普法惠民进万家”主题宣传活动】 10月19日，区司法局举办“讲法制守秩序，普法惠民进万家”主题宣传日活动，区委政法委、区人大常、区政协、市司法局、区司法局及相关委办局领导、部分人大代表、政协委员参与宣传活动。活动在海淀公园设置1个主会场，100多个分会场，全区29个街镇、100多个社区共同参与。现场共发放宣传材料50万份，受教育群众达13万人。区司法局、法院、检察院、环保局及区公证处、律师事务所等25家单位结合工作职能开展专题宣传。自2013年5月至2014年年底，全区开展“讲法制守秩序，普法惠民进万家”主题宣传教育活动。截至年底，全区开展百姓说法活动、法治文艺节目展演活动、法律服务村居行活动，打造“一刻钟法律服务圈”，举办“市民普法大讲堂”，发放《法律生活小帮手》宣传手册，在媒体和户外广告平台发布“做讲法制守秩序的好市民”宣传用语，在《海淀报》开设“人在法中、法在心中”普法专栏，在海淀电视台定期播放普法公益广告片“学法·融入”。

（王卓然）

【开展农民工法律援助专项维权活动】 11月20日，启动为期两个月的农民工法律援助专项维权活动，活动主要开展四个方面的工作：一是做好新形势下农民工法律援助工作；二是加强法律援助工作站、点建设，延伸法律援助触角；三是畅通农民工法律援助维权通道，依法维护农民工合法权益；四是加大宣传力度，扩大社会影响力。

（王卓然）

【开展律师执业纪律、职业道德培训会】 11月22日—23日，北京市海淀区律师协会律师执业纪律、职业道德培训会在怀柔北京市律师培训中心举行。市律协朱永锐律师就2009年修订的全国律协《律师执业行为规范》进行讲解和答疑，市律协王洋律师作题为《律师违规问题的处理》的报告并进行答疑。

（王卓然）

【成立“海之源”千人普法志愿团】 11月26日，由司法干警、律师、公证员、驻区高校大学生等1000余人组成的海淀区“海之源”千人普法志愿团成立，普法志愿团采取“对接式服务、项目化运作”工作模式，探索普法志愿服务新的方法和途径。普法志愿者团队涵盖北京大学、清华大学、中国人民大学等7所高校，海淀区公、检、法、司等6家政法部门，以及海淀区公证员、律师共计15个普法志愿分队，承担海淀区法制宣传志愿者协调、指导、检查、督促和考核等各项职能，对海淀区法制宣传志愿者服务进行调研、决策、筹划，推动法制宣传教育服务常态化、规范化、制度化。

（王卓然　李相伟）

【参加司法部新闻发布会】 11月29日，司法部在国务院新闻办公室召开新闻发布会，区法律援助中心作为工作典型，在发布会上展示了工作创新、队伍建设、机制体制革新等方面的成果。区法律援助中心2003年1月1日至2013年12月31日，代理案件1.4万余件（其中 2013 年 3700 件），挽回经济损失 7 亿元（其中 2013 年 8000 多万元），3 次被评为“全国法律援助先进集体”。2013 年被评为全国法律援助示范窗口。

（王卓然）

【举办“12·4 法制宣传日”主题活动】 12 月 4 日，区法宣办、区司法局联合区国资委、超市发连锁股份有限公司在全区近百家超市发门店同时开展“做讲法制守秩序的好市民共筑伟大中国梦”12·4 法制宣传日活动。共发放普法手提袋、普法折页 11 万余份，张贴普法宣传海报 150 张，悬挂横幅 100 多条，受教育群众达 5 万多人次。

（王卓然）

【“南水北调”拆迁腾退公证】 12 月 13 日，海诚、国信两家公证处共计 20 名公证人员为“南水北调”调节池工程有关房屋的腾退、拆除工作办理公证。全年 3 家公证处共参与搬迁腾退工作 29 次，参与 80 余人次，办理保全证据、现场监督、户外测量等公证 68 件，涉及面积 1.5 万余平方米。

（王卓然）

【青少年法制教育基地落成】 12 月 25 日，区司法局与区教委共同建设的海淀区青少年法制教育基地在北京市海淀寄读学校落成揭牌。基地建筑面积 800 平方米，拥有主展厅、楼道法制文化展区和青少年模拟法庭专区三个部分。基地作为全区青少年法制宣传教育实践活动专门场所和青少年普法工作平台，主要承担接待参观、举办全区性法制宣传教育活动、青少年模拟法庭活动以及法制教育成果展和法制教师培训等任务。

（王卓然　王常智）

【法制宣传教育】 年内，健全完善“1+10+82”（1 个法制宣传教育领导小组，10 个牵头单位，82 个街镇委办局）的全区普法工作组织领导体系。集中开展“六五”普法中期检查验收，海淀区在全市“六五”普法中期检查验收测评中名列第一。加强以领导干部和公职人员为重点对象的法制宣传教育，在区委党校建立“海淀区领导干部法制宣传教育基地”，与北京大学法学院签署合作共建协议，举办区级理论中心组法律讲座。编写完成全国首部“中小学法制校长教材”，“海淀区青少年法制教育基地”建成启用。新建科技商务楼宇普法工作站 12 家，全区已达 35 家，覆盖中关村西区、上地等重点科技商务区。利用区域法律实践和法学理论资源，组建“海之源”千人普法志愿团。各街镇新建法治文化长廊、法治文化广场、法治文化公园等法治文化阵地 11 个，全区普法宣传阵地达 263 个。

（王卓然）

【法律服务】 年内，律师办理诉讼案件 13973 件，非诉讼法律事务 63559 件。3 家公证处全年办理公证事项 107545 件。深化“法律服务村居行”和“法律大讲堂”活动，196 家律所、420 名律师与全区 648 个社区（村）建立了“1 对 1”基层法律服务工作机制。全区 84 个行政村实现律师法律顾问全覆盖。律师、公证员深入社区（村）开展法律服务、法律讲座等活动 2800 多场次，解答法律咨询 2 万余人次。编辑《公证便企服务指南》和《公证便民服务指南》，组织“公证助力企业发展”活动，拓展公证法律服务领域。

（王卓然）

【人民调解】 年内，人民调解组织调解各类矛盾纠纷 9.2 万多件次，完成人民调解案件 35660 件，涉及当事人 75525 人，调解涵盖婚姻家庭、邻里关系、房屋宅基地、协议合同、生产经营、损害赔偿、劳动争议、村务管理、山林土地、征地拆迁、计划生育、环境保护、道路交通事故、物业、医疗等多类型、多领域。创建市级规范化人民调解委员会 100 个，学院路街道北科大社区调委会是全市唯一获“全国模范人民调解委员会”称号的社区（村）调委会。

（王卓然）

【社区矫正安置帮教】 年内，区司法局发挥“阳光中途之家”功能作用，提升社区矫正和安置帮教人员教育、管控、帮扶水平。开展社区矫正集中教育 61 次、接收教育 1805 人次、走访谈话 8603 人次。全年新接收社区服刑人员 274 人，解除矫正 331 人，正在接受矫正的 488 人。新接收刑释解教人员 613 人，解除帮教人员 560 人，正在接受帮教人员达到 2609 人。向“两类”人员（社区矫正人员和刑释解教人员）提供临时救助经费 10 多万元，为 323 人办理社会低保，为 125 人成功申请廉租房，帮扶 87 人就业。对全区社区矫正工作档案逐卷检查。制定应急预案，落实重要节日、重大活动、敏感时期对“两类”人员的管控措施。

（王卓然）

【司法所规范化建设】 年内，区司法局协调改善司法所工作业务用房等硬件设施，11 个司法所用房条件得到改善，16 个司法所用房达到不少于 120 平方米的标准，达标率 55%。为 24 个司法所规范外观标识，为 15 个司法所制作门楣。增加司法所业务装备，提高工作保障水平。开展创建规范化司法所活动，创建 AAA 级（市级）司法所 7 个，四季青、西北旺、苏家坨、清河、花园路等 5 个司法所达到规范化、规模化司法所水平。

（王卓然）

【公证服务】

公证处名称	接待人次（单位：人次）	办证情况（单位：件）			收费（单位：万元）
		国内	涉外	涉港澳	
北京市海诚公证处	83437	58549			1729.2
		14596	43506	447	
北京市求是公证处	25265	19832			855.1
		6287	13413	132	
北京市国信公证处	27881	29164			1474.1
		16255	12776	133	
合计	136583	107545			4058.4
		37138	69695	712	

（王卓然）

【法律援助】 年内，区法律援助中心开展“法律援助关爱行”主题活动，向全区残疾人发放法律援助便民服务 IC 卡 3.1 万张。成立刑事法律援助律师志愿团，为刑事案件当事人提供法律援助。受理法律援助案件 3700 件，是 2012 年的 2.64 倍，为当事人避免和挽回经济损失 8300 余万元。区法律援助中心被评为“全国法律援助便民示范窗口”，被司法部评为“第四届全国法律援助工作先进集体”。

（王卓然）

案例选辑

【养子拒绝赡养老人案】 2013 年 10 月，区法律援助中心受理张某某（女）的法律援助申请，委派北京市正平律师事务所承办此案。经向社区居委会和张某某的养女余某某了解，张某某，1934 年 10 月 27 日出生，1970 年 1 月与杨某某结婚，并收养 12 岁的杨兰某为养子，后又收养余某某为养女。杨某某在北京第三建筑工程有限公司工作，于 1980 年 1 月去世，由养子杨兰某接班。后杨兰某在养母张某某和姐姐余某某不知情的情况下将第三建筑工程有限公司 1975 年分给养父杨某某的位于北沙滩的房子过户到自己名下。2005 年 9 月该房屋拆迁，2010 年 10 月北京博宏房地产开发有限公司一次支付拆迁款 38 万元，之后又两次支付拆迁补偿款，以上补偿均由杨兰某独占，并利用以上拆迁补偿款购买属于自己的商品房。导致养母张某某失去居所和生活来源。在张某某失去劳动能力后，特别是自 2001 年 1 月至 2012 年 10 月的 11 年间，杨兰某没有赡养老人，且未向养母张某某支付过赡养费、医药费，甚至从来没有去看望老人。杨兰某并非没有赡养能力，其为送儿子出国留学，曾一次性拿出 30 万元、20 万元为其儿子缴学费甚至在国外购房。经办律师多次与杨兰某联系，希望其履行赡养义务，未取得进展。2013 年 9 月 15 日，张某某将杨兰某、余某某起诉至海淀区法院。10 月 17 日，区法院开庭审理此案，杨兰某承认其未履行赡养义务的事实，并称其经济困难，无赡养能力，仍无调解的意愿。律师举证其获得拆迁补偿金和儿子出国留学的事实，揭穿其举证的工资证明不实。经法院、居委会、经律调解，双方于 2013 年 12 月 23 日自愿达成协议：杨兰某在 2014 年 1 月 10 日前给付张某某自 2001 年 1 月起至 2013 年 11 月止的赡养费、医疗费，共计人民币 2.8 万元；自 2013 年 12 月起，杨兰某、余某某每人每月给付张某某赡养费人民币 600 元。

（王卓然）

【劳动关系纠纷案】 2013 年 3 月 5 日，区法律援助中心受理刘某某、贾某某的法律援助申请，指派北京市法大律师事务所提供法律帮助。经了解，刘某某和贾某某是海淀区某餐饮公司的前厅服务员，每月工资 3000 元，以现金的方式发放。某餐饮公司没有为其缴纳社会保险，也没有安排二人享受带薪年休假。2013 年 2 月底，刘某某和贾某某以单位拖欠工资和未缴纳社会保险为由，通过邮政 EMS 向某餐饮公司发出被迫解除劳动关系通知书，随后二人向海淀区劳动和人事争议仲裁院提起劳动仲裁，要求确认其与某餐饮公司存在劳动关系，要求某餐饮公司支付未签署劳动合同的双倍工资差额，支付被迫解除劳动关系的经济补偿金，支付 2012 年 12 月份（截至被迫解除劳动关系之日）的工资，支付未休年休假工资报酬并返还培训费 200 元。在劳动仲裁过程中，刘某某和贾某某与“黑代理律师”签订委托协议，并将所有证据原件交给“律师”。几经波折双方解除委托代理关系，“黑代理”却损毁了所有的证件原件，且不久刘某某和贾某某就收到海淀区人民法院的传票，某餐饮公司提起诉讼，要求法院判决不支付相关费用。为了维护刘某某和贾某某的权益，律师来到海淀区劳动和人事争议仲裁院，了解劳动仲裁庭审情况，并复印案件的全部庭审笔录。指导刘某某和贾某某搜集、补充包括某餐饮公司的店庆视频、刘某某与某餐饮公司负责人的录音资料等证据。3月28日，双方通过区法院达成调解协议，确认刘某某和贾某某与某餐饮公司存在劳动关系，并且对未签署劳动合同的双倍工资差额、被迫解除劳动关系的经济补偿金也予以认定，某餐饮公司向刘某某和贾某某支付赔偿款数万元。

（王卓然）

社会管理综合治理

【概况】 2013年，海淀区社会管理综合治理工作以深化平安海淀建设为主线，强化管理创新。在重要会议、重大活动和敏感时期，区综治办发挥统筹协调作用，适时启动综治维稳会商研判机制和信访联席会议机制，分析网上网下舆情，分析排查社会矛盾纠纷，最大限度地减少群体性事件的发生。召开32次综治维稳会商研判会，消除各类安全隐患1945处，化解各类矛盾纠纷178件，妥善处置16批民工讨薪事件。依托全区715个社会服务管理网格，实行精细化、立体化社会面防控。启动社会面等级防控18次64天，每天组织发动18种群防群治力量17.5万余人次参与社会面防控，重点强化长安街沿线、军博、万寿路、五棵松、中关村西区等治安重点地区的排查整治，加大重点地区巡防巡控力度，实现“大事不出、小事也不出”的工作目标，确保全区社会安全稳定。

年内，海淀区被评为“2009—2012年度全国平安建设先进区”；在首都社会管理综合治理工作考核中总分列全市第一，被评为“首都社会管理综合治理先进区县”。区综治办被评为“2009—2012年度首都社会管理综合治理先进集体”“2011—2012年度北京市未成年人保护工作先进集体”。在全市群众安全感调查中，海淀区列城六区第一名。《海淀区立体化社会治安防控体系创新研究》被评为首都综治工作重点调研课题一等奖。

（刘鑫）

【开展基层平安创建活动】 5月9日，区综治办组织召开全区基层平安建设动员部署大会，确定以坚持群众满意导向和强化基层基础为重点，以社会管理机制创新为动力，推进“平安海淀”建设向纵深发展的工作思路。深入开展基层平安建设大走访、安全社区（村）创建、高发案地区排查整治、基层人民防线建设、实有人口及特殊人群服务管理、社会矛盾预防化解、法制宣传服务、环境秩序排查整治、推进“两新”组织参与平安创建、行业系统平安建设等十项基层平安创建活动，将“平安海淀”建设不断深化，为人民群众创造安定有序的社会环境。

（刘鑫）

【创建“最安全商务区”】 6月4日，中关村西区“最安全商务区”创建活动正式启动，中关村西区派出所由治安管理派出所变更为综合户籍派出所。聘请36名来自中关村西区的商、政、企业界的代表和居民代表为安全监督员，随时向相关责任单位反映中关村西区治安、交通、环境等秩序问题，提出改进建议，并督促相关单位解决问题。

（刘鑫）

【安全技术防范系统应用大普查】 6月—8月，区综治委科技创安专项组在全区开展安全技术防范系统应用大普查，涉及金融单位、商场、宾馆、饭店、医院、体育场馆、影剧院、写字楼、公园、广场、居民小区、交通场站、公司、国家机关、加油站、学校、道路17大类公共场所（区域）和产权单位。全区共上报正常运行的图像监控探头72602个。其中，公共场所（区域）的图像监控探头19596个，产权单位内部的图像监控探头53006个。图像监控探头总量在城六区排名第一。

（刘鑫）

【调研未经注册审批幼儿园（小学）】 7月—10月，区综治办会同海淀公安分局对全区未经注册审批幼儿园（小学）进行调研，建立工作台账，分析问题形成的原因和存在的安全隐患，有针对性地提出整改的意见建议。全区未经注册审批幼儿园（小学）主要存在所用房屋有消防隐患、属于违章建筑或建筑不合格、缺乏必要的物防技防人防条件，无卫生检疫证，不具备办学资质等问题。整改的主要措施：明确相关职能部门和各街镇的职责，推动职能部门加强监管，将未审批幼儿园管理纳入各街镇网格化管理，加强校园及周边环境综合治理。

（刘鑫）

【分类指导村庄社区化建设】 10月，区综治办梳理农村和平房地区存在的治安问题，根据村庄治安状况、人口规模等因素，将全区102个村庄（平房区）划分为全面建设类（22个）、重点建设类（30个）、一般建设类（50个）三种类型，分别按照两站两室建设标准、队伍建设标准、防范基础建设标准、制度建设标准、人房管理标准和村庄平安建设标准推进村庄社区化工作，改善农村和平房地区治安状况。

（刘鑫）

【启动“平安公益站”项目】 11月22日，八里庄街道治安志愿者“平安公益站”项目启动，世纪新景园社区“平安公益站”同时揭牌。项目以“平安”“公益”为主要内容，实行云平台托管服务，统一标识、统一设备、统一资料、统一管理、统一保障，逐步完善治安志愿者规范化管理服务体系，不断提升治安志愿者信息化正规化管理水平，激发治安志愿者的积极性、荣誉感，打造具有社会影响力的平安建设公益组织品牌。

（刘鑫）

【成立新疆少数民族来京务工经商人员服务站】 11月29日，与新疆外出务工经商人员服务管理驻北京市工作站合作，在中关村街道建立新疆少数民族来京务工经商人员中关村地区服务站，工作范围辐射至周边新疆来京人员较集中的几个街道辖区，主要负责协调区属有关部门为新疆在海淀务工经商人员提供优质服务，构建处置涉疆问题或突发事件的长效机制。

（刘鑫）

【评选8个综治工作开拓创新项目】 12月19日，区综治办牵头开展2013年度海淀区综治工作开拓创新项目及独特经验评选活动。在23个入围创新项目中，青龙桥街道的“新居民服务与管理”、八里庄街道的“平安公益站”、曙光街道的“创新交通秩序管理”、中关村街道的“消防安全互助小组”、万寿路街道“整治群租房”、西三旗街道的“358三级应急处置体系”、北太平庄街道的“引进物业改善社区环境”、羊坊店街道的“打造干群沟通新载体”等8个项目被评为一等奖。

（刘鑫）

【形成联合执法新机制】 年内，海淀区整合公安、城管、交通、消防、工商、卫生、食药局等执法力量，在29个街镇组建联合执法队。将具有行政执法权的各种专业力量下沉到街镇。由各街镇负属地社会服务管理主责，统筹协调属地具有行政执法权的站、队、所等力量，打破原有的事先须协调各种执法力量、走事前协调程序才能开展联合执法工作的模式。建立健全组织领导、联席会议、问题反馈、信息报送、移交固化、档案管理、考核评价、表彰奖励八项机制。首都综治办对海淀区联合执法机制进行专题调研，从体制创新到机制创新、从联合执法作用的发挥到实际效果的体现都给予肯定。

（刘鑫）

【治安专项整治行动】 年内，区综治办联合海淀公安分局，加大对市级挂账的北太平庄、上地等11处重点地区[①]的打击力度，重点打击群众反映强烈的诈骗、抢劫、盗窃自行车、扒窃、入室盗窃等违法犯罪行为。围绕市公安局确定的7处涉稳风险地区[②]，从强化群体管控、强化基础建设、强化服务创新、强化统筹规划、强化力量投入五个方面入手，实现有效管控和治理，营造安全有序的社会环境。根据6个市级挂账的高发案地区[③]的发案情况，每月对社区三类可防性案件的发案情况进行统计分析，每月组织属地综治、派出所等部门在发案高的街镇召开现场会，分析发案原因、研究制订压发案措施，确保各项防控措施落到实处，社区三类可防性警情明显下降。围绕33处秩序乱点[④]，持续开展治安秩序、环境秩序、交通秩序专项整治工作。全年共投入各类执法力量124396人次，处罚交通秩序违章41万起，查处城市秩序违法案件27058起，拘留各类扰序人员5098人。

（刘鑫）

【平安建设】 年内，推进全国文明城区创建平安建设工作。全区共建社区警务室433个，完成率100%。共有楼房单元门47171个，已安装门禁系统35950个，完成率76.2%。共有小区1372个，已完成封闭841个，完成率61.2%。在老旧楼房安装防爬刺1220套。在社区建立治保会、调委会等群防群治组织，按照流动人口3‰的比例配备流动人口管理员，按照常住人口2.5‰的比例配备治安辅助力量。将在街镇设有直属队、站、所的区级部门直接下沉到社区网格，形成条块（专业部门与属地）力量相结合的工作格局。开展平安建设宣传教育，重点治理与群众生活息息相关的社会治安和环境秩序等问题。

（刘鑫）

【建立平安建设社会评价机制】 年内，29个街镇分别招募35名由专家学者、网络名人、党代表、人大代表、政协委员、社区工作者、治安志愿者、老知青、老党员、老法官、老公安、老检察官、离退休干部以及社区低保人员组成的基层平安建设观察员队伍。观察员深入社区、社会单位和居民群众，收集对平安建设的真实感受、需求和意见建议，宣传平安海淀建设和街镇开展的基层平安创建活动；根据日常的观察和了解对街镇的平安建设工作进行客观公正的评价打分，强化社会评价在平安建设中的监督作用。

（刘鑫）

【创建379个标准化安全社区】 年内，全区647个社区（村）开展以“六个达标”[⑤]为标准的安全社区创建活动。通过加强社区警务室建设，落实社区民警驻区制，定期下社区督导等措施，共有379个社区（村）达到“发案少、秩序好、社会稳定、群众满意”的创建要求。

（刘鑫）

---

① 北太平庄地区、上地地区、五棵松地区、恩济庄地区、万寿寺地区、西三旗地区、曙光地区、花园路地区、北太平庄地区（北太平庄地区有两类治安案件都被挂账）、大钟寺地区、西北旺地区。

② 中关村西区、锦绣大地市场及周边地区、西山社区、四王府社区、朱房社区、双泉堡社区、一亩园社区。

③ 羊坊店街道、甘家口街道、紫竹院街道、永定路街道、清河街道、上地街道。

④ 双安商场、清河立交桥、小西天牌楼、永定路、中坤广场、海龙广场、北宫门、五道口、学院桥、小营桥、上地城铁、京藏高速辅路、四季青桥周边、西四环欧尚、世纪城、四季青地区、五棵松路口、军博地铁、玉泉路口、羊坊店路南口、万寿路地铁、公主坟、沙沟南口、北清路上庄路口、西北旺公交站、太舟坞公交站、联想桥、阜石路、西三旗桥下、育新站地铁、西二旗桥、南平庄、安河桥地铁。

⑤ 六个达标：台账底数齐全、基础设施完善、群防群治健全、社区和谐稳定、社区治安良好、群众安全满意。

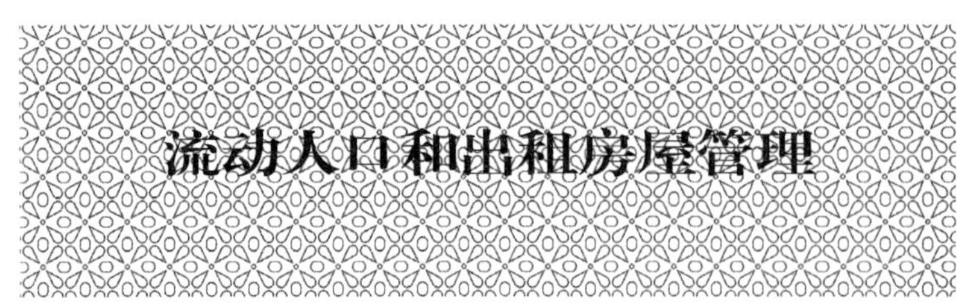

流动人口和出租房屋管理

【概况】 2013年，海淀区流动人口管理服务工作坚持“民生为本、服务为先、融合为要”的工作理念，深化流动人口服务保障、规模调控、信息化建设，建立实有人口服务管理工作体系，为促进全区人口长期均衡发展和区域经济社会协调发展提供信息支撑和决策参考。在社区、村层面设“新居民服务中心”623个，全区形成区流管委（办）、街镇流管委（办）、社区（村）新居民服务中心三级流动人口与出租房屋服务管理的工作体系。补招实有人口管理员144人，2198名实有人口管理员岗位满编运行。

截至年底，全区共登记流动人口134.11万人，同比增加2.57万人；出租房屋15.68万户，同比增加0.59万户。其中2013年新登记流动人口38.45万人，核销34.81万人，更新13.24万人，迁移6.67万人；出租房屋新增2.12万户，核销1.53万户，更新0.85万户。

（骆建国）

【成立实有人口服务管理委员会】 2月27日，海淀区实有人口服务管理委员会（以下简称“实有人口委”）及成立，区委组织部等51个委办局及29个街镇为区实有人口服务管理委员会成员单位，建立“区委区政府统一领导，实有人口委统筹指挥，实有人口办协调组织，成员单位具体实施”的实有人口服务管理工作体系。区实有人口委下设办公室（简称“实有人口办”），办公室设在区流管办，设调研组、推进组、信息组、综合组4个工作组。实有人口办主要负责实有人口委的日常工作，组织落实实有人口委的各项工作部署。51个委办局成员单位均确定实有人口服务管理工作的主管领导、责任科室和联络员。29个街镇均建立以主要领导为主任的地区实有人口委，并在街镇流管办基础上成立实有人口办，制定本地区实有人口服务管理工作的实施方案，整合协调辖区内各职能部门力量开展实有人口服务管理工作。

（骆建国）

【实有人口委员会第一次全体会议召开】 2月28日，区实有人口服务管理委员会召开第一次全体会议，部署2013年实有人口服务管理工作，并与29个街镇签订《海淀区2013年实有人口调控目标管理责任书》。会议要求加强实有人口服务管理工作，以信息化建设为先导，切实把人口规模调控工作抓出成效。以加强和创新社会服务管理为主线，以研究制定人口有序管理制度框架和推进实有人口服务管理体系建设为抓手，以推进“四个实有”信息化建设和人口规模调控为重点，为促进海淀区人口长期均衡发展和区域经济社会协调发展提供信息支撑和决策参考，为保障和改善民生、加快示范区核心区建设营造和谐稳定的社会环境。海淀区成立实有人口委，开展实有人口服务管理是加强社会管理的创新举措，得到中央综治委和首都综治委的认可和关注。

（骆建国）

【流动人口法制宣传月】 2月28日，区法宣办、区司法局、区流管办等15家单位在清河农副产品交易市场联合启动以“春风送暖与法同行”为主题的流动人口法制宣传月活动，活动持续至3月30日。宣传月期间，为流动人口提供法律服务，发放“创文明城区，建法治海淀”的主题宣传品，发放《流动人口安居首都法律指南》丛书、流动人口法律宣传折页等；引导流动人口依法登记办证、配合管理，发放《致外来务工经商人员的一封信》、“社区安全防范提示”；结合文明城区创建工作要求制作宣传展板，在流动人口聚集地、居住地、经商地、流入地开展法律常识巡回展和“开心学法”普法动漫电影佳片放映和普法游艺活动；以海淀区劳动争议调解中心为平台，深入社区、楼宇、市场、工地，为外来务工人员提供法律咨询和法律援助等。

（骆建国）

【实有人口管理“四个突破、四个创新”】 3月19日，学院路街道召开地区实有人口服务管理委员会成立大会，并部属2013年地区实有人口服务管理工作，做到“四个突破、四个创新”，即：适应形势、政策的变化，突破原流管委工作格局，及时调整工作重心至实有人口，创新建立实有人口服务管理新格局；在工作内容和形式上，突破原有工作机制，创新建立新的制度和工作流程；工作对象上，突破原有流动人口的单一性，创新面对地区全部户籍人口、流动人口、境外人员等实有人口；从工作理念上，突破固有工作思路，以人为本，全方位、多层次，以服务“零距离”为目标，全面提升实有人口服务管理工作质量。

（骆建国）

【设立少数民族咨询服务站】 4月16日，区流管办、四季青镇政府、西山派出所、宝山村委会及相关职能部门联合在宝山新居民服务中心设立少数民族咨询服务站。咨询服务站承担新疆等少数民族流动人员的服务与管理工作。以摸清底数、信息采集、归类建档为切入点，对辖区内的新疆等少数民族人员进行走访、登记，开展预防煤气中毒等专项工作。

（骆建国）

【今日家园社区群租房整治】 4月—10月，区流管办组织区工商分局、区地税局、区卫生局疾控中心、区房管局、派出所、消防等单位联合整治万寿路街道今日家园社区群租房。共拆除隔断170户，清除床位256个，违章隔断占地近1600平方米，占原有隔断房屋的98%；规范191户，占原非法旅馆总数的93%。其中16户被取缔的非法家庭旅馆已归还业主，业主明确表示不再出租。小区流动人口降至1200余人，减少3000余人，小区环境卫生、秩序、治安状况明显提升，受到居民群众普遍称赞。主要做法：一是完善台账，从出租房屋性质角度进行分类，按非法旅馆类、公司类、一般群租类、宿舍类等分门别类详细登记；从实际经营主体角度进行分类，按业主、二房东、中介公司进行登记。二是组团宣传，争得群众支持。三是发挥示范带动作用，选取10户非法经营旅馆作为典型开展帮拆，严格按照“前期告知—约谈业主—劝离租户—物品清查—检查电线线路—物品转移—帮拆隔断”的步骤进行。四是加大联合执法力度，引入工商、税务、卫生等多个职能部门，强化打击力度。五是运用网格化管理机制构建精细化管理格局。通过专项整治工作，取得“四个下降、四个提升”的效果：违法违规出租房屋数量下降，出租房屋登记率提升；出租房屋安全隐患下降，社区宜居程度提升；出租房屋治安案件下降，群众安全感提升；租住人员总量下降，群众满意度提升。

（骆建国）

【完成“四个实有”信息采集】 5月初至6月底，在学院路街道六道口社区、青龙桥街道挂甲屯社区、上庄镇常乐村进行包括实有人口[①]、实有房屋[②]、实有单位[③]、实有用工[④]在内的“四个实有”信息采集试点。7月17日，区“四个实有”信息采集工作动员部署会召开，区实有人口委成员单位的主要领导、街镇主管领导、实有人口办主任、户籍派出所主管所长及社区居（村）委会主任、民警、实有人口管理员代表等参加大会。至11月15日，海淀区完成“四个实有”信息采集工作。区经济和信息化办公室、海淀公安分局、区人口计生委、区房管局、区质监局、区工商分局、区人力资源和社会保障局等部门相互配合，以网格化社会服务管理平台为载体，将公安系统的实有人口和实有房屋信息库、人口计生部门的全员人口信息库和房管局的房屋权属登记平台等进行对接，逐步扩展到法人代码信息、工商经济户口信息及劳动用工信息。信息采集设计信息登记表5张、213项指标。共采集“四个实有”信息数据122.8万条，其中更新修改实有房屋信息27800条、出租房屋104989条、实有人口1033614条、实有单位61293条。并依托网格化综合数据库建设完成覆盖全区的“四个实有”基础信息平台，通过对“四个实有”信息的全覆盖采集和与相关专业部门的数据比对，建立全区“四个实有”信息平台和数据更新维护机制，为优化人口布局、促进人口有序管理和区域协调发展提供信息支撑和决策参考。

（骆建国）

【大型市场流动人口专项调查】 6月10日，开展大型市场情况调查，掌握各街镇流动人口聚居区、严重倒挂地区和大型市场（包括商场）及从业流动人口的具体情况。经调查，全区流动人口聚居和倒挂的社区（村）共152个，居住流动人口约64.2万人，占全区流动人口的50%；全区有大型市场64个，从业的流动人口5.26万人，占市场从业人员总数的85.8%。

（骆建国）

【市流管办调研流动人口聚集区】 7月9日，首都综治办副主任、市流管办常务副主任苗林一行3人，对中关村街道新疆少数民族服务站、学院路街道外国人居住密集的五道口社区、青龙桥街道外来务工人员子女上学矛盾突出的二河开地区三个具有鲜明特点的流动人口聚集区进行实地考察和调研。与部分新疆来京务工人员面对面进行交流，询问他们在京生活、工作情况；与一线流动人口服务管理人员进行座谈，了解工作开展情况，以及存在的问题和困难；听取青龙桥街道新居民主任助理和房东协会全覆盖的工作情况；就外埠老人享受9项社会优待的同城待遇、北京市取消义务教育阶段各项收费、实现看病“全国漫游”的医保改革等政策的出台和执行将对北京市社会管理和对城市承载力带来的影响及应对措施等问题，进行座谈和研讨。

（骆建国）

【“四个实有”信息采集工作培训】 7月23日，区实有人口办和区公安分局采用视频会议的形式联合举办“四个实有”信息采集工作培训会。全区共设1个主会场，35个分会场。参加培训的人员包括各街镇实有人口办主任、专职干部、技术联络员、网格实有人口管理员及采集小组组长、社区（村）网格长、各户籍派出所主管副所长、社区民警等共2400人。培训明确“四个实有”信息采集工作要与全国文明城区创建工作、网格化建设与推进以及经济普查工作有机结合；并对采集工作的流程、工作要求及采集表格的填写、集中录入等相关问题进行说明；讲解信息采集的组织工作、入户人员应遵守的基本公共礼仪、沟通技巧以及入户时的宣传、服务，特别是问题发现、隐患排查，从而更好地指导各街镇“四个实有”信息采集工作。

（骆建国）

【新地标小区群租房整治】 9月3日，西三旗街道牵头组织海淀消防支队、海淀房管六所和西三旗派出所联合对永泰园新地标小区涉及非法群租、隐患严重的14、15、16号楼的33层进行清理查封。西三旗街道永泰园新地标小区有高层楼房5幢，其中4幢33层，1幢16层，4幢高楼的32层、33层原为设备间、机房等，后被开发商私自改成群租房，每层约500平方米，对500名外来人口进行廉价出租。经过西三旗街道、西三旗派出所、海淀消防支队、海淀房管六所、海淀房管局中介管理科、开发商、承租商、业委会、社区居委会等相关部门和单位的负责人7次开会协调，明确提出“快、封、疏、拆、治”五字方针。9月9日，开发商和承租方达成解除合同的协议，双方在赔偿意见书上签字。10日，西三旗街道组织多个职能部门100余人对新地标的14、15、16号楼的32、33层的隔断房屋进行拆除。9月20日，拆除工作结束。《北京晚报》、北京电视台、中央电视台等多家媒体进行跟踪报道。

（骆建国）

【出租房屋安全防范主题宣传日】 11

---

① 实有人口：指实际居住生活在辖区内的所有户籍人口、流动人口和境外人员。

② 实有房屋：指海淀区内所有建筑物，包括合法建筑（含公共设施）和未经批准的自建、临建等建筑物。

③ 实有单位：指辖区内所有的党政机关、企事业单位和生产、经营及从事其他事业和活动的实体（不含国家保密单位和军事单位）。

④ 实有用工：指在上述实有单位中工作的所有从业人员。

月7日，区流管办、区综治办会同海淀公安分局组织开展出租房屋安全防范主题宣传日活动。在四季青镇南平庄社区设主会场，其他街镇流动人口聚居区、集贸市场、大型商市场门口等地区设立33个分会场。围绕依法规范出租房屋、防火、防盗、防电信诈骗、防煤气中毒、文明养犬等内容，通过展板橱窗展示、悬挂横幅、发放宣传材料、张贴宣传单、现场咨询等形式开展主题宣传活动，发放宣传材料约3万份。

（骆建国）

【向流动人口宣传民族政策】 11月13日，区流管办与区民宗办配合，向部分流动人口较集中、少数民族较多的街镇发放宣传材料近万份，要求街镇新居民服务中心和实有人口管理员在日常工作的同时，向包括流动人口在内的社区群众宣传我国民族状况的基本知识、民族风俗习惯以及少数民族权益保障方面的法律法规等，以增进包括流动人口在内的各民族群众之间的相互了解，维护社会和谐稳定。

（骆建国）

【紫金庄园社区群租房整治】 11月18日，启动海淀街道紫金庄园社区出租房屋清理整治工作。整治工作由区综治办、区流管办等相关部门协调，属地城管、房管、工商、公安等部门参与。紫金庄园小区1803户，常住户籍人口2413人，出租房屋759户，流动人口7127人。其中，群租房292户，798间，租住3430人，群租房存在严重的治安、消防、卫生防疫等安全隐患，社区居民反应强烈。海淀街道召集44名二房东集体谈话，约谈相关物业公司负责人、大房东代理人，接待二房东、业主来访50余人次；区房管局约谈社区周边13家房屋中介公司，共发放宣传单800份。截至12月25日，自行清退、拆除的群租房约70套，帮拆21户，共完成99户群租房的清退拆除，占群租房总数的34%。

（骆建国）

【调查各类短期培训班】 12月17日至30日，区综治办、实有人口办牵头开展对区域内开办的各类短期培训班情况的调查摸底，全面掌握全区教育资源，研究分析其对区域资源环境和社会管理工作的影响。调查摸底的对象是2013年下半年由各类学校和其他从事“教育培训”的营利或非营利性主体在海淀区所辖范围内开办的非全日制、非学历教育培训班（单位内部针对员工的教育培训除外）。据不完全统计，全区各类培训机构（培训点）978家，2013年下半年开办短期培训班2161个，培训42.41万人次，其中本市户籍人员占72%，外埠人员占27%，境外人员占1%。其中，以驻区高校、科研院所为主体的培训机构52家，占培训机构总数的5%，其开办的短期培训班为954个，占总数的44%；培训6.19万人次，占总数的14.6%。被调查的培训机构中民办教育机构占95%，其开办的培训班数占总数的56%；培训36.22万人次，占总数的85.4%。

（骆建国）

【房屋违法出租问题治理工作全面启动】 12月18日，正式启动房屋违法出租问题治理工作。房屋违法出租问题治理工作由区实有人口委统筹领导，区实有人口办负责日常协调、组织推进和督导检查等。治理工作分为动员部署、调查摸底、全面治理、集中攻坚、总结验收巩固等五个阶段，按照“属地负责、部门尽责、规范管理、消除隐患”的原则开展，其治理目标是“四个下降、四个提升、一个消除”，即：违法违规出租房屋数量下降，出租房屋登记率提升；出租房屋安全隐患下降，社区宜居程度提升；出租房屋治安案件下降，群众安全感提升；租住人员总量下降，结构素质提升；彻底消除群众反映强烈的群租问题。

（骆建国）

【召开全市房屋违法出租问题治理工作现场会】 12月19日，首都综治办（市流管办）在万寿路街道今日家园社区召开全市房屋违法出租整治工作现场会。首都综治办、11个区的相关领导约80余人到万寿路街道今日家园社区参观整治现场和整治成果，区政府、区综治办、区实有人口办参加。万寿路街道介绍了整治经验和做法。首都综治办领导对今日家园整治的成果给予肯定，强调万寿路街道今日家园社区违法出租房屋整治的做法就是全市违法出租房屋整治的方法，取得的成效就是全市违法出租房屋整治的目标。

（骆建国）

【“四个实有”信息采集宣传】 年内，全区各街镇再动员、再培训的各种专兼职力量达4000多人次，发放《致广大居民和辖区单位的一封信》约15万份，悬挂横幅1000多条；8月初起每周在《海淀报》第二版开设“‘四个实有’信息采集工作专栏”；海淀电视台连续3个月循环播放《致广大居民和辖区单位的一封信》及动漫宣传片、宣传口号；编发《“四个实有”信息采集工作培训手册》3000余册及其他宣传材料，编发《实有人口工作动态》50多期；组成4个督导组对全区街镇进行督导检查472次，编发《关于四个实有信息采集有关问题说明》8期；发动实有人口管理员、社区居（村）干、楼门组长、网格力量、派出所民警和地区单位等各种力量4万余人次；与区文明办联合创作下发一批宣传品和工作保障用品，文明城区创建和实有人口工作双推进；区地税局、区人力社保局等区属有关职能部门在业务系统内开展宣传。

（骆建国）

【流动妇女法制宣传】 年内，区妇联、区司法局、区实有人口办联合开展以“维权服务在身边”为主题的流动妇女法制宣传系列活动。以定期法律咨询和手拉手法律宣传活动为主线，每周三、每月末的周五由合作律所指派律师为有需求的流动妇女提供法律咨询。将全区29个街镇分成7个片区，分别与律师事务所签订法律宣传协议，由协议律师事务所提供相关法律宣传和服务。同时，举办“深化妇女普法教育携手共建美丽海淀”“关注女性权益法律温暖生活”等活动，将离婚财产分割、家庭暴力、财产继承等热点问题编成情景剧，请律师给予专业的法律解读。

（骆建国）

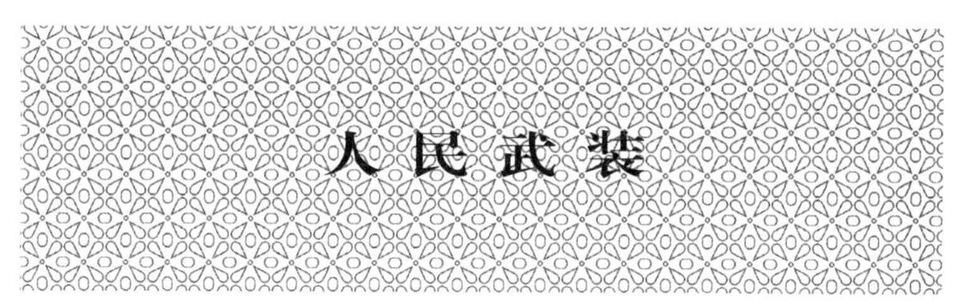

人民武装

【概况】 2013年，中国人民解放军北京市海淀区人民武装部围绕党在新形势下的强军目标，结合国防后备力量建设，狠抓党管武装制度落实，推进军民融合发展，促进区域经济社会建设与国防建设的协调发展，完成卫戍区和区委、区政府赋予的各项任务。完成军校和国防生招生政审、复转军人预备役登记、高校应届毕业生新兵征集任务，被北京市评为征兵工作先进单位，《院校征兵的"海淀模式"》被中央电视台、《解放军报》《北京日报》等媒体报道。

（刘洋）

【兵员征集】 6月17日，首都高校大学生征兵工作启动仪式在中国人民大学举行，区人武部以政策解读为主要内容制作宣传手册和宣传片，抓好应届毕业生群体的宣传工作，调动高校大学生应征积极性。

（刘洋）

【落实党管武装制度】 7月18日—20日，区委、区政府、区人大、区政协四套班子领导，有关处级单位领导干部，驻区部队双拥工作负责人和企事业单位领导98人，在国防大学进行为期3天的封闭式脱产学习，强化国防意识，增强抓好党管武装工作的使命感和自觉性。年内，区人武部严格落实军地双重领导、双向兼职、党委议军、国动委例会、第一书记述职等组织领导制度。组织各镇、街道党（工）委书记进行党管武装述职。

（刘洋）

【思想政治建设】 年内，区人武部在全体干部职工中开展"学习贯彻党章、弘扬优良作风"和"坚定信念、铸牢军魂"两项主题教育，围绕职责、纪律、制度、形象、安全等五项内容，持续深化"把军人意识树起来、把责任意识树起来、把规章制度树起来"和"党委委员带头做起来、党员干部自觉做起来、从抓落实上做起来"的"三个树起来、三个做起来"活动。按照第一年打基础、第二年求深化、三年以上抓经常的教育思路，从落实教育时间和效果上着手，结合民兵关注的热点话题，重新编印授课提纲，增强民兵参加教育的积极性和主动性。在全区专武干部中开展"忠诚干事业、尽责求作为"实践活动，确保思想政治教育常年坚持、长效落实。

（刘洋）

【战备训练】 年内，区人武部抓好日常战备工作，加强应急方案预案体系建设，坚持在经济社会建设中充分考虑国防动员要求，在城市基础建设中落实战时防空要求，在信息化建设中兼顾军事通信需要。全区公共人防工程面积比国家标准高出20个百分点，全区五环内防空警报系统覆盖率和鸣响率实现"双百"（覆盖率和鸣响率百分之百）目标。

（刘洋）

【完成安保执勤任务】 年内，在重大节日和重大活动期间，组织民兵应急分队保持戒备，确保随时能够拉得出、用得上、起作用。全国"两会"和中共十八届三中全会期间，组织民兵采取重点目标守护、重要地段巡逻、在岗应急备勤、参加本单位维稳等形式，配合公安部门和武警部队维护社会治安，累计组织民兵1200余人，完成多处重点目标的执勤维稳任务。

（刘洋）

【国防教育】 年内，区人武部依托区有线电视台、北广传媒、政府网、各高校校园网、户外LED广告屏等新兴媒体，开展全民国防教育宣教活动；依托军事科学院、国防大学资源优势，组织编写海淀区中小学国防教育试验教材，解决海淀区中小学国防教育教材不统一、不规范等问题。在八一中学组织国防教育进课堂示范公开课，树立31所区属国防教育示范校。

（刘洋）

【双拥工作】 年内，区人武部坚持定期召开双拥工作联席会。区领导在节假日走访慰问驻区军事大单位，现场办公，为驻区部队排忧解难。联合国防大学、延安市举办纪念延安双拥运动70周年研讨会，区委主要领导率党政军民代表赴延安市出席活动。活动交流论文140篇，6个单位和个人代表围绕"弘扬延安双拥运动光荣传统，推动新形势下双拥工作创新发展"作典型发言。

（刘洋）

【推动军民融合深度发展】 年内，区人武部依托国民教育机构为部队通用人才培养和军官学历教育服务，拓宽军队人才战略工程渠道。清华大学、北京航空航天大学等驻区高校与部队签订协议，为部队培养国防生。北京大学、中央民族大学等高校将研究生班开办到军营。各街镇和区职业技术学校为驻区部队开办两用人才培训班。50多个驻区部队与地方单位结成互助对子，开展国防教育宣讲、军营开放日、扶贫助学、帮助军训等活动。区政府与总参部局签署战略合作协议书，协调北京大学、清华大学等高校及两家驻区高科技企业与总参、总后、海军、空军、二炮等单位签署合作交流意向书，在军事装备研发和通用装备研究等方面合作攻关。

（刘洋）

【预备役工作】 年内，预备役工作坚持以新时期军事战略方针为统揽，以质量建设为核心，以军事斗争准备为重点，突出思想政治建设，抓预备役人才素质，搞建设求突破，打基础谋发展，民兵预备役部队建设呈现出稳步发展的局面。

（刘洋）

【应急力量建设】 年内，按照“平战一体、反应迅速”的要求，与国动委、公安、消防等部门建立军地联合协调机构。坚持依法按纲施训，扎实开展基础性训练和使命课题研究，重视加强与现役部队、地方专业力量联演联训，逐步形成基地化、网络化、模拟化训练的路子，战斗力水平得到有效提升。

（刘洋）

人民防空

【概况】 2013年，区民防局依法行政，以“准军事化”机关建设为抓手，以指挥通信信息化建设为目标，完成各项目标任务。全年办理人防工程建设标准审查行政许可85项。

（张彦臣）

【成立民防应急分队】 3月1日，区民防局成立由77人组成的区民防局应急分队，参与和配合城市应急救援。4月12日，区民防局应急分队进行首次军事训练，以提高防空防灾和突发公共安全事件的应急救援能力。

（张彦臣）

【举办“普及安全知识、确保生命安全”主题活动】 3月25日，国家人防办、市民防局、区民防局、区教委、北京石油学院附属第二实验小学等单位共同举办主题为“普及安全知识、确保生命安全”的防空防灾宣传教育主题活动。推进防空防灾公共安全宣传教育进学校，普及师生公共安全基本知识和技能，提高学校应对突发事件的综合能力。主题活动包括组织学生紧急疏散演练、学生参观装备车辆和互动体验、赠送防灾知识书籍和公共安全应急箱等内容，国家人防办领导向北京石油学院附属第二实验小学颁发“防空防灾公共安全宣传教育基地”牌匾。

（张彦臣）

【参加全国比武竞赛】 5月—11月，区民防局参加由国家人防办组织的第一次全国人防系统训练比武竞赛。全国人防系统共3.2万人参加人防指挥、信息、工程等13个专业的比武科目。区民防局共有9人受到国家人防办、北京军区及市民防局的通报表彰，区民防局获北京市民防局颁发的“训练比武竞赛优秀组织奖”。

（张彦臣）

【组织“生命通道体验”消防演习】 9月2日，区民防局与八里庄街道办事处在八里庄北里24号楼地下人防工程内联合组织“生命通道体验”消防安全演习。演习过程中，八里庄北里24号楼100多名社区居民按照疏散应急方案迅速疏散到安全区域避险，社区应急救援队伍迅速集结投入救援并展开灭火行动。演习提高了社区居民消防安全意识和逃生技能。

（张彦臣）

【人防工程管理】 年内，投入1204万元，对全区公用人防工程进行维护和保养。普查13处早期人防工程，对其中存在安全隐患的工程投入90多万元进行回填处理。推进人防工程公益化建设进程，利用人防工程为社会提供1000个停车位。开展人防工程“打非治违”[①]、人防工程火灾隐患攻坚整治“铁拳”行动等专项活动，历时3年完成挂账散租住人人防工程的综合整治，全年未发生人防工程安全责任事故。现场验收人防工程390处次，办理使用行政许可审批350件，对40处不符合规定的不予办理。查处52处未经批准、擅自使用的人防工程。全年受理信访102件，均办结。

（张彦臣）

【通信警报系统保持动态达标】 年内，创新警报维护管理工作机制，坚持月重点巡检和季度普查相结合的工作制度，采取定人管理、定期检查、定期维护、定期汇报的“四定”措施，警报网的报警能力和快速反应能力不断提高，全区五环以内防空警报系统达到覆盖率和鸣响率“双百”[②]目标。

（张彦臣）

【民防知识宣传教育】 年内，海淀区人民防灾展馆暨防空防灾宣传教育培训基地共接待参观学习、调研考察30多批近800人。开放7个社区民防宣传教育活动中心，增强公众的国防观念和人防意识。在海淀防空防灾信息网上开辟防空防灾知识教育课堂，建立资讯窗口，刊播民防工作资讯、图片新闻和文字新闻，开设防空防灾、应急、救护等版块，建立起网络防空防灾宣传教育新模式。全年在《海淀报》《人民防空》杂志等新闻媒体发表民防信息报道11篇，被国家人防办评为《中国人民防空》通讯报道先进单位。

（张彦臣）

---

① 打非治违：即打击非法使用人防工程，治理违规使用人防工程。

② “双百”目标：即警报音响覆盖率百分之百，警报鸣响通控率百分之百。

消防

【概况】 海淀区公安消防支队又称中国人民武装警察部队北京市海淀消防支队，下属清河、颐和园、采石路（特勤中队）、双榆树、香山、航天城、五棵松、西二旗、首体南路、向阳、凤凰岭、杨庄（供水中队）、四季青（年内新建并投入备防）、八家（年内新建并投入备防）、北安河（年内新建并投入备防）15个中队。

2013年，消防工作围绕创建全国文明城区，服务核心区发展，建设平安海淀、美丽海淀的核心任务，开展系列消防安全专项整治行动，构建网格化管理模式，落实标准化、户籍化管理要求，加强火灾后服务、促进群防群治，夯实社会消防安全防火墙工程。全年共接处警4363起，其中火警2200起、抢险救援2163起，出动车辆10657车次、官兵74599人次，疏散被困人员4500余人，保护建筑面积65万平方米，挽回经济损失2.03亿元。实际发生火灾481起，同比减少94起，下降16.3%；发生生产经营类亡人火灾1起，死亡1人，同比减少2人；7人受伤，同比增加5人；直接财产损失399.9万元，同比增加278.37万元，同比增长229.1%。全区未发生较大以上火灾事故。全年受理审批建审项目1379件（消防设计审核58件，局部装修审核1321件），验收项目1139件，建审验收备案抽查项目61件，对334个项目出具不合格意见书。

（张敏　秦笠）

【夜查商场市场消防安全】 1月7日—8日，消防支队联合29个街（镇）、相关委办局组成7个专项检查小组，对五道口服装百货市场中心、华联商厦、超市发连锁店、美廉美超市、集美家具、天下城商品交易市场等大型商场市场开展隐患排查行动。共检查单位60余家，发现火灾隐患或消防安全违法行为46件，下发《责令立即改正通知书》26份，临时查封2处。

（张敏　秦笠）

【召开火灾事故现场会】 1月10日4时22分，上地七街布丁连锁酒店发生火灾事故，火灾造成1人死亡，过火面积20余平方米。1月10日15时，海淀区召开“上地七街布丁连锁酒店”火灾事故现场会，部署消防安全专项整治工作。区公安分局、消防支队、旅游委等部门、各街镇主管领导，辖区部分连锁酒店消防安全责任人共200余人参加会议。会议通报了“上地七街布丁连锁酒店”火灾事故基本情况，剖析了暴露出的火灾隐患和消防管理漏洞，结合做好“除火患、保平安”冬春专项行动，就开展商品批发市场、农村集贸市场、宾馆饭店、公共娱乐场所、高层及地下空间专项治理工作提出三点意见：一是落实消防责任；二是形成工作合力；三是加强四个能力建设。

（张敏　秦笠）

【“义务指路”服务队获“身边雷锋”团队称号】 1月，在市委宣传部、首都文明办共同主办的“身边雷锋——最美北京人”评选活动中，消防支队颐和园中队“义务指路”服务队获得“身边雷锋”团队称号。“义务指路”服务队自2006年8月12日正式成立以来，中队官兵共计参加义务指路4000余人次，帮助走散游客找到团队1000余次，受到旅游团队及游客的好评。

（张敏　秦笠）

【消防物联网成功预警处置突发火情】 3月5日，海淀区一消防安全重点单位高层建筑楼道内垃圾桶发生火情，海淀区物联网消防远程监控分中心“第一时间监控调度、第一时间出动力量、第一时间扑救火灾、第一时间监督核查”，预警处置成功。火情未造成经济损失和人员伤亡，未形成火灾，市119火警台未接到电话报警，突发火情没有引起任何负面和不良影响。

（张敏　秦笠）

【开展陵园墓区消防安全专项检查】 3月30日—31日，消防支队组成6个检查组分别对万安公墓、温泉墓园、听松堂骨灰林等清明祭扫场所，李大钊烈士陵园、骨灰堂等重点部位进行消防安全检查。听取街道办事处、墓区工作人员关于清明节期间的消防安全工作汇报，并实地检查消防通道的畅通情况、可燃易燃物的清理情况、灭火器等设备设施的配备情况等。

（张敏　秦笠）

【零点夜查行动】 4月15日，海淀区以公共娱乐场所、人员密集场所、高层建筑及地下空间、施工现场、彩钢板建筑等为重点，集中开展零点夜查行动。消防支队共出动警力85人次，出动派出所警力350余人次，群防群治力量2000余人。共检查单位681家，发现火灾隐患和消防安全违法行为1053处，督促整改1010处，下发《责令改正通知书》43份，临时查封13处，责令“三停”12家，罚款20余万元，行政拘留违法人员2名。北京电视台等10余家媒体跟踪报道。

（张敏　秦笠）

【检查网吧消防安全】 4月19日—20日，消防支队会同街镇、公安派出所对全区308家网吧的消防安全进行拉网式检查。共出动警力171人次，发现隐患223处，临时查封1家，罚款7.85万元，责令“三停”（停电、停贷、停运）3家。

（张敏　秦笠）

【首座村级消防站启用】 5月31日，东升镇塔院村村级消防站落成启用。塔院村消防站于2012年12月动工建设，总投资400多万元，占地300平方米，建筑面积600平方米，集停车、加水、设备维护、人员培训、消防队员住宿等功能于一体。消防站的投入使用，为双泉堡地区扑救初期火灾及治安突发事件前期处置工作提供了保障。

（张敏　秦笠）

【召开“三化”建设现场会】 6月26日，市消防局“消防信息化、作战规范化、管理正规化”建设现场会在海淀消防支队召开。公安部消防局、市消防局领导出席会议。会议观摩了海淀消防支队“三化”建设多媒体片及现场科目演示，系统展示消防支队在信息化应用、规范化作战、正规化管理中的建设成果。

（张敏　秦笠）

【错时消防安全检查】 8月7日，消防支队联合海淀公安分局网安大队、治安支队、派出所以及各街镇组成50余个检查组，对辖区医院、养老院、餐饮、燃气使用单位开展错时消防安全检查。共检查单位227个，发现隐患425个，整改隐患398个，临时查封单位2家，行政拘留2人，责令“三停”单位2家，处罚款8.5万元。

（张敏　秦笠）

【“消防员进入”标识获外观设计专利证书】 8月12日，消防支队收到由国家知识产权局颁发的“消防员进入”指示标识外观设计专利证书。“消防员进入”指示标识由海淀消防支队历经一年攻关完成，现已全面运用于基层中队，通过中队日常对重点单位进行粘贴“消防员进入”指示标识，以此来深化对重点单位的六熟悉[①]调研，提高重点单位的消防安全能力。

（张敏　秦笠）

【网格化消防监控系统项目获批】 8月30日，在区经信办组织召开的2013年智慧海淀项目启动会上，消防支队的物联网建筑消防设施远程监控系统（网格化消防监控系统项目）列入智慧海淀2013年度28个项目名录，一期工程获批专项资金300万元，用于在前期试点经验的基础上扩大消防物联网单位的范围，完善系统功能。

（张敏　秦笠）

【检查群租房消防安全隐患整治情况】 9月4日，区领导带领区政府办、区综治办、区维稳办、区城管大队、消防支队等职能部门检查万寿路地区群租房消防安全隐患整治工作。检查组对今日家园群租房整治情况进行检查，听取属地街道和相关管理部门的工作汇报，实地察看群租房整治成效、小区消防疏散通道、消防设备设施、消防宣传栏设置情况以及楼内灭火器的摆放，对相关消防设施进行测试。

（张敏　秦笠）

【获市“安全生产月”最佳实践活动奖】 9月，海淀消防支队获北京市“安全生产月”活动最佳实践活动奖，是唯一获此奖项的消防支队。在“安全生产月”消防宣传活动中，消防支队共组织开展各类消防宣传活动3000余次，发放宣传材料10余万份，受教育群众达到20余万人。

（张敏　秦笠）

【组织高校新生开展消防安全培训】 9月，消防支队协助中国人民大学、北京科技信息大学、北京联合大学等16所大学对6万余名新入学大学生开展消防培训。结合近年来高校发生的火灾事故案例，从日常消防安全意识的提高入手，讲解消防安全的注意事项、火场逃生方式及灭火器等消防器材的使用要领，提高学生们的安全意识和火场反应能力。协助北京工商大学、中国农业大学等5所高校对部分新生开展疏散演练，指导学校义务消防队开展灭火演习。

（张敏　秦笠）

【获得比武对抗赛三个第一】 10月，市消防局西北战区在海淀支队举行“2013年度执勤岗位练兵比武对抗赛活动”，来自海淀、石景山、昌平、门头沟、延庆五个支队的120余名消防员参加比赛。此次比武竞赛设驾驶员、战勤员、战斗员、指挥员等4个岗位，13个科目。海淀支队获得驾驶员岗位、攻坚组岗位、战勤员岗位第一名。

（张敏　秦笠）

【消防宣传进校园主题教育活动】 11月6日，由区教委与海淀消防支队联合主办的海淀区第23届119消防宣传进校园安全教育活动启动仪式在中国人民大学附属小学举行。全区200多中、小学校保卫干部和人大附小4000余名师生参加活动。现场进行灭火疏散演练，中国人民大学附属小学聘请海淀消防支队法制科科长为消防法制副校长。

（张敏　秦笠）

【公益消防协理志愿服务平台上线】 11月7日，海淀区举行第23届119消防宣传周暨公益消防协理志愿服务平台上线运行启动仪式，平台的推广应用，可调动广大群众关心消防、参与消防的积极性，方便群众第一时间举报投诉火灾隐患，有利于查找分析普遍存在的火灾隐患和群众最关心的消防问题，指导消防监督警务方向，缓解执法矛盾，提高隐患发现和促改率。全国首个区级公益消防协理志愿协会同时运行。消防协理志愿协会是具有消防安全群防群治特性的群众自治的社团组织。通过组织和指导全区消防志愿服务活动，为社会提供公益消防服务，推动社会协调安全发展和全面进步。市消防局、区委政法委、区公益消防协理志愿协会有关领导，区属相关委办局、街镇、派出所主管领导，地区消防志愿者、消防协理员代表和法制网、百度公司、中科软、宝蓝物业等区公益消防协理志愿协会会长单位近千人出席仪式。

（张敏　秦笠）

【森林灭火战法及装备展示】 11月15日，海淀区森林防火指挥部协调消防支队、地方扑火队、武警部队，出动人员310人，在凤凰岭地区开展山地森林灭火战法及消防装备展示活动。消防支队主要承担为武警森林指挥部机动支队10个总载水量30余吨的水囊提供不间断供水任务，协助阻截山火的蔓延。并通过设置宣传展板、发放宣传纪念品、车辆器材展示等形式进行灭火救援基本常识普及和防火安全宣传。

（张敏　秦笠）

【改造出租公寓消防工程】 12月，东升镇塔院股份社完成消防楼梯逃生改造工程。此次改造工程历时6个月，共摸排出租公寓54家，投资72.1万元，对14家挂账无逃生楼梯公寓进行加装，对新排查发现的5家逃生楼梯不规范的出租公寓进行改造，更换1600平方米彩钢板房顶，加装、完善35家出租公寓的监控设备、消防安全指示标识、应

① 六熟悉：熟悉辖区主要交通道路、消防水源分布等概况；熟悉责任区重点单位的分类、数量及分布情况；熟悉重点单位周边道路、消防车停车作业环境及条件、主要行车路线、消防水源等情况；熟悉重点单位内部消防通道、水源、消防设施使用、灭火进攻及人员疏散路线、火场供水、水枪阵地设置等情况；熟悉辖区内主要灾害事故处置对策及基本程序；熟悉所属部队执勤人员、执勤车辆和主要器材装备的基本情况。

急照明设备等消防设施，消除了双泉堡地区出租公寓未建立疏散逃生楼梯的隐患。

（张敏　秦笠）

案例选辑

【布丁连锁酒店火灾】 1月10日4时22分，位于上地信息路1号院3号楼的布丁连锁酒店发生火灾。市119调度指挥中心迅速调派4个中队的17部消防车和120余名官兵赶赴火灾现场进行扑救，火灾于5时05分被扑灭。经认定，起火部位为酒店二层北侧私自搭建的铁皮房内厨房东侧冰柜处，起火原因系电气线路故障所致。火灾造成直接财产损失约20万元，过火面积20余平方米，火灾造成1人死亡，疏散141人。

（张敏　秦笠）

【志强远大公司火灾】 2月23日1时48分，位于杏石口路76号的北京志强远大基础工程有限公司一厂房发生火灾，市119调度指挥中心迅速调派5个中队的27部消防车和170名官兵赶赴火灾现场进行扑救，火灾于2时45分被扑灭。经核查，起火部位为北京市天狼汽车维修有限公司二层北侧员工宿舍屋顶西北角，起火原因系电气线路故障所致。火灾造成该厂房建筑及内部存放的汽车配件、修理机器等物品过火，过火面积600平方米，疏散工作人员8名，未造成人员伤亡。

（张敏　秦笠）

中关村
国家自主创新示范区核心区

2014
北京海淀年鉴

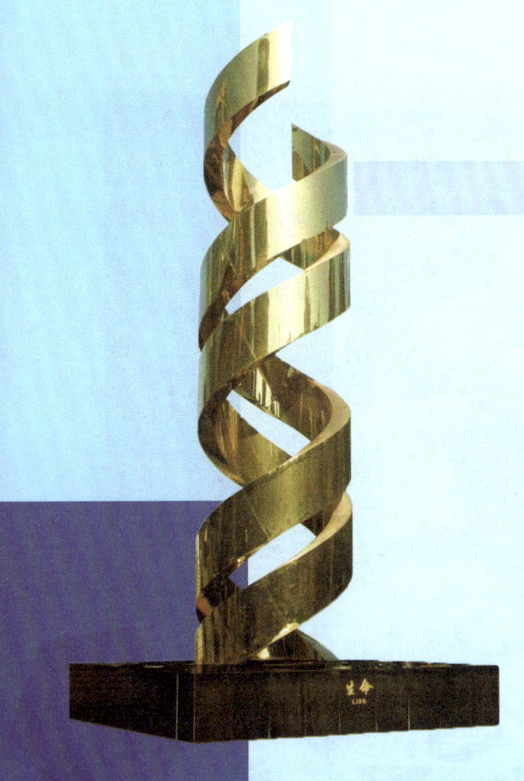

4月2日，北京市知识产权局与海淀区人民政府共同推进核心区知识产权工作“聚核工程”框架协议签约仪式在海淀区举行（田峰 摄）

4月24日，2013年海淀区科技企业孵化器工作交流会在东升科技园召开（田峰 摄）

5月16日，海淀园管委会组织召开2013年“三站”工作交流会，北京四方继保自动化股份有限公司等6家新设的博士后工作站分站获得授牌（田峰 摄）

6月22日，区政府与万科企业股份有限公司签约（田峰 摄）

7月3日，2013中关村高成长企业TOP100颁奖典礼在北京鑫泰大厦举行（田峰摄）

8月6日，“海淀区战略性新兴产业促进联席会”成立（田峰 摄）

10月10日，“中关村核心区中小微企业助力计划发布会暨首批海帆企业授牌仪式”在中关村国家自主创新示范区展示中心举行，为965家“海帆企业”授牌（田峰摄）

12月19日，“信用中关村系列活动”暨中关村软件园信用园区建设交流会在中关村软件园召开（中关村软件园 供图）

中关村国家自主创新示范区核心区

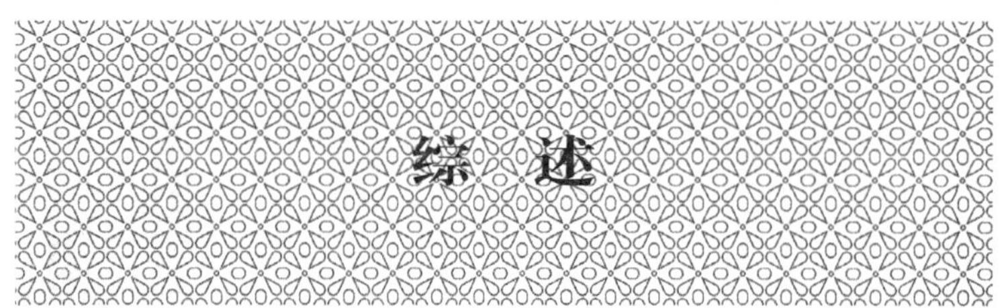

综述

【概况】 2013年，海淀园围绕“打造具有全球影响力的科技创新中心”这一总体目标，以创新驱动发展为主线，完善政策服务支持体系，加快产业结构和产业布局调整，推动战略新兴产业的集群式发展，促进创新创业要素的聚集和聚变，构建以企业为主体的协同创新体系，推动经济内生式增长，促进科技创新驱动发展新格局。

全年实现总收入12533.58亿元，同比增长17.5%，占中关村示范区的41.1%；工业企业实现工业总产值1755.12亿元，同比增长15.7%；实现工业销售产值1692.81亿元，同比增长16.0%，实现出口交货值85.61亿人民币元，同比增长1.5%；利润总额938.42亿元，同比增长14.1%；实缴税费490.31亿元，同比增长15.9%。总收入10亿元以上企业170家。

海淀园拥有专业园区10个，大学科技园20个，其中国家级12个，占北京市14家国家大学科技园的85.7%，占全国的14%；拥有以联想、百度等为代表的国家高新技术企业5005家，中关村高新技术企业达1.2万余家，上市公司（含挂牌）330余家。

1月10日，中关村科技园区海淀园创业服务中心被人力资源和社会保障部授予“全国创业孵化示范基地”称号，全国仅有15家创业孵化机构通过认定，海淀园创业中心成为北京市唯一一家通过认定的创业孵化机构。10月，海淀园成为全国首批18个分布式光伏示范区项目之一。

（刘伟杰）

【CID建设】 7月8日，海淀区宣布在北部生态科技新区打造中关村创新中心区（简称CID）。CID属于中关村国家自主创新示范区核心区重要组成部分，形成以中关村软件园、中关村永丰产业基地、中关村翠湖科技园为基础的高新技术产业聚集区，初步形成软件与信息服务、新材料、新能源、节能环保、网络通信、北斗和空间信息服务等特色产业聚集。全年共接待200余家企业（机构），其中有意向落户北部的项目61个，建筑空间需求435万平方米。实际安排落地项目33个，建筑规模52万平方米。中关村软件园、翠湖科技园、永丰基地三大园区入驻企业约700家。赛尔网络有限公司下一代互联网及重大应用技术创新园等重点项目正式落户中关村壹号。北斗星通产业园竣工，四维图新和合众思壮两家行业领军企业正式落地。中关村上市公司协会一期安排8家企业联合摘取两块商业金融用地。打造战略新兴产业集群，推进苏家坨镇海淀生物医药产业基地建设，重点对接北大工研院、汇龙森、诺思兰德等企业。

（刘伟杰）

【核心区“一城三街”建设】 9月，市政府提出在中关村核心区建设“一城三街”，即“中关村软件城”（大上地地区）、“知识产权与标准化一条街”“创新创业孵化一条街”“科技金融一条街”，建立市、区、园区三级工作推进机制。海淀园作为具体牵头部门，配合区规划分局等部门制定“中关村软件城”（大上地地区）规划，制定《支持知识产权和标准化服务业在中关村示范区集聚创新发展的办法》。与海淀置业集团和西区办等部门合作，推进海淀图书城、鼎好大厦等中关村西区楼宇的业态调整。海淀置业腾退回租回购面积超过1万平方米，3W咖啡、天使汇、飞马旅、36氪创业家等创业服务机构作为业态调整后首批机构签约。

（刘伟杰　侯硕）

【举办中关村文化和科技融合产业峰会】 10月25日，海淀园举办“2013中国·中关村文化和科技融合产业峰会”。清华科技园、中关村软件园及海淀移动互联创新创业孵化器等首批12家海淀区文化科技园区及孵化器获得科技部、教育部等相关部门认定授牌；大唐电信、数码大方、幻响神州三家平台建设单位分别就移动互联、数字设计、创意数码行业内3个平台的建设情况进行路演；开展手机游戏和数字出版推广渠道对接等多项交流推广活动。峰会为产业链、创新链、资金链打造好“服务链”，用互联网技术消除中小微企业在创业过程中面临的一个个“信息孤岛”，优化创新创业环境，助推中小微企业创新发展。

（刘伟杰）

【2013 年中关村十大创新成果】

序号	创新成果名	企业名称
1	110 英寸 4K×2K 超高清液晶显示屏	京东方科技集团股份有限公司
2	GD32 系列 32 位通用微控制器	北京兆易创新科技股份有限公司
3	新型精准定位与无线通信系统	北京神州泰岳软件股份有限公司
4	氢气竖炉直接还原技术及产业化应用	北京神雾环境能源科技集团股份有限公司
5	PET-CT 分子医学影像整机系统	北京锐视康科技发展有限公司
6	新型肿瘤标志物热休克蛋白 90α（Hsp90α）	北京普罗吉生物科技发展有限公司
7	高效节能增强型中空纤维膜生物反应器组器	北京碧水源科技股份有限公司
8	LED 小间距电视技术	利亚德光电股份有限公司
9	TRS SMAS 社会化媒体分析云服务平台	北京拓尔思信息技术股份有限公司
10	无创肿瘤基因检测	安诺优达基因科技（北京）有限公司

（刘伟杰）

【91 个重点项目落地】 年内，共接待企业来访近 500 家，明确入驻意向企业 252 家，实现北京股权交易中心、紫光展讯、国家招投标公共服务平台等落地项目 91 个，总投资规模约 363 亿元。在谈项目 160 家，其中重点引进项目 28 家，投资规模约 224 亿元。

（刘伟杰）

【构建校地协同创新体系】 年内，出资 1000 万元与清华大学工研院合作设立“水木启程基金”，出资 1 亿元与航天科工集团成立航天科工创投基金，首期规模 6 亿元；共建清华工研院、北大产业技术研究院、北航先进工业技术研究院等 13 家产业技术研究院；与中科院北京分院共建中科海淀先进技术转移转化中心；与北京大学共建“重大成果孵育基金”；引入赛伯乐创投基金和水木易德基金；与中关村软件园共建“中以创新基金”；与北京航空航天大学、市科委及中关村管委会共建北京先进产业技术研究院；设立专项资金支持公共技术平台建设，累计投入资金 2000 万元，认定公共技术服务平台 23 家。争取北京大学等高校承担的 863 项目、973 项目、国家支撑计划项目等优质成果落地海淀。

（刘伟杰　侯硕）

【认定 14 家产学研合作示范基地】 年内，新认定产学研合作示范基地 14 家，支持资金 770 万元，累计认定产学研合作示范基地 55 家。在新认定的产学研基地中，移动互联与下一代互联网 4 家，新能源、新材料、节能环保 4 家，云计算 2 家，导航与位置服务产业 1 家，其他产业领域 3 家。通过产学研专项资金，引导以海淀区创业型企业为主体，企业与高校、科研院所在风险共担、互惠互利、优势互补、共同发展的机制下开展的多种形式产学研合作，形成技术合作、人才培养、研发平台建设、产业化的长效机制。

（刘伟杰）

【国家级文化和科技融合示范基地建设】 年内，文化和科技融合专项支持项目 66 项，支持资金达 4860 万元。引导社会资本投入，推进形成 2 支基金，总额达 3.5 亿元。发布《海淀区文化科技园区及孵化器认定和管理办法》，认定首批 8 家“海淀区文化科技园区”，4 家“海淀区文化科技孵化器”。打造创意经济孵化转化平台，形成虚拟科技园区“1 园 N 平台”建设方案。推动建立互联网电视、工业创意设计、网络教育等产业联盟。

（刘伟杰　侯硕）

园区服务与管理

【概况】 2013 年，海淀园以加强园区服务顶层设计为指导，推进管理体制机制改革创新，完善政策服务引导支持体系，搭建面向企业和科技创新的综合服务平台，加大专项资金支持力度，推进创新创业服务保障体系建设。

（刘伟杰）

【举办首批国际化人才实训班】 3 月 29 日，中关村海淀园首批国际化人才实训班举行交流活动，60 名学员结束为期 3 个月的集训学习。2012 年 11 月 7 日，中关村海淀园管委会委托中关村研修学院举办中关村海淀园首批国际化人才实训班。实训活动共分两批，每批招收学员30名，全是在海淀区十百千企业、瞪羚企业、上市企业和海淀区重点企业的总监职务以上负责国际化业务，有丰富的国际化经验和国际化培训需求的高层管理人员。实训班采取“3+3”模式，包括3天的集中授课和3个月的案例分析。课程内容包括政策法规篇、国际思维篇、实践操作篇和渠道工具篇。

（刘伟杰）

【举办人才引进政策培训会】 8月14日，由海淀园科技处主办、北京中关村高新技术企业协会承办的“国家高新技术企业资格认定及高新人才引进相关政策”系列政策培训会召开。围绕高新技术企业的“人才引进”相关政策及“工作居住证”最新政策和办理流程做详细介绍。近300家园区内企业代表参加会议。

（刘伟杰）

【启动创客空间创新型孵化器】 8月22日，中关村梦想实验室——北京创客空间创新型孵化器启动仪式暨北京国际设计周设计之旅海淀站开幕仪式在中关村梦想实验室举行。该项目与风险投资公司合作在中关村西区建立以产业链为支撑的1000平方米的孵化中心，并以专门的投资基金支持孵化器内的相关项目。

（刘伟杰）

【国际技术转移中心挂牌】 9月13日，科技部、北京市召开部市共建国家技术转移集聚区工作会议，签署《科技部北京市人民政府共同建设国家技术转移集聚区合作框架协议》，共同为国家技术转移集聚区、中国国际技术转移中心揭牌。国家技术转移集聚区以中关村西区为核心进行建设，是国内首个以技术转移为主要内容的创新资源“集散中心”。吸引集团总部、研究院及其子公司共43家，大型科技研发类企业107家，科技中介机构117家，金融机构280家，技术交易额达2.79亿元。

（刘伟杰　侯硕）

【成立纳米专业孵化器】 9月17日，由北京高技术创业服务中心、北京创业孵育协会主办，清华科技园启迪创业孵化器承办的“北京市战略性新兴产业孵育基地新产品发布会纳米专场”在清华科技园举行。会上，市科委为清华科技园纳米专业孵化器授牌。5家入驻清华科技园启迪孵化器的企业在会上发布新产品，另有5家企业获“启迪之星企业”称号。

（刘伟杰）

【发布科技服务业发展三年行动计划】 9月27日，海淀区发布《中关村核心区科技服务业发展三年行动计划（2013—2015）》，11家北京市首批政府正式批准的创业期科技型企业集中办公区在海淀正式挂牌运营。“行动计划”提出做大“技术转移服务”“知识产权服务”“创业服务”“科技金融创新”四类优势领域，同时做强“研发设计服务”“工程技术服务”“科技信息服务”三大重点领域。这是全市首个科技服务业行动计划。全年科技服务业专项支持项目63个，支持总额为2634万元。

（刘伟杰）

【中关村软件园入选年度创业园区】 11月27日，2013创业邦年会在北京落下帷幕。经过邮件、电话、采访等调研方式，通过对近百家知名创业园、高新技术产业园、大学园、孵化器等进行问卷调查，最终评选出包括中关村软件园在内的10家年度创业园区入选。

（刘伟杰）

【召开两岸技术转移及高科技成果转化研讨会】 11月，海淀区战略性新兴产业促进联席会组织召开两场两岸技术转移及高科技成果转化研讨会，就产业政策、科技创新环境、科技成果转化和技术转移等内容进行探讨，为两岸开展深入交流、合作奠定基础。海淀园相关单位、台湾海峡两岸民间交流促进会、台湾大学、台湾工研院及海淀区产业联盟、企业代表参加研讨会。

（刘伟杰）

【中关村产业技术联盟促进会成立】 12月26日，中关村产业技术联盟促进会（联席会）举行成立大会。50余家会员代表参加会议，选举产生理事长、副理事长和监事长，并任命秘书长。科技部、中关村管委会、市民政局社团办、海淀园管委会相关领导出席成立仪式。中关村产业技术联盟促进会的主要职责是促进联盟间协同创新，在技术、产业交叉集成中发挥积极作用，搭建联盟与政府、联盟与联盟之间沟通的桥梁。

（刘伟杰）

【试点订单式人才培养】 12月31日，海淀园就落实区政府与北京航空航天大学全面战略合作框架协议中关于校企合作人才培养相关工作内容进行对接。双方就先期工作进行梳理，并就开展订单式人才培养和“产学研”科技成果转化达成一致。决定选取北航软件学院作为试点，率先开展订单式人才培养工作。

（刘伟杰）

【603家企业享受“1+6”①政策】 年内，海淀园共有25家国有企事业单位开展股权激励试点，占全市总量的43.9%；528家高新技术企业享受研发费用加计扣除试点政策，新增归集项目加计扣除额9.46亿元，为企业减免税款1.42亿元；50家企业享受职工教育经费税前扣除试点政策，超过工资总额2.5%的税前扣除金额为1545.98万元，为企业减免税款231.9万元。

（刘伟杰）

【2491个项目享受“1+10”②政策】 年内，全区有1740家单位通过专项资金统一受理平台申报项目2491项，申报资金总额569.1亿元。其中涉及海淀园的申报企业1340家，提交项目1851项。确定支持项目900余个，支持资金总额达7.51亿元。其中，“6＋1”③专精特新产业支持项目355个，支持金额2.2亿元，文化创意产业支持项目74个，支持金额5310.8万元，科技服务业支持项目65个，支持金额2614万元，人才类支持项目346个，支持金额4260万元，

---

① “1”是指搭建首都创新资源平台，“6”是指中央级事业单位科技成果处置和收益权改革试点政策、税收优惠试点政策、股权激励试点政策、科研经费分配管理改革试点政策、高新技术企业认定试点政策和建设全国场外交易市场试点政策。

② “1”是指《关于加快核心区自主创新和产业发展的若干意见》，“10”是指促进中小微企业发展、重点企业引进、重点产业发展、人才创新创业、科技金融等10个支持办法。

③ “6”是指云计算、移动互联网和下一代互联网、导航与位置服务、集成电路设计、生物医药、新能源新材料节能环保，“1”是指文化与科技融合。

高端装备制造、航空航天等其他高科技产业支持项目111个，支持金额5697.4万元。

（刘伟杰）

【认定首批14家新兴产业孵化器】 年内，对区域科技技术企业孵化器和加速器开展调研，深入了解孵化器和加速器的发展情况以及重点需求；重点走访车库咖啡、3W咖啡、中关村国际数字设计中心、创客空间、海银孵化器、联想之星等新兴孵化器，形成《海淀区创业服务机构管理办法》和《支持海淀区新兴孵化器发展建议方案》。认定创新工场、车库咖啡、AAMA亚杰商会、3W咖啡、《创业家》杂志社、创业邦、联想之星、云计算产业孵化器、36氪、微软云加速器、中关村数字设计中心、厚德创新谷、创客空间、天使汇等首批14家新兴产业孵化器。

（刘伟杰）

【完成“全国创新型城区”考核】 年内，联合全区28家成员单位，完成科技部对海淀区“全国创新型城区”试点工作的考核。完成《北京市海淀区国家创新型城区建设研究》课题。提出与海淀区资源禀赋、产业特征、区位优势与发展水平契合的“海淀模式”。

（刘伟杰）

【海淀区专家库】 年内，完成对“海淀区专家库”现状的分析以及下一步工作思路的梳理，形成调研报告；对《北京市海淀区专家库管理办法（试行）》进行修订完善。截至年底，“海淀区专家库”共有专家3005人次，分布在5大类25个行业领域，覆盖区政府资金支持项目的全部领域。专家库启用三年来，共有区内外14个部门使用专家库，累计使用专家847人次，累计评审项目7179项。

（刘伟杰）

【235家企业获专项资金支持】 年内，海淀区共有235家企业获得国家和北京市工业、信息化和中小企业发展专项资金支持，获得支持资金8.45亿元，占全市当年支持资金总额的17%。其中，有112家企业获得“国家重点产业振兴和技改专项”“国家工业中小企业技改专项”等各类专项资金支持，支持资金6.06亿元，分别占全市支持项目数量和金额的36%和21%；有123家企业获得“北京中小企业发展专项”和“北京市工业发展专项”等各类专项资金支持，支持资金2.39亿元，分别占全市支持项目数量和金额的20%和11%。

（刘伟杰）

【人才服务保障】 年内，协调区教委扩大可接受高管子女入学的学校资源名单，完成重点企业子女的优质教育资源入学工作，共计安排82家重点企业的121名高管子女入学；协调区卫生局等部门建立完善海淀区重点企业高层管理人员医疗服务系统，发放健康体检卡108张；举办“中关村人才特区（核心区）重点企业招聘会”8场，共345家企业参会，提供岗位4120个，吸引中高级人才5600余人；举办“中关村人才特区校园宣讲招聘活动”，提供就业岗位1500余个，吸引高校应届毕业生4000余人参会；启动“2013年人才特区校园招聘团”项目，参与活动的核心区重点企业和高新企业173家次，提供毕业生就业岗位3000余个；开展5期高层次人才培训课程，共有126家次企业的223名中层以上管理人员参加培训；为163家申请合格企业配置人才公租房3390余套，协调为海外学人中心服务大厅提供房租补贴282万元。

（刘伟杰）

【雏鹰基地建设】 年内，完成两期雏鹰基地房租补贴申报及拨付工作，15家雏鹰人才企业共涉及办公用房补贴面积1550平方米、房屋租金295万元；完成雏鹰人才创业启动资金申报及拨付工作，10家企业共获得300万元创业启动资金；开展第二年办公用房补贴申报工作。加强雏鹰人才创业基地调研和服务工作，为包括雏鹰基地在内的新兴孵化器组织专项资金申报、海聚工程申报进行辅导。

（刘伟杰）

【辅导创业企业】 年内，针对创业企业的普遍问题及需求，海淀园联合中关村创新研修学院开设两期创业企业总裁培训班。课程内容涉及政策、商业模式构建、现金流管理、产品研发管理、人力资源管理、IT公司实地考察、投资路演、企业战略、实战案例分析和研讨等。以企业高层管理人员集中培训的方式，完善海淀创业园孵化服务体系，培育更多战略性新兴产业领军人才和明星企业。全年联合培训机构组织创业企业培训11次，参加人员近500余人，内容涵盖企业风险防范、高新技术企业认定、知识产权、科技政策等。

（刘伟杰）

【支持北大科技成果转化】 年内，海淀区通过孵化器、产学研、公共技术服务平台专项和补贴支持北大科技园、燕园科技孵化器资金共200万元，支持北京大学科技成果转化，鼓励符合“6+1”产业发展的优质项目在海淀落地。每年海淀区支持北大建设技术转移中心科技成果转化经费100万元。

（刘伟杰）

【设立3支科技成果转化引导基金】 年内，设立科技成果转化引导基金，引导社会资本共同投资科技成果转化。完成和清华大学“水木启程”基金、“水木杨帆”基金，航天科工军民融合成果转化基金的合作。其中，“水木启程”首期规模4150万元，海淀区出资1000万元，完成华清农业、华卓精科、朗视仪器等5个项目的投资。“水木杨帆”基金吸引清华控股、中发展集团及其他社会机构参与投资，海淀区出资1000万元，基金规模1亿元。

（刘伟杰）

【农大科技园成为农业科技成果转化基地】 年内，中国农业大学科技园被认定为都市农业北京市技术转移中心，已入驻企业134家。其中农业科技类和生物技术类企业有76家。配套金融投资、会计审计、咨询类11家。培育新三板挂牌成功企业1家，农业产业化龙头企业2家，孵化成功行业内领军企业多家。

（刘伟杰）

专业园区建设与发展

【**概况**】 2013年，海淀园拥有专业园区10个，大学科技园20个，其中国家级大学科技园12家，占北京市14家国家大学科技园的85.7%。

（刘伟杰）

【**北京实创高科技发展有限责任公司**】 1992年3月12日，北京实创高科技发展总公司经北京市人民政府批准成立。2010年12月28日，北京实创高科技发展总公司改制为北京实创高科技发展有限责任公司，注册资金71200万元。是以科技园区开发、建设、服务和管理为主业的企业，2010年开始承担永丰产业基地新园的开发建设。截至2013年年底，公司总资产153.46亿元，净资产15.52亿元，总收入15.37亿元，净利润11093万元，上缴税金9377万元。控股参股公司25家，企业员工1500人。

（孙燕艳）

【**永丰产业基地（新）**】 永丰产业基地（新）位于西北旺镇，总体定位：永丰产业基地将建设成为具有世界一流水准，引领中国导航与位置服务和新材料发展方向，集企业孵化、研发、产业促进、产业发展、生活配套服务于一体的综合性科技园区。规划总用地面积约501.85公顷，规划总建筑面积372.13万平方米。2010年8月，由北京实创高科技发展总公司负责永丰产业基地新区的开发建设任务。2011年5月23日，实创公司正式成为永丰产业基地新园土地一级开发的主体。2013年，新增融资68.05亿元，完成筹资任务。园区开发建设工作完成投资23亿元。G、H、C地块取得规划意见书和市发改委项目核准批复。支付大牛坊、东玉河等五个村庄拆迁腾退款10.73亿元，累计支付拆迁腾退款75.2亿元。完成G、H、C地块相关征地补偿协议签署工作，14宗地达到供地条件。永丰北环路、永丰西滨河路、辛店东路三条城市次干路达到使用条件。完成C4、C5公租房、人才公寓项目地块的控规编制和建筑设计方案。加快国家气象产业集团、中国地质科学院、城市学院、浪潮集团等企业落地项目的论证、评估、洽商工作。中国地质科学院、城市学院完成二级建设方案。

（孙燕艳）

【**北京海淀科技园建设股份有限公司**】 北京海淀科技园建设股份有限公司成立于2000年6月18日，是专业从事中关村科技园区西区和海淀北部新区建设的国有控股企业，主要经营一级土地整理、房地产开发、工程建设管理和城市基础设施建设等。公司控股公司有北京德成置地房地产开发有限公司、北京德成兴业房地产开发有限公司、北京盛世翌豪房地产经纪有限公司。2013年，公司主要承担西北旺新村（百旺新城）综合开发、软件园拆迁、清华附中永丰分校等政府重点项目的建设任务和百旺杏林湾商品房的开发建设。百旺杏林湾实现复工面积9.3万平方米，新开工面积4.1万平方米，竣工1.99万平方米，实现房屋销售收入646万元，完成投资7400万元。清华大学附中永丰学校实现开复工面积3.42万平方米，完成投资1820万元，9月1日正式交付使用。公司全年实现开复工面积17.1万平方米，其中新开工面积4.1万平方米，竣工1.99万平方米。实现合并营业总收入4.32亿元，合并净利润5007万元，归属于母公司所有的净利润3246万元。

（程建华）

【**北京实创科技园开发建设股份有限公司**】 2010年2月26日，由中关村永丰产业基地、环保园、创新园整合重组而成，主要负责中关村翠湖科技园、中关村永丰产业基地等北部产业园区的开发建设。2013年，公司实现总收入15.79亿元，净利润7876万元；完成投资45亿元；现金流入124.22亿元，其中经营性现金流入64.15亿元。翠湖科技园、永丰产业基地两个园区共承担67个开发建设项目、总投资162亿元。实创股份作为投资主体完成固定资产投资39.2亿元。重点二级项目中关村壹号、科技企业加速器、人才公租房、国际学校等全年完成投资8.36亿元。

截至年底，公司所属园区签约入驻企业409家，从业人员约5.32万人。入驻企业实现总产值约538亿元，实现税收总额约33亿元。平均产出强度2.5亿元/万平方米，其中购地企业产出强度为2.32亿元/万平方米，加速器企业产出强度为4.35亿元/万平方米。开复竣工面积189.10万平方米，其中，新开工项目面积13.99万平方米、复工项目面积175.11万平方米、竣工项目面积39.48万平方米。新签约重点企业共13家，占地面积15.16公顷，购（租）房面积15万平方米。形成以网络通信、能源环保、电子信息、新材料及科技金融为主的产业格局。五大产业板块重点企业共计64家，从业人员3.8万人，企业总产值414亿元，实现税收24.5亿元。园区总收入上亿元的企业共有56家，实现总收入526亿元，实现税收31亿元。超十亿元的企业11家（华为、安泰科技、用友软件、铁科院、联强国际、大唐电信、航天时代电子、航天恒星、中国船舶工业集团、赛尔网络、发那科）。入选“十百千”工程的企业11家，入选“瞪羚计划”的企业19家，有上市企业共有19家，实现总产值为188亿元。入驻企业累计获得授权专利3300件，同比增长15.3%。累计获得软件著作权数821件，同比增长47.4%。累计获得国家发明奖数55个、国家科技进步奖265个、全国科技大会奖90个、国家重大成果奖31个、省部级以上重大科技成果奖1415个、国家认定企业技术中心18个。

（陈天鹏）

【**中关村软件园**】 2013年，新入驻企业18家，总数已达到277家。新上市企业4家，上市企业达30家。园区总产值达1213亿元，企业总利润116.6亿元；在园人数3.52万人；园区企业全年获批国家标准 21 项，拥有知识产权数量达 16304 项；园区企业获国家科技进步一等奖 1 项，已拥有国家科技进步特等奖 1 项，一等奖 6 项；科技成果转化 228 项。被授予“中关村信用示范基地”称号。

（张蕾）

【中关村科学城】 2013 年，累计建成 10 个新型产业技术研究院、32 个特色产业园和 182 个公共服务平台，总投资达 500 多亿元，释放产业空间 720 万平方米。制订中科科仪科学仪器产业创新园、中关村数字电视产业园等特色产业园规划建设方案。推进中国电子信息、中国电子科技等重点项目落地。截至年底，市政府签约授牌 53 家单位建设 56 个产业技术研究院和特色产业园，其中 46 家 48 个项目在海淀区，包括 36 个特色产业园、11 个产业技术研究院和 1 个企业中央研究院。累计纳入科学城项目储备库的产业化及现代服务业项目 204 项，其中中科院、北大、清华、北航、航天科技、航天工业等单位的 82 个产业化项目获得政府资金支持 11.47 亿元，7 个现代服务业项目获得资金支持 0.8 亿元。北京汇龙森公司联合赛林泰公司、军事医学科学院、清华大学生命科学院等单位创建北京生物产业创新基地，入选北京市“海聚工程”5 人，入选中关村“高聚工程”1 人，入选“北京市科技新星计划”2 人；开发出 11 个具有自主知识产权的在研一类新药，获得 18 项发明专利。

（刘伟杰）

【北部新型科技生态新区】 海淀北部新型科技生态新区以北清路为轴，包含翠湖、永丰、软件园、上庄等四大组团，面积约 43 平方公里。2013 年，北部新型科技生态新区安排开发建设项目 229 个，实现全年开复工 569 万平方米，完成开发建设投资 402 亿元，园区总收入 1600 亿元。入驻翠湖科技园的 16 个项目中有 3 个项目达到三星级绿色建筑标准，5 个项目达到二星级绿色建筑标准。推进 7 个园林绿化项目建设，完成投资 3.8 亿元。启动建设区南沙河滨水绿廊景观的规划设计及前期手续办理工作。实施翠湖湿地二期生态修复工程，开工建设红山城市休闲森林公园。实施南沙河“三年还清”计划，开展南沙河流域截污一期等工程。编制完成《海淀北部地区生态建设实施纲要》及实施方案。对中关村壹号按三星级绿色建筑标准，实现冷热电三联供，太阳能热水利用、雨虹利用和自然采光。

（刘伟杰）

【示范区首个标准创新试点园区获批】 1 月 7 日，中关村软件园经市质监局和中关村管委会批准，成为中关村国家自主创新示范区首个标准创新试点园区。主要开展战略性新兴产业和现代服务业相关的前沿技术和标准研究；将具有自主知识产权的技术创制成为企业技术标准；组建相关领域产业联盟并做好联盟标准创制及实施应用；为园区企业提供专业标准化咨询服务等。试点园区工作组设在中关村软件园产业服务部，负责日常工作。

（张蕾）

【香港科技园中关村联络处启用】 3 月 26 日，香港科技园公司设立于清华科技园的中关村联络处启用，这是香港在内地设立的首个科技园联络处。香港与中关村将围绕电子信息、先进制造、新能源、新材料、节能环保、食品医药、新材料等领域，在科技、产业、服务、人才等方面进行多元化共赢式合作。推进重大示范应用工程在两地开展，共同加快发展高新技术产业集群，培育新的经济增长点。

（刘伟杰）

【科技金融服务超市专场活动】 4 月 18 日，由区金融办、中关村软件园共同主办的“2013 年海淀区中小微企业投融资对接会——中关村软件园科技金融服务超市专场活动”在中关村软件园举行。人民银行北京营管部、市金融局、中关村管委会、海淀区政府等单位领导及来自工商银行、农业银行、北京银行等 18 家银行的负责人、企业代表和媒体代表 150 余人参加。会议介绍了海淀区科技金融政策体系和海淀促进中小微企业融资的有关政策以及中关村软件园科技金融服务的创新、探索与实践。举行海淀区中小微企业信贷服务专营机构授牌和小微企业授信签约仪式。中国工商银行北京海淀西区支行、北京银行上地支行、锦州银行中关村支行、包商银行北京中关村支行等 4 家银行取得专营机构资格。金融机构代表分别就新型信贷产品、四板市场情况、私募债融资和小微企业融资等主题做介绍和解读。

（张蕾）

【举办股份转让系统制度解读会】 4 月 25 日，由北京证监局、市金融工作局、中关村管委会、全国中小企业股份转让系统有限责任公司联合主办的“全国中小企业股份转让系统制度解读会——中关村国家自主创新示范区专场”在中关村软件园召开。市委领导以及来自主办券商的负责人、已挂牌企业和拟挂牌企业负责人、中介服务机构代表等 500 余人参加。会上，全国股份转让系统公司就“全国股份转让系统功能定位与制度框架”主题进行解读，讲解全国股份转让系统相关制度与规则，与已挂牌和拟挂牌企业的代表、主办券商、会计师事务所、律师事务所等进行答疑互动。

（张蕾）

【SITIC 与以色列 CDI 公司签署投资协议】 5 月 8 日，中以国际技术合作创新中心（SITIC）与以色列 CDI 系统有限公司在北京签署投资协议，以色列总理和驻华大使出席签约仪式。北京中关村软件园发展有限责任公司和 CDI 系统公司分别代表中以双方在协议上签字。CDI 系统公司将在北京注册成为外商独资企业并拟落地 SITIC。SITIC 是天津施拉特科技有限公司与中关村软件园共建的合作项目，位于中关村软件园云广场 D 座。

（张蕾）

【举办中芬 TMT 企业投资路演】 5 月 28 日，由北京中关村软件园发展有限责任公司与中芬金桥创新中心共同举办的“2013 中芬 TMT（TMT 代表科技、媒体、通信）企业投资路演暨项目对接洽谈会”在中关村软件园举行。芬兰驻华使馆、中芬金桥创新中心、中关村软件园公司等有关人员及中芬 TMT 企业代表、投资机构代表、媒体代表等 80 余人参加。7 家芬兰企业结合中国市场对各自的技术、软件和设备等TMT产品进行融资路演，重点介绍各自公司在技术创新上的突破与成果，并与参会的12家中方企业、30家投资机构代表进行专场对接洽谈，寻求技术研发、市场拓展、项目产品方面的创新与合作。

（张蕾）

【清华科技园香港联络处正式启动】 5月，清华科技园设在香港科技园的香港联络处正式启动。这是继香港科技园在清华科技园设立中关村联络处之后双方的又一次合作。今后双方将在互惠互助的基础上长期合作，加强京港两地科技产业交流和发展。本次清华科技园香港联络处的启动，将借助香港科技园的创新资源优势，为启迪控股公司已建立的全国科技园服务网络中的各地企业提供全球化发展和全球资本对接的平台，并且为全球顶级技术在中国落地提供服务。

（刘伟杰）

【北斗公共平台落户海淀】 7月15日，北京市“北斗导航与位置服务产业公共平台项目”（以下简称北斗公共平台）签约仪式在京举行，北京市财政代持股机构——北京工业发展投资管理有限公司与北京合众思壮科技股份有限公司等七家参建企业签订协议。项目以合资公司形式投资建设，公司名为“北斗导航位置服务（北京）有限公司”，注册资本总额3亿元，北京市财政与合众思壮公司分别出资1.405亿元，各占合资公司资本总额的46.83%，公司注册地为海淀区。

（刘伟杰）

【成立全国首个人居环境综合产业平台】 7月25日，清控人居建设（集团）有限公司在清华科技园正式成立。这是全国第一个以人居环境科学理论为指导的大型人居环境科技产业集团。清控人居建设集团主要发展规划、建筑、景观和环境四大核心学科，对规划、建筑、装饰、环境、照明、文化遗产、环能、工程、传媒、科技等板块进行拓展，通过“新型城镇化”“生态城市”“山水城市”“智慧城市”“畅通城市”和“文化名城”等多个角度解决快速城镇化中的问题。

（刘伟杰）

【举办汤森路透科技助力金融发展论坛】 9月13日，由北京中关村软件园发展有限责任公司和汤森路透全球运营中心中国区联合主办的“e起飞翔——智讯成金”汤森路透科技助力金融发展论坛在中关村软件园举行。论坛举办金融技术、大数据变革、云计算、敏捷开发、测试技术、金融应用与技术实践等专业分论坛，探讨金融技术的发展趋势和前沿信息、大数据解决方案在金融领域的探索性尝试、面向金融领域互联网大数据挖掘的挑战、大数据平台的虚拟化及其测试要素等话题。邀请政府机构、内外资银行、券商、金融机构、行业龙头企业等单位高层举行CTO圆桌会议，共同商讨行业发展趋势及未来产业走向。中国人民银行金融信息中心、中关村管委会、海淀区金融办等单位领导和嘉宾共200余人出席。

（张蕾）

【翠湖科技园13个重大项目开工】 9月27日，中关村翠湖科技园重大项目开工开业仪式举行。包括人民银行重点项目、谱尼测试等5家新开工项目，以及天地阳光、艾普石油等8家新开业企业，共计13个重大项目正式启动建设和入驻。中关村翠湖科技园入园企业达408家。

（陈天鹏　钟冷）

【签约共建海淀园秦皇岛分园】 11月6日，中关村海淀园管委会与秦皇岛经济技术开发区管委会在秦皇岛签订协议，决定合作共建中关村海淀园秦皇岛分园。这是中关村海淀园在全国首次设立分园。

（钟冷）

【签约共建海淀园赤峰分园】 12月28日，海淀区政府与内蒙古赤峰市政府正式签订关于共建中关村海淀园赤峰分园等合作事项协议。海淀区将引导海淀园部分企业通过兼并、重组、投资等方式，将产业制造部分有序向赤峰分园转移。

（钟冷）

【中关村软件园信用园区建设交流会召开】 12月19日，由北京中关村软件园发展有限责任公司、北京中关村企业信用促进会共同主办的“信用中关村系列活动暨中关村软件园信用园区建设交流会”在中关村软件园举行。人民银行营业管理部、中关村管委会领导以及来自企业、金融机构、银行、协会组织及新闻媒体的代表近200人参加。对信用园区建设情况以及企业信用政策、科技金融政策、中小企业信用托管工程等进行介绍。举行首批“中关村软件园诚信之星企业”颁奖仪式，北京傲天动联技术有限公司、北京海泰方圆科技有限公司、软通动力信息技术（集团）有限公司、北京思创银联科技股份有限公司、北京智控美信信息技术有限公司等5家企业获该称号。启动“园区企业全景信息增信金融服务计划”，通过全景信息汇集，为企业提供信用增信金融服务，帮助企业更优惠、便捷、快速地获得金融投资。中关村软件园上市公司沙龙倡议企业发布年度“企业发展社会责任报告”，自觉将商业目标与社会公益相结合，以诚信发展回馈社会。

（张蕾）

【中关村高端人才创业基地建设】 年内，北京科技大学作为中关村科学城第一批签约授牌建设单位，天工大厦入驻高端人才企业25家，累计达90家，集聚效应初步形成。基地由中关村管委会、海淀区人民政府和北京科技大学三方签订协议联合共建，设立基地管理办公室，搭建多种服务平台，开展准入管理、政策落实、申报审核、租金补贴、企业服务等工作。截至年底，基地企业实现产值30亿元，税利达到2亿元。

（刘伟杰）

【28家亿元企业落户中关村西区】 年内，中关村西区继续推进业态调整，中关村西区办业态审批窗口共审批新入驻企业573家。其中，高技术服务业类企业355家，科技金融类企业113家，创新要素类企业75家，注册资金1亿元以上的企业28家。

（刘伟杰）

【农大科技园启动“411”工程】 年内，中国农业大学科技园启动“411”工程，即3年后入园企业达到400家，每年转化科技成果100项，每年解决农大学生就业100人。农大科技园规划面积5万平方米，投入使用1.8万平方米，吸引入驻企业134家，其中农业科技类和生物技术类企业有 76 家。配套金融投资、会计审计、咨询类 11 家。培育新三板挂牌成功企业 1 家，农业产业化龙头企业 2 家，孵化成功行业内领军企业多家。

（刘伟杰）

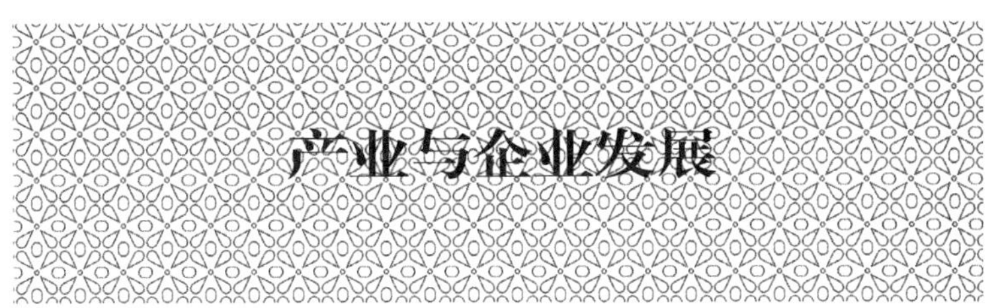

产业与企业发展

【概况】 2013 年，编制完成《海淀区战略新兴产业技术路线图》和《海淀区“6+1”战略性新兴产业三年行动计划（2013—2015 年）》。首次明确移动互联网和下一代互联网、导航与位置服务、集成电路设计、生物医药、新能源新材料、节能环保及文化与科技融合等 6+1 战略性新兴产业未来三年的发展目标，技术路线图成为园区产业发展调整、项目分析落地和专项资金审批的重要依据。出台《核心区中小微企业助力计划（2013—2015 年）》，解决中小微企业发展中存在的融资难、内部规范管理和运营难、市场拓展难、研发创新难、孵化服务获取难等五难问题，搭建投融资服务、企业管理服务、企业营销推广、政产学研协同创新和创新创业育成孵化五大体系。海淀园推荐的“中关村移动互联网产业集群”获科技部第一批创新型产业集群试点称号。

（刘伟杰）

【中关村国家自主创新示范区展示交易中心】 2013 年，中关村国家自主创新示范区展示中心汇集中关村 205 家企业的高科技技术和产品，包括新一代信息技术、航空航天、生物医药、新材料、新能源、高端装备制造、节能环保等国家战略新兴产业。其中，海淀园企业 126 家，占馆内企业总量的 62%。接待中共中央政治局领导集体调研学习和中共中央政治局常委、国务院副总理张高丽，接待中央和国家机关、省市领导、外国政要、国外企业、国内高等学校和知名企业等。全年接待团体近 400 批次近 2 万人次。会议中心全年共接待会议近 160 场，其中市级会议数量超过 60%，总共接待会议人数近 2.2 万人次。海淀区安全教育馆管理中心并入中关村国家自主创新示范区展示交易中心，保留海淀安全馆牌子。北京股权交易中心有限公司（四板市场）入驻展示交易中心。展示中心建筑获得“三星级绿色建筑设计标识证书”“国家绿色建筑三星级评价标识”和“国家绿色建筑创新奖”等；接待服务团队被授予“青年文明号”等称号；展示中心成为“北京市爱国主义教育基地”“北京市科普基地”“北京市青少年学生校外活动基地”“北京市委党校现场教学点”等。

（袁玲）

【北京中关村国际孵化软件协会】 北京中关村国际孵化软件协会成立于 2004 年 5 月 24 日，有会员企业 400 余家。2013 年，创建“当可信人，做可信品”为核心的软件行业诚信体系，截至年底，加盟《可信中关村公约》的企业 514 家，员工达到 1051 人。协会会长于滨获“第四届全国诚实守信道德模范”。推出可信信用贷款，企业和企业法人向协会提出申请并签署可担责的单方允诺后，经协会审批通过成为“可信企业”和“可信企业家”，凭借可信证可以向北京银行等银行申请金额为 100 万~300 万元的信用贷款，全年共为企业获得信用贷款 2630 万元。开展“合梦领导力培训”，免费开办“企业家之道”培训 9 期，培训中关村企业的高管和企业家 1291 名。通过“合梦领导力培训”开展 7 项大型公益活动，为 103 名孤儿建立大病救助基金，募集善款近 252 万元。开展工资集体协商，经过用友软件、中科汇联、美络克思、凯英信业等 20 家企业及员工集体协商，由中关村科技园区海淀园工会和中关村国际孵化软件协会分别代表职工方和企业方签订《中关村软件行业工资集体协商专项集体合同》。

（张晓静）

【1 个项目获国家科技进步一等奖】 1 月 18 日，由大唐电信集团、中国移动通信集团公司、工业和信息化部电信研究院等共同申报的“TD-SCDMA 关键工程技术研究及产业化应用”项目获国家科技进步奖一等奖。项目自主研发了双模终端关键技术，解决了 TD-SCDMA 产业规模商用的瓶颈；核心技术指标达到国际领先水平，并在全国范围内实现大规模商用；创立技术标准产业化的测试方法体系，自主研发协议一致性测试装备；全面解决 TD-SCDMA 网络运营难题，相关技术为业界首次应用；成立首个企业自发形成的产业协调性组织，形成专利共享、共同开发、协同组织的产业发展机制，开创产学研用相结合的产业协同创新发展模式。

（刘伟杰）

【制定国际“六可”标准】 4 月 1 日—3 日，朗德华（北京）云能源科技有限公司（简称朗德华公司）出席第九届国际绿色建筑与建筑节能博览会，现场展示入选 2012 国家发改委《国家重点节能技术推广目录》中“建筑（群落）能源动态管控优化技术”暨云能源管控技术。朗德华提供的“智慧能源”体系可将整个城市的综合能源纳入统一平台进行管理，并将国际节能减排结果的“三可”标准（可监测、可报告、可核查）提升至“六可”标准（可监测、可报告、可核查、可控制、可管理、可服务）。

（刘伟杰）

【小米 MIUI V5 操作系统发布】 4 月 9 日，小米公司发布 MIUI V5 操作系统。在 MIUI V5 操作系统的开发过程中，超过 10 万“米粉”共同参与，改进意见达 1.3 亿帖，共经历 133 次升级。根据数据显示，MIUI 操作系统集合了上千套主题，上万种搭配，总下载 6 亿次，平均每日下载 350 万次，成为全球最大的主题库。

（刘伟杰）

【郭金龙调研科技产业】 4月20日，市委书记郭金龙到中关村科技园区调研，在参观驻区的京东商城、中科院半导体研究所、北京数码大方科技公司后指出，要抓住科技产业化体制机制创新两大关键，建设好中关村国家自主创新示范区。市委副书记、市长王安顺一同调研。

（钟冷）

【清华脑起搏器进入市场应用】 5月31日，市科委和清华大学共同举行“中关村国家自主创新示范区”重大科技成果——清华脑起搏器推广应用启动会。清华大学研发的具有自主知识产权的脑起搏器获得国家食品药品监督管理总局颁发的产品注册证，这是中国生物医学领域又一重大科技成果进入市场应用。

（刘伟杰）

【乐视超级电视发布】 6月19日，乐视超级电视开放预约，首次销售额接近亿元。乐视是继小米手机之后，海淀区又一家通过互联网模式生产和销售高性价比硬件产品的互联网公司。乐视超级电视X60型采用高通骁龙S4 Prime四核1.7GHz处理器，2G内存，远高于普通电视配置。

（刘伟杰）

【互联网反欺诈委员会成立】 6月25日，在第一届互联网交易安全峰会上，百度、新浪、阿里巴巴、腾讯、亚马逊中国等21家互联网企业在公安部指导下，发起成立“互联网反欺诈委员会”，形成电子商务生态圈“联防联打”的战略合作框架。为了应对网络的安全，21家互联网企业将启动统一的用户安全模型机制，建立统一模型及互通共享机制；形成联防联打机制，明确信息发布渠道、沟通渠道、交易渠道、支付渠道四大环节联防联打的权利义务。

（刘伟杰）

【海淀区战略性新兴产业技术路线图发布】 6月27日，海淀区正式对外发布《进一步加快核心区科技创新发展实施方案（2013—2015）》以及《海淀区战略性新兴产业技术路线图》，提出以中关村科学城和中关村创新中心区（CID）两大重点功能区建设为重点，实施产业领航、创新聚变、创业光合、创想圆梦、全球联动等五大工程，建立新技术新产品推广应用、重点企业动态监测和服务跟进、园区与乡镇产业园统筹联动服务、楼宇招商投资促进、产业有序转移和利益共享等五大机制。首次从微观上对北斗及空间信息，移动互联网与下一代互联网，云计算，集成电路设计，生物医药，新能源、新材料与节能环保，文化和科技融合7大战略性新兴产业进行规划。

（刘伟杰）

【2013中关村高成长企业TOP100发布】 7月3日，北京中关村高新技术企业协会发布“2013中关村高成长企业TOP100”评选结果，海淀园75家企业入选。上榜企业平均增长率为117.75%，其中生物与新医药技术行业高达154.59%；上榜企业数量最多的仍是电子信息技术行业，占58%。

（钟冷）

【驻京中外知名企业投资海淀行】 7月8日，市投资促进局和区政府在中关村国家自主创新示范区展示中心联合举办驻京中外知名企业投资海淀行暨海淀北部生态科技新区重大项目签约仪式。市投资促进局领导、550余家驻京中外知名企业代表、100余家“十百千”重点企业代表和专业机构代表等共600余人参加。共有包括移动互联网及下一代互联网、生物新医药等16个项目签约落户海淀北部，总意向投资金额约243亿元。

（屈连春　刘伟杰）

【发布全球最大尺寸LED电视】 7月25日，海淀园所属企业利亚德公司在北京举行LED电视产品发布会，发布6款超大尺寸LED电视产品，其中包括全球最大288英寸4K高清LED电视及1.2mm间距LED显示面板新产品。1.2mm间距目前为全球最小间距。利亚德公司自主研发的标准化大尺寸系列电视，以LED作为显示面板，其像素间距为1.6毫米/1.9毫米/2.5毫米，标准显示尺寸为110英寸、144英寸、288英寸，且可任意定制尺寸，可以实现标清、高清机4K超高清显示。

（刘伟杰　侯硕）

【世界最长碳纳米管问世】 7月，清华大学成功研发出单根长度达半米以上的碳纳米管，刷新该领域世界纪录。清华大学研制的碳纳米管是我国继建立全球首个碳纳米管薄膜生产线之后又一全球领先科研成果，具有接近理论最高值的拉伸强度，可用于制造高韧度防弹衣、牵引绳与纤维布等。

（刘伟杰）

【海淀区战略性新兴产业促进联席会成立】 8月6日，“海淀区战略性新兴产业促进联席会”在中关村示范区展示中心成立。联席会的主要职责是：及时反馈企业需求，支撑产业政策研究；建立项目储备机制，拓宽项目来源渠道；整合区内产业服务资源，引导需求要素对接；开展多层次对外合作，助力产业优化升级；协助制定评估机制，鼓励联盟提高工作成效等。

（刘伟杰）

【4家企业获“品牌中国华谱奖”】 8月9日，“品牌中国华谱奖”在第七届“中国品牌节”上揭晓。核心区企业百度、新浪、用友软件、联想集团登上引领未来的科技军团榜单。华谱奖代表着中国自主品牌建设的最高荣誉。

（刘伟杰）

【联想服务器获德国权威机构认证】 8月，联想获得由美国环保署EPA认可的实验室德国莱茵TüV机构颁发的GS证书,并成为首批通过新版能源之星2.0测试的服务器厂商。联想的PC、显示器等产品也通过能源之星的认证。通过GS认证和cTUVus认证，联想的产品就可进入欧美市场。

（刘伟杰）

【自主研发2种药物新晶型】 9月，双鹭药业及其子公司通过自主研发创新，获得来那度胺和达沙替尼2种药物新晶型及药物组合物，突破原研方的知识产权限制，拥有自主知识产权，形成在全球范围内与原研方两家共享市场的局面。公司应邀与国际制药巨头商谈全球产品布局和专利许可，成为国内制药企业向世界知名药企进行专利许可的成功案例。

（刘伟杰）

【中关村科学城生物产业创新基地设立首家合作基金】 9月，中关村科学城生物产业创新基地首支主要针对生物医药、医疗器械和互联网健康领域的合作基金设立。基金由中孵高科创业投资管理（北京）有限公司管理，基金首期募集资金1.66亿元，其中汇龙森国际企业孵化（北京）有限公司与赛伯乐投资有限公司各出资5000万元，市级配套资金3330万元。

（刘伟杰）

【五大体系助力中小微企业】 10月10日，海淀区正式发布《核心区中小微企业助力计划（2013—2015年）》，旨在搭建投融资、信息化管理、营销推广、协同创新、育成孵化五大服务体系，优化中小微企业发展环境，重点扶持“海帆企业”，培育500家到1000家卓越中小企业。首批965家“海帆企业”名单正式对外公布。

（钟冷）

【物联网产业技术创新战略联盟成立】 10月24日，由中国电子科技集团公司发起，成员包括中国电信、清华大学等40家涵盖产、学、研、用的在物联网技术各领域有影响力和代表性的企业和单位共同组建的第一个国家级物联网产业联盟——物联网产业技术创新战略联盟在京成立。物联网产业技术创新战略联盟的主要工作是开展物联网产业政策、技术和产业研究；围绕影响和制约物联网产业发展的共性、关键、核心技术等难题，整合联盟成员单位优势，开展若干重大技术创新和攻关活动；提供物联网相关公共服务。

（刘伟杰）

【嘉博文原创技术获中国专利金奖】 11月11日，北京嘉博文生物科技有限公司原创专利技术“采用餐厨废弃物制备生物腐殖酸的技术与工艺”获第15届中国专利金奖，这是中国垃圾资源化利用行业的第一个专利金奖。通过该专利技术，嘉博文公司上游与环保企业、食品加工企业、养殖企业对接，下游与传统农资企业、绿色农产品生产基地对接，通过产品利益链的传递，开创餐厨废弃物可持续处理新模式，促进循环经济发展。

（刘伟杰）

【中关村核心区生物工程和新医药产业联盟成立】 11月27日，海淀园组织的“中关村核心区生物工程和新医药产业联盟”正式成立，同时启动签约首批7个协同创新和国际技术转移平台项目。生物工程和新医药产业联盟是海淀区战略性新兴产业促进联席会下首个全面整合“6+1”产业细分领域创新资源的产业联盟组织。该联盟通过整合产、学、研、用、金等各类创新要素，系统搭建面向生物医药企业的协同创新和公共服务平台，推动重大技术创新突破和加速产业实现高度集约化发展。

（刘伟杰）

【“手机百度客户端”用户突破4亿】 11月28日，百度公司对外宣布百度移动·云的王牌产品——“手机百度客户端”用户数突破4亿户。百度旗下还有13款移动产品用户数量过亿，成为中国拥有最多移动网民的互联网公司。

（刘伟杰）

【视频监控人脸识别技术获得广泛应用】 11月，清华大学和北京海鑫科金高技术股份有限公司共同完成的“TH-IDvs视频监控人脸识别技术与系统”在清华大学通过专家鉴定。这套视频人脸识别系统，克服实际应用中的多重困难，识别性能优于目前公开报道的其他系统，主要技术指标达到国际先进水平，并已在公共安全领域广泛应用。

（刘伟杰）

【发布全球首台“云计算机”】 12月10日，紫光股份发布“云服务”战略，并率先提出“云计算机”的概念，同时推出拥有自主知识产权的全球首台“紫光云计算机”——“紫云1000”。紫光云计算机应用可满足金融、电信等大数据行业用户提出的高性能、低成本、高可靠性和高可扩展性的要求，也将促进信息技术在物联网、智慧城市等大数据应用领域的广泛应用。

（刘伟杰）

【中关村核心区新兴产业联盟成立】 12月20日，中关村核心区新兴产业联盟成立，中关村核心区互联网电视产业联盟、网络教育产业联盟和工业创意设计产业联盟三家推动文化和科技融合的新型产业联盟同时揭牌成立。

（钟冷）

【中关村产业技术联盟促进会成立】 12月26日，中关村产业技术联盟促进会（联席会）成立。50余家会员代表参加会议，选举产生理事长、副理事长等。科技部、中关村管委会等相关领导出席成立仪式。协会旨在促进联盟间协同创新，技术、产业交叉集成中发挥作用，同时搭建联盟与政府、联盟与联盟之间沟通的桥梁。

（刘伟杰）

【国家招投标公共服务平台项目落户海淀】 12月，国和信息咨询有限公司、国家电网等8家企业法人共同出资，联合在海淀区组建中易招标公共服务平台有限公司，负责建设运营国家招标投标公共服务平台。项目获得国家发改委专项资金支持，是海淀聚集的公益性平台类项目之一，将进一步优化海淀区域投资发展环境。

（刘伟杰）

【发布全自主综合导航系统】 12月，海兰信发布两款自主研发的新产品：“智慧桥”全自主综合导航系统和极小目标探测雷达技术。“智慧桥”是国内首套满足国际最新标准的全自主综合导航系统，其系统集成的所有船舶导航核心设备均为海兰信自主研制，优质的人机交互更增强该系统的适用性。极小目标探测雷达技术可根据客户需求开发出溢油探测雷达、浮冰探测雷达、海浪探测雷达、防海盗雷达等系列产品，还可应用于岸基和舰载对海监控领域，可大幅提升国家海上警戒水平和海洋执法能力。

（刘伟杰）

【同方国芯获“金鹰奖”】 12月，核心区上市公司同方国芯在“第九届中国证券市场年会”上获“金鹰奖”。在居民健康卡市场，同方国芯全程参与卫生部统计信息中心发起的标准制定，并承担居民健康卡验证演示平台的建设。公司提供的芯片在辽宁、湖北、江苏、四川等多省市的居民健康卡中独家首发使用，在10多个省市实现批量发卡，市场份额超过70%。

（刘伟杰）

【重点产业集群】 年内，重点培育导航与位置服务、移动互联网与下一代互联网、云计算、集成电路设计、生物医药、新能源新材料与节能环保产业以及文化与科技融合产业等“6+1”细分产业集群。建立了重大产业化项目发现、筛选、跟踪、评估和落地机制，组织200项近中期重点项目的征集、筛选、凝练和评估工作；推进“导航与位置服务”等特色产业园建设；设立文化与科技融合产业基金，推进北京软件交易所和乐视网设立两支文化科技融合产业领域基金，总额达3.5亿元；规划建设海淀区文化与科技融合示范园区；发布首批12家文化科技园区及孵化器；打造创意经济孵化转化平台，形成中关村虚拟科技园区“1园N平台”建设方案，并获得市科委绿色通道专项资金支持。

（刘伟杰）

【街镇产业园】 年内，通过梳理街镇产业空间，共整理出可用于招商的街镇产业园项目22个、总建筑面积约680万平方米，中关村科学城合作招商产业空间9.3万平方米，建成区楼宇租赁项目约51万平方米、出售项目约170万平方米。北部四镇的集体产业用地规模已上报市规划委员会，明确西北旺镇产业用地147公顷，温泉镇106公顷，苏家坨镇185公顷，上庄镇179公顷。各镇起步区已经启动相关项目。引导街镇围绕“6+1”产业，明确各乡镇产业园的产业定位。

（刘伟杰）

【生物医药产业】 年内，海淀园推动赛林泰等多个企业共建生物医药产业协同创新平台，并初步确定其入驻意向。推动汇龙森与苏家坨建设生物医药基地并签署意向协议。支持天智航等清华大学产业化项目落地，共同筹建医疗器械产业创新研究中心，建设公共共性技术检测服务平台建设和创新成果工程化服务平台。

（刘伟杰）

【军民融合科技创新发展】 年内，确认园区拥有保密资质企业140余家，收集整理参与军工项目企业45家；加强园区企业与军队和军工系统单位的交流与合作，形成一批军民融合成果；面向园区企业征集12项民用高新技术成果信息，并推荐入选《中关村民参军技术推荐目录（2013）》；定向选取推荐13家企业申报中关村军民融合科技创新发展专项。

（刘伟杰）

【产业调整】 年内，督促海淀区重点排污企业按照应急预案采取减排措施实施限产、停产措施，并对企业实施减排措施的情况进行检查。联合区环保局、区工商分局等部门和街镇对园区“三高”（高污染、高耗能、高耗水）存量企业进行排查和信息核实，完善园区“三高”存量企业台账，研究制订《海淀区淘汰落后产能工作方案（2013—2015年）》。对列入2013年退出计划的“三高”企业进行督促检查，调整退出9家“三高”企业；制定工业压减燃煤计划。

（刘伟杰）

【宣传核心区发展环境】 年内，举办“中外知名企业投资海淀暨海淀北部生态科技新区重大项目签约活动”等活动，重点推荐海淀区投资环境重点功能区建设情况，14家企业签约入驻海淀北部地区。通过展板、现场咨询等方式在“京港会”等活动中宣传海淀区投资环境和重点项目，签约3个项目。通过《北京日报》《香港经济日报》《大公报》《文汇报》等媒体对核心区进行宣传推广，总计完成6个专题报道，重点宣传推介海淀区CID、中关村科学城等重点功能区、重点招商项目，及投资环境等方面内容，提升核心区影响力。

（刘伟杰）

【57家企业入选“十百千工程”重点培育企业】 年内，海淀园组织园区66家企业申报中关村国家自主创新示范区第三批“十百千工程”重点培育企业。入选57家，占全市总数量的47.5%。入选企业按行业领域划分：新一代信息技术35家、生物5家、节能环保4家、新能源及新能源汽车1家，航空航天及高端装备制造7家、现代服务业5家。

（刘伟杰）

【网络视频行业市场份额占全国首位】 年内，海淀区推进新媒体产业发展，通过“1+10”政策体系、文化创意产业专项资金等相关政策措施，营造区域文化和科技融合创新环境，提升企业服务能力。尤其在网络视频领域聚集了优酷网、乐视网等国内最具影响力的网络视频企业，网络视频行业市场份额占全国70%以上。

（刘伟杰）

【激光打印快速成形技术实现装机应用】 年内，北京航空航天大学成功研发飞机钛合金大型复杂整体构件激光成形技术，使中国成为世界上唯一突破飞机钛合金大型主承力结构件激光快速成形技术实现装机应用的国家。北航科研团队通过计算机控制，用激光将合金粉末熔化，并跟随激光有规则地在金属材料上游走，逐层堆积直接“生长”，根据零件CAD模型一步完成大型复杂高性能金属零部件的“近终成形”制造。该技术具有高性能、低成本、短周期等优点，有效地弥补传统制造方法的不足，使很多传统工艺不能做出的构件成为可能。

（刘伟杰）

经济信息化建设

【概况】 2013年，智慧海淀建设以城市管理、民生服务以及行政服务改革等工作为中心，改造提升信息基础设施，并在城市管理、民生服务以及行政服务改革等方面探索智慧城市管理的新模式。编制完成《海淀区集成电路产业技术路线图及三年行动计划》和《海淀区云计算和物联网产业技术路线图及三年行动计划》。海淀区获市信息化工作领导小组颁发的2012年度区县“智慧北京”建设综合绩效奖。

（刘伟杰）

【海淀智慧城市产业联盟成立】 3月28日，由65家IT企业发起的海淀智慧城市产业联盟成立。联盟有电子政务、医疗卫生信息化、教育信息化、城市运行信息化、信息基础设施、工程咨询等工作组。将优势企业的新技术新产品（服务）有针对性的与智慧海淀应用对接，开展智慧海淀的建设。

（刘伟杰）

【英特尔和百度签署移动互联网战略合作协议】 4月11日，英特尔公司和百度公司签署移动互联网的战略合作协议。双方将共同组建联合创新实验室，加强在英特尔架构上的技术研发和应用创新，以打造一个更完备、更具市场竞争力的智能手机云平台。技术合作涉及从前端、后端到移动开发框架等多个领域。双方将共同建立移动测试和移植中心，以更好地服务于移动应用开发者。

（刘伟杰）

【建立14个新技术新产品示范应用工程及基地】 7月底，新技术、新产品实时发布交易平台上线试运行。推动建立仁创公司砂基透水砖、南沙河流域水务信息化、网格化社会管理和社会服务、高清视频会议系统等11个示范应用工程；认定稻香湖景酒店、东升科技园、实创总公司等3个新技术新产品示范应用基地。

（刘伟杰　侯硕）

【核心区企业共享国家科学图书馆科技情报信息服务】 8月23日，海淀园与国家科学图书馆联合举办文献信息服务合作协议签约仪式。国家科学图书馆为海淀园管委会及其所属各专业园、重点企业、科研机构提供文献情报服务。双方定期联合开展企业用户培训和文献需求调查，共同为海淀园的相关用户建立文献服务渠道，建立面向海淀园企业的情报研究服务机制。国家科学图书馆面向海淀园管理机构和企业在新产品研发、新市场拓展、技术战略制定等方面的需要，提供基于产业链的技术分析、企业竞争态势与格局分析、核心技术揭示以及产业政策分析等服务。

（刘伟杰）

【海淀区成为基于云计算的电子政务平台试点示范地区】 9月13日，工业和信息化部确定北京市等18个省级地方和北京市海淀区等59个市（县、区）作为首批基于云计算的电子政务公共平台建设和应用试点示范地区，以鼓励地方在现有基础上建设集中统一的区域性电子政务云平台。海淀区成为全国仅有的6个被工业和信息化部信息化推进司授牌的“基于云计算的电子政务公共平台建设和应用试点单位”之一。

（刘伟杰）

【中关村国际孵化园信息技术展示与测试平台建成】 9月，由中关村国际孵化园投资搭建、在孵企业提供技术支持的中关村国际孵化园信息技术展示与测试平台建成并投入使用。这是一个集产品展示、技术测试、项目推介、企业宣传、互动体验等功能于一体的技术服务平台。可为60多家信息技术企业提供公共技术服务，也是展示在孵企业创新技术成果的窗口。

（刘伟杰）

【核心区中小微企业综合服务平台发布】 10月10日，海淀区发布中关村核心区企业综合服务平台。中小微企业的IT服务、信用融资服务和创新营销服务需求，都能在平台集中找到。平台首先启动企业信用评级相关服务，开通企业用户264家，提交业务申请280件，其中企业信用评级业务241件，企业征信业务39件，完成企业信用备案的企业为307家。

（刘伟杰）

【发布国内首个城市公共信息服务平台】 10月29日，神州数码发布自主研发的国内首个城市公共信息服务平台。作为中国智慧城市建设首个核心支撑系统，平台立足国内城市发展现状，以保障城市健康可持续发展为目标，充分利用云计算、大数据等新一代信息技术进行融合创新，面向市民、企业和城市管理者的不同需求，提供通畅的双向、多向信息沟通机制和便捷的服务渠道，让城市在智能、绿色、和谐中实现健康持续发展。

（刘伟杰）

【参加中欧智慧城市合作论坛】 11月21日，工业和信息化部、国家发展改革委、欧盟通信网络内容和技术总司共同主办“2013年中欧城镇化伙伴关系论坛智慧城市分论坛”（以下简称分论坛）在北京举行。海淀区作为中欧智慧城市中方合作伙伴15个试点城市之一，在分论坛上做主题为《智慧海淀建设实践经验报告》的发言，向与会的中欧各城市代表介绍“智慧海淀”的建设成果及未来发展方向，并与各城市进行交流和沟通。

（刘伟杰）

【第四代移动通信建设】 12月4日，工业和信息化部正式向中国移动、中国电信和中国联通三大运营商发放4G牌照，海淀区加快推进第四代移动通信TD-LTE网络和光纤到户建设。年内，中国移动北京公司在三环路以内地区及中关村、紫竹桥、知春路、上地等重点区域建设基站1100个，超额完成年初确定的300个基站建设目标。海淀区共有宽带用户107万户，其中实现光纤接入累计共56万户。

（刘伟杰）

【智慧海淀建设】 年内，海淀园成立智慧海淀专项工程指挥部和办公室，与区财政局共同编制《智慧海淀专项资金管理办法（试行）》，规范智慧海淀专项资金的使用流程和管理流程；加强对网格化社会管理和服务综合信息平台、房屋全生命周期管理信息平台、综合行政服务中心信息化系统、区智慧卫生、区智慧教育等重点专项工作的技术方案研究和审核。聘请第三方项目管理咨询服务团队为智慧海淀建设项目进行细化技术审核、建设管理和后期评估。

（刘伟杰）

【智慧教育建设】 年内，将教育信息化融入智慧海淀管理中，对区教委“十二五”规划（草稿）及2013年信息化项目、2012年市专项资金安排项目、清华附中永丰分校等部分新建学校的数字校园建设项目进行审核；审核体美校外教育活动管理平台、中小学读书平台、教育万兆网等，推进其统筹建设；与区教委共同组织推进区智慧教育规划编制方案工作。

（刘伟杰）

【综合行政服务中心信息化建设】 年内，启动区综合行政服务中心的方案设计和投资模式研究，完成全区层面的业务事项梳理。系统将形成一个大厅、一个网站和 24 小时自助政务服务站全覆盖的区、街、居“三级联动”服务模式，提升办事服务水平和政务公开。实现数据互联互通、业务协同和资源共享，打造面向企业的“一站式服务”品牌。

（刘伟杰）

【网络和信息化建设】 年内，引导电信运营企业在海淀人才大厦、企业服务中心、招商大厦、上地办公中心等政务服务大厅以及重点旅游景区、中关村西区、群众休闲广场等区域建设无线局域网络，政府购买服务并免费向公众开放。

（刘伟杰）

【云计算和物联网产业】 年内，共有 95 家企业申报 127 个云计算产业项目，申报金额 3.297 亿元，共安排 3083 万元支持云计算产业 47 项，在云平台、云计算安全、大数据应用、公共云服务、云计算基础设施等领域形成一批创新成果。

（刘伟杰）

【集成电路设计产业】 年内，共有 44 家企业申报 59 个集成电路设计项目，共支持 22 项、支持资金 2541 万元，在第四代移动通信 TD-LTE 终端基带芯片、超高速无线局域网、LED 新兴显示芯片、存储器芯片、数字电视芯片、嵌入式处理器芯片、公共测试平台等领域形成一批创新成果。

（刘伟杰）

国际交流与合作

【概况】 2013 年，海淀园继续实施国际化发展战略，开展《海淀科技园国际化要素（基础）比较分析研究》《关于海淀区引进全球行业领军人才工作的研究》两项课题研究，为核心区吸引国际化高端创新创业人才提供指导。中关村国家自主创新示范区核心区被认定为北京市国际科技合作基地，海淀园推荐的国际合作伙伴 SPI（葡萄牙仕博创新管理咨询公司）被评选为优秀国际合作伙伴。

（刘伟杰）

【TD 产业联盟参加世界移动通信大会】 2 月 25 日—28 日，“2013 年世界移动通信大会”（简称 MWC2013）在西班牙巴塞罗那举行。TD 产业联盟在 MWC2013 的 6 号馆设立“TD-LTE 展区”，展示 TD-LTE 国际化产业链的整体最新发展成果及 TD-LTE 海外市场的拓展情况，吸引各国政府官员、国际运营商、通信业制造商的关注。

（刘伟杰）

【中芬国际合作创新平台落地】 4 月 8 日，“中芬国际合作创新平台启动暨北京芬华创新中心签约仪式”在中关村软件园举行。这是芬华创新中心首次落户中关村示范区。芬兰欧洲事务与外贸部、芬兰驻华大使、芬兰贸易协会以及中关村管委会、海淀区政府、海淀园管委会等单位领导和企业代表共 100 余人出席。中芬国际合作创新平台由芬华创新中心有限公司负责运营，办公地点设在中关村示范区内，将协助芬兰企业及相关组织开展与中关村企业完成对接，成为中国和芬兰高科技企业、人才、技术与市场发展的良性平台。创新中心将引导芬兰在各自领域具有领先性或颠覆性前沿技术的软件信息服务类、电子信息类、新能源类、节能环保类、高技术服务类的高科技企业落地中关村示范区，其中 IT 及相关领域企业落地中关村软件园。

（刘伟杰　张蕾）

【亿赞普打造互联网直购平台】 4 月 25 日，中关村企业亿赞普和法国电信业巨头 SFR 集团签订协议，共同打造互联网直购平台，撬动中法间百亿级市场。亿赞普基于 IP 多媒体操作系统打造的互联网直购平台，能够为 SFR 超 15 万户的企业客户提供精准营销服务，使其以很小的营销成本直接面向中国消费者，为中国消费者提供母婴类、奢侈品等法国产品直购。

（刘伟杰）

【IBM 和搜狗成立联合实验室】 4 月，IBM 正式宣布和搜狗公司合作成立联合实验室，以研发基于 System x 的下一代数据中心和大数据运算平台。联合实验室旨在通过研发前瞻性的技术来推动互联网行业基础架构的进一步优化，帮助互联网企业应对“大数据”挑战。

（刘伟杰）

【黑格尔北京研究院落户海淀】 6 月 13 日，黑格尔北京研究院成立典礼在北京航空航天大学唯实国际会议中心举行。黑格尔北京研究院围绕有机太阳能电池基本科学技术及相关产业化问题，在新能源、新材料等领域持续深化国际合作，推进北航在有机光伏方面重大科学技术问题的凝练，为有机光电功能材料和器件的发展带来新的活力。

（刘伟杰）

【中以签订风险资本战略伙伴协议】 6 月，中关村私募股权投资协会联合清华科技园，与以色列海法市签订战略伙伴协议。三方将在科研、企业孵化、市场开拓、天使投资等方面开展密切合作，加大对高科技、生命科学、生物医药等科技领域的投融资和市场开发力度，促进中以风险资本的合作与交流。

（刘伟杰）

【举办中韩产业集群创新合作交流研讨会海淀专场】 7 月 3 日，海淀园举办“中韩产业集群创新合作交流研讨会海淀专场”。进一步拓展海淀园企业国际合作与交流渠道，加快海淀园全球联动工程的步伐。中韩双方到会企业近 70 家超过 100 人，产业领域涉及电子信息、先进制造等。双方企业派出典型代表做产业领域介绍和合作意向发言。

（刘伟杰）

【举办中以投资交流会】 8月29日，由海淀园管理委员会、以色列驻华大使馆、启迪创业沙龙、Trendlines集团、中关村股权投资协会联合举办的“以色列投资交流会暨项目路演会”在清华科技园举办。本次路演会共包括13个项目，吸引100余位企业、投资界人士参加，共同探讨最新的“医疗健康”和“现代农业”技术发展趋势。会议介绍了以色列的社会情况、创业环境以及对创新创业、招商引资的渴望及诉求。中关村股权投资协会与清华科技园启迪创业孵化器、以色列海法市政府等建立战略合作伙伴关系

（刘伟杰）

【举行瑞士日内瓦州高层经济代表团海淀对接洽谈会】 9月16日，市投资促进局会同区投资促进局举行“瑞士日内瓦州高层经济代表团海淀对接洽谈会”，推动核心区新兴产业与瑞士日内瓦州共谋商机。日内瓦州代表团由州长及近40家企业代表组成。海淀区介绍了整体投资环境及产业政策，近20家参会企业与瑞士企业进行深入对接。

（刘伟杰）

【渥太华国际孵化中心在中关村启用】 10月16日，北京中关村发展集团与加拿大渥太华投资署举行项目入孵合作签约仪式，中关村发展集团渥太华国际孵化中心正式投入使用。首批进驻入孵的4个项目分别来自Inano医疗、海微科技、GR能源和JP Canshielding公司，涉及下一代信息技术、新能源、新材料、高端医疗器械等领域。

（刘伟杰）

【微软与清华共建知识产权研究中心】 10月28日，微软与清华大学签署协议，共同建立清华大学——微软创新与知识产权联合研究中心。中心主要支持全国杰出学者就创新政策扶持、知识产权法律体系发展等领域的优秀课题进行深入研究，为建立可持续发展的创新生态以及知识产权保护长效机制提供参考和建议。并在创新、知识产权保护等领域展开广泛研究，覆盖专利体系、软件版权保护、知识产权诉讼程序以及创新政策等多个课题，并将通过跨行业、跨领域以及针对国际先进经验的研究，借鉴国内外先进研究成果，推动中国在创新和知识产权保护领域取得进一步的发展。

（刘伟杰）

【举行中瑞企业国际化论坛】 10月30日，由海淀园管委会主办，中关村创新研修学院承办的中瑞企业国际化论坛在北京举行。论坛以“政产学研齐发力、促进企业国际化”为主题，围绕海淀企业国际化，从政府支持、产业需求、规律研究等三个方面展开。瑞士苏黎世应用科技大学和中关村创新研修学院签署框架性合作协议。

（刘伟杰）

【成立中关村科创硅谷孵化器】 10月，海淀区政府与清控科创公司在美国硅谷合作共建的核心区首个国际孵化器——中关村科创硅谷孵化器在美国硅谷成立。中关村科创硅谷孵化器位于美国加利福尼亚州硅谷地区，拥有5000平方米孵化面积。硅谷孵化器的建设搭建了国内外区域政府间的合作交流平台，实现国内外高端创新要素的集成和流通，成为推动区域创新创业全球化发展的战略支撑

（刘伟杰）

【举办首届中俄创新型企业合作研修班】 11月18日，由清华科技园与莫斯科大学科技园联合主办、清华大学启迪创新研究院承办的“创新与交流”首届中俄创新型企业合作研修班在清华科技园开班。中俄两国企业家代表、莫斯科市政府官员、中关村管委会领导、专家学者等出席开班仪式。研修班主题为“创新与交流”，旨在成为两国高科技企业彼此充分了解对方创新创业环境、相关法规和扶持政策的平台；为双方寻找合作伙伴、促进科技成果转化并为开拓双方市场提供特殊服务。

（刘伟杰）

【瑞典皇家医学院进驻国际技术转移中心】 12月6日，瑞典皇家医学院与国际技术转移中心、中关村核心区生物工程和新医药产业联盟签订技术交流战略合作协议。瑞典卡罗林斯卡学院是欧洲一流的医科大学，以国际领先的科研水平和评审颁发诺贝尔生理学或医学奖闻名于世。海淀园推动卡罗林斯卡学院合伙人注册成立北京汉创华瑞国际生物科技公司，并协调其入驻国际技术转移中心，与中国医药科技成果转化中心、生物工程和新医药联盟共同进行项目对接工作，加快国家领先医药科技成果的转化。

（刘伟杰）

【俄罗斯OMZ集团落户清华科技园】 12月9日，启迪控股公司和俄罗斯重型机械集团OMZ签署战略合作框架协议，俄罗斯最大重型机械制造企业落户清华科技园。OMZ是全球第三大核电反应堆制造商、世界顶尖的五大超大型特种钢生产厂商之一。

（刘伟杰）

【申报50项国际化专项资金】 年内，启动国际化专项资金工作，围绕国际合作研发、企业境外拓展等项目开展专项支持工作。共收到有效申报项目50项，其中国际合作研发项目35项，国际技术交流项目11项，海外建立研发中心及分支机构项目3项，国际化联盟项目1项。

（刘伟杰）

【对外合作与交流】 年内，继续实施“走出去、引进来”战略，发挥iBridge平台作用，多层次开展国际互通。与美国汉鼎亚太风险投资有限公司（H&Q Asia Pacific）展开金融领域的合作交流；组织企业参加2013年国际消费类电子产品展览会（CES）；与美国电气和电子工程师协会（IEEE）北京办事处及香港办事处合作举办“IEEE全文数据库对海淀园中小企业创新及专利申请的推动作用说明会”；与欧盟商学院等国际代表团进行交流；举办中韩产业集群创新合作交流研讨会海淀园专场等。全年共接待来自欧、美、亚等国来访36批523人次。

（刘伟杰）

【国际技术转移中心建设】 年内，推动国际技术转移中心建设，全年共吸引包括中意技术转移中心、葡萄牙仕博创新管理咨询公司等52家国际化创新服务机构入驻；通过北京国际技术转移大会、京交会等途径，与近百家企业对接，共促成33个国际技术转移案例，技术

交易额达2.79亿元。

（刘伟杰）

【对外宣传】　年内，通过参加“全国跨国技术转移大会”“中欧技术转移大会”等，扩大海淀园对外的优势影响；利用参加夏季达沃斯论坛等重点活动期间的宣传，塑造园区创新高地的品牌。结合“创新：势在必行”的主题，策划参会、考察和品牌塑造工作。在《中国日报》等媒体进行专题报道，提升海淀的品牌影响力。聚焦“国际技术转移与创新之城建设”主题，邀请中外主讲嘉宾结合自身经历及特长进行演讲，在区域创新发展、创新政策制定等方面提出建议。

（刘伟杰）

园区投融资

【概况】　2013年，促进科技与金融融合，设立海淀区文化与科技融合产业基金、初创期股权投资基金。建立互联网金融等新型金融服务模式，引导金融机构开发适合文化科技企业发展特点的信用贷款、履约保险保证贷款等创新型金融产品。支持版权评估、文化企业信用评级等中介机构的发展。开展企业知识产权质押融资辅导培训，依托社会力量建立海淀区知识产权融资辅导平台，为中小企业融资提供一站式服务。海淀区知识产权质押融资全年支持18个融资项目，补贴金额742.6万元。106个知识产权贷款项目获得海淀区贴息资金支持，支持额度为2430.5万元，涉及贷款额度约16亿元。启动初创期企业股权投资基金投资工作，以直接投资和跟进创投机构投资两种方式，投资一批集成电路设计、移动互联网、云计算、新能源等重点发展的“6+1”战略新兴产业领域内企业。中关村国家自主创新示范区核心区被中国投资协会股权和创业投资专业委员会授予“中国创业投资示范基地”称号，成为全国首批首家被授予创业投资示范基地的国家级园区。北京创新方舟科技有限公司（创新工场）被科技部认定为国家级科技企业孵化器，海淀区国家级孵化器及大学科技园增至27家。

（刘伟杰）

【合作设立参股基金】　1月，发布《海淀区创业投资引导基金管理实施细则》，开展第三批申请合作机构的征选工作。引导基金按照“准确定位阶段、聚焦重点行业”的原则，重点支持战略性新兴产业重点领域的初创期（含天使期）企业和成长期企业。引导基金确定出资2.4亿元与清科创投、英菲尼迪和用友幸福等11家优秀创业投资机构合作设立参股基金。

（刘伟杰）

【制定科技金融创新路线图】　5月9日，区委常委会议审议通过《关于落实中关村国家自主创新示范区建设国家科技金融创新中心的实施方案》及《实施方案重点任务分解及进度安排》两个文件。区委、区政府制定科技金融创新路线图，核心内容是：到2020年，全区建成完备的科技金融体系，即实现建成一个全国股权投资中心，建设2个科技金融聚集区，打造3个科技金融服务平台，创建四个科技金融创新基地，构建五个科技金融综合体系的“一二三四五”战略目标，把海淀区建设成为与具有国际影响力的科技创新中心地位相匹配的科技金融创新中心。

（刘伟杰）

【车库咖啡获北京银行专属金融服务】5月14日，北京银行中关村分行与车库咖啡签署战略合作协议，发布专门针对车库咖啡创业企业的金融服务方案，并推出“创业贷”专属信贷产品。车库咖啡及其认证团队推荐的创业企业，均可享受北京银行中关村分行提供的综合金融服务，还可以享受到北京银行中关村分行提供的“金融产品服务包”，包括公司注册服务、公司结算服务、企业贷款服务、信用卡服务和银行角等五个方面。北京银行中关村分行与车库咖啡四个创业团队签署贷款发放协议，发放贷款金额共计32万元。

（刘伟杰）

【清华科技园与民生银行合推小微企业互助合作基金】　5月，清华科技园启迪控股公司和中国民生银行正式达成合作，联合推出民生启迪小微企业互助合作基金。首期为小微企业提供2亿元贷款。科技类小微企业向启迪控股的基金管理公司提交申请加入互助基金，通过启迪和民生银行的双重审核后，缴纳担保金、风险准备金及管理费即可进行信用授信。在授信期内可以随时申请贷款，用于企业经营。

（刘伟杰）

【举办“政金企对话科技金融”投融资对接活动】　6月5日，由区政府、区金融办联合举办的2013海淀中关村“政金企对话科技金融”投融资对接活动在用友软件园举行。驻区中小企业信贷专营机构、证券公司、创投及股权投资机构、保险公司、小额贷款公司、融资担保公司等近50家金融机构，近200家中小微企业参加此次活动。活动分“科技金融与企业全球化”主会场及“软件行业专场”“资本市场专场”“互联网金融专场”“天使投资专场”4个分会场。

（刘伟杰）

【北京银行推出创业卡】　6月26日，北京银行组合产品支持中关村企业成长暨创业卡发布仪式在中关村软件园举行。北京银行发布针对中关村企业创业、成长、成熟、腾飞四个阶段的金融定制服务产品，以解决企业在发展中的融资难题，并推出创业者专属信用卡——创业卡，这是中国银行业首张针对创业人群推出的信用卡。

（刘伟杰）

【召开战略性新兴产业孵育基地新产品发布会】 7月12日，举办首场北京市战略性新兴产业孵育基地新产品发布会系列活动——中关村软件园孵化器专场。科技部火炬中心、市科委、海淀园管委会和18家北京市战略性新兴产业孵育基地及在孵企业代表、投融资机构、新闻媒体出席活动。中关村软件园孵化器6家典型战略性新兴产业企业负责人做主题演讲，介绍并展示其最新产品和创新技术。

（刘伟杰）

【北软天使基金成立】 10月11日，北京北软天使科技投资基金成立新闻发布会暨阳光沙龙（第二十三期）互联网金融之投资专场在北京举办。北软天使基金规模达7900万元，单笔投资额为10万元至500万元，是北京市要素市场第一支由交易所主导发起的专业化基金，重点关注移动互联网、下一代互联网、云计算、现代服务业、文化创意、集成电路等新兴产业。北京北软天使科技投资基金由北京北软汇智投资管理有限公司、海淀区政府引导基金等共同出资设立，邀请近百名知名IT和互联网公司高层担任创业导师，为投资的早期项目团队提供全方位创业辅导，向优质创新创业企业提供资金、场地、咨询、市场、人才等保姆式服务，覆盖企业整个生命成长周期。

（刘伟杰）

【国内首家天使众筹平台启动】 10月30日，国内首家天使众筹平台——天使汇正式启动。作为中关村互联网金融的代表性企业，天使汇成立于2011年11月，是国内排名第一的中小企业众筹融资平台。天使汇自上线运营以来，为70多个中小企业项目融资2.5亿元，在天使汇上注册的创业项目达8000个，通过审核挂牌的企业超过1000家，创业者会员超过2.2万位。

（刘伟杰）

【区政府与中信银行签署战略合作协议】 10月31日，区政府与中信银行签署战略合作协议。双方就城镇化建设、现代服务业、科技金融、公用事业等领域的大型项目融资达成共识，中信银行提供全方位、综合化的金融服务，每年提供不低于500亿元的项目融资。

（刘伟杰）

【生命科学成果转化获8.7亿元意向投资】 11月27日，在中关村留学人员创业企业精品项目推介会上，30多个生物医药和医疗器械等留学创业精品项目与30余家风险投资机构进行交流和对接，实现签约和意向投融资总额约8.7亿元。

（刘伟杰）

【召开投融资对接工作交流大会】 12月20日，战略性新兴产业促进联席会组织召开投融资对接工作交流大会。推进园区内产业联盟、孵化器、专业园区、龙头企业等产业要素与投融资机构形成广泛合作，建立项目方与投资方之间的常态化对接机制，协助园区挖掘优秀初创期企业。

（刘伟杰）

【筹建中关村银行】 年内，中关村银行筹建工作完成包括工商注册在内的各项申请银行牌照的前期准备工作，正式向监管部门申请银行牌照。中关村银行由中关村互联网金融协会的部分成员单位发起和运作，多家民营企业和民营资本参与。定位偏向网络银行，主要为中关村的创业企业和小微企业提供各类融资服务。

（刘伟杰）

中关村西区

【概况】 2013年，中关村西区管理委员会办公室（简称西区办）承担区重点工作任务1项。办理人大建议、政协提案1件，协办1件，满意率100%。办理区领导关于业态调整、电子市场整治、城市环境治理等各类批示31件。审批受理企业884家，包括新增企业546家。有科技研发类企业、科技金融类企业、文化创意类企业、中介服务类企业、教育培训类企业和商业等6种产业形态。是以技术创新与科技成果转化和辐射为核心，以高端人才服务、中介服务和政府公共服务为支撑的创新要素聚集功能区。

（王洋）

【落实鼎好业态调整扶持奖励政策】 8月30日，区长专题会审议通过《给予鼎固公司资金支持和奖励方案》，推进鼎好业态调整相关政策扶持奖励的落实。对鼎固房地产公司引进创新工场、清华科技园、国美电商、国际技术转移中心等企业，予以资金支持和奖励。

（王洋）

【科技金融创新要素聚集区建设】 年内，推进西区科技金融创新要素聚集区建设。配合区金融办在中关村西区核心位置（中关村广场）设立“国家科技金融创新中心”标识，树立中关村国家科技金融中心品牌形象，吸引金融企业在西区进一步聚集；会同区金融办将中关村西区23号地（凯宾斯基大厦）功能定位为科技金融机构聚集空间，建立中关村互联网金融中心。截至年底，吉信小额贷款公司、华夏信诺等2家融资租赁公司和15家股权投资机构落户西区。

（王洋）

【创新创业聚集区建设】 年内，推进西区创新创业聚集区建设。引进京晋合作重点项目罗克佳华、海银资本入驻海龙大厦；引进中国英特尔物联技术研究院及全电智领、创客空间入驻中关村国际数字设计中心；引进深圳中兴微贷入驻亿世界大厦；国际技术转移中心引进葡萄牙仕博创新管理咨询公司（SPI）、英国西海岸实验室（West Coast Labs）以及国际半导体照明联盟（ISA）等入驻鼎好大厦。

（王洋）

【支持创新和科技型中小微企业发展】 年内，支持新兴创业孵化形式的创新和科技型中小微企业发展。海淀区批准中关村西区厚德创新谷、国际技术转移中心、创新工场、车库咖啡、3W咖啡、海银资本孵化器等6家单位成为首批“海淀区创业期科技型企业集中办公区”。国际技术转移中心共吸引52家机构入驻，其中新增租户36家，新增签约面积6800平方米，促成国际技术转移成功案例12个，技术交易额1.18亿元，涉及生物医药、新材料、农业、节能环保等技术领域。厚德创新谷共吸引76家机构入驻，其中新增入孵企业46家，总投资金额100万元，涵盖移动互联、网络服务、网络游戏、文化创意产业等方面。车库咖啡共吸引常驻团队180余个，流动孵化团队100余个，吸引投资人300多人，有30个以上的创业团队获得投资，其中新增创业团队50家，举办创业咨询交流活动100余场。3W咖啡通过3W公开课和3W投资公开课两个大系列活动对创业者进行服务，开展活动180余场，共计服务超过120家创业团队，为其对接企业资源服务，媒体服务等；举办30余场投融资活动，服务创业者1000余人，直接或间接通过3W获得融资超过1000万美元。

（王洋）

【整合空间资源】 年内，推进西区空间资源整合，盘活楼宇经济。按照将海淀图书城建设为中关村西区天使投资大道和创新创业孵化一条街的要求，成立海淀图书城综合整治工作指挥部。海淀置业集团推进海淀图书城房产回租回购工作，共收回房屋13530平方米。

（王洋）

【电子市场综合整治】 年内，成立创建文明城区中关村西区电子市场综合整治工作领导小组，制订《创建文明城区中关村西区电子市场综合整治工作方案》，要求各成员单位依据各自职责，明确工作任务、制定工作措施、落实责任义务，务必将电子市场综合整治工作落到实处。严厉打击电子市场内存在的各种违法行为，推进电子市场诚信经营、守法经营和文明服务意识，组织工商、公安、发改、商委、文委等部门每周进行不少于两次的联合执法。全年共出动检查人员300多人次，针对市场开展日常巡查5262户次；接到各类消费举报257件，办结228件，消费申诉857件，成功调解828件，为消费者挽回经济损失48.77万元。推进电子市场的综合管理，强化市场主办方落实电子市场管理的第一责任，继续扩大和监督统一收银、先行赔付及消费者投诉处理制度的落实，加大违规商户的曝光力度。海龙电子城制订《海龙电子城经营秩序整治方案》，重点加大对导购拉客与店外经营行为的治理力度。鼎好商城制定实现“四个良好、四个杜绝、四个规范、四个必须”[①]的工作目标。亿世界针对商户经营过程中出现的商品转型销售等欺诈行为加大处罚力度。

（王洋）

【西区长效管理机制建设】 年内，制定《中关村西区管理工作体制机制方案》，中关村西区的绿化、市政、环卫工作，按照所有权、管理权、执法权分开并相互监督的原则，在保持所有权不变的前提下，对管理权进行调整，由西区办对中关村西区园林、市政、环卫工作进行统一管理，委托项目管理公司、审计公司等进行全程监督管理，提升中关村西区环境秩序水平。

（王洋）

【外部环境管理】 年内，制定并完善《中关村西区城市道路养护工作标准》《中关村西区绿化养护工作标准》《中关村西区城市环境卫生质量标准》；对北四环辅路沿线、瑷玛斯冷站北侧、中关村广场周边等重点区域和路段进行绿化美化，绿化美化面积1.3万平方米；中关村广场喷泉正式投入使用。

（王洋）

【环境秩序整治】 年内，继续协调公安部门加大对中关村西区特别是电子市场周边黑导购、违法销售发票、盗版光盘的打击力度，改善电子市场周边秩序。协调和督促海淀交通支队加强交通执法管理、停车秩序管理，严厉打击机动车和非机动车乱停乱放、货车占道经营等违法违规行为。加大对西区交通违法行为的打击力度，制定长效管理机制，安排专人定期和不定期地对西区内交通协管员的执勤情况进行检查，在第一时间发现问题解决问题。继续提升城市综合管理水平，协调城管执法部门对无照游商、占道经营、发放小广告等各类违规违法行为进行严厉打击。

（王洋）

[①] 四个良好：经营秩序良好、环境秩序良好、卫生秩序良好、治安秩序稳定良好；四个杜绝：杜绝假、冒、伪、劣商品、杜绝价格及转型欺诈、杜绝服务陷阱、杜绝导购拉客；四个规范：经营证照齐全有效、明码标价货真价实、工服胸卡穿戴齐整、资质合法台账齐全；四个必须：先验货后付款、开发票保售后、尊重顾客购买意愿、纠纷争议店内解决。

园区党建和精神文明建设

【概况】 2013 年，海淀园工委围绕核心区建设中心工作，以扩大“两个覆盖”①、建设“两支队伍”②、发挥“两个作用”③为重点，推进党员和干部队伍的思想、组织、作风、制度和反腐倡廉建设，为推动园区及企业发展提供思想政治和组织保证。制定《海淀园贯彻落实关于改进工作作风密切联系群众有关精神的若干措施》，贯彻落实中央八项规定，在自查和广泛征求意见的基础上，对照“四风”组织召开领导班子专题民主生活会，制定整改措施。全年召开工委会议 11 次，组织理论中心组学习 14 次。选举产生海淀园管委会第三届机关党委。开展党建创新项目评比活动，形成以党建创新项目评比推动非公企业党建工作创新的常态机制。海淀园工委被评为“2013 全国企业党建创新示范基地”，北京北斗星通导航技术股份有限公司党委和北京高能时代环境技术股份有限公司党委被评为“2013 全国企业党建工作先进单位”。北京旋极信息技术股份有限公司党支部书记、董事长陈江涛被市委评为“优秀思想政治工作者”、北京北斗星通公司被评为“思想政治工作优秀单位”。《人民日报》等各级新闻媒体刊发园区党建专题报道 190 篇。截至年底，园区有企业党组织 558 家，工会 1163 家，团组织 184 家。党员 24620 人，团员 7000 人，工会会员 104506 人。

（刘伟杰）

【启动经济技术创新工程】 2 月，海淀园工会启动“2013 年经济技术创新工程”。以“当好主力军、建功十二五、创新促发展”为主题开展职工技术创新活动，评选出“经济技术创新工程”先进企业 43 家，创新标兵 195 名，优秀成果 126 项，优秀合理化建议 123 个；以创建“工人先锋号”为载体，开展“比创新、比降耗、比服务、比质量、比管理、比销售”竞赛活动，增强企业市场竞争能力和抵御风险能力；开展群众性技术创新活动；把技术创新竞赛与技能人才培训结合起来，加快培养知识技能型、技术技能型、复合技能型人才，提高职工队伍技术节能和业务素质；开展“我为节能做贡献”活动，引导职工围绕资源节约和循环经济改进工艺，推广节能技术并提高资源综合利用率。

（刘伟杰）

【党风廉政建设】 3 月 27 日，海淀园召开党风廉政建设工作会，安排部署 2013 年党风廉政建设和反腐败工作，海淀园机关全体干部和部分企业纪委书记、党风政风监督员代表参加会议。开展权力公开透明运行暨廉政风险防控管理工作，对涉权事项的内容、程序、风险等反复梳理和规范，对窗口服务情况进行暗访调查，督促整改。签署党风廉政建设责任书 11 份，承诺书 34 份。与 20 名新任职干部进行廉政谈话。全年对 76 名提拔任职、岗位交流、新入职人员进行廉政提醒谈话并签订责任书及承诺书 58 份。新成立非公企业纪委 6 家，扩大纪检组织覆盖面，开展反腐倡廉主题活动，制作《法律服务热线问题问答》1000 本下发园区企业，新增多思科技发展有限公司党支部和大北农科技集团股份有限公司党委为廉洁文化示范点，海淀园廉洁文化示范点企业增至 7 家。纪检监察部门共办理信访件 7 件，其中纪内信访 4 件已办结；涉及企业纪外信访 3 件，立案 2 件，结案 2 件，涉及企业党员 2 人，给予开除党籍处分 1 人、留党察看处分 1 人。

（刘伟杰）

【大北农公司党委成立】 4 月 3 日，北京大北农科技集团股份有限公司召开集团党委暨纪委成立大会。大北农集团创建于 1993 年，始终秉承“报国兴农、争创第一、共同发展”的企业理念，从饲料行业起步，初步发展成涵盖高品质商品饲料、转基因生物育种、微生物饲料添加剂等新兴产业的大型农业科技集团。集团 2007 年成立党支部，2012 年成立党总支，下辖 4 个党支部，党员人数达 96 人。

（刘伟杰）

【召开非公有制企业党建工作推进会】 4 月 11 日，海淀园工委召开非公有制企业党的建设工作暨党建平台推进会。园区各基层党组织及专业园、大学科技园、行业协会、产业联盟等联合党组织主要负责人近 500 人参加会议。会议传达海淀园工委《关于进一步加强和改进非公有制企业党的建设工作的意见》及《海淀园工委党建管理孵化平台建设办法（试行）》。会议提出五点意见：一要把握“两个关系”，即非公党建与党的执政基础的关系，党建工作与经济工作的关系；二要扩大“两个覆盖”，即对非公企业党的组织覆盖和工作覆盖；三要发挥“两个作用”，即非公企业党组织在职工群众中的政治核心作用和在企业发展中的政治引领作用；四要建设“两支队伍”，即党组织书记队伍和党员骨干队伍；五要做好“两个保障”，即组织领导保障和工作机制保障。

（刘伟杰）

【举办第四期新的社会阶层人士理论研修班】 7 月 4 日—7 月 7 日，海淀园在北京社会主义学院举办为期三天半的海淀园第四期新的社会阶层人士理论研修班，研修班共吸收学员 41 名，共安排 4 讲课程和 2 次参观、4 次交流座谈及联谊活动。学习期间，邀请国防大学教授作“当前国际形势及其对我国发展的影响”报告，中央社会主义学院教授讲授“新的社会阶层人士统战工作”，市发改委主任讲授“首都经济发展新战略解读”，海淀园科技发展处处长讲“海淀园发展历史、核心区建设的形式和任务”。学员与园区各业务处室负责人以及区国税、地税、工商、中关

① 两个覆盖：指党组织覆盖和党的工作覆盖。
② 两支队伍：指党组织书记和党建工作指导员队伍。
③ 两个作用：指在职工群众中的政治核心作用和在企业发展中的政治引领作用。

村工商分局、区金融办、发改委、人力社保局等单位领导进行交流座谈。参观“复兴之路”大型展览和海淀北部翠湖湿地自然保护区。

（刘伟杰）

【举办学习贯彻十八届三中全会精神辅导报告会】 11月27日，海淀园工委组织召开“海淀园学习贯彻党的十八届三中全会精神辅导报告会”，海淀园机关全体党员和园区企业党支部书记共500余人参加。会上，中央党校经济学部教授深入阐述中共十八届三中全会的基本精神、当前面临的挑战和贯彻落实的思路。

（刘伟杰）

【举办中关村软件园科技文化活动周】 12月6日—12日，由市发展改革委和中关村管委会共同主办，中关村软件园承办的“云墨传奇——中关村软件园科技文化活动周”在中关村软件园举行。活动分为开幕式、艺术家笔会、慈善拍卖会和展览展示四大部分，推动科技和文化融合，促进形成科技创新与文化创新的“双轮驱动”发展。来自政府相关部门领导、文化艺术界和科技企业代表、媒体记者等近200人参加开幕式；邀请10位艺术家参加艺术家笔会进行现场创作；慈善拍卖会参拍作品总数达66幅，拍卖所得资金部分用于捐赠；举办当代名家艺术展（书画展）、文化科技展（科技产品展）、印吧专场（中关村云印社产品展）、当代雕塑专场（舒勇雕塑专场）四大主题展览。

（张蕾）

【非公企业党建】 年内，海淀园整合专业园、产业联盟等社会资源，建立海淀园党建管理孵化平台，指导区域内、行业内、楼宇内的非公企业开展党建工作。制定《党建管理孵化平台管理办法》《平台建设三年行动方案》和年度计划等文件，召开各阶段工作分析推进会，定期进行检查指导。全年共组建22个党建管理孵化平台，初步形成海淀园对大企业和平台两条主线的三级管理模式和党工团联动的工作格局，园区非公党建工作从管理机制上实现新突破。全年党建工作新覆盖企业2000余家，组织覆盖新增300余家，新建企业党组织43家，独立工会16家，联合工会73家。聘请10名专家对园区非公企业发挥两个作用的标准、模式等进行调研，相关论文在全国非公企业党建主题征文评选中获得一等奖，并形成《关于进一步发挥核心区非公企业党组织“两个作用”的实施意见》。对678名入党积极分子进行培训，指导非公企业做好园区党员发展对象的推荐、发展预备党员、预备党员转正等工作，全年共发展党员210名。

（刘伟杰）

【精神文明建设】 年内，围绕园区发展和企业需求加强文明创建工作，召开园区“双十”（十大“智”愿服务集体和十大“科技雷锋”）学雷锋及精神文明单位表彰大会，发出“献科技智力，同创全国文明城区”的倡议；培养推荐27家企业成为2013年海淀区文明单位，培养推荐两名企业人士获得全国道德模范提名奖和感动海淀十大人物；完成敏感时期的安全维稳工作，并被评为海淀区法制宣传工作先进集体；开展职工技术创新活动；举办第七届青年歌手大赛、青年联谊等活动；开展知识产权日宣传活动、劳动法律大型讲座等活动，帮助企业职工提高维权能力，维护劳资双方的合法权益；加大工资集体协商工作推进力度，指导117家企业签订工资集体协商协议，覆盖职工4万余人；走访慰问各级劳动模范以及困难职工等40余人，发放慰问金11万元。

（刘伟杰）

【团组织建设】 年内，海淀园团工委加强对广大团员青年的思想引导，增强团组织的凝聚力、战斗力，扩大团的基层组织建设覆盖面。全年新建团组织24家，累计达到184家。组织园区团员青年近1800人次观看各类文艺演出。园区2人获评海淀区“五四奖章”，2人被评为海淀区优秀青年企业家，海淀园团工委被团区委评为“红旗团委”。

（刘伟杰）

【统战工作】 年内，推荐北京市第七届民族团结先进个人2名，从园区企业家中推荐海淀区三八红旗奖章获得者11名、三八红旗奖章集体2人，推荐人员全部当选；配合省市人大政协换届，参与推荐和考察海淀园出任北京市人大代表候选人9人，当选7人；配合组织部更新园区领导干部联系企业代表人士表，推荐重点统战对象40多人，纳入联系对象10多人；为园区企业家搭建交流平台，与区金融办联办海淀园人大代表、政协委员、重点企业家新春联谊会等活动。

（刘伟杰）

【举办“我的梦·中国梦”系列宣讲活动】 年内，举办“庆祝建党九十二周年、科技创新助民族复兴，我的梦·中国梦”宣讲会，组建创新海淀园特色宣讲团，代表海淀区参加北京市宣讲，讲述70万园区人科技创新助民族复兴的梦想，展现海淀高科技的特色和风采。海淀园工委被评为北京市理论宣讲先进集体。

（刘伟杰）

【10个项目被命名为基层党建创新示范项目】 年内，对年初党建工作大会上被表彰奖励的16个优秀基层党建工作创新项目进行跟踪、指导和实施，遴选其中的12个项目上报区委组织部，参加海淀区第二批基层党建创新示范项目的评选。北京和利时集团党委的“党员先锋岗星级评价机制”、北京新奥特集团有限公司党委的“党员先锋工程”等10个党建创新项目被区委组织部命名为海淀区基层党建创新示范项目。其中，海淀园工委的“非公企业党建工作纳入企业绩效考核”、北京四方继保自动化股份有限公司党委的“党员爱心支教活动”被评为优秀示范项目。

（刘伟杰）

综合经济管理

2014
北京海淀年鉴

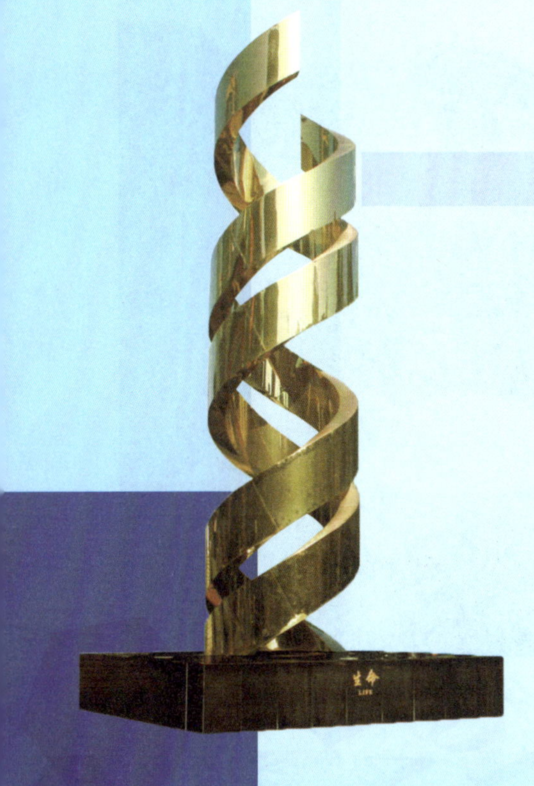

1月26日，全区166个烟花爆竹零售点安装3G摄像头，配备灭火器（李瑞林 摄）

3月15日，区消费者协会和海淀工商分局工作人员在商场开展宣传活动（李瑞林 摄）

5月5日，“医改春风惠百姓 百场义诊进社区”惠民活动启动仪式暨首场义诊活动在中华世纪坛北侧广场举行（区发改委 供图）

6月20日，区审计局召开2013年度审计项目评优会（区审计局 供图）

6月21日，区安监局在中石化卧佛寺加油站开展事故应急演练（区安监局 供图）

8月1日，区国税局第七税务所成功开出海淀区第一张广播影视行业增值税专用发票，标志着“营改增”扩围工作成功上线运行（区国税局 供图）

8月1日，以“统筹献计、服务决策”为主题的统计海报彩信手机报正式上线（区统计局 王倩 摄）

11月21日，区国资委召开2013年度企业董事会工作报告会（区国资委 供图）

11月12日—13日，国内首个科教文化游服务业标准化试点项目——北京中关村科教文化游通过验收。图为北京体育大学科教文化游路线（区质监局 供图）

综合经济管理

经济社会发展与经济调控

【概况】 海淀区发展和改革委员会下设海淀区发展与改革研究中心、海淀区价格认证中心2个全额拨款事业单位。

2013年，区发展改革委牵头承担市、区各类重点任务36项，其中牵头市、区各类决策性督查任务27项，专项督查任务9项。办结市区两级人大代表建议9件、政协提案10件，市、区人大议案2件。接办区领导的各类批办件445件，报送决策性督查244件次。发文1854件，其中上报区政府各类请示、报告194件。上区政府常务会的议题17个，区委常委会议题6个，区人大议题4个，区政协议题5个。网上主动更新各类信息808条。接办信访2553件。

（张微）

【国民经济和社会发展年度目标】 2013年，海淀区国民经济和社会发展的预期目标是：地区生产总值增长9%，城乡居民收入增长9.5%；区级公共财政预算收入增长9%；全社会固定资产投资增长10%；社会消费品零售额增长7%；高新技术产业总收入增长15%；万元地区生产总值能耗和水耗分别下降3.19%和4%；多渠道建设、筹措保障性住房套数1.2万套；城镇登记失业率动态控制在1.5%以内；居民消费价格涨幅控制在4%左右。

（张微）

【国民经济和社会发展4项任务】 2013年，海淀区国民经济和社会发展的主要任务：一是以转方式调结构为主线，推进区域经济内涵发展。二是以提升创新驱动为核心，打造区域发展竞争优势。三是以功能区带动为重点，统筹区域快速均衡发展。四是以文明城区创建为统领，建设幸福和谐美丽海淀。

（张微）

【国民经济和社会发展完成情况】 2013年，国民经济和社会发展的实际完成情况是：地区生产总值实现3835.2亿元，同比增长9.1%；全社会固定资产投资完成775.1亿元，同比增长12.5%；社会消费品零售额实现1614亿元，同比增长7.3%；区级公共财政预算收入实现291.45亿元，同比增长10.8%；城镇居民人均可支配收入45953元，同比增长9.8%，农村居民人均纯收入24673元，同比增长10.3%。万元地区生产总值能耗、水耗分别同比下降4.92%和5%。城镇登记失业率为0.7%。

（张微）

【体制改革】 年内，全区体制改革共有52项重点改革任务，牵头单位31家。着力在企业改革改制、行政审批、自主创新、医药卫生、城乡一体化、社会管理等重点领域和关键环节的改革取得突破。

（张贵京）

【医药卫生体制改革】 年内，市级、区级医改任务取得阶段性成果，其中市级医改任务55项，区级医改任务37项，分别涉及公立医院改革、提升基层医疗机构综合服务能力、实现区域医疗卫生资源整合、鼓励社会资本参与医疗卫生事业发展等领域。

（张贵京）

【企业改革】 年内，区发展改革委推进京海联、西山农场、中海投等3家一级企业改制工作，实施实创房地产等二、三级企业国有独资公司改革。区属商业企业整合重组取得阶段性成果，翠微股份公司于12月16日实现复牌，北部园区建设企业整合重组顺利推进。街道集体企业改制工作实现新突破，涉及改制的13个街道的15家总公司和19家子公司中，2家子公司已完成改制，5家总公司及4家子公司进入改制实施阶段。推进行政事业单位所办企业清理规范，已完成6家企业的审核清理，14家企业办理审批及清理手续。

（张贵京）

【固定资产投资管理】 2013年，海淀区全社会固定资产投资任务同比增长11.8%，达到770亿元。全社会投资正式项目407项，储备项目65项。全年完成全社会固定资产投资775.1亿元。区政府投资建设正式项目安排188项，政府总投资756.11亿元，其中区级投资507.16亿元。本年度资金需求92.76亿元，其中：使用市级资金11.74亿元，安排区级资金71.86亿元，安排市级统筹北部重点项目建设资金6.05亿元，通过融资方式解决3.11亿元。截至年底，区政府投资项目拨付区级资金65亿元。申请市发改委对29个区级项目给予市政府投资支持约16亿元。完成全社会固定资产投资项目备案66项，总投资110.17亿元；投资项目核准55项，总投资102.76亿元；向市发改委申请投资项目核准33项，总投资422.69亿元。全年共有511个项目进入绿色审批通道，其中市级通道项目 34 个，总投资 543.66 亿元；区级通道项目 477 个（部分市级绿通项目同时纳入区级绿通项目库），总投资 452.72 亿元。

（张晓晖 尹大勇）

【企业服务工作】 年内，区发展改革委落实《北京市人民政府关于进一步支持小型微型企业发展的意见》。配合区委办开展《发挥驻区单位资源优势，推动区域融合发展模式研究课题方案》课题研究。推进待落地重点项目，与 20 多个重点产业化项目对接，大部分项目都有不同程度的进展。共参加 9 次产业化项目专家评审会，审核评估用地项目 9 项。

（王瑞）

【对口支援】 年内，海淀区向内蒙古敖汉旗拨付对口帮扶专项资金 200 万元，用于建设敖汉旗下洼镇中心幼儿园。海淀区 53 人次赴敖汉旗调研考察，敖汉旗赴海淀区共 111 人次；区教委、区计生委、区卫生监督所分别为敖汉旗进行专业技术人员培训，共计 1600 余人次；4 个社区卫生服务中心及海淀中医院等单位分别赴敖汉旗开展义诊活动，捐赠物品折合现金 3 万余元；区民政局向敖汉旗捐赠衣物 1200 余包；区妇联组织“爱心妈妈”为敖汉旗留守儿童编织毛衣裤 200 余件；组织敖汉旗相关企业参加 2013 年“中关村国际美食节”特色商品展卖活动，实现销售额 4.5 万余元。

（韩枫）

【对口协作】 年内，海淀区相关单位及驻区企业应邀赴湖北丹江口市参加推广活动，考察具体项目，丹江口市相关领导分别带队到海淀区就落实友好区市协议进行沟通交流，驻区企业拟在丹江口市“北京产业园”投资 1.2 亿元，建设汽车 4S 店等项目；区教委为丹江口市 30 名教育工作者进行为期一个月的跟岗培训；区商务委实施北京超市发公司与丹江口市农超对接项目，并签订农超对接框架合作协议；组织大型超市开展推广丹江口市柑橘进超市活动，实现销售柑橘 4 万余吨；苏家坨镇与丹江口市官山镇缔结为旅游协作友好镇；东升镇与丹江口市六里坪镇缔结为友好镇。

（王瑞）

【节能工作】 年内，万元地区生产总值能耗为 0.2153 吨标准煤，同比下降 4.92%，超额完成年初预定的下降 3.19% 的任务指标。能源消费总量约 819.7 万吨标准煤，超额完成能耗总量控制在 850 万吨以内的年度节能目标，以 2.7% 的能耗增速支持 9.1% 的 GDP 增长。

推进节能降耗与应对气候变化工作，编制《海淀区 2013 年节能降耗与应对气候变化工作计划》。完成《海淀区公共机构合同能源管理模式研究》课题。开展 2013 年海淀区节能专项资金项目申报工作，对 48 个项目支持资金 1843.9 万元。8 月 9 日，国家发展改革委正式批准海淀区为全国首批 18 个分布式光伏发电示范区之一。开展对 84 家重点用能单位节能考核工作。推进 5 家企业资源综合利用认证工作。对 2 家公共机构和 10 家重点用能单位开展现场节能监察。推进北京祥龙公交客运有限公司等 15 家服务业企业开展清洁生产审核。组织北京理工大学等 17 家单位开展能源审计。推动 127 家公共机构的 148 万平方米建筑实施供热计量改造，2013 年供暖季前完成 115 家的 125 万平方米改造。推动北京市中关村医院和首都医科大学附属北京世纪坛医院 2 家单位开展全国节约型公共机构示范单位建设。完成 25 个固定资产投资项目节能评估和 295 个项目节能登记工作，共核减能耗 8346 吨标准煤。

（殷丽娜）

【压减燃煤】 年内，区政府编制《海淀区 2013—2017 年加快压减燃煤和清洁能源建设工作任务分解方案》印发全区。编制《海淀北部农村地区第一批能源结构调整村庄采暖技术分析与方案建议》，选定 8 个村进行清洁能源改造试点。推进海淀区“减煤换煤清洁空气”工作，2013—2014 年采暖季共有 116 个社区的 2.4 万户居民参与减煤换煤工作，订购优质煤 7.7 万吨。

（殷丽娜）

【电力监管】 年内，海淀区开展电力行业安全生产大检查大整治工作，组织电气使用安全专项执法、有限空间安全生产大检查等各类电力安全检查，做好电力防汛和迎峰度夏工作，确保电网安全稳定运行。修编《海淀地区电力突发事件应急预案》，制定蓝、黄、橙、红四级预警和响应机制，合理划分四类电力突发事件。开展电力安全隐患整治，做好全国“两会”、航天保电等政治保电工作。妥善处理永达逸家、玉海园三里等小区电力纠纷问题。受理电力信访 1100 件。

（殷丽娜）

【电力项目审批】 年内，海淀区安排电力配套专项资金 2.5 亿元，用于支持 21 个项目建设。全年受理电力建设项目申请 37 件，其中政府投资项目 21 件，企业投资项目核准 16 件。协调处理北部地区部分道路随路电力管线建设及投资问题，北京市电力公司全资支持北部核心区东侧路、翠湖南路、上庄东路等主干路随路电力隧道建设，总投资约 3 亿元。

（殷丽娜）

【价格监管】 年内，区发展改革委以民生价格检查为重点，完成教育、医药价格、行政事业性、机动车停车、房屋买卖中介、人才职介机构、涉农价格、旅游行业、电子产品等领域收费检查，节假日和重大活动期间的价格专项检查。全年共计检查企事业单位、个体工商户 2149 户，其中商品生产、经营单位 542 户，服务收费行业 1602 户，行政事业单位 5 户。查处各类价格违法案件 19 件，经济制裁总金额 74.87 万元。受理各类价格投诉和举报 502 件，为群众挽回经济损失 33.42 万元。

（成晓琳）

【价格监测】 年内，区发展改革委采用日报、周报、旬报、月报、年报及节假日报等多种形式，开展全天候不间断的价格监测上报工作，涉及 32 户 13 大项 200 多个品种的价格报送；H7N9 禽流感期间，进一步加强市场价格监测工作，确保辖区内市场价格秩序稳定。区发展改革委员会被评为 2012 年度全市价格监测先进单位。

（成晓琳）

【行政事业性收费管理】 年内，区发展改革委完成2012年度行政事业性收费年审和换证工作。共计192户收费单位参加年审，年审率100%，换发及新增办理收费许可证367个。其中，换证单位183户，未有违反价格政策行为；9户参加年审单位被注销。2012年度行政事业性收费总额6.61亿元，比2011年减少0.6亿元。共停收、取消、免征或限期免征5大项41小项收费项目。

（成晓琳）

【非许可审批类项目】 年内，区发展改革委共对87家机动车停车收费标准进行核定，其中：一类地区14家；二类地区34家；三类地区16家；居住小区23家。“桃花节”期间，香山地区11家机动车停车场实行计次收费工作。“红叶节”期间，香山地区10家机动车停车场实行计次收费工作。共审查批准4家民办学历教育学校的收费标准。办理民办非学历教育收费备案共129件，其中：民办培训学校95件，民办幼儿园34件。完成区廉租房、公租房租金标准的评审。

（成晓琳）

【完成9项课题研究】 年内，区发展改革委完成区级关注课题《以体制机制创新助推海淀科技创新能力提升研究》；完成《海淀区“十二五”时期总体规划执行情况评价研究》《海淀朝阳西城经济发展路径研究》《海淀区促进楼宇经济发展路径研究》《海淀区实现文化与其他产业融合发展的对策研究》《海淀区公共机构实施合同能源管理模式研究》《海淀区优先发展的产业选择研究》《海淀区促进公益类社会组织参与民生建设的对策研究》等9项重点课题。发行4期《海淀发展与改革研究》（季刊）。

（祁明军）

金融服务管理

【概况】 海淀区金融服务办公室（以下简称区金融办）成立于2008年6月，是负责区金融服务工作的政府部门（正处级），挂靠在区发展改革委，2009年年底单独设立。下设海淀区促进企业上市服务中心1个事业单位。

2013年，区金融办承担市、区政府折子工程、重点任务23项；受理并办理人大代表建议、政协委员提案10件。承办区领导各类批示件163件，上报决策性督查97件次。

截至年底，海淀区各类金融机构及分支机构达到2201家，同比增加175家，增长8.64%。其中法人金融机构新增77家，总数达到858家。增长最多的为股权投资机构130家，总数达696家。

全区金融业总税收完成694.51亿元，同比增长11.37%，占区域财政收入（原称总税收）的37.19%；金融业区级收入28.52亿元，同比增长21.88%，占区级公共财政预算收入（原称区级收入）的9.79%。总体来看，金融业总税收和区级收入增幅均实现两位数快速增长，其中区级收入增幅高于同期全区区级公共财政预算收入增幅11.08个百分点。纳税总额前四名的金融行业为：银行业（649.11亿元）、财务公司（21.05亿元）、证券业（6.25亿元）、保险业（3.8亿元），共计680.21亿元，占金融行业总税收的97.94%。区级收入前四名的金融行业为：银行业（15.73亿元）、财务公司（5.77亿元）、保险业（1.52亿元）、证券业（1.13亿元），共计24.15亿元，占金融行业区级收入的84.68%。银行业、财务公司、证券业和保险公司仍是海淀区金融业的四大支柱行业。其中，保险和证券业税收扭转了近两年下行局势，四大行业税收均呈上升势态。

区域期末银行存款余额达19595.8亿元，同比增长19.7%。区域期末银行贷款余额5418亿元，同比增长16.2%。银行业存贷比为27.65%，低于上年同期存贷比0.83个百分点。

海淀区企业成功获得股权融资案例135起，占全市的26.78%，占全国的7.5%。其中披露融资金额的企业共获得98.88亿元股权融资，占全市的16.18%，占全国的5.2%。股权投资机构已披露管理资本总量累计达到2140.11亿元人民币，同比增加127.09亿元。

（宋玉成）

【出台科技金融政策】 1月18日，区政府办公室发布《海淀区创业投资引导基金管理实施细则》，进一步优化创投引导基金运作模式；6月13日，区委区政府发布《关于落实中关村国家自主创新示范区建设国家科技金融创新中心的实施方案》；10月8日，区金融办和西区办联合出台《互联网金融中心招商方案》，推动互联网金融机构和要素聚集发展；10月14日，区政府发布《北京市海淀区人民政府关于促进互联网金融创新发展的意见》，加大力度打造互联网金融中心。

（宋玉成）

【中国创业投资示范基地授牌】 7月29日，由区政府主办的海淀区创业投资引导基金第三批合作机构签约暨“中国创业投资示范基地”授牌仪式在中关村展示中心举行，这是全国首批首家被中国投资协会授予的创业投资示范基地的国家级园区。区政府出资2.4亿元参股11家创业投资引导基金合作机构。

（宋玉成）

【创投基金总规模达65亿元】 7月，海淀区创业投资引导基金在已出资4.2亿元基础上，出资1亿元与清华控股有限公司合作设立6亿元的产业投资母基金。至此，海淀区创业投资引导基金已确定出资5.2亿元，设立16支参股基金和1支母基金（北京紫荆华融股权投资有限公司），总规模超过65亿元。

（宋玉成）

【互联网金融中心揭牌】 10月19日，海淀区举行“关于促进互联网创新发展的意见”，举行互联网金融中心、互联网金融产业园、互联网金融基地揭牌仪式。仪式上正式发布《北京市海淀区人民政府关于促进互联网金融创新发展的意见》，出台多项吸引互联网金融机构聚集的优惠政策，同时发起设立5亿元互联网金融产业投资引导基金。出台《互联网金融中心招商方案》《中关村互联网金融产业园招商方案》，以互联网金融中心、互联网金融产业园、互联网金融基地产业聚集载体，拉卡拉、融360、天使汇等6家实体互联网金融机构落地。全国第一家互联网金融行业组织——中关村互联网金融行业协会于8月9日在海淀正式成立。

（刘伟杰　孙腾飞　宋玉成）

【举行首届全国互联网金融峰会】 10月30日，主题为“大数据、大金融、大战略”的首届全国互联网金融峰会在海淀举行。聚焦政府、产业、学术等关注焦点的互联网金融峰会，将加速推动互联网金融产业的创新与发展，引爆新的头脑风暴和商业机遇。

（宋玉成）

【中关村互联网金融产业园开园】 12月13日，北京首个互联网金融产业园项目——北京中关村互联网金融产业园一期暨宝蓝·金园国际中心正式开园。中关村互联网金融产业园位于海淀区东冉北街9号，一期总建筑面积约4万平方米，首批入驻江川金融、国金租赁、马克金融3家金融机构。产业园重点聚集互联网金融的研发、培训、研究院、实验室及重要的宣传展示机构。对于入驻企业，相关部门将给予扶持政策，包括注册流程简化、对符合要求的企业提供购房补贴和租房价格补贴、提供高端人才引进及扶持政策等。

（宋玉成　刘伟杰）

【股权投资排名全国前列】 12月，2013年度中国创业投资暨私募股权投资年度排名发布，海淀区的股权投资排名全国前列，其中弘毅投资、九鼎投资、鼎晖投资3家机构进入私募股权投资机构10强；IDG资本、深创投等10家位列创业投资机构20强，君联资本等5家入围早期投资创投机构10强。

（宋玉成）

【上市企业累计331家】 年内，海淀区新增上市、挂牌公司62家，上市企业累计331家。其中，境内上市、挂牌273家（包括沪、深市主板37家、中小板22家、创业板28家，新三板168家、四板18家），占北京53%；境外上市58家（包括香港22家，美国34家，其他地区2家）。按照2013年12月31日收盘价计算，境内上市、挂牌公司流通股市值4561.03亿元，总市值11720.04亿元。

（宋玉成）

【中小企业融资】 年内，海淀区金融专营机构达到20家，年度累计为2010户中小企业发放贷款196.18亿元，其中为海淀区的950户中小企业发放贷款109亿元。中小企业贷款增速29.76%，高于海淀区信贷平均增速13.56个百分点。小额贷款公司数量较上年增加2家，总数达到10家，占全市68家的14.7%，注册资本总额22.15亿元，占全市的22.2%，总额居全市第一。年度累计融入资本21430万元；为358家中小微企业及个人发放贷款4142笔50.9亿元，年末贷款余额3466笔20.8亿元。区财政为118家中小微企业融资提供专项支持资金4526.14万元。

（宋玉成）

【融资担保】 年内，海淀区共有融资性担保公司20家，占全市134家的14.9%，注册资本共计127.13亿元，净资产总额155.45亿元。本年度新增贷款担保315.35亿元，年末所有融资性担保业务余额755.56亿元，担保放大倍数4.86，代偿率为5.2。

（宋玉成）

【金融功能区建设】 年内，海淀区金融功能区聚集效应显现。中关村西区金融机构达到348家，同比增加53家，增长17.97%。增长最多的为股权投资机构，总数达251家，其中中关村PE大厦聚集股权投资机构173家，包括股权投资管理机构74家，管理资本量超过600亿元。西区实现税收共计6.95亿元，占全区金融业的1%；区级收入2.72亿元，占全区金融业的10%。西直门外科技金融商务区金融机构突破100家，达到110家，同比增加29家，增速为35.8%；实现税收共计3.65亿元，区级收入1.02亿元。

（宋玉成）

【创投引导基金】 年内，海淀区创投引导基金第三批成立11支子基金和1支母基金，海淀区出资2.9亿元，子基金和母基金总规模达26亿元。截至年底，投资项目48个，其中海淀区项目16个。

（宋玉成）

【财务公司板块形成规模效应】 年内，全区财务公司总数达到19家，占全市的三分之一。海淀区已经成为财务公司分布最为密集的区域之一，驻区财务公司数量位居北京市第一位。

（宋玉成）

【新上市（挂牌）企业】

序号	股票简称	公司名称	上市板块
1	康孚科技	北京康孚科技股份有限公司	新三板
2	优炫软件	北京优炫软件股份有限公司	新三板
3	中铝矿业	中国非铝有色金属巨舰中铝矿业国际有限公司	香港主板
4	必可测	北京必可测科技股份有限公司	新三板

序号	股票简称	公司名称	上市板块
5	拓川股份	北京拓川科研设备股份有限公司	新三板
6	网动科技	北京网动网络科技股份有限公司	新三板
7	东软慧聚	北京东软慧聚信息技术股份有限公司	新三板
8	随视传媒	北京随视传媒科技股份有限公司	新三板
9	蓝贝望	北京蓝贝望生物医药科技股份有限公司	新三板
10	铜牛信息	北京铜牛信息科技股份有限公司	新三板
11	智网科技	北京智网科技股份有限公司	新三板
12	三意时代	北京三意时代科技股份有限公司	新三板
13	神州云动	北京神州云动科技股份有限公司	新三板
14	盛世光明	北京盛世光明软件股份有限公司	新三板
15	奥尔斯	北京奥尔斯科技股份有限公司	新三板
16	蓝天环保	北京蓝天瑞德环保技术股份有限公司	新三板
17	奥特美克	北京奥特美克科技股份有限公司	新三板
18	佳星慧盟	北京佳星慧盟科技股份有限公司	新三板
19	恒信启华	北京恒信启华信息技术股份有限公司	新三板
20	威控科技	北京威控科技股份有限公司	新三板
21	和隆优化	北京和隆优化科技股份有限公司	新三板
22	环宇畜牧	北京京鹏环宇畜牧科技股份有限公司	新三板
23	索享股份	索享（北京）科技股份有限公司	新三板
24	科胜石油	北京科胜伟达石油科技股份有限公司	新三板
25	锐创信通	北京锐创信通科技股份有限公司	新三板
26	威达宇电	北京威达宇电软件股份有限公司	新三板
27	华索科技	北京华索科技股份有限公司	新三板
28	泽天盛海	北京泽天盛海油田技术服务股份有限公司	新三板
29	每日视界	北京每日视界影视动画股份有限公司	新三板
30	达美盛	北京达美盛软件股份有限公司	新三板
31	维珍创意	北京维珍创意科技股份有限公司	新三板
32	国创富盛	北京国创富盛通信股份有限公司	新三板
33	博易股份	博易智软（北京）技术股份有限公司	新三板
34	天下图控股	北京天下图数据技术有限公司	香港主板
35	精英智通	北京精英智通科技股份有限公司	新三板
36	元工国际	北京元工国际科技股份有限公司	新三板

序号	股票简称	公司名称	上市板块
37	去哪儿网	北京趣拿信息技术有限公司	纳斯达克
38	天润康隆	北京天润康隆科技股份有限公司	新三板
39	呈创科技	北京呈创科技股份有限公司	新三板
40	中搜网络	北京中搜网络技术股份有限公司	新三板
41	慧网通达	北京慧网通达科技股份有限公司	新三板
42	神州数字	神州付（北京）软件技术有限公司	香港创业板
43	般固科技	般固（北京）科技股份有限公司	新三板
44	东电创新	东电创新（北京）科技发展股份有限公司	新三板
45		北京三博脑科医院有限公司	四板
46		北京奥得赛化学股份有限公司	四板
47		北京北航冠新世纪软件有限公司	四板
48		北京银达润和科技发展有限公司	四板
49		北京博世金电科技开发有限公司	四板
50		北京优品联动信息技术有限公司	四板
51		北京特赛尔科技发展有限公司	四板
52		北京古意然文化发展有限公司	四板
53		北京龙源创新信息技术有限公司	四板
54		北京蓝美视讯科技有限公司	四板
55		北京光创物成材料科技有限公司	四板
56		北京大生恒业创展科贸有限责任公司	四板
57		亿玛客科技（北京）有限公司	四板
58		北京京豪港包装箱有限公司	四板
59		北京国软易点软件技术有限公司	四板
60		北京感通科技有限公司	四板
61		北京博超时代软件有限公司	四板
62		禾德瑞普（U北京）科技有限公司	四板

（宋玉成）

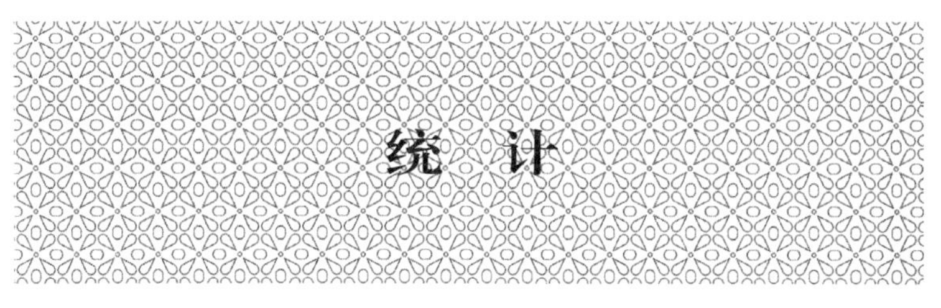

【概况】北京市海淀区统计局、国家统计局海淀调查队、北京市海淀区经济社会调查队（以下简称海淀统计局队）是负责全区国民经济统计和国民经济核算，完成国家、北京市下达的各项统计调查任务的政府工作部门。2013年为适应海淀区网格化管理需要，按照区委、区政府“管理重心下移，推进网格化管理”的工作要求，撤销8个统计所，组建22个街道统计所、1个城乡一体化

统计所。本年海淀统计局队被评为全国企业“一套表”联网直报先进集体和全国一体化住户调查先进集体；在全市政府统计系统综合评比中名列十六区县第一。

（王倩）

【改革统计所机构设置】 5月，海淀区统计局调查队，由“多街一所”调整为“一街一所”，在22个街道重新选址组建统计所，在全局范围内人员重组，下沉街道统计所104人，实现业务、人员和办公条件同步到位，用不到两个月时间完成适应网格化工作需要的机构建制。

（王倩）

【推出“统计海报”彩信手机报】 8月1日，海淀区统计局调查队正式推出“统计海报”彩信手机报，向北京市统计局队、海淀区四套班子、各委办局的正处级领导以及海淀重点企业人员提供统计信息服务。发送范围包括117家单位523人。手机报的发送频率为每月2期，全年推出10期手机报。

（王倩）

【延伸统计服务领域】 年内，区统计局调查队开展GDP任务分解指标月度监测，对信息、科研两大支柱行业进行深度分析，全年共编印、发放统计专报、资料合计135篇，区域热点和关注点提供特色服务能力显著提高。围绕创建全国文明城区以及全国质量强市示范城市，开展创文明城区知晓率调查和市民质量满意度调查，全年共计开展涉及政策、环境、安全等社会民生领域调查20余项。在统计年鉴充实社会福利、环境保护以及新兴产业等数据指标。编印《区情手册》1.5万册，主动公开数据信息300余条，对外提供数据约240万笔。

（王倩）

【统计研究成果】 年内，区统计局调查队多篇统计专报得到区领导批示，其中《海淀区GDP细分行业分析》对全区产业调整和空间布局给出相关建议，得到领导充分肯定。在全市统计系统分析评比中，获一、二、三等奖各一名；多篇分析专报在《海淀研究》等期刊发表，《海淀发展与改革研究》与局队建立定期约稿机制，统计分析的影响力进一步提升。全年局队被市局内网和区委、区政府《海淀信息》采稿共计200余篇，在全市统计系统和区政府系统成绩均居前列。

（王倩）

【“三假一虚”专项整治】 年内，区统计局调查队开展“假情况、假数字、假典型、虚报工作业绩（三假一虚）”问题专项整治自查自纠工作。进一步完善局队月度数据会商制度，开展各专业间数据质量交叉评估。建立零售额、投资额等主要指标部门间联席会商机制，加强对指标完成进度的监控和信息资源共享，开展对企业的联合走访调研。建立与调查对象的长效沟通机制，深入了解企业及所属行业的经营现状和发展趋势，为数据质量评估提供参考依据。

（王倩）

【完善城乡住户调查电子化记账方式】 年内，区统计局调查队进一步完善城乡住户调查电子化记账方式，扩大记账覆盖范围，完善家庭理财增值服务功能，方便记账户掌握家庭开支、规划家庭预算。城乡居民记账户实现100%电子记账，其中手机记账覆盖率达80%以上，大大提升了记账户的积极性和配合度。

（王倩）

【统计执法】 年内，区统计局依法查处多起不配合经济普查的违法行为。开展未持证上岗违法行为复查工作。撰写2011—2013年统计执法分析报告，为数据质量评估、统计培训提供支持。坚持全流程、多领域、有重点地开展执法检查，完成执法任务500家。完成对10197家统计调查单位的普法教育，实现规模以上法人单位普法的全覆盖。

（王倩）

【统计信息化建设】 年内，区统计局自主编写便捷易用的“模糊查询”程序，有效缓解基层统计人员查找单位难的问题。利用报税系统提醒企业主动参与经济普查，在推进核查进度、提高核查率方面收到良好成效。首创拥有20部电话、180条在线等待、总容量达200条的第三次经济普查热线，及时高效解答公众集中咨询。开展第三方网络测评，为解决年报期间网络拥堵提供专业化技术支撑。进一步优化统计年度、定期报表网络布置系统和手机记账系统，促进统计业务和统计管理的减负提效。开展统计业务创新课题研究，对重点专业、重点指标编制库外审核程序，利用信息化技术手段替代人工数据审核，极大地提高了审核效率，提升了数据质量。为服务基层统计所，开发数据分发及下载系统，确保统计所属地数据的完整性。

（王倩）

质量技术监督

【概况】 海淀区质量技术监督局下属海淀区产品质量监督检验所（国家食品质量安全监督检验中心、国家化妆品质量监督检验中心）、海淀区计量检测所、海淀区特种设备检测所3个事业单位。

截至2013年年底，海淀区共有工业产品生产企业3345家，其中许可证企业79家，CCC企业有92家，共持有400张有效证书。全区取得制造计量器具许可证的企业共有49家，全市为280家，占比为17.5%，其中海淀区质监局发证企业为40家，市局发证为9家。在用特种设备40757台（套）。区质监局备案企业标准1691份，登记标准100份，企业标准备案数量占全市的21.94%。

（罗莎）

【国家食品质量安全监督检验中心】 国家食品质量安全监督检验中心和国家化妆品中心全年完成各类政府监督抽查和专项抽查19363批次。完成2项质检公益性行业科研专项和2项质检总局科技计划项目，在研项目共17项。作为北京市食品安全预警监测平台，及时追踪食品安全的新动向，每月发布食品安全预警信息。2013年承担的5项质检公益性行业科研专项项目和4项国家质检总局科技计划项目以及1项北京市科技计划项目圆满完成并顺利通过项目主管单位国家质检总局和北京市科委的会议验收。

（罗莎）

【创建全国质量强市示范城市】 年内，海淀区开展创建全国质量强市示范城市活动，区政府制订《创建工作行动计划》，制定60项推进措施，广泛开展宣传培训，开展群众满意度测评。设立中关村质量奖，推行卓越绩效管理模式，鼓励企业开展品牌价值评估和中小学质量教育基地建设，试点设立首席质量官制度。年内，海淀区建成3家国家级中小学质量教育基地和3家北京市级质量教育基地，联想集团获得首届“中国质量奖”提名，3家企业获得第五届“中关村质量奖”。

（罗莎）

【标准化建设】 年内，海淀区共有21个项目获得2013年度“中国标准创新贡献奖”，获奖项目为全国最多，其中一等奖4项，占全国的50%。26家单位的61个标准项目获得资金补助，获补助项目占全市的41%，其中国际标准10项，占全市国际标准的77%，申报标准总数及国际标准数都位居全市首位。开展服务业标准化试点工作。中关村科教文化游服务业标准化试点通过验收。推进居家养老、社区养老、机构养老“三位一体”的社会化养老服务业标准化工作，选定北下关街道申报国家级社区居家养老服务业标准化试点项目，通过开展社区养老标准化建设，实现养老标准化从机构养老领域向社区居家养老领域的延伸。推进农业标准化工作。一品香山休闲观光采摘园标准化示范区通过验收。整合海淀农业资源，促进形成“一河十园”都市型现代农业观光产业带，推荐四季青镇“一河十园”申报第八批国家级农业标准化示范区。

（罗莎）

【执法监督】 年内，区统计局加强与区经信办、信息办以及工商、公安、商务等部门的协调合作，建立全区性的质量安全协调机制。全局开展执法活动2178起，查处案件51起，未发现重大区域性、规模性造假活动。受理申诉、举报553起，办理回复率为100%。全年共受理行政许可及相关事项2588件，为70543家组织机构办理代码业务。

（罗莎）

【产品质量风险防范】 年内，区统计局开展产品质量安全风险防范，涉及民生和安全的产品实施重点监管。对工业产品生产企业和强制性认证产品生产企业开展风险评估，划分风险等级企业基础信息库。产品质量抽查合格率稳定在95%以上；辖区内未发现严重的无证生产和制售假冒伪劣产品等违法行为，无产品质量安全事故。10月31日前完成食品职能划转给新组建的食药局。区发改委、区农委、区财政局等部门配合，对海淀区的炉具、燃煤等供应企业进行比选，确定4家炉具生产企业和2家燃煤供应企业。

（罗莎）

【特种设备监管】 年内，区统计局对全区118家重点监控单位实施分类管理，对9类集中使用单位实行重点监控。全年共出动执法人员1258人次，检查特种设备共5368台(套)。受理投诉350起，回复率100%。圆满完成中共十八届三中全会特种设备安全保障任务。重新修订并发布《海淀区特种设备事故应急预案》，将特种设备安全纳入区应急预案体系；开展特种设备安全大检查大整治、特种设备作业人员持假证上岗、无证上岗的“双打”专项执法、电梯安全、液氨储罐专项督查、餐饮场所燃气安全和气瓶充装检验单位专项治理。

（罗莎）

【能源计量管理】 年内，区统计局对8家重点用能单位开展能源计量审查试点，调查核实其耗能情况，开展能效对标分析，加强对供热计量监督管理。重点对商场、超市、加油站以及黄金饰品、典当行业等与百姓生活密切相关的场所和领域开展计量监督检查。联合香山街道、工商、城管、公安、旅游委等多部门，对香山地区的商业计量环境开展专项整治，规范该地区商户的经营行为，净化旅游市场环境。

（罗莎）

安全生产监督管理

【概况】 海淀区安全生产监督管理局（简称区安全监管局），加挂北京市海淀区安全生产委员会办公室牌子。

2013年，安全生产监督管理探索完善安全生产宣传教育、安全生产委托执法和企业安全生产标准化三项长效机制建设，重点开展安全生产综合监管、“双基”建设、执法检查、宣传教育等工作，有效压减事故总量，全区安全生产形势总体平稳。

全年共发生交通肇事、火灾、生产安全死亡事故78起，死亡82人，同比分别减少10起10人，下降11.4%和11%，占全年控制考核指标（102人）的79.4%。其中：发生交通肇事死亡事故61起、死亡64人，同比事故起数减少11起、下降15.3%，死亡人数减少10人、下降13.5%。发生火灾亡人事故1起、死亡1人，同比事故起数减少2起、下降66.7%，死亡人数减少2人、下降66.7%；发生生产安全死亡事故16起，同比增加3起，上升23%；死亡17人，同比增加2人，上升13.3%。各项指标均未突破市安委会下达的控制考核指标，全区未发生较大以上安全生产事故。

（李婧）

【开展人员密集场所安全检查】 1月

13 日—28 日，区安全监管局对全区人员密集场所开展专项执法检查。重点检查生产经营单位的应急预案制定、应急疏散条件保持、特种设备管理检测、从业人员培训、应急人员编制和应急职守情况。检查发现，部分人员密集场所存在未建立健全员工安全生产培训档案、消防通道堵塞等安全隐患。针对发现的隐患提出整改意见，责令相关单位立即整改。区安全监管局共出动执法人员 160 人次，车辆 80 台次，检查生产经营单位 90 余家，下达执法文书 30 余份，行政处罚 6 家，处罚金额 2.3 万元。

（李婧）

【组建职业卫生专家库】　2 月，区安全监管局完成职业卫生专家库组建工作，10 名职业卫生专家成为专家库首批成员，10 名专家将参与海淀区六大项职业卫生监管工作：一是对海淀区职业卫生监管工作提出意见、建议以及提供信息和决策咨询；二是参加职业病危害专项治理、专项督查与执法等活动，提出专业意见；三是参与建设项目职业病危害预评价、严重职业病危害建设项目职业病防护设施设计专篇、职业病危害控制效果评价、职业病防护设施竣工验收、用人单位职业病危害现状评价等技术审查工作；四是参与职业病危害事故的调查处理；五是参与职业卫生技术服务机构资质认可过程中的技术评审工作；六是参与职业卫生宣传教育、培训和科普工作。

（李婧）

【“一对一”应急救援预案备案】　3 月初，区安全监管局开展全区重大危险源单位安全生产事故“一对一”应急救援预案编制工作。应急预案初稿形成后两次召开专家评审会对预案进行评审和修订，于 12 月底完成备案和发布工作。

（李婧）

【加油站事故应急演练】　6 月 21 日，区安全监管局在中石化卧佛寺加油站开展事故应急演练。演练模拟油罐车卸油时胶管脱落冒油，计量员立即关闭卸油阀门，将卸油油管与车辆分离，现场安全员发现险情后立即向站长报告，加油站随即关闭油罐车阀门，停止卸油作业，油站停止营业，立即启动应急预案，迅速有效地进行处置。随后演练模拟车辆加油时引擎突然起火，加油员立即大声呼救，并使用干粉灭火器进行扑救，现场安全员发现险情后立即报告单位负责人，启动应急预案，收银员立刻发出警报并拨打 119，相关人员疏散加油车辆和闲散人员，封锁进口和出口，对受伤人员进行包扎。辖区内各加油站负责人等相关人员共计 100 余人参加演练观摩。

（李婧）

【安全生产月活动】　6 月，区安全监管局组织开展第 12 个全国安全生产月宣教活动，完成北京市安全生产月咨询日主会场承办任务。开展“警示教育巡展”“安全文化培训”“应急演练”“联合执法”四项活动，共检查生产经营单位 5000 余次，出动检查执法人员 10745 人次，发现安全隐患 4145 处；开展系列应急演练 439 次；组织安全生产宣传教育培训 6.7 万余人，张贴、发放各类宣传材料（宣传品）23 万份；在市、区各级新闻媒体、网络发布安全月新闻、安全生产常识 500 余条，播放安全文化专题片 4 部。全区 4000 多家单位、30 余万人参加安全月各项活动。

（李婧）

【检查液氨使用单位】　6 月—9 月，区安全监管局组成两个检查组对辖区使用液氨的企业进行安全大检查。此次检查的主要内容是企业在安全管理中制度的落实、涉氨单位的设施设备本质安全条件、防泄漏措施、防雷防静电、应急救援物资储存、防洪排涝、人员防护、汛间措施、应急救援演练、落实重大危险源“一对一”预案编制工作 10 个方面。

（李婧）

【安全生产大检查】　7 月—12 月，区安全监管局集中开展全行业全领域全区域安全生产大检查大治理工作，对存在的安全生产隐患进行全面整治，做到横向到边、纵向到底，不留死角、不留盲区。共监督检查企事业单位和场所 10312 个次，发现各类安全隐患 13618 项，责令改正、限期整改、停止违法行为 3464 起，责令停产、停业、停止建设企业 116 家，暂扣或吊销许可证、职业资格企业 30 家，行政罚款 229.9 万元。有效防范和遏制较大以上群死群伤事故发生。

（李婧）

【“十八届三中全会”安全生产保障】　11 月 9 日—12 日，在中共十八届三中全会期间，区安全监管局印发《关于十八届三中全会驻地周边安全生产保障工作方案》，制订重点保障时期应急预案，成立安全生产保障工作领导小组；建立健全驻地周边 500 米范围内生产经营单位台账，及时查处驻地周边企业安全生产隐患举报，加强对驻地周边危化企业的安全生产检查监控和突发事件的应急处置；联合各相关部门，对重点地区生产经营单位实现全覆盖检查 4 遍，出动执法人员 4800 余人次，查处安全隐患 50 余处，全部及时整改完毕，确保全区安全生产形势持续平稳态势。

（李婧）

【安全生产志愿者培训】　12 月 19 日至 20 日，区安全监管局组织全区安全生产志愿者进行安全生产法律法规培训。培训以人员密集场所的安全生产检查要点为主要内容，采取以案说法的方式，结合安全生产法律体系，从如何科学地抓好人员密集场所安全生产工作到安全生产志愿者的工作内容与职责等方面进行讲解。

（李婧）

【烟花爆竹安全管理】　全年全区发放烟花爆竹经营许可证 166 家，销售烟花爆竹 46738 箱。为 166 个烟花爆竹零售点安装视频监控探头和双向语音对讲系统。重点时段，区主要领导与烟花办、安监等部门领导在区政府应急指挥大厅，利用烟花爆竹视频监控平台及全区社会面 1900 余个视频监控探头，实现对各零售网点的视频实时监控和双向语音沟通。区安全监管局组织 5 个烟花爆竹检查组，对 27 个街镇实行分片包干负责，进行不间断检查；23 名安全生产专职检查员对烟花爆竹销售零售网点进行不间断检查，开展销售前、销售中的重点时期、撤棚回收等阶段的三批拉网式全覆盖检查。区安监局共出动检查人员 180 人次，车辆 80 车次，检查烟花爆竹零售网点 502 个次，发现安全问题及隐患 130 个，下达责令改正指令书 70 份。实现“不爆炸、不燃烧、保安全、零事故”的目标。

（李婧）

【隐患自查自报系统建设】 年内，区安全监管局在全区企业中推广应用隐患自查自报系统，开展企业隐患自查自报。企业隐患自查自报系统以企业分级分类管理为基础，以企业安全隐患自查自报系统为核心，以安全标准体系为支撑，成为落实企业主体责任，实现安全生产全覆盖、无缝化、动态化管理的有效手段。通过企业自查，部门、街道评估核查、执法监察、绩效考核，形成一整套安全事故预防体系。组织系统应用培训会 30 场，2600 余家企业参加培训，下发系统使用手册、隐患自查自报相关法律法规等材料 3300 多份。542 家企业在北京市安全监管平台上完成上报工作，上报安全生产隐患 192 项，整改隐患 192 项，隐患整改率 100%。

（李婧）

【查处安全生产举报隐患】 年内，区安全监管局查处群众举报生产安全隐患 163 件，其中：市安全生产举报投诉中心转办 141 件，区非紧急救助中心转办 4 件，直接接收群众投诉举报 18 件。按监管行业分：人员密集场所 91 件，建筑业 16 件，烟花爆竹类 6 件，危险化学品类 7 件，职业卫生类 2 件，其他类 41 件。截至 12 月底，已办结 163 件，立案调查 10 起，办理结果均答复署名举报人，办结率达 100%。

（李婧）

【应急职守信息报送】 节假日和重点时期，区安全监管局严格执行 24 小时局领导在岗带班、值班人员双岗在岗值班和工作人员 24 小时通讯畅通备勤制度，及时全面掌握全区安全生产工作动态；“两节”“两会”等特殊时期，每日增加一组检查人员，充实应急值守力量；落实事故信息快速报告制度和综合信息每日报告制度，及时传达市、区工作部署和要求，保证市、区各项工作的层层落实和重点时期全区安全生产形势的稳定。

（李婧）

【安全生产宣教】 年内，区安全监管局坚持“安全生产宣教先行”的工作理念。联合超市发连锁股份有限公司，在超市塑料购物袋上印制安全生产提示标语，向市场投放印有“安全生产记心间，平安幸福每一天”字样的安全生产提示标语塑料购物袋 40 万个。此次宣传活动是海淀区安全监管局与企业合作，加强安全生产宣传的一次尝试，一是扩大安全生产宣传覆盖面；二是以超市发公司营业网点为平台，建立新的宣传渠道；三是利用有限的资金投入，取得更好的宣传效果；四是实现政府与企业的双赢，政府达到宣传目的，企业树立了承担社会责任的良好形象。

（李婧）

【建立委托执法长效机制】 年内，区安全监管局探索建立委托执法工作长效机制。一是开展安全生产监管执法培训。开展 5 期街镇执法资格培训班，对 170 余名街镇执法工作人员进行培训。二是探索建立长效工作制度。与 29 个街镇签订《安全生产行政执法委托书》，由街镇安办负责行使安全生产检查权、违法行为责令整改权及复查权，建立执法检查情况月报告制度，各街镇每月报送执法检查月报表，详细说明当月开展安全生产检查的单位数量、处罚单位数量及执法案卷数量，对委托执法工作进行全程监管。三是机构和人员配备到位。绝大多数街镇成立安全生产办公室，各街镇基本配备 2 名以上的专职安全生产工作人员，全区共计 118 人取得安全生产委托执法证。

（李婧）

【企业安全生产标准化建设】 年内，区安全监管局重点推进商业、餐饮、宾馆饭店、文化娱乐、体育运动场所、工业企业等行业（领域）企业标准化建设工作。一是细化方案，成立机构。二是摸清企业底数，建立台账。三是开展培训，加强宣传。分批次完成对行业、属地、区级评审人员的多层次培训。各属地、行业管理部门组织对本地区、本行业岗位达标、三级标准化创建企业负责人和安全管理人员进行培训。四是分步实施，稳步推进。各镇、街道、行业管理部门按照全区推进企业安全生产标准化建设工作的目标、任务，突出重点、分步实施、稳步推进。

（李婧）

【安全生产执法监察】 年内，区安全监管局强化重点行业领域专项整治，开展对危险化学品生产经营单位、有限空间作业、职业危害、重点建设工程、特种作业、中关村西区等重点行业领域的专项整治行动；协调配合区安委会各成员单位开展人员密集场所、商品交易市场、餐饮单位燃气使用安全、电气使用安全、交通运输、制造业安全等行业领域联合执法检查 65 次；完成大型活动安全保障 33 次；共执法检查生产经营单位 4576 家，查处事故隐患 2968 处，下达执法文书 1419 份，检查行政罚款 131.69 万元；调查处理生产安全事故 23 起，事故行政罚款 350.4 万元。

（李婧）

财　政

【概况】 2013 年，海淀区财政局下属财政监督检查大队、财政支付中心、预算编审中心、信息中心、绩效考评中心、资产管理中心、财政证券事务所、会计考试中心（中华会计函授学校海淀区分校）等 8 个事业单位。

2013 年，区级公共财政预算总财力为 433 亿元，其中：区级公共财政收入完成 291.4 亿元，为调整预算的 101.2%，比上年决算数增加 28.3 亿元，增长

10.8%，高于全市平均增幅 0.4 个百分点；财力性转移支付收入 22.5 亿元，专项转移支付收入 60.9 亿元；上年专项结转资金 55.3 亿元，净结余 2.8 亿元。

区级政府性基金预算总财力为 70.0 亿元，其中：区级政府性基金收入完成 44.7 亿元（含土地出让金收入 40.1 亿元），为调整预算的 394.2%；专项转移支付收入 9.2 亿元；上年专项结余 16.1 亿元。以上两项合计总财力为 503 亿元，同比增加 93.6 亿元。达到文明城区创建的指标要求。

（白洁　刘志广）

【税源建设】　年内，区财政收入形势十分严峻，宏观经济形势趋紧、"营改增"等税制改革效应集中释放，小微企业免征增值税和营业税、中关村"新四条"等新政策均对财政增收形成巨大冲击。"营改增"结构性减税影响区级收入约 27 亿元，各类减免退税总规模超过 200 亿元，影响区级收入约 48 亿元。

为确保全年收入任务完成，区财政局牵头起草《进一步提高服务经济能力促进税源建设工作意见》《进一步强化街镇财政管理若干问题的指导意见》及发展总部企业、提升楼宇经济、推动园区建设等支持政策，修订《海淀区税源建设工作奖励办法》《海淀区企业迁出与服务工作管理办法》，构建奖惩并举的全方位促增收保增长的工作机制，调动部门、街镇、园区、楼宇等力量参与经济建设的积极性和主动性。

全年召开 7 次税源建设部门联席会，全面梳理掌握存量税源，促进企业升级挖潜。加大房产税扩面工作，实现街镇全覆盖，全年代征房产税达到 1.4 亿元，比上年增加 2176 万元，增长 18.4%。联合街镇和相关职能部门，加强重点企业走访，引进中石化润滑油等 17 家重点企业落地。

（白洁　刘志广）

【国库集中收付改革】　年内，区财政局重新招标确定代理银行，规范和加强对代理银行服务的考核和监管。研究改进国库集中支付方式，完善预算执行系统功能，在保证对财政资金支付实施有效监控的前提下，减少中间审核环节，提高工作效率。出台《海淀区公务卡强制结算目录》，进一步减少现金管理和使用漏洞，从源头强化监管、预防腐败。对单位使用的用友财务软件进行统一升级，实现单位财务软件与财政信息平台数据对接，减轻基层财务人员负担。

（白洁　刘志广）

【规范资金审批流程】　2013 年全区财政支出累计完成 457.9 亿元，其中：公共财政预算支出累计完成 403.5 亿元，政府性基金支出累计完成 54.4 亿元。出台《海淀区财政局预算指标管理工作规程》《海淀区财政待分资金管理办法》《财政资金拨付管理实施细则》《海淀区事业单位财政性资金会计核算暂行办法》《市下专项资金管理办法》《海淀区预算绩效管理办法》《海淀区预算管理绩效考核实施细则（修订）》等制度、办法，规范财政资金的审批拨付流程及各类专项资金的管理和使用，提高资金的安全性和精细化管理水平。

（白洁　刘志广）

【问询大额专项资金】　年内，海淀区在全市各区县中率先开展大额项目资金人大常委会专题询问工作，对居家养老（助残）服务券补贴和城乡无保障老人生活补贴两个项目进行为期 6 个月的专题询问，得到人大代表的一致认可。

（白洁　刘志广）

【融资监管】　年内，海淀区制定《海淀区土地储备资金管理办法》，首次将土地储备项目纳入财政预算管理体系，委托银行对项目资金进行有效监管，确保资金使用安全透明。建立债务全口径统计模式，首次将土地储备债务、政府投资项目融资、企业债等纳入政府债务统计范围，实施债务分类分口管理，完善债务管理体系。截至 2013 年年底，全区政府债务余额约 108.7 亿元。

（白洁　刘志广）

【降低行政运行成本】　年内，全区压缩一般性支出和"三公"经费 2530 万元。推进部门预算精细化管理，从水电能、公务车油耗等方面研究完善定额机制。加强对非在编人员的梳理，提高对非在编人员的财政保障力度。

（白洁　刘志广）

【信息公开】　年内，区财政局组织区属 59 家政府部门统一公开 2012 年"三公经费"部门决算信息，成为北京市首家全面公开政府部门"三公经费"决算信息的区县。

（白洁　刘志广）

【全口径预算】　年内，海淀区在全市各区县中率先试编全口径预算，将 2014 年公共财政预算、政府性基金预算、国有资本经营预算、社会保险基金预算一并提交本次代表大会审议，主动接受代表监督。

（白洁　刘志广）

【清理行政事业单位办企业】　年内，区财政局按照《海淀区行政事业单位所办企业清理规范工作实施方案》的总体部署，组织细化各单位的清理规划方案，牵头完成 35 家行政事业单位所办企业的清理规范工作。

（白洁　刘志广）

【财政监督检查】　年内，区财政局组织对区市政市容委停车占道费、区水务局水资源费收缴情况进行重点检查，并提出意见建议。完成财政监督检查 23 户，涉及资金 156257.30 万元，查处违规违纪金额 2492.36 万元。利用检查成果撰写 14 类违法典型案例，制作展板，在区属单位中广泛宣传，起到很好的宣传警示作用。

（白洁　刘志广）

【规范区属行政事业单位国有资产管理】　年内，区财政局把区审计局查出的 437 处街道账外房产全部登记入账，对 1476 处长期无偿使用或租入的房产全部录入国有资产管理系统备查账中。汇总全区 123 家行政事业单位出租出借房屋 816 处，完成分析报告。审核并完成资产处置申请 78 件，价值合计 2.17 亿元。

（白洁　刘志广）

【政府采购】　年内，区财政局完成新一轮公务用车编制核定工作，下达公务用车编制 1157 辆。加大对全区公务车辆的统一调配，首次由区财政为各单位集中采购公务用车。继续推进政府采购信用担保工作，落实政府采购支持小微企业发展相关工作，扩大政府采购新技术新产品规模。

（白洁　刘志广）

【会计考试与培训】 年内，区财政局完成会计证无纸化考试和会计专业技术初、中、高级资格考试，报名人数34637人次。办理会计证事项3965件，受理会计代理记账行政许可40件。全年累计培训财务人员4000余人次。

（白洁　刘志广）

【完善预算绩效管理制度体系】 年内，区财政局扩大事前评估范围和全过程绩效试点，分两批对7个部门的52个项目4.87亿元资金进行事前绩效评估，对全区30个主管部门、84个项目单位的143个项目开展全过程预算绩效管理的试点工作。扩大绩效评价覆盖范围，全年开展评价的项目资金总额达24.08亿元，并强化绩效评价结果的整改与应用。

（白洁　刘志广）

【非税收入管理】 年内，区财政局推进票据电子化改革，共为269家单位办理“验旧换新”工作，审核已使用票据2824本，为300多家单位发放票据59种，累计1594笔次。

（白洁　刘志广）

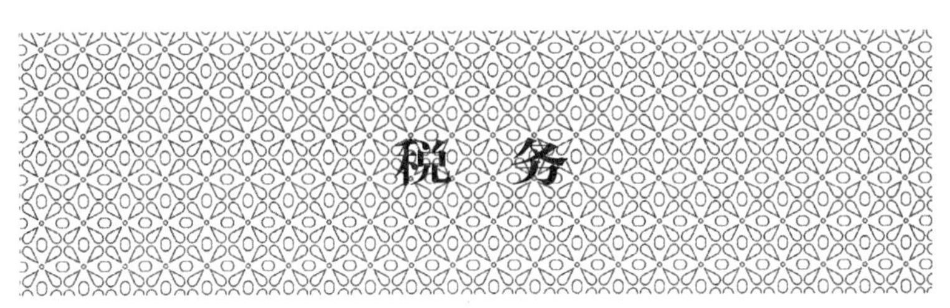

税　务

国家税务

【概况】 海淀区国家税务局（区国税局）组建于1994年8月30日，是由北京市国家税务局垂直管理的，在海淀区行政区域内实施国家税收征收管理的行政管理机关。负责中央税收、中央与地方共享税收和部分地方税收征管和稽查工作，主要包括增值税，消费税，企业所得税，铁道、中央金融企业营业税，出口产品退税和储蓄存款利息所得个人所得税，车辆购置税及个体工商税收等税种。下设稽查局、车辆购置税征收管理分局2个直属机构，信息中心、机关服务中心、票证中心3个事业单位及12个派出机构。

截至2013年年底，区国税局累计登记纳税人238690户，同比增加24015户，增长11.19 %。2013年，处于开业登记状态纳税人176438户，占登记户数的73.92%；停业状态纳税人3户；非正常状态纳税人56813户，占登记户数的23.8%；非正常注销状态纳税人5436户，占登记户数的2.28%。组织各项收入1332.1亿元，其中，税收收入完成1305.6亿元，同比增长159.7亿元，增幅13.9%；地方级收入完成235.5亿元，增幅57.4%；区级收入完成117.8亿元，增幅57.44%。

（徐志媛）

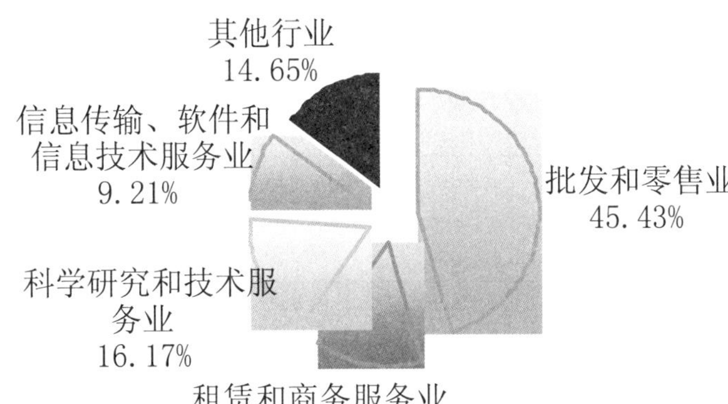

图1　开业状态纳税人行业分布情况示意图

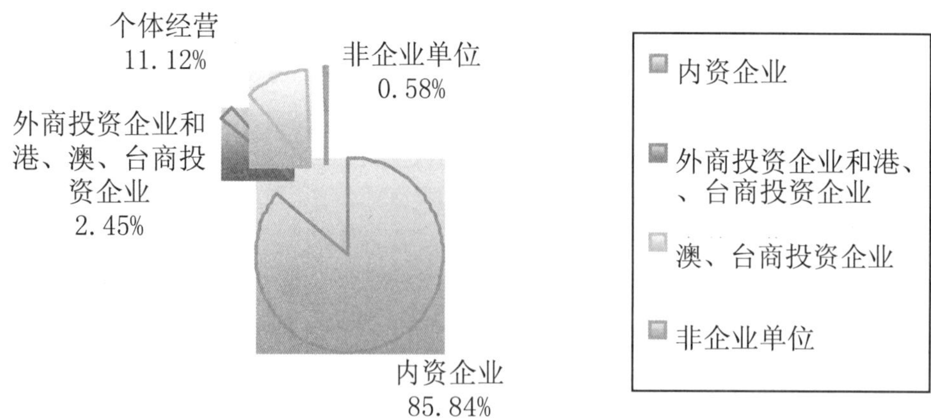

图2 开业状态纳税人登记注册类型情况示意图

（徐志媛）

【"营改增"扩大试点范围】 8月，按照《财政部 国家税务总局关于在全国开展交通运输业和部分现代服务业营业税改征增值税试点税收政策的通知》（财税〔2013〕37号）的规定，将广播影视服务纳入"营改增"范围，包括广播影视节目（作品）的制作、发行和播映服务。区国税局确认广播影视服务业"营改增"纳税人585户，约占全市"营改增"扩围试点户数的20%。12月，按照《财政部 国家税务总局关于将铁路运输和邮政业纳入营业税改征增值税试点的通知》（财税〔2013〕106号）中"自2014年1月1日起，在全国范围内开展铁路运输和邮政业营改增试点"的规定，确认铁路运输和邮政业"营改增"纳税人39户。全年组织"营改增"试点面对面政策培训34场，发放培训材料1.5万份。截至2013年年底，累计登记"营改增"纳税人7.9万户，累计入库税款96.4亿元，实现结构性减税90.1亿元，试点纳税人总体税负下降37%。

（徐志媛）

【国税收入】

项目名称	本年累计（万元）	比2012年增加（万元）	增长率
各项收入总计	13320836	1757001	15.19%
一、税收收入合计	13055558	1597193	13.94%
其中:中央固定收入税收（不含所得税）	7311496	1094529	17.61%
其中:共享收入	5327614	892290	20.12%
其中: 地方级收入	2355282	859239	57.43%
区级收入	1177589	429659	57.44%
增值税	2847347	801945	39.21%
消费税	23883	241	1.02%
营业税	1672930	194603	13.16%
企业所得税	8224066	593206	7.77%
个人所得税	1956	-10542	-84.35%
城市维护建设税	91443	12731	16.17%
车辆购置税	193933	5009	2.65%

项目名称	本年累计（万元）	比 2012 年增加（万元）	增长率
二、其他收入合计	265278	159809	151.52%
稽查入库	31908	20755	186.09%
自查补税	12600	−2375	−15.86%

（徐志媛）

【纳税评估】 年内，区国税局开展捐赠支出、住宿业（国地税联合）、房地产开发经营业等专项评估以及 3 期“营改增”初期税收风险防范验证、“营改增”企业税收风险评估检查、15 期第三方涉税信息反馈。全年评估纳税人 12193 户次，企业补缴增值税 34.6 万元，补缴企业所得税 506 万元，调减企业所得税扣除项目金额 572.58 万元，调减企业所得税亏损额 265 万元。

（徐志媛）

【税务稽查】 年内，区国税局以落实一级稽查、狠抓两重案源为重点，探索分类分级稽查方式，推广电子查账方式，开展各类专项专案检查。通过查前分析辅导、多手段检查、严格监督执法过程、规范制作检查底稿和稽查报告，完成举报案件检查、医药行业专项检查、两重案源专项检查、西区图书城企业自查辅导以及长期遗留未结案件的清理工作，查处市局下发的系统内案源 329 件，查补入库税款 37718 万元。

（徐志媛）

【优化纳税服务】 年内，区国税局从态度、效率、水平、环境四方面着手，持续优化纳税服务。一是规范电话咨询服务。向纳税人公布 21 个单位的咨询电话，定期开展对各单位接听情况的检查与通报。12366 远程坐席电话共受理纳税人来电 9600 余次。二是加大税法宣传力度。组织开展以“税收·发展·民生”为主题的第 22 个全国税收宣传月活动，利用电子显示屏、公告栏、触摸屏和微博微信等平台发放宣传资料 10 余万份，“玲珑资讯”微信服务平台“粉丝”过千人，推送各类税讯百余期。三是开展满意度调查。全年向纳税人发放满意度调查问卷 900 份，回收有效样本 592 份，形成分析报告，反馈至各税务所。四是开展企业信用等级评定，联合区地税局评定 2013—2014 年纳税信用 A 级企业 615 户。

（徐志媛）

【货物和劳务税管理】 年内，区国税局按月开展“营改增”试点纳税人收入情况分析，了解并跟踪“营改增”企业的政策效应执行情况，自“营改增”以来，已对 80 户典型性企业进行案例分析。开展软件产品即征即退政策先退后评工作，通过召开辅导自查会，加强政策辅导，督促企业自查，全年共计 1111 户企业补缴税款 4148 万元，进项税额转出 111 万元。开展“营改增”差额征税企业调查和评估，全年补征税款 388 万元，滞纳金 28 万元。强化消费税和营业税的征收管理，及时掌握重点税源企业收入变化动态，做好消费税和营业税收入分析工作。

（徐志媛）

【企业所得税管理】 年内，区国税局从预缴、汇算清缴、后续管理三方面，强化企业所得税全程管理。一是重视预缴管理。开展企业所得税预缴期间相关因素对预缴税款影响的分析和预测工作，及时掌握企业所得税入库情况及增减变化原因。二是加强汇算清缴管理。全年应参加汇算清缴企业 84434 户，申报 83351 户，申报率 98.72%；受理减免税优惠备案 4400 户次；受理资产损失专项申报 197 户，涉及金额 278647.03 万元，受理资产损失清单申报 1895 户，涉及金额 82426 万元；受理境外抵免申报 27 户；受理特殊重组备案 12 户。三是强化后续管理。开展政策评价、境外所得税抵免核查、资产损失清单申报和专项申报核查和不征税收入费用预警信息核查，共计补征企业所得税 13114.45 万元。

（徐志媛）

【大企业和国际税务管理】 年内，全区入库非居民税收 32.42 亿元，同比增收 7.31 亿元，增长 29.12%。促成北京市首例非居民间接股权转让税款顺利入库，入库税款 804.41 万元。对 177 户企业 2012 年度股权转让情况进行排查，补征税款 578.88 万元。成功办理北京市第一份对外支付备案事项。开展情报核查工作，完成 11 户企业情报交换，核查企业 2 户，补征税款 49.8 万元。加强反避税工作，对企业同期资料开展转让定价调查，调查企业 116 户，补征税款 500 余万元；开展预约定价企业跟踪管理，督促企业补缴 2012 年度企业所得税 5710 万元。开展企业走访、税收调研、座谈交流、专题辅导等活动，为大企业做好服务工作。

（徐志媛）

【进出口税收管理】 年内，区国税局采取公告栏公告、点对点邮件、税讯网发布、QQ 群提醒等多种方式，对纳税人进行宣传，确保企业及时了解政策变化和申报要求，推进进出口退税政策落实。截至 2013 年 12 月 31 日，退税登记总户数 2116 户，其中，生产企业 1378 户、商贸企业 731 户、国产设备企业 6 户、“营改增”企业 1 户。全年共办理出口退税额 6.67 亿元，同比增加 2.48 亿元，增幅 59.1%；共接收核实函件 743 份，涉及发票份数 5343 份，涉及金额 11.58 亿元，涉及税额 1.96 亿元；开具“代理出口货物证明”25 份，开具“出口货物退运已补税（未退税）证明”83 份，补办出口报关单证明 7 份。

（徐志媛）

【个体集贸税收管理】 年内，区国税局组织个体集贸税收 7478 万元。针对发现的集贸市场发票管理问题，提出“在发票‘商品名称’和‘规格’两个栏次上下功夫，完善网络开票系统、规范发票开具内容”的征管建议。该建议得到市国税局的采纳与支持，责成技术服务单位进行系统升级，并率先在海淀区投入使用，取得良好效果。3 月，在电话催报催缴工作中，发现353户企业联系电话存在大量重复现象，经查发现这353户企业集中于5个购票人代理购票，且经营地址集中于11个地方。针对疑点迅速开展实地核查，依法对违法违规企业进行处理。

（徐志媛）

【车辆购置税管理】 年内，区国税局推进车购税新版完税证明和新版车辆电子合格证的启用工作，开展市国税局布置的车购税专项检查工作。全年组织车辆购置税19.4亿元，同比增加0.5亿元，增长2.65%；征收车辆8.6万辆，同比增长1.2%。

（徐志媛）

【税收执法】 年内，区国税局审理重大税务案件51件，审结42件，发回稽查补充调查的6件，尚在审理中的3件，追缴税款21075余万元，罚款2179余万元。上会通过审议重大税务事项12件。受理行政复议案件1起，向市国税局提交行政复议答辩书2起，组织行政处罚听证会1次，落实行政救济程序，保护税企双方的合法权益。对14项疑点信息进行核查，涉及企业共计117户次，查补企业所得税税款106938.73元，滞纳金5840.14元；查补增值税税款1867.49元，滞纳金427.83元。

（徐志媛）

【落实税收优惠政策】 年内，区税局完成高新企业减免税133.3亿元；推行增值税小规模纳税人暂免征收增值税政策，免征企业6.1万户次，减免增值税额1806万元；落实安置残疾人就业企业享受增值税税收优惠政策，共有企业43户次，累计退税3078.74万元。

（徐志媛）

【税务信息化建设】 年内，区国税局处理CTAIS提交单1615份，权限调整约500人次。新增多项电子平台查询功能，拓展数据应用，为税收分析提供技术支撑。推广远程办税，辖区内近15万户纳税人使用网上申报系统，占比91.91%；3.7万户增值税一般纳税人使用网上认证系统，占比90%；使用电子完税证缴税77.7万户次，占比99.28%。

（徐志媛）

【获市国税改革创新奖】 年内，在北京市国税系统2013年度“改革创新奖”评选活动中，区国家税务局创新项目《让纳税服务搭上“新媒体”的高速列车》获纳税服务类“改革创新奖”。

（徐志媛）

地方税务

【概况】 海淀区地方税务局（区地税局）主要对17个税费种类进行征收管理。代理征收残疾人就业保障金、工会经费。下设1个稽查局、18个税务所、1个后勤服务中心（事业单位）和税务学会（社会团体）。

2013年，办理开业税务登记22581户。其中内资企业22288户，外资企业293户。注册资金1000万元以上的1628户，注册资金5000万元以上的390户。截至年底，累计管户达到232078户，其中正常纳税户192089户，非正常纳税户36593户，登记状态纳税户3396户。

全年累计实现各项收入511.68亿元（不含残保金），其中完成区级收入153.65亿元（不含残保金）。实现地方公共财政收入355.52亿元（不含残保金）（受营业税改征增值税影响，总体收入为减收）。

在三大主体税种中，营业税入库139.57亿元；个人所得税入库196.24亿元，同比增加33.15亿元，增幅20.32%；企业所得税入库45.89亿元，同比增加6.27亿元，增幅15.83%。

（房洁）

【服务区域经济社会发展】 年内，区地税局提出20项服务经济措施，与区发改委、区住建委、区金融办、海淀园、区工商分局、区国税局、区投资促进局等部门建立税源建设联动机制，共为36家重点税源入驻提供税务办理绿色通道，为28家区内重点企业改制、重组提供涉税服务，为3000多家企业提供集中政策讲解和答疑。海淀清河税务所指定专人服务中关村东升科技园建设，永定路税务所落实大户走访制度，第三税务所与区教委建立联合辅导机制，温泉税务所重点服务北部新区建设。

（房洁）

【“营改增”扩围】 年内，区地税局配合区国税局做好典型调查和数据支持，跟踪企业收入情况，确保改革平稳运行。落实财政资金扶持政策，累计审核105份申请，区内企业得到扶持资金871.9万元。

（房洁）

【落实税收优惠政策】 年内，区地税局落实中关村示范区创新创业、支持和促进就业、小微企业等税收优惠政策，办理各项减免税、退税、审批、核定、备案等23360份。贯彻房地产市场宏观调控政策，做好土地增值税差别化预征。在3、4月份二手房交易高峰时期，区地税局充实征管力量，开展现场预约服务，确保国五条政策平稳推进。

（房洁）

【征管基础工作】 年内，区地税局开展无税申报企业专项清理工作，共计核实清理无税申报企业1703户，评估及检查补税51.6万元，对40户重大嫌疑企业实施立案稽查。建立汇总纳税协商机制。简化办理跨区县变更（迁出）税务登记审批流程，将国地税共管个体户注销时限由30天改为即时办理。推进个人出租房屋委托代征工作，实现29个街镇全面覆盖。

（房洁）

【税源管理】 年内，区地税局对4750户纳税百万元以上的企业进行重点税源管理，共缴纳税费423亿元，占总收入的81.6%。开展车船税专项评估工作，补税滞纳金242万元。开展教育行业专项调查、外籍人员个人所得税征管调研，加强个人所得税股权转让、企业所得税后续管理工作，开展房地产企业土地增值税全面清查。联合区发改委、建委等部门，对143个在建（在售）房地产项目进行源头控管，确保税款足额入库。调研辖区内“走出去”的三资企业情况，制定并形成区地税局国际税收管理工作方案。

（房洁）

【税务评估稽查】 年内，区地税局探索建立征管评查协调联动机制。加强应征已征税款比对评估，对建筑业、房地产经济业专项评估，联合区国税局开展住宿业评估，组织税务所开展差异化评估。梳理、规范20项稽查工作制度，建立举报协调会机制，开展房地产、金融等专项检查，对5个集团89户企业进行辅导自查。参与区政府西区治理及停车场专项整治工作。全年评估6300户，评估补税1.5亿元；稽查查补入库税款、滞纳金、罚款合计4.18亿元。

（房洁）

【推进信息管税】 年内，区地简局与全区20余个部门开展数据共享，提供数据分析业务服务119次，涉及记录共计17.7万条。累计修正核心征管系统疑点数据5万多条。深化总局财产行为税税源监控平台的管理和应用，试点开发存量房交易台账。改造金税三期业务系统，确保信息系统安全稳定运行。完成局内网改版需求分析、技术准备工作。

（房洁）

【纳税服务】 年内，区地税局梳理66项日常涉税业务，以办税提醒单的形式向全区纳税人推行书面一次性告知服务。推进纳税服务标准化，统一制定税务所标识标牌模式样本。在清河所、学院路所和科技园所试点运行“网上办税厅”部分涉税事项，探索税企之间的网络互动。组织各类辅导36次。在海淀地税网站开通“网上纳税辅导”专栏，更新上传辅导课件31个，向纳税人发放辅导手册、宣传资料35万份。建立纳税服务投诉调处机制，办理行政诉讼案件44件，行政复议6件，行政调解3件。三所、四所、五所实现全年纳税服务零投诉。

（房洁）

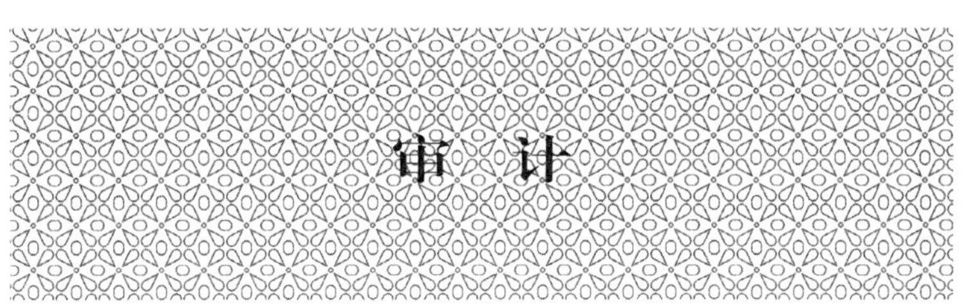

审　计

【概况】 海淀区审计局下设纳入规范管理事业单位海淀区审计局信息中心。2013年，完成审计项目40个，查出主要问题金额225522万元，其中违规金额432万元、管理不规范金额225090万元；损益（收支）不实137万元；审计处理处罚金额2244万元，其中应上缴财政59万元、应归还原渠道资金60万元、应调账处理金额2125万元；审计发现非金额计量问题54个；审计促进整改落实有关问题资金3452万元，其中增收节支802万元、已调账处理金额2125万元、审计促进拨付资金到位60万元、审计后挽回（避免）损失37万元；提出审计建议95条，提交审计信息130篇,被批示、采用156篇次；向社会公告审计结果1篇。

年内,《2011年度海淀区财政预算执行及其他财政收支情况的审计》和《关于海淀区小型污水处理设施投入和运营情况的专项审计调查》获北京市审计项目优秀奖；区审计局在北京市审计局2013年度网站工作中被评为成绩突出先进单位;《创新管理　监督服务并举　推进投资审计工作》获得北京市“审计发展三十年”征文审计实务研究类优秀奖;《残疾人信息管理系统应用控制审计》等7篇获得北京市AO应用实例和计算机审计方法应用奖和鼓励奖。

（乔捷）

【审计整改】 年内，区政府出台《海淀区审计整改工作暂行办法》，建立起审计整改报告、政府督查、部门联动、跟踪检查、结果公开、考核与问责等七项工作机制。统筹协调纪检监察、组织人事等力量，合力推进审计整改。明确被审计单位是审计整改的直接责任主体，被审计单位主要负责人是审计整改的第一责任人，建立“一把手”负总责、层层有责的整改机制。将审计整改落实情况列入被审计单位主要领导干部履行经济责任和单位年度目标责任考核内容，对拒不整改的要从严问责。逐步推行整改情况公开制度，以公开促进审计整改。

（乔捷）

【预算执行审计】 年内，区审计局加大对重大政策执行情况、重点民生资金使用情况和重大建设项目实施情况的审计力度。加强对公共财政的审计，关注预算编制的合理性，预算执行的严肃性和效益性。部门预算执行审计监督覆盖面拓宽，将12个一级预算部门纳入审计范围，审计数量较上年增长1倍。把涉农、教育、社会保障、生态环境治理等方面的专项资金作为重点监督对象，着重分析和把握相关政策的贯彻落实情况。落实中央“八项规定”和有关财政制度要求，加强对政府“三公经费”以及会议费用的审计监督，切实降低行政成本，推进政府绩效管理。审计结果报告重点突出，有建议有分析，为政府宏观决策提供参考依据。

（乔捷）

【专项审计】 年内，区审计局对社会保障、养老服务、医疗卫生等民生领域重点资金和项目进行专项审计。首次接受区人大的专题询问，对全区居家养老服务券和城镇无保障老年生活补贴两项政策性补助资金管理使用情况进行审计调查。重点审查政策落实、制度建设、工作流程以及预算安排、资金拨付使用和绩效管理等方面内容，评价项目资金使用和管理的合法性、安全性和有效性。对海淀医院等3家医院财务收支情况进行审计，重点对医院的医疗收费和药品采购、销售情况进行审计核实，跟踪医改实施情况与效果，对医院执行政府政策，服务群众、提高效率与自身发展进行评价，为规范医院财务收支行为、推动健全完善管理机制、促进医院健康持续发展起到了积极作用。

（乔捷）

【经济责任审计】 年内，区审计局增强审计的公开透明度，对年度经济责任审计项目在区审计局网站予以公示，在被审单位张贴审计公示、设立意见箱、发放绩效评价调查问卷等，借助社会公众监督强化审计监督。在被审计单位扩大审计入户见面会范围，中层以上干部全部参加见面会，督促被审计单位提高对审计工作的重视程度。完成对21名正处级领导干部的经济责任审计工作。

其中，有6个经济责任审计项目是党政干部“同步审计”，客观反映党政干部各自应负担的责任，避免相互推诿，影响审计效果。抓住权力运行和责任落实两个重点，全面检查重大经济事项的决策、执行、内部控制、资金管理等内容，进一步完善审计的完整性、公平性，促进依法科学行使经济权力。

（乔捷）

【政府投资审计】　年内，区审计局修订、出台《海淀区政府投资建设项目审计监督暂行办法》《关于加强全区固定资产投资审计有关事项的通知》等系列强化政府投资项目审计监督的制度和措施，对北部地区腾退及安置房建设、7条地铁线路海淀区段拆迁、老旧小区综合整治、平原造林等项目的管理及资金使用进行重点跟踪审计，跟踪审计资金达156亿元。通过深入施工现场、建立跟踪审计台账、定期召开例会、适时提出审计建议等措施，加大对项目招投标、资金使用、征地拆迁、工程结算等关键环节的监督力度，对控制工程造价、规范项目管理行为、推进项目建设发挥了积极作用。北部四镇拆迁腾退项目的阶段性审计，核减财政支出134.15万元。组织中介机构加强竣工决算审计。全年，完成政府投资建设项目竣工决算审计26项，送审资金总额20.54亿元，审计核减资金2.23亿元，平均审减率10.84%。

（乔捷）

【审计调查】　年内，区审计局对农业资金管理使用和街道房产管理使用进行审计调查。对农业产业化资金管理使用情况进行专项审计调查，重点审查项目申报、审批、实施、验收、资金管理等环节，审计延伸53个项目，从细化规范项目静、动态管理、加强对项目实施单位财务核算的监督指导等方面提出审计建议。根据审计意见，区农委出台《海淀区支农项目管理办法（试行）》，细化支农项目库管理，进一步明确项目申报、重大项目评审、中期检查、结项验收等环节的管理要求。对19家街道办事处的房产管理使用情况进行审计调查，重点关注街道房产的存量情况、来源及管理使用情况、社区居委会用房配套政策落实情况等内容。账外房产现象突出、社区配套用房政策落实困难、房产管理使用相关管理监督制度亟待规范等问题。各相关部门和单位根据审计结果，加强整改。区主管部门出台或修订《海淀区社会办公和服务用房专项资金管理办法》等3项制度，花园路等10家街道办事处制定或修订房产管理专项办法，促进街道房产管理的制度化、规范化；各街道办事处新增社区用房面积4914平方米，房产管理情况以及新建小区的配套情况都有明显改善。

（乔捷）

【审计信息化建设】　年内，区审计局构建联网审计分析平台。区审计局承担的“联网审计条件下全区部门预算执行审计”调研课题结项，形成全区部门预算执行审计方法体系，基本构建起实时监控、动态监测的在线审计系统。完成对22家街道三公经费使用的汇总分析。2013年度计划中的45个项目全部实现京OA系统的全流程应用步骤，形成结构化报告，其中具备条件的39个项目全部运用OA系统开展现场审计。

（乔捷）

【信息系统审计】　年内，区审计局开展信息系统审计工作。在对海淀医院等3家医院的综合审计中，首次独立实施信息系统审计项目，全面收集医院的组织机构、人员、内控制度、业务流程和财务收支等情况。从信息系统的安全性、有效性和经济性等方面，对信息系统建设、系统配置及操作权限、信息系统模块设置、关键点控制、效能发挥等各方面进行分析测试，为以后开展信息系统审计积累经验。

（乔捷）

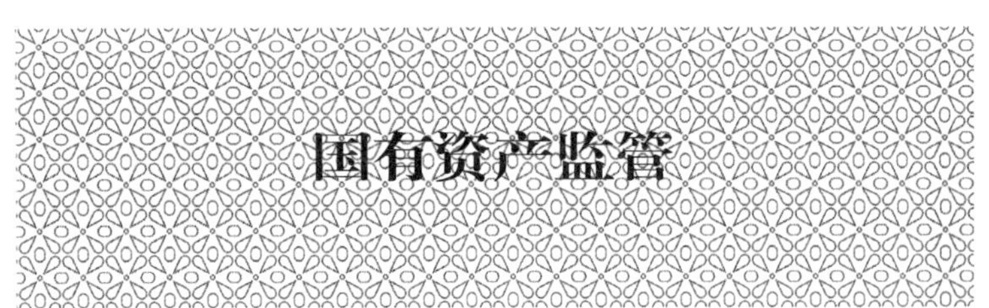

国有资产监管

【概况】　北京市海淀区人民政府国有资产监督管理委员会（简称区国资委）根据区政府授权履行区属国有资产出资人职能，对区属经营性国有资产进行监管，对区属城镇集体企业进行指导监管。直接监管企业17家。

2013年，区国资委加快推进企业整合重组和改革改制，推动企业经营转型升级。截至年底，区属国有及国有控股企业资产总额965.24亿元，负债总额757.83亿元，国有净资产147.44亿元；实现营业总收入199.07亿元，利润总额13.02亿元，上缴税金13.61亿元。区属国有企业主要从事商业服务业、园区建设业、地产开发经营业、基础设施建设业及科技金融服务业等。

（杨晓美）

【北京市海淀区国有资产投资经营有限公司】　属海淀区国有独资企业，拥有全资、控股、参股及托管企业33家。公司投资涉及高科技、金融、房地产、水务、旅游服务业、公共基础设施等领域，公司受海淀区国资委监管。

北京市海淀区国有资产投资经营有限公司成员企业一览表

	企 业 名 称	所属行业	企业性质	持股比例
全资企业[①]	北京皇苑大酒店	服务业	全民所有制	100%
	北京市海淀区海阔咨询公司	服务业	全民所有制	100%
	北京信茂房地产开发有限公司	房地产开发经营	有限责任公司	100%
	北京常兴海广会展有限责任公司	服务业	有限责任公司	100%
	北京海淀水务有限责任公司	自来水生产和供应	有限责任公司	100%
	北京香颐鑫源经贸有限公司	贸易	有限责任公司	100%
	北京宏城鑫泰置业有限公司	投资管理	有限责任公司	100%
	北京鑫泰锦绣投资有限公司（新成立）	投资管理	有限责任公司	100%
	北京鑫泰汇海投资有限公司（新成立）	投资管理	有限责任公司	100%
	北京中技所知识产权服务有限公司（新成立）	服务	有限责任公司	100%
	北京中技知识产权融资担保有限公司（新成立）	担保	有限责任公司	100%
	北京市海淀区钢管厂	制造	全民所有制	100%
控股企业[②]（7家）	北京海淀科技发展有限公司	科技及房地产开发	有限责任公司	40%
	北京稻香湖投资发展有限责任公司	旅游饭店	有限责任公司	73.72%⑤
	北京海国投物业管理有限公司	物业管理	其他有限责任公司	80%
	北京八大处房地产开发集团有限公司	房地产开发经营	其他有限责任公司	51%
	北京华海讯通信设备销售有限公司	通信设备销售	有限责任公司	60%
	北京海淀鑫泰世纪文化发展有限公司	旅游管理	有限责任公司	70%
	北京海鑫百思特房地产开发有限公司（新组建）	房地产开发经营	有限责任公司	51%
参股企业[③]（14家）	北京银行股份有限公司	金融	股份有限公司（上市）	0.6%⑤
	北京国翔资产管理有限公司	投资管理	其他有限责任公司	6.87%
	北京科技风险投资股份有限公司	风险投资	股份有限公司	10.75%
	北京锦绣大地农业股份有限公司	农贸	股份有限公司	2.73%
	北京海淀科技园建设股份有限公司	房地产开发	股份有限公司（非上市）	31%
	北京中科软件股份有限公司	科技	股份有限公司（上市）	16.68%[⑤]
	北京市绿化隔离地区基础设施开发建设有限公司	公用事业	有限责任公司	12.8%
	北京天润典当有限责任公司	金融	有限责任公司	15%
	北京地铁四号线投资有限责任公司	公用事业	其他有限责任公司	19.62%
	北京地铁十号线投资有限责任公司	公用事业	其他有限责任公司	1.48%[⑤]

	企业名称	所属行业	企业性质	持股比例
	北京海开房地产股份有限公司	房地产	股份有限公司	14.9%
	北京绿海能环保有限责任公司	公用事业	其他有限责任公司	8%[⑤]
	北京鑫泰世纪置业投资有限公司	项目投资	其他有限责任公司	30%
	北京海淀科技金融资本控股集团股份有限公司	金融	股份有限公司	20.67%
托管单位[④]	北京市海淀区老干部休养所	服务业	事业单位	

注：①全资企业由上年的7家变更为12家。

北京皇苑大酒店整体转让给国家行政学院，但相关手续仍在办理中；北京宏城鑫泰置业有限公司股权于4月经区国资委批准由北京海淀置业集团有限公司无偿划转给国投公司；北京市海安房地产开发中心于2013年8月注销；新注册成立4家公司：北京鑫泰锦绣投资有限公司、北京鑫泰汇海投资有限公司、北京中技所知识产权服务有限公司、北京中技知识产权融资担保有限公司；北京市海淀区钢管厂托管关系解除，由国投公司收回自行管理。

②控股企业由上年的6家变更为7家：注册成立北京海鑫百思特房地产开发有限公司。

③参股企业减少1家：北京海迪创新技术资产投资中心有限公司于2013年10月注销。

④托管企业：北京市海淀区老干部休养所由国投公司实施管理，人员关系同时转入国投公司。北京市海淀区钢管厂托管关系解除，由国投公司收回自行管理。

⑤公司在成员企业的持股比例变化及原因：

企业名称	原持股比例	现持股比例	股权变化原因
北京稻香湖投资发展有限责任公司	74.76%	73.72%	注册资本金增加
北京银行股份有限公司	0.76%	0.6%	总股本增加
北京地铁十号线投资有限责任公司	3.33%	1.48%	注册资本金增加
北京中科软件股份有限公司	20%	16.68%	总股本增加、收购信茂公司所持有股份
北京绿海能环保有限责任公司	40%	8%	增资扩股

2013年，围绕国企在区域经济社会发展中的新定位、新要求，加快产业结构优化，拓展新型科技金融服务业务，开发功能性特色地产业务，实现公司的平稳发展。公司系统按合并报表口径计算，资产总额343.43亿元；实现收入总额34.71亿元，实现利润总额5.18亿元，完成年度计划的105.71%，同比增幅35.96%；净资产收益率9.9%，完成年计划的123.75%，同比增幅59.68%；公司本部实现收入9.57亿元，完成年计划的182.98%，同比增幅101.9%；实现利润2.14亿元，完成年计划的156.2%，同比增幅73.98%；实现净利润1.72亿元，完成年计划的157.8%，同比增幅72%；上缴税费11028.03万元，完成年计划的193.47%，同比增幅76.18%；上缴税金:10790.25万元；上缴利润2082.7万元，完成年计划的100%，同比降幅76.47%。

公司参与核心区科技金融创新，构建综合知识产权评估、金融服务、交易处置一体的创新型区域知识产权融资服务体系。完成北京中技所知识产权服务有限公司、北京中技知识产权融资担保有限公司的筹建工作。

通过调整合作开发模式，加大现有项目的开发力度，探索新的业务领域和业务模式，加大新项目的开发储备。推进地产公司与百锐公司合作，与百思特公司组建北京海鑫百思特房地产开发有限公司，合作开发永泰项目。截至2013年年底，所属企业存量土地储备200多万平方米。

通过拓展融资渠道和资金结构调整，信用或准信用贷款逐渐增多，资金成本较年初下降1.8个百分点。北京海国鑫泰投资控股中心融资主体初见成效，已获13家银行授信额度。以海国鑫泰为主体获得政府1.5亿元资本金补助用于海淀山后及西北部市政道路建设。以海国鑫泰为投融资主体的政府性项目南、北旱河防洪排水工程建设资金1.38亿元到位，累计支付工程款6318万元。

完成北京中科软件股份有限公司股权收购、北京宏城鑫泰置业有限公司股权收购、北京信茂房地产开发有限公司清算、北京市海安房地产开发中心注销工作以及北京稻香湖投资发展有限责任公司非国有股权的收购工作。

推进化解大地系统公司债务风险工作，签订总体债务抵偿协议，锁定有效抵债资产，并组建北京鑫泰锦绣投资有限公司、北京鑫泰汇海投资有限公司，分别承接大地系统公司持有的相关项目。

（赵灵娟）

【北京海淀科技发展有限公司】 2013年，本部及控股公司合并完成各项收入159584万元，其中控股企业北京三聚环保新材料股份有限公司实现收入12亿元,北京海科融通支付服务股份有限公司实现收入2亿元。合并报表实现利润总额25805万元。其中三聚环保公司实现利润20472万元，海科融通公司实现利润2600万元。控股企业三聚环保公司成功实现利用焦炉尾气、煤制氨气生产LNG（液化前燃气），研制出湿法脱硫、加氢、脱汞等国际领先技术。“一站式”服务加BT运营模式在石化、煤化工、油气田等领域取得突破性进展。控股企业海科融通研发的支付通三代平台已投入运营，行业应用业务量已突破5000万元，累计完成交易额200亿元，实现支持20多家银行信用卡还款的业务接入，研发QPOS、PBOC系列、掌芯宝和壁挂式大型缴费机具，多款产品已实现量产，并逐步投放市场。其中，“掌芯宝”手机刷卡器获2013中国国际金融展技术设备类的“优秀金融机具奖”，海科融通支付服务股份有限公司获选支付清算协会技术标准常务委员单位。

（赵灵娟）

【北京八大处房地产开发集团有限公司】 年内，由项目公司转变为集团公司，开拓地产金融运作的思路与方向，战略性进入金融投资行业。2013年实现收入8亿元，实现净利润1.079亿元，完成全年任务的153.5%。亦庄荣华国际项目工程竣工。天津北塘25万平方米、嘉海70万平方米项目工程顺利推进。西井一级开发项目完成大部分非居民用房的拆迁工作。琼海白石岭项目完成682亩地块的摘牌工作。完成三亚海棠湾项目公司的注册工作。收购北京朝阳区文凯兴国际学校项目，形成10万平方米学校和17万平方米写字楼的建设规模。旗下鑫融金酒店管理公司与全球最大的酒店管理集团——洲际集团达成战略合作协议，实现扭亏为盈。东直门智选假日酒店平均出租率87.96%，经营利润率52.2%。上地智选假日酒店平均出租率87.37%，经营利润率48.5%。公司在建或储备的酒店资源已逐步形成集团化规模运营。

（赵灵娟）

【北京中海投资管理公司】 公司是由海淀区国资委出资和监管的国有独资企业。公司主营业务：创业咨询、创业投资、产权经纪、电子政务、生物医药孵化器经营、投资担保、资产经营和管理等。2013年，公司资产总额达到6.34亿元；实现经营收入1.74亿元，同比增长28.75%；实现利润总额1141万元，归属于母公司所有者的净利润543万元，净资产收益率1.29%，比上年增长3.2%。

2013年，重点推进公司改制相关工作。根据《海淀区属国有企业改革工作实施方案》整体部署，公司由全民所有制改为国有一人公司，建立符合现代企业制度的公司治理结构，进一步加深市场化经营。为明晰企业定位，建立现代企业制度，完成公司改制工作，公司出台《北京中海投资管理公司2013年工作纲要》，明确公司将以服务高科技企业、推动产业创新为宗旨，致力于为核心区打造创新要素的资源运营平台。按照现代企业管理规范，建立“三会”制度，补充完善公司各项内部管理制度，启动公司三年发展规划编制工作，为公司未来市场化发展奠定基础。

政策资金受托管理工作。推进各项基金业务的纵深发展，创新投后管理模式，设计市场需求产品，逐步打造募、投、管、退全线服务。实现创新金融服务支持科技实业的总体目标。

海淀区创业投资引导基金向产业促进倾斜。年内确定第三批合作机构11家，出资总额2.4亿元，前两批合作机构共5家出资1.8亿元，吸引社会资本近50亿元，参股基金已投资项目69个（已上市企业2家），其中海淀区项目19个（已上市企业1家，已报证监会2家）。与清华控股合作设立引导基金母基金，出资额1亿元。发布设立海淀区科技成果转化和技术转移引导基金。完成第一批7家初创期科技企业出资工作，出资约5000万元。目前已启动第二批20余家企业筛选、评审和尽职调查等工作。

完成海淀区重点产业化项目股权投资专项资金投后管理工作。两批19家企业涉及电子信息、航空航天、生物医药、节能环保、先进制造等多个领域的新技术创新企业。其中实现股利分红企业1家，取得分红收益6.25万元。通过对基金项目的调研，提炼出科技型企业的核心资产，对项目企业进行资产证券化，通过出售有价证券的方式在资本市场上募集资金，实现创新融资产品，提供增值服务。

中关村国际数字设计中心（以下简称“中心”）成功举办第二届数字设计创业大赛，被中关村科技园区管委会授予“中关村自主创新示范区创新型孵化器”称号，被海淀园管委会授予“核心区新兴产业孵化器”称号，获得国际多媒体协会联盟亚太中心中国（中关村）数字设计基地、北京发明协会发明创新基地、海淀区工商业联合会文化创意产业基地等称号。与映山红基金达成合作协议，建设“快速孵化”平台，创新项目遴选机制，实现大批量、短周期地征集、筛选、孵化、退出项目。“中心”协助支持北京创客空间打造北京市第一家硬件孵化器，成功引入戈壁创投资金500万元，实现企业估值1500万元，成为亚洲规模最大的创客空间。

聚焦核心区战略性新兴产业，构建和运营资源服务平台和产业孵化、加速体系，创新驱动核心区产业发展。达成中关村新光源及显示技术实验室校区合作，发起设立“北京新光源产业技术研究院”，并与北理工的资产经营公司合资设立“北京新光源产业技术研究院有限公司”，作为实验室的成果转化和技术转移的实体。与台湾企业家姚立和先生发起设立“台湾科技企业协会”。与清控科创公司合作，在美国硅谷设立“中关村科创硅谷孵化器”。与美国得克萨斯大学理查孙校区合作，设立“中海（得州）产业技术研究院”。

中海纪元公司继续保持在传统软件服务、IT运维服务、呼叫运营和网络教育等方面的区域地位，重点拓展智慧教育、智慧旅游、社会管理服务方面的创新业务，继续巩固在海淀区电子政务信息化建设领域的优势地位。年内新申请注册商标1个，申请软件著作权6个，申请发明专利2个、实用新型专利1个。获得“瞪羚重点培育企业”“2013中国智慧城市信息化最佳服务商”等称号。中海投资管理公司控股的中海源公司，创新使用“股权动态报价”，获北京产权交易所优质服务奖、竞价贡献奖。

（蔡莹）

【北京海淀科技金融资本控股集团股份有限公司】 2010年12月8日，经区委、区政府研究决定，设立北京海淀科技金融资本控股集团股份有限公司（海科金集团公司），采取政府引导、市场化运作的方式，形成创业投资、担保、小额贷款、典当、孵化等相结合的综合运营模式，促进科技与资本的有效对接，为中小企业发展提供更好的科技金融服务。海科金集团公司注册资本金人民币15亿元。集团下属北京海淀科技企业融资担保有限责任公司、北京鑫泰小额贷款股份有限公司、北京中海创业投资有限公司、北京中关村上地生物科技发展有限公司、北京海汇典当有限公司、北京海鑫资产管理有限公司、北京科海融创咨询有限公司、北京海科融信物流有限责任公司等8家子公司。

截至2013年8月底，海科金集团共为30家科技型中小微企业提供贷款、担保近5000万元。集团下属的北京海科融信物流有限责任公司于2月18日取得工商局颁发的食品流通许可证。集团下属的北京海鑫资产管理有限公司于4月正式开展业务。6月24日，集团下属的海淀科技担保公司与中关村科技园区海淀园管理委员会签署《海淀区科技担保扶持基金托管协议书》，受托管理担保基金5000万元人民币，用于为海淀区科技型中小微企业提供贷款担保。海淀科技担保公司注册资本增资至5亿元。海淀担保公司在保余额突破30亿大关，共为230余家科技型中小微企业提供担保服务。12月，海淀科技担保公司被《中国担保》杂志社、中国担保先锋中国担保英才评委会评为“中国担保辉煌先锋”称号。

（任嵩迪）

【国有企业经营发展】 年内，翠微股份公司将翠微广场店与翠微本店统筹调整经营；当代商城本店实施向购物中心化新型百货店转型的改造工程；甘家口大厦推出“微店”营销服务。海国投公司化解债务危机，通过债权转股权等方式促进形成房地产经营主业，加大地产项目储备及开发力度。海科金集团科技金融业务发展势头良好，所属担保公司经营额已名列全市同类担保公司第3位。海淀置业集团推进图书城房产回购和华奥饭店改造，促进图书城业态升级；推进“菜篮子”工程，恢复便民服务网点15处。中海投公司在美国硅谷合作建立科技孵化器。海开集团推进一批代建项目建设，受区土储中心委托开展凤凰岭土地一级开发整理。西山农场支持佛学院项目建设，发展凤凰岭景区旅游产业。工业公司解决原北京第一机床电器厂遗留问题，收回房产10487平方米。实创有限公司、实创股份公司、威凯公司推进北部生态科技新区建设，在项目融资、征地拆迁、开工建设及招商引资等方面发挥主力军作用。实创股份公司完成翠湖科技园8宗地块的供地工作，吸引大北农等30余家高新技术企业落户园区；实创有限公司推进上地供热厂煤改气工程项目；威凯公司完成“东埠头沟”涵洞工程，开工建设北部文化中心代建项目。海融达公司实施城市道路建设，全年实现道路通车里程22.5千米。绿海能公司推进再生能源发电厂项目建设，完成综合办公楼竣工及中控楼主体结构封顶等工作。海开集团、威凯公司、昊海公司推进区域保障房建设任务。区国资中心通过发行企业债、短融产品等方式融资到位32亿元，为北部园区建设等重大项目提供资金支持。

（杨晓美）

【国有企业改革】 年内，区国资委推进区属商业企业整合重组与园区建设企业整合重组。制定翠微股份公司、当代商城、甘家口大厦等3家商业企业重组方案，按照上市公司重组规定开展非主业经营资产划转、人员安置方案制定、重组资产审计评估等工作。制订实创有限公司、实创股份公司、威凯公司等3家园区建设企业股权调整与业务整合方案，组织开展资产评估等工作。推进西山农场、中海投公司、京海联公司3家企业公司制改革及区属相关二三级企业改制。完成相关企业调整划转工作，将海南电南科技公司划入海国投公司，将六一仪器厂、康而福保健品厂划入工业公司。

（杨晓美）

【国有资产监督管理】 年内，区国资委组织区属企业做好专项审计所反映问题的各项整改工作，改革审计监管方式，将过去由企业聘请改为由国资委统一聘请中介机构实施企业年度财务决算审计。实行企业董事会报告制度，完成海融达公司等7家企业董事会专题报告与评价工作。推进企业监事会管理体制改革，选派正处级监事会主席负责国企日常监督工作。出台《海淀区国资委派驻企业监事会主席工作报告实施细则》。签订《经营业绩考核责任书》，将实现国有资产保值增值等任务分解到一级监管企业。开展区属企业领导人年薪发放监督检查工作。规范开展国有资本经营预算管理工作，组织企业上缴国有资本收益10058.2万元，安排支出

12640万元，用于支持企业发展及解决遗留问题等项目。开展企业用工管理和职工收入情况专项调研。完成海淀国资综合业务与信息服务平台建设并投入运行。实行企业对外投资及担保等重大事项监管审批。规范开展统计评价、产权登记、清产核资、资产评估等基础监管工作。帮助企业解决遗留问题，解决实创有限公司为亚都公司担保债务问题，解决雪花冷冻箱厂职工宿舍楼供暖问题，推进解决京门公司破产和解及中科大厦诉讼纠纷等遗留问题。督促企业做好安全维稳工作，确保企业稳定运行。

（杨晓美）

出入境检验检疫

【概况】 中华人民共和国海淀出入境检验检疫局（以下简称海淀检验检疫局）是中华人民共和国北京出入境检验检疫局设在海淀区的分支机构，2007年5月16日正式挂牌办公。依法负责北京地区出入境医疗仪器设备、进口涉及医疗器械的压力容器以及燃气锅炉的检验检疫工作；负责海淀区、昌平区和延庆县范围内进出口商品检验、出入境动植物检疫、出入境卫生检疫、出入境食品检验检疫和监督管理工作。

2013年，海淀检验检疫局共检验检疫出入境货物19256批，同比增长8%；货值19亿美元，同比增长10.5%。检验出境工业品1558批，货值0.8亿美元；检验入境工业品15282批，货值16.8亿美元（其中，入境医疗器械12560批，货值13.5亿美元）；检验检疫出入境动植物产品和食品2416批，同比减少19.8%，货值1.4亿美元，同比减少33.3%（其中，食品1423批5821.8万美元；植物产品461批，4796.7万美元；动物产品532批，3016.3万美元）。共检出出入境不合格商品42批，金额216.5万美元，退运或对外索赔39批，金额192.1万美元。出具各类证单19256份。

（李素琴）

【进出口医疗器械监管】 年内，海淀检验检疫局选取15家进口医疗器械收货人试点完成分类审核工作，对试点收货人企业进口医疗器械，实施检验监管工作，优化进口医疗器械检验流程图，由重检验向重监管转变，完成监管流程图绘制工作，起草《进口医疗器械检验监管作业指导书》。对德国百力多公司和法国光太公司开展境外制造商评价工作，将进口医疗器械检验监管工作向前延伸。海淀局进口医疗器械检验监管已经初步形成将产品风险分类、收货人分级、多种检验监管模式并存、境外制造商评价有机融合的全新进口医疗器械检验监管流程。

（李素琴）

【监管供港鲜鸡蛋】 年内，海淀检验检疫局对北京德青源农业科技股份有限公司供港鲜鸡蛋进行风险评估，强化出口食品监管有效性。组织专家对德青源公司的食品安全管理体系进行全面诊断，利用风险分析方法进行风险评估，制作《北京德青源农业科技股份有限公司日常监管表》《北京德青源农业科技股份有限公司饲养场监管记录》《北京德青源农业科技股份有限公司出口产品报检加工信息表》等配套表格和记录。制定《海淀局辖区内出口鲜鸡蛋检验检疫作业指导书》《出口鲜鸡蛋生产企业备案办法》《出口鲜鸡蛋生产企业备案评审记录》。对北京德青源农业科技股份有限公司实施延续备案的评审。

（李素琴）

【提升检验检疫执法能力】 年内，海淀检验检疫局着力提升依法行政能力，将行政执法工作纳入绩效考核评价体系，作为干部职工综合考核评价的重要依据。组织以“弘扬法治精神、传播法治文化、建设法治质检”为主题的“质检法治文化演讲比赛”。开展“送法进企业”法律服务活动，向企业发放法制书刊、读物，宣讲检验检疫法律法规。与中关村海关签署合作备忘录，关检联动执法。梳理执法依据并制作清单，做到执法依据合法有效，履行职责不越位、不缺位、不错位。全年行政执法8起，处罚金额14.84万元。

（李素琴）

【窗口标准化建设】 年内，海淀检验检疫局加强窗口标准化建设，完善窗口服务。设立“一个通道，四个窗口”，即绿色通道、高信誉企业窗口、特事特办窗口、困难企业窗口和应急验放窗口。对特殊企业提供个性化服务，如对植入式心脏起搏器等进口重点敏感商品，严格单证审核工作，详细核对货物信息，保证货物的快速通关，为企业提供优质高效的服务。

（李素琴）

食品药品监督管理

【概况】 根据北京市食品药品监管体制改革方案相关要求，2013年8月19日第69次区政府常务会审议通过由区编办提出的《海淀区食品药品监督管理体制改革工作方案》。9月9日，海淀区食品药品监督管理局（区食药局）挂牌。食品药品监督管理局机构改革涉及药监海淀分局、工商海淀分局、区卫生局卫生监督所、区质监局、区食品安全办公室五个部门，整合原食品办、区药监局、区质监局、区工商分局等部门的食品药品监管职责，对食品药品生产、流通、消费等环节统一监管。9月29日，29个街镇成立食品药品监督管理所，作为食品药品监督管理局的派出机构和街镇的内设机构，主要承担“四品一械”的准入、监管以及服务工作。11月1日，区食品药品监管局及所属各部门正式对外履行食品药品监管职能。

（闫强 郭小强）

【重点时期市场监管】 3月初全国“两会”期间，区食药局对代表驻地周边和中关村等繁华商业区进行严格监管，共出动460人次，检查企业277家次，查处违法经营企业2家，罚款金额总计94236元。北京出现首例人感染H7N9禽流感后，分局启动应急预案，成立防控指挥部；实行防控信息日报告制度；重点加强对防控所需药品、医用防护用品的监督检查，共出动检查人员625人次，检查药械生产、经营企业和医疗机构449家次。

（闫强）

【行政许可】 11月1日至年底，行政受理中心和食品药品监管所共受理各类行政许可1458户，现场核查756户次，发证882户。

（郭小强）

【日常监管】 11月1日至年底，区食药局共立案43件。接收并转办消费者对海淀辖区“四品一械”的投诉举报，实行24小时接报制度，共受理投诉举报679件，均按时限要求进行办理。

（郭小强）

【监管主体】 2013年，海淀区共有食品药品监管主体30490户。其中，食品生产加工主体96户，食品流通主体14988户，餐饮服务主体6638户，药品、医疗器械生产主体378户，药品、医疗器械经营主体3261户，保健食品生产经营主体1378户，化妆品生产经营主体2806户，各类医疗机构945户。

（郭小强）

【监督抽验】 年内，“四品一械”各环节共检测检验各类食品药品样品8311个。食品生产、流通、餐饮等各环节共检测检验各类食品样品7390个，样品基本覆盖与社会公众生产生活相关的大米、面粉、食用油、肉制品、调味品、糕点、饮料制品、餐饮业常用餐饮原料及加工成品、盒饭、餐具等，食品类各环节合格率平均为98%。药品、保健食品、化妆品、医疗器械等环节检测检验样品921个，合格率分别为100%、95.56%、100%、91.8%。

（郭小强）

【专项检查】 年内，区食药局集中开展乳制品、食用油、肉类、酒类、食品添加剂、调味品等综合治理，开展药品“两打两建”、保健食品打“四非”和中药饮片专项整治等专项行动，保障饮食用药安全。完成中共十八届三中全会、中央经济工作会议等重要会议保障任务。开展针对元旦、春节等重要节日期间食品药品安全供应专项整治。

（郭小强）

【“药品安全百千万工程”完成】 2013年是北京市“药品安全百千万工程”建设完成之年，海淀区有4个街镇申报药品安全示范街镇。截至年底，辖区有10家“药品安全示范街镇”、144家“质量安全示范企业”、803名“药品安全员”，完成海淀辖区的建设任务。

（闫强）

【药品安全宣传】 年内，区食药局利用“3·15”、节假日、食品安全宣传周等开展宣传活动。会同曙光街道举办安全用药知识讲座，指导社区居民科学、合理的用药，提高居民辨别互联网售卖假劣药的能力；组织开展“3·15”安全用药宣传咨询活动，普及“三品一械”常识，提高市民安全用药水平；“五一”期间，对辖区重点区域、重点企业、重点品种的监督检查，保障节日期间首都药品市场和谐稳定；会同紫竹院街道举办安全用药大讲堂活动，发放安全用药宣传手册，普及科学合理用药的常识；中秋、国庆节期间，联合温泉街道、航材院居委会开展“用药安全、健康同行”宣传活动，确保双节百姓用药安全。

（闫强）

【废弃药品回收】 年内，全区配置回收箱985个，占全市回收箱总数的近三分之一，实现社区、村（居）委会100%全覆盖。编写印制《抵制非法收售药品，维护合法废弃药品回收》《谨防互联网销售假药》《致居民的一封信》等宣传材料2.2万份，放置于回收箱上供居民取阅。4月1日的《北京晨报》对海淀区废弃药回收工作进行整版专题报道，将过期药品回收“海淀模式”经验介绍到全市。

（闫强）

烟草专卖与管理

【概况】 北京市海淀区烟草专卖局（区烟草局）受北京市烟草专卖局和海淀区人民政府双重领导。北京市海淀烟草公司，隶属于中国烟草总公司北京市公司，是海淀区域内唯一合法的烟草制品批发企业。北京市海淀区烟草专卖局与北京市海淀烟草公司合署办公，两块牌子一套机构，实行“统一领导，垂直管理、专卖专营”的经营管理体制。2013年，公司两名职工被国家烟草专卖局授予“全国烟草技术能手”称号。截至2013年年底，北京市海淀烟草公司资产总额为102781.83万元，同比增长6.39%；净资产为100100.16万元，同比增长6.61%；固定资产7140.70万元，流动资产95641.13万元。辖区内持证卷烟零售户4168户，有效经营户为3811户。

（杨亮）

【建立专销互动工作机制】 8月5日，海淀烟草公司出台《北京市海淀区烟草专卖局专销互动工作管理办法（试行）》，正式建立并全面推行专销互动工作机制。通过专销互动可实现：一是信息共享、工作互通。市场监管员和客户经理、专卖管理和营销网建部门之间做到工作信息实时互通、实时共享；发现问题及时协调、有效解决；二是强化管理、规范经营。加强对零售客户依法经营监管，做到管住流出、堵住流入、净化市场、合法经营；三是快速反应、有效监管。及时发现不规范行为，及时解决存在的问题，进一步提高专卖管理实效性和规范经营有效性；四是服务客户、提升水平。加强零售终端建设，做到政策宣传到位、服务指导到位、规范管理到位。

（杨亮）

【烟草专卖经营】 年内，全区烟草专卖实现税利6.19亿元，同比增加0.1%；销售卷烟11.92万箱，单箱销售额2.82万元，同比增长4.42%；实现利润3.54亿元，税金2.65亿元,同比增长1.07%。累计完成一至三类卷烟9.08万箱，销量比重高于同期1.97%；以培育“532”“461”知名品牌为重点，开展精准营销和体验式营销，加强对大品牌、辖区主打品牌、潜力品牌和低焦油卷烟的培育，辖区行业知名品牌销售10.62万箱，同比增长0.27%，占辖区总销量的89.08%；区域重点培育品牌黄鹤楼（硬大彩）销售194.5箱，超出预期目标62%，上柜率46.9%，超出预期目标31%。建立海淀烟草卷烟需求预测分析机制，实现零售户、客户经理、区县公司自下而上三层预测，需求预测准确率同比提高0.79%，建立《海淀烟草卷烟库存、价格监测分析机制》，优化信息采集流程，增强市场状态把握能力，推广零售客户“两卡”[①]结算，开展“街区小组”活动，客户盈利水平进一步提升。

（杨亮）

【烟草市场监管】 年内，区烟草局开展“三化合一[②]”市场监管新模式，建立并推行专销互动一体化工作机制和“异地、隐身、交叉、错时”市场检查方式，会同工商部门开展专项集中整治和日常监管，无证户增长的势头得到初步遏制；加大对“涉烟集贸市场”“真烟异常流动”“天价烟”等为重点的专项集中整治力度。全年查办案件703起，同比降低57.8%；查获大要案28起；查获各类违法卷烟1198.09万支，同比增长84.53%；移送司法机关判刑6人。

（杨亮）

【办理烟草行政许可2952起】 2013年，区烟草局共办理行政许可事项2952起，其中新办行政许可246起，变更行政许可118起，延续行政许可2006起，办理停业19起，恢复营业4起，歇业208起，补办41起，注销办理310个。截至年底，全区有效持证户共计4168户，许可证有效率达到100%。

（杨亮）

【业务培训】 区烟草局全年开展各类培训项目39个，共计1671人次；“两员”[③]队伍职业（岗位）资格取得率达到94.2%，同比提高九个百分点，其中中级员以上职业（岗位）资格取得率达到82.6%，同比提高十个百分点。

（杨亮）

案例选辑

【侦破“1·23”售假烟网络案件】 1月23日—28日，在北京市烟草局专卖处打网办的统一协调下，海淀、房山、门头沟区局联合朝阳、丰台、顺义、昌平区局及当地公安部门成功破获一起以北京人夏某为首的跨区销售假烟网络案件。此次行动共出动警力25人、烟草专卖执法人员66人，捣毁假烟窝点10个，查扣涉案车辆4辆，共查获假冒软中华、硬中华、软苏烟等卷烟15个品种112.18万支，案值197.71万元，抓获涉案人员15名，刑事拘留6人。

（杨亮）

【侦破“12·17”售假烟网络案件】 12月17日，在北京市烟草局专卖处打网办的统一协调下，海淀、丰台、门头沟区局联合当地公安部门成功破获一起以河南人曹某某为首的跨区销售假烟网络案件。此次行动共出动警力30人、烟草专卖执法人员46人，捣毁假烟窝点8个，查扣涉案车辆4辆，共查获假冒软中华、硬黄鹤楼1916、大中华等32个品种67.56万支，案值164.92万元，抓获涉案人员7人，刑事拘留3人，网上追逃1人。

（杨亮）

---

① 信用卡结算和企业卡结算。

② 网络化、差异化和信息化。

③ 市场监管员和客户经理。

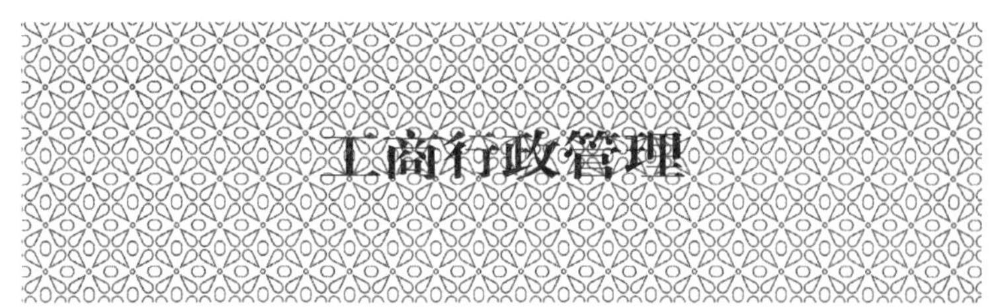

工商行政管理

【概况】 北京市工商行政管理局海淀分局（以下称工商分局），是北京市工商行政管理局在海淀区的派出机构。下设16个工商所、1个市场执法检查队；挂靠机构3个：海淀工商管理学会、海淀区消费者协会和海淀区私营个体经济协会；海淀区食品安全委员会办公室设于分局。食品安全综合科、食品安全监督检查科、食品质量监督管理科3个科室整体划转给新组建的区食药局。

2013年，分局对登记事项等轻微的违法违规行为采取有条件的“以导代罚”，全面推进行政指导。全年共实施行政指导9542次，其中助成性行政指导615次。查处各类违法案件3052件，罚没款3651.59万元。其中，无照经营956件，擅自改变登记事项479件，广告287件，逾期年检278件。

（韦培平）

【国家工商总局商标局驻中关村国家自主创新示范区办事处】 2013年，办事处共受理各类商标申请51116件，同比增长86.36%，其中商标注册申请39395件，同比增长98.08%；现场发放《商标注册申请受理通知书》29970件，同比增长110.79%。收文数量呈现不断增长的趋势，受理通知书发放量从1月份日均70多件增长到12月份日均200件以上。

加强商标政策宣传指导。走访北京爱德发高科技中心、北京真视通科技股份有限公司、北京市老才臣食品有限公司等十几家企业，为企业在商标方面的问题答疑解惑，引导企业做好商标品牌建设工作，提高企业商标创造、运用、保护和管理能力。

宣传普及商标知识。9月11日，办事处赴中关村品牌协会举行商标知识讲座，北京康比特体育科技股份有限公司、时代集团、北京小米科技、高德软件等十几家企业商标工作负责人参加。12月，办事处参加海淀区“企业商标大讲堂”活动，配合海淀工商局开展面向辖区企业的商标知识讲座。

深入北京各区县进行调研培训，开展商标宣传。办事处分别赴朝阳区、东城区和平谷区调研走访，座谈答疑；对2014年即将在延庆举办的世界葡萄大会会标申请问题给予专业意见；去密云不老屯和西溪翁庄，调研当地“黄土坎”商标申请地理标志商标情况和“不老屯”系列商标的保护战略，建议该区结合传统优势和资源优势，形成用地理标志证明商标为载体，以市场为导向，特色突出、优势明显的农业发展新格局。

支持企业盘活商标无形资产，为企业商标质押贷款提供便利。通过商标专用权质权登记，为中关村企业融资、贷款、抵押等商标资本化运作拓展渠道。2013年，办事处共为30家企业和个人办理商标权质权登记，涉及商标147个，质押总金额2.98亿元。

（杨晓芳）

【工商服务】 年内，工商分局与区消防支队、区烟草公司等相关前置审批部门以及乡镇政府等住所出证单位的沟通协调，做好前置许可环节、出证环节的衔接工作。为京投公司、江信基金等30余家重点企业、重点项目和重点人才开辟登记绿色通道，提供包括政策指导、制作登记注册文书、解决登记难题等在内的全程帮助，实现重点项目的高效办理，促进战略性新兴产业落户核心区。为有转变组织形式意向的个体工商户开辟绿色通道。以锦绣大地市场为试点，运行“个转企助成计划”，推动“菜篮子”产业结构升级调整，促进由低端向高端发展演化。共完成个体转企业登记注册128户。

（韦培平）

【全景式登记注册服务体系建设】 年内，工商分局全面实施登记网络预约，该工作机制在市工商局登记系统属于首创。设立咨询回访办公室。实现登记注册各环节全流程把控。完善一次性告知服务，做到有告知、有确认、有痕迹。规范登记注册代理秩序，倡导代理机构在登记大厅提供义务服务。加强登管联动，防控虚假登记。提高虚假登记预警频率。发出“登管传递单”329份，向企监、工商所移送案件线索67件。办理企业筹建登记5户；办理股权出资登记12户，股权出资总额7000余万元；股权激励4户，注册资本数额1600余万元；组织形式转换登记55户，资金重组额1亿7400余万元；企业集团登记12户，集团资产总额32亿5600余万元。共办理企业设立登记21913户，同比增长18.1%。海淀区实有市场主体235823户，同比增加6.2%。

（韦培平）

【对接网格化社会管理】 年内，工商分局推进工商管理网格与社会管理网格的实质性对接，完成与全区643个社会管理网格的对接。参与街镇“联合执法小分队”组建，各工商所派驻人员参加全部29个街镇的联合执法小分队，共派出1083人次，621车次，参加联合执法小分队执法行动751次。对双榆树、五塔寺、双泉堡等无照经营聚集区进行有效整治。开展“送法律、送服务”活动，向社区居民通报食品下架、商品警示及消费提示等各种信息300余次，开展预付费、医疗用品体验、有奖销售等消费知识讲座20余次，收集无照经营、商标侵权、虚假宣传等各类违法线索200余条。三级网格（北京市工商局、海淀工商分局和海淀各工商所）责任人依托工商工作站共受理举报168件，解决消费申诉183件。在369座商务楼宇中建立工作站点195个，占全市商务楼宇工作站点一半以上。全年个体验照45182户，验照率80.55%，同比增加2.46个百分点；内资企业年检142030户，年检率 93.19%，同比增加 0.49 个百分点。

（韦培平）

【培育诚信管理市场】 年内，工商分局以北京盛宏达商品交易市场为试点，培育诚信管理典型市场。指导市场率先在全市市场行业自行开发“诚信管理多媒体导购系统”，设置导购服务、工商指导、一键投诉、曝光台等 7 个分系统和 25 个子版块；组织辖区 15 个工商所到试点市场参观学习，现场交流经验。推广诚信管理典型成果，在辖区 15 个工商所培育 15 个区级诚信管理示范市场推进市场诚信建设。编订 29 个二级网格和 684 个三级网格分析报告，内容涵盖社区环境特点、市场秩序情况和风险防控情况等。北京玉泉东市场等 4 个市场通过市级诚信示范市场验收。

（韦培平）

【商品质量监测】 年内，工商分局针对高投诉的电子商务行业，开展网络商品监测工作。开展的服装类、贵金属珠宝类、纸制品、建材装修材料、手机配件、小家电、电动车、自行车等商品的监测抽查，共计 379 件，173 件不合格。不合格商品占百分比为 45.64%。先后两次对京东商城、国美在线、红孩子等三家网站的 77 种商品进行了抽样检测，发现不合格商品 50 个。

（韦培平）

【食品监管】 年内，工商分局针对北京第一例禽流感病例，分局加大检查力度和频次，在全区农贸市场张贴 260 份公告。全年辖区市场抽检食品 760 个，合格 734 个，合格率 96.58%；完成市场内食品核查 158 户，建立 44 个农贸市场重点食品台账。完成 55 个加油站 110 个油品抽检，全部合格。以“一检两核查”，做好市场日常监管基础工作。“一检”即市场专营公司年检，“两核查”即市场年检现场核查和市场食品流通许可核查。2013 年度应检市场 124 户，实际参检市场 118 个，参检率为 95.16%。受理市场设立、变更 16 个；完成展销会备案 40 个。

（韦培平）

【商品交易市场监管】 年内，工商分局抽取市场及门店的手机电池、照明用品、儿童服装玩具、室内装饰装修材料、汽车配件及电动自行车等 6 大类重点商品共计 78 个样品进行送检。捣毁设在挂甲屯居民家的三处制假窝点和“组配装”加工车间，查获假冒硒鼓及配件等 7000 余件。与海淀公安、区安全分局等部门开展配合联动，市公安局经侦总队在亿世界、鼎好和中关村科贸等电子市场抓捕涉案人员 36 人，查扣手表、钢笔和眼镜等形状的窃听窃照设备 164 件。开展以诚信经营为主题的电子市场专项治理工作。推进电子市场“规范经营示范店”活动，共审批一至三星级示范店 89 家；查处违法经营 28 户，罚没款 8.27 万元。调解消费纠纷 27 起，为消费者挽回损失 3.2 万元。对未取得商标授权经营悬挂相关品牌、名称为字号的违法广告牌匾进行拆除，共计 1000 余平方米。共发预警警示通知书 68 份，责令改正 10 份，行政指导 127 次；查处案件 23 件；罚没款 21.36 万元（其中 8 件为市场主办单位）。

（韦培平）

【打击传销和违规直销】 年内，工商分局严厉打击传销，严格规范直销。设置专人专组查处传销、违规直销行为，设立专门档案及巡查记录，完善“科所两级通报机制”，依托国家工商总局打传规直信息系统，有效实施动态监管。全年共接到涉嫌传销的投诉举报 14 件，取缔涉嫌传销窝点 4 个，清查教育遣散人员 100 余人次。组织开展专项宣传活动 1 次。通过执法巡查和法规宣教，引导直销企业规范经营，全年对玫琳凯、李锦记、完美等多家直销企业开展活动的备案书进行审查。

（韦培平）

【规范银行业巨奖销售】 2013 年，招商银行、华夏银行、邮储银行北京分行、民生银行等多家商业银行在发行和使用信用卡、日常宣传和经营中，存在以抽奖方式奖励国外游、汽车使用权和邮票等涉嫌违法行为。工商分局针对银行业违法经营行为进行专项整治，约谈部分银行负责人，提出整改建议，对营销中容易出现的问题提前进行提醒和指导，避免出现恶性竞争。此举得到各大银行的认可和好评。

（韦培平）

【查处 17 件典型示范案件】 年内，工商分局查办涉及重大风险、严重危害社会经济秩序、关系社会民生以及具有社会影响力的典型示范案件，自查自办和指导工商所共办结 17 件大要疑难案件，罚没款共计 580 万余元，案件类型涉及商业贿赂、虚假宣传、超范围经营等。

（韦培平）

【治理商业贿赂】 年内，工商分局整治涉及医疗、电子、金融、旅游等行业和领域的商业贿赂。共立案 20 余件，结案 11 件，罚没款 327 万余元。

（韦培平）

【打击商标侵权】 年内，工商分局共查结商标侵权案件 174 起，罚没款 168 万余元，向公安移送销售侵犯注册商标商品案件 4 起，移送犯罪嫌疑人数 13 人。在“4·26 保护知识产权宣传周”期间，联合工商所，共出动执法车辆 54 车次，执法人员 197 人次，立案调查商标侵权案件 31 件。

（韦培平）

【商标监管】 年内，“海淀商标网”新开通投诉受理模块和商标讲堂模块，展示各类商标知识信息培训资料，起到窗口教育的作用。推进企业自律，以正品同盟为中心，以“诚信经营”“抵制制假售假行为”为旗帜，吸引辖区年轻品牌。以“商标体检”的方式，协助企业创建商标战略，为辖区储备品牌战略的后备力量。开办商标大讲堂，联合中国知识产权法学研究会、国家商标局、海淀区人民法院等单位专家与社会知名律师共 20 余人组成 “讲师团”和“顾问团”，为辖区企业组织提供商标知识普及和商标品牌建设指导培训。

（韦培平）

【商标保护】 年内，在金五星百货批发市场成立“商标瞭望站”，严厉打击侵犯注册商标专用权违法行为。成立全市首家“商标讲堂”，引导企业提升自我品牌发展。在“3·15”“4·26”期间，悬挂、张贴各类宣传标语、挂图、横幅160多幅,举办讲座、咨询14场,散发各种宣传资料4000多份。联合各工商所共组织商标知识培训28次，开展知识产权宣传活动45次。集中指导辖区内43户企业复审北京市著名商标、33户企业申报著名商标，推荐19户企业申报北京市著名商标。在绿都批发市场和温泉太舟坞市场召开专题现场会，指导商业企业建立健全商标管理档案和实现数据信息化管理。“无假冒商标示范商场”专题讲座13次，参加人员500余人，将辖区创建“无假冒商标示范店”由城区推向城乡结合部，由商场超市延伸到电子、家具、建材、服装等市场，由食品、服装等商品扩展到电子、建材、灯饰、汽配等商品。

（韦培平）

【广告监管】 年内，工商分局积极转变监管理念，变事后监管为事前预防、事中控制，开展广告监测和录入工作,贯彻“当周监测、当周录入”制度，确保广告监测和录入的准确、及时、到位。全年共监测各类广告83445条。

（韦培平）

【查处违法广告】 年内，工商分局在传统媒介监管的基础上加大对新媒体广告的监管力度,查处包括新浪、搜狐、搜房等一批具有较大影响力的互联网违法广告案件。区内15个工商所进行划分，每个执法组负责5个工商所，对工商所日常广告案件进行指导。全年共查办广告案件290起，结案196起，罚没款金额307.7万元。

（韦培平）

【重要领域广告监管】 年内，工商分局开展对社会热点领域以及事关民生重要领域的广告监管。开展医疗广告专项整治，组织辖区医疗机构、重点媒体和门户网站开展虚假医疗广告专项整治。

净化房地产市场广告环境，通过市场巡查、中心监测、接受举报等多种渠道加强对房地产广告的多元监控，构建政府主导、行业自律、多元参与的房地产广告社会化监管模式。加强对以“软文”（以新闻的形式发布违法广告）的形式发布房地产广告违法行为的监管和户外房地产广告监管。对辖区内新浪、搜狐、搜房等网络媒介以及报纸、杂志等传统媒介，指导其严格房地产广告管理，履行广告发布者的审查义务，在实现自身经济效益的同时履行相关的社会责任。

（韦培平）

【扶持文化创意类广告】 年内，工商分局为进一步促进文化创意产业发展，重点支持三类文化创新发展专项资金项目广告：一是利用新兴广告载体促进广告业优化升级的项目；二是利用高新技术和新媒体实现数字化互动营销的项目；三是建设广告产品、媒体交易和人才交流平台，促进广告创意、技术、制作和人才等产业要素合理流动及有效整合的项目。

（韦培平）

【广告监管体系】 年内，工商分局改变以往碎片化监管模式，建立“一二三四五”广告监管体系。即“一个平台”，以广告诚信联盟为依托，定期召开联盟成员交流会，搭建广告主与广告经营者之间的沟通桥梁。“两个抓手”，完善和落实行政处罚与行政指导相结合的广告监管制度。“三个监测途径”，依据广告监测中心发布数据开展重点监测、对门户网站和在线视频网站贴片广告进行网上监测、对户外广告以及平面广告媒介开展常态化监测。“四个领域”，加强对房地产、医疗、教育、食品等四个领域的广告监管。“五类重点互联网企业”，分别是以微博为代表的新型社交媒体，以新浪、搜狐为代表的门户网站，以百度、搜狗为代表的搜索引擎，以优酷、暴风影音为代表的视频网站，以及电子邮箱企业。

（韦培平）

【合同监管】 年内，工商分局开展金源商业聚集区不公平格式条款、重点行业合同格式条款、房地产经纪行业、消费类电子产品行业、银行业电信业等多领域的专项整治工作。分局备案拍卖活动259次，经纪人备案2768次，动产抵押登记57次。办结合同案件113件，罚没款100.68万元。其中格式条款案件占45%。特许人违法案件5件，罚没款20万元。办理涉及拍卖活动案件3件，罚款1.4万元。针对“最终解释权等不公平合同格式条款”以及“过分热情”、“先收款后验货”和“变换交易场所”等电子市场重点违法行为，组织六所大学的十二名大学生志愿者开展消费类电子产品行业社会监督工作，采用抽查的方式对经营者正在使用的店堂告示、声明、通知、消费卡（证票券）、书面协议等各类消费合同格式条款进行收集汇总。分局调解合同争议35件，涉及合同金额87.85万元，挽回经济损失43.16万元。市场合同管理办公室解决合同纠纷768件，涉及金额260.5万元，挽回经济损失196.73万元。

（韦培平）

【工商执法】 年内，工商分局召开案审会12次，召开听证会1次；代理行政复议案件82件、行政诉讼案件42件；核审案卷295件；受理出证800件次；咨询指导6040人次。核审通过一般程序案件2807件，罚没款3266.4万元，比2012年4563.4万元下降28.4%。案件列前五位的分别为：无照经营852件、擅自改变登记事项467件、广告281件、食品272件、逾期年检213件，共占总案件数的74.3%。其中擅自改变登记事项、广告、假冒伪劣、虚假文件、消保类案件数较2012年同期有所上升，无照经营、超范围经营、商标、逾期年检、不正当竞争、外资、合同、食品、市场、其他案件数都有所降低。实施规制性行政指导4644次,其中行政提示4129次、行政告诫247次、行政约见98次、行政建议170次、案件披露0次，助成性行政指导615次，调停性行政指导499次，责令改正3613次。

（韦培平）

案例选辑

【京华医院有限公司虚假宣传案】 1

月8日，海淀工商分局学院路工商所对患者姚某某举报北京京华友好医院有限公司涉嫌从事虚假宣传行为的案件线索进行核实。京华友好医院为吸引患者，于2012年10月开始使用印刷品广告对外宣传医院形象，其印刷品广告中含有"北京京华友好医院呼吸内科是北京市京科哮喘病研究院科研临床基地。多名气管炎哮喘病领域的教授、博导、国务院特殊津贴级医疗专家定期出诊。2008年，摸索总结出治疗哮喘的'自体干细胞免疫疗法'"等内容。经查证，京华友好医院不能够提供其呼吸内科系北京市京科哮喘病研究院科研临床基地相关证书和资质证明；"自体细胞免疫疗法"是从2012年才开始采用的；京华友好医院承认为了扩大宣传效果，突出"经过目前百余例临床案例见证......"的临床案例数量以证明有多年哮喘临床治疗经验，实际没有那么多临床病例。2013年5月22日，海淀工商分局依据《中华人民共和国反不正当竞争法》第二十四条第一款的规定做出处理决定，责令京华友好医院停止违法行为，消除影响，并给予其罚款7万元的行政处罚。

（王京）

【农商银行丰台支行商业贿赂案】 海淀工商分局于2012年6月26日至2013年3月13日，对北京欧尚超市有限公司在经营活动中进行商业贿赂违法行为进行调查处理期间，发现北京欧尚超市有限公司向北京农村商业银行股份有限公司丰台支行销售购物卡时，北京农村商业银行股份有限公司丰台支行存在收取对方公司返还回扣的行为，其行为涉嫌收受商业贿赂。经查证，农商银行丰台支行承认，其于2011年12月13日和2011年12月19日与北京欧尚超市有限公司达成口头约定，按照每次购卡金额1.4%的比例，以购物卡的方式，收受北京欧尚超市有限公司（已经立案处理完毕）返还的财物，购物卡数量28张，面值1000元/张，金额共计2.8万元。农商银行丰台支行未将上述返还的财物记入法定财务账，而是用于本单位日常费用开销使用。2013年6月26日，海淀工商分局依据《中华人民共和国行政处罚法》第二十三条的规定，责令农商银行丰台支行改正违法行为；依据《中华人民共和国反不正当竞争法》第二十二条和国家工商行政管理总局《关于禁止商业贿赂行为的暂行规定》第九条第二款的规定做出处理决定，给予农商银行丰台支行罚款5万元和没收违法所得2.8万元的行政处罚。

（王京）

【招商银行违法有奖销售案】 2月18日，海淀工商分局接到举报称，招商银行股份有限公司在其网站开展"庆招行信用卡十周年 小积分抽大奖"活动。经查，招商银行在其网站上发布信息，于2012年11月1日至2013年2月28日期间开展"庆招行信用卡十周年 小积分抽大奖"活动，活动内容分为三类：999积分，即可抽取以19999积分兑换MINI PACEMAN汽车5年使用权资格（1名）；99积分，即可参与抽取以9999积分兑换南、北极探访之旅资格（南极、北极各3名）；9积分，即可参与抽取当季苹果New iPad（20台）。招商银行在抽奖式有奖销售活动中，以价格超过5000元的物品的使用权作为奖励的行为，违反《中华人民共和国反不正当竞争法》第十三条第（三）项的规定，已构成抽奖式的有奖销售，最高奖的金额超过5000元的违法行为。2013年4月16日，海淀工商分局依据《中华人民共和国反不正当竞争法》第二十六条的规定，责令招商银行停止违法行为，并给予其3万元罚款的行政处罚。

（王京）

【北京麦当劳公司冒充注册商标案】 2012年12月18日，万寿路工商所依法对海淀区复兴路42号的北京麦当劳食品有限公司玉泉路餐厅和位于复兴路69号院1号楼的北京麦当劳食品有限公司五棵松餐厅进行检查，发现外包装纸上使用"MUFFIN"标识，并在标识右下角使用注册标记的双层原味板烧鸡腿麦满分汉堡。在本案调查期间，麦当劳承认，"M""麦满分""我就喜欢""McMUFFIN"等商标标识授权使用已经过期，且商标注册证和授权证明虽已向工商部门提供，但"MUFFIN"商标标识麦当劳并未申请注册，也未取得他人授权许可使用。从2013年1月1日至工商部门立案时止，共销售222600个双层原味板烧鸡腿麦满分汉堡，经营额共计1825922元。2013年3月11日，海淀工商分局依据《中华人民共和国商标法》第四十八条和《中华人民共和国商标法实施条例》第四十二条的规定做出了处理决定，责令麦当劳于30日内改正违法行为，停止使用相关商标标识，并给予其罚款273798元的行政处罚。

（王京）

【北京新浪公司违法为他人发布广告案】 4月27日，海淀工商分局分别收到通州工商分局的案件移转函和王某的举报，内容分别为关于"京投万科西华府""北京华侨城""融科千章墅""北京ONE"等虚假宣传欺骗消费者的举报"。反映新浪乐居网发布的上述楼盘的房地产项目广告中含有涉嫌违反广告法律法规规章的内容。经查证，北京新浪互联信息服务有限公司（以下称新浪互联信息服务公司），系网址为"house.sina.com.cn"（新浪乐居）的网站的所有者，"Bj.house.sina.com.cn"亦属新浪互联信息服务公司的子域名。新浪互联信息服务公司承认，从2009年10月21日起，每年都以《新浪网新浪乐居房产行业从属政策》的书面文件授权北京怡生乐居信息服务有限公司负责独家运营新浪乐居网站，北京怡生乐居信息服务有限公司在运营新浪乐居网站期间未向新浪互联信息服务公司支付任何费用。2013年4月，北京怡生乐居广告有限公司与北京京投银泰置业有限公司等多家房地产公司签订前期推广合作协议，为这些公司在"bj.house.sina.com.cn"（新浪乐居）网站发布"京投万科西华府""北京华侨城""融科千章墅""北京ONE"房地产项目广告，在上述房地产项目广告中，有的项目尚未开工建设，有的没有明示价格的有效期限，有的使用的图片是效果图却未在广告中注明等。新浪互联信息服务公司承认，其对于上述房地产项目广告没有尽到审查义务。2013 年 7 月 23 日，海淀工商分局依据《广告管理条例施行细则》第二十五条之规定做出处理决定，对新浪互联信息服务公司予以通报批评，并给予其罚款 3000 元的行政处罚。

（王京）

【北京翠宫饭店销售侵犯注册商标专用权商品案】 5 月 10 日，“贵州茅台”注册商标权利人投诉，称北京翠宫饭店有限公司（以下称北京翠宫饭店）正在销售假冒贵州茅台酒。5 月 14 日，海淀工商分局对位于海淀区双榆树小区知春路 76 号的北京翠宫饭店进行执法检查。经查证，北京翠宫饭店分别于 2012 年 9 月 5 日和 2013 年 1 月 16 日从北京齐家欢烟店业务员周某某处购入 53 度 500 毫升装“贵州茅台”酒共 84 瓶，购入总金额 125880 元，并在自营餐厅进行销售。截至 2013 年 5 月 15 日立案时止，当事人的非法经营额为 131200 元。北京翠宫饭店的行为，根据《中华人民共和国商标法》第五十二条第（二）项之规定，已构成销售侵犯注册商标专用权的商品的违法行为。但北京翠宫饭店在进货时并非主观故意，且能够主动配合工商行政管理部门的调查工作，积极整改。2013 年 9 月 3 日，海淀工商分局依据《中华人民共和国商标法》第五十三条和《中华人民共和国商标法实施条例》第五十二条的规定做出处理决定，责令北京翠宫饭店立即停止侵权行为，并给予其没收侵犯中国贵州茅台酒厂（集团）有限责任公司第 3159141 号“贵州茅台”注册商标专用权的 53 度 500ml 白酒 40 瓶和罚款 131200 元的行政处罚。

（王京）

【稻香村农大站为无照经营提供条件案】 2012 年 5 月 15 日，海淀工商分局执法人员依据职权对北京百旺食品有限责任公司（即稻香村农大店）进行执法检查。发现稻香村农大店中销售生猪肉的柜台属肖某某的个人租赁经营，员工不能提供食品流通许可证和营业执照，稻香村农大店涉嫌从事为无照经营提供经营场所的行为。经查证，肖某某承认于 2010 年 11 月底与正在筹建的稻香村农大店达成口头协议，由肖某某承租位于农大店店内的经营场所（鲜肉专柜），租赁期限自 2011 年 1 月初至 2011 年 12 月 31 日止，到期后自动延续。肖某某于 2011 年 1 月 24 日至 2012 年 5 月 15 日在未取得食品流通许可证和营业执照的情况下，擅自对外从事销售鲜肉的经营活动，期间营业额约为 80 万元，并于 2010 年 11 月底和 2011 年 12 月分别向稻香村农大店支付专柜租金 15 万元和 17 万元。在经营期间被北京市多家新闻媒体以“稻香村用猪血冒充鸭血出售”为内容进行曝光，情节恶劣，后果严重。2013 年 9 月 3 日，海淀工商分局责令稻香村农大店立即停止违法行为，并给予其没收违法所得 211944.75 元的行政处罚。9 月 10 日，海淀工商分局依法做出处理决定，对肖某某的无照经营行为予以取缔，并给予其罚款 20 万元的行政处罚，稻香村农大店立即停止肖某某的经营活动。

（王京）

消费者权益保护

【概况】 北京市工商局海淀分局是依法对消费者进行权益保护的行政执法部门。海淀区消费者协会是依法维护消费者合法权益的社会团体。2013 年，共接到消费者申诉 11487 件，调解成功率 96.29%，为消费者挽回经济损失 547.47 万元；举报 2891 件，办结 2382 件。

（韦培平）

【海淀区消费者协会】 2013 年，海淀区消费者协会（简称区消协）健全消保维权体系，构建发展、管理、激励“三位一体”的绿色通道企业区域自治体系。成立商业零售业绿色通道区域自治联席会，设立分局级区域自治联席会 2 个，工商所级联席会 23 个。以中关村在线为切入口，制定实施 ZOL 版“5S”方案，先行先试，逐步在海淀区电商行业推行“5S”服务评价标准，推动电商行业规范化、诚信化体系建设。开展“打、净、维”专项整治行动，严把商品质量关。共接到消费者申诉 11487 件，调解成功率 96.29%，为消费者挽回经济损失 547.47 万元；举报 2891 件，办结 2382 件。

（韦培平）

【北京工商首个微信平台开通】 3 月 1 日，由海淀工商分局创建的全市首家“微信”消费者园地开通。输入微信号 hdgsxf，市民就可以通过语音、短信、视频等直接向工商部门咨询投诉，获得相应的消费指导。这是第一次建立的多形式（语音、短信、图片、视频）、多方面（监管部门、消协、消费者、经营者）、多用途（预防、申诉、举报）的消费者权益保护即时互动交流平台，发布消费者易遭受侵害的问题提示以及相关商品警示信息，扩大了提示范围，增加了提示的时效性。但平台还不能取代 12315 投诉电话，如果遇到消费者投诉，将通过微信平台来进行引导，为消费者理清投诉渠道。截至年底，关注的人数有 495 人，发布 44 条警示信息。

（韦培平）

【消费维权】 年内，区消协将网络交易消费维权作为工作重点，起草《海淀区电子商务企业自律公约》，公约从合同履行、消费者权益保障、商品质量保证、售后服务、维护行业发展五个方面出发，列举电子商务企业在经营活动中应遵守的十一项义务。健全多元消费纠纷解决机制，畅通消费纠纷解决渠道。全面推进商业零售业小额争议快速解决、一站式退换货等形式的消费争议解决机制建设。

（韦培平）

【商品质量监测】 年内，工商分局针对高投诉的电子商务行业，开展网络商品监测工作。开展的服装类、贵金属珠宝类、纸制品、建材装修材料、手机配件、小家电、电动车、自行车等商品的监测抽查，共计379件，173件不合格。不合格商品占百分比为45.64%。先后两次对京东商城、国美在线、红孩子等三家网站的77种商品进行了抽样检测，发现不合格商品50个。

（韦培平）

【处理44件消费侵权案】 年内，工商分局对销售不合格商品、不正当竞争等侵犯消费者合法权益违法行为，依法查处。立案44件，罚没78.76万元。其中北京华宇时尚购物中心有限公司案最终罚没款总额达到41.17万元。

（韦培平）

【网络消费调查】 年内，区消协将网络消费调查确定重点工作。选取大学生群体作为网购消费调查对象，对网购便捷性、安全性、维权需求等方面进行调查。通过调查发现，选购商品难辨真伪优劣，送货签收难以仔细验货、退货质量问题责任认定等问题较为突出，过半大学生存在不理性网购现象。区消协邀请电商代表、大学生代表、区商务委、区发改委、区质监局、区工商局等相关行政管理单位针对网购消费调查开展研讨。区消协向商家、监管部门、行业协会及消费者分别提出建议，呼吁电商做到“七化”，即商品质量控制严格化、网页设计人性化、物流时限公示化、评价客观化、发票常规化、售后服务畅通化、服务条款公平化。

（韦培平）

【开展消费教育宣传】 年内，区消协联合16个分会，开展消费“六进”（进社区、进学校、进商场超市、进部队、进机关、进景区）宣传。消费教育走进政府办事大厅、中国科学院，引导消费者依法维权、理性消费、文明消费、科学消费。拓展新内容，区消协联合区文明办向广大消费者发出文明消费倡议，将在购物、旅游、就餐、出行、观赛观演等消费活动中存在的不文明消费行为和文明消费规范编辑成快板书，再配上动漫形象，制作动漫宣传片，在海淀区机关事业单位窗口单位、商场超市、旅游场所、学校等地播放，通过网络、微博、微信等新媒体发布。拓展新手段，让消费者深入食品流通企业和检测中心实地参观，消除认识上的偏差，树立消费信心。

（韦培平）

【新型消费模式投诉】 年内，区消协探索解决群体投诉、新型消费模式投诉的新方法、新途径，提倡“和解”解决纠纷。对于教育培训、网络消费、预付费消费等易引发群访群诉的投诉，区消协及时启动应急处理机制，通过指派专人处理、加强与工商所会商、约见企业高层领导、联系司法介入，限时督察督办等方式，快速解决投诉。全年区消协共受理消费者投诉4092件，为消费者挽回经济损失521万余元，接待消费者来访、来电、来信10040人（件）次。开展诚信服务示范单位活动，深入推进不公平格式条款整治工作，开展大学生消费维权志愿者活动。

（韦培平）

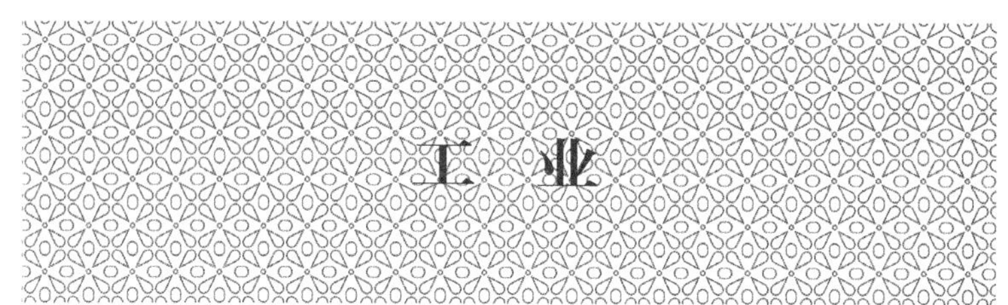

工业

【概况】 2013年，海淀区规模以上工业企业工业总产值1661.24亿元，同比增长12.8%，比上年增加8.8个百分点，超过全市5.9个百分点。海淀区的工业总产值、总产值增速在17个区县（含亦庄开发区）均列第三位。全年工业增加值335.27亿元，同比增长12.2%，占全区地区生产总值的8.7%。工业销售产值1600.13亿元，同比增长12.6%；出口交货值79.76亿元，同比增长16.0%，扭转出口负增长的状况；工业用电量10.39亿千瓦时，同比下降1.2%，较2012年降低0.3个百分点。

在规模以上工业企业的六大产业中，汽车与交通设备产业受轨道交通和航天航空高速发展拉动，继续保持高速增长，在全区工业占比首次超过基础与新材料产业；电子信息产业、都市产业两大产业仍维持较高增速；装备产业在风电光伏产业转暖向好的带动下，年内增速实现转正；生物医药产业略低于平均增速；基础与新材料产业增速降幅明显缩小。电子信息产业列六大产业的第一位，占工业比重的42.8%，工业总产值711.32亿元，同比增长16.9%；出口25.56亿元，同比下降16.4%。装备产业列第二位，占区工业比重的29.8%，工业总产值495.08亿元，同比增长10.4%；出口40.22亿元，同比增长68.7%。汽车与交通设备业首次超越基础与新材料业排在第三位，占工业比重为10.0%，工业总产值165.58亿元，同比增长26.2%；出口0.27亿元，同比增长33.4%。基础与新材料业列第四位，工业总产值153.15亿元，同比下降7.1%；都市产业列第五位，工业总产值103.63亿元，同比增长15.7%；医药产业列第六位，工业总产值32.48亿元，同比增长6.6%。

（侯硕）

【海淀区工业公司】 系区国资委监管的一级企业。截至2013年年底，工业公司在职职工929人，离退休职工3869人。

2013年，工业公司围绕确定的“主要经济指标稳定增长；国有资产运行质量和效益提高；企业综合管理工作得到加强；职工生活水平得到改善，收入实现增长”的发展目标，加快推进国有、集体企业改革工作。

海淀区工业公司所属企业一览表

序号	企业名称	企业性质	企业人数（人）	企业状况
1	北京砂轮厂	国有	16	停产待收储
2	北京海佳利企业管理中心	国有	7	停产
3	北京市海淀区铸钢厂	国有	4	停产
4	北京市海淀区水泥厂	国有	4	政策性关闭
5	北京市海淀八一湖旅社	集体	15	正常运营
6	北京海淀区工业公司机关	国有	24	正常运营
7	北京中安电子集团	集体	18	正常运营
8	北京第一机床电器厂有限公司	有限公司	130	正常运营
9	北京领先饮食品有限公司	国有与集体联营	64	正常运营
10	北京风机二厂	集体	90	正常运营
11	北京市第二皮鞋厂	集体	72	租赁经营
12	北京长城节能锅炉厂	集体	105	正常运营
13	北京市华都换热设备厂	集体	65	正常运营
14	北京市海淀区机电设备厂	集体	74	租赁经营
15	北京汽枪厂	集体	14	租赁经营
16	北京工控计算机有限公司	有限	18	正常运营
17	北京海淀电子医疗仪器厂	集体	3	停产
18	北京市雪花冷冻箱厂	集体	101	租赁经营
19	北京国友实业总公司	集体	市划企业,未划人员	租赁经营
20	北京市六一仪器厂	国有	105	正常运营
	总计		929	

海淀工业公司经济主要经济指标完成情况表①

项目	实绩（万元）	完成年计划（%）	同比增长（%）
工业总产值	1992	53.6	-15.6
工业增加值	3540.4	124.8	47
销售收入	8328.5	83.6	-16.4

①表中指标为扣除第一机床电器厂有限公司和铸钢厂的指标，故与2012年同期对比，总量有所减少。

项目	实绩（万元）	完成年计划（%）	同比增长（%）
利润	-1398	—	—
总收入	2230	—	34.6
利润总额	163	—	462
净资产收益率	4.12%	—	—
成本费用利润率	2%	—	—

（李华　朱军）

【安全生产管理】 年初，工业公司与所属20家企业签订安全生产责任书。开展重大活动、节假日、安全月、防火、安全生产领域大检查大整治等专项安全检查。制订有限空间安全生产工作方案、防汛和安全月活动方案，落实安全主体责任和整改工作。在“安全月”活动中，第二皮鞋厂组织承租户和企业职工参加安全、防火演练活动；领先公司聘请永安防火中心对租户和职工进行安全、防火及抢险专门培训；工控公司编制《消防疏散示意图》，对新老电工进行业务演练等。2013年未发生安全生产责任事故。

（王殿文　徐虹）

【工业公司企业改革】 2月，北京市六一仪器厂国有产权全部无偿划转到工业公司；9月，区国资委批复同意工业公司所属北京市六一仪器厂改制立项。10月，北京市康而福保健品厂国有产权全部无偿划转至工业公司，出资人由北京农业大学附属中学变更为工业公司。落实长城节能锅炉厂与超市发连锁合作建设物流配送中心合作项目，同时开展长城节能锅炉厂停产、后续资产处理、人员分流和再分配等工作。工业公司继续推进铸钢厂与北京能通投资管理有限公司合作项目。利用铸钢厂现有土地和厂房共同建设文化创意产业园，企业土地和确界等遗留问题已得到解决，但由于铸钢厂在解决原有出租问题上出现困难，合作项目开工顺延。继续做好砂轮厂通州厂区土地收储拆迁的各项工作。完成砂轮厂资产造册和财务审计工作，在华诚砥砺公司投资的资产已完成清理和回收。砂轮厂拆迁补偿方案已经由通州区台湖镇政府报送至通州区土储办并获得批准。原北京第一机床电器厂改制时遗留的土地问题得到解决，相关房产的房产证和土地证已办理到工业公司名下。

（王殿文　徐虹）

【5企业获“品牌中国华谱奖”】 8月8日，第七届中国品牌节开幕式在北京国际饭店举行，揭晓“品牌中国华谱奖”。获奖单位共分5个序列，25个著名品牌获奖。百度、新浪、用友软件、联想集团、阿里巴巴登上榜单。

（侯硕）

【固废资源化利用技术获金奖】 11月11日，中国专利奖颁奖大会召开，北京嘉博文生物科技有限公司原创专利技术“采用餐厨废弃物制备生物腐殖酸的技术与工艺”获第15届中国专利金奖，这是中国垃圾资源化利用行业的第一个专利金奖。嘉博文公司通过生物装备工业技术进行精准生物降解，把有机废弃物快速地全部转化为工业化的高品质碳肥，处理厂环境清洁，无废渣、臭气污染。生产的高品质碳肥，作为有机土壤调理剂，能解决农业单纯依靠施用化肥带来的土壤退化、农业面源污染等问题，对中国土壤改良、农业减排意义重大。同时，通过该专利技术，上游与环保企业、食品加工企业、养殖企业对接，下游与传统农资企业、绿色农产品生产基地对接，开创了餐厨废弃物可持续处理新模式。

（侯硕）

【智慧海淀建设】 年内，海淀区重点对信息基础设施进行改造提升，并在城市管理、民生服务、行政服务改革等方面探索智慧城市管理的新模式。加强基础网络和信息安全建设，部分区域完成无线局域网络覆盖并免费向公众开放。启动全区政务光缆网的规划和旧网改造。启动海淀区政务云平台建设，编制完成《海淀区政务云平台（一期）建设项目初步设计》。完成电子政务内网机房建设并投入使用。推进第四代移动通信TD-LTE网络和光纤到户建设。推进高清交互数字电视改造工程，完成数字化改造约85.8万户，其中完成高清化改造约58万户。建成网格化社会管理服务系统，实现网格化区域管理，并转交城市管理监督中心日常使用。启动政府网站移动APP建设。推动海淀区协同办公系统平台升级改造项目建设工作，打造海淀区办公云平台。推进和协调智慧卫生及智慧教育建设。

（侯硕）

【产业结构调整】 年内，海淀区制订《海淀区淘汰落后产能工作方案（2013—2015年）》。海淀园联合区环保局、区工商分局等部门和街镇对“三高”存量企业进行排查和信息核实，完善“三高”存量企业台账，调整退出9家“三高”企业。联合街镇和重点产业基地管理单位，督导规模以上工业企业制定《2013—2016年燃煤设施清洁能源改造计划》，并在此基础上研究制定工业压减燃煤计划。

（侯硕）

【制定行业标准】 年内，海淀区共有65家企业申报193个标准项目，申报企业比上年增长75.7%，申报项目数比上年增长26.1%。闪联信息技术工程中心有限公司在无线互联方面制定ISO系列国际标准、北京数字电视公司制定数字电视和天元网络技术股份有限公司制定通信网络管理的ITU国际标准等国标和行业标准，部分企业获“中国标准创新贡献奖”等。

（侯硕）

【联想成为千亿元级产业集团】 年内，联想集团的营业收入约2093.35亿元，成为海淀区第一个千亿元级的产业集团。在全球电脑行业销量同比下降8.1%的情况下，联想集团电脑销量同比上升10%，达到5240万台，在全球电脑市场的份额达到15.5%，仅比排名首位的惠普公司低0.4个百分点，连续14个季度在全球主要电脑厂商中保持最快增速。

（侯硕）

【3种疫苗研制获突破】 年内，北京科兴生物制品有限公司（简称北京科兴）完成EV71疫苗（肠道病毒71型灭活疫苗）Ⅲ期临床研究。EV71疫苗主要预防手足口病，属于全球首创、国家一类新药。公司开展的H7N9人用禽流感疫苗研发项目被纳入国家科技支撑计划“人感染H7N9禽流感科技应急防控研究专项”；CA16疫苗被纳入国家重大传染病防治专项。

（侯硕）

【工业云首次亮相软博会】 年内，海淀园企业北京数码大方科技股份有限公司的工业云首次亮相第十七届中国国际软件博览会。工业云服务是中国首个“中国工业软件云服务平台”，主要基于云计算技术，通过整合云计算、物联网、移动互联网以及创新设计与协同制造等技术，专门面向中小制造业企业和个人用户提供产品创新的公共服务平台。主要提供工业设计软件、数据管理、协同营销以及3D打印、数控编程、仿真分析等工程服务，涵盖企业设计、制造、营销等产品创新流程所需要的各种工具和服务。

（侯硕）

【TC-2130双引擎无人直升机问世】 年内,北京德可达科技有限公司研发的首架“瑞龙”无人直升机问世，并交付中石油使用。该无人直升机机身长2.9米、高0.9米，机重45公斤，最大起飞重量为90公斤，有效载荷达30公斤，能自动起飞降落，执行预定飞行及勘探任务，巡航时间可达3小时，最高时速100公里。该机是拥有自主知识产权的民用无人机高端产品，采用国际首创的双涡轮轴引擎系统，可在1个引擎发生故障时，利用单引擎正常降落，具有较高的安全性和稳定性。

（侯硕）

【4家企业成为中国首批特一级资质企业】 年内，工业和信息化部公布“首次授予计算机信息系统集成特一级企业资质”企业名单。太极计算机股份有限公司、中国软件与技术服务股份有限公司、东软集团股份有限公司、浪潮齐鲁软件产业有限公司4家企业被授予计算机信息系统集成特一级企业资质。太极公司是中关村核心区企业，浪潮集团北京总部在海淀区，中软、东软在中关村都有企业机构，东软集团的子公司设在海淀。

（侯硕）

【图形图像视频“零”损耗压缩技术问世】 年内，北京黔龙泰达科技有限公司在国内首次提出并研发成功“零”损耗、超低压缩图像、视频技术。该技术打破了图形图像、视频领域相关标准格式国外长期垄断的局面，图形图像在国际压缩标准的基础上再压缩100倍，视频再压缩10倍，并且实现“零”损耗。

（侯硕）

【国内首套满足国际最新标准的导航系统问世】 年内，北京海兰信数据科技股份有限公司在中国国际海事技术学术会议和展览会上，海兰信发布2款自主研发的新产品，即“智慧桥”全自主综合导航系统和极小目标探测雷达技术。“智慧桥”是国内首套满足国际最新标准的全自主综合导航系统，可实现船舶智能化一人驾驶；其多功能工作站可集中显示船舶运行数据并自动执行航线优化、航行监控、航迹控制等功能，有效降低船舶燃油消耗；2套独立的千兆通信网络及多工作站自主切换功能，保障了系统运行的冗余性和可靠性。极小目标探测雷达技术基于海杂波处理的独特算法，有效提高对雷达回波信号的处理能力，对大于0.1平方米的海上极小目标具有良好的自动跟踪和识别能力，可开发出溢油探测雷达、浮冰探测雷达、海浪探测雷达、防海盗雷达等系列产品；同时可应用于岸基和舰载对海监控领域，大幅提升国家海上警戒水平和海洋执法能力。

（侯硕）

【提升经营效益】 年内，工业公司及下属各企业采取多种手段，提高企业经营效益。生产型企业通过加强企业内部管理，加快改革和转型力度，进行技术创新和产品升级，以质量和服务占领市场，取得较好的经济效益。华都厂通过机构调整、完善业务流程、强化各类制度、清仓查库等工作，降低企业经营成本，经营管理和产品销售情况良好。领先公司改造新建房屋1500平方米，扩大经营面积。风机二厂与军工企业合作，对BK57、4-72等风机产品进行技术升级和结构改造，增加销售收入。六一厂完成电泳仪等产品生产1.55万台，实现销售收入3000万元，其中出口收入达到100万元。房地出租型企业通过深挖潜能，提高租金收入。八一湖旅社推进节水节电工程，能耗较2012年下降3%。机电厂对写字楼电路整体进行计量改造，降低成本。第二皮鞋厂对门市部进行改造和扩大经营面积，销售皮鞋1900余双，增加租金收益。

（王殿文　徐虹）

【成立海工物业管理公司】 年内,工业公司加强对下属企业房屋土地租赁行为的管理。成立全资子公司——北京海工物业管理有限公司，将公司及所属企业房屋土地权属、出租租赁经营、物业服务等资源进行整合，统一协调，统一管理。海工物业公司完成接管盛嘉业大厦相关房产工作，完成与承租户的合同换签工作。

（王殿文　徐虹）

【工业公司党建】 年内，工业公司党委坚持把党的建设融入各项工作之中，为实现企业的经营目标、推动企业和谐发展。开展书记讲党课、召开党内外群众座谈会、组织干部党员参观、收看先进人物教材和开展主评议党员创先争优等活动。组织党委班子成员分别参加区委组织部举办的“国有企业改革与发展”和国资委举办的“能力提升与管理创新”专题研修班，参观市检察院廉政教育基地等活动。公司党政班子成员及时与基层领导班子成员进行谈心谈话，注重解决好企业个别干部中的大局意识不强、服务质量不高、群众观念淡漠、组织纪律性不严等问题。完成基层党组织调整工作。开展“求实创新”主题实践活动和创先争优活动。公司机关和各基层党组织举办座谈会、知识竞赛、收看《感动中国》影像教材、征文和走访老党员等活动。

（王殿文　徐虹）

农业·水务·气象

2014
北京海淀年鉴

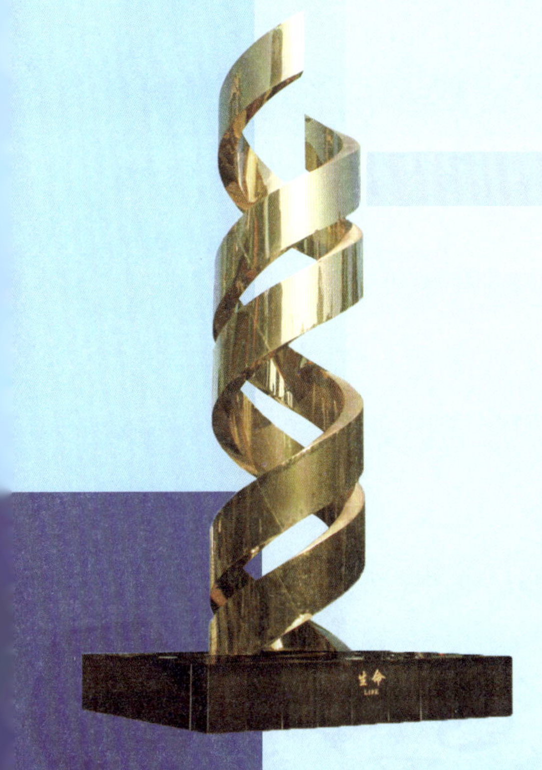

1月15日，北京市开始在网上公布自来水水质信息。图为海淀区工作人员检测自来水水质（李瑞林 摄）

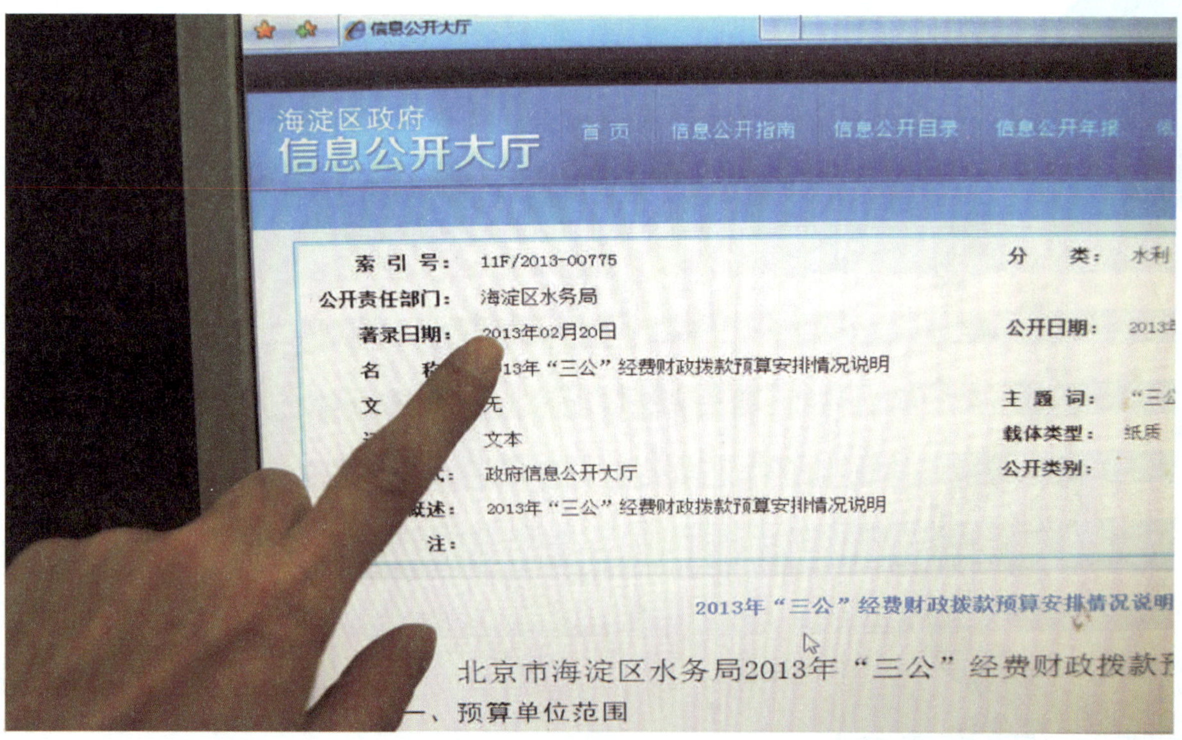

2月，海淀区20余个部门陆续公布部门预算总额、“三公经费”总额，成为全市首个公布“三公经费”的区县（李瑞林 摄）

5月29日，2013海淀樱桃节开幕（田峰 摄）

11月27日，区农经站举办农村财会人员培训班（区农经站供图）

接受国家级农业标准化基地考核（区农委 供图）

温泉镇东埠头村种植的反季节蔬菜（区农委 供图）

农业·气象·水务

农业

农业与农村经济

【概况】 北京市海淀区农村工作委员会（区农委）挂北京市海淀区动物卫生监督管理局（简称区动物卫生监管局）牌子，与区委农村工作委员会（简称区委农工委）合署办公。区委农工委是负责本区农村工作的区委派出机构。区农委（区动物卫生监管局）是负责本区农村发展、农村经济工作和农业行业监督管理的政府工作部门。下属北京市海淀区动物卫生监督所1个行政执法单位，海淀区农业科学研究所、海淀区农业信息中心、海淀区种子管理站、海淀区植物保护站、海淀区农业机械研究所、海淀区植物组织培养技术实验室、海淀区水产技术推广站、海淀区动物疫病预防控制中心8个全额拨款事业单位。

2013年，农村经济总收入实现238.8亿元，同比长增长7.2%。农村居民人均纯收入约2.5万元，同比增长10%。

（王茹萍）

【北京市西山农场】 位于海淀区西北部，是由海淀区国资委监管的全民所有制企业。农场占地面积18525亩（1235公顷），其中平原8918.1亩、山地9606.9亩。拥有北京凤凰岭自然风景公园、北京市海淀区西山公墓管理处、北京市西山果林公司、西山农场物业管理中心、北京长建西山建筑工程公司、北京市海淀区聂各庄敬老院、西山孵化设备厂留守处等7家直属企业和北京市长安园骨灰林、中外合资北京小西保健食品有限公司2家合资企业。产业结构以旅游业为龙头，涵盖一、二、三产业。2013年，全场实现经营收入7333万元，利润总额1665万元。

年内，首次推出“清明文化节”“风筝文化节”“亲子农耕科普体验”等特色旅游活动，主办、承办春季山地徒步大会、重阳节金婚夫妇相聚凤凰岭、雅诺达杯美丽中国摄影大赛获奖照片巡展等旅游活动。完成凤凰岭游客服务中心改扩建、国家级万米旅游步道和凤凰岭门区规划设计工作，完成白塔水库北侧等六处景观亭的修缮改造以及部分娱乐设施项目。推出凤凰岭地区“一岭六园”项目，实现以凤凰岭樱桃生态园为主的6个名优果园（凤凰岭樱桃生态园、凤凰公社、蓝梦庄园、大周末果树观光园、香果满园种植场、西山富士基地采摘园）形象宣传、活动推广、产品包装的规范统一。以人大建议的方式，推动地区道路改造、环境治理工作、公共交通建设等民生工程进程，凤凰岭新建公交场站完工并正式投入运营。

年内，西山农场开展精细化管理推进年活动，旨在提高窗口企业服务能力。凤凰岭公园引进旅游导览机、提供导游词英文翻译、更新景区旅游设施，提升游客满意度；聂各庄敬老院建设并完善多媒体厅、图书阅览室、文娱活动室等配套设施；西山公墓，投资160万元完成墓区环境改造升级；物业管理中心进一步强化岗位责任制，对安全管理、实操规范等内容实施量化考核。

2013年，西山农场按照区委、区政府及区国资委关于海淀区属国有企业改革工作的相关部署，提出了公司制改革方案。截至2013年年末，完成改制企业名称核准工作，改制后企业名称变更为北京西农投资有限责任公司。

（程霈）

【樱桃减产近六成】 元月初，持续雾霾天气导致设施草莓低温冻害；3月19日大雪致多栋设施垮塌；4月20日樱桃花期低温冻害和5月19日风灾，给农业生产造成严重影响。区农委先后多次组织保险公司及农科所种植专家到现场进行查勘定损。全年向参保农户拨付区级保费补贴53万元，赔付194万元。6月21日，组织樱桃栽培、植保专家进行实地调研，提出栽培技术措施建议。

（王茹萍）

【保“两会”执法大检查】 2月28日，区农委动物卫生监督所、区植保站等单位参加，对区种养殖生产基地、清河小营批发市场、农药、饲料生产企业进行联合执法检查。重点检查农产品批发市场经营的肉类产品检疫、蔬菜、水果和水产品质量情况，种养殖基地生产记录、农（兽）药使用情况，卷帘机等冬季设施农业农机安全生产情况以及农（兽）药经营许可证、农药毒性标识、产品有效期等农业投入品生产经营情况，在生产基地和批发市场抽取了草莓、肉类等农产品进行质量安全检测，保证“两会”期间食品市场供应安全平稳。

（王茹萍）

【开展保护消费者合法权益宣传活动】 3月15日，区农委组织农委各部门开展以“3·15”消费者权益保护、农资打假、食品安全、“六五”普法等为主题的宣传活动，重点宣传农业法律法规、重大动物疫病防控、农产品质量安全、农机安全生产以及农资打假等内容。发放各类宣传材料42种、5000余份，设置宣传展板29块，为群众提供现场咨询服务1000余人次。与区食品办、工商分局、卫生局等部门联合开展食品安全宣传活动。

（王茹萍）

【禽流感防控】 4月6日，进入防控禽流感应急状态，采取“零报告”制度。防控期间共巡查养殖场132个次、散养户15129个次、湿地公园33个次；消毒场点数12612个，面积31.91平方公里；监测场户数51户，抽检样品1374个，受理群众举报237起，无害化处理病死动物303只。全年没有禽类死亡或发病情况。

（王茹萍）

【第十三届樱桃文化节】 5月29日—6月中旬，由区农委等7个单位主办，区樱桃协会协办的海淀区第十三届樱桃文化节暨夏季果品推介媒体座谈会举办。活动旨在整合海淀区都市现代精品农业和观光休闲旅游资源，推出樱桃、杏、蓝莓、小西瓜等春夏季农产品以及农业园区休闲农业旅游路线。区内20多家樱桃种植园参加。

（王茹萍）

【农村集体征地补偿费三方监管】 从8月起，海淀区在北京市率先实施集体占地补偿费专户管理，7个镇76个行政村的征地补偿金必须由村民代表大会决定，镇、村、银行三方共同监管。各集体经济组织建立专户资金使用明细台账，按月与开户银行提供的对账单进行核对，按季度向区、镇报专户资金收支结余数额及具体使用情况；建立大额支出上报制度，单笔支出数额超过1000万元的，须经区级主管部门审核批准。

（王茹萍）

【“减煤换煤、清洁空气”行动】 9月13日，配合市政府“减煤换煤、清洁空气”行动，区农委召开动员会，并以海政办发〔2013〕67号文件的形式将方案印发各街镇及相关部门。印制减煤换煤工作宣传册5万份，发放到农村住户手中，便于住户全面了解政策及工作流程。“减煤换煤、清洁空气”行动工作在全区29个街镇全面铺开，共有7个镇、16个街道、116个村（社区）24289户农村住户参与优质燃煤替代工作。

（王茹萍）

【农机监理员培训】 9月26日，区农委举办农机监理员、村委会和农业园区农机安全员共50余人参加的农机安全生产法律知识培训班。培训班讲解农机监理工作的法定职责及《农业机械安全监督管理条例》和《北京市农业机械化促进条例》等相关法律法规知识。对“三秋”期间农机安全生产监管工作进行部署。

（王茹萍）

【金秋采摘节暨第十二届冬枣节】 9月28日，海淀区金秋采摘节暨第十二届冬枣节开幕式举行。通过向市民展示、请市民品尝自产优质安全果蔬产品，发放休闲旅游线路、园区介绍等宣传资料，展示推介海淀区秋季农产品，为市民“十一”黄金周出游提供金秋旅游路线，引导市民参与体验各镇、各园区金秋系列活动。

（王茹萍）

【基本农情数据】 2013年，全区粮食面积6963亩，总产量294.9万公斤。其中:小麦播种面积480亩，总产量15.8万公斤，平均亩产329公斤，同比增长17.9%；玉米播种面积4747亩，总产量83.9万公斤，平均亩产411公斤，同比增长5.7%；水稻播种面积1736亩，总产量83.9万公斤，平均亩产483公斤，同比基本持平。菜地面积5800亩，其中设施蔬菜面积2300亩。1—11月份蔬菜播种面积13062亩，总产量2470万公斤，总收入5188万元，同比增长19.8%和15.7%。果树面积2.9万亩，总产量514万公斤，同比减少20%；总收入7004万元，同比减少11.2%。

（王茹萍）

【设施农业】 年内，海淀区按照市农委、市农业局“总量控制、规模推进、管理规范、效率优先”的要求，采用项目管理方式，高标准建设设施农业。加大对现有设施农业利用情况的监管力度，确保农地农用、种满种严，提高设施农业的利用效率。开展设施农业用地转作他用专项整治工作，拆除唐家岭村300栋38318平方米，土井村438栋34435平方米，永丰屯25栋1370平方米违法用地。

（王茹萍）

【推进菜篮子工程】 年内，海淀区拨付1000万元支农资金用于菜田补贴、提升土壤肥力，鼓励蔬菜基地规模化建设、标准化生产，确保5800亩菜田保有量。建设2个蔬菜标准化基地。在上庄、西北旺、苏家坨和温泉等4个镇建立8个高产高效示范点，全面推广应用新技术、新品种、新设备，开展高产高效竞赛活动。与区商务委联合，组织餐饮企业与蔬菜生产基地进行对接。建设各类蔬菜销售终端521个，基本形成“大型农副产品批发市场——社区菜市场大卖场和综合型超市——社区便民菜店四级“菜篮子”体系。办理货车通行证申报、换发216个。

（王茹萍）

【农业标准化基地建设】 年内，全区新建标准化基地4个，累计建设标准化基地79个，总建设面积为12522.49亩；现保留标准化基地46个。一品香山国家级休闲观光采摘园标准化示范区通过验收。加强对农业标准化基地的管理，开展农业标准化基地考核，4个存在问题的基地通过二次复检。

（王茹萍）

【休闲农业园区建设】 年内，海淀区结合农业结构调整，建设周家巷观光园青少年科普基地、凤凰岭观光休闲采摘园、北京百旺生态农业与农耕文化科技园等花园式的休闲农业产业园区。整合生产、消费和休闲功能，提升“一河十园”等休闲农业产业带，建设“一品香山”“御林观光园”“汽车公园”等，形成一批具有一定规模、有区域特色、有经济效益的休闲农业园区。一品香山休闲农业园区被评为全国休闲农业与乡村旅游星级示范创建五星级园区，海舟慧霖葡萄园、御林观光园被评为全国休闲农业与乡村旅游星级示范创建四星级园区。

（王茹萍）

【提升农业品牌形象】 年内，区农委创新农业宣传方式，应季举办产品上市信息、特色项目开业信息新闻发布会。成功举办海淀区第十三届樱桃文化节暨春夏季果品推介新闻发布会、金秋采摘节，推荐休闲采摘游线路、小菜园认养地块，40余家新闻媒体进行了报道。举办杏、蓝莓特色精品农产品的宣传推介活动。蓝莓总产量达到4万斤，繁育优质蓝莓种苗100万株，销售12万株，销售对象逐步向大型企业、网络团购扩展。通过举办特色主题活动，积极促成消费者走进田园、生产者进入市场的农消对接，提高农业的市场知名度和影响力。设立海舟慧霖葡萄酒庄园农业文化讲堂，以农业为媒介，开展国际文化交流的休闲农业项目建设，提升海淀农业知名度。实施田园清洁工程，打造田园海淀、山水海淀、生态海淀新形象。

（王茹萍）

【休闲农业】 年内，区农委挖掘农业历史文化，选育地方优质品种，筛选出适合恢复推广的北京刺瓜、串铃冬瓜等20多个地方优质蔬菜品种。开展农产品地理标志资源普查，确认9个为海淀地域特色农产品。推进京西稻、玉巴达杏的地理标识认证工作，玉巴达杏已通过评审。为给市民提供更好的体验农事和获取农产品的平台，在菜田认养基础上，向设施、果树、花卉等作物拓展，尝试种植盆栽蓝莓、韭菜等产品，创意农产品“蘑菇家”，在樱桃节期间适时推广，深受市民小朋友的喜爱。不断探索传统技术与时尚元素结合，在海淀特色的创意休闲旅游纪念品开发上进行有益尝试，提升农产品附加值，让海淀农业走进市民家庭。举办插秧节、收割节、稻田认养等活动，开拓高端礼品市场，尝试立体种养殖，“稻田养蟹”丰富休闲旅游内容，提高了经济收益。

（王茹萍）

【申报市级特色农业活动】 年内，海淀区宣传苏家坨镇杏花赏花路线，上庄蘑菇宴、大道农业京西蹈美食以及苏家坨庄户人家农家菜三条美食田园线路。组织上庄镇申报北京都市型现代农业（高效农业）示范镇。推荐四季青玫瑰谷申报中国美丽田园。推动全国休闲农业与乡村旅游示范县申报材料。申报四季青京香百果、上庄稻香小镇为北京市休闲农业与乡村旅游五星级农业园区；申报尚庄度假村为北京市四星级农业园区；申报西北旺镇百旺种植园、西山凤凰岭樱桃生态园等园区为北京市二星、三星级农业园区。苏家坨镇被评为2013年北京市休闲农业与乡村旅游示范乡镇。

（王茹萍）

【农田保护】 年内，区农委对“香山玫瑰谷文化产业园”等8个农业附属设施项目进行审核管理。鼓励农田向集体流转，落实区级农田保护与流转补偿机制政策。经勘测，全区农田面积62415.33亩，流转面积43299.38亩，拨付资金3675.69万元用于种植补贴和流转补贴。

（王茹萍）

【智慧农业展示基地】 年内，海淀区建设东升科技园农业高新技术展示基地，在一期大棚主体结构完成基础上进行二期升级改造，温湿度系统、通风系统、光照自动控制设备、雨水利用工程投入使用，达到“专业化、精细化、智能化”的展示基地效果。

（王茹萍）

【推广新品种新技术】 年内，区农委重点推广精品小西瓜，黄瓜新品种，番茄新品种，大椒新品种，航天育种的番茄、辣椒、茄子、甜瓜系列5种蔬菜30多个优良品种；继续推广无雾滴二道幕增温、番茄穗柄防折夹、黄瓜绑蔓夹、黄板防蚜虫蝇、节水滴灌、振荡器及雄峰授粉以及黄瓜、西葫芦套袋等6项技术。开展日光温室增温补光新技术研究，推广应用日光温室PO膜，提高温室冬季生产能力。

（王茹萍）

【自主创新品牌】 年内，区农委自主选育的海樱1号、海樱2号在四季青香山村、西山樱桃园等基地进行苗木抗寒性、矮化性、抗褐斑病的试验示范。自主培育的3万余株草莓、樱桃砧木脱毒苗投入农业生产。“甜（辣）椒未成熟小孢子直接诱导萌发成植株的方法”获得国家专利授权。“一种辣椒花药直接获得植株的培养方法及培养基”申报国家发明专利，初审合格。

（王茹萍）

【支农项目管理】 年内，区农委组织各镇完成2010—2012年农业产业51个项目审计工作，对制度、程序等相应问题进行整改。

规范支农项目资金管理，制定《海淀区支农项目管理办法（试行）》。建设支农项目库，对44个支农项目进行动态管理。安排36566万元支农资金用于农田保护、水利、“菜篮子”工程建设等项目。完成小麦直补等政策性、事务性项目资金拨付，完成45个一般性农业项目的合同签订和70%预拨资金拨付工作；完成市农委产业化贴息、集合票据补贴、种业育繁推、外埠基地建设等项目的入库、资金拨付等工作。

（王茹萍）

【政策性农险】 年内，全区政策性农业保险有参保农户202户，参保面积4628.40亩，保额2780.47万元,保费总收入89.69万元。

（王茹萍）

【平原造林土地流转】 年内，区农委、区园林局、农经站、有关镇召开多次座谈会，研究平原造林的土地流转问题，起草平原造林工程土地流转合同。全区共有5504.9亩平原造林工程用地享受土地综合补偿，补偿资金27524.5万元。3月份，镇政府利用该项资金补贴农户，完成土地经营权的流转，农民将土地流转给村集体统一经营。

（王茹萍）

【养殖业】 年内，全区有猪场5个、总存栏17173头；有牛场3个、总存栏3563头；羊散养户129户，存栏羊3834只；全区养禽场3个、养禽户475户，总存栏禽173949只；有养殖水面859亩，养殖户数61户，年产量约420吨。

（王茹萍）

【动物疫情风险评估】 年内，区农委根据《中华人民共和国动物防疫法》的规定和北京市防治重大动物疫病指挥部办公室的统一部署，持续开展区防治重大动物疫病指挥部办公室组织有关专家完成海淀区突发重大动物疫情的风险评估工作,并撰写《海淀区2013年度动物疫情风险评估报告》。“报告”通过对重大动物疫情风险和11家兽医实验室设立单位生物安全风险的系统分析，对可能发生高致病性禽流感、新城疫、口蹄疫、猪瘟、高致病性猪蓝耳病、狂犬病等疫情情况以及动物源性病原微生物实验室生物安全情况进行风险识别、评估，并提出了初步对策建议。

（王茹萍）

【动物免疫】 全年全区畜禽重大动物疫病累计免疫1543222头（只）次。其中禽类高致病性禽流感累计免疫634239只次，偶蹄动物口蹄疫疫苗累计免疫107803头次，猪高致病性蓝耳病累计免疫27129头次，猪瘟累计免疫41641头次，鸡新城疫累计免疫683933只次。犬狂犬病累计免疫48477条，其中注册犬累计免疫40632条，非注册犬免疫7845条。重大动物疫病强制免疫率达100%。全年共监测免疫抗体样品4814份。其中监测高致病性禽流感免疫抗体样品2917份，样品整体免疫抗体合格率为94.3%；监测新城疫免疫抗体样品1506份，样品整体免疫抗体合格率为87.2%；监测猪瘟免疫抗体样品11份，样品整体免疫抗体合格率为100%。

（王茹萍）

【全科农技员队伍建设】 年内，区农委按照北京市《全面贯彻落实党的十八大精神加快推进城乡发展一体化步伐》报告中“全面推进村级全科农技员队伍建设，全面实现农业自主经营50户以上的行政村全覆盖”要求，结合《关于全面推进村级全科农技员队伍建设的意见》文件精神，制订《海淀区村级全科农技员队伍建设工作方案》，将《关于确定区村级全科农技员补贴标准的请示》（海农报〔2013〕42号）上报区政府。全年有农民田间学校9所，开展田间活动日50次，培训人员900余人次。组织我区6名乡土专家参加由市林业站主办的初级果树工（或初级果品加工工）培训，考试合格人员将获得由市人力社保局统一颁发的初级果树工（或初级果品加工工）职业技能鉴定证书。

（王茹萍）

【食品安全监管】 年内，全区申请项目资金300万元，在四季青镇、西北旺镇、温泉镇、上庄镇、苏家坨镇5个镇农产品质量管理站，西郊鑫源、北京二商集团有限公司西郊食品冷冻厂、清河等3个农副产品批发市场和36个取得三品认证的农业标准化生产基地建立农产品快速检测系统，配备便携式食品安全干式分析仪、样品前处理箱、实验台、电脑、冰箱等仪器设备310台，对各基地生产的每批次农产品快速检测，确保上市农产品的质量安全。全区有“三品”（无公害、绿色和有机食品）认证基地38家，认证品种116个，认证面积8405亩，规模化农产品生产基地全部通过无公害农产品认证。年内，有5家企业申报无公害首次认证，8家企业申报复查换证。

（王茹萍）

【农村集体经济产权制度改革】 年内，全区村级改革基本完成。镇级改革方面，温泉镇年底完成镇级改革，海淀镇正在进行份额确认和流转工作，四季青镇的清产核资工作已到扫尾阶段。

（王茹萍）

【土地确权】 年内，区农委、区国土分局开展农村集体建设用地所有权确权颁证内业整理、外业调查、协调工作、争议调处、主体变更、数据库建设等前期工作。完成确权登记683宗，登记率为93.95%；完成确权登记面积13074.91公顷，登记率为91.33%，基本完成工作任务和目标。农村集体建设用地已经完成指界签字，申请材料提交至区国土局。

（王茹萍）

【促进“双低”增收】 年内，区农委根据2012年各村人均所有者权益、人均可支配收入两项指标确定14个村为低收入村，确定低收入农户196户，低收入人数335人。对低收入农户开展为期三年的收入监测工作。由村级进行入户调查，季度末填写低收入监测信息表，上传至区、乡两级服务器，纳入低收入监测数据库。通过《农经平台》进行对比、分析，为开展低收入农户增收工作提供数据支持。走访10个低收入村，全面了解各村集体资产经营现状、土地流转承包情况、收入支出结构以及制约集体经济发展的困难，结合各村资源特色与优势产业，确定促进低收入村集体经济发展的增长点,制定海淀区低收入村帮扶政策。

（王茹萍）

【行政执法】 年内，农业执法单位共组织执法检查576次，出动执法人员1877人次，制作现场检查笔录1003个，行政处罚55起，没收违法所得2520元，罚款88998元。全年无行政复议、行政诉讼、行政赔偿案件发生。

（王茹萍）

农村经济管理

【概况】 海淀区农村合作经济经营管理站（简称区农经站）加挂海淀区农村经济与集体资产管理办公室（简称区农资办）牌子。2013年11月，根据区政府《关于进一步加强海淀区农村集体资产管理工作的实施意见》和《关于印发北京市海淀区农村合作经济经营管理站（北京市海淀区农村集体资产监督管理委员会办公室）主要职责内设机构和人员编制规定的通知》，海淀区农村合作经济经营管理站加挂海淀区农村集体资产监督管理委员会办公室（简称区农资办），不再加挂海淀区农村经济与集体资产管理办公室牌子。实行一套机构两块牌子，合署办公。

2013年，区农经站以加快推进农村集体“三资”管理制度化、规范化、信息化进程为主线，强化农村审计监督与审计服务、规范新型集体经济组织建设，加强农经体系建设，做好农村经营管理基础工作。截至年底，农村集体经济总资产891亿元，同比增长21%；净资产323亿元，同比增长20%。

（陈子权）

【农村集体经济合同清理】 4月—10月，区农经站共清查镇级单位8个，镇级直管企事业单位32个，村级和二三级公司326个。发现问题合同1149份，11278份农村集体经济合同纳入区农村集体经济合同管理电子台账系统，合同总金额328.18亿元。

（陈子权）

【成立全国首家农资委】 11月20日，区政府下发《关于进一步加强海淀区农村集体资产管理工作的实施意见》，全国首家农村集体资产监督管理委员会

——海淀区农村集体资产监督管理委员会（区农资委）成立，12月30日挂牌。海淀区农资委为农村集体资产监管的议事协调机构，履行资产审计、合同清理、土地监管等职责。机构在区、镇两个层面成立，区级农资委主要围绕农村集体资产管理中出现的重点问题、重大项目进行专项监督检查；镇级农资委在管好镇级集体资产的同时，监督指导各村做好集体资产管理。全区7个镇及玉渊潭农工商总公司为农资委成员单位。

（陈子权 王茹萍）

【农村集体财务管理规范化建设】 年内，区政府制订《关于进一步加强我区农村集体经济组织财务管理工作的指导意见》（海政发〔2013〕25号）。区农经站编写《海淀区农村会计核算手册》《农村财务会计管理法规政策汇编》《农村财务管理十要十不要》《海淀区农村会计人员管理办法》等下发各镇村。完成15个村的财务管理规范化建设任务，全区累计完成规范化建设任务的镇、村达到90%。

（陈子权）

【推广村账托管】 年内，区农经站指导西北旺镇召开村民代表会，签订统一的“村账托管委托协议”，将12个村的财务管理模式从财务双审顺利过渡为村账托管。

（陈子权）

【扶持农民专业组织】 年内，区农经站共向受扶持的农民专业合作组织下拨专项扶持资金180万元；集中采购76套印有宣传标语的遮阳伞及塑料桌椅，发放给具备采摘功能的19家合作组织；集中采购30万元的中小型农机具，为具备发展潜质的5家集体牵头领办的合作组织提供扶持。分两期为专业合作组织发布产品邮政广告34万份。

（陈子权）

【农村集体经济审计监督】 年内，区农经站完成全区村级组织正常运转资金审计工作，审计村级组织84个，审计金额949.5万元。对全区2010年年底前已完成产权制度改革的13个镇村新型集体经济组织进行审计，年审计金额152.8亿元。及时向各镇、玉渊潭总公司反馈审计结果，提出审计整改的意见和要求，建立审计监督长效机制。

（陈子权）

【农经业务培训】 年内，区农经站为各乡镇举办财务会计、审计、合同管理、资产管理、经济合作组织等业务培训12期，培训农村业务人员1300多人次。

（陈子权）

新农村建设

【概况】 2013年，完成北京市新农村建设折子工程涉及海淀区工作任务562项，开展新一轮新农村“三起来”（让农村亮起来、让农民暖起来、让农业资源循环起来），完善农村基础设施管理机制。推进农村社区管理网格化，提升农村社会管理的精细化、信息化、社会化科学化水平。推进城市化服务管理向农村延伸，实现农村地区网格化管理全覆盖，开展环境建设和综合检查，推进城乡环境建设工作，完成“三个一批”村庄环境整治。截至年底，海淀区农村设7个镇（地区办事处），84个行政村，其中四季青镇13个，海淀镇4个，东升镇5个，苏家坨镇19个，温泉镇7个，上庄镇20个，西北旺镇16个。农村地区有43个社区居民委员会。

（王茹萍）

【合同清理】 年内，区农委在全区范围内开展农村集体经济合同清理工作，对全区各镇（玉渊潭农工商总公司）、村级集体经济组织及其所属企事业单位的各类经济合同进行全面彻底的清理。涉及6633份，合同金额304.75亿元，发现问题合同2344份。

（王茹萍）

【三资管理】 年内，区农委加强农村集体经济组织征地补偿费管理，严格执行专户存储、专账管理制度，制定海淀区统一的《海淀区农村集体经济组织征地补偿费监管协议》，明确专户资金使用程序、各方承担的监管责任、开户银行应提供的服务事项等内容。检查全区7个镇及玉渊潭总公司进行征地补偿款专户情况，除四季青镇外，所有村与银行和镇政府签订监管协议。

（王茹萍）

【一事一议奖补】 年内，海淀区确定上庄镇永泰庄村纳兰文化主题品牌打造工程、苏家坨镇南安河村道路桥梁绿化工程项目为2013年一事一议财政奖补项目。各级财政共奖补375万元，村自筹和筹资酬劳合计125万元。

（王茹萍）

【开展新型农村社区建设试点】 年内，苏家坨镇七王坟村和车耳营村被列入36个市级新增新型农村社区试点村。村庄改造的四项原则：村民主体、自愿参与；党组织引领、党员带头；政府奖励、村民自筹资金相结合；村庄改造、产业发展、生态建设和社会管理创新相统一。新民居建设的初步方案：新民居建设以村民现有宅基地为基础，实施就地翻建。每户全部建筑控制容积率为0.8左右，根据村民意愿确定建筑风格和户型，由镇村组织专业队伍进行施工。村庄改造的资金支持政策和土地利用政策：市政基础设施、公共服务设施以及绿化等项目建设资金由区政府给予支持，新民居建设由政府和村民共同出资，实施村庄就地改造。改造在村庄红线范围内实施，改造后由国土分局对面积为0.4亩（含）以内经认定的宅基地进行确权发证，超出认定面积部分予以登记。对集体产业用地、市政基础设施和公共服务设施用地进行登记、确权和颁证。产业发展方向：充分利用自然资源优势，发展都市型现代农业、旅游服务业、商务休闲业和医疗康复业等产业，促进农民就业增收，发展农村经济。

（王茹萍）

【“三起来”工程】 年内，继续实施“三起来”工程。区农委在16个观光采摘园、2个种植基地和1个文体公园安装太阳能路灯842盏，四季青镇域建设雨洪利用工程2处，投入资金共计2503万元，其中太阳能路灯安装工程421万元，雨洪利用工程2082万元。

（王茹萍）

【基础设施管理】 年内，区农委将镇管河道保洁及绿化养护纳入农村基础设施管理范围，污水处理站交由碧水源公司维护管理，指导区水务局制定印发河道保洁及绿化养护管理办法、考核标准和评分细则。组建管理队伍2461人，维护农村基础设施正常运行。培训管护人员256人次。在村每日、镇每月检查的基础上，每季度组织区行业主管部门检查各镇、村农村基础设施管理和运行情况，累计检查村庄199村次，印发村民调查表841份，对检查情况集中讲评。落实农村基础设施养护资金7340.32万元，其中区级资金5523.09万元、镇级资金1362.92万元、村级资金454.31万元，基本保障了设施运行管理的需要。

（王茹萍）

【农转非】 年内，区农委会同区国土分局、海淀公安分局和各镇政府、玉渊潭农工商总公司重新核实相关数据，建立健全农转非基础台账。继续坚持月报制度，及时掌握各镇和玉渊潭农工商总公司征地农转非工作进度。定期收集八家村、六郎庄村搬迁安置房工程建设、集体资产处置工作进展等情况。指导西北旺镇政府制订唐家岭村整建制农转非工作实施方案，协助四季青镇政府和东升镇政府制订实施方案，市政府批准给予蓝靛厂村和田村农转非指标2648人，2个村的整建制农转非工作全面展开。截至年底，累计办理完结2004—2013年征地农转非指标20551人，指标完成率达88.35%，其中2013年办理完结征地农转非指标910人。

（王茹萍）

【2个项目获市新农村建设创新奖】 年内，区农委推荐6个项目参加2013年度北京市新农村建设创新奖励评选，经市评选，四季青镇“科技先导搭建平台创新田村海舟慧霖葡萄园发展模式”、苏家坨镇“打造特色农产品展示新平台创建农产品‘进城入市’经营新模式”被评为创新奖励项目，获得奖励资金各80万元。

（王茹萍）

【农村环境综合整治】 年内，区农委以农村环境综合整治为切入点，开展环境建设和综合检查，推进城乡环境建设，完成“三个一批”（提升一批、完善一批、重点治理一批）村庄环境整治任务。加强城中村、垃圾中转站、旅游点、流动人口聚集地、养殖地环境卫生的管理，生活垃圾做到日产日清，密闭运输。农村整体环境得到改善。

（王茹萍）

【促进农村劳动力就业】 年内，区农委会同区人力社保局以本地农业户籍劳动力培训为重点，统计汇总各镇就业需求，开展物业管理员、社区服务等工种定岗培训，提高岗位与技能的匹配度，促进农村劳动力就近就业。调查研究腾退村庄农民就业面临的新问题，全年共帮扶5997名农村劳动力就业，促进稳定农村劳动力就业8271人。近1.4万名农村劳动力参加城镇职工社会保险。

（王茹萍）

【“三级联创”活动】 年内，区农委完成2012年农村基层党的建设“三级联创”检查评估工作。评选“五个好”乡镇党委6个、村党组织57个、涉农部门2个、乡镇站所7个。将区国土分局、区城管大队、区综治办等纳入成员单位，进一步明确各个成员单位的工作责任。落实季度召开各镇党委副书记、组织部部长和党建工作者例会制度，了解工作进度，交流经验，加大工作指导力度。

（王茹萍）

【基层党组织定级升级】 年内，区农委完成2013年党的建设“三级联创”区级自查工作。对7个镇14村7个社区开展“三级联创”自查，通过与镇党委主要领导、村（居）两委班子、党员代表谈话和入户访谈、抽查档案等方式发现基层党组织建设存在的问题，督促各单位及时整改。按照“基层党组织自评、基层党员群众测评、上级党委评定”的程序，对农村基层党组织实施分类定级、晋位升级。农村地区84个行政村党组织，其中82个被评为“好”的等级，39个社区党组织全部被评为“好”的等级。

（王茹萍）

【党建创新项目】 年内，区农委组织各镇申报47个2013年度区农村系统党建工作创新项目，共10个项目确定为2013年度农村系统党建创新项目，参加海淀区第二批基层党建创新示范项目的评选。

（王茹萍）

【培训村级干部党员】 年内，区农委拓宽培训对象，采取“请进来学，走出去干”、室内研讨和实地参观等方式，举办农村干部培训班、大学生“村官”培训班、农村基层干部廉政教育专题班、新一届农村基层干部异地挂职培训班和农村党组织副书记和支委培训班。共853人次参加培训，就农村干部履职能力、党风廉政等进行了培训。

（王茹萍）

【新型农业实用人才】 年内，区农委评定133名初级农村实用人才，推荐7名高级实用人才和1名“北京市有突出贡献农村实用人才”获得批准。新增实训示范基地4个，分别是：四季青镇昊永物业公司农村实用人才基地（培养50名物业管理类人才）、中关村东升科技园农村实用人才基地（培养45名经营管理类人才）、西北旺文化服务园农村实用人才基地（培养35名社会文化类人才）、东埠头村果蔬生态园农村实用人才基地（培养10名种植类能手），分布在物业管理、农业种植、文化服务和经营管理等各个领域。

（王茹萍）

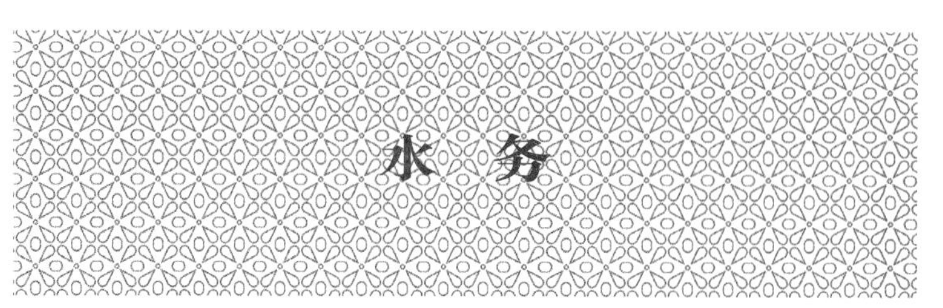

水务

【概况】 海淀区水务局有下属单位5个：区节约用水事务管理中心、区水利工程质量监督站、区水政监察大队、区河道管理所、区排水管理所。海淀区防汛抗旱防治地质灾害指挥部办公室设在区水务局和国土资源海淀分局，下设67个分指挥部。辖区内有万泉河、北旱河、北长河、田村明沟、西双紫支渠、南旱河、金河、北沙河和南沙河9条河道。

2013年以“美丽海淀、生态水务”为主线，以水环境综合治理、水资源统筹管理和安全度汛为目标， 实施“集雨、截污、节水、水环境提升”四大工程，完成雨水工程 20 处，截污治污工程3个。

（赵德慧）

【郭金龙调研防汛准备工作】 5月11日，市委书记郭金龙调研全市防汛准备工作。郭金龙先后察看了大钟寺、五路居雨水泵站升级改造工程；在永丰路察看了排水管网清淤、雨水井盖增设防护网情况，并慰问清淤工人。郭金龙指出，海淀区在防洪排涝中具有战略地位。海淀的水务工程要承担起两大责任，一是本地区的防洪排涝，二是发挥削峰、引流作用，确保西部强降雨时洪峰不进城。

（赵德慧）

【建成3处地下“隐形水库”】 7月底，中关村展示中心、杏石口桥、门头馨村小区3处地下“隐形水库”建成并投入使用，年设计可利用及调蓄雨水9.28万立方米。可收集雨水，解决周边道路雨天积水问题。中关村展示中心“隐形水库”用高科技“透气防渗沙”所做的沙砖垒砌，透气不透水，有收集过滤、储存保鲜雨水的功能。上面盖上草坪，可以与其他地面一样正常使用。7 月底投入使用，

（赵德慧）

【郭金龙调研水务工作】 8月12日，市委书记郭金龙围绕水资源、水环境、水安全问题，到位于四季青的市自来水集团309厂以及清河再生水厂，现场调研检查水务工作，要求全市水务系统用真感情提高服务群众的水平。

（赵德慧）

【309水厂竣工通水】 8月13日，位于四季青桥旁的市自来水集团309水厂竣工通水，新增日供水能力8万立方米，日供水能力由40万立方米增加到48万立方米。水厂是利用第三水厂一座水源井取水泵房改造而成的，新建超滤膜处理车间、清水池、配水泵房及188米供水管线。总投资1亿余元，以南水北调进水段干渠的地表水为水源。在改造中首次将传统澄清技术与超滤膜净水技术进行集成，形成澄清式膜滤池一体化的净水处理工艺。309 水厂成为北京市继第九水厂后第二座使用膜处理工艺的自来水厂。

（赵德慧）

【河湖百日整治行动】 8月1日—11月10日，根据北京市水务局的部署，区水务局在全区范围内开展河湖水环境“治脏、治乱、治臭”百日整治行动，建立百日整治工作台账，对存在水环境问题的 19 条河道进行整治，有效改善了区管河湖水环境。

（赵德慧）

【完成第一次水务普查】 10月18日，经区政府批准，公布海淀区第一次水务普查公报。2010年至2012年，海淀区开展第一次水务普查，普查的标准时点为2011年12月31日，普查时期为2011年度。普查范围为区境内河流湖泊、水利工程、重点经济社会取用水户以及水务单位等。普查采取“在地原则”，以乡（镇）级行政区划为基本工作单元，采取全面调查、抽样调查、典型调查和重点调查等多种调查形式进行。北京市第一次水务普查工作领导小组办公室对海淀区普查数据进行了审核和抽查。综合结果显示，海淀区水务普查数据达到预期目标要求。

（赵德慧）

【启动 3 项生态文明水务工程】 11月 23 日，黑泉路排沟治理工程开工。排沟位于东升镇黑泉路东侧，北至西小口路，向南至永泰庄北路，治理长度1.2千米。该工程标志着海淀区生态文明水务工程建设全面启动。年内启动3项生态文明水务工程，即：第二阶段中小河流治理工作，计划治理河道沟渠10条，包括黑泉路排沟、老龙口沟、西郊机场沟、温泉排洪沟、后河、前沙涧沟、后沙涧沟、友谊渠、风格渠故道、北沙河，总长度约 27 千米；启动南沙河全流域污水截流工程；日处理规模8万吨的稻香湖再生水厂工程（一期）；启动老旧排水管线改造工程，包括对塔院东街、法华寺路、半壁店二街、篱笆房路、明光中路南段、铁五小南路、西二旗中路7条道路实施污水管道更新履行，文慧园甲 21 号院、广源闸路 2 条道路实施雨水管道更新履行，志强南园路、北蜂窝中路道路污水及雨水管道更新改造。

（赵德慧）

【西冉村砂石坑雨洪利用工程竣工】 12月，四季青镇西冉村砂石坑雨洪利用工程竣工。该工程属于南旱河防洪排水工程（一期）建设内容之一，对经过40年砂石开采而形成的砂石坑进行清理，建设雨水管线收集雨水。规划蓄水库容28万方，工程按照20年一遇防洪标准设计， 50年一遇防洪标准校核。

（赵德慧）

【水资源管理】 年内，海淀区落实国务院《关于实行最严格水资源管理制度的意见》，统筹调配水资源，建立覆盖全区的用水指标管理体系；农业、生产、生活用水全部实现计量管理、指标管理，并建立起较为完善的计量统计和监控体系；实施水资源有偿使用制度，严格征收水资源费和污水处理费；限制新增取水，鼓励采取集中供水模式；严格控制滑雪场、高尔夫球场、洗浴、洗车等特殊用水行业和高耗水行业用水。将环卫、供暖、液化气等行业的用水情况纳入计划管理，新增计划用水单位 500个，全年用水总量未超过3.4亿立方米，全区节水器具普及率接近 100%，农业节水灌溉达到 100%，万元国民生产总值水耗为8.6立方米，达到发达国家水平。

（赵德慧）

【建立水务普查数据库】 年内，区水务局整理全国第一次水务普查纸质档案347卷，照片档案2册，光盘档案9张。根据已经形成的普查数据成果，编制出海淀区第一次水务普查河湖基本情况、 水利工程、经济社会用水、河湖开发治理保护、水土保持、行业能力、灌区、地下水取水井、供水设施、排水设施十个专项成果手册，并将普查数据进行系统分析，编制《海淀区第一次水务普查成果分析报告》。

（赵德慧）

【降雨情况】 年内，海淀区汛期呈现降雨次数多、平均雨量小、极端天气少

的特点，总体态势较为平稳。共出现明显降雨过程 45 次，其中：中到大雨 8 次、暴雨级别 4 次（分别是 7 月 1 日、7 月 14 日、7 月 31 日、8 月 11 日）。全区年平均降水量为 457.9 毫米，同比减少 230.7 毫米,比年平均 607.9 毫米少 150 毫米。自主发布汛情预警 2 次，其中启动强降雨橙色汛情预警。

（赵德慧）

【防汛】 年内，海淀区完善应对汛期极端天气联席指挥部和“三级”应急保障制度，强化街、镇在防汛工作中的主体作用，增设 7 个防汛专项指挥部（防汛宣传专项分指挥部、住房和城乡建设防汛专项分指挥部、道路交通防汛专项分指挥部、城市地下管线运行防汛专项分指挥部、地质灾害防汛专项分指挥部、旅游景区防汛专项分指挥部、防汛综合保障专项分指挥部），加强宣传、房屋住建、道路交通、管网道路排水、旅游景区、地质灾害易发区域及综合保障方面的防汛应对力量；实现城市防汛网格化管理。汛前，落实抢险队伍 180 支 7400 余人；投入 784 万元资金，扩充防汛物资储备，增购浮艇泵、手抬泵等 110 余台排水设备；清掏疏通排水管线 1370 千米，清掏雨水篦子 6.9 万个、雨水管线 684 千米；排查、消除行洪障碍河道 60 处；完成南旱河、北旱河、东小口沟 3 条河道的工程治理；完成 11 项村庄防洪排水及水毁修复工程，清淤疏浚 12 千米，沟渠治理 8.8 千米。汛后，区水务局梳理道路积滞水点，逐一制定消隐方案。

（赵德慧）

【污水处理实现委托运营管理】 年内，海淀区探索市场化、专业化运营管理模式、政府购买水务公共服务模式，在现有污水处理设施资产所有权不变的情况下，将 38 座污水处理厂（站）全部委托北京碧水源科技股份有限公司进行运营管理，实现污水处理设施所有权、运营权、监管权分离。年底前，38 座污水处理厂站运营移交完成。区水务局为加强监管，采取定期与不定期检查相结合的方式对运营公司进行考核。

（赵德慧）

【污水处理 1642 万吨】 年内，海淀北部地区 4 座污水处理厂和 34 座污水处理站共处理污水 1642 万吨，污水处理率 81%，完成市水务局下达的污水处理任务。编制完成《海淀区关于加快污水处理和再生水利用设施建设三年行动方案（2013—2015 年）》，并上报市水务局。

（赵德慧）

【雨水利用】 年内，全区审批通过 80 个雨水利用项目，新增雨水蓄水池 4.5 万立方米、下凹绿地 69 万平方米、透水地面 64 万平方米，1/3 的降雨可直接入渗或收集利用。创建市级节水型单位（小区）33 个。海淀区获得北京市 2013 年节水目标考核一等奖，被水利部授予“全国节水型社会建设示范区”称号。

（赵德慧）

【推广应用涉水新技术】 年内，区水务局加强与驻区高校、科研院所、高新技术企业的合作，加大涉水新技术、新产品、新工艺推广应用。与德威华泰科技有限公司试点建设水循环代谢系统；与仁创科技集团有限公司试点建设雨水利用专家系统；与碧水源公司合作建设超低压反渗透膜技术示范工程，力争把海淀建设成“全国水科技示范区”。

（赵德慧）

【水利工程】 2013 年，全区政府投资水务建设项目 16 项，安排投资 4.8394 亿元（其中区级资金 2.2607 亿元，融资 1 亿元，市级资金 1.5787 亿元）。新增储备项目 4 项。中小河道治理、水环境改善工程、雨洪利用工程（西冉村砂石坑建设、香山南路（一期）、中关村展示中心）等重点建设任务完成。

（赵德慧）

【水利支农项目】 年内，区水务局完成水务政策性项目及支农项目的立项、实施和验收工作。2 个政策性项目和 38 个支农项目全部通过支农领导小组的验收，按照合同约定拨付项目资金总计 6063.42 万元。

（赵德慧）

【水政联合执法】 年内，区水务局联合市环保局、市城管大队、市水政监察大队、市京密引水管理处，以及区环保局、区河道管理所、区节水中心等单位，联动执法，形成长期工作机制。查处各种涉水违法行为，开展水土保持、涉水安全、城市排水许可、水源热泵系统、洗车业、工地临时用水许可等 7 个方面的专项治理活动。查处各类违法水事案件 156 起，解决涉水问题 680 件，封填废弃机井 46 眼，上缴财政罚没款 53.17 万元。

（赵德慧）

【河湖管理】 年内，区水务局对区域内 7 个河湖的水质进行定期监测，为社会提供有效数据 7000 多个。与各镇政府、河道管理所协同加大区属河湖的日常维护工作，清运垃圾 21569.5 立方米，打捞河道漂浮物 7406 立方米，投放药剂 8320 千克，种植水生植物 140 立方米，河道绿化 3385 平方米，河道中水利用 1345 万立方米。

（赵德慧）

【南水北调工程建设】 年内，按照市南水北调办的统一部署，海淀区负责团城湖调节池及密云调水工程征地拆迁工作。团城湖调节池除了市直机动车检测场外，其余 9 户完成搬迁工作。密云调水工程征地拆迁工作已全部完成，屯佃泵站与柳林泵站施工临时占用土地已移交。

（赵德慧）

【水法宣传】 年内，区水务局利用“世界水日”“中国水周”“12·4”法制宣传日等，在全区范围内组织开展法制宣传进社区、进乡村、进机关、进学校等系列活动。利用区域主要街道的户外广告牌、苏州桥西南侧的围挡、365 路公共汽车车身两侧制作水务公益广告；在《海淀报》刊登有关水法宣传口号，在海淀有线电视台《第一时间》播放水法动漫宣传片，制作水法宣传系列新闻报道。组织协调局属单位、各镇水务站的干部职工在西北旺、温泉、苏家坨、上庄、四季青等地区开展送法进乡村、进学校等水法宣传活动。

（赵德慧）

【保障村镇安全供水】 年内，海淀区按照“属地管理、专群结合”的原则，成立安全供水领导小组，逐级签订责任书，制定应急预案，落实应急保障队伍，将安全供水责任落实到镇、到村、到人。对农村地区230余眼生活水源井的消毒设施情况进行普查，建立消毒设施台账。组织开展村镇安全供水检查，重点对拆迁村用水情况进行检查。编制完成《北京市海淀区村镇供水突发事件应急预案》上报稿。

（赵德慧）

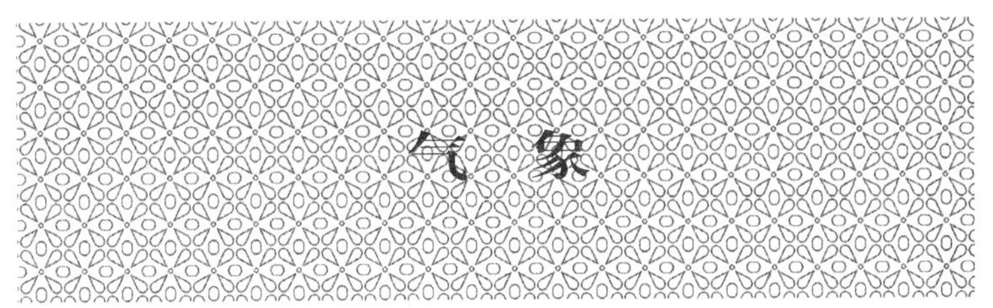

【概况】 2013年7月22日，根据京气发〔2013〕184号批文海淀区气象局机构调整为：内设综合办公室、业务管理科（防灾减灾科）、社会管理与法制科（行政执法办公室）；下辖北京市海淀区气象台、北京市海淀区气象服务中心（下辖北京市海淀区防雷装置安全检测站）、北京市海淀区人工影响天气办公室3个科级事业单位 。2013年10月10日，中国共产党北京市海淀区气象局党组成立。

（李春玲　史辰）

【《海淀气象》开播】 1月1日，区气象局和海淀区新闻中心联合推出生活服务类节目《海淀气象》正式开播，每天在海淀有线电视台新闻节目后播出。9月5日，对《海淀气象》节目进行改版，播出时长由1分钟延长为3分30秒。

（李春玲　史辰）

【聘任大学生志愿者】 3月14日，由区气象局、中国农业大学联合举行的“纪念2013年世界气象日暨海淀区气象防灾减灾志愿者聘任仪式”在中国农业大学举行。仪式上为50多名气象防灾减灾志愿者颁发证书。在农业大学建立防灾减灾志愿者队伍，开展“气象科普进校园”，是海淀区气象局2013年气象科普活动的重要内容之一。通过建立大学生气象志愿者队伍，开展高校气象服务需求调研，提高对高校气象服务的针对性。

（李春玲　史辰）

【“5·12” 防灾减灾日】 5月12日，北京市“5·12”防灾减灾日主题宣传主会场活动在海淀公园举行，区气象局作为此次活动的气象服务保障单位，策划、制定专门的气象服务保障方案和应急保障服务方案，专报模板4份；服务手段：电话、传真、短信、海淀气象服务系统政府专版、活动现场决策服务等；服务产品：专报25期、短信1650条。特设活动综合观测岗、预报服务岗、应急岗，成立气象服务团队。活动当天为区应急办以《气象服务专报》和手机短信的方式，滚动提供每30分钟的气象预报和实况，并提出相关建议。

（李春玲　史辰）

【智利代表团参观香山人影作业点】 6月6日，由智利国家灌溉委员会执行秘书菲利浦·马丁先生、农业部代表达涅拉·努拉布埃娜女士等一行7人组成的智利国家灌溉委员会代表团到香山人影作业点实地参观。来宾听取了人工增雨工作介绍，交流有关人影作业技术，参观人影作业指挥平台，了解相关的人影天气装备技术和开展交流合作，以促进智利的人影天气工作的开展。

（李春玲　史辰）

【参加防汛联合督查】 7月2日—7日，区气象局参加由区监察局、区政府督查室、区应急办、区国土分局、区住建委、区水务局等相关部门组成的督察组，对海淀全区22个街道和7个乡镇的防汛工作开展联合督察。区气象局重点检查苏家坨镇、上庄镇、温泉镇、西北旺镇4个乡镇的气象灾害应急准备工作、气象预警信息传播渠道、灾情上报收集、气象信息员队伍建设等情况。

（李春玲　史辰）

【“8·11”强降雨】 8月11日，受高空冷空气和副高外围暖湿气流的影响，海淀区普遍出现暴雨天气，局部地区大暴雨，降水过程全区平均降雨量40.1毫米，最大降雨量是青龙桥102.2毫米，最大小时降水86.5毫米，出现在15时~16时。海淀本站87.7毫米。15时57分海淀区首次成功发布暴雨橙色预警信号，此次降雨强度分布不均、持续时间短，给道路交通、生产生活和人身安全等造成影响。

（李春玲　史辰）

【参加空气重污染应急演练】 11月13日，区气象台配合区应急办、区环保局，参加空气重污染预警一级响应（红色）演练。依照“海淀区气象台重污染天气应急响应流程”，适时启动海淀区空气重污染应急气象保障分预案，制作“海淀区空气重污染气象信息专报（演练）”“空气污染气象条件等级预报（演练）”等服务产品，通过视频智真系统、决策服务网站、传真等方式上报区应急办。此次应急演练，进一步细化了应急流程，熟练了服务内容，提升了在重污染天气情况下的应急服务能力，为实战积累了经验。

（李春玲　史辰）

【申报科普项目】 11月18日，区科协召开2013年度海淀区科普项目资金下达会，区气象局申报的《海淀区人工影响天气知识科普宣传》项目获科普专项资金5万元。

（李春玲　史辰）

【气象信息员培训】 12月6日，区气象局组织召开2013年气象信息员培训会，会议特邀北京市气象局专家讲解干旱、洪涝等灾害的特点以及应对暴雨及其衍生灾害的措施，气象信息员职责、考核标准，展示气象预警信息发布流程。马连洼街道介绍了区气象局与街道共建的天气预报预警信息的发布机制，并就如何在防灾减灾中充分发挥作用以及预警信息传播渠道、机制和队伍建设相关问题进行讨论交流。

（李春玲　史辰）

【气象宣传】 年内，区气象局开展气象“六进”宣传活动。“进机关”：设计印制《北京市常见气象灾害防御常识》《气象灾害预警信号》等材料，发放到区政府有关部门。“进社区”：组织城市气象防灾减灾社区建设、“3·23”世界气象日、“5·12”防灾减灾日展台宣传活动。“进农村”：与四季青镇、苏家坨镇等交流、座谈，宣传气象服务。“进学校”：走进北大附小、农业大学等开展气象科普宣传。“进企业”：走进中科软等高新技术企业宣传。“下工地”：走访23家市重点建设工程，35家区重点工程，下工地宣传。“开放日”：开放海淀区气象站，接待北大、农大等学校师生参观。

（李春玲　史辰）

【气象专项检查】　年内，区气象局会同区安监局、消防分局在全区联合开展防雷安全大检查和专项检查。对区域内重点工程，高井发电厂、回迁安置工程、学校、写字楼、医院、商场、加油站等重点场所进行专项检查，共走访单位和工地110余个。制定并发布《海淀行政区域内气象探测环境保护要求》、气象探测环境保护风险防控图，加强对海淀区域内气象设施和气象探测环境保护。

（李春玲　史辰）

【气象防灾减灾社区建设】　年内，完成总参测绘局、马连洼街道的16个社区为示范点的全国城市气象防灾减灾社区建设，气象信息和应急知识走进小区、走进家庭，提高社区整体防范气象灾害的能力。实现街道、社区、居民三级联动，从决策到管理，从管理到具体执行，形成信息传播专用畅通渠道，新增预警发布对象150人左右，预警信息显示屏16块。初步形成“政府主导、部门联动、社会参与”的气象灾害防御机制。

（李春玲　史辰）

【气象应急预警服务】　年内，区气象局完成对《海淀区气象灾害应急预案》全面修订。提前发布降雪、降雨预报预警，及时启动应急预案，开展现场决策气象服务，滚动跟进气象服务及点对点的专业气象服务，为区政府决策及抗灾措施提供依据，最大限度减轻极端天气造成的灾情。全年累计发布各类气象预警（解除）信号153次，制作气象专报18份、气象快报215份，发送气象预报预警短信21万余条，其中预警短信6281条、防火短信53070条，气象预报邮件300余封。

（李春玲　史辰）

【完成8项雷电灾害风险评估】　年内，区气象局全力推进雷电灾害风险评估业务开展。完成中国电子科技集体公司第十五研究所科技大厦等8项雷电灾害风险评估项目。在全市各区县是首家将防雷审批纳入海淀区投资项目联审联批流程，作为住建委核发建筑工程施工许可证（开工证）的前置审批。

（李春玲　史辰）

【公众气象服务】　年内，区气象局参与全区重大动物疫病风险评估，对区防汛办、安监局、环保局、扫雪铲冰办公室实行“一对一”气象服务，开展安全生产月宣传咨询日气象服务，开播《海淀气象》电视天气预报节目、接受海淀新闻台采访10余次、建立气象学与气候学实习基地（与中国地质大学联合）、北京大学自然地理学实习基地（与北京大学联合）专业教学实践、实习基地。

（李春玲　史辰）

【人影作业25次】　自2013年起，区财政每年支持人影工作专项资金200万元。区气象局全年共组织实施人工增雪作业21次，燃烧碘化银烟条2140根；人工防雹增雨作业11次，发射高炮炮弹1182发，火箭30枚。对降低森林火险等级、保护农业、驱逐雾霾改善空气质量、改变土壤墒情、缓解水资源短缺、滋养植被发挥了积极作用。

（李春玲　史辰）

【落实新农村建设折子工程】　年内，区气象局作为新农村建设折子工程第28项工作任务“气象防灾减灾机构建设”的牵头负责单位，推进任务落实。向市委、市政府督查室报送《关于2013年重点工作计划的报告》《关于报送海淀区气象灾害防御工作总结的函》，向区编办报送《关于申请成立海淀区气象灾害防御机构的请示》。

（李春玲　史辰）

【2013年海淀区重大气候事件】　受缓慢南下的冷空气影响，3月19日11时开始出现降水天气，19日22时转为降雪，截止到20日06时降雪基本结束，全区平均降雨雪量13.5毫米，最大雨雪量出现在凤凰岭16.3毫米。全区平均雪深6厘米左右，平均气温-3.6℃，出现对交通有影响的道路结冰；6月12日22：04分海淀本站出现冰雹，最大直径8毫米，对城市设施及部分农作物造成一定影响；受副高外围暖湿气流和冷空气共同影响，7月14日20时后我区出现明显降雨天气，截至16日07时，平均降雨57.5毫米，最大降雨出现在青龙桥72.9毫米，最小降雨出现在中国气象局47.2毫米。高温日数偏多，本站高温日数为17天，比2012年多10天，高温天气主要出现在7月、8月份，其中7月上旬连续4天高温闷热天气。10月24日至12月31日，最长连续无降水日数69天。

（李春玲　史辰）

【2013年海淀区气候概况】　2013年，海淀区主要气候特点是：2012年12月至2013年11月平均气温12.0℃，接近常年[①]平均值（12.8℃）。年降水量偏少，春、秋季节降水偏少，夏、冬季节降水偏多，但由于强降水主要集中在夏季，以短时强降水为主，分布不均，其中仅6月、7月降水量比常年同期明显偏多。日照时数较常年偏少。春季平均气温为13.2℃，接近常年平均值（14.0℃），降水量为33.6毫米，比常年平均值（72.2毫米）偏少近5成以上；夏季平均气温25.6℃，接近常年平均值（25.5℃），降水量为427.4毫米，比常年平均值（394.5毫米）偏多近1成；秋季平均气温12.6℃，接近常年平均值（12.8℃），降水量为58.7毫米，比常年平均值（82.3毫米）偏少近3成；冬季平均气温为-3.6℃，比常年平均值（-1.4℃）明显偏低2.2℃，降水量为14.9毫米，比常年平均值（8.5毫米）偏多近7成以上。

2013年1月1日~12月31日平均气温为12.3℃，接近常年平均气温（12.8℃）。极端最高气温38.1℃，出现在7月24日，年极端最低气温为-16.8℃，出现在1月4日；全年总降水量524.8毫米，比常年（557.5毫米）偏少，较2012年906.7毫米偏少近4成。一日最大降水量为86.8毫米，出现在8月11日。2013年1月1日至2013年12月31日霾57天。

（李春玲　史辰）

① 常年值为海淀1981—2010年30年有效资料平均值。

商业服务业·对外经济贸易

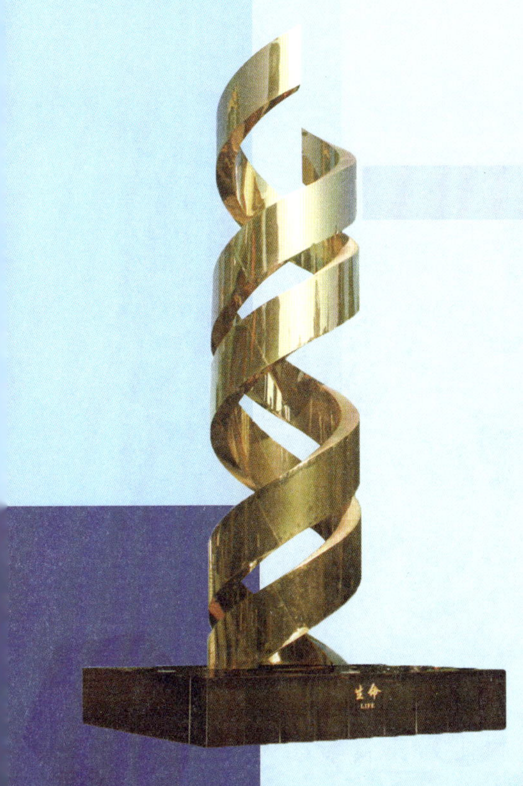

3月15日，创建全国文明城区诚信经营示范店动员大会暨3·15诚信消费品牌节活动在中关村鼎好电子商城举行（中关村电子商会 符翔 摄）

6月7日，中高端餐饮转型发展交流会暨第11届中关村国际美食节闭幕式在北京凯瑞御仙都皇家菜博物馆举行（区饮食服务协会 供图）

6月28日，金泰海淀分公司举办“践行企业发展理念 争当知识型员工”知识竞赛（金泰海淀分公司 供图）

9月20日，当代商城召开区属百货商业企业整合重组工作动员会（当代商城 供图）

11月14日，北京翠微大厦股份有限公司第十六届购物节暨翠微百货十六周年店庆活动启动（李瑞林 摄）

商业服务业·对外经济贸易

商业服务业

【概况】 区商务委是区政府主管本区国内外贸易和对外经济合作的工作部门。海淀区再生资源回收行业管理办公室、海淀区打击知识产权领导小组办公室、海淀区创建全国文明城区市场环境建设指挥部办公室设在区商务委。下属北京市海淀区商务综合执法监督检查所、中国国际贸易促进会海淀支会（中国国际商会海淀分会）2个事业单位。

2013年组织开展35项促消费活动，完成英国大集等服务保障工作。社会消费品零售额全年实现1614.7亿元，同比增长7.3%。中关村玉渊潭商务区被命名为北京市商务服务业聚集区，完成十三栋商务楼宇改造项目摸底。建设规范化再生资源回收站点15个，并编写制定《完善再生资源回收体系建设工作方案》。

（丛颖）

【海淀区商业联合会】 北京市海淀区商业联合会成立于1999年9月。2005年3月，中国贸促会海淀区支会、中国国际商会海淀区分会和海淀区商业联合会合并办公。商联会会员分为会长单位、副会长单位、常务理事单位、理事单位和个人会员五个级别。商联会会员由不同所有制、不同业态的民营企业、外资独资企业、中外合资企业、高新技术企业构成，基本涵盖海淀区大中型各种所有制的零售企业，现有会员单位近200家。2013年12月24日，根据行业发展需求成立海淀区商业联合会电子商务行业专业委员会，主要致力服务于海淀区内的电子商业企业及相关单位，通过开展行业调研，制定行业标准，教育培训及其他相关活动的开展，推动海淀区电子商务企业的对外交往、企业内部自身的规范建设和行业的整体有序发展。

2013年，区商联会为会员单位提供招商引资服务，沟通交流平台，以及与政府对话的桥梁。在海淀区政府人才培养专项资金的支持下，通过高层、中层、基层等不同层级培训全年不间断为海淀商业发展培养和储备各类人才，组织第三期海淀区商业企业高层管理人员研修班，举办第三期店长培训班和中级收银员职业资格证书培训班，配合“第七届海淀区商业服务业职业技能风采大赛”举办演讲、珠宝鉴定等方面的培训。承办第九届海淀品牌消费节、第五届海淀汽车置换节、第四届海淀岁末购物节。首次编制涵盖百货、超市、购物中心、商业街等各业态服务设施管理、服务规范管理、安全生产管理的《海淀区商业零售业创建全国文明城区规范读本》。

（丛颖）

【北京市海淀饮服行业协会】 成立于2000年5月，原名北京市海淀区饮食服务行业协会，2010年6月29日更为现名。下设餐饮、洗浴、美容美发、旅店、清真、彩扩摄影、洗衣等7个专业委员会。2013年，有会员企业近600家。

（姜哲）

【北京京海联实业开发总公司】 公司为海淀区独资城镇集体企业。2013年，公司有下属企业两家（新海学金属制品中心、北京海地兴物资供应站），控股股份制企业一家（万泉源物业管理公司）。公司以房屋场地出租为主要收入来源。其中最重要的承租人是新东方学校。总公司及下属企业、控股企业有在职职工（含下岗职工）44人，离退休职工230人。资产总额9079033.06元，净资产6833944.61元，营业收入5183913元，亏损1001738.63元。

（郑珊）

【海淀区物资回收公司】 成立于1958年2月。公司下属4个全资子公司：北京市开源技贸总公司、北京市颐顺达物资经营公司、北京市魏兴贸易公司、北京市五棵松物资收购站，并持有北京市开源物业管理股份有限公司43.78%的股权。

2012—2013 年海淀区物资回收公司经营情况

单位：万元

项目	2012 年	2013 年	同比增长（%）
总收入	3639	3646	0.192%
净收入	3482	3508	0.75%
费用支出	3044	3004	-1.31%
利润总额	509	658	29.27%
净利润	394	533	35.28%
税金	504	455	-9.72%
投资收益	57	169	196.49%
资本保值增值率	100%	99%	-1%

年内，转变企业发展方式，促进管理精细化。完善《企业经营管理目标责任制实施及考核办法》；协商签订《公司职工工资集体合同》；制订《公司安全生产考核标准》和《会计科目的核算规范》完成 10 个会计核算单位日常内部审计工作。

本年，五棵松收购站将空置摊位改造成库房，确保企业经营收入；开源技贸公司将空置大棚改造为 3 个独立库房，招租引进康师傅、统一等饮料经营商户，全年增加营业收入 72.7 万元。完成区财政国有资产报废回收废金属 354 吨、电子办公设备 160.5 吨、回收总件数为 70363 件，社会回收 149 吨，实现毛利 82 万元，新发展 30 家合作单位。在回收业整顿中撤销无效社区网点经营执照 106 个，新建社区回收网点 15 个，回收网点总数达到 243 个；编制《海淀区再生资源回收行业基础情况信息汇编（图册）》；配合市、区商务委和市旧货行业协会在上地街道西里、玉渊潭裕惠大厦开展再生资源回收进社区进企业系列宣传活动，组织社区居民参加再生资源回收利用、垃圾分类一日游主题宣传活动。

（肖洁）

【北京翠微大厦股份有限公司】 北京翠微大厦股份有限公司由北京翠微大厦改制而成，是集百货、超市、餐饮、休闲娱乐等都市品质生活服务于一体，以零售业为主的现代集团企业。公司股票于 2012 年 5 月 3 日在上海证券交易所挂牌上市。公司于 2013 年 9 月召开第一次临时股东大会，会议选举产生了第四届董事会和第四届监事会成员。

2013 年，公司完成翠微店合并调整，调整后公司下属翠微店 A、B 座、牡丹园店、龙德店、清河店、大成路店、惠丰堂饭庄、自行车销售中心等 8 家分公司以及北京翠微家园超市连锁经营有限责任公司、翠微可晶摄影器材有限责任公司、翠微园物业管理有限公司、普澜斯国际商贸发展有限公司 4 家子公司。营业面积 24.3 万平方米。

2013 年，公司实现销售 52.76 亿元，上缴国家税金 2.58 亿元。

本年，公司引进近 600 个热销成熟品牌，包括爱马仕（Herm è s）、海蓝之谜（La Mer）、始祖鸟（Arc'teryx）、阿玛尼童装（Armani Junior）、CK 童装（Calvin Klein Jeans）、暇步士童装（Hush Puppies）等国际一线品牌。10 月，北京市首家家双立人品牌体验旗舰店落户翠微店。

全年举办 20 余次主题营销活动，举办“蛇舞金春 迎新纳福”“翠微股份上市周年庆”“情聚翠微 十六年”等 5 次大型营销活动，组织“夏花心语——翠微百货第九届化妆节”“吾爱——翠微百货首届珠宝节闪耀开幕”等主题特色营销活动，在体验营销上进行新的尝试。

改进服务方式，提升服务技能。增加会员服务网上积分返还功能；深入社区举办消费课堂活动，为顾客提供个性化服务；开展以征文演讲、服务知识竞赛为主要内容的第九届职业礼仪大赛，在服装服饰搭配项目中，8 人进入市级决赛，5 人进入前十名并获得“服装服饰搭配能手”称号。

建立内控管理体系。对制度、业务流程和业务运行情况进行梳理，建立、完善《战略管理办法》《融资管理制度》等 37 项管理制度，启动首次内控自评工作。通过年度 ISO　9001 质量管理体系认证审核。全年培训员工 1 万余人次；落实员工学历教育奖励政策。公司成为北京市大型商场能源计量、能效对标分析工作的先进单位。

2013 年，公司获得“全国商业 3·15 诚信宣言守信企业”“全国商业服务业顾客满意企业”“全国商业质量效益型企业”“北京十大商业品牌金奖”“小额消费纠纷快速解决机制先进单位”“诚信服务示范单位”“北京市和谐劳动关系先进单位”“绿色通道示范单位”“2013 年北京市商业服务业服务技能大赛系列活动优秀组织奖”、北京市国家税务局颁发的“纳税信用 A 级企业”等称号。翠微店二层商场收银部被评为“全国商业服务业顾客满意明星班组”，翠微店总服务台获“全国巾帼文明岗”称号。

（陈天昊）

【北京翠微集团】 北京翠微集团（以

下简称翠微集团）成立于1996年12月30日，为海淀区国资委直属全民所有制企业，注册资本为63377万元，经营范围为投资管理、资产管理和会议服务。截至2013年年底，集团总资产356702万元，净资产110919万元。持有北京翠微大厦股份有限公司（以下简称翠微股份）55.06%的股份。

2013年，集团获海淀区国资委系统企业财务决算和国有资产统计报表编制工作先进单位和企业财务报表填报及财务分析工作优秀单位称号。

2013年北京翠微集团经营情况表

项目	2012年	2013年	比上年（%）
总资产（万元）	372718	356702	–4.3
负债（万元）	197140	168751	–14.4
净资产（万元）	101956	110919	8.79
少数股东权益（万元）	73623	77032	4.63
销售额（亿元）	49.5	46.87	–5.31
利润（万元）	22063	22387	1.47
国有资产保值增值率（%）	108.79		

（刘慧）

【北京海淀置业集团有限公司】 是海淀区政府授权经营的国有独资企业。2013年，公司资产总额46.80亿元，同比减少7.47%；负债23.73亿元，净资产21.16亿元，净资产收益率3.47%；利润总额9829.73万元，少数股东权益1.91亿元。

北京海淀置业集团有限公司投资企业情况表[①]

序号	控股性质	企业名称
1	全资企业	北京中海拓科技发展有限公司
2	全资企业	北京海物博科贸有限公司
3	全资企业	北京国控经贸有限责任公司
4	全资企业	北京中关村数字物流港有限责任公司
5	全资企业	北京超捷物业管理有限公司
6	全资企业	北京华奥饭店有限公司
7	全资企业	北京消夏园餐厅有限公司
8	控股企业	华光商厦有限责任公司
9	控股企业	北京天合太平物业管理有限公司
10	控股企业	北京海置科创科技服务有限公司（2013年12月成立）
11	控股企业	武夷山市北京山庄有限责任公司
12	相对控股企业	北京超市发连锁股份有限公司
13	参股企业	北京市中关村小额贷款股份有限公司

[①] 北京海图国际青年旅行社于2013年5月注销。

序号	控股性质	企业名称
14	参股企业	北京稻香湖投资发展有限责任公司
15	参股企业	北京泛亚大厦房地产开发有限责任公司
16	参股企业	嘉事堂药业股份有限公司
17	参股企业	北京海开房地产股份有限公司
18	参股企业	北京首汽（集团）股份有限公司
19	参股企业	北京禾谷园连锁经营有限公司
20	参股企业	北京商悦科贸有限责任公司
21	参股企业	北京永乐雅餐饮有限公司
22	参股企业	北京恒业达装饰工程有限公司
合计：投资企业共计22家，全资7家、控股4家、相对控股1家、参股10家		

年内，公司突出写字楼经营特色，提升经营收益。中技大厦与腾讯科技续约，签约面积3万多平方米，并促成腾讯科技的合作单位北京大学知识产权学院和卓意麦斯科技公司，以及中国技术交易所与海淀区国有资产投资经营公司合作项目入驻大厦。优盛大厦将国家知识产权局专利局提前退租的1.3万平方米及时出租，实现新老客户无缝对接，提升资产运营效率。盈智大厦引入提供财务、工商、税务服务的中介公司。

与街道社区合作，将“菜篮子”工程与餐饮业态调整工作相结合，将餐饮业态调整为便民项目，减少清退阻力。对中小型餐饮企业实行业态调整，转型为办公、茶艺、美发、超市、“菜篮子”等业态，已调整30个，面积10993平方米。全年恢复“菜篮子”网点15个，面积3091平方米，其中华光商厦于5月份开设的“菜篮子”皂君庙便利店成为“菜篮子”工程示范店。

结合图书城业态调整，探索为创新创业企业服务的新模式。3月份，开展回购回租、方案策划及招商工作，全年收回房屋17472平方米。委托清控科创完成图书城升级改造方案。加速推进重点企业入驻，与创业家杂志社、天使汇、飞马旅、36氪、联想之星签订合作协议，业务覆盖孵化器、投资对接、媒体资讯等元素。

整合优化资产结构，调整处置非核心房产。将商业配套网点有偿移交，羊坊店复兴路建厂副食商业网点有偿移交给北京市铁路局；首体南路1号院商业网点有偿移交给公安部第一研究所；完成向甘家口大厦的房屋土地过户。逐步规范和完善房地权证，除抵押房产、涉及拆迁房产及部分住宅之外，将394册房产证权利人名称变更为海淀置业。通过拍卖取得嘉海公司位于中湾国际的2套房产、中关村大厦的2套房产及104个地下车位已取得房产证。完成老旧房屋维修改造工程73项。超捷物业全年投资320余万元，实施维修保养工程68项。

年内完成拆迁肖家河、玲珑巷、又一村、八里庄菜店、前屯、恩济庄、六郎庄等10处房产，安置改制职工15名。国控经贸公司位于永丰乡亮甲店的外贸仓库拆迁完毕，中海拓公司下属农机服务公司所处安河桥24号拆迁工作接近尾声。

推进国控经贸公司出资成立的北京市追龙消防材料厂、北京赛格工贸公司两家企业由集体企业改制为有限责任公司，完成改制立项、清产核资、产权界定工作，改制实施方案已获得区国资委审批。按照承债式股权划转交易安排，在海国投偿还全部借款后，通过承债式划转方式将宏城鑫泰股权划回海国投。拟定海图青年旅社吸收合并方案，海图青年旅社已于12月停业，并完成员工安置、资产盘点处置和房屋交接工作。

加强安全生产工作，开展安全教育培训，安全月期间组织开展“生命通道体验”、应急疏散演练及消防运动会等活动；在集团集中开展火灾隐患攻坚整治“铁拳”行动、安全生产大检查大治理和打非治违专项整治行动，拆除违章建筑5处，面积316平方米。全年接待来访31件，内容涉及个人档案丢失、改制退休职工待遇、物业管理、索取房产补偿等问题，已妥善解决29件，其余2件仍在积极协调。办复区人大代表建议案件。

（高炳波）

【北京超市发连锁股份有限公司】 公司以商业零售为主，是区属大型零售连锁企业。2013年，实现销售收入42.95亿元,同比增长6.55%。新开连锁店22家，其中直营店8家、加盟店14家。截至年底、公司经营总面积17.8万平方米，连锁店总数143家（其中市内连锁店59家，外埠店22家，加盟店62家）。

2013年，公司获零售商学院授予的2013首届中国十佳成长型标杆企业、中国商业联合会等授予的2012年度中国零售百强企业、中国连锁经营协会授予的中国连锁经营协会副会长单位（2013—2017）、商务部授予的“商贸流通业统计典型企业”、北京市著名商标（2011—2014）、北京市构建和谐劳动关系先进单位等称号，获中国商业联合会全国商业质量奖（2010—2013）、2012 年度（第八届）北京十大商业品牌金奖、2013 年度商务环境建设工作优秀奖。双榆树店被全国老龄工作委员会授予“敬老文明号”。

年内实施连锁店升级改造 2 家；建立开店模板等 7 个经营技术标准；搭建网上“闲置资产”平台。整体库存周转天数 29 天，同比减少 1.46 天。

年内，公司确定战略合作伙伴 529 家。获中国商联会授予的“零供调节平台快速解决示范单位”称号。与 22 家供应商开展互访及业绩回顾等活动，完成 16 家供应商的验厂，与 18 家供应商举办 3 次食品安全工作的桌演，对 80 个商品进行抽查检测，与 8 家散装加工供应商签订《食品安全承诺书》。开发新客户 18 家，引进新品牌 2 个，增加代理新品 60 品，实现销售收入 1.25 亿元。淘汰商品同质化的二类供应商 37 家。通过和知名供应商合作，加强网站渠道开发、终端良好呈现和滚动等促销活动,实现促销活动的销售增长 5105.17 万元。果菜配送中心通过“农超对接”项目，实现对 80 家基地的直采。叶菜类配送量增长 137.9%，配送额增长 32.7%，荔枝采购量 56 万斤，硒砂瓜采购量 39.2 万斤，海南水果实现销售 288.24 万元，果菜品类的经营份额从上年度的 7.29%提升到 8%。果菜引进新品 5822 品、新品牌 82 个，实现销售 1.04 亿元，销售占比 7.61%，平均毛利率达 14.17%。

全年自采商品共计 836 种，累计实现销售 500 万元,实现毛利额 150 万元，平均毛利率 35.13%；买断商品 52 品，买断成本平均降低 11.99%，累计实现销售额 1050 万元，实现毛利率 15.30%；囤货商品销售 7235.15 万元；现有自有品牌 121 品，实现销售 1047.63 万元，毛利率 16.59%。在 24 家加盟店推广自有品牌销售，配送额累计 33.1 万元。举办“超市发果蔬节、海南水果节、百色芒果节、四川食品节、火锅节、旅游超市、转盘抽奖、集印花换购、福袋藏宝”等系列节日（活动）。交易次数从年初日均交易减少 1.17 万人次，到年末日均交易减少至 0.59 万人次，客单价实现 50.38 元，同比增加 5.87%。拆零库共计发货数量 60.65 万件，同比增长 115.35%，发货金额 629.16 万元，同比增长 65.40%，增加拆零商品数 638 品。

（刘凤山）

【北京甘家口大厦有限责任公司】 2000 年 1 月 9 日开业，是一座以购物为主，集餐饮、娱乐、休闲、金融、服务、写字楼为一体的现代化购物中心，建筑面积 10.3 万平方米。经营面积达到 3.06 万平方米。2013 年 9 月，进入与北京翠微集团翠微大厦股份有限公司重组阶段。

2013 年全年实现销售额 8.14 亿元，同比增长 1.75%。实现利润 2796 万元，同比增长 2.4%,上缴税金 4245.14 万元。

1 月 4 日，公司“微店”项目正式上线。“微店（顾客版）”为顾客提供一对一、点对点的个性化服务，“微店（商户版）”为商户提供更准确、及时的顾客关注和购买信息。截至年底，公司共有 200 多个品牌、约 600 个商品在“微店”进行展示；微店共有注册会员 10700 人，“微店”累计销售额 1.5 亿元 。

8 月，建成 Wi-Fi 网络，为到店顾客、专柜厂商提供免费的无线上网及无线增值服务。

大厦与永丰产业基地洽谈科技企业加速器三区 I-22 项目，6 月初签订服务协议，成立项目小组。截至年底，已完成市场调研、规划定位、招商引进、空间设计等工作，进入装修施工阶段。

年内，公司获全国商业质量奖、北京市绿色通道示范单位、北京市实施卓越绩效模式先进企业、北京十大商业品牌、北京市诚信服务示范单位等称号。

（王帆）

【北京当代商城有限责任公司】 北京当代商城有限责任公司，于 1995 年 9 月 23 日开业，2007 年 12 月 18 日由全民所有制与全民所有制联营企业改制为海淀区全资国有企业。2009 年 10 月 28 日，当代商城第一家分店——石景山鼎城店开业。两店营业面积 4 万余平方米，自有员工 846 人，是以商品经营为主，集餐饮、休闲娱乐、商务公馆于一体的大型高档精品百货店。2010 年 11 月 16 日，企业性质由国有独资变为法人独资。

2013 年，在低迷的市场态势和严峻的竞争形势下，当代商城全体员工精诚团结、攻坚克难，奋力拼搏，当代商城两店合并实现含税营业收入 17.28 亿元，同比下降 10.3%；利润总额 5085.82 万元，同比下降 5.9%；净资产收益率 6.27%，每平方米效益 732.16 元，上缴税金 6731.63 万元。其中，本店实现含税营业收入 12.51 亿元，同比下降 16.47%，实现利润 7114.20 万元，上缴税金 5397.94 万元；鼎城店实现含税营业收入 4.77 亿元，同比增长 10.93%,上缴税金 1333.69 万元。各项经济指标完成较好。

年内，当代商城以“新百货思维”为指导进行战略升级调整。8 月 21 日，本店中庭装修工程正式启动，工程由上厅、下厅两部分组成，施工工艺复杂、质量要求高、技术难度大。截至 12 月 31 日，屋面施工工作已基本完成，此项工程是商城开业 18 年来难度最高、规模最大的一次商装改造，将扩大经营面积 1278 平方米，成为企业加快战略转型，加速丰富业态、优化品类、提升品牌、不断提高核心竞争力的重要物业保障。

加快引进综合业态，打造购物中心化的新型百货店。编制本店及石景山分公司非主营业态经营规划，本店地下一层推出“尚食馆”，有风光老灶麻辣香锅、东方饺子王、正一味等三个餐饮品牌。引进顾客直接参与、互动的品牌。完成志强园项目招商，引进北京天悦快捷酒店，提高外围物业经营效益。石景山分公司引进华夏典当行、风亦情美容 SPA 等项目。

两店全年共策划开展主题营销活动 52 次，根据季节特点策划开展化妆节、丽人节、珠宝节、美履节、运动节、家居节等品类购物节。开展节假日主题营销。策划年中大惠、感恩会员盛惠、建行、工行客户购物专场、本店 18 周年店庆、石景山分公司 4 周年店庆等多项主题营销。利用广场搭建集装箱欧式街区，推出“当代嘉年华”，实现销售近700万元。

开展会员营销，本店新增会员12429人，会员保有量达到13.04万人；石景山分公司新增会员13407人，会员保有量达82589人。举办讲座沙龙、互动展示、新品发布等会员活动38次。拓展会员增值服务，与银行、餐饮、教育、旅游等多业态近30家机构签订异业合作协议，与中国建设银行北京分行、工商银行北京分行分别举办“相约当代、卡友欢享”建行购物专场活动、“工行牡丹盛会，悦享当代鼎城”工行购物专场活动，与8家银行合作开展营销活动109项，获得礼品、礼券支持价值227万元。

实现店面Wi-Fi全覆盖，面向会员免费开放。策划开展微博活动33次，粉丝近40万人。手机APP项目正式上线并投入使用，与微信、微博形成三种新媒体营销。

完成ISO 9001质量管理体系评审，取得ISO 14001环境管理体系认证注册，通过中国质量奖的初审、全国商业质量奖复审的现场评审，以及北京质量奖的三年确认。

与首都经济贸易大学签订《合作办学协议》，建立“首都经济贸易大学—当代商学院”。申报海淀区人力社保局“职业培训补贴”。

开展“安全生产月”活动，召开安全生产工作会议16次，组织安全生产检查91次、安全生产应急预案演练6次。实施24小时安全管理，提升安全防控等级。加大商品安全管理力度，开展食品安全及商品标识专项检查42次。

9月，启动与翠微集团的重组工作，年内完成尽职调查、资产划转、退休人员安置、资产评估和财务审计等工作。

2013年，当代商城获得“北京十大商业品牌金奖”、北京市企业管理现代化创新成果二等奖、中关村质量奖、海淀区商务环境建设工作优秀奖、中关村促消费最佳商业品牌奖，获得国家工商总局守合同重信用企业、北京市诚信服务示范单位、北京市绿色通道示范单位、北京市和谐劳动关系先进单位、海淀区创建学习型组织示范单位等多项称号，石景山分公司被评为北京市纳税信用A级企业。

（王芳云）

【北京金泰集团有限公司海淀分公司】 公司下属有5家受托管理单位：有北京金泰宏远商贸有限公司、北京金泰万博苑餐饮管理有限公司、北京金泰恒业超市连锁有限公司、北京金泰恒业晟通商贸有限公司、北京金泰集团有限公司富地分公司等。2013年4月17日，注册成立“北京金泰恒业晟通商贸有限公司金泰锦绣分公司”。2013年5月，注销“北京金泰恒业超市连锁有限公司金泰先锋分公司”。

2013年，海淀分公司实现收入总额3.46亿元，同比增长5182万元，实现利润5603万元，同比增长2576万元。

年内，分公司完成龚村办公楼、新都网点、富地地面改造等工程。北京裕泽房地产开发有限责任公司拆迁八里庄煤厂土地面积955.22平方米，经营用房面积539.8平方米。妥善解决通恒大厦等历史遗留问题，晟通大厦验收工作稳步推进。

制定全面预算考核管理办法，开展目标成本管理。开展“互学互促，安全互查”网点巡查活动，推进安全维稳工作。加强租金收缴力度，实现租金“零位管理”。

编辑《金泰海淀》9期，全年共出《海淀信息》104期。开展“践行企业发展理念 争做知识型员工”知识竞赛。开展党的群众路线教育实践活动。

（王承娟）

【北京中关村电子产品贸易商会】 2003年8月1日，由35家企业共同发起成立北京中关村电子产品贸易商会。2013年8月18日，更名为中关村电子商会。截至2013年年底，商会有会员单位153家。

1月，北京海龙电子城被北京十大商业品牌评选活动组委会评为“2012年度北京十大商业品牌”。北京中关村科贸电子城有限公司被北京电子商会授予优秀企业称号。

2013年，中关村地区有电子卖场9家，电子产品实现销售总额约238亿元人民币、贸易总额约587亿元人民币。根据中关村创新研修学院统计，销售额占比前三位的产品类别为整机类、配件类和手机通信类，销售额分别为92亿元、35亿元和28亿元，占区域销售总额比重分别为38.7%、14.9%和11.7%。全年中关村地区台式机出货量约37.6万台，同比下降38.1%；销售额约13.2亿元，贸易额约31.1亿元，占整机类销售额和贸易额的比重分别约为14.3%、13.6%。全年中关村地区笔记本出货量约83.1万台，同比下降38%；销售额约33.2亿元，贸易额约85.0亿元，占整机类销售额和贸易额的比重分别约为36.3%、37.1%。全年中关村地区平板电脑出货量约110万台，同比增长68.8%；销售额约32.9亿元，贸易额约84.5亿元，占整机类销售额和贸易额的比重分别约为36.0%、36.9%。截至2013年年底，由海淀法院移交中关村电子市场调解委员会案件共68起，解决43起，解决率为63.2%。配合区法院工作，商事调解委员会接案22件，成功调解9件。

（丁旭　李淼）

【召开诚信经营示范店动员大会】 3月15日，由海淀区商务委主办，北京中关村电子产品贸易商会承办的“创建全国文明城区诚信经营示范店动员大会暨3·15诚信消费品牌节活动”在中关村鼎好电子商城举行。中关村电子卖场30家诚信经营示范单位代表共同签署承诺书，承诺：做文明海淀的参与者、践行者、维护者。规范经营，文明诚信，积极参与创建全国文明城区。

（丁旭）

【生活必需品应急保障】 4月12日，北京发现禽流感疫情后，区商务委第一时间组织应急推演，加强市场监测，启动日报制度，动员企业提前组织货源，加大生活必需品和节日商品的储备量，成立委应急保障队伍，保障市场供应和满足节日消费需求。

（丛颖）

【举办知识产权保护日活动】 4月26日，由北京市知识产权（版权）局主办，北京中关村电子产品贸易商会承办的“尊重知识产权，维护市场秩序”4·26知识产权保护日活动在海淀图书城举办。2013年世界知识产权日的主题为“创造力，下一代”。活动以面向消费者普及知识产权相关知识、提高消费者的版权意识为主旨，设置与消费者互动、问题竞答等环节，吸引消费者主动参与。

（丁旭）

【第十一届中关村国际美食节】 4月26日，由海淀区人民政府主办、海淀区商务委员会和海淀饮服行业协会共同承办的第十一届中关村国际美食节开幕。本届美食节以“文明餐饮 健康餐饮 科技餐饮”为主题，历时一个月，通过开展“特色美食聚京城”“百姓厨房创意赛”“驻华外国友人厨艺大赛”“二维码美食导航”以及召开“高新技术企业与团餐企业供需见面会”等主题活动，结合线上线下多种形式的美食惠民活动，结合弘扬饮食文化与群众休闲文化。4月26日至4月29日在美食节主会场的“智能餐厅”展区进行“机器人炒菜”、厨余垃圾处理等智能设备的现场演示，让消费者感受到智能技术的应用给传统餐饮带来的革命。

（姜哲）

【华为终端体验店入驻】 4月27日，华为终端体验店首次入驻中关村，该店位于国家高新区中关村核心商圈的鼎好电子商城南区一层，占地106平方米。设有功能展示区及体验区。全面展示华为年内新近上市的MATE（6.1寸大屏）及D2、D525手机、平板电脑、家庭网关等全系列产品，消费者可“零距离”体验并一站式购物。

（李萍 丁旭）

【举办第七届海淀商业服务业职业技能风采大赛】 4月—7月，海淀区政府主办、中关村电子产品贸易商会负责承办的第七届海淀商业服务业职业技能风采大赛之笔记本、手机维修大赛。比赛动员了海淀区百货、大型超市、各类购物中心、专业店（市场）、电子电器卖场、典当等多个行业的近50多家企业、上万多名员工参与。经过初赛筛选，共有来自鼎好、海龙、中关村维修城、E世界等4家电子卖场的14位选手进入决赛，中关村维修城的选手获得冠军。

（丁旭）

【编纂《海淀区餐饮服务规范读本》】 6月初，海淀饮服行业协会编纂《海淀区餐饮服务规范读本》。读本紧密联系餐饮业现场管理实际，以提高餐饮从业人员的基本素质为着眼点，以“树立城市文明形象，提升行业服务水平”为目标，以服务员职业道德、仪容仪表、中餐摆台、中餐服务操作、楼面部操作和餐厅日常英语等为重点，突出行业技能的应知应会，是具有较强操作性的员工培训教材。

（姜哲）

【召开中高端餐饮转型发展交流会】 6月7日，协会组织区内部分中高端餐饮企业召开“中高端餐饮转型发展交流会”，湘鄂情、净雅、顺峰、凯瑞等企业老总和大家共同分享适应市场变化、转变经营思路的转型经验；交流会现场还同时展出中高端餐饮企业推出的百元以下的“健康养生菜品”。

（姜哲）

【安全生产大检查大整治】 6月中旬至年底，区商务委召开海淀区商务行业安全生产大检查、大整治工作部署会，对全区安全生产大检查开展情况进行通报。督促各企业要按照国务院、市区工作要求做好贯彻落实，由区商务委领导挂帅，成立海淀区商务行业安全生产大检查工作组，按照划分区域每天由一位领导带队进行实地检查。大检查大整治期间，累计出动执法人员1040人次，检查各类企业520家次，行政处罚5家，处罚金额4.9万元。发现和整改、纠正隐患问题226个。

（丛颖）

【成立北京市首个社区商业行业协会】 6月19日，区商务委指导甘家口大厦、超市发连锁等发起单位成立本市首个社区商业行业协会——“北京市海淀社区商业服务协会”，通过开展管理人员培训、参观考察、企业进社区等活动，促进社区商业企业提升品质、规范经营，带动行业的整体发展。

（丛颖）

【新一轮早餐工程】 7月18日，区商务委出台《海淀区早餐工程建设实施方案（2013—2015）》，通过指导优质连锁企业开展规范化网点建设，扶持科技园区、综合性商务楼宇开设员工食堂，引导学校、医院食堂等采取增设早餐项目等多种途径和手段，提升海淀区早餐服务水平。全年共新建和升级改造各类固定式早餐网点175个（其中新建123个，升级改造52个）。

（丛颖）

【第五届汽车置换节】 9月6日，由区政府主办，区商务委、区商业联合会承办的第五届海淀汽车置换节开幕。汽车节以“创文明城区 享海淀服务”为主题，通过“主题车展”“儿童文明驾驶体验”“二手车网络竞拍会”“周末赏车会”等活动，培育汽车消费新支点，拉动区内消费。根据北京商业信息中心海淀分中心的数据监测，9月6日—10月11日海淀汽车置换节期间，4S店销售额同比增长14.79%；汽车用品市场销售额同比增长7.43%。

（丛颖）

【第九届海淀品牌消费节】 9月13日至10月11日，由区政府主办，区商务委、区商业联合会承办第九届海淀品牌消费节。消费节以“文明海淀，诚信商业”为主题，文化、科技两条主线贯穿始终。通过“中国梦·海淀梦——海淀商业发展创新研讨会”，为企业在商业模式转型和创新等方面提供启示。活动有“广场点亮时尚”“购物中心周末赏车会”“来文明城区购物，留赠语中大奖”“文明创建服务队社区行”“海淀品牌消费节商业专场”等主题板块。根据北京商业信息中心海淀分中心的数据监测，“十一”期间，大型百货商场、购物中心销售额同比增长5.46%；超市销售额同比增长11.4%。

（丛颖）

【启动3家百货企业重组】 9月，海淀区政府启动区属百货商业企业的整合重组工作。10月，翠微集团完成与北京当代商城有限责任公司、北京甘家口大厦有限责任公司两家企业相关的离退休、内退等人员的承接工作。

（刘慧）

【中发时代与纳库鲁政府战略合作】 10月1日，肯尼亚纳库鲁政府商务考察团受邀访问北京中发时代科技发展有限责任公司。考察团分别参观了中发旗下的中发电子新市场、中发电子市场、知春电子城、百旺商城，了解中发的企业发展情况及综合实力。举行中发集团与纳库鲁政府战略合作意向书签约仪式，进一步加强了双方合作关系，同时也为中发拓展海外市场奠定了基础。

（陈琳　丁旭）

【举办餐饮创新培训班】 10月—12月，区饮服协会举办百余家餐饮企业的2500人次参加的“转型升级形势下餐饮管理创新培训班”，培训班集管理理念、实操规范、案例解析和实地考察为一体，讲授、交流与考察穿插进行，为企业提供专业化的理论与实践相结合的培训与指导。

（姜哲）

【创建全国首批社区商业便民示范商圈】 年内，区商务委开展区域社区商业基础性数据调研工作，编写《海淀区社区商业发展规划》。11月28日“甘家口商圈”被评为首批“全国便民商圈示范工程”。

（丛颖）

【“菜篮子”工程建设】 年内，区商务委新建各类蔬菜销售终端50个，总面积7619平方米；新增13处原国有配套商业网点回归便民服务功能。

（丛颖）

【社区商业项目建设】 年内，全区支持83个项目，涉及27个街镇，区财政累计投入支持资金2407.19万元；将翠湖科技园、软件园等北部园区的员工食堂、便利店等配套商业设施建设项目计划投资500余万元纳入2014年储备项目。

（丛颖）

【71个项目获专项资金支持】 年内，全区共7家企业获得市商发资金和中小企业专项资金扶持1288.1万元。共64个项目获得区商业服务业专项资金支持6100万元，专项资金突出民生改善、环境提升、电子商务等重点商务工作，实现产业专项资金的带动作用。

（丛颖）

【一刻钟便民服务圈建设】 年内，区商务委继续推进一刻钟便民服务圈建设，完成501个社区的规范化达标，实现包括社区超市（便利店）、美容美发、菜店、洗染、再生资源、餐饮店和代收代缴等7项业态在内的便民商业服务功能全覆盖。

（丛颖）

【出台社区商业配套管理办法】 年内，区商务委制定《海淀区新建住宅小区配套商业网点规划建设指导意见》和《海淀区新建住宅小区配套商业网点规划建设管理办法》，为新建住宅小区配套商业的建设提供指导依据，海淀区成为北京市首个研究制定社区商业配套管理办法的区县。

（丛颖）

【商务综合执法】 2013年，区商务委累计出动执法人员1256人次，检查各类企业628家次，检查安全生产、酒类流通、食盐、预付卡、洗浴等多项内容，行政处罚5家，处罚金额47200元。发现和整改、纠正隐患问题234个。完成全国“两会”、大检查大整治等商务行业安全保障任务，未发生一起社会不稳定事件。督促检查辖区商业服务业生产单位落实安全生产责任，及时消除安全生产隐患。

（丛颖）

【企业安全生产标准化建设】 年内，区商务委分两批对辖区内的183家企业开展培训和贯标工作，重点宣传安全法规、安全制度、安全常识和安全要求，强化安全责任意识，营造安全生产氛围。累计发送各种宣传资料2万余份。结合季节性、阶段性重点工作，及时通过短信平台向企业发送工作提示、安全知识等，累计发送各类短信5000余条。

（丛颖）

【多地引入中关村电子信息产品指数】 年内，河南省滑县公共资源交易中心、北京市朝阳区发展和改革委员会、长沙市政府采购监督管理局等13个市、县（区）政府采购监督部门引入中国·中关村电子信息产品指数产品库作为第三方价格监测，建成政府采购电子协议供货产品价格比对系统，实现电子协议供货产品市场价格的实时监控，降低采购成本、提高资金使用效率，从而在保证协议供货产品“市场可买、价格可比”的基础上，减少与供应商的产品入围工作量，提高工作效率。

（李红杰　丁旭）

【实施OTO商业模式】 年内，中发电子新技术交流中心整合网络、实体、媒体三维资源，运用“线上推广+资讯媒体+线下实体”三位一体的OTO商业模式，以新品展示、新技术交流、市场信息反馈、品牌领导力、渠道建设、应用行业对接为目标，推出21项标准服务，包括：新品推介发布会、行业领导品牌评选、新技术推广论坛、发布市场前沿资讯信息、授权代理渠道商招募、中关村园区客户对接采购用户供需会等。

（陈琳　丁旭）

对外经济贸易

【概况】 2013年，全区新批外商投资企业216家。全区进出口总额401.42亿美元，同比减少2.53%，占北京市的9.35%。其中，进口总额310.81亿美元，同比减少2.84%，占北京市的8.50%；出口总额90.61亿美元，同比减少1.44%，占北京市的14.33%。吸引合同外资15.24亿美元，同比增长10.74%；实际利用外资16.00亿美元，同比增长6.31%。新增取得外贸经营权的企业942家，累计达到9236家。

（丛颖）

【参加第二届“京交会”】 5月28日至6月1日，海淀区参加第二届中国（北京）国际服务贸易交易会（简称京交会）。通过“北京馆”展示、“北京主题日”活动、软件与信息服务国际企业对接会、电子商务应用推介会等方式，宣传海淀区服务业和服务贸易发展情况。

海淀区企业参加各类会议、对接活动、展览展示、国家日等活动超过100场，17个项目达成合作协议，签约总金额约197亿美元，同比增长19.8%。

（丛颖）

【企业审批】 年内，区商务委继续推进"一科制"审批，全年共接待咨询、业务办理29460人次，其中电话咨询14749人次；为1094家外商投资企业办理变更事项；审核加工贸易合同85个，合同变更81个；初审新设境外企业91家、代表处18家，变更43家；为942家企业办理对外贸易经营者备案登记手续；为516家酒类经营者办理备案登记；为47人次办理外商来华邀请函；为4家直销企业出具确认函；为72家成品油零售企业办理年审。全年窗口服务"零"投诉。

（丛颖）

【服务外包业务】 年内，全区有151家企业进行离岸服务外包业务登记，协议金额25.05亿美元，执行金额20.01亿美元，同比增长44.7%，占北京市的41.4%。支持45家企业、1家培训机构获得商务部国际服务外包业务发展资金2263.2万元；海淀区109家企业获得商务部技术、软件及信息服务出口贴息资金3836万元；76个项目获得北京市服务外包扶持资金3782.3万元；12个项目获得区商业服务业发展资金672.6万元。3家企业入选"2013年中国服务外包十大领军企业"。

（丛颖）

【跨国公司总部增至9家】 年内，区商务委引导文思海辉技术有限公司申请认定跨国公司地区总部，海淀区跨国公司地区总部数量增加至9家。

（丛颖）

【外贸转型升级】 年内，海淀区集成电路设计示范基地和中建材易单网国际营销集成服务示范基地经北京市商务委认定为北京市外贸转型升级示范基地。引导60余家企业投保信用出口保险，降低企业外贸运行风险。

（丛颖）

旅游

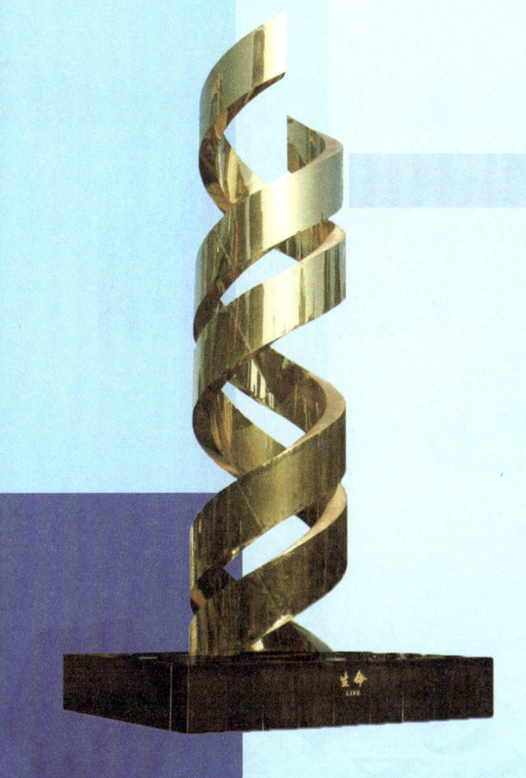

3月28日—5月5日，第二十四届北京桃花节暨第九届世界名花展在北京植物园举行（北京植物园 供图）

5月19日，2013年越野摩托车会员赛第二场比赛在狂飙乐园举行（区旅游委 供图）

5月23日，“游园惊梦昆曲专场演出”在新修复的颐和园德和园举行（区旅游委 供图）

6月18日，北京市海淀凤凰岭第三届蓝莓文化节在蓝梦庄园开幕（李瑞林 摄）

6月24日，由北京市团城演武厅管理处举办的“我爱博物馆——外来务工子弟学校手抄报展”在首都博物馆举行（团城演武厅 供图）

7月2日，持续二个月的圆明园第18届荷花节暨第二届荷花音乐节举行，图为“皇上”携“甄嬛”在圆明园玩投壶游戏（圆明园 供图）

8月5日，紫竹院公园文化周进驻北京园博园（区旅游委 刘兵 摄）

10月12日，主题为“名山·红”的第二十五届北京晚报·香山红叶文化节开幕（香山公园 供图）

10月，西山无名英雄纪念广场在北京西山国家森林公园落成（区旅游委 供图）

11月14日，玲珑公园举办第二届金叶节（田峰 摄）

区旅游委开展行业检查（李瑞林 摄）

旅　游

综　述

海淀区旅游发展委员会是海淀区政府主管区域旅游业的行政职能部门，下设旅游咨询服务中心、旅游培训中心2个事业单位。

2013年，全区旅游接待人数6357万人次，同比增长7.8%，旅游综合收入443.26亿元，同比增长8.2%。旅游综合收入位居全市第三位，接待人数由上年全市第三位升至全市第二位。

截至年底，全区共有旅游企业1362家，其中住宿业1066家，包括社会旅馆977家，星级饭店89家（其中5星级9家、4星级26家、3星级34家）；旅行社117家；旅游景区31家（其中A级景区16家），乡村旅游接待户149家。区内有8个旅游咨询点，即：海淀区旅游咨询服务中心、圆明园咨询站、同庆街咨询站、北京西站咨询站、北部访客中心、凤凰岭自然风景公园咨询站、紫竹院公园咨询站、香山公园咨询站。

2013年，区旅游委推动旅游事业管理向旅游产业促进转变，职能转变为产业促进、资源统筹、发展协调和服务监管等，把促进发展作为旅游工作的主攻方向。加强对区域旅游产业发展的协调指导力度和经济运行监测分析，实现工作重心的转移和工作机制的转变。对大西山旅游发展进行重新定位，制定2013年大西山旅游发展工作要点，明确重点规划、重点项目及责任主体。加大对旅游产业发展的支持力度，共安排旅游专项资金3600万余元，支持重点旅游项目42个。

年内完成“三山五园”总体规划及旅游发展战略等各项专项规划编制。

2013年，圆明园遗址公园、香山公园通过国家AAAAA级景区初审。御仙都皇家菜博物馆被评为AAA级景区。北京新华国际旅游有限公司、中国铁道旅行社、北京环球世纪国际旅行社、北京源丰通国际旅行社等4家单位获北京市首批AAAA旅行社资质。12月，海淀区旅游咨询服务中心圆明园咨询站在全市351家咨询站评比中，获北京市旅游发展委员会颁发的“2013年度金牌旅游咨询站”称号。

（陈以民）

旅游行业管理

【5个项目获市专项资金支持】 4月3日，区旅游委联合区财政局向市旅游委申报2013年北京市旅游发展专项资金支持项目5项，即圆明园创建5A景区景观改造提升项目、温泉镇南山产业带旅游项目、“京西稻”耕读文化休闲园高端旅游形象提升项目、凤凰岭公园2013旅游环境整体提升项目、马奈草地艺术花园项目。

（陈以民）

【旅游区域合作】 4月10日，遵义市“直航遵义 醉美之旅”北京推介会在北京金台饭店举行，海淀区旅游委与遵义市旅游局签订《旅游合作协议》，达成进一步促进两地在旅游项目、旅游宣传、旅游会务等多方面加强深度合作的共识。至此，海淀已与河北邯郸、广西桂林、湖北丹江口、四川成都等共26个市区开展区域旅游合作。

（陈以民）

【旅游规划中期评估】 6月14日，区旅游委完成《海淀区“十二五”时期旅游产业发展规划》《海淀区西北部高端休闲旅游区发展规划》的中期评估工作。对“十二五”时期以来区旅游委的规划目标与主要经济指标的实现情况、重点任务进展情况进行评估，在肯定成绩的基础上，就推进规划实施过程中面临的形势变化及出现的问题提出针对性的建议措施及发展方向。

（蔡民）

【召开半年旅游经济形势分析会】 7月3日，区旅游委组织召开海淀区2013年上半年度旅游经济形势分析会，百余人参会。市旅游委作“上半年全市旅游经济形势分析报告”。区域内11家重点景区、旅行社、住宿业等旅游企事业单位代表分别发言，对上半年度企业经营情况进行分析总结。8 月，根据北京市旅游委和市统计局统计数据，完成《2013 年上半年海淀区旅游经济运行情况分析报告》。报告显示，2013 年上半年全区旅游综合收入 195.88 亿元，同比增长 8.4%；旅游接待人数 2913 万人次，同比增长 4.9%。接待人数位于全市第二名，旅游综合收入排名第三位。

（常玉舟）

【受理旅游专项资金申报】 7 月 20 日至 8 月 31 日，区旅游委按照《海淀区促进旅游产业发展支持办法》及专项资金管理有关规定，在海淀区支持核心区自主创新和产业发展专项资金项目申报平台进行旅游专项资金申报受理。共有 47 家单位合计 65 个项目参与申报，经过部门预审、专业评审、部门会商、专题会、联席会、常务会相关程序审定，支持项目 42 个，安排资金 3623.3 万元。

（刘京飞）

【推荐 12 项市旅游重点项目】 9 月 16 日，区旅游委做好北京市重点项目的推荐申报，共推荐 12 个项目，即“三山五园”功能区 5 项：香山普安店一期工程项目、香山中心区交通枢纽及城市综合体项目、香山中心区达沃斯香山峰会酒店项目、圆明园实景旅游驻场演出项目、圆明园文化遗产修复项目；“三山五园”拓展区 1 项：海淀区温泉南山旅游项目；其他 6 项：中关村东升科技园科教旅游示范点项目、“园外园”区域生态景观提升项目、北部生态科技绿心启动区项目、大西山彩化工程项目、五环路桥区绿化景观提升项目、永定河引水渠北岸绿地项目。

（蔡民）

【发布全国首个科教旅游服务标准体系】 11 月 13 日，国内第一个科教旅游方面的标准体系——《北京中关村科教文化游服务业标准体系》通过国家标准委考核评估验收，正式发布。该标准体系由通用基础标准、科教文化游服务保障标准、科教文化游服务提供标准三个标准体系 140 项标准组成。自 2011 年 10 月，区旅游委向国家标准化委员会申报“北京中关村科教文化游服务业标准化试点”国家级服务业标准化试点获得批准后，该项工作作为市政府折子工程项目，在两年的时间里，中关村科教文化游的试点经历调研启动、体系建设、组织实施等五个工作阶段，由区旅游委确定 7 家科教旅游试点单位，逐步推行各项标准。

（唐晓东）

【完成《海淀区旅游产业统筹融合发展研究》报告】 11 月 28 日，区旅游委完成《海淀区旅游产业统筹融合发展研究报告》，研究成果分为总报告、海淀区科教旅游统筹融合发展案例以及海淀区旅游产业数据库三部分内容，总报告为海淀区旅游业与科教、文化、农业、商务、体育等产业的统筹融合发展提供依据与发展思路。

（常玉舟）

【完成“一河十园”解说系统设计规划】 12 月 6 日，区旅游委完成对 “一河十园”中解说系统的设计规划工作。该规划以都市居民的亲子活动为主题，以四个采摘园为具体切入点，突出解说系统规划与采摘园的主题特色相统一，增强解说系统语言的生动性、共鸣性，提升解说系统与游客的互动性，促进环境教育产品理念的推进。

（李燕炜）

【申报北京市会奖旅游奖励资金】 12 月 19 日，在北京市会奖旅游奖励资金支持项目中，海淀区旅游委组织推荐申报的世纪金源大饭店等三家酒店的三项会奖旅游项目通过评审，申请奖励资金共计 50.39 万元。

（刘京飞）

【旅游咨询“五进”】 年内，海淀旅游咨询服务中心推进旅游咨询“五进”工作——进景区、进社区、进机关、进校区、进企业。在香山公园、清华园宾馆、冠城园社区、朝阳区西坝河东里社区、东城区前门商业街等地区开展系列特色主题旅游咨询活动，发放旅游宣传资料，现场解答市民游客问题，拓展旅游咨询为民服务的渠道。

（刘双阳）

【大西山旅游区建设】 年内，区旅游委围绕大西山地区旅游发展，开展调查研究。结合海淀区新的功能区战略，对大西山旅游发展重新定位，制定 2013 年大西山旅游发展工作要点，明确重点规划、重点项目及责任主体。推进重点旅游规划。重点推进慢行步道及自行车骑行道的规划。组织苏家坨、温泉、上庄、凤凰岭等分别制订相关步道和骑行道规划，其中凤凰岭国家登山健身步道项目全长 45 千米，已初步完成设计方案。协调有关单位推进《西山彩化工程规划》《苏家坨镇七王坟村发展详细规划设计》《苏家坨镇车耳营村发展详细规划设计》《西山风景长廊南北延项目规划》《薰衣草庄园项目规划》等大西山地区旅游规划。

（李燕炜）

【旅游开发建设】 年内，区旅游委协调落实召开大西山旅游发展协调领导小组会议 5 次。完成凤凰岭自然风景公园游客服务中心及附属设施建设项目和温泉南山产业带旅游项目，推进苏家坨西山风景长廊沿线旅游配套项目建设；继续推进“三山五园”历史文化景区旅游公共服务设施提升改造项目、三山五园区健身绿道旅游配套服务设施改造提升项目和山后地区慢行步道及自行车骑行道的规划项目。完成《区科教文化旅游体验区》及《区传统文化景区事业产业融合发展示范区》等海淀区旅游产业规划项目的公开招标。区委区政府重点任务第 29 项项目——温泉南山产业带旅游项目和苏家坨西山风景长廊沿线旅游配套项目建设年底基本完成。协助项目单位实施市政府为群众办实事第 32 项任务，即凤凰岭自然风景公园游客服务中心、停车场、厕所和游览导视牌等旅游公共服务设施建设项目，项目于 10 月完成，12 月 10 日经市旅游委验收通过，并拨付项目单位补助资金 101.93 万元。

（蔡民）

【整治旅游市场】 年内，区旅游委联合公安海淀分局治安支队、市交通支队执法第六大队、区城管监察大队、工商海淀分局、区文化委、区综治办等部门和相关街道，与市旅游委旅游市场治理整顿督查组一道，先后 50 余次对颐和园等皇家园林旅游景区及周边（一公里）市场秩序进行联合执法检查，对“黑车”“黑导”“黑店”等违法行为持续开展严厉打击；组织联合执法行动15次，检查导游400余人，纠正违规导游110余人次，下达整改通知书30余份，查处黑车107辆（其中黑摩的59辆），没收非法小名片、小广告、假地图等非法旅游宣传品12万余张，查处无照经营1191起，依法拘留黑导游131人、黑带车停车8人和黑照相5人，依法拆除假旅游公交站牌50余块。

协调做好樱花节、桃花节、杏花节、玉兰节、荷花节、红叶节、中关村科教旅游节期间的旅游市场秩序整治工作。节假日期间对A级景区和部分住宿企业进行数据监测。确保全区良好旅游市场秩序和安全无事故。

完成A级景区星级平安景区创建工作。开展“安全生产月”活动，组织企业联组互查，组织旅游企业进行安全生产月宣传活动，每季度对旅游企事业单位安全生产进行专项检查。组织旅游企业参加北京市旅游委安全技能大赛并获优秀组织奖。

组织开展星级饭店消防疏散应急演练、山地景区应急救援演练、消防安全应急突发事件预案演练、大型消防联合演习。

（唐晓东）

【旅游宣传推介】 年内，区旅游委开展旅游节庆活动，提升区域旅游品牌形象。举办“三山五园”皇家园林旅游节、中关村科教旅游节和海淀西山文化休闲旅游节等三大品牌节庆活动。运用传统和现代媒体，加大对海淀旅游的宣传力度，依托《北京旅游》杂志，制作《三山五园皇家园林》《中关村科教旅游》《醉美西山》专刊，在全市三星级以上酒店和旅游咨询服务中心及国航商务仓投放。6月9日，由海淀区旅游委和区安监局组织旅游企事业单位，在清华园宾馆举行以“2013年海淀区安全生产月平安旅游季”为主题的咨询活动，现场为游客发放《旅游突发事件应急手册》《中华人民共和国旅游法》等旅游资料。9月29日，海淀区旅游委会同中央电视塔、中国皇家菜博物馆、凤凰岭公园等多家企业到花园路街道冠城园社区开展“旅游服务进社区”活动。活动发放《中华人民共和国旅游法》等相关资料1200余份，提供咨询服务150余人次。

（温力宏）

“三山五园”历史文化景区建设

【概况】 “三山五园”历史文化景区于2012年首次被写入北京市第十一次党代会报告。区委区政府将景区建设列为全区核心工作之一，通过整体规划、有序实施地区整治改造，计划用几年时间，将“三山五园”历史文化景区建设成为具有世界影响力的文化中心城市的重要功能区、历史文物保护区、恢复古都风貌代表区、科技与文化融合发展示范区和世界高端旅游目的地。

“三山五园”历史文化景区东起地铁13号线和京密引水渠，西至海淀区界，北起西山山脊线和北五环，南至北四环，总面积68.5平方千米。该地区分别属于四季青和海淀两个镇，重点改造地区主要包括三大板块，即四季青镇香山地区和海淀镇的颐和园、圆明园两园之间地区以及园外园片区。区域内人口密度较大，旅游配套和公共基础设施匮乏；地区资源整合度不高，土地使用效率较低；城市环境脏乱差，安全隐患突出。

2013年，“三山五园”总体规划及旅游发展战略等各专项规划编制基本完成；颐和园、圆明园之间启动拆迁工作；中央党校西墙外地区居民搬迁腾退完成；香山中心区4条道路建设启动；“三山五园”绿道开工建设，推动园林绿化功能由生态景观向休闲旅游提升。

（孟凡杰　李燕炜）

【基本完成中央党校西墙外项目拆迁腾退】 4月29日，居民拆迁开始，共涉及居民482户、1505人，房屋现状面积6.7万平方米；集体企业24家，建筑面积10.9万平方米；社会单位17家，建筑面积3.2万平方米。不到4个月时间拆迁全部结束。项目涉及的集体企业拆迁腾退工作已基本完成，共涉及17家单位，其中已拆14家，剩余3家社会单位的搬迁在推动中。

（孟凡杰）

【完成《“三山五园”历史文化专题研究》报告】 5月12日，编制完成《“三山五园”历史文化专题研究》报告。报告系统梳理三山五园的历史沿革和文化内涵，阐述建设三山五园历史文化景区的现实意义，通过研究，对于挖掘、整理、利用山水人文建筑中的文化价值，传承和发扬海淀文化，提高海淀的影响力，具有现实意义。

（李燕炜）

【市领导到景区调研】 5月、7月，市委书记郭金龙、市长王安顺分别到项目现场调研，了解情况并指导工作。在项目前期筹备和开展过程中，北京市分管副市长多次召开专题会研究部署工作，及时明确关键事项。

（孟凡杰）

【与市旅游委进行项目对接】 6月27日，区旅游委与市旅游委产业处进行“三山五园”重点旅游产业项目对接，并对区旅游委梳理出的共计9大项16个小项的“三山五园”旅游重点建设项目的具体情况进行汇报。

（蔡民）

【举办三山五园文化全球巡展首展】 7月5日—9月30日，由海淀区文化发展促进中心联合台湾顽石创意股份有限公司、中国工艺艺术品交易所有限公司共同举办的“三山五园”历史文化全球巡展首展在台北市国父纪念馆展出。展览首度曝光许多艺术珍品，把静态展品变为影像模式，把平面直观变成立体互动模式，将“三山五园”文化在数码空间中复原，实现文物展出的虚实结合。展览共售出门票10万张，接待观众30万人、重要团体20多个，举办讲座与论坛9场，展售文创衍生产品千余种。百余家报纸、网络等新闻媒体进行报道，影响世界各地近千万人次。本次展览投入800万元，获得收入1000万元,其中展览票房与赞助门票500万元、特许商品经营400万元、文化活动收益100万元。巡展的基本机制是政府指导、企业运作，具有很强的内动力和可持续性。旨在通过为期三年的巡展推广，将三山五园历史文化景区打造成北京历史文化新名片，以此创新文化产业发展模式。

（于佩丽）

【启动四王府等旧村改造】 7月，四王府等香山东部地区的改造方案获得市政府的批准，9月，该地区改造方案获村民代表大会和镇人代会通过。香山旅游文化发展公司作为香山改造的主体，具体负责拆迁工作，截至年底，530个院落已有一半居民签约选房，地区民俗遗物的抢救收集工作同步展开。

（孟凡杰）

【完成《“三山五园”历史文化景区旅游公共服务设施建设规划》】 12月25日，区旅游委完成“三山五园”历史文化景区旅游公共服务设施建设规划工作。规划包括旅游公共信息服务体系建设、“智慧旅游”信息管理宣传服务平台建设、旅游安全保障体系建设、旅游交通便捷服务体系建设、旅游惠民便民志愿者服务体系建设、旅游知识普及和旅游责任教育与辅导体系建设、旅游环境保护和旅游环境优化提升、旅游环境与公共服务的行政服务与评价体系建设、旅游公共服务建设规范及标准体系建设等九个方面。

（李燕炜）

【推进园外园等其他项目】 年内，园外园规划方案由区园林局组织完成三次评审和论证，具备上报条件。四海桥至北坞村公园3.1千米的绿道建设初具规模，绿化面积10万平方米。

（孟凡杰）

【出版《清代三山五园史事编年（康雍乾卷）》】 年内，三山五园战略规划工作组办公室与中国人民大学清史研究所开展三山五园历史文化系列研究，包括清代三山五园史事编年、史料汇编和专题研究工作。年底，《清代三山五园史事编年（康雍乾卷）》出版，此书记述自顺治开始的关于香山静宜园、玉泉山静明园、万寿山清漪园、畅春园、圆明园、绮春园、熙春园、春熙院的清朝史；以帝王为经，以三山五园为纬，凡帝后回宫、南巡、东巡、北狩、离园行礼和园林建设、园林管理、帝后在园起居生活等诸方面的重要史实，均予记录。勾勒出清代皇家文化的主体面貌。

（于佩丽）

【编制“三山五园”历史文化景区发展规划】 年内，海淀区与市规划委开展协作式规划试点，研究制定“三山五园”历史文化景区发展规划。委托凤凰城集团、清华同衡规划院进行“三山五园”地区产业发展布局研究和景区总体规划编制工作，包括1个总体规划以及园外园提升和综合交通等6个专题规划、党校西墙外和一亩园等10个重点片区的城市设计规划。

（孟凡杰）

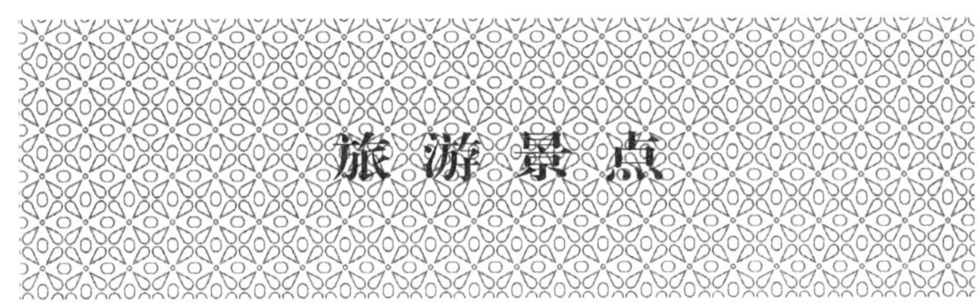

旅游景点

【星级饭店、旅游区（点）】

旅游星级饭店	数 量	旅游区（点）	数 量
五 星	9	AAAAA	1
四 星	26	AAAA	7
三 星	33	AAA	8
二 星	13	AA	0
一 星	0	A	0
		未评A（社会单位）	15
合 计	81	合计	31

（唐晓东）

【海淀区31家旅游景区（点）名录】

1.颐和园（5A）

2.圆明园遗址公园（4A）

3.北京植物园（4A）（内有曹雪芹纪念馆、卧佛寺）

4.香山公园（4A）（含碧云寺）

5.中央电视塔（AAAA）
6.玉渊潭公园（AAAA）
7.紫竹院公园（AAAA）
8.凤凰岭自然风景公园（AAAA）
9.太平洋海底世界（AAA）
10.鹫峰国家森林公园（AAA）
11.百望山森林公园（AAA）
12.西山国家森林公园（AAA）
13. 北京西山大觉寺（AAA）
14. 北京龙徽葡萄酒博物馆（AAA）
15.汇通诺尔狂飚运动休闲乐园（AAA，本年新晋升）
16. 皇家菜博物馆（AAA，本年新评定）
17.中华世纪坛
18. 海淀公园
19. 北京艺术博物馆（万寿寺）
20. 大钟寺古钟博物馆
21. 团城演武厅（又名健锐营演武厅）
22. 北京石刻艺术博物馆（五塔寺）
23. 阳台山自然风景区
24. 药用植物园
25. 元土城遗址公园
26. 中科院植物所北京植物园
27. 军事博物馆（北京市红色旅游景点）
28. 香山双清别墅（北京市红色旅游景点）
29. 李大钊烈士陵园（北京市红色旅游景点）
30. 圆明园“三一八”烈士陵园（北京市红色旅游景点）
31. “一二·九”纪念亭（北京市红色旅游景点）

北京市市级民俗旅游接待村：苏家坨镇车耳营民俗旅游村

管家岭民俗旅游村（5月3日市旅游委批准）

（唐晓东）

【区属注册公园】

序号	公园名称	建成时间	所在街道	所属单位
1	圆明园遗址公园	1900年1月	青龙桥街道	海淀区政府
2	会城门公园	1956年1月	羊坊店街道	海淀区园林绿化局
3	元大都城恒（土城）遗址公园	1965年1月	花园路街道	海淀区园林绿化局
4	玲珑公园	1988年1月	八里庄街道	海淀区园林绿化局
5	碧水风荷公园	1991年7月	清河街道	海淀区园林绿化局
6	上地公园	1994年1月	上地街道	上地街道办事处
7	阳光星期八公园	2003年9月	万寿路街道	海淀区园林绿化局
8	海淀公园	2003年9月	万柳地区	海淀区园林绿化局
9	燕清文化体育公园	2003年9月	清河街道	海淀区园林绿化局
10	马甸公园	2003年11月	花园路街道	海淀区园林绿化局
11	百旺公园	2005年9月	马连洼街道	海淀区园林绿化局
12	长春健身园	2007年5月	海淀街道	海淀区园林绿化局
13	温泉公园	2007年5月	温泉镇	海淀区园林绿化局
14	玉东郊野公园	2008年5月	四季青镇	四季青镇政府
15	丹青圃郊野公园	2008年5月	四季青镇	四季青镇政府
16	五棵松奥林匹克文化公园	2008年7月	万寿路街道	海淀区园林绿化局
17	东升八家郊野公园	2009年4月	东升乡	东升乡政府
18	金源娱乐园	2009年7月	曙光街道	海淀区园林绿化局
19	巴沟山水园	2010年5月	海淀街道	海淀区园林绿化局
20	美和园公园	2012年11月	清河街道	海淀区园林绿化局
21	北极寺公园	2012年11月	花园路街道	海淀区园林绿化局
22	翠微烟雨公园	1990年6月	羊坊店街道	北京市园林绿化有限公司
23	中华世纪坛公园	2000年6月	羊坊店街道	北京市园林绿化有限公司
24	中关村广场	2002年7月	海淀街道	海淀区园林绿化局

序号	公园名称	建成时间	所在街道	所属单位
25	清河翠谷公园	2006 年 9 月	清河街道	海淀区园林绿化局
26	王庄公园	2008 年 9 月	学院路街道	海淀区园林绿化局
27	北坞公园	2013 年 5 月	四季青镇	海淀区园林绿化局四季青镇政府
28	南长河公园	2013 年 5 月	紫竹院街道	海淀区园林绿化局
29	中央电视塔公园	2013 年 8 月	甘家口街道	海淀区园林绿化局
30	小营公园	2013 年 6 月	西三旗街道	海淀区园林绿化局
31	厢黄旗公园	2013 年 7 月	上地街道	海淀区园林绿化局

（罗勇）

【颐和园】　位于北京西北郊，原名清漪园。始建于清乾隆十五年（1750 年），民国 17 年（1860 年第二次鸦片战争时遭英法联军烧毁；1886 年经清政府重修，于民国 17 年（1888 年更名为颐和园；民国 17 年（1900 年，八国联军侵入北京后再遭洗劫破坏；民国 17 年（1902 年重新修复，民国 17 年（1928 年正式辟为公园开放。

颐和园总面积 300.8 公顷，园内现存的各式宫殿、园林古建筑 3000 余间、面积约 7 万平方米，园藏文物近 4 万件，古树名木 1601 株，其中万寿山、昆明湖、佛香阁、长廊、石舫、十七孔桥等为标志性景观。颐和园是中国现存最完整、规模最大的皇家园林，是全国第一批重点文物保护单位、全国文明风景旅游区、国家 AAAAA 级旅游景区，1998 年以“世界几大文明之一的有力象征”之评价被联合国教科文组织列入《世界遗产名录》。

2013 年，共接待游客 1447.65 万人，完成内事接待任务 118 次，外事接待任务 86 次，其中一级任务 1 次、二级任务 8 次、三级任务 23 次，其他 54 次。

景区规划和文物保护。完成《颐和园文物保护规划》修编工作；完成宜芸馆院落、德和园大戏楼等 5 项监测及抢修加固项目。邀请资深专家协助开展文物修复。完成玉澜堂内檐棚壁糊饰工程，开展家具类、纸绢类文物抢救性修复，完成文物库房、殿堂展室的虫害防治工作，在主要古建筑区域首次开展白蚁虫害普查，开展不可移动文物的保护性除尘研究与实践。

古建维修和景观提升。完成清晏舫修缮等 3 项工程，南湖岛修缮工程、21 号院社区用房项目、柳桥抢险工程进场施工，开展须弥灵境建筑群遗址保护与修复等 8 项工程的前期工作。完成西区三十亩地改造工程、水生植物调整工程一期；完成春植等 4 项绿化工程。完成古树保护、宿根花卉更新，草坪地被植物补植、无公害病虫害防治工作，加大精品花卉、特色盆景和大型苗木的养护力度，培育可展摆花卉 800 盆。

景区综合管理。作为创建全国旅游标准化试点单位，推动颐和园标准体系的实施运行，完成标准化年终验收，完成质量、环境、职业健康安全管理三个体系的认证审核，强化全方位的统筹管理和综合服务管理职能。建立健全系统教育培养机制，对职工开展管理制度、园林文化、职业技能等培训，开展岗位技能比拼和劳动竞赛 60 余次，培养复合型服务人才。

经营管理。摸索文化资源转化为文化产品的道路。完成听鹂馆大厅“福寿文化”改陈，申报北京老字号和“听鹂馆寿膳制作技艺”国家级非物质文化遗产，推出寿宴、婚宴等 80 余次，获得全国烹饪技能大赛最佳贡献奖等荣誉。

文化研究和文化活动。推出德和园原状陈列展、《慈禧与德和园演剧》文物展和《颐和园京韵》纪录片，建成大戏楼声学成就科技体验室，综合立体展现德和园的历史文化、艺术价值。完成“大黄鸭在颐和园”活动。为苏州街春节宫市、“颐和秋韵”桂花节和“两梅展”增加新创意，举办柬埔寨吴哥与颐和园世界文化遗产图片互展，参与“圆明重光俄罗斯文化展”图片展览活动，完成第八届北京公园节颐和园健步走和 2013 国际友人长走等活动。与长春伪满皇宫合作举办《从皇帝到公民》专题展，出版《庆演昌辰——慈禧与颐和园演剧》图录和《德和园大修实录》。承办市园林中心系统全国科普日活动，颐和园于 2013 年 4 月 10 日被列入“北京市科普教育基地”；2013 年 8 月 22 日被列入“北京园林绿化科普教育基地”。

“智慧颐和园”建设。完成门区和园中园电子票务信息系统二期项目，颐和园综合票务管理系统平台上线使用，全园实现电子票务联网。巩固“智慧颐和园”成果，丰富综合管理信息平台及子系统基础数据资源，新增颐和视界网络视频站点，添加专题视频节目，并充实图片资料库。

便民服务。延伸拓展便民服务和非紧急救助工作。全年开展便民服务近 13 万次；改造无障碍坡道，增加、更新部分牌示、路椅、果皮箱及坡道扶手栏杆。

（白帆）

【北京香山公园】　位于北京西山东麓，占地 160 余公顷，是一座融自然、历史、人文景观为一体，具有浓郁山林特色的皇家园林。园内古树名木 5800 多株，占北京城区总量的四分之一。园内主峰香炉峰（俗称鬼见愁）海拔 575 米。

香山早在唐、辽、金时就有寺庙建置。清代康熙帝在此基础上修建香山行宫，乾隆十一年（1746 年）赐名“静宜园”，其后历经 35 年营造，共有建筑群、风景名胜、点景园林八十余处，成为京西“三山五园”中的一山一园。咸丰十年（1860 年）和光绪二十六年（1900 年）先后两次被英法联军、八国联军焚毁。1949 年 3 月 25 日，中共中央进驻香山，毛泽东在双清别墅工作和居住。

1956年辟为人民公园。碧云寺、双清别墅、静宜园（香山）先后于1957年、1979年、1984年被列为北京市文物保护单位。

2013年，香山公园在建设、文化、跨界、科技、宣传、创收等方面有所发展。

重大建设工程项目落地。香山寺、二十八景的2.18亿元资金落地；昭庙三期修缮（白台碑亭、环廊修缮）得到市文物局2000万元专项资金支持；雨洪利用课题得到市科委认可，获得专项资金600万元。

文化特色活动多种多样。推出以“名山·红”第25届红叶文化节为代表的四季文化活动；创新开展“4·18”北京公园系列文化活动启动仪式、园博馆香山文化周等特色主题文化活动和展览。

召开世界名山协会（中国区）香山峰会，国内五大名山首次齐聚香山，形成“建立机制、出版画册、联合展示”三点共识；与佛学院、藏研中心等单位联合举办“乾隆皇帝与六世班禅”研讨会；与市、区旅游委联合举办“追寻红色印记”启动仪式、海淀皇家园林旅游节、海淀旅游资源推介会等；参与香山文化论坛，为《香山文化》专刊供稿50余篇；与邮局合作首次在香炉峰开设“心香邮局”。

继续在游览道路、台阶等处设置夜光警示线1000余延米、夜光指路牌示29块。红叶节期间继续在索道站台提供免费驱寒姜汤。继续完善三级非紧急救助网络建设。

在市科委和中心的资金支持和业务支持下，红叶课题研究取得阶段性成果，特别是对长期困扰红叶景观的黄萎病防治方面初见成效，通过水肥结合的复壮手段，实现病症逆转。本年秋天红叶景观实现“娇艳润”三个指数的提升。公园索道站、工程队职工分别在索道救援系统和水泵自动化控制方面取得技术创新成果。

全年召开新闻发布会6次，媒体刊发稿件近1400篇次，围绕红叶节、“4·18”启动仪式、名山石揭幕等亮点进行宣传。应对突发新闻事件，有效平息新闻舆论的跟踪和炒作。

全年在首都旅游市场客源减少、红叶节远端分流等不利条件下，公园以联票营销等为突破口，努力创收。全年公园共接待购票游客248.48万人次，实现园林收入6717.42万元。全年游客满意率为94.82%。

（王奕）

【圆明园遗址公园】 圆明园始建于清康熙四十六年（1707年），历经康熙、雍正、乾隆、嘉庆、道光、咸丰六代帝王150余年的不断营建，最盛时期面积达5200余亩（352.13公顷）。清康熙四十六年（1860年）被英法联军洗劫焚毁，光绪二十六年（1900年）再遭八国联军劫掠，其后历经磨难。1976年11月，圆明园管理处成立，为海淀区区属差额拨款事业单位，是圆明园遗址公园的管理单位。2010年10月9日，圆明园遗址公园被国家文物局评为全国首批国家考古遗址公园之一。现已形成以古典皇家园林遗址为基础、以自然山水框架为依托、以爱国主义教育为主题，以遗址展示、自然景观为特色的供游客观光游览、休憩娱乐的遗址公园。

2013年，共接待游客673万人次，同比增长7.5%；门票收入6238万元，同比增长24.4%；综合收入8253.6万元，同比增长16.7%。

（刘冉）

【北京植物园】 位于北京西山卧佛寺附近，规划面积400公顷，是以收集、展示和保护植物资源为主，并开展科研、科普旅游服务的大型植物园。

2013年共接待国内外游客243.31万人次，同比减少3.67%；其中购票游人数130.96万人次，同比增加1.49%。园林收入3760.42万元，完成年预算3500万元的107.44%，超额完成7.44%；事业支出10464.35万元，占年预算9740万元的107.44%，同比减支273.2万元，减少2.54%。

2013年公园被评为首都绿化美化先进集体、市公园管理中心突出进步单位、中国风景园林学会优秀管理奖等多项奖项。公园参展第八届中国（三亚）国际热带兰花博览会获一金两银一铜。在第十一届中国菊花展览会中，“彩云追月”景点获得室外景点大奖，“金王山”等三个独本菊品种分获专项品种标本菊银奖。

古树日常养护，共巡查7遍。对卧佛寺周边45株古树进行复壮保护，共设立复合渗水透气井192个并填埋专用基质和益生菌。对“同参密臧”前平台古树群因游人践踏导致的土壤板结进行土壤改良和地被栽植，共改良土壤140平方米，用基质42立方米，栽植麦冬草140平方米。完成卧佛寺西配院的部分古树复壮保护。其中方河周边古侧柏11株，原樱桃茶林院内古侧柏树1株，原樱桃茶林院外西边古桧柏树1株，牡丹园古油松1株，温室西边古国槐2株。共用专用基质52立方米，设置复合渗水透气井49个。

课题研究。共有在研课题19项，其中2013年新开课题6项，其他在研课题13项。12月底前完成8项课题的结题验收工作。4个科研项目获得奖励：“主要木本观赏植物种质资源收集及新品种创新研究与示范”获北京市科技进步一等奖；“耐旱沙生植物的引种栽培及适应性研究”和“萱草品种收集及新品种选育”获北京市科技进步二等奖；“中华秋海棠的引种栽培和保护生物学研究”获北京市科技进步三等奖。

开展国际学术交流。与145个国家的植物园进行信件交流，与20个国家进行种子交换，收到来自6个植物园种子49种，向8家植物园提供种子60份。

（石鑫）

【紫竹院公园】 始建于1953年，因园内有明清时期庙宇“福荫紫竹院”而得名。全园占地45.73公顷，水面约占三分之一，园内有观赏竹70余种80余万株，各类植物品种230余种。公园对社会免票开放。

2013年，共接待游客882万余人次，实现自营收入713余万元。公园先后获各类先进和表彰10余项，60余人次被评为先进。

年内，接待尼泊尔驻华大使、宁夏沙湖生态旅游区到访。4月10日，紫竹院公园与国际竹藤组织在公园内开展“植竹播绿共建美丽紫竹院”活动。8月5日—11日，以“多彩紫竹 放飞梦想”为主题的紫竹院公园文化周活动在丰台园博馆举行，此次活动共分为竹乐团文艺演出、书画篆刻艺术板块、花艺展示科普互动板块、公园风景照片展示板块、竹产品及特色工艺品展销板块。8月16日，收藏家王涵向紫竹院公园无偿捐赠明清时期竹雕藏品10件。10月20日，紫竹院公园园内紫竹禅院举行开山门仪式。

（董军梅 黄苗苗）

【北京凤凰岭自然风景公园】 北京凤凰岭自然风景公园位于海淀区西北部苏家坨镇境内，总面积10.62平方公里，佛、道、儒等宗教文化以及古东方养生文化的遗址、遗迹众多，区内北、中、南三线四十余处可观景点。公园于1996年4月正式开园，是隶属于北京市西山农场的一家国有企业。2010年9月凤凰岭公园正式被评为国家AAAA级旅游景区。

2013年凤凰岭公园接待游客总量达到85万人次，旅游总收入850万元。

完善基础设施建设。设计安装北线旅游路两侧新式石材垃圾桶40个；完成门区环卫厕所改造项目；完成中线厕所的建设工程；完成白塔水库北侧等6处景观亭的修缮和改造工程；完成景区内25套轨道棋及10套摇椅的安装。完成铁道桥西侧6000平方米停车场项目。改扩建公园游客中心，新增建筑约600平方米。修建一处体育广场，包括2个篮球场、1个网球场、1个笼式足球场、1个乒乓球长廊。在白塔水库引进户外攀岩运动项目。完成景区内500平方米甘洌泉小环境改造，建造7个小平台和1个水槽。启动杏林香洲入口处幸福广场项目。

推出多项主题活动，形成春季踏青赏花、夏季避暑消夏、秋季户外休闲、冬季庙会四大活动模块：一是以龙泉寺春节法会活动为平台，推出“元宵灯会”活动，丰富冬季凤凰岭旅游项目。二是以赏花踏青季活动为平台，打造“1+2+8”活动模式[①]，先后推出“杏花节、清明文化节、风筝文化节、春耕科普游、植树节、有奖微博互动、春季登山健步走、赏花”八大主题活动。三是以端午文化节为平台，推出蓝莓文化节等活动，同时推出优惠套票。四是推出首届户外消夏季活动，包括山地徒步、定向越野、帐篷露营、户外自助烧烤、山地自行车骑行、攀岩溜索等分享活动。五是推出秋季户外休闲节、中秋文化节、养生文化节和金秋彩叶节等秋季系列活动。在新浪和腾讯网络平台推出凤凰岭微博，开通微信平台，完成景区主要景点360度景观拍摄，扩大景区的网络关注度。在各类电商网站推出电子票。

落实安全周检制度。全年共进行12次救援。公园在中线道路沿线铺设光缆，增设监控探头共11处，使中线景区主要路段、主要节点得到基本覆盖。6月7日，承办海淀区山地景区凤凰岭应急救援演练。

（祝岁平）

【北京鹫峰国家森林公园】 北京鹫峰国家森林公园地处北京市西北部，横跨海淀和门头沟两区，隶属于北京林业大学，1992年被原林业部批准成立森林公园，2003年晋升为国家级森林公园。是全国科普教育基地和国家“AAA”级风景区。

公园占地面积765.20公顷，森林植被覆盖率达到96.4%，共有陆地植物121科447属955种（包括变种、引种），昆虫类14目122科539种。根据园内风景资源分布特征，公园划分为三大景区：以古道、奇石、登高观景和众多文物古迹以及较完备的旅游服务设施为基础的鹫峰中心区；以古香道、三月晴雪为构景主体的寨儿峪谷壑区；以独特的云雾、高山林海和草甸景观构成的萝芭地山顶区。

2013年，公园先后组织鹫峰梅花节、生态文化节、登山节、彩叶节等文化活动，年接待游人7.5万人次，收入98.64万元。

（马学兵）

【中央电视塔】 中央电视塔景区于1994年向社会开放，是集旅游观光、餐饮、商品销售、房屋（场地）租赁为一体的主题公园类景区，2002年被国家旅游局授予AAAA级旅游景区（点）。中央电视塔塔高405米，为北京市最高、地标性建筑，景区占地面积15.4公顷，设有“电视文化主题大厅”、“360度空中观景旋转餐厅”、《京城旧影》展览、“模拟新闻联播演播厅”等游览项目。

2013年，全年累计实现接待总收入4791万元（其中门票收入2512万元，商品销售收入223万元，餐饮收入2056万元），全年共接待游客约106万人次，接待外宾约4万人次，接待团队约44万人次。

年内，与北京市各区县教委、社会大课堂、校外教育协会建立合作关系，使中央电视塔成为北京市中小学生校外实践基地阵营，在暑期推出“小手拉大手”“我是CCTV小记者”“我是城市小小规划师”“中塔海底夜场套票”等旅游产品。编写发放《中央电视塔电视科普小百科》教材。

策划中塔“阳光夏威夷”“寻找雷锋游客”“北京暑期动漫节”等活动。相继推出“加拿大哈利法克斯龙虾美食节”“巴西烤肉美食节”“饕餮海鲜美食节”等17场以原材料为依托的各类美食节，累计推出各式菜品多达600多道，并在此期间举办专场美食品鉴会，邀请媒体共同品鉴。承办海淀阳光少年文化节、亚洲熄灯两小时环保公益活动、全国第七个全民徒步日、百名新人游中塔、北京市中小学生社会大课堂、攀登中央电视塔大赛、草坪婚礼等数十场公益、商业活动。

（刘松雪）

【北京百望山森林公园】 成立于1992年8月22日，是国家AAA级旅游景区，占地244.6公顷，主峰海拔210米，是太行山山脉延伸到华北平原最东端的一处山峰，植被覆盖率达95%。园内建有独特的人文景观——绿色文化碑林，刻有宣传绿化、生态、环保等主题的碑刻1000余通。2013年，全年实现门票收入253.91万元，同比增长12%，接待游客113.89万人次，同比增长10%，其中购票人数达89.48万人次、接待持各种免票证件的游人达24.41万人次。全年接待旅游团体223个。

年内完成公园2011年—2020年整

---

① 即以提高经济效益为中心，以发展自然观光游和文化体验游为主线，开展杏花节、清明文化节、风筝文化节、春耕科普游、植树节、有奖微博互动、春季登山健步走、赏花等八大主题活动。

体规划终稿；8月19日，接待电影《前任攻略》摄制组在公园取景。

基础设施建设。公园草堂至北区方向的长1692米的生态健康步道建成使用。改造前山部分登山步道，由原1.2米加宽到1.5米，铺步道砖长419.6米，砌护坡44.88立方米，挖填土方49.97立方米，连接生态健康步道。对西环路进行护坡长242.6米。沿登山道路以及游人休息集中地段安装桌椅42套、靠背座椅52个（自制）、分类垃圾筒36个（自制）。新建北区游客中心地下室218.28平方米。在西环路修建蓄水池一座，面积61.8平方米。完成山顶天池封顶改造，现浇混凝土37.5立方米、钢筋2.9吨。完成北区水井房管网铺设和设备调试安装工程。在北环路铺设引水管线500米，启用北区水井。实施北区停车场生态改造，铺透水砖和草坪砖1180米,改造车位75个。完成公园草堂污水改造，建渗井两处、污水循环处理沟152米、对公园草堂房屋进行修缮，面积1296平方米。修复枫岭及望绿亭两处碑刻107块。

举办活动。3月28日，举办百望山山花节、参与北京市园林绿化局组织的"2013年森林公园文化节"。3月至4月，参与市旅游委组织的"2013年春季踏青赏花景区优惠电子门票"宣传活动。3月至11月的每个周六日在东门碑亭广场及碑馆举办木化石展览。3月至11月，与北京盆景艺术协会合作，在东门碑亭广场周围举办盆景艺术展。4月，制作完成2013年百望山森林公园宣传片。5月至11月，与北京林学会合作，每周日上午在园区开展青少年森林阅读、森林手工制作及森林大课堂活动，共计28次，参与人数达3500余人。10月至11月，举办百望山红叶节。

林木保护。实施林相改造，面积达83.9公顷。增强土壤肥力，将间伐清杂的树枝进行粉碎还林处理，面积106.17公顷。保护目标树，对林地边缘的砌护坡加固、对道路边缘的树池做保护。实施低效林改造，面积达19.03公顷，补植更新树种1450株、花灌木1000株；在生态健康步道周边、前山登山大路周边、北区游客中心路边以及草堂周边开展景观改造，植树1250株、栽植草花2万株；在北环路及西环路播种山杏种子763穴、山桃种子129穴；在北区挖沟育山杏种子2450粒、培育山杏小苗180余株。

对黄栌跳甲幼虫期进行生物药剂防治。4次采用500倍~1000倍三唑酮和粉锈宁药剂，治理黄栌白粉病。两次释放周氏啮小蜂共40万头防治美国白蛾，发现美国白蛾幼虫网幕15处，及时剪除并在周围放蜂8000头进行治理。

全年监测到雁鸭类350只、鹭类1205只、猛禽类1574只、小鸟类247364只。

（何慧敏）

【北京西山国家森林公园】2012年正式运营，位于北京西郊小西山。2013年共接待游客51万人次，同比增长218.7%；实现门票销售收入160余万元；商服实现销售额9万元。

2013年，公园被授予北京市青年文明号，被命名为北京市园林绿化局科普教育基地、北京首批推荐的10条健走步道、野生动物放归示范点；与北京林学会、自然之友、海淀区定向越野协会建立合作关系，成为"森林体验与自然教育基地""自然之友环境教育基地""森林公园定向运动基地"。

重点针对门区、专类园、观景台、水系、森林浴场、主干路沿线等主要游览区域进行抚育作业。通过疏伐、修剪、清杂、补植等措施提高林分质量，并开辟林下游憩空间。针对林分抚育、病虫害防治、温室生产经营、水电和园林设施维护、施工队伍管理等内容，制定管理制度。

完成牡丹园的分植扩建工作，以现有牡丹园向西拓展10余亩，移植牡丹1300株、芍药300株。结合第二届踏青节"西山晴雪"主题，调整梅园外围刺槐林分，补植山杏210株，在梅园内部集中栽植约10个品种梅花2000株。为配合第二届踏青节及五一、十一节庆活动，培育矮牵牛、三色堇、一串红等草花3万余盆，集中在门区、花溪等重点区域展示，设计摆放立体花架及动物造型。在苏家坟平台播种波斯菊、香雪球、宿根鼠尾草等花卉3000余平方米。

重点打造九道弯至快活林小路的入口景观，以人工塑石的形式稳固现有裸露山坡，呈现自然古朴的艺术美感。无名英雄纪念广场为公园增加新的景点。英雄广场占地面积3000平方米，包括纪念碑、题字墙、纪念广场和景观绿化等。对花溪尽头大水池进行改造，增加平台栈桥及喷泉设施。建设森林浴场，在小水系源头通过林分调整开辟林下游憩空间，用抚育间伐的枯死树桩铺设成生态步道，对梅园、四平台两处渣土场地进行覆土处理，并栽植国槐、柳树、马蔺等植被，防治水土流失。

举办第二届踏青节、西山避暑休闲活动、首届森林音乐会等活动。

（刘洋）

【大觉寺】始建于辽代，初名"清水院"，后称"灵泉寺"，明宣德三年（1428年）重修，改名为"大觉寺"。为全国重点文物保护单位、国家AAA级旅游景区。

2013年，大觉寺在"第八届中国北京国际文化创意产业博览会"中获"主展场最佳展示奖"，在文物及博物馆相关文化创意展馆中获"文博创意产业促进奖"。大觉寺文化创意产品"动静等观"匾额摆件在第十届"北京礼物"旅游商品大赛中获铜奖。

1月19日腊八节，开展"腊八民俗节 共品腊八粥"民俗活动。活动主要包括现场免费喝粥，免费领取腊八米、与家人分享，看民俗展览等内容。2月大觉寺管理处举办"纳福纳瑞 一体同春——2013年新春祈福"活动，推出"敲福钟，品民俗，看展览，猜灯谜"等系列春节文化祈福活动内容。4月4日至4月30日，举办大觉寺玉兰节活动，包括传统插花现场讲座、大觉寺历史文化展览、大觉寺摄影作品展、纪念毛泽东诞辰120周年书画展、大觉寺玉兰节摄影公益讲座、京剧票友票戏、赏兰品茗、欣赏茶艺表演及民乐演奏、茶文化讲座、书画名家笔会等。9月19日，中秋佳节，由北京市文物局主办、北京西山大觉寺管理处和明慧茶院承办的"琴歌雅韵 清泉流觞——2013大觉寺中秋古琴会"开幕。来自国内十多名古琴艺术家、爱好者和琴童倾情献艺，约300多名听众举家赏月听琴。10月13日重阳节，管理处为老年人准备具有大觉寺特色的文化创意礼品——大觉寺石碑揽胜之书法及无量寿佛殿素描绘画综合创意礼品。10月–11月，举办“山深境幽 古树禅心——2013大觉寺银杏节”。

（姬胜利）

【狂飙乐园】 北京汇通诺尔狂飚运动休闲有限公司（以下简称狂飚乐园）成立于2003年，是以集运动、休闲、娱乐、餐饮为一体的主题乐园，是全国唯一一家以越野摩托车及车模为主的大型户外场所。坐落于北京市海淀区苏家坨镇南安河1号，占地400万平方米。2013年11月5日狂飚乐园被评为国家AAA级旅游景区。

2012年12月20日至2013年2月17日，举办第三届狂飚乐园冰雪节。4月至10月，举办卡丁车会员赛、越野摩托车会员赛。5月15日，海淀区旅游行业2013年第一届春季趣味运动会。6月、7月，举办狂飚采摘季，采摘樱桃、杏、油桃。10月8日，狂飚会议室、狂飚汽车露营地正式营业。12月15日举办第四届狂飚乐园冰雪节。

（李晨祺）

【北京市团城演武厅】 团城演武厅始建于清乾隆十四年（1749年），是北京地区集城池、殿宇、亭台、校场为一体的武备建筑群，原为清代皇帝操练和检阅健锐云梯营的场所。其主要建筑有团城、演武厅、东西朝房、西城楼门、碑亭、放马黄城（已毁）等。

辛亥革命后，军阀混战，团城演武厅荒废一隅。新中国成立后，团城演武厅由市农场局管辖。1979年，团城演武厅收归北京市文物事业管理局，同年被公布为市级重点文物保护单位。1992年正式对外开放。2006年被公布为全国重点文物保护单位，定名为“健锐营演武厅”。同年7月，被公布为免票开放博物馆。

2013年2月至6月，开展健锐营演武厅及团城城楼抢险修缮工程。完成多项基础设施建设工程，包括：公共卫生间排污及卫生间周边排水接入团城市政排水管道工程；团城演武厅消防、给水管道改造工程；团城演武厅地下水凿井工程；团城演武厅电力改造增容项目。

年内，举办6项活动，即：我爱博物馆——外来务工子弟学校手抄报展、香山地区健锐营营房展两项临时展览；中国古代传统体育展、中国古代传统弓箭历史展两项巡展；香山健锐营与满洲文化研究、香山地区文化的研究两个文化讲座。

（马岚）

【海淀公园】 海淀公园位于西北四环万泉河立交桥的西北角，占地34公顷。公园于2003年4月开工建设，9月建成开园，2007年1月1日，划归海淀区市政园林服务中心管理，同年4月成立海淀公园管理处。2010年4月15日，海淀公园管理处划归海淀区园林绿化局。2013年7月，海淀公园被评为“北京园林绿化节约型公园科技创新示范区”。2013年全年共接待游客80万余人次，游客对公园整体管理状况的满意度达96%。

年内，引进新的植物芍药、山茱萸、独干丁香、王莲、金叶反曲景天、蛇莓、玉簪等10余种50余个品种，丰富园内丁香、玉兰、紫薇、睡莲等花卉的种类和种植面积；补植种植牡丹、芍药10个品种400余株，玉簪12个品种6800芽，玉兰、紫薇300余株，王莲、睡莲等水生植物100株，初步形成承露亭周边牡丹、芍药观赏区，讨源书屋玉簪、玉兰观赏区，丹棱晴波水生植物观赏区。完善园内设施，新建中心草坪周边840米塑胶健康步道，在儿童乐园增设8套电动儿童游乐设施，制作并悬挂花卉、树木标示牌400余个，为71个树池敷铺透水透气性能较好的彩色石子167平方米，全园设施完好率达到95%以上。

举办各类文化和宣传活动32个，其中“2013海淀流行音乐派”“海淀公园PINK音乐街”“第十届插秧节、收割节”“宝宝来赶集”等自主文化品牌活动5个，承接“5·12防灾减灾日”等市级活动3个。公园宣传渠道不断拓宽，海淀公园网站点击量已突破20万，累计达205260人次，“海淀公园2013PINK音乐街”官方微博点击率突破10万人次。

（罗勇）

【翠湖湿地公园】 翠湖湿地公园位于上庄镇。2003年7月，由北京锦绣大地农业股份有限公司立项建设。2006年5月，北京海融达投资建设有限公司全面负责翠湖湿地公园建设。2008年5月31日，成立翠湖湿地公园管理处。2010年10月25日，翠湖湿地公园管理处划归区园林绿化局。2013年9月22日，翠湖湿地公园B区、C区部分区域对社会预约开放，开放区域面积36.2公顷，占公园总面积1/4，其中水域面积18.3公顷、陆地面积17.9公顷；陆上游线长1.6公里，水上游线1.4公里。翠湖湿地公园规划总面积157.6公顷。公园以人工湿地景观为特色。

翠湖湿地公园动植物的生物多样性逐年丰富。本年共观测记录到鸟类17目42科177种，其中湿地鸟类9目18科94种，占全园总鸟类的53.1%，分别占全国和北京湿地鸟类的34.7%和72.3%（全国湿地鸟类271种，北京湿地鸟类130种）。本年新增4种，分别为小田鸡、黄眉鹀、白腰朱顶雀和粉红胸鹨。在观测记录的鸟类中，有国家Ⅰ级保护鸟类黑鹳、金雕、黑颈鹤、丹顶鹤、大鸨、遗鸥等6种，国家Ⅱ级保护鸟类白琵鹭、大（小）天鹅、鸳鸯、鹗、普通鵟、鸢、白尾鹞、红脚隼、燕隼、灰鹤、雕鸮和东方角鸮等28种，北京市一级保护鸟类13种，北京市二级保护鸟类67种。观测记录到鱼类4目9科20种，两栖动物1目5科7种，爬行动物3目5科8种，哺乳动物5目6科9种，浮游植物8门73属154种，浮游动物3门45种，底栖动物3类28种。观测记录到高等植物371种，隶属于90科264属，占北京市维管束植物总数的20.7%。其中，蕨类植物5种，裸子植物8种，双子叶植物269种，单子叶植物89种。本年新增加苹、睡菜、黑三棱、银边草等65种植物。翠湖湿地植物以中生植物为主要类型（211种），占翠湖植物总数的57%，湿生植物（95种）和水生植物（65种）分别占植物总数的26%和17%。水生植物中，以挺水植物（36种）占主要地位，其次是沉水植物（16种）、漂浮植物（5种）。翠湖湿地分布有国家一级重点保护野生植物2种（银杏、水杉）、国家二级重点保护植物2种（野大豆、莲）、北京市二级保护野生植物7种（芡实、黑三棱、花蔺、假稻、茭白、连翘、桔梗）。

园内基础设施和生态环境逐步改善。完成办公区 2015 平方米的装修改造，提升全园综合办公服务功能和服务效率。新建公园北门停车场，占地面积 2100 平方米，限制公园东门车辆通行，为鸟类提供安静生境，使公园区域鸟类数量同比增加近三分之一。架设汀步桥，完善全园游览路线，减少车辆和游客对鸟类栖息的干扰。完成地库荫坡绿化工程，种植面积 4000 余平方米，提高公园绿地覆盖率。经过多年湿地生态与恢复工作，湿地环境得到极大改善，公园湿地动植物鸟类数量逐步增加、水质逐年得到改善，湿地生态系统逐步恢复与建立。2013 年 12 月，公园生态保护项目被住房和城乡建设部授予“2013 年中国人居环境范例奖”。

公园科普宣传和交流合作不断拓宽。与北京市自然博物馆签署战略合作框架协议，与北京市野生动物救护中心和北京鸟类环志中心合作建立翠湖鸟类环志站，成功办理国家及北京市重点保护野生动物驯养繁殖许可证。编制《翠湖野生动物观测手册》和《翠湖野生植物观测手册》，首批出版 1000 册。先后开展爱鸟周活动、北京湿地保护普法活动、翠湖湿地志愿者体验活动、首届北京湿地日活动，积极构建公园志愿者平台，联系海淀区志愿者联盟和各大院校青协，逐步推广公园志愿者服务工作，公园科普教育工作取得了明显成效。2013 年 7 月，公园被评为“北京园林绿化科普教育基地”。

公园开放试运行后，每周一、三仅接受中小学生、教育、科研、环保等团体预约，每年 4 月 1 日至 10 月 31 日对社会预约开放。自 9 月 23 日至 10 月 31 日开放一个多月来，共接待首都师范大学、北京市园林古建设计院、北京市六十五中老教协会等团体 32 批次 996 人。

（罗勇）

【北京稻香湖投资发展有限责任公司】 公司于 2004 年成立，注册资金 5.86 亿元。主营项目投资和酒店管理。公司占地 42 公顷，绿地面积 10 万平方米，水面面积 4.5 万平方米，建筑面积 10 万多平方米。下辖北京稻香湖景酒店、北京稻香湖会议服务中心、稻香湖温泉馆、稻香湖渔园、稻香湖景 KTV、稻香湖网球中心和玛雅小岛。2013 年，公司重新整合贵宾楼、湖景楼、湖畔楼、温泉馆和玛雅岛的资源，形成统一的营销管理模式，全力打造绿色生态型特色酒店。

2013 年，公司获亚洲品牌协会授予的“中国绿色品牌优秀奖”、被北京市发改委确定为“北京市节能减排教育示范基地”、被授予“北京市节能先进集体”称号。

8 月，重达 66 吨的“中华第一龙砚”落户稻香湖景酒店。作为中华民族大团结绿色文化园的首个建设项目，“中华第一龙砚”由北京市绿化基金会向海淀区捐赠，长 13.8 米，宽 3 米，重达 66 吨，雕刻有 56 条龙，象征 56 个民族大团结之意。

公司自有的餐厨垃圾处理系统，设计年处理餐厨垃圾 600 吨，满足稻香湖景酒店餐厨垃圾的处理需求。污水处理站全年处理污水量达到 148379 吨。自建的园林垃圾处理系统全年处理园林垃圾 110 吨。

酒店与携程、艺龙和途牛等多家知名网站合作，推出团购产品。年内，在贵宾楼、湖景楼和湖畔楼的客房区和会议室实现无线网络全覆盖。

（王洪娟）

旅游活动

【颐和园打造宫廷戏曲文化展区】 1 月 1 日—4 月 3 日，颐和园对德和园主题文化展区进行全方位打造，以戏楼建筑艺术展示、原状文物展陈、宫廷戏曲主题文物展览、科技展示互动、影视展现、戏曲表演、文化科技书籍等多种形式相结合，对德和园的历史、文化、艺术价值进行综合立体展现。在保护古建本体不受侵扰的前提下，将现代博物馆的展示功能成功引入古典园林文化之中。2011 年 9 月 1 日—2012 年 12 月 26 日，颐和园管理处以最小干预、最大限度保存历史信息的原则实施德和园修缮工程，保留德和园的建筑法式、不同时期的构造特点和历史遗存；依据档案恢复看戏廊原有格局和历史原貌；依据颐和园清光绪时期彩画纹饰部分重绘德和园彩画，并保留戏楼内的彩画。

（白帆）

【第九届北京兰花展】 2 月 3 日—24 日，北京植物园举办第九届北京兰花展，以“美丽家园”为主题，温室展出多种精品兰花，展览分为热带兰展区与国兰展区两大区域，共展示 300 余种（含品种）1.2 万盆（株）花卉。展览温室内的热带兰展区内共布置七处景点，通过景观配置表现兰花与生活、家居、自然的协调之美。

（石鑫）

【首届卧佛寺祈福文化节】 2 月 10 日至 15 日，首届卧佛寺祈福文化节举办。文化节体现春节民族特色、中国传统文化内容和民俗项目、卧佛寺寺院特点，活动以福为主题，组织各项民俗活动、祈福游艺项目、文化临展等，形成福门、福路、福林、福桥、福字等福景观。

（石鑫）

【第四届圆明园皇家庙会】 2 月 10 日至 2 月 15 日，举办圆明园第四届皇家庙会。活动以“最炫民族风，爱聚圆明园”为主题，共设计 15 项文化活动，重点推出六大亮点活动：皇家冰嬉表演、新春大舞台、冰上乐园、皇家买卖街、四世同堂合家欢、十二生肖文化展。活动期间共接待游客 36.5 万人次，同比增长 50.38%；接待游客数量及综合收入均达到历年最高水平。

（刘冉）

【香山公园志愿服务月启动】 3 月 3

日，香山公园在东门广场举办“弘扬雷锋精神争当新时代活雷锋”志愿服务月启动仪式。来自公园青年职工、中央财经大学、对外经贸大学、北京农职学院、北京上地实验中学、北京市海淀区西苑小学、中安救援队等7支志愿服务团队的100余名志愿者参加活动。在门区检票、安全巡视、问卷调查、双清上下展室讲解等不同工作岗位为游客提供学雷锋志愿服务活动。

（王奕）

【第25届北京桃花节暨第10届世界名花展】 3月28日—5月5日，北京植物园举办第25届北京桃花节暨第10届世界名花展。本届桃花节主题为“美丽相约桃花源”，包括杨树林球根景观区和展览温室周边两个精品区，展览总面积达2万余平方米。共栽植球根花卉137个品种、60多万株，其中郁金香95个品种、共40多万头，洋水仙22个品种、2万多头；展示风信子、葡萄风信子、番红花、观赏葱及贝母等多种球根花卉20个品种、近17万头。主要游线栽植各类草花约60个品种、近13万株，铺设草皮1500平方米，地被植物1400平方米，播花种6000平方米。沿线花境和花带布置面积达2500余平方米，重点是对羽扇豆、毛地黄、翠雀等新优花卉的景观应用。

（石鑫）

【西山国家森林公园第二届踏青节】 3月28日—5月20日，北京西山国家森林公园举办第二届踏青节和北京市森林文化节。活动期间举办“西山晴雪漫京城，天香国色染青衫”西山春花观赏季；“运动健康　健康运动”北京西山国家森林公园有奖健身活动；“走近西山”蓝丽娜西山艺术作品展；“西山晴雪，春意无边”摄影大赛；“母亲节”当天与中国红艺术团合作举办主题为“弘扬美德、歌颂母亲、感恩母亲”的联合文艺演出等主题活动。

（刘洋）

【猛禽放飞暨庆祝爱鸟周30周年活动】 4月3日，由国际爱护动物基金会北京猛禽救助中心在北京鹫峰国家森林公园内举行“放飞猛禽，点燃希望——猛禽放飞暨庆祝爱鸟周30周年”活动，并成功放飞2只国家二级保护动物——普通鵟和灰背隼。猛禽救助者、学生、IFAW志愿者、环保公益人士、媒体记者、文艺工作者500余人参与该项活动。

（马学兵）

【联合协办首届大学生徒步大会】 4月14日，由大学生体育协会主办，北京市大学生体育协会徒步分会承办，北京林业大学、中国石油大学（北京）、北京信息科技大学联合协办的首届大学生徒步大会在北京鹫峰森林公园举行。来自北京市的40所高校的800多名师生参加大会。

（马学兵）

【参加国内旅游交易会】 4月19日—21日，2013年中国国内旅游交易会在贵州省贵阳市国际会议展览中心举办。区旅游委组织区域内颐和园、圆明园遗址公园、凤凰岭自然风景公园、中央电视塔、北京如意商务酒店、军燕假日旅行社以及水晶石数字科技有限公司等旅游企事业单位参展，共发放旅游宣传资料6000余册，向来自全国31个省、自治区、直辖市及港澳台地区的参展商和各界人士展示和推介海淀区丰富的旅游资源以及最新旅游精品线路产品，并与包括旅行社、旅游景区、酒店、旅游网站、旅游服务供应商等旅游业界人士交流洽谈。

（温力宏）

【第18届圆明园踏青节】 4月20日至5月31日，举办第18届圆明园踏青节。以“春暖合家欢 爱聚圆明园”为主题，设计含经堂、镂月开云、月地云居三大牡丹赏花区，组织皇帝踏青巡游、市民文明大舞台、黑天鹅乐园、“中国梦 我的梦”主题墙、“小马识途”亲子定向越野、“桃花朵朵开 相约圆明园”相亲大会、集体婚礼等活动。活动期间总入园人数为75.35万，同比增长33%；旅游综合收入为877.9万元，同比增长26%。

（刘冉）

【举办慈禧与德和园演剧文物展】 4月25日，颐和园德和园扮戏楼展厅举办为期三个月的首展“庆演昌辰——慈禧与德和园演剧文物展”，通过128件珍贵清代宫廷演剧文物，为游客解读慈禧和德和园大戏楼为背景的国粹京剧发展史。向游客呈现出大戏楼、颐乐殿、看戏廊、庆善堂等原状文物陈列精华，为德和园景区增加科技视听展示功能，设置德和园大戏楼声学成就科技体验室（影音室），开发出德和园古建筑声学展陈视听系统，拍摄并播放《颐和京韵》纪录片。

（白帆）

【开展“牵手千禾温暖共铸”志愿服务活动】 5月5日，香山公园组织10名公园志愿者走出公园，到香山千禾敬老院开展温暖帮扶志愿服务活动。活动期间，志愿者们统一着印有“公园志愿者”LOGO的蓝色志愿者服装，按照敬老院工作人员的要求，开展清扫院落和房间等工作，并与敬老院的老人聊天。

（王奕）

【举办第五届北京月季文化艺术节】 5月23日—6月28日，北京植物园举办北京市第五届月季文化节，展览的主题为“美丽月季，北京的花”，共包括月季专类园展示、月季生活文化展、月季插花比赛、切花月季展览、自育月季品种展示、“向月季大师学种月季”活动、“爱北京，认市花”活动以及万盆月季赠送共八项活动。

（石鑫）

【完成“智慧旅游”一期建设】 5月24日，根据《北京市智慧旅游总体框架》的要求，海淀智慧旅游工程正式启动，提出建设游客服务为中心的智慧旅游综合服务大平台的目标，提供旅游前、旅游中、旅游后的智能化、全方位、全天候、个性化的主动服务，提升游客体验，提高游客满意度。5月27日，海淀智慧旅游（一期）项目正式启动，一期工程主要完成海淀“大旅游”多元资源库系统、政务网、服务网及“触游海淀”移动应用四个部分的建设。8月27日，智慧旅游初步验收会对项目进行初步评审和验收。此后，进入试运行，主要完成项目各系统的运行监控、完善升级和资源库更新维护。12月4日，海淀智慧旅游（一期）建设项目通过海淀区旅游委组织的专家评审，海淀智慧旅游（一期）建设项目各系统运行稳定、信息安全、网站资讯内容更新及时、访问量稳步上升，满足验收要求，通过终验。

（蔡民）

【皇家园林旅游节】　5月25日—6月16日，海淀区举办2013“三山五园”皇家园林旅游节。本次活动以“饱览盛世胜景，心动皇家园林”为主题，推出六大特色主题活动[①]和七条精品旅游线路[②]。皇家园林旅游节期间接待游客175.35万人次，同比增长7.74%，直接旅游收入4452.38万元，同比增长5.74%。

（陈以民）

【碧桃园改造工程】　6月初，碧桃园环境改造工程开工，11月底完工。整体改造面积2.8万平方米，移植树木150余株，整理地形2000立方米，补栽结缕草7000平方米。该工程是北京植物园对碧桃园区的绿地恢复与景观改造提升工程。委托福森园林设计有限责任公司为设计单位对本项工程进行设计。此次改造定位为道路两侧地形调整、土壤恢复，打造以碧桃为主题植物，结合广场道路的一个精品植物展示区。工程总投资190万元，其中直接工程费171万元。

（石鑫）

【北京西山避暑休闲游】　6月15日—8月31日，北京西山国家森林公园举办“森林绿海　清凉西山”2013年北京西山避暑休闲游活动。推出天然养生场所“森林浴场”，开展“森林休闲健步走”活动，举办青少年“森林大讲堂和森林体验”。

（刘洋）

【参加第十届北京国际旅游博览会】　6月21日—23日，第十届北京国际博览会在北京国家会议中心开幕。区旅游委以“畅游三山五园，共享传世经典”为主题，组织区域内18家景区、饭店、旅行社等旅游企事业单位参展，现场发放宣传资料3万余册，向游客宣传推介海淀丰富的旅游资源，吸引众多参展商和游客的关注，并获得2013年第十届北京国际旅游博览会组委会设立的“最佳设计奖”。

（温力宏）

【第18届荷花音乐节】　6月30日—8月31日，圆明园举办第18届荷花节暨第二届荷花音乐节。活动以“荷塘月色　爱聚园明”为主题，设计赏荷、品荷、听荷、爱荷四大板块。活动期间，入园达195.13万人次，同比增长约14.5%；旅游综合收入2364.48万元，同比增长11.98%。

（刘冉）

【“圆明园”特展在台北举行】　7月5日，由北京市海淀区人民对外友好协会等单位共同举办的北京市海淀区“三山五园”文化全球巡展“圆明园”特展在台北国父纪念馆开幕。此次展览总结了“圆明重光——圆明园文化柏林展”等活动的经验，运用最新媒体科技手段再现文化艺术场景，首次汇聚众多遗失海外的圆明园珍宝，呈现出三代清朝盛世、四季皇家园林辉煌。

（田力）

【2013中关村科教旅游节】　7月23日—9月10日，区旅游委举办2013中关村科教旅游节。活动推出“科教旅游节　梦想绽放季——中关村科教旅游节新闻发布会”“体验中关村　中国梦想行——主题体验活动”“人生导师　点燃梦想——约会大师院士专家面对面”“开创先河　驱动梦想——中关村科教旅游发展研讨会”“海淀梦想秀　探索新思维——北京科普之夏暨电动汽车进社区活动”、“青春飞扬　梦想起航——科教节放飞梦想夏令营”“科教畅游　快乐营销——消夏美食啤酒季”等7项别具特色的活动。中关村科教旅游节接待人数11万多人次，同比增长10%，营业收入1.3亿元，同比增长31%。

（温力宏）

【西山国家森林公园首届森林音乐会】　7月27日，北京西山国家森林公园首届森林音乐会暨第四届零碳音乐季启动仪式举行。作为北京市园林绿化局2013年森林文化节系列活动之一，举办森林绘画、森林悦读、自然游戏、手工创作等多种森林体验活动。

（刘洋）

【举办“从皇帝到公民”文化展】　8月7日—9月20日，由颐和园与长春伪满皇宫博物院联合主办的“从皇帝到公民——爱新觉罗·溥仪的一生”文化展在颐和园德和园开幕。该展览共选取94件/组展品、21块图文展板，以末代皇帝、天津寓公、伪满皇帝、特殊战犯、普通公民五个部分的展览内容，展现出清朝末帝溥仪跌宕起伏的传奇一生，反映出中国的历史变迁、新中国的伟大和时代的前进发展。中央电视台、新华社、北京电视台、《北京日报》《北京青年报》《北京晚报》北京电台等十余家新闻媒体到现场进行采访报道。

（白帆）

【曹雪芹小道标识发布】　8月15日，为纪念曹雪芹逝世250周年，由曹雪芹学会发起，在北京植物园曹雪芹纪念馆门前海淀区委宣传部、北京植物园联合承办“曹雪芹小道”[③]旅游标识系统发布暨红楼梦化妆游园会。在曹雪芹小道沿途，主办方全新设计制作20多块小道标识牌以及大量指示路牌。每块牌子上有引导地图和中、英文对照的景点说明。数百名群众化装成曹雪芹以及《红楼梦》人物的样子，沿着曹雪芹小道进行游园。

（田颖）

【北京公园节在圆明园举行】　8月18日—9月28日，第八届北京公园节在圆明园举行。本届北京公园节以“美丽公园，放飞梦想”为主题，包括“公园游人文化大舞台”“美丽公园，放飞梦想”摄影征文大赛、群众健身比赛等多个文化活动。

（钟冷）

[①] 分别为：约会大师——三山五园有缘、笙歌处处——三山五园有戏、园林养生——三山五园有闲、新园林锐创意——三山五园有趣、皇家味道——三山五园有味、盛世农耕——三山五园有乐。

[②] 分别为：经典游：沿古御河、颐和园、圆明园开启经典皇家园林之旅；养生游：沿植物园、曹雪芹纪念馆、香山开启徒步畅游、山林养生之旅；农庄游：邀游客在快乐农庄品味皇家稻香开启京西御稻体验之旅；美食游：集结听鹂馆、松林餐厅、惠丰堂、那家盛宴、正院大宅门、七叶香山、御仙都推出宫廷美食之旅；深度游：沿颐和园的清可轩、方外游、寒碧、绮望轩，香山的唏阳阿、朝阳洞、听法松，圆明园的长青洲、湧金桥，带领游客于“三山五园”之中寻康乾遗迹；拓展游：开启真觉寺、大钟寺、万寿寺、大觉寺、卧佛寺、碧云寺六大皇家寺庙之旅；爱国游：探访香山双清别墅聆听新中国建立的光辉历程。走进圆明园感受文明沧桑，三山五园开启红色之旅。

[③] 从曹雪芹纪念馆黄叶村到樱桃沟水源头有条小道，据说是曹雪芹当年定居西山故里，去后山寻亲访友的必经之路，故被命名为“曹雪芹小道”。

【圆明园建筑艺术成就英国展】 8月19日—9月7日，以圆明园为主题的展览在英国利物浦举办。展览以“数字圆明园”[①]为核心，以生动的表现力展现了圆明园深厚的历史文化。对传播圆明园为重点的三山五园文化、增进中外文化交流、学术交流发挥作用。

（刘冉）

【完成“中关村科教旅游发展研究”课题】 8月23日，区旅游委完成“中关村科教旅游发展研究”课题。该课题为区级重点课题，通过对科教旅游主体市场进行调查分析，提出中关村科教旅游发展促进的策略，从制度完善、服务健全、管理提升等角度，提出促进科教旅游的市场化运作和常态化经营的具体思路、方法和模式要求。

（陈以民）

【参加第十八届北方旅游交易会】 8月30日—9月1日，区旅游委组织区内多家旅游企业参加第十八届北方旅游交易会，展会期间海淀展团共发放旅游宣传资料1万余册，着重推介和展示海淀区科教、人文、自然生态等丰富的旅游资源以及多样的旅游产品和线路，并与其他省区市旅游业界进行交流和商洽。

（温力宏）

【圆明园旅游文化莫斯科展】 8月31日，“圆明重光——圆明园旅游文化莫斯科展”在莫斯科中国文化中心开幕。展出时间为9月1日至9月20日，是俄罗斯“中国旅游年”的重要组成部分。展出包括建筑、艺术、科技在内的圆明园文化精粹。通过数字全息技术展示圆明园的遗存文物，体现出海淀区的历史文化积淀和旅游潜力。

（刘冉）

【参加第四届中国桂林国际旅游博览会】 9月5日，区旅游委组织区域内企业参加第四届中国桂林国际旅游博览会。展会期间多家企业现场发放宣传资料5000余册，向游客着重推介和展示海淀区皇家园林、科教旅游和西山自然生态等丰富的旅游资源以及多样的旅游产品和线路。并与其他省区市旅游业界进行交流与商洽。

（温力宏）

【西山文化休闲旅游节】 9月17日—11月18日，区旅游委举办以“山水海淀，宅在西山”为主题的2013西山文化休闲旅游节。不同于以往单纯的信息发布形式，本届发布会现场为西山各旅游景区景点设有展示台，主要以特色物产及文化载体的展示为主。各景区景点代表还依次上台为各自区域代言，推介旅游资源及活动。观众可以在各展示台前近距离参观，与工作人员交流，并品尝景点景区为大家准备的特色小吃。旅游节推出骑游、茶会、登山、摄影、趣味马拉松、中秋音乐会、金婚夫妇共聚白首等数十项活动。西山文化休闲旅游节期间接待游客440万人次，同比增长10%，旅游综合收入8800万元，同比增长18%。

（温力宏）

【翠湖湿地预约开放】 9月22日，翠湖国家城市湿地正式预约开放，每周一、三只面向中小学生，教育、科研机构实行团体预约参观；4月1日至10月31日对社会预约开放；预约开放的为公园二期，游客体验区面积为36.2公顷，占公园总面积的四分之一；每日最多接待游客150人。预约方式为网络平台，网址为http://chsd.bjhd.gov.cn。

（钟冷）

【举办纪念曹雪芹逝世250周年活动】 9月22日—10月25日，区委宣传部与北京市植物园联合举办纪念曹雪芹逝世250周年暨第四届曹雪芹文化艺术节。艺术节期间共举办15项文化活动：北京市曲剧团推出的新编历史大戏《黄叶红楼》在天桥剧场演出、歌唱家郑绪岚“红楼梦境·郑绪岚全国巡演”、姜忠东创世界纪录协会手抄《红楼梦》书法世界纪录等。艺术节特邀来自莎士比亚出生地国际信托基金会、托尔斯泰纪念馆、国际博物馆协会、托尔斯泰国际基金会、法国巴尔扎克纪念馆等高层管理者和研究者齐聚海淀，在“大师与经典：文化遗产的传承与传播”这一主题下交流经验。新华社、中新社、《人民日报》等媒体均有大幅专文讨论曹雪芹与红楼梦对于中国的特殊意义；《光明日报》《大公报》《北京青年报》《北京晚报》中关村等报刊专版专刊报道；中央电视台、北京电视台、海淀电视台多次报道活动相关信息；人民网、新浪网、搜狐网对重要活动在线直播。

（于佩丽）

【启动曹雪芹西山故里项目】 9月22日，曹雪芹逝世250周年纪念大会暨第四届曹雪芹文化艺术节开幕式上宣布启动曹雪芹西山故里项目。该项目规划方案已于7月经市公园管理中心办公会议通过，以求再现曹公在西山地区的历史环境及人生经历，为人们提供一个全方位了解曹雪芹，欣赏、研究红楼梦的场所。项目启动后，北京植物园先后4次聘请红学、民俗、规划等相关专家对项目进行论证，完成故里项目旗营风貌方案、纪念馆布展展陈大纲初稿和项目启动仪式。

（石鑫）

【北京植物园设立全国第十一届菊展分会场】 9月26日，第十一届中国菊花展览会开幕。该展主会场设在北京国际鲜花港，同时设北京植物园、北海公园、世界花卉大观园3个分会场。北京植物园菊展共扦插、引进国庆小菊11个品种，生产盆苗2.8万盆；嫁接、绑扎塔菊、龙菊等艺菊30余盆；为参加菊花评奖，引进传统菊花品种10个品种；并为菊花促成栽培安装光照处理用钢架大棚5个。共布置东南门外、东南门内、南门内、杨树区、温室前以及曹雪芹纪念馆前花坛8处；完成5000平方米“菊海花田”景区、3000平方米“菊之文韵”景区的栽植，更换沿线花境花卉，在中轴路西侧设置长150米的花廊，集中展示独本菊品种，共栽植和摆放各类花卉80万株（盆），制作和安置各种牌示约3000个。

（石鑫）

【第二届金秋皇家文化节】 9月26日至10月31日，圆明园举办第二届金秋皇家文化节。金秋节以菊花鉴赏、金秋“皇帝巡游情景剧”、百对金婚老人庆典等为主要活动。活动期间入园93.6万人次，同比增长约17.5%；旅游综合收

[①] 所谓数字圆明园，即借助虚拟现实及增强现实技术“恢复”圆明园原貌。科技人员用计算机把当年圆明园的场景用数字模型建立起来，再通过光学显示，将这些数字模型叠加到现存的废墟上，真实地再现圆明园原来的场景。

入 1006.45 万元，同比增长 16.9%。

（刘冉）

【樱桃沟景观提升工程】 9 月，北京植物园樱桃沟景观提升工程开工。项目包括土建工程、给排水工程、电气工程、绿化工程、广播监控工程及水库防渗工程等六项内容。截至年底，项目完成总体工程的 40%。（1）土建工程：完成拆除栏杆、拆除改造原有平台；完成以下主要节点的景观改造提升（水源头退谷亭处，一二九纪念广场处，石桧书巢，生态花园一、二，凤凰石处，C 点水景木平台，亭 2 座）；木栈道和木平台的改造、新建约 1200 平方米，修建木栏杆约 1000 米。（2）给排水工程：由水库去往水源头的管线已沟通；由水库去往红星桥、生态花园一、二及樱桃沟的灌溉系统基本完成；喷雾系统基本完成。（3） 电气工程：红星桥至一二九广场电缆穿管敷设完成约 600 米，设置配电箱 4 台。（4）绿化工程：整理绿化用地 4000 平方米，回填种植土 1000 余平方米。种植不同种乔木 20 株，种植灌木约 5500 株。（5） 广播、监控工程：传输线、电源线及控制线均已基本完成，设置控制点 26 个。

（石鑫）

【参加北京旅游商品博览会】 10 月 10 日—13 日，2013 北京旅游商品博览会北京全国农业展览馆举行。区旅游委组织区域内颐和园、圆明园、凤凰岭、宏音斋、幻想神州等近 20 家旅游商品研发、生产企业参展。现场展示海淀区特色的民族文化、现代科技、都市休闲类等旅游商品。海淀展台获得 2013 北京旅游商品博览会“最佳展台奖”和“最佳组织奖”。博览会期间，举行第十届“北京礼物”旅游商品大赛颁奖仪式，海淀区参赛作品共获得金奖 1 项，银奖 1 项、铜奖 8 项，优秀奖 13 项，海淀区旅游委获得第十届北京礼物旅游商品大赛“优秀组织奖”。

（温力宏）

【凤凰岭公园重阳节金婚大典】 10 月 13 日，北京凤凰岭自然风景公园举办重阳节金婚大典活动。选定 50 对金婚伉俪参加,活动包括金婚老人走红毯、发放金婚证书、留影照片墙、送玫瑰花、才艺展示、敬孝道茶等环节。把爱情与亲情两大情感主题融为一体，展示金婚夫妻 50 年“执子之手，与子偕老”的爱之历程，传承弘扬中华民族“孝敬父母、感恩反哺”的优良美德。

（祝岁平）

【西山国家森林公园第二届红叶节】 10 月 13 日—11 月 15 日，举办北京西山国家森林公园第二届红叶节，以“放歌西山 纵赏红叶”为主题，举办包括北京首届百姓森林合唱大赛、北京市中小学生野生动物体验系列活动、天安交响音乐会、“亚瑟士”山地马拉松赛等一系列文化活动。

（刘洋）

【马其顿总统游览颐和园】 10 月 20 日，马其顿总统格奥尔基·伊万诺夫一行 20 人到颐和园参观游览，来宾从东宫门入园，先后参观仁寿殿、德和园、乐寿堂、长廊、排云殿等主要景点。临别时，总统先生在签到簿上留言：“颐和园是中国古典造园艺术巅峰之作的有力证明。这座园林集华丽的建筑、壮观的景色、灿烂的古典文化于一身，令人流连忘返。”

（白帆）

【完成“推动区域融合发展模式研究”课题】 11 月 28 日，区旅游委完成“发挥驻区单位资源优势，推动区域融合发展模式研究”课题。该课题为区级重点课题，从驻区单位的产业背景及困境剖析、区域融合发展模式内生动力机制的构建、区域融合发展的经验探索、推进区域融合发展的对策与探讨等方面进行分析研究。

（常玉舟）

【制作 7 集专题视频】 12 月，区旅游委制作《约会大师》系列访谈《盛世出御苑》《名园集大成》《风雨暗故园》《沧桑续文明》《爽气朝来 灵性西山》《浮世苍茫 文耀西山》《岁月丰庆 醉美西山》共 7 集专题视频。

（温力宏）

【新设 2 家旅游礼物店】 年内，海淀区新设立御仙都精品店、吴式管乐礼物店等 2 家海淀礼物店，与景区和酒店等旅游企业合作开设的海淀礼物店达到 11 家，宣传展示推介海淀特色的旅游商品。

（张燕）

【圆明园文物保护】 年内，圆明园遗址公园西北部地区环境整治修复工程通过专家评估；圆明园展览馆改造完工并正式对外开放；完成圆明园澹怀堂遗址保护展示工程；基本完成含经堂遗址展陈；推进圆明园桃花洞、大宫门遗址考古项目；推进圆明园九州清晏景区遗址桥修复工程、圆明园碧澜桥、圆明园东门环境整治工程和圆明园正觉寺福海周边监控与亮化工程。组织实施圆明园大遗址保护工程、环境整治工程。

（刘冉）

【圆明园学术研究】 年内，圆明园管理处编印《圆明园》杂志 4 期，完成《圆明重光——圆明园研究文集》4 册合订本的出版，完成《圆明园劫难记忆译丛》（第二辑 14 册）的出版，译丛共计 28 册。基本完成《圆明园旅游文化创意产业区综合发展规划》，启动《圆明园胜景》第二卷的资料筹备与内容论证工作。与清华同衡合作，启动《圆明园考古遗址公园规划》编制工作。

（刘冉）

城乡建设

2014
北京海淀年鉴

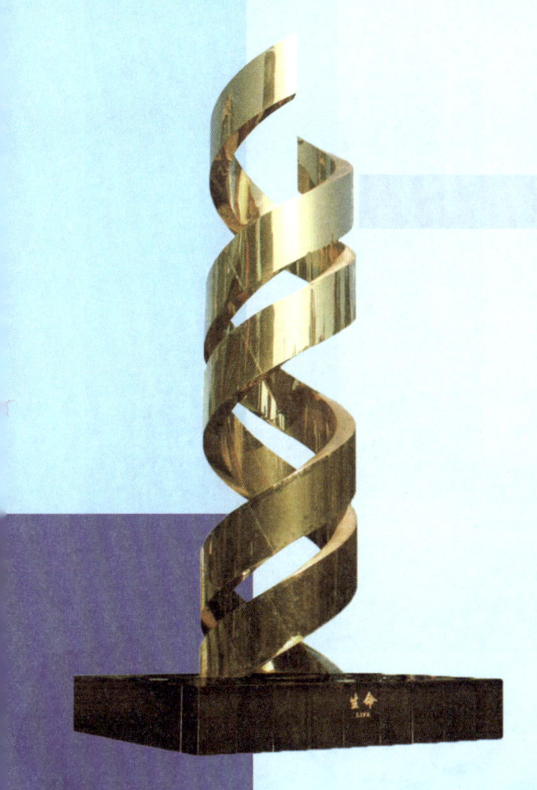

6月28日，海淀区召开城乡协作规划管理试点动员大会（田峰 摄）

9月，上庄镇中心区C14地块项目基本完工。工程建设规模为31.04万平方米（区建委 供图）

9月，位于中关村软件园二期的广联达研发楼项目竣工（区建委 供图）

10月9日，六郎庄新村竣工入住（城乡一体化办 供图）

《11月26日，医务人员在昊海建设公司举办义诊活动（区建筑行业协会赵丽萍 摄）

》北京蚁族聚集地唐家岭改造完成（海开集团许宏平 摄）

《年内，对4个老旧小区进行“微手术”留雨水改造工程，图为翠微西里小区新铺砖可以“喝”雨水（李瑞林 摄）

城 乡 建 设

综 述

海淀区住房和城乡建设委员会（以下简称区住建委）是海淀区城市建设的行政主管部门。2013 年，区住建委围绕“五位一体”[①]总体布局和“五个着力”[②]总体要求，助推“一城三区”（中关村科学城、“三山五园”历史文化景区、北部科技新区、全国文明城区）和美丽海淀建设。

（赵琴）

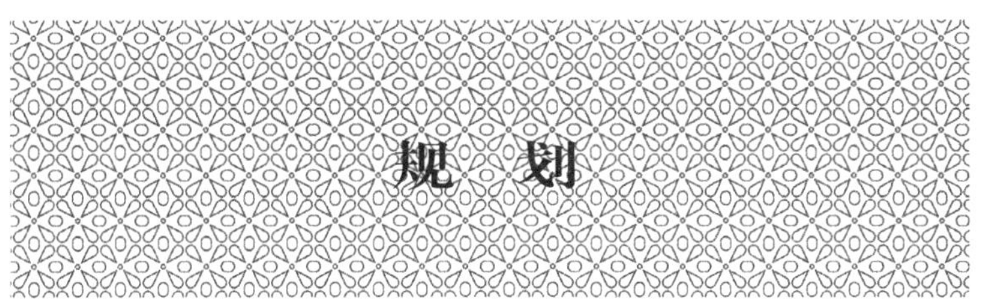

规 划

【概况】 北京市规划委员会海淀分局（以下简称本局）是北京市规划委员会的派出机构，下属海淀区建筑设计所、北京市规划委员会海淀分局机关服务中心 2 个事业单位。

（代韧　吴博超）

【保障性住房建设】 5 月、7 月、10 月分三次开展政策性住房设计方案展览工作，分局配合市规划委组织 2013 年度共 4 个政策性住房项目设计方案评优活动，包括：大牛坊、上庄家园 N28、N34 地块、中坞西里回迁房、东升科技园二期安置房项目。组织召开城市设计专家评审会，对温泉 C03 限价房转公租房项目、五路居地铁上盖项目进行评审。

（代韧　吴博超）

【课题研究】 5 月，协助北京历史文化名城保护委员会完成贝家花园现场会，配合协调解决航天二院在贝家家园修缮及辖区其他难点问题，确保贝家花园修缮工作实施的同时，研究中法文化交流纪念馆建设选址方案。7 月，重点开展“中关村科学城提升为例探索城市精细化规划管理新模式”。为更好地破解当前阶段中关村科学城地区发展所面临的核心问题，引入协作式规划理论与实践的研究，探索符合中关村科学城发展特征的协作式规划工作方式、方法、制度与机制，通过访谈、问卷、案例等研究方式，完成《中关村科学城协作式规划研究》报告，并将其中的协作规划机制融入海淀区协作规划平台中，更好地服务于中关村科学城更新发展。年内，根据《北京城市总体规划修改工作方案》有关要求，基本完成海淀区城乡规划实施评估工作，工作重点是梳理汇总海淀 2006—2013 年社会经济、建设发展、城乡统筹、公共服务及基础设施等多方面基础数据，总结城乡规划实施特征，剖析城乡建设难点问题，研提发展策略。

（代韧　吴博超　张帆）

【启动协作规划试点】 6 月 28 日，市规划委与海淀区政府开展规划管理试点，市规划委在海淀规划分局召开城乡协作规划启动工作会，确定以市规划委与区政府“双核”驱动、规划全程参与的工作方式，启动四王府地区改造、中关村科学城东区住宅改造一期工程和“三山五园”历史文化景区两园地区等规划平台首批试点项目。会议指出，轨道交通一体化设计要合理利用城市空间资源，建立乡镇政府利用集体土地与企业联合开发模式，实现多方共赢。

（代韧　吴博超）

【查处微博举报违法建设】 7 月底，根据“北京规划”政务微博信息，规划分局执法人员立即对微博反映的“颐和园新建宫门南侧有正在建设的七栋别墅违法建设”进行查处。微博信息反映的违法建设地点位于颐和园新建宫门南侧，占地面积约 2.46 公顷。该用地位

---

① 经济建设、政治建设、文化建设、社会建设、生态文明建设——着眼于全面建成小康社会、实现社会主义现代化和中华民族伟大复兴，这是党的十八大报告对推进中国特色社会主义事业做出“五位一体”总体布局。

② 按照市委十一届三次全会的总体部署，牢牢把握稳中求进的总基调，以改革创新为引领，着力推进科技与文化创新，促进产业结构优化升级；着力推动新型城镇化，加快三大功能区建设；着力破解“城市病”难题，创建全国文明城区；着力保障和改善民生，提升社会治理能力；着力提高党的建设科学化水平，扎实开展党的群众路线教育实践活动，为把海淀早日建成具有全球影响力的科技创新中心和“环境优美、和谐宜居”的高科技核心区奠定坚实基础。

于绿隔地区，规划为城市绿地，属于颐和园文物建控地带。北京颐和九洲资产管理有限公司在未取得建设工程规划许可的情况下，擅自开工建设“新建宫门万苑物业改造工程”，正在进行地下部分的基础施工。规划分局于8月1日依法下达《责令停止建设通知书》，并将违法信息于次日上传“海淀区查处违法建设信息共享平台”转相关部门查处。

（代韧　吴博超　张帆）

【规划编制】 年内，协助研究建立海淀区与市规划委之间统筹协调的协作规划管理机制，启动四王府地区改造、中关村科学城东区住宅改造一期工程和“三山五园”历史文化景区两园地区等协作规划管理试点，每月召开协作规划平台会，协调责任规划师参加市规划委控规动态维护会，参与相关项目研究，形成广泛认同的规划整合方案和科学管理体系，促进城市规划管理工作从静态、宏观向动态、微观转变，从物质空间结构向综合公共政策的制定和实施延伸。完成中关村科学城建设提升发展规划；基本完成东升科技园二期、学院路科技园、小月河科技园和玉渊潭科技商务区等园区涉及规划调整工作及农民安置房项目手续办理工作，以乡镇产业园开发带动城中村整治和平房区改造的思路得到市领导认可。“三山五园”历史文化景区城市规划设计取得进展，确定香山和两园片区旧村腾退改造方案，完成中央党校西墙外地区环境整治项目城市设计工作。配合完成北部生态绿心规划设计方案。北部地区协调解决总规建设用地以外规划用地审批等难点问题；开展“大上地”地区规划研究工作，研究提出“软件城”发展策略；完成空军总医院、央行数据中心、中国农科院、中国劳动关系学院、公安部第一研究所、知识产权出版社、北京大学、清华大学等项目规划手续办理工作。

（代韧　吴博超）

【规划实施】 年内，中关村壹号、联想、百度、腾讯、京东商城等项目加快建设；北部“一镇一园”建设、保留村庄改造试点为城乡一体化发展探索新路。101中学温泉校区、人大附中爱文国际学校、中关村三小新校址、宝盛里永泰小区配套中学等建设工程。完成海淀区妇幼保健院、海淀医院等医疗卫生项目控规调整工作及手续办理工作，协调处理化工职业病防治院改扩建项目。完成16项保障房项目方案复函和技术审查，配合老旧小区综合整治改造工作；棚户区改造开展协作规划试点，按照“一地一策”原则制定规划设计方案，重点开展21个“城中村”和39个棚户区环境整治项目。以城乡结合部为重点，整治环境问题。开展遏制和查处新生违法建设专项巡查行动，发现各类在建在施的违法建设近3万平方米；牵头对全区低密度住宅区违法建设情况进行汇总，配合完成全年专项台账拆除任务，拆除各类违法建设110万平方米。开展南沙河流域治理与南部农村地区自来水和污水设施建设工作，推进稻香湖再生水厂等重点设施建设。垃圾分类试点全面展开，大工村再生能源发电厂加快建设，五路居、六里屯等垃圾终端处理设施取得进展。

（代韧　吴博超）

【规划审批】 年内，办理各类建设工程项目636件。其中，办理《规划意见书》1件，核定用地规模0.39万平方米，核定建筑规模1600平方米；“建设用地规划许可证”37件，许可用地规模187万平方米；“建设工程规划许可证”136件，许可建设规模392万平方米；规划意见函复16件；复函71件；建设工程延续17件。办理市政类工程行政许可174件，其中市政类“建设用地规划许可证”13件、“建设工程规划许可证”140件。审批市政道路12条、桥梁0座；审批市政类建筑2处、施工暂设4个（临时用地证）；审批各类市政管线共计11.4万延米；办理市政府扩大内需重大绿色通道项目93件，区政府扩大内需重大绿色通道项目38件。

（代韧　吴博超　张帆）

【规划监督检查】 年内，对25件、63项，68.21万平方米的建设工程进行验线；对110件、340项、 230万平方米建设项目进行竣工验收。发现新生违法建设101件、140处、共20万平方米，已通过海淀区违法建设查处联动平台进行查处；完成卫星查违核查7次，核查疑似图斑91处，发现违法建设52处；对293件、595处、10.4万平方米的违法建设进行认定。

（代韧　吴博超　张帆）

【基础设施建设】 年内，完善《海淀区综合交通规划》规划成果，改善道路微循环，完善停车设施，扩大智能交通覆盖面。完成地铁15、16号线、海淀山后线部分车站一体化设计工作，并通过区政府专题会审议。开展西三旗、清河、上地地区交通综合研究和中关村、公主坟等重点地区缓解交通拥堵综合措施研究，群众出行环境进一步改善。

（代韧　吴博超）

【北部地区城乡一体化建设】 年内，研究北部生态科技新区乡镇集体产业用地即“一镇一园”开发建设思路，初步确定各镇起步区的位置、规模及产业定位。推进集体产业建设公共住房新模式，完成唐家岭项目手续办理和温泉项目规划指标落实工作。探索城乡一体化发展新模式，在苏家坨镇七王坟和车耳营配合开展就地城镇化试点，村庄环境整治与综合改造相结合，改善村庄面貌与提高农民生活品质相结合，提升公共服务能力和发展镇村经济相结合。开展翠湖科技园和永丰产业基地的城市设计，提出建设职住平衡的新城理念，为建设生态科技新区提供规划支撑。

（代韧　吴博超）

【中关村软件城规划研究】 年内，协调北京清华同衡规划设计研究院推进大上地地区规划研究工作，结合“一城三街”[①]建设，着重对规划实施现状、产业发展需求、空间结构布局、剩余空间资源等情况进行梳理，提出“产城融合”发展策略，明确中关村软件城核心区、拓展区、辐射区的空间范围、城市功能布局、产业发展策略。研究制定大上地地区规划研究工作组织架构，确保加快推进规划编制单位基础资料调研工作。配合实创总公司落实“大上地”协作规划常设交流展

① “一城”即在方圆30平方公里的地域范围建设中关村软件城，“三街”指科技金融一条街、知识产权保护和标准化一条街、创业孵化一条街。

示空间建设相关工作。《规划》提出中关村软件城（大上地地区）发展目标是“产业定位清晰、城市功能完善、环境品质优美、城市形象突出”的科技、创新、宜居之城。

（代韧　吴博超）

【审批地名、建筑物和居住区名称】

居住区命名（2个）：建材城翡丽铂庭、如缘居北里。

道路命名（6个）：辛店南街、辛店北街、风格渠路、丰润东路、辛风路、辛谊路。

建筑物命名（11个）：阅西山家园、颐丰庄园、迪佳中心、竞技世界大厦、致真科技大厦、万柳家园、栖云山庄、蓟门名居、海蔚家园、广联达信息大厦、鸿诚拓展大厦。

（代韧　吴博超）

土地管理

【概况】 北京市国土资源局海淀分局（简称“海淀分局”）为北京市国土资源局的派出机构，负责组织实施海淀区域内土地、矿产资源行政管理工作。下设海淀区土地权属登记事务中心、海淀区土地利用事务中心、海淀区国土资源执法监察队、北京市土地整理储备中心海淀区分中心、北京市国土资源局海淀分局第一国土资源管理所、北京市国土资源局海淀分局第二国土资源管理所、北京市国土资源局海淀分局第三国土资源管理所等7个事业单位。

全年完成3起行政诉讼、4起民事诉讼和5起行政复议案件；受理信息公开申请155件。

海淀区土地利用变化情况统计表

单位：公顷

地类	年初面积	年末面积	年内减少面积	年内增加面积
耕地	2112.78	2094.86	17.92	0
园地	2662.27	2637.97	24.3	0
林地	10737.74	10669.48	68.26	0
草地	51.07	50.63	0.44	0
城镇村及工矿用地	23814.48	23937.78	—	123.3
交通运输用地	1519.31	1543.19	—	23.88
水域及水利设施用地	1708.07	1675.71	32.36	—
其他土地	471.15	467.25	3.9	—
合计	43076.87	43076.87	147.18	147.18

（于清昌）

【土地利用总体规划】 年内，推进市区乡三级基本农田保护区专项规划，促进耕地和基本农田集中连片保护，利用多划定基本农田政策，实现规划弹性和刚性结合，编制专项规划，完成主体文本、说明和图件成果，7月通过北京市国土资源局批复。开展“十二五”规划中期评估，撰写《国土海淀分局关于〈海淀区国民经济和社会发展第十二个五年规划纲要〉实施进展情况中期评估报告》和《国土海淀分局关于〈海淀区“十二五”时期土地资源保护与开发利用发展规划〉实施进展情况中期评估报告》，强化规划实施和管理。开展海淀区创新土地整治规划综合实施机制工作，推进海淀区土地利用总体规划和土地整治专项规划实施，解决土地利用和管理中存在的新问题，为中关村国家自主创新示范区核心区建设提供土地政策支持。形成《北京市海淀区创新土地整治规划实施机制方案》，以海淀区政府名义分别向市局和国土资源部做了申报。

（于清昌）

【建设项目用地预审】 年内，对30多个项目用地土地利用总体规划情况进行审查，出具规划图和规划审查意见；梳理审批流程，推进重点项目规划动态维护，印发《土地规划动态维护分局审批工作意见（试行）》；梳理2012年动态维护项目，协调更新乡镇土地利用总体规划数据库。组织完成13个项目土地规划动态维护，总用地面积160.6公顷（使用城乡建设用地机动指标31.53公顷，使用特交水机动指标36.1公顷）；通过审批的用地预审建设项目67件，用地总量约361.8公顷（占用农用地84.公顷，农用地中占用耕地14.03公顷），函复 104 件。

（于清昌）

【征地及农用地转用项目用地管理】 年内，落实征地计划，严格征地报批制度，重点审查单独选址建设项目用地规模，审核申请项目总用地规模和各功能区用地规模，完成门头村、永丰产业基地（新）C 地块征地手续办理和自住型商品房建设用地审批前期工作，解决稻香湖再生水厂耕地指标。完成集体土地征收前期工作 14 件，总用地面积 196 公顷（农用地 122.8 公顷，建设用地 73.1 公顷，未利用地 0.0877 公顷，新增建设用地 80.6 公顷）；落实耕地占补平衡补充耕地 27.6 公顷；完成集体土地征收结案 17 件，完成结案面积 282.2 公顷，补偿安置费用 12.48 亿元；设施农用地审批 9 件，总用地面积 40.23 公顷。推进 7 大类 30 个重点项目和折子工程，完成东升科技园二期立项和一级开发土地预审、西北旺产业园和温泉镇产业园控规批复、上庄园起步控规和玉泉慧谷征地手续。

（于清昌）

【集体产业用地建设租赁房试点】 年内，借鉴唐家岭公租房试点经验，推进西北旺镇产业园区的租赁房建设和探索北部四镇集体产业园区内适当建设部分租赁房工作，拓展保障性住房建设渠道。完成太舟坞项目用地预审、唐家岭项目农转用公示、盛景园用地手续办理；推进北部 30 个交通项目进展和海淀北部生态科技新区征地工作，以及四王府地区改造建设。

（于清昌）

【土地整治】 年内，开展土地整治工作，实施农用地整治项目、农村建设用地整治项目、城镇建设用地整治项目、低丘缓坡开发项目土地综合整治；申报唐家岭、北坞村、翠湖湿地等 3 个地区土地综合整治项目，新增耕地 3500 亩；以上庄为试点，开展高标准基本农田整治和农用地整治项目，拟制《关于开展海淀区上庄镇土地整治项目工作思路》，并展开试点前期基础工作。落实耕地保护责任和“占补平衡”，完成《关于海淀区 2012 年度耕地保护责任目标履行情况的自查报告》，协调市区镇三级政府签订《海淀区 2013 年耕地保护目标管理责任书》；协调有关单位和部门，开展上庄钢材市场项目、海军 1827 工程的耕地占补工作。

（于清昌）

【国有建设用地 217 公顷】 2013 年，海淀区国有建设用地供应计划指标为 204 公顷。截至年底，完成供地项目 54 个，供地面积 217.14 公顷，约占计划供应量的 106%；办理国有建设用地划拨批复、决定书、出让合同 32 件，收缴地价款 313.1 万元，划拨土地建商品房上市补交地价款 39 件，收缴地价款 664.7 万元。完成龙岗路 25 号和吴家场经济适用住房项目配套附属设施、中关村一号项目和 8 所学校、民政局东岳老年公寓、玉渊潭阜石路敬老院的供地及手续办理，推进全区文化设施建设和达标覆盖工程。开展土地利用专项调研和成果转化运用工作。

（于清昌）

【保障性住房用地 227 公顷】 年内，全力支持产业发展用地，重点促进基础设施、保障性住房用地。完成供地项目 57 个，总供地面积 227.3 顷，约占计划供应量的 111%。

（于清昌）

【土地储备开发】 2013 年，计划新增土地一级开发项目 12 个、新增面积 260.6 公顷，规划建设用地面积 123.1 公顷，规划建筑规模 236.4 万平方米。完成新增土地一级开发项目 2 个、新增土地面积 31.2 公顷，完成比例为 104%；开发土地面积 54.9 公顷，完成比例 25%；土地储备开发项目完成供应 17 宗，土地面积 78.7 公顷，规划建筑规模 98.3 万平方米。土地储备开发项目共计完成投资 161.4 亿元，完成比例为 90%，其中储备分中心完成投资 41.2 亿元，社会企业完成投资 120.2 亿元。市国土局海淀分局承担经营性项目供地任务约为 83 亿元，经营性用地 13 宗，土地面积约为 79.4 公顷。完成经营性用地 7 宗，总面积约 38 公顷，投资约 86.9 亿元，完成率 104.7%。为海淀区玉渊潭乡 F1 住宅混合公建用地、F2 公建混合住宅用地（配建公共租赁住房），以及田村山（西郊砂石厂西地块）保障性住房项目用地（配建商品房及公建）供地，土地面积约为 26.6 公顷，投资 53.6 亿元，完成率 64.6%。2013 年需完成 81 宗地的收储，收储面积约为 238.8 公顷。实际完成 20 宗地块的收储（环保园 10 宗、永丰基地 6 宗及创新园 4 宗，收储面积约为 53.4 公顷）。签订 31 宗地块的收储补充协议（环保园 18 宗、创新园 12 宗、永丰基地 1 宗），共投放资金 51 亿元。

（于清昌）

【地籍管理】 年内，推进集体建设用地使用权确权登记发证，开展集体建设用地使用权宗地情况调查摸底。全年完成土地权属审查 200 件；完成集体土地所有权确权登记 683 宗，登记率为 94%；确权登记面积 1.4 万公顷，登记率为 91.3%。办理集体土地使用权确权登记发证 934 宗。开展新农村建设集体土地调查，完成《海淀区苏家坨镇七王坟、车耳营村新农村建设宅基地调查工作指导意见》和《海淀区农村集体土地确权登记发证工作的实践与思考》调查报告；配合国家土地督查局开展“农村宅基地管理创新”课题调研，研究探索宅基地有偿退出机制。完成 2012 年度变更调查、城镇地籍数据汇总及 2013 年季度遥感监测图斑核查工作，编制《海淀区土地利用变更调查工作规则》，基本实现“月清季累年更新”的变更机制。完成 5 起土地权属争议案件、指界纠纷、土地确权案件的处理。

（于清昌）

【土地执法监察】 年内，开展 2012 年度土地卫片执法查处，查处履职到位率 100%，整改到位率为 72.9%，土地违法问责比例为 0.36%，通过市局联合检查组的检查验收。进行 2013 年土地变更调查执法检查，共发现违法图斑 133 宗，已拆除 23 宗（其中占耕地 14 宗），下发处罚决定书 3 宗；向相关乡镇政府（街道办）下发督办函，明确查处意见及时限要求。共发现违法违规用地 80 宗（违法占用耕地 17 宗，违法占用非耕地 63 宗）、占用耕地 69.1 亩，占用耕地的违法用地已拆除整改 15 宗，占用非耕地的已拆除整改 3 宗。梳理土地违法建设 57 宗和“北京市拆违专项行动第三战役”45 宗，均做了处置。处理热线举报和上级交办的违法占地案件，共收到 12336 热线违法线索 24 件，其中 22

件按时限回复，2 件在调查。对举报情况属实的 10 件违法线索， 6 件已查处到位，4 件在查处中。

（于清昌）

【矿产资源管理】 2013 年，海淀辖区内共有北京市自来水集团京润泉饮用水有限公司、樱桃泉矿泉水厂及北京领先饮食品工业公司等 3 家矿泉水开发企业，有德润房地产开发集团有限公司、北京大学、中国农业大学、北京外国语大学、北京金梦圆房地产有限公司、裕龙酒店等 6 家地热采矿企业。其中，矿泉水开发企业上缴年度矿产资源补偿费 4.6 万元。所有企业采矿权人均按要求上报年检材料，在实地核查中未发现违规行为，参检单位全部通过年检。审核中国国家画院等 9 个建设项目压覆重要矿产资源等情况。

（于清昌）

【地质灾害预防】 年内，协调成立“海淀区地质灾害防汛专项分指挥部”，修订《海淀区突发性地质灾害应急预案》，细化应急转移避险预案，落实值班、报告、巡查、预警制度；利用“5・12”防灾减灾日，在凤凰岭、香山、西山公园分三个点实地宣传普及防灾避险知识。区政府投入 540 余万元隐患工程治理和勘查专款经费。汛期落实值班 364 人次 ，发布地质灾害预警响应 7 次、树立警示牌 25 块。

（于清昌）

【信息化建设】 年内，继续推进海淀“智慧国土”专项研究，拟定《北京市国土资源局土地业务数据整理及关联海淀试点项目》；应用市国土资源“一张图”及综合监管平台，推进地籍管理信息系统、档案数字化系统等向综合监管平台系统的整合集成；完成海淀分局数据库建设工作；配合市局完成网站群升级改造。

（于清昌）

【土地登记 1219 件】 2013 年共办理日常国有建设用地使用权登记（非央产军产）1081 件（含小业主登记），其中大业主 199 件、小业主（含变更登记）882 件。办理土地抵押登记 993 件，抵押贷款金额为 368.21 亿元。办理央产国有建设用地使用权登记工作 29 件，军产保密产登记 16 件。

（于清昌）

【调研课题】 年内，完成《海淀区城镇化土地利用情况调研报告》；协助国家土地督察局北京局开展土地利用模式调研，撰写《集约节约建海淀，生态优先促发展》调研报告和《关于绿色海淀 2012 年行动计划实施情况的工作总结》。完成《海淀南部地区土地资源潜力研究》课题工作，探索土地多元化的开发模式。

（于清昌）

【信访工作】 全年办理信访件 63 件次，同比下降 29.2%；来访 50 批次 166 人次，同比上升 50%；电子访 113 次，同比上升 39.5%。办结人大、政协建议提案件 15 件。

（于清昌）

房地产开发及市政基础设施建设

【概况】 海淀区住房和城乡建设委员会是海淀区房屋及市政设施建设的行政主管部门。

（赵琴）

【北京市海淀区建筑行业协会】 北京市海淀区建筑行业协会（以下简称协会）成立于 1998 年 12 月 4 日，现有会员单位 95 家。

3 月，协会组织开展 2012 年度海淀区建筑行业“中关村”杯优质工程的评定工作，26 个工程项目被评定为 2012 年度“中关村”杯优质工程项目。

3 月中旬至 5 月上旬，协会组织开展 2012 年度建筑行业“诚信企业”评定工作，9 家企业被评为北京市 2012 年度“诚信企业”，31 家企业复审通过为北京 AAA 信用企业。

9 月，协会开展“创建全国文明城区从行业做起”教育讲座以及开展诚信企业的创建和精神文明教育等一系列活动，有 4100 余人参加。

11 月 26 日，协会与海淀区精神文明办、海淀区社会组织联合会、海淀区医院协会、海淀区民营医协会的 50 多名医护人员在北京昊海建设建筑有限公司联合举办大型义诊咨询活动，684 人次受益。

全年共举办各类培训班、资格证书续期教育等 26 期，培训建筑类企业主要负责人、项目负责人、施工现场专业安全管理人员、关键岗位专业技术管理人员，危险化学品、城市燃气、加油站、烟花爆竹等专业安全生产经营管理人员共计 6043 人。

（危宏晓）

【北京昊海建设有限公司】 北京昊海建设有限公司是 2002 年 3 月 15 日由 7 家企业改制组建的。注册资本 1 亿元，是一家具有房屋建筑施工总承包一级资质、园林古建筑专业承包一级资质及部分专业承包资质的大型国有建筑施工企业。

2013 年，公司企业总资产 6.6935 亿元；总负债 5.3772 亿元，资产负债率由 2012 年的 82.09%降低为 2013 年 80%；净资产（所有者权益）1.3162 亿元（其中国有资产净资产 1.2965 亿元），国有资产保值增值率 107%。

公司共签订施工合同 202 个。累计新签合同额为 121468.4 万元，采购合同 414 个。

2013年昊海建设有限公司指标完成情况表

序号	计划目标/指标		完成情况			
			完成额	完成率	增长额	增长率
1	开复工面积	100万平方米	110万平方米	110%	10万平方米	10%
2	建安总产值	9亿元	9.6亿元	106.7%	6000万元	6.7%
3	实现工程收入	8.6亿元	9.22亿元	107%	6200万元	7%
4	上缴税金	2300万元	2921万元	127%	621万元	27%
5	实现利润	1100万元	1264万元	115%	164万元	15%
6	合同履约率	100%	100%			
7	顾客满意率	95%	100%			
8	安全文明施工	100%	100%			
9	净资产收益率	6%	7.11%	118%		18%

全年出租房租金收入共计1551万元，主要包括海建综合楼572万元；盛唐饭店863万元；朱房办公区、西郊机场闽航路3#院等116万元。

2013年，公司新开工程7项：93513部队综合楼（面积22258.68平方米，产值5138.3976万元）、空军北京军械修理厂17#、18#、19#楼（面积33116.29平方米，产值8408.4364万元）、孔雀公馆1#—7#楼及地下车库（面积70099.06平方米，产值12286.2645万元）、海淀区西北旺镇六里屯LLT-012地块小学（面积12210平方米，产值2923.2292万元）、河北福泰花园住宅小区一期工程（面积101819.23平方米，产值12218.2500万元）、河北涞水一渡龙湾工程（面积16万平方米，产值5亿元）、中奥嘉园经济适用房工程（面积44249.58平方米，产值18661.6971万元）。

竣工工程5项：永清台湾工业新城商务生活配套一区项目工程（面积28581.06平方米，产值4453.51万元）、苏家坨经济适用房工程（面积53276.39平方米，产值10029万元）、东北旺农场开发建设科研综合楼工程（面积20900平方米，产值6795.83万元）、八家消防站办公楼（面积2460平方米，产值945.96万元）、同方国际公寓8#楼（面积12542.52平方米，产值3356.67万元）。

2013年，东北旺农场开发建设科研综合楼项目、廊坊华夏幸福城项目分别获北京市结构长城杯银奖和河北省优质工程，同时被授予"北京市文明安全工地"及"河北省文明工地"称号。

公司获全国"安康杯"竞赛优胜企业称号，被中华全国总工会、国家安全生产监督管理总局授予全国"安康杯"优胜企业竞赛五连冠。公司工会获"2013年度全国职工教育培训示范点"称号。公司第一项目部被评为2013年全国"工人先锋号"。

（唐志安）

【北京海开房地产集团有限责任公司】 是区属国有房地产开发企业。2013年，集团公司实现利润总额5781.48万元，同比增长0.08%，其中归属母公司所有者的净利润3814.59万元,净资产收益率5.61%，主营业务利润率17.07%，已获利息倍数5倍，净利润4083.82万元。

苏家坨公租房、经适房项目　截至年底，苏家坨公租房、经适房项目现场全部竣工并交付，完成17—30号楼经适房初始登记手续并取得房屋所有权证。

清河龙岗路25号公租房、敬老院和幼儿园代建项目　截至年底，公租房和敬老院项目已完成全部工程建设任务，并与业主单位进行移交。幼儿园项目于本年开工建设，完成结构及外装修施工。年底完成室内装修及室外小市政管线施工。

唐家岭回迁楼代建项目　截至年底，现场收尾已基本完成，主要进行结算和前期手续的补办工作。

四川成都双流项目　年内，继续完善规划方案的设计，完成B、C地块的围挡工作，在当地政府要求土地复耕的形势下，确保项目建设用地未被占用，协调项目建设用地内剩余土地（8亩）的拆迁工作。

东坝项目　截至年底，该项目已全部实现竣工交付，结算和销售工作已基本完成。累计实现销售收入约1.79亿元，累计销售收入约3亿元。

凤凰岭土地一级开发整理代建项目　与区土储中心签订委托协议，并完成项目二期树木伐移和一期林地指标报批工作。推进项目控规调整工作，方案已报至市规委审批，初步完成《凤凰岭项目一级开发实施方案》和《凤凰岭区域城市政配套实施方案》的编制工作。

冷泉项目　与保利公司共同对冷泉地区整治改造方案进行完善调整，通过对新增建设用地面积和容积率的调整及对比，分别制定三套整治改造方案，年底上报市规划部门审批。

（何春媚）

【北京威凯建设发展有限责任公司】 北京威凯建设发展有限责任公司是区

属国有独资企业，成立于 1994 年，现有注册资金 10 亿元。2005 年 1 月，晋升为房地产开发企业一级资质。2013 年，公司有 4 个全资子公司：北京市羲和物业管理中心、北京市威凯体育文化发展有限公司、北京实创博威建筑设计院、北京市科迪实验中学和占 98%股权的北京富利房地产开发有限责任公司。2013 年 12 月，根据区政府批复，区国资中心将持有公司的 100%股权入股至北京实创科技股份有限公司。

截至年底，公司总资产为 93.01 亿元，同比增长 13.27%；负债为 80.28 亿元；所有者权益为 12.73 亿元，同比增长 1.35%；净资产 12.73 亿元；公司共有开发项目 29 个，完成投资 21.02 亿元，超额完成全年投资计划的 19%。实现经营收入 12.56 亿元，利润 2125 万元，净利润 1956 万元，净资产收益率 1.55%，国有资产保值增值率 101.6%，主营业务利润率 1.89%，上缴各项税金 5181 万元。

保障房建设。2013 年承担各项保障性住房项目开复面积 72.81 万平方米；竣工面积 49.04 万平方米，其中，辛店农民安置房竣工 31.34 万平方米，吴家场经济适用房竣工 3.8 万平方米，苏家坨经济适用房竣工 12.07 万平方米，上庄项目竣工 1.83 万平方米。吴家场经济适用房项目一期工程包括 B1、B4 楼及部分地下车库，共计建筑面积 3.8 万平方米已完工；二期工程 B2、B3、B5 楼及二期地下车库共 5.9 万平方米年底完成结构 16 层；幼儿园工程 2300 平方米年底结构封顶。辛店农民安置房项目 A03 地块 11.8 万平方米于 6 月底交付使用。A02 地块 19.6 万平方米于 11 月 1 日交付使用。A01 地块 1#、2#车库已封顶，A01 地块 2#、4#楼 11 月结构封顶。针对温泉 F 地块安置对象及调整规划指标工作进行分析研究，并向北部平台申请由区政府部门出台温泉镇的整体拆迁安置方案。开展温泉小城镇开发建设成本分析与资金平衡测算，开展温泉 F17、F20（2）、F22 安置房和温泉 E、G、H 地块的规划调整工作。

一级开发项目。温泉 F 地块已签订 74 份腾退协议，拆除 47 个院落，拆除宅基地面积 1.6 万平方米。尚有 4 个公产单位（2 个民企、2 个国企）、2 个宅基地未拆；温泉 C 地块截至年底剩 3 个宅基地、4 个国企公产；辛店 BCD 已签订 65 份腾退协议，拆除 36 个院落、1.6 万平方米宅基地面积。剩余 3 个宅基地、1 个公产未拆。

市政道路及配套设施建设。苏家坨镇东路、镇中街、南一街道路及跨前沙涧沟桥梁工程、邓庄西路道路工程、辛店 A 地块周边四条大市政道路、上庄 C14 地块配套市政道路工程完工。制订苏家坨镇车耳营村及七王坟村新农村改造项目市政配套方案。

惠民工程。为苏家坨最后一批 680 套经济适用房、88 套农民安置房、辛店 A 地块 3000 余套农民安置房、吴家场经济适用房 69 套回迁居民办理入住，入住总建筑面积近 40 万平方米。

辛店 A 地块项目的一期和二期工程获得“北京市结构长城杯”和“北京市安全文明工地”称号。

公共事业建设。东埠头沟过京密引水渠涵洞工程于 5 月竣工。公司代建的海淀北部文化中心项目于 8 月底正式开工。截至年底，土方工程基本完工。完成唐家岭小学、幼儿园项目、温泉 F07 地块温泉中学项目、上庄镇 B-06、B-07 地块小学幼儿园工程与区教委的移交工作。上庄镇 B-06 地块新建地下食堂项目年底前完成整体结构施工。唐家岭众唐兴业园项目、唐家岭土井村盛景创业园项目工程按计划推进。

（盖凌雁）

【北京海融达投资建设有限公司】 北京海融达投资建设有限公司（以下简称海融达公司）成立于 2005 年 6 月 28 日，公司注册资金 3200 万元人民币，是政府直接投资组建的国有独资企业。主要职能是作为项目业主承担区政府确定的基础设施建设任务，配合市属重点道路及交通枢纽项目的征地拆迁工作，配合地铁建设项目的征地拆迁工作，是具体实施项目的法人单位。

2013 年，市、区政府下达的项目建设计划投资额为 23.73 亿元，其中，区级投资 19.1 亿元，市级投资 4.63 亿元。公司完成投资共计 25.4 亿元，投资完成率为 107%。

2013 年公司共承担 90 个建设项目，包括正式项目 47 项（配合市级重点项目拆迁 12 项、道路交通类 35 项），储备项目 24 项，尾款项目 19 项。年内共拆迁 36 个产权人，安置寨口村居民 25 户，单位拆迁 38 个，拆除面积 2.75 万平方米，树木伐移 5064 棵，划拨及征用土地 360 亩（24 公顷）。完成道路通车总里程 22.5 千米，完成综合管线建设 54.3 千米。

2013 年新开工 12 个项目：金沟河路西段、友谊渠路、八里庄路、前屯西路、安宁庄南路、沙阳路路灯、西三旗南路、地铁 6 号线西延、核心区东侧路、上庄东路、邓庄南路、地铁 16 号线。

完工 7 个项目：京包高速公路（五环路——六环路段）工程、西三旗东路、西三旗村路西段、八家南北线、金沟河路、马连洼南路、田村路。

（郭欣）

【北部地区绿色建筑标准建设】 6 月 1 日，出台《海淀区绿色建筑行动实施方案》，新建项目执行绿色建筑标准，其中北部新区达到绿色建筑等级评定二星级及以上标准的建筑面积占总建筑面积的比例达到 60%，政府投资项目和标志性项目 100%通过绿色建筑三星级认证。组织对中国人寿、人民银行、新浪、腾讯等 25 个项目的绿色建筑设计方案预评审，建筑面积约 150 万平方米。其中达到三星绿色建筑标准的项目 8 个，二星绿色建筑标准的项目 12 个，其余项目均达到一星标准。取得国家和北京市绿色建筑设计认证标识的项目 5 项、绿色建筑运营设计标识 1 项。年内，新建民用建筑 100%达到节能设计标准，北部地区新建项目和政府投资公共建筑全部达到绿色建筑标准，且均达到绿色建筑等级评定一星级以上标准。

（赵琴）

【田村路】 7 月，田村路完工。该工程于 2005 年 12 月开工，西起西五环西黄村桥，东至西四环定慧北桥，红线宽 40 米，规划为城市次干路，道路规划全长约 5.5 千米。由北京海融达投资建设有限公司负责建设，北京城建三建设发展有限公司、中铁六局集团有限公司、北京城建二建设工程有限公司施工，北京市市政工程设计研究总院、铁路第五勘察设计院设计，北京四方工程建设监理有限责任公司、北京金铁工程监理有限公司监理。

（郭欣）

【西三旗村路】 8月完工。该工程于2012年2月开工，西起悦秀路，东至育新花园西路，道路全长520米，规划红线宽30米，为城市支路。道路同步实施雨污水、交通、路灯等附属设施。由北京海融达投资建设有限公司负责建设，北京市建华公路工程有限公司施工，北京国道通公路设计研究院股份有限公司设计，北京致远工程建设监理有限责任公司监理。

（郭欣）

【京包高速公路】 11月，京包高速公路完成征地拆迁。该工程于2009年9月启动征地拆迁，2009年10月开工建设，南起北五环箭亭桥南约1.3千米处，向北跨越万泉河、下穿北五环高架、跨过清河、北清路、终点至区界。按照高速公路标准建设，设计车速100千米/小时，道路红线宽度为60~100米，道路全长19.9千米。由北京市首都公路发展集团有限公司建设，北京海融达投资建设有限公司负责海淀区内的征地拆迁。

（郭欣）

【马连洼南路】 11月完工。该工程于2012年10月开工，是配合六郎庄拆迁安置用房项目的外部市政道路，西起树村西二路，东至树村路，道路全长约601米，规划红线宽度为25米。由北京海融达投资建设有限公司负责建设，北京市京水建设工程有限责任公司施工，北京市市政专业设计院股份公司设计，北京赛瑞斯国际工程咨询有限公司监理。

（郭欣）

【西三旗东路】 12月完工。该工程于2007年10月开工，位于八达岭高速公路和林萃路之间，为城市主干路，南起永泰庄北路，北至西三旗路，道路全长2702.60米，规划红线宽40米，随路同期实施雨水、污水、电信、路灯、交通、绿化等道路设施。由北京海融达投资建设有限公司负责建设，北京西亚建筑市政工程有限责任公司、北京东方华辉市政工程有限公司施工，北京市龙泰设计咨询开发公司设计，大展实业有限公司监理。

（郭欣）

【八家南北线】 12月完工。该工程于2011年7月开工，南起八家东西线，北至清河北路，道路全长约1.78千米，为城市主干路，道路红线宽40米。该工程为东升八家地区整体改造配套道路。由北京海融达投资建设有限公司负责建设，北京市公路桥梁建设集团有限公司、北京创通建设集团有限公司施工，北京市市政工程设计研究总院设计，北京四方工程建设监理有限责任公司监理。

（郭欣）

【金沟河路】 12月完工。该工程于2013年3月开工，西起玉泉路，向东经规划阳光中路、采石路，终点至永定路，全长1005米，红线宽35米，雨水管径3.0米，是该地区雨水排放的主干线，规划等级为城市次干路。由北京海融达投资建设有限公司负责建设，北京鑫畅路桥建设有限公司施工，北京市市政工程设计研究总院设计，北京四方工程建设监理有限责任公司监理。

（郭欣）

【资质审核备案】 年内，区建委核定房地产企业暂定级资质31家、暂定级升四级核定14家、四级资质重新核定39家、暂定级延续审核10家，一、二、三级资质初审15家；受理建筑业企业资质备案191家。截至年底，全区共有房地产开发企业377家。其中一级资质19家、二级资质22家、三级资质21家、四级资质168家、暂定资质147家。建筑施工企业和新兴专业化工程企业1116家，同比增长56家，其中特级企业1家、一级企业103家、二级企业201家、三级企业753家、不分等级企业58家。

（赵琴）

【招标发包备案726项】 2013年，区建委办理招标备案和直接发包备案726项，其中招标备案660项（建安213项、装修76项、市政106项、拆除18项、拆迁12项、评估13项、监理222项），直接发包备案66项（施工直发包40项、监理直发包26项）。投资总额497亿元。

（赵琴）

【二级建造师初始认定】 年内，区建委办事大厅开具二级建造师初始认定证明共开具133项，涉及建筑业企业133家共594人次；初始注册1040人；变更注册647人；增项24人；注销251人；重新注册19人；遗失补办25人，延期注册1043人。办理建筑材料供应备案涉及建材企业共13家，产品种类28种；办理建筑材料采购备案共10项，275批次。办理房地产开发企业资质变更共22项；受理房地产开发企业资质核定共81项。办理起重设备使用登记备案450项，办理起重设备登记备案135项。办理拆除工程备案8项。

（赵琴）

【办理127项施工许可】 2013年，区建委办理施工许可证127项、总投资72.91亿元、建设面积335.41万平方米。其中房建工程46项、建设面积131.46万平方米；装修工程50项、装修面积203.95万平方米；市政工程31项、道路及各种综合管线总长1.20万米，办结率100%。

（赵琴）

【工程竣工验收备案125项】 2013年，区建委完成工程竣工验收备案125项，其中房建82项、装修31项、市政5项，总面积274万平方米、市政造价0.36亿元。

（赵琴）

【商品住宅项目备案4项】 年内，区建委完成商品住宅项目的建设方案备案4项，总建筑面积50.67万平方米。并配建相关公共服务设施，其中：小学10180平方米、幼儿园3440平方米、社区卫生站385平方米、社区办公和服务用房970平方米、敬老院5996平方米。

（赵琴）

【新注册房建工程519项】 年内，全区新注册房建工程519项、面积469万平方米，其中市政工程90项、68797万元；竣工房建工程197项、面积2200万平方米，其中市政工程40项、86010万元。

（赵琴）

【施工现场 513 个】　年内，全区有施工现场 513 个、2300 万平方米，同比分别上升 10%和 18%，其中一般建筑工程 446 个、2140 万平方米，地铁工程 4 个标段、5.5 万平方米，市政工程 90 个、52.3 万延米。

（赵琴）

【检查施工工地】　区建委全年检查施工现场 7578 个次，责令整改隐患 14452 条，下发责令整改通知书 653 份，实施行政处罚 179 起、罚款 408.14 万元，其中质量安全处罚 95 起、217.9 万元；无证开工处罚 56 起、118.74 万元，劳务处罚 9 起、16.8 万元；市场行为处罚 19 起、54.71 万元。处理劳务讨薪纠纷 26 起，涉及 1600 余人、金额 3387 万元。

（赵琴）

【房地产开发建设】　年内，全区完成房地产开发投资 353.3 亿元、同比增长 2.5%；住宅投资 183.8 亿元、同比增长 18.1%；建筑业总产值 1444.5 亿元、同比增长 7.2%，竣工产值 619.1 亿元、同比下降 2.5%，建筑业房屋竣工 1570.2 万平方米、同比下降 10.4%。房地产业中，房屋施工 1020.2 万平方米、同比下降 9.5%。其中住宅 535.8 万平方米、同比下降 17.5%；办公用房 138.9 万平方米、同比增长 29.3%。房屋施工面积中，新开工 147.3 万平方米、同比下降 45.8%。房地产业房屋竣工 191.9 万平方米、同比下降 8.2%。其中住宅 116.9 万平方米、同比增长 16.6%；写字楼 10.7 平方米、同比下降 25.8%。商品房销售面积 77.4 万平方米、同比下降 52.8%，销售额 202.4 亿元、同比下降 32.5%。

（赵琴）

【固定资产投资】　年内，区建委主责的全社会固定资产项目共 4 大类、166 项，其中续建 84 项，计划新开 61 项，计划竣工 21 项，实际竣工 32 项。年度计划投资 241.11 亿元，实际完成投资 309.21 亿元，占全区总投资额的 39.33%，超额完成 68.1 亿元，完成率为 128.24%，同比提高 5.4%。

（赵琴）

【市政基础设施建设】　年内，全区有市政基础设施项目 53 项，其中市属主干路 6 项、区属次干路和城市支路 41 项、轨道 6 项。建成京包路（北清路以北至区界，5.7 千米）、友谊渠路（北段，4 千米）、八家南北线（安宁庄东路南延，1.8 千米）等 19 条重点道路，新增城市道路总里程 31.5 千米；全面推进地铁 16 号线、有轨电车西郊线、地铁 15 号线、6 号线西延线建设。

（赵琴）

【重点建设项目】　年内，全区重点建设项目共 102 项，其中老旧小区综合整治项目、温泉镇太舟坞地块定向安置房、中关村壹号、人寿项目一期、联想、国际航天航空创新园等 47 个项目超额完成全年投资计划，西三旗东路、上庄镇 C14、八家地区回迁安置房、广联达研发楼、平原造林等 17 个项目基本完工。全年建设、筹集各类政策性住房 14791 套、竣工 12611 套，分别完成市级任务的 123%、170%。

（赵琴）

【老旧小区综合整治】　年内，海淀区老旧小区综合整治任务为 140 万平方米。截至年底，共开工老旧小区 164.46 万平方米，其中抗震节能综合改造 7.36 万平方米，节能和环境综合整治 157.1 万平方米，累计完成 162.84 万平方米老旧小区改造，超额完成市政府下达的任务，完成率达到 116.3%。全年累计为 33 个小区、289 幢楼、23553 户居民改善居住条件。

（赵琴）

【棚户区改造】　年内，共启动棚户区改造和环境整治项目 39 个，完成 8 个拆迁项目：党校西墙外、西小口村、巨山村、营会寺、四环路西侧五孔桥南平房项目、熊希龄墓园、西翠路朱阁庄桥东西两侧项目、土城南路西段。共计拆迁 1994 户，拆迁面积 42.7 万平方米。

（赵琴）

【征收拆迁】　2013 年，全区涉及征收、拆迁和腾退项目共 106 个、约 6615 户、130 多万平方米，全年完成 19 个项目、约 2800 户、55 万平方米。全程对肖家河、玲珑巷、东升科技园二期、大工村等南部地区土地整理项目进行业务支持及督导；制定人大附中关村、魏公村花园路中央新影、北大交叉学科大楼等征收项目的补偿方案。完成西山新村二期、星竹园一期 2、3 号土地一级开发、永定路 15 号院等 5 个多年的开发甩项遗留项目。

（赵琴）

【信访与信息公开】　2013 年共办理信访件 108 件，非紧急救助服务中心 1552 件，城市管理指挥中心转办件 178 件，接待来访 70 余批次、410 余人次。共收到政府信息公开申请 77 件，其中“同意公开”的 23 件，占总数的 29.87%；“信息不存在”的 10 件，占总数的 12.99%；“非本机关掌握”的 35 件，占总数的 45.45%；“主动公开”的 3 件，占总数的 3.90%；“非政府信息”的 1 件，占总数的 1.29%；“申请信息内容不明确”的 5 件，占总数的 6.50%。全年共向区委、区政府、区人大等部门报送信息 151 期，部分信息被区委、区政府、区人大采纳。

（赵琴）

北部地区建设

【概况】　海淀北部地区东至八达岭高速、南抵北五环路，西与门头沟区交界，北与昌平区毗邻，涵盖北部四镇（西北旺、温泉、苏家坨、上庄）及上地、清河和马连洼街道，区域规划面积为 238 平方公里，包括 62 个行政村，占海淀区土地面积的 55%。根据 2010 年北京市政府批复的《海淀北部地区控制性详细规划（街区层面）》，海淀北部地区是中关村国家自主创新示范区北部集聚区的重要组成部分，将建设成为具有全球影响力的科技创新基地、城乡统筹发展的典范地区和生态环境一流的城市发展新区。

2004年，区政府成立北部地区开发建设委员会，下设北部办。2012年，北部开发建设委员会组织机构进行调整，调整后下设北部开发建设指挥平台、生态绿心建设分指挥部和北部新农村建设分指挥部；成立北部开发促进中心，加挂北京市国土资源局海淀分局北部地区土地储备工作组牌子，为北部办所属相当正科级全额拨款事业单位。2013年，北部开发建设指挥平台围绕建设具有全球影响力的生态科技新区目标，推进村庄腾退、安置房建设、园区建设、配套设施建设、生态环境建设等重点任务实施，北部地区开发建设完成投资339亿元，同比增长29%；全年实现开复工683万平方米；竣工201万平方米，同比增长134%。推进开发项目243个，竣工项目25个，在建项目154个。

（屈连春）

【《海淀北部地区整体开发实施方案》获批】 1月，区北部开发建设指挥平台编制《关于海淀北部地区整体开发实施方案》，3月8日获市政府批准通过并实施。《海淀北部地区整体开发实施方案》确定了开发建设工作机制，对项目审批、土地开发流程，成本管理、土地入市底价审核和土地收入分配使用等做了规定。

（屈连春）

【编制大上地地区（中关村软件城）规划】 3月，由北部办牵头组织开展大上地地区（中关村软件城）规划编制工作，对大上地地区空间资源进行优化。大上地地区（中关村软件城）北起中关村森林公园、南至北五环，西起京密引水渠、东至京藏高速，总面积约31.3平方千米。根据市政府关于建设“一城三街”[①]的工作部署，加快建设以上地信息产业基地、中关村软件园为主体的国家级软件名城。

（屈连春）

[①] “一城”指中关村软件城；“三街”指知识产权与标准化一条街、创新创业孵化一条街、科技金融一条街。

【出台《海淀北部地区安置房管理办法（试行）》】 4月16日，区北部开发建设指挥平台制定出台《海淀北部地区安置房管理办法（试行）》，确定安置房建设标准、建设成本、管理措施，明确各部门职责任务等内容，是规范开展北部农民安置房建设的基本依据。

（屈连春）

【北部地区开发建设综合管理信息系统上线运行】 7月30日，海淀北部地区开发建设综合管理信息系统上线运行，该系统由园区开发企业在远程终端申报项目建设计划，并定期对项目建设进展情况、投资完成情况、存在问题及难题进行动态更新维护，北部开发建设指挥平台通过综合管理信息系统即时对项目各项指标及进展进行全面把握，并比照项目年初计划对项目进度做出准确判断和预警，实现对北部开发情况的整体管控。

（屈连春）

【中关村创新中心区举办企业产品推介会】 10月18日，中关村创新中心区在中关村翠湖科技园举行CID[②]企业产品推介会。此次推介会共有佳讯飞鸿、东蓝数码等15家知名企业参展，其中有9家企业及其上下游企业签署合作协议。

（屈连春）

【实施《海淀北部地区生态建设实施纲要》】 11月23日，由北部办牵头编制的《海淀北部地区生态建设实施纲要》正式印发实施，实施期限为2013—2020年。《海淀北部地区生态建设实施纲要》确定了北部地区未来发展建设的指导原则、建设目标，明确生态建设内容和指标任务，明确产业功能区提升、清洁能源推广、再生水综合利用、绿心生态建设、河道综合治理等六个方面的重点工程项目。

（屈连春）

[②] CID即Central of Innovative District的首字母，中文名称：中关村创新中心区。四至范围：东至八达岭高速、南抵北五环路，西与门头沟区交界，北与昌平区毗邻，涵盖北部四镇（西北旺、温泉、苏家坨、上庄）及上地、清河和马连洼街道，区域规划面积为238平方公里。海淀区政府为贯彻落实创新驱动发展战略提出将北部城区建设成为CID。该概念是区政府于2013年7月8日在“驻京中外知名企业投资海淀行暨海淀北部生态科技新区重大项目签约仪式”上发布的。CID是中关村国家自主创新示范区核心区的重要组成部分，是首都北部研发服务和高新技术产业驱动城市繁荣，以城市完善的配套服务推动科技进一步创新发展，着重打造成新兴产业技术创新中心区、专精特新产业创新集群区、产城融合发展智慧新区和城乡统筹发展示范区。

【北部地区城乡一体化建设】 年内，按北部街区控规，对62个行政村进行腾退与安置（近期拟保留26个村庄），并通过建设一镇一园发展壮大集体经济。截至年底，大牛坊、六里屯、东玉河、小牛坊、皇后店、太舟坞、东埠头，前沙涧等第一批8个村庄宅基地腾退工作基本完成，北庄子、大工村、西马坊、河北村、三星庄、北安河等第二批6个村庄宅基地腾退工作全面启动，其中部分村庄腾退工作已进入收尾阶段。安置房累计开复工面积329万平方米，其中辛店A02、A03，前沙涧北区S1-1、S2-1，前沙涧西区 S11-4 地块,六里屯安置房项目完工建成。温泉租赁房项目部分楼座已结构封顶，唐家岭众唐兴业园开工建设，西北旺租赁房完成场地平整。

（屈连春）

【北部地区园区建设】 年内，翠湖科技园、永丰产业基地、软件园三大产业组团共有52个产业项目建设，实现开复工面积381万平方米；龙芯产业园一期、清能华通项目、文思研发楼、中兴通研发中心、天元网络等11个项目竣工投产，新增产业空间30万平方米，全年完成总投资71亿元。软件园二期全面开工建设，中关村壹号A、B区进行主体结构5—6层的施工，C、D区进行主体结构1—3层的施工；百度一期进行装修，二期正在结构施工；联想和新浪结构封顶；腾讯进行土方施工；建行数据中心进行主体结构施工，局部结构封顶；农行数据中心进行装修；华为展示中心处于收尾阶段。

（屈连春）

【配套设施建设】 年内，101中学温泉校区和北部文化中心项目开工建设，人大附中爱文国际学校办理前期手续，翠微小学温泉校区基本完工，清华附中永丰分校、唐家岭新城配套小学和幼儿园竣工投入使用，六里屯小学结构已封顶处于二次施工。苏家坨镇东路等16

条道路建成通车，新增通车里程 20 千米。从餐饮、购物、娱乐、健身、交通等方面进一步完善园区配套服务设施，17 项任务已基本完成，永丰、翠湖两大城市商业综合体在推进中，北部地区产城融合格局初步显现。

（屈连春）

【生态环境建设】 年内，推进海淀北部能源中心、大工村循环经济产业园、稻香湖再生水厂、南沙河滨水绿廊景观改造工程、东埠头沟治理、调峰锅炉及热网项目等一批生态环境重点工程实施。其中北部能源中心锅炉房结构封顶，大工村循环经济产业园再生能源发电厂进行结构施工，稻香湖再生水厂进行基础施工，南沙河滨水绿廊景观改造工程进行水库两岸巡河路至水域之间的工程施工，东埠头沟进行沟渠清理；调峰锅炉能源中心锅炉房处于装修和设备安装阶段，热网随路施工。

（屈连春）

城乡结合部市级挂账重点村建设

【概况】 2010 年，根据市委市政府统一部署，海淀区启动 8 个城乡结合部市级挂账重点村建设工作。截至 2013 年年底，8 个重点村村民宅基地腾退工作全部完成。安置房项目稳步推进。

（梁洪江）

【两个项目回迁入住】 6 月 26 日，八家村的八家嘉苑小区回迁入驻。该项目总占地面积 11.73 万平方米，总建筑面积 46.61 万平方米（其中地上建筑面积 33.8 万平方米），共 3926 套回迁安置用房。截至年底，该村拆迁户回迁入住率近 99%。10 月 9 日，六郎庄新村回迁入住。六郎庄新村位于树村后营地区，该项目规划总建设规模 41.06 万平方米，住宅面积 28.13 万平方米，共 4034 套回迁安置用房。截至年底，拆迁村民基本完成入住手续办理。

（梁洪江）

【肖家河村完成拆迁腾退】 10 月 17 日，肖家河片区最后一个院落被拆除，肖家河重点村搬迁腾退工作全部完成。肖家河项目是市委、市政府确定的 50 个重点村建设项目之一，是海淀区支持北京大学创建世界一流大学的重要配套项目。海淀区政府与北京大学共同组建肖家河地区腾退工作指挥部，区政府专门从各相关委办局抽调专业人员 40 余人，组成 7 个工作组，开展入户宣传动员。从 2011 年 10 月 20 日启动拆迁腾退至 2013 年 11 月底，共签订住宅拆迁协议 900 份，发放拆迁补偿款 171796.56 万元，妥善安置群众 3000 余人，安置面积 201832.41 平方米。拆除住宅建筑面积近 50 万平方米、非住宅建筑面积 1000 余平方米，疏散流动人口约 5 万人。年底，该项目 22 万平方米回迁安置房工程开工建设。

（梁洪江）

城市管理与服务

2014
北京海淀年鉴

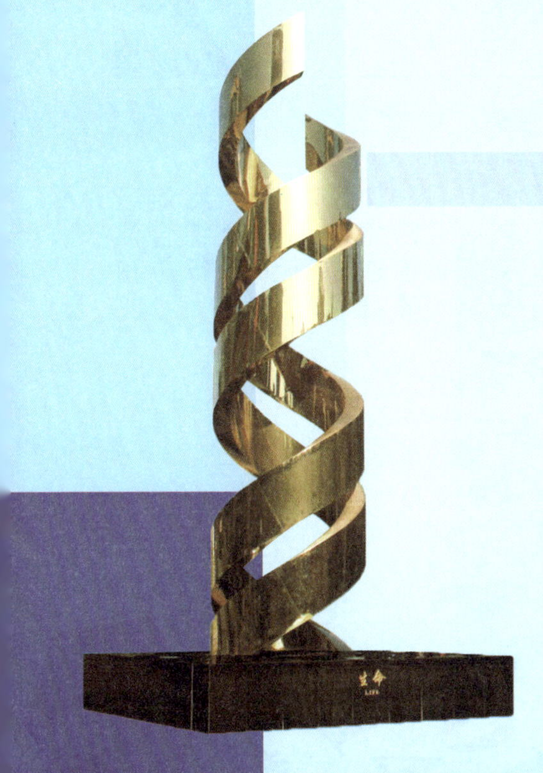

《3月22日，中关村三小学生到北京市公安交通管理局指挥中心参观（李瑞林 摄）

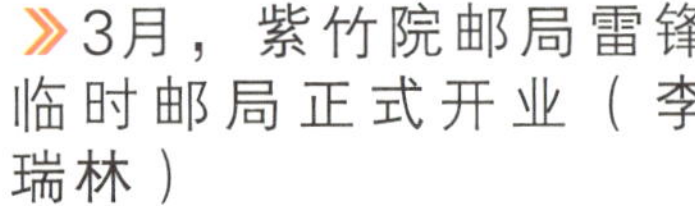

》3月，紫竹院邮局雷锋临时邮局正式开业（李瑞林）

《4月25日，海淀区街镇地震应急综合演练在东升镇举行（田峰 摄）

»6月11日，神舟十号飞船发射，海淀供电公司人员进入北京航天飞行控制中心协助电力保障（海淀供电公司 王长明 摄）

«6月29日，运通123线路开通，与城铁13号线实现接驳换乘，市民出行更加方便（李瑞林摄）

»8月，南长河滨水绿廊工程全部完工并对市民开放（李瑞林 摄）

《北京市国土资源局海淀分局安装的触摸屏查询机（田峰 摄）

》北京市最大的沼气发电项目在海淀区六里屯垃圾填埋场建成（李瑞林 摄）

《建设生态文明城区，打造“美丽海淀”，图为中关村南大街绿化工程（李瑞林 摄）

》节假日和重点时段，交警加强夜查酒驾力度（李瑞林 摄）

《区房管局在全市率先推出房地产经纪行业动态管理系统（李瑞林 摄）

《年内，区环卫中心完成100个垃圾分类试点小区的厨余垃圾对接工作（区环卫中心供图）

》全民参与每月22日的“城市清洁日”活动（李瑞林 摄）

城市管理与服务

综　述

海淀区市政市容管理委员会（加挂海淀区城乡环境建设委员会办公室、海淀区交通委员会牌子）是区政府负责本区城乡环境、市政、市容、交通、供暖、燃气等项建设、管理与协调工作的综合职能部门。海淀区市政市容管理委员会还行使海淀区人民政府市容办公室、海淀区人民政府供暖办公室、海淀区城乡环境建设委员会办公室（简称区城乡环境建设办）、海淀区交通委员会和海淀区固体废弃物管理工作领导小组办公室职能。下属3个事业单位：海淀区市政设施监察所、海淀区渣土管理所、海淀区养路队。北京市海淀区循环经济产业园管理中心，为区政府直属相当副处级全额拨款事业单位，但归口区市政市容委管理。

2013年，区市政市容委共办理人大代表建议和政协委员提案89件，其中主办78件，协办8件，分办2件，会办1件；市级建议提案9件，区级建议提案80件。建议和提案内容主要集中在加强交通管理，解决道路拥堵；建设公厕及垃圾处理设施建设；加强城市环境管理；解决小区停车难等方面。

（穆笛）

公用事业和市政设施管理

【概况】　区市政市容委负责全区的公用事业和市政设施管理工作，协调区域内邮电、交通、电力、路政等市政设施建设与管理。区市政市容委（交通委）直接管养城市道路652条，长度566千米，面积873万平方米。其中，2013年新接收养护次干路、支路共29条、75万余平方米，区城管监督指挥中心转来案件1450件，其中群众事物呼叫中心566件，城市监督指挥中心884件。全部给予了满意的回复和处理。接到非紧急救助中心投诉案件3488件，涉及道路施工管理，公共服务，架空线不规范、市容环境，突发事件等13项工作。其中，办结案卷3174个，占比90.99%；退回案件314个，占比9.01%。案件完成率100%。接收信息化城市管理平台派发案件4624件，分别分发至养路队、道路设施科、市政设施监察所、市容办、环境整治科、静态交通科、户外广告科等部门承办。案件办结率100%。接受网格化社会管理与服务平台案件20件，涉及道路、公测、垃圾箱、供暖、井盖和架空线等问题。均按时进行处置。井盖平台热线共处理各种报件3273起，全部及时进行处置。

（穆笛）

【道路养护】　年内，完成各类日常养护面积12万平方米，共计投资326万元。清掏排水管道33363.7米，其中雨水管线18875米、污水管线7288.7米、合流管线7200米。恢复掘路面积28796.5平方米（沥青路面27364.5平方米、方砖1452平方米）；补换雨水箅子20块、井圈井盖11套；翻建雨水口7座；整修路肩9896延米。完成养护面积14.9万余平方米，比2012年增长20%。针对降雨量大，春季翻浆多的特点，养路队实施春季道路病害的整治4万余平方米。

（穆笛）

【道路大中修】　年内，总投资约1.7亿元，对55条道路及2座桥梁进行大修，总里程约34千米，总面积约73万方平方米。投资约3400万元，完善路灯工程14条路，总里程约12千米。

（穆笛）

【道路接管】　年内，逐步解决社会单位、开发商等建设城市道路的管养问题，完成北京金源鸿大房地产公司、海融达新建道路等单位约75万平方米约36千米的道路接管工作。对代征代建道路台账及时进行更新。

（穆笛）

【跨河桥梁监督管理】　2013年，全区共有大小跨河桥梁500余座，大多年久失修，养护权属不够明确。通过实地勘查、走访沟通，梳理出 68 座地理位置相对重要或存在较大安全隐患的桥梁，投入 400 万元进行桥梁检测。

（穆笛）

【道路防汛】 年内，汛期共有 12 次较大规模的降雨，交通支队出动警力 3570 人次上路疏导交通；市排水集团三分公司累计备勤 165 小时，出动巡查、排水处置人员 4614 人次，车辆 648 台次，启动抽排水设备 393 台次，抽排积水 24.39 万立方米；市市政三分处共备勤 10 次，备勤人员 300 人次，车辆 30 台次，启动桥下挡水设施 3 次，出动人员 24 人次、车辆 6 台次；区养路队出动道路巡查、抢险维修人员 3400 人次，巡查抢险车辆 834 台次，机械设备 228 台，处置维修塌陷、水毁等道路险情 44 起，维修道路面积 1257 平方米。

（穆笛）

【农村街坊路管理】 年内，为做好农村街坊路管理的登记统计工作，在 2012 年下发《农村街坊路管理办法》的基础上，对街坊路台账、自查报告、巡查记录、维修记录、村台账进行进一步规范。共参加新农办组织的联合检查 3 次，核减农村街坊路面积 213952.5 平方米，核准街坊路养护资金 4739016.25 元，检查中发现的问题已督促各镇全部整改完毕。

（穆笛）

【路政审批 96 件】 年内，共审批掘路许可 96 件，恢复掘路面积 63331 平方米。发现违章情况并制止私掘占道 56 起；核查清除违章广告牌 102 块，清理占道停车乱收费 5 起，清除私自施画车位 135 个。

（穆笛）

【架空线入地】 年内，完成撤缆道路 72 条、约 97 千米，道路整治完成率为 77.4%，里程完成率为 62.6%。

（穆笛）

【架空线应急处理】 年内，采取公开招标的方式，确定架空线专业应急处置队伍。通过信息化平台及各种渠道反映的架空线缆垂挂、线杆折损等问题 1308 件，完成处置任务 1286 件，较好地保障了百姓出行安全。

（穆笛）

【应急处置田村山南路】 3 月 5 日，继 2012 年之后，田村山南路西段应急抢险处置二次进场，进行边坡处置等大型土石方工程施工。投入大型施工机械、车辆 30 余台部，施工人员 200 余人，历时 90 天开挖处理道路基础 9000 余立方米，铺装沥青混凝土道路面层 2.1 万余平方米，铺装人行步道 4000 余平方米，填筑碾压土石方近 12 万立方米，砌筑片石近 8000 立方米、六角护坡砖 4000 余平方米。

（穆笛）

【渣土管理】 年内，组织协调相关部门综合开展工作，加大对施工工地日常检查力度，深入 400 余处在施工地（纳入开工许可管理、规模以上的房建、轨道交通在施工地 230 处，老旧小区改造、市政基础设施新改扩建及其余在施工地约 170 余处），对未办理建筑垃圾消纳许可的施工工地提出办理许可要求。深入工地 500 多处工地 700 余处次宣传引导、发放宣传资料 2000 余份，实现资料宣传发放率 90%以上，监督检查 150 多处许可工地，6 次核实消纳情况夜间跟踪到房山、门头沟、昌平、怀柔等区县的消纳场所，派发住建城管部门 45 件计 297 处违规工地案件，60 余次联合检查执法和夜查联控，全区在册 534 处工地，办理渣土消纳许可工地 253 处，总办理率 47%。

（穆笛）

【广告牌匾整治】 年内，涉及海淀区整治任务台账的 17 处、41 块广告牌匾全部拆除。对户外广告进行摸底调查，共有各类户外广告 2058 块，总面积约 5.3 万平方米。其中符合规划的 1819 块（含公交广告 1504 块），占总数的 88%；不符合规划 239 块，占总数的 12%。在不符合规划中，违规设置的 96 块，占总数的 5%；商业区自设 90 块，占总数的 4%；乡镇自设 53 块，占总数的 3%。拆除违规广告 47 处、51 块。为遏制新生违规户外广告和牌匾标识的设置，组织每周不少于 1 天对户外广告和牌匾标识进行检查，发现问题及时函告区城管执法监察局。全年共发函 6 份、12 处。

（穆笛）

【发布“全国文明城区”广告】 根据区创建全国文明区指标中“主要公共场所设有大型宣传创建活动和道德建设的公益性广告数量大于广告总数的 20%”的要求，全年核定需发布广告数量为 412 块。征用市、区广告 332 块，面积约 1.2 万平方米，主要位于三、四、五环路，中关村大街、中关村西区、万柳中路、上地信息路等。征用公交广告 185 块，以及乡镇自设和商业区广告，总征用数量达到 588 块，总面积约 2 万平方米。使公益广告的发布率达到 29%。

（穆笛）

【夜景照明】 年内，中关村大街、阜成路、苏州桥夜景景观照明设施共计建设景观照明楼体 58 处，绿地 6 处，桥体 1 处。做好长安街、北四环、昆玉河等景观照明设施维护工作，组织完成北四环、昆玉河、长安街、公主坟、甘家口商圈景观照明巡查维修工程的交接工作。完成海淀桥、万泉河桥、，以及北四环深槽桥段、学院桥、志新桥的景观照明设施修复工作。

采取定期与不定期的日常监督形式，对 16 座桥体、56 栋公共建筑、156 幢住宅楼、6 处绿地的景观照明设施情况进行检查和安全巡查。全年夜景巡视共亮灯 328 小时，组织夜景巡视共 120 天，出动 620 余人次、车辆 370 余辆次。

（穆笛）

【公益宣传设施运行维护】 年内，利用 7 块公益宣传设施重点对“创文明区”、传统节日、重大节日和纪念等内容进行公益宣传。共发布公益画面 34 项、更换画面 208 次、面积 3 万平方米。为确保公益宣传设施的正常运行和安全，即便是大风、大雨天气，维护单位每天坚持巡视，发现问题及时处理，确保公益宣传设施的正常运行。共巡查 44 天，出动人员 176 人次、车辆 88 辆次。

（穆笛）

【标语宣传品管理】 年内，对区饮食协会、区商务委、区文化委、区旅游委、圆明园管理处等市区部门组织的各项活动中予以支持，压缩标语宣传品审批时间，合理安排空间资源。巡查金秋文化演出季、美食节、品牌消费节活动，发现问题及时通知设置单位整改。全年共受理和批准标语宣传品许可21份。

（穆笛）

【供暖工作】 年内，开展辖区既有节能居住建筑调查，完成746万平方米居住建筑供热计量改造方案设计、评审工作，启动改造面积640万平方米，完工624万平方米，超额完成市政府下达的620万平方米改造任务。

编制《海淀区供暖单位综合考评管理办法》，从供热运行、服务质量、规范化管理、计量改造等方面综合考评供热企业年度供热服务工作，规范企业经营行为。组织开展液化气供应、使用专项联合执法检查活动30余次，查处违规供气行为，收缴报废、超期未检的液化气瓶50千克31个、15千克26个、5千克53个；查处6家单位违规使用压缩天然气的行为。组织各街道、镇及相关单位检查餐饮企业2000余家，消隐整改800余家，液化石油气使用安全事故发生率同比2012年大幅下降。

协调推进陕京三线海淀段工程进展，对海淀段控制性工程南庄隧道出口拆迁和3.6千米三穿、两条线路敷设后水保和恢复工作，解决阻工、拆迁、补偿等问题。

（穆笛）

【24项市政道路大修工程】 **卧佛寺路** 位于香山街道，南起香山路北，北至北京植物园围墙西端。全长132米，宽5.6米，8月29日开工，9月2日竣工。铺沥青混凝土770平方米。铺装步道砖长132米，均宽1米，共计130平方米。

燕东园路 位于青龙桥街道，南起燕东园门前，北至清华西路。全长185米，宽3~5米，9月5日开工，9月15日竣工。铺沥青混凝土1258平方米。铺装步道砖长185米，均宽2米，共计490平方米。

万柳华府北街步道 位于海淀街道，西起万柳西路，东至圣化寺路。9月6日开工，9月15日竣工。铺装步道砖长253米，均宽7米，共计1768平方米。

泉宗北路步道 位于海淀街道，东起万柳中路，西至万柳西路。9月8日开工，9月26日竣工。铺装步道砖长390米，均宽4.5米，共计1677平方米。

北蜂窝中路 位于羊坊店街道，东起双贝子坟路，西至北蜂窝路。全长246米，宽7米，9月10日开工，9月20日竣工。铺沥青混凝土2117平方米。铺装步道砖长246米，均宽3.5米，共计887平方米。

马甸路 位于花园路街道，东起马甸东路，西至马甸小学东侧路。全长182米，宽9米，9月12日开工，10月28日竣工。铺沥青混凝土1765平方米。铺装步道砖长182米，均宽2.8米，共计514平方米。

马甸小学东侧路 位于花园路街道，北起冠城北园南侧路，南至马甸路。全长205米，宽6米，9月12日开工，9月29日竣工。铺沥青混凝土1250平方米。铺装步道砖长205米，均宽4米，共计865平方米。

国家质检总局西侧路 位于花园路街道，北起冠城北园南侧路，南至马甸路。全长281米，宽6米，9月12日开工，10月27日竣工。铺沥青混凝土1810平方米。铺装步道砖长281米，均宽2.2米，共计634平方米。

万柳华府南街步道 位于海淀街道，西起万城华府小区，东至圣化寺路。9月18日开工，9月28日竣工。铺装步道砖长234米，均宽6米，共计1382平方米。

定慧东街 位于八里庄街道，北起阜成路，南至永定河引水渠。9月25日开工，10月20日竣工。铺装步道砖长386米，均宽1.5~6米，共计3629平方米。

云泉路 位于海淀街道，西起知泉路，东至万柳东路。全长205米，宽8米，铺沥青混凝土1599平方米。9月27日开工，10月12日竣工。铺装步道砖长205米，均宽2米，共计372平方米。

知泉路步道 位于海淀街道，南起泉宗路，北至万泉庄路。9月28日开工，10月14日竣工。铺装步道砖长504米，均宽7米，共计3643平方米。

圣化寺路步道 位于海淀街道，南段南起泉宗路，北至泉宗北路；北段南起万泉庄路，北至万柳华府北街。9月28日开工，10月17日竣工。铺装步道砖长841米，均宽6米，共计5350平方米。

冠城北园南侧路 位于花园路街道，东起马甸东路，西至马店西路。全长434米，宽7米，10月4日开工，10月27日竣工。铺沥青混凝土2772平方米。铺装步道砖长434米，均宽4米，共计1866平方米。

泉宗南路步道 位于海淀街道，西起万柳西路，东至万柳东路。10月14日开工，11月3日竣工。铺装步道砖长530米，均宽7米，共计4046平方米。

小营东路西口 位于西三旗街道，西起京藏高速向东100米。全长110米，10月18日开工，11月5日竣工。铺沥青混凝土5368平方米。铺装步道砖长200米，均宽6米，共计1432平方米。

广源闸路南段 位于紫竹院街道，北起万寿寺路，南至紫竹院路。全长271米，宽6.6~7.8米，10月20日开工，11月3日竣工。铺沥青混凝土2525平方米。铺装步道砖长240米，均宽4米，共计978平方米。

枫林路 位于香山街道，南起买卖街，北至煤场街。全长615米，宽4~6.5米，10月22日开工，11月20日竣工。铺沥青混凝土3138平方米。局部铺装步道砖68平方米。

厢红旗路 位于青龙桥街道，北起香山路，南至五环北侧辅路。全长301米，宽14米，10月24日开工，11月26日竣工。铺沥青砼3416平方米。铺装步道砖长301米，均宽4米，共计1462平方米。

万柳西路步道 位于海淀街道，南段南起泉宗南路，北至万泉庄路；北段南起万柳华府北街，北至巴沟路。10月27日开工，12月4日竣工。铺装步道砖长1159米，均宽7米，共计8361平方米。

泉宗路步道 位于海淀街道，西起万柳西路，东至万柳中路。11月1日开工，12月5日竣工。铺装步道砖长331米，均宽6米，共计2255平方米。

民族大学西路南段 位于紫竹院街道，北起民族大学南路，南至万寿寺路。全长232米，宽4.9~9.6米，11月2日开工，12月1日竣工。铺沥青混凝土2179平方米。铺装步道砖长232米，均宽 5 米，共计 1089 平方米。

成府路 位于中关村街道，东起展春园西路，西至中关村大街。全长 2060 米，宽 16 米，11 月 11 日开工，12 月 6 日竣工。铺沥青混凝土 38962 平方米。铺装步道砖长 2000 米，均宽 4 米，共计 7305 平方米。

杰王府路 位于香山街道，南起香山小学，北至一棵松路。全长 657 米，宽 4.5~8 米，11 月 25 日开工，12 月 12 日竣工。铺沥青混凝土 4755 平方米。铺装步道砖长 281 米，均宽 1 米，共计 246.4 平方米。

（李雪华　张晨亮）

【概况】 区城乡环境建设办公室负责海淀区市容环境综合整治工作。负责协调区城管监察大队、环保局、国土分局、住房城乡建设委、房管局等单位的城市管理工作；综合协调街道、镇（乡）和有关部门承担的城市管理工作。

（穆笛）

【“城中村”拆迁整治】 年内，推进在拆的 27 个城中村项目中的 21 个项目，并以滞留户较少的项目为重点组织开展工作。至年底共完成 8 户居民和 7 个单位的拆迁补偿工作，完成投资约 1.1 亿元。五孔桥、熊希龄墓 2 个项目完成结项。潘庄项目中涉及国管局用地地块已移交国管局。梳理南部地区 192 个平房区项目，将 192 个平房区分为三类：一是可以纳入环境整治拆迁的项目由街道、镇实施的 88 个；二是可以开发建设拆迁的项目 88 个；三是属于开发甩项，应督促开发建设单位实施拆迁的项目 16 个。

（穆笛）

【创建文明城区工作】 年内，区市政市容委牵头落实创建文明城区城市环境建设指挥部办公室各项工作，负责统筹、协调、督促指挥部各项测评指标的达标工作。54 项测评指标有 32 项达标，包括 17 项纯材料审核、10 项纯实地考察、1 项纯问卷调查、1 项材料审核与问卷调查、3 项材料审核与实地考察指标。其中，市政管委主责指标 20 项，已有 5 项测评指标完成达标。

针对测评指标，区市政市容委梳理市容环境、环境秩序、生态城区三大类共 44 小类 5283 个环境问题，确定权属，制定台账下发到各责任单位。已整治消除 4618 条，其中，市容环境类问题 2458 条，环境秩序类问题 731 条，生态城区类问题 1429 条。剩余 665 条问题，包括市容环境类 120 条，环境秩序类 402 条，生态城区类 143 条。

（穆笛）

【环境建设】 2013 年海淀区实施四大区域八大类 92 个环境建设项目，投入资金 3 亿元，项目建设和整治工作基本完成。其中 5 条市级达标大街、10 条区级达标大街、10 条背街小巷、10 个校园周边环境建设被列为市、区政府折子工程。共修补道路 6.8 万平方米，绿化补植 9 万平方米，粉饰围栏 5000 延米，新建围栏围挡 2000 延米，拆除违法广告牌匾 93 块，拆除沿街违法建设 1200 平方米，清理沿街堆物堆料 500 吨。

（穆笛）

【完成地铁站环境状况调查】 年内，区市政市容委对全区地铁沿线及出站口周边环境状况进行详细调查。全区已开通地铁线路 7 条，分别是 1 号、4 号、6 号、8 号、9 号、10 号和 13 号线，设置站点 40 个、出站口 156 个；建设自行车停车场 64 个、机动车停车场 8 个、管理用房 73 处，设置地铁便利车 37 个、小餐车 7 个。重点调查地铁沿线和出站口周边环境秩序、交通秩序和环境硬件设施等，区分站前广场范围和周边属地管理范围，明确管理责任，对新建地铁站口实施环境硬件建设，恢复绿地 5 万平方米，恢复道路步道 4.5 万平方米。

（穆笛）

【园博会路线环境保障】 年内，海淀区完成园博会路线莲石路和海淀“飞地”环境建设工作，绿化补植 8.8 万平方米，种植各种乔灌木、花卉 22.55 万棵，铺设步道砖 3500 平方米，粉刷油饰围墙、立交桥墙体、过街天桥及栏杆 19220 平方米，拆除违法建设 648 平方米，查处店外经营 40 起，清理非法小广告 12 处，新建停车位 200 个，拆除树池篦子 107 个。

（穆笛）

交通管理

【概况】 海淀区市政市容管理委员会加挂海淀区交通委员会牌子（简称区交通委），负责统筹海淀区交通发展和管理工作。北京市公安局公安交通管理局海淀交通支队（简称区交通支队）负责海淀区的交通管理工作，下辖中关村、清河、黄庄、公主坟、温泉 5 个执勤大队。北京市交通委员会运输管理局海淀管理处（简称海淀管理处）具体承担本区交通运输行业管理和通航水域水上安全监督管理工作。

2013 年，区交通支队完成“国庆节”“香山红叶节”“10·28 维稳”“中共十八届三中全会”以及海淀区争创文明城区“环境整治周”等重大安保工作。交通亡人事故起数、亡人数连续四年双下降，实现城市交通安全稳定、正常运行。

海淀管理处共出动检查人员 2962 人次，实际检查 1178 户次，检查车（船）10506 辆（艘）。监管检查中发现问题采取限期整改 39 件，注销 54 件，移送 10 件，吊销 3 件。完成全年监管指标量的 15%，监管检查（不含轨道交通）采取必要处置措施率 14.1%，高于执法责任制 6.5%的目标。检查危险货运企业 94 次。全年无经行政复议或行政诉讼被撤销、变更或确认具体行政行为违法的案件。

（穆笛　张瑶　曾天）

【交通运输业安全监管】 3 月，全国两会期间，海淀管理处对辖区交通运输行业安全维稳检查，共出动检查巡查人员 260 人次，检查企业 98 户次，发现安全隐患 35 个，其中责令现场立即整改的 28 个，开具限期整改通知书 6 个，移送执法六队案件 1 个。6 月，开展安全生产月系列活动，完成“五个一”的重点工作，即“组织一次安全大讲堂培训，举办一天宣传咨询日活动，建立一项 GPS 监管长效机制，开展一个月全面安全检查，实施一系列应急演练。”共出动检查人员 1238 人次，检查企业 512 户次，发现安全隐患 221 个，其中责令整改后立即消除的安全隐患 286 个，开具责令限期整改通知书 18 份，停止使用通知书 1 份，均整改完毕。

（曾天）

【开展“读书、荐书、评书”活动】 3 月初，海淀管理处为辖区 24 家有党组织的出租汽车企业统一订购党建工作相关图书，发放图书 72 本，普及出租企业党建工作知识，在企业中开展“读书、荐书、评书”活动，推动出租汽车企业党建工作的开展。

（曾天）

【核查公交运营计划】 自 4 月 7 日起，海淀管理处每周检查辖区内不少于 3 条公交线路行车计划。全年共出动人员 97 人次，检查公交场站 39 站次，共检查 133 条公交线路行车计划，每周汇总线路早、晚高峰及平峰时段行车计划与实际发车情况，上报运输管理局公交处。

（曾天）

【抽查载货营运车辆】 4 月底，海淀管理处完成对海淀区载货汽车抽样调查，共调查车辆数为 79 辆，专业运输、非专业运输、个体运输样本数分别为 34、30、15 辆。此次调查增加“绿色车队”运营情况调查，共上报调查数据表 10 份。调查月运量 57.63 万吨，周转量为 1041.58 万吨公里，两个指标与往年同期相比均有减少。原因一是由于车辆业务量下降，二是由于调查期有 2 个假日，大部分车辆会停驶，从而造成运量、周转量下降。

（曾天）

【举办幼儿交通安全主题教育活动】 5 月 17 日，海淀支队联合区教委组织开展幼儿交通安全主题教育活动。海淀区教委副主任赵建国，海淀交通支队副支队长金雪飞，海淀区教委保卫科副科长王增凯，以及海淀支队安监科干部民警参加了活动。

（张瑶）

【考核道路货物运输企业】 5 月，海淀管理处完成对辖区货运企业 2012 年度质量信誉考核工作，共考核 93 个单位。其中 AAA 级企业 42 家，AA 级企业 46 家，A 级企业 4 家，B 级企业 1 家。

（曾天）

【危险货运应急演练】 6 月，海淀管理处开展“安全生产月”活动，组织辖区 10 家危险货物运输企业共同观摩由北京绿源达压缩天然气有限公司与北京安欣立业液化石油气销售有限公司联合组织的危险货物运输突发事件应急处置演练。此次演练使危险货物运输从业人员安全意识进一步提升，对于突发事件的处置能力得到提高。

（曾天）

【考核旅游客运企业】 6 月，辖区内 6 家旅游客运企业参与 2012 年度质量信誉考核，其中 3 家企业因车辆规模小于 5 辆只评分不评级，分数均在 850 分以上，3 家车辆规模大于 5 辆的企业均被评委 AAA 级企业。6 家企业重大交通事故率为零。

（曾天）

【排查交通运输业】 7 月 15 日—10 月 28 日，开展“辨识安全隐患·共创平安交通”安全隐患排查活动，组织发放安全辨识卡片，共计 350 家企业参加，占企业总数的 25%。收回卡片 200 张，排查出 129 个隐患，全部由企业自行整改完毕。

（曾天）

【分配小客车指标】 8 月，海淀管理处组织开展辖区汽车租赁企业进行 2013 年租赁小客车指标分配工作。参加此次小客车指标申请且符合要求的企业共有 15 家，其中 A 类企业 1 家申请 200 辆，B 类企业 6 家申请 680 辆，C 类企业 8 家，共申请车辆 1142 辆。经审核，辖区共有 10 家企业分配到 383 个行业车辆指标，其中 A 类企业 1 家分配到 109 辆；B 类 6 家分配到 114 辆；C 类企业 3 家分配到 60 辆。

（曾天）

【夜查渣土车】 9 月 30 日下午、10 月 1 日凌晨，海淀交通支队等部门联合开展渣土车治理专项夜查行动。共出动各部门执法人员 245 余人次，其中交通 130 人、城管 80 人、治安 35 人，检查出土施工工地 14 处，责令停工工地 2 处，共纠正货车各类违法 478 起，暂扣渣土车 20 辆，查处醉酒驾车 2 起，酒后驾车 9 起。

（张瑶）

【交通运输业经济统计专项调查】 9 月，海淀管理处组织辖区货运企业参加交通运输部开展的交通运输业经济统计专项调查，调查期内共对 35 家企业进行财务状况调查，对 195 辆营运车辆进行经济统计专项调查。

（曾天）

【建筑垃圾运输专项检查】 10 月—12 月，海淀管理处开展建筑垃圾运输专项治理工作，出动检查人员 40 人次，检查企业 20 户次，共检查营运性自卸车 63 辆。每周上报检查记录，对表示不从事建筑垃圾、土方、砂石运输的，要求企业写出承诺书。

（曾天）

【开展“铁拳”行动】 11 月中旬至年底，海淀管理处集中组织开展火灾隐患攻坚整治“铁拳”行动，出动检查人员 801 人次，深入辖区企业 365 户次，发现安全隐患 121 个，责令现场立即整改完毕 120 个，移送执法六队的 1 个，该移送案件已处理并复查完毕。

（曾天）

【考核机动车维修企业】 年内，海淀管理处开展机动车维修行业“营业服务规范”宣传工作，严格按照机动车维修企业经营服务规范进行质量信誉考核。共评出AAA级企业80家，AA级企业78家，A级企业213家。

（曾天）

【水上安全监管】 年内，海淀管理处在节假日期间，对辖区游船开展水上安全巡查，重点检查各项安全规章管理制度和应急预案的制定落实和完善、救生消防设备的配备、救生艇巡航、人员（船员、救生员）持证上岗、码头安全设置、船舶签证和船检证书、船舶适航以及是否有超载运营等。共出动海事执法人员59人次，对圆明园公园、玉渊潭公园、紫竹院公园、京城水系、颐和园公园、中和汇智公司开展重点检查，共检查2838艘，其中自航船舶410艘。海事执法船“海巡02号”在昆明湖水域巡航78小时，纠正游客违规乘船400余起。

（曾天）

【交通行政管理】 年内，海淀管理处共受理业务4326件，审批4259件（含许可、不予许可及去年受理今年批准的事项），承办140件（其中90%以上为从业人员申请事项），完结率为96%，现场咨询共5089次，发放各类证件共18297个。评议数4046件，评议使用率为95%，满意率为100%。换发旅游包车证922张，完成率为100%；换发出租车营运证2894辆车，换发率93.69%。完成维修企业届满换证工作。

（曾天）

【节假日交通运输保障】 春运期间，海淀管理处共出动92人次，入户检查40户（站）次，其中检查轨道交通26站次，电扶梯31部、直梯33部，公交运营企业及枢纽3户，出租企业11户次；加大对重点企业、地铁换乘站、西苑公交枢纽、重点公交场站的监管检查力度。受检企业各项安全防范措施到位，应急预案制定完备，物资准备充分，客流疏导有效，运营秩序良好。清明节前夕，检查辖区各公墓周边的停车场及公交线路运营情况。“五一”“端午节”小长假，出动巡查人员24人次，检查轨道交通站点18站次。中秋节和国庆节期间交通运输安全服务保障工作，节前入户检查、排除安全隐患，严格值班制度，安排客运、货运、修理、水运行业巡查。“香山红叶节”期间，巡查香山地区公交运营秩序，监督协调香泉环岛公交摆渡车的运营。以及公交、轨道客流信息联络。

（曾天）

【勘验公交调整线路】 年内，海淀管理处对全部新开及调整优化线路进行现场勘验29次，出动工作人员61人次，新开及调整线路共29条。其中：新开线路8条；撤销线路2条、调整线路19条（含场站迁移1条）。勘验涉及道路宽度、交通管控、客流走向、居民密度、沿途设站、公交场站及替代线路等，结合勘察实际情况提出属地管理意见反馈给运输管理局公交处。

（曾天）

【“绿色车队”企业增至69家】 年内，辖区“绿色车队”企业新增5户，车辆总数增加111辆。累计完成组建“绿色车队企业”69家，拥有绿标车1737辆。

（曾天）

【货运企业安全标准化达标】 年内，海淀管理处组织海淀辖区危险货物运输企业开展安全生产标准化达标工作，截至年底，10家企业均完成安全生产标准化（三级）达标工作。

（曾天）

【三大秩序整顿】 年内，区交通支队会同治安、城管、巡警等区级部门，以“交通秩序、治安秩序、环境秩序”三大社会面突出秩序问题为突破口，组织开展山寨指路标志清理，黑车、摩的、货车违法综合整治等170余次专项整治行动，投入各种执法力量3400人次，查处各类违法行为38万余起。对南沙窝桥下、永定路、双安、锦绣大地等33处乱点采取集中打击、阵地看守、完善物防技防设施的手段，净化城市交通秩序环境。

（张瑶）

【重点交通违法行为整治】 年内，区交通支队将路面管理与舆情动态和交通事故结合，动态调整阶段性路面执法重点，加强对“中国式过马路”、停车秩序、货车、外埠车等阶段性专项工作，以及酒驾、涉牌、摩托车、客载货等重点违法执法力度。全年现场处罚各类违法行为23.4万起，其中货车12.2万起、非机动车行人3.5万起、酒驾1783起、摩托车2589起、查扣违法车辆3781辆、拘留426人。

（张瑶）

【重点地区治堵治乱】 年内，区交通支队围绕重点大街、领导关注和群众反映强烈的学校、医院、商圈等地点，落实三管控，即：“人管”——安排民警和协管员治理堵和乱，“物隔离”——增设隔离桩，挤压违法空间，“科技监控”——发挥技术手段，对违法行为进行录像取证，减少面对面执法矛盾。针对区域交通特点，落实“单停单行”、增设停车位、优化公交车道等管理措施，充分利用道路资源，满足群众交通需求。在五棵松桥下通过在西南角设置公交专用道、完善步道护栏各角施划出租车停靠站、增设宣传标志、设置违法停车自动抓拍监控设备等措施，有效缓解五棵松桥下黑车趴活揽客、占路摊商等违法行为；在西黄村桥通过复划标线、加装中心隔离护栏、机非隔离护栏、调整人行横道位置等措施，改善路段交通秩序。

（张瑶）

【重点区域交通优化】 年内，区交通支队开展交通堵点、交通组织、交通设施排查，坚持“大项积极协调、小项迅速整治”的原则，逐项建立工作台账，逐级明确隐患问题，整治标准、措施和完成时限。全年共上报各类优化改造方案406项，落实300项。完成永丰路、北清路温阳路口、信息路厢白旗桥下等18处缓堵工程改造；对上地七街、二里沟路口西进口等8处交通设施进行调整；增设交通标志426面、安装交通护栏46.8千米、复划标线22千米、安装信号灯23处、施划停车泊位750个、出租车扬招站135处、604个。

（张瑶）

【交通执法】 年内，区交通支队依托全区电视监控、科技创安等设备，成立非现场执法小分队和电视监控巡视组，做到对交通事故、乱停车、重点违法行为的“早发现、早处置”。共拍照录入各类非现场交通违法行为183.7万起，占支队总执法量的88.7%，日均发现清理路面各类故障车辆9辆，利用电视监控抓拍违法停车月均2957起。

（张瑶）

【特勤交通社会交通两兼顾】 年内，区交通支队针对管界重大活动多、特勤警卫频繁、路线长、警力需求大的情况，在勘察活动地点和勤务路线的基础上，研究制定外围疏导和路线警卫工作方案，根据任务需要部署机关和各执勤大队警力支援，通过“区域分流控制，外围梯次疏导，全线绿波通行”等工作措施，确保重大活动安保交通、勤务交通和社会交通和谐运转。全年出动警力13.6万余人次（特勤警卫出动警力11.3万余人次），完成全国“两会”、国庆、“香山红叶节”、中共十八届三中全会等重大交通保卫任务（特勤警卫任务3427起）。

（张瑶）

【日常勤务管理】 年内，区交通支队通过开展高峰交通勤务和自主警务机制，加强拥堵警情、事故警情等各项数据的分析研判，加强定点疏导岗位、巡逻岗位、事故处理备勤岗位的调整、警力的投量投向，努力实现路网流量“主辅均衡、区域均衡、时空均衡”，实现勤务运行科学化和管理效益最大化。全年投入疏导维护警力15.4万余人次，处置各类突发事件175起，社会救助279人次，共接事故报警158063次，比2012年减少1417次，下降0.8%；拥堵报警32452次，比2012年减少11318次，下降25.8%。

（张瑶）

【推进文明交通活动】 年内，区交通支队组织开展中小幼“家委会”，社区居民自治，大学生群体宣教，驻军系统教育等活动300余场次，发放宣传材料5万余份，制作宣传展板1300块，受教育群众达10万余人。会同各街镇发动5200名交通志愿者对重点大街灯控路口上路维护交通秩序，主要劝阻非机动车、行人闯灯越线以及路边机动车违法停放发生。

（张瑶）

【道路交通安全隐患排查】 年内，区交通支队制定《压事故、整秩序、大检查预防重特大事故隐患排查工作方案》，对全区道路交通安全隐患情况实施动态排查，并进行边排查、边治理。共排查各类交通安全隐患48处，全部治理完毕，治理率达到100%。

（张瑶）

【交通安全执法检查】 年内，区交通支队联合区运管局、区安监局等单位开展交通安全大检查，定期组织召开专业运输单位公开执法大会，约谈违法超标单位领导说明情况并进行整改。对存在安全隐患的5609家单位发放责令限期整改通知书，对2043家单位采取禁止机动车上路行驶措施，对2335名专业驾驶人进行面对面教育，对180名扣分超过6分驾驶人予以预警，对3家单位发放黄牌警告，追查逾期未报废车辆6997辆，逾期未年检车辆3336辆。

（张瑶）

【交通疏堵工程】 年内，区市政市容委完成为民办实事和区重点要求完成的15个疏堵项目；办理北医三院花园北路交通整治项目、上地东路与上地三街等14个疏堵项目的前期手续。完成成府路新建公交港湾、文慧园路路口优化工程、厢红旗路与香山路交叉口道路改造工程等20个疏堵点位改造，有效提升局部道路通行环境。区市政市容委协调海融达公司等项目建设单位，完成八家南北线、西三旗东路等10公里道路微循环建设任务。

（穆笛）

【区域交通综合研究】 年内，区市政市容委在北二三环区间、三四环间东部区域、中关村、学院路、燕园清华园、区政府周边等六个片区，开展海淀区北五环以南部分区域交通综合研究工作，面积约61.6平方千米，涉及学院路、北太平庄、花园路、北下关、海淀、曙光、紫竹院等11个街道。

结合各个区域交通出行需求及交通现状，分析造成交通拥堵的主要原因，从区域路网、停车需求与供给、公共交通、慢行系统等几个方面提出对策，近期项目实施建议以及远期推进目标。以拥堵情况较为严重的点段为重点，委托专业研究单位提出缓解拥堵的综合措施，研究成果提出近远期道路建设26项、人行过街设施建设6项、近期小型疏堵改造工程41项、交通基础设施完善27项，以及整治占道经营、整顿停车秩序、调整交通组织、优化公交线路等管理类措施。

（穆笛）

【4600个停车位错时停车】 年内，区市政市容委充分利用现有停车资源，调整停车时间分配布局，解决小区居民停车难。在机关大院、企事业单位推动40个停车场、4600个停车位开展错时停车，完成市、区为民办实事及市缓堵十阶段任务。

（穆笛）

【增加10740个小区停车位】 年内区市政市容委推动19个小区、3526个停车位建设；对20个老旧小区停车设施进行改造，建设停车位4088个；23个居住区利用地下民防设施设立停车场，增加停车位3126个。其中，7个项目、735个停车位获市级奖励资金147万元、区级配套补贴资金84.3万元。共计62个小区、增加停车位10740个。

（穆笛）

【停车场备案】 2013年，海淀区公共停车场备案1263个，备案车位322927个。其中，居住区停车场497个，停车位168642个；临时占道停车场82个，停车位6032个；非居住区公共配建停车场（路外）684个，停车位148253个。

（穆笛）

【建成100处自行车停车场】 年内，海淀区按照市缓堵十阶段任务，在地铁、公交场站、商业、居住区、公园景点等周边建设自行车停车场，由各街镇负责建设，总计100处。

（穆笛）

【交通联合执法】 年内，海淀区建立交通执法联合执法长效机制，每周组织区城管、交管、发改、地税等部门开展1~2次的联合检查。全年开展联合执法检查52次，检查停车场近300个，现场取缔非法停车场近100次，处理与缓解较大纠纷8起。通过对联合检查及各部门自行检查情况进行统计分析，建立“海淀区停车经营秩序检查情况通报”月报，并建立违规记录台账，对企业进行考核。

（穆笛）

【公交盲点调研】 年内，区市政市容委围绕海淀区公交服务盲点、非法运营秩序乱点及公交微循环欠缺区域，调查公交服务的盲点现状、问题及原因；选取典型区域，提出提升改善公交服务的建议，形成《海淀区公共交通盲点服务改善方案》。

（穆笛）

【开通6条临时公交线路】 年内，北部地区开通软件园至地铁13号线西二旗站的早晚高峰期公交接驳班车，开通永丰基地至地铁4号线安河桥北站的公交575路区间车，开通环保园至地铁4号线安河桥北站的早晚高峰期通勤班车，开通至地铁西二旗站、生命科学院站班车，开通环保园园区内部循环车，增加太舟坞东站公交站点。

（穆笛）

【公交站点调查】 年内，根据创文折子工程第34项工作要求，区市政市容委委托专业机构对公交站点300米半径覆盖率≥40%、公共交通港湾式停靠站设置率≥25%进行调查。通过全区公交站点分布明细，对公交站点300米半径覆盖率的测算结果为40.7%。实地查看与统计全区788个公交站点，其中两侧均为公交港湾停靠站为79个，设置率为10.1%，单侧为公交港湾停靠站为96个，设置率为12.2%，两种情况总计175个，设置率为22.3%。

（穆笛）

【调整区域公交线网】 年内，区市政市容委推进辖区内公交线网优化调整，配合市交通委运输局、公交集团开通、调整、延长公交线路20条，其中，开通袖珍公交1条（专12路，林大北路至五道口地铁站），新开公交线路3条，调整公交线路9条，延长公交线路3条，撤销公交线路4条。

（穆笛）

【个体出租】 年内，区市政市容委完成公交分局治安证年审和运输局营运证年审材料上报和现场勘验工作，维持出租车调价期间的稳定和计价器的调整工作，对第二批73处扬招站涉及海淀区26条道路进行配合，会同专业部门对2处调度站进行现场踏勘，完成5辆出租车的更新，处理投诉43起、寻物27起。

（穆笛）

房屋管理

【概况】 海淀区房屋管理局隶属于区住建委，内设1个副处级全额拨款事业单位，9个职能科室和12个全额拨款事业单位，1个自收自支事业单位。

2013年11月18日，根据海淀区机构编制委员会《关于北京市海淀区住房保障服务中心（北京市海淀区公共租赁住房发展中心）更名的批复》的文件精神， 海淀区房管局所属北京市海淀区住房保障服务中心（北京市海淀区公共租赁住房发展中心）更名为北京市海淀区住房保障事务中心，为海淀区房管局所属相当副处级全额拨款事业单位，承担保障性住房相关的技术性、事务性、辅助性工作。

2013年度完成住保、物业管理、房屋产权登记、房地产中介行业管理、普通地下空间综合管理、房屋安全等房管工作任务。

（唐卓）

【北京市海淀区房屋土地经营管理中心】 北京市海淀区房屋土地经营管理中心成立于2004年3月19日，为自收自支事业单位。

直管公房管理。区房地中心直管公房面积162.7万平方米,实收租金面积38.4万平方米。完成租赁变更审核33件。直管公房2011价售房工作于2013年10月全部完成。分六批次对213份售房物理档案及电子档案进行整理修改，并办理产权手续。签订拆迁协议两份。完成辖区内87部电梯及26处泵房检查及日常维修保养，通过质监局检验，合格率100%。推进三虎桥首体宿舍异地安置工作，基本落实安置资金拨付问题。

防汛工作。2013年汛期，区房地中心组建抢险队7支共计115人,储备264万元的防汛物资。区水务局为区房地中心配备六台新型浮艇泵。5月31日，区房地中心协助市住建委在海淀区管家岭成功举办北京市房屋防汛演习，区房地中心5支抢险队同其他区县兄弟单位共10支队伍参与演习。区房地中心被评为“海淀区防汛先进单位”。

供暖工作。直管供暖面积282万平方米，管理锅炉房29处，其中燃气锅炉房24处，燃煤锅炉房1处，燃油锅炉房2处，电锅炉房2处。接管健翔园和圆明园花园别墅2处锅炉房，共计供暖面积15万平方米。供暖收费工作综合收缴率93%，完成海淀北部新区苏家坨保障房小区燃气锅炉房的运行、维修、收费等工作，与新入住的500户居民签订了供暖合同，小区供暖外网和换热站已全部施工完毕。

公租房房源筹集和管理服务工作。超额完成2013年房源筹集500套的目标。截至2013年12月底，共筹集社会存量房源746套，签订出租意向书281套；整修完工246套，在施85套；配租102套。

锅炉房煤改气工程。完成知春里锅炉房两座锅炉煤改气的工程任务。节能改造。落实153栋既有非节能居住建筑供热计量及节能改造任务的施工管理。

老旧小区综合整治。甘家口1、3、4号楼抗震加固改造项目作为海淀区老旧小区综合整治试点工程，截至2013年年底已完工。

简易楼改造。推进羊坊店勘测处宿舍楼，万寿寺北里1、2号楼，翠微路6号楼等简易楼改造项目。

棚户区改造。区房地中心配合区住建委开展棚户区改造任务，提供房屋管理清册，协助制定改造方案，落实好前期准备工作。

经营管理。完成27处出租房屋产权界定审核。年内接收区民防局移交并通过验收的收费人防工程17处，区房地中心监督管理收费人防工程达到273处，包括仓库、员工宿舍、车库等。

推动事业单位改革。通过赴基层单位进行调研座谈，进行各类资产现状的初步清查，核实统计各类数据，形成区房地中心改革转企初步方案（讨论稿）。

（徐意）

北京市海淀区房屋土地经营管理中心下属单位一览表（10个）

序号	单位名称	单位地址	电话
1	北太平庄分中心	海淀区新外大街文慧园1号	62273753-8024
2	甘家口分中心	海淀区甘家口20号	68325258
3	海淀分中心	海淀区苏州街77号院锅炉房	62656818—204
4	双榆树分中心	海淀区双榆树东里甲20号楼	62101580
5	志新分中心	海淀区牡丹园西里1号楼3门101	82082451
6	海淀区供暖和楼房设备管理中心	海淀区志新西路14号	62323502
7	北京惠恒基物业管理中心	海淀区吴家村路10号院10号楼一层	63421379
8	海淀区测绘队	海淀区双榆树东里15号	82115634
9	海淀区房地产交易所	海淀区双榆树北里甲22号楼306	62639722
10	北京海房物业管理中心	海淀区甘家口12号楼	88361595

（徐意）

【保障性住房配租配售】 1月1日，开展“四房合一”[①]工作。2012年12月24日—2013年1月14日，进行全市项目燕保·京原家园和青秀家园意向登记，并参与全市摇号仪式，为区内960户家庭摇出选房顺序号；6月28日—7月7日，进行全市彩虹家园、未山苑、通州梨园、通州光机电、燕保·京原家园等5个公共租赁房项目的意向登记，并参与全市摇号。启动海淀区第四至第八批公共租赁房意向登记工作，组织摇号仪式，完成唐家岭、西北旺镇辛店村等项目的选房工作。11月29日至12月13日，启动保利芳园经济适用住房项目意向登记工作。为已满5年的经济适用房申请家庭出具政府放弃回购证明1196份。

（史周青）

【开展集体土地房屋登记试点】 1月，区房管局正式启动集体土地房屋登记试点工作。选取东升科技园区为试点单位，分两批完成东升科技园11栋房屋的登记发证工作，面积73699.65平方米。东升科技园成为全市首个颁发集体建设用地范围内房屋所有权证的单位。

（曹晓玮）

【房屋信息化管理】 2月18日，完成咨询投诉平台系统建设并投入试运行，于9月5日正式对外发布，10月11日完成系统初步验收。该平台全面梳理区房管局7大类、43小类办事事项，咨询类知识库441条，执法点135项，投诉点262项。全年共接到咨询、投诉39506件，其中接听咨询电话36049个、受理投诉案件2930个，回复处置率100%，坐席满意度99.79%。4月，完成海淀区筹集社会存量房源意向登记配租平台建设，并投入运行；同月，完成海淀区经纪行业动态监管系统开发，并于7月10日投入使用经纪机构数据采集模块。12月1日，房地产经纪行业信息发布平台正式投入试运行，共维护经纪机构总支383家、分支机构591个、从业人员5922人。12月20日，完成T rade2000系统历史档案扫描，共扫描档案22万宗，导入历史数据2964352条，其中普查数据716168条、TT老房新案数据438090条、AFS数据1269346条、T2K数据478768条、市住房城乡建设委转海淀区数据61980条。

（曲晓英）

【房屋全生命周期管理系统运行】 9月30日，海淀区房屋全生命周期管理系统第一批综合展示、房地产市场、登记专题、经纪机构专题、投诉执法等五个模块投入使用[②]。全年汇集房屋24283

---

① 此项工作于2013年4月11日在全市统一推广。北京市保障房类型原有廉租住房、经济适用住房、限价商品住房、公共租赁住房四种，据北京市住房和城乡建设委员会发布的《北京市住房和城乡建设委员会关于进一步完善我市保障性住房申请、审核、分配政策有关问题的通知》（京建法〔2013〕5号）中规定，“实行保障性住房统一申请、审核。保障性住房申请家庭，统一填写《北京市保障性住房申请家庭情况核定表》，并递交相关证明材料”，即“四房合一”。

② 海淀区房屋全生命周期管理系统包含房管综合平台、咨询投诉平台、建设工程管理系统、

栋、建筑面积 1.4 亿平方米、房屋图元数 24518 个、939309 户；建立海淀区重点区域约 32 平方千米 3792 栋楼的精细模型，包括物业项目 1302 个，物业企业数 528 家，普通地下室 4093 个；住房保障项目 28 个，保障对象 48110 人次。

（曲晓英）

【维修资金及售房款管理】 9 月，区房管局联合北京住房公积金管理中心海淀管理部组织有关单位进行售房款、公共维修资金使用政策培训，93 家单位、140 余人参加。全年共计审批使用售房款用于职工住房补贴发放及房屋修缮的单位 7 家，涉及资金 313.42 万元；审批使用售后公有住宅专项维修资金的单位 36 家，涉及资金 679.21 万元，主要用于更新电梯、楼面防水维修以及消防、供水、供电改造等，改善百姓的居住环境。

（蔡新颖）

【房屋职能下沉】 9 月，制定《海淀区房管局关于深入推进职能下沉暨加强网格化工作的实施意见》，对职责下沉到网格的内容、工作机制、工作流程等做出具体安排；9 月底，将物业管理、经纪机构、房屋租赁、普通地下室、房屋安全五大业务中的行政审批初审、备案管理、信访投诉调解、执法监督检查等工作全部下沉到 7 个房管所。重新划分部分部门职责，制订《海淀区房屋管理局有关科室与房管所职能划分及实施方案》，明确业务科室、房管所、执法大队之间的职责分工。

（刘雁文）

【办理房屋登记 11 万多件】 11 月 1 日，海淀区房管局登记部门作为市住房城乡建设委试点单位正式开展房屋所有权证加密工作。全年共办理各类房屋登记业务 118897 件，其中办理所有权登记 68259 件、抵押权登记 48103 件、预告登记 53 件、其他登记 532 件；办理房产证加密业务 1950 件。受理中央国家机关在京企事业单位房改售房登记 3121 件，北京市企事业单位房改售房登记 4137 件。

（刘宇思）

【房屋中介监管系统上线运行】 11 月 29 日，北京市首个区县级的房屋中介动态监管系统在海淀区上线试运行，12 月 1 日正式对公众开放。市民登录系统或拨打咨询服务平台热线“82708600”，可以随时查询海淀区范围内所有经纪机构、分支机构门店、经纪人和业务员的信息，以及二手房的区间成交情况，查看其信用情况。海淀区是全市房屋交易量最大的区县之一，房管部门已经对 380 家经纪机构、586 家分支机构、5303 名从业人员的信息进行了采集和核查，并将其纳入市级存量房网签系统，使其与所属中介和业务员的各类信息相互匹配，从而实现数据与业绩的公开。全年共办理房地产经纪机构备案 52 家，变更（重新）93 家；新设立分支机构 148 家，变更（重新）82 家。共有 117 家经纪机构登录系统；374 家分支机构上传数据；业务人员的维护数已达 5121 人。

（薛浩明）

【住房保障系统信息化建设】 年内，区房管局为做好保障性住房工作，配合相关部门开发“海淀区保障性住房信息管理系统”和“海淀区筹集社会存量房源意向登记配租系统”，成为全市首个实现住房保障分配工作全程信息化的区县。1 月 25 日，启动筹集社会闲散存量房作为公共租赁房房源的试点工作。截至年底，累计完成 11 批租赁社会存量房源意向登记工作，审核申请家庭户数 221 户，配租系统平台运行平稳。同时，针对保障性住房申请量大，申请家庭物理档案存放较多，管理难度加大的问题，着手研发住房保障档案管理系统。此外，在研发建立全区保障性住房生命全周期系统。

（史周青）

【房屋档案管理】 全年接受各类房产档案查询 40457 余次，协助市住房城乡建设委核实地址变更 167 次，办理遗失补证 560 件，受理查封登记 1654 件。调取各类物理档案 62440 卷，新增入库档案 115158 卷，截至年底，档案中心库存档案 1174920 卷。5 月 13 日，配合全市开展严厉打击违法用地违法建设专项行动，做好在系统中违法建设项目房屋的行政限制工作，完成违建房屋限制 118 件，为城管部门提供查询 200 余件。9 月 2 日起，在购房资格审核工作中，各区县房屋权属登记档案纳入房产审查范围。区房管局配合市住房城乡建设委核实历史档案的房产信息，利用 AFS 档案系统对需核实房屋的坐落、用途、权属状况等内容进行确认，共办理档案核实 51 件。做好京籍人员外省市购房查询北京市房屋登记信息工作，受理该项查询服务 1096 件。

（李梦頔）

【住房补贴管理】 年内，机关事业单位职工住房补贴工作进入常态化管理阶段。5 月，区房管局联合区监察局、区财政局等部门开展全区住房补贴常态化工作检查，共检查单位 28 家，规范住房补贴发放工作。配合区人力社保局筹备并启动自主择业军转干部住房补贴发放工作。年内全区有自主择业军转干部 4395 人，审核 1000 余人，自主择业军转干部住房补贴发放金额 1.05 亿元。全年为 17037 人发放住房补贴 13.7 亿元。

（蔡新颖）

【城镇房屋安全检查】 年内，区房管局共检查房屋 6165 万平方米、电梯 6878 部、水泵 4776 台、避雷系统 6575 个，其中检查私房 78 万平方米、5557 户、52211 间，并建立台账。

（王　璐）

【房屋销售】 年内，共受理预售许可初审业务 11 笔，监管预售资金项目 9 个、预售面积 20.99 万平方米、工程建设费用 13.73 亿元；办理预售许可证延期业务 7 笔；办理预售商品房注销登记 130 套、现房注销登记 122 套；完成现房销售确认业务 128 笔；出具在建工程

征收拆迁业务系统、保障房后期管理系统五个部分。其中房管综合平台由北京市测绘设计研究院开发，它不仅包括房管局各个业务系统功能，还囊括了整个全生命周期投诉平台的统计分析、三维展示等功能。

2013 年 9 月 30 日，房管综合平台第一批综合展示展示模块房地产市场、登记专题、经纪机构专题、投诉执法功能模块投入使用。

2013 年 12 月 20 日，征收拆迁、建设工程、房地产市场、房屋登记、投诉执法、经纪机构、物业管理、房屋安全、普通地下室、住房保障等功能模块投入使用。

房屋管理综合平台（子业务系统）于 2014 年 1 月 26 日海淀区经纪行业动态监管系统正式上线试运行。

抵押查询证明1个；办理在建工程抵押注销登记4316套；完成初始登记补录业务4笔、房地产开发企业资质会签76个。

（王　楠）

【住房保障资格审核】 年内，区房管局共受理限价商品房申请家庭970户，通过市级备案794户，不予备案20户，变更995户；受理经济适用房申请家庭235户，通过市级备案172户，不予备案15户，变更425户；受理廉租房申请家庭620户，通过市级备案100户，不予备案9户，变更230户；受理“四房合一”后保障性住房新申请家庭2478户，通过市级备案2240户，不予备案31户，变更131户。复核廉租房申请家庭843户、经济适用房申请家庭1968户、限价商品房申请家庭1116户、“四房合一”后保障性住房申请家庭4989户。为904户廉租家庭发放廉租租金补贴869.1万元。

（史周青）

【住房保障资格专项核查】 年内，区房管局开展住房保障资格专项核查工作。组建住房保障专项核查工作领导小组，对现有廉租房、经济适用房和限价商品房轮候家庭的家庭人口、收入、资产、住房等情况进行专项核查，清理已购房或瞒报住房家庭，并通过专项核查工作形成具有执行力、实效显著的动态监管长效机制，严格准入，确保公平。

（史周青）

【公共租赁房】 年内，海淀区计划新建、收购、筹集公共租赁房7000套，其中通过趸租及市场化模式筹集公租房3300套；计划配租8000套，其中人才租赁住房1000套。通过市场化租赁补贴和筹集社会存量房源两种市场化模式筹集房源1618套；启动八家、六郎庄柳浪家园、前沙涧、辛店A等地区的农民回迁安置房趸租工作，4个项目共筹集房源2629套。通过面向社会保障家庭的第四至第八批公共租赁房意向登记、配租工作累计配租房源7071套，面向园区企业在苏家坨、八家、唐家岭、北坞等项目中配租房源1042套。

（彭艳萍）

【保障性住房租金补贴】 年内，区房管局开展公共租赁房租金补贴的审核及发放工作，为苏家坨C02（同泽园西里）、远洋沁山水、京原家园、唐家岭趸租房源、青秀家园等5个公共租赁房项目中符合条件的800户保障性住房申请家庭发放租金补贴，累计约470万元。为近400户市场化租赁补贴的签约家庭发放租金补贴，累计585.53万余元；为筹集社会存量房源签约家庭发放租金补贴，累计28.23万余元。

（彭艳萍）

【房屋鉴定】 年内，区房管局完成市老旧房屋建筑抗震节能综合改造工作中18幢住宅楼的鉴定工作，建筑面积4.4万平方米；受温泉镇和苏家坨镇政府委托，完成温泉镇108户居民734间房屋的结构检测及等级评定工作；受中国科学院行政管理局委托，对中关村北区200余栋房屋进行结构检测、抗震验算及等级评定，建筑面积14万余平方米；完成北京天地助房地产开发有限公司魏公村小区18幢楼房结构安全性评定工作，建筑面积7.4万平方米；完成北京铁路局铁路调度指挥中心北蜂窝路铁路一住宅（9栋房屋）安全与抗震鉴定工作，建筑面积1.7万平方米。北京市海淀区房屋安全鉴定站被中国物业管理协会房屋安全鉴定委员会评为“2013年全国房屋安全鉴定工作先进单位”，被北京建设工程质量检测和房屋建筑安全鉴定行业协会评为“2013年度检测鉴定行业协会先进单位”。

（齐可佳）

【房改售房34万平方米】 全年备案中央和市属房改售房单位262个单位、3718户，31.91万平方米；批复区属房改售房单位28个、258户，1.52万平方米；完成康居房改售房备案76户，4850.9平方米。

（蔡新颖）

【房屋管理行政执法】 年内，区房管局共出动8394人次对辖区内商品房销售项目、经纪机构、物业管理企业、地下空间进行执法检查3497次，开展市区两级联合检查65次，发放责令改正通知书46份，行政处罚决定书26份，罚款83.55万元。对辖区内100家经纪机构进行检查，发放责令改正通知书9份，立案6件，发放行政处罚决定书6份，罚款18万元。联合市住房城乡建设委监察执法大队开展市区两级联合检查70余次，检查对象为辖区内投诉量较大和交易量较大的经纪机构、舆情关注较多的开发企业、物业企业及涉嫌危害房屋安全的违规行为，对检查中发现的问题责令企业迅速整改并妥善处理矛盾纠纷。探索推进协同执法、综合执法方式，在物业领域处罚金额为53万元；其中联合市住房城乡建设委执法大队、八里庄和田村街道办事处等查处物业领域违法违规行为，处罚金额为23万元。

（刘卓珊）

【物业管理】 年内，区房管局邀请区创建办、物业管理协会相关人员，以及在辖区内实施物业管理的532家项目负责人和企业负责人召开创建全国文明城区窗口行业检查工作部署会。邀请市住房城乡建设委相关人员对区内323家物业项目负责人和企业负责人进行培训。配合区社会办，探索破解老旧小区自我服务管理难题，形成《海淀区老旧小区业主自我服务管理工作调研报告》，配合相关街道开展老旧小区自我管理新模式试点工作。建立物业服务分类定级标准，完善监督检查制度；建立物业服务企业名录，开展物业服务企业综合评定管理工作；探索建立商业楼宇运作管理新模式。开展安全生产专项活动。成功协调浩思家园、紫竹花园等小区的物业纠纷。截至年底，全区有实施物业管理的项目1389个、规模约10717.66万平方米，其中住宅项目648个、7132万平方米。登记注册物业服务企业528家，其中一级29家、二级66家、三级433家；在外区注册在海淀区有管理项目的物业企业有185家。全年备案业主委员会172家。

（孙璐）

【普通地下室管理】 年内，普通地下室重新备案67家。区房管局每周落实1~2天日常巡查，重大节假日、“两会”期间开展专项安全隐患排查，共排查普通地下室2816处次，对存在的安全隐患现场整改87处、限期整改46处、处罚2处。对涉及群众投诉并存在重大安全隐患散居的普通地下室进行综合整治，东王庄小区、碧森里小区、永泰新地标小区、学院南路66号、西四环7号院、甘家口31号楼、御河湾小区的安全隐患得到治理。普通地下室所有权人、管理人和使用人的主体责任意识得到增强，消防设施特别是防烟排烟、自动喷淋、应急照明、自动报警等设施设备得到完善。

（薛浩明）

【行政诉讼与复议】 年内，以房管局为被告的行政诉讼3件，其中信息公开类2件、信访答复类1件；全部审结，其中1件驳回诉讼请求、2件判决撤销。办理行政复议6件（含5件区法制办申请，1件向市住房城乡建设委申请），其中信息公开类2件、行政执法类2件、不履责类1件、信访登记类1件；全部审结，其中因原告撤回复议申请终止3件、维持3件。

（刘雁文）

【信访与信息公开】 年内，区房管局共接待群众来访193批次379人次，其中集体访5批次35人；接听来电咨询和投诉436人次；受理群众来信624件；咨询投诉平台共受理群众关于物业管理、经纪机构、房屋租赁、普通地下室、房屋安全、住房保障和权属登记等方面的投诉5488次，接听电话54541个，回复率100%；受理依申请政府信息公开29件，通过外网向社会公布房管局政府信息公开情况报告；组织区房屋管理领域矛盾排查5次，信访积案清理化解1次；重大节日期间向市级和区级报送建设房管系统信访维稳情报26期，应急快报7期。

（刘雁文）

房屋征收

【概况】 海淀区房屋征收办公室（区房屋征收办）是负责本区房屋征收与补偿工作的政府部门。

2013年，全区涉及征收、拆迁和腾退的项目共106个、6615户、130多万平方米；完成26个项目、3547户、333297平方米的拆迁量。

（高传辉）

【完成5个“城中村”环境整治】 年内，区房屋征收办会同市政市容管理委员会，完成熊希龄墓园、四环路西侧五孔桥南平房、海淀区西翠路朱阁庄桥东西两侧、体师西墙外、土城南路西段5个“城中村”环境整治项目，共计5113平方米。

（高传辉）

【配合推进南部地区土地整理】 年内，区房屋征收办采取工作组进驻现场办公的工作模式，从项目入户调查、编制方案、制订推进计划等全程给予业务支持和督导。共完成中央党校西墙外（住宅完成）、玲珑巷、五路居（住宅完成）、东升科技园2期、曹家村、巨山、营慧寺、六郎庄（住宅完成）8个项目共计298783平方米。

（高传辉）

【推进5个征收项目】 年内，人大附中教学实验楼项目资金、房源筹备到位，并公布征收决定；中关村、魏公村项目确定按照老旧小区改造模式推进，实施方案初步确定；花园路中央新影、北大交叉学科大楼项目初步确定补偿方案拟先行启动协议拆迁。

（高传辉）

【开发建设10个甩项遗留项目】 年内，区房屋征收办通过协调建设单位、督促拆迁服务单位、强化联动机制和法院强制执行等方式，完成西山新村二期项目、星竹园一期2、3号土地一级开发项目、西山新村代征道路项目、万寿塔项目、海淀区永定路15号院住宅及配套项目、中关村软件园土地统一开发项目、亮甲店村村东工业与教育科研2号地块一级开发项目、中关村软件园土地一级开发项目、北京大学教工宿舍楼项目共计9个项目；再次重启国家重点综合科研项目，32户滞留户全部达成拆迁补偿协议。

（高传辉）

【老旧小区改造】 年内，全区实施改造的简易楼共有34幢2415户。至年底完成8幢共979户、30946平方米简易楼拆除。

（高传辉）

【拆迁信访维稳】 年内，共接收各类信访案件489件、行政诉讼案件31件、行政复议16件、信息公开91件。“两会”及重大节日期间征收拆迁方面无重大群体性事件、无个人极端事件、无社会舆论事件。

（高传辉）

城管执法监察

【概述】 海淀区城市管理监察大队行使14个方面、358项行政处罚权和4项行政强制措施。下设32个分队，其中直属分队4个、地区分队28个。2013年5月31日，根据海淀区机构编制委员会《关于进一步健全完善海淀区城管执法体制机制规范机构设置的通知》，北京市海淀区城市管理监察大队更名为北京市海淀区城市管理综合行政执法监察局（简称区城管执法监察局）。6月27日，“北京市海淀区城市管理综合行政执法监察局”在上地办公中心举行揭牌仪式。

2013年，区城管执法监察局共查处

各类违法行为3.3万余起、罚款1131.5余万元，其中无照经营1.2万余起、黑车687起、违反“门前三包”管理4810起、违规户外广告和牌匾标识6637起；非法张贴散发小广告1850起、非法小广告窝点55个，收缴非法小广告86万张，录入非法小广告警示系统电话号码8479个，移送停机处理1311个；违规施工工地670起、运输车辆4069起；违反城市节水管理332起、燃气管理1519起、餐厨垃圾管理234起；收缴盗版淫秽光盘2.1万余张。治理环境脏乱点338处，督促清理垃圾渣土1741吨。群众举报回访满意率86.44%，同比上升1.42个百分点。海淀执法监察队获“北京市工人先锋号”称号。

（乔东升）

【高校周边联合执法】 2月25日，高校新学期开学之际，区城管监察大队、公安分局、文委执法队联合对重点高校周边非法贩卖盗版光盘的行为开展执法行动。在北京外国语大学西校区东门外南侧路边取缔贩卖《十二生肖》《猫和老鼠》《烈火战神》等盗版光盘摊点12个，收缴盗版光盘14020张。

（乔东升）

【查处乱倒渣土司机】 4月8日，区城管监察大队根据群众举报，将往上庄镇翠湖北路上倾倒施工渣土的货车司机李某查获。4月10日，区公安机关以涉嫌以危险方法危害公共安全罪将李某刑事拘留。

（乔东升）

【拆除2.4万平方米违章建筑】 5月8日，区城管监察大队、海淀镇政府、青龙桥街道办事处对颐和园北宫门外、中央党校西墙外共9处、4500余平方米的违章建筑予以强制拆除。该区域是市“三山五园”历史文化景区建设重点区域，违章建筑被强制拆除后的部分地块将逐步恢复青龙桥古镇的传统风貌。5月9日，区城管监察大队、中关村街道办事处对位于北三环大钟寺周边、太阳园小区东侧边角地中的120间、4500平方米违章建筑平房予以强制拆除。5月28日，区城管监察大队、海淀镇政府、马连洼街道办事处组织区公安、工商、卫生、供电等部门，对树村厢黄旗36处、1.5万平方米违法建设实施强制拆除。被拆除的违法建设为当地村民在原有宅基地上的住房增高加宽及侵占村内集体林地伐树所建，出租给外地来京人员用于经营和居住，主要包括12家临街商铺及150多间居住房屋。

（乔东升）

【食品安全法规宣传周】 6月17日—25日，区城管执法监察局组织各执法监察队开展“走进社区，城管携手维护食品安全”主题食品安全法规宣传周宣传活动20场次，宣传贯彻《中华人民共和国食品安全法》《北京市食品安全条例》，发放宣传手册5000余份，发动群众关注、支持和参与食品安全管理，抵制无照摊贩售卖食品违法行为。

（乔东升）

【建立城乡交叉地区三级议事协调机制】 9月23日，第74次区政府常务会审议通过由区编办起草的《关于进一步明确和完善海淀区城乡交叉地区管理工作的若干措施》。该措施提出建立区街（镇）村（居）三级议事协调机制、完善事权与财权相匹配的保障机制、进一步明确街镇在拆除违法建设等重点领域的职责分工、逐级建立交叉地区管理工作台账、建立交叉地区管理考核评价机制、加快推进城乡交叉地区城市化进程等六方面的举措，明确责任主体，督促责任落实，确保城乡交叉地区实现统一有效的管理。

（李堃玮）

【拆除违建162万平方米】 年内，区城管执法监察局完善查违工作体系，实现“四个到位”，即实现责任到位，明确责任主体与执法主体的责任，形成街镇、相关委办局各司其职、各负其责、协同配合、共同推进；实现防控到位，完善纵向为区、街（镇）、居（村），横向为卫星监测、万米网格、热线举报的立体防控体系建设；实现联动到位，完善“1+2+N”拆违工作机制，有效整合地区执法力量，加大拆违工作力度；实现考核到位，完善查违工作考核奖励机制，调动各街镇工作积极性，促进拆违进度。拆除新生违法建设770处、11.88万平方米，拆除处数全市排名第一，拆除面积全市排名第三；拆除既存违法建设1406处、150.27万平方米。全年共拆除违法建设2176处、162.15万平方米，拆除违法建设总量全市排名第三。在市严厉打击违法用地违法建设专项行动年终绩效考核中，海淀区综合考评成绩为满分。

（乔东升）

【综合行政执法监管】 年内，区城管执法监察局初步建立以属地管理为主、行业部门和权属单位负主责、执法部门积极履责、城管部门执法监管、综合部门指导评价工作运行机制；围绕城市环境秩序和综合行政执法两大类、48项问题，组织协调29个街镇、31个委办局开展综合治理工作，推进城市精细化管理；按时办理市协调办《城市管理问题监管通知单》68期，有效解决西钓鱼台地下通道内、北洼路和文慧园路沿线等地区存在的环境问题。

（乔东升）

【“三大秩序整治”】 年内，区城管执法监察局开展交通秩序、治安秩序、环境秩序“三大秩序整治”，围绕33处秩序乱点和35条严管大街，重点查处严重影响街面环境的无照游商聚集、农用车、马车非法上路、占道售货等痼疾顽症；查处渣土运输车未按要求倾倒、苫盖、遗撒和施工工地扬尘污染等违法行为；查处违法设置指路标志、临窗广告灯箱等违法行为；查处未经审批私掘占路施工、侵街占道、道路范围内私装地锁、乱堆乱放等违法行为。实施爱民治乱、爱民靓丽、爱民解忧、爱民暖心“四大工程”，重点解决群众反映强烈的环境脏乱问题；加强治理文化、商业特色街区户外广告、牌匾标识、店外经营等问题；集中整治学校、医院周边无照经营、黑车、非法占道、施工扰民等问题；综合整治老旧社区存在的问题。开展街面环境秩序净化行动、城市生态环境提升行动、城市管理难题攻坚行动“三大行动”，重点对300余处违法行为多发点位，进行无照经营、非法小广告、黑车等痼疾顽症治理。解决了万寿路南沙窝桥下鸽子市、中关村青云北路、花园村老虎庙等一批环境秩序集中乱点。

（乔东升）

【环境秩序常态化管控】 年内，区城管执法监察局组织主责单位对创建全国文明城区所涉的16项任务进行检查验收；完成所涉9项主责、51项协办项目的办理，对第三方测评结果反馈的60个问题逐一梳理、整治、销账，取得阶段性成果。开展黑车（黑摩的）、非法大排档、露大烧烤、夜施扰民、“山寨指路牌”、临窗广告治理及燃气管理、城市节水管理、餐厨垃圾管理等专项执法活动150余次。治理乱贴、乱挂、乱堆、乱放、乱扔、乱倒行为“六乱”行为，规范责任单位28600余家。开展运输车辆道路遗撒，夜查行动120余次。加强行政指导，向管理责任单位下发各类告知书、建议函、告诫单等行政指导类文书1000余份。完成重大节日、重大任务、大型演出活动等环境秩序保障任务150次。参加区公安、交通、消防、工商、环保、市政市容委、商务委、食品办、卫生防疫等职能部门及各街镇组织的联合执法检查790余次；配合有关部门完成“六型”社区创建工作所涉118个社区的环境综合治理。

（乔东升）

【老旧小区综合整治】 年内，区城管执法监察局对35个老旧小区存在的配套设施不全、周边环境脏乱差、居民生活不方便等问题，协调街镇及相关部门开展环境秩序综合整治和进行设施升级改造，共发放各类宣传材料2万余份，悬挂宣传条幅70条；取缔无照经营2532起，查处非法小广告344起、收缴非法小广告6550张，清理非法小广告10万余张，查处黑车43起，规范“门前三包”705家，拆除违法建设11处、1454平方米，清理乱停乱放机动车、非机动车3155辆；加装护栏3900米、监控探头32处，补种绿地5.1万余平方米，清刷楼房外立面31万余平方米，修复破损路面5.2万余平方米，道路铺装10950平方米，建立便民菜场（站）3处、便民早餐店5处，设置信息发布栏6处，投入资金3800余万元。

（乔东升）

【服务民生】 年内，区城管执法监察局办理市区人大代表建议、政协委员提案34件；市区领导批办件161件、区委区政府督办件48件。办理市长信箱、区长信箱466件及市局、区政府转办信访件631件；办理局长信箱146件、群众来信81封，接待群众来访75批、98人次。办理96310城管热线61722件，及时率99.82%、结案率90.02%；受理区非紧急救助服务中心派遣件6558件，及时率、结案率均为100%；受理区信息化城市管理系统派遣件322225件，占全区总量的60.27%，占区属职能部门总量的86.47%，及时率97.87%、结案率99.92%。救助流浪乞讨人员44人。

（乔东升）

【“公众城管”建设】 年内，区城管执法监察局加强正面报道和网络舆论引导，推动城市环境共建、共治、共享。在《北京日报》等市级以上平面媒体刊发新闻185条，在首都之窗等网站刊发新闻123条，在北京新闻广播等电台播发新闻519条；在北京电视台等电视台播出专题、新闻417条，播出《城管视点》26期。编发的《城管监察简报》等信息被市委《北京信息》采用8条、市政府《昨日市情》采用51条、市局《城管要闻》采用82条、《区县动态》采用347条、区委《海淀信息》采用100条、区政府《昨日区情》采用51条。依托颐和园、香山、北京植物园、玉渊潭公园、公主坟、中关村西区、人大东门等20处“城市文明加油站”，在节假日、旅游旺季组织开展爱心志愿服务活动，共组织社会宣传活动76次，发放城管法规宣传品7万余份，参加城管队员6000余人次、志愿者3800余人次，劝导各类违法行为1.2万余次，为市民游客提供指路问询等服务18万余人次；在中关村西区、城乡贸易中心、翠微大厦等繁华商业区，动员商家参与城市管理，3000余人次企业员工走上街头维护环境秩序；动员820家企业共青团组织、1.6万余人次参与“城市清洁日”活动。鼓励市民参与非法张贴、散发小广告治理，市民清理、上交非法小广告177.6万张。

（乔东升）

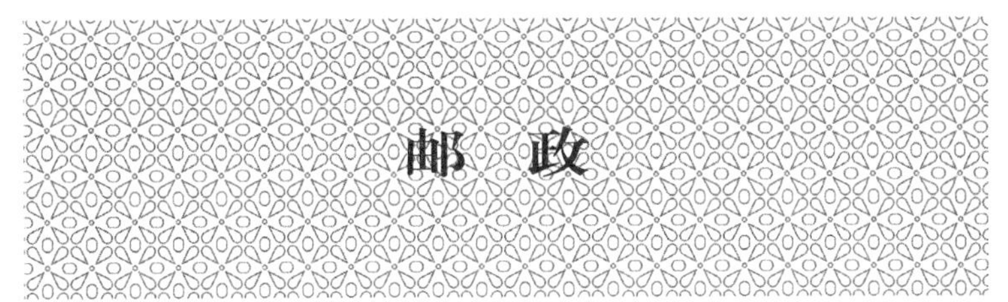

邮　政

【概况】 北京市海淀区邮电局是北京市邮政公司（以下简称市公司）直属的二级邮政通信企业，担负着东至东小口，南至又一村，西至北安河，北至沙阳公路的404平方千米范围内的邮政通信服务工作，覆盖海淀区的大部分辖区。区局下属14个邮电局、90个邮电所及商函分局、邮票公司、代理金融业务分局、报刊发行零售分局、电子商务分局等多个专业经营和职能管理部门。全局共有职工1632人，其中正式职工954人，大专学历以上978人，管理人员127人。2013年，实现业务收入50550万元、利润8241万元。

（郝建秀）

【邮政业务】 函件累计实现收入13630万元，高效收入实现10534.3万元。国际小包业务，实现收入4380.5万元；邮资机实现收入10634万元，同比增长19.3%；数据库商函业务调用量达620万条。

代理金融。累计实现收入12527万元，同比增长0.05%。综合理财销售量92269万元，日均销量达252.79万元，为2012年同期日均销量的2.2倍。代收保费实现15,822.73万元，同比增长292.45%。

集邮。累计实现收入13751万元，完成预算的101.9%，高效收入实现5633万元。结合热点题材邮票发行，开发系列定向产品，实现收入4794.72万元，同比增长23.84%。

报刊发行。累计实现收入4034万元，高效收入实现3715.8万元。报刊收订流转额累计完成1.1亿元，完成11家图书馆招标工作，“营投一体化”服务图书馆达到36家。

代理速物。累计实现全资费收入3936.5万元。分销业务收入累计完成59.4万元，完成进度141.5%。

电商。累计实现收入1259万元，完成预算的111.9%，高效收入完成672.2万元。年末集邮短信业务推广活动仅开办首日加办户就达5044户，完成指标的105%，全年共成功加办集邮短信24276户，完成指标505.75%。

（郝建秀）

【邮政基础设施建设】 年内，完成双榆树支局、小西天邮政所等15个网点的装修改造工作，确定18个低效网点迁址改造计划，完成25个局所安防改造工作。全年改造面积达11164平方米，扩容面积1186平方米，改造台席78组，增加自助机具30余台。

完成10条生产用专线升级和机关、中关村支局、学院路支局三套配电柜的大修改造工作，报废各类资产设备510台，收回设备残值4.9万元。为55个金融网点安装配备自助缴费终端、UPS不间断电源、大型LED利率屏和叫号机等设备。

完善村邮站建设，推进村邮站代办邮政各项业务工作。ATM取款机安装到镇，方便村民使用邮政储蓄业务。

完善法务管理工作，共签订合同880份，标的额6800余万元。处理诉讼案件6个。

（郝建秀）

【邮政管理】 各类出口邮件53.89万件，综合合格率为98.77%；用户服务满意度达93.75分；共收到11185表扬122件；无重大投诉和媒体曝光等现象发生。完成大学生和军人包裹收寄工作，共收寄27959件，实现收入13.4万元。

共检查各类出口邮件共计499880件，合格493955件，综合合格率为98.8%；全局用户服务满意度达92.16分。无重大投诉和媒体曝光等现象发生。

开展金融网点的三防预案演练和安全评估工作，其中27个网点完成35处ATM机监控设备的更新改造，全局各网点消防安全检测均符合安全标准。组织各种安全培训8次，组织安全综合检查、专项检查30余次，检查网点200余次。未发生安全生产责任事故、重大火灾爆炸事故、邮件安全案件和重特大治安案件，重点人员无失控失管情况发生。

（郝建秀）

【营销体系建设】 全年营销收入2.31亿元，同比增长8%。其中，196位专职营销员的累计折算业绩达到1.68亿元，同比增长10.53%；各类项目立项数达到3647户，成功开发2437户。北京迪码互动市场顾问有限公司开窗邮简项目、北京婚芭莎国际会展有限公司邮政服务项目获市公司营销创新奖；第33届全国最佳邮票评选颁奖活动项目、北京植物园定向邮品、北京金润汇商贸有限公司（津乐汇时尚百货）数据库商函项目、人民教育出版社数据库项目、郭建勋个性化邮票项目、赵君峰个性化邮票项目、嫦娥三号月球探测器任务成功纪念个性化邮票项目、北京百慕航材高科技股份有限公司国内速递项目、《中国普天信息产业股份有限公司》企业年册项目获市公司市场开发成果奖；“第33届全国最佳邮票评选颁奖活动”邮政服务项目获市公司优秀市场开拓奖。

（郝建秀）

【专项主题营销】 生肖文化季活动。以“金蛇献瑞”为主题开展第二届生肖文化季活动，实现收入1000万元。

“两会”服务。首次设立贵宾厅和临时集邮精品厅，实现收入976万元，圆满完成“两会”服务任务。

“向雷锋同志学习”项目。将《向雷锋同志学习》纪念特种邮票与“北京精神”独立邮资图相结合，实现收入300万元。

北京植物园“桃花节”项目。举办“桃花”特种邮票首发仪式，为北京植物园设计制作5款“桃花”主题定向邮品，实现收入300万元。

第33届全国最佳邮票评选颁奖活动。成功举办第33届全国最佳邮票评选颁奖活动，获得海淀区文明办创新全国文明城区专项奖励和海淀区2013年度文化产业发展专项奖励。设计开发涵盖邮册、卡书、邮折、套封等7种产品，实现收入1013.4万元。

“神十”项目。围绕火箭、飞船、航天员肖像和签名授权，整合集邮、函件和报刊发行专业资源，设计制作“神十”题材相关产品20余款，实现收入1000余万元。

主题邮局。配合海淀区“三山五园”历史文化区建设工作，成立心香邮局和圆明园邮局，进一步推进邮政服务与旅游产业的融合；与北京红领巾文化发展中心联合打造红领巾主题邮局，为贫困山区及受灾地区的师生们献爱心；成立梦想邮局，并编号发行“梦想未来信”等梦想主题产品。

（郝建秀）

【精神文明建设】 年内，开展以“岗位创佳绩、发展当先锋”为主题的党员实践活动，组织党员开展创新创效，为企业多做贡献。通过“强规范，创五好”星级党支部评比活动，加强党支部规范化建设。

组织“凝聚创新驱动正能量，争当转型发展排头兵”劳动竞赛和“金融发展我参与”主题活动。完成清华大学、清河和双榆树三个支局的职工小家晋级工作，模范职工小家达8个，先进职工小家6个。开展“劳模先进创新工作室”的创建活动。

团组织开展“弘扬五四精神 共铸中国梦想”主题教育活动，组织团支部学习习近平总书记“五四”重要讲话 和“中国梦”系列讲话，围绕“中国梦”开展讨论。在青年中开展“我与海淀邮政共发展”主题教育活动，开展“汇聚青春力量。创新驱动发展”青年文明号主题实践活动，提供营销信息近800条，形成项目300余项，创造3300余万元收入。

（郝建秀）

【2013 年海淀区邮政支局、所】

序号	局所名称	所号	营业时间	休息日（星期）	邮政编码	经办业务	地址
1	中关村邮政支局	80	9:00–18:00		100080	邮政	中关村大街 9 号
2	西大街邮政所	351	9:00–17:00		100080	邮政、储蓄	西大街 31 号图书城内
3	北京大学邮政所	352	9:00–17:30		100871	邮政、储蓄	北京大学院内
4	科学院邮政所	353	9:00–17:00		100190	邮政、储蓄	中关村科学院 17 号楼
5	青年公寓邮政所	554	8:30–16:30	六、日	100190	邮政	中关村东路 80 号青年公寓服务楼二号楼一层
6	中钢国际广场邮政所	590	9:00–17:00	六、日	100080	邮政	海淀区中钢国际广场 A 座
7	左岸工社邮政所	380	9:00–17:00	六、日	100080	邮政	海淀区北四环西路 68 号 B2 层
8	融科资讯中心邮政所	399	9:00–17:00	六、日	100190	邮政	科学院南路 2 号融科资讯中心 A 座 B1 层
9	中关新园邮政所	560	9:00–16:30	六、日	100871	邮政	中关村北大街 126 号中关新园 9 号楼
10	魏公村邮政支局	81	9:00–18:00		100081	邮政	中关村南大街 17 号
11	理工大学邮政所	598	9:00–17:00		100081	邮政、储蓄	中关村南大街 5 号理工大学学生宿舍楼 15 号
12	中央民族大学邮政所	559	9:00–17:00		100081	邮政、储蓄	中关村南大街 27 号中央民族大学院内
13	皂君庙邮政所	558	9:00–17:00		100081	邮政、储蓄	海淀区皂君庙 14 号院 9 号楼
14	学院路邮政支局	83	9:00–18:00		100083	邮政	成府路 17 号
15	北京航空航天大学邮政所	369	9:30–17:00		100191	邮政、储蓄	学院路 37 号
16	北京医科大学邮政所	370	10:00–17:00	六、日	100191	邮政	学院路 38 号
17	花园东路邮政所	371	9:30–16:30	日	100191	邮政、储蓄	花园东路 8 号
18	塔院邮政所	372	9:00–17:00	日、一	100191	邮政	塔院迎春园 8 号楼
19	林业大学邮政所	373	10:00–17:00		100083	邮政、储蓄	清华东路 35 号
20	语言学院邮政所	552	10:00–17:00	六、日	100083	邮政	学院路 15 号
21	二里庄邮政所	565	9:00–17:00		100083	邮政、储蓄	二里庄 53 号
22	农机学院邮政所	566	9:00–17:00		100083	邮政、储蓄	德外北沙滩 1 号
23	科技大学邮政所	570	9:00–17:00	日	100083	邮政、储蓄	学院路 30 号
24	世宁大厦邮政所	586	9:00–17:00	六、日	100191	邮政	学院路 35 号
25	大运村邮政所	585	9:00–17:00	日、一	100191	邮政	知春路 29 号 7 号楼一层
26	学清路邮政所	553	9:00–17:00	日、一	100083	邮政	海淀区清华东路 2 号
27	北京奥运大厦邮政所	359	9:00–17:00	六、日	100083	邮政	北四环中路 267 号奥运大厦内
28	中华全国集邮联合会	356	9:00–16:30	六、日	100191	邮政	北京市海淀区知春路 1 号学院国际大厦。
29	金尚嘉园邮政所	587	9：00–17：00		100191	邮政、储蓄	海淀区花园路东路甲 2 号院 4 号楼
30	五道口邮政所	368	10:00–17:00	日	100083	邮政	五道口邮局宿舍
31	清华大学邮政支局	84	9:00–17:30		100084	邮政、储蓄	清华大学院内
32	体育大学邮政所	375	9:00–11:30 13:00–16:30	日	100084	邮政、储蓄	体育大学校内
33	紫荆公寓邮政所	357	9:00–16:30	六、日	100084	邮政	清华大学紫荆公寓服务楼内
34	清河邮政支局	85	9:00–17:30		100085	邮政	清河三街 90 号
35	双泉堡邮政所	378	9:30–16:00		100192	邮政、储蓄	双泉堡甲 2 号
36	空研大院邮政所	393	9:30–16:00		100085	邮政、储蓄	西三旗空军研究院内
37	安宁里邮政所	571	9:30–17:00		100085	邮政、储蓄	安宁庄路 100 号
38	永泰邮政所	574	9:00–17:00		100192	邮政、储蓄	清河永泰小区 2 号楼

序号	局所名称	所号	营业时间	休息日（星期）	邮政编码	经办业务	地址
39	清上园邮政所	583	9:00–17:00		100085	邮政、储蓄	清河三街 126 号
40	宝盛里邮政所	591	9:00–17:00		100192	邮政、储蓄	宝盛里 3 号楼一层六号
41	莱圳邮政所	562	9:30–16:00	一、五	100192	邮政	东升乡小营莱圳家园 4 号楼
42	领秀硅谷	594	9：30–16：30		100085	邮政、储蓄	海淀区西二旗西路 2 号院 84 号楼一层单元 07
43	上地邮政支局	92	9:00–17:00		100085	邮政	上地信息路 19 号
44	双榆树邮政支局	86	9:00–18:00		100086	邮政、储蓄	双榆树东里 37 号
45	人民大学邮政所	354	9:00–17:00		100086	邮政、储蓄	中关村大街 59 号院内
46	科学院南路邮政所	376	9:00–17:00		100086	邮政、储蓄	科学院南路 73 号
47	友谊宾馆邮政所	551	9:00–17:00	六、日	100086	邮政	中关村南大街 1 号
48	报刊零售公司	555	9:00–17:00		100086	储蓄	海淀知春东里 13 号
49	太阳园邮政所	98	9:00–17:00		100098	邮政	大钟寺居民区 168 号
50	中关村东路邮政所	578	9:00–17:00		100098	邮政、储蓄	中关村东路 118 号
51	北太平庄邮政支局	88	9:00–18:00		100088	邮政	北三环中路 35 号
52	蓟门里邮政所	362	9:00–16:30	六 、二	100088	邮政	北三环西路甲 5 号
53	师范大学邮政所	364	9:30–17:00		100875	邮政、储蓄	新外大街 19 号师范大学综合楼
54	健安西路邮政所	366	8:30–16:30		100088	邮政、储蓄	健安西路 32 号
55	金五星邮政所	556	9:00–17:00		100088	邮政、储蓄	学院南路 29 号
56	孔子学院邮政所	589	9:00–17:00	六、日	100088	邮政	北京市西城区德胜门外大街 129 号德胜尚城 A 座国家汉办（孔子学院总部内）
57	牡丹东里邮政所	596	9:00–17:00		100191	邮政、储蓄	花园北路乙 28 号院内
58	罗庄邮政所	597	9:00–17:00		100088	邮政、储蓄	罗庄西里 13 楼
59	邮电大学实习支局	599	8:30–17:00		100876	邮政、储蓄	西土城路 10 号邮电大学院内鸿通楼
60	文慧园西路邮政所	82	9:00–17:00		100082	邮政、储蓄	海淀区文慧园 15—16 号楼底商楼
61	明光村邮政所	363	9:00–16:30	六	100082	邮政、	西直门北大街甲 11 号
62	文慧园邮政所	365	9:30–17:00		100082	邮政、储蓄	文慧园路 18 号
63	小西天邮政所	367	9:30–17:00	日、一	100082	邮政	学院南路 2 号
64	苏州街邮政支局	89	9:00–18:00		100089	邮政	厂洼街 2 号楼
65	车道沟邮政所	358	9:00–17:00		100089	邮政、储蓄	车道沟 10 号宿舍楼
66	万泉庄邮政所	561	9:00–17:00		100089	邮政、储蓄	万泉庄 12 号楼底商
67	北洼路邮政所	564	9:00–17:00		100089	邮政、储蓄	北洼路 30 号
68	颐和园邮政支局	91	9:00–17:30		100091	邮政	圆明园西路 49 号
69	西苑邮政所	381	9:00–16:30		100091	邮政、储蓄	西苑 100 号
70	中央党校邮政所	382	9:00–17:00		100091	邮政、储蓄	大有北里 100 号
71	厢红旗邮政所	383	9:00–17:00		100091	邮政、储蓄	厢红旗 1 号楼总参三部外
72	国防大学邮政所	384	9:00–16:30		100091	邮政、储蓄	红山口国防大学院内
73	玉泉山邮政所	396	9:00–16:30	一、二	100091	邮政	娘娘府 1 号
74	邮电疗养院邮政所	397	9:00–16:30		100091	邮政	西苑挂甲屯 5 号
75	天秀花园邮政所	580	9:00–16:30		100091	邮政、储蓄	天秀花园小区 22 号楼 7 号底商
76	颐阳路邮政所	388	9:00–16:30	日、一	100091	邮政	海淀区黑山扈甲 17 号
77	东宫门邮政所	581	9:00–17:00		100091	邮政	东宫门前 15 号

序号	局所名称	所号	营业时间	休息日（星期）	邮政编码	经办业务	地址
78	青龙桥邮政所	385	9:00–16:30		100091	邮政	青龙桥东街27号
79	香山邮政支局	93	9:00–17:00		100093	邮政	香山北辛村55号
80	四王府邮政所	386	9:30–16:00		100093	邮政、储蓄	香山厢白旗甲15号
81	红旗村邮政所	387	9:30–16:00		100093	邮政、储蓄	香山红旗村5号
82	西北旺邮政支局	94	9:00–17:00		100094	邮政、储蓄	西北旺付家窑36号
83	农业大学邮政所	389	9:30–16:30		100193	邮政、储蓄	圆明园西路2号
84	上庄邮政所	390	9:30–15:00	日、一	100094	邮政	上庄村商业街
85	韩家川邮政所	391	9:30–15:30	日、一	100094	邮政	韩家川大院内
86	颐和山庄邮政所	563	9:30–16:00		100094	邮政、储蓄	亮甲店永丰中路99号颐和山庄小区
87	航天城邮政所	593	9:30–16:00	六、日	100094	邮政	海淀区友谊路102号院航天城五期底商9号
88	温泉邮政支局	95	9:00–17:00		100095	邮政、储蓄	温泉路96号
89	北安河邮政所	394	9:30–15:30		100095	邮政、储蓄	北安河4街3号
90	冷泉邮政所	395	9:30–16:00		100095	邮政、储蓄	环山村46号
91	苏家坨邮政所	361	9：30–15：30		100194	邮政、储蓄	海淀区苏家坨镇中心区A5地块经济适用房项目配套公建一首层104、二层203室
92	育新花园邮政支局	96	9:00–17:30		100096	邮政	育新花园小区内
93	新都邮政所	379	9:30–16:00	一	100096	邮政	西三旗东路新都东站
94	龙乡邮政所	392	9:30–16:00	一	100096	邮政、储蓄	西三旗龙乡小区院区内
95	育新南区邮政所	582	9:30–17:00	一	100096	邮政、储蓄	育新花园小区61号楼
96	建材城西路邮政所	584	9:30—17:00		100096	邮政、储蓄	建材城西路12号
97	西三旗邮政所	377	9:30--16:00	六、日	100096	邮政	西三旗雪梨澳乡小区内
98	富力桃园邮政所	360	9:30–16:30		100096	邮政、储蓄	北京市海淀区建材城富力桃园18号楼01、02
99	世纪城邮政支局	97	9:00–17:30		100097	邮政	世纪城小区烟树园1号楼
100	世纪金源邮政所	398	9:30–17:00		100097	邮政、储蓄	海淀区远大路1号
101	闵航路邮政所	579	9:30–17:00		100195	邮政、储蓄	海淀区闵航路2号
102	金雅园邮政所	557	9:30–16:30		100097	邮政、储蓄	海淀区云会里金雅园6号楼104室
103	郦城邮政所	568	9:00–17:00		100097	邮政、储蓄	海淀区四季青路8号
104	彰化南路	595	9：30–16：30	日、一	100097	邮政、储蓄	海淀区颐慧佳园一期6号楼1层102室

（郝建秀）

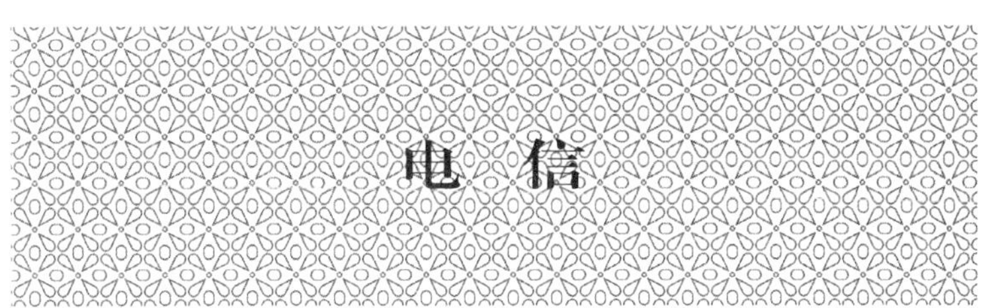

电信

【概况】 海淀区境内固定电话、移动电话、网络主要由中国移动通信集团北京有限公司海淀分公司、中国联合网络通信有限公司北京市分公司和中国铁通北京北区分公司经营。

（田颖）

【中国移动北京公司城区三分公司】 中国移动北京公司城区三分公司（2013年由中国移动北京公司海淀分公司更名）成立于2006年12月，截至2013年底，共有41余个自有营业厅，基本覆盖海淀区主要街道、商业区和居民网点。

2013年，中国移动北京公司城区三分公司通过各种信息化的服务方式参与海淀区各级政府、协会等组织的各类大型活动。参与“智慧海淀，无线城市”海淀区公益性Wi-Fi服务建设，在海淀区政府办事大厅及公共区域进行“My-Haidian”无线覆盖。为高校新生提供多项优惠、便利服务，帮助贫困大学生。继续与北京大学、中央财经大学、北京工商大学等10所高校建立互联网宽带业务合作。继续推进与海淀各专业园区的战略协议，在园区开展信号优化，信息化基础设施建设，为园区企业提供便捷通信服务。

北京移动城区三分公司营业网点列表

序号	营业厅名称	地 址	营业时间
1	金源营业厅	海淀区远大路1号贵友大厦1层北门西侧D06	10:00–20:00
2	公主坟营业厅	海淀区西三环中路19号国宜通讯广场二层	9:30–19:00
3	五棵松营业厅	海淀区西翠路12号	9:00–19:00
4	中关村海兴营业厅	海淀丹凌街16号海兴大厦东配楼	9:00–19:00
5	北太平庄营业厅	海淀区北三环中路35号北太平庄邮局二层	9:00–18:00
6	中关村西区营业厅	海淀区彩和坊路8号天创大厦1层底商	9:00–19:00
7	学清路营业厅	海淀区学清路38号金码大厦B座1层A2区	9:00–19:00
8	上地科实营业厅	海淀区信息路甲28–5号	9:00–19:00
9	清河营业厅	海淀区清河镇清河强佑新城底商108A	9:00–19:00
12	远大路营业厅	海淀区远大路22号12号楼一层	9:00–19:00
13	西翠路营业厅	海淀区西翠路5号今日家园6号楼苏宁电器一层	周一至周五10：00–19：00，周六、周日9：30–19：00
15	魏公村光大国信营业厅	海淀区中关村南大街11号1号楼光大国信大厦一层1005室	9:30–17:00
16	万柳营业厅	海淀区万柳东路9号106室	9:00–19:00
17	北下关营业厅	海淀区大柳树北17号富海大厦中心2号楼101号	9:00–18:00
18	公主坟城乡营业厅	海淀区复兴路甲23号北京城乡贸易中心股份有限公司5层	9:30–19:00
20	农大南路营业厅	海淀区农大南路厢黄旗1号楼D07号	9:00–19:00
21	保福寺营业厅	海淀区北四环西路9号一层105、107单元底商	10:00–18:00（周末休息）
22	紫竹桥营业厅	海淀区紫竹院路1号人济山庄D栋101号	9:00–19:00
25	枫蓝国际营业厅	海淀区西直门北大街32号院枫蓝国际购物中心一层106–27	10:00–19:00
26	信息大厦营业厅	海淀区信息路28号信息大厦1层	9:00–19:00
27	主语国际营业厅	海淀区首体南路9号主语商务中心5号楼1层0101	10:00–18:00
28	永定路营业厅	海淀区永定路乙一号乐府江南乙1–20号底商	9:30–17:30
29	北师大营业厅	海淀区新街口外大街19号9区教3楼南侧	9:00–19:00
30	清华动感品牌店	海淀区清华园街道清华大学16区	9:00–19:00
31	人大营业厅	海淀区中关村大街59号中国人民大学后勤集团餐饮管理部办公楼一层面积	9:00–19:00
32	交大动感品牌店	海淀区交大东路18号院9号楼	9:00–19:00
33	北大动感品牌店	海淀区颐和园路5号北京大学校园45甲地下室2#库房部分面积	9:00–19:00
34	锦秋国际动感品牌店	海淀区知春路6号1层01A02	9:00–19:00
35	北理工营业厅	海淀区中关村南大街5号院5区323栋（北京理工大学职消社超市二层）	10:00–18:00（周末及法定节假日休息）
36	科大营业厅	海淀区学院路30号6区北京科技大学学生公寓3号楼一层	10:00–18:00（周末及法定节假日休息）
37	民大动感品牌店	中央民族大学总机楼一层部分面积	9:00–19:00
38	北邮动感品牌店	海淀区西土城路10号北京邮电大学西门北侧一层	9:00–19:00

序号	营业厅名称	地 址	营业时间
39	首师大营业厅	海淀区西三环北路105号部分面积	9:00–19:00
40	林大动感品牌店	海淀区清华东路35号北京林业大学校内东侧校产楼部分面积	10:00–18:30
41	首享大厦营业厅	海淀区学院路51号首享科技大厦1层北侧	9:00–17:00

（张怡歌）

【中国联通北京市分公司】 中国联合网络通信有限公司北京市分公司（简称北京联通），隶属于中国联合网络通信有限公司，负责北京市信息化基础设施建设，在全市范围内为公众、商企和政府机构等客户提供包括固定电话、移动电话、数据传输、互联网、宽带接入等基础电信业务和增值电信业务，以及与上述业务相关的行业应用、系统集成、技术开发、技术服务、信息咨询、工程设计施工等相关服务。固定电话客户、移动电话客户、宽带客户超过2000万户，拥有第三代、第四代移动通信网络。

北京联通下设6个市区分公司，二区、八区、三区分公司为海淀区提供服务。二区分公司位于海淀区皂君庙9号，是亚洲最大的通信枢纽。下辖的10个分局中，在海淀区的有中关村局、北太平庄局、清河局、温泉局、上地局、大有庄局、二里庄局、西三旗局；八区分公司位于海淀区茂林居甲14号，下设7个分局，有4个分局在海淀区界内：五棵松局、紫竹院局、茂林居局、四季青局；三区分公司有西客站局属于海淀区。北京联通有5个通信局所在海淀：北京联通网络分公司（羊坊店路9号）、北京联通管线中心（复兴路65号）、北京联通移动中心（羊坊店路9号）、北京联通平台中心（羊坊店路9号）、北京联通网优中心（羊坊店路9号）。

网络建设。实施网络质量提升工程。结合光改小区覆盖情况，定期分析小区宽带用户，提升光纤用户渗透率，开展宽带升速、光改割接工作。以校园和重点园区为核心，全面进行室分系统和载波扩容工程，完成高校及重点区域的多载波扩容工程及HSPA+业务开通，完成清华大学、北京交通大学、北京电影学院、矿业大学等重点高校的移动网络室内覆盖。

全业务经营。通过对移动办公、无线传输、视频监控、无线定位等业务的推广，为客户制定行业全业务通信解决方案。组建海淀新区项目组，对新区项目进行系统划分，针对海淀新区的开发性质（部分为开发商开发，部分为镇政府开发）策划相应的拓展策略，拓展市场空间，关注重点区域的发展。发挥3G项目组专职专能优势，多渠道同时发力；打破传统宽带销售模式，利用融合业务带动固移双增长。加强营业卖场日常管理，将基础考核常态化；优化社会渠道销售服务水平，将营销管理对标化；提升公众网格区域职能，将网格承包全面化。高校市场营销形成规模，为首都师范大学定制开发“CNU情报局”手机客户端，学生可通过该客户端浏览学校相关信息；与首师大团委签订手机用户在网协议，该平台成为校方团委唯一的官方发布平台，并逐渐开发手机账号与学号捆绑，集选课、上课签到、新生报到、学分统计等功能为一体的多功能平台；北京理工大学合作“掌上理工”的信息化项目，建立与校方及学生群体直接和紧密的合作关系。变革客户条线分管——以“5+2”作为业务目标和客户目标，发展第一个“3G小卫士视频监控”客户——宏钰博珠宝城；拓展链家地产移动应用项目，该项目被评选为2013年集团公司的最佳创新奖；签约中水电海外投资有限公司国际MPLS VPN业务。

服务质量。北京联通落实宽带服务承诺，完善装移修机管理制度，加强固网修障施工过程的管控，完善客户沟通渠道，提高与客户沟通效果。探索营业深度服务管理，建立营业厅服务受理、咨询电话服务功能，向社会公布营业厅对外咨询电话；设立深度服务项目试点工作，提升营业厅软服务能力。优化业务办理流程，缩短每笔沃家庭业务办理10~15分钟。制定《通信专家规范》，为客户提供多种业务使用指导等服务。“千店奔腾”活动、营业员/客户经理技能大赛、“营业厅评星活动”，提高营业员的服务技能，提升营业厅服务水平与能力；建立行业团队、中小企业组和服务支撑体系，开展大客户行业应用体验活动；举办各类业务推介会，与客户间建立良好的合作关系。

完成全国两会、神舟十号、飞船发射、中共十八届三中全会、防汛重保等多项重要通信保障支撑任务。

客户服务电话。“10010”为使用中国联通业务的客户免费提供7×24小时的业务咨询、信息查询、投诉建议、业务办理等人工与自助的综合服务。“10011”为中国联通客户提供全国“一卡充”充值服务。“116114”为信息导航平台，全方位提供查号、订餐、机票等各种便民服务。2011年推出就医预约挂号等惠及民生的信息服务业务。

海淀辖区内北京联通营业厅名单（27个）

分公司	序号	营业厅	地址
区分公司	1	北太平庄营业厅	北京市海淀区北三环中路33号
	2	温泉营业厅	北京市海淀区温泉乡太舟坞
	3	上地营业厅	北京市海淀区上地电话局
	4	中关村营业厅	北京市海淀区海淀路54号
	5	清河营业厅	北京市海淀区清河毛纺路清河电话局
	6	二里庄营业厅	北京市海淀区志新路11号
	7	皂君庙营业厅	北京市海淀区皂君庙路9号
	8	西三旗营业厅	北京市海淀区西三旗建材城东路28号
	9	中关村东路营业厅	北京市海淀区中关村东路1号院2号楼108室
	10	苏州街营业厅	北京市海淀区苏州街55号101
	11	厢红旗营业厅	北京市海淀区马连洼兰园小区14号楼一层2–5号
	12	上地信息路营业厅	北京市海淀区农大南路1号院2号楼B104A
	13	西直门营业厅	北京市西城区西直门外大街1号院1号楼首层大堂北侧
	14	西土城路营业厅	北京市海淀区西土城路10号综合楼一层
	15	中关村南大街营业厅	北京市海淀区中关村南大街乙12号院1号楼1层1–17
	16	北科大营业厅	北京市海淀区学院路30号2区10幢一层101室
	17	北语大营业厅	北京市海淀区学院路15号1区9幢一层104室
	18	中关村西区营业厅	北京市海淀区中关村大街1号1层（1层北部）一号区A01–A03
三区分公司	19	莲花桥营业厅	海淀区什坊院甲3号
	20	西客站营业厅	海淀区羊坊店路9–1号
八区分公司	21	五棵松营业厅	北京市海淀区复兴路65号
	22	远大路营业厅	北京市海淀区远大路1号北京金源时代购物中心一层1022、1069号
	23	田村营业厅	北京市海淀区永定路乙1号院8号楼6单元101
	24	紫竹院营业厅	北京市海淀区西三环北路昌运宫1号
	25	四季青营业厅	北京市海淀区昆明湖南路12号
	26	茂林居营业厅	北京市海淀区茂林居小区甲14号
	27	公主坟营业厅	北京市海淀区复兴路21号海育大厦1层

（陈育红）

【中国铁通北京北区分公司】 中国铁通集团有限公司的前身是铁道通信信息有限责任公司，2004年1月20日由铁道部移交国资委管理，更名为“中国铁通集团有限公司”（以下简称“中国铁通”）。2004年6月，被国资委列为董事会试点企业，是全国第一家可向用户提供市话详单的电信运营企业。2008年5月23日，中国铁通集团有限公司并入中国移动通信集团公司。2009年12月15日，铁通公司将铁路通信业务、人员移交铁道部。铁通公司继续从事公众通信业务。

中国铁通北京分公司成立于2001年2月，是北京地区第二大固网运营商，网络接入能力基本覆盖全市，分为东、西、南、北、朝阳等11个分公司。北区分公司负责海淀区阜成路以北、昌平区的市场发展，北区分公司下属10个经营部（营业厅），其中6个在海淀区境内。经营部主要负责业务咨询、业务申请、安装、售后服务、缴费等。

2013年累计总收入13929.71万元，完成计划的100.25%，比2012年增加25.91万元。从收入构成上看：语音外呼（不含网间结算）收入5444.12万元，占总收入39.08%，同比下降2.81%；网间结算收入1000.49万元，占总收入的7.18%，同比增长25.54%；数据业务收入5629.28万元，占总收入的40.41%，同比下降0.42%。数据业务中，宽带收入3947.55万元，占数据收入70.13%，同比下降6.92%。

中国铁通北京北区分公司在海淀区境内下属的经营部

序　号	经 营 部	地　址
1	西直门经营部	海淀区北滨河路2号
2	中关村经营部	海淀区科展公寓b座20号
3	清华经营部	海淀区五道口城铁西北角200米
4	四季青经营部	海淀区世纪城远大园3区7#4单元B1B
5	百旺山经营部	海淀区永丰中路54号
6	五路经营部	海淀区阜石路19号院11号楼

（梁宏业）

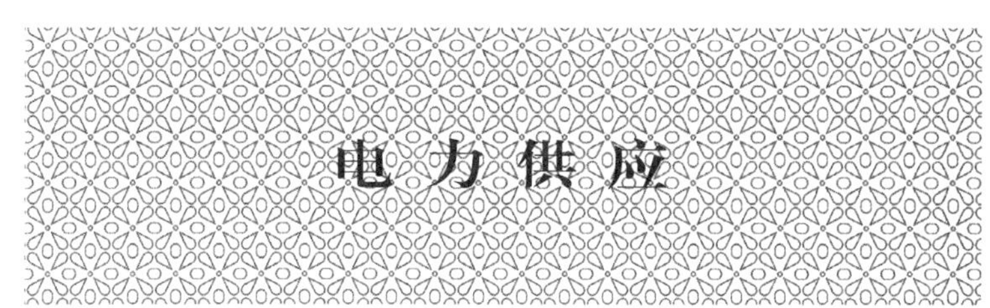

电力供应

【概况】 国网北京海淀供电公司（供电公司）成立于1987年，是国网北京市电力公司的直属供电企业，负责海淀地区430.77平方千米范围内的电网规划建设、运行管理、电力销售和全区340余万居民、73.57万客户的安全供电服务工作。

截至2013年底，供电公司共设置11个职能部门，下设58个班组、3个供电营业所、7个农村供电所。负责110千伏变电站35座，主变113台，主变容量5793兆伏安；10千伏架空线路237条，长度1630千米；10千伏电缆线路1964条，长度3702.644千米；实现全年安全生产无事故目标，累计安全生产长周期2697天。2013年获北京市质量管理活动优秀企业称号。

年内，供电公司累计完成售电量123.91亿千瓦时，同比增长5.17%，营业收入（不含违约使用电费）累计完成77.57亿元，同比增长6.08%；内部利润累计完成5.67亿元，同比增长5.41%。

（王新欣）

【拓展电力市场】 年内，供电公司加快推进电力市场开拓和能源替代，累计新增接电容量81.61万千伏安，完成市场开拓电量4.15亿千瓦时，开拓热泵面积182.68万平方米。探索分布式电源并网服务和智能用电建设新模式，实现并网4户，并网容量407.2千瓦，完成北京市首个高压户内的个人光伏项目并网工作。

（王新欣）

【开展“四分线损”管理】 年内，供电公司对管辖电网采取“四分线损”管理（分压、分区、分线、分台区的综合降损管理方式），细化线损区域分工，完成10个供电所538个台区的梳理工作，加强占公司电量60%以上的直配户线损统计分析，累计完成线损率4.60%，同比下降1.24个百分点，达到历史最低水平。

（王新欣）

【警企联动保安全】 年内，供电公司加大营业普查力度，公司与海淀公安分局建立定期联系，确定共同维护海淀地区用电秩序和用电安全的长效机制，用电检查人员在公安人员的指导下加强打击窃电过程中取证环节的准确性和完整性。共查处违约用电、窃电51起，追补电费、违约金534万元。

（王新欣）

【电网建设】 年内，供电公司滚动修编“十二五”电网规划，开展“网格化”配电网规划工作，完成与区政府对接发布，保证海淀区配电网与海淀区社会经济发展和高压网架的发展相协调。推进北坞村输变电等32项工程；落实永定路站、香山站等5个变电站站址；完成新建、改扩建变电站4座；新建充电站和充电桩群6个，新建充电桩198台。全年完成资金支付5.73亿元，吸引外部投资4亿元。公司重点工程海淀电网应急抢修指挥分中心工程于8月开工建设。

（王新欣）

【完成特殊供电任务】 年内，供电公

司电网成功经受276万千瓦的最高历史负荷考验，全年未发生大面积停电事故，未发生六级及以上安全事件。完成全国两会、神舟十号飞船发射等特级、一级供电保障任务。全年完成政治供电任务163项（特级2项，一级15项，二级30项,三级116项），累计保电302天。实现政治供电“零闪动”和安全生产“零死亡”的目标。

（王新欣）

【组建专业应急救援队伍】 年内，供电公司组建一支由10人组成的专业应急救援队伍。配备应急物资装备，改装应急车辆，开展应急技能封闭训练，完善应急预案和应急处置预案，尝试开展应急无脚本综合演练。公司全年共启动各类应急预警41次，妥善应对大风、强降雨天气和度夏大负荷的冲击。

（王新欣）

【电力服务】 年内，供电公司推进供电服务提升工程，从电网规划建设、服务意识、服务渠道等六方面入手，解决制约供电服务的突出问题，实现全年零责任投诉目标。加强服务管控，建立“95598”工单处理日跟踪、周分析、月总结、季考核机制。联合区政府建立非公司产权居民小区的应急抢修机制，完成8次非公司产权抢修工作，完成保障性住房、轨道交通等13项重点项目送电任务，完成老旧小区居民用电改造4项，惠及居民3762户。创新服务举措，推动供电服务工作深入居民社区，开展充值卡和支付宝电费支付业务，累计售出充值卡2592张。在21个社区实现挂牌服务，开展“六进三送”活动300余次。累计开展青年志愿者服务工作20余次，到海淀上庄振兴小学举办“电靓京城牵手未来绿色电力之旅”主题活动。

（王新欣）

【用电信息采集】 年内，供电公司完成居民智能表换装11.25万具及108座开闭站计量采集任务，实现开闭站关口用电信息采集全覆盖，全年未发生因智能表换装引发的服务事件。建立低压表计故障统计分析机制，完成3265具Ⅰ—Ⅲ类表计的现场检验及32.4万具居民卡表巡视工作。开通居民智能表用户短信服务9万余户，开通率达到82.15%。

（王新欣）

【技术创新】 年内，供电公司开展职工技术创新活动，申报科技成果2项，群众性创新项目4项，国家专利26项。公司“黑小子QC小组”获全国优秀质量管理小组称号，“金话筒QC小组”获全国电力行业优秀质量管理小组优秀奖、北京电力行业协会质量管理小组成果评审发布二等奖。

（王新欣）

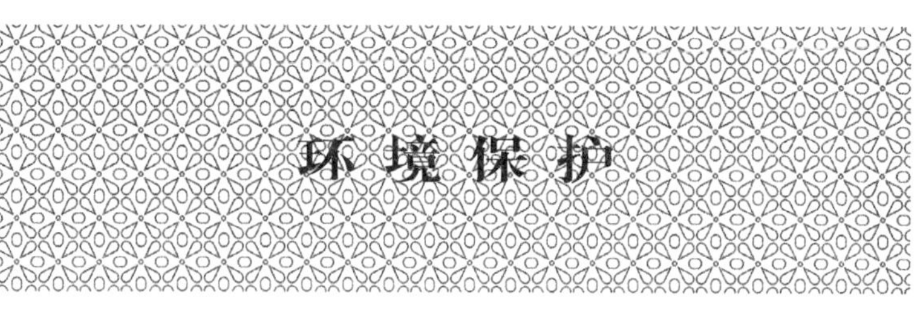

环境保护

【概况】 海淀区环境保护局（简称区环保局）下设海淀区环境保护监测站、机动车排放管理站、环境保护科学技术咨询服务中心3个事业单位。

2013年，区环保局以建设“美丽海淀”为目标，以治理PM2.5为重点的大气污染防治、污染物总量减排、水污染治理和环境风险防范等为中心工作，落实各项大气污染治理措施。燃煤锅炉改造、老旧车淘汰、挥发性有机物削减等工作均提前超额完成市政府下达的任务目标；二氧化硫和氮氧化物排放总量较上年分别下降5.49%和5.90%；北部地区工业和生活化学需氧量和氨氮排放总量分别下降2.41%和1.32%；辖区各类污染源均处于有效监管，无重大环境污染事故。海淀区获“2010—2012年度北京市减排先进区”称号。

2013年，全区环保投资总额达81.41亿元，占2012年地区生产总值的2.14%。接待咨询15000人次，完成388项高新技术企业的环保审批工作，办理审批建设项目996件，审批办结提前率64.7%；建设项目环保验收500件，验收办结提前率100%。全年共接收群众信访3100件，其中大气类1674件、噪声类1271件、其他155件，信访查处率、办结率100%。

（姜阳）

【王安顺调研污染企业退出情况】 7月1日，市长王安顺到海淀区调研燃煤锅炉改造和污染企业调整退出工作，强调到2015年北京市要实现城六区无燃煤锅炉，下定决心打一场治理大气污染的攻坚战。

（姜阳）

【防治大气污染工作会召开】 10月10日，海淀区防治大气污染工作会召开。会议对全区大气污染防治工作做出部署：今后五年，在压减燃煤、控车减油、治污减排、清洁降尘四个领域落实大气污染防治任务；同时通过植树造林、扩大水面、生态修复等措施提升环境容量。会议强调要迅速落实国家、北京市清洁空气行动计划，努力在尽可能短的时间内，改善空气质量，使海淀区成为首都大气污染防治重要贡献区。会上，区长与区环保局、区农委、区园林绿化局、区城管执法监督局签订了《目标责任书》。

（姜阳）

【开展6项大气治理专项行动】 第四季度，在全区范围内集中开展以控制“燃煤、机动车、扬尘、工业、汽修、餐饮业”等污染物排放为主要内容的6个专项整治行动，对1500余家企业进行了排查整治，打击违规排放大气污染物的违法行为。完成燃煤锅炉改造557蒸吨，超额完成市政府下达的550蒸吨的改造任务，实现减少燃煤使用量12万吨，在农村地区替换劣质燃煤10.88万吨，消减二氧化硫排放总量403吨；淘汰高排放老旧机动车4.15万辆，超额完成市政府下达的2.91万辆的淘汰任务；14家高污染企业淘汰退出，完成180吨挥发性有机物质的减排任务。

（姜阳）

【海淀区空气质量状况】 自1998年实施大气污染防治各项措施以来，海淀区空气质量不断改善。从2006年开始，环保部和市环保局调整国控监测子站时，正式把建设在海淀区的万柳子站作为空气质量考评站点，对大气污染治理的着力点为二氧化硫、二氧化氮和PM10等常规污染物。2012年年底，大气中主要污染物二氧化硫年均浓度为30.6微克/立方米，呈逐年下降趋势，符合空气质量标准60微克/立方米的限值；可吸入颗粒物为114微克/立方米，也呈逐年下降趋势，但均超过新空气质量标准70微克/立方米的限值；二氧化氮年均浓度为54.5微克/立方米，较2006年同比上升13.5%，呈逐年上升趋势，且超过新空气质量标准40微克/立方米限值。

2013年年初，由于北京市实施的国家空气质量新标准，除加严PM10、二氧化氮标准限值，还增加PM2.5和臭氧8小时浓度指标，因此海淀区PM2.5、PM10、总悬浮颗粒物、臭氧和二氧化氮五项污染物年均浓度均超标。其中，PM2.5超标近一倍，PM10超标63%，二氧化氮超标38%，总悬浮颗粒物超标21.5%。综合来看，PM2.5、PM10和二氧化氮是海淀区大气污染存在的主要问题。

（王宇）

【大气污染PM2.5成因】 造成海淀区的PM2.5污染现状的原因，主要有以下6个方面：1. 机动车排放形成的污染约占PM2.5来源的22.2%。机动车尾气是产生PM2.5主要原因，污染非常严重。2012年海淀区机动车保有量已接近80万辆，空气中40%~60%可悬浮颗粒物、80%碳氢化合物（HC）、70%~80%氮氧化物（NOX）均来自机动车尾气。2.燃煤形成的污染约占PM2.5来源的16.7%，清洁能源改造有待提高。截至2010年底，海淀区燃煤总量达到90.7万吨，2011年煤炭燃烧产生的二氧化硫、氮氧化物和粉尘为7915吨、2400吨和近8000吨，其中排放的二氧化硫、氮氧化物还会通过化学反应生成PM2.5。3.挥发性有机物约占全区PM2.5来源的16.7%。2011年工业挥发性有机物排放量约为1800吨。4.各类扬尘污染约占PM2.5来源的15.8%。全区工地开复工面积大，扬尘污染突出。2012年年初，全区开复工面积达到了1238万平方米，渣土运输车辆形成的交通扬尘排放量占各类扬尘排放问题的36%以上。5.不利于污染物扩散的地理条件也是PM2.5浓度较高的成因之一。海淀区地形为簸箕形，三面环山，大气扩散条件差。近十年降水量不足450毫米，不利于大气污染物的去除。秋冬季节易出现连续静稳大雾天气，大气中PM2.5快速积累，浓度急剧上升，造成中、重度污染。加上辖区北侧存在的砂石厂、燃煤锅炉、混凝土搅拌站等大气类污染源，都增加了空气质量负荷。6.生态环境功能相对薄弱，大气环境容量小。截至2010年全区森林覆盖率达35.39%，低于全市森林覆盖率（37.6%），另外，水资源严重不足，生态用水极度匮乏，水域面积小。生态系统对大气的自净功能较弱，环境承载力相对不足。

（王宇）

【大气污染防治】 年内，实施《海淀区落实〈北京市2013年清洁空气行动计划〉工作方案》和《海淀区2013—2017年清洁空气行动计划实施方案》，重点落实以严格环境准入、强化重点污染源减排、淘汰更新老旧车辆和加强挥发性有机化合物排放控制为主的10个方面46项治理措施，全年改造燃煤锅炉557蒸吨，削减挥发性有机物190吨，淘汰老旧机动车4.15万辆，检查机动车60余万辆，对90个扬尘类违法案件进行移送处罚；第四季度集中开展燃煤、机动车、扬尘、工业、汽修、餐饮共6个专项整治行动，严厉打击违规排放大气污染物违法行为。

2013年，北京市继续使用大气主要污染物年均浓度下降率考核区域空气质量。海淀区有万柳、香山、北部新区3个空气质量监测子站，万柳站既是国家考核北京市的21个站点之一，也是北京市考核海淀区的唯一站点，万柳子站主要污染物年均浓度二氧化硫为27.2微克/立方米、二氧化氮为63微克/立方米、可吸入颗粒物为115微克/立方米，与2012年相比，二氧化硫下降12.1%、二氧化氮上升16.7%、可吸入颗粒物上升1.1%，三项平均上升1.9%。与2012年相比，香山子站主要污染物年均浓度二氧化硫下降22.1%、二氧化氮下降1%、可吸入颗粒物下降2.8%，三项污染物平均下降8.6%；北部新区子站主要污染物年均浓度二氧化硫下降1.8%、二氧化氮下降13.3%、可吸入颗粒物上升2.5%，三项污染物平均下降4.2%。综合万柳、香山、北部新区三站数据，全区三项主要污染物与上年相比下降3.6%，全区大气环境质量得到进一步改善。

年内，国家将PM2.5列入监测和考核内容，万柳子站PM2.5浓度为98.1微克/立方米，香山子站PM2.5浓度为77微克/立方米，北部新区子站PM2.5浓度为86.9微克/立方米，三站平均为87微克/立方米，略好于全市平均水平。

2013年海淀区主要大气污染物年均浓度值表

	万柳	香山	北部新区
二氧化硫	-12.1%	-22.1%	-1.8%
二氧化氮	+16.7%	+1%	-13.3%
可吸入颗粒物	+1.1%	-2.8%	+2.5%
单站变化率	+1.9%	-8.6%	-4.2%

	万柳	香山	北部新区
综合变化比率	–3.6%（北京市+0.27%）		
PM2.5（微克/米^3）	98.1	77	86.9
PM2.5 三站平均（微克/米^3）	87（北京市 89.5）		

（姜阳）

【地表水质监管】 年内，整段改为海淀区监测河流 10 条段，总长度 83.7 千米。其中达标河流 4 条段，达标河段个数百分比和达标河段长度百分比分别由上年的 30.0%和 39.2%提高到 40.0%和 44.3%；未达标河流主要污染物指标为氨氮、总磷、化学需氧量和生化需氧量等，属于有机污染型。

监测湖泊 6 个，监测水域面积 427 万平方米。其中达标湖泊 3 个，占监测总水域面积的 55.0%；达标湖泊个数和水域面积与上年相同；未达标湖泊主要污染物指标为高锰酸盐指数、化学需氧量和生化需氧量等，水质营养状态处于轻度富营养和中度富营养之间。

监管 6 家污水处理厂、32 家村级污水处理站、29 家废水重点源和六里屯循环经济产业园等重点排污单位，每季度在外网公开 6 家国控重点污染源监督性监测结果；每月对 9 条河流和 6 个湖泊的 21 个点位进行水质监测，联合水务部门开展专项行动，对清河、南沙河流域的污染源进行排查，不断改善流域水质。

【2013 年海淀区河流水质状况】

名称	规划水质类别	2013 年水质类别	达标状况	2012 年水质类别
京密引水渠	Ⅱ类	Ⅱ类	达标	Ⅱ类
昆玉河	Ⅲ类	Ⅱ类	达标	Ⅳ类
长河	Ⅲ类	Ⅲ类	达标	Ⅲ类
土城沟	Ⅳ类	Ⅳ类	达标	劣Ⅴ2 类
永引上段	Ⅲ类	Ⅴ类	未达标	劣Ⅴ2 类
南沙河	Ⅳ类	劣Ⅴ3 类	未达标	劣Ⅴ3 类
清河上段	Ⅳ类	Ⅴ类	未达标	劣Ⅴ2 类
清河下段	Ⅴ类	劣Ⅴ1 类	未达标	劣Ⅴ2 类
万泉河	Ⅳ类	劣Ⅴ1 类	未达标	劣Ⅴ2 类
小月河	Ⅳ类	无水		无水

（姜阳）

【2013 年海淀区湖泊水质状况】

湖泊名称	规划水质类别	水质类别	达标状况	营养化状态
团城湖	Ⅱ类	Ⅱ类	达标	中营养
昆明湖	Ⅲ类	Ⅲ类	达标	轻度富营养
紫竹院湖	Ⅲ类	Ⅲ类	达标	轻度富营养
玉渊潭湖	Ⅲ类	Ⅴ类	未达标	轻度富营养
圆明园湖	Ⅲ类	Ⅴ类	未达标	中度富营养
八一湖	Ⅲ类	Ⅴ类	未达标	中度富营养

（姜阳）

【环境噪声监测】 年内，海淀区网格噪声测点为 136 个，建成区昼间区域环境噪声平均值为 53.7 分贝，达到 55 分贝限值要求，同比下降 0.1 分贝。全年受理各种噪声环境信访 1271 件。在中考、高考期间开展区域噪声专项整治行动，开展联合执法 5 次，检查噪声单位 60 余家。海淀建成区道路交通干线监测路段 60 条，达标路段 37 条，达标率为

61.7%。建成区昼间道路交通噪声平均值为 69.8 分贝。

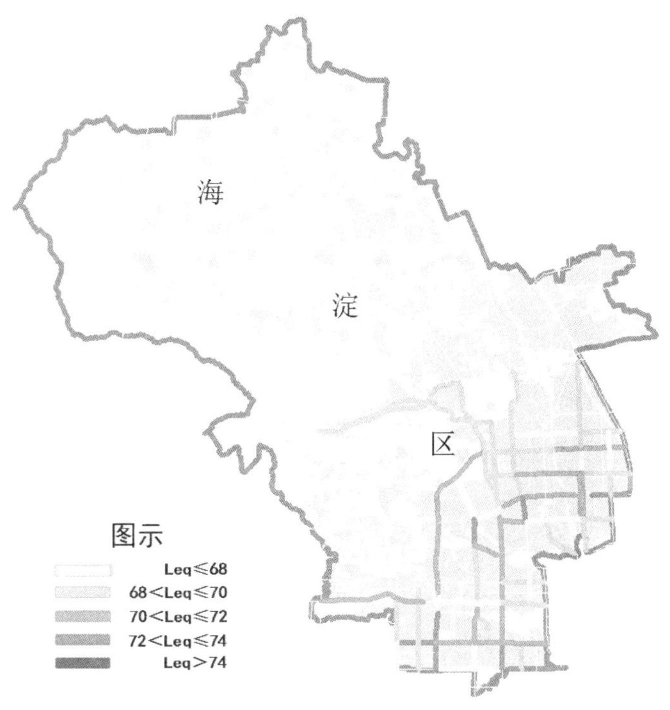

2013 年海淀区道路交通噪声状况示意图

（姜阳）

【危险废物与辐射监管】 截至年底，全区有涉源单位 60 家，占全市总数 26%，共有核辐射源 672 枚，其中Ⅰ类 130 枚、Ⅱ类 222 枚、Ⅲ类 3 枚、Ⅳ类 19 枚、Ⅴ类 293 枚、其他 5 枚；射线装置单位 386 家，占全市总数 20.5%；射线装置 1186 台，占全市总数 18%，其中Ⅱ类 117 台、Ⅲ类 1069 台，是全市辐射源和射线装置最多的区县。其中有 5 家用于食品、药品核照射消毒的大型辐照装置，占全市总数 55.6%。年内，将使用危险化学品的实验室纳入重点监管范围，全区有 76 家使用危险化学品的实验室和 60 家重点工业企业，未发生环境污染事故。

全区 2013 年工业固废产生量为 4.8380 万吨，固体废物处置利用率为 100%，重点工业企业危险废物年产生量 638.97 吨，无害化处置利用率 100%。

（姜阳）

【污染物减排】 年内，通过加快推进产业结构调整、实施燃煤锅炉清洁能源改造、老旧机动车淘汰、加强北部地区污水处理设施建设、强化畜禽养殖污染治理、加大日常监察管理力度，根据《海淀区节能减排支持办法》奖励一批在海淀区各项环保减排中做出突出贡献的单位，确保大气和水主要污染物排放总量持续削减，完成市里下达的四项主要污染物减排任务。

全区二氧化硫和氮氧化物排放总量同比下降 5.49%和 5.90%；北部地区工业和生活化学需氧量和氨氮排放总量同比分别下降 2.41%和 1.32%。

（姜阳）

【生态建设】 年内，完成 12 千米中小河道治理。启动南沙河三年还清计划；稻香湖再生水厂开工建设；北部各镇 38 座污水处理厂（站）统一委托专业企业运营。全年绿化 762 公顷，平原造林 4000 亩，建成 3.1 千米“三山五园”绿道示范段，翠湖湿地生态恢复工程获“中国人居环境范例奖”。规模化畜禽养殖场现存 12 家，粪污综合利用率达 100%。截至年底，全区建成 3 个全国环境优美乡镇，5 个市级优美乡镇，27 个市级生态村。

（姜阳）

【环保宣传】 以“6 · 5 世界环境日”“9 · 12 颐和园健步走”“10 · 19 讲法制、守秩序、普法惠民进万家”“10 ·31 还北京 365 个蓝天行动”等主题宣传日为平台，组织开展“保护生态环境 · 建设美丽海淀”“关注 PM2.5 携手污染减排”等宣传活动，向公众发放《绿色消费手册》《绿色出行指南》和《PM2.5 科普手册》等环保宣传材料 1.4 万余份，以街镇为主体开展以“蓝天行动，你我同行”的主题宣传活动，通过发放倡议书、成立志愿者队伍等方式，引导群众自觉践行低碳环保理念、主动参与治理大气污染的行动。开展辖区内中小学生环保演讲选拔竞赛活动，组织参加全市中小学生环保演讲比赛。

（姜阳）

园林绿化

【概况】 海淀区园林绿化局（海淀区绿化委员会办公室）成立于 2009 年 8 月 14 日，是负责全区园林绿化工作的政府工作部门。下辖 8 个事业单位：区园林绿化服务中心、区绿化队、区绿化二队、区绿化三队、区海淀公园管理处、区翠湖湿地公园管理外、区园林工程设计所、区林业工作总站（区林业保护总站、区林业种苗管理总站、区生态林管护中）。

2013 年，区园林绿化局统筹城乡绿化发展，推进美丽海淀生态文明建设。全年投入 137912.42 万元，完成绿化建设 762.34 公顷，其中新增绿化面积 323.90 公顷，绿化改造面积 438.44 公顷。其中人工造林 266.67 公顷（4000 亩），改造林地 333.33 公顷（5000 亩）。城区完成绿化建设 162.34 公顷：新建绿地 57.23 公顷，改造绿地 105.11 公顷；完成公园绿地 62.73 公顷、道路绿化 30.04 公顷、居住区绿化 12.22 公顷、单位附属绿地 2.99 公顷、屋顶绿化 2.01 万平方米；栽摆花卉 300 万余株（盆），新植树木 47.96 万株。全区森林覆盖率 36.25%、林木绿化率 43.12%、绿化覆盖率 49.98%、绿地率 48.04%、人均绿地 46.67 平方米、人均公园绿地 14.11 平方米。

（罗勇）

【北京市西山试验林场】 北京市西山试验林场（简称西山林场），地跨海淀、石景山和门头沟 3 个行政区，是市属驻区事业单位，直属北京市园林绿化局（首都绿化委员会办公室）领导，为生态公益型国有林场。西山林场下设 8 个林业单位。

2013 年，西山林场推进生态建设、资源管护、森林公园建设、产业发展、基础设施和安全生产等工作。西山林场 1 人被评为“全国生态建设突出贡献奖先进个人”；2 人被评为“首都绿化美化先进个人”。

生态体系建设 2012 年度森林抚育（中央财政补贴试点）项目完成。本项目为 2012 年中央财政预算内专项资金项目，2012 年秋末至 2013 年春季施工，2013 年 5 月 13 日顺利通过市园林绿化局验收，11 月 15 日通过国家林业局验收。项目作业区主要集中在黑龙潭分场和东北旺分场，涉及 64 个小班，总面积为 1199.7 公顷，1.8 万亩。2013 年调查标准样地 121 个，样地面积 12.1 公顷，编写报批《北京市西山试验林场 2012 年度森林抚育实施方案》，重点进行割灌除草、定株、修枝、抚育间伐（含卫生伐、景观伐、生态疏伐等）等抚育。

森林经营样板基地建设。重点开展以下工作：组织编写《北京市西山试验林场森林经营样板基地建设实施方案》（2013—2018 年）。全面总结本地区和林场森林经营的成功经验和典型模式，依据《履行〈国际森林文书〉示范单位建设实施方案编制提纲》要求，在《北京市西山试验林场森林经营样板基地建设实施方案》基础上，增加《国际森林文书》履约相关内容，组织编写《北京市西山试验林场履行〈国际森林文书〉示范单位建设实施方案》。

西山红叶景观改造和林内游憩功能建设。该项目是基于西山国家森林公园优化“西山红叶”景观申请开展的财政项目，总面积 2706 亩。重点针对原有黄栌林分开展卫生伐、修枝、补植补造，清除杂灌木、刨树根、枝丫粉碎还林，修建登山休憩步道等，抚育工作已经基本结束。

重点生态公益林管护项目。2013 年西山林场重点公益林管护面积为 89235 亩，覆盖魏家村、卧佛寺、三家店、福寿岭等 7 个分场，项目建设投资标准为 4.75 元/亩。主要工作包括：林木抚育、森林病虫害防治、专业技能培训、林业有害生物防治、森林防火及可燃物管理、林政资源管理等六个方面。

北京市园林绿化科技创新示范区建设。8 月 8 日，经市园林绿化局科技处审核，确定于魏家村分场（西山国家森林公园昌华景区）建设“北京市园林绿化科技创新示范区”。示范区总面积 11181 亩，共包括 5 个功能示范区，分别为景观型水源涵养林经营试验示范区，面积 3681 亩；生物多样性保护试验示范区，面积 2593.5 亩；森林生态休闲游憩试验示范区，面积 3463.65 亩；森林科普宣教试验示范区，面积 405 亩；森林文化拓展示范区，面积 1037.85 亩。示范区主要示景观型生态公益林抚育技术、生物防治技术、森林火险管理技术、近自然森林经营技术、森林健康经营技术、水源涵养林抚育技术、碳汇林经营技术、古树名木养护技术、生态小径科普宣教、林木修剪技术、生物多样性保护技术。

西山林场生物多样性调查项目。年内，西山林场与北京林业大学合作，启动为期两年的《西山林场生物多样性调查项目》，展开涵盖全场的植物资源、野生动物资源、昆虫资源和菌类资源的外业调查。7 月—11 月，主要完成除早春开花物种外的植物外业调查、动物、昆虫、菌类等调查，并进行内业整理工作，共调查样地 169 块，制作昆虫标本 5 盒。

固定样地及科研样地调查。在市园林绿化局统一部署的 19 块固定样地的基础上，西山林场增设 18 块科研监测样地，每年开展调查监测。2013 年共调查 37 个样地。通过定期进行定点样地调查积累了持续观测数据，为更科学高效地进行管理提供数据支持。

成功申报第八批国家农业综合标准化示范区。年内，西山农场成功申报国家农业标准化示范区，项目实施期限初步定为 2014 年 1 月至 2016 年 12 月，项目承担单位为北京市西山试验林场，保证单位为北京市质量技术监督局，项目内容包括：1.建立森林多功能经营示范区；2.通过 5 个功能示范区的建设，最终构筑森林的生态功能、风景游憩功能、文化功能三大体系，完成示范综合体的建设。

北京市风景游憩林低碳经营技术推广示范建设。该项目为市园林绿化局碳汇办申报主持的碳汇项目，建设四个示范区，共1600亩，其中西山林场负责“景观旅游区风景游憩林低碳经营技术推广示范区建设”，建设任务570亩，实施期限为2012年11月—2013年12月。项目落实在魏家村分场辖区，结合该区域森林公园具体的建设规划，开展以近自然经营和健康经营理念为指导的增汇经营抚育。2013年11月20日，通过由市园林绿化局碳汇办组织的项目验收组的检查验收。

义务植树。西山林场现有一个义务植树基地和两个义务植树责任区。2013年，在西山国家森林公园、卧佛寺分场、魏家村分场等地认真组织和落实义务植树活动9次，累计接待义务植树活动参与1950人次，栽植白皮松、黄栌、白桦、山杏等苗木1740株。

古树名木保护管理。重点查阅收集古树及周边遗址历史文化资料，为森林旅游开发和弘扬森林文化准备素材。落实“西山林场2013年古树名木保护示范点建设项目”，选取静福寺古树群中五处古树作为示范点，开展古树地上和地下生长环境改良、围栏保护、有害生物防治、枯枝死杈清理、树洞修补、支撑加固、宣传标牌建立以及专家咨询等工作。

产业体系建设 森林旅游产业。共接待游客51万人次，比2012年增长218.7%。重点针对门区、专类园、观景台、水系、森林浴场、主干路沿线等游览区域进行抚育作业；加强日常养护管理，提高林分质量，进一步扩大专类园规模，拓建牡丹园10余亩，移植牡丹和芍药共1600株；补植山杏210株，栽植梅花2000株。旅游基础设施建设：打造九道弯至快活林小路的入口景观；在花溪尽头大水池增加平台栈桥及喷泉设施；建设完成无名英雄纪念广场；开辟森林浴场。开展游园和森林体验活动：举办森林文化节启动仪式暨第二届踏青节开幕式；开展“森林绿海清凉西山”避暑休闲游活动；举行首届森林音乐会暨第四届零碳音乐季启动仪式；举办第二届红叶节，其间开展“北京首届百姓森林合唱大赛”、北京市中小学生野生动物体验系列活动、天安交响音乐会、“亚瑟士”山地马拉松赛等群众参与性活动。

园林绿化产业。北京丹青园林绿化公司参与行业招投标32项，确定中标15项；承接设计项目32项；2013年度成功申报林业调查规划设计丙级资质。

生物防治产业。周氏啮小蜂生产销售28.5亿头，管氏肿腿蜂、瓢虫、花绒寄甲等其他天敌生物共计1.38亿头，美国白蛾核型多角体病毒配制20.09万亩，抗根癌菌剂AE206试验生产1.5吨。《北京市重要林果病虫害生防产品产业化关键技术研究与应用》项目通过国家林业局科技司鉴定；开展国家林业局林业科学技术推广项目——《几种重要林木有害生物生防技术在北京地区示范与推广》和北京市财政项目——《白蜡吉丁肿腿蜂人工繁育及野外应用技术的研究》。完成北京市地方标准1项，申请撰写2014年北京市地方标准两项。

安全保障体系建设 森林防火。2012—2013年度森林防火期共投入森林防火经费共计761.94万元，辖区共发生火情5起，没有形成火警火灾，无人员伤亡事故。香峪大梁森林防火阻隔系统工程通过竣工验收；北岭大梁防火道路工程完成环评工作；西山林场与国务院机关事务管理局西山服务局合作建设的防火道路、一片石至模式口防火道路、721水毁的五个防火道路维修工程均全面竣工。

林木有害生物防控。林场加大对美国白蛾、红脂大小蠹、油松毛虫、双条杉天牛等的防治力度；重点监测美国白蛾和红脂大小蠹。全年全场范围共监测到美国白蛾成虫208头，白蛾网幕93个，发放35箱灭幼脲、释放5.45亿头周氏啮小蜂，用于白蛾防治。

基础设施建设 完成卧佛寺分场三期装修、卧佛寺空调机房改造、魏家村分场1300米打井、卧佛寺分场1800米打井工程以及7个分场供暖改造项目，该项目市由财政拨款，共投入170.5万元。

西山林场场属林业单位表

序号	单位名称	住所
1	西山林场福寿岭分场	石景山区模式口甲28号
2	西山林场魏家村分场	海淀区西山试验林场魏家村造林队
3	西山林场黑龙潭分场	海淀区温泉乡黑龙潭造林队院内
4	西山林场黑石头分场	石景山区黑石头南街51号
5	西山林场三家店分场	门头沟区三家店西街137号
6	西山林场卧佛寺分场	海淀区卧佛寺
7	西山林场东北旺分场	海淀区黑山扈19号
8	北京市生物防治研究推广中心	海淀区香山普安店206号

（蒋薇）

【生物质绿化废弃物处理】 6月，东升八家郊野公园和四季青镇宝山两处小型绿化垃圾处理站工程竣工。两处工程于2012年7月开工，投资200万元。

（罗勇）

【全民义务植树】 全年围绕“全民参与、共建共享”“绿化美化海淀、建设低碳城市”等主题开展全民义务植树活动，1100家单位43.5万人参与，栽植苗木54万株，以认建、认养、抚育、养护、购买碳汇、捐赠绿化基金等18种尽责形式折算植树216万余株。3月30日，区领导和八一中学、超市发连锁公司、北京文理研究学院等9家单位及各界群众700余人在苏家坨镇锦绣大地景观生态林建设项目区参加义务植树，栽植树木2100余株。3月31日，中共中央直属机关和中央国家机关各部委、单位186名部级领导到苏家坨镇锦绣大地景观生态林建设项目区开展共和国部长义务植树活动，栽植油松、刺槐、楸树、元宝枫、山桃等树苗2000余株。4月6日，组织第29个全民义务植树日活动，7个镇、22个街道开展义务植树、绿地养护、购买碳汇宣传等95场活动，16.7万人参与；中国科学院8位院士在苏家坨镇锦绣大地景观生态林建设项目区共建“院士林”。植树日当天参加植树人数6.52万人，植树9.72万余株，挖坑9.72万个，动土7.57万立方米，养护树木47.3万株，清扫绿地227.4万平方米，设宣传咨询点72个，出动宣传车82辆，发放宣传材料9.77万份，悬挂宣传标语799幅。区卫生局等4个单位被评为“首都全民义务植树先进单位”；区园林绿化局等3个单位被评为“首都绿化美化先进单位”；羊坊店街道、中关村街道被评为“首都绿化美化花园式街道”；四季青镇双新村、上庄镇西闸村被评为“首都绿色村庄”；曙光街道晴雪园社区居委会等9个单位被评为“首都绿化美化花园式社区”；中关村街道知春里社区等25个单位被评为“首都绿化美化花园式单位”。

（罗勇）

【平原地区造林工程】 年内，完成平原造林工程任务266.7公顷（4000亩），其中中关村森林公园二期项目43.8公顷（657亩）、锦绣大地景观生态林项目59.3公顷（890亩）、京西景观生态林项目163.5公顷（2453亩），种植各类乔灌木24.5万余株，完成土方51余万立方米,铺设浇水管线4.7万延米。

（罗勇）

【绿化隔离地区绿地管护】 年内，海淀区主要负责城市绿化隔离地区1740.3公顷（26105亩）有林地、“五河十路”绿色通道707公顷（10613亩）绿地和二道绿化隔离地区1740.5公顷（26107亩）绿地的养护管理，落实集体生态林补偿机制政策。开展枯死树清理、防洪排涝等工作，组织乡镇进行养护管理自查,全年新建林地266.7公顷(4000亩)，改造林地333.3公顷（5000亩），兑现各项政策性资金1.66亿元。

（罗勇）

【彩色树种造林工程】 年内，完成彩色树种造林工程133.33公顷(2000亩)，位于凤凰岭旅游风景区北线上方寺和苏家坨镇车耳营村西磨镰石河至凉水背，共种植彩叶苗木10万株，其中黄栌6万株、元宝枫1.5万株、火炬1.5万株、地锦1万株，铺设输水管线5000余延米。

（罗勇）

【森林健康经营示范工程】 年内，完成山区生态公益林健康森林经营项目200公顷（3000亩），其中重点地块抚育面积38.3公顷（574亩）、一般性林地抚育161.7公顷（2426亩）。累计清理植株4.45万余株，修剪各类乔灌木5万余株，清理林地枯落物580余吨，补植元宝枫、黄栌等各类彩叶树种苗木0.5万株，打防火隔离带8500延米，森林结构和功能得到完善。

（罗勇）

【播草盖沙工程】 年内，采取铺种地被植物防沙的方式覆盖林中空地等易发生扬尘、扬沙地块，完成北京市下达2000亩播草盖沙工程建设任务，播种板蓝根、二月兰、黑心菊、苜蓿、柴胡、知母等地被植物种子8780公斤，种植蛇莓、桔梗等地被苗木62.3万株。

（罗勇）

【生态林管护】 全年纳入集体生态林补偿机制政策林地面积为10.53万亩，其中平原生态林5.79万亩、山区生态林4.74万亩，核定招收生态林管护人员7518人，其中市核定山区生态林管护员208人、乡镇招收7310人，兑现集体生态林补偿资金12627.4万元，其中管护人员工资7217.3万元、占地补偿补助5410.1万元。完成生态林修剪抚育6.5万亩，补植各类苗木3万余株，清理主要道路500千米、拉拉秧杂草3000处、枯死树0.6万株，清理林地枯落物2.3万立方米；开展以清除拉拉秧为主的杂草、枯死树、枯枝杆尖、树挂、白色污染物、建筑生活垃圾等绿地林地清理行动,7个乡镇累计出动环境整治队伍380支、人工7091人次，出动车辆721车次，整治林地、绿地26997亩、清理主要道路340千米，清理拉拉秧2481处、枯死树2323株、干枝1568株，杂草垃圾7000立方米；实施病虫害防治6万余亩。开办生态林管护员培训班20次。

（罗勇）

【农村街坊路绿化】 年内，修订完善《海淀区农村街坊路绿化管理暂行办法》和《海淀区农村街坊路绿化管理考核标准》，核实现有街坊路绿化面积126.6万平方米，实施资产登记，组织开展专业培训，加强街坊路绿化日常养护指导监督，促进农村生态环境改善提高。

（罗勇）

【五河十路绿色通道管理】 年内，加强京藏高速（京张路）、温榆河、六环路和五环路等五河十路绿色通道建设管理，累计建设里程达45千米，绿化管护面积10613亩，其中永久景观带绿化面积8410亩、温榆河产业带面积2203亩，实现地块平均浇水3次以上、补植各类苗木0.5万株、修剪树木5万株、林地卫生清理面积0.7万亩。

（罗勇）

【城市道路绿化】 年内，完成15条特色景观道路绿化建设，其中八家东西线1910平方米、永泰庄东里一二号路4350平方米、上地西路17809平方米、后厂村路7810平方米、八家北街469平方米、宝盛里东路370平方米、小营路5832平方米、永泰东路一二号路2810平方米、林大北路9666平方米。黑山息700平方米、志新路3623平方米、万寿寺路4786平方米、二龙闸路2630平方米、安宁庄东路5230平方米、社会主义学院西路1474平方米。打造万寿路、北坞村路、颐和园路3条特色花街，新建道路绿地19.58万平方米，改造10.46万平方米。

（罗勇）

【公园绿地】　年内，全区注册公园31家、面积824.61公顷，其中市级精品公园14家（本年新增五棵松奥林匹克文化公园、巴沟山水园、北极寺公园3家市级精品公园），南长河公园、北坞公园被评为市级精品工程。全年新建改造公园绿地11处、55.05万平方米，新建公园绿地19.2万平方米，其中西二旗公共租赁房代征地8353平方米、兰德华庭代征绿地7458平方米、上地MOMA代征绿地10212平方米、上地软件园二期中心代征绿地8.6万平方米、紫成嘉园代征绿地11390平方米、小营公园15602平方米、百旺公园二期绿化景观工程一标段5.3万平方米；改造公园绿地35.83万平方米，其中南长河公园17万平方米、元土城遗址公园西土城段115500平方米、中央电视塔公园46310平方米、五棵松绿地26700平方米。

（罗勇）

【实施生态文明建设10项工程】　年内，投资8.2亿余元，实施美丽海淀生态文明建设10项工程，即：平原造林工程；绿心启动区生态景观建设；翠湖湿地公园二期完成水生物植物栽植和A、C区生态系统恢复；“三山五园”地区绿道建设；实施南长河滨水绿廊工程；新建百旺公园二期、西苑公园两个精品公园；新建10条道路绿化9.5万平方米，15条道路绿化改造9万多平方米；开展居住区及单位庭院绿化16.6公顷；花卉布置总面积2.9万平方米；屋顶绿化2.16万平方米。全年共完成绿化任务737公顷，其中新增城市绿地54公顷、新增平原造林267公顷（4000亩），种植苗木55万余株、花卉300万余株。

（罗勇）

【居住区绿化】　年内，新建居住区绿地4处共113868平方米，其中西山一号院三期5万平方米、石科院17号楼南侧花园1300平方米、如园小区4500平方米、北辰香麓小区58068平方米。

（罗勇）

【老旧小区绿化改造】　年内，完成3个老旧小区绿化改造工程，改造面积8300平方米，其中普惠南里小区4200平方米、双榆树北里社区2500平方米、志新北里小区1600平方米。

（罗勇）

【立体绿化】　年内，完成7处屋顶绿化工程20100平方米，其中301医院400平方米、东升乡政府办公楼3000平方米、嘉茂购物中心1.1万平方米、SOHU总部400平方米、人济山庄2000平方米、国核电力3000平方米、世纪金源集团办公楼300平方米。

（罗勇）

【自管绿地养护监理】　年内，委托清华大学对各镇、街道和市属单位自管绿地养护工作进行监理，通过周报、月报通报自管绿地养护存在问题及问题整改等情况，完成对20个街道、7个镇的自管绿地的监理考评工作。全年编发检查周报48期、月报12期，促进街镇和市属单位自管绿地养护质量的提高。

（罗勇）

【重大活动花卉布置】　年内，实施花卉布置常态化管理，以节日景观和重大活动为重点，在30余个重点道路、公园和街头绿地开展花卉布置，布置地栽花卉2.8万平方米，栽植香彩雀、柳叶白菀、朱唇、羽状鸡冠等50余个品种花卉300余万株，摆放花钵2532组，设置立体花坛14处，布置2013环北京自行车赛布置花坛小品1处。参加第九届中国（北京）国际园林博览会和第11届中国菊花展览会，各设立体花坛1处，分别被评为园林博览会“立体花坛金奖”、菊花展览会“室外景点大奖”和“最佳组织奖”。

（罗勇）

【绿地认建认养】　年内，组织马甸公园、长春健身园、元土城遗址公园、阳光星期八公园开展以“共享碧水蓝天，共建生态家园”为主题的认建认养活动。认建认养绿地25公顷，认养树木40194株。与北京华信恒隆投资管理有限公司、中关村软件园一期、北辰实业公司分别签订中关村中电信息大厦西侧绿地3200平方米、上地软件园内243333.96平方米、温泉镇中心区D1-16地块3824.445平方米等3个项目认建认养协议，投资621万元。

（罗勇）

【森林防火】　本防火年度无森林火灾、无人员伤亡。全面落实森林防火行政首长负责制和区域管护责任制，从区森林防火指挥部,到镇、街、林场、村和有林单位，层层签订各类森林防火责任书1万余份。投资240万元升级改造区森林防火指挥中心，新增红外森林火情自动识别系统6套；扶持资助资金230万元新建温泉镇森林防火指挥中心1座；投资300万元新建防火瞭望塔2座；投资260万元维修山区防火路，投资50万元购置森林消防物资器材。制订重点时期的森林防火应急预案并开展扑火实战演练，强化火情预警预报，严格落实领导带班、24小时值班制度。11月15日，在凤凰岭地区举办森林灭火战法及装备展示活动，首次开展武警森林指挥部机动支队、区公安消防支队与区森林消防专业扑火队联合演习。本防火年度发布红色预警1次2天，橙色森林火险预警8次16天，共接森林火警5起，启动预案及时，处置得当。落实对已建成的森林防火隔离带的抚养和维护，组织开展“五清”活动，割除隔离带和清理林下易燃物120公顷；投入20万元购置阻燃剂，喷洒到重点林区。组织巡逻检查千余次，检查单位190家，出动检查车2100车次，行程约12万千米，下发隐患通知书70余份，全部得到整改；依法查处违章用火并教育350余人。在重点景区、关键部位以及林地内广泛布设森林防火宣传碑（牌）、条幅、展板、自动语音宣传杆等，营造全社会“人人关注防火、人人懂得防火、人人自觉防火”的氛围。全年开展森林资源保护、森林防火知识等培训12次，培训人员6000余人；举办防火宣传活动5次，印发宣传手册5万份，发放宣传袋1万个，设立宣传牌（碑）600块，制作宣传横幅200条，设立森林防火语音提示标45个，受教育群众达15万余人。海淀区森林防火指挥部获2013年度北京市森林防火工作先进单位称号。

（罗勇）

【林木有害生物防控】　年内，设立市级监测测报站1个、美国白蛾诱芯监测点1500个、杀虫灯监测点500个，设置其他林木有害生物监测诱捕器490套、果树虫害监测诱芯2000余件，建立完善覆盖全区的林木有害生物监测测报网络。组织开展3次以美国白蛾为主的林木有害生物普防工作，出动防治队伍530余支，投入人工7600余人次，喷施各类防控药剂20余吨，累计防控面积51万亩；开展3次飞机防治工作，飞行112架次，累计飞防面积15万亩，实现对五环外山区生态林、平原片林、苗圃等林地的预防性防治，较好控制了美国白蛾由城区向农村地区和山区的传播。释放管氏肿腿蜂800万头、周氏啮小蜂6.2亿头。全年在26个街镇（林场）、145个社区（村点）累计监测美国白蛾成虫2300头，发现幼虫危害树木551株、网幕1304个，其他常发性林木有害生物草履蚧、春尺蠖、国槐尺蠖、国槐叶柄小蛾、柳圆叶甲、杨扇舟蛾、杨小舟蛾等均呈点状发生，实现“有虫不成灾”目标。

（罗勇）

【林政执法】　年内，重点打击破坏野生动物和森林资源的犯罪活动，接报警情67起，其中林业行政案件2起、刑事案件1起、涉林报警21起、野生动物25起、火情报警13起、各类求助5起；参与执法办案出动警力360次，专项执法检查30次、检查单位150余家、行政处罚1起，主办刑事案件2起，刑事拘留4人。处理绿地违法违章70件，恢复绿地2300平方米。配合市森林公安局开展代号为“天网”的专项打击破坏野生动物资源违法行动，协助办理刑事案件11起，参与办理“4·25”“5·20”“9·12”非法运输贩卖国家珍贵野生动物制品象牙案，查扣象牙制品数千件、499.9公斤，涉案价值2007万余元。开展野生动物经营场所专项检查，清查花鸟市场、集贸市场50处，检查摊位160多家。开展“清查花鸟鱼虫市场”专项行动，清查花鸟市场、集贸市场17处，检查摊位50多家；查处非法出售国家珍贵濒危野生动物案1起，刑事拘留犯罪嫌疑人3人，缴获国家保护动物蟒蛇4条、陆龟6只及巨蜥若干。开展种植毒品原植物的踏查工作，检查林区非法种植毒品原植物情况，多渠道、全方位开展禁毒宣传工作。

（罗勇）

【行政许可】　年内，办理林木采伐94件、林木移植34件、树木砍伐104件、树木移植54件、临时占用绿地14件；审核并报市园林绿化局审批的林地征占用项目12件；完成地铁16号线、西郊线、地铁6号线西延等市属重点工程绿化审批；完成中坞村、振兴村、京香村、树村等农民回迁房安置工程项目前期的绿化审批；受理林木种苗生产许可证和经营许可证核发行政许可事项25起，核发林木种苗生产许可证20份，新增注册生产面积767亩；签发苗木检疫证书（出省）219份、产地检疫合格证27份，检疫苗木104.5万株、花卉8000株（盆）、木材70立方米；开具检疫要求书89份，涉及10省（市）、24个县（市）。

（罗勇）

【代征绿地收缴】　年内，开展代征绿地回收专项治理行动，向开发单位发送告知书34份、整改通知书25份，收回18份。收缴苏家坨镇中心区A地块、苏家坨C02、C03经济适用房、温泉镇C-06、07、08、11地块限价商品住房项目等24处代征绿地61.05万平方米。

（罗勇）

【园林绿化设计方案审查】　年内，审查公共绿地景观设计方案17项；审查建设项目附属绿地设计方案41项，其中居住区绿化设计方案20项、道路绿化设计方案18项、单位庭院设计方案3项。

（罗勇）

【建设工程园林绿化专业审核】　年内，完成建设工程园林绿化专业审核项目107项，审核通过并回复106项、涉及建设用地1080万平方米，其中建设项目附属绿地421.5万平方米、代征绿地44.4万平方米、屋顶绿化8.1万平方米、绿化停车场6.5万平方米。

（罗勇）

【野生动植物保护】　年内，投入408万元，完成242株古树复壮，其中苏家坨镇、北京林业大学实验林场、西山农场等农村地区177株，青龙桥街道、学院路街道、香山街道、曙光街道、北京大学等城市地区65株。投入90万元实施古树资源数据库建设，完成古树资源数据库软件系统开发。全区5个监测点共监测鸟类近50万只，处理异常情况10起，未发现疫情；举办“爱鸟周”和“野生动物保护宣传月”主题宣传活动，悬挂横幅110余条，发放材料3000多份；落实野生动物疫源疫病监测日报制度，有效防控H7N9禽流感疫情。

（罗勇）

【集体林权制度改革】　年内，申请市、区两级山区生态公益林促进发展机制资金124.1612万元，其中市财政资金20.6612万元，区财政（支林资金）103.5万元。拨付苏家坨镇797352元、西北旺镇84024元、温泉镇177912元、四季青镇182324元。

（罗勇）

【花卉产业】　年内，各类花卉种植面积1.97公顷，切花切叶产量1万枝，盆栽植物产量13.1万盆，观赏苗木产量5000株，产值95万元，销售额48万元。从业人员23人，其中专业技术人员7人。

（罗勇）

【蜂业】　年内，全区养蜂户19户，蜂群1293群，年产蜂蜜23040公斤，总收入69.6万元。扶持蜂农生产，购买5000只蜂蜜灌装瓶，免费发放至20家蜂农；帮助引进新品种，改善种群结构，为养蜂专业户发放蜂王12只。

（罗勇）

【种苗产业】　年内，全区有注册苗木企业85家，其中生产和经营企业66家、单独经营企业19家；注册生产总面积8627亩，其中东升镇217亩、四季青镇750亩、上庄镇3267亩、苏家坨镇847亩、温泉镇1605亩、西北旺镇1941亩。

（罗勇）

【林下经济】　年内，推广多种林下经济发展模式，开展生态再造工程，在锦绣大地成片林下种植苜蓿草，在果树地种植口蘑12亩，在绿化林地种植鸡腿蘑、平菇等5亩，发展林下板蓝根、藤三七等药用植物，产值110万元。

（罗勇）

【5项新建、改造绿化工程】

南长河公园工程　位于南长河昆玉

河至西三环段，总绿化面积约17公顷，总造价6776.35万元，主要包括地形堆筑、绿化种植、土建工程、喷灌工程、排水工程及亮丽工程等项目。工程于2012年8月27日开工，2013年5月28日竣工，共栽植乔木4355株、灌木19510株、色带绿篱10118平方米、竹类1366平方米，栽植花卉地被5942株、水生植物451平方米，铺设草坪87196平方米。该项目被评为“2013年市级精品工程”。

元土城遗址公园西土城段改造工程　工程北起知春路，南至明光桥，东临西土城路，西接小月河，呈带状分布，南北长约2000米，东西宽60米，占地13公顷。工程总造价1420.8万，主要包括绿化种植、土建工程、喷灌工程及亮丽工程等项目。工程于2012年11月26日开工，2013年6月20日竣工，共种植常绿乔木120株、落叶乔木961株、常绿灌木8700株、落叶灌木7563株、宿根花卉14730平方米，铺设草坪41490平方米。

小营公园工程　位于君安家园小区东侧，北临小营路，东倚前屯路。工程总面积16512平方米，总造价446.14万，主要包括地形堆筑、绿化种植、土建工程、喷灌工程及亮丽工程等项目。工程于2012年11月15日开工，2013年5月10日竣工，共栽植常绿乔木689株、落叶乔木480株、常绿灌木626株、落叶灌木1253株、色块16040株，铺设草坪10400平方米。

兰德华庭代征绿地绿化工程　位于畅茜园兰德华庭小区东侧，东临玉泉路，南接阜石路。工程总面积8000平方米，总造价305.9万元，主要包括绿化工程、铺装工程、景观小品及照明工程等。工程于2012年9月20日开工，2013年6月20日竣工，共种植常绿乔木32株、落叶乔木253株、常绿灌木13152株、落叶灌木4687株，栽植花卉8926株，铺设草坪2950平方米。

长春桥、学知桥及中关村一、二、三号桥桥体绿化工程　工程总面积6190平方米，总造价126.4万元。工程于2012年10月15日开工，2013年4月20日工程竣工，在完成原有苗木移植、原有嵌草砖更换、降土的基础上新植油松、千头椿、桧柏等乔木15株，种植金银木、榆叶梅、沙地柏等灌木5269株，栽植花卉2500平方米、攀缘植物1765株、色带9600株，铺设草坪1965平方米。

（罗勇）

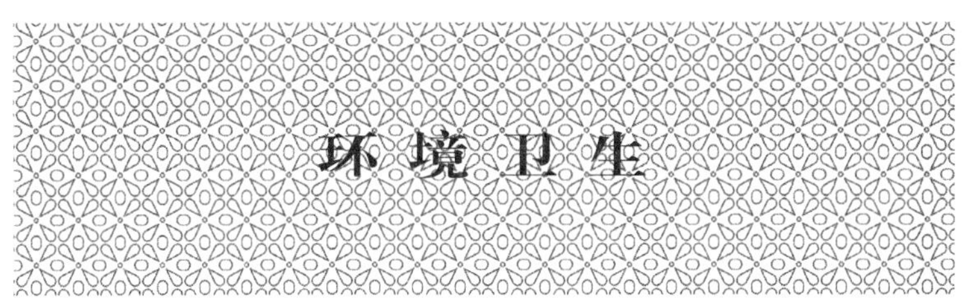

环境卫生

【概况】　区市政市容委负责海淀区环境卫生的组织管理和监督检查工作。归口管理海淀区环卫服务中心（区环卫中心）并综合协调各街道、乡镇开展环境卫生工作。海淀区环境卫生服务中心是负责全区环境卫生技术性、服务性、事务性工作的区政府所属相当正处级全额拨款事业单位，归口市政市容委管理。所属基层单位13个，除油站为自收自支单位外，其他均为全额拨款事业单位。截至2013年年底，全中心共有职工4357人，其中正式职工1452人，编外职工2805人。北京绿海能环保有限责任公司是海淀区国资委监管的国有企业。主要负责北京市海淀区循环经济产业园再生能源发电厂项目的建设。

2013年，海淀区环卫中心道路清扫保洁面积1604.91万平方米，绿地保洁面积403.86万平方米，机扫面积855.84万平方米，机扫率达91.74%。道路冲刷面积689.59万平方米。环卫中心产权公厕有614座，其中二类以上公共卫生间316座，达标公厕244座，三类公厕54座；全年粪便作业量38.69万吨，粪便集中处理率达到100%。清运垃圾90.47万吨（含厨余垃圾1.38万吨），垃圾密闭化运输率和无害化处理率均为100%；承办区城市管理监督指挥中心案件24362件，结案率100%。共出动5588人次，清理乱倒垃圾渣土2293次，清理垃圾渣土6570吨。截至年底，海淀环卫中心共有机扫车、喷雾降尘车、除雪车、洗地车、小广告冲刷车、垃圾清运车、垃圾转运车、粪便清淘车等各种车辆、机械设备1191部。

2013年，区环卫中心完成91项重大环境应急保障任务，接收并处理网格化案件22件。区环卫中心转运站被评为首都城市环境建设垃圾分类先进单位；环卫二队、环卫五队被评为首都精神文明单位；环卫三队、环卫转运站被评为北京市交通安全先进单位。

（穆笛　丁尧　焦阳）

【海淀区循环经济产业园再生能源发电厂】　项目位于北京市海淀区苏家坨镇大工村地区，总建设面积约22.75公顷，总建筑面积约63104平方米，总投资152548万元。日处理生活垃圾2500吨，其中焚烧处理1800吨/日，配置3条600吨/日的炉排炉焚烧线，2台20兆瓦汽轮发电机组，年发电量约27920万千瓦时。生化处理400吨/日，配置两台1.56兆瓦的内燃机发电机组，年发电量约2496万千瓦时。建设内容主要包括垃圾接收、储存和运输系统、垃圾焚烧系统、余热利用系统、烟气处理系统、灰渣处理系统、自动控制系统、电气系统、水处理系统、供水系统、综合废水处理系统、厨余垃圾处理区、炉渣填埋暂存区及相关配套设施。项目于2012年6月开工建设。

2013年取得《关于海淀区循环经济产业园再生能源发电厂项目初步设计及概算的批复》“建设工程规划许可证”“建筑工程施工许可证”等审批手续，前期手续办理工作基本完成。完成汽轮发电机房、中控室等56套施工图纸设计工作，完成综合办公楼4900余平方米主体结构施工和内、外部装修以及外部市政配套，具备入住办公条件。完成烟囱主体结构施工，高度达80米。完成垃圾仓和焚烧车间设备基础底板混凝土浇筑施工，卸料大厅、余热锅炉系统土建结构施工，焚烧炉设备基础施工，渗滤液处理区调节池地基处理施工等，汽轮发电机房、中控楼主体结构封顶。完成汽轮发电机检修吊车的安装及除氧器吊装，余热发电厂房烟道钢结构吊装及焚烧间部分钢结构安装工作。

完成12项招标工作，合同金额约1.32亿元。完成项目焚烧线主设备供货商变更工作，原焚供货商为日立造船株式会社，由于钓鱼岛事件，公司与日立造船株式会社终止垃圾焚烧线设备采购合同，并采取竞争性谈判的方式将焚烧线主设备供货商确定为德国费赛亚巴高克环境工程公司，3月15日签订《海淀区循环经济产业园再生能源发电厂 675T/D×3 垃圾焚烧线设备进口采购合同》。

大工村搬迁腾退工作。公司负责大工村搬迁腾退具体工作。2013年完成环境整治搬迁项目建议书编制、入户调查、院落产权人信息公示、签订搬迁补偿协议等工作程序和190个院落的搬迁腾退，发放补偿金总额3.02亿元。

（丁尧）

【道路环境卫生管理】 年内，区市政市容委对全区保洁面积进行调查统计并初步建立台账，内容涵盖道路起始点、道路长度、面积等道路属性指标，分清道路的主路、辅路、步道、绿化带、门前三包责任区（墙到墙）。全区道路共有2249条,总面积4087万平方米，总长度1725千米,分别由市、区、街道(镇)和社区（村）四级作业。

对道路环境卫生实施分级分类作业和管理。编制完成《海淀区道路环境卫生工作分级分类实施方案》，将保洁道路细分为4级9类。实现分级分类管理和作业后，道路保洁质量标准达到“八无”标准，即无烟头纸屑、无痰迹、无乱张贴涂写、无泥沙积水、无污水、无结冰、无白色污染、无垃圾焚烧。雨雪雾霾、大风扬尘天气及时启动应急工作预案，并按照保洁标准进行作业。

（穆笛）

【非正规垃圾填埋场治理】 年内，区市政市容委完成13处非正规垃圾填埋场的地勘、初步设计工作、专家评审工作和区财政资金核审工作，落实资金8632万元。10月10日完成非正规垃圾场治理施工单位和监理项目招标，工程开始施工。

（穆笛）

【农村公厕管理】 7个镇负责管理的达标公厕176座，旱厕433座，垃圾运输车13辆,管理运行经费为1097万元。

（穆笛）

【设置1万个废物箱】 年内，区市政市容委对全区道路的废物箱进行交接和添置。全区348条主要大街和重点街巷胡同389条共需设置废物箱20344个，增添更换需投入经费2153.5万元，2013年区财政安排1000万元资金。年底在200条主要大街设置废物箱10230个。

（穆笛）

【垃圾分类管理新模式】 年内，在区市政市容委完成新增100个垃圾分类达标试点工作的基础上，在2个小区开展垃圾分类创新模式试点，取消向居民发桶发袋、配置“绿袖标”分类指导员等措施，采取对正确投放厨余垃圾的居民进行“计次奖励”和对小区垃圾分类管理单位进行“计量补助”的奖励激励措施，提高居民参与率、正确投放率和厨余垃圾分类率。

（穆笛）

【垃圾收运】 年内，区市政市容委针对垃圾收运系统提升改造实施过程中出现的一些问题，对原有工作实施方案进行梳理、优化，结合终端处理设施的建设和转运站的搬迁，提出“南部集中转运，北部大立方直运”的垃圾收运思路。确定南部地区密闭式清洁站应主要具备全密闭、预压、计量、环保功能，北部地区密闭式清洁站主要具备大容积、密闭、压缩、计量、环保功能的提升改造思路；通过“新建、还建、补建”等措施完善密闭式清洁站布局。

（穆笛）

【垃圾处理厂建设】 年内，区市政市容委按照“资源循环利用、集约利用土地、保障城市安全”的原则，搭建全区生活垃圾终端处理体系。通过规划建设宝山综合处理厂、大工村再生能源发电厂、六里屯综合处理厂、西辛力屯建筑垃圾循环利用综合处理厂、巴沟粪便处理厂等五个处理厂，解决生活垃圾、餐厨垃圾、厨余垃圾、建筑垃圾和粪便的处理问题。

（穆笛）

【垃圾分类试点】 年内，区市政市容委探索垃圾减量化、资源化处理试点。在北京航空航天大学开展垃圾精细化分类试点工作，完成项目财政评审。在四季青粪便站增建厨余垃圾处理设施，将611个垃圾分类小区每日约40吨的厨余垃圾进行资源化处理，改变厨余垃圾外运处理的状况。

（穆笛）

【关闭63座非正规垃圾填埋场】 年内，海淀地界上63座非正规垃圾填埋场全部进行深度治理，变身为绿地。据统计，全市共有1011处非正规填埋场，总面积超过2万亩，垃圾积存量在8000万吨左右。 海淀区共有非正规垃圾填埋场63座，垃圾积存量为400多万吨。大多数分布在六环路以内地区，其中五环以内有6座，五环六环路之间有49座，主要是由村民长期倾倒、堆放垃圾而形成。8月已完成50处非正规垃圾填埋场治理。今后将通过定期巡查、卫星监测等手段，确保不再出现占地超过500平方米的新生垃圾堆放点。

（焦阳）

【“创文”工作】 年内，区环卫中心针对区创建办144个重点点位辐射500米范围内的道路、公厕、密闭式清洁站进行梳理，建立专项整治台账，定岗定责,加强137个脏乱点的环境综合整治。积极做好第三方测评的迎检工作，将“环境整治周”活动纳入环卫中心月度重要工作，通过加大保洁力度，增加保洁频次、成立专项检查组等措施全力保障区创建全国文明城区工作。

（焦阳）

【道路分级分类试点作业】 年内，区环卫中心实施万柳生活区和中关村西区商务区保洁作业“双轮驱动”，启动并推进万柳生活区道路分级分类试点，实现12项作业工艺密集组合，24小时机械人工无缝隙衔接，该区域环境卫生得到明显改善，作业水平进入全市前列。两个地区试点作业以点带面，起到示范带动的作用，为全区全面实行道路分级分类工作夯实基础。

（焦阳）

【环境应急保障】 重大活动、节日期间，区环卫中心要求各清扫保洁作业单位实时启动保障方案，保证市容环境整洁、卫生良好。完成“第25届玉渊潭樱花节”“圆明园皇家庙会”“诺贝尔奖获得者北京论坛”“北京马拉松比赛”“北京国际摄影周”“国际时装周”“环北京国际公路自行车赛”等赛事活动的突击环境保障91次。

（焦阳）

【扫雪铲冰】 年内，区环卫中心组织扫雪铲冰工作4次，除雪面积1605万平方米，出动人员8535人次、动用车辆592辆次；使用融雪剂2312吨。保障全区雪后道路交通的畅通。

（焦阳）

【环卫安全】 年内，区环卫中心完善有限空间各项规章制度，加强有限空间作业人员培训教育。完成重要节日、重大活动期间安全保障工作。开展夏季安全工作及“安全生产月”活动。抓好消防安全及烟花爆竹安全管理、预防煤气中毒等冬季安全生产工作。落实交通安全责任制。共进行54次治安消防安全检查，并不定期检查日常安全工作。

（焦阳）

【厨余对接】 年内，区环卫中心完成100个垃圾分类试点小区的厨余垃圾对接工作，共向四季青厨余消纳点清运厨余垃圾1.38万吨。

（焦阳）

【概况】 海淀区地震局共建有前兆监测台站8个、宏观观测站10个，布设流动测震台2处，设置农村基层观测员97人。2013年，区地震局被评为2013年度全国地市防震减灾工作综合考核优秀单位、地震应急救援工作先进单位，北京市2013年度区（县）防震减灾工作综合评比先进单位。

（崔清山　张建平）

【地震应急综合演练】 4月25日，区地震局联合东升镇政府组织地震应急综合演练。演练模拟海淀发生M6.8级地震，东升镇政府按照预案进行应急处置。演练包括预案启动、应急指挥部设置、灾情速报、疏散安置、物资保障、次生灾害处置、危房救人、志愿者搜救、医疗救助、突发事件新闻处置、银行安保等科目。本次演练涉及10多个工作组、200人参加演练，200余人进行现场观摩，是科目最为齐全的街镇一级地震应急综合演练，实战检验地震应急预案的可操作性。

（崔清山　张建平）

【防震减灾成果展】 5月9日—17日，由区政府主办、区地震局具体承办“纪念汶川地震五周年 海淀区防震减灾成果展”。展览包括汶川地震场景展示、科学指导、成果辉煌三大部分，共设计大型展板21张，应急避难场所沙盘1个，应急避震、自救互救雕塑小品7组，摆设实物展台3个，全面系统地展示了2008年汶川地震以来海淀区防震减灾工作成绩。北京市地震局、北京市15个区县地震局局长，市区人大代表、区政协委员，区政府机关干部、武警战士、29个街镇助理员、社区群众、小学生代表累计约1500余人参观了展览。

（崔清山　张建平）

【防灾减灾日宣传展示】 5月12日，区地震局承担并完成“5·12防灾减灾日”海淀公园主会场地震应急指挥部演练展示任务。区地震局以突发破坏性地震为背景现场设置应急避难场所，搭建应急指挥部，宣传防震减灾知识，解答市民关心的问题，累计发放宣传品500份。

（崔清山　张建平）

【万人防震减灾知识竞赛】 6月—7月，区地震局组织开展以“防震减灾大舞台有你参与更精彩”为主题的“万人防震减灾知识竞赛”活动。竞赛分两种形式：个人赛，在《海淀报》和海淀文明网站刊登竞赛试题，社会各界人士均可参加；另集体赛，全区29个街镇组队参加。参赛人群包括：机关干部、学生、社区群众、退休干部等，共回收有效答卷9000余份。7月26日，万人防震减灾知识竞赛集体决赛在世纪城文化广场举行。通过角逐产生一等奖1名、二等奖2名、三等奖5名，抽取个人一等奖10名、二等奖30名、三等奖50名。

（崔清山　张建平）

【培训地震应急救援志愿者】 7月11日，区地震局与团区委、区应急办共同组织30名地震应急救援志愿者进行专业知识技能培训，培训就防灾避险等有关内容进行授课。9月17日至18日，组织区级地震应急救援志愿者、八里庄街道地震应急救援志愿者及东升镇地震应急救援志愿者60余人进行为期两天的专业培训和野外拉练活动。重点开展地震自救与避险、灾后心里救援、灾区营养卫生、国际创伤生命支持、高级检伤分类、野外生存技能、集结拉练等知识学习和实践操作培训。

（崔清山　张建平）

【新建2处应急避难场所】 10月30日，区地震局为君安家园公园和兰德华庭休闲公园安装应急避难指示牌。君安家园公园位于海淀区君安家园东侧，北临小营路，东倚前屯西路，公园占地1.6万平方米。兰德华庭休闲公园位于海淀区畅茜园兰德华庭小区东侧，东临玉泉路，南接阜石路，占地8000平方米。截至年底，全区有规划避难场所285块，其中建有标识牌的场所80块、共设标识牌296块，未建标识牌场所205块。

（崔清山　张建平）

【验收6所区级防震减灾科普示范学校】 11月11日—15日，区地震局、区教委组成联合检查验收小组，对申报海淀区防震减灾示范学校的单位进行验收评定。验收小组采取听取防震减灾示范学校建设工作汇报、查阅资料、观看相关影像资料、师生应急演练、随机抽查师生防震减灾知识知晓情况、实地察看硬件设施的方法，对照组织与管理机制、震害风险评估、地震应急预案、宣传教育、地震应急志愿者队伍、基础设施建设、意识与避震自救技能要求、动员与参与、管理考核制度、档案管理、防震减灾特色鲜明 11 个基本要素进行全面验收评定。北京市海淀北部新区实验学校、北京市二十中学、北京市育英学校、海淀区民族小学、首都师大附小和海淀区七一小学 6 所中小学校被评为海淀区防震减灾示范学校。

（崔清山　张建平）

【震害防御】 年内，区地震局参与区重大项目绿色审批通道工作,5 次参加项目审批工作协调会，提出抗震设防工作建议和意见；以地震安全示范社区（村）创建为平台，深入 7 个镇宣传房屋抗震安全、工程抗震设防要求、地震基本常识和危旧房改造等知识，向重点村、重点户发放宣传材料 2000 份；以四季青医院等 4 家医疗机构为试点，推进医院系统抗震加固工程，完成海淀区卫生学校 4 幢楼、累计 12952.1 平方米的抗震加固任务，总投资 5185.93 万元。

（崔清山　张建平）

【新建 6 个地震安全社区】 年内，区地震局依据“组织机制完善、方案计划健全、基础设施齐全、宣传教育经常、物资器材充分、志愿者队伍结构合理”六条标准，采取“听、查、看、问、评”五种方法，对申报创建地震安全示范社区的单位进行全面检查验收。曙光街道时雨园社区、西三旗街道怡清园社区、北太平庄街道锦秋知春社区、四季青镇郦城社区通过验收，达到“地震安全示范社区”标准。曙光街道怡丽北园社区被确立为国家地震安全社区，花园路街道冠成园社区被评为北京市地震安全社区。截至年底，海淀区累计创建 21 个区级地震安全示范社区。

（崔清山　张建平）

【监测预报】 年内，区城震局编写《海淀区 2013 年年中地震趋势会商报告》及《海淀区 2014 年地震趋势会商报告》。上报震情分析意见 65 期。制作发放 2013 年宏观观测员手册。

（崔清山　张建平）

【2013 年海淀区震情】 全年共发生小震 28 次，最大地震为 8 月 3 日发生的 1.8 级地震。

序号	日期	时间	纬度	经度	震级	深度（千米）
1	2 月 12 日	02:35:13.4	40.02	116.2	0.3	5
2	3 月 17 日	15:01:03.5	40.06	116.28	1.1	9
3	4 月 18 日	01:59:20.6	40.07	116.14	0.9	4
4	4 月 18 日	11:45:39.4	40.03	116.19	0.9	6
5	4 月 23 日	19:54:44.4	40.04	116.28	0.6	5
6	4 月 23 日	21:15:37.7	40.06	116.27	0.3	6
7	4 月 24 日	07:13:50.6	40.06	116.28	1.2	6
8	6 月 1 日	03:18:32.5	40	116.23	0.9	5
9	6 月 8 日	01:49:17.8	40.09	116.15	0.4	5
10	6 月 15 日	12:07:03.6	40.05	116.28	0.5	5
11	7 月 9 日	13:52:41.3	40.07	116.2	0.7	8
12	7 月 15 日	02:44:01.9	40.09	116.24	1.2	6
13	7 月 15 日	20:51:50.4	40.05	116.23	1.3	6
14	7 月 19 日	11:48:40.9	39.97	116.2	0.6	6
15	7 月 29 日	07:49:33.5	40.04	116.11	0.5	7
16	8 月 3 日	04:52:49.6	40.04	116.24	1.8	6
17	8 月 3 日	04:57:39.5	40.03	116.25	1	6
18	8 月 10 日	02:26:41.4	40.05	116.28	0.3	5
19	8 月 10 日	23:34:35.4	40.03	116.18	0.7	6

序号	日期	时间	纬度	经度	震级	深度（千米）
20	9 月 7 日	09:17:56.7	39.98	116.2	1.6	6
21	9 月 7 日	22:49:06.9	39.99	116.22	0.5	5
22	9 月 8 日	00:26:38.5	39.99	116.22	0.3	5
23	9 月 9 日	18:07:22.8	39.98	116.21	0.7	8
24	10 月 4 日	01:47:06.6	40.04	116.26	0.6	5
25	10 月 4 日	05:19:36.1	40.05	116.28	1	9
26	10 月 15 日	00:15:42.7	40.08	116.18	0.7	8
27	11 月 13 日	02:32:34.5	40.01	116.2	0.1	5
28	11 月 22 日	15:39:28.9	40.05	116.3	0.9	6

（楚晓兵）

文化

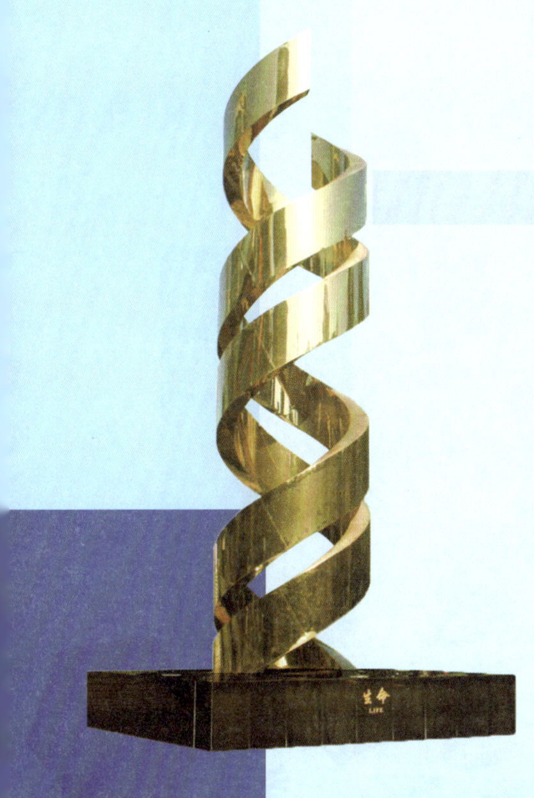

2月23日，“搜酷摄影家协会摄影创作基地”挂牌仪式在鹫峰国家森林公园梅园举行（李瑞林 摄）

3月21日，海淀图书馆邀请专家为孩子们举办“走进南北两极 探索未知世界”讲座（海淀图书馆 供图）

3月22日，书法家缪美峰到北京龙在天皮影剧团，指导演员练习书法（李瑞林 摄）

4月18日，社会人士向区档案馆捐赠档案资料（区档案局 董震 摄）

《4月27日，中国曲艺家协会文艺志愿服务团到青龙桥街道办事处，进行“送欢笑”专场演出（李瑞林 摄）

》8月24日，海淀区博物馆基本陈列《沉香越千年——海淀历史文物展》局部（区博物馆 李志 摄）

《11月6日，第十届海淀文化节“为红叶的交响”在海淀剧院闭幕（区文化馆 毛重渝 摄）

文 化

综 述

海淀区文化委员会（以下简称区文化委）是主管海淀区文化、文物、新闻出版和广播电视工作的政府职能部门。下属文化行政执法队和海淀文化馆、海淀图书馆、海淀博物馆、电影管理处、海淀剧院、海淀评剧团等直属事业单位。

2013 年，海淀区文化工作按照“1+1+6”[①]工作体系，以“三区两道一基地”建设为主线推进。北京市文化专项资金中，海淀区有 80 个项目入围，支持资金超 1.5 亿元。区文化发展专项资金投入 670 余万，开展 12 类、200 多场惠民演出；投入 1.3 亿元推进香山静宜园、贝家花园等 17 项重点文化修缮和保护工程。区文化委着力建设公共文化服务体系，文化活动四季不断，海淀区演出联盟、海淀文化节等文化品牌已成为统筹区域文化资源的平台。继续推进文化遗产保护工作。区文化委获“全国扫黄打非先进集体”“2013 年北京市文化市场综合行政执法技能大比武法律知识竞赛团队一等奖”“2013 年度北京市公共文化服务工作突出贡献奖”“2013 年北京市‘影像北京，共筑中国梦’群众书画影大赛优秀组织奖”。

（李晶晶）

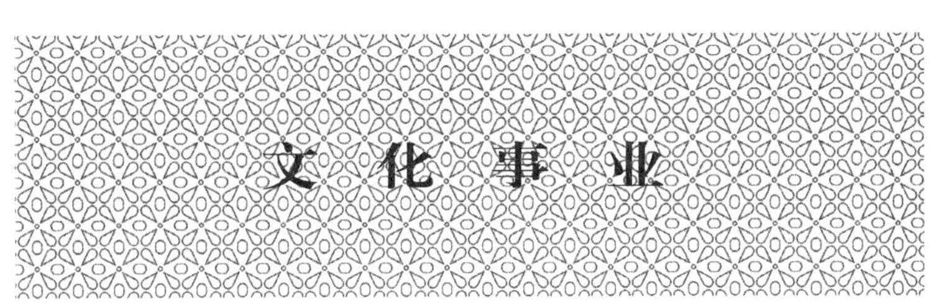

文化事业

【概况】 推进国家公共文化服务体系示范区创建，打造“海”字系列文化品牌。制订《北京市海淀区创建国家公共文化服务体系示范区建设规划》，出台《海淀区争创国家公共文化服务体系示范区专项资金管理办法》等政策文件，区域公共文化建设在政策规划、设施网络、产品供给、队伍建设等方面加速提质。“在高新技术企业园区构建公共文化服务长效机制”入选国家创新示范项目。

实施文化惠民工程，中关村金秋演出季等区域文化品牌在特色、投入规模、针对性等方面有新的突破。五月的鲜花、夏日文化广场、紫竹民族文化节、中关村科技艺术节、苏家坨立夏习俗等惠民活动丰富。第三届海淀阅读季，读者参与人数突破 10 万人次。为农村地区和外来务工人员免费放映 5000 余场电影，送文化演出进农村 200 余场。文化志愿者进企业、社区培训 5000 余人次。表彰 45 支优秀群众文艺团队。

（刘珊珊）

【文化事业基本情况】

项　　目	计量单位	2013 年	2012 年
电影放映	–		
电影放映单位个数	个	26（营业性）	19（营业性）
其中：电影院	个	20（营业性）	13（营业性）

[①] 1 月 14 日，海淀区组建由决策、咨询和执行机构共同构成的“1+1+6”文化发展工作领导体系。第一个“1”是指“海淀区文化发展领导小组”，第二个“1”是指“海淀区文化发展专家委员会”，“6”是指“文化科技融合组、文化消费提升组、公共文化服务组、文化精品创作组、文化人才发展组、文化研究与服务组”。

项　　目	计量单位	2013 年	2012 年
放映场次	场次	277243（营业性）	237000
观影人次	人次	11006000（营业性）	9763000
文化市场	–		
歌舞娱乐场所	家	237	234
电子游艺厅	家	54	53
网吧	家	286	288
书店	家	1677	1600
音像制品零售、出租店	家		
字画店	家	38	38
报纸、报刊零售	家		
印刷企业	家	168	164
文化站	–		
个数	个	29	29
从业人员	人	230	234
街道级社区文化站	个	22	22
乡镇级文化站	室	7	7
组织文艺活动	项	1176	1178
举办展览	次	237	231
举办业余培训班	班次	2638	2304
训练班结业人数	人次	106075	89375
文物保护	–		
文物保护单位	处	150	70
国家级	处	18	16
市级	处	23	25
区级	处	109	29

（张桂和）

【海淀区文化馆】 海淀区文化馆是海淀区政府设立的从事群众文化工作的全额拨款事业单位，是海淀区群众的文化艺术活动中心。馆舍建筑面积 7882 平方米，设有专业琴房、练功房、13 个培训教室、多功能厅和小剧场。

2013 年举办各类活动 126 场，其中演出 59 场，免费电影 35 场，讲座及会议 18 场，临时性活动 14 场。

全年出版《海淀群文信息》12 期、《红叶杂志》4 期。

组织文艺创作者参加各类征文、比赛活动，在相声、诗歌、论文、美术、摄影等门类取得较好成绩。

2 月 23 日，文化馆北京青年合唱团走进北京国家大剧院小剧场，参加难忘的旋律——世界经典音乐剧音乐会。9 月，应美国克利夫兰市长邀请，文化志愿者团队海淀区文化馆青年合唱团、京剧团、甘家口家园舞蹈团赴美国，开展系列中外文化艺术交流活动。

10 月 13 日，海文合唱团参加“北京首届百姓森林合唱大赛决赛”，获第一名。11 月，海文京剧团参加第五届北京市京、评、梆现代戏票友大赛，获三等奖、优秀奖及优秀组织奖。参加第十一届“椿树杯”北京市社区京剧票友大赛获得三等奖、优秀奖及优秀组织奖。

（张雪薇）

【海淀区博物馆】 海淀区博物馆成立于 2003 年 5 月，属全民所有制事业单位。2005 年 12 月 26 日正式开馆，2006 年 7 月 1 日起免费对外开放。建筑面积 1631 平方米，展厅面积 754 平方米。

2013 年，有馆藏文物 4245 件，包括一级文物 49 件，二级文物 88 件，三级文物723件，一般文物3385件。文物藏品年代最早为新石器时代，藏品类别遍及瓷器、金银器、玉器等多个门类。

海淀区博物馆基本陈列为“沉香越千年——海淀历史文物展”，展出精选馆藏文物445件。2013年全年共有7个展览面向公众免费开放，即“沉香越千年——海淀历史文物展”“海淀建设成就展”“世界流通硬币个人收藏展”“宝相庄严——中国古代佛教造像艺术展”“辛亥革命明信片个人收藏展”“海淀史迹展”“地上文物图片展”。接待观众4.5万余人次，其中接待未成年人约1.3万人次，博物馆网站访问量达21536人次。

由海淀区博物馆设计制作的“海淀史迹展”“清明节展”应邀在圆明园第二届金秋皇家文化节展出，“样式雷展”在圆明园正觉寺长期展出。应中国园林博物馆要求，海淀区博物馆将样式雷诰封碑借展，作为“绝世天工——样式雷园林图档展”展品展出。

全年共举办社教活动5次，分别为：4月15日至21日，“海淀史迹展”走进北京交通大学；4月12日，举办世界流通硬币知识讲座；4月30日，举办人民币收藏知识讲座；5月3日，应邀参加由北京市文物局、北京市教育委员会联合举办的“博物馆之春”活动启动仪式；5月25日至5月26日，参加在中央电视塔举办的“与中国梦同行”2013阳光少年文化节，推出专题展览并举办文史知识有奖问答。文化活动惠及群众3万多人次，发放博物馆宣传册2000多份，可借展资源列表100多份。志愿讲解惠及观众8000多人次。

（姜英鎏）

【海淀区图书馆】 是区级综合性公共图书馆，隶属于海淀区文化委员会。全年365天免费开放。区图书馆总藏量70多万册（件），期刊491种、报纸102种，阅览座位500席。为读者提供报刊阅览、期刊外借、图书外借、资料查询、课题服务、上网、自习、培训、讲座、展览和读者活动等服务。

图书馆有53个基层分馆、22个图书流动车服务站点。海淀区已建立文化共享工程网点120家（1个区级支中心、29个街镇和82个行政村、8个社区），有益民书屋132个。年内，在2个园区、5个街道完成8台24小时自助借还机的落地安装、使用。

2013年，共办理读者证5122个，借阅193082人次；外借图书277952册次；解答咨询30641人次。分编加工新书1.8万余种、6.2万余册。图书流动车出车130天，442车次，更换新书2批、1600册，累计在22个流动图书服务站点办理新证19个，流通2151人次、7077册次，接待阅览读者2377人次、4783册次，解答读者咨询288人次。为3个固定流动集体点更换图书27次、3040册次。集体外借库为8所单位集体外借图书3857册，归还3850册；协议借书700册，归还900册；在61741部队建立图书馆协议分馆，外借图书5000册；为部队提供图书1800册；向社区提供图书1400册。海淀地方文献专题数据库网站“海淀叙录”全年点击量近90万次。

图书馆面向市民举办讲座51场、培训50场、展览12场；文化惠民受益公众达57690人次。为53个分馆配发图书2.6万余册。

（向华）

【海淀剧院】 隶属于海淀区文化委员会。剧院建筑面积1万平方米，由可容纳1000名观众的剧场和2个可分别容纳122名观众的放映厅组成，是集电影、戏剧、话剧、舞剧、交响乐及群众文化活动为一体的综合文化活动场所。

2013年，海淀剧院引进台湾优秀院团果陀剧院，初步达成长期合作意向。果陀剧院的励志话剧《最后十四堂星期二的课》和喜剧《步步惊笑》共3个档期8场演出，场场爆满。

剧院承办“海之声”新春演出季活动。意大利爱乐乐团、荷兰爱因霍芬交响乐团、白俄罗斯良赞爱乐乐团、白俄罗斯明星芭蕾舞团等国际知名演出院团，解放军军乐团、解放军艺术学院、北京京剧院等国内顶尖艺术院团都受邀在剧院演出。上半年尝试演出季售票。

全年共开展5次惠民活动，受惠观众2万余人。首次与中国木偶剧院合作，实行低票售票，开展为期一周的儿童剧演出季，上演中国木偶剧院3个经典剧目共7场。

全年承接会议、演出300场，其中话剧187场、音乐会32场、戏剧6场、舞蹈6场，儿童剧34场，综合性演出、会议35场；电影放映4373场。接待观众50余万人次，收入1450万元，演出场次名列北京市单剧场演出场次前列。

（刘洪）

【海淀区电影管理处】 属自收自支事业单位，负责各街道、镇的65个固定影厅、29套流动设备公益性电影放映、统计及放映员培训工作。

2013年，全区放映公益电影5294场，观影人数465285人。其中，2月12日—14日参与海淀区文化馆新春大观园活动，在文化馆小剧场放映电影《财神到》《嘻游记》《河东狮吼》等9场，观影1000人次；7月22日—26日，举办中关村软件园电影周电影放映活动，放映电影5场，观影人次500人。

8月20日至21日，举办海淀区公益电影放映员培训班，94人参加。

（张伟）

【海淀区评剧团】 前身是文化部直属的中国评剧院第三巡回演出队。1959年1月，海淀区评剧团（以下简称剧团）正式成立。

1969年，剧团被迫停止业务活动。1975年剧团正式恢复。1989年5月，海淀区指示剧团“工资照发，业务暂停”，“限制发展，维持现状”。1994年3月剧团恢复业务活动。2003年2月，海淀区文化委要求剧团“停止业务，等待改革”。2005年，在海淀区事业单位改革试点工作中，剧团被定为撤销建制单位，但撤销建制程序一直未启动。2009年3月，剧团开始事业单位岗位设置工作。2010年3月，海淀区编制部门确定剧团事业单位法人身份；6月，剧团重新启动岗位设置工作。2011年，剧团完成岗位设置工作。

2013年9月，海淀区文化委启动评剧团撤销建制程序的前期准备工作，提出改革的初步设想。

截至2013年年底，全团编制61个，在职29人。

（马达）

【海淀区摄影家协会】　海淀区摄影家协会成立于1983年，隶属于北京市海淀区文学艺术界联合会，是社会团体组织，截至年底，拥有会员200余人，俱乐部爱好者100余人。

截至2013年年底，协会参与海淀区政治、经济、文化、教育等30余次活动。举办“2013年影像文化街镇行”学院路街道摄影文化系列讲座3次。开办摄影艺术培训班20次，5000人次参加。参与中国古代佛教造像艺术展开幕式、海淀区第四届市民艺术节、海淀区第十届文化节、2013年颐和园新年庆典等近百项活动的现场拍摄。组织、策划第十届海淀文化节《历史在这里回旋》大型摄影汇在区政府的展览及甘家口街道、青河街道、稻香湖酒店等巡展5次,展出优秀摄影作品202幅。

会员摄影作品《舞燃情》在世界华侨华人摄影展中获得佳作奖；《古都今韵》在“影像北京—共筑中国梦”2013北京市美术、书法、摄影大赛中获摄影类作品一等奖。

年内，在中关村学院一分院建立海淀区摄影家协会学习活动基地，在海淀教工委建立海淀区摄影家协会分会。建立海淀区摄影家协会摄影俱乐部。

（李雪　毛重渝）

【大慧寺】　大慧寺为明正德八年（1513年）司礼监太监张雄创建，至今已有五百多年历史。明清均有重修。据纳兰性德《渌水亭杂识》记载，大慧寺曾有“殿宇凡一百八十三楹，拓地四百二十一亩”。现仅存大悲宝殿一座建筑。解放初期，山门、门前照壁、东西配殿及大悲宝殿尚存。20世纪50年代开始，山门、配殿等被拆除。1957年，大慧寺列入北京市第一批文物保护单位。2001年，大慧寺被国务院公布为全国重点文物保护单位。2010年起，大慧寺由海淀区博物馆负责管理。

大慧寺大悲宝殿的建筑风格，殿内保存的雕塑、壁画艺术是研究明代建筑法式不可多得的实物资料。此外，寺内还存放有海淀区内发现的大量石刻文物。

2013年，海淀区博物馆多次对大慧寺进行调查研究，与中国文化遗产研究院专家进行实地考察，讨论制定寺内雕塑、壁画修复和数据采集方案；聘请专业文物摄影师，对寺内石刻拓片拍摄存档，共计拍摄照片237张；配合区文化委做好大慧寺修缮工程的施工，对工程进行严格监督，确保文物安全。此外，海淀区博物馆还综合大慧寺的历史文化价值、保存现状、周边环境等因素和各类研究成果，制订《大慧寺近期建设及远景规划方案》。

（姜英鋆）

【海淀区文物保护中心成立】　根据2013年11月27日《北京市海淀区机构编制委员会关于成立海淀区文物保护中心的批复》，在原有海淀区博物馆的基础上，组建成立海淀区文物保护中心（以下简称文保中心），加挂海淀区博物馆牌子。文保中心是海淀区文化委员会下属正科级全额拨款事业单位，编制24人，设主任1人，副主任3人，下设信息综合部、调查研究部、修缮利用部、社教展览部、保管陈列部、产权管理部等6个部门。主要职责是：负责组织开展全区文物保护重点项目的调查研究；负责全区流散文物的收集、整理、保护和利用；负责区文化委产权文物保护单位的日常管理工作；负责对权限范围内文物进行常规维护、应急抢险及修缮；负责博物馆藏品的保管和宣传陈列；组织开展文物交流。形成海淀文物管理、执法、专业部门三位一体的管理格局。

（姜英鋆　陈娜）

【基层图书馆】

序号	街道、镇	分馆名称	地　址	一卡通联网
1	曙光街道	曙光街道社区分馆	曙光街道下沉广场	联网
2		诚品建筑社区分馆	紫竹院云慧里诚品建筑社区	
3		望塔园社区分馆	曙光花园10号楼	
4	八里庄街道	核二院社区分馆	马神庙1号文艺图书馆	联网
5		美丽园社区分馆	西四环北路美丽园小区30号楼居委会	
6		新景园社区分馆	北洼路9号院1号楼B1D居委会	
7	青龙桥街道	61046部队社区分馆	5102信箱，02号宣传科	联网
8		61195部队社区分馆	984信箱，89号	
9	北太平庄街道	北太平庄街道分馆	红莲南村5号	联网
10		太月园社区分馆	太月园9号楼负一层103室	
11	花园路街道	花园路街道分馆	花园北路46号综合楼	联网

序号	街道、镇	分馆名称	地　址	一卡通联网
12		花园路街道社区分馆	北三环马甸桥西北 50 米	联网
13	上地街道	上地街道分馆	上地东里 4 区 7 号楼五层	联网
14		科技园社区分馆	东北旺路 8 号院西山公馆 31 号楼	联网
15	田村路街道	田村路街道社区分馆	西四环北路 137 号	联网
16		建西苑社区分馆	玉泉路 8 号院玉海园二里一号楼	联网
17	羊坊店街道	羊坊店街道社区分馆	羊坊店茂林居 6 号楼	联网
18		永红社区分馆	北蜂窝五号院动力楼二层 204 室	联网
19	永定路街道	永定路街道分馆	永定路 57 号院 212 楼	联网
20		六西社区分馆	复兴路 79 号六西社区	联网
21	香山街道	香山街道分馆	香山路甲一号东岳公寓	联网
22	甘家口街道	甘家口街道分馆	阜成路北 8-44-1	联网
23	海淀街道	海淀街道分馆	小南庄 31 号楼海淀街道社服中心	联网
24	马连洼街道	马连洼街道分馆	马连洼北路 8 号院	联网
25	清河街道	清河街道分馆	清河小营西路 20 号街道文教科	联网
26	万寿路街道	万寿路街道社区分馆	永定路西里 11 号楼街道办事处	联网
27	西三旗街道	西三旗街道分馆	清河永泰小区 50 号楼 2 层	联网
28	学院路街道	学院路街道分馆	逸成社区 （学清路逸成东苑 12 号楼）	联网
29	紫竹院街道	紫竹院街道社区分馆	厂洼小区紫竹院社区服务中心	联网
30	中关村街道	中关村街道社区分馆	中关村南路甲 2 号	联网
31	北下关街道	北下关街道社区分馆	大柳树路长河 1 号	联网
32	清华园街道	清华园街道分馆	清华大学荷清苑社区	联网
33	四季青镇	闵航南里社区分馆	闵航路 21 号院南里社区	联网
34		静芯园社区分馆	北坞村路甲 25 号静芯园 F 座	联网
35		门头村分馆	香山门头村 606 号	
36		西冉村分馆	杏石口路 47 号 （四季青佟家坟 4 号）	
37		香山村分馆	四季青镇香山村委会	
38	苏家坨镇	苏家坨镇分馆	北安河路 22 号多功能场馆	联网
39		北安河村分馆	苏家坨镇北安河村文化广场	
40		苏一二村分馆	苏家坨镇苏一二村文化大院	
41		聂各庄村分馆	苏家坨镇聂各庄村	
42	上庄镇	上庄镇分馆	上庄镇文化站	
43		上庄村分馆	上庄镇上庄村村委会	联网

序号	街道、镇	分 馆 名 称	地 址	一卡通联网
44		永泰庄村分馆	上庄镇永泰庄村村委会	联网
45	海淀镇	海淀镇分馆	海淀镇文化服务中心	联网
46		万树园社区分馆	树村村委会	
47		裕隆新村分馆	黑山扈羊场路1号裕隆新村小区图书馆	
48	温泉镇	温泉镇分馆	温泉镇文化站	
49		航材院社区分馆	81信箱，58分箱	联网
50		白家疃村分馆	温泉镇白家疃村文化园	联网
51	西北旺镇	西北旺镇分馆	东北旺路38号	联网
52		唐家岭村分馆	唐家岭村村委会	
53	海淀农业分馆	海淀农业分馆	清华东路17号 中国农业大学图书馆	

（向华）

【22个图书流动车服务站点】

1. 61606部队团部　四王府
2. 66397部队步兵连　海淀区厢红旗
3. 66397部队二连　海淀区厢红旗
4. 66397部队三连　海淀区厢红旗
5. 66397部队六连　海淀区厢红旗
6. 66397部队团部　香山普安店甲12号
7. 66397部队一连　杏林山庄
8. 66397部队五连　韩家川61046部队院内
9. 区财政局　海淀区西四环北路9号
10. 海淀交通支队　知春路海关大楼北侧
11. 黄庄交通中队　海淀昆明湖南路96号
12. 清河交通中队　小营西路
13. 上地东里社区　上地东里7号楼
14. 上地实验小学　上地东里
15. 上地医院　农大南路
16. 区体委　海淀区西苑操场
17. 万寿路医院　翠微中里13号
18. 温泉交通中队　北清路永丰屯路口
19. 西二旗社区　清河西二旗小区
20. 玉泉山交通中队　玉泉山大柳树1号
21. 中关村交通中队（挂甲屯）　海淀区西苑操场
22. 66397部队八连　海淀区农大南路

（向华）

【17个图书集体外借服务单位（B级一卡通）】

1. 鸿翔大厦
2. 田村路社区
3. 曙光村委会
4. 万寿路医院
5. 苏一二村
6. 航材院社区
7. 海泰方圆
8. 北太平庄医院
9. 玉渊潭酒店集团
10. 青龙桥医院
11. 二炮公勤队
12. 66489部队53分队
13. 中汽国际
14. 66489部队51分队
15. 66489部队52分队
16. 66489部队54分队
17. 中关村医院

（向华）

【14个图书协议借书单位】

1. 瑞萨半导体
2. 61606部队
3. 启明星辰
4. 二炮汽车队
5. 二炮警卫营
6. 佳讯飞鸿
7. 玉渊潭酒店
8. 66381部队
9. 66397部队8连
10. 二炮预备役大队
11. 61886部队
12. 万寿路管理处
13. 大华无线电仪器厂
14. 61741部队

（向华）

【16个企业图书流动站点】

1. 东升园
2. 上地园
3. 瑞萨半导体（北京）有限公司
4. 北京启明星辰信息安全技术有限公司
5. 北京佳讯飞鸿电气股份有限公司
6. 北京玉渊潭酒店管理集团有限公司
7. 海淀区中关村768创意产业园
8. 鸿翔大厦
9. 万寿路医院
10. 航材院
11. 北太平庄医院
12. 玉渊潭酒店集团
13. 青龙桥医院
14. 中汽国际
15. 中关村医院
16. 海泰方圆

（向华）

【8个24小时自助图书馆】

1. 西三旗街道办事处　西三旗地铁8号线永泰庄南口
2. 西三旗街道办事处　西三旗富力桃园社区内
3. 海淀东升科技园　中关村科技园东升园内
4. 香山街道办事处　海淀区香山南路

红 旗村六号院

5. 海淀街道办事处 地铁10号线苏州街站西北口

6. 海淀上地科技园 中关村科技园软件园内

7. 万寿路街道办事处 总参信息化部社区内

8. 青龙桥街道办事处 中央党校南大门西南角

（向华）

文化创意产业

【概况】 2013年，海淀区文化创意产业2687家规模以上法人单位收入合计4222.1亿元，同比增长7.9%，占全市的40.2%；从业人员51.7万人，同比增长5.9%；资产总计6713.3亿元，同比增长17.7%；利润总额486.1亿元，同比增长15.6%；税金合计238.6亿元，同比下降1.4%。产业规模不断扩大的同时，收入增长速度呈现放缓趋势，2011年为17.5%，2012年为17.2%，2013年7.9%。

1月14日，海淀区发布《关于调整区文化发展工作领导体系的通知》，组建海淀区文化发展领导小组和海淀区文化发展专家委员会，设立6个海淀区文化发展专项工作组，确立全区文化发展“1+1+6”工作体系。海淀区文化发展领导小组是区委区政府领导推动文化建设的决策机构，由相关区领导、区属部门正职共同组成。海淀区文化发展专家委员会是全区文化发展工作的政策咨询和智力支持机构。6个工作组由有关区领导牵头、主责部门具体负责、相关部门参与配合，承担专项重点工作的推进落实，分别为文化科技融合组、文化消费提升组、公共文化服务组、文化精品创作组、文化人才发展组、文化研究与服务组。

1月16日，区委区政府发布《推动文化和科技融合发展行动计划（2013—2015年）》，明确海淀区深入推进文化和科技融合发展，大力建设国家级文化和科技融合示范基地的总体要求与主要目标，力争到2015年，在文化技术引领、新兴文化产业发展、跨界人才聚集、公共文化服务提升等方面取得重大突破，将海淀区建成同步全球、领航全国的文化和科技融合示范基地。

3月23日，海淀区文化发展促进中心发布《海淀区文化创意产业发展报告（2012）》，包括海淀区文化创意产业发展年度报告、分行业发展报告和典型案例等内容，对海淀区文化创意产业发展的整体情况、分行业情况等进行分析，发现问题、提出对策。

5月18日，区委宣传部发布《海淀区文化和科技融合发展报告（2013）》。该报告分为总报告、实践篇、理论篇、案例篇和附件5个部分。其中“总报告”围绕海淀区文化和科技融合的资源和产业优势，对区内文化和科技融合发展的总体情况，以及进一步促进文化和科技融合的有关举措进行概述和总结；“实践篇”对海淀区重点10个文化创意产业和事业领域文化和科技融合发展的情况分别做了具体、细致的分析和总结；“理论篇”收录闫贤良、刘戈三等7位专家撰写的专题文章，探索文化和科技融合的发展规律与趋势；“案例篇”对海淀区14家优秀文化科技企业和8家典型文化科技园区进行分析研究；“附件”包括国家、北京市及海淀区2012年促进文化和科技融合的大事记及有关政策。

5月20日，海淀园管委会、区委宣传部联合发布《海淀区文化科技园区及孵化器认定和管理办法（试行）》。该办法将对具有相对明晰的产业链条，具有较强的专业服务能力，对文化和科技融合产业发挥聚合效应和推动作用的文化科技园区及孵化器进行认定和扶持。

10月24日，海淀区参加京港洽谈会京港文化创意产业项目推介洽谈会，并有针对性地对东升科技园、益园文创产业基地等5个有招商需求的文创园区予以重点推介。

表一 2009—2013年海淀区文化创意产业发展基本情况表

	2009年	2010年	2011年	2012年	2013年
收入合计（亿元）	2379.7	2842.8	3338.9	3914.6	4222.1
资产总计（亿元）	3420.1	4103.9	4869.5	5705.2	6713.3
利润总额（亿元）	244.2	271.2	342.9	420.4	486.1
税金合计（亿元）	135.1	164.0	203.2	241.9	238.6
从业人员（万人）	34.6	37.4	43.5	48.8	51.7
单位数（家）	2891	2832	2787	2828	2687

表二　2013年海淀区文化创意产业总体情况表

类　别	海淀区	同比增幅	北京市	海淀占全市比重
单位数量（家）	2687	—	8634	31.1%
收入合计（亿元）	4222.1	7.9%	10498.8	40.2%
资产总计（亿元）	6713.3	17.7%	14007.3	47.9%
利润总额（亿元）	486.1	15.6%	852.1	57.0%
税金合计（亿元）	238.6	-1.4%	468.1	51.0%
从业人员（万人）	51.7	5.9%	111.5	46.4%

（叶亮清　高洁）

【区级文创产业集聚区增至12个】　8月，海淀区命名中关村数字电视产业园、益园文化创意产业基地、中间艺术园区、中国人民大学文化科技园、中关村多媒体创意产业园等5家第二批海淀区文化产业集聚区。加上2010年命名的7个，区级文化创意产业集聚区增至12个。

（钟冷）

【参加第八届中国北京国际文化创意产业博览会】　11月6日—10日，第八届中国北京国际文化创意产业博览会举办，来自海淀文化创意产业6大支柱行业的中视典、爱奇艺等16家领军企业将为观众带来一场创意盛宴，3D沉浸式体验、立体全系台、720度动景、“中国探月工程”立体影片等数十个项目亮相展区。

（钟冷）

【4人获首届“中国文化创意产业新领军者”奖】　11月7日，首届“中国文化创意产业新领军者”颁奖仪式在北京举行。驻区企业腾讯控股有限公司CEO马化腾、小米科技CEO雷军等获得“中国文化创意产业最具网络影响力十大人物”奖项；美团网CEO王兴、搜狗网CEO王小川等获得“中关村核心区文化创意产业最具网络影响力十大人物”奖项。在颁奖过程中,现场屏幕呈现出透过大数据技术制作的“获奖人物云图像”以及“获奖人物网络关联图”,这是国内首次应用于人物评选活动中的“大数据可视化展示方式”。

（钟冷）

【69个项目获市专项资金支持】　2013年，海淀区文化发展促进中心集中受理北京市文化创新发展专项资金项目259个，预审后推荐上报项目234个，通过初审项目115个，获支持项目69个，获支持资金13660万元。

（叶亮清　高洁）

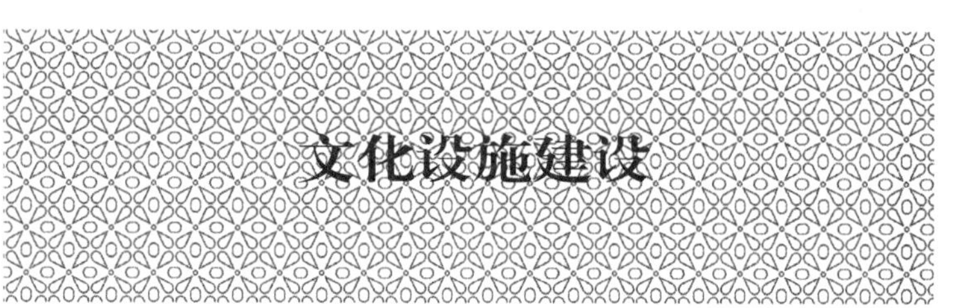

文化设施建设

【概况】　区文化委以争创第二批国家公共文化服务体系示范区为契机，推动公共文化设施建设，初步形成南北中文化设施布局思路。北部区级文化中心开工建设。争取市级资金近4000万元，支持15个文化建设项目,加强社区(村)文化室网络化、数字化建设。

（刘珊珊）

【海淀图书馆被评为一级图书馆】　5月22日，海淀图书馆通过北京市评估专家组四年一次的验收考核。特色文献部得到评估专家组的肯定。10月，图书馆获得一级图书馆标牌及证书。

（向华）

【北部文化中心开建】　8月26日，海淀区北部大型公共文化设施区级文化中心开工建设。新建北部文化中心为北部科技生态区提供配套文化设施,其中设置的企业文化活动中心、企业资料服务中心等将为园区企业、青年员工以及北部广大农民提供公共文化服务。中心由清华建筑设计院设计，面积8.81万平方米。其中包括区文化馆1.5万平方米（含中型剧场）、区图书馆2.93万平方米(含美术展览厅)、区档案馆2.88万平方米以及温泉镇文化中心1.5万平方米。与已建成的温泉体育中心组成海淀北部大型公共文化、体育设施地标性建筑。

（刘珊珊）

【纳兰纪念馆重新开馆】　9月19日，清代文学家、词人纳兰性德的专题陈列馆——纳兰纪念馆重新开馆，纳兰文化墙也同时呈现。上庄镇永泰庄村是清代著名词人纳兰性德生前活动的主要地区之一，村里至今保存着许多纳兰文化遗迹：东岳庙为纳兰家庙，东岳庙正门广场前存有大戏台；村内有龙王圣母庙、关帝庙等多座古建筑。自2012年开始，永泰庄村推进纳兰文化村建设。

（田颖）

【基层公共文化设施标准化建设】　年内，区文化委与财政局联合制定下发《海淀区争创国家公共文化服务体系示范区建设专项资金管理办法》，从海淀文化发展专项资金中设立1000万元，用以改善街道（镇）、社区（行政村）

文化设施条件。争取市级资金近4000万元，用于支持花园路街道、北太平庄街道、八里庄街道、海淀镇、东升镇文化服务中心、海淀街道、羊坊店街道社区文化活动室等15个项目建设。

（刘珊珊）

【提升文化设施服务功能】 年内，区文化委加强社区（村）文化室网络化、数字化建设。建设49个数字化社区和20个社区益民书屋，在西三旗、青龙桥、海淀、万寿路、海淀园等地大型公共场所建成8台24小时自助图书馆，为市民提供便利的文化服务。

（刘珊珊）

【完成企业图书流动站点前期规划设计】 年内，为落实海淀区关于“逐步建立具有海淀特色的企业图书馆群落”的相关要求，海淀图书馆在调研的基础上，面向全区发布《海淀区企业图书流动站申建公告》。截至年底，与海淀图书馆签订企业图书流动站点的企业已达16家。

（向华）

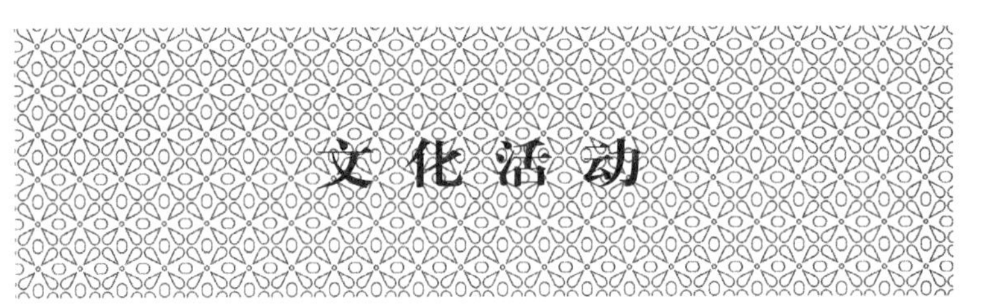

文化活动

【概况】 区文化委发挥海淀区演出联盟作用，探索文化行政部门从“办文化”向“管文化”的转型。举办2013“海之声”新年演出季、2013第二届中关村金秋演出季。推进全区公共文化服务体系建设，打造“海”字系列文化品牌。全年组织文化活动8200余场，参与人数约200万人次，文化活动呈现出多元发展的态势。

（刘春华）

【海之声——2013新年演出季】 1月7日，“海之声——2013新年演出季”正式启动，历时54天，经历春节和元宵节两个传统节日，上演9类、120场次的演出。演出季强化国际性、高端性与多样性主题教育元素，以“艺术照亮人生”的艺术辐射力引领青年群体对社会主义核心价值观的凝聚，并以此为重心，不断夯实中关村“海之声”艺术教育的平台。

（刘珊珊）

【举行“送福到家”启动仪式】 2月1日，第五届北京文化志愿者“送福到家”启动仪式在清华科技园举行，活动由北京市文化局、海淀区人民政府支持，北京文化艺术活动中心、北京市文化志愿者服务中心、海淀区文化委联合会主办，海淀区文化馆、海淀区文化志愿者服务分中心具体承办。专家型文化志愿者在活动现场为百姓书写春联、“福”字；手工艺志愿者带着吉祥的剪纸、精美的盘扣等民俗工艺品，现场指导参观者制作手工；海淀文化志愿者用丰富的文化志愿服务与科技园企业员工一起庆祝蛇年春节。

（刘珊珊 张雪薇）

【文化科技卫生“三下乡”活动启动】 2月4日，由区委宣传部牵头，区文明办、区农委、区文化委等单位参与的2013年海淀区文化科技卫生“三下乡”活动正式拉开帷幕。现场向群众代表赠送文化活动用品、农业科技用品、计划生育用品、药品、健康保健图书、体育健身器材、法律宣传设备、科普宣传展板、农业科技光盘以及书画作品。

（张雪薇）

【非遗展示展演活动】 2月10日—15日，区文化委组织舞狮、飞叉、中幡、摔跤等非遗项目参加圆明园春节皇家庙会，吸引近10万名观众观看；2月12日—14日，组织剪纸、绢人、蔡氏脉象、面塑、颖拓等非遗项目参加文化馆室内新春文化庙会，参展群众近万人。清明节期间，组织国家级非遗项目“传统插花”传承人在大觉寺开办三次插花讲座，日均近千人参与活动。端午节期间，组织非遗项目扑蝴蝶和翰林院五虎棍参加北京市举办的文化遗产日活动。中关村美食节期间，组织颐和园听鹂馆御膳制作技艺、惠丰堂鲁菜制作技艺、于氏手工鲜切羊肉片制作技艺等区内非遗精品美食制作技艺进行展示宣传。

（张雪薇）

【新春室内文化庙会】 2月12日—14日，区文化馆举办“海淀区2013年新春室内文化庙会”。活动包括：疯狂投篮、桌上足球、飞镖、高科技体感体验游戏、民间手工艺品制作、非遗展演、皮影、科普展览等互动性强的各类活动，1.5万余人次参与。

（张雪薇）

【新春系列文化活动】 春节期间，区文化委组织圆明园皇家庙会、金源新燕莎MALL庙会、新春室内文化庙会、第六届海淀区“百花闹新春”民俗展示展演、龙泉寺灯会等系列文化活动，接待游客约160余万人次。在四季青敬老院的“同心圆·深情海”慰问文艺演出活动，向老年朋友赠送慰问品。配合市文化局在清华科技园举行第五届北京文化志愿者“送福到家”启动仪式。

（刘珊珊）

【群众文化骨干及品牌团队培训】 3月，区文化馆举办群众文化活动策划与组织培训班，为期3天，29个街镇的30余名群文干部参加培训。4月—5月举办舞蹈创作培训班，培训40余人400学时；开设合唱指挥培训班，为期四天，内容涉及指挥理论及实际操作，29个街镇的50余位合唱团负责人及文艺骨干参加学习。8月19日—21日，举办2013海淀区文化组织员（文体专干）培训班，各街镇、社区、村的119位文化组织员（文体专干）及文化馆相关业务干部参加学习。9月、11月举办基层骨干（新秧歌）培训班，文化馆选派优秀文化志愿者为基层文艺骨干、新秧歌爱好者授课，培训40人、40课时。

（张雪薇）

【“五月的鲜花”】 3月—6月，区文化馆在全区街镇组织“五月的鲜花”活动，由区文化馆成立相声、舞蹈等各门类专业老师组成的节目审查小组，深入各街镇开展节目审查评选工作。全区共评出原创作品39个，优秀作品113个。5月23日，海淀区2013年“五月的鲜花”开幕式暨西北旺镇建镇10周年文艺演出举行，表演者为评审出的西北旺人民自编自演的文艺节目。

（张雪薇）

【第四届海淀风筝节】 4月3日，由区文化委员会主办，上庄镇人民政府、区文化馆承办，北京市风筝协会、上庄二中协办的“放飞春天”第四届海淀风筝节在上庄二中举行。来自海淀代表队、东城代表队、门头沟代表队等十余支风筝代表队的百余人参与活动。除组织开展风筝放飞活动外，北京市风筝协会的专家还全程为观众介绍风筝的发展历史、种类、放飞技巧等知识。国家重点非遗保护项目——“曹氏风筝”进行现场展示。

（张雪薇）

【第三届海淀阅读季】 4月—7月，由区文化委主办、海淀区图书馆承办的益民书屋征文演讲比赛、书香家庭评选，摄影作品展览等40余场民众喜闻乐见的各类阅读活动，2万余人次参与其中。第三届北京换书大集组织全区范围内的换书活动，共接受交换图书、期刊2500余册，吸引社会各界读者600余人参与本次活动。

（刘珊珊）

【红领巾读书活动】 4月—11月，区文化委举办“美丽北京我的家”摄影比赛、“我的藏书票”设计比赛、第十四届“读书小状元”评选、青少年科普剧比赛、“我的暑假生活”征文比赛等25场不同规模的主题活动，共有100多所中、小学校的1.3万余名中小学生参与。

（刘珊珊）

【免费艺术讲座】 “五一”“十一”期间，区文化馆举办为期五天的免费声乐讲座，受众1200多人次。7月20日至8月10日，每周六上午，文化馆小剧场举办“我的中国梦”同声歌唱美丽北京系列合唱讲座，共1000人参加。

（张雪薇）

【中国古代佛教造像艺术展】 5月16日—8月13日，海淀区博物馆与首都博物馆联合举办的“宝相庄严——中国古代佛教造像艺术展”在海淀区博物馆开展。展览共计展出精选佛教造像类藏品50件，主要是元、明、清三代的宫廷和民间金铜佛教造像，包括汉地风格、藏地风格以及汉藏融合风格，涉及题材十分丰富，有法相庄严的佛陀、华美曼妙的菩萨、威武勇猛的护法、形象生动的上师等。此次参展文物多数来自首都博物馆，且是首次展出。

（姜英鋆）

【第三届国际青年艺术节】 5月24日至6月28日，由海淀区人民政府主办，区文化委、海淀园工委和团区委承办的“青春的海”——第三届中关村国际青年艺术节在新清华学堂开幕。艺术节共分6大版块、19项、120场活动。整合海淀区演出联盟、海淀区教委等区域资源，突出文化与科技、文化与教育结合的力度，体现海淀青春文化特色，约40万人次参与，受到青年群体的欢迎。

（刘珊珊）

【第五届海淀端午诗会】 6月10日，由区文化委主办，区文化馆承办的“海之韵 端午情”第五届海淀端午诗会在圆明园公园南广场举行。田华、任志宏、殷秀梅等艺术家及多位演员莅临现场，为游客献上诗歌朗诵、戏曲、歌舞等节目，数百位海淀市民、游客参加。

（张雪薇）

【北京国际园林博览会——海淀文化日专场演出】 6月15日—16日，由北京市文化局主办，北京文化艺术活动中心、区文化委、区文化馆共同承办的第九届中国（北京）国际园林博览会—海淀文化日专场演出在园博园3号菊花广场举行。文化馆组织文艺团队，为游客表演诗朗诵、歌舞、新流行民乐演奏、快板、杂技等精彩节目。

（张雪薇）

【北京第九届“舞燃情”国际标准舞邀请赛】 6月29日—30日，由北京文化艺术活动中心、海淀区文化委员会联合主办，海淀区文化馆、北京舞燃情国标舞俱乐部共同承办的北京第九届“舞燃情”国际标准舞（体育舞蹈）、交谊舞全国邀请赛在北京大学生体育馆举行。来自全区20多个省市、香港特区以及意大利、立陶宛、斯洛文尼亚等国家的1400多名选手参加比赛，最大年龄为70岁，最小仅为7岁。大赛分摩登舞、拉丁舞、交谊舞等47个组别，共160场比赛。邀请来自美国、俄罗斯、丹麦和希腊等国的国际级专家进行评审。比赛最终按照不同的组别取前六名，颁发奖金、奖杯或证书。

（张雪薇）

【百姓周末大舞台】 6月—10月，“百姓周末大舞台”在海淀公园举行，中国广播艺术团、中国杂技团、中国评剧院、北京歌剧舞剧院等在海淀公园露天剧场演出50场，涵盖京剧、评剧、交响乐、歌舞等多门类。海淀居民可以在周末和节假日免费观看专业文艺团体带来的精彩演出，惠及群众约5万人次。

（刘珊珊）

【第三届“青春的海”中关村国际青年艺术节街舞健身舞展演】 7月3日，由区文化委主办、区文化馆承办、圆明园管理处协办的第三届“青春的海”中关村国际青年艺术节街舞健身舞展演在圆明园公园南广场举行。现场进行Breaking、Poppin、Locking、Hiphop、爵士舞、小轮车等表演。

（张雪薇）

【留学生才艺比拼大赛】 7月7日，由区文化委主办，区文化馆承办的2013第三届中关村国际青年艺术节“五洲春天”——留学生才艺比拼大赛在文化馆小剧场拉开帷幕。来自赞比亚、津巴布韦、博茨瓦纳、印尼等国家的9名外国选手以歌舞的形式，同台竞技，通过精彩的节目表达对中国及中华文化的热爱。

（张雪薇）

【调研基层文化建设】 8月，区文化馆组织人员到苏家坨镇和西北旺镇城就镇化进程中的文化建设情况进行调研，了解各社区的人员组成、入住情况、文化设施面积及使用率、文化队伍建设与活动情况、文化组织员福利待遇等情况。12月，到各街镇调研，了解公共文化场地配套设施建设与使用情况，基层文化活动开展情况，重点调研空巢老人、低保人员、外来务工人员等弱势群体的文化活动开展情况，为进一步完善公共文化设施、加强基础公共文化队伍建设提供参考依据。

（张雪薇）

【公共文化服务体系示范项目获创建资格】 8月，在文化部召开的第二批国家公共文化体系示范区资格评审工作上，海淀区申报的《海淀区高新技术企业园区构建公共文化服务长效机制研究》项目获得第二批国家公共文化服务体系示范项目创建资格。

（刘珊珊）

【第二届中关村金秋演出季】 9月9日，第二届中关村金秋演出季在北京大学拉开序幕。在90天内，47个国内外演出团体在海淀区12家场馆举办200场文艺演出。演出季以缤纷的剧目、优质的剧场、优秀的演员、优惠的票价，吸引社会各界的关注。演出季突出政府引导、联盟组织、文化惠民、市场运作四个特点，政府拿出专项资金对演出项目和惠民票款给予补贴。

（刘春华）

【推荐申报第四批国家级非遗项目专家论证会】 9月13日，海淀区文化委、海淀区非遗保护办公室召开推荐申报第四批国家级非遗项目专家论证会。颐和园传说、圆明园传说、香山传说、六郎庄五虎棍、太平歌词、京剧盔头制作技艺、颐和园听鹂馆寿膳制作技艺、程氏针灸共8个市级项目被推荐申报第四批国家级非遗项目名录。

（张雪薇）

【第十届海淀文化节】 9月22日—11月6日，第十届海淀文化节举行，文化节以“三山五园锦绣连绵 中关村里欢歌一片”为主题，分6个板块、35项活动，共举办大型展览、展示和群众性赛事、演出活动等100余场，参与群众近50万人次。11月6日，区文化馆承办“为红叶的交响”第十届海淀文化节闭幕式。来自海淀区各街镇、区属机关和属地文化共建单位的文化骨干、师生代表等千余人观看演出。44支海淀区优秀群众文艺团队获得政府的命名与奖励。

（刘珊珊 张雪薇）

【“民营经济文化月”活动】 10月14日，海淀区工商联、区文化委共同举办的“海淀区民营经济文化月”在用友软件园正式启动，活动历时两个月，是第十届“海淀文化节”的主题单元，也是开展非公有制经济人士理想信念教育实践活动、配合全国文明城区创建工作、展示海淀区非公经济人士良好精神风貌的重要活动之一。其间共举办20多场各类活动，工商联24家地区、行业分会参加，影响带动2000多家会员企业的近10万员工。

（刘珊珊）

【启动“公共文化服务共享工程”】 10月16日，区文化委试点推出“公共文化服务共享工程”。该工程由区文化委，区娱乐行业协会、互联网上网服务行业协会承办，学院路等11街道协助开展，北京欢乐汇餐饮娱乐有限公司、北京花园麦颂娱乐有限公司、北京五色鸟上网服务中心等14家文化娱乐场所参与。“公共文化服务共享工程”由政府提供50万元补贴，利用海淀区歌厅、网吧等文化娱乐场所，重点针对文化娱乐场所所属街道低收入居民及退休人群，就近为其提供质量相对较高、价格适中的文化消费服务，以弥补公益文化设施的不足。活动期间，共发放6800张文化娱乐场所惠民消费券。

（刘春华）

【举办“艺术沙龙”讲座】 10月—11月，区文化馆举办“艺术沙龙”系列讲座，邀请歌剧舞剧院、煤矿文工团、全国总工会文工团等国家一线艺术院团深入各街镇，开展民间舞赏析、中外名曲欣赏（声乐）、摄影欣赏与操作等主题讲座共14场，受益群众达2000余人。

（张雪薇）

【“秋日欢歌”文化广场系列活动】 10月—12月，区文化馆走进田村街道、清河街道、西北旺镇等街镇，举办16场“秋日欢歌”文化广场演出活动，受益群众近万人。

（张雪薇）

【举办基层文化干部艺术素养培训班】 11月15日，海淀区百余名基层文化干部走进解放军艺术学院接受系统的艺术培训。本次活动由区文化委主办，解放军艺术学院承办。按照“区属资源为主、社会资源参与，政府引导、社会化运作”的工作思路，统筹社会文化资源参与公共文化服务体系建设。

（刘珊珊）

【第三届海淀文化大擂台】 11月—12月，区文化馆举办第三届海淀文化大擂台。本届比赛面向全区业余文艺爱好者，分戏曲、器乐、合唱、舞蹈4个门类，来自各街镇的89个团队参与其中，共举办18场比赛，每周评选出周擂主，年终参加总决赛，决出4个门类的年度总擂主。

（刘珊珊）

【文化部调研区公共文化工作】 12月23日，文化部公共文化司到海淀区调研公共文化建设工作。 文化部一行首先考察了解放军艺术学院、羊坊店街道文化服务中心，随后与区委区政府主要领导进行座谈，听取关于海淀区文化及国家公共文化服务体系示范区建设情况的汇报。文化部表示将支持海淀区“在高新技术企业园区构建公共文化服务长效机制”示范项目建设，为全国提供借鉴经验。

（田颖）

【文艺轻骑兵“海燕行动”】 年内，区文化委组织开展文艺轻骑兵“海燕行动”计划，以系列文艺演出深入中关村科技园各企业。文艺轻骑兵“海燕行动”分别走进清华科技园、中关村软件园，用定向文化服务促进科技文化双轮驱动，惠及高新技术企业员工2000余人次。

（刘珊珊）

【文化志愿者免费培训学员】 年内，区文化馆组织文化志愿者为街道、社区、镇、高新技术企业的文艺爱好者送去免费文化艺术培训，举办培训班68个，培训学员9.5万多人次，内容涉及声乐、民族舞蹈、摄影、书法、合唱、国标舞、健身舞及广场舞等。共设立65个培训点：街道30个、镇11个、企业24个。其中企业培训点主要针对中关村科技园海淀园的外来创业和外来务工人员，包括北大方正、清华同方、用友软件、新奥特等24家高新技术企业。全年提供培训服务的文化志愿者共55人，培训1000多次240天。

（张雪薇）

【开办免费培训班】 区文化馆全年

共开办舞蹈、声乐、器乐、美术、工美等各门类免费班92个，共184期，免费培训学员5883人，39211人次，2338课时；老年低收费培训班25个，共50期，培训学员4880人，36723人次，1570课时；无偿接待团队及基层排练活动484多次，9500人次；每周三、五上午，文化馆多功能厅举办免费舞会共计85场，受益5100人次。

（张雪薇）

【文化惠民系列公益活动】　年内，区文化馆组织文化志愿者深入基层开展文化惠民系列公益活动。包括“送福到家”西北旺镇专场活动；到香山千禾敬老院慰问演出；到中关村壹号工地进行“四海一家亲”专场慰问演出；走进北京肿瘤医院，为医护工作者和患者送去文艺演出；“同心圆　深海情”走进四季青敬老院慰问演出；“欢歌笑语在海淀　五湖四海一家亲”到西北旺镇屯佃村、农大和园慰问来京创业者主题晚会。

（张雪薇）

【培训文化骨干】　年内，区文化委针对街道、镇文化组织员和百度、用友、安泰等企业文艺骨干以及文化志愿者进行舞蹈、声乐、绘画、摄影等多方面艺术辅导。策划组织海淀区基层文化干部艺术素养培训班、群文干部合唱指挥培训班、群文干部群众文化活动组织培训班、文体专干培训班、数字文化社区管理员培训班、益民书屋管理员培训班、图书管理员培训班，开展公益讲座50余场，培训文化骨干3650人。

（刘珊珊）

【基层图书管理员培训】　年内，海淀区图书馆对全体职工及基层图书馆管理员进行系统培训。举办“2013年海淀区图书馆管理员培训班”“共享工程管理员培训班”“益民书屋管理员培训班”等业务培训班，600余名图书馆从业人员参与。

（向华）

文化市场监管

【概况】　区文化委共办理审批项目795项，其中出版物零售单位520家（设立395家，变更125家），歌舞娱乐场所设立和变更21家（设立3家，变更18家），网吧变更41家，有线电视安装企业设立和变更4家（设立1家，变更3家），游艺娱乐场所5家（设立2家，变更3家），电影放映场所3家（其中，新设立2家，变更1家），演出场所设立2家，文艺表演团体设立6家，演出193项1471场。

2013年区文化委执法队共出动执法人员1900余人次、700余车次，检查场所1900余家次，共立案83件，罚没款40余万元，加处罚款（未按时缴纳罚款）900元。全年共刑事拘留95人，直保2人，行政拘留33人，收缴非法出版物6000余册，非法音像制品2.1万余张，政治性有害出版物1459册。

（刘春华　杨帆）

【“净网行动”】　1月—5月，区文化委组织开展“净网行动”，一是以整治网络文学、网络游戏、音视频网站为重点，公安部门拦截、删除网上淫秽色情、恐怖、反动信息12.3万条，关闭违法网站127个，区文化委与工商等部门开展中关村西区电子市场综合整治工作，加强对电子市场非法销售电视棒的打击力度，行动中共收缴电视棒6个，市场管理部门对违法摊位进行查封；二是坚持网上网下相结合，结合在全区范围内开展的秋季开学后校园及周边治安秩序安全稳定工作部署及要求，组织公安、工商等部门开展为期三天的联合执法检查活动，对全区音像、图书经营单位特别是中小学周边的出版物经营单位进行检查和随机抽查，打击口袋书等危害青少年身心成长的非法出版物，打击销售淫秽色情和低俗出版物的行为。

（杨帆）

【启动北京知识产权宣传周】　4月25日，由北京市版权局、中共海淀区委、海淀区人民政府联合主办，海淀区文化委员会承办的“2013北京知识产权宣传周版权系列宣传活动”在海淀文化馆小剧场启动。启动仪式上播放微电影《谁动了我的著作权》，公布首都版权保护示范单位、2012首都版权保护十大事件，聘请首都版权保护专家团队、首都版权保护媒体团队，并聘请著名音乐人高晓松等4人为首都版权保护形象代言人。启动仪式后，在区文化委举办以“贯彻北京条约，鼓励音乐原创”为主题的论坛，就如何鼓励音乐原创、网络音乐收费等问题进行讨论。

（刘春华）

【拍摄微电影《谁动了我的著作权》】　4月25日，由文化委推出的首个反映行政机关版权执法、维护企业合法权益的原创微电影《谁动了我的著作权》在2013北京“知识产权宣传周”版权系列宣传活动启动仪式上首播，得到北京新闻出版（版权）局及与会专家团队、媒体团队的肯定。《法制晚报》、中国产经新闻等平面媒体，新浪、搜狐等新媒体，优酷、搜狐视频等视频网站传播该微电影。截至年底，总点击量已超过20万次。

（李晶晶）

【“黄丝带”安全生产月】　6月1日—6月30日，区文化委开展“黄丝带”安全生产月相关活动，分为安全知识宣传周、安全文化周、安全生产应急演练周和专项整治行动四个阶段。一是组成文化方阵参加北京市“安全生产月”咨询日活动；二是召集全区网吧、娱乐、影院、电游和营业性演出场所主要负责人600余人在海淀剧院接受文化娱乐场所安全生产暨法规培训。安全生产应急演练周中在星美国际影城北京金源店首次开展影院应急演练。专项整治行动周中区文化委会同区消防支队、安监局开展了“安全生产月”专项检查。为扩大宣传范围，区文化委结合文化娱乐场所特点编写《文化娱乐场所安全三字经》，设计并发放宣传海报、法规手册、应急演练手册、环保袋和凉扇等宣传品。

（杨帆）

【瞪羚企业版权高端人才实训班】 6月18日，区文化委主办的“实战培训.实效保护——核心区瞪羚企业版权保护高级人才实训班”在中关村创新研修学院正式开班。来自海淀区40家瞪羚企业负责版权保护的高级经理参加培训。实训班是区文化委“4·26”版权保护系列活动之一，历时四个月，包含集中授课、案例分析、庭审体验等内容。

（刘春华）

【获市行政执法大比武第一名】 6月，区文化委根据《北京文化市场执法总队关于在全市范围开展文化市场综合行政执法岗位大练兵与技能大比武活动的通知》要求，结合实际制定方案，选拔参赛选手，组建海淀区代表队，明确“保二争一”的参赛目标。9月11日，在全市举行的2013年北京市文化市场综合行政执法技能大比武法律知识竞赛中，区文化委获全市第一名。

（杨帆）

【“清源行动”】 6月—9月，区文化委开展“清源行动”，查堵贩制香港政治性有害出版物和信息，以海淀区域印刷复制复印企业以及高校校园及周边地区、党政军机关驻地周边的复印店、商务中心等拥有高档数字复印设备和以复印为主业的企业作为检查重点，狠抓“政治安全”及“场所安全”，重点检查有违法违规记录的印刷企业，加大查处游商兜售政治性非法出版物案件，在全区开展新闻出版行业安全生产大检查。专项整治期间共出动人员102人次，车辆40车次，共检查场所86家次，其中印刷厂46家，复印店40家，通过专项行动的开展，全区出版物市场环境得到改善。

（杨帆）

【举办文化安全生产公开课】 8月14日，区文化委在海淀剧院举办海淀文化娱乐场所安全生产大型公开课，邀请区安监、消防等部门针对当前的安全形势和行业特点进行授课。授课结合国内近期发生的几起重大责任事故案例，分析事故发生的原因，剖析事故产生的危害，阐述事故发生应采取的措施；针对文化娱乐场所的行业特点，讲解经营场所在安全生产方面应把握的重点问题。要求各文化娱乐场所进行一次全面的自查自纠，发现隐患苗头，坚决整改落实。区内文化娱乐场所260余名负责人参加培训。

（杨帆）

【“秋风行动”】 10月—12月，开展“秋风行动”，集中打击非法报刊，与中关村西区邮局开展联合检查，重点加强对繁华街区、交通枢纽、餐饮娱乐场所以及校园周边等重点地区的书报刊经营场所的全面清查，同时根据印刷企业等级评定，从严查处印刷非法报刊行为。

（杨帆）

【印刷企业安全生产标准化创建培训】 11月22日，区文化委、安监局和北京市工业技术开发中心在区委党校联合开展印刷企业安全生产标准化创建培训。海淀区153家印刷企业的210名负责人参加。

（李晶晶）

案例选辑

【首件网络游戏违规运营案】 3月，区文化委行政执法队办理海淀区首件网络游戏违规运营案件，依法给予当事人罚款伍仟元整的行政处罚。该案件的办理一方面填补了本区未办理网络文化行政执法案件的空白，另一方面也为全区拓宽文化执法思路起到引领作用。

（杨帆）

【6·14政治性非法出版物案】 6月14日，在区文化委、区城管监察大队开展的联合检查中发现制售政治性非法出版物线索，协调相关部门展开侦破工作，并及时向市“扫黄办”汇报。海淀区成立由公安、安全、文化部门组成的专案组，市“扫黄办”通过全国“扫黄办”协调相关省市部门，最终破获查处一起涉及数省的“6·14”政治性非法出版物大案，截获政治性非法出版物共计1459册，码洋238848元，铲除制售政治性非法出版物犯罪网络。

（杨帆）

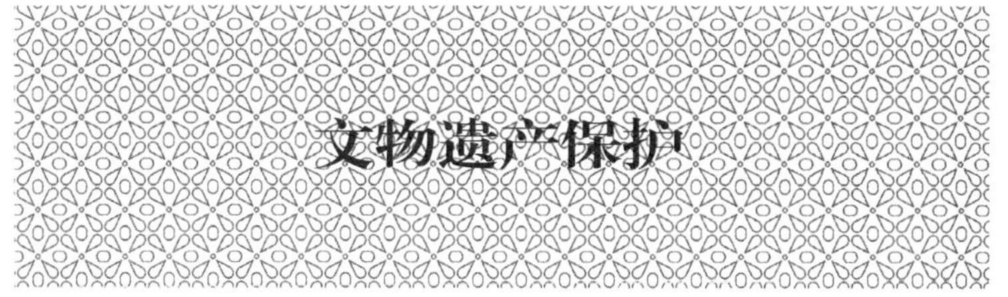

【概况】 截至2013年年底，区域内有文物古迹376处，其中国家级重点文物保护单位18个，市级文物保护单位23处，区级文物保护单位109处。有国家级非物质文化遗产7项，市级非物质文化遗产27项，区级非物质文化遗产69项。

2013年，随着“三山五园”历史文化景区建设的逐渐深入，文化遗产保护工作在规划编制、机构设置、资金投入等方面有了突破进展，海淀文化遗产保护工作进入快速发展的机遇期。

（高五一）

【18个国家级文物保护单位】

编号	名称	公布时间
1.	颐和园	1961-03-04
2.	圆明园	1988-01-13
3.	觉生寺	1996-11-20
4.	真觉寺	1961-03-04
5.	景泰陵	2001-06-25
6.	碧云寺	2001-06-25
7.	清华大学早期建筑	2001-06-25
8.	原燕京大学未名湖区	2001-06-25
9.	十方普觉寺（卧佛寺）	2001-06-25
10.	大慧寺	2001-06-25
11.	元大都城墙遗址	2006-05-25
12.	大觉寺	2006-05-25
13.	静明园	2006-05-25
14.	健锐营演武厅	2006-05-25
15.	万寿寺	2006-05-25
16.	辛亥滦州起义纪念塔	2006-05-25

17. 慈寿寺塔 2013-03-05
18. 摩诃庵 2013-03-05

（高五一）

【23个市级文物保护单位】

编号	名称	公布时间
1.	双清别墅	1979-08-21
2.	静宜园	1984-05-24
3.	“三·一八”烈士纪念碑	1984-05-24
4.	黑龙潭及龙王庙	1984-05-24
5.	李大钊烈士陵园	1984-05-24
6.	旭华之阁及松堂	1984-05-24
7.	钓鱼台养源斋	1984-05-24
8.	乐家花园	1984-05-24
9.	达园	1984-05-24
10.	醇亲王墓	1984-05-24
11.	孚郡王墓	1984-05-24
12.	魏太和造像	1957-10-28
13.	定慧寺	1990-02-23
14.	广济桥	1984-05-24
15.	梁启超墓园	2001-07-12
16.	碧霞元君庙	2001-07-12
17.	清河古城遗址	2001-07-12
18.	上庄东岳庙	2003-12-15
19.	孙岳墓	2003-12-15
20.	普照寺	2011-06-13
21.	承泽园	2011-06-13
22.	鹫峰地震台	2011-06-13
23.	贝家花园	2011-06-13

（高五一）

【109个区级文物保护单位】

编号	名称	公布时间
1.	西禅寺	2001-11-01
2.	孙传芳墓	2001-11-01
3.	齐白石墓	2001-11-01
4.	怡贤亲王祠	2001-11-01
5.	周云端塔	2001-11-01
6.	龙王圣母庙	2001-11-01
7.	法华寺	2001-11-01
8.	立马关帝庙	2001-11-01
9.	紫竹院行宫	2001-11-01
10.	妙云寺	2001-11-01
11.	彩和坊24号四合院	1999-01-27
12.	北坞金山寺及戏楼	1999-01-27
13.	香山八旗高等小学	1999-01-27
14.	广源闸	1999-01-27
15.	龙王庙	1999-01-27
16.	马甸清真寺	1999-01-27
17.	金仙庵	1999-01-27
18.	鹫峰山庄遗址	1999-01-27
19.	含响塘庙	1999-01-27
20.	秀峰寺	1999-01-27
21.	升平署	1999-01-27
22.	龙泉寺	1999-01-27
23.	瑞云庵明照洞	1999-01-27
24.	上方寺遗址	1999-01-27
25.	香岩寺	1999-01-27
26.	熊希龄陵园	1999-01-27
27.	蓟门烟树	1981-02-13
28.	高梁桥	1981-02-13
29.	白塔庵塔	1981-02-13
30.	清代碉楼	1981-02-13
31.	恩佑寺	1981-02-13
32.	恩慕寺	1981-02-13
33.	六郎庄真武庙	2013-11-11
34.	六郎庄烈士纪念碑	2013-11-11
35.	六郎庄田世光故居	2013-11-11
36.	六郎庄茶棚	2013-11-11
37.	吴家花园	2013-11-11
38.	蔚秀园	2013-11-11
39.	火神庙	2013-11-11
40.	湖山罨画坊	2013-11-11
41.	树村清真寺	2013-11-11
42.	肖家河延福庵	2013-11-11
43.	城子山娘娘庙	2013-11-11
44.	高时明墓	2013-11-11
45.	护国佑民观音禅林	2013-11-11
46.	莲花寺	2013-11-11
47.	范长喜宅院	2013-11-11
48.	中法大学附属中学旧址	2013-11-11
49.	西埠头兴善寺	2013-11-11
50.	车耳营关帝庙	2013-11-11
51.	凤凰岭石刻	2013-11-11
52.	凤凰岭旮旯庵及石窟遗址	2013-11-11
53.	龙泉寺万缘茶棚	2013-11-11
54.	北安河关帝庙	2013-11-11
55.	北安河玉皇庙	2013-11-11
56.	周家巷娘娘庙	2013-11-11
57.	车耳营妙觉寺遗址	2013-11-11
58.	妙峰山香道中北道遗址	2013-11-11
59.	法海寺遗址	2013-11-11
60.	晏公祠	2013-11-11
61.	瑞王坟	2013-11-11
62.	金河堤诗碑	2013-11-11
63.	门头新村甲8号院四合院	2013-11-11
64.	万安公墓	2013-11-11
65.	田村关帝庙	2013-11-11
66.	北坞关帝庙	2013-11-11
67.	功德寺遗址	2013-11-11
68.	小屯村侵华日军飞机掩体遗址	2013-11-11
69.	刘半农墓	2013-11-11
70.	佟麟阁墓	2013-11-11
71.	镶白旗碉楼	2013-11-11
72.	镶红旗碉楼	2013-11-11
73.	刘天华墓	2013-11-11
74.	梅兰芳墓	2013-11-11
75.	马连良墓	2013-11-11
76.	一亩园娘娘庙	2013-11-11
77.	隐修庵	2013-11-11
78.	慈恩寺	2013-11-11
79.	大有庄小学四合院	2013-11-11
80.	东公所	2013-11-11
81.	309医院天主堂	2013-11-11
82.	鲁班庙	2013-11-11
83.	董四墓娘娘庙	2013-11-11
84.	大高玄殿牌坊	2013-11-11
85.	温泉菩萨庙	2013-11-11
86.	显龙山石刻	2013-11-11
87.	护国寺戏台	2013-11-11
88.	冷泉关帝庙	2013-11-11
89.	韩家川西庙	2013-11-11
90.	韩家川东庙	2013-11-11
91.	冷泉村福泉寺	2013-11-11
92.	.西北旺关帝庙	2013-11-11
93.	大牛坊关帝庙	2013-11-11
94.	唐家岭关帝庙	2013-11-11
95.	蒋家胡同四合院	2013-11-11
96.	治贝子园	2013-11-11
97.	黄庄双关帝庙	2013-11-11
98.	佰王园	2013-11-11
99.	永山宅院	2013-11-11
100.	公主坟门殿建筑	2013-11-11
101.	北玉河关帝庙	2013-11-11
102.	恩济庄关帝庙	2013-11-11
103.	极乐寺	2013-11-11
104.	清河制呢厂办公楼	2013-11-11
105.	安宁庄兴隆寺	2013-11-11
106.	马甸黑寺	2013-11-11
107.	香山慈幼院址	2013-11-11
108.	正白旗北庙	2013-11-11
109.	普安塔	2013-11-11

（高五一）

【3 项入选第二批国家级非物质文化遗产名录】(2008 年 6 月 14 日)

面人郎面塑艺术

传统插花艺术

北京哈氏风筝制作技艺

（缪伟）

【4 项入选第三批国家级非物质文化遗产名录】(2011 年 5 月 23 日)

民间文学：曹雪芹传说

传统技艺：曹氏风筝工艺

宏音斋笙管制作技艺

传统医药：葛氏捏筋拍打疗法

（缪伟）

【27 项入选北京市级非物质文化遗产名录】

海淀扑蝴蝶（第一批，2006 年 11 月 19 日）

北京（曹氏）风筝制作技艺（第一批，2006 年 11 月 19 日）

颐和园传说（第二批，2007 年 6 月 20 日）

圆明园传说（第二批，2007 年 6 月 20 日）

香山传说（第二批，2007 年 6 月 20 日）

西北旺少林五虎棍（第二批，2007 年 6 月 20 日）

面人郎面塑艺术（第二批，2007 年 6 月 20 日）

传统插花艺术（第二批，2007 年 6 月 20 日）

哈氏风筝工艺（第二批，2007 年 6 月 20 日）

绣花鞋工艺（王冠琴）（第二批，2007 年 6 月 20 日）

北京戏曲盔头制作技艺（第二批，2007 年 6 月 20 日）

曹雪芹（西山）传说（第三批，2009 年 8 月 25 日）

凤凰岭传说（第三批，2009 年 8 月 25 日）

六郎庄五虎棍（第三批，2009 年 8 月 25 日）

苏家坨太平鼓（第三批，2009 年 8 月 25 日）

高跷秧歌（第三批，2009 年 8 月 25 日）

太平歌词（第三批，2009 年 8 月 25 日）

踢石球（蹴球）（第三批，2009 年 8 月 25 日）

珍珠球（第三批，2009 年 8 月 25 日）

口技（第三批，2009 年 8 月 25 日）

孙式太极拳（第三批，2009 年 8 月 25 日）

吴式太极拳（第三批，2009 年 8 月 25 日）

彩塑京剧脸谱（第三批，2009 年 8 月 25 日）

颐和园听鹂馆寿膳制作技艺（第三批，2009 年 8 月 25 日）

宏音斋笙管乐器制作技艺（第三批，2009 年 8 月 25 日）

程氏针灸（第三批，2009 年 8 月 25 日）

葛氏捏筋拍打疗法（第三批，2009 年 8 月 25 日）

（缪伟）

【15 项第一批海淀区级非物质文化遗产名录】(共 5 类，2007 年)

民间文学：颐和园传说

圆明园传说

香山传说

传统舞蹈：海淀扑蝴蝶

西北旺少林五虎棍

传统杂技与竞技：

蹴球

花样空竹表演技法

传统美术：面人郎面塑艺术

传统插花艺术

颖拓艺术

传统技艺：北京戏曲盔头制作技艺

曹氏风筝工艺

哈氏风筝工艺

绣花鞋工艺（王冠琴）

彩灯工艺（小灯张）

（缪伟）

【36 项第二批海淀区级非物质文化遗产名录】(共 10 类，2009 年)

民间文学：曹雪芹（西山）传说

凤凰岭传说

民间气象谚语

传统音乐：北京怯音乐

传统舞蹈：蓝靛厂少林棍

六郎庄五虎棍

苏家坨太平鼓

南安河武松打店棍会

高跷秧歌

传统戏剧：京西皮影戏

曲　　艺：太平歌词

传统杂技与竞技：

传统弹弓术

珍珠球

纪氏太极拳法

口技

宋氏三皇炮捶拳

孙式太极拳

吴式太极拳

屯佃中幡

传统美术：

团花剪纸

金属锻錾

彩塑京剧脸谱

面塑（潘大洪）

北京绢人（齐聪颖）

面人汤面塑（海淀分支）

平刻微雕

传统技艺：

惠丰堂鲁菜制作技艺

京西水稻种植技术

颐和园听鹂馆寿膳制作技艺

宏音斋笙管乐器制作技艺

绣花鞋制作技艺（蒋丽娟）

传统医药：

蔡氏脉象

程氏针灸

葛氏捏筋拍打疗法

民　　俗：

喜轿习俗

苏家坨立夏习俗

（缪伟）

【18 项第三批海淀区级非物质文化遗产名录】(共 7 类，2012 年)

传统舞蹈：太少狮（京西蓝靛厂义振旗缘太少狮会）

传统戏剧：西路评剧

曲　　艺：单弦（荣派）

传统杂技与竞技：

白猿通背拳（海淀）

飞叉（海淀）

临清潭腿

祁家通背拳（海淀）

传统美术：

剪纸（晓林剪纸张）

京剧脸谱（刘派）

京绣（海淀分支）

面塑（贾会珍）

齐派篆刻

传统技艺：

京派内画鼻烟壶（铁华）

御膳制作技艺

蒙镶（郑旭映）

山石韩叠山制作技艺

中式盘扣技艺（海淀）

传统医药：正体复本术

（缪伟）

【召开文物工作专题会】 7月24日，区文化委召开文物工作专题会。肯定近年来全区历史文化遗产的保护修缮及利用等方面所取得的成绩,要求在推动中关村核心区发展建设的大背景下，抓住加快建设“三山五园”历史文化景区这一契机，做好历史文化遗产的挖掘、保护、展示和利用工作。会议指出：一是要加强文物保护的体制机制建设，二是全面开展区域文化遗产的规划、调查和宣传推广工作，三是要多渠道筹措经费，四是研究文化遗产保护利用的同步机制等工作。

（高五一）

【签署文物保护合作协议】 8月1日，区文化委与北京清华同衡规划设计研究院有限公司签署《三山五园历史文化景区文物保护总体规划》合作协议，双方就“三山五园”历史文化景区文物保护工作进行深度合作。

（高五一）

【文物保护修缮】 年内，区文化委争取市、区专项修缮资金1.3亿元，实施香山静宜园等17项文物修缮及保护工程。苏家坨镇在拆迁过程中配合区文化委，抢救性保护北安河村多家民宅等13处历史文化遗产，确定主管镇领导负责文物保护工作；四季青镇与村委会签订责任书，落实文物保护责任；协调管理使用单位，为晏公祠、北坞金山寺等项目的修缮提供相关支持；清河街道谋划文物的修缮和利用。

（李晶晶）

【77处升级为区级文物保护单位】 年内，77处文物普查登记项目升级为区级文物保护项目，区级文物保护单位累计达109个，跃居全市第二。

（高五一）

海淀区文学艺术界联合会

【概况】 海淀区文学艺术界联合会是由文学艺术团体和文学艺术工作者、爱好者组成的群众团体，成立于1986年。本届为第四届（2012年选出）。海淀区文联下属作家协会、书法家协会、美术家协会、摄影家协会、京华印社、香山诗社、稻香湖诗社、京昆协会、《中关村》杂志社、四香书画院、晚香诗书画印社、鱼眼摄影家协会、枫林书画院、楹联协会、少儿书画协会、油画家协会等16个协会，共有会员8000人。2013年共组织60余次活动，2000余人次参加。

年内，《稻香湖》诗刊出版2期,共220篇、8万字。《海淀文艺》（双月刊）出版6期，共刊出300余篇作品、78万字。《海淀民间文学》出版2期，共128篇文章、5万余字。《中关村》杂志出版12期，共600余篇文章、25万字。

（王锐）

【举办“荷香雅韵，廉洁清风”书画笔会】 7月15日—17日，由区纪委主办，区文联承办的第二届“荷香雅韵，廉洁清风”廉政书画笔会活动在圆明园正觉寺举行， 本次活动旨在加强海淀区廉政文化建设，以传统书画形式弘扬“以廉为荣、以贪为耻”的良好风尚。百余幅书画作品参展，区书协、区美协十余位书画名家参加笔会，美协副主席杨永安、秘书长田添为本次活动共同合作一幅六尺的《风清雅荷图》。

（王锐）

【参加北京市文艺节目展】 10月19日—20日，由北京市文联主办的“‘展望未来 放飞梦想’2013年北京市区县（局）、产（行）业文联优秀文艺节目展演”在朝阳文化馆举行。由区文联副主席叶宏奇作词、蒋舟作曲的原创歌曲《祝英台》获得一等奖。由区文联选送的舞蹈《踏歌》获得特别荣誉奖。

（王锐）

【《中关村创新谱Ⅱ》发布】 10月25日，海淀园管委会、海淀区文联、《中关村》杂志和开明出版社共同主办的《中关村创新谱Ⅱ》新书发布会在北京清华科技园阳光厅举行。活动现场邀请文化界与企业家代表共话创新，同时举办中关村创新人物画展。《中关村创新谱Ⅱ》由开明出版社出版，全书约22万字，汇集了近几年活跃在中关村各个领域的50位创新先锋的人物故事。

（王锐）

【海淀“名家校园行”宣讲活动】 11月18日，2013年 “中关村企业家进校园”系列宣讲活动正式拉开帷幕。该活动是《中关村》杂志联合区文明办、区教委于2009年共同启动的，至今已举办五届。活动邀请中关村知名企业家和艺术家到海淀区多所中学和高校演讲，讲述他们的成长、成才、成功经历，为年轻一代提供创业、创新、创造的精神财富。中关村著名科学家邓兴旺、艺术家张书范和企业家王鹏飞走进首都师范大学第二附属中学、北京科技大学附属中学和北京第十九中学，通过创业精神和文化演讲的形式，丰富学生的社会实践，加强了年轻一代的精神凝聚力。3位演讲人被聘为海淀“名家校园行”首席讲师，3所学校成为海淀区中小学精神文明教育实践基地。

（王锐）

【《踏歌行》诗集研讨会】 11月30日，海淀区政协、区委宣传部、区文联共同举办易海云《踏歌行》诗集研讨会。易海云，1934年出生，祖籍湖南长沙，海淀文联原主席，香山诗社社长，北京诗词学会副会长，主写现代格律诗。《踏歌行》收录易海云诗歌上千首，是其在行将八十之际又一次人生和创作集合。中华诗词学会20多位嘉宾到会发言。

（王锐）

【首届“中国—拉美华人华侨书画大赛优秀作品展”】 12月11日、12月15日，由委内瑞拉中华工商联合会、巴中国际发展商会、巴中艺术文化历史学院、海淀区文联主办，铭星宏宇（北京）国际文化传媒有限公司承办的首届“中国—拉美华人华侨书画大赛优秀作品展”分别在巴西圣保罗议会大厅和委内瑞拉首都加拉加斯BUDING酒店举办。此次展览在两国获得巨大反响，当地报纸和电台予以报道。区文联、区书协、区美协的12位书画家的110幅作品参加此次大展。

（王锐）

【举办“大家气象”雕塑展】 12月21日—12月31日，由区文联、清华大学、中国现代史学会、北京凤凰岭美术馆共同主办的“大家气象”清华美术学院雕塑研究所所长王洪亮雕塑展在北京凤凰岭美术馆举行。展出的几十件作品涵盖中国共产党建党、建军、长征、抗日、解放、建国及中国革命不同历史时期的重大事件、重要将领与英雄人物等。

（王锐）

媒体传播

【概况】 海淀区新闻中心2006年2月28日由原海淀区广播电视中心和原《海淀报》社组建而成，下属海淀区有线广播电视网络信息中心（加挂北京市海淀传媒中心牌子）1个事业单位。

2013年，《海淀新闻》获北京市优秀广播电视节目评选电视播音主持类优秀作品三等奖。《中国书画鉴赏》获北京市优秀广播电视节目评选电视优秀栏目，同时获“北京市广播影视奖”优秀作品奖。《聚焦京交会：京西皮影两项京交会》获第二届中国（北京）国际服务贸易交易会优秀新闻作品奖。

（刘丹丹）

【纸媒体】 海淀区新闻中心的纸媒体有一报二刊，即《海淀报》（含《中关村导刊》）、《城市周刊》。《海淀报》（含《中关村导刊》）出版187期，《城市周刊》出版46期，刊发各类新闻稿件一万余篇，800万字。《海淀报》围绕推进三大功能区建设、提升文化软实力、创新社会服务管理、建设生态文明等全区重点工作设置重点新闻选题，全年派遣记者深入基层一线报道全区重点工作，推出《学习宣传贯彻十八大精神 推动海淀科学发展》《核心区视窗》《美丽海淀纪行》《走基层看变化话发展》《聆听民生的足音》等数十个栏目。

（刘丹丹）

【广播电视】 海淀有线电视节目纳入北京电视台公共频道（现BTV新闻频道）播出。每天4.5小时，首播每晚19：30—21：00、重播次日7：30—9：00，12：30—14：00；播出的新闻类节目有《海淀新闻》《海淀1时间》；专题类节目有《红盾时空》《海淀教育》《警方在线》《城管视点》《人口与家庭》《公共服务在身边》等。海淀有线电视共播出《海淀新闻》358期，6个专题栏目共计147期，制作新闻3598条，专题片11部，北京台播发新闻160余条，中央台播发新闻5条。海淀有线电视《海淀新闻》推出“为民办实事”“聚焦核心区建设”“建设美丽海淀”“点滴文明”等板块；海淀检察院的《海检播报》在数字频道安排播出；安全生产月期间安排播出《安全生产你我他》《危险品安全》等节目，播出信访宣传动画、安全度汛、“讲文明、树新风”、卫生、普法等方面的公益节目。

（刘丹丹）

【网络】 中心门户网站发挥新媒体的优势，成为宣传海淀、展示海淀的重要窗口，网站全年共更新海淀要闻2500条、视频报道357条、友好往来30条、专题报道130条、图片新闻50条、区政府最新公开信息2000条、海淀基层900条。

区新闻中心对全区农村地区有线电视数字化改造已完成5.4万户。在此基础上2013年加快推进有线电视数字化改造工作，全年共完成约3.5万户的改造。

（刘丹丹）

【促进文创工作】 年内，为配合创建全国文明城区工作，海淀有线电视播放弘扬中华传统文化少儿节目《中华弟子规》公益广告。《海淀报》在重点版位推出《文明铺就幸福路》系列报道及《争当海淀文明市民》《社区里的文明事》等栏目，同时开设《文明瞭望哨》栏目，对不文明现象进行监督曝光，以促进文明海淀建设。

（刘丹丹）

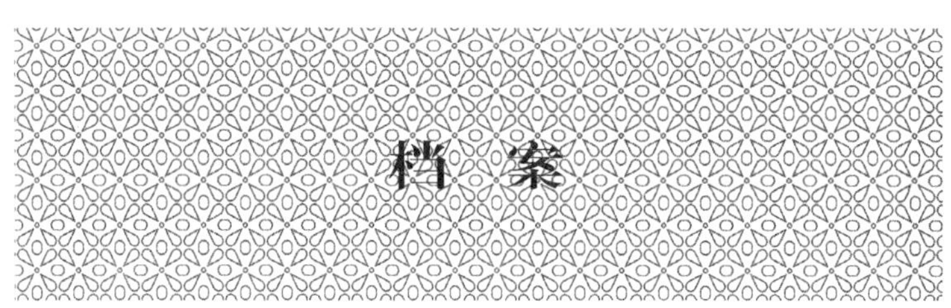

档案

【概况】 海淀区档案局是海淀区政府主管全区档案工作的行政管理机构，海淀区档案馆是地方综合性档案馆，是集中管理档案的文化事业机构，局、馆合署办公。

（马薇冬）

【张有信、董怡国捐赠档案】 4月18日，档案馆举行张有信、董怡国档案捐赠仪式。张有信曾任区修理公司常务经理，董怡国曾任北京市测绘设计研究院印制厂厂长，北京地理信息中心研究室主任。张有信、董怡国先生向海淀档案馆捐赠海淀古镇图、中关村古遗迹分布图等347幅，以及《北京西郊宅院记》《长河流韵笔留痕》等记载海淀的史料，共计400件。

（马薇冬）

【举办国际档案日活动】 6月9日，国际档案日暨北京市第五届“档案馆日”海淀会场活动举行。海淀会场活动由主、分会场两部分组成。主会场设在海淀档案馆，包括参观展览、介绍馆藏档案及组织参观者体验档案及政府公开信息的利用过程等。分会场设在圆明园遗址公园，通过一系列展览展示区的设立，介绍了国际档案日的由来、家庭档案如何建立等，同时向参观者发放档案征集通告和档案法制宣传手册。活动使广大社会公众再次近距离地感受档案文化，扩大了档案的影响力。社会各界公众共200余人参加了此次活动。

（马薇冬）

【推进档案依法行政】 年内，区档案馆依据《海淀区2013年档案行政执法检查标准》，对49家立档单位进行档案执法检查，并对近100个立档单位出具绩效考核档案工作专项评价意见。修订并印发《海淀区机关文件材料归档范围和文书档案保管期限表的规定》。开展机关单位档案测评工作，区发改委、区检察院、马连洼街道、万寿路街道、四季青镇、西北旺镇、东升镇等7家机关单位档案工作顺利通过验收，晋升为北京市区县机关档案工作市级优秀单位。

（马薇冬）

【档案法制宣传】 年内，区档案馆开展档案法规网络答卷活动，共有80余家单位近200人参加。通过“12·4”全国法治宣传日和“档案馆日”等特定时间面向社会加强档案法制宣传。顺利通过区“六五”普法中期验收。

（马薇冬）

【新农村建设档案管理】 年内，区档案馆召开新农村建设档案工作测评专题会，成立海淀区新农村建设档案工作测评领导小组，并制发《海淀区档案局、海淀区民政局、海淀区农村工作委员会关于贯彻落实〈北京市新农村建设档案工作测评办法〉的实施意见》，将新农村建设档案工作纳入全区农村经济工作重要内容，明确新农村建设档案检查范围及对各镇工作考核要求，完成对相关单位及7个镇的测评验收。

（马薇冬）

【水务普查档案管理】 年内，区档案馆制定水务普查档案分类方案和整理方法，确定水务普查档案进馆规范。指导区水务局、水普办开展水务普查文件材料归档工作。海淀区水普档案顺利通过市档案局、市水务局、市水普办等单位的验收，名列北京市前列。

（马薇冬）

【档案信息化建设】 年内，区档案馆完成局（馆）OA系统标准化建设,更新网站栏目及信息，改版门户网站。完成数据网存储设备的扩容。探索海淀区电子档案规范化管理，制订《电子档案存储中心建设方案》。组织128家立档单位数码照片规范管理培训和管理软件的推广、应用。优先对新进馆的婚姻、建房审批等档案进行数字化加工，全年共完成22582卷、1718045页，360035条。馆藏纸质档案数字化率近50%。

（马薇冬）

【档案业务培训】 区档案馆全年共举办档案专业知识及各类专题培训16次，累计培训527人次。对全区有关单位及驻区企业新上岗的214名档案工作人员进行了64课时岗前档案专业知识培训，经考试合格后颁发证书。北下关街道、区民宗侨办、区旅游委、区教委、西山农场、紫竹院街道等单位结合档案工作实际及业务需求开展多种形式的培训。

（马薇冬）

【档案收集】 区档案馆全年共接收17家立档单位（含2家延期、1家新增）纸质档案11107卷、31770件，实物14件，照片2531张，图书资料9册。接收国务院公报18期18本，北京市政府公报20期40本，政府公开信息文件3批2103份6379件。突出区域特点，密切配合核心区建设以及三大功能区建设展开征集,征集到各种档案、资料共计600余件，整理口述资料1.2万余字。完成区党代会、人代会、政协会的影像拍摄任务，共计21小时。截至年底，馆藏各类档案133个全宗（共249607卷，76127件），其中文书档案214925卷、件，专门档案57885卷，科技档案10047卷，照片档案45710张。

（马薇冬）

【档案利用】 区档案馆全年共接待档案利用者11659人次，开具档案证明5024份，复印相关档案内容15798页。档案利用体系建设进一步完善，创新服务理念，变被动服务为主动服务，在完成日常接待任务的同时，重点对涉及拆迁的房产、婚姻等档案检索汇总，针对流动人口子女入学、低保人员年审、国五条房产政策出台提前做好准备，方便利用；为推动海淀区城乡一体化进程，结合北部科技新区建设中各镇的需求，完成对各镇所有村民建房审批档案数字化数据光盘单盘调阅刻录工作，并移交各镇档案室开展查询利用；制作《档案见证海淀教育变迁》巡回展及《三山五园》主题展览，开展“阳光少年走进海淀档案馆”夏令营活动。积极申报全国中小学档案教育社会实践基地，全年共接待参观展览3万余人次。

（马薇冬）

【档案信息资源开发】 年内，区档案馆调研区内55处革命历史遗迹，选取22处革命历史遗迹共计193M的数据浏览信息登录移动互联网。编辑《北京市海淀区档案利用实例选编》（2009—2012），共收录海淀区各立档单位的档案利用实例135则，涉及服务民生、宣传教育、经济建设、法律保障、工作查考、编史修志等6方面的内容。编辑《2012年海淀区大事记》。

（马薇冬）

地方志

【概况】 海淀区党史地方志办公室（区史志办）负责地方志书编纂和地方史志资源的保护开发利用工作。2013年，区史志办获北京市地方志资料年报工作先进单位称号。

（田颖）

【年鉴工作会】 3月20日、21日、22日，区史志办分组召开2013全区年鉴工作会。会议总结2012年全区年鉴工作开展情况，结合年鉴工作过程中存在的问题对各供稿单位撰稿人进行培训。下发《2013年海淀年鉴编写方案》和《2013年海淀年鉴编写规范》，对2013年年鉴的撰写提出系统全面的要求。

（田颖）

【召开《韩家川村志》编纂座谈会】 11月15日，海淀区史志办一行5人到西北旺镇韩家川村，就《韩家川村志》编纂工作召开座谈会。会上，史志办就韩家川的村史村情与村“两委”班子及部分老村民进行座谈，了解韩家川村的历史脉络，为编纂村志做准备。

（王荣梅）

【出版6期《海淀史志》】 年内，区史志办共编辑出版6期《海淀史志》，其中增刊一期。发表文章83篇，图片160张，共计30万字。发放《海淀史志》期刊6期，约2000册。

（田颖）

【志书编纂】 年内，海淀区二轮修志工作进入编辑部改写、撰写初稿阶段。编辑部定期召开会议，及时反馈工作进展情况，共同研讨修志中遇到的问题及解决方法，多次邀请参加过一轮修志的老同志介绍初稿修改经验。共召开编辑部会议7次。针对志稿撰写、改写中的问题，两次邀请中文核心期刊《中国地方志》编委会会员、《北京志》常务副主编赵庚奇讲课，对编辑部修改稿进行点评。1月，完成部分章节试改稿后编印《区二轮修志部分初稿编辑部修改稿（三）》，在编辑部内部征求意见。6月底，将200余万字的修改稿编印成8册《海淀区二轮修志编辑部修改稿》。为突出志书特色，决定增加社会风俗、生活、文化现象概述部分。

（李苗）

教育

2014
北京海淀年鉴

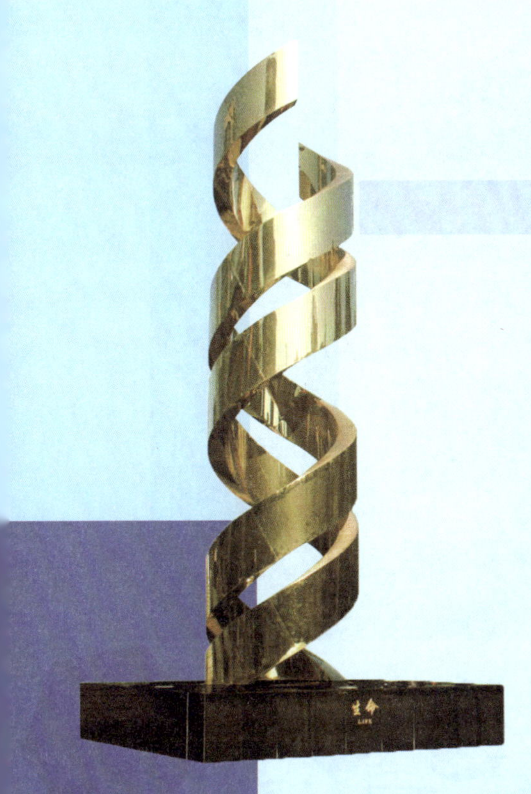

1月31日，北大附中和北达资源中学广西生物多样性考察基地揭牌（区教委 供图）

3月3日，中关村中学“周恩来励志馆”成为海淀区首个德育基地（区教委 供图）

3月22日，清华大学2013届毕业生就业洽谈会举行，来自清华大学及其他高校的近万名毕业生参加（李瑞林 摄）

3月29日，由一汽丰田汽车销售有限公司联手全国13所高校的14个学生社团共同打造的“绿色空间·校际联盟”在北京林业大学正式宣布成立（李瑞林 摄）

5月28日，社区教育工作者培训（区教委 供图）

10月15日，七一小学承办北京市小学数学主题研讨活动（区教委 供图）

《12月2日，六一幼儿院举办道德讲堂活动（区教委供图）

》12月5日，海淀区教委推广中关村二小“一校多址”办学经验（区教委供图）

《2013年的区级创新项目之一——羊坊店早教班车（田峰摄）

教　育

综　述

海淀区是中国教育和教育经济最发达的地区之一，在北京市教育规模最大，中小学生总数占全市的五分之一。2013年，海淀区域内共有幼儿园153所、普通中小学184所（不含14个一贯制学校小学部）、全日制高等院校38所（部）、成人高等教育院校38所、具有招生资格的民办非学历高等教育机构19所、中等职业学校13所、特殊教育学校3所、工读教育学校1所、各类社会力量办培训机构455家。有21所北京市级示范幼儿园、44所区级示范幼儿园；一级一类幼儿园69所。有11所北京市示范性高中。有1所社区学院，10个区级社区教育中心，29个街道（镇）社区学校，670多个居委会教学点。

区教委与区教育工委合署办公。区教育督导室由区政府授权对海淀区的教育工作实施督导。海淀区学习型城区建设委员会办公室设在区教委。区教委有直属事业单位14个。

2013年，继续落实《海淀区“十二五”时期教育发展规划》，以优化资源配置为重点，以国家级改革实验项目为抓手，提高教育系统党建科学化水平，扩大办学空间和优质教育资源，深化教育改革，提高教育公共服务水平和教育质量，加快学习型海淀建设。

教育事业管理　学前教育。全年改扩建、改造幼儿园65所（址），新增入园学位2300多个。接收唐家岭新城配套幼儿园、温泉限价商品房配套幼儿园。完成国家级“十二五”课题“民办幼儿园业务指导与质量监测”。开展幼儿园管理干部专题培训和骨干教师的“菜单式”培训。在全区幼儿园教职工和家长委员会成员中广泛宣传《3–6岁儿童学习与发展指南》。2013年14所（址）幼儿园通过市级示范园验收，全区市级示范幼儿园总数达21所（30处园址），一级一类幼儿园总数达69所，一级以上幼儿园在园儿童占全区总在园幼儿的85%。社区早教。建成167个社区早教活动站。2011年至2013年，共新建幼儿园13所（址），接收配套幼儿园17所，改扩建幼儿园106所（址），新增园舍建筑面积12.6%，在园儿童净增20%，其中三岁以上适龄儿童增长30.2%，新增入园学位14100个，超额完成《海淀区学前教育三年行动计划（2011—2013）》1.38万个学位的任务。基本构建布局合理、形式多样、优质均衡的学前教育服务体系，形成政府办园为示范、公办园为主题、公办民办并举的学前教育发展格局。

义务教育。解决东升、四季青、二里沟、西苑和西北旺等学区的资源缺口问题。规范非京籍适龄儿童入学办法，完善京籍儿童信息采集平台。出台《海淀区公办义务教育学校共建行为管理办法（试行）》。向大学附小、民办校购买学位，回租回购出租房屋，改扩建校舍，统筹利用职业学校闲置教育资源等措施，增加入学学位。继续实施教育结构和布局调整，扩大优质教育规模。委托人大附中承办知春里小学。将北部新区实验中学和前沙涧小学合并为一所九年一贯制学校。首师大附小玉泉新村配套学校、清华附中永丰学校开学招生。推进中小学基本建设三年行动计划。重点在清河、西三旗、肖家河等地区增加办学空间，加快推进北部一〇一中学温泉校区建设，完成清华附中永丰学校、翠微小学温泉校区建设。推进“名师同步课程资源建设工程”，为全区乃至全市中小学生提供丰富的课程学习资源。实施义务教育学校教师交流工作，在18所中小学开展试点，优化城乡教师资源配置。“名师教学指导团”定期深入北部农村学校和城区薄弱学校开展教育教学诊断与指导。开展英语教学能力、教学理论、业务技能等专题培训，促进农村教师专业发展。探索中小学校本培训协作体运行机制和合作方式，全面推动校本培训协作体工作。为北部农村学校专项引进音体美紧缺学科教师。推动实施小学课程整合自主排课实验工作，14所实验学校探索课程改革。组织10所实验校开展“学习困难学生预警和干预”市级行动项目研究，探索建立个别学业指导机制。市政府教育督导室、市教委在理工附中召开“北京市中小学减负督导监测工作现场会”，宣传推广海淀区减负经验。

职业教育。整合信息管理学校、商务管理学校和艺术职业学校3所职业高中，调整专业设置和布局。继续打造职业学校的动漫游戏、计算机网络技术、会计等3个专业。开展计算机网络技术、美术设计与制作、计算机与数码产品维修和动漫游戏等4个区级重点特色专业培养评估，打造动漫游戏、会计、金融事务、学前教育、中餐烹饪与营养膳食、铁道运输管理等 6 个区级重点特色专业。以学前教育专业为抓手，探索中高职衔接课程改革试验项目。在中等职业学校设置公共艺术类课程，推进职业教育公共基础课设置实施。建设职业教育人才发展梯队，进行专业教师企业轮训，开展班主任心理咨询师培训。

社区教育和学习型海淀建设。开展社区教育管理者专业研修培训。挂牌成立 5 个社区教育中心。以“为实现中国梦——终身学习人人成才”和“争创全国文明区，文明风尚进社区”为主题，举办“全民终身学习活动周”暨“教育进社区活动”，惠及 6.5 万名居民。继续开展“海淀区市民学习品牌”“海淀学习之星”创建活动。中关村学院体验学堂被评为“首都市民学习品牌”。全区有社区教育志愿者 4080 人。全年累计开展各级各类社区教育培训 98.9 万余人次，其中农民实用技术培训 6.7 万余人次，外来务工人员培训 22.3 万余人次，下岗失业人员培训 2.8 万人次，老年教育培训 26.7 万余人次，参加中等职业学校开展的短期文化生活培训及岗位技术培训 4.6 万余人次。

民办教育。创设平台支持民办教育发展，实现品牌化发展。民办中小学招生数和在校生数呈现较大增幅，12 所民办教育培训机构通过海淀区“示范性民办培训学校”评估检查，北京市清华育才实验学校等 4 所民办校接收政府电脑派位学生 600 人，民办教育整体保持健康稳定发展。

国际教育。全区具备招收外国学生资质的学校有 24 所，具备聘用外籍教师资质的学校有 44 所。有北京市小天使美语幼儿园、北京市岭南幼儿园两所中外合作办学机构，在人大附中、八一中学、海淀外国语实验学校和人大附中西山学校新开设 4 个中外合作办学项目，全区共有 9 所学校承担 12 个中外合作办学项目。全区中小学幼儿园外籍在校生约 1200 人，中外合作办学机构和项目在校生近 2500 人。设立国际教育实验研究中心、国际课程教研室，健全完善国际教育教科研体制。重点推进国际课程项目建设。以“海淀区基础教育国际化试点研究”课题为引领，重点推进“国际交流与合作方式实践研究”“跨文化国际理解教育实验研究”“国际课程本土化实验研究”“国际教育改革合作项目实践研究”等 4 个项目，推动教育国际化实践。

教育体制改革试点项目　城区义务教育均衡发展实验。开展项目实验中期评估，完成《海淀区推进城区义务教育均衡发展项目中期自评报告》。推广项目实验学校办学经验，召开以“同步、优质、均衡”为主题的中关村二小一校多址办学实践现场会，探索多校区统一管理的有效途径，促进区域教育优质均衡发展。

探索城乡教育一体化发展的有效途径。历时三年的海淀区“探索城乡教育一体化发展的有效途径”实验项目结题。三年来，重点培养北部本土品牌，北部地区成为新的优质教育资源集聚地。红英小学和北部新区实验学校成为本土化优质校。

基础教育学校办学体制改革。十一学校作为公办体制改革实验试点校，年内完成学校课程体系设计，初步构建包括大学先修课程、数学和物理拓展课程、高端实验课程等在内的高层次课程体系。探索构建学生过程性评价和终结性诊断体系。初步建成学校选课、排课和评价与诊断的数字化平台，全面实施选课走班。初步形成扁平化组织结构、学部的分布式领导模式、导师制、咨询师制和教育顾问制、课程首席教师制等一整套完备的管理体系。

基础教育课程教材改革实验项目结题。通过教师培训、专题研讨及课例研究等方式进一步扩大成果实践应用的辐射范围，关注学生自主学习及创新能力的培养，探索评价机制，促进教师专业发展，提升全区教育教学质量，让区域层面的引领和基层学校的实践形成合力，共同推动课改深入开展。

“探索拔尖创新人才培养模式”项目实验结题。区教委联合人大附中等 4 所普通中学、北京大学等 6 所高校和中科院等 3 家科研院所共同组建海淀区“拔尖创新人才”改革实验协作体。三年来，4 所基地校和 3 所参与校，在开展深层次的理论研究、构建多元化的课程体系、建立大中协作的培养机制、建设高素质专业化教师队伍、开发优质教学资源共享平台等方面进行探索和实践，取得丰富的实验成果。

高中特色发展实验项目结题。三年来，一〇一中学等 9 所实验校通过项目合作、科研课题、特色活动、管理创新和课程建设等不同策略，推进育人模式、课程体系、学科建设、学校文化等方面创新发展，基本形成稳定而独特的教育理念和办学风格，在全区发挥了积极的辐射引领作用，促进更多的普通高中实现内涵式、特色化发展。

推进中小学德育内容、方法和机制创新。构建大德育工作体系，加强中小学德育体制、机制、方法创新，提高德育工作研究水平。举办德育干部研修班，扩大德育干部培训覆盖面。通过“家庭教育大讲堂”“道德学堂”等大型公益活动，探索学校主导、家长参与、社区配合的德育协作机制。初步形成《构建海淀区中小学育人体系》子课题结题报告。

素质教育　广泛开展理想信念教育、爱国主义教育、心理健康教育和法制宣传教育，提高德育干部队伍的育人能力和水平。二十中学、海淀区实验小学被评为第二届首都未成年人思想道德建设工作先进单位。以“我的中国梦”为核心，在中小学生中开展“担当历史责任、点亮青春梦想”“传承中华美德、共圆中国梦想”“以我文明行、绘我中国梦”“红领巾相约中国梦”“做一个有道德的人”等大型主题教育实践活动，引导青少年认真领会“中国梦”的深刻内涵，弘扬践行社会主义核心价值体系，传承中华传统优秀文化，树立正确的人生观、世界观和价值观，实现全面健康发展。

继续开展青少年法制宣传教育和心理健康教育活动。扩大完善法制副校长、青春船长、法律顾问三支普法队伍，开展“法律进校园”活动。建成海淀区青少年法制宣传教育基地。开展心理健康教育示范区建设，举办北京市中小学心理健康教育交流会暨海淀区第六届中小学心理健康教育活动周，发布《海淀区中小学心理健康教育三年行动计划》，建设海淀区中小学心理健康教育指导中心，组建专兼职心理教师、心理志愿服务队和专家顾问团队，启动首批心理健康教育示范校评选。开展家庭教育，推进家校合作。举办 19 场“海淀区家庭教育大讲堂”系列公益活动，出版《名家 智慧 教子—海淀区家庭教育大讲堂》。启动“道德学堂”建设，吸引更多学校、家庭和社区参与到道德教育中。

共青团和少先队组织建设。将团队干部纳入干部教师培训大格局，组织首期团队干部高级研修班，开展青年教师和团队干部走进名校系列活动。地大附中和十九中学两所学校被评为北京市“团建十佳”标兵学校，二十中学等 4 个团组织被评为北京市五四红旗团委（团支部）。翠微小学少先队被评为“全国优秀少先队大队”，太平路小学少先队被评为“全国优秀少先队中队”，19 个少先队大队获得北京市星星火炬奖，立新学校小学部、海淀区第四实验小学被评为北京市“千优带队”标兵学校。

体美校外教育。全区有少年之家等校外教育单位 582 个，金鹏科技团 8 个，市级科技示范校 22 所，北京学生金帆艺术团 31 个，承办校 25 所，金帆书画院 11 个，市级艺术教育特色校 36 所。将 2013—2014 学年度确定为海淀区中小学“科学创意年”，培养科技教育管理团队，探索完善科技创新人才培养机制。在中小学广泛组织开展书法、合唱、器乐、舞蹈、行进打击乐等艺术展演活动。举办海淀区中小学戏剧教育周，33 所学校确定为戏剧教育基地校。初步建立起田径、技击、球类、民族传统项目等十个“海淀区中小学体育特色集团”。推广“海淀区小学生武术基本动作操”“海淀区小学体育游戏创编集”“海式躲避球”“海淀区阳光亮眼操”等特色群体活动项目。首次成功举办“足篮排三大球超级杯”联赛，开展健美操、跳绳、轮滑等十余项体育系列比赛。

海淀区科技艺术体育教育继续在全市保持领先地位。在科技类项目中，获 10 个国际一等奖，80 个全国一等奖，4 名学生获北京青少年科技创新市长奖，7 个项目获全国青少年科技创新大赛一等奖。艺术类项目获 16 个国际一等奖，16 个国家一等奖。体育类项目获 1 块国际金牌，4 块国家级金牌，71 块市级金牌，包揽全国和北京市中学生田径运动会初中组、高中组和团体总分等所有组别冠军。14 名学生获北京市中小学生金帆奖，占获奖总数的 61%；64 名学生获银帆奖，占获奖总数的 42%。

教育基础设施建设　推进中小学基本建设三年行动计划项目实施，完成总投资约 7.5 亿元。中关村三小万柳新校区和一〇一中学温泉校区项目开工建设，完成清华附中永丰学校和翠微小学温泉校区建设并正式投入使用。在实验二小汇缘校区、枫丹实验小学实施改扩建应急工程，完成玉泉新村配套学校建设并于 9 月 1 日如期开学。完成五一小学二期整体改造、八家小学、唐家岭新城配套小学和首师大附中一分校四个项目建设。启动北医附中改扩建、西山新村配套小学新建、永泰西区九年一贯制配套学校工程和六里屯配套小学新建工程建设。校园修缮总投资约 2.3 亿元，共涉及 128 校次。其中投入约 1.9 亿元，实施土建维修；投入 2058 万元完成 41 校次电力增容、锅炉改造、管道修缮和避雷针设施改造等工程；投入 6291 万元完成近 70 所学校热计量改造工程。投资约 6100 万元，完成第四批中小学食堂改造，涉及 20 所学校，惠及 1.3 万名师生。

中小学信息化建设。投入信息化专项经费 3.1 亿元，实施以数字校园为中心的教育信息化、个性化建设。继续推进教育专网建设，铺设具有自主产权的教育万兆光纤。首批 2990 间教室多媒体设备升级更换完成并投入使用，第二批 2471 间教室进入安装阶段。有 60 所学校试用学生卡应用系统，43 所学校试用中小学学情分析平台，99 所学校开展互动教学平台应用试验。研发海淀区教师培训平台，开发完成 3000 余名骨干教师培训课程视频，探索利用网络开展教师培训管理。

党建　完善党建工作机制。出台《海淀区教育系统党建巡视制度》，建立教育系统党建巡视员队伍，对基层党组织开展党建工作巡视。继续开展“双报告”，实施“双测评”，区属 220 个单位、207 个党组织。近 1.6 万名教职工对所在单位党组织和领导班子进行网上无记名评价。教工委“双培养”工作模式等 8 个党建创新示范项目被评为区级优秀创新项目。开展“深入基层知民意、服务群众凝民力”主题活动，建立 37 个领导干部和基层联系点，专题调研 196 人次，召开座谈会 55 次，入户走访 227 人次。教工委《海淀区教育系统基层党组织“双培养“工作推进策略的研究》成为市级党建指导课题。

基层党组织建设。2013 年，新成立 20 个基层党委、23 个小学党总支、8 个中学党总支和 21 个党支部。33 个基层党组织完成换届选举工作。发展党员 266 名，党员转正 344 名。教育系统共有党员 1.2 万余名。

思想宣传工作。围绕全国文明城区创建、德育工作、名师队伍建设、双培养工程等主题，制作多部专题片。在《中国教育报》《现代教育报》《海淀报》加强专版宣传，打造海淀教育品牌。发挥“一报一刊一台一网”的阵地优势，通过《一校一品》栏目，加强对特色学校的展示和宣传。与北京教育新闻中心合作，开展网络媒体“身边的好学校”宣传。

学校文化建设和美丽校园建设。继续投入专项资金支持学校开展文化建设，推出一批学校文化建设示范校。在全系统开展“美丽海淀、美丽校园”建设活动。

干部教师队伍建设　2013 年，加快实施名师、名校长培养计划，不断完善高端培养和辐射推广为一体的人才培养模式。

人才队伍建设。推出海淀基础教育名家系列。举办教育家办学实践研讨会。召开 6 位名师的教育教学实践研讨会。十一学校王春易、进修学校张鹤、石油附中索玉华三位老师被授予“海淀区基础教育名家”称号。

名师培养。71 名市级学科带头人、骨干教师顺利完成为期 3 年的海淀区优秀教师梯队建设研修班课程。新评市级带头人 69 名，市级骨干教师 297 名，推荐 11 名优秀教师入选北京市中小学名师发展工程培养对象，推荐6名名师入选首批北京市中小学名师发展工程实践导师，推荐2名特级教师参加北京市中小学特级教师研修工作室研修。引进高端人才21人。

干部教师培训。委托中央党校干部教育学院，对200余名中小学党政正职进行“学习贯彻十八届三中全会精神”专题培训。继续开展中小学新任书记校长培训班，教学、德育、团队管理干部研修班，校级干部菜单式专题培训班等分层分类培训。以小学学区和中学党建协作组为单位，开展干部全员培训。继续深入推进干部教师学历提升计划“十百千工程”，与北师大经管学院合作举办第二期教育运营管理MBA研究生班，与北京师范大学合作的心理学硕士班、与首都师范大学合作的教育学硕士班继续开班，与首师大初教院合作开展12期小学骨干教师培训，与北师大教育学院、Intel未来教育项目合作开展7期中学骨干教师培训，合作完成4大模块、13个领域的教师网络培训精品课程。开展初中、小学专任教师教学基本功培训和展示活动。设计并实施新任教师公共课程和学科课程培训。面向全区近两万名中小学教师，开展《教师职业理想与道德》和《学科教育心理学》公共必修课培训。出台《海淀区“十二五”时期中小学校本培训协作体工作管理办法》。

教研科研。组织基础薄弱校开展专题教学研讨和交流会，解决学习困难学生的教学策略问题。围绕课堂教学设计、教学实施策略，开展对学校或教师个人的跟踪式调研与面对面反馈，提高教研实效性。建立小学学区教研团队，开展学区跟进式教研，提升学区教研能力。成立网络教研核心组，探索开展网络即时交互式远程教研。开展教师培训课程、制度和评价体系研究，提高师资培训专业化水平。开展“十二五”943项区级课题中期检查，逐步推进课题结题。群体课题“变异教学课堂教育改革实验”研究顺利完成，“个性化教育”“新教育实验项目”“戏剧教育实验”等课题取得深度推进。启动基础教育国际化实验研究，从“国际教育交流与合作方式实践研究”“跨文化国际理解教育实验研究”“国际课程本土化实验研究”“国际教育改革合作项目实践研究”4个维度制定研究实施方案。在北京市第四届基础教育教学成果评选中获一等奖7项，在北京市第六届教育科研成果评奖中获一等奖1项，均居北京市前列。

师德建设。在教育系统中开展“立德树人 同心共筑中国梦”师德教育活动，宣传名师教育理念和师德先进事迹。设立首批海淀区师德教育基地，在海淀区实验四小建成杜丽丽文化广场。评选出海淀区师德之星1022名，15人被评为海淀区“三八”红旗手，10人被评为海淀区青年师德标兵，一O一中学等3所学校获海淀区“三八”红旗集体，培智学校于文校长、中关村一小刘畅校长获首都劳动奖章，翠微小学被评为全国模范职工小家，3人获“北京市优秀教育工作者”称号，62名教师获“北京市优秀教师”称号。

教育督导 中英督导人员能力建设合作项目取得进展，研发《海淀学校督导指南》和《海淀学校督导培训手册》。探索构建教育督导数据库。完善督导工作体系。修订督导评价指标体系，开展学前教育督导试点。建立中学督学责任区，启动学校体育卫生专项督导试点。成立社区教育督导办公室，制定社区教育督导工作方案。开展教育系统学习型学校评估。开展中小学督导复查和“学校文化建设”专项试点评估。对清华志清等三所民办校开展督导调研。完成教育部义务教育均衡发展调研、北京市学前教育专项督导和学前教育发展状况监测统计。

2013年海淀区中小学师资情况表

（单位：人）

类别	专任教师	年龄结构			学历结构		
		39岁以下	40至49岁	50岁以上	研究生以上	本科学历	专科学历
小学	7929	4893	2685	351	327	6901	647
中学	8577	4471	3431	675	1820	6660	88
合计	16506	9364	6116	1026	2147	13561	735

（宋亚甫）

【概况】 2013年，海淀区有托幼园所153所，其中教育部门办园13所，地方企业办园2所，事业单位办园25所，部队办园37所，集体办园24所，民办幼儿园34所，其他部门办园18所。新增14所（址）市级示范园，全区市级示范幼儿园总数达21所（30处园址），

一级一类幼儿园总数 69 所，一级以上等级幼儿园在园儿童占全区总在园幼儿的 85%。在园幼儿 56424 人，其中外省市户籍幼儿 12117 人，占在园幼儿总数的 21%。新入园幼儿 19445 人。学前教育有教职工 8693 人，其中专任教师 4359 人。

（宋亚甫）

【获营养餐制作技能赛奖】 1月13日、19 日—20 日，明天幼稚集团参加北京市第一届幼儿园食堂营养餐制作技能比赛。比赛由中国关心下一代工作委员会健康体育发展中心、市学前儿童保教工作者协会、北京烹饪协会主办，全市幼教系统共 238 人参赛，综合考评炊事员大锅菜与面点技艺。明天幼稚集团各园炊事员 25 人参赛，其中 13 人次参加白案比赛，17 人次参加红案比赛，5 人两项兼报，最终获得白案比赛一等奖 1 人、二等奖 3 人、三等奖 9 人；红案比赛一等奖 2 人、二等奖 7 人、三等奖 8 人。

（卢红）

【召开早教示范基地工作会】 3 月 29 日，海淀区教委召开早教示范基地工作会。会议总结海淀区早教工作发展情况，要求早教基地健全规范性管理，通过多形式早教服务为社区提供普及优质的早期教育指导。听取明天幼稚集团《发挥集团优势，推进早教可持续发展》经验报告，参观海淀区儿童教育发展中心，观摩早教活动。全区 80 所早教示范基地负责人参加会议。

（宋亚甫）

【教师教育信息化培训】 3 月，海淀区教委举办幼儿园教师教育信息化培训。培训由海淀区教师进修学校组织，邀请高校技术教育专家介绍信息技术发展基础领域理论与实践在各领域的应用、交互式电子白板在教学应用中的核心价值、信息技术专业课实用制作技巧及教师实际操作与实践应用观摩研讨。培训时间为 40 课时，教师学习掌握采集加工处理音频、视频素材运用、PPT 实用制作的技巧。教师 80 人参加培训。

（宋亚甫）

【幼儿园园长专题培训】 4 月 15 日—17 日，海淀区教委举办幼儿园园长专题培训。培训涉及幼儿园管理理念、制度建设、队伍建设及家园共育等方面内容，5 名园长、副园长介绍管理经验，讲师来自海淀区幼儿园 5 个学前教育干部教师培训基地管理者组成的培训共同体。海淀区幼儿园园长、业务园长和干部教师 300 人参加培训。

（宋亚甫）

【北师大实验幼儿园第五届阅读节】 4 月—5 月，北师大实验幼儿园举办第五届阅读节。阅读节以培养幼儿“好读书、读好书”，帮助幼儿养成良好的阅读习惯为宗旨，以“打造书香校园”为主题，倡导亲子、师幼、同伴牵手阅读，采取全园、年级组、班级多形式，包括经典图画书推荐、经典童话剧展演、阅读节师生同乐会、阅读节资助活动日、“园丁故事屋”“图书节自主活动”“阅读工作吧”及针对教师及家长的讲座和培训活动。全园幼儿、教师、家长 5000 人参加活动。

（丁乐）

【培训挂职干部及外地教师】 5 月 15 日，接待市教委委派挂职锻炼幼儿园管理干部，来自门头沟、平谷、密云和怀柔 4 个区县幼儿园园长及保教主任 5 人，通过参观环境、观摩教学、理论研讨形式，学习六一幼儿院教育理念和教育教学方法。6 月和 11 月，六一幼儿院为湖北丹江口市校长、教师 6 人举办两期跟岗培训，每期培训为期 1 个月，该院选派优秀教师做跟岗教师导师，通过日常教育教学传授六一幼儿院班级管理、课题教研、园所文化建设、骨干教师团队建设等方面教育理念。

（王秋萍）

【北师大实验幼儿园与芦山二幼手拉手】 5 月，北师大实验幼儿园牡丹分园开展手拉手系列爱心活动。与四川雅安芦山二幼结为手拉手关系，发起“抱抱芦山在行动”活动，包括海报讲解与教育、制作“抱抱”玩偶、爱心图书及玩偶捐赠、爱心义卖活动。其中爱心义卖活动两天展出摊位 200 个，展出幼儿小玩具、图书、识字卡片、毛绒玩具、铅笔、贴画闲置用品等。全园幼儿制作“抱抱”玩偶 430 个，捐献爱心书 300 本，义卖筹集爱心资金 7821.4 元，捐款用于芦山二幼修建图书馆。

（熊庆华）

【宣传《3—6 岁儿童学习与发展指南》】 5 月—6 月，海淀区教委推进实施教育部制定的《3—6 岁儿童学习与发展指南》。5 月 13 日至 16 日，组织各类型幼儿园 74 名园长、业务园长、市级骨干教师参加市教委举办“指南”解读培训会，学习“指南”出台背景、价值导向、内容框架、五大领域教育要点等。5 月 17 日，各幼儿园开展系列宣传活动，宣传“指南”教育理念；面向社区适龄儿童家庭开展宣传活动；为全区 8000 名教职工和家长委员会成员发放“指南”，班均一本“指南解读”，园均一套专家培训光盘，向街道、社区配发近千册“指南”；5 月 20 至 6 月 20 日，区教委联合区妇女儿童工作委员会举办学习“指南”宣传月活动，活动分为组织发动、多方参与、专家引领、实践推进四个阶段，全区 150 所幼儿园面向 29 个镇、584 个社区、84 个村开展宣传活动。6 月 5 日，召开推进实施“指南”座谈会，就贯彻“指南”中理论与实践问题进行交流，全区部分园长、市级骨干教师参加会议。

（宋亚甫）

【12 人入选早教工作坊】 6 月，12 名幼儿教师入选早教工作坊。区教委早教基地教师工作坊建设于 2012 年 12 月启动，围绕“专业引领、同伴互助、实践研究、共同成长”主题，以提高教师家庭教育指导能力为目标，通过开展问题研究，为工作坊团队搭建专业成长平台，带动骨干教师专业化发展。

（宋亚甫）

【14 所幼儿园获示范园称号】 7 月 18 日，海淀区 14 所幼儿园获市级示范园称号。本年度海淀区 14 所幼儿园（含明天幼稚集团 9 所分园）申报第八批北京市市级示范园，全部通过验收，全区市级示范园数量增至 21 所，原址数量增至 30 个。14 所幼儿园为明天幼稚集团 9 所分园、海军机关幼儿园、北京航空航天大学幼儿园、石油集团科学技术研究院幼儿园、海淀新区恩济幼儿园、海淀区立新幼儿园。

（宋亚甫）

【开展常态课教学研究活动】 10月24日，蓝天幼儿园开展常态课教学研究活动。活动由海淀区名师工作室组织，围绕“练好基本功，上好常态课”主题，观摩该园中班歌唱活动“小羊羊的演唱会”，与会者就教师提高常态教学能力等问题交流研讨。名师工作站、幼儿园教师15人参加活动。

（任亮）

【明天幼稚集团培训业务园长】 10月30日，明天幼稚集团承担首届全区业务园长培训工作。培训由区教委学前科和教师进修学校学前教育研修室主办，培训内容涉及信息化与课程整合等，采取理论讲座、实地观摩、分组研讨等形式。32名幼儿园业务园长参加培训。2011年6月，明天幼稚集团被区教委认定为学前教育干部教师培训基地。

（刘光洪）

【培训民办幼儿园举办者】 10月28日—11月8日，北京市民办幼儿园举办者培训班开班。该培训由市教委主办，北京市二十一世纪国际学校与二十一世纪幼儿园承办，培训涉及政策法律法规、幼儿园经营与发展、决策与规划、财务管理、人力资源管理、危机管理、品牌与特色建设、集团化发展理念与实践等内容，以讲座、座谈、论坛、专题纪录片赏析、幼儿园观摩交流等形式。400名来自北京市民办幼儿园举办者参加培训。

（刘莉娜）

【成立学前融合教育康复基地】 11月12日，海淀区教委成立学前融合教育康复基地。基地位于明天幼稚集团总部，占地面积180平方米，拥有电教类、益智类、拼插类、书籍类、感统器材等设施，基地可为10名幼儿提供区域活动、小组教育活动、户外融合活动、游戏活动、个别训练、班级融合训练。

（盛利华）

【召开教育教学经验研讨会】 11月14日，六一幼儿院召开教育教学经验研讨会。研讨会围绕“敬业为根、专业立本、成就自我、发展六一”主题，听取院长刘燕《传承经典 创造梦想》专题报告，回顾与梳理六一幼儿院发展过程及对教育的思考与感悟，青年教师表演反映专业成长感悟及喜悦的情景剧，市级骨干教师作《与六一共同成长》发言，介绍自己成才之路。市、区教委领导以及来自全市16个区县示范幼儿园园长300人参加研讨会。

（王秋萍）

【承办早期阅读课题研讨活动】 12月3日，蓝天幼儿园承办中国学前教育委员会“十二五”课题《基于图画书类型分析的早期阅读指导研究》学期研讨活动。该课题组成员恩济里幼儿园与蓝天幼儿园教师，分别上“小机械立大功”“长长的……”观摩课，并分别对图画书的主题内涵、图画艺术、文本结构、语言特点进行分析。与会者结合幼儿学习经验从学习预知目标、教学策略角度进行交流。北京市各城区实验园所教师200人参与活动。

（任亮）

【超额完成学前教育三年行动计划】 2013年，海淀区教委完成《海淀区学前教育三年行动计划（2011—2013年）》工作目标，改扩建、改造幼儿园65所（址），新增入园学位2300多个。2011—2013年共新建幼儿园13所（址），接收配套幼儿园17所，改扩建幼儿园106所（址），新增园舍建筑面积62416平方米，增长12.6%，新增14100个入园名额，全区在园儿童三年净增20%，其中三岁以上适龄儿童增长30.2%，超额完成三年行动计划提出的新增1.38万个入园学位的任务。基本构建布局合理、形式多样、优质均衡的学前教育服务体系，形成政府办园为示范、公办园为主体、公办民办并举的学前教育发展格局。

（宋亚甫）

【2013年海淀区托幼园(所)名单(153所)①】

1. 北京明天幼稚集团
2. 北京市六一幼儿院
3. 北京市海淀区恩济里幼儿园
4. 北京市海淀区上庄科技园区幼儿园
5. 北京市海淀区立新幼儿园
6. 北京市立新学校幼儿园
7. 北京市海淀区北部新区实验幼儿园
8. 北京市海淀区富力桃园幼儿园
9. 北京市海淀区颐慧佳园幼儿园
10. 北京市海淀区美和园幼儿园
11. 北京市海淀区苏家坨镇幼儿园
12. 北京市海淀新区恩济幼儿园
13. 北京市海淀区唐家岭新城幼儿园
14. 北京市海淀区人民政府机关幼儿园
15. 中国人民解放军后勤学院幼儿园
16. 中国人民解放军93462部队幼儿园
17. 中国人民解放军空军装备研究院蓝天幼儿园
18. 中国人民解放军总参军训部第二幼儿园
19. 中国人民解放军航天员科研训练中心飞天幼儿园
20. 中国人民解放军总后勤部五一幼儿园
21. 中国人民武装警察部队总部机关幼儿园
22. 中共中央办公厅警卫局万寿路幼儿园
23. 中国人民解放军国防大学第二幼儿园
24. 总参谋部测绘局幼儿园
25. 中国人民解放军军事科学院幼儿园
26. 中国人民解放军总参谋部军训部机关第三幼儿园
27. 中国人民解放军63921部队幼儿园
28. 中国人民解放军第二炮兵机关第一幼儿园
29. 中国人民解放军总参谋部信息化部

① 更名：中国人民解放军63919部队幼儿园于2012年年底更名为中国人民解放军航天员科研训练中心飞天幼儿园。首都师范大学幼儿教育中心于2013年9月更名为首都师范大学附属幼儿园。中国石油勘探开发研究院幼儿园于2013年1月更名为中国石油集团科学技术研究院幼儿园。
新建：.北京市海淀区长河湾汇佳幼儿园，2009年新建民办幼儿园，2013年9月取得卫生许可证。2012年9月11日，海淀外国语实验学校增设附属幼儿园。办学许可证发证日期为2013年4月28日。2013年5月2日，北京市海淀区四季青镇巨山幼儿园开园。2012年12月28日，海淀区教委颁发办园许可证，大有双语幼儿园正式开办。2013年9月，北京市海淀区唐家岭新城幼儿园（借小学办园）开园。2014年3月正式在新址招生。
撤并： 北京师范大学实验幼儿园西苑分园2013年7月正式终止与安全部的合作协议，安全部子弟由安全部负责安置，其余幼儿全部由北师大实验幼儿园妥善安置，全部并入本部幼儿园。
停办：2013年9月1日，万寿路街道翠微幼儿园、西北旺镇西玉河村幼儿园、西北旺镇永丰屯村幼儿园、羊坊店第一幼儿园停办。

幼儿园
30. 中国人民解放军 63916 部队幼儿园
31. 国防大学第一幼儿园
32. 空军 95968 部队幼儿园
33. 中国人民解放军军事医学科学院幼儿园
34. 总参军训和兵种部机关第一幼儿园
35. 空军指挥学院幼儿园
36. 中国人民解放军 61886 部队幼儿园
37. 海军机关幼儿园
38. 中国人民解放军 61195 部队前哨幼儿园
39. 海军总医院幼儿园
40. 中国人民解放军 61046 部队幼儿园
41. 中国人民解放军北京军区炮兵幼儿园
42. 中国人民解放军总装备部后勤部小营幼儿园
43. 中国人民解放军军乐团幼儿园
44. 中国人民解放军空军航空医学研究所附属医院幼儿园
45. 解放军总医院第一附属医院幼儿园
46. 中国人民解放军总参谋部管理保障部北极寺幼儿园
47. 中国人民解放军总医院幼儿园
48. 空军直属机关蓝天幼儿园
49. 中国人民解放军 66400 部队政治部幼儿园
50. 中国人民解放军 61672 部队幼儿园
51. 中国人民解放军总参谋部管理保障部幼儿园
52. 北京育新实验幼儿园
53. 北京公交鸿运承幼教中心第三幼儿园
54. 国土资源部机关服务局幼儿园
55. 北京有色金属研究总院幼儿园
56. 钢铁研究总院幼儿园
57. 国务院机关事务管理局花园村幼儿园
58. 北京市海淀区中关村街道第一幼儿园
59. 北京市海淀区北太平庄街道蓟门里幼儿园
60. 北京市海淀区青龙桥幼儿园
61. 北京市海淀区海淀乡中心幼儿园
62. 北京市海淀区北太平庄街道威凯幼儿园
63. 北京市海淀区四季青镇北坞幼儿园
64. 北京市海淀区四季青香山幼儿园
65. 北京馨星幼儿园
66. 北京市海淀区紫竹院街道第二幼儿园
67. 北京市海淀区学院路街道展春园幼儿园
68. 北京市海淀区海淀街道厂洼幼儿园
69. 北京市海淀区温泉镇白家疃中心幼儿园
70. 北京市海淀区四季青镇常青幼儿园
71. 北京市海淀区四季青镇南平庄幼儿园
72. 北京市海淀区四季青蓝靛厂幼儿园
73. 北京市海淀区四季青育红幼儿园
74. 北京市海淀区小星星双语艺术幼儿园
75. 北京市海淀区西北旺屯佃村幼儿园
76. 北京市海淀区西北旺镇亮甲店村幼儿园
77. 北京市海淀区翠湖幼儿园
78. 北京市海淀区苏家坨镇中心幼儿园
79. 北京市海淀区苏家坨镇温馨幼儿园
80. 北京市海淀区苏家坨镇苏三四村幼儿园
81. 北京市海淀区四季青镇巨山幼儿园
82. 北京市海淀区本真双语艺术幼稚园
83. 北京市海淀区现代艺术幼儿园
84. 北京市海淀区英才美丽园幼儿园
85. 北京岭南幼儿园
86. 北京市海淀区世纪新汇佳幼儿园
87. 北京市海淀区中科幼教中关村实验幼儿园
88. 北京市海淀区英才幼儿园
89. 北京市海淀区红缨幼儿园
90. 北京市海淀区万泉汇佳幼儿园
91. 北京市二十一世纪实验幼儿园
92. 北京市世纪阳光幼儿园
93. 北京市海淀区小汉顿幼儿园
94. 北京市幼儿师范学校附属幼儿园
95. 北京市海淀区布朗幼儿园
96. 北京市海淀区美华彩苑外国语幼儿园
97. 北京市海淀区凯蒂幼儿园
98. 北京市海淀区锦绣明天莲宝幼儿园
99. 北京市海淀区启明华清幼儿园
100. 北京市海淀区太阳幼儿园
101. 北京阳光儿童早期教育实验中心
102. 北京小天使美语幼儿园
103. 北京市育龙幼儿园
104. 北京市未来之星实验幼儿园
105. 北京市海淀区领秀硅谷凯尔包包婴幼园
106. 北京市海淀区朝昭双语婴幼园
107. 北京市海淀区凯尔宝宝婴幼园
108. 北京市海淀区世纪汇佳幼儿园
109. 北京市海淀区二十一世纪实验幼儿园
110. 北京市海淀区红黄蓝多元智能实验幼儿园
111. 北京市海淀区智合国学双语幼儿园
112. 北京市海淀区宜宝双语幼儿园
113. 北京市海淀外国语学校附属幼儿园
114. 北京市海淀区长河湾汇佳幼儿园
115. 北京市海淀区大有双语幼儿园
116. 北京市水务局幼儿园
117. 核工业第二研究设计院幼儿园
118. 北京林业大学幼儿园
119. 北京邮电大学幼儿教育中心
120. 航空材料研究院幼儿园
121. 中国农业大学东校区幼儿园
122. 中国农业大学西校区幼儿园
123. 北京语言大学幼儿园
124. 北京交通大学幼儿园
125. 北京师范大学实验幼儿园
126. 中国音乐学院附属艺术幼儿园
127. 中国林业科学研究院幼儿园
128. 北京市清华洁华幼儿园
129. 北京航空航天大学幼儿园
130. 首都师范大学附属幼儿园
131. 北京大学医学部幼儿园
132. 中国农业科学院幼儿园
133. 中国人民大学幼儿园
134. 北京理工后勤集团幼教中心
135. 航天之星幼儿园
136. 中央民族大学幼儿园
137. 中国石油集团科学技术研究院幼儿园
138. 北京科技大学幼儿教育中心
139. 北京大学幼教中心
140. 北京市农林科学院幼儿园
141. 北京应用物理与计算数学研究所九一幼儿园
142. 中国铁道科学研究院幼儿园
143. 中国科学院幼儿园

144. 中国兵器工业机关服务中心幼儿园
145. 北京市银河之星幼儿园
146. 航天工业机关燕郊幼儿园
147. 中国科学院第七幼儿园
148. 中国科学院第一幼儿园
149. 中国科学院第三幼儿园
150. 中国气象局幼儿园
151. 新华社机关事务管理局保育院
152. 北京五色土实验婴幼园
153. 住房和城乡建设部幼儿园

基础教育

【概况】 2013年，海淀区有普通中小学184所，在校学生245178人。其中小学108所（不含14个一贯制学校小学部），中学76所。中小学在校学生245178人，其中非本市户籍学生78493人。义务教育阶段在校生203067人，比上年增加5229人。义务教育阶段非本市户籍学生72722人，占全区义务教育阶段在校生总数的36%。

全区有小学122所（含14个一贯制学校小学部），其中区属公办小学102所，其他部门办小学9所，民办小学11所。小学在校生141429人，其中非本市户籍学生53637人。中学76所包括初中10所，高中3所，完中49所，九年一贯制学校3所，十二年一贯制学校11所；有教学班3033个，毕业30950人，招生34985人，在校生103749人，其中非本市户籍学生24856人。初中入学率100%，升学率98%，应届高考录取率90.56%。中学教职工12687人，其中专任教师9565人。中小学市级特级教师在职121人（特教1人），其中小学特级教师7人、中学特级教师112人，职高特级教师1人。中小学教师具有高级专业技术职务2893人，其中小学136人、初中1201人、高中1556人。全区中小学图书馆藏书941.39万册。学校总占地面积5301192平方米，总建筑面积3495007平方米，固定资产总值91.26亿元。全年教育经费投入876115万元，其中国家拨款856299万元，自筹经费19816万元。

（尹涛 宋亚甫）

【评选首批德育特色学校】 1月7日，海淀区教委评选首批德育特色五星级学校。旨在推进德育创新，激活学校德育工作机制。活动以3年为一个循环，每3年评选一批五星级、四星级和三星级德育特色学校。经学校自主申报、初审，专家组进校实地考察，通过深入课堂听课、学校特色活动展示、召开教师和学生座谈会，以及查阅学校档案资料等方式，共评选出五星级、四星级、三星级德育特色学校各10所。

（宋亚甫）

【北大附中广西生物考察基地揭牌】 1月31日，北大附中和北达资源中学生物多样性考察基地在广西崇左揭牌。北大附中致力于培养学生接近自然、尊重自然、与自然和谐共处的理念，2011年与北达资源中学共同开发设立博物课程，并创办“自然之翼”夏令营、《自然之翼》杂志，结合博物课程的社会实践活动，每年组织学生到位于广西崇左的北京大学生物多样性考察基地进行野外实地考察，并在该基地建立中学生野外考察基地。

（王陶）

【十一学校参加国际中学生模联大会】 2月21日，十一学校学生参加在卡塔尔多哈举行的第八届国际中学生模拟联合国大会。此次模联会美国乔治敦大学主办，共有来自40个国家和地区60所中学，400名学生代表参会，十一学校作为中国大陆地区唯一中学参加，该校代表团由学生6人组成，参加联合国经社理事会（ECOSOC）、联合国人权理事会（HRC）、非洲发展论坛（AP）以及联合国大会第四委员会（GA-SPECPOL）活动。

（戴冲）

【中英督导项目第二阶段签约】 2月26日，海淀区教育督导室与英国剑桥教育集团签署《中英海淀督导人员能力建设项目第二阶段项目活动协议书》。海淀区教育督导室主任、剑桥教育国际部董事总经理代表双方签字。协议双方继续开展督导人员能力建设国际合作项目，剑桥教育专家组成6至8人核心小组，以项目第一阶段英国督学培训及督导观摩为基础，借鉴培训与观摩中使用的督导方法和技巧，开发适用于海淀区学校的《海淀学校督导指南》和《海淀学校督导培训手册》，海淀区督学提供反馈支持并参与部分技术活动。

（宋亚甫）

【学生课业减负】 3月1日，区教委召开落实减轻中小学过重课业负担工作会，印发《关于切实减轻我区中小学生过重课业负担的意见》。建立减负工作联动和督查工作机制，行政、教研、科研等部门联动，对海淀区小学生课业状况和学业负担开展调研，加强对中小学作业的指导。全区范围内开展“减负增效”征文活动。区教委联合区政府教育督导室针对中小学生减负工作开展拉网式检查，督促各学校落实减负措施。组织10所实验校开展“学习困难学生预警和干预”市级行动项目研究，关注学困生个体差异，探索建立个别学业指导机制。9月，联合市教育督导室、市教委在理工附中召开“北京市中小学减负督导监测工作现场会”，宣传推广海淀区的减负经验。

（宋亚甫）

【周恩来励志馆成为德育基地】 3月3日，中关村中学“周恩来励志馆”成为海淀区首个德育基地。该馆2012年10月7日开馆，建筑面积234平方米，展出实物110件、图片285张、油画8幅、周恩来汉白玉雕像和蜡像各1尊、壁挂16幅以及电子翻书系统、电子导向触摸机等。展馆分五个部分，分别为励志求索，为中华之崛起；艰苦奋斗，为新中国的诞生；周总理东渡日本到旅欧入党时期；鞠躬尽瘁 为祖国的强盛；追高慕远 励志笃行。励志馆不定期面向本校、北京市、全国各地学生和教师，以及国外教育代表团开放。2013年度接待参观人数1500多人。

（黄文萍）

【文明礼仪剧及微电影展演】 3月—5月，各中小学开展“以我文明行、绘我中国梦”中学生原创文明礼仪短剧、微电影展演活动。活动围绕中国梦、正能量、北京精神、文明礼仪、志愿服务等主题展开创作，全部剧目由学生自编、自导、自演，活动覆盖海淀区所有中学，10万名中学生参与。 60部作品胜出。微电影大赛中， 58部作品代表所在学校参加展演。10月19日，展演活动结束，评选出八项大奖。

（宋亚甫）

【首次推出体育名家】 4月26日，海淀区委教育工委、区教委会召开索玉华教育教学实践研讨会，首次推出体育教育名家。研讨会以“让生命在体育教学中延伸”为主题，播放短片《让生命在体育教学中延伸》，听取索玉华作教育教学实践报告，在首都体育馆内，索玉华和她的教学团队现场进行体育教学片段展示。索玉华，北京市体育特级教师，现任北京石油学院附属中学体育教研组组长、北京市教育学会体育研究会理事会理事等。先后获得北京市普教系统先进工作者、北京市优秀教师、北京市师德先进个人、全国百名优秀体育教师等荣誉。

（宋亚甫）

【建成央视中学生频道校园通讯站】 5月3日，中央电视台中学生频道校园通讯站首师大附中站建成。建立该校校园通讯站旨在展现中学生真实的校园生活，全方位地反映学校教育理念和校园文化，体现当代中学生良好的精神风貌。CCTV中学生频道总编辑为首师大附中颁发中央电视台中学生频道校园通讯站牌匾，并特聘沈杰校长为中学生频道教学顾问。通讯站现有学生小记者30人，主要工作为采访、拍摄、制作反映中学生学习生活视频新闻，平日课余时间通过学校校园展示屏播出，同时向电视台提供视频新闻。

（王文鹏）

【海淀教育首批记者站成立】 5月14日，海淀区教委成立海淀教育首批记者站。区教委选择发展态势良好、重视宣传工作、具备校园宣传阵地的学校和单位15个，成立首批记者站，拥有具备一定专业能力、热爱新闻宣传工作75名特邀记者。

（宋亚甫）

【发布心理健康教育《工作行动计划》】 5月21日—23日，市教委和海淀区教委、十一学校联合举办“北京市中小学心理健康教育交流会暨海淀区第六届中小学心理健康教育活动周”，发布心理健康教育《工作行动计划》。该计划由教育部、中小学心理健康教育指导委员会、北京师范人学、北京市教育学院、北京教科院专家与海淀区心理健康教育科研人员共同研究制定，旨在更好地服务于学生心理发展，推动心理健康教育工作健康发展。

（宋亚甫）

【完成学生学习生活状况调查】 5月24日，海淀区教育督导室完成北京市义务教育阶段学生学习生活状况调查。此次调查旨在了解学生在校学习基本现状，收集学生生活、学习、家庭等情况信息，为判断学生综合素质发展提供全面、科学的依据；为教育行政部门、督导部门等了解现状、制定教育政策、诊断问题、提升质量提供数据和决策依据。调查涉及海淀区中学26所、小学31所，共57所样本校。

（宋亚甫）

【与房山教委签署合作协议】 5月29日，教委与房山区教委签署合作办学协议。此次签署合作协议为两项，海淀教委、房山教委和良乡高教园区管委会签署北京理工大学附属中学房山校区合作协议，协议理工大附中房山校区由良乡高教园区负责建设配套教育项目，建成后由房山区教委委托理工大附中承办，按照“一个法人、一体化管理”管理模式，两校相互沟通交流，共享教育教学资源。海淀教委、房山教委和北京万科总部签署北京六一幼儿院房山分园合作协议，协议海淀教委将六一幼儿院引入房山京投新里程教育配套项目，由北京万科集团负责房山京投新里程项目配套幼儿园代建及精装修工程，建成后满足当地社区业主、大学城教职员工子女入园需求。

（宋亚甫）

【举办艺术教育推进会】 6月6日，海淀区教委举办艺术教育推进会暨翠微小学现场会。与会人员观摩面塑、国画、篆刻、书法、纸艺5节美术校本课程后，在主会场以形体与舞蹈课程、表演课程、民乐课程现场授课形式，介绍翠微小学校园文化、学科艺术、社团活动课程实践成果，曲艺家崔琦、音乐评论家卞祖善现场作点评。市教委、北京市金帆团组秘书处为学校颁发金帆艺术团民乐联盟基地校牌匾。市教委、海淀区教委领导、艺术教育专家及市民乐承办校、海淀区中小学艺术教育主管500人参加会议。

（宋亚甫）

【人大附中设太空授课地面课堂】 6月20日，神舟十号飞船太空授课地面课堂在人大附中设立。上午10：04至10：55，人类历史上首次太空授课活动举行，人大附中物理教师宓奇、101中学物理教师史艺作为地面课堂教师，配合女航天员王亚平共同给学生上1节科普课。王亚平在神舟飞船上演示弹簧、陀螺、单摆、质量测量、水膜和水球等6个实验，并与航天员聂海胜分别回答学生提出太空中如何保持肌肉力量、规避太空垃圾、太空资源再生等问题。教育部、中国载人航天办、中国科协、市教委等部门领导在北京航天城飞控中心指挥大厅全程观看授课活动，包括少数民族学生、进城务工人员随迁子女及港澳台地区学生在内的20余所学校300余名中小学生，现场参加太空授课地面课堂活动，北京市60余万中学生在教室同步收看。

（宋亚甫）

【心理健康教育研究与指导中心建成】 9月1日，海淀区中小学心理健康教育指导中心建成。该中心位于海淀区教科所四层，建筑面积807.8平方米，总投资460万元，开设预约接待、心理咨询、心理援助等6个功能室，配备专业工具。该中心以研究指导为主，兼顾预防与发展，面向全区中小学师生，拥有专职心理研究人员6人，聘请北师大教授26人，共同指导海淀心理健康教育。9月至11月，为心理志愿者团队进行心理热线及心理仪器使用3期培训。分别对德育校长、心理教师、小学班主任带头人开展《海淀区中小学心理健康教育工作计划》解读和心理中心工作介绍，对小学心理教师进行沙盘游戏疗法体验式培训，组织心理教师20人参加沙盘游戏疗法专项培训。

（宋亚甫）

【十一学校与平壤一中建立友好校】 9月17日，十一学校与朝鲜平壤第一中学建立友好校。双方签订合作协议书，根据协议，两校在教育教学领域、教师学生交流、办学经验等方面开展合作。12至17日，平壤一中校长方胜善等一行5人，参观十一学校校园、进班听课，与教师座谈。

（周斌　李昂）

【民大附中建校100周年】 10月6日，民大附中庆祝建校100周年。庆祝活动以“百年民附辉煌、今朝共美启航”为主题，由庆祝大会、乌兰夫铜像揭幕、参观校史馆等部分组成。2012年1月至2013年10月，学校先后举办校园文化周、学术活动月和征文证物活动；编写《和美岁月》校史等书籍；组织在校学生120人回到家乡采访70名校友，编辑出版《校友成长之路》，制作校庆专题片、百年徽章等。有关领导、校友及师生8000人参加活动。中央民族大学附中于1913年建校，前身为喀喇沁王贡贡桑诺尔布创办蒙藏学校，位于西单小石虎胡同，1918年改名为蒙藏专门学校，为高等教育学校，1951年更名为中央民族学院附属中学，1993年改为现名。

（孙立清）

【举办第五届翱翔科学论坛】 10月14日，海淀区教委、理工大附中承办第五届北京青少年翱翔科学论坛 物理与地球科学领域分论坛。参会学生通过学生评价、导师评价、学校评价、基地推荐等环节，登上论坛并在论坛主会场及物理与地球科学领域9所培养基地分会场，分别汇报54篇探究作品，接受专家点评与指导，并与现场学生交流。全市10个区县43所学校73名第五批物理与地球科学领域学员参加论坛，北京理工大学、中国科学院等高校、科研院所专家60人担任评审专家。理工附中于2011年学校被确定为北京市基础教育阶段创新人才培养项目翱翔计划“物理与地球”科学领域基地校。

（王雩　彭鏊）

【举办教育系统戏剧教育周】 10月15日—19日，海淀区举办教育系统戏剧教育周。启动仪式上作题为《挖掘戏剧育人功能，创新德育新途径》报告，全面总结海淀区教育系统开展戏剧教育的思考、做法、经验及成果，对下阶段戏剧教育工作，提出在学生中普及戏剧教育等要求。授予33所学校为戏剧教育基地校。成立海淀区戏剧教育专家顾问团。八一中学、区教师进修学校附属实验学校、中关村一小分别围绕整合戏剧课程、话剧社团课程化育人模式、演绎世界经典名剧等主题同与会者交流分享。开幕式后，进行以“戏剧梦人生梦中国梦”为主题的中小学戏剧教育剧目展演，分别展演京剧、话剧、舞台剧、皮影戏、音乐剧。戏剧周期间，西颐小学、清华附中、二十中等分别举办开放展示活动。

（宋亚甫）

【召开窦桂梅教育教学实践研讨会】 10月17日，海淀区召开窦桂梅教育教学实践研讨会。研讨会由海淀区教工委、教委主办，为海淀区教育名师工程小学段首推名师，会议以“超越·主题·整合，为聪慧与高尚的人生奠基”为主题，总结窦桂梅教育教学思想。与会者观看讲述窦桂梅成长经历专题片《行走的玫瑰》，观摩窦桂梅1节研究课“皇帝的新装”，听取《为聪慧与高尚的人生奠基》专题报告。在窦桂梅教育教学实践专家高峰论坛上，中国教育学会钟秉林等专家，高度评价窦桂梅从“三个超越”到“主题教学”，再到“课程整合”的教育理念，认为清华附小坚持为儿童聪慧与高尚的人生奠基的办学理念，积极构建“1+X课程”体系，是基础教育课程改革的前沿和范例。来自教育部、中国教育学会、清华大学、东北师范大学、北京市教委、北京教育学院、北京市教育科学院等高校和科研院所专家，以及全国部分省市、北京市部分区县、海淀区学校领导和骨干教师1000人参加会议。会议通过清华大学教育扶贫远程教学站，边远地区教师2000人通过卫星同步收看。

（宋亚甫）

【召开中华文化教育沙龙研讨会】 10月18日，海淀区教委召开高中开展中华文化教育沙龙研讨会。会议介绍海淀区中小学开展国学教育和传统文化教育的案例和经验，围绕高中阶段开展中华文化教育的必要性和可行性，教育目标、内容和评价体系，实践模式和操作建议，古代书院教育对当今高中教育的影响与启示，中华文化教育借鉴古代书院教育的可行性和必要性等6个议题展开讨论。会议认为，在中学开展国学教育，要特别注重经典；在传统文化教育中，要处理好中西关系、文理关系、学习儒学与诸子百家的关系。区教委领导以及来自北京师范大学、北京大学、清华大学等高校专家、海淀区部分高中学校校长40人参加会议。

（宋亚甫）

【举办“MOOC来了”教研沙龙活动】 10月28日，清华附中举办“MOOC来了”教研沙龙活动。邀请清华大学专家作《MOOC催化的教育革命展》报告，附中教师就MOOC是改良还是革命、学习工具的转变对基础学科会产生什么样的变革、新型学习工具MOOC的应用及对基础教育的影响等问题展开讨论。MOOC（慕课）学习方式于2012年提出，即大规模在线开放课程（Massive Open Online Courses）。

（高岷）

【召开张亚红教育教学实践研讨会】 10月29日，海淀区教育工委、区教委召开张亚红教育教学实践研讨会。研讨会为海淀区“十二五”名师培养计划系列活动之一，由区教育工委、区教委主办，八一中学承办，与会者观看北京电视台制作专题片《艺“树”人生》，听取张亚红《谱写生命的乐章》主题发言，美国音乐教育家协会艺术委员会委员、音乐家戴维通过 VCR 介绍他眼中的张亚红，首师大音乐系教授现场进行《勤耕不辍、梦想成真》点评，会议认为她在音乐课堂教学展示出来一名教师的魄力、智慧和独特魅力。教育部、首师大音乐学院、人民音乐出版社，区委教育工委、区教委、区政府教育督导室领导专家，中小学副校长、音乐教师，各区县和外省市音乐教研员及骨干教师，八一中学毕业生和家长代表以及首都师范大学师生 1000 人参加会议。张亚红，八一中学音乐特级教师，北京市先进工作者，北京市优秀音乐教师，北京市学科教学带头人，编写《中小学管乐团的组织管理与训练》《中小学音乐新课程教学法》《新课程理念下的创新教学设计》《中小学音乐教育词典》等书籍。在艺术实践活动中提出“活动中育人”理念，被称为“执着于追求音乐教育的人”。

（宋亚甫）

【首师大承办数学课题国际研讨会】 11 月 9 日—10 日，《TI 手持技术与高中数学课程整合》课题国际研讨会召开。研讨会由人民教育出版社中学数学研究室主办，首都师范大学附属中学承办，德州仪器（上海）有限公司协办，观摩 3 节数学公开课，与会代表做评课研讨，听取《TI 手持技术与高中数学课程整合》课题研究成果，台湾教授、浙江省黄岩中学特级教师金克勤、杭州市第十四中教师严兴光 3 人作关于图形计算器在高中数学教学的实践经验分享与理论思考学术报告。来自全国各师范院校、教育学院、省级示范高中校数学专家和教师 300 人参加会议。

（丁伯华）

【总结课改教学资源建设工作】 11 月 21 日，海淀区召开课改教学资源建设 10 年总结暨微教学研究项目启动会。会议作《建设课改教学资源，服务教与学方式变革》报告，提出坚持文本与视频并重、坚持学科与学段相结合、坚持课例呈现与教学研究并重的建设思想；《掌握方法，用足资源》介绍北京市和海淀区三套课改教学资源系统特点，为学校提供使用方法指导；作微教学研究项目推介报告《基于现象学视角的微教学研究》，启动“微教学”研究项目。会上播放与北师大教育学部共同制作《课改新教学精彩片段》光片，从优秀课例教学片断挖掘每节课中精彩亮点，并深入分析。海淀区于 2003 年启动新课改新教学的实录工作，10 年来录制光盘 1500 多盘，中小学参与录课学校 113 所，占学校总数 67%。涉及中小学全部学科。同时编辑《尝试与实践》《重塑课堂教学》等文集。

（宋亚甫）

【理工大附中获亚洲机器人锦标赛冠军】 11 月 28 日—12 月 1 日，理工大附中参加第七届亚洲机器人锦标赛获得冠军。比赛在澳门科技大学举办，来自亚洲各地 200 支队伍参加赛事，比赛分为 VEX 机器人工程挑战赛、BDS 烽火战斗挑战赛和人型全能机器人挑战赛 3 个项目。理工大附中初、高中学生 9 人组成 3 支代表队，参加 VEX 机器人工程挑战赛、人形机器人 2 个项目，获得人形全能机器人挑战赛冠军、金奖，初中、高中 VEX 机器人工程挑战赛双双获得银奖，高中队获得最佳思考单项大奖。

（王雳　彭謦）

【十一学校承办京城中学生校园刊物峰会】 11 月 30 日，京城中学生校园刊物年度峰会召开。峰会由北京市中学生刊物联盟主办，十一学校承办，首次由学生自主策划、组织，主题为“用明天定位今天”，来自十一学校、人大附中、北京四中等 16 所学校，24 个学生出版组织 100 人参与会议。会上，十一学校介绍自编校园刊物情况，评选奖项并颁奖。北京市中学生刊物联盟是由十一学校在校学生自主发起，致力于推动多校文化交流的校际组织。联盟通过为各校免费提供在线刊物阅览平台、在线交流平台微信公共平台及微信群、实体刊物交流活动等服务，打造中学生校园刊物交流平台，旨在扩大中学生校园刊物影响力，推动中学生校园刊物发展。

（贾昕平）

【清华附中举办校园模拟法庭活动】 12 月 5 日，清华附中举办法制教育进校园——中国政法大学模拟法庭（清华附中专场）活动。活动由学校德育处、中国政法大学学生准律师协会联合举办，政法大学学生模拟一场法庭审判，以“开玩笑引起的校园伤害案件”为内容，通过对校园案件还原、庭审、讲解、互动交流，让附中学生感受学法、懂法、知法、守法重要性。模拟庭审历时 2 小时，包括模拟法庭审判、现场互动、活动总结三个环节。中国政法大学准律师协会学生 20 人及清华附中教师，初一、初二年级学生代表 300 人参加活动。

（高岷）

【认定 283 名科研“种子教师”】 12 月 10 日，海淀区教委推出教育科研“种子教师”283 人。活动旨在激励更多教师参与教科研工作，发现骨干分子，形成“种子教师”团队，带动更多教师走上教科研道路，提升干部教师学术能力和专业化水平，形成和打造优秀教育科研成果。共有中小学、幼儿园教师 315 人申请，最终认定 283 名教师为海淀区首批教育科研“种子教师”。

（宋亚甫）

【4 校共上远程选修课】 12 月 12 日，北大附中学生与人大附中、清华附中和首师大附中共上远程选修课。本次直播课由人大附中物理教师宓奇开设，为科幻物理选修课“隐身技术”，4 校学生通过科幻电影中隐身、自然生物的变色隐身、人类在隐身技术上的初步探索等方面资料的搜集，了解和讨论各种类型隐身技术的原理及局限性。北大附中道尔顿书院高一部分学生参与此次课程，他们用水、玻璃杯让杯底硬币隐形，人大附中学生利用投影设备实现隐形，清华附中学生利用对超声波反射或吸收来实现隐形，首师大附中学生收集展示自然界生物体的拟态、变色、透明的隐身

现象。4 校学生在每个环节展示后做互动交流。

（王陶）

【召开罗滨教育教学实践研讨会】 12 月 17 日，海淀区教工委、区教委召开罗滨教育教学实践研讨会。研讨会通过短片《22 年 一堂课》、罗滨教育教学实践报告《着眼未来的化学教育》、来自课题组的故事、专家点评以及“名师成长之路”微型访谈等环节，分享她在化学教育、课程建设、教师研修等方面实践智慧和研究智慧，见证所带领研究团队的成长。罗滨，海淀区教师进修学校校长、化学特级教师，国家教师教育课程资源委员会委员、“国培计划”专家库首批专家、全国中小学教师教育技术水平考试委员会委员、北京化学教学研究会理事、北京师范大学化学学院教育硕士导师、首都师范大学化学学院教育硕士导师。罗滨 1991 年毕业于北京师范大学化学学院，一直从事化学教育和教研工作 23 年。她主持国家级和北京市课题 5 项，参加编写化学教材 3 册，著作 3 部，论文 60 余篇发表或获奖。多项教学成果获全国教育科研成果一等奖，北京市基础教育教学成果一等奖 1 项和二等奖 2 项，北京市基础教育课程建设优秀成果一等奖 1 项。教育部、市教委、海淀区政府领导，北京大学、清华大学、北京师范大学、首都师范大学、中国教科院、北京教科院、中国教育学会、人民教育出版社等专家，外省市教师、北京市各区县教研员、中学校长、教师代表和海淀区特级教师、市级学科带头人和骨干教师共 700 人参加研讨会。

（宋亚甫）

【评选青年教师教学能手】 12 月 19 日，海淀区教委评选青年教师教学能手。评选活动主题为“校本教研促成长，青年教师展风采”，由区教委人事科、名师工作站主办，名师教学指导团组织，参赛选手来自名师教学指导团所指导 12 所中学及小学 5 个学区，经学校和指导团成员推荐，最终 82 名 38 周岁以下青年骨干教师参加，其中 41 人参加授课、41 人参加“研课—评课”展示活动，授课教师现场授课 1 节、团队推荐一名代表现场“研课—评课”，特聘专家 105 人次担任评委，每场活动安排 3 名评委对授课和“研课—评课”环节现场打分和点评。

（宋亚甫）

【成立创新人才培养协作体】 12 月 23 日，北京市基础教育阶段创新人才培养项目数学与信息技术科学领域清华附中创新人才培养协作体在清华附中成立。协作体由清华附中牵头，成员包括清华大学信息学院、清华信息科学与技术国家实验室、清华大学数学系、中科院软件所、中国人民公安大学、清华附中、清华附中朝阳学校、清华附中永丰学校、清华附中上地学校、人大附中、第八十中学、八一中学、第六十五中学、清大附小等 22 个成员单位，在市区项目领导小组和创新学院办公室统筹管理下，联合项目协作单位等机构，建立创新人才培养协作体，共同完成创新人才培养项目各项任务。

（高岷）

【5 项教育体制改革国家级课题结题】 至年底，海淀区作为国家级教育体制改革基础教育项目实验区，承担的 7 项教育体制改革基础教育项目中的 5 项国家级课题结题。即探索城乡教育一体化发展的有效途径项目，采取“筑巢引凤”名校分址办学模式，将城区优质资源直接引入北部地区；开展幼小一贯、小中一贯制办学试点，涌现出红英小学和北部新区实验学校两所本土化优质校，拓展本土优质教育资源辐射面；探索学区教师发展共同体模式，教师队伍整体素质明显提升；基础教育课程教材改革实验项目在课程、教学、评价及资源建设等领域取得突破；探索拔尖创新人才培养模式项目通过统筹区域资源，联合人大附中等 4 所普通中学、北京大学等 6 所高校和中科院等 3 家科研院所，共同组建海淀区“拔尖创新人才”改革实验协作体，开展深层次理论研究、构建多元化的课程体系；高中特色发展实验项目 9 所实验校基本形成了稳定而独特的教育理念和办学风格。推进中小学德育内容、方法和机制创新项目探索构建大德育工作体系，举办德育干部研修班、道德学堂等公益活动，探索学校主导、家长参与、社区配合的德育协作机制。

（宋亚甫）

【中考情况】 2013 年，海淀区中考成绩在全市名列前茅。中考报考考生 18498 人，提前招生录取 1818 人，通过“名额分配”、特长生等特殊方式录取 1958 人，统招录取 9861 人。各学科平均分、优秀率均高于北京市平均水平，优秀率 39.2%，高于北京市优秀率 11 个百分点，高分段考生人数占全市 19.98%，500 分以上学生人数占全市 36.3%，8 所学校的及格率达到 100%。

（宋亚甫）

【高考情况】 2013 年，参加高考总人数为 12651 人，占北京市考生总数 19.6%。其中文科 3611 人，理科 9040 人。普通高等院校统考统招录取考生 11457 人，录取率 90.56%，其中本科录取 9626 人，专科录取 1831 人。单考单招录取考生 287 人。全区 700 分以上考生 142 人，占北京市 55%。文科重点本科上线率 34.26%，理科重点本科上线率 56.62%。高考文理科各科平均分均高于北京市，全市语文、英语、政治最高分均为海淀区考生，理科数学、生物、物理学科满分人数均占到北京市一半以上。

（宋亚甫）

【创建全国文明城区工作】 区教育系统在创建全国文明城区指标体系中承担 108 项指标任务，其中主责指标 13 项，占全区任务近 40%。未成年人思想道德建设指标体系中主责指标占 137 个，配合指标占 40 个，占指标总数 63% 多。设计制作具有教育特色的宣传张贴画，在校园内外广泛张贴，利用海淀教育“一报、一刊、一台”以及学校宣传栏、广播、电视、网络进行宣传报道。将 9 项重点工作纳入海淀区政府折子工程，校园周边治安和交通安全、义务教育均衡发展、提高市民对义务教育的满意度等问题。在各中小学启动“道德学堂”“美德少年”“美丽校园”、戏剧教育周、家庭教育大讲堂、学生原创文明短剧等特色活动。

（宋亚甫）

【2013 年海淀区小学名单（122 所）[①]】

学校全称	邮编	地址	电话
1. 北京市海淀区五一小学	100039	永定路 127 号	88223366
2. 北京市海淀区图强第二小学	100039	五棵松正大南路 4 号	68276040
3. 北京市海淀区太平路小学	100039	采石路 9 号	88628368
4. 北京市海淀区群英小学	100036	翠微路 40 号	66708127
5. 北京市海淀区培英小学	100039	太平路 19 号	68237141
6. 北京市海淀区玉泉小学	100143	金沟河路 35 号	88265211
7. 北京市育英学校（小学部）	100036	万寿路西街 11 号	68282370
8. 北京市建华实验学校（小学部）	100039	玉泉路 66 号	88278668
9. 北市海淀区羊坊店中心小学	100038	北蜂窝路 66 号	63984381
10. 北京市海淀区羊坊店第四小学	100038	羊坊店路 114 号	63984084
11. 北京市海淀区翠微小学	100036	翠微路 22 号	68226638
12. 北京市海淀区七一小学	100036	莲花池西路 1 号	63935811
13. 北京市海淀区羊坊店第五小学	100038	北蜂窝路 9 号	63981579
14. 北京市育鸿学校（小学部）	100843	复兴路 14 号	66984717
15. 北京市海淀区二里沟中心小学	100044	二里沟中街 4 号	68351806
16. 北京市海淀区花园村第二小学	100048	花园村 4 号	68478182
17. 北京市海淀区亮甲店小学	100142	八里庄街道亮甲店 1 号	88132613
18. 北京市海淀区六一小学	100142	恩济里小区 24 号楼	88123807
19. 北京市海淀区八里庄小学	100142	八里庄街 7 号	88516821
20. 北京市海淀区实验小学	100048	西三环北路 107 号	68412671
21. 北京市海淀区定慧里小学	100142	定慧西里 18 号	88126818
22. 北京市海淀区万寿寺小学	100081	万寿寺北里 16 号	88517669
23. 北京市海淀区魏公村小学	100081	魏公村小区 23 号楼	88572301
24. 北京市海淀区北洼路小学	100089	车道沟南里 36 号	68410103
25. 北京市海淀区车道沟小学	100089	车道沟 1 号	68424224
26. 北京理工大学附属小学	100081	中关村南大街 5 号	68913361
27. 北京市立新学校（小学部）	100037	阜成路甲 3 号	68351747
28. 北京 21 世纪国际学校（小学部）	100142	恩济庄 46 号	88124903
29. 中国农业科学院附属小学	100081	中关村南大街 12 号	62163712
30. 北京市海淀区向东小学	100081	西外太平庄 13 号	62172587
31. 北方交通大学附属小学	100044	上园村 3 号院	62259428
32. 北京市海淀区艺术师范附属小学	100088	明光村 23 号	62225062
33. 北京市海淀区星火小学	100082	新外大街小西天志强园	62250257
34. 北京市海淀区今典小学	100082	红联北村 83 号	62210299
35. 北京市海淀区学院路小学	100088	蓟门里小区	62356667
36. 北京市海淀区民族小学	100088	德外后黑寺 1 号	62388656
37. 北京市海淀区前进小学	100088	健安西路 32 号后门	82028263
38. 北京医科大学附属小学	100191	花园路甲 3 号	62005621
39. 北京市海淀区九一小学	100191	花园路 1 号	62017376
40. 北京航空航天大学附属小学	100191	学院路 37 号	82317160

[①] 注：2013 年 3 月 25 日，北京市海淀区前沙涧小学与北京市海淀北部新区实验中学合并，成立北京市海淀北部新区实验学校。8 月 31 日，海淀区知春里小学更名为中国人民大学附属中学实验小学。8 月，海淀区银燕小学并入人大附小，成为人大附小银燕分校。10 月 15 日，北京市海淀国际学校成立。本年，2 所打工子弟学校并入总名单。

41. 北京师范大学实验小学	100875	新外大街19号	58802073
42. 中国人民大学附属中学实验小学	100086	知春里小区甲22号	62572340
43. 北京市海淀区双榆树第一小学	100086	双榆树东里32号	82129851
44. 北京市海淀区双榆树中心小学	100086	双榆树西里36号	62634457
45. 北京市海淀区中关村第一小学	100190	中关村南二街5号	62564837
46. 北京市海淀区中关村第三小学	100190	中关村南一街4号	62563118
47. 北京市海淀区中关村第四小学	100098	海淀北三环西路太阳园14号	82130515
48. 北京市海淀区彩和坊小学	100080	彩和坊19号	62567633
49. 北京市海淀区万泉小学	100089	万泉庄甲1号	62633739
50. 北京市海淀区西颐小学	100086	北三环西路49号	62545332
51. 北京石油学院附属小学	100083	学院路20号	82381358
52. 北京市海淀区学府苑小学	100083	学清路32号	82375058
53. 北京市海淀区前八家小学	100085	前八家村7号	62937745
54. 北京市海淀区第三实验小学	100083	王庄路42号	62323580
55. 北京市海淀区清华东路小学	100083	清华东路4号	62311604
56. 北京市海淀区清河第一小学	100085	清河一街73号	62913265
57. 北京市海淀区第二实验小学	100085	清河镇西	62942192
58. 北京市海淀区清河第四小学	100096	清河镇西三旗新都东站	82951502
59. 北京市海淀区永泰小学	100192	永泰小区东里49号	62906074
60. 北京市海淀区枫丹实验小学	100096	西三旗建材城中里1号	82935198
61. 北京市海淀区育鹰小学	100085	西三旗空军装备研究院东门	82900272
62. 北京林业大学附属小学	100083	清华东路35号	62338960
63. 北京科技大学附属小学	100083	学院路30号	62332661
64. 北京石油学院附属实验小学	100192	宝胜东路观景园22号	82738703
65. 北京石油学院附属第二实验小学	100192	清河镇宝盛东路32号	62904579
66. 首师大附属育新学校（小学部）	100096	西三旗育新花园34号	82951952
67. 北京市中关村外国语学校	102206	海淀区建材城西路12号	82930297
68. 北京市海淀区中关村第二小学	100190	中关村北一条10号	52960806
69. 北京市海淀区万泉河小学	100080	芙蓉里小区十号楼东侧	62551876
70. 北京市海淀区六郎庄小学	100080	六郎庄慈佑街1号	62551778
71. 北京市海淀区西苑小学	100091	西苑操场甲1号	62880380
72. 北京市海淀区培星小学	100091	厢红旗董四墓村36号	62881646
73. 北京市海淀区红山小学	100091	红山口甲3号	82831564
74. 北京市海淀区肖家河小学	100091	肖家河王庄1号	62895369
75. 北京市海淀区上地实验小学	100085	上地东里五区	82781993
76. 北京市海淀区清河第五小学	100084	体育大学院内小学	62965197
77. 清华大学附属小学	100084	清华园清华大学院内	62784656
78. 北京大学附属小学	100871	北京大学燕东园内	62756089
79. 北京市海淀区崛起实验学校	100193	马连洼菊花小区11号楼	60258764
80. 清华大学附属实验学校	100084	清华大学院内	62781662
81. 首都师范大学附属小学	100195	通汇路9号	88435823
82. 北京市海淀区第四实验小学	100093	香山南路15号南河滩	59811690
83. 北京市海淀区香山小学	100093	香山北正黄旗36号	82592671
84. 北京市海淀区巨山小学	100093	北辛庄241号	62590469
85. 北京市海淀区中坞小学	100195	四季青镇中坞村174号	88855705
86. 北京市海淀区四王府小学	100093	香山正白旗甲9号	51708689

87. 北京市海淀区西山小学	100195	四季青镇黑塔村 142 号	82599401
88. 北京市海淀区田村中心小学	100049	田村后街 47 号	68160366
89. 北京市海淀区陶行知小学	100091	四季青镇西冉村 99 号	88855380
90. 中国人民大学附属小学	100097	蓝靛厂路 18 号	88863978
91. 中国人民大学附属小学银燕分校	100097	蓝靛厂火器营厢红旗 48 号	88862781
92. 海淀尚丽外国语学校（小学部）	100093	香山南路四统碑	62591019
93. 北京市海淀外国语实验学校	100195	杏石口路 20 号	88459235
94. 北京市海淀国际学校	100195	杏石口路 20 号	88459230
95. 北京市海淀区行知实验学校	100097	四季青镇双槐树村 2 号	56208889
96. 北京市海淀区东北旺中心小学	100094（193）	海淀区竹园西街 8 号	62818743
97. 北京农业大学附属小学	100193	圆明园西路 3 号院	62899050
98. 北京市海淀区红英小学	100094	韩家川村南口	62457918
99. 北京市海淀区冷泉小学	100095	西北旺镇冷泉村 100 号	62456605
100. 北京市海淀区西玉河小学	100094	西北旺镇西玉河村	62473004
101. 北京市海淀区永丰中心小学	100094	西北旺镇六里屯村北	62472742
102. 北京市海淀区丰联小学	100094	西北旺镇辛店村	62473648
103. 北京市海淀区宏丰小学	100094	西北旺镇亮甲店村	62456623
104. 北京市海淀区唐家岭小学	100094	西北旺镇唐家岭村	62989543
105. 北京市海淀区大牛坊小学	100094	西北旺镇大牛坊村 100 号	56296587
106. 北京市海淀区西二旗小学	100085	西二旗智学苑小区	62940447
107. 北京市北外附属外国语学校	100085	西二旗大街 19 号	82747001
108. 北京市海淀区温泉中心小学	100095	温泉镇环山村	62456331
109. 北京市海淀区东埠头小学	100095	温泉镇东埠头村	62483962
110. 北京市海淀区白家疃小学	100095	温泉镇白家疃村	62400360
111. 北京市海淀区上庄中心小学	100094	上庄镇上庄村 1 号	62472702
112. 北京市海淀区前章村小学	100194	上庄镇前章村东口	62471264
113. 北京市海淀区白水洼小学	102206	上庄镇白水洼村南	62471464
114. 北京市海淀区东马坊小学	100094	上庄镇东马坊村 20 号	62471422
115. 北京市海淀区振兴小学	100094	上庄镇梅所屯	52751507
116. 北京市海淀区苏家坨中心小学	100194	苏家坨镇西小营村南环路 2 号	62409511
117. 北京市海淀区苏家坨三四村小学	100194	苏家坨镇苏三四村南区 146 号	62482536
118. 北京市海淀区北安河中心小学	100095	北安河环谷园路 2 号	62488302
119. 北京市海淀区周家巷小学	100095	军庄路 1 号	62455244
120. 北京市海淀区台头小学	100194	苏家坨聂各庄路 13 号	62459612
121. 北京市海淀区红星小学	100194	北安河路 36 号	62455948
122. 北京市海淀北部新区实验学校	100194	苏家坨镇西小营村	62407841

【2013 年海淀区中学名单（76 所）[①]】

完全中学（49 校）

学校全称	邮编	地址	电话
1. 北京市育英中学	100036	万寿路西街 14 号	68287770
2. 北京市十一学校	100039	玉泉路甲 66 号	88625824
3. 北京市太平路中学	100039	太平路 8 号	68156905

① 2012 年 6 月 15 日，海淀区教委与清华附中正式签署协议，决定北京市上地中学由清华附中承办，更名为“清华大学附属中学上地学校”。12 月 21 日，海淀区教委与清华附中正式签署协议，决定北京市永丰中学由清华附中承办，更名为“清华大学附属中学永丰学校”，2013 年 9 月正式开学。2013 年 3 月，按照海淀区编制办公室批复文件，“北京钢铁学院附属中学”正式更名为“北京科技大学附属中学”。 3 月 25 日，北京市海淀区前沙涧小学与北京市海淀北部新区实验中学合并，成立北京市海淀北部新区实验学校。10 月 15 日，北京市海淀国际学校成立。

4. 北京市翠微中学	100036	翠微路 1 号	68270026
5. 北京市玉渊潭中学	100038	羊坊店路皇亭子	63983619
6. 北京市第五十七中学	100038	北蜂窝中路 6 号	63269986
7. 首都师范大学第二附属中学	100037	增光路 50 号	68713822
8. 北京市海淀实验中学	100048	白堆子 131 号	68482185
9. 海淀教师进修学校附属实验学校	100097	远大路 34 号	88509462
10. 北京市六一中学	100142	定慧西里 17 号	88123782
11. 北京理工大学附属中学	100089	车道沟东路 1 号	53205787
12. 北京市万寿寺中学	100081	万寿寺北里 14 号	68412071
13. 北方交通大学附属中学	100081	皂君庙 12 号	62165975
14. 北京市第一〇五中学	100081	高梁桥斜街 3 号	62182489
15. 北京师范大学附属第三中学	100088	北太平庄北三环中路甲 36 号	62058676
16. 北京市明光中学	100088	学院南路 1 号	62233058
17. 北京市知春里中学	100086	知春东里 12 号	82130874
18. 中国地质大学附属中学	100083	成府路 20 号	82310924
19. 北京科技大学附属中学	100083	志新路 36 号	62310935
20. 北京矿业学院附属中学	100083	学院路丁 11 号	62319913
21. 北京石油学院附属中学	100083	学院路 20 号	82377672
22. 北京市中关村中学	100086	科学院南路甲 14 号	62554897
23. 北京市八一中学	100080	苏州街 29 号	58839001
24. 北京市第十九中学	100089	万泉河路 83 号	82518546
25. 北京市一〇一中学	100091	颐和园路 11 号	51633179
26. 北京市第六十七中学	100091	厢红旗东门外甲 3 号	62876377
27. 北大附中香山学校	100093	香山南辛村 1 号	82597165
28. 北京市第二十中学	100085	清河小营西路 11 号	60600505
29. 北京市陶行知中学	100088	马甸换新西村 2 号	62019698
30. 北京医学院附属中学	100191	花园北路 40 号	62017364
31. 北京农业大学附属中学	100193	圆明园西路 3 号	62896811
32. 北京市永定路中学	100143	金沟河路 13 号	68245031
33. 北京市温泉第二中学	100095	温泉镇环山村 2 号	62456191
34. 人大附中第二分校	100097	蓝靛厂路 25 号	88457078
35. 北京市第四十七中学	100095	苏家坨镇环谷园路 8 号	51561958
36. 人大附中西山学校	100193	马连洼南路 9 号	62833690
37. 北京市西颐实验学校	100086	双榆树南里二区 3 号	62510162
38. 中国人民大学附属中学	100080	中关村大街 37 号	62511859
39. 北京大学附属中学	100190	黄庄大泥湾路甲 82 号	62579602
40. 清华大学附属中学	100084	中关村北大街	62781662
41. 首都师范大学附属中学	100048	北洼路 33 号	68902963
42. 北京航空航天大学附属中学	100191	学院路 37 号	82328079
43. 北京理工大学附属中学分校	100048	紫竹院南路 11 号	68478441
44. 北京市北达资源中学	100080	北京大学畅春园	62757187
45. 中国人民大学附属中学分校	100086	双榆树南里二区 3 号	62141157
46. 北京市师达中学	100093	闵庄路 70 号	62858559
47. 北京市科迪实验中学	100194	苏家坨乡苏三四村	62482677
48. 北京市清华育才实验学校	100195	海淀区闵庄路 56 号	62859436
49. 北京市仕尚中学	100094	上庄路 117 号	84911081

十二年一贯制学校（11所）

1. 北京市育英学校	100036	万寿寺西街11号	68282370
2. 北京市立新学校	100037	阜成路甲3号	68351747
3. 首都师范大学附属育新学校	100096	西三旗育新花园34号	82951952
4. 北京市海淀外国语实验学校	100195	杏石口路20号	88459235
5. 北京市海淀区尚丽外国语学校	100093	香山南路四统牌	62591019
6. 北京市二十一世纪实验学校	100042	恩济庄46号	88124903
7. 北京市建华实验学校	100039	玉泉路66号	88278668
8. 北京市北外附属外国语学校	100085	西二旗大街19号	82747001
9. 北京市中关村外国语学校	100096	建材城西路12号	82930297
10. 清华大学附属实验学校	100084	清华大学院内	62781662
11. 北京市海淀国际学校	100195	海淀区旱河路368号-2	88459230

初级中学（10校）

1. 北京市卫国中学	100036	复兴路21号	68181219
2. 北京市上庄第二中学	100094	上庄镇东小营2号	62471523
3. 北京市上庄中学	100094	上庄镇43号	62471492
4. 北京市二〇六中学	100036	翠微路19号	68157732
5. 北京市上地实验学校	100085	上地二街3号	62975198
6. 清华大学附属中学上地学校	100085	中关村北大街2号	62619108
7. 北京市中关村中学分校	100088	蓟门里北甲11号	62026980
8. 北京市清河中学	100085	清河镇一街83号	62927409
9. 首师大附中第一分校	100049	阜石路甲59号	68238169
10. 清华大学附属中学永丰学校	100094	西北望镇六里屯村北	62473486

九年一贯制学校（3校）

1. 北京市海淀北部新区实验学校	100194	苏家坨镇西小营村	62407841
2. 北京市育鸿学校	100843	复兴路十四号院内	66984717
3. 北京市海淀区崛起实验学校	100193	马连洼菊园小区11号楼	60258764

高级中学（3校）

1. 中央民族大学附属中学	100081	法华寺甲5号	68932088
2. 北京市清华志清中学	100084	体育大学家属区东侧	62980450
3. 北京市一佳高级中学	100086	双榆树东里35号	82118457

职业教育

【概况】 2013年，海淀区有中等职业学校13所，其中普通中等专业学校6所，成人中等专业学校3所，职业高中学校4所，其他学校附设中职班6所(不计校数)。中等职业教育在校学生14838人，其中普通中专学校在校生4465人，成人中专学校在校生469人，职业高中学校在校生7558人，其他学校附设中职班在校生2346人。中等职业学校招生2707人，毕业33314人，教职工1128人，专任教师719人，其中职业高中招生808人，毕业1986人，教职工640人，专任教师449人。职业高中占地面积138597平方米，建筑面积145701平方米。

（宋亚甫）

【北京市海淀区艺术职业学校】 2013年，北京市海淀区艺术职业学校占地面积 2.81 万平方米。图书室藏书 9.7814 万册。固定资产总值12068万元，其中，教学、科研仪器设备总值 3708 万元。全年教育经费投入 5325 万元，全部为国家拨款。学校拥有计算机634台，网络信息点数352个，校园网出口总带宽42Mbps。设有南、北两个校区，开设动漫设计与制作、学前教育和音乐、美术等共 4 个专业，33 个教学班。教职工124人，其中，专任教师94人。专任教师中具有研究生学历 13 人，本科及以上学历占教师总数的 100%；高级专业技术职务30人、中级44人；聘请校外教师5人；市区骨干教师23人。2013毕业生457人，就业率94%，职业资格证书取证率94.7%；招生141人；在校生719人。

（王涛）

【北京市商务管理学校】 2013年，北京市商务管理学校一校三址，占地面积39658.47 平方米，产权建筑面积40171.03平方米。拥有会计、美容美发与形象设计、餐饮服务、美术设计与制作 4 个专业实训基地，使用面积 5500平方米。图书馆建筑面积150平方米，藏书14.34万册，其中，纸质图书14.14万册、电子图书0.2万册。拥有计算机1801台。固定资产总值12722万元，其中，教学、科研仪器设备总值 4319 万元。全年教育经费投入 7995 万元，其中，国家拨款7505万元、自筹经费473万元，其他 17 万元。学校信息化经费投入1094.9万元，多媒体教室88间、座位2640个，网络信息点数487个，校园网出口总带宽100Mbps，上网课程数46门，数字资源量3072GB。设有花园路校区、西苑校区和远大校区等3个校区，开设财经商贸、文化艺术、旅游服务、休闲保健、农林牧渔、司法服务类六大类共12个现代服务业专业，193个教学班。会计、高星级酒店运营与管理、美容美发与形象设计、烹饪专业是学校的骨干特色专业，会计专业是北京市示范专业、北京市会计专业课改实验校、北京市专业创新团队，中餐烹饪与营养膳食是海淀区骨干特色专业。会计综合实训基地、美容美发与形象设计实训基地、烹饪实训基地是市区重点建设的实训基地，是海淀区劳动和社会保障局职业技能鉴定基地。教职工191人，其中，专任教师 143 人、教辅人员 13人。专任教师中具有硕士学位教师 25人，具有博士学位教师1人，本科及以上学历占教师总数的 100%；高级专业技术职务48人、中级72人；聘请校外教师23人；“双师型”教师65人，市区骨干教师 33 人，北京市紫禁杯优秀班主任7人，建有海淀区首家职业学校班主任工作室。毕业生669人，就业率98%，职业资格证书取证率96.12%；招生335人；在校生4361人。学生连续多年在教育部组织的全国职业院校技能大赛中获得一等奖。取证率94.7%；招生141人；在校生719人。

（马静）

【北京市信息管理学校】 2013年，北京市信息管理学校占地面积8.3万平方米、建筑面积8.1万平方米。图书馆建筑面积880平方米，藏有纸质图书28.2万册、电子图书15.4万册。固定资产总值19919.9万元。2013年全年教育经费投入11130万元，其中，国家拨款10803万元、自筹经费327万元。学校共设有紫竹桥、中关村、清河和翠微4个校区，开设16个专业，53个教学班。其中计算机及应用、计算机网络技术专业被教育部认定为国家级示范专业，计算机网络和动漫游戏专业被评为北京市示范性专业，商务英语专业被评为北京市骨干示范专业，金融事务专业在北京市名列前茅。学校信息化经费投入292.03146万元，多媒体教室座位3822个，网络信息点数 1927 个，校园网出口总带宽100Mbps，数字资源量 15500GB。学校教职工272人，其中，专任教师162人，教师中具有研究生学历 20 人，本科及以上学历占教师总数 100%；高级专业技术职务70人、中级71人；“双师型”教师54人。在校生2394人，招生人数404 人，毕业生 645 人，毕业实习率100%，就业率100%，职业资格证书取证率98%。

（肖文）

【举办工程师岗位能力培训】 1月22日，海淀区教委举办安卓项目工程师岗位能力培训。培训由区教委职教中心主办，旨在提高专业教师岗位能力，加强人才培养实用性。授课教师围绕安卓系统的搭建、功能设计、界面实现以及发布测试等环节进行讲授。海淀区计算机教师50人参加学习。

（宋亚甫）

【承办数字媒体技能示范校校长峰会】 2月25日，北京市信息管理学校召开数字媒体技能教学示范项目试点学校校长峰会。峰会由教育部职成司和康智达公司联合主办，信息管理学校承办，会议就数字媒体技能教学示范项目发展前景和趋势、运行机制和模式等问题进行研讨，提出推进数字媒体技能教学示范项目建设建议，交流构建现代职业学校体系问题。来自上海、南京和广州等地9所职业学校领导参加峰会。

（梁爽）

【举办青年就业技能培训】 4月10日，商务管理学校举办帮扶困难青年就业技能培训班。培训班由商务管理学校、北太平庄街道联合举办，培训班分为两期，首期 12 天，设置计算机基础知识、电子商务和应急知识讲座3门课程，共有学员 22 人；第二期设置手工制作和财会知识普及班两个培训项目，共有学员30人。

（孙长兰 阎菊芳）

【与美国大学签订合作协议】 4月22日，信息管理学校与美国肯塔基州康柏斯维尔大学签订合作办学协议。6月至7月，首批学生5人赴美，进行为期2个月ELS英语初级语言培训和国际交流体验。9月27日，信息管理学校召开首批赴美学习项目总结会。总结会上，介绍学校赴美学习项目开展和实施情况，5 名学生结合在美国学习感受作总结发言，与会师生进行座谈。

（肖文）

【获专业技能比赛奖】 4月26日，商

务管理学校学生参加北京市中等职业学校美容美发与形象设计专业技能比赛获奖。比赛由市教委、市教科院、市职业技术教育学会主办，北京市职业技术教育学会美容美发与形象设计专业委员会承办，北京市5所设有美发美容与形象设计专业学校学生70人参赛，设置新娘化妆、晚宴化妆、盘发造型、女士翻翘修剪造型、标准卷杠等比赛项目。该校美发与形象设计专业学生10人参加，获一等奖1人、二等奖2人、三等奖3人。

（马静）

【获全国首个NHLE鉴定资质】 5月3日，信息管理学校成为首个全国信息系统硬件技能水平考试（National Hardware Level Examination 简称NHLE）北京培训中心。该校与工业和信息化部电子信息产业发展研究院全国信息系统硬件技能水平考试管理中心签订合作合同，在信息管理学校设立全国信息系统硬件技能水平考试（National Hardware Level Examination 简称NHLE）北京培训中心，并授权学校为该考试鉴定站，成为全国唯一具备该考试项目培训、鉴定资质的职业学校。学校确定将该考试证书作为计算机与数码产品维修专业学生三年专业学习必考证书。

（肖文）

【学生参加全国技能大赛获奖】 5月25日—6月27日，海淀艺术职业学校学生参加2013年全国职业院校技能大赛获奖。本次大赛由教育部、工业和信息化部、人力资源和社会保障部等16个部门和单位共同主办，来自全国37个省、自治区、直辖市、计划单列市和新疆生产建设兵团近万名选手参加中、高职组14个专业类别100个项目比赛。该校学生汪仕伊代表北京市参加中职组数字影视后期制作技术比赛，获得二等奖。

（姜玉声）

【举办教学基本功暨信息化教学设计比赛】 5月，海淀区教委举办职业学校第三届教师教学基本功暨信息化教学设计比赛。比赛以“提高职业学校教师教育技术应用能力和信息化教学水平”为主题，分为语文、数学、服务等8个类别，包括现场说课、课件展示、教案编写等3个项目，共有来自全区6所职业学校300名专任教师参加，最终有85名教师获奖，并编辑《海淀区职业学校教师教学基本功暨信息化教学设计比赛优秀教学设计汇编》。

（宋亚甫）

【召开实习生推介会】 9月6日，信息管理学校在紫竹桥校区召开2013年实习生推介会。本次推介会吸引紫光图文系统有限公司、中科软科技股份有限公司、方正宽带网络公司、中石化机关服务中心、北京城乡贸易中心、北京青少年音像出版社、迪生动画制作等在内47家新老企业参会，参会各企业提供对口岗位600余个，学生所学专业与实习岗位对口率达100%，参加学校推介学生共计354人，各企业面试共达851人次，约有70%实习生与企业达成实习意向，学生反映推介会提供岗位比较对口，各参会企业对实习学生能力和质量比较满意。

（张玲）

【3所职业高中合并】 9月16日，经海淀区教育委员会研究决定，合并北京市商务管理学校、北京市海淀区艺术职业学校、北京市信息管理学校，3所学校合并后，北京市商务管理学校、北京市海淀区艺术职业学校教职工、资产全部归北京市信息管理学校统一管理，为海淀区教委所属独立法人单位，公办性质不变。合并后北京市信息管理学校一校9址，各校区间通过自主光纤连接，均实现三网合一及无线局域网全面覆盖。学校以信息技术、IT行业、商务服务、餐饮服务、学前教育为主要发展方向，其中计算机网络技术专业、动漫游戏专业、会计专业、学前教育专业被评为北京市骨干特色专业。

（马静）

【3名教师获全国比赛一等奖】 10月，信息技术系专业德育教师徐跃跃参加由教育部主办“2013全国职业院校信息化教学设计大赛”，获得中职组一等奖。11月20日，金融系英语教师周昊婷以第一名的成绩代表北京市，参加全国中等职业学校英语教师信息化教学设计说课比赛，获得说课组一等奖，比赛由教育部和高教社组织，来自28个省市选手120人参赛。11月，金融系英语教师朱建鹏参加中国职业教育学会和高等教育出版社举办“创新杯”教师说课和教学设计大赛，获得一等奖。

（赵燕华）

【编写动画设计与制作教材】 海淀艺术职业学校甘家口校区自2007年开始，担任该专业课程改革组长校，与大兴一职、商业学校合作，共启动8门动画设计与制作核心教材编写计划，计划分三批推进，2012年至2013学年完成《中间画创作》和《三维创作》教材编写。2013年下半年启动《CG设计》《构成设计》《运动规律》《视频特效》4本教材的编写，并承担教材编写主要任务。

（姜玉声）

【2013年海淀区中等职业教育学校名单（13所）】

1. 北京市信息管理学校[①]
2. 北京市商务管理学校
3. 北京市海淀区艺术职业学校
4. 北京市军乐艺术学校（民办）
5. 北京市经济管理学校
6. 北京市海淀区卫生学校
7. 北京市环境与艺术学校
8. 北京体育大学附属中等体育专业学校
9. 北京体育大学附属竞技体育学校
10. 首都体育学院附属竞技体育学校体校
11. 海淀区四季青成人中等专业学校
12. 北京市海淀区职业学校
13. 北京市广播电视中等专业学校

附设职高班（合计6个）

1. 海淀工读学校
2. 北京市第三聋人学校
3. 北京舞蹈学院
4. 中央民族大学
5. 北京市盲人学校
6. 首都师范大学

[①] 9月，由北京市商务管理学校、北京市海淀区艺术职业学校、北京市信息管理学校合并而成新的北京市信息管理学校。本年鉴统计时仍保留三所学校名称。

特殊教育

【概况】 2013年，海淀区有残疾人特殊教育学校3所，即北京市盲人学校为市属学校、北京市第三聋人学校、海淀区培智中心学校，后二者为区属学校。三校共有在校生1372人，中小学随班就读学生692人。特殊教育学校教职工308人，专任教师222人，其中75%接受过特教专业培训，92%具有大学本科以上学历，60%具有中高级教师职称。工读学校1所（海淀区寄读学校），在校生315人，教职工82人，专任教师69人。

2013年，推进融合教育。加强培训，在干部教师研修中心组织第一批特教干部理论研修班，提高特教干部的管理水平。分别组织随班就读学校管理干部、特教管理干部、资源教室教师进行针对性培训，开展随班就读评优课比赛，提高教师融合教育理论水平及施教能力。加强资源教室建设，开展资源教室建设评估。工读教育坚持“创办适合工读学生的教育”，加强师资队伍建设，规范教学过程管理，增强德育工作实效性，不断提高办学质量，促进学生健康成长。在工读学校建成海淀区青少年法制教育基地。工读学校已经发展成为集道德、心理及法制教育为一体的青少年健康成长综合教育基地。

（宋亚甫）

【北京市第三聋人学校】 2013年，北京市第三聋人学校暨北京市健翔学校占地面积11854.01平方米、建筑面积12779.03平方米，体育场(馆)面积2500平方米。图书馆（室）藏书4.21万册。固定资产总值3873.02万元。全年教育经费投入3079.81万元，其中，国家拨款2870.21万元、自筹经费209.60万元。学校信息化经费投入104万元，多媒体教室座位400个，校园网出口总带宽80Mbps，数字资源量1000GB，“信息技术”课程1~2课时/周。普通教室24个、专用教室10个，实验室4个。拥有计算机300台。教职工99人，其中，高级职称15人、中级职称34人。专任教师73人，包括特级教师1人、北京市骨干教师1人、北京市学科教学带头人1人，本科以上学历70人。开设教学班24个，其中初中班6个、高中班11个。毕业68人，其中初中29人、高中39人。招生41人，其中初中5人、高中36人，高中录取分数线180分（本区），应届高考本科上线率50%。在校生252人，其中初中67人、高中106人，寄宿生185人。

（陈建功）

【北京市盲人学校】 2013年，北京市盲人学校为寄宿制学校，占地面积2.97万平方米、建筑面积3.14万平方米。图书馆（室）藏书总数2.4万册，包括盲文版书0.8万册。固定资产总值5045.58万元。全年教育经费投入5166.20万元，其中国家拨款5025.81万元、自筹经费140.39万元。毕业生82人，包括初中11人、成人中专33人、职业高中15人；招生87人，包括小学20人、初中25人、职业高中8人，成人中专34人；在校生308人，包括小学118人、初中73人、高中16人，职业高中29人、成人中专72人。开设教学班27个，包括初中5个班、高中2个班。教职工数138人，其中，专任教师89人，其他专业人员15人。专任教师中具有副高级职务24人、中级职务37人；全国优秀教师1人、市级优秀教师2人，市级学科带头人2人、市级骨干教师1人。普通教室35个、专用教室30个、实验室4个。

（黄小丽）

【北京市海淀区培智中心学校】 2013年，北京市海淀区培智中心学校占地面积6699平方米，建筑面积5930平方米，体育场馆面积1480平方米。图书馆(室）藏书14400册。固定资产总值2946.42万元。全年教育经费投入1678.4万元，全部为国家拨款。普通教室16个，专用教室20个。有在职教职工72人，包括高级职称3人、中级职称31人、初级职称31人。专任教师67人，包括市区级骨干教师20人。开设教学班43个。毕业31人，其中义务教育0人、职业教育31人；招生64人，其中义务教育64人、职业教育0人；在校学生326人，包括义务教育214人、职业教育90人。

（盛利华）

【北京市海淀寄读学校】 2013年，北京市海淀寄读学校占地面积5.4万平方米、建筑面积3.03万平方米，体育场（馆）面积11553平方米。图书馆（室）藏书22034册，电子图书3万册，订阅杂志、报刊99种。固定资产总值6146.41万元。全年教育经费投入4517.76万元，均为国家拨款。学校信息化经费投入366.36万元，拥有计算机180台，多媒体教室座位620个，校园网出口总带宽 22Mbps,数字资源量1300GB，“信息技术”课程初中1课时/周，职业高中14课时/周。普通教室17个、专用教室8个、实验室3个。教职工97人，包括副高级职称24人、中级职称47人。专任教师72人，本科以上学历75人。开设教学班15个，其中初中班10个、职业高中班5个。毕业120人，其中，初中79人、职业高中39人；招生125人，其中初中89人、职业高中36人，职业高中录取分数线200分（本区），应届高职考试上线率38.46%。在校生278人，其中初中193人、高中85人，寄宿生278人。

（王常智）

【盲校举办继续教育系列培训】 1月21日—24日，邀请中国教师发展基金会、市特教中心、北师大特殊教育研究所、北京教育学院专家，分别就《关于加强特教学校师资队伍建设的意见》、北京市特殊教育发展趋势、“新时期融合教育背景下特殊教育学校的发展与定位”、班主任专业化发展的途径和方法等作专题讲座。3月13日—14日，举办“中美辅助技术合作项目—评估技能培训”。培训以“提升教师专业评估水平”为主题，分为专家讲座、样本分析、现场答疑、分组讨论等环节。学校专业教师51人参加学习。

（齐翼　王红蕾）

【中残联到北京盲校调研】 1月24日，中残联副理事长贾勇到北京盲校调研“残疾人的教育就业和体育事业的发展”情况。3月1日，文化部副部长杨志今、中国残疾人联合会副理事长吕世明就“全国文化信息资源共享工程如何更好地为视障人群服务”到北京盲校开展主题调研。3月7日，中残联副理事长程凯、石家庄市教育局局长闫纯锴等到北京盲校调研特殊教育学校建设情况，表示新盲校已经具备国际化水平，对全国特殊教育学校具有示范引领作用。

（黄小丽　陈卓）

【寄读学校开展检学共建活动】 3月20日，海淀寄读学校与海淀检察院开展检学共建活动。海淀检察院未检处检察官、法制校长、司法社工一行18人，到学校心理健康中心为学校师生讲授心理学知识，与学生共同制作纸风筝并放飞，向学校800册预防未成人犯罪书籍。学生278人参加活动。

（杨领娟）

【聋校高考录取率达81.8%】 4月，第三聋人学校参加高等职业技术教育单独招生考试18人，分别为北京联合大学、天津理工大学、长春大学、重庆师范大学录取，录取率为81.8%，其中，计算机专业达到100%。6月，学校肢体残疾学生4人参加全市统一高考全部上线，平均分超过录取线124.3分。

（陈建功）

【承办“盲人保健按摩全程免费培训班”】 5月14日，第十一期“北京市阳光工程盲人保健按摩全程免费培训班”在北京盲校正式开班。培训由北京市按摩指导中心牵头，该校承办，对学员实行全程免费培训。培训班采取集中授课与教学实习相结合培训模式，开展针灸推拿按摩理论与实践操作培训，为期4个月，共有来自北京、西藏、青海等省市30名视障人士参加。经理论与实践操作考核，全部获得由国家职业资格鉴定机构颁发“中级保健按摩师”职业资格证书。

（薛梅）

【获全国盲人门球锦标赛亚军】 5月15日—22日，北京盲校学生参加全国盲人锦标赛获得亚军。该校代表队由3名高二学生和1名初三学生4人组成，代表北京市残联参赛，取得盲人门球项目第二名，另有2名学生获得个人“体育道德风尚奖”。此次比赛由中残联、国家体育总局、中国残奥委员会主办，中国残疾人体育运动管理中心承办，来自全国14个省、市、自治区14支男队和10支女队共200人参加。

（曾妮）

【盲校“中医康复保健专业”被评为示范专业】 7月20日，北京市教委正式批复认定北京市盲人学校“中医康复保健专业”为北京市中等职业教育市级示范专业。该专业设置中医基础、上课按摩等17门课程，贯彻理实一体化理念，采取全日制授课方式，形成适合视障学生特点的工学结合、阶梯递进式的人才培养模式。该专业设两种学制，其中全日制普通中专学制三年、全日制成人培训班学制两年，每年招生40人，毕业获“中等职业学校毕业证书”。该校“中医康复保健专业”已有40余年办学历史，声誉良好。

（黄小丽）

【举办随班就读评优课活动】 7月，海淀区教委举办随班就读评优课活动。活动由教委特教管理中心主办，全区特殊教育学校和随班就读学校上报评优课39节，其中，小学29节、中学10节、特殊教育学校4节；覆盖小学语文、数学、英语，中学语文、心理、物理和思品等学科，评审专家依据课堂教学、教学活动设计和个别教育计划三方面综合评定，评出一等奖8节，二等奖10节，三等奖12节。

（盛利华）

【聋生高中班实行四年学制】 9月1日，经北京市教委、海淀区教委批准，第三聋人学校聋生高中班开始实行四年学制。现就读学校聋生高中二年级学生23人，2014年继续升入高中三年级学习。该校1998年成立职业高中，一直采取三年学制。

（陈建功）

【刘延东考察盲校】 9月2日，国务院副总理刘延东考察北京盲校。听取学校建设、办学功能、办学定位以及师资队伍建设、学生招生就业等情况介绍；参观校史馆、体育馆和图书馆；观摩钢琴调律、按摩实训课等职业教育专业课堂教学；调研美工课堂教学特点，与学生进行交流。刘延东对该校发展和做出成绩给予赞扬。

（黄小丽　陈卓）

【获首届专门学校教学设计一等奖】 9月6日，海淀寄读学校参加北京市专门学校首届学科教师优秀课堂教学设计征集与评选。评选由市教委基教一处、市教科院基础教育研究中心联合主办。评选活动涵盖14个学科，经过征集、评选、说课复赛等环节，评选出一等奖45篇，二等奖66篇，海淀寄读学校28篇教学设计获奖，其中17篇获得一等奖。总结会上该校1名青年教师作《成长相伴，做幸福教师——越成长，越幸福》发言，交流在专门学校7年成长历程，1名教师以15分钟说课形式分享“探究影响浮力的因素”教学设计。北京市6所专门学校教师113人参加活动。

（王红侠）

【培智学校获市教学成果一等奖】 9月，海淀区培智中心学校《个别化教育理念下自闭症儿童课程的实践研究》获北京市第四届基础教育教学成果一等奖。学校自2008年始，结合自闭症儿童特点，探索适合自闭症儿童的课程，并于2010年形成完善课程体系。经过2010年至2013年校内、校外实践检验，证明该成果对自闭症儿童自身发展、教师专业发展起到积极推进作用，并对国内自闭症课程建设提供良好借鉴。

（盛利华）

【举办法治书画大赛】 9月，海淀寄读学校举办首届法治书画大赛。比赛由学校美术组组织，书画教师5人和美术组学生10人共15人担任评委，共收到参赛作品20幅。《保卫家园》《远离毒品》2幅作品获一等奖，《醉驾》《动物们的家呢？》等5幅作品获二等奖《做遵纪守法的海淀人》等8幅作品获三等奖。获奖作品代表学校参加海淀区法治书画大赛，其中，《醉驾》获海淀区法治书画大赛一等奖，《禁止杀戮》《远离毒品》《做遵纪守法的海淀人》《天堂背后的地狱》获三等奖。

（王红侠）

【盲校成为国家残疾人体育培训基地】 10月11日，北京盲校成为"国家残疾人体育培训基地"。该基地是中国残联首个在特殊教育学校命名的国家级体育培训基地，旨在以"体教结合，终身发展"为理念，实行"运动训练、教育培训、就业服务""三位一体"培训模式，实现残疾人运动员体育训练与教育培训的有机结合，为其就业与发展奠定坚实的基础。

（黄小丽）

【承办全国盲人柔道锦标赛】 10月11日—13日，2013年全国盲人柔道锦标赛在北京盲校举行。本次比赛由中国残疾人联合会、国家体育总局、中国残奥委员会主办，北京市残疾人联合会、北京市体育局、北京市残疾人体育协会、北京市教委、北京市盲人学校共同承办。来自全国13个省（市）13支代表队79名运动员、45名领队、教练员及工作人员参加，比赛设男女组各7个级别。

（黄小丽）

【举办书法心理治疗培训班】 10月22日—24日，海淀培智中心学校举办书法心理治疗课程培训。邀请书法心理治疗创始人、书法心理治疗师、心理学教授及该校教师作讲座，内容涉及书法治疗理论、应用及前景，书法谘商与治疗活动的设计与应用，接纳承诺治疗与书法治疗，书法心理治疗在特殊儿童中的应用，书法心理治疗体验及实践等。培训采取演讲、观摩、实操体验等形式。来自全国24所特教学校、普通学校资源教师及学生家长65人参加学习。

（盛利华）

【承办全国特殊教育信息化年会】 10月27日—29日，第三聋人学校承办第二届全国特殊教育信息化年会。会议由中国教育学会主办，听取《基于云技术的特殊教育与信息技术的融合》专题讲座，第三聋人学校、南京市聋人学校等8所学校介绍本校建设数字化校园经验，参观考察市盲人学校、第三聋人学校和海淀培智学校。来自全国各省市121所特殊教育学校代表180人参加会议。

（陈建功）

【语言文字测试分中心挂牌】 11月1日，"北京市盲人学校语言文字测试分中心"挂牌成立。该中心的成立，旨在提高视障人员平等参与社会生活的机会和能力，中心将在北京市语言文字测试中心指导下，具体负责组织实施北京市视障人员的普通话培训测试工作。

（黄小丽）

【举行语言障碍儿童教育策略培训】 11月1日—15日，海淀区教委举办语言障碍儿童教育策略专题培训。培训由区教委特教管理中心组织，旨在宣传儿童语言发展、语言障碍及其诊断、治疗与康复的最新国际理论、前沿研究成果以及具体干预策略，促使教师了解儿童语言发展问题，掌握基本干预策略，促进教师专业化水平的提高和融合教育发展。培训分为5个专题，包括儿童语言障碍、儿童阅读障碍、儿童语言健康、儿童语言发展及自闭症儿童的语言治疗，培训专家由澳大利亚、北京语言大学教授及澳大利亚语言治疗师组成。海淀区资源教师、随班就读教师130人参加培训。

（盛利华）

【《自闭症儿童教育实践与案例》出版】 12月，海淀培智中心学校自编教材《自闭症儿童教育实践与案例》出版。该书由校长于文主编，经济科学出版社出版。全书29万字，收录学校教师特教研究成果，包括论文、案例研究共38篇。该校教师37人参与编写。

（盛利华）

（宋亚甫）

继续教育

【概况】 海淀区辖区内的继续教育事业包括成人学历教育、非学历教育、文化职业培训、党政机关和教育主管部门主办的干部培训和社会教育。2013年，在海淀区参加统一招生的成人高等学校38所（本年新增1所），成人中等学校2所，1所社区学院，10个区级社区教育中心，29个街道（镇）社区学校，670多家居委会教学点，另有60个区内教育机构向社区开放。中央党校、国家行政学院、国防大学、中央社会主义学院、中央团校等中央党政军团、民主党派的高级干部学校和一些部门的干部管理学院设在本区境内。

【中关村学院】 中关村学院（海淀职工大学、北京广播电视大学海淀分校）是海淀区属的集学历教育与继续教育、社区教育于一体，为区域经济社会文化发展提供教育服务的社区型、综合型成人高等学校。中关村学院以甘百商学院校企合作课程、学前教育中高职衔接课程、农家乐接待户提升系列课程、体验学习中心体验课程、城镇化后的农村干部群众素质提升课程、中小学生校外教育课程、老年课程、不同人群书法教育课程等一系列课程建设为核心，搭建立体网络载体、体验学习中心载体、研究中心载体、空中课堂载体等四大载体，构建可生长的区域终身学习系统。2013年，开展海淀区科长轮训、西北旺镇中层干部的培训、面向企业提供定制的专项教育服务、西北旺镇物业企业岗前培训、市民茶艺培训等技能培训班。年内，成立中关村学院学前教育研究中心和农村发展教育研究中心。中关村学院学前教育专业教学团队被评为2013年北京高等学校继续教育优秀教学团队。

（孟晓妍）

【海淀区职业学校】 海淀区职业学校主要培养中专学历人才和在职干部职工、下岗失业人员再就业和非学历教育的岗位培训以及专业技术培训。是北京市下岗、失业培训定点学校，海淀区军地两用人才、随军家属、残疾人培训定点学校、持证上岗专业学校。有三个校区，分别为海淀区中关村北大街47号、海淀区北四环中路275号、海淀区知春东里15号楼东门二层。现共有10个职能科室，编制51人，实有50人。占地面积45746平方米，建筑面积14840平方米，截至2013年年底固定资产总额为2904万元。

中关村北大街47号校区主要进行中等专业学历教育。2013年招收全日制计算机专业43人；与北京大学联合办学管理住宿生300余人。中专学生共有37名毕业，全部考上成人大专和本科。毕业生全部就业。至2013年年底中专在校生有225人。

北四环中路275号校区主要进行各种职业技能培训。主要开展特种作业培训、下岗失业培训、农村劳动力转移培训、军地两用人才培训以及残疾培训任务。2013年度共完成各种职业技能培训14700余人。其中特种作业1954人，下岗失业及农村劳动力541人，残疾人培训299人，军地两用人才148人，在职农民适应性培训688人次，复转军人培训76人。其他各类培训400余人。

知春东里15号楼东门二层校区，主要承担区属企业财会人员从业资格考前培训、专业技术职称考前培训、财会人员继续教育的培训、区财政局委托的助理会计师报名现场确认等任务。2013年完成会计从业资格考前培训835人；会计中初级职称等级培训60余人；会计人员继续教育培训9771余人；完成会计初级职称现场审核4000人、会计证补考报名确认3522人。接续2012年海淀区财政局的委托，承办“会计从业资格证书”的有效期延续注册登记及采集会计从业人员基本信息工作，至2013年12月完成会计延期注册2314人。

（宋亚甫）

【召开社区教育工作会】 1月15日，区教委召开社区教育年度工作会。会议听取社区教育年度工作报告，提出2013年工作要求：加强多层次、多功能的终身教育体系建设；加强广泛覆盖、惠及全民的终身学习服务体系建设，继续做好全民终身学习周暨“教育进社区”活动，加强学习品牌建设项目，开发具有海淀特色的社区教育系列教材，加强“学习型海淀”网建设，办好《学习型海淀》报；推进学习型组织建设。会议表彰16个先进单位，9篇社区教育科研成果优秀论文，10个社区教育培训优秀项目，10部社区教育优秀自编教材。市教委职成处、区教委、中关村学院、社区教育学校及来自全区29个街道、镇的主管领导、有关人员80人参加会议。

（宋亚甫）

【成立农村发展教育研究中心】 2013年1月，中关村学院成立农村发展教育研究中心，开展乡村教育服务和教育研究，服务三农、深入研究农村教育、助力新农村建设。主要开展两方面的培训：开展乡村领导者能力培训，促进领导干部观念更新、对辖区文化本体性、主体性的认识、领导力的提升；开展村民培训，促进村民文化认同感的增强增加和社会生活素养的提升。

（孟晓妍）

【中关村学院成立学前教育研究中心】 4月12日，中关村学院成立学前教育研究中心。中心为区教委指导下的学前教育教学科研机构和幼儿教师培养培训基地，是自愿参与的非营利性质、专业化程度较好的学前教育学术组织，聘有主任、副主任各1人，专兼职研究人员，下设北航附属幼儿园、克里斯幼儿园、万花筒幼儿园等3个实训基地。

（宋亚甫）

【培训车耳营乡村旅游接待户】 4月15日，中关村学院开展车耳营乡村旅游接待户培训项目，对车耳营村的旅游经营管理骨干和有意向开展旅游接待的人员进行基础知识、专业技能、创新思维和管理方法等培训，帮助提升经营水平和管理能力。在项目实施前，中关村学院入村入户进行为期一年多的实地调研，针对该村产业形态、发展规划和村民的学习需求，设计农家院经营管理与服务创新、中式面点制作、中式烹调等三个课程模块。

（孟晓妍）

【召开社区教育培训工作研讨会】 7月11日，区教委召开社区教育培训工作研讨会。会议听取区社区教育学校、街镇社区教育中心工作汇报，研讨推动社区教育发展的举措。西三旗、中关村、北太平庄、四季青、上庄等5个街镇社区教育培训中心，花园路、曙光、甘家口、紫竹院、西三旗、北部新区等社区教育学校展示组织社区教育培训活动成果。与会人员认为社区教育学校（培训中心）建设应有体制创新，加强社区教育三级网络间的统筹协调，有高、中、低层位设计，形成联动机制；课程创新，把教学效果好、受居民欢迎的课程汇集成库，建立社区教育课程超市，实现全区社区教育资源共享；建立人才库，实现学校（培训中心）间师资共享；管理创新，加强督导，在完善评价机制等方面下功夫。区教委、区社区教育专家组成员、区社区教育学校、街镇社区教育中心代表等30人参加会议。

（宋亚甫）

【举办幼儿园园长高级研修班】 8月10日—12日，中关村学院学前教育研究中心举办幼儿园园长高级研修班。来自内蒙古和北京市房山区、朝阳区等地的幼儿园园长和教师，以及中关村学院学前教育专业课程改革团队的部分教师参加研修班。克丽斯多元婴幼园园长兼中关村学院学前教育研究中心主任李洁作“做一个智慧型的园长”和“教师队伍稳定方案”的专题讲座，并组织“科学育儿技术”体验活动和“安抚与亲密关系”的分组互动；万花筒幼儿园园长徐朝霞介绍了美国的幼儿教育；全体学员就幼儿教育座谈交流。

（孟晓妍）

【举办校级干部人文素养提升课程班】 9月26日，海淀区教育党校、中关村学院联合举办的海淀区校级干部人文素养提升课程班在中关村学院开班，来自全区150余所中小学的校长参加培训。培训班采用菜单式的授课和学习方式，将学员的理论学习和个人体验—亲身实践相结合，设计有“艺术品收藏之玉文化”“初遇茶席”“古琴雅集”等人文素质培养课程。清华大学国学研究院刘东教授做题为“文明对话与通识教育”的讲座，中关村学院客座教授曹海波以“毫素深心——书法初阶”为题，向学员们讲解书法的历史和艺术价值。课间，校长们向两位教授请教如何开展通识教育课程和书法培训，提升教师的书写技巧和对汉字的审美感知。

（孟晓妍）

【举办全民终身学习周】 10月29日，区教委举办全民终身学习周暨教育进社区活动。活动以“为实现中国梦—终身学习，人人成才”“争创全国文明区，文明风尚进社区”为主题。在开幕式上为青龙桥街道、北下关街道、八里庄街道、温泉镇、海淀镇社区教育中心颁发牌匾，为获得“海淀区市民学习品牌”和“海淀学习之星”单位和个人代表颁发奖状。学习周期间，全区29个街道、镇社区居民围绕活动主题开展系列教育培训、技能培训、技能大赛等活动。全区居民6.5万人参加活动。

（宋亚甫）

【社区教育】 全区有1所社区学院，10个区级社区教育中心，6个教委办社区学校，670多家居委会教学点。社区居民总数353余万人，社区教育志愿者4080人。在各街镇举办“全民终身学习活动周”暨“教育进社区活动”，惠及6.5万居民。开展社区教育管理者专业研修培训。开展“海淀区市民学习品牌”“海淀学习之星”创建活动。全年累计开展各级各类社区教育培训98.9万余人次，其中农民实用技术培训6.7万余人次，外来务工人员培训22.3万余人次，下岗失业人员培训2.8万人次，老年教育培训26.7万余人次，参加中等职业学校开展的短期文化生活培训及岗位技术培训4.6万余人次等。2013年，中关村学院体验学堂被评为“首都市民学习品牌”。

（宋亚甫）

【培训社区教育工作者】 年内，中关村学院组织10期海淀区社区教育工作者培训班，各街道、镇、村居委会社区教育工作者、文体文教人员共300余人参加培训。培训分工作摄影、文体活动策划、创建学习型社区、社区档案工作整理、新闻稿件撰写等几大主题，每一期安排不同的主题。学员们还在学院体验中心进行插画、面点制作、茶艺等体验活动。

（孟晓妍）

【2013年海淀区境内参加统一招生的成人高校名单（38所）[①]】

1. 海淀区职工大学
2. 首都联合职工大学（4所分校）
   航天二分校
   青云分校
   工商管理分校
   国家图书馆分校
3. 首都师范大学
4. 北京联合大学应用文理学院
5. 北京城市学院
6. 首都体育学院
7. 北京工商大学
8. 北京信息科技大学
9. 北京电影学院
10. 北京舞蹈学院
11. 北京农业职业学院（北校区）
12. 北京广播电视大学
13. 中国青年政治学院
14. 国际关系学院
15. 北京体育大学
16. 北京大学
    北京大学医学部（不单计）
17. 中国人民大学
18. 北京师范大学
19. 北京化工大学（西校区）
20. 北京理工大学
21. 中国政法大学
22. 北京航空航天大学
23. 中国农业大学
24. 北京林业大学
25. 北京外国语大学
26. 北京语言大学
27. 中央民族大学
28. 中国地质大学（北京）
29. 中国矿业大学（北京）
30. 中央财经大学
31. 中国劳动关系学院
32. 北京工业大学（西教学区）
33. 北京交通运输职业学院（西三旗校区）
34. 中国石油大学（北京）继续教育学院
35. 首都医科大学继续教育分院
36. 北京交通大学（东校区远程与继续教育学院）
37. 北京邮电大学继续教育学院
38. 首都职工联合大学（2013年新增）

（李苗）

[①] 2013年新增首都职工联合大学，在海淀区开设教学点。

民办教育

【概况】　民办教育机构是指国家机构以外的社会组织或者个人，利用非国家财政性经费，面向社会举办的学校及其他教育机构，包括幼儿园、小学、中学、大学、职业学校和各类专门培训机构。2013 年，海淀区有民办普通中小学 20 所，在校生 26879 人，教职工 3491 人。有民办职业高中 1 所，在校生 84 人。民办幼儿园 34 所，在园幼儿 7848 人。具有颁发学历文凭资格的民办普通高职 4 所，民办非学历高等教育机构 19 所。各类民办教育培训机构 445 家，年度招生 108 万人，结业 93 万人。

2013 年，海淀区加强政策扶持力度，制定《关于促进民办基础教育发展的若干办法》，鼓励和规范民办教育实现健康发展。民办中小学招生数和在校生数呈现较大增幅，有 12 所民办教育培训机构通过海淀区“示范性民办培训学校”评估检查，北京市清华育才实验学校等 4 所民办校接收政府电脑派位学生 600 人。

（宋亚甫）

【督导调研民办学校】　3 月 27 日、4 月 10 日—11 日，海淀区教育督导室两次调研民办学校督导工作。督导调研组督导调研清华志清中学、科迪实验学校、二十一世纪国际学校 3 所学校民办学校，采取听取校长工作汇报、考察学校教育环境、观看课间操、观课、召开干部、教师、学生座谈会等方式，对学校办学现状、发展需求进行调研，内容涉及学校近 3 年学校管理、干部教师队伍建设、德育工作、教学工作、特色办学五个方面。

（宋亚甫）

【成立北京海淀国际学校】　10 月 15 日，北京市海淀国际学校正式成立。该校为海淀区第一所寄宿制国际学校，面向全国招收 6 至 15 岁适龄中小学生，以海淀区外籍专业人士、创业者、港澳台及海归人才子女为主。学校由北京市海淀外国语实验学校与北京市创业联盟教育公司合办，由海淀外国语实验学校小学国际班、初中国际班和国际高中发展而来。学校占地面积 6 万平方米，建筑面积 4 万平方米，可同时容纳学生 1500 余名。学校设有国际小学、国际初中、国际高中和韦弦国际运动学院。实行小班授课制，双班主任管理，师生配比为 1∶5。学校在美国密歇根州设有分校，在美国新泽西州、英国伊斯特本市、澳大利亚阿德莱德市设有语言基地。采用 12 年一贯制中美双轨教学体系，以美国本土课程及中国国家课程为蓝本，独创海淀国际学校双轨制教学体系，与中美同年级课程无缝接轨。小学半年至一年在国外合作学校插班学习；初中半年至一年在美国合作学校插班学习；高二全年在美国合作学校插班学习。高中学生毕业考试合格可获得中美两国高中毕业文凭。

（宋亚甫）

【2013 年海淀区域内具有招生资格的民办非学历高等教育机构名单（19 所）】

1. 北京文理研修学院
2. 中国管理软件学院（南校区）
3. 北京金融学院
4. 中国农民大学
5. 北京明园大学
6. 中国逻辑与语言函授大学
7. 北京北大资源研修学院
8. 北京建设大学
9. 北京八维研修学院
10. 北京机械工程师进修学院
11. 北京汉语国际推广中心
12. 中关村创新研修学院
13. 北京经济研修学院
14. 北京瀚林职业研修学院
15. 北京京海研修学院
16. 北京珠宝首饰研修学院
17. 蒙代尔国际企业家大学
18. 中国教育国际交流研修学
19. 北京民生财富研修学院（新增）

语言文字工作

【概况】　海淀区语言文字委员会主管海淀区语言文字工作，办公室设在海淀区教委法规科。2013 年，完成语言文字规范化示范街道、示范校检查评估迎检工作。开展普通话水平测试工作，共组织普语测试 10 余次，测试人数 2000 余人。组织海淀区第十六届全国推普宣传周活动，举行主题为“推广普通话，共筑中国梦”大型集中宣传活动。2012 海淀区经典诵读大赛、规范汉字书写大赛结束，共有 378 份作品分获区级一、二、三等奖。召开 2013 年度社会用字监督工作会。2013 年，7 所学校、8 名个人获北京市语言文字工作先进集体、语言文字工作先进个人称号。

（宋亚甫）

【推广普通话宣传周活动】　9 月 11 日至 17 日，海淀区语委办配合教育部等部门开展第 16 届全国推广普通话宣传周活动。本届主题为“推广普通话，共筑中国梦。”全区各学校开展一系列丰富多彩活动，师生在活动中体验，在活动中学习，在活动中明理，取得良好效果。学校普遍成立推普工作小组，制订推普宣传周活动方案；利用学校广播、国旗下的讲话和班会课开展宣传；开展专题活动，举办学习语言文字法、汉字听写大赛、诗歌朗诵会、演讲比赛、日常汉字规范、注音大赛等一系列活动。

（宋亚甫）

区属校办企业及资产管理

【概况】 海淀区学校后勤管理中心成立于2010年7月6日，负责区教委所属学校和单位的后勤管理和指导工作，2013年，贯彻落实海淀区“十二五”时期教育发展规划，围绕“保安全、促均衡、创一流”整体工作思路，贴近校园，强化服务意识，探索学校后勤管理发展模式。

（宋亚甫）

【住房补贴和房改售房】 截至7月底，学校后勤管理中心共审核完成11360人住房补贴材料。9月中旬布置并实施2012年和2013年度住房补贴工作，其间处理9个信访件和1个政协提案，同时接待来人来访、咨询电话等数百次。10月中旬对具备出售条件的住房进行房改售房，为住户办理房屋所有权证。

（宋亚甫）

【校园修缮】2013年，全区修缮计划涉及学校共计128校次，总资金达2.3亿元。其中土建修缮计划共计97校次，总投资19403万元。小学土建修缮工程计划共计68校次，总投资13442万元；中学土建修缮工程计划共计24校次，总投资4923万元；幼儿园及直属单位修缮工程共计5校次，总投资1038万元。竣工验收共计52校次，其中小学38校次、中学12校次、幼儿园和直属单位2校次。修缮工程结算审计资料报送共计69校次，结算申报金额12494万元。其中：小学52校次，结算申报金额8250万元；中学14校次，结算申报金额3850万元；幼儿园和直属单位3校次，结算申报金额394万元。完成学校急修工程44校，涉及金额1210.47万元。

（宋亚甫）

【学校资源设施改造】 2013年，全区共安排资源设施改造工程41校次，总投资约2058万元。其中完成12所学校电力增容工作；投资约940万元，完成12校锅炉改造工作；投资约48.8万元，完成4所学校避雷设施改造工作；投资约627万元，完成13所学校各类专业管道改造工作。在70所学校热计量改造工程计划中，50所学校均在供暖季前完工，投资5048.89万元。对区属200余所高压用户学校进行高压电安全检测和试验工作；150余所学校避雷设施检测；对41台承压锅炉和49台无压锅炉进行安全。供暖锅炉处理安全事故19校次；安排急修工程13校次，供电处理急修12校次。

（宋亚甫）

【审核学校设备预算】 年内，学校后勤管理中心完成对区教委所属20所学校设备预算审核，设备预算总金额6492.8万元；对23所幼儿园设备预算进行审核，预算总金额4924万元；对学校450元/生常规设备预算进行审核，共审核设备资金84585616元。

（宋亚甫）

【学校食堂改造设备招标】 年内，学校后勤管理中心完成第三批学校食堂改造工作，21所学校总预算为32001463元，其中，50万元以下学校8所，预算金额为3261297元；50万元以上的学校共13所，预算金额为28740166元。

（宋亚甫）

【房屋出租监管】 年内，学校后勤管理中心开展出租房屋清理、清退工作。涉及单位由88个减少为81个；合同份数由254份合同减少为211份。出租面积由原出租总面积42.57万平方米减少为39.87万平方米；年租金总收入由6277.42万元减少为5151.84万元。推进合建房屋回租、回购工作。对清河中学、图强二小、知春里小学和民族小学4所学校采用回租方式，双榆树一小采用一次性回收方式，收回合建房屋，涉及面积7071.995平方米；年租金及回收款共计1825.57万元。太平路中学经海淀法院判决，收回出租房屋2500平方米及500平方米场地。

（宋亚甫）

【幼儿园管理】 年内，学校后勤管理中心负责管理的小区配套幼儿园共有29所，其中6所幼儿园属于公办体制，23所幼儿园属于民办体制。占地总面积83718.51平方米，总建筑面积68016.61平方米，年收取幼儿园发展经费348.46万元。本学年度共接收小区配套幼儿园4所，其中带园接收幼儿园2所、民办体制幼儿园1所、公办体制幼儿园1所。2013年新管小区配套幼儿园办园协议3所，续签办园协议7所。

（宋亚甫）

【国有资产处置】 学校后勤管理中心全年共受理基层单位申报资产处置材料96份，涉及各类资产4.92万件，资产账面价值6156.66万元。其中20份审核后上报财政局进行审批并已取得批复，涉及各类资产7000件，资产账面价值4667.91万元；76份属区教委权限内审批，涉及各类资产4.22万件，资产账面价值1488.75万元。清查区教委所属行政事业单位资产情况。区教委所属单位申报3.71亿元固定资产盘盈，1.03亿元固定资产盘亏。完成179家单位清查数据拆分、批复编写印制、盈亏资产明细表合钉等项工作。年度资产清查工作共涉及区教委所属行政事业单位180家。完成10家企业情况分类梳理与风险评估工作。采取变更企业隶属关系的方式，完成3家企业清规工作；对3家与教育教学密切相关的企业，做暂保留处理。

（宋亚甫）

【防震减灾示范校创建】 年内，区教委联合区地震局下校调研，以《海淀区防震减灾示范校建设标准》为主要依据，对2012年确定的6所示范校创建工作进行摸底排查，帮助学校推进、完善防震减灾科普示范校建设。组织各示范校内部互评，交流经验，互相学习。11月由区教委、区地震局对6所防震减灾示范校建设成果进行验收。

（宋亚甫）

【节约型学校建设】 年内，海淀区25所学校被评为节约型中小学示范学校。65所学校参与开展“绿色校园”活动。对开展诺比勒节电保护器试点、窗膜节能试点、雨水收集系统试点工作学校进行指导、督促，配合学校做好数据统计工作，其中诺比勒节电保护器在15所中学、19所小学、1所幼儿园进行推广。组织实施“阳光金太阳”工程，共有13所学校参与，已有8所学校完成安装任务。推动餐厨垃圾处理工程，59所学校安装餐厨垃圾处理机。开展巡视，保证餐厨垃圾处理机正常运转。配合中华环保基金会、区委文明办等单位，在海淀区田村中心小学开展“绿足迹行动”启动仪式，在海淀区第二实验小学开展“校园垃圾分类宣传展示”活动。参与市教委“学校实验室废液处理的环境设备”课题研究。

（宋亚甫）

【办理土地证、房产证】　年内，学校后勤管理中心为各中小学、幼儿园及直属单位办理土地证，127校址已看界，65校址取得地籍调查表，36处校址张贴公告，16处校址取得土地证。为12所学校相邻单位办理指界手续。共开具房屋产权证明179份，同意装修改造证明55份。

（宋亚甫）

【教师住宅管理与改造】　年内，全区教工宿舍综合修缮工作共涉及21校次，日常零、急修共计1000余次，总投资约664万元。完成2014年教工宿舍修缮计划，其中包括场地修缮、屋面防水、保温；户表改造工程。修缮总面积约为4.4万平方米，审定总投资为1559万元。

（宋亚甫）

【校方责任险】　年内，学校后勤管理中心向全区300余所中小学幼儿园发布风险防范建议书。受理校方责任险出险报案71起，结案53起，理赔金额167075.67元。

（宋亚甫）

【学生资助】　年内，全区所属153所幼儿园全部纳入全国学前教育管理信息系统。中小学上半年减免借读费共计金额2600万元（4.8万人）。减免教科书费共计金额5000万元（16.3万人）。免杂费2240万元（11.4万人）。完成高中校资助工作。完成中职校资助工作。完成生源地贷款及大学生入伍退学费审核工作和应届大学生入伍国家补贴学费的审核工作。共为41名大学生办理大学生退学费审核工作。

（宋亚甫）

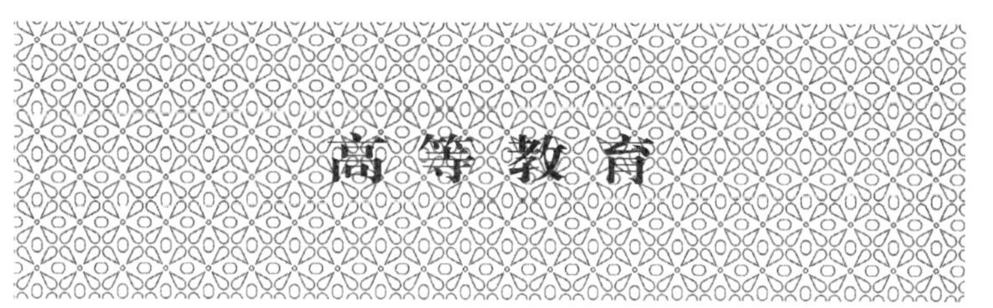

高等教育

【概况】　海淀区是全国高等院校最密集、高等教育最发达的地区。2012年，区域内有普通高等院校38所（部），其中4所为具有统一高招录取资格的民办高校，1所为只招收全日制研究生的研究生院。北京天主教神哲学院和燕京神学院在区境内。海淀区域内的高校隶属于教育部、其他中央部委或北京市。

（李苗）

【首师大首批新疆学员结业】　1月8日，京疆学院首批学员结业。首批结业学员为维吾尔族广播文化专业，均来自新疆和田地区，共32人，在校期间共进行为期2年的专业学习，均已取得结业证书、MHK三级证书。该批学员结业将返回到新疆和田地区，就职于广播站文化站等基层事业单位。

（周月）

【北大72项成果获奖】　1月18日，2012年度中国国家科学技术奖励大会在北京举行。北京大学共有11个项目获得国家科学技术奖励，包括4项国家自然科学奖、7项国家科技进步奖。3月22日，教育部正式公布了第六届“高等学校科学研究优秀成果奖（人文社会科学）”获奖名单。北京大学共有61项成果获奖，其中一等奖5项，二等奖23项，三等奖28项，成果普及奖5项，获奖总数居全国高校第一。

（胡少诚）

【清华17项科技成果获国家科技奖】　1月18日，清华大学17项科技成果获2012年度国家科技奖，其中技术发明一等奖2项、二等奖5项；自然科学奖二等奖3项；国家科学技术进步奖二等奖7项。该校作为第一单位或第一完成人所在单位获奖数11项，自动化系教授戴琼海等完成的“立体视频重建与显示技术及装置”项目、土木系教授聂建国等完成的“大跨建筑钢—混凝土组合结构新技术及其应用”项目获国家技术发明奖一等奖。

（许亮）

【人大9个一级学科排名全国第一】　1月29日，教育部学位与研究生教育发展中心发布全国第三轮一级学科评估结果。中国人民大学理论经济学、应用经济学、法学、政治学、社会学、新闻传播学、统计学、工商管理、公共管理等9个一级学科排名全国第一，排名第一的一级学科总数位居全国高校第三；13个一级学科排名前三，总数居全国高校第三；排名第一的人文社会科学类一级学科总数位居全国高校之首。本次评估于2011年12月启动，共有390多个院校和科研机构的4200多个学科参加。

（段蕾）

【北理签约中国·波兰e-Bus项目】　2月3日，北京理工大学等单位与波兰TAURON集团、华沙理工大学在北京友谊宾馆签订中波e-Bus项目合作协议。项目第一期示范阶段金额达2800多万元人民币，在北理工已有的电动客车系统平台基础上整合国内先进技术资源，与TAURON集团在波兰建立电动公共交通系统。包括从中国进口搭载北理工客车平台系统的6辆大客车整车、动力电池快换机器人系统等，在波兰主要城市开展为期两年的示范运营工作。第二期计划在波兰5个城市建立16个充换电站，运营780辆纯电动大巴，共同推进其系统在其他欧盟成员国和周边邻国的推广实施。此次签约标志着由国家和北京市支持的电动汽车高科技成果对欧洲输出和授权。北京理工大学与项目团队单位已将e-Bus系统技术成功应用于北京奥运、上海世博、广州亚运以及“十城千辆”城市运营，迄今累计安全运行达数千万公里。

（史建伟）

【“民汉双语人才培训基地”在民大设立】 3月11日，国家民族事务委员会在中央民族大学设立“国家民委民汉双语人才培训基地”。培训基地以“培养培训民语语文翻译人才”“培养培训民汉双语师资”为主要任务。

（周翊兰）

【多国政要访问北大】 3月13日，法国驻华特命全权大使白林（Sylvie Bermann）女士与德国驻华大使施明贤（Michael Schaefer）博士到校访问。4月7日，泰国公主玛扎哈克里·诗琳通在泰国驻华大使伟文·丘氏君的陪同下访问北京大学。4月11日，新西兰总理约翰·基访问北京大学并发表演讲。5月23日，泰国副总理兼教育部长蓬帖·帖甘扎纳一行访问北京大学。10月14日，英国财政大臣乔治·奥斯本（George Osborne）及伦敦市市长鲍里斯·约翰逊（Boris Johnson）一行来访北大并进行演讲。

（刘鹏）

【清华观测到反常霍尔效应】 3月15日，中科院院士、清华物理系主任薛其坤研究组在《科学》杂志在线发文，首次报道在实验中观测到量子反常霍尔效应。2006年，张首晟领导的理论组预言了二维拓扑绝缘体中的量子自旋霍尔效应，于2007年被实验证实。自2009年起，在薛其坤的带领下的实验攻关团队，与张首晟等组成的理论团队，开始向量子反常霍尔效应的实验实现发起冲击，最终观测到在一定的外加栅极电压范围内，磁性掺杂拓扑绝缘体薄膜在零磁场中的反常霍尔电阻达到了量子霍尔效应的特征值 h/e2~ 25800欧姆，即反常霍尔效应。该研究成果被著名物理学家杨振宁称之为“诺贝尔奖级”的科研成果，将推动新一代的低能耗晶体管和电子学器件的发展，可能加速推进信息技术革命的进程。此项成果获得2013年度“中国高等学校十大科技进展”。

（许亮）

【中财大发布《中国社会保障发展指数报告》】 3月29日、11月6日，中央财经大学分别发布《中国社会保障发展指数报告2011》和《中国社会保障发展指数报告2012》。《中国社会保障发展指数报告》由中央财大中国社会保障研究中心组织编写，是中国首部社会保障发展指数研究系列报告，计划按年度连续发布。《中国社会保障发展指数报告》以“社会保障、养老保障、医疗保障、就业保障、贫困保障”等为研究对象，根据“覆盖面、保障度、持续性、高效性与公平性”5个评价要素，确定由49个指标组成的核心评价指标体系；对各个研究对象进行“水平分析、趋势分析和结构分析”，利用“优良度、向好度、正常度、均衡度”等参数进行综合评价；根据无量纲化方法与加权方法计算各类指标的指数，由此测算各个省份社会保障发展指数排名并得出结论。研究表明，2010年中国社会保障覆盖面不断扩大，保障水平有所提高；可持续性在中高位运行，但有下滑趋势；高效性在低位运行，略有改善；待遇总体公平，发展不平衡问题突出。2011年中国社会保障在中低水平运行，各地发展不平衡问题仍然突出；社会保障覆盖面不断扩大，保障水平呈下降态势；可持续性在中位运行，有下滑态势；高效性在低位运行，呈下降态势；公平性在高位运行，总体有所改善。

（罗茜）

【林大学生获国际风景园林竞赛一等奖】 4月16日—18日，第50届国际风景园林师联合会（IFLA）世界大会在新西兰奥克兰举行。在全球数百件设计作品中评选出一、二、三等奖各一名。其中，由北京林业大学园林学院五位学生共同完成的设计作品《蓝色祈愿——以水为中心进行阿富汗战后地区重建》获一等奖。IFLA世界大会是世界范围内风景园林行业最高级别的学术盛会，本届大会会议主题是救赎的景观设计，寻求使景观的设计有助于灾后重建与恢复的观点。

（高斌）

【北舞主办社区舞蹈与舞蹈教育研讨会】 4月18日—20日，由北京舞蹈学院主办、新西兰奥克兰大学协办、舞院继续教育学院与对外合作与交流中心联合承办的“新意义、新途径：社区舞蹈与舞蹈教育研讨会”在北京舞蹈学院召开，国内外近百名舞蹈专家出席会议。研讨会探讨有关社区舞蹈与舞蹈教育的新理念和新方法，涉及主题发言、研讨、工作坊、舞蹈展演、Pecha Kucha演示等。在工作坊环节中，奥克兰大学展示对社区舞蹈的理念以及推广与组织的方式，北京舞蹈学院展示素质教育舞蹈课。两校做了舞蹈作品展演：北京舞蹈学院中国民族民间舞系《香格里拉》、青年舞团的《对他说》；奥克兰大学《记忆的地图》，乔吉·库克（Georgie Cockburn）、露丝·菲尔森（Rosey Feltham）和史诗艺术（Epic Arts）共同创作的《破戒》等。

（陈玉玉）

【“清华大学苏世民学者项目”启动】 4月21日，由清华大学和美国黑石集团合作的“清华大学苏世民学者项目”启动仪式在人民大会堂举行。国家主席习近平、美国总统奥巴马分别致贺信。国务院副总理刘延东出席仪式并致辞。“清华大学苏世民学者项目”由该校和苏世民合作设立，面向全球顶尖大学选拔优秀本科毕业生来校进行研究生学习。首期设置公共政策、工商管理、国际关系三个领域，未来计划增设工程科技领域。第一期招生人数100人，以后扩大至200人。11月21日，举办苏世民学者项目论坛。国务院副总理刘延东出席并发表题为《开创中美人文交流新境界》的重要演讲。来自美国政治、学术与商业界的嘉宾200余人参加论坛。

（许亮）

【政法大学建立网络犯罪侦查实验室】 4月23日，中国政法大学“网络犯罪侦查实验室”揭牌。该实验室是以该校与信息安全共性技术国家工程研究中心2012年共同创立的网络犯罪侦查专业共建中心为基础建立的。实验室承担侦查学网络犯罪侦查与取证的实验教学任务，开展基本网络操作行为与网络数据信息交互过程模拟实验、网络犯罪行为过程模拟实验、“虚拟现场”现场勘查与侦查取证活动模拟实验，配备各类主流终端设备、操作系统和应用软件，是国内首个以网络犯罪行为全网络数据传输过程为对象的虚拟仿真实验平台。

（刘旭）

【联合培养汉语国际教育硕士】 5月17日，北京语言大学与美国西肯塔基大学就联合培养汉语国际教育硕士项目签署执行协议，这是全球范围内首例将汉语国际教育硕士学位与美国教师资格认证相结合，同时获得国家汉办支持的联合培养项目，目标是培养能胜任在美国教授汉语及传播中国文化工作的持证汉语教师。

（田列朋）

【清华北大加盟edX】 5月21日，哈佛大学和麻省理工学院在线课程项目宣布新增15所高校的在线课程项目。首次增加包括清华大学、北京大学在内的6所亚洲高校。edX是由哈佛大学和麻省理工学院联合创建的免费在线课程项目，拥有超过90万的注册者。10月10日，“学堂在线”大规模开放在线课程（MOOC）平台正式发布，清华大学“电路原理”“中国建筑史”等五门课程、北京大学“计算机辅助翻译原理与实践”课程作为第一批上线课程在平台开放选课，“电路原理”和“中国建筑史”选课总人数已超过1.3万人次，学习者80%以上为海外用户。

（陈捷）

【首师大研究成果入选2012年世界十大新发现物种】 5月23日，英国《每日邮报》公布“2012年世界十大新发现物种”的评选结果，由生命科学学院昆虫演化与环境变迁重点实验室发现的中生代时期的银杏侏罗蝎蛉入选，并成为中国唯一入选者。

（周月）

【政法大学承办首届全国大学生模拟法庭竞赛】 5月31日—6月2日，中国政法大学承办首届全国大学生模拟法庭竞赛。参赛范围为曾获评“‘十一五’国家级法学实验教学示范中心”的10所高校，以及受联席会议特别邀请的国内其他著名法学院校共12所高校的代表队参赛。经过3个轮次比赛，中南财经政法大学、中国政法大学获得一等奖；中国人民公安大学、西南政法大学获得二等奖；西北政法大学、中山大学、四川警察学院、辽宁大学、华东政法大学、湘潭大学、四川大学、北京航空航天大学获得三等奖；华东政法大学、四川大学获得最佳书状奖。中南财经政法大学严本道教授、中国政法大学刘艳敏教授获得优秀指导教师奖。

（刘旭）

【体院举行国际奥林匹克竞技体育与大众体育科学大会】 6月2日—6日，第17届国际“奥林匹克竞技体育与大众体育”科学大会在首都体育大学举行。国际奥委会主席雅克·罗格发来致辞；教育部原副部长、世界大学生体育联合会副主席章新胜，国际体育大学协会主席卡乌拉特·扎基里扬诺夫现场致辞。来自世界30多所体育院校的领导、专家出席。共收到16个国家62所高校和研究机构483人稿件，围绕“奥林匹克竞技体育与大众体育”主题，共同探讨全民健身与大众体育、大学体育教育、青少年身体运动功能训练与健康等方面的问题。开幕式上举行“汉语国际推广武术培训与研究基地”揭牌仪式。十二位校长及教授就开展国际合作与交流进行了会谈，首师大与乌克兰苏米大学、乌兹别克斯坦国立体育大学、乌克兰国立体育大学等7所参会院校签订合作意向书。

（董健）

【农大主办第一届全球磷大会】 6月18日—20日，由中国农业大学和德国弗劳恩霍夫研究所、国际肥料发展中心共同主办的第一届全球磷大会暨第五届国际养分管理大会在北京召开。会议主题是“资源高效利用与粮食安全的科学、技术与政策”。来自25个国家的84位专家学者和30多位中方代表参会。会议就如何对磷资源的可持续管理与利用展开跨学科的学习与对话，交流了各个国家在磷资源开采—加工—利用—再循环的高新技术研究与污染控制途径方面取得的成果，关注了磷肥工业生产转型和政策决策过程中的问题，探讨了农业生产方式和政策在土壤养分资源利用与粮食安全的作用，为养分管理支撑粮食安全所面临的挑战和机遇提供了新的思路。会议设北郎中现代化农场、顺义蔬菜基地、丰台污水处理厂等14个分会场，与会专家与生产实践者进行了互动式学习交流。全球性的跨学科磷研究项目于2010年正式立项，“国际养分管理大会”由第17届联合国可持续发展委员会发起。

（钟占蓉）

【举行纳西学成果发布会】 6月22日，以北京信息科技大学为责任单位的国家社会科学基金重大项目——“世界记忆遗产东巴经典传承体系数字化国际共享平台建设研究”开题研讨会及纳西学相关成果发布会举行。该项目通过文理工大跨度学科交叉及国际合作的途径，在发源地国家首先研究建构面向全球东巴典籍的国际共享平台，以达到运用数字网络化的现代信息科技手段进行东巴经典文化信息的获取、处理、存储及传播。本次发布的研究成果包括：30卷纳西学丛书、东巴古籍藏本丛书（哈佛大学译）、东巴经典古籍藏品数据文档（采集于法国国家图书馆及英国国家图书馆）等。

（张金晓）

【地大承办2013年国际地下水会议】 6月28日—29日，2013年国际地下水会议“城镇化与生态保护——地下水科学的机遇与挑战”在地大召开。会议由中国国家自然科学基金委员会和中国地质调查局主办，中国地质大学（北京）承办。大会共设“地下水污染调查与防控”“地下水循环—演化与气候变化”“地下水—地表水相互作用与生态环境保护”“地下水与地质灾害的监测—模拟—评价”等7个议题。8位与会代表做主题发言，37位与会代表做专题报告。来自国内外学者共200余人参加会议。

（李飞）

【北舞获第十届全国舞蹈比赛8项奖】 6月29日—7月4日，由山东省文化厅、临沂市人民政府、日照市人民政府承办的第十届全国舞蹈比赛，在山东省临沂市和日照市举办。北京舞蹈学院选送的参赛作品共获8个奖项：《红色恋情》荣获表演金奖、古典舞《点绛唇》获表演银奖、《胡同印象》获表演银奖、民间舞《莲花》获优秀表演奖、民间舞《恋舞伊人》获创作银奖、芭蕾舞《巴赫随想》获创作铜奖、《淮水清兰花湾》和《红色恋情》获特别奖。

（陈玉玉）

【韩国总统朴槿惠在清华演讲】 6月29日，韩国总统朴槿惠在清华发表题为《韩中心信之旅，共创新20年》的主题演讲。国务院副总理刘延东、教育部副部长郝平、驻韩大使张鑫森，韩国外交部长官尹炳世、韩国驻华大使权宁世等出席演讲会。

（许亮）

【北理工研究成果支撑“天神”对接】 6月，“天宫一号”飞船与“神舟十号”飞船完成自动交会对接、手控交会对接以及近距离绕飞交会实验三项重要任务，北京理工大学雷达技术研究所吴嗣亮教授课题组研制的交会对接微波雷达信号处理机与微波应答机信号处理机为三项任务的完成提供了重要的技术支撑。该项科研成果已成功应用于“神舟八号”“神舟九号”与“天宫一号”的交会对接任务。吴嗣亮教授课题组还承担了空间站工程、探月工程三期交会对接微波雷达与应答机信号处理机的研制任务。

（史建伟）

【北体大学生获6枚世界大学生夏季运动会金牌】 7月6日—18日，第27届世界大学生夏季运动会俄罗斯喀山举办，学校学生参加举重、击剑、羽毛球、柔道、桑搏、艺术体操、射击等7个大项比赛，获得金牌6枚、银牌4枚、铜牌1枚。

（董健）

【“典型大田作物农药减量高效施药技术研究”项目通过验收】 7月19日，由中国农业大学教授何雄奎主持的中德国际合作项目“典型大田作物农药减量高效施药技术研究”，通过教育部科技司组织的验收。该项目研发3项技术：针对典型大田农作物农药减量高效施药技术研发3种植保机械关键工作部件。为机动背负式喷杆喷雾机配套的高速低量稳流轻型泵和均匀稳压调压装置，将施药量减少到15~20L/亩，喷雾均匀性提高到85%，作业效率提高4倍；应用于中国大田大型喷杆喷雾机能实现减量喷雾自动喷雾控制技术，实现减少农药用量30%，农药分布均匀度提高10%，作业效率提高5倍。该项目获得拥有自主知识产权国家发明专利1项、实用新型专利2项，发表国内、国际期刊论文7篇（其中SCI、EI收录5篇），出版2部专业论著、国际会议论文集2部；培养博士后1名，博士研究生2名，硕士研究生4名。

（钟占蓉）

【法大举办首届大学生公益法国际学术研讨会】 7月20日，中国政法大学举行“2013年首届大学生公益法国际学术研讨会”。研讨会主题分别为：《公益：律师与社会的共同努力》《城市化时代中的劳动保护》《残疾人与未成年人法律保障制度研究》和《比较视野下的环境与刑事问题》。45名法大学生与20名来自哈佛大学、耶鲁大学、牛津大学等世界一流大学法学专业学生对公益法律援助问题开展研讨。该研讨会是中国首个以本科生为会议参与主体的国际学术研讨会。

（刘旭）

【北大获批604项自然科学基金项目】 8月16日，国家自然科学基金委员会公布2013年度自然科学基金项目（集中受理期）评审结果。北大获批项目总计604项，批准总经费4.7亿元。其中，面上项目338项，青年科学基金项目146项，重点项目29项，创新研究群体项目3个，优秀青年科学基金项目28项（居全国首位），国家重大科研仪器设备研制专项自由申请项目2项，海外及港澳学者合作研究基金项目4项、国家基础科学人才培养基金项目2项、国际（地区）合作研究项目30项、联合基金项目2项。截至2013年北大获批立项的创新研究群体（不含延续资助）共计26个，保持全国领先优势。

（余浚）

【首师大主办IWA第16届会议】 8月18日—23日，国际水协会（IWA）第16届非点源污染与水体富营养化国际会议在京召开。本次会议受国际水协会委托，由中国科学院生态环境研究中心与首都师大共同主办。会议涉及农业非点源污染、城市非点源污染及工业污染、水质富营养化、非点源污染监测及模型、流域综合管理及最佳管理、控制非点源污染的经济政策等11个主题。来自23个国家和地区的200余位专家学者参会。国际水协会（IWA）是世界权威的水行业协会，这也是中国首次主办该协会学术会议。

（周月）

【人大召开国际智库研讨会】 8月21日—22日，由中国人民大学主办的“大金融、大合作、大治理”国际智库研讨会在中国人民大学召开。这是中国首次举办20国智库会议，国家政要、驻华使节、国际组织代表、专家学者、中外企业家代表以及来自美国、欧盟、“金砖国家”、韩、日、拉美、中东等20个国家的智库代表出席，围绕“后金融危机时代的全球治理”“新兴经济体的作用”“中国的发展与G20的未来”三大议题展开。会上，中国外交部原部长李肇星、中国人民大学校长陈雨露、诺贝尔经济学奖得主罗伯特·蒙代尔、全球中小企业联盟主席卡洛斯·马格里诺斯等进行主旨演讲。

（段蕾）

【民大召开纪念王锺翰先生百年诞辰国际学术研讨会】 8月26日—28日，中央民族大学召开“纪念王锺翰先生百年诞辰暨清史、民族史国际学术研讨会”，来自中国大陆、美国、日本、韩国和中国台湾地区、中国香港特别行政区等国家和地区的专家学者，以及王锺翰先生家属、故交、学生及出版界同仁等近200人参加研讨会。与会人员围绕清史、满族史、民族文献、其他时代中国民族史以及文化艺术等诸多领域进行广泛研讨。王锺翰（1913—2007），湖南东安人，著名历史学家、教育家，尤以清史、满族史为长。先生一生发表论文百余篇，出版《清史杂考》《清史新考》《清史续考》《清史余考》《清史补考》五部文集，被史学界誉为“王氏五考”，其学术成果由中华书局汇集出版四册《王锺翰清史论集》。先生整理出版《王锺翰学述》和《清心集》两书。

（周翊兰）

【北语召开首届汉字书写与传承高峰论坛】 9月6日，北京语言大学与中央电视台等联合主办首届中国汉字书写和传承高峰论坛。论坛主题为“信息化时代汉字的书写和传承问题”，提倡和强调“书写”，是因为书写是汉字的基本属性，是汉字传播的前提，而且书写创造了汉字美；强调“传承”，是因为汉字在世界上具有历史悠久性和独特性，是中华文化软实力的重要组成部分。

（田列朋）

【芬兰总理访问人大】 9月10日，芬兰共和国总理于尔基·卡泰宁访问中国人民大学，并发表题为“芬兰与欧盟前景展望”的演讲。卡泰宁总理在演讲中介绍了芬兰的自然环境、人文环境、教育情况以及政治经济发展的基本情况。中国人民大学校长陈雨露会见卡泰宁总理，就进一步推进中芬两国的教育、文化交流进行交谈。中国人民大学自20世纪90年代以来，先后与图尔库大学、赫尔辛基大学和拉普兰大学建立校级合作关系，并开展校际学生交换项目。自1987年至今，每年均有芬兰学生在中国人民大学就读或者参加暑期学校学习。

（段蕾）

【地质大学发现两种新矿物】 9月，中国地质大学（北京）科学研究院李国武教授等于2013年6月提交的两种新矿物：氟钙烧绿石和氟钠烧绿石，获得国际矿物学会新矿物及矿物分类命名委员会（IMA-CNMNC）批准。这两种新矿物的发现是在国家自然科学基金项目“我国烧绿石超族新矿物研究”的支持下完成的。

（李飞）

【中财大发布《2013中国保险公司竞争力评价研究报告》蓝皮书】 10月21日，“新华网2013中国保险业高峰论坛暨中央财经大学《2013中国保险公司竞争力评价研究报告》蓝皮书发布会”在中央财大举行，中央财大发布《2013中国保险公司竞争力评价研究报告》蓝皮书。报告显示，国际经济金融危机对中国保险业的发展产生了一定的影响，中国人身险公司在净利润、营业收入等指标方面表现不佳，但中资保险公司的竞争力仍普遍高于外资保险公司。中国财产险公司在注重规模的同时开始注重效益，中资保险公司的竞争力也普遍高于外资保险公司。

（罗茜）

【举办第二届大学生国际研讨会】 10月23日，劳动关系学院举办第二届大学生国际研讨会。研讨会以“社会进步与当代青年责任”为主题，来自俄罗斯、白俄罗斯、日本、越南等国的四所高校代表团做主题报告，并围绕环保、互联网、境外留学、野生动物保护、青年人教育与务工移民、青年人社会责任与对社会的推动力等问题进行研讨。

（焦园媛）

【北大获批9项国家社科基金重大项目】 11月15日，国家社科基金重大项目（第二批）立项名单公布。北京大学本批次国家社科重大项目共申报9项，9项全部立项，其中7项为重大项目，2项为重点项目。

（陈捷）

【地大成立首个教育部工程研究中心】 11月，地质大学申报的“金属矿产勘查与评价”工程研究中心获教育部批准立项建设，是地大获得批准立项建设的首个教育部工程研究中心。中心面向国家资源需求，以我国中东部危机矿山深部挖潜，西部区域资源潜力调查评价，提高找矿效率、降低找矿成本为目标，以创新性和标志性找矿成果为重点，完善并形成具有特色的矿产资源评价预测体系、勘查技术方法体系，为国家找矿重大专项的实施、区域资源潜力评价、找矿突破提供依据。

（李飞）

【“农村校长助力工程”首师大培训项目完成】 12月3日—26日，教育部“农村校长助力工程（2013）”首都师大校长培训班举行。该培训班是教育部“农村校长助力工程（2013）”的子项目，由首师大首都基础教育发展研究院承办，培训对象是来自全国15个省、市、区的51位农村校长。培训围绕日常学校教育管理、课程与教学、特色建设、学生发展等热点、难点问题进行，分为集中专题研修与下校影子跟岗学习两个阶段。

（周月）

【举办第一届国际安全研究论坛】 12月7日，由国际关系学院《国际安全研究》编辑部主办的第1届国际安全研究论坛举行。来自国内外40多家高校、科研机构、媒体、企业的100多位专家学者参加会议。本届论坛的主题是“全球冲突与人的安全”，分为5个议题，分别是“冲突治理与人的安全”“‘人的安全’理论探析”“海外华人安全与利益保护”“非传统安全与人的安全保护”以及“国际组织和平行动与人的安全”。

（任婉君）

【北外获全球孔子学院“先进中方承办院校”称号】 12月7日—8日，在第八届全球孔子学院大会上，北外获“先进中方承办院校”称号，国务院副总理刘延东为韩震校长颁发荣誉牌匾。北外承办的夏威夷大学孔子学院、纽伦堡孔子学院、罗兰大学孔子学院、马来亚大学孔子汉语学院等4所孔子学院获“先进孔子学院”称号，维也纳大学孔子学院外方院长李夏德教授、巴塞罗那孔子学院中方院长常世儒教授获得“先进个人”称号。孔子学院总部在120个国家和地区建立了440所孔子学院和646个孔子课堂，注册学员85万人。北外共承办20所孔子学院，分布在亚欧美16个国家，承办数量位居中国高校之首。

（丁夕）

【中财大发布《中国人力资本报告2013》】 12月15日，中央财经大学举办“第五届人力资本与劳动市场国际研讨会暨2013年中国人力资本报告发布会”，对外发布《中国人力资本报告2013》。“报告”显示：2010年中国人力资本总量与1985年相比增长4.9倍。在已经计算的22个省（自治区、直辖市）中，实际人力资本总量排名前五的省份依次为广东、江苏、山东、浙江和河南。2010年中国人均实际人力资本为15.1万元。“报告”指出：近年来中国的人力资本增长并非由相应的人口增长导致，而是由教育及其他因素推动。促进中国人力资本增长的主要因素为快速的城镇化，其次为教育。而年龄对人力资本的增长为负，这表明人口老年化已经影响人力资本的增长。

（罗茜）

【人大发布中国发展指数 2013】 12月30日，中国人民大学中国调查与数据中心向社会发布2013年中国发展指数与中国发展信心调查结果。中国发展指数（RCDI）对2012年中国31个省级行政区的健康、教育、生活水平、社会环境四个分指数进行测算和排序，并形成总指数。指数显示：在经济高速增长的同时，四项指数逐年提高，社会发展综合水平逐年提升；公共事业和农村建设增长较快，中国大陆民众整体发展信心较强；环境污染成为重大的发展和民生问题，当前大力推进化解产能过剩发展战略具有深远影响。

（段蕾）

【法大建立庭审录像资料库】 年内，中国政法大学建立庭审录像资料库。资料库接收52家基层司法机关提供的庭审录像3120部，包括25家省市高级人民法院、中级人民法院和基层法院的庭审录像及案卷的电子资料等，师生可以自由调阅庭审录像资源进行课堂教学和辅助学习。

（刘旭）

【林大首创数量性状基因定位新方法】 年内，北林大计算生物学中心邬荣领教授带领团队首创一种新型计算方法，能显著提高数量性状基因发现与定位的精度。该团队首次把工程学中早已被证实行之有效的控制论思想，结合多维微分方程引进数量性状定位的计算框架，提出"系统定位"思想。系统定位的基本原理就是，用复杂的数学模型把系统内这些关系描述出来，理顺理清各因子的作用方式，以及与其他因子之间的交互关系。据此，就可以量化这些因子如何通过协同作用对最终表型产生影响的。研究团队还把系统定位方法引入生物医学研究领域。

（高斌）

【海淀辖区高等院校名单（38所）】

1. 中国青年政治学院
2. 国际关系学院
3. 北京体育大学
4. 首都体育学院
5. 北京电影学院
6. 北京舞蹈学院
7. 中国人民解放军艺术学院
8. 北京大学（北京大学医学部，不单计）
9. 清华大学
10. 中国人民大学
11. 北京师范大学
12. 北京理工大学
13. 北京科技大学
14. 北京化工大学（西区）
15. 北京交通大学
16. 北京邮电大学
17. 北京航空航天大学
18. 中国农业大学
19. 北京林业大学
20. 中国政法大学（学院路校区）
21. 北京外国语大学
22. 北京语言大学
23. 中国矿业大学（北京）
24. 中央民族大学
25. 中国地质大学（北京）
26. 首都师范大学
27. 北京工商大学
28. 中央财经大学
29. 北京信息科技大学（清河校区）
30. 北京联合大学应用文理学院
31. 中国劳动关系学院
32. 中国农业科学院研究生院
33. 北京农业职业学院（北校区）
34. 北京交通运输职业学院（西三旗校区）
35. 北京城市学院（民办）
36. 北京科技经营管理学院三义庙校区（民办）
37. 北京培黎职业学院（民办）
38. 北京新圆明职业学院（民办）

（李苗）

科技·卫生·体育

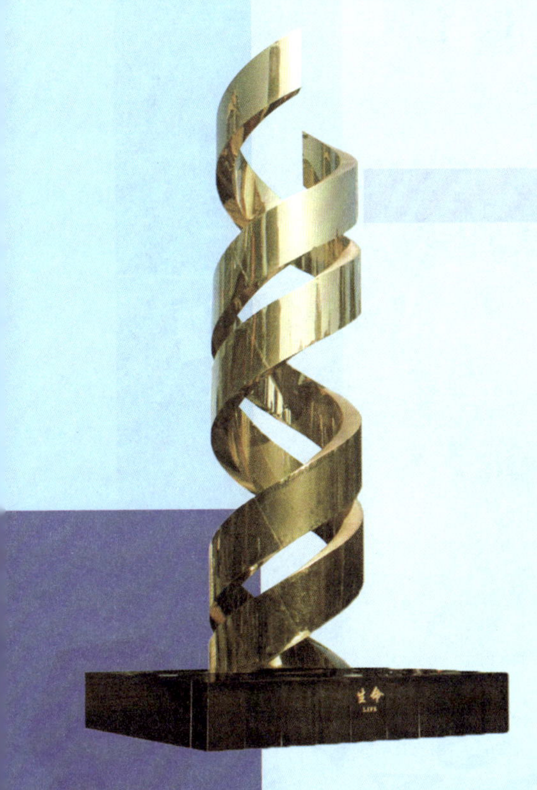

1月19日，海淀区疾控中心组织开展“走进海淀疾控，争当健康小卫士”寒假开放日活动（田峰 摄）

1月26日，“威凯杯”机关乒乓球赛在海淀体育局综合训练馆举行（区体育局冯小明 摄）

︽5月17日，区科协在翠微大厦广场举办主题为“科技融入生活”科技周活动（李瑞林 摄）

︽5月28日，由中国航天科工研发的、国内续航时间最长的无人航拍飞机亮相京交会设计展（李瑞林 摄）

》6月9日，"2013年海淀区体育健身'欢乐年'暨中国科学院'全民健身日'乒乓球、篮球联赛启动仪式"在北京分院创新文化广场举行（李瑞林 摄）

《9月10日，纯电动汽车租赁点在北京理工大学开张（李瑞林 摄）

科技·卫生·体育

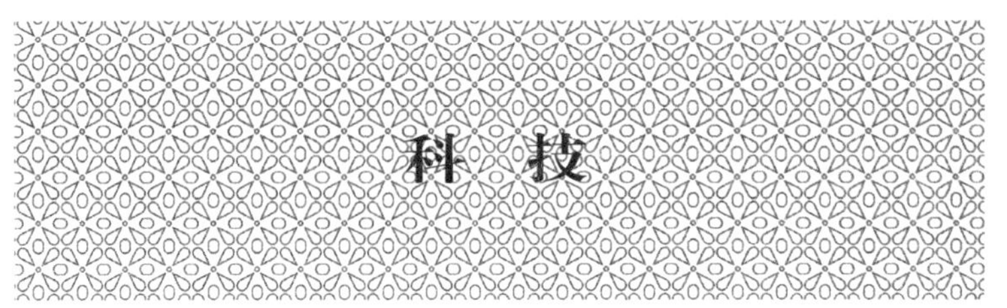

科 技

【概况】 海淀区科学技术委员会（简称区科委）挂海淀区知识产权局（简称区知识产权局）牌子，是负责科学技术与知识产权工作的政府职能部门。海淀园管委会与区科委合署办公。

2013年，海淀区国家高新技术企业认定复审通过478家，新认定通过780家。海淀区国家高新技术企业累计达5005家，中关村高新技术企业达到1.2万家。2人获得国家最高科学技术奖。

（刘伟杰）

【中关村科技企业家协会】 中关村科技企业家协会的前身为北京民营科技实业家协会，成立于1987年，是由北京地区民营科技实业家本着自愿原则组织的非营利性社会团体。2013年9月，北京民营科技实业家协会更名为中关村科技企业家协会。新构建以科技产业促进委员会、投融资促进委员会、市场开拓委员会和会员服务中心、咨询顾问中心为框架的“3+2”体系。有会员550家。

2013年，协会走访、接待企业两百余家，组织针对企业不同需求的活动三百余场，参与人数过万人。

科技产业促进委员会。推荐检测认证、技术攻关、共同承担国家重大项目、共建企业实验室、共建企业技术中心培育产业化项目和技术成果转化六大类1337个项目给予市专项资金补贴2775万元。复核评估第七批25家挂牌实验室，并分别给予50万元的一次性经费支持。对运行一年以上的109家实验室进行评估与绩效考核。组织双走进促进、项目推进交流会、分领域对接、牵线搭桥、创新成果发布和政策宣贯等各种活动61次。挖掘16个重大种子项目加以培育，向海淀园管委推荐4个产学研合作大项目。分别与承德市、衢州市、扬州市、沈阳国家大学科技城和郑州台湾科技园开展合作交流活动。

市场开拓委员会。工作重点包括受政府委托的“新技术新产品政府采购和应用推广”专项工作和帮助中关村企业开展市场开拓。全年政府采购中关村新技术新产品采购金额104.74亿元，涉及1078项目、总投资额722.18亿元。采购金额排在前三位的分别是新一代信息技术领域33.95亿元，占年度采购额的32.42%；新能源汽车领域31.66亿元，占年度采购额的30.22%；节能环保领域12.62亿元，占年度采购额的12.05%。面向中关村企业征集2013年首台（套）重大技术装备试验、示范项目52个。协助中关村管委会与北京市重大项目建设指挥部办公室召开中关村轨道交通领域新技术新产品（服务）专场对接会。首次承办“北京礼物”科技旅游商品分赛。

投融资委员会。跟踪管理联盟投资的5个公司的项目。调研各类企业的近50个项目。组织以“如何正确地激励团队”为主题的创业成长沙龙。举办企业“新三板”上市实务培训活动；与金融机构接洽，为企业提供个性化的融资方案需求；组织推荐示范区20多家创业企业申报2013年度海创资金。

咨询顾问中心。成立中关村民营科技企业家智库，启动“建立中关村自主创新成功案例（文献）库工程”。启动“中关村中小企业黄埔计划”。完成案件调解15件，调解成功率88%；完成第五批24位企业家商事特邀调解员的聘任。联合北京仲裁委员调解中心、工业和信息化部知识产权中心争议解决中心等16家调解机构共同成立北京调解联盟。完成《海淀区自主创新和产业发展政策体系及实施调查报告》《中关村高科技企业知识产权战略指南》和《1+6先行先试政策在核心区高新技术企业执行落实情况分析报告》三个课题。

（尹玲利）

【签署“聚核工程”框架协议】 4月2日，市知识产权局与海淀区签署《北京市知识产权局与海淀区人民政府联合推进知识产权“聚核工程”框架协议》。根据框架协议，海淀区将加快实施创新驱动发展战略，以聚集高端创新要素为抓手，以构建企业为主体、市场为导向，产学研用相结合的技术协同创新体系为支撑，以培育和打造战略新兴产业集群为重点，以提升中关村科学城为重点的海淀区三大功能区知识产权综合能力为核心，重点实施创新驱动、专利引领、环境优化三大计划和九大专项，并将注重聚集知识产权高端服务要素，打造知识产权服务业一条街，全面提升核心区知识产权综合运用水平，激发核心区的创新潜能。力争在2013年至2015年期间，全区发明专利授权量年均增速达20%，到2015年年末，实现年发明专利授权量达到1.8万件的目标。

（刘伟杰）

【举办知识产权护航企业创新发展活动】 4月18日，由市保护知识产权举报投诉服务中心（北京12330）、区知识产权局主办，中关村软件园保护知识产权举报投诉服务中心承办的“中关村软件园大讲堂——知识产权护航企业创新发展”活动在中关村软件园举行。市知识产权服务中心、北京“12330”、区知识产权中心等单位领导以及53家企业共140余人参加。相关专家介绍北京12330维权援助政策和工作站，解读软件企业知识产权典型案例和知识产权申请、商用化政策。

（张蕾）

【中关村知识产权服务业集聚发展试验区成立】 4月23日，北京市知识产权局、中关村科技园区管委会共同召开中关村知识产权推进大会，中关村国家知识产权服务业集聚发展试验区揭牌，发布《2013—2015年中关村知识产权推进计划》。2012年10月，国家知识产权局批复同意在北京中关村科技园区建设国家知识产权服务业集聚发展试验区，为期三年，中关村成为全国首批国家知识产权服务业集聚发展试验区之一。

（刘伟杰）

【启动专利审查员实践基地】 6月13日，由市知识产权局和中关村管委会共同举办的2013年北京（中关村）审查员实践基地启动暨第二期实践基地企业专利实务培训会在中关村软件园举行。国家知识产权局、市知识产权局、中关村管委会等单位领导以及中关村示范区各园区代表、审查员团组代表、各实践点单位代表等近100人参加。中关村软件园被授予“北京（中关村）审查员实践基地实践园区”称号，7家企业被命名为“2013年北京（中关村）国家知识产权局专利局审查员实践基地”。会议还举办企业专利挖掘实务培训及知识产权投融资服务专题讲座。

（张蕾）

【中关村知识产权服务业联盟成立】 7月30日，中关村知识产权服务业联盟成立。53家知识产权服务机构成为中关村知识产权服务业联盟首批成员单位。市知识产权局与中国银行、建设银行等7家银行签署中关村知识产权融资战略合作协议，7家银行将在拓展知识产权金融保险服务、促进企业需求与金融产品对接等方面为中关村企业提供金融支持。

（刘伟杰）

【举办“海聚工程”申报培训】 11月5日，海淀园邀请北京海外学人中心工作人员对海淀区重点企业、园区内各孵化器和在孵企业以及“三站”建站企业进行“海聚工程”申报培训。就“海聚工程”的工作目标、引进条件、申报程序等进行讲解，并就相关条件的具体规定进行说明。园区企业的100余人参加培训会。

（刘伟杰）

【131个项目获国家奖励】 年内，完成科技部“全国科技进步”考核和“国家创新型城区”验收。海淀驻区单位作为第一完成单位，共有53个项目分获国家自然科学奖、国家技术发明奖、国家科技进步奖和创新团队奖（通用项目），占北京市通用项目获奖总数的70.7%，占全国的21.5%。海淀区域内单位（个人）参与的78个项目获得国家科学技术奖，占北京市的72.9%，占全国的31.7%。连续三年空缺后产生的国家自然科学二等奖以及唯一的国家技术发明一等奖均出自海淀，在3个创新团队奖中，北京占据2席，均来自海淀。

（刘伟杰）

【专利申请4万多件】 全区专利申请量41352万件，同比增长13.3%，占北京市的33.5%；专利授权量21372件，同比增长7.6%，占北京市的34.1%。其中发明专利授权量10977件，占全市的53%。海淀区技术合同成交额实现1248.5亿元，同比增长10.1%，占全市的43.8%。

（刘伟杰）

【推荐134个重大项目及科技奖励备选项目】 年内，完成市科技奖励共54个项目的推荐，居全市第一，较上年增加25.6%；完成2012年度13个项目110个获奖证书及95万元奖金发放工作。推荐市科委重大成果转化落地项目12项。推荐区内企业申报2014年国家火炬计划68项。最终共有17个项目获奖，其中联想控股有限公司与中国科学院计算机网络信息中心和北京航空航天大学共同开发的“深腾7000高效能计算机系统及关键技术”、浦华环保有限公司和紫光环保有限公司共同开发的“纤维转盘过滤系统在污水深度处理中的应用与示范”2个项目获一等奖；北京声迅电子股份有限公司和清华大学开发的“大规模智能视频监控新技术及应用”等4个项目获二等奖；首都信息发展股份有限公司“住房公积金综合信息管理系统”等11个项目获三等奖。推荐10家企业负责人申报科技部科技创新创业人才，经市科委评审，有6位被推荐到科技部。完成2013年度市科委区县专项申报，最终获支持资金160万元。

（刘伟杰）

【知识产权质押融资】 年内，支持18个知识产权质押融资项目，补贴金额742.6万元。106个知识产权贷款项目获得海淀区贴息资金支持，支持额度为2430.5万元，涉及贷款额度约16亿元。

（刘伟杰）

【认定840项新技术新产品】 年内，全区有812个产品被认定为中关村国家自主创新示范区新技术新产品，占全市的64.5%；23家企业的28项服务被认定为中关村国家自主创新示范区新技术新服务，占全市的62.2%。全年海淀区新技术新产品政府采购额达4亿元。

（刘伟杰）

【知识产权执法专项行动】 年内，制订《海淀区知识产权执法维权“护航”专项行动方案》，开展“双打”行动，推进部门联合执法，加大知识产权行政执法力度。出动执法人员50余人次，对电子卖场、大型超市等进行检查，处理知识产权案件6起。促成小米、优酷等区内企业侵权案件纠纷的庭外和解。

（刘伟杰）

【推进企业知识产权标准化管理】 年内，组织行业专家、企业知识产权管理者、中介机构专业人员以及相关行业协会组织共同成立5支企业知识产权管理专家小组，对30余家重点企业进行“诊断式”的调研走访，举办两次“企业知识产权标准化管理”专题讲座，培训100余人次，引导企业进一步提升知识产权管理意识和能力。

（刘伟杰）

【开展知识产权专利试点】 年内，组织94家区内企业申报北京市专利试点单位，协助市知识产权局做好参评企业的走访、调研工作。完成2012年度市级专利试点单位验收工作，85家单位顺利通过试点验收，成为北京市专利工作试点单位。截至年底，海淀区有市级专利试点企业977家，专利示范单位62家，在开展试点、示范工作的各区县中名列第一。

（刘伟杰）

【为重点企业提供知识产权服务】 年内，围绕核心区重点产业领域，建立核心区重点企业联系机制，开展重点企业“专利质量提升计划”和“助推企业转型升级计划”，推动优质服务机构与重点关注企业进行有效对接，引入知识产权管理人员全程跟踪项目进展，提升企业知识产权管理的水平和能力。确定25家重点企业开展“资金+中介+项目+企业+人才”的知识产权管理能力提升及优势企业培育服务工作。

（刘伟杰）

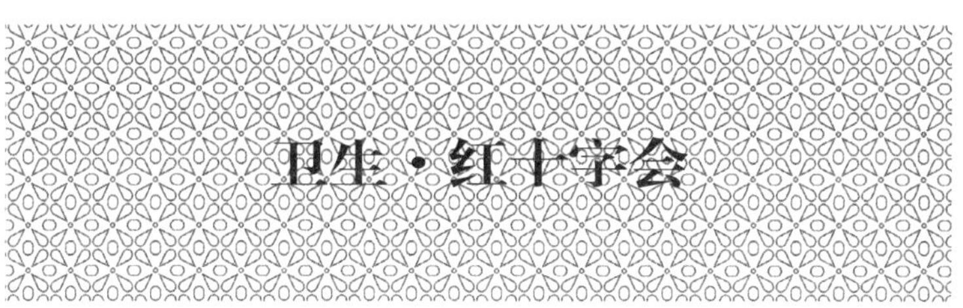

卫生·红十字会

卫生

【概况】 海淀区卫生局是对本区卫生工作管宏观、定政策、做规划、抓监管的政府部门，下属5个事业单位：卫生监督所、疾病预防控制中心、社区卫生服务管理中心、新型农村合作医疗经办管理中心和医疗资源统筹服务中心。区公共委、区卫生局实行一套领导班子、两支业务队伍、两块机构牌子。

2013年，海淀区医疗机构总数1051个，其中非营利性562个、营利性485个、其他4个。一级医院65家，二级、三级医院共24家，其他962家。按照机构类别分：医院69家，社区机构188家，妇幼保健院1家，疾控中心2家，专科疾病防治院3家，急救中心1家，中小学保健所1家，临床检验所3家，门诊部194家，诊所221家，医务室、卫生室等324家，监督所1家，血液中心1家，村卫生室37家（实际运行30家）。实有床位10557张，每千常住人口平均拥有卫技人员7.70人、执业（助理）医师2.72人、护士3.34人、床位2.95张。卫生技术人员27553人，其中执业（助理）医师9713人、注册护士11930人，卫生防疫365人，预防保健（计划免疫）424人，乡村医生313人。

2013年户籍人口出生18408人，其中男性9467人，女性8941人，出生率7.90‰；死亡9583人，其中男性5378人，女性4205人，死亡率4.11‰；自然增长率3.79‰。因病死亡9321人，占死亡总数的97.27%。死因列前十位疾病依次为：恶性肿瘤、心脏病、脑血管病、呼吸系统疾病、内分泌和营养代谢性疾病、消化系统疾病、损伤和中毒、神经系统疾病、泌尿生殖系统疾病、传染性疾病。地区人口期望寿命81.97岁，其中男性80.09岁、女性83.96岁。

全年全系统收入396150.90万元，其中财政拨款113837.16万元、事业收入277978.80万元。支出399496.73万元，其中基本支出340108.18万元，项目支出59388.55万元。全年卫生事业专用基金增加1372.93万元，支出1042.48万元，结余4122万元。

2013年，海淀区被评为国家卫生应急综合示范区、北京市慢性病综合防控示范区，区卫生局被评为北京市群众满意的医疗卫生机构，区卫生局获北京市社区健康风采大赛优秀组织奖、北京市环境秩序整治突出贡献奖、北京市首届卫生监督技能竞赛优秀组织奖、北京市社管系统首届统计分析报告评比三等奖。

（高蕾）

【北京市海淀区民营医协会】 原名海淀区联合医疗机构医务工作者协会，成立于1992年，2008年更为现名。是经海淀区社会团体管理办公室核准登记成立的为民营医疗机构和政府服务的非营利性社会团体法人。至2013年，协会有200多家会员单位，中高级职称专家700余人。

2013年，协会举行5次大型义诊活动，总诊疗人数1176人次，发放3.7万余元的药品及健康宣传册。

圣爱医院免费为200多名园林工人免费进行以脑猝死为主的专项体检。光彩明天儿童眼科医院为北京13个区县116所幼儿园、76所小学的51664人进行眼科视力体检，并开展公益讲座及义诊36场次，免费救助132人。北京健恒糖尿病医院进行义诊、健康讲座45次。马应龙长青肛肠医院为出租车司机提供免费肛肠病体检服务，义诊12次。北京永成魅力医疗美容医院为“美丽情系中国——中国医疗美容大型公益救助365”大型公益救助活动赞助超过1000万元人民币，用于全国需要被救助的先天及后天性容貌缺陷者、见义勇为容貌受损者及对来自国内外美容手术失败者进行修复及法律援助。

（国雪丽）

【北京海淀医院协会】 北京海淀医院协会成立于2007年12月，是由海淀地区的医疗单位和医院管理工作者自愿联合发起成立，经海淀区社会团体登记管理办公室核准登记的非营利性社会团体法人，现有团体会员单位55个。

年内，在海淀区社会组织联合会的组织下，医院协会举行为海淀区园林工人、建筑工人及香山游园群众等社会公众服务的义诊咨询活动5次。聘请中国中医科学院西苑医院、北京大学第三医院、北京中医药大学东直门医院等医院专家为北下关街道广通苑社区和北安河村群众义诊、咨询，受益群众608人次。社区卫生服务中心和卫生院的医务人员为群众进行血压测量、心电图检查等多项体检。义诊专家的专业领域涉及中西医内外科、妇产科、眼科、口腔科、正骨按摩科、皮肤科、肛肠科等。聘请北京肿瘤医院专家为60余位患者讲学。

为会员单位开展医院管理学术交流活动5次。聘请航天中心医院院长介绍“全面医疗质量管理体系构建与实施”。聘请总参谋部总医院原副院长讲授“实施生态医院发展战略，打造医院生态文化品牌”。聘请煤炭总医院院长讲授“医院院长的工作职能”。邀请海淀区卫生局原局长讲授“医改的最终目标是人民群众受益”。聘请海淀区中医医院书记介绍协会组团赴罗马尼亚考察医疗卫生体系的概况。为会员单位举办业务培训活动2次。聘请总参谋部总医院专家讲授“颈椎病及颈椎的健康保健”。举办沙盘游戏心理治疗技术培训班1期。以上学术交流、业务培训共有会员单位医务人员650余人次参加。

海淀区社会管理创新项目《推广宣传非药物疗法治疗常见病、多发病》结项。

（冯小泉）

【监管职责调整】　11月1日起，餐饮服务食品安全监管工作调整为海淀区食品药品监督管理局负责，区卫生局不再受理餐饮服务食品安全许可申请、餐饮服务食品安全的投诉举报。监督所编制由217人核减至152人，划转人员59人，划转固定资产总金额5751418.75元。

（高蕾）

【启用生活用水远程在线监测系统】　11月27日，北京市首个生活饮用水水质远程在线监测系统在海淀区启用，首批选取碧水青山水厂、稻香湖水厂、宏伟水厂、海泉水厂、青龙桥水厂、北京友谊宾馆、区卫生局、区政府、海淀医院、清华大学共10个监测点。卫生监督人员可通过系统实时监控饮用水水质，一旦出现水污染，系统将预警，短信通知监督人员和管理人员。

（高蕾）

【卫生设施规划与建设】　年内，新建小区配套卫生服务站8个，规模约1500平方米。海淀卫生学校新建多功能教辅楼1.5万平方米，完成抗震节能综合改造项目。海淀医院环境整治项目完工。中关村医院、羊坊店医院改扩建项目开工，海淀医院、中西医结合医院、海淀区妇幼保健院改扩建项目具备开工条件。开展苏家坨中心医院建设项目等5个储备项目的前期工作。编制《海淀区医疗机构设置规划（2013—2015）》《海淀区社区卫生服务设置规划（2012—2015年）》，完成北部新区配套医疗需求、“三山五园和大上地地区”专项规划、261医院土地置换等专项调研工作。《海淀区关于社会资本举办社区卫生服务机构管理办法（试行）》区政府审议通过。

（高蕾）

【医疗改革】　年内，部分社区与人民医院、北医三院、世纪坛医院等三级医院建立医疗卫生服务共同体、联合体，区卫生局、公共委同北医三院签订合作备忘录，海淀医院法人治理结构改革试点启动。推进医药分开和药品供应链建设，在花园路社区卫生服务中心及海淀医院开展试点。

（高蕾）

【社区卫生】　2013年，区域拥有实体社区卫生服务中心47个、社区卫生服务站146个，其中政府办社区卫生服务中心26个、社区卫生服务站113个。为48家社区卫生服务中心配备48套健康自助设备。完成全区所有社区卫生服务中心POS机刷卡结算工作。评出21支优秀家庭医生式服务团队。与企业合作研发海淀区家庭医生式服务“一键式”互动平台，并在甘家口社区卫生服务中心、万寿路社区卫生服务中心先行试点。完成20家区属社区卫生服务中心数据库及部分硬件升级改造，解决社区因业务量增加系统出现频繁宕机现象。花园路社区卫生服务中心评为国家级社区卫生服务示范中心，玉渊潭社区卫生服务中心、香山社区卫生服务中心、羊坊店社区卫生服务中心和清河社区卫生服务中心为北京市示范社区卫生服务中心。

（高蕾）

【新农合参合率97.2%】　年内，启动出生三个月的新生儿和断保人员参合工作，全区参加新农合74422人（其中有95人为新生儿和断保人员），参合率为97.20%。人均筹资790元，其中区财政补助590元，个人和村集体分别出资100元，人均筹资标准居全市前列。全年共筹集住院资金8575.71万元，其中农民个人和村集体筹集1458.07万元，中央财政补助153.86万元，市财政投入927.75万元，区级财政补助4390.90万元，年底追加1598.56万元，民政、残联资助30.37万元，利息收入为16.20万元。全年住院补偿9149人次；门诊补偿132447人次，总费用11084.46万元，补偿金额5654.72万元。对2012年的十五类重大疾病实施二次补偿，补偿人数2872人，补偿金额350万元。本年度基金使用率98.50%，基金节余497.21万元，基金累计节余3610万元。

（高蕾）

【公共卫生专项检查】　2013年，全区有餐饮服务单位6535个，经常性卫生监督检查19192户次，合格17487户次，累计监督覆盖率92.78%。审批卫生许可证3175个，其中新发725个，延续1751个，变更682个，注销17个。食物中毒2起13人。对餐饮单位实行量化分级管理，其中A级309个、B级2455个、C级1118个。执行结案卫生行政处罚320户次，其中警告71起，没收违法所得37起1.06万元，罚款240起91.10万元。宾馆饭店1135个，经常性监督覆盖率98.85%。各类公共场所3386个，经常性监督检查15419户次，监督覆盖率98.61%。审批卫生许可证1881个，其中新办470个，延续1148个，变更240个，注销23个。有自备井317个，新办证监测37户、复验办证监测174户，经常性监测562户次。高层建筑生活饮用水新办证监测214户，复验办证监测 712 户，经常性监测 3826 户次。发生生活饮用水污染事故 1 起。

（高蕾）

【医疗卫生专项检查】 年内，检查 1064 个单位，监督覆盖率 99.91%，有效监督户次 3403，合格率 98.33%。行政处罚 55 户次，其中警告 25 户次，罚款 50 户次，罚款金额 12.9 万元。取缔非法行医点 180 个，罚款 41 万元。对辖区医疗机构监督 3572 户次，其中三级医院 8 家 72 户次、二级医院 15 家 83 户次、一级医院 43 家 238 户次、无级别医疗机构 998 家 3179 户次。卫生投诉举报 2746 起，受理 2703 起，结案率 100%。

（高蕾）

【完成 14 项大型活动卫生保障】 全年完成 14 项大型活动卫生保障，其中驻会保障 7 次。全年保障 46693 人次，监督 1305 户次，培训从业人员 569 人次；处罚 8 户次，罚款 2 万元；监测 235 件，合格率 100%；快速检测 2393 件，合格率 99.12%。

（高蕾）

【培训卫生监督人员】 全年开展卫生监督人员内部培训 7 次，900 人次参加，涉及食品、公共场所、饮用水、医政等各专业的日常监督和应急处理规定以及投诉举报，信息宣传等。

（高蕾）

【爱国卫生运动】 年内，制订《2013-2015 年“健康海淀”创建工作方案》。在农村开展健康教育大课堂讲座 22 场、社区健康知识专家巡讲 17 场。创建北京市健康社区 29 个。建立社区健康指导员机制。开展城乡环境卫生整治清洁，18.50 万人次参加“爱国卫生月”“城市清洁日”活动，清理蚊蝇孳生地 672 处、垃圾杂物 1183 吨。病媒生物防治 6 次，居民家庭蟑螂密度监测 2400 户。新建固定鼠站 1.20 万个，布放鼠药 11.20 吨、粘鼠板 2.40 万张，喷洒、投放灭蚊蝇蟑药物 10.70 吨。由政府投资 400 万元、招标专业病媒生物防治公司对 124 个老旧小区进行 4 轮“四害”专业防治。除四害检查 265 个单位。开展农村地区单村水厂状况调查，建立 126 个水厂数据库。开展创建无烟机关单位活动，13 家单位通过北京市评估。开展公共场所禁止吸烟宣传，举办烟草与疾病知识讲座 16 场，发放控烟资料 7.6 万份，发放禁烟标识标牌 21.6 万张（块），在辖区 42 个机关单位举办控烟知识巡展。全年检查医疗机构、学校、餐馆及其他公共场所 2467 个（次）。

（高蕾）

【疾病控制】 全年对中小学校、托幼机构、各级医疗机构、养鸡场开展 11 次督导检查，并对中小学校、托幼机构、各级医疗机构、乡镇街道相关工作人员开展培训 22 次。督导、培训内容覆盖中小学传染病防控工作、肠道门诊，流感样病例、不明原因肺炎查、传染病症状监测、人感染 H7N9 禽流感、中东呼吸综合征、自然疫源性疾病、克雅氏病监测、居民死因漏报调查等。完成全国两会、科博会、高考保障工作。

（高蕾）

【传染病防治】 年内，甲乙类传染病发病 4396 例，发病率 128.23/10 万，比上年下降 14.91%。痢疾、肺结核、梅毒排在前三位，其中痢疾 1913 例，发病率 55.80/10 万，占总发病数 43.52%；肺结核 1040 例，发病率 30.34/10 万，占总发病数 23.66%，病死 1 人，病死率 0.10%；梅毒 489 例，发病率 14.26/10 万，占总发病数 11.12%。全年发生突发公共卫生事件 3 起。

（高蕾）

【艾滋病防治】 年内，联合社区组织、高校、医疗机构、基层政府等在重点人群中开展艾滋病防治工作，完成艾滋病综合防治示范区创建任务。全年报告 HIV/AIDS 436 例。美沙酮门诊累计治疗 324 人，比上年增长 22.30%，在治人数 160 人，比上年增长 28%。暗娼人群累计干预 45983 人次，其中 8490 例进行 HIV 检测；男男同性恋人群累计干预 65998 人次，其中 12553 例进行 HIV 检测。编制《海淀区艾滋病防治知识领导干部读本》，对全区副科级以上领导干部培训，共有 56 家单位 4775 人参加培训。

（高蕾）

【结核病防控】 年内，报告结核病人 1040 例；新登记管理肺结核 732 人（含外地患者 384 人），比上年下降 6.30%；纳入社区管理 431 例。非结核病防治机构疑似肺结核病人报告 1568 人，比上年下降 3.63%；综合医疗机构肺结核报告率和转诊率均 100%；高校登记肺结核病人系统管理率 100%。综合医疗机构痰结核菌检验结果误差率 5%以下。为 19963 名本地新生儿和 19257 名外地新生儿接种卡介苗，新生儿卡介苗接种和补种率 95.40%。海淀区户籍人口涂阳 46 例，监化率 100%；流动人口涂阳 73 例，监化率 100%。医务人员培训 5 场 742 人次。完成 30 所高校新生 PPD 筛查 58534 人，筛查率 99%，复查率 99.50%，筛查出强阳性学生 2428 人，强阳性率 4.20%，强阳性学生免费拍片率 100%。发现活动性肺结核病人 37 人，学生预防性服药 567 人。

（高蕾）

【人畜共患疾病防治】 年内，对上庄村西郊一场、西郊二场及周边个体散户进行血清学检测 54 人，检出抗体阳性者 5 人，阳性率 9.26%，其中新发抗体阳性感染者 3 人。全年报告手足口病 4149 例，发病率为 121.02/10 万，无死亡病例；聚集性发病疫情 64 起，重症病例 19 例。

（高蕾）

【地方病管理】 年内，居民户碘盐监测 302 件，碘盐覆盖率 98.68%，碘盐合格率 95.97%，合格碘盐食用率 94.70%；对 202 名育龄妇女、200 名成年男性及 200 名孕妇进行尿碘监测，尿碘中位数分别为 146.50μg/L，157.50μg/L，149μg/L；对 200 名 8~10 岁儿童进行甲状腺触诊和尿碘含量检测，甲状腺触诊均为阴性，尿碘中位数 211μg/L。对西北旺镇、苏家坨镇、上庄镇共 13 口历史高水氟井（有两个村已拆迁无法进行采样）的末梢水进行水氟监测，枯水期、丰水期分别采集 26 件水样，除上庄镇西马坊村的四件水样，其余水样水氟监测结果均符合国家标准，水氟含量≤1.2mg/L。检查 7~12 岁学生 484 人，未发现氟斑牙。

（高蕾）

【慢性非传染性疾病防治与管理】 年内，出台《海淀区创建国家级慢性非传染性疾病综合防控示范区工作方案》《海淀区慢性非传染性疾病预防控制规划（2013—2015年）》。完成海淀区慢性病防控社区诊断。国家脑卒中高危人群筛查及干预试点项目（定点医院万寿路社区卫生服务中心）完成居民初筛6396人，筛查出高危人群930人，卒中96人，分别纳入慢病管理、生活方式干预等健康管理系统，定期随访管理。选取四季青、万寿路、中关村、清河及北大医学部社区卫生服务中心参与癌症早诊早治项目，完成评估3500人，临床筛查2830人。新增16家社区卫生服务中心和31家委办局、29家街镇设立健康自助检测点400个。慢病督导/指导共454人次，比上年上升158.70%。管理慢病患者28.9万人，其中规范管理20.70万人，规范管理率71.60%。累计建立电子健康档案220.20万人，占总人口的71.30%。40岁以上人群脑卒中筛查6396人，发现颈动脉狭窄930人，占14.50%；对2012年发现的脑卒中高危人群3621人随访，全部纳入慢病管理中。

（高蕾）

【精神卫生】　2013年，有重性精神病人9591人。新发现498人，新发病4人，迁入84人，迁出87人，死亡57人。管理疾病期20人，波动期35人，缓解期1769人，慢性期2390人。治疗3261人，未治疗953人。精神发育迟滞和单纯痴呆2043人。审批精神病人2710人，平均每人每年享受免费服药费用达980元。精神防治康复经费增加到户籍人均1.20元。完成16家高校社区卫生服务中心独立承担辖区精防工作。通过“医护人员进社区服务”及“精防院与社区人员互换培训”工作，深化“医院—社区一体化”精神卫生管理服务模式。配合市卫生局、市残联联合开展“精残人居家康复”项目，筛选患者400人参加。建立20家社区心理咨询室。

（高蕾）

【妇幼保健】　2013年，户籍孕产妇死亡率5.43/10万，婴儿死亡率2.77‰，5岁以下儿童死亡率3.31‰，孕产妇系统管理率95.09%，0～6岁儿童系统管理率95.10%，节育手术并发症发生率0.36/万，新生儿遗传代谢性疾病筛查率100.09%，1～6岁儿童听力筛查率92.61%。0～1岁儿童神经心理发育迟缓筛查率100.41%。婚前医学检查5718人，婚检率9.12%，其中免费婚前医学检查4936人，区财政投入79.85万元。免费婚前保健人群和孕产妇艾滋病检测5054人。0～6岁儿童免费体检253225人次，免费新生儿听力筛查45332人次。为92名符合条件住院分娩的农村孕产妇补贴5.52万元，免费发放叶酸10502人。两癌筛查15564人，确诊乳腺癌10例，宫颈癌1例，宫颈癌前病变14例。全区分娩新生儿42636人，约占北京市的1/5，比上年减少3307人。对母婴保健计划、生育技术和助产技术新上岗185人进行理论和操作考核。新增计划生育技术服务机构10家，新增助产技术服务机构——北京大学医院。12月30日，海淀区妇幼信息系统进行业务平台和办公平台功能测试，12家医疗保健及托幼机构开始测试。

（高蕾）

【医疗工作】　2013年，全区医疗机构门诊2636.61万人次，急诊136.47万人次，留观室留观病例463235例，入院317319人，出院315247人次，床位使用率84.87%，出院者平均住院日9.58天，病死率1.02%。住院手术121117例。

（高蕾）

【医疗行政执法】　全年接待群众咨询3000余人次，新设置医疗机构78家，执业登记73家，变更183项，延续31家，暂停营业8家，注销8家。医师执业及变更注册1738人次，护士延续和变更注册6609人次。受理医疗事故鉴定2起。处理各类信访件74件。承办人大建议、政协提案15件。委托民营医协会对900余家医疗机构进行督导检查。成立督导检查专家组，对辖区13家二级医院开展“医疗质量万里行”“三好一满意”的情况以及乙类大型医用设备和医用耗材使用情况、抗菌药物临床应用专项整治、麻醉药品和第一类精神药品安全使用情况、落实《北京市预防与控制医院感染行动计划实施》情况等进行督导检查。8月13日为北京市海淀区清河医院颁发“医疗机构执业许可证”，12月29日北京市海淀区清河医院由人民医院托管并开业。对海淀区18家基层医疗单位的医院感染管理工作进行专项检查和指导。

（高蕾）

【医院对口支援】　2013年，海淀区支援密云县，支援人数206人，其中管理人员的48人，高级职称33人，主治医生及以下职称125人。完成门急诊5934人次，其中门诊5930，急诊4人。带教127人，培训1875人，捐赠物资等共计29.70万元。

（高蕾）

【无偿献血】　全年完成无偿献血81480单位，其中街头献血67540单位，单位团体无偿献血13940单位，团体无偿献血超额完成市献血办下达需求数的10.60%。临床用血100%来自自愿无偿献血。

（高蕾）

【健康教育】　年内，创建健康示范社区17家，示范单位6家，示范食堂9家，示范餐厅5家；培训健康生活方式指导员290人；在14家示范创建机构开展中国居民膳食技术指南推广工作。设计制作相关宣传折页、海报各15种，开展健康日主题宣传活动12次，受益1.4万余人，发放宣传品7万余份。在海淀电视台、《海淀报》设立慢病宣传专栏。5月起，利用微博宣传慢性病等疾病健康知识。

（高蕾）

【医学教育】　2013年，审核继续教育学分13008人。开展社区卫生岗位培训和岗位理论、技能操作考试，考试平均合格率98.80%，技能操作考试平均合格率87.30%。204名乡村医生参加培训和技能考试，合格率99.08%。27名乡村医生参加北京市乡村医生骨干人员师资培训。

（高蕾）

【计划免疫】　2013年，全区有0~6岁本市户籍儿童98140人，外省户籍儿童67205人。计划免疫调查建卡率100%，五苗中卡介苗、脊髓灰质炎疫苗、乙肝疫苗调查接种率为100%，百白破混合制剂调查接种率达99.05%，首剂含麻疹疫苗调查接种率99.52%，流脑多糖菌苗调查接种率98.50%，乙脑疫苗调查接种率98.86%。报告麻疹发病47例，发病率1.37/10万，脊髓灰质炎发病0例，狂犬病发病1例，百日咳发病1例，破伤风发病0例，白喉发病0例。儿童预防接种强化免疫建证率100%，麻风腮疫苗补种率为99.2%，流脑疫苗补种率为96.6%，百白破疫苗补种率为97.8%，乙脑疫苗补种率100%，乙肝疫苗补种率100%。全区60岁及以上老人接种免费流感疫苗84292支，报告接种率为44.36%；学生接种免费流感疫苗126961支，报告接种率为78.37%。

（高蕾）

【学校卫生】 对全区中、小学生进行了预防保健体检，应检人数244640人，实检人数227244人，体检率92.89%。其中营养不良29543人，占13.79%，肥胖46021人，占21.48%；视力不良161535人，占71.08%；龋齿49230人，占22.16%；沙眼95人，占0.09%；贫血实查人数90161人，阳性人数544人；蛔虫实查人数0人，阳性人数0人。

（高蕾）

【计划生育】 对母婴保健计划、生育技术和助产技术新上岗185人进行理论和操作考核。新增计划生育技术服务机构10家，新增助产技术服务机构——北京大学医院。12月30日，海淀区妇幼信息系统进行业务平台和办公平台功能测试，12家医疗保健及托幼机构开始测试。

（高蕾）

【职业卫生】 全国职业健康状况调查显示，海淀区接触有毒有害物质单位共计247家，共有职工总数60074人，接触职业病危害因素人数9041人。2013年全年接受社会委托完成30家单位职业病危害因素检测与评价，监测样品共计555件，超标样品36件，主要超标危害因素为噪声、紫外线等。接受社会委托完成职业健康检查工作，职业健康检查委托人数782人，实际开展职业健康检查782人，查出职业禁忌证24人，可疑职业病12人，均已通知到单位和个人，并上报行政部门。完成对接触有毒有害物质单位管理人员培训78人。

（高蕾）

红十字会

【概况】 海淀区红十字会是中国红十字会的地方组织，成立于1958年10月，原为海淀区卫生局内设职能科室，2005年5月成为区委、区政府直接联系的正处级群团机构。

2013年，海淀区红十字会重点开展红十字募捐救助、人道救灾、应急救护“三救”工作和捐献血液、捐献造血干细胞、捐献器官“三献”宣传；拓展募捐渠道，提升红十字公益救助实力；推进应急救护培训，提升公众逃生避险、自救互救能力；宣传传播人道公益理念，弘扬“人道、博爱、奉献”的红十字精神等工作。

2013年，全区有基层红十字组织200个，红十字团体会员单位157个，包括街道、乡镇红十字会、区红十字会学校工作委员会以及行业红十字会、企事业单位红十字会，有红十字志愿者2300名。海淀区171所中小学、职业高中建有红十字会组织，有青少年会员179374人。形成区、街道（乡镇、学校、行业）、社区（村委会）三级红十字组织工作网络。

全年募集爱心捐款296.11万元。投入157.75万元，实施“两节送温暖”、博爱助困、少儿大病救助等救助项目，救助困难家庭639户2236人。举办216期应急救护培训班，培训人数达53400人。

2013年，区红十字会和9个基层红十字会获北京市人力社保局、北京市红十字会授予的“募捐工作先进集体”奖。甘家口大厦有限责任公司获第三届北京市红十字系统“人道捐赠工作先进集体”奖。

（郭胜清）

【“两节”送温暖】 元旦、春节期间，投入99.1万元，开展“博爱暖京城，帮助身边人”主题送温暖活动，走访慰问困难家庭，送去米、面、油和慰问金。共计救助困难家庭469户1400人。

（郭胜清）

【红十字公益文化传播】 在“3·5”学雷锋日、“5·8”世界红十字日、“9·9”世界急救日、“12·1”防艾滋病宣传日举办形式多样的宣传活动，倡导红十字公益文化理念，宣传红十字募捐救助、人道救护、捐献造血干细胞、无偿献血等公益活动动态。全区红十字各级组织在媒体上发表173篇信息及报道。编印“红十字与文明海淀同行”宣传页、海报各2套共计6.4万份，发放给街镇各社区、村委会，宣传、营造红十字公益文化氛围。

（郭胜清）

【“雅安地震”募捐】 4月，四川雅安地震发生后，区红十字会开展专项募捐，共募集122.24万元，全部上缴北京市红十字会实施统一救灾。

（郭胜清）

【“博爱在京城”募捐】 纪念“5·8”世界红十字日，红十字会开展以“人道的使命”为主题的“博爱在京城”募捐活动。共募集善款173.87万元。

（郭胜清）

【防灾减灾宣传演练】 5月12日，区红十字会组织红十字应急志愿者参加市政府在海淀公园举行的5·12防灾减灾日主题宣传活动，设置红十字会工作展示区，向公众宣传心肺复苏、创伤包扎等知识。在位于海淀区的中国红十字会培训基地举办应急救护师资能力拓展培训班，演练地震自救互救与避险逃生技能，学习灾后心理救援、灾区营养卫生、国际创伤生命支持等科目。与中国地质大学合作，成立海淀区红十字会救援队，选派20名取得初级急救员证书的队员参加北京市红十字会救援队强化培训和演练。

（郭胜清）

【红十字志愿服务活动】 9月—10月，与团区委、区公共委、区卫生局联合开展“爱在海淀之健康伴你行”活动，在辖区青年汇开展应急救护培训，2000名志愿者取得红十字初级急救员证书。活动获得第二届“北京市红十字人道公益品牌”提名奖。在大专院校开展以传播红十字运动、无偿献血、捐献造血干细胞等知识内容的志愿服务活动，开展

“大义捐造干，千里送福音”——北京交通大学捐献造血干细胞知识讲座，现场进行大学生志愿捐献造血干细胞血样采集。

（郭胜清）

【少儿大病救助】 年内，对辖区年龄在18周岁以下，患有白血病、血友病、再生障碍性贫血、肾衰竭、恶性肿瘤等大病、家庭生活困难的26名儿童实施大病救助，救助金额共计19.6万元。

（郭胜清）

【博爱救助】 年内，投入38.2万元，重点对因病致贫、返贫困难家庭，无业无收入人员家庭，以及遭受突发自然灾害致贫的困难家庭实施博爱救助，共救助辖区困难家庭153户，受益人数459人。

（郭胜清）

【应急救护培训】 年内，在学校、机关、企事业、社区开展应急救护培训，普及防灾应急、心肺复苏、创伤包扎和避险逃生等知识技能。全年共组织举办应急救护知识普及及培训班57期，普及人数53400人；组织初级急救员培训班159期，培训初级急救员19148人。其中，学校教师804人、中学生11452人、大学生4130人、企业员工2005人、机关干部452人，家政服务员305人。一〇一中学、十九中、人大附中、八一中学、十一学校将红十字应急救护知识技能培训作为初一、高一新生入学培训课程，提高自救互救知识在青少年群体的普及程度。

（郭胜清）

【捐献骨髓器官宣传】 年内，为落实市民对捐献骨髓、器官等行为认同率大于等于60%的全国文明城区创建任务指标，区红十字会在《海淀报》开辟专栏，每月定期宣传骨髓、器官、遗体捐献基本知识，报道红十字会开展的公益活动。开展科普知识宣讲团进学校、进社区、进村镇活动。在北京交通大学、海淀卫校、温泉镇、青龙桥及清河街道等社区、村委会，举办公益大讲堂主题宣传活动，以“加入中华骨髓库，传递人间挚爱”“捐献造血干细胞无损健康”为主题，由献血状元、捐髓志愿者、医学专家向公众宣讲相关知识，动员更多的人奉献爱心，支持公益行为。在区创建办组织的两次第三方测评中，区红十字会负责的主责指标全部达标。

（郭胜清）

【红十字青少年活动】 年内，与区教委合作开展“人道、博爱、奉献”主题实践活动，在全区中小学开展“博爱在京城”募捐活动，开展助人为乐、敬老助残、绿色环保等志愿服务活动，探索开展“人道法”传播试点工作；在师生中开展应急救护培训，培训红十字初级急救员，组建学校红十字会辅助救援队；在大专院校开展红十字运动知识、无偿献血、捐献造血干细胞等宣传和志愿服务，组织开展“大义捐造干，千里送福音”——北京交通大学捐献造血干细胞知识讲座、血样采集活动。18名学生获北京市红十字会“优秀红十字青少年”称号。中关村中学、一〇一中学、八一中学、信息管理学院、67中组织的红十字青少年活动获北京市红十字会“优秀青少年活动特别奖”。

（郭胜清）

体育

【概况】 海淀区体育局成立于1958年，是负责本区群众体育、竞技体育、体育市场管理等相关工作的政府职能部门。2013年，海淀体育场、海淀体育馆、海淀游泳馆、海淀区综合训练馆合并组建北京市海淀区体育场馆管理中心，为区体育局所属相当副处级全额拨款事业单位，同时撤销上述4个事业单位机构建制。区体育局下属9个事业单位：海淀区体育运动学校、海淀区少年儿童业余体育学校、海淀区少年儿童游泳业余体校、海淀区重竞技业余体校、海淀区体育场馆管理中心、海淀区社会体育管理中心、海淀区体育局综合管理服务中心、海淀区体育科研所、海淀棋院。

2013年，海淀区体育工作以完善公共体育服务体系，备战第十四届市运会，体育市场监管为重点，推进各项工作的开展。1月31日，北京市体育局对在第30届伦敦奥运会上做出贡献的单位进行表彰，海淀区体育局被授予“奥运贡献奖”。

（吴宜秋）

【萨格勒布市体协到地区交流访问】 3月8日，克罗地亚首都萨格勒布市体协到地区访问，参观地区体育场馆，了解业余训练情况，并就足球训练、互派教练等合作事项进行交流和磋商。

（吴宜秋）

【协办青少年跆拳道锦标赛】 5月18日，由北京市体育局主办，海淀区协办的2013年北京市青少年业余体校跆拳道锦标赛在海淀体育馆举行。全市16个区县的业余体校536名运动员参加了男女甲、乙、丙三个组别的比赛。海淀重竞技体校获6枚金牌、11枚银牌、8枚铜牌。

（吴宜秋）

【获国际田联世界挑战赛冠军】 5月21日，国际田联世界挑战赛北京站在国家体育场举行。地区输送队员王宇在男子跳高比赛中以2米33的成绩获得冠军；地区输送的另一名队员张培萌在男子百米短跑中以10秒09的成绩获得第五名。

（吴宜秋）

【参加全国少儿乒乓球比赛】 5月29日—6月2日，“红双喜·奥星杯”全国少儿乒乓球比赛在辽宁省兴城市举行。海淀区少年儿童业余体育学校由25名运动员组队参加比赛。另有16名地区体校输送的队员代表北京什刹海体校组队参赛。地区体校分别获得儿童男子乙组、男子丙组、女子丙组团体比赛第三名，少年男子乙组、儿童女子乙组团体比赛第五名。陈奕飞和李雨桐分别获得儿童男子乙组和女子乙组单打第五名。输送运动员史继盛夺得儿童男子乙组单打第三名。

（吴宜秋）

【举办端午节龙舟系列活动】 6月11日，由区委宣传部、区文明办、区体育局主办的2013年“我们的节日——美丽北京 幸福生活”端午文化节龙舟系列活动暨海淀区龙舟展示活动在圆明园公园举行。活动分为龙舟竞速展示和龙舟文化宣传两部分，两只龙舟队进行技巧表演和250米小龙舟直道竞速，共600人参加此次活动。

（吴宜秋）

【承办“京弈杯”围棋邀请赛】 6月15日，由区政府主办，区体育局承办的北京市第三十三届“京弈杯”机关领导干部围棋邀请赛在温泉体育中心举行。比赛设团体赛和个人赛。来自北京市直机关及区县机关的48名领导干部参加邀请赛。海淀区代表队获团体第一名，市直机关代表队获得团体第二名，朝阳区代表队获得团体第三名。

（吴宜秋）

【第九届全民健身体育节】 7月8日至11日，海淀区第九届全民健身体育节暨2013年机关干部羽毛球比赛在海淀体育馆举行。来自全区800多名干部职工参加比赛。比赛由区体育局、区文明办、区直机关工委主办。比赛设团体比赛（男单、女单、男双、女双、混双）和单项比赛（男子甲、乙组单打、女子甲、乙组单打）。区体育局、区地税局、区质监局分别获得团体比赛前三名。

（吴宜秋）

【举办三对三篮球比赛】 7月27日，由市体育局、市体育基金会、区体育局主办，区社会体育管理中心、北京睿智翔云广告有限公司、中关村中学承办的北京市体育公益活动社区行海淀区启动仪式暨2013年海淀区“和谐杯”三对三篮球比赛在中关村中学举行。地区60支代表队，400余名选手参加了3个组别的比赛。区公安分局、区住建委、区教委一队分别获得男子青年组、男子中年组、女子组冠军。

（吴宜秋）

【举办残疾人棋类比赛】 8月8日，由区体育局、区残联、区文明办主办的“大爱海淀”关爱残疾人志愿服务活动暨8月8日全民健身日海淀区残疾人棋类比赛在温泉体育中心举行。比赛设象棋和围棋两个项目。全区26个单位近60名残疾人参赛。

（吴宜秋）

【参加市青少年锦标赛】 8月，北京市青少年锦标赛开幕，海淀区少年儿童业余体育学校的200名运动员参加了乒乓球、羽毛球、网球和武术4个项目的比赛。羽毛球项目取得2金、3银、5铜的成绩；乒乓球项目夺得男子丙组团体、女子乙组团体、女子甲组双打、女子乙组双打和混双、男子甲组单打、男子乙组单打、男子丙组单打和女子甲组单打、女子乙组单打金牌，取得11金、4银、9铜，并获得团体总分第一；武术套路项目在适龄组的比赛中获得7枚金牌。海淀区重竞技体校参加了摔跤、跆拳道、柔道、拳击、击剑和射击项目的比赛，成绩为，摔跤：金牌11枚，银牌8枚，铜牌8枚；柔道：金牌7枚，银牌4枚，铜牌8枚。跆拳道：金牌3枚，银牌4枚，铜牌3枚；拳击：金牌4枚，银牌3枚，铜牌3枚；射击：金牌1枚，银牌3枚，铜牌2枚；击剑：女子佩团体第二名。

（吴宜秋）

【参加市青少年高尔夫锦标赛】 8月20日—21日，由市体育局主办，市什刹海体育运动学校承办的2013年北京市青少年高尔夫锦标赛在北京加州水郡高尔夫俱乐部举行。这是北京市首届青少年高尔夫锦标赛团体赛，海淀区派出8名运动员参赛，获得男子A组和女子A组团体比赛亚军，男子B组团体比赛季军。

（吴宜秋）

【获全运会10金5银7铜】 8月31日—9月12日，第十二届全国运动会在辽宁举办。地区培养输送的运动员中，有45人取得15个大项决赛资格。地区运动员共获得金牌10枚、银牌5枚、铜牌7枚，26人获得奖牌，占海淀区参赛运动员人数的57.7%，是历史上北京代表团海淀籍运动员成绩最好的一届。

（吴宜秋）

【参加全国少儿乒乓球杯赛总决赛】 9月22日—28日，2013年全国少儿乒乓球杯赛总决赛在江西省新余市举行。海淀区少年儿童业余体育学校15名运动员代表北京市参加比赛，获得男子10岁组、11岁组团体第五名和女子10岁组、11岁组团体第五名。

（吴宜秋）

【举办老干部运动会】 10月11日，海淀区第二十七届老干部运动会在海淀体育场举行。区属94家单位的1300余名离退休干部参加运动会。运动会设沙包、投篮、乒乓球、门球过门、足球射门、拍球、台球、保龄球8个个人项目及原地传球1个集体项目。

（吴宜秋）

【参加市业余体校乒乓球锦标赛】 12月14日、15日和21日，北京市业余体校乒乓球锦标赛在海淀体育中心乒乓球馆举行，来自北京市10个区的400余名业余体校运动员参加。比赛由市体育局青少年体育处主办，区体育局承办，区运动学校青少年体育俱乐部协办。比赛在延续以往的中学组、小学甲组、小学乙组和小学丙组的基础上，新增小学丁组男、女单打项目。区业余体校乒乓球队以8金、10银、9铜的成绩，获得团体总分第一。

（吴宜秋）

【社会体育】 年内，组队参加北京市第五届“临空经济区杯”龙舟比赛、北京市第九套广播操比赛、北京市第二届拔河比赛、北京市秧歌比赛、北京市健身腰鼓比赛等群众性比赛活动。承办龙腾狮跃闹元宵暨“全民健身”系列活动——全国龙狮健身大联动展示活动、北京市第33届城区“京弈杯”机关领导干部围棋邀请赛、端午文化节龙舟展示活动、北京市第四届登山大会“九九重阳 登高望远”市民登山比赛、北京市体育公益活动社区行海淀区启动仪式暨2013年海淀区“和谐杯”三对三篮球比赛等活动，完成第三届环北京职业公路自行车赛服务保障。

开展第九届全民健身体育节活动。承办市级活动5次，参加市级活动4次，举办区级活动29次，参与人数26万余人，2013年被评为北京市第九届全民健身体育节精神文明奖。举办机关干部羽毛球比赛、第十七届中老年优秀健身项目展示大会、中老年人垂钓比赛、少数民族风筝放飞活动、全民健身路径交流展示、青少年围棋精英挑战赛、全民健身日“关爱残疾人”棋牌比赛、体质测试活动等。与中国科学院京区体协联合承办海淀区体育健身“欢乐年”活动，参与人数2000余人。组织开展“一区一品”中关村国家自主创新示范区核心区体育健身系列活动，海淀区高新技术企业园区职工参与人数达4000余人。

2013年，海淀区体育局共完成各类比赛活动30余项，参与活动人群涉及干部职工、企业园工、中老年人、少数民族、青少年学生、科研人员、残疾人等，参与人数约32万人。

全年新建和更新全民健身居家工程233套；新建2个网球场、6个篮球场、2个笼式多功能健身场、5个乒乓球长廊、1个门球场和143组轨道棋。海淀镇畅春新园体育休闲广场被评为全国乡镇体育健身示范工程。170个社区被评为北京市体育生活化达标社区，2个行政村被评为北京市农村体育特色村，7个街镇被区体育局评为群众体育活动“一街（镇）一品”。120所中小学体育设施向社会开放。

2013年与北京体育大学合作，对19个街镇2万余人开展国民体质监测和群众体育现状跟踪调查，对63个体育生活化达标社区7000多人进行骨龄和骨密度免费检测服务。培训社会体育指导员2000余人，组织20余期全民健身知识讲座，免费向街镇发放全民健身知识宣传展板，向社区居民发放全民健身科普知识手册。

截至年底，海淀区共注册登记社会体育指导员5755名，其中国家级指导员55人、一级指导员638人、二级指导员1225人、三级3837指导员人。

（吴宜秋）

【体育社团】　截至年底，区体育总会有一级体育协会35个。体育社团组织开展了健身气功志愿者服务活动和新农村门球赛、“红叶杯”门球比赛、“双人”门球比赛、空竹技艺展示大会暨海淀区第二届空竹文化艺术节、太极拳竞赛大会等群众性体育活动，参加了第五届北京市体育大会暨2013年北京市“申佰圣杯”武术太极拳比赛、北京市第五届体育大会健身气功比赛、北京市市民广场健身舞总决赛等市级活动。

12月，海淀区老年人体育协会召开第八届会员代表大会，会议选举产生海淀区老年体协新一届领导成员。

（吴宜秋）

【竞技体育】　年内，各运动队围绕北京市第十四届运动会，加强对参赛运动员和参赛项目的系统训练，并利用寒、暑假开展冬训和夏训，参加集训人数达到2500多人。

2013年，海淀区运动员在全国游泳冠军赛上获得金牌11枚、银牌12枚、铜牌16枚。在北京市青少年锦标赛中的16个项目上，共获得金牌142枚、银牌112枚、铜牌114枚。完成审批国家二级运动员23人，国家二级运动员388人，国家一级运动员66人。全年共注册运动员3500多人（其中适龄运动员2100多人）。向北京市输送运动员50人。

在第十二届全国运动会上，获得金牌10枚、银牌5枚、铜牌7枚。

（吴宜秋）

【学校体育】　年内，区体育局举办区中小学生足球、篮球、排球、棒球、垒球、网球、田径、游泳、乒乓球、跆拳道共10项比赛，参赛人数3000多人。审查高考体育特长生资格239人，共涉及14个大项，40所中学。协助教委体卫中心完成2013年小升初、初升高体育特长生的招生。其中，小升初391人，初升高277人。

截至年底，海淀区有青少年体育俱乐部22所、国家级体育传统项目学校5所、市级体育传统项目学校24所、区级体育传统项目学校30所。

（吴宜秋）

【体育执法】　年内，区体育局与体育运动项目经营单位责任人签订安全生产责任书，发放《北京市海淀区体育行政执法手册》153份，消防安全宣传手册153份。

对辖区内体育运动场所进行安全检查及打非治违工作，重点检查高层及地下空间及上年检查不符合安全生产规定的体育场馆，共对293家体育运动项目经营单位进行496项次检查，其中：滑雪场2家、冰场2家、一类高层10家，地下空间41家。发现39处消防安全问题，当场整改完毕，发出限改通知书23份。对3家严重违反规定的单位进行行政处罚，罚款4.5万元并在全区体育项目运动经营单位范围内进行通报。会同安监、卫生等部门联合执法，共检查121家体育运动项目经营单位。

为11家体育场馆新办“北京市体育设施注册登记证”，新办8家体育民办非企业，年检26家，复核“北京市体育设施注册登记证”180余家。接群众举报21起，全部核实并回复。办复人大代表提案1份。新办裁判证200余个，对全区二、三级裁判员进行注册登记。

（吴宜秋）

【体育科研】　年内，组织全体教练员参加市里的继续教育培训班，全部完成教育培训学时数。组织区属4个体校35名初级、中级、高级教练员申报北京市专业技术职称。组织教练员撰写论文参加北京市教练员优秀论文评选。完成全区46所学校6000人次的业余运动员文化学习情况和辖区内业余体育学校办学设施、师资、学生情况的调研。为体校拍摄技术录像20次。申报国家级科研课题2个。

为区各体校、101中学、八一中学等女排、棒球、田径项目运动员拍摄骨龄400人次。为北京101中学、中关村三小、八一中学、人大附中、理工附中的学校学生小升初特长生拍摄骨龄600人次。在暑假开放青少年的体质测试、骨龄测试、骨密度测试等内容，为社会人员进行骨龄等检测50人次，为朝阳区及东城区的派出所需要的案件进行骨龄鉴定5次。

全年测试血红蛋白400人次、肌酸激酶196人次、血尿素248人次。发放维亿康儿童泡腾片62盒、蛋白质粉25桶、生血铁34瓶、运动饮料60箱、蛋白质粉60箱。

指导“儿童快乐跑”嘉年华活动。

（吴宜秋）

社会民生

2014
北京海淀年鉴

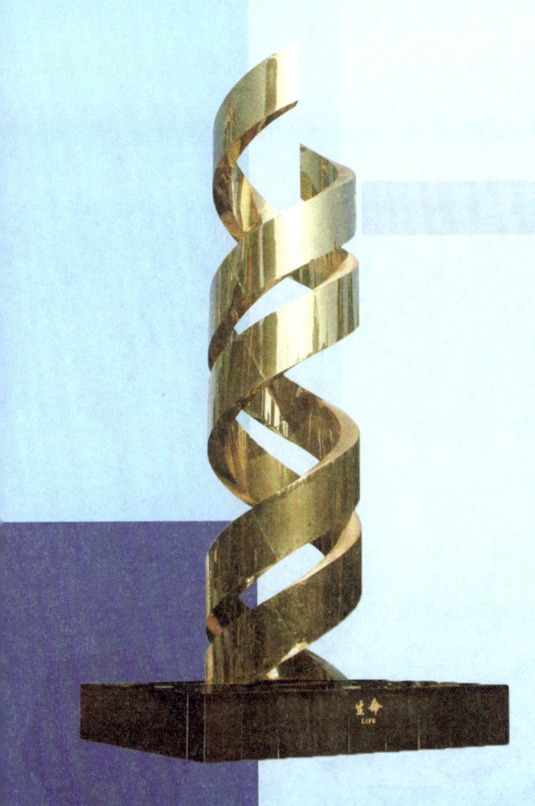

《5月18日，上庄镇常乐村第九届村民委员会选举投票现场（区民政局 供图）

《6月1日，海淀救助管理站等五部门联合开展“流浪孩子回校园”专题宣传活动（区民政局 赵长林 摄）

》8月13日，海淀区卫生局公共委与北京大学第三医院举行全面战略合作备忘录签约仪式（区公共委 供图）

》9月12日，非洲7国非政府组织工作人员参观海淀区科技馆（区人口计生委 白锐 摄）

《12月6日，区公共委、区卫生局在北京市中西医结合医院举行“名老中医学术传承工作室站建设工程‘三五工程’授牌仪式”（区公共委 供图）

10月15日，北京义联劳动法援助与研究中心为32名龙泉机动车教练员发放维权赔偿款（田峰 摄）

11月13日，区慈善协会举行“关爱特困残疾人家庭救助金发放仪式”（区慈善协会 供图）

社 会 民 生

公共服务事业

【概况】 北京市海淀区政府公共服务委员会（简称区公共委）是代表区政府举办承担公共服务职责的事业单位，原为区政府正处级特设机构，2009 年 8 月调整为政府工作部门。2012 年 2 月 9 日，区公共委、区卫生局实行一套领导班子、两支业务队伍、两块机构牌子。海淀区公共委监管 35 家医疗类事业单位，事业编制 6610 名，其中全额拨款编制 3008 名，差额拨款编制 3387 名。

2013 年，海淀区公共委所监管的区属医疗机构总诊疗量 910.15 万人次，同比增长 22.93%；出院 6.50 万人，同比减少 7.11%；平均住院日 11.25 天，同比增长 1.7 天。二级及以上医疗机构总诊疗 447.20 万人次（占全区总量的 15.91%），同比增加 3.39%；门诊 413.05 万人次，同比增加 6.12%；急诊量 32.83 万人次，同比减少 20.81%。海淀区属社区卫生机构总诊疗 462.95 万人次，同比增长 50.39%。

年内，在海淀医院启动公立医院法人治理结构改革试点。在海淀区花园路社区卫生服务中心及海淀医院先行开展药品供应链建设试点。开设“中医研究生课程进修班”和“中医管理研究生课程进修班”。蓟门里、北太平庄社区、裕泽园三个社区的精神康复站投入使用。

与住总集团、中建一局、建工一建就海淀医院、中关村医院、中西医结合医院、海淀区妇幼保健院、羊坊店医院等五家医院的改扩建项目签订融资协议。开展苏家坨中心医院建设项目等储备项目的前期工作。

海淀区公共委组织 2013 年度人才培养资助项目的申报和评审活动，共收到有效申报项目 33 项，经过初审和答辩评审两轮筛选，确定获得资助的学术活动类项目 11 项、科研课题类项目 6 项。

年内，创建国家卫生应急综合示范区工作通过国家卫计委专家组复核验收。

（邹俊华）

【废弃药品回收】 1 月 8 日，双榆树社区卫生服务中心在门诊大厅举办“废弃药品回收启动仪式”。仪式当日，医务人员向前来参加活动的居民发放宣传材料，讲述药品储存与保管的基本常识、废弃药品合理回收的意义、药品回收箱的设置地点以及处理过期药品的做法。全年回收过期药品 200 余种，合计 221.6 公斤。

（邹俊华）

【卫生系统思想政治工作研究会成立】 1 月 22 日，海淀区卫生系统思想政治工作研究会成立大会召开。大会表决通过《海淀区卫生系统思想政治工作研究会章程》，选举海淀区卫生系统思想政治工作研究会第一届理事会。研究会受区公共委党委和区卫生局党组领导，接受海淀区思想政治工作研究会指导，开展思想政治工作应用研究和理论研究。

（邹俊华）

【海淀医院临床营养科成立】 1 月，北京市海淀医院正式成立临床营养科，开设临床营养专科门诊，诊疗范围包括：神经性厌食、消瘦、肥胖、糖尿病、孕期饮食指导、消化道肿瘤围手术期的患者等患者进行诊治，对任何疾病所出现的有营养不良风险的患者运用特殊的营养评估手段，给予医疗营养干预诊治；对住院的患者因疾病所造成的营养不良并发症进行个体化医疗营养治疗，促进患者康复。

（邹俊华）

【海淀“120”升级“移动 ICU”】 2 月，北京市首批安装远程急救与监护系统的 4 辆 120 急救车在海淀区试运行，患者进入救护车就相当于进入急诊 ICU（重症监护病房），院前急救人员与院内专家协同救治，缩短患者的抢救时间。

（邹俊华）

【“城乡牵手、互学共进”活动】 3 月 1 日，海淀区北部卫生人才队伍建设‘城乡牵手、互学共进’活动启动仪式在四季青医院举行。活动发动 18 家城市社区卫生服务机构帮扶 9 家北部地区社区卫生服务机构；由 60 位优秀全科骨干每人至少带教 2 名北部社区卫生机构青年全科医生；开展“1234”项目，即 1 次交流汇报、2 次小组讨论、30 小时现场示范、4 次月终会，支援北部农村地区社区卫生服务机构人员队伍建设，提升全区社区医疗卫生服务水平。

（邹俊华）

【志愿服务周】 3 月 1 日—7 日，海淀区公共委志愿者联合会分会以“学雷锋 促文明”为主题开展志愿服务周活动。服务周期间集中开展了 57 项志愿服务活动，包括健康咨询、健康讲座、到敬老院照料老人、与打工子弟学校建立帮扶关系、雷锋知识宣传等形式的志愿服务。活动参与志愿者377名，受益人群6000余人，发放宣传材料4000余份。

（邹俊华）

【“智慧卫生”建设规划和实施方案获通过】 3月5日，区政府专题会议审议通过《海淀区“智慧卫生”区域卫生信息化项目建设规划（2013—2015）》，并同意将“智慧卫生”纳入“智慧海淀”统一规划。海淀区“智慧卫生”区域卫生信息化建设项目计划从2013年1月至2015年12月，用三年左右时间完成，建设分三期实施。项目完成后，基本实现全区医疗卫生机构信息的数据共享、互联互通；实现对行政、业务、公共卫生的信息化动态管理，提高效率，增强应急处置能力；实现区域医疗决策分析，建成较科学的区域医疗业务流程，较完善的系统功能；卫生数据平台与其他部门机构信息系统的对接，实现跨部门机构之间的数据联动。10月11日，区政府专题会原则同意海淀区“智慧卫生”区域卫生信息化项目一期实施方案，同意数据中心和卫生专网采用BO模式建设。12月20日，完成区域卫生信息平台及公共卫生信息平台一期、医疗服务平台及医疗联合体应用一期、社区卫生信息平台一期、区域卫生信息平台及公共卫生信息平台综合门户一期、基础设施购置及集成一期的招标采购。

（邹俊华）

【温泉开展送医送药便民服务活动】 3月11日，温泉镇社区卫生服务中心送医送药便民服务启动。服务内容包括：诊疗开药、测血糖、免费测血压、抽血化验、幽门螺旋杆菌吹气检测、转诊、免费健康咨询、健康宣教、建立健康档案、签订家庭医生式服务协议及发放健康材料等。解决了辖区内老年人和行动不便的慢病患者就医难问题。截至年底，共为4270余人提供诊疗服务，有90名医务工作者参与送医送药便民服务工作。

（邹俊华）

【中医经方进社区工程启动】 3月19日，海淀区“中医经方进社区工程”启动。项目以社区医生为培训对象，以经方的临床应用为培训内容，在社区推广经方，为百姓提供高效价廉的中医服务。项目启动后，海淀区将在两年内以集中培训结合网络答疑、临床实践等形式，对海淀区社区中医师分批进行为期3个月的“中医经方”应用培训。首批海淀区10家社区卫生服务中心的50多位学员在4月初开始学习，培训教师为来自北京各大医院善于用经方的临床医生。

（邹俊华）

【社区与世纪坛医院医疗联合体挂牌】 4月12日，万寿路社区卫生服务中心与北京世纪坛医院医疗联合体挂牌。北京世纪坛医院将建立远程医疗会诊平台，及区域内国际化、规范化的肿瘤早期筛查体系，并组建专家团队，对联合体成员单位定期查房、出诊和会诊。同时，建立免费接收联合体成员单位医务人员进修学习的教育培训机制，定期组织专家到联合体成员单位社区开展讲座。

（邹俊华）

【中医适宜技术推广培训】 4月26日，海淀区2013年中医适宜技术推广培训班第一期在双榆树社区卫生服务中心开班。培训班邀请北京市中医医院、中国中医科学院西苑医院及海淀区中医医院的中医专家为35名社区卫生服务人员授课，培训主要涉及社区常见病中医辨证要点及用药、中医基础知识、中成药临床应用等内容。该培训全年举办4期，共计96人参加。

（邹俊华）

【海淀医院成为血液净化专科护士临床教学基地】 6月3日，海淀医院血透室成为由中华护理学会组织的“血液净化专科护士临床教学基地”，是全市承担“血液净化专科护士临床教学基地”的唯一一家二级医院。该院接收了来自全国各地的22名学员，进行为期2周的临床实践实习。

（邹俊华）

【市级基层针灸学科团队基地建设启动】 7月9日，“市级基层针灸学科团队基地启动仪式暨区级重点学科授牌仪式”在北京市中西医结合医院举行。北京市中西医结合医院针灸科作为北京市中医管理局确定的首批北京基层中医药学科团队基地建设单位之一，该基地建设通过北京市中西医结合医院针灸科与广安门医院针灸科及海淀区田村路社区卫生服务中心协作，完善培养人才、科学研究、临床服务、传承学术和弘扬文化等5项任务，建设成为具有中医药特色与优势的中医临床重点学科。

（邹俊华）

【家庭医生服务培训】 7月11日，海淀区公共委社区培训基地举办家庭医生服务培训讲座。培训过程中，北京市社管中心家庭医生服务老师从北京市家庭医生服务现状、海淀家庭医生服务的基本情况、《北京市2013版家庭医生服务工作手册》解析（标准、职能、流程、制度）、区县家庭医生服务亮点等方面进行讲解；同仁医院主任医师从糖尿病的治疗和预防，对糖尿病的原理、诊断标准、高危人群、并发症、治疗原则、合理用药等方面进行详细的介绍。区属30家社区卫生服务中心的90余名医护防社区卫生团队成员参加培训。

（邹俊华）

【与北医三院签订战略合作备忘录】 8月13日，区公共委、卫生局与北京大学第三医院签署《北京市海淀区卫生局、区政府公共服务委员会与北京大学第三医院战略合作备忘录》及《关于北京大学第三医院与北京市海淀医院深度合作融合发展的相关原则及指导意见》。该备忘录是公共委、卫生局与北医三院展开全面合作的一个框架性协议。

（邹俊华）

【20家社区心理咨询室建成启用】 9月1日，海淀区新增的20家社区卫生服务中心心理咨询室正式开放，至此海淀区社区心理咨询室达到23家，占到全部49家社区卫生服务中心的近半数。设在社区卫生服务中心的心理咨询室均选在便于来访但出入不明显的地方。主要负责开展心理行为问题预防和心理危机干预工作，同时为社区居民建立心理档案。心理咨询室的工作人员都是具有精神科资质的医生、心理治疗师或国家二、三级心理咨询师。

（邹俊华）

【首届北京磁性附着体研讨会举行】 9月7日—8日，由国际磁性义齿研究会和北京市中西医结合医院联合主办的“首届北京磁性附着体研讨会暨临床操作学习班”在北京市中西医结合医院举行，210余名医师参加。专家针对临床需求，系统讲授使用磁性附着体修复牙列缺损或缺失的相关理论和临床操作流程，同时介绍国内外研究热点及前沿，讨论临床应用经验及存在的问题。学员通过远程示教系统观摩磁性附着体临床修复的真实病例，并在仿头模型上进行实际操作。

（邹俊华）

【区卫生党校成立】 9月10日，“中共海淀区卫生党校、海淀区干部培训中心”在海淀卫校成立。同时举办任职干部第一期培训班，为期5天，2011—2013年32名新任职管理干部参加培训。

（邹俊华）

【国家卫计委领导督导海淀医改】 9月12日，国家卫计委科教司率国务院医改办到海淀区花园路社区卫生服务中心，对海淀区基层医改落实情况进行现场督导检查。区医改办介绍了海淀区基层医疗改革情况，并提出了改革过程中存在的医务人员紧缺、基本药物目录品种不能较好满足就诊居民需求等问题，相关部门就基本药物制度、绩效考核、人员编制、收入分配等问题补充了相关意见建议。督查组与海淀区花园路社区卫生服务中心负责人、医务人员和就诊居民座谈，了解改革前后基层医疗机构运行、医务人员收入分配及队伍建设、社区居民就医感受等情况。本次督查是为了巩固完善基本药物制度和基层运行新机制，推动解决改革进展不平衡、政策落实不到位、项目实施不扎实等问题。

（邹俊华）

【举办产前诊断技术新进展学术论坛】 9月21日，海淀区妇幼保健院举办“产前诊断技术新进展学术论坛”。北京市16家区县妇幼保健院以及海淀区18家助产机构百余人参加。论坛邀请北京协和医院、北京大学第一医院、解放军总医院以及海淀妇幼保健院等单位五位专家进行学术讲座。专家通过对“细胞分子产前诊断技术”的讲解、“临床基因检测结果”的解读以及“典型遗传病例的遗传咨询和干预措施”的分析，将前沿技术和临床经验进行分享。

（邹俊华）

【精神卫生日活动】 10月10日，在海淀区精神卫生防治院举行“第22个世界精神卫生日”主题活动。各精神卫生康复站开展健康咨询、义诊宣传等活动。海淀区自2009年开始尝试在社区建立精神卫生康复站，康复站依托社区卫生服务中心、社区温馨家园等平台，为精神残疾人提供心理辅导、职业技能训练等康复治疗。截至2013年年底，全区建成28家精神卫生康复站和10家精神病人康复居住之家。

（邹俊华）

【举行“服务百姓健康行动”义诊活动】 10月13日，海淀区公共委、卫生局在苏家坨镇南安河村开展“服务百姓健康行动”义诊活动，邀请304医院、北京大学第三医院、北京世纪坛医院、海淀妇幼保健院等单位专家16人，为群众咨询答疑、测量血压，并发放各种健康宣传材料350余份，普及健康知识，提高群众防病治病意识。

（邹俊华）

【举行卫生系统安全综合应急演练】 12月6日，在北京四季青医院举行“海淀区卫生系统安全综合应急演练”，区属医疗卫生单位的领导和分管应急事务负责人等近110人观摩演练活动。北京四季青医院实施了应急避震、紧急疏散、自救治疗和卫生防疫，以及消防、120急救处置次生灾害等演练。

（邹俊华）

【名老中医学术传承工作室站建设】 12月6日，“名老中医学术传承工作室站建设工程‘三五工程’授牌仪式”在北京市中西医结合医院举行。15名来自东直门医院、西苑医院、北京中医医院、中日友好医院和北京中医药大学的专家获“名老中医工作室”牌匾。15位名中医有5名是国家级名老中医，5名是北京市名老中医，5名是海淀区名老中医。所谓“三五工程”就是依托这15位名家，分别开设国家级、北京市级和海淀区级名老中医三级传承工作室。工作室将采取结对拜师的方式，由海淀区卫生局在全区范围内选拔徒弟跟随老师“一对一”进行学习。名中医们走进海淀区社区医院，传承医术的同时，为社区居民服务。

（邹俊华）

【区公共委、北医三院、海淀医院签署合作协议】 12月29日，海淀区公共委、北医三院、海淀医院合作协议签署暨揭牌仪式在海淀医院举行。三方通过管理融合、资源互补和品牌共享，发挥优质医疗资源的辐射带动作用，共同打造高水平的区域医疗中心。

（邹俊华）

【清河医院开业】 12月29日，“北京市海淀区清河医院开业暨海淀区卫生局、区公共委—北京大学人民医院医疗卫生服务共同体启动仪式”在海淀区昌平路南段36号新院举行。清河医院是由海淀区试点开展社会资本办医与公立医院管理相结合的非营利性医疗机构，由海淀区与北京大学人民医院共同建设，为三级甲等医院。医院占地面积2万平方米，建筑面积7.5平方米，一期建成4.5平方米并投入使用。

（邹俊华）

【“一键互动”平台建设】 年内，海淀区与金卫捷技术公司合作，建设海淀区家庭医生式服务“一键互动”平台，即在社区卫生服务机构和999医疗救援中心安装受理终端，在签约居民家里安装一键智能呼叫设备。海淀区家庭医生式服务“一键互动”平台有两大功能：一个是“一键”健康咨询服务功能，当签约居民有健康咨询需求时，只需按动智能呼叫设备的“家庭医生键”，呼叫会直接通过区级受理中心分配到其所属社区卫生服务机构，在正常工作日8点到17点由家庭医生式服务团队接听处理，其他时间由值班人员接听处理，保证能及时与医生对话；另一个是“一键”急救功能，签约居民安装“一键互动”智能呼叫设备后，如遇突发疾病时只需按上面的“急救键”，6秒钟后系统会将签约居民信息自动传到999急救中心，赢得抢救时间。系统同时建立居民对签约医生的服务评价机制。海淀区家庭医生式服务“一键互动”项目从试点入手，在与万寿路、甘家口两家社区卫生服务中心签约的80岁以上老人中率先开展。截至年底，完成两个试点社区2200户80岁以上的老人家庭医生专属一键式电话的免费安装。

（邹俊华）

【社区专业培训全覆盖】 年内，开展包括社区全科、社区护理、急救网络、精神卫生等14个专业的培训，参与培训的社区卫生专业技术人员达到600人次。社区专业人员培训基地实现了对全科、护理、急救、防保、影像等社区专业的全覆盖。

（邹俊华）

【卫生系统满意度调查】 年内，公共委、卫生局委托中国社科院调查与数据信息中心开展满意度调查，第一次分三季度开展患者满意度调查，其中，二级医院公众满意度包括门诊和住院患者两个部分；社区卫生服务机构满意度包括社区患者和社区居民两个部分；职工满意度调查则首次采用随机抽选网络密码登录及网络匿名问卷的方式展开。调查结果显示，2013年区属二级医院满意度为82.3%，最高分为89.9%，职工满意度为84.8%。区属社区卫生服务中心认知率为83.7%，患者满意度为92.8%，社区居民满意度为79.8%，职工满意度为97.3%。

（邹俊华）

【监管的区属事业单位（35个）】

1. 北京市海淀区卫生学校（职工电教中专站）
地址：海淀区清河永泰庄北27号
邮编：100192
电话：62911802
2. 北京市海淀区医学救援中心
地址：海淀区海淀南路7号
邮编：100080
电话：62520521
3. 北京市海淀区卫生人才服务中心
地址：海淀区甘家口小区12号楼
邮编：100037
电话：88364069
4. 海淀医院
地址：海淀区中关村大街29号
邮编：100080
电话：62583004
5. 中关村医院（北京市海淀区社区卫生服务指导中心）
地址：海淀区中关村南路12号
邮编：100190
电话：62554166
6. 北京市中西医结合医院（北京中医药大学附属中西医结合医院）
地址：海淀区永定路东街3号
邮编：100039
电话：68212076
7. 北京市海淀区妇幼保健院（北京市海淀区妇产医院）
地址：海淀区海淀南路33号
邮编：100080
电话：82871456
8. 北京市上地医院
地址：海淀区农大南路树村西街甲6号
邮编：100084
电话：62973150转6677
9. 北京市羊坊店医院
地址：海淀区羊坊店双贝子坟路1号
邮编：100038
电话：51820198
10. 北京市海淀区精神卫生防治院
地址：海淀区苏家坨镇西小营村路东
邮编：1000194
电话：62409220
11. 北京市海淀区双榆树社区卫生服务中心（北京市海淀区中医医院）
地址：海淀区双榆树西里12号
邮编：100086
电话：62564032
12. 北京市海淀区甘家口社区卫生服务中心（北京市海淀区甘家口医院）
地址：海淀区增光路甲57号
邮编：100037
电话：68315627
13. 北京市海淀区清河社区卫生服务中心（北京市海淀区卫校附属医院、北京市海淀清河医院）
地址：海淀区清河安宁庄东路19号
邮编：100192
电话：62926072
14. 北京市海淀区青龙桥社区卫生服务中心（北京市海淀区青龙桥医院）
地址：海淀区厢红旗东2号
邮编：100191
电话：62881708
15. 北京市海淀区万寿路社区卫生服务中心（北京市海淀区万寿路医院）
地址：海淀区翠微中里13号
邮编：100036
电话：68254956
16. 北京市海淀区北太平庄社区卫生服务中心（北京市海淀区北太平庄医院）
地址：海淀区文慧园6号楼
邮编：100088
电话：62269365
17. 北京市海淀区八里庄社区卫生服务中心（北京市海淀区八里庄医院）
地址：海淀区八里庄22号
邮编：100142
电话：68457866
18. 北京市海淀区羊坊店社区卫生服务中心（北京市海淀区北蜂窝医院）
地址：海淀区北蜂窝中路乙8号
邮编：100038
电话：63969928
19. 北京市海淀区北下关社区卫生服务中心（北京市海淀区北下关医院）
地址：海淀区交大东路3号
邮编：100081
电话：62223158
20. 北京市海淀区蓟门里社区卫生服务中心（北京市海淀区蓟门里医院）
地址：海淀区蓟门里小区内
邮编：100088
电话：62025876
21. 北京市海淀区上地社区卫生服务中心（北京市海淀区东北旺中心卫生院）
地址：海淀区西北旺二街5号卫生大厦
邮编：100094
电话：82405525
22. 北京市海淀区花园路社区卫生服务中心
地址：海淀区马甸月季园甲3号
邮编：100088
电话：62355899
23. 北京市海淀区西三旗社区卫生服务中心
地址：海淀区宝盛里32号楼
邮编：100192
电话：62901115转8304

24.北京市海淀区香山社区卫生服务中心
地址：海淀区香山路甲1号2区
邮编：100093
电话：51795189

25.北京市海淀区田村路社区卫生服务中心
地址：田村北路海澜中苑小区2号共建楼
邮编：100049
电话：88182401

26.北京市海淀区玉渊潭社区卫生服务中心（北京市海淀区玉渊潭医院）
地址：海淀区阜成路85号
邮编：100142
电话：88152351

27.北京市海淀区四季青镇社区卫生服务中心（北京四季青医院）
地址：海淀区远大路32号
邮编：100097
电话：88439019

28.北京市海淀区东升乡社区卫生服务中心（北京市海淀区东升乡卫生院）
地址：海淀区西三旗花园三里76号
邮编：100192
电话：62955516

29.北京市海淀区海淀乡社区卫生服务中心（北京市海淀区海淀卫生院）
地址：海淀区西苑操场108号
邮编：100091
电话：62878894

30.北京市海淀区西北旺镇社区卫生服务中心（北京市海淀区永丰卫生院）
地址：海淀区北清路永丰嘉园五区6、7号楼底商
邮编：100094
电话：62443791

31. 北京市海淀区温泉镇社区卫生服务中心（北京市海淀区温泉中心卫生院）
地址：海淀区温泉镇白家疃西口北大维信院内
邮编：100095
电话：62469116

32. 北京市海淀区苏家坨镇社区卫生服务中心（北京市海淀区苏家坨中心卫生院）
地址：海淀区苏家坨镇西小营集镇北侧路东
邮编：100194
电话：62451220

33.北京市海淀区上庄镇社区卫生服务中心（北京市海淀区上庄卫生院）
地址：海淀区上庄镇上庄村北
邮编：100094
电话：62473176

34. 北京市海淀区聂各庄卫生院
地址：海淀区聂各庄路26号
邮编：100194
电话：62459610

35. 北京市海淀区北安河卫生院
地址：海淀区北安河路8号
邮编：100095
电话：62408512

（邹俊华）

人口和计划生育

【概况】 海淀区人口和计划生育委员会是负责全区人口和计划生育工作的行政机构。3月，下属事业单位北京市海淀区人口和家庭宣传服务中心纳入公务员规范管理。

2013年，海淀区人口计生工作坚持以“幸福家庭、和谐人口”为主线，强化“大人口统筹协调、小人口稳中求进”两个意识，重点提高统筹人口与发展的能力，深化创建“幸福家庭”工作的能力，提升服务管理创新创优的能力，各项工作稳步推进。

2013年，全区户籍人口235.3万人，流动人口134.2万人。全区户籍人口出生20272人，计划生育政策符合率97.98%，出生人口性别比109；流动人口出生17469人，政策符合率91.34%，性别比113。

（关欣）

【海淀区计划生育协会】 截至年底，全区共有计生协会组织1206个，会员16万人。在高新企业、高档小区、高等院校和流动人口聚集地开展新型协会组织建设。年度共为44269户计划生育家庭的12万余人进行投保家庭意外伤害险，投保费用总计1375380元，其中区级财政投入697700元。联合中国人保寿险北京市分公司为1321位独生子女死亡家庭父母提供养老、意外伤害身故、疾病身故、意外伤害、女性重疾保险等5种保险责任和健康关爱服务。与中国计生协合作推进大学生性与生殖健康同伴教育项目，组织青春健康骨干主持人培训班，培训驻地13所高校主持人40名，并组织参加中国计生协青春健康项目青年营培训班。在10多所高校开展大学生生殖健康讲座系列课程25次。8月27日至29日，参加中国计生协国际合作项目经验交流会，区计生协的两个国际项目（流动人口社区母婴项目、流动儿童早期发展项目）作为全国九个典型经验代表之一在大会上发言。

（刘文慧　关欣）

【统筹解决人口问题】 年初，制定《海淀区2013年人口和计划生育工作要点》及目标管理评估方案。3月19日，召开“海淀区2013年加强人口和计划生育工作 统筹解决人口问题”工作会，落实全年工作任务。督促指导各街镇层层落实“海淀区2013年实有人口调控目标管理责任书”中的计划生育工作内容。配合相关委办局做好“一票否决”工作，核实个人45人。组织召开综合治理部门联席会议和工作交流会，探索人口引导与调控的评价指标体系，推动解决制约工作的问题，形成人口工作齐抓共管的格局。

（赵畅　关欣）

【人口基础信息平台】 年内，北京市全员人口信息系统信息维护变更246万

余次，核实独生子女家庭信息15万条，新建个案信息15.7万余条。完成27100条结婚信息分发。海淀区PIS系统（全员人口管理信息系统）户籍人口信息覆盖率达90%以上；户籍育龄妇女信息覆盖率达98%以上。流动人口信息录入31.9万条。

（罗冬耘　吴涛）

【人口问题研究】　年内，组织街镇开展2012年度人口调控工作自评估，完成自评估报告，形成《海淀区2012年人口形势变化暨人口发展评估报告》。推进2013年区级关注课题《海淀北部地区重大产业项目人口评估》，并被列为北京市人口评估课题试点。召开统筹解决人口问题专家顾问团座谈会，完成《海淀区"十二五"时期人口发展与管理规划》中期评估工作。编撰《海淀区人口与计划生育调研论文集（2011—2012）》。

（赵畅　关欣）

【创建幸福家庭】　年内，区人口计生委推进"文明倡导、宝贝计划、青春健康、健康生育、生育关怀、心灵家园"六大"惠民"工程。

"文明倡导"工程。举办第二届海淀区家庭人口文化宣传周及百户"幸福家庭"、百名"幸福家庭的使者"评比表彰活动。协助完成国家卫计委、中国计生协举办的"我青春 我健康"世界人口日纪念活动。影前计生科普电影放映6000场，在媒体刊播稿件60篇。编发《海淀人口计生》政务信息简报11期，专刊2期。

"宝贝计划"工程。在羊坊店街道启动区级创新项目"早教巴士"，为地区家庭提供免费早教课程。马连洼街道整合"社区儿童工作站"9个分中心及辖区幼儿园开展早教工作。各街镇组织各类早教活动千余场。

"青春健康"工程。组织完成小学高年级青春健康学生用书的样稿修改，培训大学生同伴教育骨干主持人40名。"首都青少年性健康教育基地"接待包括"非洲国家非政府组织研修班"考察团的参观共计3000余人次。

"健康生育"工程。免费避孕药具发放网络实现地区全覆盖。全区共有3000多个免费避孕药具发放点，发放药具1100万支。与民政局婚姻登记处联合发放婚育健康服务包1.2万余个。完成免费孕前优生健康检查693对。共为27194名流动人口提供生殖保健检查服务。完成4051名农村户籍采取长效节育措施育龄群众免费体检。

"生育关怀"工程。共为666名独生子女死亡、伤残特别扶助对象发放养老帮扶金183.6万元。继续开展计划生育家庭意外伤害保险工作。将失独家庭养老纳入《海淀区关于加快养老服务业发展的意见》。

"心灵家园"工程。海淀区"心灵家园"学院路基地、温泉居村级心灵家园正式建成，举办"心灵家园"工作人员及志愿者培训，培训40余人次。

（刘茜　高巍巍）

【行政执法】　全年办理第二个子女审批2150例，征收社会抚养费375例。在万寿路街道开展"网上监督举报平台"试点，落实"阳光计生行动"规范化建设。化解疑难个案41例。完成人大代表建议案答复2件及行政复议案应诉1例。无行政复议被纠正及诉讼案件。

（许俊英　关欣）

【创新人口计生社会服务管理】　年内，落实网格化管理，开展方便群众办证工作。制订《关于进一步推进部分行政服务事项代理代办试点工作实施方案》，规定领取独生子女父母奖励费等11项事项可由社区（村）计生工作人员全程代理代办。在全市率先探索户籍人口一孩生育服务证网上申办工作，中关村、永定路街道试点建立网上申办系统。11个区级人口计生创新项目有序推进。4个居（村）获得"全国人口计生基层群众自治示范村居"。

（许俊英　关欣）

【流动人口计生服务管理】　年内，开展2013年流动人口示范单位创建及"回头看"活动。与安徽阜阳市、山东菏泽市签订流动人口计划生育双向服务管理协议书，联合中关村街道与河北保定市人口计生委开展"关爱手拉手 捐赠幸福书屋"活动。与协作单位交流在京生育信息3274条，开展联合执法57例。开展2013年流动人口动态监测调查，完成60个样本点、1200名调查对象的调查。在东升镇朱房地区建立新居民活动中心。规范流动人口一孩生育服务登记，办理生育服务联系单近9000份。走访49个流动人口计生图书角，在"青年汇"安装免费药具发放设备34个，为10个"青年汇"配备价值4万元的图书。

（敖文茹）

【人口计生培训】　年内，继续开展人口计生业务超市培训工作，完成信访、法制建设等11项课程的培训，培训800余人次。针对北京全员人口管理信息系统和流动人口信息系统的升级更新，对1330多名街镇、居村干部进行实操培训。

（刘茜　关欣）

劳动和社会保障

【概况】　2009年9月，海淀区人事局、海淀区劳动和社会保障局整合组建为区人力资源和社会保障局，负责本区人力资源和社会保障工作，下设13个事业单位。

（张丽伟）

【调整城乡居民基础养老金标准】　1月，市人力社保局上调全市城乡居民养老金标准，每人每月增加32.5元，海淀区按照自定政策上调基础养老金标准，每人每月增加60元。本年城乡居民基础养老金标准从每人每月547.5元提高到607.50元，比北京市基础养老金390元高出217.5元，居全市之首。

（张丽伟）

【建立全市第一家孵化器企业劳动争议调解组织】 8月13日，北京市第一家孵化器企业劳动争议调解组织——北京市中关村软件园孵化器劳动关系协调中心成立。中心覆盖中关村软件园孵化器内一百余家高新技术企业，为企业提供劳动法律、法规、政策方面的宣传、培训和依法用工的指导服务，参与化解孵化器企业与员工之间的劳动争议，协助孵化器企业建立劳动争议预防预警机制。

（张丽伟）

【就业再就业】 全年共有34645名登记失业人员实现就业，就业率为64.19%；城镇登记失业率0.83%；13689名就业困难人员通过再就业援助实现就业；职业指导60713人次，成功推荐4021名失业人员实现就业；开设城乡劳动力、外来农民工培训共计40余班次，培训1200余人；海淀区户籍大中专毕业生就业率达99.66%。全区有21个街道、6个镇达到充分就业街镇的各项指标，占街镇总数的93%；535个社区、74个村达到充分就业社区（村）的标准，占社区（村）总数的91.3%。

（张丽伟）

【社会保障】 2013年，养老保险、失业保险、工伤保险、生育保险、医疗保险五项社会保险基金累计收缴341.84亿元，增幅18.32%；累计支出185.1亿元，增幅12.54%。全区参保单位8.10万户、276.26万人。

（张丽伟）

【调整社会保险待遇】 年内，调整退休人员养老金21.41万人，调整金额5596.23万元，人均每月增加养老金261.33元，地区人均养老金达到2760.79元，最低养老金1330元；为146名工伤职工调整伤残津贴，涉及4.43万元；为236人调整工亡职工供养亲属抚恤金，涉及3.54万元。为事业单位合同制工人调整退休补贴13.17万元；为市、区属离休人员调整补发离休补贴13.17万元。

（张丽伟）

【受理劳动人事行政案件1.2万件】 2013年，受理劳动人事争议案件10995件，受理行政复议案件18件，行政诉讼案件47件，办理投诉举报案件1856件；处理30人以上群体访案件60余批次，涉及农民工4000余人，涉及金额3200万元。梳理各类行政执法职权共39项，梳理政务服务事项208项，审批经营劳务派遣企业20家，审批实行综合计算工时工作制企业140家，审批不定时工作制企业81家，审批退休12472人，累计审批养老保险跨年补缴1195人，完成工伤认定1500件。

（张丽伟）

【社保经办业务下沉】 年内，社会保险经办业务下沉至街镇社保所。前期通过中关村街道社保所等9家社保所先期试点，逐步在全区推开。截至年底，全区29家街镇社保所均对外办理业务，下沉业务26项。全年为1.68万家参保单位提供社经办业务5.7万余件，共计20余万笔。

（张丽伟）

【鼓励农民就业】 年内，海淀区通过政府补贴、就业培训等多种措施促进农民实现就业。区政府给予实现自主创业的农民每户每月200元的自主创业补助和城镇职工社会保险补贴，鼓励农民实现就业的同时提高其社会保障水平。镇村企业每招用1名本区农民每年给予企业1200元的岗位补贴，招用“3540”人员给予1800元的岗位补贴。海淀区对于本区22周岁以下初、高中毕业未继续升学的农业户籍新生代劳动力参加职业院校、职业高中全日制定向培训或企业委托培训后实现就业的，其学制内的学费、住宿费、书费还给予全额补贴。

（张丽伟）

民族·宗教·侨务

【概况】 海淀区民族宗教侨务办公室（简称区民宗侨办）成立于2001年10月22日，是负责海淀区民族、宗教、侨务工作的政府工作部门。2013年，海淀区民族宗教侨务办公室被评为全国侨办系统信访工作示范单位，获国家民委、全国普法办举办的民族政策法规有奖知识竞赛组织奖，被北京市委、市政府评为首都民族团结进步先进集体。

（吴保军）

【国宗局、中佛协领导到地区沟通佛学院建设事宜】 1月9日，中国佛教协会秘书长王健、中国佛学院副院长宗信法师、国家宗教局项目办主任刘晓东到海淀，就中国佛学院前期规划建设事宜与区领导进行沟通，就推动项目进展交换意见。区规划分局、国土分局、民宗侨办负责人参加座谈。

（吴保军）

【消防安全培训】 1月17日，区民宗侨办举行民族宗教界消防安全培训，全区各宗教团体、宗教活动场所管理组织成员、教职人员和工作人员及部分清真餐饮企业负责人80余人参加。9月25日，区民宗侨办在天主教神哲学院举行宗教界消防应急培训演练，全区各宗教管理组织成员、教职人员和神哲学院师生100余人参加。

（吴保军）

【节日走访慰问】 春节前夕，区民宗侨办走访慰问249户少数民族和侨界困难人员，送去慰问金和慰问品合计17万元。会同区民政局、区财政局为具有清真习惯的158位少数民族低保人员每人发放300元补助，共4.74万元。

（吴保军）

【宣传民族宗教政策】 2月22日，区民宗侨办领导应邀到北京海融达投资建设有限公司讲授民族宗教政策。介绍地区民族宗教概况，并就如何看待民族宗教、怎样管理民族宗教事务和怎样发挥宗教的作用等内容进行讲解。

（吴保军）

【第七届民族社区运动会】 5月25日，海淀区第七届民族社区运动会在马甸民族小学举行。此次运动会的主题是“促民族团结，创文明城区”，全区民族工作重点社区、民族村的12支代表队，360名居民代表参加比赛，比赛共有角球、蹴球、投坑等11个大项22个小项。

（吴保军）

【龙泉寺土地问题协调会】 7月3日，龙泉寺土地问题协调会召开，区委统战部、民宗侨办、国土分局、规划分局、旅游委、文化委、北部办、旅游委、西山农场和龙泉寺负责人参加。会上，龙泉寺对近年来的发展状况和寺庙未来建设构想进行汇报，相关部门对龙泉寺土地问题进行沟通。

（吴保军）

【宗教团体自管房排危解困协调】 7月8日，市宗教团体自管房排危解困工作协调会在海淀召开，市宗教局、市佛协、区民宗侨办、区房管局和紫竹院街道、北太平庄街道负责人参加。会上对推进笑祖塔院42号、万寿寺116号两处房产的下一步解危工作进行沟通。

（吴保军）

【接待蒙古华裔青少年】 8月1日—10日，海淀区接待参加2013年“中国寻根之旅”旅蒙华侨蒙中友谊学校的华裔青少年。27名华裔青少年在海淀少年宫和中关村学院学习书法、国画、茶道、武术、太极拳，制作京剧脸谱、扎染，体悟中华传统文化，到华声天桥民俗村观看民俗表演，制作风筝、灯笼等手工艺，观看水立方杯海外华裔青少年中文歌曲大赛颁奖晚会。

（吴保军）

【少数民族困难户调研】 8月—12月，区民宗侨办对全区29个街镇的275户少数民族困难家庭进行调研，涉及满、回、蒙古、土家、朝鲜等16个民族。困难户中，残疾人多、老人多、因病致困多。一些困难户的生活水平徘徊在温饱线左右，部分无经济来源，主要靠政府低保救济，即使有的家庭有些微薄的收入，也难以应付全家的总消费开支。近年来，虽然政府一直在坚持救助困难群众，但受各种因素制约，对困难群体的关注还不够，还不能做到完全脱贫，自然消减很难。政府除继续在经济方面加大对少数民族和侨界困难群体的帮扶力度外，还需要进一步整合资源、力量，在发动社会参与、鼓励再就业、助学帮困等方面多进行引导和支持。

（吴保军）

【宗教界人士培训】 9月2日—10日，区委统战部、区社会主义学院、区民宗侨办在中国人民大学举办海淀区宗教界代表人士培训班。培训班由人民大学培训学院承办，邀请12名专家教授从政策法规、时事政治、宗教文化与研究等方面授课，42名教职人员参加。

（吴保军）

【消防应急培训演练】 9月25日，区民宗侨办在天主教神哲学院举行宗教界消防应急培训演练，全区各宗教管理组织成员、教职人员和神哲学院师生100余人参加，区消防支队讲解消防知识，并对如何应急疏散和使用消防器材进行指导。

（吴保军）

【圣诞节活动】 12月24日—25日，地区天主教、基督教各场所举行平安夜、圣诞节宗教活动，近万人参加。地区民宗、公安、消防等相关单位提前部署安全检查，现场加强值守，各场所制定安全工作预案。24日晚，区领导到基督教海淀堂慰问教牧人员，并向全区广大基督徒致以节日的问候。

（吴保军）

【民族事务】 年内，区民宗侨办制作民族知识宣传展板，开展进机关、进街镇、进社区、进乡村、进校园、进社团“六进”活动。组织民宗侨界人员开展创文明城区知识竞赛、文艺会演、经验交流、民族运动会，参加全市健身操舞大赛、民族体育节、“5·6”民族团结日等活动。推荐首都民族团结进步先进集体9个，先进个人17人。与民族小学、中关村三小、农大附中内高班联系，搭建民族团结教育活动平台，参加全市民族团结宣传日活动。春节、开斋节等节日看望慰问农大附中新疆内高班师生，举办第六届民族宗教界爱心捐助活动，筹集资金268800元，帮助240名少数民族困难学生。评选表彰规范化清真专柜，为9家清真网点申请扶持资金。

（吴保军）

【宗教事务】 年内，区民宗侨办继续开展创建和谐寺观教堂活动。开展“教风年”活动，以加强规范化管理和民主管理为主题，举办宗教活动场所现场交流会，举办宗教政策法规知识竞赛、教职人员主题座谈、学习中共十八大精神等系列活动。启动教职人员人事档案管理工作，举办宗教界传统文化系列讲座，编印传统文化参考资料。指导各宗教团体制定财务工作计划，检查宗教团体场所“三公开”落实情况。各宗教团体以“慈爱人间，五教同行”为主题，开展义捐、义诊、助学、助困活动。投入资金对部分宗教活动场所进行修缮，推动清河清真寺建设。推动市宗教团体自管房的排危解困。组织宗教界开展安保消防自查、培训和应急演练，指导各宗教团体落实值班制度和预案。在重大宗教节日和活动期间，协调公安、交通、消防、城管等部门进行消防安全检查。

（吴保军）

【侨务工作】 年内，区民宗侨办在《海淀报》开设侨务专版，宣传侨务工作、介绍侨情知识、树立侨界典型。分别对中科院30个院所、驻区18所高校党委统战部及29个镇、街道和重点社区侨务干部进行侨务政策培训。接受市人大常委会执法检查组对地区贯彻执行侨法检查。开展侨法进社区活动，在西三旗街道育新小区设立侨法宣传角，推动中关村街道黄庄社区争创侨务明星社区，推荐黄庄社区作为国侨办关爱工程——暖侨敬老行动试点。参加“2013侨商北京洽谈会”，向海外宣传推介重点项目。接待第十二期华侨华人专业人士回国创业研习班一行52人。走访慰问华文教育定点学校，看望侨资企业家代表。召开区政府侨商接待日活动及侨资企业协会理事会，举办“联谊日”活动，组织侨资企业参加专场人才招聘会，推荐会员参加首届北京市华侨华人京华奖评选。区侨资企业协会分别被区社会办和民政局评为海淀区优秀社会组织和先进社会团体。

（吴保军）

【依法行政】 年内，区民宗侨办开展民族政策监督和执法检查工作，对清真餐饮企业进行民族政策和食品卫生培训。为2家清真餐饮企业办理许可登记，为50余家清真餐饮企业办理许可证换证。为3个宗教活动场所办理登记手续，为3处外国人临时宗教活动地点重新办理登记，为23处宗教活动场所变更许可登记手续。办理恢复改正民族成分120人，依法查处民族宗教违法问题3起。为60位归侨办理"归国华侨证"申请上报手续，为72位归侨、华侨子女、归侨学生出具中、高考身份证明，为104位华侨、港澳同胞和外籍华人学生出具来京上中小学批准书，为72人认定归侨、侨眷身份。

（吴保军）

民政

【概况】 2013年，海淀区民政工作以完善城乡最低生活保障制度为重点，保障困难群众的基本生活；以完善基层民主政治制度为重点，组织指导第九届村委会选举，推进"六型社区"创建；以完善社会养老服务体系为重点，推动社会养老服务体系朝适度普惠方向发展；以全面落实优抚安置政策为重点，推动优抚安置保障体系朝法治化、社会化方向发展；以完善专项社会事务管理体系为重点，发挥社会组织作用，完成各项工作任务。

2013年，海淀区被民政部评为"全国社会组织建设创新示范区"；区民政局被民政部评为"全国殡葬工作先进集体"；海淀区工作站被首都见义勇为基金会评为"2013年度首都见义勇为基金会先进工作站"，并授予"2013年度首都见义勇为基金会区县工作站工作创新奖"。

（孙学刚）

【北京市海淀社会组织联合会】 北京市海淀社会组织联合会是非营利社会团体法人，主管单位为区社会办和区民政局。联合会有科技、经济、文体、服务、街道乡镇五大类61家理事单位。

助力核心区发展 7月2日，召开核心区论坛，题为"提升发展能级 建设绿色海淀"的报告建议海淀走绿色GDP的发展道路，并为智慧海淀的绿色发展提出四条设想：一是建设投资规模千亿级的超级计算中心、生物医药基地和信息产业集群；二是发展智能家电产业；三是在智能语言翻译、环保产业、绿色化学等领域做好研发，储备技术；四是联合朝阳、丰台、石景山组成高端经济联合体，加快步入"2050俱乐部"（人口5000万人，人均GDP 2万美元）。报告受到区领导重视。

为民服务 在香山街道、北下关街道、学院路街道开展书法、绘画大讲堂，共授课37课时，听课的人数总计达4000人次。

4月19日，组织民营医协会和医院协会的专家共50人在香山公园开展综合性医疗义诊咨询，免费服务500余人次，发放健康宣传材料700余份。7月4日，组织民营医协会和医院协会的专家在玲珑公园为240余名园林工人义诊或提供咨询。10月29日和10月31日，组织医院协会的专家为广通苑社区、北安河村两地的258名群众义诊或提供咨询。11月26日，组织51名专家到北京市昊海建设有限公司，为684名服务建筑工人义诊或提供咨询。11月29日，为海淀区园林局第二大队的196名园林工人们进行体检。

（樊文辉）

【北京市海淀区慈善协会】 2005年9月28日成立。协会下设32个慈善工作站。2013年协会筹募善款1895.98万元，救助支出1310.30万元，救助困难群众15645人。6月20日，海淀区慈善协会第三次会员代表大会暨三届一次理事会召开，会议通过第三届理事会常务理事、会长、副会长、秘书长及监事长、监事会成员的建议名单，选举产生新一届慈善协会会长。

慈善宣传 全年季刊编辑出版4期，发布新闻44条，图片20张。向北京市慈善协会、首都慈善组织联合会、《中国慈善报》、海淀区社会组织联合会、海淀区创建工作组等单位投稿41次。在《海淀电视新闻》播报协会信息13次，在《海淀报》刊登协会稿件16篇。协会换届后，举办三次较大的活动。在曙光街道金源时代购物中心南广场举行"12·3首都慈善公益日"宣传和慈善义诊主题活动。

"春雨行动"捐款活动 结合区域实际情况，以救助规模找捐款来源，以救助项目找捐款单位，拓宽筹募渠道，推进募集工作。筹募善款766万元。

"共产党员献爱心"捐献活动 以"党旗凝聚力量，爱心播撒京城"为主题开展"共产党员献爱心"捐献活动。全区382家单位（系统）、54887名党员、13857名群众共捐款394.46万元。

"海淀·慈善——爱心捐赠月"活动 "爱心捐赠月"是协会2006年首次推出并着重打造的一项集宣传、筹募、救助为一体的海淀公益品牌。协会和19个街镇慈善工作站开展不同形式的救助活动，救助地区困难群众921人，共计使用善款86.25万元。

抗震救灾 4月20日8点02分，四川省雅安市芦山县发生7.0级地震。区委、区政府部署区慈善协会接收捐款。自4月22日接收第一笔捐款开始，截至5月29日，共接收捐款378.98万元，全部用于雅安地震灾区的恢复重建。

日常救助 协会召开44次联审会签会议审批各工作站上报的申请救助事项。各工作站实施救助累计使用善款701.95万元，使5775人得到救助。

定向救助 年内，定向救助主要有4项：北京市四季青农工商总公司定向捐款181.07万元，用于四季青镇2013

年度农民退休家庭订阅报刊；马连洼街道和北京中发时代科技发展有限责任公司定向捐款4万元，用于扶助四川省甘孜州丹巴县川主庙小学贫困学生完成学业等助学活动；海淀置业集团有限公司定向捐款 15 万元，用于北京市海淀老年大学建校 30 周年教学成果展示等工作；北汽福田汽车股份有限公司定向捐款 10 万元，用于首都师范大学附属育新学校购买教学书籍。

专项救助 资助北京市第三聋人学校项目 131.28 万元，为该校的数字化校园建设购置设备。资助北京市海淀区培智中心学校项目 100.11 万元，为该校实施的康复评估系统及康复训练项目购置设备。开展2次困难党员帮扶救助活动，救助区内困难党员 160 人，使用“海淀区生活困难党员帮扶专项资金”80.50 万元。

主题活动救助 “慈善情暖万家”活动。两节期间组织各工作站进行针对性较强的资金救助和实物救助相结合的救助活动，共计救助困难群众 3183 人，使用善款 269.61 万元。

发放助学金。9 月 3 日，协会在清河街道举办关爱特困家庭大学生助学金发放仪式，为清河地区 6 名来自低保或低收入家庭、品学兼优的大学生提供每人 4500 元的资助，合计使用善款 2.7 万元。

发放助残金。11 月 13 日，协会在四季青镇举行关爱特困残疾人家庭救助金发放仪式，为四季青镇 10 名患有精神残疾或肢体残疾的特困人员提供每人 3000 元的资助，合计使用善款 3 万元。

助老慈善医疗卡项目 该项目是北京市慈善协会于 2005 年推出的助老项目，为 60 岁以上的城乡低保老人每人每年发放 500 元的慈善医疗卡，用于低保老年人日常看病就医。全年救助 631 名低保老人，使用善款 30.30 万元。

海淀区慈善协会捐款方式

1. 到会捐款

地址：北京市海淀区西四环北路 11 号

电话：88487007

2. 银行汇款

户名：北京市海淀区慈善协会

账号：01090321000120111114745

开户行：北京银行双榆树支行

3. 邮局汇款

地址：北京市海淀区西四环北路 11 号

邮编：100195

收款单位：北京市海淀区慈善协会

4. 网上捐款

网址：www.hdcishan.com.cn

（常欣欣）

【征地超转人员纳入市医保体系】 根据市民政局文件，1 月 1 日起，地区 10781 名征地超转人员全部纳入市医保体系，实现医疗并轨。

（孙学刚）

【调整征地超转人员生活补助标准】 根据市民政局通知及市人力资源和社会保障局文件，海淀区民政局参照本市最低基本养老金标准，调整海淀区 10781 名征地超转人员的生活补助待遇。1 月 1 日起，超转人员的月生活补助标准由 1210 元调整至 1330 元，高于 1210 元的则在原补助标准基础上递增 9.92%。

（孙学刚）

【调整地退无收入遗属生活补助标准】 1 月 1 日起，海淀区 50 岁以下的地退无收入遗属每月领取的生活补助金由 520 元提高到 580 元，50~70 岁之间的地退无收入遗属生活补助金由 546 元提高到 609 元，70 岁以上的地退无收入遗属生活补助金由 572 元提高到 638 元。400 余名地退遗属月领生活补助人均增长约 65 元。

（孙学刚）

【海淀区养老服务管理协会成立】 1 月 18 日，海淀区养老服务管理协会在海淀区社区服务中心成立。这是北京市第一家养老服务管理协会。截至年底，共有 83 家会员单位。

（孙学刚）

【调整抚恤补助标准和优待金标准】 1 月 30 日，根据市民政局、财政局《关于调整部分优抚对象抚恤补助标准和义务兵优待金标准的通知》，地区调整烈士遗属（含因公牺牲军人遗属、病故军人遗属）的定期抚恤金和在乡退伍红军老战士、在乡复员军人、在乡残疾军人、带病回乡退伍军人、部分参战参试军队退役人员的定期生活补助金；残疾军人（含伤残人民警察、伤残国家机关工作人员、伤残民兵民工）的残疾抚恤金，从 2012 年 10 月 1 日起执行，分别提高 10.3%和 15%，涉及 4000 余名优抚对象。义务兵优待金标准从 2012 年冬季征兵开始，由每人每年 2 万元提高到每人每年 2.2 万元。

（孙学刚）

【成立 6 个社区居委会】 2 月 4 日，区政府第 46 次常务会议批准新建 6 个社区居委会，即甘家口街道公安部一所、西钓嘉园社区居委会，学院路街道城华清枫社区居委会，中关村街道熙典华庭社区居委会，东升镇奥北社区居委会，西北旺镇西山林语社区居委会。6 个社区共配备 54 名社区工作者。截至年底，海淀区共有 570 个社区居委会。

（孙学刚）

【举办退役士兵专场招聘会】 3 月 1 日，举办 2013 年度退役士兵专场招聘会，区环卫服务中心、长峰假日酒店等近 20 家市、区安置单位和自主就业后可就业的企业参会，地区近 300 名城乡退役士兵参加。

（孙学刚）

【开展“情系夕阳手拉手，尊老爱幼心连心”活动】 3 月 26 日，北京市四十七中师生 40 余人到阳台上老年公寓，与入住老人开展“情系夕阳手拉手，尊老爱幼心连心”活动。

（孙学刚）

【制定《见义勇为专项基金管理使用规定》】 4 月 3 日，区民政局制定《海淀区见义勇为专项基金管理使用规定》，就见义勇为专项基金的作用、范围、监督、问责等做出规定。

（孙学刚）

【清明祭扫服务】 4 月 4 日—7 日，清明节期间，全区上岗工作人员 10028 人，墓园扫墓人数 288117 人，机动车辆 55689 辆。发放市民政局制作的 3000 册宣传折页、2000 个环保袋、9600 个环保纸片香皂、3000 个卡包以及区民政局制作的 800 套清明宣传海报；在《海淀报》开辟清明工作专栏，海淀有线电视台从3月28日至4月7日，在黄金时段滚动播出“绿色清明、文明祭扫”主题公益宣传；开展百万鲜花送逝者活动，向扫墓群众赠送鲜花10万余支，开展“绿色清明志愿活动”，为群众提供义务服务。

（孙学刚）

【开展芦山地震捐助活动】 4月20日，四川芦山发生7.0级地震，地区立即启动接收捐赠应急机制。海淀区民政局共接受社会捐款4810038.22元，用于芦山地震灾区的救灾、救助及灾区恢复重建。

（孙学刚）

【开展“送温暖 献爱心”社会捐助活动】 4月，按照市民政局统一部署，在全区组织开展以“送温暖、献爱心”为主题的社会捐助活动。共募集款额1780785.30元。

（孙学刚）

【退役士兵培训】 4月，区民政局加大退役士兵职业技能培训和学历教育力度，推进退役士兵教育培训工作，退役士兵对培训政策的知晓率达到100%。102名退役士兵参加电工、汽车维修、会计证等技能培训；33人参加测试空间软件工程师专业学习；7人报名参加高职院校的统一考试。

（孙学刚）

【助残志愿服务】 5月15日，区义工联合会组织30余名义工，到海淀区莎利文聋儿康复中心开展“天使之爱”助残志愿服务，为50名聋哑孩子提供陪玩、陪读、理发、裁剪、拆洗、缝补、清扫卫生等志愿服务。

（孙学刚）

【举办全国助残日专场招聘会】 5月20日，区残联、民政局福利办、区人力资源和社会保障局职介中心在区残联礼堂联合举办“海淀区第二十三次全国助残日专场招聘会”。46名残疾人员与参会的多家福利企业达成劳动合同意向。

（孙学刚）

【试点“家庭病床”养老】 5月，在海淀区北下关街道南里二区80岁以上老人以及残疾人中进行“家庭病床”养老模式试点。由政府、社区、医院和专业服务机构联合，创办专业化社区居家养老服务中心，从就餐、洗澡、理发、助行，到康复、慢病管理、心理抚慰等方面提供服务，让老人在家中、在社区内就可享受专业的养老服务。

（孙学刚）

【“传递温暖，关爱救助”主题宣传活动】 6月1日，区民政局联合海淀综治办、海淀公安分局治安支队、海淀城管和海淀区公共委医学援助中心等5个部门，在海淀区社区服务中心开展“传递温暖，关爱救助”主题宣传活动。宣传活动中，领导带头向群众宣讲党和政府对流浪儿童的有关救助政策和法律法规，发放《全社会共同努力，接送流浪孩子回校园》宣传材料，向群众解答有关保护救助流浪未成年人相关事宜。此次宣传活动共发放宣传袋1000余个，发放宣传材料2600余份，制作宣传展板12块，悬挂氫气球宣传标语4条，制作氫气球横幅彩虹门1个。

（孙学刚）

【提高农村“五保”供养标准】 7月1日起，海淀区集中供养的农村“五保”供养对象供养标准每月由1168.61元调整到1287.19元；分散供养对象供养标准每月由598元调整到667元。所需经费由区财政统筹拨付。

（孙学刚）

【提高残疾军人护理费标准】 7月1日起，海淀区101名一级至四级的残疾军人（含伤残人民警察、伤残国家机关工作人员、伤残民兵民工）提高护理费标准。调整后，因战、因公一级和二级残疾军人的护理费为每人每月2612元，因战、因公三级和四级残疾军人的护理费为每人每月2090元，因病一级至四级残疾军人的护理费为每人每月1567元。

（孙学刚）

【核发退役士兵自主就业补助】 7月30日，对选择自主就业的318名退役士兵，按义务兵自主就业经济补助标准43968元为基数，核发退役士兵自主就业经济补助1465万余元。

（孙学刚）

【社区服务商调查】 7月，区社区服务中心在全区范围内开展社区服务商情况调查。统计结果显示：截至年底，全区共有签约社区服务商658家，其中215家服务商纳入到96156社区服务系统，提供在线服务。

（孙学刚）

【初级养老护理员培训】 8月20日—29日，区民政局和北京市养老服务职业技能培训学校在四季青镇敬老院举办海淀区初级养老护理员培训班，28家养老机构派员工参加，共培训178名初级养老护理员。培训主要包括《养老护理员（基础知识与初级技能）》和《老年人照护技术操作与评价》两门课程，共计180学时，含理论和技能实践。

（孙学刚）

【敬老爱老社区服务活动】 9月16日至10月10日，海淀区社区服务中心在全区组织开展“贴心服务在身边”敬老爱老社区服务活动。各街镇以家政服务、心里抚慰、养生保健、文体娱乐等为主要内容，开展“九个一”[①]社区服务活动。活动共服务7000余人次，1500余人次受助。

（孙学刚）

【成立海淀区民政局党总支】 9月23日，召开海淀区民政局党总支成立暨第一次全体党员大会，经无记名投票选举产生第一届党总支委员会。12月2日经中共北京市海淀区委政法委员会机关委员会批复，同意区民政局党总支第一次党员大会选举产生的第一届党总支委员会结果，同意区民政局党总支所属九个党支部分别召开成立大会并选举产生的第一届支部委员结果，同意各支部所选出的支部书记、组织委员、宣传委员人员。

（孙学刚）

【边界线勘测工作协调会】 10月31日，区民政局代表区政府参加西城区民政局组织的西城区边界线勘测工作协调会，会上签订《关于联合勘定西城区与

---

① 即开展一次家政服务、一次节日慰问、一次医疗义诊、一次心理辅导、一次户外健身、一次文体活动、一次服务商产品展销活动、一次老年人健康知识大课堂、一次便民利民活动。

海淀区行政区域界线的实施方案》《关于联合勘定西城区、朝阳区、海淀区行政区域界线三交点位置的实施方案》《关于联合勘定西城区、丰台区、海淀区行政区域界线三交点位置的实施方案》《西海线平安边界协议书》等文件，为区与区之间的界线管理奠定基础。

（孙学刚）

【清查跨界建设项目】 10月，区民政局组织清查跨界建设项目，制定下发《加强海淀区行政区域界线管理工作、推进平安边界建设的实施方案》，签订66份《跨界建设项目管理协议书》和《平安边界协议书》。

（孙学刚）

【参加北京国际老龄产业博览会】 11月15日—17日，北京国际老龄产业博览会在北京展览馆举办，博览会分为专业展览、高峰论坛、调研报告和主题活动四大部分。区民政局作为海淀区政府机构代表，参加专业展览，展位面积90平方米。海淀区展位围绕“创新为老服务 建设幸福海淀”，通过制作宣传片、展示灯箱、发放宣传资料等方式，介绍海淀区养老工作的现状和社区居家养老的基本模式，展示引进社会力量参与养老服务的成果。同时在专门区域设立健康小屋，提供“一键式”紧急呼叫系统、老年人精神健康测试软件等多种适合老年人社区居家养老的仪器和系统，供老年人现场体验。

（孙学刚）

【社会力量可办微型养老院】 年内，出台《海淀区加快养老服务业发展的意见》《海淀区居家养老医疗服务实施方案》和《鼓励社会力量参与海淀区街道（镇）级、社区级养老管理服务中心建设工作方案》，并在曙光街道、甘家口街道、花园路街道、海淀街道、万柳地区试点建成5家微型养老院。床位数在10张左右，每张床位面积不少于15平方米，就可在民政部门登记备案建设微型养老院。微型养老院建成后，每收住1名本区户籍的失能老人，就可按照每月500元标准给予运营补助，同时还可以连续3年享受补贴待遇。

（孙学刚）

【建立救助管理工作联席会议制度】 年内，建立由区民政局、区综治办等14个部门组成《海淀区流浪乞讨人员救助管理工作联席会议制度》，协调解决救助管理工作中的重点、难点问题，推动部门间协作配合，组织联合专项行动等。

（孙学刚）

【接收459名退役士兵】 2013年共接收退役士兵459名。其中，城镇退伍义务兵、复员士官375人；农村退伍义务兵、复员士官43人，易地转业复员士官41人。

（孙学刚）

【接收军休干部979人】 年内，全区共接收军休干部979人，占北京市接收安置总数的26%。其中，正常退休的906人，伤病残军人73人；师职687人，团职269人，团职以下23人。截至年底历年接收军干总人数为17755人，占北京市接收军队离退休干部总数的36%。

（孙学刚）

【接收安置军休职工2917人】 年内，共接收安置第五批无军籍退休（退职）职工2917人，占北京市接收安置总人数的53%。全区军休职工接收安置工作共涉及26个街道、镇。全区累计接收安置军休职工10951人。

（孙学刚）

【丧葬补贴发放】 截至年底，共受理1482人，发放丧葬补贴714万元。

（孙学刚）

【低保救助】 截至年底，全区共将3754户、6468名困难群众纳入低保救助范围，累计支出4274.32万元。其中，城市低保对象3494户、6095人，累计支出3987.45万元；农村低保260户、373人，累计支出286.87万元。低收入家庭认定146户，345人（城市认定117户，275人，农村认定29户，70人）。

（孙学刚）

【接收安置征地超转人员】 年内，共接收安置征地超转人员1137人，其中一般人员1133人，病残人员4人，接收总经费6.21亿元。

（孙学刚）

【婚姻登记】 年内，婚姻登记实现行政确认合格率100%。全年共办理结婚登记29866件，离婚登记9437件，补领婚姻登记4882件，开具无婚姻登记记录证明15429件，办理收养登记9件。

（孙学刚）

【发行福利彩票6.46亿元】 年内，海淀区电脑票销售额为5.01亿元，即开票销售额为1.45亿元，总计6.46亿元，占全市销售总额的14.58%，筹集公益金2.05亿元。

（孙学刚）

【福利企业服务与管理】 年内，与区残联、区人力资源和社会保障局联合举办专场招聘会，46名残疾人与7家福利企业达成就业意向。为福利企业筹措补贴34.77万元，为3家福利企业筹措设备升级改造公益金20万元，为1130名残疾职工发放岗位补贴和社会保险等补贴938.06万元，建立残疾人之家4个。为48家福利企业的598名特困残疾职工，每人发放200元的慰问金。截至年底，海淀区共有50家福利企业，在职职工2754人，安置残疾职工1057人；销售收入累计完成71980.19万元，比上年同期减少5.66%；利税总额达到6080.45万元，比上年同期增长11.87%。

（孙学刚）

【创建“六型社区”】 年内，26个街镇的120个社区围绕干净、规范、服务、安全、健康、文化6个方面，参与北京市“六型社区”创建。最终118个社区申报创建北京市“六型社区”示范单位，116个社区被北京市民政局确定为“六型社区”示范单位。

（孙学刚）

【社会救助】 年内，城乡低保累计救助46591户、93945人，支出各项社会救助资金6054.83万元。实施城乡特困人员住院押金减免和出院即时结算制度，救助比例由60%提高到70%。医疗救助3471人（次），支出费用676.31万元。其中，城市医疗救助2781人次，支出363.90万元，低收入救助42人，支出5.92万元；农村医疗救助188人次，支出30.33万元，低收入救助31人，支出16.55万元。重大疾病救助404人次，支出253.86万元；住院减免7人，支出

2.10万元；孕妇救助18人，支出3.65万元。救助流浪乞讨人员和暂时遇到困难人员1575人次。

（孙学刚）

【社会养老服务】 截至年底，60岁及以上户籍人口为43.11万人，占总户籍人口比例为18.3%。年内，完成全区170个助老健康服务站建设，安装的多参数生命体征监测仪调试完毕，170个居家养老服务超市建设整项工作年底完成。200个社区老年互助社的建设完成并挂牌运行。在北京市率先建立老年康复照料中心，在香山医院、万寿康医院建立失能老人集中护养中心，设置护养床位500张。评选市级"孝星"1581名、区级"孝星"100名、为老服务先进单位146个。全区新增养老床位1332张。截至年底，全区建成养老机构34所，养老总床位10302张。

（孙学刚）

【社会组织管理】 年内，海淀区被民政部评为"全国社会组织建设创新示范区"。对社会组织实行集中联合年检。截至年底，海淀区有社会组织774家，其中社会团体组织186家，民办非企业单位588家。

（孙学刚）

【民政综合业务】 年内，区民政局与《海淀1时间》栏目组合作，制作播出民政专题节目《民生直通车》55期。完成民政理论调研成果67篇，完成市、区两级重点调研课题3项。将"阳光行政、主动服务和网上监督"作为本年依法治区工作重点。全年收到来信68件，接待来访42批次共290人次，均按时限办结，未出现重大越级访和多人访。办理建议、提案共28件，其中主办人大代表建议12件，政协委员提案7件，党派议案2件，协办件7件。启动"同区通办、三级联动"政务服务试点。实现老龄"市—区—街—居"四级政务联动，并与区智慧政务服务平台对接。

（孙学刚）

【试点民政服务同区通办三级联动】 年内，根据区《关于推进政务服务模块化改革的实施意见》和《海淀区同区通办三级联动试点工作方案》，区民政局启动"同区通办、三级联动"政务服务试点，民政局5个试点科室21个事项实现网上集中办理。实现老龄"市—区—街—居"四级政务联动，并与区智慧政务服务平台对接，推进全区"一网式""同区通办"工作开展。

（孙学刚）

残疾人事业

【概况】 海淀区残疾人联合会（简称区残联）担负着海淀区残疾人的康复、教育、就业、文化体育、社会保障和法律维权等任务，现为第六届残联理事会。区残联下设区残疾人综合服务中心、劳动就业管理服务所2个事业单位。全区29个街道、乡镇和20人以上的社区设立残联和残疾人协会。根据第二次全国残疾人抽样调查比例推算全区有残疾人近13万人。截至2013年年底，全区共有持证残疾人30473人，其中，视力残疾2838人、听力残疾1898人、言语残疾161人、智力3827残疾人、肢体残疾15481人、精神残疾4877人、多重残疾1391人。

全区持证残疾人教育、就业、康复和社会保障覆盖率达到99.83%，超过文明城区创建社会保障覆盖率95%的标准。年内，给予90名享受低保及低收入、非低保的一户多残、老残议题和无业无固定收入因患重病造成家庭困难的残疾人41万元临时救助。采用政府购买方式，由专业化社会组织为残疾人提供一年个性化入户康复解决方案，全区300名重度残疾人受益。全年处理残疾人各类信访件642人次，完成2230名肢体残疾人车主机动轮椅车年度燃油补贴发放和申报工作，做好"两会""十八大"期间残疾人群体重点矛盾排查调处工作。

1月，成立残疾人社会组织党建工作委员会。

（何文辉）

【第九届区残疾人乒乓球比赛】 6月25日，区第九届残疾人乒乓球比赛在区残联礼堂举行。来自全区29个街道乡镇和特教学校的近200名运动员参加了男女上下肢站立组等12个组别的比赛。

（何文辉）

【"我的梦、中国梦"主题演讲】 6月26日，区残联开展庆祝中国共产党成立92周年暨"我的梦、中国梦"主题演讲活动，来自残联机关各部门代表、区残疾人民办康复机构代表共计14人做了演讲发言，残联全体党员干部群众和民办康复机构的代表近100人参加。

（何文辉）

【精神残疾人居家与社区康复试点】 8月2日，区残联和区卫生局联合开展的"海淀区精神残疾人居家与社区康复试点工作"启动。通过对精神残疾人开展工作技能、就业、社会交往能力以及日常生活方面的训练，帮助精神残疾人重返社会。

（何文辉）

【开展送温暖活动】 9月16日，区残联启动中秋国庆双节走访慰问送温暖活动，给400户未享受低保待遇、民政部门城市重残人生活补助或城乡低收入救助家庭中因病住院或受灾导致家庭生活暂时困难的残疾人家庭每户600元现金走访，全年累计投入资金441万元，走访14929人次。

（何文辉）

【庆祝国际盲人节专场文艺演出】 10月11日，区盲人协会联合北京市盲校举办庆祝第30个国际盲人节专场文艺演出。以"中国梦，我的梦"为主题，各街道乡镇残联理事长和视力残疾人代表以及盲人协会全体委员等近100人参加。

（何文辉）

【启动残疾人状况监测工作】 10月29日，残疾人状况年度监督监测工作启动暨培训大会召开，12个街道主管主任、残联理事长和23个社区居委会主任、陪调员、统计员等近90人参会。本年度监测对象为23个居民小区的356位居民，涉及家庭人口1500人，永定路七街坊小区和紫竹院万寿山庄纳入中国残联监测系统，其他纳入北京市残联监测系统。通过进行入户登记、残疾筛查和评定、入户监测等工作，监测残疾人的生存、发展和环境状况，包括其生活、康复、教育、就业、社会服务、无障碍环境、法律服务等方面的变化情况。监测数据和报告由北京市残联定期对外发布，监测工作12月底结束。

（何文辉）

【学前融合教育康复基地成立】 11月12日，由海淀区教育科学研究所、北京明天幼稚集团、海淀区培智中心学校联合主办，海淀区特殊教育管理中心、海淀区儿童教育发展促进会承办的“海淀区学前融合教育康复基地”在北京明天幼稚集团第二幼儿园揭牌。海淀区残疾人义务教育实现随班就读为主体、特教学校为骨干、送教上门为补充的格局，残疾人儿童少年接受教育率达到99%。

（何文辉）

【国际残疾人日活动】 11月27日，区残联举办庆祝2013年国际残疾人日活动。残联理事会领导和来自29个街道、乡镇残疾人和专门协会残疾人代表近400人参加活动，观看各街道乡镇选送编排的文艺节目，参观残疾人手工作品展览。

（何文辉）

【村残疾人协会完成换届】 年内，全区83个村的残疾人协会完成换届选举，20人以上的村残协选举产生68位主席，102位副主席，委员128人。

（何文辉）

【残疾人工作者培训】 年内，区残联完成420名社区、村残疾人专职委员培训，102人次街道乡镇残联理事长培训，65名残疾人专职工作者岗前培训以及43名协会主席、副主席、委员和70名残疾鉴定医生业务培训，组织210人次基层残联干部参加市级培训。

（何文辉）

【残疾人专门协会活动】 区残联全年指导开展电脑、烹饪、剪纸、摄影等活动478人次，组织残疾人参加全国助残日、世界精神卫生日、聋人节等活动。

（何文辉）

【温馨家园】 年内，区残联指导创建苏家坨镇温馨家园，协助东升镇、八里庄街道温馨家园改扩建，协调28个温馨家园免费上网点安装电脑。全年42580人次参加36个温馨家园康复、就业、培训、文体、法律咨询等活动。

（何文辉）

【残疾人就业】 全区办理求职登记275人，开发岗位300余个，举办职业指导讲座5起，残疾人专场招聘会8场，进行残疾人职业能力测评36人，新安置残疾人就业216人。

（何文辉）

【残疾人康复】 年内，区残联为2名智力和80名精神残疾人提供入住基地康复训练和服务；为505人次残疾儿童发放240万元康复补助金；为50名肢体残疾人提供康复训练服务；拨付审核24.62万元，开展316名智力残疾人康复训练；完成白内障复明手术补助2439例；开展盲人定向行走训练、培训视力残疾人及培训师184人。

（何文辉）

【家庭康复培训】 年内，海淀区实施区、街道乡镇和社区三级32所家庭康复学校培训计划；新增区级、街道乡镇培训讲师112人；三级培训学校全年举办各类培训193期，培训志愿者、残疾人亲友、工作者共计7555人。

（何文辉）

【残疾人辅具服务】 年内，海淀区完成街道乡镇残疾人辅助器具站规范化建设，15个街道乡镇级残疾人辅助器具站通过北京市规范化验收。29个街道乡镇辅具站共为残疾人提供租赁、咨询转介、维修指导等服务1150余人次。13名残疾人儿童人工耳蜗免费植入、升级，为1名残疾儿童开展定制产品服务；为1770名视力残疾人配发生活类辅助器具，组织开展北京市“彩票公益金”“七彩梦行动计划”项目126名残疾人适配评估工作。

（何文辉）

【残疾预防和宣传】 全国爱耳日、助残日和国际残疾人日期间，区残联开展康复政策咨询、康复知识专题讲座、残疾预防的宣传活动，发放科普宣传手册3000余份。

（何文辉）

【残疾人文化活动】 年内，文化大篷车开展走进最美乡村、走进军营、走进社区以及残疾人文艺会演等文化活动6次，全年组织开展各种群众性文体活动和竞技训练比赛，5000余人次参加。

（何文辉）

【残疾人法律援助降低门槛】 年内，区残联与区司法局共同启动残疾人法律援助爱心行活动，为3.05万名残疾人发放免费法律援助服务卡，残疾人法律援助全覆盖。

（何文辉）

【无障碍环境建设】 年内，区残联调高小区无障碍改造经费申请标准，每个小区的改造经费由原来15万元调至上不封顶。出资2200万元，完成166个小区无障碍改造，260万元投入到761户残疾人家庭无障碍改造。

（何文辉）

【4人获全国文体比赛奖】 地区盲人史建军《沁园春·雪》和杜建琪的《我的中国足球梦》分获全国盲人“我的中国梦”艺术作品大赛二、三等奖。在2013年全国第八届残疾人艺术会演中，地区残疾人武智勇、刘继东分获声乐类、综合类一等奖、二等奖。

（何文辉）

社会建设

2014
北京海淀年鉴

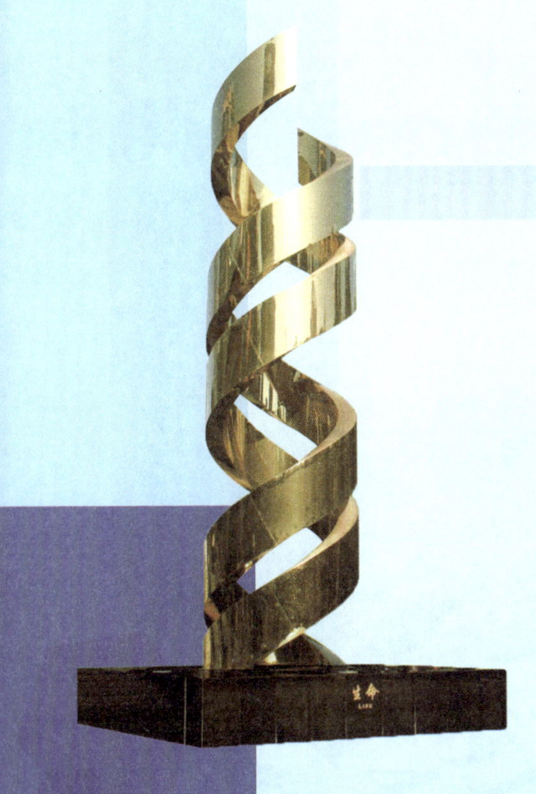

4月10日，海淀区社区工作者培训（区社会办 杨东 摄）

4月12日，召开海淀区社会建设大会（区社会办 刘朝 摄）

5月10日，召开街道系统党政正职工作例会（区社会办 刘朝 摄）

6月28日，召开社会领域纪念建党92周年大会（区社会办 金韬 摄）

7月19日，召开海淀区2013网格化社会服务管理绩效考评工作动员部署会（区社会办 李玉霞 摄）

11月19日，区验收组检查验收“六型社区”创建工作（区民政局 供图）

社 会 建 设

综 述

【概况】 海淀区委社会工作委员会（简称区委社会工委）、海淀区社会建设工作办公室（简称区社会办）是全区社会建设工作主管部门，两部门合署办公。海淀区社会建设工作领导小组办公室设在区委社会工委、区社会办。

2013年，区委社会工委、区社会办以创建全国文明城区为统领，以深化网格化社会服务管理体系建设和加强街镇系统统筹协调能力为重点，深化社会管理体制改革，加强全区社会建设工作。

（胡俊华）

【社会管理体制改革】 4月12日，召开2013年海淀区社会建设工作会。依据《海淀区关于深化社会管理体制改革，加强街、镇统筹协调能力，深入推进网格化工作的实施意见》，成立区网格化社会管理和社会服务工作领导小组及办公室。29个街镇建立相应的工作机构和工作机制，实现网格化工作全覆盖。出台26个配套文件。巩固完善地区管委会制度、联席会议制度。组建区城市服务管理指挥中心和各街镇分中心；细化明确9个专业部门网格下沉力量的职能职责；稳步推进街镇各类协管员的整合下沉。

（胡俊华）

【全国文明城区创建工作】 年内，按照“街道是创建全国文明城区工作的责任主体”和“用创建全国文明城区工作统领全区各项工作”的工作要求，召开25次工作部署会、推进会和总结会，协调各街道配合相关委办局完成294项创建指标任务，各街道在宣传动员、服务惠民、环境整治、档案整理等方面发挥了主体作用。协调督促第九指挥部8个委办局完成11项创建指标任务。

（胡俊华）

【网格化社会服务管理体系建设】 年内，加快推进全区网格化社会服务管理体系建设。开展6项工作：将全区细划为1个一级网格、29个二级网格、643个三级网格，实现网格城乡全覆盖；完善区、街镇、社区（村）三级工作平台；整合下沉区属、街镇、社区、社会四类工作力量共4183人；完善固化问题分级处置、网格巡察巡访、任务协调处置、综合管理执法和“双向”考评机制5项工作机制；开展网格化绩效考评；建立完善网格化信息管理系统，信息平台正式上线运行。建成495个社区服务站，“一窗式”服务模式覆盖全区所有社区，将社会服务管理延伸到民生领域，不断提高社会服务水平。

（胡俊华）

【实现网格化社会服务管理工作“双向”考评】 年内，制定《海淀区网格化社会服务管理工作考评办法（试行）》，细化明确考核评价指标，强化街镇、社区（村）对区属专业部门及其派驻机构履职情况的考核评价，完善“双向”考核评价机制。对全区25个委办局及其派驻机构、各街镇、各社区（村）网格及工作人员进行半年和全年绩效考评，考评结果纳入全区绩效考核，推动网格化社会服务管理工作的落实。

（胡俊华）

【“加强和创新社会管理专项资金”管理】 2013年，利用区级4000万元加强和创新社会管理专项资金，对社会管理及基本公共服务创新、基层服务管理创新、扶持引导社会组织发展、社会领域党建创新、社会服务管理研究及决策咨询等五大类共83个项目进行支持。项目涉及23个委办局、20个街镇、23个社会组织。通过项目实施，强化街镇统筹协调能力，推动社会管理体制改革；健全养老服务体系、完善社区公共服务体系，提升社区服务管理能力和水平；引导扶持街镇进行服务管理创新；探索创新社会领域党组织管理机制和工作方法，促进服务平台和教育网络建设；深入研究全区社会服务管理面临的困难和问题。

（胡俊华）

【街道集体企业改制】 全区街道集体企业改制工作共涉及13个街道的15家总公司和19家子公司（其中18家子公司、1家二级公司）。北太平庄街道2家子公司完成改制；北太平庄、北下关、学院路、八里庄街道所属总公司，万寿路街道所属总公司及1家子公司、青龙桥街道3家子公司完成改制立项，进入改制实施阶段。

（胡俊华）

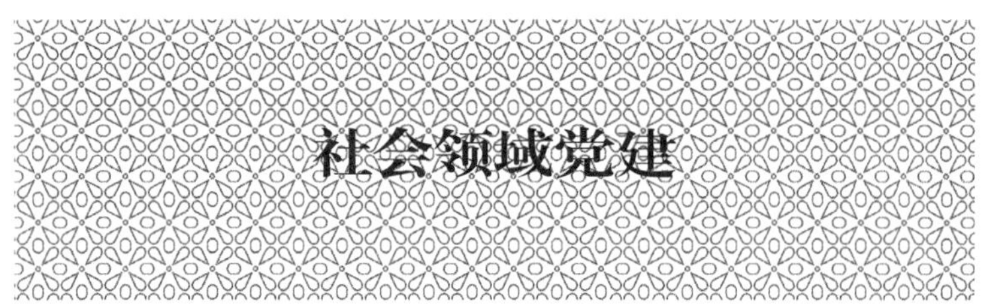

社会领域党建

【概况】 2013年，区委社会工委指导社区党组织建设，夯实党建工作基础，建成370座商务楼宇工作站和55座市级商务楼宇示范站；进一步完善“五站合一”工作机制，构建区域化党建工作格局；发挥党组织核心作用，社会领域党建工作实现新跨越。

（胡俊华）

【开展“转作风、下基层、送温暖”活动】 年内，组织全体干部深入基层了解情况、帮助工作。指导各街道党政领导班子带头，建立完善联系点联系人制度，形成服务联系困难群众长效机制。指导街道开展党的群众路线教育实践活动前期准备工作。

（胡俊华）

【社会领域党建】 年内，对857个基层党组织分类定级，促进基层党组织整体提升。其中545个基层党组被评价为“好”（63.59%），305个党组织被评为“较好”（35.59%），6个党组织被评为“一般”（0.7%），1个党组织被评为“较差”（0.12%）。开展街道社区党建“三级联创”活动，协助区委组织部制定“五个好”街道党工委及“五个好”社区党组织评价指标体系。培育基层党建创新项目159个，其中37个项目被区委组织部评选为“第二批基层党建工作创新示范项目”。

（胡俊华）

【非公企业党建】 年内，招聘200名退休党员担任非公企业党建指导员并开展专项培训。指导街道系统建立非公企业党建工作孵化器44个，成立非公企业党组织131个，新覆盖非公企业1089家，扩大了非公党组织工作覆盖面。

（胡俊华）

【商务楼宇工作站建设】 2013年，全区建有370座商务楼宇工作站，占全市商务楼宇工作站总数的30%。其中市级示范站55个，区级一类站25个，二类站159个，三类站131个；楼宇内共有党组织407个，其中党委31个，党总支部35个，党支部296个，联合党支部45个，占全市楼宇内建立党组织总数的22%；楼宇内共有企业10187家、员工184032人，共有专兼职楼宇工作者529人，其中专职58人，兼职工作者471人。区委社会工委累计下拨商务楼宇专项工作经费1428万元，支持商务楼宇工作站建设。

（胡俊华）

【首座商务楼宇区域中心示范站建成】 在2012年底建设55座市级示范站的基础上，依托花园路街道工委城建大厦楼宇工作站，建设全区第一座商务楼宇区域中心示范站，面积448.86平方米。该工作站以党建工作为统领，在提供社会、工、青、妇等服务职能的同时，将工商、税务、司法、社会保障等服务项目同步引入楼宇，打造商务楼宇一站式办公服务平台。

（胡俊华）

【完善“五站合一”工作机制】 年内，区委社会工委制定《海淀区关于推进商务楼宇“五站合一”工作站建设实施方案》《海淀区商务楼宇“五站合一”工作站管理办法》《海淀区商务楼宇“五站合一”工作站检查验收标准》《海淀区商务楼宇“五站合一”工作站服务项目》等文件。按照规范化建站的工作思路，集中设计制作工作站标识系统和站牌，展现“科技与服务”建站理念，统一编写印发《海淀区商务楼宇“五站合一”工作站宣传手册》，逐步规范楼宇工作站各项工作，初步形成各单位党（工）委主要领导亲自抓，分管领导具体抓，组织部门专人管，工青妇及统战等部门相互配合的工作机制。开展海淀“幸福楼宇文化坊”和“诚信楼宇文化坊”系列活动，共组织开展活动270次，参加12153人次；走访企业7318家；访谈员工12507人次；发放宣传资料35413份。

（胡俊华）

社区建设与管理

【概况】 年内，改善社区办公和服务条件，完成89个市级示范点、试点社区（15个市级社区规范化示范点、60个市级“一刻钟社区服务圈”示范点、9个市级老旧小区自我服务管理试点、4个市级农村社会服务管理创新试点和1个国际化社区建设创新试点）建设，深化全区城乡社区建设与管理，提升社区管理服务水平。

（胡俊华）

【社区办公和服务用房】 2013年，共利用“区社区办公和服务用房专项资金”近2350万元，新增社区办公和服务用房8600余平方米。投入市区街三级财政资金1500余万元，完成全市第二批社区用房规范化建设项目，增加面积433平方米。完成全市第三批社区用房规范化建设项目申报工作，共申报3个项目，建成后可增加社区办公和服务用房面积714平方米。到12月底，全区社区办公和服务用房达标率已达到91%，提前完成区政府为民办实事折子工程。

（胡俊华）

【完善社区公共服务体系】 年内，完成全区第三批90个社区的基本公共服务全覆盖任务；"一刻钟社区服务圈"市级示范点总数达到110个，覆盖159个社区；在61个社区开展"智慧社区"建设试点，建立区、街镇、社区三级全区公共信息发布平台系统。

（胡俊华）

【社区规范化建设】 年内，15个社区被确定为市级社区规范化示范点，全区总数达到47个；完成9个农村社会服务管理创新试点、15个老旧小区精细化管理示范点、1个国际化社区试点建设、5个"学习型社区"创建；推进"四方共建机制"，完善社区民主决策议事程序和制度。在全市"魅力社区"评比中列全市第一。

（胡俊华）

【智慧社区试点建设】 2013年，按照"智慧海淀"项目总体要求，完成61个"智慧社区"示范点建设。利用950万元专项资金，采取新建购买与整合利用相结合的方式，对各街镇社区室外LED显示屏进行整合与联网，建立区、街（镇）、社区三级互动的公共信息发布平台系统。

（胡俊华）

社会组织工作

【概况】 2013年，通过健全社会组织服务管理体系、培育扶持社会组织发展、推动专业社会工作发展和开展志愿服务活动，引导激励社会组织健康发展。

（胡俊华）

【海淀志愿者梦想行动】 3月，海淀区志愿者联合会启动"放飞梦想 心的志愿"海淀志愿者梦想行动，活动分为寻梦计划、追梦之旅、圆梦行动三个阶段。在第一阶段"寻梦计划"中，在社区志愿服务站放置梦想收集瓶，面向儿童、空巢老人、残疾人、农民工、大学生、园区青年等六类群体征集梦想。在第二阶段"追梦之旅"中，通过"志愿者梦想嘉年华""志愿走进生活"系列活动推广梦想行动，招募志愿者，与网络媒体合作，通过线上推广动员社会各界认领梦想，完成志愿者与梦想申请人的对接。在第三阶段"圆梦行动"中，志愿者帮助梦想申请人实现梦想。少年儿童的成长梦、空巢老人的亲子梦、残疾朋友的出行梦、农民工的学习梦、高校学生的志愿梦、园区青年的创业梦都在这里得到实现。

（赵思维）

【构建社会组织"枢纽型"工作体系】 年内，健全社会组织服务管理体系，发挥海淀社会组织联合会的桥梁纽带和平台作用；制订《关于开展街道"枢纽型"社会组织工作体系建设的工作方案》，推进街道"枢纽型"社会组织工作体系建设。街道"枢纽型"社会组织，是街道区域内的联合性或综合性社会组织，在区县社会工委、社会办指导及街道党工委、办事处领导下，由街道社会工作党委进行综合协调，负责对区域内的社区社会组织进行联系、服务和管理；"枢纽型"社会组织的工作职责是，对同性质、同类别、同领域的社会组织进行联系、服务和管理，承担政治上的桥梁纽带作用、业务上的引领聚合作业、日常服务管理上的平台作用。

（胡俊华）

【购买30项公共服务项目】 年内，投入405万元购买30项服务项目，支持社会组织开展公益慈善类服务，完善社会组织评价指标体系和激励机制。其中，利用北京市社会建设专项资金购买社会组织公共服务项目，共计支持资金99万元购买4家社会组织5项。利用区加强和创新社会管理专项资金购买公共服务项目，支持资金共计306万元购买22家社会组织公共服务项目25个。

（胡俊华）

【专业社会工作平台建设】 年内，落实"一街一社工"派驻工作，探索完善"一所+多站"[①]工作模式；试点为社会组织购买专业社工岗位以提升综合能力；配合区民政局完成专业社会工作案例（2个）与专业社会工作实务实习实训基地申报工作。截至年底，有3家专业社会工作平台。海淀惠泽社会工作事务所的"冬日暖阳"弱势家庭青少年关爱行动获得首届北京市优秀社会工作案例二等奖。海淀区北城心悦社会工作事务所、海淀睿搏社会工作事务所被确定为北京市首批社会工作实务实习实训基地。

（胡俊华）

【志愿服务活动】 全区共建成各类市级志愿服务示范站34家，依托志愿服务站举办"社区志愿者嘉年华"活动，引入专业志愿服务力量，有开展医疗义诊、法律援助、家电维修、精神慰藉、亲情陪伴等专业性的志愿服务，加强社区与志愿服务团队、社会公益组织的沟通交流。通过验证的注册志愿者470368人，占全市注册人数的22%，占全区常住人口总数的13%；注册志愿团队2520个，占全市的34%；登记志愿服务项目2747个，占全市的24.4%。各地区、各系统、各专业志愿者开展各具特色的志愿服务活动，累计上岗约12万人次，累计服务时间300多万小时，累计服务群众近500万人次。

（赵思维）

【开展系列志愿服务品牌活动】 年内，海淀区志愿者联合会形成"爱在海淀"系列品牌项目，包括"永动的蓝立方"城市志愿服务、"快乐共成长"关爱农民工子女志愿服务、"温情暖夕阳"

---

① 即依托社会工作事务所的专业力量与资源，在各街道建设"专业社会工作站"，由社工事务所向社会工作站派驻专业督导，引导并指导街道内现有持证社工（持有社会工作职业资格证的社区工作人员）开展专业性社会服务，旨在推进社区工作人员的专业化和职业化进程。逐步形成社工事务所—街道社会工作站—社区社会工作项目小组的社会工作架构；督导+专业社工+社区专职工作者+志愿者的工作模式。

敬老爱老志愿服务，“健康伴你行”社区健康咨询、培训、义诊志愿服务，“平安在身边”治安秩序维护志愿服务等项目。将每月第一个星期六设定为“海淀社区志愿日”，围绕“关爱他人、关爱社会、关爱自然”的方向，依托社区志愿服务站开展迎新送暖启程月、传统文化弘扬月、学习雷锋榜样月、绿色环保推广月、舞动青春奉献月、七彩童年关爱月、传承经典传承月、拥军爱民共建月、尊师重教感恩月、温暖夕阳敬老月、健康安全普及月、志愿成果展示月等12个主题志愿活动，按照一月一主题、一月一特色的目标，动员分会及团体会员，针对不同群体，拓展服务领域，丰富“爱在海淀”项目体系。

（赵思维）

社区工作者队伍建设

【招录295名社区工作者】 2013年，面向社会公开招录295名社区工作者，进一步改善社区工作者队伍的年龄结构、知识层次，提高社区工作者队伍的知识化、年轻化水平。

（胡俊华）

【培训社区工作者】 年内，委托海淀瑞博社会工作事务所，对新招录的社区工作者进行初任培训，为期一周共40学时。按照全市“万人培训计划”要求，第一期对476名社区党支部书记、居委会主任、社区服务站站长进行培训；第二期分批次对1392名社区工作者进行培训。全年累计培训2030余人次。

（胡俊华）

【建立社区工作者管理系统】 年内，区社会办开发集社区工作者信息管理、工资管理、专业社工信息管理、专职党务工作者及非公党建指导员信息管理、数据交互系统为一体的海淀社区工作者管理系统。

（胡俊华）

街·镇

2014
北京海淀年鉴

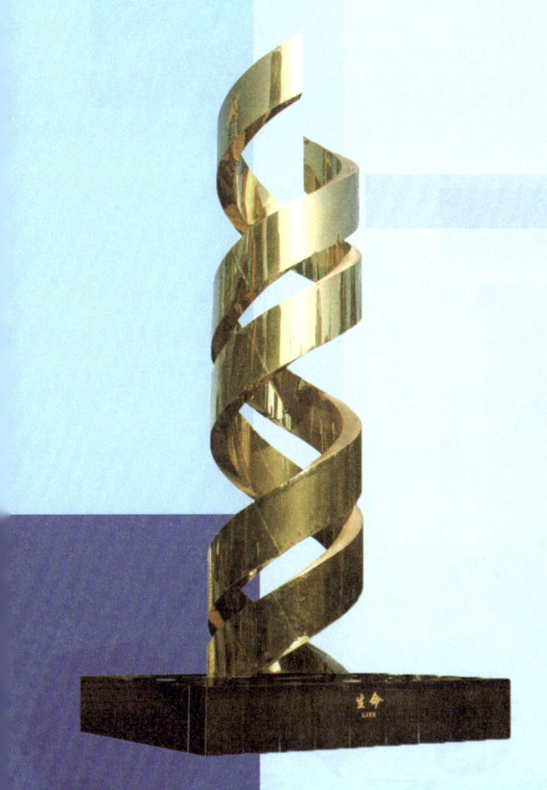

《3月21日，香山街道在北京植物园前举办春季长跑比赛（香山街道供图）

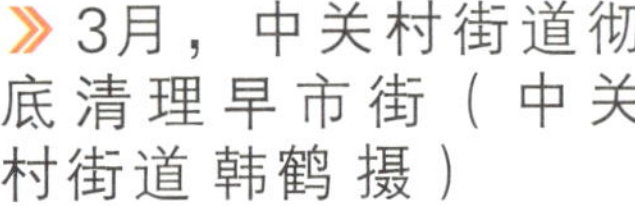

》3月，中关村街道彻底清理早市街（中关村街道 韩鹤 摄）

《4月14日，排查摸底今日家园非法群租情况（万寿路街道供图）

4月21日，西北旺镇首届“社区邻里节”主题实践活动启动，图为居民一起包饺子（西北旺镇 供图）

5月8日，清华园街道联合北京青年报社举办首场周末社区大讲堂讲座（清华园街道 供图）

5月29日，西三旗社区服务中心新行政服务大厅落成并开始办理业务（西三旗街道 王瑞林 摄）

《6月5日，花园路街道举办以“幸福海淀 美丽海淀”为主题的“五月的鲜花”群众文艺汇演（花园路街道供图）

》6月11日，清河街道组织拆除毛纺西小区1号楼南侧新生违建（清河街道 谢毅 摄）

《7月1日，永定路街道成立联合执法队（永定路街道 供图）

7月12日，北下关地区第五届“弘奥杯”羽毛球比赛（北下关街道 刘长安 摄）

9月16日，甘家口街道科技创安机房建成（甘家口街道 供图）

9月26日，羊坊店地区老年公寓正式开业（羊坊店街道 林学军 摄）

《9月，首都师范大学附属小学（玉泉校区）启用（四季青镇供图）

》9月，前沙涧安置房苏家坨镇部分地块竣工。（苏家坨镇供图）

《10月13日，苏家坨镇召开第二届地区运动会（苏家坨镇供图）

》11月27日，西北旺镇召开税源建设和吸纳本地劳动力企业表彰大会（西北旺镇 供图）

《11月29日，东升镇和北京林业大学举行共建北林东升科技园签约仪式（东升镇 供图）

》北太平庄地区查处北师大东门的违法建设（北太平庄街道 供图）

海淀区第四届文明市民艺术节演讲比赛（紫竹院街道 供图）

马连洼街道为299名非京籍儿童办理入学手续（马连洼街道 供图）

街・镇

万寿路街道

【概况】 万寿路街道成立于1963年3月。辖区面积8.78平方千米。有36个社区居委会，户籍人口171753人，流动人口15994人。

经济建设 加强招商引资，巩固原有税源，不断引进新增税源。做好中铁建科研楼、中国中铁财务公司等企业的招商引资。定期走访企业，了解重点企业生产经营和税收情况，为企业排忧解难。开展第三次全国经济普查。地区新增企业366家，新增企业中注册资金亿元以上企业3家，1000万元以上企业26家，500万元以上企业17家，新增企业注册资金规模达25亿元。

社区建设 加强社区规范化建设。通过租房、调整房源、与社区主管单位沟通等办法，解决11个社区的办公服务用房。对36个社区的档案、二级账、流水账、固定资产等材料进行普查，组织全国文明城区创建第三方入户调查。推进社区居务公开，组织社区工作者参加“社工万人大培训”，完成2013年社区工作人员招考。

推进示范社区创建，投资20万元改善居民文体活动场地和社区环境，投资10万元印制宣传材料、补充社区图书5000余册。完成“六型社区”创建第一轮和第二轮第三方评估，五棵松紫金长安、太平路22号等6个社区被评为市级“六型社区”。建成复兴路22号、复兴路24号社区等9个市级“一刻钟社区服务圈”，太平路46号社区被评为市级“规范化示范点”社区，永定路西里社区被评为“北京市智慧社区”，万寿路1号社区被评为市级“老旧小区自我服务管理试点”。

推进街道便民菜站、放心早餐等便民工程。根据运营情况统计和群众反映，对循环小巴运营进行第二次调整。推进万寿路老年公寓、翠微西里和紫金长安3家养老管理服务中心的建设。

环境建设 投资28万元，购置卫生清扫设备，增加保洁力量，组织开展城市清洁日活动，清理卫生死角50余处、路面遗撒60余处，清运垃圾90余吨。新增太平路27号院、复兴路22号院等7个北京市垃圾分类试点小区。开展“三大秩序（交通、治安、环境）”整治行动，进行联合执法70次，查扣无照经营三轮车、电动车200辆，小四轮售货车8辆，取缔露天烧烤30处，取缔和规范无照经营3000处，清除小广告11万张。拆除各类违法建设6043平方米。投资1200万元对永定路西里、翠微北里等9个老旧小区进行综合整治。与市政市容委共同出资1000万元对万寿路、玉泉路、西翠路和采石路进行综合改造。解决星期八公园锻炼扰民问题。投资65万元，改造永定路街头绿地。开展“送绿进家门”活动，购置640盆微型盆栽绿植、1000包鲜花蔬菜种子发放给社区居民。开展群众性植绿、护绿宣传。建成万寿路绿化精品大街。复兴路40号院社区被评为“首都绿化美化花园式社区”。

平安建设 在全国“两会”期间，依托“1+13+36+7885”工作体系[①]，加强社会面防控，完成万寿路甲15号院首长驻地和万寿庄宾馆、鸿府大厦两个会议驻地的外围安保。抽调60名民兵，完成全国“两会”等重点时期的桥梁守护任务。实现每个社区一个警务工作站。投入20万元，雇用30名保安，与社区民警配合对无物业、无主管小区进行巡控。投资36万元在翠微路社区、复兴路32号社区和永定路社区安装35个探头、建立2个监控室，投资10万元为社区安装防爬刺，投资7万元为翠微北里4栋楼736户居民安装楼宇对讲系统。

开展安全生产和消防安全大检查大整治及各项安全隐患专项治理，出动检查人员3000人次，出动检查车辆400次，检查生产经营单位1406家，发现并整改安全隐患2981处，其中彩钢板安全隐患44处全部拆除。完成地区328家液化石油气用户建档，对地区69栋高层建筑和55处有限空间进行情况登记。地区未发生重大安全生产和消防伤亡事故。

调整地区处置应急突发事件委员会组成人员，修订完善20项专项应急预案。开展“5・12”防灾减灾宣传周活动。受理并办结信访案件45件，通过群众事务呼叫平台解决群众诉求604件，妥善处置“万寿路西街16号院群体访”和“铁家坟拆迁群体访”，解决“紫金长安小区热水管道漏水问题”和“长银大厦工商注册问题”。

推进网格化社会服务管理。组建街道城市服务管理指挥分中心，明确网格

---

① “1+13+36+7885”的工作体系：1是指街道专项工作指挥部，13是指辖区13座重点桥梁，36是指地区36个社区分指挥部，7885是指地区7885名治安志愿者。

工作职责。投资60万元，建成100平方米的网格事务处理中心，构建“四平台、四系统”。为地区831名网格员建立基础档案，开展网格员百分制考核，并对下沉社区网格工作人员进行公示。健全地区管理委员会制度，定期召开会议，统筹协调地区的社会管理和公共服务，对地区重大事项进行研究和部署。通过网格化管理模式解决各类城市问题18164件。

民生建设　加强劳动者权益保护。完成日常巡查2158次，涉及劳动者2.8万人，对地区用人单位的监察基本实现全覆盖。办结劳动争议案件11起，涉及人员189人，涉及金额79.6万元。开展地区建筑工地日常巡查、专项检查265次，地区工地未发生重大恶意讨薪、欠薪事件，未发生安全事故及人员伤亡事件。推进“劳动用工规范一条街”工作，创建“百家和谐劳动关系单位”，截至年底，110家单位获得“万寿路地区和谐劳动关系单位”称号，街道被评为“2013年北京市构建和谐劳动关系先进单位”。

举办3场失业人员专场招聘会，职业指导3148人，实现1503名失业人员正式就业，超额完成区政府下达的失业人员就业任务。办理失业登记1641人次，管理失业人员档案4927份。办理按月发放失业保险金1526人次、135万元，办理一次性领取失业保险金16人次、25万元。街道社保所被北京市人力资源和社会保障局评为“北京市人力资源诚信服务示范单位”。

地区有低保家庭328户623人，低收入家庭20户。全年发放低保金、帮困金180万元。走访困难家庭370户，发放帮扶、救助、慰问金等61万元。办理老年优待证（卡）1893个，办理居家养老服务券、高龄津贴6863人次，发放金额402万元。推进地区残疾人康复、就业、扶贫助困、教育、宣传、文体活动等工作。为2450名低保对象和持证残疾人办理法律援助卡。做好3500名军工及地退人员的服务管理工作。推进双拥共建工作，促进军地融合式发展，举办地区军地两用人才培训班，170名战士和军嫂参加培训。开展对市场化租金补贴和社会化房源筹集等政策的宣传和培训，解答电话咨询和面对面咨询1万人次，审核受理通过市级保障房备案家庭353户，办理取消放弃资格家庭24户，受理市场化租金补贴家庭82户，申请社会化房源家庭5户。

全年办理生育服务证1510本、独生子女证841本，上报出生1874人。办理外地来京人员生育服务联系单371份，查验婚育证明5000本，组织地区252名流动人口育龄妇女进行免费孕检。开展“阳光万寿路——网络监督举报平台”创新活动，推进“阳光计生”规范化建设。

举办以“创建全国文明城区建设幸福万寿路”为主题的“五月的鲜花”群众文艺会演，组织地区优秀节目参加“圆明园第十八届踏青节暨海淀区文明市民艺术节”开幕式，开展万寿路地区太极拳、木兰拳会演和万寿路地区中国象棋比赛等活动。投资76万元，对16个社区的19套室外健身器材进行更新，投资12万元，为万寿路甲15号社区新配备3套室外健身器材。为非京籍适龄儿童开具入学借读证明316份。完成H7N9禽流感防控和流动人口疫苗接种。

基层党建和精神文明建设　对机关干部、基层党务工作者采取集中学习和自学相结合的方法，以知识问答、网络征文、诗歌朗诵等形式学习宣传中共十八大和十八届三中全会精神。抓好社区党的建设“三级联创”工作，提出党组织建设存在的问题，制定整改方案，并向党员进行公示。依托长银大厦商务楼宇联合党总支部、天行健商务楼宇联合党支部等“孵化器”项目，孵化出北京海天华光信息技术有限公司党支部、北京众利和康科技发展有限公司党支部等24个非公党支部。抓好商务楼宇“五站合一”工作站建设，指导和培训选聘的17名非公党建工作指导员。召开机关党风廉政大会和社区党风廉政会议，签订党风廉政责任书，形成主要领导亲自抓、分管领导具体抓、层层抓落实的党风廉政建设机制。开展职工帮扶服务工作，加强三级服务体系建设，做好职工之家建设工作。新建企业联合会345家，社区联合会35家。成立4家区级社区青年汇，打造3家北京市示范社区青年汇，开展活动150余次，参与青年3000人次。在36个社区成立36支志愿者服务队伍。依托复兴路24号社区校外办学的彩虹之家被授予市级彩虹之家工作站。开展庆“三八”系列活动、早教宣传服务活动和家庭美德演讲活动，完成“五好文明家庭”创建和“好邻居家庭”推选，发挥妇女之家、姐妹驿站、心愿信箱等各类基层维权服务机构的作用。完成民兵整组和民兵外出拉练。

将全国文明城区创建作为“街道一把手工程”，成立创建工作委员会，制订创建工作方案和计划。利用宣传橱窗和展板在重点道路、商场宣传全国文明城区创建，在社区开展“建文明城区 做文明家庭”承诺书签订活动。聘请108位热心社会公益事业的地区居民作为文明观察员，成立地区文明观察员队伍。以市民学校为载体全面推行“道德讲堂”教育模式，在街道社区服务中心和总参信息化部机关大院等社区建立22个“道德讲堂”。举办“中国梦”百姓宣讲活动，开展未成年人思想道德建设工作。

（曲少枫）

羊坊店街道

【**概况**】　羊坊店街道成立于1956年3月，1958年8月并入玉渊潭公社，1963年3月重建。辖区面积6.61平方千米。地区户籍人口121870人，流动人口50827人。有社区居委会32个，卫生医疗机构41个，中小学校、幼儿园14所。

经济建设　实现区级税收29亿元。地区有各类企业5423家，注册资金亿元以上的企业49家、千万元以上的企业415家，区2012—2013年度重点企业 22 家。其中区级纳税亿元的企业 6 家、千万元的企业 28 家。

环境建设 投资 300 余万元创建首都花园式街道，完成屋顶绿化项目 7 处、综合性公园 4 个、花园式单位 30 家、花园式社区 1 个、绿化精品示范街 1 条，实现地区绿化率 34%。"四个一"精品工程项目（羊坊店路绿化精品大街项目、新华联国际屋顶绿化工程、普惠南里美丽社区建设项目、羊坊店西路南段精品公园建设项目）竣工。完成 25 处、约 5 万平方米绿地改造。开展 4 处老旧小区抗震加固及外墙保温工程。改造 13 个社区无障碍设施。完成 35 处、4991.27 平方米拆违台账任务。组织联合执法 80 次，查处无照经营 530 起、占道经营 613 起，规范"门前三包"[①]362 家，整治脏乱点 72 个，清除小广告 5 万余张。开展翠微路北段等 3 处非法洗车专项整治行动。整治、规范文明城区创建考察测评的 8 处点位和 18 条重点道路。

平安建设 启用地区综治维稳中心，成立地区联合执法队，整合地区 1+5[②]科技创安视频信息采集指挥系统资源，建立"1+1+N"联合执法模式[③]。成立地区实有人口工作委员会，各新居民服务中心完成双网[④]对接。投入 50 万元升级改造 6 个社区物、技防设施。创新人民调解工作，创建"温馨调解法"[⑤]和"双赢工作法"[⑥]，各级调委会排查调处各类矛盾纠纷 943 件。5 个社区创建市级规范化人民调解委员会。地区 4 个安全生产联盟组织应急演练 5 场，地区 531 家生产经营单位、1.3 万企业员工参与活动。投入 7 万元配置社区消防设备，建立地区消防安全群防群治网络。全年检查生产经营单位 1635 家，消除安全隐患 1902 处。

统筹推进地区网格化社会服务管理。地区整体划分社区网格 32 个、逻辑网格 5 个。街道网格化社会服务管理信息平台对接区网。街道 14 支协管员队伍下沉网格，其中 1/3 由单项协管员转变为格员协管员，发挥"一岗多责"作用。成立由 8 家律师事务所工会组织形成的律师行业工会联合会。

民生建设 完成 15 件为民办实事项目。全年开发就业岗位 3050 个，举办专场招聘会 10 次，安置就业 1130 人，完成全年就业指标的 102%。发放低保金、救助金、养老金、丧葬补贴等 910 万元。募集捐款 24.2 万余元。新承接社会保险征缴工作。全年报销药费 325 万元。开通蔬菜直通车 9 个，惠及居民近 4 万人。安装信报箱 580 户。发放养老助残券 685 万元。新建老年餐桌 8 个，提供老年就餐服务 12 万人次。8 个社区的"一刻钟服务圈"资源信息管理平台开始运行。地区敬老院正式开业，提供住房 28 间、床位 67 张。"3S 学知苑"和地区人口学校创新建设"国学与早教课堂"。地区建成健康知识一条街和健康步道。与武警总医院合作开展专家下社区活动。地区建立"医联"体系。

创建"六型社区"7 个、规范化示范社区 6 个。创建"和谐社区建设示范街道"。投入 107 万元改善 4 个社区办公环境，投入 42.3 万元改造 7 个社区基础设施。各社区建立联合工会。

基层党建和精神文明建设 开展群众路线主题教育实践活动前期准备工作。街道工委党校和"五星耀家园"市级党员教育示范基地开办党员培训班 10 期，培训党员 3000 余人次。探索党员管理新模式，建立社区党员管理公示制试点，开展党员量化考核。机关开展"走进社区建立联系点"和在职党员"下社区报到"等主题实践活动。新建 15 个非公企业党组织、2 个联合党支部孵化器。成立社区联合团支部和社区少工委组织。

举办地区第二届文化节。更新 13 个社区、15 套健身器材。组织学悦讲堂、"清明纪念文化先贤"等品牌文化活动，开展雷锋校园巡展、"五月的鲜花"文艺会演、社区健康知识大讲堂等地区活动。

推进地区公共服务幸福工程、平安羊坊店放心工程、文化繁荣建设工程和"美丽海淀"生态工程等"四大民生工程"。完成第一次第三方测评和未成年人思想道德建设测评。开展道德讲堂、百姓宣讲等创建宣传实践活动，地区布置 4 处、3300 平方米的宣传墙，建立起覆盖全地区的宣传阵地。

（张秀峰）

【地区"小医联体"成立】 8 月 23 日，北蜂窝、茂林等 8 家社区卫生服务独立站与羊坊店社区卫生服务中心签约，地区"小医联体"正式成立。羊坊店街道辖区内有 1 家三级医院（世纪坛医院），2 家二级医院（水利医院、羊坊店医院），1 家社区卫生中心（羊坊店社区卫生服务中心），8 家社区卫生服务独立站。羊坊店地区的"小医联体"就是在世纪坛医院与羊坊店社区卫生服务中心签约的"医联体"上建立。"医联体"由三甲医院牵头，联合多家二级医院和社区卫生服务中心组成。"医联体"中的大小医院之间，可享预约挂号、双向转诊、检验、大型设备检查等绿色通道。患者可以到大医院看病、小医院康复，社区看病直接转诊大医院等。世纪坛医院"医联体"内成员建成远程医疗会诊平台。世纪坛医院的专家团队会对成员单位定期查房、出诊和会诊，免费接收成员单位医务人员进修学习，组织专家到成员单位社区开展健康大课堂讲座。

（张秀峰）

① 门前三包是指包卫生、包绿化、包秩序。

②指地区综治维稳中心指挥平台与羊坊店派出所、翠微派出所、羊坊店城管监察分队、公主坟交通大队、街道监控室实现视频信息共享。

③ "1+1+N"联合执法模式：成立地区联合执法队，采取"1+1+N"联合执法模式，重点整治羊坊店路、翠微路和玉南路的治安、环境和交通秩序突出问题。"1+1+N"联合执法模式中第一个"1"的含义是：街道负责组织协调属地联合执法；第二个"1"的含义是：行业主管部门负责牵头职责范围内的联合执法行动；"N"的含义是：其他相关责任部门积极配合联合执法。

④ "双网"指市流管平台与公安派综系统。

⑤ 温馨调解法：提倡一张笑脸相迎、一句暖话相劝、一杯热茶相敬，一个整洁的环境，一套规范的言行，一份满意的协议，以心换心，真诚平等地倾听当事人的诉求，与其建立起情感的联系，使当事人以积极的心态投入到调解中来。

⑥ 双赢工作法：坚持法、情、理相结合，一方面根据相关的法律法规找到法律依据，另一方面根据现实情况动之以情晓之以理，尽最大的努力使各方当事人利益最大化，实现双赢的目的。

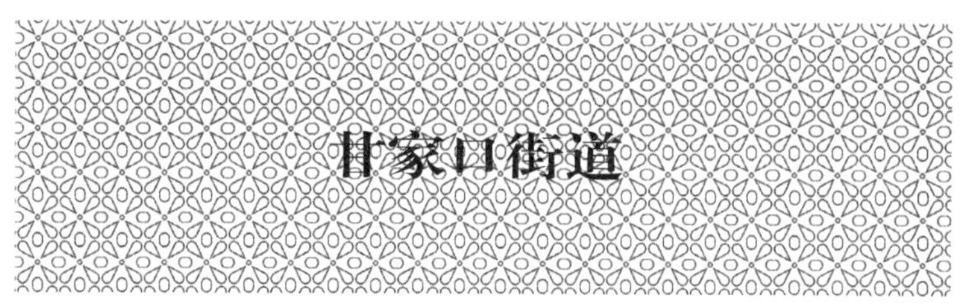

【概况】 甘家口街道成立于1957年4月，原名马神庙街道。辖区面积6.49平方千米，有23个社区居委会（新成立西钓嘉园社区、公安部一所社区）。户籍人口13万人，外来人口3万多人。

经济建设 开展百城万店无假货活动，联合紫竹院工商所、甘家口工商所深入写字楼和沿街门店开展宣传、张贴通知，105家小型企业和个体工商户签订《企业诚信承诺书》。调整投资促进与税源建设工作领导小组，将地区职能部门纳入领导小组成员，并召开地区投资促进与税源建设工作领导小组联席会议。对辖区16家甲级写字楼进行调查，对各楼宇建筑面积、使用面积、空置面积，企业入驻情况、入驻企业纳税情况以及是否异地纳税等情况调查摸底。对辖区43家重点企业进行走访，了解企业的经营状况与需求，协调相关部门解决实际困难。

环境建设 成立由城管、公安、工商、卫生、交通等职能部门组成的环境整治领导小组，制订《甘家口地区三虎桥南路环境整治工作方案》。设立隔离桩、限高杆或围挡墙对景观绿化土地进行保护。设立公共垃圾箱站，委派专人每日清扫并与环卫中心联系，协调解决垃圾箱站的清理维护，从根本上解决西钓地区环境卫生问题。拆除违法建设66处、5656平方米。组织各社区、单位参与以“植绿春天 收获健康”为主题的植树日活动。在“城市清洁日”开展清扫绿地垃圾，整理自管绿地的活动，清理垃圾300余车。开展垃圾分类宣传，入户宣传指导鼓励居民低碳生活，分类投放，共开展分类小区41个，共招募垃圾分类指导员210名，41个小区完成与环卫的对接。组织公安、工商、城管等职能部门及联合执法队人员，通过先期谈话、限期整改、强制整治“三步走”，清理甘家口大厦南侧无照商贩，并在道路两侧及中间安装交通护栏，规范大厦南侧的环境秩序。聘请保安50余人，对空军总医院西门、增光路、三虎桥南路等环境秩序重点整治地区每天不间断协助看护。投入268万余元对辖区范围内43条街道自管保洁道路共194269平方米的保洁面积实行外包。组织地区单位、社区志愿者每月开展“城市清洁日”工作，为14个老旧小区约30万平方米的居住区域和公共区域开展专业病媒生物消杀。746家门店均按要求张贴禁烟标识。清理小广告百万余张。利用“世界水日”“世界环境日”等宣传日，在健身广场、社区休闲广场等居民活动区域开展低碳生活、节能减排的宣传，发放宣传折页1000余份，张贴海报200余张。

对进口社区五色土幼儿园周边道路进行维修，改造进口社区自行车棚，为进口社区内12个楼门更换楼道窗户、安装报箱，维修新苑街1号院家委会办公室。对西三环社区自行车棚进行改造。为阜南社区内部道路安装减速带。新街社区粉刷居委会办公室，更换社区大门，改造6—9号楼前道路，改造自行车棚。白中社区硬化82号院3号楼前道路，粉刷楼道3000平方米，制作16块展板，清除垃圾10余车。

平安建设 完善防汛预案和应急抢险预案，做到“一部位一预案”。与地区100余家单位签订防汛抗旱责任书。及时开展自管道路两侧行道树及社区内危险树木枝叶修剪。新建社区警务工作站10个，消防工作室8个。安装门磁报警器、防爬刺等治安防控物件。在高发案地区、街面安装红外电子探头，安装科技创安视频大探头35个。

组建街道10人联合执法队。全年共检查重点单位2300个，消除各类隐患400余处，其中解决难点隐患5处。

处理各类举报件10余件；配合执法（包括依托“微事处理机制”处理）4处；反映和处置火情7起，清理可燃物15车次。

全年安全生产检查946家单位：检查建筑工地484家次，餐饮燃气专项检查118家次，商品交易市场检查148家次，电气隐患检查10家，小微企业达标验收检查50家，委托执法检查156家。下达各类执法文书153份，上报委托执法案卷15份。

民生建设 评选市区两级孝星56名，评选千家为老服务示范单位17家。为423名低保、生活困难人员发放低保金、医疗救助、临时救助及节日慰问金等共计385万余元。为108户生活困难家庭发放价值3.88万元的爱心卡。医疗救助160人次，临时救助25人次，重大疾病医疗救助45人次。为20户冬季燃煤自采暖家庭，发放自采暖补助金共计1万元。在中秋、十一两节之际，为415户困难家庭及残疾人家庭发放价值91299.5元的慰问品。协调永辉超市向地区捐赠价值10万元的慈善“爱心卡”，惠及辖区100个困难家庭。慈善救助29人次，发放救助金43300元。全年共发放居家养老券570.29万余元，高龄津贴、高龄特困津贴47.12万余元。办理老年证400余张、乘车优待卡1360张。为54名空巢老人安装“一按灵”呼叫器。为5人办理“一键式”居家养老服务器。完成12名95岁以上高龄老人家庭无障碍设施改造登记。为3个社区配备多参数生命体征测量仪。组织地区舞蹈队参加海淀区第十八届中老年优秀健身及个性化体育技能展示活动。全年发放残疾人生活补助132万余元；助残券全年305人次发放36.6万元、回收助残券12万余元；发放社会保险补贴41人次19.9万元；残疾人临时救助补贴发放10人次5.1万元；为10名智力、精神残疾人办理社区就业，发放补助金9.4万元。组织185名精神残疾人在甘家口医院体检。发放各类残疾人辅助器具108件。受理保障性住房申请家庭252户，为179户家庭取得备案资格，受理变更54户。办理公租房住房补贴26户。廉租房资格复核65户。与来自37个部队的186名军队无军籍退休职工进行移交见面、接收档案。给662名退休人员发放工资3016.44万余元，给19人发放抚恤金205.73万余元。完成退休人员生存信息核查。完成140名地退人员、505

名军退人员退休补贴调整，完成 17 名无收入遗属生活补助调标，共补发工资 47.65 万余元。完成超转人员医疗待遇的落实，为 72 名超转人员发放社保卡，协助社保所完成超转人员手工报销，完成超转人员特种病备案。

办理失业登记 1360 余人，办理灵活就业保险补贴 769 人，接、转档案 3600 余份。办理个人信息变更 335 人次，开具各类证明信 1640 余份。完成职业指导 3359 人次，采集空岗信息 4402 条，推荐就业成功人数 159 人。开办政策课堂 21 次，举办大型招聘会 6 场。安置 12 名就业困难人员到公益性就业岗位，为 113 名公益性岗位就业人员购买补充医疗保险，并报销补充医疗费 12 万余元。全年共为 6390 余人办理社保卡相关业务。为辖区内 1020 家企业办理 2950 笔业务，累计达到 15273 人次，举办有 54 家企业经办人员参加的社会保险征缴业务培训工作。为 310 人办理退休手续，接收和转出退休人员档案 480 余份，为 100 余人办理异地居住退休人员协助身份认定，为 700 余名退休人员办理医院变更。“一老一小”大病医疗保险新增参保 1300 人，总计 8586 人，城镇居民养老保险有参保人员 970 人，城乡无社会保障老年居民福利养老金享受待遇人员共 972 人。为失业人员发放补贴和慰问金 33 万余元，为 423 名低保人员发放低保金、医疗救助金、临时救助和节日慰问金等 385 万余元，为 128 名公益性人员发放工资和补贴 300 万余元；发放退休人员退休金、自采暖补贴费、死亡人员丧葬费等合计 59 万余元。开展幸福家庭及使者评选表彰活动，在社区新建 6 个“老年互助社”。

为 23 个社区安装 LED 屏，投资 330 万为工商大学、中纺等社区安装公共防盗门，更新完善社区全民健身体育设施 38 处。联合海淀区超市发、腾达大厦等企业，协助社区完成菜篮子和早餐工程项目。

基层党建和精神文明建设 为人大代表履职提供支持和保障，举办选民接待日活动 6 次，协调相关职能部门完成代表提案办理 6 件。在统战对象中开展“我心中的中国梦”主题征文活动，组织统战对象、社区统战干部开展“文明城区创建·甘心为您服务”美化海淀植树志愿活动。深化“四个服务”，继续加大为群众、企业和驻区单位的服务力度。开展双拥两用人才培训，对 50 名部队官兵进行信息化知识培训，调动区域单位参与地区发展的积极性。

街道成立创建工作领导小组，将街道职能科室、创建社区的居委会、物业及派出所、城管监察队等均纳入到创建小组中来。每季度召开楼门组长代表会议，通报街道文明城区创建工作进展及为民办实事落实情况；通过各社区微博、社区宣传栏、悬挂横幅等形式宣传文明城区创建及六型社区创建；在中海馥园广场开展志愿者义务活动，发放宣传品及创建知识问答有关材料 5000 余份；在各社区收集民意，理顺情绪，化解矛盾，切实解决一批实际问题。为每户社区居民制作印有“创建文明城区”字样的脚垫 2 个，共 10 万个，提高“海淀区创建全国文明城区”的知晓率、参与率。

举办“永徽杯”厨艺大赛、第二届“中塔炫”文化服务圈启动仪式等活动。在辖区 8 所中小学校开展“中国梦·健康梦‘育’出我生命的精彩”系列活动。地区健康医疗志愿服务队参加志愿活动 1000 多人次。

（郭晋越）

八里庄街道

【概况】 八里庄街道成立于 1963 年 3 月，辖区面积 6.49 平方千米，常住人口 13.59 万人，流动人口 6.9 万人，辖 33 个社区居委会。辖区内有企事业单位 1000 余家。

经济建设 定期召开税源建设领导小组成员单位联席会，走访纳税大户及增量企业。关注中小微企业，为新注册企业提供注册登记便利。引进 16 家新税源企业，核定存量企业 135 家。引进注册 22 亿元的神华铁路货运公司入住国际财经中心集中办公区。个人出租房屋代征房产税 1018 万元。

环境建设 完成玲珑巷、五路居腾退拆迁工作。拆除违法建设 141 处 134805.59 平方米，其中拆除新生违法建设 81 处 2879.58 平方米。实施恩济东街等八大环境建设工程。协助海融达公司推进八里庄路建设工程。补植自管绿地内 12860 平方米草坪、树木，改造绿地面积 19600 平方米。对东八里社区岭南路 30 号院进行老旧小区综合整治改造。对 304 医院等地区 8 处重点区域开展环境秩序集中整治。开展定慧西里社区环境专项整治。牵头开展永定河引水渠北岸综合整治，清理私搭乱建 16 处，清洁 2 万平方米，整治慧宝广场占用绿地违法经营，强制拆除朱各庄城中村部分违法建筑。开展燃煤、扬尘、餐饮等六个专项大气环境污染综合整治行动。

平安建设 平安联盟成员新增 25 家单位。开发治安志愿者管理系统，创建“平安公益站”项目。组织巡防队、保安队加强重点区域巡逻防控，在高发案部位开展巡逻蹲守。为北洼三居社区安装防爬刺 400 组，为 33 个社区 2196 个无标识探头进行标识安装，为 10 个技防薄弱社区新增探头 145 个。每个社区均设立警务室。

采取日常检查与重点监管相结合的方式，保障地区安全稳定。开展安全生产和消防安全检查 6104 家次，发现严重安全隐患 14 个。开展治安重点地区排查整治、三大秩序整治、僵尸车治理和夏秋社会面黑车治理围剿行动等专项整治行动。地区联合执法队执法常态化，全年出动执法力量 4800 余人次。“拉网式”排查重点矛盾 4 次，摸查 28 个重点人并建立动态监管台账。处理市长、区长信箱共 127 件，接待上访 22 批 60 人次，化解重点集体访 3 件，稳控重点信访人 8 人。处理群体性劳动纠纷 4 起，涉及人员 129 人。全年未发生重大安全生产事故、食品安全事故、涉稳事件。

民生建设 对地区困难家庭发放

低保金230余万元，重残补助金11万元、助学补助金15万元、医疗救助金20万元、残疾人社会保险补贴18万元。为108户失独和低保家庭办理计划生育意外保险，办理保障性住房备案137户，失业再就业620人。为流动人口进行集中孕检300人次。

与玉渊潭医院合作推进老年康复护理院建设，新增800余平方米、50张床位。成立25个社区“养老互助社”，引入“稻香村”等知名企业加入养老服务商队伍。建成80余平方米的“美好八里庄便民菜站”2号店。召开地区幼儿园园长工作会议，对学前教育进行督导。办理非京籍儿童借读证明220份。

组织地区41家单位创立“八里庄地区物业联盟”。为世纪新景园、恩济里、核二院社区修建、改建花园、健身广场。为定慧西里、中化社区改造停车场2000平方米。为地区更换新健身器械11套，对慧宝广场、恩济东街广场健身场地进行全面更新。

社区建设　在33个社区对下沉的网格力量进行实名制公示。建立并试用社区信息管理系统。为社区服务站购置电脑、打印机等20余台，为33个社区安装LED大型显示屏，为中海雅园、颐慧佳园社区购买办公服务用房，对北京印象、永安东里、亮甲店社区的活动用房进行改扩建和装修。完善社区干部的业务培训，组织实地考察先进社区，学习社区规范化建设、“一刻钟服务圈”建设等经验。美丽园社区创建为北京市数字文化社区。开展“六型社区”和“社区规范化建设示范点”创建。指导中海雅园小区成立业主大会及业主委员会。

基层党建和精神文明建设　培育出“厚德课堂”“真情服务一带三”“永康农民工之家”“求职者之家”等党建品牌项目。开展“呼唤流动党员回家”主题党建活动，入户摸底非公企业294家，新成立非公企业党组织8个。建立健全机关党组织和机关党员直接联系服务群众长效机制。2013年街道工委被评为北京市街道社工委示范点。

街道创建全国文明城区分指挥部成立10个专项督导组和1个综合检查组，落实、督导、检查全方位一体。开展创全国文明城区宣传。开展“幸福海淀 美丽海淀 载歌载舞赞八里”文艺会演、“幸福家庭 和谐计生”评选、“家庭美德宣传月”活动、“全民健身 全民阅读”公益宣传、“寻梦计划”活动。与首都师范大学合作建立“青年教师社会实践基地”。成立由首都师范大学心理学专业教授和研究生组成的地区未成年人发展中心以及33个社区未成年人心理辅导站。地区128支文艺团队开展文化活动500余场次。街道党工委被中共北京市委评为北京市第十一届思想政治工作优秀单位。

（王敏）

【建成“美好八里庄便民菜店”2号店】年初，针对西八里社区居民平时买菜难的情况，街道与10余家商户进行沟通，最终在“吉聚缘”社区超市建成地区第二家“美好八里庄便民菜店”。菜店占地80余平方米，所售菜品质优价廉，受到群众欢迎。

（王敏）

【建立“心灵家园”基地】　年内，针对失独家庭，开展经济状况、健康状况、医疗需求以及心理慰藉四大类30项内容的问卷调查，在此基础上确定“立足社区、亲情互助”的帮扶工作重点，建立“心灵家园”基地并制订实施方案和活动计划。建立志愿者帮扶队伍，开展文体活动，对失独家庭进行生活慰问，为失独家庭建立沟通和交流的平台。

（王敏）

紫竹院街道

【概况】紫竹院街道原名蓝靛厂街道，成立于1959年11月，面积6.23平方千米，户籍人口13.8万人，流动人口2.5万人，街道下辖22个社区。辖区科教文化单位密集，有大专院校8所、科研单位18个。全国56个民族均有成员在域内居住生活。

经济建设　截至年底，地区登记纳税人9076户。全年三级税收收入147193万元。有各类注册企业6167家，其中注册资金5000万元~1亿元的内资、外资企业112家、亿元以上的64家。2013年新增注册资金1000万元以上的企业40家，其中亿元户4家，产业分布科技类、商贸类、服务类所占比重大。

截至年底，地税税源户6283余户，2013年新增856户，其中注册资金1000万元以上的企业29户。全年实现税收5.92亿万元，地方税收的主要税源仍然是金融业，税源前十名的企业中金融、投资企业占7家。

环境建设　拆除违法建设233处，面积3757.4平方米。开展联合执法行动328次，集中开展中小学周边整治、车南里早市整治、魏公村夜查、半壁店拆违等工作，重点对无照游商、店外经营、大排档、占道经营等行为进行整治，聘请保安、发动志愿者维护街面环境秩序。修复广源闸路与民大南路交叉口、魏公村斜街与民大西路交叉口的破损路面；修复厂洼街3号楼西侧便道破损下水井，并补充其丢失的井盖；修补厂洼街红绿灯旁高台阶绿地脱落的镶砖；解决厂洼小区自来水跑水问题；在理工大学小东门路、付家村、长智路新装路灯34盏。投资12万元，新植乔木8000余株、灌木2万余株，抚育养护树木12余万株。

启动地区2013年环境建设项目，涵盖万寿寺路、紫竹院路、广源闸路、民大西路、双紫支渠沿线、魏公村路、法华寺路、魏公村斜街、车道沟东路、长智路和理工小东门路等11条道路，整治内容包括围栏建设、围栏油饰、新建围挡墙、围墙粉饰、铺装硬化、绿化补植等。

街道被评为2012年度首都环境建设先进单位，其中长春桥路和中关村南大街被评为市级达标示范大街；街道获“北京市生活垃圾分类街乡镇贡献奖”；美林花园小区和兵器十号院社区获“北京市生活垃圾分类社区贡献奖”；万寿山庄社区获“2012年度首都绿化美化花园式社区”奖。

平安建设　投资64万元新建18处

警务工作室，并为其配备协警力量；投资196万余元安装社区视频探头、门禁、防爬刺。

成立由公安、城管、交通、工商等部门组成的联合执法队。全年等级防控67天，共出动群防群治力量36万余人次。对治安重点地区及学校周边开展192次集中排查和治安专项整治。完成实有房屋116户、出租(借住)房屋3557户、实有人口19273人、实有单位1620个的信息采集。排查各类矛盾纠纷528起，调处率100%，妥善处理市政集团昌运宫办公楼在建项目引发不稳定因素等事件。整治韦伯豪社区群租房屋52户。办理来信26件，办结率100%；办理来电来访53件；处理非紧急救助服务中心转办件408件，结案率100%。

召开社区防控人感染H7N9禽流感专项工作部署会，发放防控H7N9禽流感宣传画册及预防知识问答手册。

对辖区内商市场、各类商品批发市场、农村集贸市场等开展为期两个月的消防安全专项整治行动。巡检1803家单位，查出安全隐患2196处，整改1998处。对地区340家单位负责人进行安全生产培训。与地区单位、社区、工地150余家单位签订《安全大检查工作责任明确书》。

成立街道食品药品监督管理所。受理发放食品流通领域许可证13户。完成餐饮服务单位和保健食品经营单位现场核查15户。对辖区8条重点大街食药经营单位巡回检查200余户次。

组建由机关干部职工、民兵预备役人员和辖区警务保安、医疗卫生等相关部门人员组成的100人的综合应急救援队；在各社区分别组建20人以上的应急救援队；组建由辖区相关单位人员50人组成的街道防汛应急队和地质灾害应急队；与驻区消防中队签订合作协议，组建地区专业救援队；组建由街道相关科室及各社区工作人员组成的应急救援信息员队伍。投入192万元聘用专业保安40余名协助公安机关开展平安创建工作。

紫竹院街道办事处获2010–2012年度北京市安全生产先进单位、2013年“安全生产月”活动优秀组织奖。

民生建设 开展“五民”[①]系列活动，实施“走动式工作法”，收集社区工作者建议109条。推进“一刻钟社区服务圈”建设和“六型社区”创建。

完成就业总人数900人，推荐850名失业人员成功就业，实现残疾人就业8人，全年举行6场招聘会。

推进为老服务创新，举办以“执子之手，与子偕老”为主题的地区居民庆重阳“金婚、绿宝石婚、钻石婚、白金婚”集体庆典活动；在厂洼、韦伯豪、车道沟等3个社区开办配送式老年幸福餐桌；继续开展“幸福笑脸”服务，为地区符合条件的老年人免费拍摄艺术照；在社区服务中心基础上合并建设街道级养老管理服务中心，覆盖膳食配送供应、中介服务、教育培训、专业精神关怀、托老服务、文体娱乐、图书阅览等7项功能。

为119名流动已婚育龄妇女提供免费孕检；投资40余万元打造由“紫竹一家亲”“快乐悦读室”“快乐成长园”“快乐幸福广场”组成的“紫竹幸福家园”；建立“失独家庭帮扶网格制”，成立“邻里帮扶志愿者服务队”，志愿者与“失独”家庭结对子，开展“邻里帮扶”，关爱失独家庭。

与北京舞蹈学院联合开展“人人舞”社区舞蹈传播活动；采用主会场与22个分会场共同开展活动的方法举办地区第四届民族文化节，提高居民知晓率和参与度；举办“五月的鲜花”文艺会演；承办“青春的海”国际青年艺术节紫竹院地区分会场活动；开展“民族团结游园会”活动；街道图书馆利用“北京市文化信息资源共享工程”网站平台开展读者交流活动，实现通借通还服务。

社区建设 投资47万元为兵器工业机关社区新建300平方米的自行车棚，并对其服务大厅进行装修；为紫竹社区租赁120平方米场所作为服务大厅，为社区提供固定的活动场所；收回三产用房400平方米并投资20余万元改善厂洼一社区办公和服务用房条件；投资近50万元将团校社区原自行车棚翻建改造成100平方米的办事服务大厅；投资40万元对韦伯豪社区服务大厅、市民学校、舞蹈教室、乒乓教室等活动服务场所进行改造；投资150万元完善地区基础设施；投入82万元进行创建文明社区宣传。

提升社区信息化水平，在完成“智慧社区”刚性指标的基础上，投资80万元为22个社区安装LED显示屏，利用信息发布平台统一推送各类为民服务信息。开发“社会保障综合业务网络平台”，通过建设医疗、养老、失业、就业、低保、住房六大保障事务的集约化工作环境，实现窗口职能综合化，服务内容精细化。借助“社会保障综合业务网络平台”，居民和驻地区企业可实现网上预约、现场取号。深化“知竹online”网上社区服务站功能，增设“在线服务”频道，为居民提供网上实时咨询业务。“智能安全物联管理应用系统”建设初具规模，在局部试点开始应用。

开展科普文化大讲堂系列活动，特邀专家为辖区居民做主题讲座。

依托“张思德纪念馆”建成“万寿寺小学爱国主义教育基地”，协同万寿寺小学在张思德生前所在部队——武警某支队举行“张思德少年军校”命名仪式。

基层党建与精神文明建设 贯彻落实中央、市、区关于改进工作作风、密切联系群众的各项措施：精简会议活动，全年会议数量较上年下降35%；精简文件简报，发文数量较上年下降28%；厉行勤俭节约，加强机关节能降耗，压缩公车使用，严格控制各种学习考察活动。

投资25万元，完善党员远程教育培训站点硬件设施。推进商务楼宇“五站合一”，建立完善楼宇党建工作指导员管理制度和工作机制；依托2个“孵化器”项目，新建非公企业党组织11个，摸清口袋党员[②]388个，实现企业组织覆盖率75%，工作覆盖率100%。搞好社区党组织“三级联创”活动，完善街道“星级化”管理模式。“社区党建星级化管理”、韦伯豪社区党支部的“实”工程、魏南社区党委的“金色夕阳志愿服务”被区委组织部评为党建创新项目奖；北洼路社区“永远的先锋—

① 指便民、利民、安民、富民、乐民。

② 指组织关系长期放在“口袋”中，人在一处、组织关系在另一处，不办理组织关系接转手续的党员。

党员志愿互助服务”项目被区委社工委评为党建创新项目。

开展党风廉政建设宣传，开展“96160”热线投诉宣传。完成政务公开事项的梳理、核对、录入，方便群众查询事项办理流程。公开政府信息，及时更新政府机构各类信息。

（肖征祥）

北下关街道

【概况】北下关街道成立于1963年2月，辖区面积6.04平方千米，现有社区居委会31个，户籍人口15万人，流动人口4.3万人。辖区文化古迹众多，科教文化单位密集，商业经济发展繁荣。

经济建设　搭建平台助力税源建设。在长河湾建设集中办公区，创新孵化平台建设初具雏形，已入驻企业100家。开发楼宇综合信息管理系统，开展需求调研、数据采集等前期工作，以中坤大厦为试点，开展楼宇业态调整。推进“大钟寺商圈”助力工程，分期分批开展钰苑房地产项目、中财科技金融产业园项目、四道口土地一级开发项目等工程。推进第三次全国经济普查。全年代征个人出租房屋房产税额2068.8万元。

环境建设　投资约1500万元完成学院南路、高梁桥斜街等6条主要道路的整体升级改造工程，完成交大东路31号院、50号院老旧小区节能和综合整治工程，在皂君庙、头堆等社区开展街巷胡同整治行动，解决社区居民反映强烈的出行问题。对重点区域无照经营、夏季大排档、非法展销会等严重破坏街面秩序的违法行为开展密集型环境整治工作。针对首都体育馆周边等8个文明城区创建必查点及交大嘉园周边等群众关注区域，坚持疏堵结合、物技结合，采取联合打击、设置设施等做法，缓解高发违法问题。拆除各类违法建设11241余平方米。以街头绿地与社区花园补植与升级改造为重点，完成1万余平方米绿地升级改造。协调钢研集团完成单位改造绿地8500平方米，完成紫御府创建花园式单位前期准备。对家乐福、四道口、交大嘉园等6处市级重点点位进行清理整治，清理无主垃圾1010余吨。利用市场机制方式解决城市管理难题。在学院南路北侧道路设施喷涂高科技材料治理小广告。完成气象局等3个社区垃圾分类创建。为娘娘庙、大柳树等社区疏通排污管道10余次、500余米。发挥信息化城市管理系统和视频监控系统作用，共立案20062件、结案19988件，结案率为99.62%，协调处置各类突发事件47件，提供非紧急救助服务483件。

平安建设　对网格化社会服务管理模式进行细化分解，任务落实到科室、责任落实到人。对31个网格信息平台管理员进行培训。细化、实化、网格化治安防控工作，开展安全社区创建，落实社区警务工作室，完成社区门禁系统安装前期工作。对探头布局进行整体规划，加密整治重点、乱点探头。开展“三大秩序”专项整治、社会治安重点地区整治、黑车黑摩的专项整治等社会面秩序专项整治，做好校园周边安保、铁路护路、养犬管理等工作。对中央财经大学门前、农科附小门前交通问题进行综合治理。成功处置群众围堵数码大厦某事务所等群体性事件。开展“安全生产月”、夏季食品宣传周、119消防宣传日等安全宣传活动10次，开展烟花爆竹从业人员、消防重点单位负责人、文明交通引导员等安全教育培训活动13次，开展各类安全生产及消防安全应急演练9次，制作、发放宣传材料，提高地区单位和居民安全生产意识。投入10余万元为无物业小区新配置灭火器50余组，为已配发的2000余组灭火器进行年检。全年组织各类安全生产检查9360余家次，整改各类安全隐患5620处，排查老旧社区安全隐患45处。消防工作站检查重点单位1930余家，责令整改隐患1998处。开展夏季食品安全、打基础除隐患创平安消防安全大排查大整治专项行动、交通安全大检查等专项整治7次，开展联合执法7次，完成安全生产委托执法120余家次。开展“六五”普法宣传，增强地区群众法律意识。发挥联合调解室作用，成功调解纠纷1300余件。推进“法律服务村居行”活动，为地区单位和居民提供法律服务和援助，做好社区矫正和安置帮教工作。开展劳动用工规范一座大厦工程建设，推进劳动监察网格化管理工作，开展日常巡查280余次，接受劳务纠纷案件34件，结案29件。开展各类矛盾纠纷排查12次，接待群众来访80余人次，办理信访件20件，办结群众事务呼叫中心交办件263件。

社区建设　指导头堆、动物园等7个社区开展“六型社区”示范社区创建，完成8项惠民工程。申报皂南、铁研2个社区创建市级规范化示范社区和40号院、南二2个社区创建区级规范化示范社区，4个社区完成标识安装及工作档案、服务内容、办公用房面积及设施方面的规范化。完成涉及20个社区的40个改造安装项目，合同金额约340余万元，完成社区原出租、共建用房清理，清理社区固定资产2000余件。加大对长河湾小区业主委员会、天作国际业主大会监督指导力度。新增5处蔬菜销售站点，在交通大学社区成立北京首家备案菜市场。完成交大嘉园、皂东社区“一刻钟社区服务圈”示范点社区建设。建成南二、气象局和交通大学社区3家居家养老服务中心，其中南二社区居家养老服务中心作为试点多次接受全国老龄办、北京市人大等部门的调研考察，其做法在北京新闻等媒体报道播出。与北下关医院、北医三院联合推进医疗服务进社区工作。举办各类民间组织及义工活动126次，开展“服务进社区、名人大讲堂”品牌活动。

民生建设 全年完成就业指标1105人，采集空岗信息2857个，举办各类招聘会12场,职业指导2015人次。救助困难群众34户,救助金额39566.73元。爱心家园救助家庭149户，救助金额62102.1元。开展住房保障申请审核工作，接受咨询3870余人次。为动物园、皂东等6个社区安装生命体征监测仪及附属系统，办理老年优待卡1630人次、老年证3600余人次。残联组织开展新春联欢会、“节前送温暖”等活动，助残日期间开展慰问、赏花、讲座、技能培训、趣味运动会等系列活动，惠及残疾人1180余人。开展“和谐同献爱，绽放幸福花”“向日葵之情”“康乃馨之爱”“蒲公英之舞”等系列特色活动，提供优质计生服务。发挥公益文化自我服务小组作用，举办社区“舞台欢乐行”之“我型我秀才艺展”“梦之声”合唱比赛、“舞之魂”民族舞比赛、第八届群众文化节开幕式、青少年书画赛等活动，实现文化惠民5000余人次。举办2次科普文化大讲堂，开展“科普之夏——学科学、知科学、用科学活动”，提升社区居民科学文化素养。举办地区第七届“和谐杯”乒乓球比赛、第五届“弘奥杯”羽毛球比赛、首届广场舞比赛。推进全国公共卫生应急示范区、全国慢性病综合防控示范区等创建，完成非京籍适龄儿童就读公办小学材料审核，启动适龄妇女两癌筛查，协调开展人感染禽流感防控、手足口病防控。

基层党建和精神文明建设 开展理论中心组学习12次，班子成员分别完成理论文章或调研报告1篇。年底召集人大代表、政协委员、职能部门、社区居民等不同层面人员召开征集意见建议座谈会，共征集意见建议129条。每月定期开展2次机关干部理论学习日活动，每季度安排1次机关集中学习；与北京交通大学签订培训合同，邀请专家教授对机关、社区党员授课24学时；组织党员干部按规定完成干部在线学习、超市培训和网络培训，组织处级干部参加面授达28人次。街道机关4个支部共100余名党员到联系社区报到。开展党员干部作风建设年主题教育活动，提出“八提倡、八反对”，通过学习动员、查摆问题、分析整改、落实措施、回头看等5个阶段的活动，对机关工作人员中存在的问题进行查找和整改。组织人大代表、政协委员开展环境建设专项评议、调研气象监测预报工作、调研全国文明城区创建工作等活动，办理代表建议2件。

（刘绍鹏）

【举办地区第八届群众文化节】 5月24日—10月29日，街道举办北下关地区第八届群众文化节。本届文化节以“文明美丽北下关 和谐幸福我的家”为主题，围绕争创全国文明城区、争创国家公共文化服务体系示范区，组织开展社区“舞台欢乐行”之“我型我秀才艺展”“梦之声”合唱比赛、“舞之魂”舞蹈比赛、广场舞比赛、第二届地区青少年书画赛、地区首届“中国梦我的梦”青少年读书演讲比赛，直接参与7项文化活动的社区群众及地区单位达5000人次。社区和驻区单位开展文化活动近百场次，参与群众2万余人次。

（刘绍鹏）

【举办地区第五届“弘奥杯”羽毛球比赛】 7月12日，北下关地区第五届“弘奥杯”羽毛球比赛在国家体育总局冬季运动中心举行。此次比赛历时3个月，地区群众千余人参与此项赛事。共有18支队伍进入决赛，中国钢研科技集团有限公司代表队获第一名，中国农业科学院社区代表队获二名，国家知识产权局专利局专利审查协作北京中心代表队获第三名。

（刘绍鹏）

【普法宣传活动】 10月19日，街道在北下关街道办事处普法广场开展以“讲法制 守秩序 普法惠民进万家”为主题的宣传活动。活动现场，司法所通过摆放案例知识展板，发放宣传袋、法律知识学习手册、扑克牌、宣传折页、《法律生活小帮手》等宣传品，向群众和流动人口宣传法律知识。活动现场向过往居民发放创文明城区法制宣传教育工作模拟问卷，调查地区居民对北下关地区法制宣传工作的参与度、满意度及感兴趣的法律知识、活动形式，为以后有针对性地开展法制宣传教育活动提供依据，扩大普法覆盖面，确保地区的法律宣传教育普及率至80%以上。北下关地区的5个社区分别开展主题宣传活动，通过各种形式向居民普及法律知识。此次活动共展出展板13块，发放宣传袋1000份，宣传折页1000份，法律知识学习手册500本，《法律生活小帮手》200本，普法扑克牌100个，悬挂横幅5条。

（刘绍鹏）

【成立联合早教基地】 10月25日，北下关街道交大幼儿园—卫生部社区联合早教基地成立。联合早教基地今后每个月做公益幼儿课堂2~3次，并形成长效机制，以促进地区儿童早期教育事业的发展。

（刘绍鹏）

北太平庄街道

【概况】 北太平庄街道成立于1957年，辖区面积5.17平方千米，有38个社区居委会，户籍人口157800人，流动人口49289人。

经济建设 发挥地区经济发展委员会的平台作用，走访中国铝业、中国节能、中国医药集团、中影集团等企业，了解企业心声、解决企业困难，促进地区经济发展。搭建金融企业、中企国企、大专院校和非公企业服务平台，引进中铝保险经纪（北京）股份有限公司、意法·爱立信半导体（北京）有限公司、世意法（北京）半导体研发有限责任公司、北京盛宴佳品餐饮管理有限公司等多家大型企业，北师大科技园先后入驻企业20余家。完善企业绿色通道机制，为驻地单位解决各类问题，实现实时联动。

环境建设 在全区率先成立联合执法队，加大对无照经营、私设广告牌匾、违法乱停车等违法行为的查处力度，改善地区整体环境面貌。拆除账内违法建设33处、3390平方米，拆除账外违法建设24处、6606平方米，拆除新生违法建设40处、2193平方米。组织3次集中整治明光村地区环境脏乱问题行动，查处各类违法行为1200余起，拆除违法建设460平方米。修复新外大街5号院和志强北园东侧雨水管线，对学院南路32号院地面铺装，改造红联村社区环境，对西直门北大街43号院进行绿化改造。索家坟、学院南路32号卫生保洁项目外包。蓟门里社区物业外包，解决老旧小区治安防范、绿化保洁、维护维修、停车管理等问题，同时成立蓟门里小区自治管理委员会，负责监督、检查物业公司日常管理工作，小区脏乱环境得到改观。与4所中小学和4家旅馆达成协议，制定二级转移避险制度和措施。开展“绿色北京大家建、爱绿护绿我先行”主题义务植树活动，参与人数达2.4万人，认建认养苗木1.5万株。

平安建设 加强人防、物防、技防建设，在重要节点、重点区域加大巡守力度，对辖区77个摄像头进行升级改造，在38个社区建立警务工作站。做好“四个实有”信息采集，完成核录实有房屋976处，采集出租房屋信息3049份，实有人口22821人，实有单位1191份。加强消防安全，检查地区单位560余家，发现问题并及时整改1480处。投入14.4万元为辖区居民安装一氧化碳报警器。强化安全生产重点领域执法检查，全年下达整改通知书1450份，执法文书15份，解决举报件2起。开展“劳动用工规范一条街工程”，涉及餐饮住宿企业165家。妥善处理宝岛医院、北师大乐育三号楼、蓟门饭店等建筑工地农民工讨薪事件，涉及金额196.5万元。设置食品药品监督管理所，强化食品药品安全监管。完善公共卫生应急机制，对出现在辖区内的北京市第2例H7N9感染者和1名乙脑患者的应急处理及时、有效、稳妥。代表海淀区通过国家公共卫生应急示范区的验收检查。

构建“1-10-38”模式（即：一个领导小组、10个专项工作组和38个社区网格）的网格化工作组织架构，在38个社区网格中划分175个网格单元，配齐302名网格协管员。将党组织建立在网格中，发挥党组织对地区发展事务的统筹作用。围绕网格化工作推进过程中的难点及突发问题，召开17次专项工作会、研讨交流会，协调相关部门加以解决。截至年底，38个社区网格通过网格化社会服务管理系统共上报数据1281条，其中313条社区民情、968条走访日志。处理较大问题140件。

民生建设 创建充分就业街道，开发就业岗位3000余个，职业指导2500余人次，实现就业936人，登记失业人员就业率71.72%，登记失业率0.4%，完成年度就业指标91.8%。社保经办业务有序下沉，累计服务单位978家，完成全年指标的120.7%，业务经办笔数居全区第一。完成辖区内18户廉租房、68户公租房、65户公租补贴的业务办理和海淀区第五、六、七、八批和市级彩虹家园等公共租赁住房的意向登记。发放城镇居民最低生活保障金约152.8万元、养老券345万余元。为294名残疾人办理免费服药、康复补助、福利机构补贴、职业技能培训等工作。创新引进“95081”社区服务热线，成功派单600余次。开展法律服务村居行活动，为社区居民提供法律服务236次。完成地区来京务工人员随迁子女在京借读证明的审核工作，发放证明321份。优化计生服务程序，在社区中开展人口计生事务的代理代办工作。落实“暖心计划”，为辖区135户328人办理独生子女家庭意外伤害保险。投入1400余万元建设“北太平庄街道居家养老服务中心”。

基层党建与精神文明建设 制订《北太平庄街道党员干部联系基层实施意见》，建立党员干部联系基层制度。向地区5599名党员发出“我是党员我带头”的号召，发挥党员干部的先锋模范作用。推进非公党建孵化器建设，完成商务楼宇内非公企业党员的调查摸底，按照市级示范站标准建立锦秋国际大厦商务楼宇工作站。在街道服务窗口、机关和各社区开展“两规范一提高”活动（即：规范执法行为，规范政务服务，提高执法能力和服务水平）。聘请地区人大代表、政协委员、地区单位代表和居民，担任北太平庄街道党风廉政建设监督员。“崇德、务实、有为”被确定为“北太精神”。

投资68万元，开展新春“送福入户”活动，与辖区5.8万户家庭签订文明承诺书，推进文明示范楼门庭院活动。在杏坛路、北三环中路沿线开展“北太平庄地区餐饮业厉行节约、反对浪费‘光盘行动’一条街”活动，中央及市属30多家媒体进行报道。在辖区重点路口组建交通安全志愿者服务队，进行交通文明宣传及秩序维护。街道党工委、办事处征集38个社区意见建议185项，并针对实际问题，明确责任领导、责任科室及责任人，推动问题的解决。

完成地区优秀群众文化团队经典曲目CD制作。社区文体中心开展声乐、舞蹈、健身操、健康知识等培训讲座100余次，惠及居民2000余人。投资250万元同威凯集团合作建设威凯文体活动中心，为居民提供2600余平方米的文体活动场所。与北京师范大学政府管理学院签订文化发展规划协议，启动地区文化发展规划工作。举办“我的梦·中国梦”百姓演讲大会。与首都体育学院联合完成地区1000人的国民体质测试。街道获国家体育总局授予的“全国群众体育先进单位”称号。完成学前教育专项督导工作档案的整理和社区教育中心课程的梳理。做好“蓟门新语·社区青年汇”工作，组织文体活动，开辟青年学习新天地。

（洪烨）

【地区联合执法队成立】 4月27日，北太平庄地区联合执法队成立。联合执法队人员由地区公安、交通、消防、城管、工商、卫生等职能部门抽调专人组成，在街道集中办公。主要职责是对北太平庄地区涉及面广、综合性强、处理难度大的环境秩序问题开展联勤联动，联合执法，综合治理。

（方雅杰）

【劳动人事争议流动仲裁庭首次开庭】 5月31日，北太平庄街道劳动人事争议流动仲裁庭首次开庭。此次庭审的两个案件被申请人均为地区企业，申请人诉求包含了薪资补贴发放、劳动合同解除的经济赔偿等多项内容，涉及国家劳动保障相关法律、法规等众多条款。案件的庭审，维护了职工与企业双方的合法权益。

北京吉优特软件有限公司、民航中天科技有限责任公司等4家企业旁听案件审理过程。

（任佳怡）

【清洁空气文明志愿行动】 11月6日，街道召开“蓝天计划，你我同行”清洁空气文明志愿行动启动大会。地区单位主要领导、街道机关干部、社区领导以及社区绿色消费代表和社区清洁监督志愿者共180人参加大会。11月12日，街道协助首都文明办、市环保局、市市政容委、市交通委、市商务委、市园林绿化局，团市委，市公安交通管理局在北京邮电大学操场，举办“做文明有礼的北京人——清洁空气蓝天行动”启动仪式。

（李瑶）

海淀街道

【概况】 1949年5月设海淀镇，1954年5月撤镇设街道，是海淀区的第一个街道建制。1963年3月重新设立海淀镇街道，1979年10月改称海淀街道。辖区面积6.9平方千米，有32个社区居委会，户籍人口14.3万人，外来人口约4.7万人。辖区内有法人单位1.2万余家。

经济建设　2013年完成代征房产税收入库3434.5万元，比上年同期增长9.66%。地区新增税源企业1801家，新增注册资本约78亿元；新增企业国税、地税税收3091余万元。新增企业26家。

环境建设　新生违法建设“零增长”。全年拆除各类违法建设32处，3559.3平方米。对辖区无照早餐车、废品车占道扰序、露天烧烤、大排档、堆物堆料、沿街晾晒等环境秩序顽疾开展专项整治。发挥联合执法队的作用，采取疏堵结合方式，通过施划停车位，对小区进行封闭管理，建便民菜站等方式，对立新、三义庙路、海体南路、信息学校南路等环境问题进行治理。针对修车、修鞋、修锁、配钥匙等便民服务经营行为，统一规划点位，进行规范化管理。结合网格平台，组建一支全天巡视作业队伍，地区环境秩序得到改善和提升。

分别对小南庄等5个老旧社区30栋楼的楼体进行节能改造。投资近2000万元实施多项便民工程：对社区污水管线、道路等基础设施进行修复改造；封闭万柳西路、巴沟路一些断头路，杜绝环境脏乱问题。改造中关村西区邮局广场，使中关村西区中关村大街沿线广场形成一体。结合“六型社区”创建，对航空港和稻南社区的内墙、扶梯进行粉饰，油饰。

街道与区市政市容委共同投资1600万元，推进万柳中路、苏州街、海淀南路、颐和园路重点道路和中关村西区环境综合整治项目。建立完善环境卫生日常维护管理长效机制，加强对保洁外包公司的监管，对人民大学南路、三义庙路加强巡查。投资110多万元建设稻南社区精品绿化小区；投资60万元提升自管绿地，重点加强林荫大道建设。

平安建设　开展平安海淀建设。与250余家重点单位、32个社区以及各职能部门签订《社会治安综合治理责任书》，落实重点时期维稳工作任务。建立市、区、地区三级挂账重点地区工作台账，开展联合执法，加强对西区、中关村大街、城乡、紫金等重点地区的综合整治力度。

科技创安。投入354万元用于倒座庙社区技防升级改造、阳春新纪元社区楼宇对讲系统工程、小南庄、三义庙社区自行车棚改造工程。结合六型社区创建，对稻南、合建楼等社区进行技防升级改造、自行车棚及门禁系统改造。

流动人口管理。开展预防煤气中毒、强化免疫、疫苗查漏补种、外来务工人员子女入学等工作。启动紫金庄园群租房整治工作，拆除群租房415套，清退总人数4600余人。开展矛盾纠纷大排查5次，排查矛盾纠纷32件。对辖区内建筑工地巡查107次，处理劳动纠纷案件42起，涉及金额99万元。

网格化城市服务管理。全年共上报走访日志2755篇，上报社区民情838件。开展安全生产、地下空间、消防安全检查1200余次，治理隐患2200余处，举办消防演习200多次，未发生交通、安全生产、消防等重大安全事故。定期对传染病防控、食品卫生及公共场所的公共卫生安全进行联合执法检查，未出现重大传染病疫情及餐饮服务食品安全事故。

民生建设　为178户低保家庭发放低保金198万元，救助困难家庭34万元，开展大型募捐活动募集善款38.8万元。投资40万元建成芙蓉里、万北、碧水社区3个养老管理服务中心，新建11个社区老年互助社，32个社区全部建成老年互助社。投资12万元为老年互助社添置办公设备、按摩器材及医疗设备，在芙蓉里、稻北、碧水云天等6个社区开办老年餐桌。投资80余万元对9个社区进行无障碍改造，为38户残疾人家庭进行无障碍改造。

完成2500人的职业指导，采集空岗信息3685个，帮助590名就业困难人员实现就业，1963人办理灵活就业。为4989人办理城镇居民医疗保险，发放各类人员社会保障卡849张。为2000多家企业办理社会保险征缴业务。受理保障性住房申请232户，登记保障性住房轮候家庭712户，为92户低收入困难家庭申请公租房租金补贴。

新开通10个“社区蔬菜直通车”，现有社区便民菜站21个。免费为社区居民放映电影131场，举办各类文化活动30余次。新建5个社区益民书屋，在碧水、万北、阳春等社区建立5家公共电子阅览室。协调有关部门在苏州街地铁口设立24小时自助借书机。投资47万元，更换12套社区健身器材。推进计生“委托代理全程代办业务”，发放一孩生育服务证1027个，利用人口文化学校,开展宣传教育活动400余次，为地区117名困难育龄妇女进行免费体检，计划生育政策符合率98.01%。

社区建设 组织开展社区干部全员培训3次，50人取得执业资格认证，占全部人数的27%。采取租赁、改扩建等方式，为康桥蜂鸟园、海淀南路北社区租赁办公用房。投资500万元，改造新新家园、碧水云天、光大锋尚园等10个社区的办公服务用房。改扩建倒座庙、海淀南路南、小南庄、稻南等4个社区彩钢板简易房570平方米。通过资源共享、置换等方式为飞达、苏州桥西两个社区增加用房面积。社区办公服务用房面积达到300平方米以上的有29个社区，达标率为90%。

全年累计投入资金930多万元用于创建“六型”社区的软硬件建设，9个社区通过北京市“六型”社区验收。加强社区服务站建设，建设碧水云天、稻香园南等5个市级服务圈，航空港、倒座庙等3个区级服务圈，为社区居民就近享受公共服务提供便利。规范社区公益金的使用，全年实施公益项目75个，组织开展活动165项。截至年底，海淀街道志愿者注册人数15326人，注册比例达到户籍人口数的10.8%。

基层党建与精神文明建设 在社区党组织中开展“三级联创”，探索社区党组织领导下的社区四方议事机制和社区联席会制度。开展“一社一品”“一企一品”等党建创新活动，成立老旧小区综合整治联合党支部和亿世界维稳工作党建指导组，探索在完成重大任务和维稳工作中发挥党组织作用。开办社区党建博客，开通街道工委、各楼宇工作站两级网络博客。推进非公企业党组织建设，组建两个非公党建“孵化器”，聘用16名非公企业党建指导员，新建16个非公企业党支部。左岸工社大厦、理想国际大厦等5个楼宇工作站被评为市级示范站。加强流动党员管理服务，实施关爱党员工程。发展党员10名。

完善党风廉政建设责任运行机制，强化“一岗双责”，构建责任网络。开展廉政文化宣传，打造“机关、社区、楼宇三廉屏”特色廉政品牌。贯彻执行中央八项规定，加强干部作风建设。落实首问责任制、强化机关干部下基层调研，统一文明办公用语，加大治庸治散力度。邀请人大代表、地区单位代表和党风监督员，对街道各项工作进行监督和评估。加大行政效能监察力度，严肃处理群众反映的工作作风问题，全年未发生公务人员违纪现象。

整合地区宣传资源，制作横幅、海报、展板、宣传册，加大创建全国文明城区宣传力度，提高创建工作知晓率。开展“一月一主题”实践活动，组建百姓宣讲团进行巡回宣讲，开设3个“道德讲堂”，提高市民文明素质。开展科普进社区、周末社区大讲堂、特色文化活动。推进海淀区与中国人民大学“共建文明校园　同创文明城区”活动的开展，启动对人大校内违章建筑、无照经营等问题的综合整治。开展未成年人思想道德教育，建立学校、家庭、社区三位一体教育网络，组织开展校外教育活动。强化创建档案的督导检查。街道细化创建工作指标，确定岗位责任，逐项抓好落实。

（郭英）

【“三廉屏”廉政建设】 年内，以“机关、社区、楼宇三廉屏”为抓手，通过打造“一个社区一个宣传载体”，建立廉政文化园、清风墙等。在机关、社区、非公企业搭建宣传载体、开辟教育阵地，增大受众面，使受教育群众达到数万人，营造了廉政文化氛围。

（郭英）

【非公企业党建】 年内，建立以中关村西区物业联席会和32个社区党组织为平台的两个“孵化器”，推进非公企业党组织建立。聘请16名非公企业党建指导员，逐家对楼宇企业进行走访摸底，年内新建党组织16个。开展“双找双培”活动，指导企业党组织加强与入党积极分子的交流沟通，在思想上引导、工作上指导、生活上关心，促其成长进步，发展壮大党员队伍。培育企业文化，组织开展演讲比赛、红歌演唱会、摄影作品评比会等文体娱乐活动，丰富企业职工文化生活，宣传企业的核心理念，增强企业凝聚力。

（郭英）

中关村街道

【概况】 中关村街道位于海淀区中部，面积5.28平方千米，人口约25万人，有32个社区居委会。年内，司法所纳入街道管理。辖区内有国家级科研院所28家，各类企业1.3万多家。辖区有5000多名科学家和高级知识分子，其中两院院士130多位。居民中大学以上文化程度约占总人口的30%。

经济建设 组织地区大客户企业交流座谈，解决企业发展瓶颈。年内，地区存量企业879家，贡献区级财政收入20亿元，代征房产税收入2090万元，比上年同期增长6%。创新经济普查核查方式，采取“3+1”[①]式核查，与集中办公企业、重点商务楼宇物业、实有企业调查实行“三个对接”[②]，集中获取核查信息，对其他单位实行“一对一”地毯式实地踏查，确保单位查找率、录入率、核查质量三个“百分百”，完成单位核查24113户。推进劳动监察和劳动纠纷调处“两网化”建设。为1000多家单位上门发放“企业需求征求意见函”，开展各类培训宣传活动10次，涉及用人单位800多家。开展“劳动用工规范一条街工程”和“劳动用工和谐单位”创建，加强调解机制和队伍建设。

环境建设 完成8858平方米的拆违台账任务。严控新生违法建设，建立环境协管员和环境志愿者队伍，加强对青云北路、校园周边、双榆树早市、太阳园等的环境整治，拆除各类违法建设178处、17304平方米。加大重大节日环境保障力度，取缔无照经营1360余起、占道经营820余起，规范有照经营1330余次，拆除各类非法广告牌匾260余块。投资100余万元对主干道两侧市政设施和城市部件进行防粘贴涂料施工改造。投资140余万元，对中关村南一街等地进行小广告重点治理。完成双榆树北里等4个老旧小区的综合改造。协助完成科南路、中关村南路的架空线入地工程、双榆树三街386米的道路大修以及青云北路的硬件设施改造。完成中关村街道花园式街道、熙典华庭社区花园式社区、中国科学院自动化研究所花园式单位的创建验收；完成科南路31号的屋顶绿化环境建设和顺馨园6600平方米精品公园的提升改造。

平安建设 组织联合执法行动39次，规范违法经营210余起。成立网格消防工作站、防火作战单元，确保消防安全“四个能力” 完成率达到100%。集中开展扫黄打非、食品安全及非法运营车辆的治理。开展“四个实有”[③]信息采集工作，采集制表8.7万余张。开展针对烟花爆竹等易燃易爆品的专项整治，检查生产经营单位240家，发现各类安全隐患340项，整改率达90%。组织开展生产安全、公共安全、公共卫生安全、食品安全等各类安全隐患排查近百次，对重点地区单位、人员密集场所进行重点排查，共查出隐患12起，全部限期予以整改。

加强属地统筹，落实司法所、统计所人员接收、资产划拨等属地的管理。搭建三级网格化社会服务管理平台，下沉各类网格力量，整合网格力量565人。实行网格格长例会机制、问题源头发现机制、任务协调处理机制、分层处理解决机制、综合管理执法机制，发挥网格力量整体合力，快速处理各类问题。完善信息平台系统，健全网格管理监督、评价、考核体系。加大培训和宣传力度，提升网格员的素质和居民网格工作的知晓率，提升社会管理服务水平。

推进智慧中关村、5A[④]信息化街道建设。在15处主要路口安装智能视频分析系统，在4处低洼路段安装积水监测预警系统，实现监测物联化，提升治安防范和城市管理水平；建设“中关村街道社区生活服务平台”，集成各类业务应用，为社区居民提供“全方位”“全覆盖”“全参与”“全视角”的“四全”服务；在32个社区建设街道政务及预警信息发布系统，及时准确地发布各类政务信息、天气预警信息以及社区服务信息；开发建设中关村街道无线政务APP平台（公众版），方便社区居民随时了解街道各类信息和办事指南，并通过“协同参与”推进社区问题的快速发现和解决。

开展领导干部大接访，了解和掌握群众利益诉求，全年接待地区群众来访50批、90人次，信访办对地区群众来信、来电结率达到100%，来访事项结案率达到98%。

民生建设 完成就业指标978个；规范办事流程，为2000家单位提供社会保险业务服务。成立28个老年互助社，新建街道养老管理服务中心和东里南社区级养老管理服务站。为空巢老人安装“一按灵”，为高龄老人安装无障碍设施。探索保障性租赁住房工作新模式，受理保障房申请家庭370户。开展青云北等3个社区无障碍改造工程，地区残疾人享受政策覆盖率达100%。

改善8个社区的办公服务环境，完成华清园等9个社区标识系统的安装，推进社区自动化办公系统的规范化建设。加快推进“一刻钟社区服务圈”建设，完善配套手册。推进“六型社区”[⑤]创建。完成豪景等8个社区的第三方跟踪评估。

争取市级体育设施建设扶持资金近170万元，进行基础设施改造更新；建立9个社区电子阅览室、3个社区心理咨询室；鼓励和扶持社区民间文艺社团快速发展，建设一批品牌文艺团队，带动群众性文化团队的建设发展。

开展志愿服务活动19次，风采展示活动18场。开办电脑培训班15期，开展爱心助学服务5期，为2250余位老年人开展“爱心光明行”等医疗服务。创新人口服务模式，建立以服务网站、网上办事服务平台和手机“APP”应用服务三位一体的网上服务系统。创新“点对点、点对面”的区域协作机制，开展流动人口跨省协作。

基层党建和精神文明建设 贯彻落实中央“八项”规定，加强作风建设。深化“改作风、下基层、送温暖”实践活动，走访慰问各类困难党员483人次。开展“四新”主题教育活动，举办“党风廉政建设”等6场专题讲座。举办政策咨询、法律援助、爱心助老等党员志愿服务活动。开展建党92周年系列活动。成立世纪科贸和中关村地区非公企业2

---

① “3+1”指与集中办公企业、重点商务楼宇物业、实有企业调查实行“三个对接”，对其他单位实行“一对一”地毯式实地踏查。

② “三个对接”指与集中办公企业、与重点商务楼宇物业、与实有企业调查的“三个对接”。

③ “四个实有”指信息采集工作：实有人口、实有房屋、实有单位、实有从业人员信息。

④ 5A指任何人（Anyone）在任何时候（Anytime）、任何地点（Anywhere）通过任何方式（Anyway）得到任何服务（Any service）。

⑤ “六型”社区指干净、规范、服务、安全、健康、文化。

家联合党委，搭建“1+3”[①]模式联系服务平台，建立“三纵三横”[②]党建工作体系，推进公有制经济企业党建。依托2个非公企业党建“孵化器”项目，分步成立保福控股等7家非公企业党组织。

组织“科技改变人生，艺术升华你我”的第二届中关村科技艺术节、民间艺术团体合唱大赛等系列公共文化活动。举办中关村地区第二届“光大杯”乒乓球比赛和首届“中科行健”杯羽毛球比赛和游泳比赛。

开展以“健康生活、美丽人生”为主题的女性健康知识讲座。为辖区男性科研人员提供健康知识服务。组织“新春送福”文明城区创建宣传活动。组织“我的梦·中国梦”百姓宣讲报告会。在13个社区设立道德讲堂，开展公民道德主题活动。成立东里南、华清园两家社区青年汇，组织各类活动50次。

构建文明城区创建工作“1+6+27+32”[③]的全新格局，实行科室包指标落实、科长包社区宣传、班子成员包实地督查的分类包干责任制。街道领导高频次、全方位带队拉练检查地区实地各类点位的整治情况，破解整治难题，投入2500万元对地区道路和环境卫生进行改善。把创建工作纳入网格化社区服务管理中，依托联合执法队地毯式逐点排查地区小门店1200余家，统筹执法力量加强对小门店无照经营的查处力度和违章建筑的拆除力度。加强与地区医院、学校的协调联络，共享共用医疗、教育资源，促进文明共创共建；依托地区科研院所、商务楼宇等公共区域，开展立体式公众宣传，促进创建共知共晓。以文明观察员为依托，征集群众意见建议，建立为民办实事台账。动员地区社工协会等社会组织参与文明城区创建。

（沈成保　贾然）

【开展“四新”主题教育】　1月—12月，街道党工委在机关党员干部中，开展“四新”[④]主题教育系列活动。教育分四个专题12课内容，分别从加强党性修养、振奋工作精神、提高能力素质、岗位建功立业等方面展开。通过外请专家、学者授课、科室延伸教育讨论、参观见学、岗位技能比赛等形式方法，全年有3000多人次的党员干部参与主题教育活动。

（沈成保　贾然）

【“我的梦·中国梦”主题宣传】　3月至10月，街道开展“我的梦·中国梦”主题宣传。在社区，利用32组128块宣传橱窗专门开辟专栏，传递文明风，弘扬正能量。在中关村北大街东侧栅栏上，设计制作39个大型宣传画组成的文化墙。组建宣讲队伍，用自己亲历、亲为的故事讲述普通百姓、不同阶层的追梦、圆梦故事。

（沈成保　贾然）

【开展关爱“手拉手、点对面”活动】　9月，街道深化“幸福书屋”手拉手、区域协作“点对面”工作。组织中关村地区科研院所和高新企业捐赠电脑、书籍、体育用品等物品和10万元人民币。与河北保定市计生委合作，在涞源县走马驿中学启动关爱手拉手行动——“幸福书屋”项目，为全校600名学生赠送街道设计制作的《小男生小女生私密日记》；聘请美国圣特凯特利娜中学的中国籍学生作为校外辅导员，通过点对面教学、视频教学等形式，为马驿中学学生提供英文学习辅导。

（沈成保　贾然）

【开展男性健康主题宣传活动】　10月28日，第14个男性健康日，街道与中科院北京分院联合开展为期两周的男性健康主题活动。街道在辖区5000多名科研人员中进行男性健康知识问答，设计制作2000册《男人情怀》——关爱男性健康日记，发放到中科院科研人员手中，并联合举办“共建科技文化核心区　共享健康幸福新生活”——男性健康知识竞赛。

（沈成保　贾然）

【与中科院签署战略合作意向书】　12月17日，街道与中科院20多家科研院所签署战略合作意向书。以“资源平台共建、社会事务共商、和谐宜居共促、发展成果共享”为核心理念，在共创文明环境、共展文明风范、共享优质资源、共铸文明诚信、共推志愿服务、共建宣传平台等方面，发挥驻区单位与地方政府协同效应。街道投入2500万元资金，解决科研院所周边道路及老旧小区的绿化环境，健全配套设施。

（沈成保　贾然）

【社区青年汇建设】　年内，街道团委整合共青团、社区、企事业、周边学校资源。以“汇青年、汇活动、汇服务、汇信息、汇力量”为出发点和落脚点，加强社区青年汇建设，配备专职社工，加强硬件设施配置。在社区服务青少年的同时，引领青少年服务社区，构筑双向服务体系。参加新青年学堂、新青年城市体验营等市区级活动50多次，自行组织社区青年汇志愿服务、文体活动、环保宣传等方面活动近50次，参与青年达到2000余人，固定联系青年600余人。

（沈成保　贾然）

---

① 推行“1+3”街道班子领导联系企业制度，加强企业调研，深入进行解剖，了解企业发展瓶颈。“1”就是每季度召开一次专题研究会，共同会商企业发展中的难题，“3”就是每名班子领导联系一家重点企业、负责一项调研课题、解决一个发展难题，通过这种机制真正为企业解决后顾之忧。

② “三纵三横”党建工作体系，“三纵”指以楼宇党建为主线，构建街道、辖区、楼宇三级党建工作网络：街道成立党建工作指导委员会；辖区成立党建工作协调委员会；楼宇成立党建工作联合委员会。“三横”指将楼宇党建工作向辖区其他企业单位延伸、向居民楼深入、向科研院所渗透，通过构建区域化党建网络，形成以楼宇党组织为核心、辖区单位党组织为主体、全体党员共同参与的区域党建工作新格局。

③ 1是一个分指挥部，6是6个专项工作组，27个科室，32个社区。

④新形势锤炼党性，新状态振奋精神，新能力迎接挑战，新作为真抓实干。

学院路街道

【概况】 学院路街道成立于1963年4月，原称五道口街道，1968年3月改为东升路街道。1991年1月更名为学院路街道。有27个社区居委会，面积8.49平方千米，户籍人口207352人，流动人口54363人。辖区有9所高等院校，中小学校11所，国家级科研单位10所，企事业单位2204家，是北京市及本区科技、文化、教育最密集的地区之一。

2013年，围绕中关村科学城建设、全国文明城区创建，以“美丽学院路”为总体目标，按照建设“安全学院路、智慧学院路、文明学院路、便利学院路”的工作思路，全面推进地区各项工作。

经济建设 为100余家重点企业建立服务跟踪台账。4家企业异地回迁。27个社区全部建立社区联合工会，组建工会组织229家。推动百人以上企业独立开展工资集体协商，与辖区内13家百人以上企业签订工资专项合同。成立地区物业联席会，搭建交流、共享平台。开展“缘在工会，爱在海淀”“情定学院路”交友联谊会等企业职工帮扶、慰问活动。举办政策讲解会，协调解决企业子女上学等问题。

环境建设 完成拆违上账任务14处、12051平方米，消除新生违建40余处、1500余平方米。对五道口、双清路、逸成西北侧空地、小月河桥等乱点开展环境秩序专项整治。完成成府路、志新路、林北路、学清路等4个区级环境建设项目。推进地区步行导视系统试点建设。新建绿地2.4万平方米，植树1万余株。补植草坪2820平方米，清理绿地中垃圾杂物112车。建立环境卫生协调机制，实现对重点问题的部门会商、协作。引入市场机制，实施作业外包，开展60余次卫生脏乱点清除工作，清运渣土1700吨。推进门前三包公示制度，落实单位责任。巩固41个小区垃圾分类成果，对4个小区、800余户家庭实施垃圾分类物质奖励和公示表扬。开展清洁空气行动，针对餐饮企业油烟净化设施、施工工地和道路的扬尘防御措施、经营性小煤炉等重点场所，开展不间断的检查、监督和清理。与东升镇共同开展1500吨清洁燃煤的入户更换。

平安建设 建立联合执法工作机制，协同职能部门对环境秩序、消防、安全生产等综合复杂问题进行联合执法172次，检查828家次。完成重大活动社会面维稳防控任务。对地区7327名首都平安建设志愿者实施动态台账管理，并投资35万元，对公共区域视频监控系统进行升级改造，地区1848个视频探头全部实现统一标识。持续开展消防、煤气中毒、安全生产、人防工程检查等工作，检查单位1554家次，整改各类隐患572处。强化防汛物资保障和应急队伍建设，3次出动应急抢险队伍紧急排水。开展包含超市、学校在内的食品安全检查192户次。推进“六小”[①]及药店的监督管理工作，共规范企业个人346户次，关停违法经营单位个人53户次。结合主题日和重点工作，开展法制宣传活动。依托网格律师和“司法大讲堂”，提供法律咨询585人次，举办讲座45次。处理群众来访325件，调解民间纠纷1400余件，调解成功率达到98%。北科大社区被评为“全国模范人民调解委员会”。联合调解室成功调解的一起房产继承权纠纷，成为海淀区首例经人民法院司法确认的人民调解协议。处理农民工群体讨薪、投诉28起，涉及257人，金额50.9万余元，责令17家企业为127名职工补缴社会保险10.9万元。

增设4个道路网格，划分重点单位网格单元，地区现有网格32个，网格单元238个，基本实现无缝衔接。完善网格化综合平台，实现与区级平台的互联互通。完善网格公示考评机制，推行双向考评，研发网格数据处理软件，用于每月对网格协管员实施绩效考评。各网格共走访地区单位和群众21970人次，发现、解决微循环案事件3676件，受理、解决小循环案事件22件。

[①] 指小餐饮、小浴室、小美容美发店、小歌舞厅、小旅店、小网吧等。

民生建设 完成65幢楼的综合改造工程；完成展春园社区10幢楼的雨污水管道改造，14幢楼的节能保温和外墙粉刷，安装保温窗700户，改造热计量设施267户。在老旧社区综合改造工作中，学院路街道形成“三优先、四联动、五专项、六勤”的工作机制。

以3个社区级养老管理服务中心（站）、4个日间托老照料室、1家综合老年公寓和10个老年互助社为基础，初步建立起学院路地区为老服务综合网络，开办老年餐桌4个、流动餐车1个，截至年底就餐已达2402人次。为6个社区安装生命体征监测仪。通过政府购买服务的方式，聘请专业公司，开展“康复护理进家庭、家政服务进社区”工作，截至年底已上门服务1800余次。

完成21个小区的无障碍设施改造。推进残疾人康复进家庭工作，基本完成30名有需求的特困残疾人的“家庭式”康复护理服务。走访慰问困难群体、残疾人1377户，发放慰问金（品）80余万元；发放各类救助、补贴144.3万元；发放低保金129.74万元；接收各类捐款、慈善超市10万余元。

建设海淀区第一家为失独人群服务的“心灵家园”，为失独人群发放爱心购物卡、洗衣卡，组织各种活动。登记失业人员实现就业1198人，实现创业61人，创业带动就业244人，失业人员技能培训200人，完成职业指导2800人，开发就业岗位3700个。在地区高校开展宣传直通车活动，为院校提供住保政策服务。为487个出租房屋煤火取暖户安装一氧化碳报警器，为227名非京籍适龄儿童办理入学手续。

推进地区服务中心综合服务用房改扩建工程。建设2个区级“一刻钟服务圈”规范化示范点，新开设废品置换新鲜菜点5个。投资23万元建立社区心理咨询室。投入 100 多万元，为 15 个社区更新安装 40 套全民健身设施。配合区公共委完成展春园社区卫生服务中心的民意收集、环评、租赁以及装修等工作。

基层党建和精神文明建设 街道机关自身建设。以工委中心组学习为龙头，开展中共十八大报告、新党章和习近平总书记重要讲话等讲座、活动 16 次，举办理论中心组学习 12 次。在机关党员中开展“党员亮身份、承诺重责任”主题实践活动，为每一名党员制作“党员示范岗”标志旗，做到公开党员身份、公开服务标准、公开服务承诺。将原有的“三创一争”活动整合为“争创优秀科室，争当优秀工作人员”，即“争双优”活动，提升考核效能。落实“双报到”制度，组织在职党员参与社区建设。

商务楼宇党建和两新组织党建。建立非公党建指导员队伍，走访 580 余家企业，成立 2 个非公企业党建“孵化器”、6 个非公企业党支部，对 38 家有意向建立党组织的企业开展重点跟进和指导。以地区物业联席会为依托，在 12 个楼宇举办 19 场“流动党员，欢迎回家”活动，新发现流动党员 61 名。开展“法律咨询进楼宇”、为楼宇内流动已婚育龄妇女提供健康检查、联合企业举办地区青年单身白领联谊会等活动，促进党建职能多样化。

社区党建。各社区党组织开展知识竞赛、问卷答题、交流座谈等学习活动 70 余次。以网格化社会服务管理创新为载体，坚持“化整为零、化条为块、化繁为简”的“三化”理念推进网格党建。作为全区试点，成立“学院路街道党建（扩大）工作组”，对口协助二里庄社区党总支开展环境整治工程，解决社区停车管理难题。北科大、六道口、二里庄社区党组织入选区级党建创新项目。

文明城区创建。围绕精神文明建设、重点节日宣教、区域共建、社会基本道德建设等主题，开展 14 项重点创建活动。与地区 21 家重点单位、7 所高校签订文明共建协议。征集居民意见建议 53 个，全部以“督办件”形式解决。举办学院路地区第三届文化节和“五月鲜花艺术节”。开展社区国学课堂、史学讲堂等群众性文化课程，举办各类讲课、培训、活动 500 余场次，受益人群超过 2 万余人次。开办富润社区学外语基地和逸成社区图书馆，在社区服务中心和社区建立 7 处电子阅览室。举办道德讲堂、道德模范和“五好文明家庭”评选等活动。开展文化楼门评选活动。与城市管理学院合作“智·惠 1+1”志愿服务工作，实现社区与 7 所高校志愿者团队的对接。以“蒲公英之家”为载体，打造品牌青年汇，青年活动知晓率参与率呈现多元化提高。

（秦奇）

清河街道

【概况】 清河街道位于海淀区东北部，1949 年 5 月建立清河镇人民政府，1959 年 11 月正式成立清河街道办事处，1963 年 3 月单独建置。街道辖区面积 9.37 平方千米，现常住户籍人口 29679 户，74325 人，外来人口 8.4 万人。社区居委会 27 个。地区现有 3 个中央级单位，2170 家纳税企业，4 所部队大院，7 所中小学校，有北京儿童福利院、北京第四社会福利院两家福利机构。

经济建设 街道领导定期走访所包企业，帮助解决实际困难。区级纳税额在 10 万元以上的存量企业 202 家，区级税收贡献 4.18 亿；区级纳税额在 5 万元以上的增量企业 16 家，区级税收贡献 5167.8 万元。协调小米科技公司于 5 月入驻五彩城。

环境建设 全年完成拆违台账任务 30160 平方米，拆除新生违法建设 2956 平方米。运用网格化管理和“96181”举报电话，对现行违建和已拆违建实行分级动态巡查。完成毛纺南小区 2 至 17 号楼、加气厂宿舍、铭科苑外保温工程；完成为地区办实事之一——毛纺南小区封闭工程。通过街道联合执法队治理脏乱点位，共清理 7 批 47 处环境脏乱点，美化 G7 出入口、小米科技公司门前环境。推进清河南部地区雨排水改造工程，投资近 40 万元，在北京社会福利院西侧，新修 260 米应急排水管线 1 条，在清河北岸新建容量 200 余立方米的蓄水池 1 个，完成北外附校雨水管线改造工程。

平安建设 将辖区城管分队、派出所、工商所、交通大队、房管所、卫生监督站等职能站所人员全部下沉到社区网格，按照“1+1+10”[①]的工作模式，落实社区网格“微循环”、街道“小循环”、全区“大循环”的分级处置机制。安装视频监控探头 401 个，基本做到辖区技防监控全覆盖。“四个实有”信息采集工作共采集实有人口 82130 人（流动人口 81250 人，人户分离 880 人），新增实有房屋 17 户，出租房屋 8720 户，实有单位 1300 个，境外人员 109 人。全年共排查出矛盾纠纷 21 件，上报区级重点矛盾 2 件，矛盾纠纷化解率 100%。处理 96181 非紧急救助 578 件，按期结案 563 件，完成率 99%，上报城市管理问题 20842 件，立案 20061 件，立案率 98%。严查安全违法违规行为，共检查单位 1381 家（次），发现隐患 973 处，与防火、生产重点单位签订责任书 300 余份，组织各项各类大型宣传活动 9 次。

民生建设 全年采集空岗 2527 个，举办招聘会 8 场，进行职业指导 2177 人，就业技能培训 29 人。失业人员实现就业 863 人，就业困难人员实现就业 582 人，完成 1060 个区下达的就业指标。

---

① 指 1 个分中心、1 个办公室、10 个专项工作组。

地区低保家庭 202 户、357 人，共发放低保金 174 万元；医疗救助 57 人次、8.3 万元；临时救助 16 人次、6.49 万元；大病救助 11 人次、13 万余元。组织慈善募捐活动，共筹得善款 37 万余元，发放居家养老服务券 211 万元。调解各类劳动纠纷 27 起，为劳动者追讨工资 309 万元，涉及劳动者 566 人。办理一孩生育服务证 703 个、独生子女证 353 个、二孩政策内审批 100 人、随父入户 205 人。地区通过保障性住房市级备案居民 2513 户。为非京籍适龄儿童办理入学借读证明 718 份。开展第三次经济普查工作，完成勘界、确认街道及 27 个社区四界。

社区建设　招录 19 名社区工作者，推动领秀新硅谷、清上园等小区业主大会筹备和换届工作，指导燕语清园小区完成物业招投标。当代城市家园、怡美家园、小营西路 32 号院、总装、学府树家园、力度家园、清上园等 7 个社区完成“六型”社区创建，并通过北京市信用协会评审。开展海淀区一刻钟社区服务圈创建，空军装备研究院、清上园、当代城市家园、西二旗一里、领秀硅谷、安宁里等 6 个社区，创建成为北京市示范社区；美和园、怡美家园等 2 个社区创建成为区级示范社区。安宁里、当代城市家园、力度家园、清上园等 4 个社区完成社区规范化示范点社区创建工作。

基层党建和精神文明建设　开展党建创新项目培育，推进社区党的建设三级联创，强化社区党建目标管理考核制度，推进非公党建工作。落实在职党员到社区报到制度，做好困难党员群众帮扶。开展会员卡专项清退活动，实现“清退对象 100%覆盖到位，持有会员卡的 100%自行清退到位，所有清退对象 100%做出零持有报告到位”的三个 100%目标。

开展“5+15+N 创建工作行动”，即“搞好 5 个特色创建活动，人人参与；抓好 15 项惠民工程落地，人人受益；办好 N 件具体工作，人人尽责”。形成“领导包科室，科室包社区，以社区为落脚点”的创建工作机制。提出社区工作“五大建设”工作思路，并提出“支部要强、安全要稳、环境要净、民生要保、文化要强”的创建工作目标，将各科室、各社区创文工作开展情况纳入到年底绩效考核体系中来。开展各种主题的“讲文明树新风”活动 50 余场次。“因梦想而精彩”系列演讲活动、“清河影像”创文摄影巡展活动、“小手拉大手”文明小使者行动被列为海淀区特色创新活动。

（王华）

青龙桥街道

【概况】　青龙桥街道成立于 1963 年 3 月，辖区面积 18.59 平方千米，设 21 个社区居委会，户籍人口 6.9 万人，流动人口 60421 人。2013 年，街道围绕进一步推进网格化、文明城区创建、三级联动体系建设和建立市容环境长效机制等开展工作。

环境建设　围绕海淀区文明城区创建第三方测评，优化城市环境。组织开展下水管线修复、仿古候车亭建造、老旧楼房外立面粉刷、道路围栏翻新等 12 项小市政工程建设。执行环境秩序值班制度和联合执法制度，每天 6:30—21:00，开展不间断联合执法，针对 4 个市级重点整治地区和二河开等环境脏乱点，组织开展专项整治行动百余次，规范门前三包 1300 家，查处各类无照经营 1190 起，没收各类三轮车 600 辆，拆除各类灯箱和户外广告 550 个，收缴各类散发和张贴小广告 12 万多张。拆除违法建设 10 万余平方米。

平安建设　通过扩大巡逻范围、增加巡逻频率、调整巡逻方式、更新监控系统，平房社区发案率下降 26%。修订 11 个应急预案，组织应急宣教活动，开展 3 次大规模应急演练。对重点帮扶、刑释解教、重复信访等重点人员进行梳理，对 16 个社区 26 个网格单元的 41 名重点人员进行网格化稳控。妥善应对褐石园小区、西苑拆迁户集体上访事件，其他信访案件做到件件有着落、事事有交代、案案有结果。

实现城管监督分中心、网格化社会服务管理分中心物理合并，为网格化工作建立分工细致、责任明确、协调配合、资源共用、信息共享的工作环境和机制。完善二、三级网格组织建设，保证社区三级网格工作人员队伍稳定。实现 9 个区属单位、25 个街道科室部门、21 个社区的工作人员全部入格，整合街道 221 名协管员，全部编入三级网格。采取网格工作数据周通报、月小结、半年一考核的形式进行网格考核评比。网格化工作共登记事项 2357 件，结案 1823 件。

民生建设　社区智慧应用不断拓展。在颐和园北宫门建设 20 平方米自助图书室。为社区保洁人员发放 RFID 卡，自动监控保洁员作业全过程，加强工作动态监管。街道出资累计安装近 200 个摄像头，鼓励平房社区出租房屋房东自行安装摄像头和门禁系统。率先制定社会信息系统建设方案，19 个社区 20 块电子显示屏建设完成。

推进街道社会服务与管理专家智囊团活动，邀请辖区内中央党校、国防大学、国际关系学院等专家，为社区发展出谋划策，促进社区特色发展。支持和鼓励社区参加“魅力社区”“六型社区”、学习型社区等各类创建活动。中央党校社区获得魅力社区称号，309 医院等五个社区接受“六型社区”测评，国防大学等两个社区接受学习型社区验收。

成立街道出租房屋房东协会，实现对出租房屋、流动人口的动态管控。推广新居民担任社区居委会主任助理。

重要节日开展送温暖活动，关注关爱困难家庭、残疾人家庭、计划生育家庭、独居老人家庭和军休职工、地退职工等特殊群体，发放救助金、慰问品5000余人次。开展春风行动、就业援助月招聘会，采集空岗信息526个，完成就业指标169人，完成社保退休审批、城市低保、药费报销、社保卡发放及补换等工作。在三个试点社区开展“幸福驿站”系列心理健康活动。完成第三次全国经济普查、北京市2%人口抽样调查等两个专项调查。

基层党建和精神文明建设　健全完善服务对象和基层群众评价上级党政领导班子和工作部门工作情况的经常性机制，并将评价结果纳入领导班子和领导干部综合考核评价体系。建立领导干部定期联系分管领导制度。继续开展基层党建工作“区委、街道党工委、社区党组织联述联评联考”，推进社区党建“三级联创”。鼓励各社区创新服务载体、拓展服务途径，做好街道、社区“五个好”建设。继续开展地区基层党建工作创新示范项目创建活动，以项目品牌化推进基层党组织建设。做好离退休干部高龄养老社区“四就近”服务工作。

以“一月一品牌”为主题，举办“文明到家”艺术家进社区文艺会演、“美丽海淀·幸福的家”DV大赛、“市民大明星”圆明园专场演出等20多场群众文化活动，举办“共创全国文明城区·文明家庭承诺书”签订启动仪式。

（王京红）

【“三级联动”政务改革试点】　年内，开展街道系统政务服务事项梳理和标准化工作，确定政务服务事项103项，配合区监察局编制《海淀区街镇系统政务服务事项目录》。在该目录基础上，初步确定第一批30个通办事项，并提交区综合行政服务中心，作为海淀区三级联动试点的蓝本。完成21个社区摸底调研，重点是社区服务站面积、社区政务网连通情况和业务办理量，为通办通结试点部署提供参考。

（王京红）

香山街道

【概况】　香山街道成立于1986年2月，辖区面积20.40平方千米，其中山林面积约16平方千米。设有6个社区居委会。户籍人口1.27万人，流动人口近3.3万人。辖区现有中央单位6个，市属单位23个，驻区部队4个，中学1所，小学2所。香山地区是北京著名的旅游休闲区，有香山公园、北京植物园、卧佛寺、双清别墅、曹雪芹故居等风景名胜和历史古迹。

环境建设　争取区里支持资金80余万元，治理公主坟15号不稳定斜坡。在香山中学门前路、丰户营路和杰王府路西沿线新装路灯34座。整修卧佛寺路、枫林路路面。对买卖街等街巷坑洼破损路面进行修补，在主要路段铺装减速带和盲道。完成香山南路和红旗村车站等8个点位的绿化，植树2000余棵，绿化面积达1100余平方米。拆除台账内违法建设9处8130平方米。累计出动人力3000余人次，车辆600余台次，拆除新生违法建设47处5173.4平方米。对梅兰芳墓西侧、碧云寺北墙外等四处垃圾、堆物堆料积存点进行清运。加大街巷、胡同等微小环境整治力度和保洁作业力度，共清运垃圾584车。完成桃花节、红叶节环境服务保障任务。

平安建设　聘请40名保安加强四王府地区治安防控，并发挥群防群治队伍的作用，完成敏感、重点时期社会面防控。完成实有人口全覆盖和“四个实有”信息采集。完善地区护林防火联动联防机制，及时发现和协助扑救火情3次。地区煤气中毒报警器安装率达到100%。在全区率先组建由12家单位和部门组成的街道联合执法队，针对违法建设、非法行医、占路经营、无照经营、乱停车、拉黑车、黑车载客等违法违规行为，开展综合性联合执法15次，常规执法61次。开展消防和安全生产的宣传、检查，排查安全隐患。司法调解各类纠纷126起，成功率达95%。接待和解决农民工各类讨要工资事件5起，涉及42人，讨薪金额47.8926万元。

民生建设　完成人力社保局制定的就业指标，实现138人就业，其中包括80名困难人员；采集空岗信息2317个，进行职业指导632次，完成24家企业、183名失业人员调查；完成特困人员认定66人次，登记灵活就业人员109人，申请灵活就业、自主创业就业补贴金额共计170余万元；为地区104人申领医保卡，155人补办医保卡，报销药费53万余元；接收退休人员52人次，补发养老金56.8487万元，为9人办理福利养老金退费，完成退休人员认证169人；为745名儿童、120名老人、146名无业人员办理医疗保险。为155家用人单位的1498人办理694笔社保登记业务，整理档案1756页，支付生育津贴、失业金24万余元。与香山超市发服务商签署服务协议，扩大居家养老服务券的使用范围。申报创建香山广场“一刻钟社区服务圈”。完善“菜篮子”社区商业体系，推进南植社区全民菜站、第一社区及第二社区便民早餐点的建设，筹备四王府社区便民服务项目。落实居家养老（助残）券发放结算47.41万元，鼓励辖区有资质的餐饮企业建立养老餐桌。开展保障性住房家庭的培训。为爱心家园帮扶家庭增加物品发放。建立“空巢”老人一对一帮扶台账，指定专人进行守望服务。为地区困难残疾群众置备必要的生活物品及适用器具，组织文化活动和康复培训。

基层党建和精神文明建设 开展中共十八大精神宣讲进社区等活动。实现党的工作在非公企业100%覆盖，首次建立社会领域党建工作基本数据库。丰富离退休支部学习、活动及服务。开展纪念建党92周年系列活动和“深入基层知民意、服务群众聚民力”主题活动，推行在职党员到社区报到制度。

成立创建全国文明城区领导小组。在辖区主要路段和社区宣传栏布置主题展板，与文明家庭签订承诺书，旅游高峰期开展志愿服务，进行地区文明指数测评调查，制作发放《香山街道文明指数测评调查问卷》3000余份，收集群众意见建议40余条。为地区群众办理26件实事。举办“创建全国文明城区、建设文化香山”系列群众性文体活动，推动微型自助图书馆进社区等工作。截至年底，创建指标任务完成率达92.2%。

制定和完善文化香山三年发展规划纲要，创办《文化香山》季刊，开通文化香山网站，举办第六届香山文化论坛研讨会和第二届文化香山摄影展。开展“我的梦・中国梦”百姓宣讲、周末大讲堂等活动。举办多主题文艺会演和科普知识教育活动。组织多项联赛形式的地区性体育赛事。为辖区非本市户籍适龄儿童办理入学登记。社区青少年宫全年累计开课200余课时，4000余人次的青少年儿童享受免费兴趣教学。

（刘繁）

【香山“两节”环境服务保障】 在桃花节、红叶节期间，街道采取5方面措施整治环境秩序。一是桃花节聘请保安和机关人员上街执勤，制止香泉环岛至下行线路口、超市发门前的乱停车、黑车载客行为，保障桃花节行车不堵。二是加大买卖街、煤厂街缺斤短两的整治力度。街道投入4.2万元购置100台电子秤发放到商户，遏制两街缺斤短两行为。三是街道和各执法部门、社区志愿者分班上街维护秩序，保障红叶节期间双休日车辆单循环，第一次实现行车不堵，20点后游客安全离开香山。四是加大联合执法的力度和密度。共执法76次，出动警力和辅助力量2012人次，处理占道停车429台次，处罚违章停车228台，查扣黑车4台，劝离流浪乞讨人员8人次，拆除违法广告牌71块，取缔违法经营23处。五是宣传与监督相结合，在两街悬挂“诚信”宣传标语、设置公平秤、聘请20名社区文明秩序维护员和保安维护秩序。

（刘繁）

西三旗街道

【概况】 西三旗街道成立于2000年3月，辖区面积8.23平方千米，户籍人口9.2万余人，流动人口6万余人。有社区居委会28个，辖区为城乡结合部地区，流动人口聚集。

环境建设 永泰东里1号路、2号路、西三旗村路、西三旗东路等建成通车，总长约3千米。完成京藏高速辅路（清河医院周边）绿地升级改造工程、轮胎厂社区公园及绿化升级改造工程、永泰庄环境综合整治提升项目、永泰中路环境综合整治工程和轮胎厂北侧绿化工程，投入资金1000余万元，新建改造绿化面积38348平方米。拆除新生违法建设16处、1780.6平方米，拆除账外违法建设3处、410平方米，拆除账内违法建设14处、15625平方米，账内任务完成率达100%。完成地区近3万平方米、4条主要道路的保洁。清理无主垃圾400余车，共计1600余吨。

平安建设 依托地区网格，建立“358”应急体系，逐步实现3分钟应急工作小组处置、5分钟区域的综合应急队伍处置、8分钟专业应急队伍处置的地区应急反应处置体系。开展交通、治安、环境三大秩序整治。全年共组织联合执法30余次，出动各种执法力量1000余人次，出动执法车辆150余台次。采用“延时执法、错时执法、跨区域执法、迂回式执法、地毯式执法”等创新执法模式，查扣黑摩的70余辆。街道与昌平区东小口镇、回龙观镇在辖区边界上开展跨区联合（单边）执法，延伸执法范围100米。对辖区28个社区的监控设施进行全面排查，在永泰庄社区，地铁永泰庄站的重点点位加装监控探头。在12个社区及重点单位建造警务工作站，在龙岗路、小营东路增设机非隔离护栏。

将群众事务呼叫中心、网格化服务管理平台、城市管理监督平台统一划归街道城市服务管理分中心管理。将专业部门、职能科室人员和各类协管员下沉到社区网格。出台《网格员工作绩效考核奖励办法》，引入第三方考核，将网格员工作业绩量化。为街道和社区网格工作人员配备社管通。

民生建设 完成城乡劳动力就业951人，完成率100%。城镇登记失业率控制在1.0%以内，地区无“零就业家庭”。引进名校名园入驻西三旗。截至年底，北京二十中、北京十一学校、北师大幼儿园、六一幼儿园项目确定到西三旗办分校分园。开展行政事务审批“三级联动”试点。采取一站式服务、一窗式受理、一次性告知的服务模式和“两集中两分拣两办理”的工作模式。街道下放社区事项38项，并实现“同街通办”；整合区级下放项目、街道审批项目，首批将 74 项便民项目下放到街道便民服务大厅办理，探索一科制办理模式。投入 100 万元，在富力桃园社区引进 1 台 24 小时自助借书亭。为 1000 名户籍失业育龄妇女免费妇科检查。成立海淀区首家老年人心理健康服务站，建成地区首家社区级养老管理服务中心。举办地区残疾人就业安置招聘会，帮助 8 名残疾人就业。

社区建设 构建“128N”空间发展布局。即建设 1 个社会治理创新园，兼有社会组织孵化器功能，28 个社区治理基地，形成若干个社会组织空间和单位社团，并以此为载体引进国家级、市级、区级社会组织入园，整合提升一批本土社会组织。截至年底，已有中国社会工作协会、北京义工联盟、海淀区作家协会等提出入园意向。街道出资 50 万元与社会组织联盟签订“购买服务”协议。形成“323”工作模式。“3”，就是形成以社会组织联盟为龙头、枢纽型社会组织为桥梁、社区社会组织和单位社团依托的三级社会组织体系；“2”，就是建立社会治理研究中心和社会治理创投基金会；“3”，就是开展生活互助类、文体活动类、志愿服务类三类基本社会服务。开展六大社会动员实践活动，即从制度机制动员、发展规划动员、社会组织动员、思想文化动员、志愿服务动员、应急处置动员六方面入手，创新社会治理的实现途径。为永泰庄、建材东里等 5 个社区解决共计 1634.45 平方米的社区办公和服务用房，对清缘东里、枫丹丽舍等 9 个社区办公服务用房、社区外部环境、居民活动场所等进行装修和升级改造。申报创建市级“一刻钟服务圈”示范点 2 个，创建区级“一刻服务圈”示范点 5 个。开展智慧型社区创建工作，试点育新花园社区“和谐瞭望台”和建材东里社区“非常贴心 非常 1+3”智慧社区品牌，投入约 600 万元为社区安装室外 LED 显示屏并新建 7 个“数字文化社区”。选派机关 18 名大学生公务员、事业编干部到 18 个社区任职，公开招聘 13 名社区工作者和 23 名社区义工，充实社区工作者队伍。

基层党建和精神文明建设 通过宣传引导、文化活动营造出创建氛围，形成了人人关心创建、人人支持创建、人人参与创建的工作格局。让文明城区创建吉祥物“欢欢”动起来，担当引导员、宣传员、播种员、辅导员、快递员等“五大员”，让文明创建的理念和行为深入人心。举办五月鲜花文艺会演、百姓宣讲报告会、道德讲堂等文艺活动，提高文明城市创建活动“我知晓、我参与、我支持”的“三率”。

（王小民）

【西三旗地区总体规划通过评审】 8 月，西三旗地区总体发展规划通过专家评审。该规划按照“产城融合、集中连片、设施完善、环境优美”的原则，提出重点构建“两园、三轴、两带”的空间战略发展格局。“两园”，即中关村西三旗（金隅）软件园和中关村东升科技园，重点建设战略性新兴产业基地和研发服务综合区。“三轴”，即沿西三旗东路建设集技术研发、科技服务和商务办公于一体的创业发展轴；沿西三旗南路布局发展战略性新兴产业，打造新兴产业发展轴；沿建材城中路—黑泉路打造生态景观轴。“两带”，即沿京藏高速（G6）建设科技金融、商务服务及文化创意产业带；沿清河北岸建设集景观绿化、文化展示、体育休闲于一体的滨河生态景观休闲带。

（王小民）

马连洼街道

【概况】 马连洼街道位于海淀区中部偏东，成立于 2000 年 3 月，辖区面积 10.74 平方千米，户籍人口 4.4 万人，流动人口 3.5 万人，设有 16 个社区居委会。辖区属于城乡结合部，是“以居民为主，农民为辅，流动人口密集”的混合居民区。

经济建设 服务中关村软件园二期建设，设立《街镇公共服务对接园区发展建设服务需求研究》课题，对未来园区公共交通、医疗、子女入学、商业餐饮、员工住房等服务需求情况进行调研，形成服务软件园建设的系统方案。支持北京建设大学转型发展，扩容园区面积，建设农业特色园区。协调解决建设大学改造电能扩容、临时停车、南门开口、消防审批等问题。指导软件园成立二期业主委员会；协调增设东北旺西路信号灯，消除软件园一、二期通行安全隐患。协调解决如园项目 C3 地块水务规划审批问题以及周边环境整治问题。地区新增纳入财政统计存量企业 25 家，新增税源贡献 4584 万元，存量税源贡献达 7.6 亿元。

环境建设 引入专业设计公司对马连洼北路、圆明园西路、天秀路综合整治进行规划设计。投资 190 万元，实施马连洼北路（西段）绿化提升工程；投资 290 万元，实施圆明园西路（天秀路口至永丰路口区间）沿街牌匾及环境综合整治工程；投资 220 万元，启动“天秀路文明示范街”工程，打造“环境优美、服务规范、秩序良好”示范街区。开展环境秩序整治联合执法 97 次，专项整治点位 25 个，取缔无照经营 300 余起，收缴违规牌匾 1000 余块，处罚门前三包案件 181 户，违规载客车辆 120 辆。集中整治地铁安河桥北周边秩序，街道出资设立 300 米交通护栏。打通天秀桥，解决该地长期占道经营问题。拆除树村厢黄旗36处1.5万平方米违章建设，茉莉园14处私搭乱建，全年拆违68451.35平方米，拆违处数比2012年增长7.6倍。引入专业保洁公司，实现一级保洁区域达到3.6万平方米，二级保洁区域达到5.2万平方米，装运垃圾2万多箱，清运垃圾5000吨。全年清除小广告23万张，粉刷冲洗小广告覆盖面积4万多平方米。新增绿化面积1.8万平方米，补植补种树木120棵，修剪处理病枯树木600棵，投资25万元。实施七彩华园雨水管线、圆明园花园别墅污水管线改造工程，出资67万元，对中海枫涟小区周边空地进行绿化补植，对小区外停车场进行铺装硬化；投资60万元，更新处理夏霖园两座楼房的楼顶防水2360平方米，更新修缮铁艺围栏878平方米。投资79万元，新建澄秀园休闲广场及自行车棚。投资12万元，为马连洼南路西段安装太阳能路灯。建立“宣传、协调、保障、解难、监督”五位一体工作机制，协调化解施工与居民诉求矛盾500余件次，推动老旧小区综合整治。

平安建设 修订完善地区管理委员会、民主监督委员会工作制度、工作联席会议制度，制定《马连洼街道统筹属地专业部门派驻机构的工作经费激励办法》，落实对各职能队所属地管理、经费激励、管理监督。投资350余万元，对城市管理监控指挥平台进行改造升级，新增社会面视频监控点70个、社区视频监控点160个，全地区纳入指挥平台监控探头达到904个，实现地区监控系统24小时实时值守。新建8个网格化警务、消防工作站。投资85万元配备电动巡逻车12辆，电动自行车60辆。成立马连洼地区网格化社会服务管理联合执法队，实现公安、城管、交通、工商、卫生等专业力量联合执法一体化、常态化。整合地区协管力量，建立141人的社区综合服务巡逻队；整合地区志愿者，形成3000人的社会治安力量。针对治安维稳和扫黄打非、卫生防疫、食品安全、出租房屋管理、养犬、预防煤气中毒等各类社会综治问题开展联合执法68次，专项执法72次，解决处置问题236件次。启动创建国际安全社区工作，成立19个项目工作组，建立起安全预防、监测、干预工作体系。实施平房区消防安全干预工程，建设消防器材储备点8处。组织安全生产大检查120次，消除安全隐患560余起。开展普法宣传、做好两类人员管理，人民调解组织建设覆盖16个社区，全年实施法律援助41人次，调解各类民事纠纷、治安案件共计817件，调解成功率达95%。开展矛盾排查51次，办理来信来访27起41人次，处理非紧急救助中心承办件375件，结案率100%。

民生建设 全年促进失业人员就业570人，完成指标104%；开发岗位2456个，完成全年指标的102%；开展职业指导1519人次，完成全年指标的101%。全面开展社保经办业务，新增企业职工参保10项服务，为地区269家企业办理各种社保业务1304件。完善“无忧养老体系”，发放退休人员养老金70万元、报销各类人员医疗费290万元，在4个社区开办为老饭桌。走访慰问各类人员1100人，发放慰问救助金86万元。投资373万元，对七彩华园等7个小区进行无障碍改造，改善提升温馨家园硬件环境。社区儿童工作站开展家庭教育、托管服务3000人次。征集群众建议，实施为民办事项目16项。推进文化惠民工程，举办马连洼第三届文化体育节、第四届文明市民艺术节。扶持非公企业发展，新增建会企业117家、发展会员720人，在16个社区成立工会组织；维护职工合法权益，推进工资集体协商，签订集体合同和工资专项合同305家。审查规范劳动合同2811份，用工保险2469人，追讨拖欠工资62万元。推选出五好文明家庭4966户，组织开展新青年城市体验营、流动人口帮扶项目、志愿者交流会等十大类公益活动，直接联系服务地区青年2000余人。组织人大代表、政协委员听取、评议街道办事处工作3次，参加街道活动5次。承办、协办人大代表会议建议10份，办理政协委员提案2件，满意率100%。组织驻地6个部队与16个社区互相签订爱心帮扶服务承诺书。

社区建设 创建“六型社区”“规范化建设示范点”，组织开展各类培训160人次。申报古月园、菊园、63919部队为北京市“六型社区”示范社区；申报菊园、天秀为“规范化建设示范点”。加强社区基础设施建设，为每一个社区安装电子信息屏。对农大、竹园、古月园社区服务用房进行修缮。改造天秀社区健身广场、人行便道及63919部队等社区道路。指导组建百旺茉莉园社区业主委员会，协调解决新旧物业交替遗留问题。

基层党建和精神文明创建 组织开展“建设美丽海淀、助力核心区发展”主题实践活动，宣传“中国梦·百姓梦”，推动学习型党组织工作示范点和品牌创建。全国文明城区创建完成任务指标279项，完成率94.38%。创作《全国文明城区靠我们创建》《家》两首歌曲宣传创建，下发《海淀区致全区居民朋友的一封信》和《创建让海淀更美好》等倡议信，完成累计10万人次的入户宣传。举办马连洼地区道德讲堂开堂活动，通过“小手拉大手”形式，推动“文明示范楼门”评选活动；投资20万元，在16个社区建立电子阅览室。“垃圾零废弃、绿主妇在行动”活动覆盖全部社区，成为全区试点街道。对创建测评点位进行拉网式排查，建立问题台账，梳理整改问题253项。

（邓雪萍）

花园路街道

【概况】 花园路街道成立于2000年3月30日。辖区面积6.33平方千米，社区居委会35个，户籍人口13.6万人，流动人口6.1万人。辖区内法人单位5000余家，高校、科研院所集中。

经济建设 协助引进企业5家，地区新进企业1200余家。走访牡丹集团、高德大厦、城建集团、1201工厂、防化部队机关等单位，商讨建立地区商务办公区等事宜，为地区税源建设可持续发展探索新路径。全年实现税收23.39亿元，比上年增长2.6%。

环境建设 采取定期联合执法与专项整治结合的方法进行环境治理。投资180万元启动6项道路设施改造工程。市区拨款4亿余元对塔院、牡丹东里等老旧小区47栋居民楼37万平方米进行综合改造，受益群众达5000余户、2万余人。完成10万平方米自管绿地养护工作和1.1万平方米的绿化改造任务。在3个社区推行垃圾分类试点。开展餐饮业油烟污染专项整治。综合整治拆违2274.17平方米，完成拆违台账任务；拆除新生违法建设及账外违法建设49处，总计3204.11平方米。

平安建设 累计查处各类违法行为45156起，通过科技创安等服务平台上报的1.9万余起案件得到及时处理。发现并处理各种安全隐患20余处。开展用工检查786家次，受理劳动争议29件，涉及金额88万余元。办结建筑工地拖欠职工工资7件，劳动仲裁转批15件。接待处理信访事件40余起，接待来电来访咨询千余次。

发挥“小循环”工作模式[①]效用，研发“花园路街道无线信息系统管理工具”，通过工作日志、工作委托、工作审批、案件上报、案件查询、案件统计等功能对信息系统进行辅助与补充。各社区网格累计上报走访日志3000条，案件80条。

民生建设 举办职业指导培训35期，为地区失业人员开拓2571条空岗信息，安置失业人员和就业困难人员再就业1182人。开展便民一条街、老年餐桌、废品换蔬果、积分换盆栽等特色服务。新设社区便民菜站3个，流动菜车11处。建立社区级养老管理服务中心6家，居家养老便民服务商41家，老年互助社24个。为80名70岁以上空巢老人办理“一按铃”紧急呼叫器，为地区1000余名残疾人按需提供温馨家园、无障碍改造、康复训练、就业与社会保障等服务。受理保障住房申请144户，办理租赁住房补贴手续25户，摇号意向登记264户，约谈16户。为292名非京籍儿童办理借读审批及关系证明。实施“五个一百惠民工程”[②]项目，推进“花园路地区人口家庭健康公共服务中心”建设，全年开设课程236场次，参与人数4100人次，共办理相关手续及证件4470件。为地区适龄妇女进行“两癌”筛查。为1540名流动儿童、外来务工人员接种麻疹、流脑疫苗。

基层党建与精神文明建设 对10个先进基层党组织、172名优秀共产党员和25名优秀党务工作者进行表彰。以商务楼宇“五站合一”工作为契机，“以党建带动群团建设，以群团建设促进党建工作”的思路得到落实。新建基层工会254家，发展会员1128人。组建“两新”（新经济组织、新社会组织）团组织11家，对青少年开展星光自护教育，引导青年团员树立社会主义核心价值观。完善62支巾帼志愿者服务队组织机构，实施规范化管理。

依托“城市清洁日”“五月的鲜花”“新春送福入户”“建文明城区做文明家庭”，举办大型创建宣传活动，建立同街道网格化服务相融合的创建工作模式，采取处级领导区域划片负总责，机关干部、社区居干包片、包院、包户、包重点路段具体负责等做法，扩大知晓率，争取参与率，赢得满意率。

（石悦）

【建立社会科学普及实验基地】 9月17日，北京市社科联为花园路街道社会科学普及实验基地颁牌。作为北京市首家街道社会科学普及实验基地，坚持普及性、社会性和公益性原则，每年组织一定场次的讲座、报告、咨询、培训、展览等社科普及活动。街道将科普周与北京周末社区大讲堂、系列科普讲座结合起来，围绕家庭教育、经济理财、法律保障、健康养生等社会热点，贴近百姓生活，解决群众身边的实际问题。

（石悦）

① “小循环”工作模式，即社区网格通过无线信息系统，可以随时随地将发现的问题上报至相关部门，改变了以往通过电话、邮件、传真联络的传统模式。对于一般案件，处理部门无须再前往现场查看，只要通过案件附带的多媒体信息就可以了解现场情况并较为准确地进行定位，从而在一定程度上提高了工作效率。

② “五个一百惠民工程”，即百场亲子教育活动进社区、百场幸福家庭大讲堂、百户亲情牵手、百户幸福家庭评选、百分百微笑服务。

田村路街道

【概况】 田村路街道成立于2000年3月30日，辖区面积7.77平方千米，辖区户籍人口33521户87815人，流动人口42217人，出租房屋3001户，有社区居委会28个。辖区内有10余个中央单位，79家市属单位，12家区属单位。

环境建设 完成辖区近6万平方米自管绿地全面养护。升级改造绿地1万平方米，即西木绿岛6000平方米绿地、五孔桥市场引水渠1200平方米绿地、阜一社区1600平方米绿地、永定路补种绿化苗木1200平方米。新建绿地2815平方米，即水厂东墙外535平方米绿地、山南路与上庄路口280平方米绿地、山南路与五环路（沙石坑西南角）2000平方米绿地。共种植乔灌木9.7万余株，种草5000平方米；安装护栏2300余延米；翻整土地1.2万余平方米，清运渣土305吨，施肥6吨。对自管绿地及周边无主树木进行4次药物消杀，全年出动车辆120余次，人员480余次，共打药液100余吨，打药面积累计100余万平方米。清扫地区自管道路街巷胡同24条，面积约10万平方米；清运地区积存垃圾渣土约1000吨，清运生活垃圾和无主的施工废弃料约720吨，铲除和冲刷地面、墙壁及公共设施上的非法小广告65万余条，清理中南电器总部（西四环路面）、铁道两侧、山南路水厂东墙外、永定河两岸、兰德华庭小区小南门外、圣华里小区北门等多处的无主垃圾、渣土共计420余吨。新建5个垃圾分类小区。汛期实施抢险5处，出动人员100余人次，排水3000立方米，清理各种危险树木50余棵。

双槐树路路灯安装工程及路面恢复工程完工；环境建设工程（玉泉路、砂石厂路、半壁店二街）除绿化部分外全部完工；阜石路夜景照明工程竣工；田村路56号院3幢楼、永金里15幢楼的老旧小区改造工程完工。

拆除账内违法建设24172平方米。遏制拆除新生违法建设3815.5平方米。6月20日，出动公安、城管分队等60余人，对后街铁路北的万航俱乐部、玉海园二里等一批阻碍消防通道的违章建筑进行集中拆除，共计498平方米。

平安建设 在玉海园二里社区广场设立“交通安全宣传站”，开展居民“文明出行、安全出行”广场宣传教育，摆放宣传展板4次、32块。协助五棵松饭店、京粮物流公司等车辆单位开展交通安全培训。全年受理外地车辆进京备案306份；车辆违章追查教育并做卷上报116宗；对严重违章的31个单位实施停车处理。

开展阜石路沿线整治行动10余次，查处违章停车400余起，收缴黑车8辆，劝阻黑车黑摩的10余起。在总政金沟河、永金里社区安装摄像头17个，安装201个监控探头安装标识。开展联合执法行动40余次，处罚违章车辆200余台，张贴违章停车提示告知书600余张，清理流动摊贩40余处，清理店外经营20余户，清理违章广告牌150余个，收缴散发小广告1万余张。

办理暂住证30345个，采集实有人口信息46921条、实有房屋信息1264条、出租（借住）房屋信息2785条、实有单位及从业人员1442条。

查处自办幼儿园6处，开展校园及周边治安综合治理工作，出动巡防力量3000余人次。

开展2次预防煤气中毒集中宣传活动，悬挂横幅2条，摆放展板6块，发放宣传资料5000余份。签订预防煤气中毒责任书3424份，张贴4种安全提示贴3424张，填写工作检查表6000余份，下发隐患整改通知书100余份，补发一氧化碳报警器900余个。

完成“六五”普法中期检查。开展以普法惠民进万家、计生、助残等为主题的各类法制活动10余场。开展“讲法制、守秩序，普法惠民进万家”及“12·4”两个法律主题宣传日活动。印制发放各类普法宣传材料、宣传品2000余份，对辖区内的社区图书馆和社区服务中心图书馆发放法律类图书90余册。将地区3家律师事务所及海淀区2家大型律师事务所纳入法律服务网格化工程，组织属地律师在玉海园二里文化广场、京粮广场开展两次法律服务进社区义务宣传咨询，为玉阜嘉园、阜石路第三社区、王致和社区等社区居民开展各类法律大讲堂活动共计30次。全年共进行社区法律服务活动112次，解答居民咨询百余件。在玉海园三里和温馨家园举办“残疾人法律援助服务卡发放仪式”，共计发放地区残疾人831张。开展《中华人民共和国劳动法》相关教育，全年送与单位《中华人民共和国劳动合同法》210余本、《中华人民共和国社会保险法》160余本，涉及企业140余家，其他宣传材料830余份。

民生建设 开展H7N9禽流感、疫苗查漏补种和手足口病等防疫宣传，发放宣传画和宣传资料600余份。组织辖区查漏补种及相关密接人员疫情监控，对辖区4个工地、4处市场200余人员进行麻疹疫苗补种。开展卫生防疫培训和知识讲座2次，发放各种宣传材料500余份。组织“打非”执法检查2次。在三个社区组织防艾示范区中期验收评估问卷调查，发放宣传品、器具1000余份。开展宫颈癌、乳腺癌筛查，筛查600余人，发放调查问卷和宣传材料1000余份。开展海淀区居民健康素养监测调查1000余户。开展红十字会“博爱在京城”募捐工作，捐款共计30615.5元。为53人发放送温暖慰问救助金30200元。

与永定路街道、四季青镇、万寿路街道共同举办2场大型招聘及政策宣传活动。举办2期失业人员创业培训班，培训失业人员60多名。开设20多次集体职业指导课，受益失业人员达500多人，为失业人员成功匹配推荐300多人次。完成对辖区1100多名失业人员、1800多名灵活就业人员、2600多名退休人员、5000多名“一老一小”和800多名无保障老人等人员的日常管理服务工作。为140余户、2700多人次发放低保金130多万元。

办理非京籍适龄儿童借读证明298份，审核并开具非本市户籍适龄儿童在海淀区插班借读证明17份。首次开展针对进城务工人员随迁子女在京参加高职考试的材料审核确认。为地区幼儿园增设活动器械4套。

在西木社区、永达社区建立区级养老管理服务中心。为社区28位贫困孤寡老人提供小时工、为20位行动不便老人提供上门理发服务。8个社区老年互助社通过区民政局验收，街道老年互助社达23个。为建西苑、玉阜嘉园、玉海园三里、玉海园五里、泽丰苑、山南6个社区安装多参数生命体征监测仪。开展“空巢”家庭老人的基本情况排查，筛选出孤寡老人13人、空巢老人2591人、独居老人317人。评选出2013年海淀区级孝星2名，北京市级孝星37名，为老服务商4个。办理老年人优待卡2196人(其中外埠老年人1589人)、老年优待证597人（其中外埠老年优待证89人）。发放高龄津贴918人次，93300元。

开展“改作风、下基层、送温暖”实践活动，惠及1908户家庭，发放慰问金及慰问品折合人民币约65万元。发放低保金1236415.96元。为72户低保、低收入家庭办理医疗救助124838.67元，为5户家庭办理重大疾病救助26849.46元，为14户低保、低收入家庭办理临时救助36100元，为3户低保家庭报销廉租住房取暖费4494元。审核通过103户住房保障申请。田村路地区全年共募集善款217031.4元。

基层党建和精神文明建设　6月19日，举办以“胸怀中国梦 建设新田村”为主题的“五月的鲜花”群众文艺会演。7月2日，在玉海园三里文化广场举办2013年田村路地区“夏日文化广场”启动仪式暨“中国梦青春行”北方工业大学学生艺术团专场演出。10月28日和31日，组织2013年第十届海淀文化节“秋日欢歌”社区专场演出。田村路街道红袖子舞蹈队参加2013年度海淀区文化大擂台，参加央视综合频道群众舞蹈大赛。玉海园三里社区文化广场项目建设完成，约2000平方米。北京市海淀区图书馆建西苑社区分馆和田村路地区公益性电子阅览室落户建西苑社区。组织社区业务骨干培训会15次，培训骨干300余人次。

4月，举办田村路地区第六届群众趣味体育比赛。辖区各居委会开展趣味运动会、棋牌比赛、游艺会、乒乓球赛等共计82场次。完成28个居委会健身器材的普查和更新申报工作，更新居家工程10套，更新标准工程1套。为13个社区增建17组轨道棋设施。申报北京市体育生活化社区8个，分别为玉海园二里社区、玉海园三里社区、玉海园五里社区、玉阜嘉园社区、乐府家园社区、幸福社区、永达社区和永金里社区。

（杨靓）

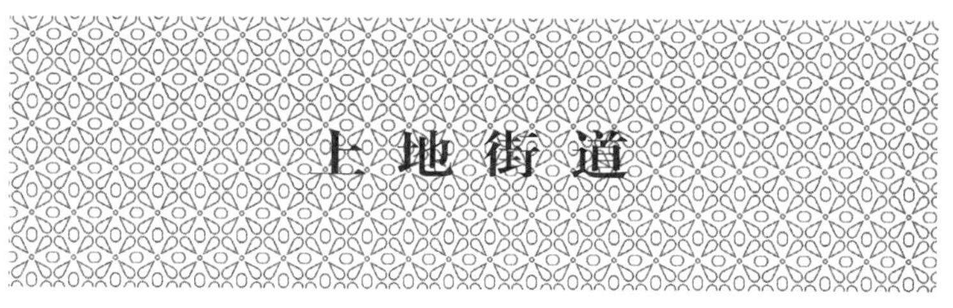

上地街道

【概况】　上地街道位于海淀区东北部，2000年3月成立，辖区面积9.52平方千米，有12个社区，常住人口9万余人，其中户籍人口39595人，流动人口52290人。地区注册企业16162户，从业人员约15万人。

经济建设　组织地区企业参加春季校园招聘会活动，在街道政企互动信息平台和校方就业网发布招聘信息。通过鼓励开设内部食堂、引入快餐企业、组织早餐工程等方式，缓解企业员工就餐难。在北京银行和工商银行的基础上，新增光大银行贷款项目，百余家企业进行申报。制定街道税源资金使用办法，调动企业、楼宇、孵化器等参与税源建设的主动性和积极性。定期开展税源建设形势分析，重新核定税基，查找新税源，开展新户申报工作。针对地区孵化器聚集的实际开展调研，提出政策建议和扶持策略。开展第三次全国经济普查，完成核查单位录入24732家。

环境建设　投资近1100万元开展道路修整、绿化升级、老旧小区改造、垃圾分类处理以及停车场、候车亭建设等工作。拆除违法建设上账任务23处16613.62平方米，拆除新生违法建设40处2877.32平方米。网格监督员上报案件16849件，承办案件2691件，及时办复率为100%。

平安建设　投资近400万元，在园区周边、老旧小区加强物技防设施建设。启动社会面防控等级90余天次，出动专群力量20余万人次，保障重大节日和重要时期的安全稳定。签订各类安全生产责任书4300份，检查、复查生产经营单位1636家，查出安全隐患、问题4154个，整改率98%。以生产安全、消防安全、交通安全、燃气安全、烟花爆竹安全为主要内容，在企业和社区开展宣传教育和应急演练活动。做好在施工地监管和劳务纠纷调处，深化“规范劳动用工一条街”工作，书面审查单位110家，规范企业70家。调解案件624件。

加强网格化机制建设，调整街道科室部门下沉力量110余人、整合各类协管员212人、发动社区自治力量800余人，全部在社区橱窗公示。做好司法所、统计所、食品药品监管所、城管监察执法队等机构改革和管理体制调整的对接，组建街道联合执法队。联合执法队常规巡查128次，出动人员833人次，出动车辆184车次，查扣黑车52辆，查扣黑摩的91辆，教育查处占道经营、无照游商602人。

完成网格主要管理人员社管通配备工作。社区网格微循环运转良好，累计上报走访日志和社区民情3362件，解决社区居民反映问题262件。街道网格小循环运行正常，共处理14个案件，基本解决三级网格反映的问题。

社区建设 总投资218万元用于租赁、改造7个社区办公活动及服务站用房，达标率91%。投入89万元扶持各类社会组织建设。招聘12名社区工作者，定期对社区工作者进行培训教育。4个社区参加市级“一刻钟服务圈”示范点建设，1个社区参加市级“社区规范化”示范点建设，地区一刻钟服务覆盖率达到66%。3个社区创建“六型社区”，2个社区创建“学习型单位”。

民生建设 为各类低保对象、困难群众、残疾人发放补贴，报销医药费，送去慰问品。为老龄人口发放居家养老消费券60余万元，为优抚对象发放优抚金93.4万元，争取资金60多万元实施无障碍设施改造。推行阳光计生，关注弱势群体。采集空岗信息3550条，完成就业320人，经办900家企业社保业务。

基层党建和精神文明建设 制定落实中央八项规定和市、区实施意见的具体措施17项，全年压缩精简40%的会议，会务经费及“三公支出”下降30%。配合完成区委区政府折子任务6项，完成区委区政府重点督办任务2项，完成为民办实事工程12项。走访慰问近2000人，送去慰问金、慰问品总计近50万元。

发展新党员36名，新成立非公企业支部2家。成立嘉华大厦联合党委、数字传媒大厦联合党支部、辉煌国际党支部。招聘11名党建指导员到2000余家企业进行走访调研。投入30万元专项资金建成嘉华大厦党群活动中心，建设2个一类楼宇工作站。打造金秋季果实党委和西里社区党支部为学习型和服务型党组织。

签订党风廉政建设责任书，首次将社区“两委”班子正式纳入责任体系。试点在金秋集团党委中建立纪委。

成立北京市首家企业妇女工作委员会，新建10家非公企业团组织，将科技园社区青年汇打造为市级旗舰品牌，建立2个市级示范志愿服务站，完成兵役登记和民兵组织建设。

街道文明城区创建工作在第1次第三方评估中名列系统第一，在未成年人思想道德建设示范区单项第三方评估中名列系统第三。

通过楼宇物业、园区企业、群团组织等平台，进行共同宣传，营造文明城区创建氛围。制作发放2万多个印有文明城区创建口号的入户宣传品，3000多个印有“五好文明家庭”内容的宣传品，制作600平方米社会公共宣传牌匾，建设700平方米中国梦文化墙，开展“五月鲜花”文艺会演、“上地杯”羽毛球联赛等主题活动百余次，直接受众达4万余人。

（任克红）

曙光街道

【概况】 曙光街道成立于2004年9月21日，辖区面积5.45平方千米，户籍人口5.7万人，地区登记流动人口4.6万人，有社区居委会16个，地区法人单位5000余家。

环境建设 出资128万元对西顶路、火器营路、蓝靛厂路、老营房路四条道路共7000余平方米人行步道进行改造。出资8万元对金庄甲1号院进行污水管线改造。协助区建委完成对农科院小区14栋楼800户的老旧小区节能改造。出资50余万元对云会寺路、彰化路西段和远大南街进行苗木种植，共种植苗木144棵；完成地铁10号线3个站口周边环境整治和远大路创建区级达标大街工程。开展远大园五区创建北京市环境优美小区工作。在远大南路与远大东路交叉口增设交通隔离设施700余米，在蓝靛厂西路安装自行车架12组。全年拆除账上违法建设44处、8977平方米，查处新生违法建设9处、820平方米。清理无主垃圾813车，约3659吨。查处无照经营等环境秩序类违法行为1720起。成立一支150人的环境监督员队伍，清理卫生死角300余处，清除非法小广告8万余张。组织开展“世界水日”“6·5世界环境日”“节能宣传周”等主题宣传活动。完成对正福寺和原兵器工业部两个平房区24户共计34.5吨的优质燃煤替代工作。组织开展对辖区74栋公共楼宇能耗限额管理基础信息普查和采集工作。组织开展地震应急疏散安置演练，对26个居民小区的应急避险图进行统一绘制。出资近9万元对1764个雨水篦子进行清掏，协调排水集团对金庄1号院排水管线进行整修。

平安建设 组织动员各类专兼职安保、治安志愿者力量8700余人次投身社会面防控。开展“春雷”行动、“清风”行动、“温暖工程”“除火患保平安冬春季专项行动”“可燃物清理专项行动”“商市场消防安全专项治理行动”“两会”消防保卫、打基础除隐患创平安专项行动、校园周边等整治行动。从公安、城管、交通、工商、卫生等部门抽调专人组成地区联合执法队，全年联合执法65次，出动人员891人、执法车辆103余部、动用辅警力量400余人、查处违法商户82家、罚没物品96件、查处黑车12辆、无照游商三轮车18辆、暂扣冰柜和其他器皿等违规经营物品94个、烤炉19个、小煤炉42个、桌椅340个、规范三包449家，拆除违章建设31处、拆除违规广告牌147块、无证照经营48家、治拘27人、警告22人、关闭取缔3家、罚款16万元，查出消防安全隐患8处。投资210余万元，在地铁周边、社区安装监控探头。累计代征房产税1283.7万余元，办理暂住证38966个，登记实有人口信息43810条，走访房屋3187户。组织管理员2038人次对地区取暖房进行摸排，累计摸排登记取暖户320户，取暖人数1063人，签订责任书1768份，开展联合检查77次，专项检查152余次，共检查983户，炉具871台，下发204台报警器。巡防队配合派出所民警设卡50人次，站桥维稳778人次，专项清查108人次。养犬管理工作登记、年检、收缴流浪犬561只，新登记犬107只，年检411只，张挂宣传横幅64条，下发各类宣传资料9000份。开展禁毒宣传教育3次，国际禁毒日系列宣传教育活动1次，发放宣传品、宣传册1000余份、宣传单2000余份。推进“向日葵”社区建设，做好社区戒毒康复人员的帮教，接回社区康复人员2名，家访社康社戒人员20余次。

上报处理视频调度指挥系统平台案件2850件，为相关执法部门办案提供图像支持52次共计70小时。处理信息化城市管理系统平台网络监督员上报各类事件5771件，非紧急救助服务中心应用平台事件734件。完成北京市城市管理案件核查12件。协助海淀区属委办局完成路灯、井盖、渣土等专项普查6件。完善二、三级网格下沉力量的实名制配置，17个网格共上报3137条走访日志，175条社区民情。

民生建设　接听96156服务平台咨询电话500多个，服务单160余个。签约居家养老服务商28家，报销居家养老服务券50余万元，残联券6万元。为地区1433名80岁老年人领取居家养老服务券、高龄津贴等140余万元。办理65岁老年人优待卡1300余张、60岁老年人优待证400余本。发放退休金、低保金及生活补助费共计1914万余元。发放慰问金及慰问品合计金额50万余元，物品近20吨。举办“老年互助社健身项目的展示”，以走访慰问、座谈会、联谊会、趣味运动会、棋牌友谊赛等形式举办“敬老月”重阳节活动，社区2000余老年人参与其中。接收档案600余份，办理就业失业登记证200多本，为10余名失业人员办理采暖补贴。完成就业指标600名，占全年就业指标的100%；完成空岗信息采集指标2100余个；推荐就业成功1505人；对1505人进行职业指导，共计授课55次，110课时。受理灵活就业400多人，托收、申请保险补助20余万元，共计报销药费20余万元。为470人办理到期转移手续，18人办理享受保险补贴的终止手续，并为5名死亡人员办理一次性结算。受理限价房申请25户，保障性住房申请33户，完成公租房第三至八批摇号，并对186余户家庭进行复核；公租房租金补贴18户，累计发放租金补贴3.29万元；海淀区市场化租金补贴13户，累计发放租金2.3万元；海淀区社会存量房2户，累计发放租金补贴4306元。为228名流动儿童办理借读证明。

社区建设　在望塔园社区、武警蓝靛厂、怡丽北园社区开展“六型”社区创建。在时雨园社区开展“一刻钟社区服务圈”创建。望塔园社区为市级社区规范化建设示范点。在世纪城西区社区开展智慧型社区创建。对社区宣传栏、活动室、健身场地、休闲座椅、社区围墙等58项进行改善、改造。

基层党建和精神文明建设　推进“组织覆盖、人员覆盖、工作覆盖”的“区域化”大党建。街道处级领导与16个社区、10个驻区大单位或规模以上非公企业建立联系点，围绕“抓好一批联系点，解决一批突出问题，撰写一篇调研报告，推广一项调研成果”的目标，向地区单位和党员群众做出公开承诺。机关22个科室111名党员干部与社区建立挂钩共建责任区域，围绕“挂钩一片区域、推动一方发展、促进一方和谐、确保一方平安”的目标，向挂钩单位公开承诺服务事项和服务责任。129名社区党组织成员和居委会干部与社区困难党员群众家庭和个人结成以“一帮一”、“多帮一”或“一帮多”为主要方式的帮扶对子，向社区党员群众公开承诺服务内容和服务目标。形成以世纪城西区“四方机制”、曙光花园社区“五方机制”、世纪城东区“亲情关怀365”、怡丽北园社区网格化党建为典型的党建创新品牌；在金源商务中心新建楼宇工作站1个，新建非公党支部8个，新建党建联络员队伍410人，培训非公企业入党积极分子54人，非公企业新发展党员17人。

（省南）

【举办第九届曙光文化节】　5月23日至9月25日，举办以“毓秀长河 梦响曙光”为主题的曙光文化节。文化节包括开幕式暨曙光龙舟节、梦枕长河、锦绣芳华、名家讲堂、龙腾虎跃、科普之夏、社区风采、花好月圆等8个板块20余项活动，共有30余家单位和万余名居民参与。

（省南）

燕园街道

【概况】 燕园街道成立于1981年12月，属大院式街道办事处，受海淀区政府和北京大学双重领导。辖区面积约1.84平方千米，其中北京大学校园面积272.17万余平方米，有社区居委会7个。户籍人口约4.4万人，流动人口5296人。

环境建设 完成蔚秀园社区老旧小区综合整治，共计投资5300万元，包括15幢楼宇的节能改造任务、1万平方米柏油路铺设、5000平方米的透水砖铺设、雨洪收集、2000平方米绿化新建等任务。开展“城市清洁日”活动，集中清理社区内各类垃圾50吨。加强垃圾分类，投入10万元设置围挡和宣传教育，设计分类指导牌规范垃圾分类。投入30万元集中对北大东侧门地铁口、畅春园南路南侧以及燕东园社区周边进行重点整治，拆除违法建设8起、面积1746平方米，制止新生违建11起。投入50余万元整治承泽园南门车辆出行问题、中关园社区裸露地面问题、燕东园社区居民活动场地等问题。

平安建设 投入80余万元为燕北园社区安装视频监控系统，共设置1处监控平台，57处监控位点。保障暑期、国庆期间“北京大学校园游”的外围环境秩序。严格烟花爆竹禁限放，开展社区可燃物清理。出动150余人次，针对平房区居民用煤及炉具进行调查和督促整改。本年未发生煤气中毒人员伤亡事故。建立辖区建筑工地的“四本台账”，规范工地用工，调解两起农民工讨薪事件，涉及金额14万元。

网格化社会服务管理与城管监督指挥分中心6月开始运行。成立地区管理委员会和民主监督委员会，将北京大学有关职能部门纳入委员会。明确业务下沉人员及工作职责、流程、机制，8名在编干部作为网格力量对应所有社区网格。召开两次专题培训会，对各社区网格长、网格员及社区居委会主任助理进行业务培训。制作展板、公示社区网格力量。

民生建设 发放低保金和帮困卡446户次39万元，生活补贴和两节慰问金177人次4.5万元，平房煤火费补贴3500元，阶梯电价补贴2518元，其他救助6.37万元，两次半年复审共办理金额变更5户、撤销5户低保家庭待遇和3户低收入家庭待遇。发放地退人员工资341万元、过节费35万元、抚恤金67.2万元、采暖补贴1.56万元、调标补发抚恤金16.4万元。发放无收入地退遗属补助9.2万元、困难救助6500元。发放伤残保障金、护理费、定期抚恤、补贴23.4万元。发放军休人员退休金11万元。发放居家养老服务券和高龄津贴103万元。新增老年优待证、优待卡、居家养老、高龄津贴336人。为148位无保障老人进行免费体检。在燕北园社区建设养老管理中心，在7个社区组建老年互助社。开展“春雨行动”和“送温暖 献爱心”捐赠活动，收到善款16163元。为“4・20”雅安地震捐款55080元。投入94万元完成地区无障碍工程建设。向低保残疾人、重残无业残疾人及无保障残疾老年人发放生活补助21.2万元。

整理规范失业、退休档案1350份。接转档案219份，招聘备案15人，发失业金295人次239640元，就业121人、职业指导382人，失业监测18人，社退疗养11人，特困认定25人，退休业务276人次，灵活就业237人次，城镇居民医疗新增223人，发自采暖补贴煤火费11人，异地就医8人、报医药费51.8万元，社保卡业务932人次、信息变更213人次，社保登记业务295件，发丧葬费4万元。

推进阳光计生规范化建设，办理生育服务证等业务共计1656件。计生奖励扶助1904人次，金额47.22万元。发放避孕药具96509只（板/盒）。开展流动人口计生业务213件。户籍及流动人口全员人口信息库信息录入及处理6万条。开展“同建你我幸福家庭，共创全国文明城区”“我青春，我健康”等宣教活动。

保障房申请全年评议通过家庭53户，市级备案28户。各类家庭复核21户，公租房意向登记7次共71户，办理公租房补贴13户，各类变更10户。承租社会存量房源1户，市场化租赁补贴3户。

社区建设 6月恢复成立统计所，审核各类报表694份，核实错误2434条。8月完成新能源与可再生能源统计调查、区划代码和城乡属性代码更新维护工作，9月完成法人单位经营情况调查，10月完成调查单位增减变动工作。完成普查小区划分、区划代码库核实、普查两员选聘等工作，完成辖区1232家单位的核查，核查完成率100.6%。完成地区4个实有的信息统计工作。完成流动人口、京籍人户分离人口及外籍人口4800人的登记、普查；完成辖区建筑物普查工作。推选五好文明家庭1049户、和谐家庭5户、京籍平安家庭1户。报送三八红旗手1人、三八红旗集体1个、示范妇女之家1个。报送“妇女之家”网络信息67条、心愿82个，家庭方圆驿站案例31个。投资建设中关园社区体育场（包括2个网球场、1个篮球场、1个乒乓球场，投资100多万元），面向居民免费开放。开展1个六型社区和1个文明社区的创建。

基层党建和精神文明建设 制订《燕园街道党的群众路线教育实践活动实施方案》，征集意见建议23条。把政府为民办实事工作与群众路线教育实践活动结合，切实解决相关问题。制定《燕园街道贯彻改进工作作风密切联系群众有关规定实施措施》，建立《燕园街道党的群众路线教育实践活动整改落实台账》，涉及改进工作作风、为民办实事、社区建设与实践育人、主动联系服务群众、社区居家养老和内控制度建设等6方面。

制定《提升燕园地区创建知晓率的十项措施》，开展三场主题宣传。投入15万元制作发放6000份便民服务手册、1万个生态文明环保袋等创建全国文明城区宣传品。

（解利艳）

清华园街道

【概况】 清华园街道成立于1980年7月，受海淀区和清华大学双重领导。辖区主体是清华大学校园，包括清华大学科技园，面积3.49平方千米。街道下设9个社区居委会和1个家委会（东南小区家委会，所在西王庄社区属学院路街道管辖），户籍人口54803人，流动人口近1万人。辖区内有两院院士近百人，教授、副教授4000多人。

环境建设 西北社区改造建设326个停车位，东楼、南楼、西南楼等社区新增停车位328个，中楼、西南楼、南楼、东楼等社区修建自行车棚25个。完成幼儿园北楼、东楼加固工程共计2275平方米。翻修改造五区、幼儿园西侧以及东楼社区道路2553平方米，修整南楼社区休闲广场550平方米。清除病媒生物孳生地、白色污染和垃圾堆物，清理绿地花坛和各类水体，防治美国白俄；推进垃圾分类，协调垃圾楼改建，开展创建绿色社区活动。

组织城管高校分队、食药所、中关村派出所、卫生所、工商所等开展联合执法，打击校园无照游商、整治家属区内乱租车现象，没收违法广告牌和处理小广告等，取缔清华路沿线、学堂路沿线及西北社区北门、停车场南侧等部位的无照摊贩，遏制校内新生违法建设。对重点地区和单位开展检查、督促整改，包括照澜院商业区、蓝旗营底商、清华大学东门及西门地区等，对辖区六小门店进行规范整顿。

平安建设 重要节庆日和重点时期，落实社区24小时人、物、技防的无缝衔接防控，对重点人、重点地区、重点部位进行摸排调查，健全任务台账，强化盯守管控。完成监控探头二期改造，在6个社区内新增加45个监控探头。建设东楼社区、西楼社区警务站和城管工作站。通过领导下访、主动接访等形式，及时排查化解群众中存在的抱怨与不满情绪。将居民矛盾纠纷化解在社区，调解成功率上升。加强社区调委会的工作制度和业务规范化建设。完善对两类人员[①]的走访调查机制、日常教育机制、结对帮扶机制和档案管理机制，及时掌握思想动态和生活状况，重点敏感时期专人值守和信息日报，定期进行谈心教育，加强正向引导。截至年底，辖区共有社区矫正人员6名，安置帮教人员21名。发挥网格化管理机制，协调学校开展实有人口信息采集。

民生建设 审查街道低保对象的资格，撤销1户1人，审查通过34户54人。办理社保下沉业务1974件，社保卡业务914人次，办理灵活就业退休手续22次，丧葬补贴5人，医疗救助8人，教育救助6人，一老一小参保人员177人医疗报销人员99人，异地生存认证88人，灵活就业110人。

为6名残疾儿童申请机构康复，组织辖区20名残疾人参加北京残联免费体检，为36名残疾人办理享受生活补助待遇，为16名重残无业人员申请办理城乡居民养老保险政策补贴，为持证残疾人申请社会保险补贴，落实残疾人社区就业2人，走访慰问残疾人家庭10户。完成荷清苑、南楼、蓝旗营、中楼、西南楼、东楼、西楼共计7个社区的408个单元门洞的无障碍设施改造。雨季汛期与大学房管部门联系及时修缮残疾人家庭房屋漏雨险情。

老龄大学年内增设18个兴趣班。智慧社区建设获得北京市哲学社会科学规划项目研究课题支持。完成辖区育龄夫妇免费孕前优生检查，建立领取母子健康档案登记工作机制。办理发放老人高龄津贴、居家养老服务补贴，办理老年优待卡、老年证，安装“一按铃”，慰问困难老人和优抚对象，举办重阳节活动。为辖区群众更换新型清洁节能炉具。

开展创建国家级慢病综合防控示范区、卫生应急综合示范区、全国艾滋病综合防治示范区、“健康知识一条街”工作，在四个社区居委会设立“自助血糖、血压检测点”。开展第三次全国经济普查，入户核查2000多家企业，对核查不到的600多家企业进行交换式互查。通过六型社区第二轮评估，完成规范化社区示范点建设、“一刻钟”服务圈建设。

基层党建与精神文明建设 围绕为民务实清廉主题，开展党的群众路线教育实践活动，查摆群众关心、希望解决的84项问题以及街道在“四风”方面的问题，明确改进方向和重点，并对涉及人、财、物、事等36项制度规章进行修订和完善。开展“行健新百年、共筑中国梦”主题教育活动，街道机关第一党支部、第二党支部和幼儿园党支部三个支部被批准为学校“中国梦”党建特色活动项目支部，蓝旗营社区党支部和幼儿园退休党支部分别获学校教职工党支部调研课题和特色活动项目立项。开展“六个一”系列专题活动，增强党员党性意识、责任意识和服务群众意识。组织开展2次对95名困难党员的关怀慰问活动。178人参与献爱心

① 指社区服刑人员、刑释解教人员。

活动，累计捐款15280元。

从街道、社区、群众三个层面，开展社区教育，发展社区体育运动。每个季度对街道及社区近30块精神文明宣传栏进行更新更换。举办道德讲堂、周末社区大讲堂、知识讲座、学雷锋志愿服务、主题宣传活动，以及文化、教育、体育活动20余次。制作8800余份“福”字向社区居民发放。采取集中设点与分散入户相结合的方式在群众中宣传与签订家庭文明承诺书。

（高飞）

【西北社区综合改造工程竣工】 6月，西北社区综合改造工程竣工。该工程2012年5月启动，累计完成楼体外墙保温4.3万平方米，屋面防水处理1.1万余平方米，小区道路铺设1.2万平方米，外窗护栏设置1.2万余平方米，塑钢窗安装1.7万余平方米，修建停车场2500多平方米，绿化美化1.6万余平方米，补种各类树木700余棵。完成拆除违建、空调移机、给排水、修自行车棚、加装门禁监控等配套工程。

（高飞）

永定路街道

【概况】 永定路街道成立于1979年，属大院式街道体制，受海淀区政府和中国航天科工集团第二研究院双重领导。辖区面积1.45平方千米，有16个社区居委会，户籍人口40798人，外来人口12963人。

环境建设 全年共开展联合执法160余次，出动执法人员2200余人次，执法车辆580辆次，纠正、查处各类违法行为1500余起。完成五、六街坊老旧社区综合改造。拓宽金沟河路，并将其雨水管线并入市政管网。开展永定路创达标大街项目建设。完成六街坊东社区停车场改造。完成违法建设台账拆除任务。配合二院做好“美丽二院”等重点工程项目的绿化美化服务保障。

平安建设 推进社区警务工作，全年无安全生产事故。完成敏感期维稳安保任务。调动社区维稳力量，构建多种力量联调联动的大调解工作格局，基本实现“小事不出社区，大事不出街道，矛盾不上交”。全年排查矛盾19件，调处重点矛盾4件，全部结案。群众事务呼叫中心共受理案件1233件，结案率99%。非紧急救助中心共转派案件178件，结案率100%。

组建城市服务管理指挥分中心、统计所、司法所、食品药品监督管理所、地区联合执法队，强化地区联合联动的社会管理执法工作机制。

完成智慧安居工程中智慧安全、智慧医疗、智慧社区三个子系统的建设。整合视频监控系统、非紧急救助系统、多媒体信息发布系统，使综合指挥中心成为地区集城市管理、社会管理、应急管理、物业服务等职能为一体的指挥中枢。

完成二、三、八街坊视频监控系统的改造，五街坊和区社会面高清摄像机的安装。城市管理分中心发现上报案件4450件，立案率99.9%；受理案件1964件，结案率99.8%。

完善风险源管理台账，强化日常检查监督和整改力度。开展“防震减灾日”“安全生产月”等宣传教育活动。强化应急物资管理和应急演练，做好应急值守和预案制修订，制定落实应急总值班工作制度，及时更新应急值守平台数据。

加强法规宣传培训，开展规范性文件清理及安全生产委托执法落实。新设电子阅览室为信息公开查阅点，年度没有因政府信息公开受理投诉举报和引起的行政复议、行政诉讼。

民生建设 开发就业岗位2739个，419名失业人员实现就业，完成区下达就业指标的120%，就业率达到69.22%。就业困难人员实现就业人数252人，就业率达到84.6%。失业率控制在0.64%，零就业家庭保持动态为零。改造为民服务大厅，完善社区警务站建设，组织社区居民代表对实事成果进行现场评价。开发计生网上办证服务系统，被北京市人口计生委列为创新工作试点，在全市推广。六街坊西社区获第六届“北京市魅力社区”称号。三西、四西、六西社区创建成为北京市“六型”社区。完成社区规范化示范点建设、一刻钟社区服务圈试点、老旧小区自我服务管理试点、学习型社区试点等创建工作。

基层党建和精神文明创建 定期开展中心组学习研讨，落实中央“八项规定”。开展以“为民务实清廉”为主要内容的党的群众路线教育实践活动，查摆“四风”问题11条，梳理立行立改事项20项。围绕“七个一”党建月系列活动，组织党员干部开展“走复兴之路”主题教育。与六东社区以及街道残联合作，开展学雷锋志愿服务活动。组织地区青少年参与海淀区梦想心愿征集活动。组织职工参加海淀区、二院围棋比赛、羽毛球比赛、篮球比赛、二院好声音声乐比赛、演讲比赛、拓展训练等各项文体活动，开展职工建议征集，提升团队意识。组织政策法规宣传，制作“文明海淀、文明你我”宣传手册1.5万份，专项宣传品7万份。动员居民参与社区活动，营造创建全国文明城区氛围。全年共制修订规章管理制度42份；完善风险管理和内部控体系建设，强化风险管控。通过“6S”管理创铜牌验收。引进大学以上毕业生6人，组织居委会30人参加社工师资格考试，10人获得相应资格。

（孙静燕）

东升镇（东升地区）

【概况】 东升镇的前身为1958年8月成立的东升人民公社。1977年11月，清河、东升两社合并成为东升公社。1984年3月改为东升乡。2001年12月，设东升地区办事处，与乡政府实行两块牌子一套机构。2011年8月12日，撤销东升乡人民政府，设立东升镇人民政府，保留地区办事处职能。镇域面积54.6平方千米，东升地区辖区面积8.32平方千米，有5个村民委员会和4个社区居委会。全镇户籍人口19260人，其中非农业人口14317人，农业人口4943人，流动人口71103人。

经济建设 2013年，镇域经济总收入34.73亿元，同比增长10.7%，集体经济总收入17.04亿元，同比增长13.7%；集体经济纯收入8.47亿元，同比增长15.8%；集体经济增加值完成100195万元，同比增长9.9%；集体人均所得35357元，同比增长8.2%。集体劳均所得55948元，同比增长10.4%；个人普通股回报率12%~16%。东升科技园区总收入实现85亿元，同比增长21%，税收达6.2亿元，同比增长12.7%。实现全年税源建设增长10%的目标。

中关村东升科技园二期项目完成搬迁腾退，取得项目一开授权、规划条件、土地预审、环评、交评等手续。回迁房完成土方招标。原锅炉厂改扩建工程B-2项目、智慧农业体验中心、商业街项目建成并投入使用，建筑面积合计8.1万平方米。奥北文化创意园西区部分封顶，天地邻枫项目开工。学院路科技园项目完成控规调整。小月河科技园规划调整方案获得市政府批准，曹家村搬迁腾退完成。

明光市场改造、鹍鹏商业楼、电焊机厂改造工程等7个项目建成并投入使用，合计3.65万平方米。环宇京辉京城公司房山一期项目8月份竣工，800立方米/小时天然气制氢投产。蓟门饭店还建项目、八家石板房楔形绿地D地块和产业A09、清河顺事嘉业危改等项目完成主体封顶。

清河利京置地与中联科合作，以9.1亿元获得清河商业中心西区项目用地的二级开发建设权。八家产业项目A07地块完成立项、用地预审意见和规划条件报批。首享大厦获评“北京市物业管理示范五星级大厦”，泰兴大厦获评“北京市四星级楼宇物业”，塔院海玉今缘取得物业二级资质。清河重组原电焊机厂等三家公司，成立顺事嘉业物业公司。

博展股份社现金收购东升铁芯厂全部个人股份553.8万元。海升股份社收购清华园宾馆个人股份702万元（现金收购369.7万元，转为股份社股份332.3万元）。

东升镇与北京林业大学签署共建“北林东升科技园”合作协议，建设生态科技园区。博展股份社入资天峰医疗天使投资基金、数字版权保护北京市工程研究中心和中科泛华公司。举办“东升杯”全国二次创业大赛，吸引电子信息和新能源领域130个项目参赛，筛选10个优秀项目在园区进行孵化。

环境建设 出台《东升镇2013—2017清洁空气行动计划实施方案》《东升镇空气重污染应急预案》等工作方案。发放200多份《致餐饮企业的公开信》。对辖区内220多家500平方米以下的餐饮企业进行排查。制定《东升镇道路环境卫生分级分类管理实施细则（试行）》，明确道路清扫保洁分级分类作业标准和检查考核标准，建立道路分级清扫台账。投入87万元购置道路清扫车。为基层配发15辆电动环卫车。

完成11个小区垃圾分类试点，规范小区垃圾分类开展率达到65%以上。泰欣苑小区实施厨余垃圾清运量货币化奖励。

组织开展8次“城市清洁日”活动，共动员2500余人参加，发放宣传材料6000余份。对五道口城铁站、西小口城铁站周边、双清路沿线、黑泉路两侧、清河小营市场和君安、莱圳家园周边开展6次环境整治。

民生建设 投入830万元，完成12件惠民实事。推荐就业134人，实现居民失业再就业282人，农民失业再就业163人。培训镇属企业职工技能人员217人。承接区3项社保业务下沉工作，新增服务企业793家，完成全年指标的160%，办理新参保人员增加等业务9465件。做好八家村整体农转居前期工作，全镇399人农保转社保。增加农保投入517.81万元，统筹保费1645.64万元，在2012年的基础上提高城乡居民养老保险缴费标准5%，领保人员最高领取达每月1920元。在全区首推新农合医疗费用报销绿色通道，优先为低保户和优抚对象办理大额医疗费用报销，为221人报销金额180余万元。受理新农合报销7962人次，金额1827.68万元。组织2590名参合人员进行健康体检。

举办第一届东升科技园文化节、第二十三届农民艺术节、五月的鲜花文艺演出，完成280平方米马坊地区文化活动站改造工程，放映惠民电影278场。在全区首推为80岁以上老人发放老龄补助金，被评为北京市敬老爱老为老服务示范单位。投入救助款、补助款和善款280余万元，保障困难群众基本生活。做好H7N9禽流感防控。举办疾病防控等科普讲座12场，为外来人员1200余人接种流脑和麻疹疫苗。

新组建奥北社区，配备7名工作人员、395平方米社区办公和活动用房。投资611万元为马坊社区购买165平方米社区活动用房，对奥北、马坊、八家等5处社区居委会和活动用房实施装修改造。接收八家社区、浩思家园的公益场所，增加社区配套用房3435平方米。投资近100万元，完成观景园无障碍设施和300平方米温馨家园改造工程。筹建八个老年互助社，改造前屯社区居委会等6家“夕阳红快乐之家”老年活动站，新添、更新各类体育器材54套。组建供应商队伍，争取区财政便民商业资金近 170 万元，扶持菜市场、早餐店健康发展，扩大蔬菜直通车服务范围，售菜 300 余车。组织义工开展治安巡逻、义诊和便民利民等志愿服务 290 余次。全镇社区义工登记 1670 人，义工注册率占户籍人口的 10%。

平安建设 持续开展“三大秩序”整治行动，出动 1360 余人次、开展整治 70 多次，清理无照、占道经营 2600 余起，没收非法小广告 3 万余张。登记流动人口 6566 人，核销 1233 人。

制定《东升镇处级领导信访接待工作办法》，落实领导接访和包案制度。调处各类矛盾纠纷 662 件，调解成功率 99%。完善劳动监察网格化管理，检查用人单位 1323 家，规范劳动合同 237 份。处理群体性投诉案件 31 件，涉及农民工 730 人，金额 630 万元。东升镇被评为北京市劳动用工规范先进单位。

专项检查各类生产经营、餐饮场所 7612 次，发现安全隐患 2741 处，督促整改 2438 处。更换彩钢板建筑 13600 平方米，更换不符合规定的电器线路 2000 余米。开展 50 家微型企业安全生产标准化创建和百家企业安全隐患网上自查自报培训。塔院投入使用全区第一家村级消防站，安排资金 70 余万元为双泉堡地区 19 家公寓加装逃生楼梯。购置并安装 9300 个一氧化碳报警器。东升镇被市委宣传部、市安全生产监督管理局等 12 个部门联合授予“2013 年北京市安全生产月活动最佳实践活动奖”的市级荣誉称号。

基层党建与精神文明建设 理论中心组集中学习 27 次。组织班子成员学习中共十八大、习近平总书记系列重要讲话、十八届三中全会和市区委有关会议精神。全镇组织学习中共十八大、十八届三中全会会议精神共 13 场。以中共十八大精神和中国梦为主题，举办专家宣讲、周末社区大讲堂等活动 23 场。东升镇被评为市委理论宣讲优秀示范基地。

在各级媒体刊发新闻报道共计 180 篇，其中，中央级媒体 5 篇，市级媒体 31 篇，区级媒体 144 篇，被中宣部、市区采用舆情信息 25 条。

与区委党校合作举办东升镇 2013 年干部教育培训班。制订镇管后备干部工作实施方案，遴选出 64 名后备干部。选拔 4 名年轻后备干部到镇机关相应岗位进行培养和锻炼。加强股份社干部交流，提升基层干部队伍活力。完成 2012 年东升镇科级职务竞争上岗人员的试用期满考核。

通过大型电子显示屏、户外广告、宣传栏等加强全国文明城区创建宣传，开展新春送福入户、文明家庭承诺书签订、道德讲堂等文明创建系列活动，创建工作知晓率、支持率和参与率提升。创建工作在两次第三方测评中均排名乡镇第一。

（韩慧新）

【取得北京市首批集体土地房屋所有权证】 9 月 12 日，中关村东升科技园取得北京市首批集体建设用地房屋所有权证，本次颁证共涉及 7 栋楼，总面积：38815.77 平方米，成为北京市集体土地使用权流转先行先试的首枚硕果。房屋所有权证的取得对科技园区发展起到三方面的作用。一是可使园区入驻企业办理注册及其他各项相关手续更加便利。二是取得房屋所有权证后，园区资产增加，可保证农民的资产保值增值。三是园区可凭证办理抵押贷款，缓解建设的资金压力。

（韩慧新）

【与北林大共建“北林东升科技园”】 11 月 29 日，北京林业大学和海淀区东升镇共建“北林东升科技园”签约。东升镇提供八家郊野公园设施用房（共计 18572.5 平方米）和辅助场地约 21 万平方米，并提供相关公共条件、配套设施及服务，双方约定使用期限 20 年。北林科技园有限公司负责北林东升科技园经营管理。

（高斌）

海淀镇（万柳地区）

【概况】 海淀镇的前身为 1958 年成立的海淀人民公社，1984 年设立海淀乡，2001 年 12 月成立万柳地区办事处，增加居民管理、城市管理及社区管理与服务等职能，与海淀乡实行一套班子、两块牌子的管理模式。2011 年 8 月 12 日，撤销海淀乡人民政府，设立海淀镇人民政府，保留万柳地区办事处。现行政辖区面积 4.79 平方千米，下辖 4 个村委会和 2 个居委会。截至 2013 年年底，辖区户籍人口 11858 人，其中农民 5163 人，居民 6695 人，流动人口 17279 人。

经济建设 2013 年海淀镇集体经济总收入 6.9 亿元，同比增长 23%；集体经济纯收入 3.04 亿元，同比增长 12%；劳均所得 38348 元，同比增长 9%。新增税源企业 20 家，制定《海淀镇关于加强税源建设工作的意见》《海淀镇税源建设工作奖励暂行办法》《海淀镇（万柳地区）个人出租房屋税收管理暂行办法》等文件。

树村“一村一策”规划调整方案获得市政府批复。万柳产业项目与中赫集团签订合作意向。六郎庄拆迁安置用地树村商业还建项目、清河项目和华龙项目开工建设。汇苑商务会馆项目、万柳医院、万柳社区配套公建建筑封顶。巴沟北侧西郊线征占地地上物拆迁完成总拆迁量的 70%。金曲公寓历史遗留问题得到解决。北京大学征占肖家河用地还建项目确定规划方案。肖家河龙背村还建产业项目 5 月正式营业。推进肖家河地区东村、王庄的整治改造。

5 月 24 日，清产核资三榜公布工作完成。全镇确定参加农村集体资产处置为 31879 人；享有基本份额为 24146 人；享有资源份额为 6382 人；享有劳龄份额为 24050 人。全镇各分社完成核实率平均为 96%。7 月 3 日，召开第一届社员代表大会第二次会议，通过《海淀镇集体经济体制改革方案》。成立海淀镇农村集体资产监督管理委员会。

城乡建设 4月30日，六郎庄宅基地腾退全部完成，共腾退1031个院落，5612人，拆除宅基地约16万平方米，集体企业18.5万平方米。10月9日，六郎庄安置房正式办理入住手续。10月17日，完成肖家河地区652个院落的腾退工作。

4月29日至8月25日，党校西住宅腾退完成，共拆除建筑面积约16万平方米，腾退251个院落，482户，搬迁人口1505人。党校西安置房选址树村，建筑面积6.26万平方米。

全年拆除包括党校西和万城华府西侧地区在内的新生违法建设和既有违法建设14.3792万平方米。海淀镇被评为“北京市遏制和查处违法建设先进单位”。

对颐和园、中小学校园周边等重点区域，定期进行环境综合整治，共出动执法检查人员540人次。多次完成中关村国家自主创新示范区展示中心周边的环境保障任务。集中清理整治环境脏乱点12处，清理垃圾渣土约300吨。

民生建设 制订《海淀镇创建充分就业镇工作方案》，全年共组织培训2000余人次，考核通过率达到96%。辖区内劳动年龄人口中有劳动能力和就业愿望的人员就业率达到97%，就业困难人员就业率达到80%。

办理60~64周岁老年优待证208个，办理65岁老人优待卡240个。4476人次享受居家养老服务券补贴，发放居家养老券44.76万元。90岁以上老人享受政府按月补贴全镇全年合计发放5.36万元。调整农民退休金，人均每月增加50元。投入15万元对近千名退休农民进行实物补助。坚持定期帮扶、救助，救助困难群众600余人，支出善款130万元。

为辖区4000余名农民提供免费体检。为辖区内2000余名外来儿童和务工人员免费进行疫苗接种。镇政府将节省的办公经费投入新农合医疗救助，共投入经费340万元。完成430名超转人员纳入基本医疗保险过渡工作和4271人的新型农村合作医疗参合工作。开展捐赠活动，累计捐款16.5万元。启动社会保险经办业务下沉工作。挂牌成立社区教育活动中心，成为区教委社区教育重点扶持单位。

平安建设 开展18次安全生产拉网式大检查，28次专项检查，76次夜查，15次抽查。进行各类安全宣传40次，发放宣传资料5万余份。组织各类安全培训23次。在人员密集场所和学校开展安全与逃生自救、消防技能演练3次。

成立由公安、工商、交通、消防、城管及综治、安监、环保等力量组成的镇联合执法队，并在中央党校西侧搬迁腾退指挥部成立专门办公场所，针对辖区交通、治安、环境秩序等问题开展联勤联动、综合治理。2013年，海淀镇共发案34起，较上年减少8起，发案率下降19.1%。群众安全感满意率达94.67%。处理信访450件。

基层党建与精神文明建设 完成第九届村委会换届选举。依托北京大学，举办“海淀镇——北京大学第一期中青年干部培训班”，来自各基层单位的30名干部学习“干部管理与能力素质提升”研修课程。落实改进工作作风、密切联系群众、厉行勤俭节约等规定，全镇会议数量、发文数量明显减少，压缩一般性支出和“三公”经费279.1万元。

全年放映电影230场，开展“五月的鲜花”、书画摄影展、个人才艺展、业余团队表演、棋牌比赛、登山等文体活动。完成妇代会换届选举。成立地区首个行业性联合工会——上源博大文体用品批发市场联合工会，覆盖企业和个体工商户42家。

（张鹤腾）

四季青镇（四季青地区）

【概况】 四季青镇的前身为1958年成立的四季青人民公社，1984年改公社为乡，2004年9月乡改镇。2011年8月12日，成立四季青地区办事处，保留镇的建制。镇域面积40.83平方千米。下辖13个村委会，11个社区居委会，有直属企事业单位35个。镇域内户籍人口8.5万人，其中农业人口3.2万人，非农业人口5.3万人，外来流动人口约16万人。

经济建设 2013年，全镇区域经济总收入实现76.41亿元，比上年增长9.57%；纯收入实现14.05亿元，比上年增长8.31%。全镇集体经济总收入实现31.25亿元，比上年增长8.34%；集体经济纯收入实现7.85亿元，比上年增长8.13%。全镇农村集体经济劳均分配33596元，人均分配14818元，分别比上年增长20.39%和17.58%。

占地面积约3.5万平方米，建筑面积5.7万平方米的玉泉慧谷二期工程开工。北坞创新园二期投入使用，引进中国人民银行、中国兵器导航与控制研究所等企业入住。四博连产业园完工，新增产业面积3.89万平方米。兴海市场改造完成，金园国际中心开业，实现产业升级。西郊汽配城二期综合楼改造完成，引进国际综合医院。香青园会馆改造完成，新增产业面积1万平方米。北软双新科创园建成招商。曙光综合楼项目开工。西杉创意产业园（益园文创基地）建成投入使用，新引进京东商城、北京电影学院动漫研究院、航天宏图等企业。整合规范全镇物业资源，成立四季嘉城物业服务中心。

申报并获批区支农项目8项，支农资金2446万元。举办“第六届香山草莓文化旅游节”“四季青第十九届樱桃节”“四季青镇海舟慧霖第二届葡萄采摘节暨‘一河十园’发展论坛”等品牌推介活动，全年接待游客10万多人次。实现农业集体收入约2200万元。一品香山观光采摘园被评为国家级休闲观光采摘园标准化示范区和全国休闲农业与乡村旅游五星级示范园区，田村海舟慧霖葡萄园、果林所大樱桃园获全国休闲农业与乡村旅游四星级企业等资质。

完成全镇老股金登记确认退偿、劳龄登记及人员情况调查登记，老股金登记1.4万人，退偿老股金6166万元。登记参加量化人员约6.7万人，清产核资基本完成。资产量化全面展开，《集体资产量化工作实施意见》经四季青镇第三届社员代表大会第三次会议审议通过。

城乡建设 营会寺村94个院、巨山村60个院、西山小府村51个院、杜家坟村40个院基本完成腾退。香山地区整体改造方案经香山村村民代表大会和镇第三届人代会第五次会议讨论通过。按“政府主导、农民主体”原则，香山改造一期11月18日启动，至12月31日签约238个院落，占总院落的44.9%。

重点村回迁房建设：门头村南区13幢楼竣工并交付使用，北区25幢楼开工建设；振兴村21幢楼封顶；中坞村47幢楼封顶；玉泉村闵庄玉泉馨苑东区7幢回迁楼主体完工；西山新村一期遗留项目中的4幢回迁楼建成并入住；玉泉小学（即首师大附小玉泉校区）完工并交付区教委使用；西山新村配套小学主体完工。双新和田村列入市2013年棚户区改造任务。

四季青地区“三山五园”绿道示范工程试验段基本完工，绿道自四海桥沿线至万安东路，长3.1公里，步道宽3米，步道两侧共移、种乔灌木4000余株，铺各种草坪、花卉6.5万多平方米，设有驿站等休闲场所，停车场1处，休息平台2处。在佟家坟、东平庄、牛碌坟、魏家村新凿机井4眼，解决6000余人的吃水和部分绿化用水。投入750多万元对闵庄路、玉峰路、村中路开展综合整治，修复村中路近20千米。实施西冉村砂石坑雨洪利用工程。集中整治河道15条34千米、供排水管线49.1万米。污染严重的巨山砼搅拌站清出。

平安建设 强化对人员密集场所、危险化学品单位、餐饮及娱乐场所、建筑工地的检查力度，共检查各类企业500余次，下发检查单据200余份，及时排查和消除各类安全隐患670余起。开展安全生产委托执法，共检查147家单位，开具执法文书65份。成立四季青镇食品药品监督管理所。落实违建周报制度和违法建设责任制，拆除违建9万余平方米。

启动网格化社会管理和社会服务平台，划分13个村（社区）网格，下沉工作职责，明确各网格力量配置和工作流程。推动科技创安工作，通过图像信息系统共上报城市管理案件498件，配合公安调取视频资料28次，拷贝录像资料36小时。设立便民服务站和新居民服务中心13个、治安岗亭52个、暂住证办证大厅2个。开展“普法惠民进万家”活动，举办法律知识讲座15场，化解矛盾纠纷1588起，安置帮教人员153人。人民群众来信、来访、来电比上年下降17.9%。

民生建设 成立农转非工作领导小组，确立全镇农民农转非“三步走”工作计划，启动蓝靛厂村、田村等首批农转非工作。为336人开展职业指导培训，为732人申报岗位补贴114.24万元，安置公益性岗位152人，共计1256名城乡劳动力实现就业，完成任务指标139.6%。宝山社区被评为“充分就业示范社区”，巨山、常青等8个村被评为“优秀社区、村就业服务站”。开展用人单位劳动保障情况审查，审查用工单位80家，规范劳动合同561份。处理群体性讨薪事件33起，涉及农民工1511人，涉及金额1091万余元。

采集、录入17213人的城乡养老保险信息，上缴保费1734万元，为11名高龄老人进行医疗费用补助16142元，为230名退休人员办理退休手续并发放养老金。落实退休农民生活补贴增长机制、农民供暖补贴、扶贫济困和大病救助政策，退休农民每月生活补贴实现年递增70元。为老年人办理优待卡及居家养老服务补贴券，慰问140余名高龄老人。为49户农村低保家庭、40户居民低保家庭发放低保金49万余元。对270人发放大病救助资金227万元，为残疾人发放助残券及各类生活补贴54万余元。走访慰问各类优抚对象140名，发放各类优待金、慰问金85万元。为278名农村退伍义务兵办理生活补助。2013年新接收征地超转人员84人，为260名超转对象集中办理医保卡。

为非京籍随迁子女办理借读证明798份，为村办幼儿园教师发放补助110万元。投资250余万元的巨山村幼儿园开园。办理一孩生育服务证436个、独生子女父母光荣证181个、外地来京人员生育服务联系单360个。申报新进入农村部分计生家庭奖扶对象450人。为1.3万余户家庭投保计生家庭意外伤害保险，新办理育龄妇女人身意外伤害及两癌保险1937份。组织1900余人次的免费孕检、优生优育检查及体检。依托四季青宝贝之家，开展“幸福家庭、宝贝计划”百场亲子活动进社区，建立四季青宝贝之家实践基地，举办第八届独生子女艺术节，开展暑假快乐课堂活动，全镇超过4000个家庭、逾万人参与四季青宝贝之家活动。

制定并完善社区居务公开办法、社区工作者考核评议制度、社区居委会评比办法等9项制度。培育社区公益组织和义工队伍，注册登记的社区公益组织36个，新吸纳义工1000余人。

基层党建与精神文明建设 完成第九届村委会选举。发展党员48名，转正党员63名。对46个基层班子、200多名领导干部开展“述职述廉”考评。为全镇3700多名党员发放中共十八大报告单行本和党章修订本，组织1170名党员干部参加中共十八大知识竞赛。开展“共产党员献爱心”捐款活动。评选59名优秀共产党员为“我身边的先锋”。

建立昊永物业公司农村实用人才培训基地，培养农村实用人才50人。在46个单位持续开展“一村（社区、企业、事业）一品”党建精品创新工程。对镇域内非公组织进行摸底调查，加强玉泉慧谷科技园、静芯园等商务楼宇"五站合一"建设。创建田村、玉泉慧谷两家市级示范社区青年汇，开展各类青年活动80余次。组织基层党组织开展主题党日活动、书记讲党课、党员承诺、结对帮扶等"十个一"活动。成立四季青镇老旧小区综合整治项目联合党支部，化解整治难题。以玉泉村北坞嘉园小区的物业管理工作为试点，组建党建工作组，提高回迁楼物业管理水平。

推进文化惠民、平安放心、生态文明、公共服务、回迁建设五大民生工程，集中检查整改全国文明城区创建工作实地点位任务200多项。开展环境卫生、环境秩序、环境设施专项整治，建立"环境整治周""城市清洁日"等长效机制，集中治理环境脏乱点10处、道路5条和排洪沟、绿地、小集贸市场等卫生死角82处，清理积存浮土、杂物及生活垃圾2000余吨，清除非法张贴小广告8600余张。利用镇报、有线电视、宣传栏等多种渠道进行宣传，提高镇域内村居民和外来人员对文明创建的知晓率、参与率。

开展各类文化活动演出40余场，农村公益电影放映50场，举办星火一类演出26场。举办第23届农民艺术节、特色文艺团队大比拼、五月的鲜花、第四届全民读书月等主题文化活动。完成田村文化广场建设，申请区级扶持资金308.85万元建设北坞村露天剧场建设二期工程。承办北京市体育公益活动社区行（海淀）暨四季青镇"盛夏之情 舞动四季"广场健身操比赛，举办第七届"闵航杯"军地篮球赛、台球比赛、棋牌比赛、乒乓球比赛等。四季青镇获得北京市第九届全民健身体育节精神文明奖。

（陈霖）

【宝山地区特殊人群服务管理】 年内，采取6项举措加强宝山地区特殊人群服务管理。一是加强人防、物防、技防建设。出资聘用10名协警，负责派出所日常巡查检查等工作；给村委会购买专用巡逻车1台；聘用10名保安，负责锦绣大地物流港及周边的日常巡逻检查；新增探头56个，并加装100盏路灯；对辖区内各自然村进行封村管理。二是群防群治。动员村民小组长、治保人员、楼门长、老党员、村民代表等各类人员参与群防群控，在重点地区及街面巡逻。三是强化"房东管人"责任。明确地区出租房屋不再新增特殊人群租户，总量管控；与房主签订安全防范责任书，同时对人员居住点进行治安、消防等各项检查，对存在的无暂住证居住，有治安消防隐患，出现扰民报警，发生窝住违法人员等情况，对房主进行处罚。四是加强与用人单位和经营场所联系，配合做好现有经营的特殊人群的信息收集和更新报告工作。五是对新增人员信息及时登记核查，建立台账，并及时与派出所信息进行比对；对特殊人群随时进行走访、核实其进出京信息，随时掌握动态。六是加强对特殊人群关爱，在特殊人群中开展免费健康体检义诊活动。

（骆建国）

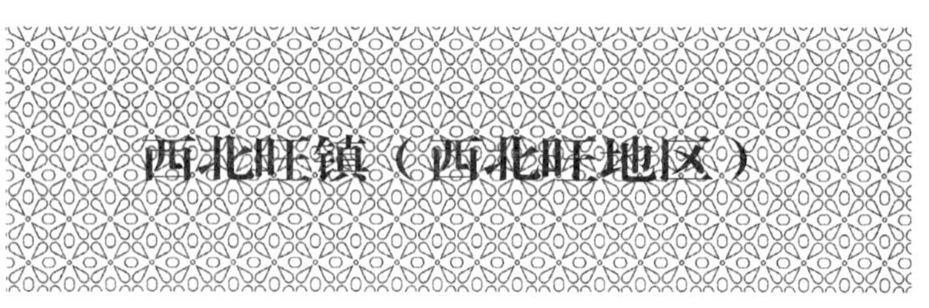

西北旺镇（西北旺地区）

【概况】 西北旺镇成立于2003年8月，由原永丰乡、东北旺乡合并而成。2011年8月12日，成立西北旺地区办事处，保留镇的建制。镇域面积51.02平方千米，辖16个村民委员会、10个社区居委会、3个农村经济合作社、5个全额拨款事业单位（农业综合服务中心、文化服务中心、社会保障事务所、水务管理站、农村合作经济经营管理站）、2个自收自支事业单位（镇敬老院和小星星双语艺术幼儿园）。截至年底，有户籍人口36890人，其中农业户籍人口10315人，非农业户籍人口26575人；常住人口132743人。

经济建设 2013年，农村经济总收入27.8亿元，其中农村经济纯收入5.8亿元，人均劳动所得13941元。代征房产税25万余元。截至年底，镇域内企业2043家为区级财政税收贡献4127.85万元。

18个村完成资产量化及份额流转，12个村建立股份经济合作社。16个行政村全部实行财务托管，全部完成专项资金审计，完成第八届村委会成员任期和离任经济责任审计。建立固定资产管理系统，完成固定资产核对录入贴签工作。完成农村集体经济合同清查，清查工作中清理镇直属总公司和事业单位经济合同60份，清查农村集体经济合同844份，建立农村集体经济合同管理制度。

第三次全国经济普查对全镇下发任务单位数3278个，实际核查单位数3435个，核查录入率达到104.78%。

完成区支农项目"北京百旺生态农业与农耕文化科技园（三期）""永丰屯村设施农业建设"和"土井村航天蔬菜育苗及展示中心"3个项目申报、实施和验收准备。"北京百旺生态农业与农耕文化科技园（二期）"项目通过验收。完成唐家岭村、土井村和屯佃村共9个地块1328亩平原造林工程和2013年西北旺镇农田核查。

城乡建设 "一镇一园"先行起步区021地块基本完成地上物腾退。完成镇域内2837亩的征占地工作，征地农转非301人。开展西北旺中路（C02地块）宅基地腾退拆迁项目、安宁庄拆迁项目、北大科技园拆迁项目工程。

唐家岭集体产业众唐兴业园项目完成人防咨询、规划方案复函、园林绿化方案复函等工作。盛景创业园项目取得项目立项。T08地块产业园区作为北京市50个重点村中唯一开工的产业园区先行起步。东北旺村产业用地建设手续办理完毕。

唐家岭地区公租房项目开工。与北京市海淀区住房保障服务中心签订房屋租赁合同，唐家岭地区 2152 套公租房将统一作为公共租赁住房使用管理。

完成海军、工信部、中关村软件园三期、邓庄西路开发征地和南水北调屯佃泵站临时占地工作。基本完成六里屯定向安置房一期工程居民的回迁入住。基本完成农村集体建设用地确权发证工作。

6 月 24 日，西北旺镇辛店村安置房项目竣工，小牛坊、皇后店、东玉河村首批 1027 户村民领到回迁安置房的钥匙。

拆除违法建设 127 处，建筑面积 182761 平方米，其中拆除新生违法建设 66 处，建筑面积 8174 平方米。完成 2013 年度国土部卫星查违案件 14 宗，清理土地 28.6 亩。清理规范唐家岭村、土井村和永丰屯村内设施农业，拆除耕地内 763 处违法建设，面积 74123 平方米。

平安建设 成立西北旺镇联合执法队，建设占地 7200 平方米的联合执法大队和安保队员培训基地，配备 8 台专业执法车辆，招聘 100 名专业保安队员辅助联合执法大队工作，并在辖区内的主要公路设立 10 个联防联控执法岗亭，实施 24 小时执勤。以黑龙潭路、画眉山路、G7 辅路等路段为重点，对“六横四纵”83 条道路、20 个点位、8 类整治对象进行拉网式集中整治和日常管控。对东北旺五队、屯佃村北、土井路等长 2033 米道路两侧砖砌围墙，美化环境。清理渣土、垃圾 10 余万立方米，冲刷小广告 2.4 万余张。“四个实有”信息采集工作全区排名第一。协助派出所接 110 报警 5513 起。捣毁 1 处灌装假冒名牌桶装水窝点、3 处毒豆芽制售窝点、23 处垃圾回收站点，消除各类安全隐患 89 处。

10 月 9 日，“西北旺镇行政办事大厅及食品药品安全委员会办公室”揭牌。大厅设有劳动监察、税收代征、流动人口生育服务、新生儿入户、车辆进京证办理、法律援助、用电增容、征地超转等 8 个服务事项，镇机关所有对群众服务事项全部移至办事大厅。

民生建设 全年新增 1687 名登记失业劳动力，2263 名登记失业人员实现就业，完成全年就业指标的 219%。对 2316 名劳动力进行就业指导，完成全年指标的 154%。为实现正规就业的 1305 名农村劳动力申请 357 万元的转移就业补贴资金。完成 2500 名超转人员的医疗改革。新型农村合作医疗参保人数为 10082 人，参保率达到 97.7%。

开展“扶贫济困基金”募捐和“送温暖献爱心”活动，募集善款 28 万余元。支付扶贫济困基金 343585.7 元，救助镇域内低保户、困难户、驻地部队困难士兵及患大病的困难群众。

10 月 15 日，居家养老助残服务商签约授牌，6 家老年互助社与 9 家养老券服务商签定服务协议。9 月 13 日，小牛坊社区老年互助社、日间照料室、养老餐桌揭牌。截至年底，全镇总人口 36890 人，其中 60 岁以上老人 6012 余人，占辖区内总人口的 16.3%，超过老龄化标准五个百分点。

老旧小区综合整治，涉及西六社区宏丰西路 1 号院的 11 幢老旧楼房。西六社区老旧小区楼房的外墙粉刷及 1、3、4、6、7 号楼的节能保温工程完成。颐和山庄给排水系统更新改造工程完成全部任务的 95%。

按照一级一类园的标准，在冷泉村新建一所公办幼儿园，在屯佃村改扩建一所公办幼儿园。开展流动儿童早期发展项目，加强对镇域内 34 所民办幼儿园的管理。

基层党建与精神文明建设 成立老旧小区综合整治项目联合党支部，协调推进老旧小区改造。全面推行网格化社会服务管理。组成创建全国文明城区办公室，加强档案建设。开展“传递正能量·最美西北旺”创建主题实践活动，举行“好人·西北旺”等四大系列 16 项活动，在《西北旺镇报》、西北旺有线电视开设创建专栏。开展“中国梦·我的梦”百姓宣讲和“我心中的西北旺”征文活动。举办建镇十周年千人合唱比赛。举办“最美西北旺”绘画书法比赛和“文明的力量”“美在西北旺”随手拍摄影作品展。获全国全民健身活动优秀组织奖、北京市群众体育先进集体、北京市 2013 年度非物质文化遗产保护贡献奖等荣誉称号。成立全区妇联系统第一个女干部联谊会。完成村妇代会换届选举。

（梁娜）

【举办社区邻里节】 4 月 21 日，举办首届“社区邻里节”启动仪式暨美食嘉年华活动。活动内容包括包饺子比赛、厨艺大比拼、饮食文化和食品知识问答三个环节。来自全镇的 10 个社区以及镇领导嘉宾队和镇机关队共 12 支代表队的 36 名队员参加比赛。邻里节期间，围绕“邻里情、邻里帮、邻里乐、邻里学、邻里和、邻里颂”6 个方面，开展首届“十佳好邻里”和“十佳志愿者”活动的评比等活动。

（梁娜）

温泉镇（温泉地区）

【概况】 温泉镇的前身温泉乡成立于 1956 年 3 月，1961 年 4 月成立温泉公社，1984 年 4 月改设温泉乡，1997 年 5 月撤销温泉乡，设立温泉镇。2011 年 8 月 12 日，成立温泉地区办事处，保留镇的建制。镇域面积 33.23 平方千米，其中农用地占 62.24%。辖 7 个行政村，10 个社区。截至年底，全镇共有户籍人口 24704 人，其中农业人口 6672 人、非农业人口 18032 人，流动人口 21307 人。

经济建设 全镇完成经济总收入 147287 万元，完成经济纯收入 29801 万元，比上年均减少 25%；人均收入 17636 元，比上年增长 9%；镇级财政收入 11381 万元，同比增长 16.1%；税收返还3414万元，同比增长104%。出台《温泉镇股份经济合作社股权管理规定（试行）》，解决股权流转问题。制订《温泉镇第三轮土地承包确权工作指导意见》，扶持9个农民专业合作社向规模化、规范化发展。温泉农工商总公司启动运营。引入工商银行、北京银行，提升地区金融服务水平。工商联分会新纳入会员单位6家。太舟坞、东埠头、温泉村三个设施农业基地逐步实现规范集约发展。镇属集体企业兴业公共服务、宏泉物业、赢海欣泉等公司业绩平稳增长。

城乡建设 翠湖云中心项目北区东组团23幢科研楼引进企业29家；351地块集体土地租赁住房项目完成5幢楼的结构封顶，完成率50%。杨家庄村历史遗留问题基本解决。推进北辰商业中心等社会固定资产投资项目。推进温泉特勤消防站、翠微小学温泉分校等多个征地项目的后续建设。推进温泉南山高端旅游休闲接待区建设，建设完成旅游接待中心和旅游通道。启动大西山彩化温泉片区（白家疃段）工程，完善周边整体景观环境，8200米长的骑行路项目动工。温泉镇社区卫生服务中心正式办公。整改镇域环卫问题802处，办理城管监督件2314件，结案率91%。拆除新生及账外违法建设32500平方米。

平安建设 推进网格化社会服务管理体系建设，建立健全地区管理委员会、联席会议、网格力量实名制公示等制度。建立“1+4”机动执法新模式，即镇综治办与公安、交通、城管和工商四方建立即时联动机制。建立“四个实有”信息数据库。完成太舟坞商业区消防隐患治理工程前期工作，调直白家疃村防火路。完成早期防空洞勘测及76户、531间防空洞上危险房屋鉴定，协调完成白家疃村两户危险房屋的腾退。完成李家园塘坝雨洪利用维修工程，启动颐阳山水居东区雨洪排水工程。组建10支362人的抢险队伍。食品药品监督管理所启动运行。全年信访事项完结率90%。全年调解纠纷410件。

民生建设 全年投入1800余万元用于保障和改善民生，完成惠民实事16件。加大教育投入，规范非京籍儿童入学流程，褒奖地区优秀学生、教师及学校。提供就业岗位3088个，400名求职者与用人单位达成就业意向。全镇新型农村合作医疗参合率达100%。开展送医送药便民诊疗活动，全年服务4700余人次。加强残疾人服务体系和社会保障体系建设，依托温馨家园承建辅助器具服务站、社区康复示范站、家庭康复培训学校，组织开展活动60余次。为航材院社区进行无障碍设施改造。在福溪家园建设社区便民菜站。春节走访慰问困难群体、困难党员、孤寡老人、残疾人等654户，发放慰问金、慰问品近110万元。开展为地震灾区捐赠、“博爱在京城”等行动，募集并上缴各类捐款近80万元。304所社区获“2013年度北京市先进社区居委会”称号。

基层党建与精神文明建设 通过“改作风、下基层、送温暖”“深入基层知民意、服务群众聚民力”等活动，建立健全“党员领导干部联系点制度”“在职党员到社区（村）报到制度”等制度。落实党风廉政建设责任制，贯彻“党政主要领导不直接分管人、财、物”的规定，规范人事、财务和物资采购等事项程序。开展系列廉政警示教育活动。推进“三级联创”和学习型党组织建设，推进党代表任期制。非公党建“孵化器”和党建创新项目取得成效。组建文明城区创建指挥协调平台，编制指标任务实操手册。结合文明城区创建，开办道德讲堂，开展诚信教育，举办优秀民间文体组织展示、五月的鲜花等文体活动。

（彭秋艳）

【镇五届人大五次会议召开】 5月14日，温泉镇第五届人民代表大会第五次会议召开。镇领导班子、45名人大代表、25名列席代表参会。会议选举产生温泉镇镇长。

（彭秋艳）

【“心灵家园”挂牌】 11月6日，温泉镇杨家庄村“心灵家园”挂牌成立。“心灵家园”旨在为地区10户失独、23户残疾特殊家庭提供心理治疗服务。活动当日，北医三院心血管内科医师为在场的特殊家庭讲解了高血压的防治和饮食健康知识。“心灵家园”于每周一、三、五开展活动，通过举办各类趣味比赛、开展心理辅导、组织志愿者服务等活动给予特殊家庭精神慰藉和生活帮助。

（彭秋艳）

苏家坨镇（苏家坨地区）

【概况】 苏家坨镇成立于2003年8月，由原苏家坨乡、北安河乡、聂各庄乡3乡合并而成。2011年8月12日，成立苏家坨地区办事处，保留镇的建制。全镇共有19个村委会、4个社区居委会、3个农村经济合作社、6个事业单位。截至年底，有户籍人口35518人，其中农业人口14331人、非农业人口21187人；外来流动人口16396人。镇域面积84.51平方千米。区域内旅游资源丰富，形成集自然山水、历史人文、都市休闲、民俗旅游为一体的旅游产业带。

经济建设 全镇农村经济总收入完成22亿元，同比增长8%。其中第一产业7188万元，同比增加9.2%；第二产业近10亿元，同比增加11.4%；第三产业11亿余元，同比增加6.3%。一、二、三产业所占比例分别为3.2∶52.3∶44.5。农村经济纯收入5亿元，同比增长9.5%；税金6726万元，同比增长4%；农民人均收入12993元，同比增长9.7%；劳均收入24379元，同比增长9.1%。

完成对总公司及下属企业2008—2012年审计。成立企业管理办公室，规范总公司资产、人员管理，理顺与下属公司的投资关系。成立北京丰霖园林绿化公司、安河仁嘉物业公司。规范镇、村集体经济合同管理，完成农村集体财务管理规范化任务指标。

全年新增11家纳税企业，实现企业一次性纳税额930万元。实现税源建设奖励返还1220万元，其中区级园区奖励983万元，总奖励金额较上年增加98%。

北京汇通诺尔狂飚运动休闲有限公司通过国家级AAA旅游景区认证，管家岭村获“北京市市级民俗旅游村”称号，“玉八达”杏获得国家农产品地理标识登记保护。实施周家巷观光采摘园产业提升项目（二期）、京城绿谷农业创意园、柳林小毛驴农庄等项目。制作完成大西山旅游宣传片《尘世客・桃源人》，启动薰衣草山庄、大西山旅游区综合服务区、贝家花园修复等一批旅游项目工程，举办凤凰岭第三届蓝莓文化节、大西山休闲文化旅游节苏家坨镇“大西山欢乐有约・采摘节精彩无限”“欢乐西山・骑趣盎然”等活动。全年各景区接待游客156万人左右，民俗村旅游接待游客9.5万人左右，收入近千万元。

城乡建设 9月，启动三星庄村腾退。12月，启动北安河村腾退。前沙涧安置房S2-1、S11-4、S1-1地块竣工，前沙涧村村民回迁。启动S6-2、S12-5地块共34.5万平方米建设项目。完成“一镇一园”集体产业用地概念性规划方案，重点合作项目达成初步共识。推进新农村改造、南水北调、大工村焚烧厂等重点项目实施。

完成全镇126万平方米街坊路维护，保障24.2万米雨污水管道、28.5万米供水管线安全运营，将河道保洁、绿化维护纳入管理范围。完成大觉寺路东段、温阳路两侧排洪沟积水点消隐改造，完成西埠头河道、前沙涧排洪沟等多处河道清淤除障，完成聂各庄排洪沟治理和刘谷园水库加固除险等防汛岁修工程。完成龙泉寺排污管道和消防基地临时供水工程，陕京三线全线贯通。

治理北安河市场等环境脏乱点，清理周家巷、北安河、草场、梁家园等村建筑垃圾1.2万立方米，完成温北路、温阳路、军温路等镇域重点道路的环境整治。开展“六小门店”、无照经营检查整治。全年拆除违法建设75465平方米。完成平原造林绿化任务1330亩，种植各类苗木5.6万余株。完成彩叶工程1000亩、森林健康经营3000亩。

平安建设 推行网格化管理服务，将全镇划分为25个三级网格单位，总下沉力量561人。其中，镇各职能部门下沉力量113人，村（居）工作人员配置力量123人，网格协管员力量295人。设立食品药品监督管理所，规范管理食药安全。保障重大节日、敏感时期和大型活动安全，累计出动治安巡防队员7500余人次。集中开展火灾隐患攻坚整治“铁拳”行动，组织开展消防安全联合检查30次，检查单位192家，查处并整改隐患81处。建立公共安全应急联动平台，建成地区综合应急物资储备库。

排查调处各类矛盾纠纷442件，调解成功率98.4%。接收群众诉求案件648件，回复648件，回复率100%。上报各类城市管理问题14081件，立案13955件，立案率99.1%。

加强劳动监察，全年接待办理举报、投诉28件，涉及人数774人，涉及金额440.03万元。苏家坨镇被评为北京市2013年度“劳动用工规范一条街工程”工作先进单位。

民生建设 完成充分就业镇及充分就业村（社区）创建。召开职业介绍招聘会，36家企业单位提供百余个工种、997个就业岗位，300余名劳动力参与求职。全年实现城乡劳动力就业2162人、职业指导2251人，分别完成指标的216%和281%。办理农村劳动力转移就业补贴2513人，补贴金额618.88万元。

新型农村合作医疗保险参合率100%。完成低保调标及复审，发放大病医疗救助、危房改造等各类补助金176万元。发放居家养老（助残）服务券153.5万元。举办苏家坨镇第三届残疾人趣味运动会，200余名残疾人运动员参加。落实征地批文及转居指标，前沙涧等6个村1346人实现农转非。推动“减煤换煤、清洁空气”工作，完成1.61万吨优质燃煤替代任务，地区受惠群众4274户、13246人。

申报聂各庄社区为区级社区规范化建设示范点和区级“一刻钟服务圈”。北分瑞利社区被评为北京市二星级智慧社区。柳林村、聂各庄村成功创建市级农村典型示范社区。新增C02、C03地块社区办公用房266平方米，活动用房446.57平方米。

基层党建与精神文明建设 开展纪念建党92周年系列活动，表彰先进基层党组织16个、优秀共产党员106名、优秀党务工作者10名。完成第九届村委会换届选举和村级后备干部选拔，开办“两委”干部培训班，实施全镇“党员干部素质能力提升工程”。申报区及党建创新项目6个，推广优秀党建创新项目7个。

健全文明城区创建指挥体系，召开创建工作会议21次，印发创建简报22期，对照第三方测评结果查缺补漏。开展主题为“同心共筑中国梦・共建美丽苏家坨”的创建海淀区文明镇工作。开展“道德讲堂”、社区“文明小使者”等系列活动。

举办第一届狂飚乐园越野摩托车交流会、周家巷村小年俗、“夏日文化广场”暨建镇10周年综艺会演、地区运动会等活动。全年完成数字电影放映963场、星火工程演出684场，受益观众近2万人次。柳林村专项球类场地对外开放。北分瑞利社区体育健身俱乐部项目竣工。北安河烈士纪念堂修缮完工。完成环京自行车赛服务保障。

（王溪）

【与丹江口市官山镇缔结旅游协作友好镇】 4月25日，苏家坨镇与湖北省丹江口市官山镇签订协议，缔结为旅游协作友好镇，双方就经济协作、对口帮扶、资源整合、产业对接、人文交流、旅游发展等方面进行交流合作。

（王溪）

【成立苏家坨镇政务中心】 9月26日，苏家坨镇综合行政服务中心揭牌，正式对外办公。中心纳入镇民政科和计生办公室部分服务，共27个窗口，占地面积800平方米。中心主体结构分上下两层，一层大厅设置9个窗口，主要为个人提供服务。二层大厅设置18个窗口，主要面向驻镇单位和村、居委会。两个服务大厅设置了业务办理、咨询服务、填表等功能服务区。

（王溪）

上庄镇（上庄地区）

【概况】 上庄镇的前身是1956年成立的白水洼乡，1961年4月成立上庄公社（与西郊农场合一），1984年4月改上庄乡，1998年11月乡与农场分离，2003年8月撤乡设镇。2011年8月12日，成立上庄地区办事处，保留镇的建制。镇域面积38.45平方千米。截至2013年年底，有常住人口5.6万人，其中户籍人口24011人。户籍人口中农业户4875户，农业人口11220人；非农业户6287户，非农业人口12791人。流动人口约3.2万人。下辖20个村民委员会，1个社区居委会，7个事业单位（社保所、农经站、敬老院、幼儿园、水管站、农业服务中心、文化服务中心），1个商贸公司（泰丰商贸公司），1个物业管理公司（诚泰兴业物业管理公司），1个开发公司（上诚永泰置业有限公司）。

经济建设 2013年地区经济总收入110977万元，同比增长8%，纯收入29683万元，同比增长12.9%，农民人均劳动所得11127元，同比增长5.2%。

“一镇一园”完成产业规划研究及一期建筑方案设计。“绿心”起步区建设方案由区委专题会、区政府专题会研究通过，土地流转工作展开，部分工程动工。C02回迁房项目复工，一标段10万平方米土建基本完工，制约市政工程的木材市场腾退完毕。东岳庙、关帝庙文物保护利用“产权置换”方案由区政府专题会研究通过。二炮新营房建设项目、第四代国际海事卫星北京关口站工程项目、海淀北部燃气冷热电联供项目、稻香湖再生水厂项目及上庄C14周边道路项目等签订安置补偿协议，部分项目建设单位进场施工。核心区东侧路及翠湖南路项目签订补偿安置意向书；京包路两侧高压线塔迁移工作完成补偿，建设单位进场施工。

出台《上庄镇招商引资及税源建设奖励办法》。启动个人出租房屋税收代征，实现征缴零突破。村级集体经济产权制度改革基本完成。镇属企业诚泰兴业公司扭亏为盈，实现利润330万元，上交总公司利润50万元。推行“委托贷款”，盘活4个村的集体资金2.23亿元。争取市、区产业发展扶持资金2102.4万元，支持京西稻种植专业合作社及蓝波、大道、绿亨等农业专业合作组织扩大生产。推动纳兰文化旅游区规划及京西稻耕读文化休闲园建设。完成镇域内集体建设用地外业调查测绘。启动并落实村级财务预决算管理制度，非生产性开支较上年减少约50%。

城乡建设 启动西马坊村、河北村及上庄村的两个自然村（夏家坟和梁庄子）的腾退工作。截至年底，上庄村的夏家坟和梁庄子完成宅基地腾退，河北村仅余3户，西马坊村仅余7户。

投入400万元重点整治“三路两岸一街（上庄路、沙阳路、翠湖北部，水库两岸和政府东街）”环境，推动各村实施“一村一街”环境整治工程，基本实现村中“无堆物堆料、无占道经营、无乱停乱放、无垃圾裸露”的整治效果。开展对“六小”门店，无照行医等专项整治。完成年度台账27处30390平方米的违建处置任务，拆除新生违法建设21处5450平方米。

争取区财政资金700余万元兴修八家村南路和八家村群众文化广场。完成平原造林任务381亩。推动“减煤换煤、清洁空气”工作，完成1.68万吨的优质燃煤替代工作，更换燃煤炉具550台，办理液化气下乡8189户。完成村村通公交道路提级改造（二期）工程和南沙河东路李家坟段道路维修等项目，实施水库北岸西侧滨河路市政路灯安装工程。

平安建设 成立联合执法队，整合地区综治、公安、城管、交通、消防、卫生、食药等工作力量，形成“大综治”工作格局。投入近80万元，添置消防车、巡逻车共5辆。围绕村庄腾退、集体资产管理等开展“六五”普法。建立信访主管领导牵头、信访办协调、包片领导及相关科室和村共同接待的“大信访”工作机制，全年接待群众来访346批743人次，处理区信访转办信件13件。

推进网格化管理，实现司法所、城管大队、食药所业务下沉，推进政府机关科室和工作人员工作力量向网格下沉，建立“条块结合、协调联动”的网格化工作体系。处理区非紧急救助服务转办件749件。完成“四个实有”信息采集。有效防控H7N9禽流感疫情。

民生建设 全年实现城乡劳动力就业1335人、职业指导1989人，分别完成指标的167%和249%。办理农村劳动力转移就业补贴1800人，补贴金额432万元，全镇19个村就业服务站均被评为优秀达标服务站。新型农村合作医疗参合9246人，参合率99%，门诊补偿280万元，住院补偿850万元；城乡居民养老保险参合率100%。镇社保所获得市级优秀社保所称号。投入1000万元用于新型农村合作医疗补助，低保、残疾人、困难家庭帮扶和老年人体检。发放无保障老人福利养老金1961人730万元。为14390人次独生子女父母发放奖励费、帮扶金69万余元。投入500万元提升改造社保所办公场地。投入800余万元用于保洁、垃圾清运、排水沟清理等日常环境治理。11件镇级年度为民办实事全部落实。走访慰问辖区内各类困难人员1456人。争取区商务委扶持，在三嘉信苑小区建成“便民菜店”。完成农民健康体检4753人次。为非本市户籍适龄儿童办理借读证明370份。

基层党建与精神文明建设 完成第九届村委会选举，20个村新一届村委会全体成员全部一次选举产生。争取区级资金260万元，用于改善20个行政村办公环境和设备。

在全镇重要路段设置文明城区创

建宣传标牌，成立自行车宣传队和大学生“村官”宣讲团，在全镇巡回宣传。发动辖区内机关、学校、部队、村（社区）、企业等各方力量，开展“城市清洁周”和“城市清洁日”活动。将创建指标细化、量化到主管领导和责任科室及基层单位。

制订“群众文体活动三年行动计划”，实施文体活动“六个一批”工程和投资计划。开展“春节秧歌会演”“五月的鲜花”“夏日文化广场”等文体活动。李家坟村获得“海淀区学习型组织创建先进单位”称号。

（赵佳蕾）

玉渊潭农工商总公司

【概况】 玉渊潭农工商总公司受玉渊潭股份经济合作社委托，对股份经济合作社所有资产进行经营与管理，是拥有酒店、物业、置业三大集团，集实业投资与资本运营为一体的集团企业。

2013年，总公司以实施发展规划、建设中关村玉渊潭科技商务区为主线，以推进产业升级和项目建设为重点，完成集体总收入21.45亿元，完成集体净利润3.89亿元，上缴国家税金2.85亿元，员工劳均分配52183.86元。

重点项目建设 3月，中关村管委会将中关村玉渊潭科技商务区列入“中关村现代服务业产业集聚区”。6月，北京市商务委将中关村玉渊潭科技商务区首批认定为“北京市商务服务业集聚区”。总公司制订《中关村玉渊潭科技商务区发展与建设方案》及《实施计划》。依托中关村玉渊潭科技商务区的政策和品牌优势，总公司组织参与创新发展研讨会等各种交流论坛和推介活动，搭建对外合作交流平台，引导所属各单位在改善服务、筑巢引凤、资源整合等方面开展工作。

推进西南饭店改造、阜石路商务楼、五路商务楼、宝联体育中心、中裕花园改造等重大项目建设及手续办理。区委、区政府委托的玲珑巷及五路居综合整治项目完成居民腾退搬迁，启动回迁安置房建设。

经营管理 酒店集团、物业集团加大市场营销、人员培训及大宗采购三项重点工作推进力度，产业优化升级得到推进。酒店集团建立与主流旅游预订系统及航空公司的业务协作，创建培训基地。物业集团推出租赁指导价格。置业集团房地产开发与建设对外拓展业务得到推进。金融业务投资收益稳定，监管责任意识增强。

3月19日，召开玉渊潭股份经济合作社第一届股东代表大会第六次会议，审议通过《2012年董事会工作报告》《2012年财务决算、利润分配方案及2013年财务预算报告》等报告。5月23日，因原监事会主席调离，召开股东代表大会2013年第一次临时会议，补选监事，选举出新任监事会主席。12月30日，召开玉渊潭股份经济合作社第一届股东代表大会第七次会议，审议通过《2013年财务预算执行情况及2014年基本建设、改造项目投资预算的报告》。股份经济合作社完成股金分红、办理股权转让、发放股权证书、发放农龄生活补助费等工作；支付八年期流转变现最后一次归还份额及利息，流转变现工作基本结束。按照政策调增内部退休职工养老金补差待遇和农龄生活补助费标准。全年共支出退休人员的生活费、药费及农龄生活补助费3500余万元。

基层党建与文化建设 开展为期三个月的“创新发展迎佳绩，奋力建设商务区”主题实践活动。以分类定级、晋位升级工作为着力点，提升所属党支部的工作水平。深化“党员先锋示范岗”创建工作。加强企业文化建设，开展岗位练兵、劳动竞赛等活动，宣扬玉渊潭企业文化，增强员工认同感、归属感，为企业发展提供良好环境。

全年组织5期领导干部培训班，内容包括《团队执行力打造》《领导者责任与心态》《建好中关村玉渊潭科技商务区》《资源整合优化与放大利用》等。开展“玉渊潭形势任务分析”“十八大报告”“十八届三中全会热点”等专题内容的学习。

（孟欣）

人　物

先进人物

全国五一劳动奖章获得者
（2013年，共2人）

匡振兴　北京当代商城有限责任公司 总经理
赵　飞　北京市海淀区四季青镇北京绿谷伟业网络科技中心 职员

第四届全国道德模范提名奖
（2013年，共2人）

于　滨　北京中关村国际孵化软件协会会长
张惠领　北京市公安局海淀分局双榆树派出所便衣探组探长

中国好人榜“身边好人”
（2013年，共6人）

朱良玉　北京保安服务总公司海淀分公司总经理助理
任士荣　空政文工团原国家一级演员
于　文（女）　北京市海淀区培智学校校长
高玉红（女）　青龙桥街道义务指路队队长
杨中春　北京碧水源久安建设集团有限公司总经理
薛向东　北京东华软件股份公司董事长

首都劳动奖章获得者
（2013年度，共19人）

刘　婧（女）　北京市海淀区地方税务局第一税务所科员
潘世杰　北京旋极信息技术股份有限公司　硬件主管
王青青（女）　北京市海淀区李安玉指美甲艺术职业技能培训学校　教务主任
杜湘玉（女）　北京市海淀区财政局　科长
李红英（女）　北京超市发连锁股份有限公司万泉庄店店长
邹　彤（女）　北京易车互联信息技术有限公司总裁助理
李成友　北京市海淀区环境卫生服务中心二队保洁员
邱志英（女）　北京市海淀区人民检察院知识产权检察科科长
刘　畅（女）　北京市海淀区中关第一小学校长
张　丽（女）　北京市海淀区统计局　副主任科员
刘景荣　香山御香观光采摘园　队长
张新中　北京市京西板材交易市场有限公司董事长
宗梓特　完美世界（北京）网络技术有限公司数值主管
邵军娥（女）　北京市西山农场聂各庄敬老院　医生
熊蔓蔓（女）　北京市海淀区四季青镇西冉社区专职工作者
于德华　北京市中洲律师事务所　律师
于　文（女）　北京市海淀区培智中心学校　校长
宋惠勇　北京市海淀区圆明园管理处　职工
左靖禹　北京市公安局海淀分局西北旺派出所警长　专职工作者

北京市“三八”红旗奖章获得者
（2013年度授予，共30人）

邵军娥　北京市西山农场聂各庄敬老院党支部书记
王晓剑　海融达公司副总经理
刘桂清　海淀区卫生局卫生监督所综合监督九科科长
杨　娜　海淀区精神卫生防治院病区主任
欧阳东方　北京市海淀区旅游发展委员会副主任
郝志英　北京市海淀区城市服务管理指挥中心非紧急救助服务中心主任
方建萍　北京二十中学副校长
赵璐玫　海淀区实验小学党委书记、校长
杨宝玲　海淀区教育委员会学前科科长
程　静　北京纽曼腾飞科技有限公司 总裁
张文宁　中关村多媒体创意产业园主任；中关村博雅留学人员创业园主任

徐凤芹　中国中医科学院西苑医院综合内科主任
秦　硕　北京市海淀区人民法院刑事审判一庭副庭长
齐沁霞　北京市海淀区人民检察院控告申诉检察处副处长
韩瑞玲　北京大北农科技集团股份有限公司发展学院院长
李　丁　宝洁公司采购经理
杨艳玲　青龙桥街道办事处科长
赵东艳　北京南瑞智芯微电子科技有限公司副总经理兼总工程师
王　华　北京康美特科技有限公司副总经理
白　梅　北京体育大学高级教练员
王　慧　羊坊店商务楼宇工作站站长
刘　蕊　钓鱼台国宾馆业务处副处长（主持工作）、党总支书记
薛俊霞　北京高德物业有限责任公司党支部书记兼副总经理
董学工　海淀区西北旺镇土井村党支部书记、村委会主任
孙迎春　国家行政学院图书馆译审、正高三级岗
周　放　北京中关村软件园发展有限责任公司董事长
宋　青　解放军总医院外科重症医学科主任
邓　茜　北京市海淀区人民政府机关幼儿园园长
王学军　北京中科启元教育科技投资有限公司副总经理
王　英　海淀区知识产权局局长

第四届首都道德模范（2013年，共1人）

于　滨　北京中关村国际孵化软件协会会长

第四届首都道德模范提名奖（2013年，共3人）

张惠领　北京市公安局海淀分局双榆树派出所便衣探组探长
朱良玉　北京保安服务总公司海淀分公司总经理助理
朱利君　北京市紫竹院公园游船队青年班班长

第十届首都见义勇为好市民（2013年，共1人）

张鸣山　北京市出入境检验检疫局退休职工

第十届首都见义勇为荣誉市民（2013年，共3人）

向修刚　河南省来京务工人员
苏　安　中国人民解放军96657部队高级工程师
辛　生　山西省来京务工人员，生前系北京市第五建筑工程有限公司职工

第十届首都见义勇为模范群体（2013年，共2个、7人）

孙书长、孙杨、朱克岳、李龙、张扬群体
王军、牛晶晶群体

海淀区“三八”红旗手（2013年，共150人）

矫娟娟　武桂如　王俊荣　郭淑英　海新丽
韩晓丹　王　巍　马小云　陈　迪　秦　琪
甘　瑾　周舜华　武焕玲　王　艳　刘艳玲
徐凤芹　夏巍青　朱春燕　王学军　白玉玉
李光琴　刘亚军　刘志梅　郭爱梅　刘颖红
蒋　辉　何　芳　李　洁　孙秀莲　张正虹
徐晨艳　邢秋红　李　巍　王丽平　陈艳红
张晓新　李金香　郑紫辉　周小妹　林荣萍
韩　红　胡海涛　张　平　李　虹　刘亚洁
董学工　刘桂香　梅胜男　许　莉　李淑秀
袁梅英　刘玉玲　张凤英　史文艳　李崇利
李　红　王亚苹　孙丽华　梅凤华　牛震云
石蕴茹　尹丽君　任红霞　魏燕文　侯敏华
赵璐玫　刘红艳　熊国兰　赵春荣　胡　芳
谢思瑾　张　忻　郑晓东　郑亚萍　谢　芳
杨彩霞　艾俊汝　郝志英　陈　瑾　陈　璐
牛晓兰　吴立文　刘　颖　张小彬　秦兰岚
徐冬艳　姜文娟　徐玉华　张立娜　尹占霞
胡敏健　刘海燕　杨　葵　于晓霞　王晓剑
王纪文　赵　蒙　张瑞超　郭韵娥　徐文宏
郭　芳　宋雪梅　王锡娟　魏建华　赵　蕴
张小红　钟惠娟　杨爱红　刘春玲　孔莉莉
秦红霞　张文宁　曾向群　于　晴　曾　志
张　华　彭　翊　袁慧晶　孙星华　刘延淮
许晶晶　马海英　布　彬　武会珍　王　艳
魏媛媛　杨俊兰　徐春英　周志红　闫　威
王　平　王凤琴　韩蓓蓓　綦京美　黄　金
陈　穑　张旭画　王雪梅　黄雪松　曹筱芬
杨艳玲　张志红　周　慧　杨桂华　马晓云
夏　滢　汤颖滨　隆璐娟　李春燕　张　静

海淀区第十三届五四奖章获得者（2013年，共15人）

安孔涛　胡　曦　李　涛　李伟明　李盛荣
林　翳　王志勇　徐华勇　杨　光　杨　娜（女）

杨中春　杨陈炜　赵训威　张　凯　张　蕾（女）

海淀区见义勇为积极分子（2013 年度，共 9 人）

杜元连　高兴贵　杨妍君（女）　江　皓　刘树会
陈铁钢　杨翠英（女）　黎向伟　刘学军

感动海淀十大文明人物（2013 年度，共 11 人）

邵根伙　宋秀芝（女）　杜佳楣（女）
牛月茹（女）　马　莉（女）　王春易（女）
高兴贵　杨妍君（女）　朱良玉
高玉红（女）　张惠领

区政权机关、党派、群众团体、垂直领导单位、直属事业单位及街镇领导（负责人）

中共海淀区委员会

书　记　隋振江
副书记　孙文锴　刘　鸿（女，11 月免）
常　委　隋振江　孙文锴
刘　鸿（女，11 月免）　刘长利
杨智慧　尹燕京
李彦来　吴祖安
芦育珠（女）　穆　鹏
陈名杰

海淀区人民代表大会常务委员会

主　任　关成启（满族）
副主任　王鲁豫　臧桂武　朱春生
杨　莉（女）　邓佑玲（女，土家族）

海淀区人民政府

区　长　孙文锴
常务副区长　穆　鹏
副区长　刘长利　陈　双（女）　孟景伟
傅首清　徐永全　龚宗元
王光贤

中国人民政治协商会议北京市海淀区委员会

主　席　彭兴业（满族）
副主席　刘　恪（女）　丁志明　肖熙之
王训练　张维佳　王玉梅（女）

中共海淀区纪律检查委员会（与区监察局合署办公，2013 年 11 月成立区预防腐败局，与区纪委、区监察局合署办公）

书　记　芦育珠（女）
副书记　邹立华（11 月免）
王　锋（12 月免）　刘志平（12 月任）
曾　涛　佟　刚（11 月任）
区监察局局长　邹立华（兼，12 月免）
刘志平（兼，12 月任）
区预防腐败局局长　刘志平（兼、12 月任）

北京市海淀区人民法院

院长、党组书记　鲁　为

北京市海淀区人民检察院

检察长、党组书记　王　伟

民主党派・工商联

中国国民党革命委员会北京市海淀区工作委员会
主任委员　汤维建
中国民主同盟北京市海淀区委员会
主任委员　张维佳
中国民主建国会北京市海淀区委员会
主任委员　王玉梅（女）
中国民主促进会北京市海淀区委员会
主任委员　邓佑玲（女，土家族）
中国农工民主党北京市海淀区委员会
主任委员　徐凤芹（女）
中国致公党北京市海淀区委员会
主任委员　宛金章（回族）
九三学社北京市海淀区委员会
主任委员　王训练

台湾民主自治同盟北京市海淀区工作委员会

主任委员　陈丽珠（女）

北京市海淀区工商业联合会

主席　陈　双（女）

党组书记　卢克玉

群众团体

区总工会　主席　惠远霖

团区委　书记　张　鑫

区妇联　主席　车苇歆（女）

区文联　主席　卫汉青

区侨联　主席　石　岳（女）

区残联　理事长　张春华

区科协　主席　白春礼（中国科学院常务副院长）

常务副主席　李云飞

区红十字会　会长　刘长利（兼，2012年5月免）

傅首清（兼，2012年5月任）

常务副会长　宋义辉（11月免）

黄春明（11月任）

中关村科技园区海淀园管理委员会（海淀区科学技术委员会，3月挂核心区管委会牌子）

主　任　孟景伟（兼）

常务副主任（区科委主任）　梁　捷（女）

副主任　张秀英（女，9月免）

黄　英（9月任）

李长萍（9月任）

胡　岩

孟　涵

阎秀敏（女）

唐　颖（兼，8月任）

办公室　主任　胡　岩

科技发展处　处长　付晓明

产业规划发展处　处长　孟　涵

服务体系建设处　处长　阎秀敏（女）

对外合作处　处长　张秀英（女，9月免）

黄　英（9月任）

企业发展促进处（区经济和信息化办公室）

处长（主任）　何建吾

知识产权处（海淀区知识产权局、行政审批处）

处长（局长）　张长宇（8月免）

王　英（8月任）

投资促进处（区投资促进局）

处长（局长）　李长萍（女）

中共北京市海淀区委海淀园工作委员会

书　记　刘永水

副书记　梁　捷（女）　毕淑琴（女，9月免）

龚茂淑（女）

纪工委书记　毕淑琴（女，9月免）

北部地区开发建设委员会办公室

主　任　董殿毅

党组书记　张　强（7月免）

副主任　张志华　张飞虎　肖敏鹏

申桂芳（女）　张春明（兼）

杜陈生（兼）　陈晓智（兼）

程培衡（兼，3月免）

林　航（兼，4月任）

区机关各部门、街镇及直属事业单位

区委系统

区委办公室　主任　李彦来

常务副主任　张　炜

组织部　部长　杨智慧

常务副部长　李国祥

宣传部　部长　陈名杰

常务副部长　牛爱忠（2012年12月任）

区委区政府研究室

主任　张启兵

统一战线工作部　部长　杨智慧

常务副部长　林　虹（女）

对台工作办公室　主任　杨志洪

区委政法委员会　书记　刘　鸿（女，11月免）

刘长利（11月任）

常务副书记　周建欣

副书记　尹燕京（兼）

刘长利（兼，11月免）

李　军

郭　森（兼，4月免）

王继宝（4月任）

米群岛（5月任）

区维护社会稳定工作领导小组办公室（为区委政法委内设机构）　主任　周建欣（兼）

社会管理综合治理委员会办公室（与政法委合署办公）

主任　郭　森（4月免）

王继宝（4月任）
区流动人口和出租房屋管理委员会办公室（与综治办合署办公） 主任 朱元久
区直属机关工作委员会 书记 吴长清（3月免）
汤新秀（女，3月任）
区精神文明建设委员会办公室 主任 吴琢如（女）
区委防范和处理邪教问题领导小组办公室（挂区政府防范和处理邪教问题办公室牌子）
主任 米群岛
老干部局 局长、党组书记 张维明
人民武装部 部长 吴祖安
政委 张兰溯（7月免）
田敬军（7月任）
中共海淀区委党校（海淀区行政学院）
校长、院长 刘　鸿（女，兼，11月免）
常务副校长（常务副院长）
许　云
区党史地方志办公室 主任 李　强（7月任）
区机构编制委员会办公室 主任 曹学明

区人大常委会机关办公室（研究室）

办公室 主任 李劲涛（蒙古族）
研究室 主任 俞昌吉（朝鲜族）
代表联络室 主任 孙大钧
财政经济工作委员会办公室 主任 白　莉（女）
内务司法工作委员会办公室 主任 范　联
教科文卫工作委员会办公室 主任 郭景玉
城建环保工作委员会办公室 主任 郭少东
农村工作委员会办公室 主任 赵德法

区政府系统

区长助理 姜庆国（挂职）
闵祥强（挂职）
张淑婷（1月—9月挂职）
区政府办公室 主任 王际祥
区商务委员会 主任 甄　蕾（女）
区教育委员会（与区委教育工作委员会、区政府教育督导室合署办公）
书记 张卫光
主任 孙　鹏（9月免）
尹丽君（女，回族，9月任）
教育督导室主任 尹丽君（女，回族，兼）
区综合行政服务中心（9月成立）
主任 马学印 （8月任）
区民政局 局长 南顺弟（4月免）
程培衡（4月任）
党组书记 南顺弟
区司法局 局长 齐雨晨（2月免）
周玉鑫（2月任）
党组书记 李良轩
区财政局 局长 刘圣国
党组书记 孙俊宏（女）
区人力资源和社会保障局
局长 李大成
党组书记 郝九富（9月免）
苏德琴（9月任）
区城市服务管理指挥中心（7月由区城市管理监督与应急指挥中心更名，挂区突发事件应急委员会办公室牌子）
主任、党组书记 张泽根
区市政市容管理委员会（加挂交通委员会牌子）
主任 周培芳
党组书记 任文彪
区住房和城乡建设委员会
主任、党组书记 骆远骋
区房屋管理局 局长 骆远骋（兼职）
区人民政府房屋征收办公室 主任 魏　星（9月免）
区农村工作委员会（挂区动物卫生监督管理局牌子，与区委农村工作委员会合署办公）
主任、书记 王桐慧
区文化委员会 主任 陈　静（女）
党组书记 刘建朝
区卫生局、区政府公共服务委员会
局长、主任 段安安
党组书记、党委书记 张希俊
区人口和计划生育委员会
主任 刘　彦（女）
区发展和改革委员会
主任、党组书记 董殿毅
金融办公室
主任、党组书记 唐　颖（女）
区人民政府国有资产监督管理委员会
主任、党委书记 张连仲
区审计局 局长 王传敏
党组书记 常印怀
区安全生产监督管理局
局长 王勇禄
党组书记 曾子锋
区环境保护局 局长 苏德琴（女，9月免）
仲良喜（9月任）
党组书记 刘培恩
区统计局 局长 李　泉（4月免）
王凌志（4月任）
党组书记 李　泉（4月免）

王凌志（4月任，9月免）
刘精明（9月任）

区水务局　局长　孙继光
党组书记　翟小凡（女）

区旅游发展委员会　主任　黄亦红

区体育局　局长　马士起
党组书记　刘和平

区民族宗教侨务办公室　主任　刘希英（女，回族）

区法制办公室　主任　刘秀荣（女）

区社会建设工作办公室（与区委社会工作委员会合署办公）　主任　陈　刚
书记　高　峰

区信访办公室　主任　孙　鹏

区民防局　局长、党组书记　韩顺新

区城市管理综合行政执法监察局（5月由城管监察大队更名）
局长　李四友
党组书记　鲍忠义（6月免）

区新闻中心　主任　王言敏（3月任）

区环境卫生服务中心　主任　杨奋翩（5月免）
郑秀山（5月任）
党委书记　杨奋翩（5月任）

区园林绿化局（海淀区绿化委员会办公室）
局长（主任）、党组书记　沙海江

区房屋土地经营管理中心　主任　许　立
党委书记　张俊成

圆明园管理处　主任　曹宇明（女）
党委书记　陈名杰（兼，12月免）
王　强（12月任）

区机关事务管理处　处长　赵玉宝

区地震局　局长　郑国强

区档案局（馆）　局长（馆长）　王京彦（女）
党组书记　崔仲军

区农村合作经济经营管理站（与区农村经济与集体资产管理办公室实行一套机构两块牌子合署办公）
站长　王彩霞（女）
党组书记　孙庭芳（9月免）
王桐慧（兼，9月任）

区政协机关

秘书长　吴宝华

办公室　主任　刘　玲（女）

研究室　主任　黄　英（女）

专委会工作一室主任　李　强（7月免）

专委会工作二室主任　吴明波

专委会工作三室主任　李燕生

专委会工作四室主任　王建中

专委会工作五室主任　王欣焕（女）

专委会工作六室主任　陈跃年

垂直领导单位

北京市公安局海淀分局　局长　尹燕京
政委　朱益军

北京市公安局公安交通管理局海淀交通支队
队长　刘春利
政委　刘保君

海淀区消防支队　队长　柳国忠
政委　焦文宝（8月免）
李久义（8月任）

北京市国家安全局海淀分局　局长　路海军

北京市工商行政管理局海淀分局
局长、党组书记　刘树昌

海淀区国家税务局　局长、党组书记
刘嘉权（5月免）
胡文学（5月任）

海淀区地方税务局　局长、党组书记
杜军利（5月免）
郭筑明（5月任）

海淀区食品药品监督管理局（9月在原北京市药品监督管理局海淀分局基础上组建挂牌）
局长、党组书记
李红杰（9月任）

海淀区质量技术监督局　局长、党组书记
常英实（女，4月免）
张厚明（4月任）

海淀区气象局　局长、党组书记　空缺

北京市规划委员会海淀分局
局长、党组书记　李景祥

海淀区烟草专卖局　局长、党组书记　王文相（3月免）
李学治（3月任）

北京市国土资源局海淀分局
局长、党组书记　梁桂明

海淀出入境检验检疫局　局长　赵金生

国家工商行政管理总局商标局驻中关村国家自主创新示范区办事处　主任　田明珠（女）

街　道

万寿路街道　党工委书记　王国强（3月免）
李　泉（3月任）
办事处主任　张　伟

羊坊店街道　党工委书记　张西渭（3月免）
王国强（3月任）
办事处主任　王　澎（女）

甘家口街道　党工委书记　李向洋（3月免）
赤　飞（3月任）
办事处主任　赤　飞（3月免）

		李振山（4月任）
八里庄街道	党工委书记	田桂茹（女，满族）
	办事处主任	贺　捷
紫竹院街道	党工委书记	白建平（3月免）
		王京立（3月任）
	办事处主任	王京立（3月免）
		王曼谕（4月任）
北下关街道	党工委书记	张振西（9月免）
		李旭东（9月任）
	办事处主任	李旭东（9月免）
		毕淑琴（9月任）
北太平庄街道	党工委书记	汤新秀（女，3月免）
		郭　森（3月任）
	办事处主任	寇　平（8月免）
		齐明军（8月任）
海淀街道	党工委书记	冯志军（9月免）
		陈国启（9月任）
	办事处主任	陈国启（9月免）
		高　毅（10月任）
中关村街道	党工委书记	张京玲（女）
	办事处主任	张宝信（9月免）
		张　鑫（9月任）
学院路街道	党工委书记	刘佩金
	办事处主任	刘志平
清河街道	党工委书记	邢玉平（3月免）
		孙西渭（3月任）
	办事处主任	张立红（女）
青龙桥街道	党工委书记	范永红（3月任，7月免）
		魏开锋（7月任）
	办事处主任	魏开锋（7月免）
		张长宇（7月任）
香山街道	党工委书记	张晨光
	办事处主任	张建水
西三旗街道	党工委书记	刘振华
	办事处主任	王志伟
马连洼街道	党工委书记	郝　飞（9月免）
		李劲松（9月任）
	办事处主任	李劲松（9月免）
		朱利忠（10月任）
花园路街道	党工委书记	王玉方
	办事处主任	胡宗江
田村路街道	党工委书记	于占沼（女，满族，7月免）
		寇　平（7月任）
	办事处主任	仲良喜（9月免）
		冯志明（9月任）
上地街道	党工委书记	杨剑飞
	办事处主任	王京立（3月任）
曙光街道	党工委书记	苗燕荣（女，2012年12月免）
		林德江（2012年12月任）
	办事处主任	孙玉芝（女，3月免）
		梁　珍（女，4月任）
燕园街道	党工委书记	严敏杰
	办事处主任	李贡民
清华园街道	党工委书记	高　斌
	办事处主任	王京春
永定路街道	党工委书记	李晓红（女）
	办事处主任	崔向阳

镇（地区）

东升镇（东升地区）		
	党委（党工委）书记	高念东
	镇长（办事处主任）	武　凯
海淀镇（万柳地区）		
	党委（党工委）书记	李景奇
	镇长（办事处主任）	赵　寒
四季青镇（四季青地区）		
	党委书记	胡淑彦
	镇长（办事处主任）	苏国斌
西北旺镇（西北旺地区）		
	党委书记	刘精明（9月免）
		赵小云（女，满族，9月任）
	镇长（办事处主任）	
		赵小云（女，满族，9月免）
		魏　星（9月任）
温泉镇（温泉地区）		
	党委书记	方海强
	镇长（办事处主任）	程培衡（4月免）
		林　航（4月任）
苏家坨镇（苏家坨地区）		
	党委书记	祝的春
	镇长（办事处主任）	张春明
上庄镇（上庄地区）		
	党委书记	魏怀中
	镇长（办事处主任）	杜陈生
玉渊潭农工商总公司		
	总经理	刘凤英（女）
	党委书记	范永红（3月免）
		杨　琪（4月任）

林家翘

2013年1月13日，国际公认的力学和应用数学权威、天体物理学家林家翘因病在京逝世，享年97岁。

林家翘，男，1916年7月7日生于北京市，原籍福建省福州市。1937年毕业于清华大学物理系，随即留校担任助教。1940年出国留学，1941年获加拿大多伦多大学硕士学位；1944年获得美国加州理工学院博士学位。1947年起任教于麻省理工学院数学系，历任副教授、教授，最后以“学院教授”身份荣誉退休。1951年成为美国艺术与科学院院士，1962年获选为美国国家科学院院士，1966年，当选麻省理工学院全学院教授。1979年，被清华大学聘为名誉教授。1987年，清华大学授予他名誉博士学位和名誉教授。1994年获选为中国科学院外籍院士。2001年11月，被聘为清华大学教授。2002年8月回中国大陆定居，出任清华大学周培源应用数学研究中心名誉主任。

林家翘人生的最后10年，居住在清华园。

黄楠森

2013年1月24日，哲学家、哲学史家、哲学教育家，北京大学哲学社会科学资深教授、博士生导师黄楠森因病在京逝世，享年92岁。

黄楠森，男，生于1921年11月29日，原名黄枡森，四川省富顺县人。1942年考入西南联大物理系，1943年转入哲学系学习。其间一度投笔从戎，参加抗日战争。抗战胜利复校后，1947年重回北京大学哲学系学习，1948年本科毕业后继续攻读研究生。从1950年起开始在北京大学讲授马克思主义哲学。1981—1986年任北京大学哲学系主任，2011年任北京大学马克思主义哲学研究中心主任，2012年获北京大学哲学系哲学教育终身成就奖。

黄楠森长期在北京大学任教。

许良英

2013年1月28日，中国著名科学史家，《爱因斯坦文集》的主要编译者，中国科学院自然科学史研究所原研究员许良英因病在北京海淀医院去世，享年93岁。

许良英，男，生于1920年5月3日，浙江省临海市人。1942年毕业于浙江大学物理系。1945年返回浙大任物理系任教。1952年调入中国科学院，任《科学通报》编辑室主任。1956年中国科学院哲学研究所自然辩证法研究室创建时，与于光远共同担任负责人。1957年因为反对反右运动，被打为科学院第一“右派”。1958年被迫回老家（浙江临海县张家渡镇）农村劳动改造。在劳改期间，以一个“右派”（后为摘帽“右派”）农民的身份发起、规划、组织并克服“文化大革命”的巨大困难，付诸实施三卷《爱因斯坦文集》的编译工作。20世纪70年代首次出版时，此文集是当时世界上所有文字里最完整的爱因斯坦的文集。1978年重返中国科学院，主持编写《二十世纪科学技术简史》，获得中国科学院自然科学奖二等奖，极大推动中国关于世界近现代科技史的研究。

许良英生前曾长期居住在中关村814号楼。

邓　伟

2013年2月3日，中国摄影家，清华大学教授、博士生导师邓伟因病在京逝世，享年54岁。

邓伟，生于1959年4月13日，北京人。青少年时代师从中央美术学院教授、画家李可染学习中国绘画，同时师从北京大学教授、著名美学家朱光潜先生学习西方美学理论。1978年，邓伟考入北京电影学院摄影系，于1982以全优成绩毕业留校任教。1978年—1986年，邓伟拍摄完成中国第一部名人肖像摄影集《中国文化人影录》，填补了中国名人肖像摄影学科的空白，为名人肖像摄影学科在中国的建立与发展做出了开拓性的贡献。1984年，拍摄电影作品《青春祭》，获1986年法国赛特国际电影节评委特别奖、1987年第六届香港电影节“金像”奖。1990年—2000年独立完成环球世界名人拍摄，足迹遍及五大洲。以独特的视角刻画出百余幅世界杰出人物的肖像作品，笔记百万余字，被誉为“人类摄影史上的创举”。2007年获英国摄影最高荣誉“英国皇家摄影学会荣誉高级会士衔（Hon.FRPS）”。2008年起担任清华大学教授。2009年获希腊“索菲奖”。

邓伟自2008年至逝世在清华大学任教。

安　民

2013年5月3日，北京农业大学原校长、著名动物繁殖学家安民，因病在京逝世，享年91岁。

安民原名王安民，男，1922年3月15日生于山东滕县。安民是著名动物繁殖学专家及学科奠基人，教育家，中国农业大学（原北京农业大学）教授，博士生导师。其主要著作有：《家畜生殖生理和繁殖学》《家畜繁殖学》《大家畜繁殖和改良》《汉英畜牧科技词典》《中国农业百科·畜牧卷》《生殖激素》等。译著有H.H 柯尔和P.T 考普斯的《家畜繁殖》、哈弗斯的《家畜繁殖学》等书。

安民长期在北京农业大学任教。

张光斗

2013年6月21日，水利水电专家，中国科学院学部委员、中国工程院院士张光斗因病在北京逝世，享年101岁。

张光斗，男，生于1912年5月1日，江苏常熟塘桥镇

（今属苏州市张家港市）人。1934 年毕业于交通大学土木工程学院。次年赴美国留学，1936 年获伯克利加州大学水利工程硕士学位。1937 年获哈佛大学硕士学位。抗日战争期间回国，曾在国民政府资源委员会龙溪河水力发电工程处、襄渡河水力发电工程处任职。1943 年前往美国田纳西河流域局和垦务局学习考察。1945 年回国后任职于全国水力发电工程总处，历任设计组主任工程师、副总工程师、总工程师等职。中华人民共和国成立后，张光斗一直在清华大学任教。1955 年当选中国科学院技术科学部学部委员（院士），并任中科院水工研究室主任。1958 年出任水利水电勘测设计院院长、总工程师，1978 年起历任清华大学水利工程系系主任、副校长等职，其间还曾任中国科学院、水利电力部北京水利水电科学研究院院长。1981 年当选墨西哥国家工程科学院外籍院士。1994 年当选中国工程院院士。张光斗曾任中国水利学会副理事长，中国科学院主席团成员、技术科学部副主任，国务院学位委员会副主任，全国人大代表，全国政协常委，北京市政协副主席等职。获得过哈兹国际奖（Haas International Award，1981 年）、何梁何利科技进步奖（1996 年）、中国水利学会功勋奖（2001 年）、光华工程科技奖成就奖（2002 年）等荣誉。

张光斗长期在清华大学任教。

薄　冰

2013 年 8 月 17 日，语言学家、英语语法学家、英语教育家、北京外国语大学教授薄冰因病在京逝世，享年 92 岁。

薄冰，男，1921 年 12 月 10 日生于山西应县西崔庄村，原名薄学文。1943 年，薄冰进入浙江大学外国语文系学习。1944 年冬，日本入侵黔南，浙大近百名学生为抗敌投笔从戎，薄冰即其一。1945 年 1 月，薄冰编入四川綦江二〇二师六〇四团，正式入伍。1947 年薄冰大学毕业后，在上海中华职业学校担任英语教师。1949 年，薄冰进入华北人民革命大学学习，1950 年 4 月进入北京外国语学院（现北京外国语大学）英语系任教直至离休。1992 年起享受政府特殊津贴。薄冰长期从事英语语法的教学与研究。1998 年，由开明出版社出版《薄冰英语语法》《薄冰英语语法练习册》，其后陆续出版《薄冰英语语法高阶系列》（三册），累计印数达数百万册，成为无数英语学习者的经典教材，影响了几代英语学习者。

薄冰生前长期在海淀区居住生活。

叶笃正

2013 年 10 月 16 日，中国现代气象学的主要奠基人之一、中科院原副院长叶笃正因病去世，享年 98 岁。

叶笃正，男，1916 年 2 月 21 日生于天津，籍贯安徽安庆。1940 年，叶笃正自西南联合大学毕业。1943 年获浙江大学硕士学位。1948 年获美国芝加哥大学哲学博士学位。1950 年 10 月，携妻子冯慧辗转回国。1980 年后，先后当选为中国科学院学部委员（院士）、芬兰科学院外籍院士、英国皇家气象学会荣誉会员、美国气象学会荣誉会员。2005 年，获得中国国家最高科学技术奖。叶笃正是中国大气物理学奠基人、中国近代动力气象学创建者，在大气动力学、大气环流理论、青藏高原气象学、气候和全球变化领域的科学成就卓著，是国际大气科学界和全球变化领域屈指可数的杰出科学家。他是首位获得国际气象界“诺贝尔奖”——“国际气象组织奖”的中国人。

1983 年 5 月 4 日，时任中科院副院长的叶笃正曾与中共北京市海淀区委第一书记贾春旺签订新技术联合开发协议，成立中国科学院科技开发部、北京海淀区新技术联合开发中心（即后来的科海公司）。

叶笃正生前长期居住在海淀黄庄的科学院住宅区。

侯仁之

2013 年 10 月 22 日，中国历史地理学家，中国科学院院士，北京大学教授侯仁之因病在京逝世，享年 102 岁。

侯仁之，男，1911 年 12 月 6 日生于河北省枣强县，籍贯山东恩县（现山东德州平原县恩城镇）。1932 年—1936 年，入燕京大学历史系学习，先后师从洪业（煨莲）、顾颉刚教授，获得文学士学位。1937 年，留校为研究生兼助教；1941 年 12 月，太平洋大战爆发，燕京大学遭到日本侵略军查封，侯仁之在燕大任教并兼任学生生活辅导委员会副主席，因此遭日本侵略军宪兵逮捕，被日本侵略军军事法庭判处徒刑一年，缓刑三年，取保开释，直到抗日战争胜利。1946 年夏，前往英国利物浦大学地理系学习，并获得博士学位。1949 年 10 月，回到国内，在燕京大学任教。这期间，又应梁思成教授之约，到清华大学营建系兼课。1952 年中国高校院系调整，燕京大学与北京大学合并，合并后的北京大学迁到燕园，侯仁之被任命为北京大学副教务长兼地质地理系主任。1960 年—1964 年，带领北大历史地理研究组，深入沙区考察中国历史时期沙漠地区自然环境的变化。1984 年 4 月，以中国政协委员的名义提案，首次建议将北京周口店中国猿人遗址、八达岭万里长城和故宫博物院，作为中国文化和自然遗产列入保护公约。1997 年，获得何梁何利科学与进步奖。

侯仁之于 1932 年上燕京大学时第一次来到海淀，历史地理学术研究的实地考察就是从海淀开始的。从 1932 年直至逝世，在此生活 70 年，其间只有短暂的离开。他将海淀视为第二故乡，为海淀的发展付出了许多感情和精力。

统计资料（选编）

海淀区主要经济指标

项目	单位	2012 年	2013 年
人口与就业			
人口			
年末户籍人口	万人	230.7	235.3
年末常住人口	万人	348.4	357.6
户籍人口自然增长率	‰	8.1	7.1
户籍人口机械增长率	‰	18.5	17.3
劳动就业			
城镇登记失业率	%	0.73	0.7
失业人员再就业率	%	69.80	70.4
宏观经济			
国民经济核算			
海淀生产总值	亿元	3514.8	3835.2
第一产业	亿元	2.0	2.1
第二产业	亿元	455.4	505.6
第三产业	亿元	3057.4	3327.5
人均地区生产总值	美元	16172.0	17051.4
投资			
全社会固定资产投资总额	亿元	688.9	775.1
房地产投资	亿元	344.7	353.3
住宅	亿元	155.6	183.8
房屋施工面积	万平方米	1126.8	1020.2
房屋竣工面积	万平方米	208.9	191.9
财政			
区域财政收入	亿元	1685.77	1867.36
区级财政收入	亿元	282.65	336.19
区级财政支出	亿元	335.17	457.98
产业			
农村经济			
农业总产值（现价）	亿元	5.7	5.8
农村经济总收入	亿元	232.5	235.3
农村经济纯收入	亿元	52.4	54.6

海淀区主要经济社会指标（续）

项目	单位	2012年	2013年
工业			
工业企业总产值（现价）	亿元	1488.6	1708.3
建筑业			
建筑业总产值	亿元	1346.7	1444.1
商业			
社会消费品零售额	亿元	1504.8	1614.0
文化创意产业			
文化创意产业收入合计	亿元	3914.4	4222.1
旅游业			
旅游业营业收入	亿元	409.6	443.3
对外经济贸易			
新批项目数	家	249	216
合同外资额	亿美元	13.8	15.2
实际利用外资额	亿美元	15.0	16.0
海关进出口总额	亿美元	412.4	401.4
进口额	亿美元	320.2	310.8
出口额	亿美元	92.2	90.6
金额			
银行存款余额	亿元	16372.9	19595.8
城乡居民储蓄存款余额	亿元	4464.8	4690.9
银行贷款余额	亿元	4663.8	5418.0
教育、科技、卫生			
教育			
中小学学校数	所	207	211
小学	所	118	122
普通中学	所	75	76
职业中学	所	13	13
毕业生数	人	65583	97593
小学	人	20942	20621
普通中学	人	30292	30950
职业中学	人	14349	32611

海淀区主要经济社会指标（续）

项目	单位	2012年	2013年
科技			
技术合同成交总额	亿元	1134.4	1248.5
专利申请数	个	36486	41325
专利授权量	个	19862	21372
卫生			
卫生机构个数	个	986	1051
卫生机构病床数	万张	1.03	1.06
卫生技术人员数	万人	2.66	2.76
每千人拥有执业医生人数	人	2.7	2.7
每千人拥有护士人数	人	3.2	3.3
每千人拥有医院床位数	张	2.6	3.0
生活与环境			
人民生活			
城镇居民人均可支配收入	元	41842.0	45952.7
城镇居民人均消费性支出	元	26569.6	29429.5
农村居民人均纯收入	元	22364	24673
农村居民人均消费性支出	元	18172	19307
劳动工资			
城镇单位从业人员平均人数	人	1495952	1569790
城镇单位在岗职工工资总额	亿元	1292.0	1479.9
城镇单位在岗职工平均工资	元	99987	109113
城市公共事业			
万元GDP能耗	吨标煤	0.23	0.22
城市绿化覆盖率	%	49.5	49.7
污水处理率	%	96.0	95.3
人均绿地面积	平方米	47.2	47.3
园区经济			
海淀园			
总收入	亿元	10665.75	12533.58

城镇单位从业人员与劳动报酬情况

项　目	从业人员平均人数（人）	从业人员劳动报酬总额（万元）	从业人员平均劳动报酬（元）
合计	1569790	16306799	103879
按行业分			
农、林、牧、渔业	3676	31429	85496
采矿业	48	101	20958
制造业	137225	1359880	99099
电力、燃气及水的生产和供应业	3330	23220	69730
建筑业	82484	613002	74318
批发与零售业	95010	792958	83460
交通运输、仓储和邮政业	98685	806975	81773
住宿和餐饮业	58370	272446	46676
信息传输、软件和信息技术服务业	363012	4753664	130951
金融业	38713	556159	143662
房地产业	59085	408191	69085
租赁和商务服务业	84585	840891	99410
科学研究和技术服务业	218625	2652141	121310
水利、环境和公共设施管理业	17603	125751	71437
居民服务和其他服务业	18902	104284	55171
教育	161898	1532951	94686
卫生和社会工作	30619	359946	117556
文化、体育和娱乐业	46970	716725	152592
公共管理、社会保障和社会组织	50947	356088	69894

工业企业主要经济指标

单位：万元

项目	企业单位数（个）	亏损企业（个）	规模以上工业总产值（当年价格）	工业销售产值（当年价格）
合　计	**463**	**58**	**17083078**	**16481802**
按隶属关系				
中央企业	43	9	3506824	3375449
地方企业	414	51	12475509	12129416
按注册类型				
内资	383	48	9680669	9350288
国有	16	3	611638	567341
集体	3	0	18763	18550
股份合作	3	0	17168	16146
有限责任公司	156	26	3833264	3711403
股份有限公司	79	8	4247892	4107574
私营	126	11	951944	929274
外资	74	12	6301665	6154577
港澳台商投资	22	5	5167150	5030296
外商投资	52	7	1134515	1124281

工业企业主要经济指标（续）

项目	从业人员平均人数（人）	固定资产合计	固定资产原价
合计	**130640**	**2164991**	**3635569**
按隶属关系			
中央企业	30892	705666	1151852
地方企业	99748	1258058	2220007
按注册类型			
内资	101694	1644072	2600212
国有	6209	78885	184726
集体	430	1463	4315
股份合作	597	4247	6824
有限责任公司	33481	380589	662884
股份有限公司	45417	1045373	1555635
私营	15560	133515	185828
其他			
外资	28946	319652	771647
港澳台商投资	14220	149997	328020
外商投资	14726	169655	443627

工业企业主要经济指标（续）

项目	营业收入	利润总额	营业成本	营业税金及附加	主营业务税金及附加
合计	21502101	1463541	17524584	93562	90786
按隶属关系					
中央企业	4406566	389043	3738655	30077	29852
地方企业	16225757	1036366	12997014	63489	60862
按注册类型					
内资	11470851	1237083	8969356	77769	74986
国有	613342	54716	505655	4335	4009
集体	20315	1315	18412	75	75
股份合作	21098	3238	12829	323	323
联营					
有限责任公司	4340830	246438	3585639	17203	16742
股份有限公司	5419865	813166	4138178	49583	47611
私营	1055402	118210	708642	6249	6226
其他					
外资	9161473	188326	7766314	15797	15728
港澳台商投资	7881864	-1053	6876474	7006	7006
外商投资	1279609	189379	889840	8791	8722

文化创意产业情况

单位：个

项　目	2013年	2012年	2013年为2012年%
单位数	**2686**	**2828**	**95.0**
文化艺术	75	82	91.5
新闻出版	172	183	94.0
广播、电视、电影	96	101	95.0
软件、网络及计算机服务	1598	1697	94.2
广告会展	199	195	102.1
艺术品交易	5	8	62.5
设计服务	235	241	97.5
旅游、休闲娱乐	172	165	104.2
其他辅助服务	134	156	85.9

文化创意产业情况（续表）

单位：亿元、人

项　目	2013年	2012年	2013年为2012年%
从业人员	**507333**	**487593**	**104.0**
文化艺术	7124	6980	102.1
新闻出版	18603	18831	98.8
广播、电视、电影	25964	25599	101.4
软件、网络及计算机服务	384301	364466	105.4
广告会展	11178	10922	102.3
艺术品交易	329	504	65.3
设计服务	29870	29540	101.1
旅游、休闲娱乐	14129	14041	100.6
其他辅助服务	15835	16710	94.8
资产总计	**6713.3**	**5705.2**	**117.7**
文化艺术	123.0	97.9	125.6
新闻出版	308.3	272.9	113.0
广播、电视、电影	1310.3	996.3	131.5
软件、网络及计算机服务	4316.2	3745.6	115.2
广告会展	167.9	138.3	121.4
艺术品交易	7.8	16.5	47.3
设计服务	274.3	242.2	113.3
旅游、休闲娱乐	89.4	78.1	114.5
其他辅助服务	116.0	117.3	98.9
收入合计	**4222.1**	**3914.4**	**107.9**
文化艺术	37.7	35.9	105.0
新闻出版	166.2	156.9	105.9
广播、电视、电影	489.8	469.5	104.3
软件、网络及计算机服务	2846.5	2628.7	108.3
广告会展	188.7	191.0	98.8
艺术品交易	14.1	30.4	46.4
设计服务	140.2	125.7	111.5
旅游、休闲娱乐	100.7	87.2	115.5
其他辅助服务	238.3	189.3	125.9

文化创意产业情况（续表）

单位：亿元

项目	2013年	2012年	2013年为2012年%
税金合计	**238.6**	**241.9**	**98.6**
文化艺术	0.5	0.7	71.4
新闻出版	9.7	9.9	98.0
广播、电视、电影	22.8	25.0	91.2
软件、网络及计算机服务	181.1	183.1	98.9
广告会展	8.2	7.6	107.9
艺术品交易	0.4	0.9	44.4
设计服务	8.5	7.8	109.0
旅游、休闲娱乐	2.4	2.1	114.3
其他辅助服务	5.0	4.8	104.2
利润总额	**486.1**	**420.4**	**115.6**
文化艺术	–0.2	0.9	–22.2
新闻出版	24.1	22.7	106.2
广播、电视、电影	26.2	21.3	123.0
软件、网络及计算机服务	398.6	351.4	113.4
广告会展	8.2	8.8	93.2
艺术品交易	0.4	1.2	33.3
设计服务	19.4	7.2	269.4
旅游、休闲娱乐	1.6	1.7	94.1
其他辅助服务	7.7	5.0	154.0

海淀园主要经济指标增长情况

项目	单位	2013年	2012年	2013年为2012年%
总收入	**亿元**	**12533.58**	**10665.75**	**117.5**
技术收入	亿元	2365.68	2074.1	114.1
产品销售收入	亿元	3331.94	3052.43	109.2
商品销售收入	亿元	5239.64	4172.33	125.6
实缴税费总额	亿元	490.31	423.09	115.9
出口总额	亿美元	110.15	83.86	131.3
利润总额	亿元	938.42	822.36	114.1
园区企业数	个	9051	9016	100.4
年收入亿元以上企业数	个	1057	950	111..3
从业人员期末人数	万人	86.45	77.60	111.4
孵化器数	个	48	41	117.1
累计孵化企业数	个	8776	7327	119.8
加速器数	个	6	6	100.0
大学科技园数	个	19	19	100.0
国家级大学科技园	个	13	12	108.3

海淀园高新技术产业情况

项　目	单位	2013年	2012年	2013年为2012年%
总收入	亿元	7079.64	6161.28	114.9
电子与信息	亿元	217.75	240.16	90.7
生物工程和新医药	亿元	1442.65	1332.16	108.3
新材料及应用技术	亿元	578.63	406.90	142.2
先进制造技术	亿元	809.68	660.35	122.6
新能源与高效节能技术	亿元	311.39	201.06	154.9
利润总额				
电子信息	亿元	536.40	465.95	115.1
生物工程和新医药	亿元	28.43	26.32	108.0
新材料及应用技术	亿元	74.42	71.48	104.1
先进制造技术	亿元	55.22	47.35	116.6
新能源与高效节能技术	亿元	44.42	64.23	69.2
环境保护技术	亿元	33.37	20.77	160.7
实缴税费总额				
电子信息	亿元	308.70	269.76	114.4
生物工程和新医药	亿元	13.28	13.14	101.1
新材料及应用技术	亿元	19.45	15.75	123.5
先进制造技术	亿元	28.01	22.87	122.5
新能源与高效节能技术	亿元	26.24	22.69	115.6
环境保护技术	亿元	14.72	10.30	142.9
出口创汇总额				
电子信息	亿美元	48.07	31.48	152.7
生物工程和新医药	亿美元	3.41	3.77	90.5
新材料及应用技术	亿美元	18.30	14.26	128.3
先进制造技术	亿美元	9.66	4.60	210.0
新能源与高效节能技术	亿美元	3.20	3.49	91.7
环境保护技术	亿美元	0.12	0.12	100.0

城镇居民家庭基本情况

项目	单位	2013年	2012年	2013年为2012年%
平均每人年可支配收入	元	45952.7	41841.0	109.8
平均每人月可支配收入	元	3829.4	3486.8	109.8
平均每人月消费性支出	元	2452.5	2214.1	110.8
人均现住房总建筑面积	平方米	32.56	29.3	111.1
人均现住房总使用面积	平方米	24.48	22.0	111.3
城镇居民家庭恩格尔系数	%	29.9	29.3	102.0

农村居民家庭基本情况

项　目	单位	全区平均	低收入户20%	中低收入户20%	中等收入户20%	中高收入户20%	高收入户20%
平均每户常住人口	人	3.1	3.4	3.5	2.9	2.9	2.6
平均每户整半劳动力数量	人	2.1	2.0	2.5	1.9	2.1	2.0
平均每一劳动力负担人口	人	1.5	1.7	1.4	1.6	1.4	1.3
人均住房面积	平方米	42.5	47.6	41.6	40.3	45.7	36.4
人均总收入	元	24869	14017	20153	24488	30473	39189
人均纯收入	元	24673	13857	20153	24286	29843	39162
人均生活消费支出	元	19307	11912	17055	18581	19592	32122
平均每个劳动创造纯收入	元	36668.3	23727.2	28723.1	38217.8	41835.6	52643.6
农村居民家庭恩格尔系数	%	31.4	38.2	31.9	29.8	32.7	27.9

附　录

海淀区行政区划基本情况

序号	地　　区	社区居委会	村委会	辖区面积（平方公里）
	全区	570	84	430.77
1	万寿路街道	36		8.78
2	羊坊店街道	32		6.61
3	甘家口街道	23		6.49
4	八里庄街道	33		6.49
5	紫竹院街道	22		6.23
6	北下关街道	31		6.04
7	北太平庄街道	38		5.17
8	海淀街道	32		6.90
9	中关村街道	32		5.28
10	学院路街道	27		8.49
11	清河街道	27		9.37
12	青龙桥街道	21		18.59
13	香山街道	6		20.40
14	西三旗街道	28		8.23
15	马连洼街道	16		10.74
16	花园路街道	35		6.33
17	田村路街道	28		7.77
18	上地街道	12		9.52
19	曙光街道	16		5.45
20	燕园街道	7		1.84
21	清华园街道	9		3.49
22	永定路街道	16		1.45
23	东升镇	4	5	8.28
24	海淀镇	2	4	4.79
25	四季青镇	11	13	40.83
26	西北旺镇	11	16	51.02
27	温 泉 镇	10	7	33.23
28	苏家坨镇	4	19	84.51
29	上 庄 镇	1	20	38.45
备注	海淀区对外公布面积为430.77平方公里，本表各街镇面积为2006年2月13日北京市测绘设计研究院制图中心图测数据，精确到小数点后第二位。			

2013 年中共海淀区委文件目录

文号	发文日期	标题
京海发〔2013〕1 号	2013 年 1 月 7 日	中国共产党北京市海淀区第十一届委员会第四次全体会议决议
京海发〔2013〕2 号	2013 年 1 月 8 日	中共北京市海淀区委北京市海淀区人民政府印发《关于支持北京城市学院与海淀区融合发展的实施意见》的通知
京海发〔2013〕3 号	2013 年 1 月 16 日	中共北京市海淀区委北京市海淀区人民政府关于印发《推动文化和科技融合发展行动计划（2013—2015）》的通知
京海发〔2013〕4 号	2013 年 1 月 19 日	中共北京市海淀区委关于印发《中共海淀区委常委会 2013 年工作要点》的通知
京海发〔2013〕5 号	2013 年 2 月 24 日	中共北京市海淀区委北京市海淀区人民政府关于印发《2013 年海淀区委区政府重点工作任务分解方案》的通知
京海发〔2013〕6 号	2013 年 4 月 11 日	中共北京市海淀区委北京市海淀区人民政府印发《关于贯彻落实〈中共北京市委北京市人民政府关于加强首都民政工作的意见〉的实施意见》的通知
京海发〔2013〕7 号	2013 年 4 月 11 日	中共北京市海淀区委北京市海淀区人民政府印发《关于深化社会管理体制改革，加强街镇统筹协调能力，深入推进网格化工作的实施意见》的通知
京海发〔2013〕8 号	2013 年 5 月 13 日	中共北京市海淀区委关于印发《关于进一步加强和改进党委督促检查工作的实施办法》的通知
京海发〔2013〕9 号	2013 年 5 月 20 日	中共北京市海淀区委关于追授耿越同志“海淀区优秀共产党员”称号的决定
京海发〔2013〕10 号	2013 年 5 月 20 日	中共北京市海淀区委印发《关于开展“中国梦”学习宣传教育工作的实施方案》的通知
京海发〔2013〕11 号	2013 年 5 月 29 日	中共北京市海淀区委关于授予中共海淀区委老干部局等 33 个单位“海淀区创建学习型组织示范单位”称号的决定
京海发〔2013〕12 号	2013 年 5 月 31 日	中共北京市海淀区委印发《关于开展区委权力公开透明运行工作的实施意见》的通知
京海发〔2013〕13 号	2013 年 6 月 4 日	中共北京市海淀区委北京市海淀区人民政府印发《关于 2013 年在全区推进廉政风险防控管理工作的指导意见》的通知
京海发〔2013〕14 号	2013 年 6 月 13 日	中共北京市海淀区委北京市海淀区人民政府关于印发《进一步加快核心区科技创新发展实施方案（2013—2015）》的通知
京海发〔2013〕15 号	2013 年 6 月 13 日	中共北京市海淀区委北京市海淀区人民政府关于印发《关于落实中关村国家自主创新示范区建设国家科技金融创新中心的实施方案》的通知
京海发〔2013〕16 号	2013 年 9 月 5 日	中共北京市海淀区委印发《关于深入学习贯彻习近平总书记一系列重要讲话精神的实施方案》的通知
京海发〔2013〕17 号	2013 年 9 月 16 日	中共北京市海淀区委北京市海淀区人民政府关于印发《海淀区中心城区棚户区改造和环境整治工作方案》的通知
京海发〔2013〕18 号	2013 年 10 月 11 日	中共北京市海淀区委北京市海淀区人民政府关于聘请毕京京等同志为区委党校、区行政学院高级顾问的决定
京海发〔2013〕19 号	2013 年 12 月 23 日	中共北京市海淀区委北京市海淀区人民政府印发《关于加快养老服务业发展的意见》的通知

2013年海淀区人民政府文件目录

文号	发文日期	标题
海政发〔2013〕1号	2013年2月25日	关于印发本区2013年人口和计划生育工作要点的通知
海政发〔2013〕2号	2013年1月16日	关于印发《北京市海淀区林地保护利用规划（2010—2020年）》的通知
海政发〔2013〕3号	2013年1月17日	关于印发2013年政府工作报告的通知
海政发〔2013〕4号	2013年1月18日	关于印发《海淀区综合政务服务中心功能定位和入驻方案》的通知
海政发〔2013〕5号	2013年1月29日	关于印发《北京市海淀区创建国家公共文化服务体系示范区建设规划（2013—2014）》的通知
海政发〔2013〕6号	2013年2月5日	关于调整中央党校西侧地区环境整治项目范围的通知
海政发〔2013〕7号	2013年2月4日	关于印发本区《贯彻加强食品安全工作有关文件精神的工作方案》的通知
海政发〔2013〕8号	2013年2月22日	关于印发《2013年海淀区重点建设项目折子工程分解方案》的通知
海政发〔2013〕9号	2013年5月31日	关于建立海淀区土地储备开发联席会制度的通知
海政发〔2013〕10号	2013年3月1日	关于印发本区落实《北京市空气重污染日应急方案》实施细则的通知
海政发〔2013〕11号	2013年3月14日	关于印发海淀区2013年度保障性安居工程用地供应计划的通知
海政发〔2013〕12号	2013年4月1日	关于印发《海淀区环境秩序专项考核办法》的通知
海政发〔2013〕13号	2013年4月1日	关于印发《海淀区道路环境卫生工作分级分类实施方案》的通知
海政发〔2013〕14号	2013年4月2日	关于印发区政府依法行政工作报告的通知
海政发〔2013〕15号	2013年4月2日	关于印发《2013—2015年"健康海淀"创建工作方案》的通知
海政发〔2013〕16号	2013年4月2日	关于印发本区落实《北京市2013年清洁空气行动计划》工作方案的通知
海政发〔2013〕17号	2013年3月27日	关于命名第二批"海淀区文化创意产业集聚区"的通知
海政发〔2013〕18号	2013年4月7日	关于印发本区中小学基本建设三年行动计划（2013—2015年）的通知
海政发〔2013〕19号	2013年4月16日	关于印发本区特约监察员工作暂行办法的通知
海政发〔2013〕20号	2013年4月24日	关于印发本区环境卫生和环境秩序责任追究暂行办法的通知
海政发〔2013〕22号	2013年4月23日	关于探索都市现代农业新形态，努力打造生态海淀的意见
海政发〔2013〕23号	2013年5月2日	关于治理无证无照经营行为维护市场经营秩序的意见
海政发〔2013〕24号	2013年4月23日	关于加强股份经济合作社管理指导和服务的意见
海政发〔2013〕25号	2013年4月23日	关于进一步加强农村集体经济组织财务管理工作的意见
海政发〔2013〕29号	2013年4月28日	关于印发本区行政事业单位拆迁补偿资金管理办法的通知

文号	发文日期	标题
海政发〔2013〕30号	2013年5月2日	关于2013—2015年深化医药卫生体制综合改革的实施意见
海政发〔2013〕31号	2013年4月28日	关于印发2013年海淀区政府绩效管理工作要点的通知
海政发〔2013〕32号	2013年5月9日	关于本区2013—2015年重点改革任务的指导意见
海政发〔2013〕33号	2013年5月9日	关于印发《2013年海淀区重点改革任务分解方案》的通知
海政发〔2013〕34号	2013年5月10日	关于印发《2013—2015年海淀区社区卫生服务机构设置规划》的通知
海政发〔2013〕35号	2013年5月10日	关于印发《2013—2015年海淀区提升社区卫生服务水平行动计划》的通知
海政发〔2013〕36号	2013年5月17日	关于海淀区建立健全土地卫片执法检查长效机制的意见
海政发〔2013〕37号	2013年5月17日	关于印发本区“十二五”规划中期评估工作方案的通知
海政发〔2013〕38号	2013年6月3日	关于全面推进中关村科教文化游服务业标准化试点工作的通知
海政发〔2013〕39号	2013年6月13日	关于修订《海淀区行政案件应诉工作规定》的通知
海政发〔2013〕40号	2013年6月19日	关于印发《2013年区政府投资项目全年安排方案》的通知
海政发〔2013〕41号	2013年6月28日	关于开展2013年海淀区消夏露天餐饮经营场所管理工作的通知
海政发〔2013〕42号	2013年7月1日	关于开展第三次全国经济普查工作的通知
海政发〔2013〕43号	2013年7月1日	关于进一步提高服务经济能力促进税源建设工作的意见
海政发〔2013〕45号	2013年7月4日	关于进一步加强和改进督促检查工作的实施意见
海政发〔2013〕46号	2013年7月12日	关于暂停办理明光村平房区项目范围内房屋新建等手续的通知
海政发〔2013〕47号	2013年7月18日	关于暂停办理北京动物园长河北部西区环境建设项目范围内房屋新建等手续的通知
海政发〔2013〕49号	2013年7月18日	关于印发本区早餐工程建设实施方案（2013—2015年）的通知
海政发〔2013〕50号	2013年8月5日	关于进一步做好人大代表建议和政协委员提案办理工作的意见
海政发〔2013〕52号	2013年8月30日	北京市海淀区人民政府关于国有土地上房屋征收决定
海政发〔2013〕53号	2013年8月15日	关于进一步强化街镇财政管理工作的意见
海政发〔2013〕54号	2013年8月26日	关于进一步加强和改进消防工作的意见
海政发〔2013〕55号	2013年9月2日	关于印发本区2013—2017年清洁空气行动计划实施方案的通知
海政发〔2013〕56号	2013年9月10日	关于授予王春易等三位同志海淀区基础教育名家称号的决定
海政发〔2013〕57号	2013年9月23日	关于印发《中关村核心区科技服务业发展三年行动计划（2013—2015年）》的通知
海政发〔2013〕58号	2013年9月23日	关于印发本区淘汰落后产能工作方案（2013—2015年）的通知
海政发〔2013〕59号	2013年11月25日	关于印发本区地下水保护和污染防控行动方案（2013—2015）的通知

文号	发文日期	标题
海政发〔2013〕60号	2013年10月15日	关于印发《2013年海淀区政府投资建设项目调整方案》的通知
海政发〔2013〕61号	2013年11月18日	关于印发《海淀区空气重污染应急预案（试行）》的通知
海政发〔2013〕62号	2013年11月26日	关于本区2013年度行政执法案卷评查情况的通报
海政发〔2013〕63号	2013年12月11日	关于加强本区街镇司法行政工作的意见
海政发〔2013〕64号	2013年11月24日	关于印发《海淀北部地区生态建设实施纲要》的通知
海政发〔2013〕65号	2013年12月12日	关于暂停办理小月河整体改造项目范围内房屋新建等手续的通知
海政发〔2013〕66号	2013年12月31日	关于印发《2014年区政府投资建设项目第一批安排方案》的通知
海政发〔2013〕67号	2013年12月31日	关于暂停办理肖家河东村、王庄地区房屋新建等手续的通知

海淀区第一次水务普查公报

根据《北京市人民政府关于开展北京市第一次水务普查的通知》（京政发〔2010〕33号）的决定，2010年至2012年开展了海淀区第一次水务普查，普查的标准时点为2011年12月31日，普查时期为2011年度。普查范围为海淀区境内河流湖泊、水利工程、重点经济社会取用水户以及水务单位等。普查主要内容包括河流湖泊基本情况、水利工程基本情况、经济社会用水情况、河流湖泊治理保护情况、水土保持情况、水务行业能力建设情况、灌区情况、地下水取水井情况、供水设施情况、排水设施情况、水文化遗产情况。本次普查按照“在地原则”，以乡（镇）级行政区划为基本工作单元，采取全面调查、抽样调查、典型调查和重点调查等多种调查形式进行。

北京市第一次水务普查工作领导小组办公室对海淀区普查数据进行了审核和抽查。综合结果显示，本区水务普查数据质量达到预期目标要求。

经海淀区政府批准，现将水务普查主要数据成果公布如下。

一、河湖基本情况

河流。流域面积10平方公里及以上的河流24条（段），总长度为145.82公里，全部为北运河水系；流域面积50平方公里及以上河流7条（段），总长度为71.36公里；流域面积100平方公里及以上河流5条（段），总长度为58.15公里；流域面积200平方公里及以上河流4条（段），总长度为48.79公里；流域面积500平方公里及以上河流2条（段），总长度为7.6公里；流域面积1000平方公里及以上河流1条（段），总长度为6.5公里。

湖泊。常年水面面积0.10平方公里以上湖泊10个，水面总面积3.28平方公里，全部为淡水湖。

二、水利工程基本情况

表1　不同规模水闸数量汇总表

水闸规模		数量（座）	比例（%）
合计		69	100.00
规模以上（过闸流量≥5立方米每秒）	小计	56	81.16
	中型	6	8.70
	小型	50	72.46
规模以下（1立方米每秒≤过闸流量<5立方米每秒）		13	18.84

水库。水库1座，名称为五七水库，总库容25.81万立方米，属于小（2）型水库。

水电站。水电站2座，装机容量845千瓦。其中规模以上水电站1座，名称为玉渊潭试验水电站，属于小（2）型水电站。

水闸。过闸流量1立方米每秒及以上水闸69座（详见表1），橡胶坝5座。其中：规模以上水闸中，已建水闸51座，在建水闸5座；分洪闸4座，节制闸45座，引水闸5座，船闸2座。

泵站。泵站24座（详见表2）。其中规模以上泵站中，已建泵站15座，在建泵站1座。

堤防。堤防总长度为65.26公里（详见表3）。其中3级堤防长度18.89公里，4级堤防长度3.36公里，5级堤防长度43.01公里，全部为已建工程。

表2　不同规模泵站数量汇总表

泵站规模		数量（座）	比例（%）
合计		24	100.00
规模以上（装机流量≥1立方米每秒或装机功率≥50千瓦）	小计	16	66.67
	小型	16	66.67
规模以下（装机流量＜1立方米每秒且装机功率＜50千瓦）		8	33.33

塘坝。塘坝30处，总容积65.68万立方米。

三、河湖开发治理保护

河湖取水口。河湖取水口18个（详见表4）。

治理保护河流。流域面积10平方公里及以上的24条（段）河流中有防洪任务的河段长度107.25公里。其中，已治理河段长度87.65公里，占有防洪任务河段总长度的81.72%，在已治理河段中，治理河段达标长度68.38公里。

表3　不同级别堤防长度汇总表

堤防级别	合计	3级	4级	5级
长度（公里）	65.26	18.89	3.36	43.01
比例（%）	100	28.95	5.14	65.91

四、水土保持情况

土壤侵蚀。土壤侵蚀面积14.81平方公里。按侵蚀强度分，轻度9.17平方公里，中度3.58平方公里，强烈1.87平方公里，极强烈0.18平方公里，剧烈0.01平方公里。

水土保持措施面积。水土保持措施面积为5平方公里，全部为植物措施。

五、水务行业能力建设情况

水利（务）行政机关及其管理的企（事）业单位54个，从业人员5338人，其中：大专及以上学历人员4361人，高中（中专）及以下学历人员977人。

乡镇水利管理单位7个，从业人员96人，其中：具有专业技术职称人员36人。

供排水企业7个，从业人员216人，其中：大专及以上学历人员121人，高中（中专）及以下学历人员95人。

六、灌区情况

表4 规模以上河湖取水口数量汇总表

河湖取水口规模	数量（个）	比例（%）
合计	18	100
规模以上（农业取水流量≥0.20立方米每秒，其他用途年取水量≥15万立方米）	18	100

灌溉面积。灌溉面积 87063 亩。其中：耕地灌溉面积为 19402 亩，园林草地等非耕地灌溉面积为 67661 亩。

七、地下水取水井情况

地下水取水井。地下水取水井 1962 眼。其中机电井 1823 眼，废弃井 139 眼（详见表 5）。

地下水水源地。日取水量 15 万立方米及以上的水源地 1 处，为北京市自来水集团有限责任公司第三水厂地下水水源地。

八、供水设施情况

城镇公共供水设施。城镇供水厂 2 座，为北京市自来水集团有限责任公司田村山净水厂和北京市自来水集团有限责任公司第三水厂。

城镇自建供水设施。城镇自建供水设施 203 处，入户前管网总长 675.95 公里。

表 5　不同类型不同规模地下取水井数量汇总

合计	机电井（眼）							废弃井（眼）
	小计	灌溉井			供水井			
		小计	井管内径≥200毫米	井管内径<200毫米	小计	日取水量≥20立方米	日取水量<20立方米	
1962	1823	515	492	23	1308	884	424	139

农村供水设施。农村供水设施 152 处，全部为集中式供水设施。

九、排水设施情况

城镇排水设施。中心城、新城（重点镇）污水处理厂 6 座，日处理能力 47.4 万立方米。

农村排水设施。村级污水处理站 31 座，日处理能力 14850 立方米。

十、水文化遗产情况

共调查水文化遗产 31 个，其中：工程类水文化遗产 21 个，管理类水文化遗产 10 个。

注释

[1]本公报中数据均为初步汇总数。

[2]经济社会用水调查数据成果由北京市统一发布，本区不单独发布。

[3]工程规模、等级的划分如下：

1. 水库：

大（1）型水库：总库容≥10 亿立方米；大（2）型水库：1 亿立方米≤总库容<10 亿立方米；中型水库：0.1 亿立方米≤总库容<1 亿立方米；小（1）型水库：0.01 亿立方米≤总库容<0.1 亿立方米；小（2）型水库：0.001 亿立方米≤总库容<0.01 亿立方米。

2. 水闸：

大型水闸：过闸流量≥1000 立方米每秒；中型水闸：100 立方米每秒≤过闸流量<1000 立方米每秒；小型水闸：过闸流量<100 立方米每秒。

3. 泵站：

大型泵站：装机流量≥50 立方米每秒或装机功率≥1 万千瓦；中型泵站：10 立方米每秒≤过闸流量<50 立方米每秒或 0.1 万千瓦≤装机功率<1 万千瓦；小型泵站：装机流量<10 立方米每秒或装机功率<0.1 万千瓦。

4. 堤防：

1 级：防洪（潮）[重现期（年）]≥100；2 级：50≤防洪（潮）[重现期（年）]<100；3 级：30≤防洪（潮）[重现期（年）]<50；4 级：20≤防洪（潮）[重现期（年）]<30；5 级：10≤防洪（潮）[重现期（年）]<20；5 级以下：防洪（潮）[重现期（年）]<10。

[4]供水设施

1. 城镇公共供水设施

城镇公共供水设施是在城六区（东城、西城、朝阳、丰台、海淀、石景山）及各个郊区县城区面向社会供水，以满足城镇居民、企事业单位日常用水为主的公共供水厂及供水管网等。其中，北京市自来水集团供水设施均为城镇公共供水设施。

2. 城镇自建供水设施

城镇自建供水设施是指除城镇公共供水设施之外，由社会单位向本单位或者附带向周边单位、城镇居民提供生活、生产用水的自建供水设施、供水管道等。

3. 农村供水设施

农村供水设施是指向广大农村的镇区、村庄等供水，以满足村镇居民、企事业单位日常用水为主的供水设施，主要包括集中式供水设施和分散式供水设施。

[5]排水设施

1. 中心城、新城（重点镇）污水处理厂

中心城、新城（重点镇）污水处理厂是指普查时点前建成的处理规模大于 1000 吨每日的中心城区、新城（重点镇）公共污水处理厂。

2. 乡镇污水处理厂

乡镇污水处理厂主要包括两类：一类是重点镇处理规模小于等于 1000 吨每日的污水处理厂；另一类是一般镇的所有规模的污水处理厂。

[6]水文化遗产

1. 工程类水文化遗产

工程类水文化遗产是指 1950 年以前始建的具有水利工程设施性质的水文化遗产，主要包括重要取水口、渠道、桥梁、渡口、堤堰、码头、闸坝、井、泉等。

2. 管理类水文化遗产

管理类水文化遗产是指 1950 年以前始建的除工程类以外的与重要水事活动相关的水文化遗产，主要包括与治水、抗灾、祈雨、济民有密切关系的龙王庙、亭阁建筑，摩崖石刻以及碑刻等。

社会新闻

李某某等人轮奸案

2013 年 2 月 19 日，一女性报警称其两天前在北京海淀一酒吧内与李某某（未成年人）等人喝酒后，被带至一宾馆内遭轮奸。9 月 26 日，海淀区法院一审以强奸罪分别判处被告人李某某有期徒刑十年，王某（成年）有期徒刑十二年，其余三名未成年人获三到四年不等的有期徒刑。李某某及其法定代理人和同案人王某不服提出上诉。11 月 27 日，北京市第一中级人民法院终审宣判，裁定驳回上诉，维持原判。

李某某父母均为文艺界知名人士。该案曝出后，因李某某的特殊身份引起社会各界的广泛关注和热议。

年度十大网络流行语

中国梦

中共十八大以后，习近平总书记在参观国家博物馆主办的“复兴之路”展览时，提出要实现中华民族伟大复兴的中国梦。梦是理想，是目标。中国梦的基本内涵是，国家富强，民族振兴，人民幸福。中国人民要共筑中国梦，共圆中国梦。必须坚持中国道路，弘扬中国精神，凝聚中国力量，才能实现中国梦。中国梦以其清新的理念和亲和的风格，为广大民众所认同，并日渐成为主流话语之一，成为 2013 年度的全民流行语。

光盘

光盘就是吃光盘中饭菜的意思。2013 年 1 月，北京一家民间公益组织发起“光盘行动”，倡议市民就餐后打包，“光盘”离开。随后，中央电视台新闻联播，号召大家“节约粮食，从我做起”“争做节约达人，向舌尖上的浪费说再见”。“光盘行动”迅速席卷全国，“光盘”被捧为时尚新词，“今天你光盘了吗”成为流行语。

倒逼

倒逼，即逆向促使。按照常规，甲乙两事物，甲动则乙动；如果一反常规，乙先动逆向促使甲动，这种逆向促动，叫作倒逼。倒逼来源于经济领域中货币供给的倒逼机制。如今扩大了使用范围，“由下而上”“由流溯源”“由果问因”等行为，都可以称“倒逼”。习近平、李克强等国家领导人，在讲话中多次用到“倒逼”，提升了这个词的流行度。

逆袭

从日语引进的新词，意思是在逆境中反击成功。比如在球赛中，一支球队先输后赢，可以称逆袭；一支弱队战胜了强队，也可称作逆袭。如今意义和用法拓展，新事物冲击旧事物、后浪推前浪等等，都可称逆袭。逆袭表达了百折不挠、奋发图强、充满正能量的精神。

微××

“微”本指小、细、轻、少、弱等，也可表示某些计量单位的百万分之一，如微米、微安（安，安培的简称）。如今，“微”成了一个时尚语素，生活中出现了一批以“微”命名的新事物，如微博、微信、微新闻、微电影等等。社会正在迈进“微时代”，“微××”正在改变人们的生活方式以及思维模式。“微”是现代科技的产物，也是一个时代的标签。一个不起眼的“微”在现代社会中释放出了大能量。

大V

指的是在微博上十分活跃并拥有众多粉丝的公众人物，通常把粉丝超过50万的微博用户称为网络大V。大V必须在一个特定的微博平台上获得个人认证，经过认证，其微博昵称后便会附一个“V”形图标。之所以称“V”，有两种说法：一说是VIP（贵宾账户）的首字母，一说是verify（认证）的首字母。大V几乎都是网络上的意见领袖，有着不容小觑的号召力和影响力。因此，大V务必维护好自己的形象，不传播未经核实的信息，不能成为谣言的传播者，否则，大V就成了“大谣”。

女汉子

“女汉子”指带有“纯爷们性格”的女性。她们爱美妆喜时尚，还能“干粗活打蟑螂”，集温柔和彪悍于一身，拥有女人的外表和汉子的内质。现代大都市中，竞争激烈，压力山大，许多女性为了生存和发展，不得不把自己变成独立、自主、强悍的女汉子。2013 年荧屏流行“女汉子”，像孙俪在《辣妈正传》中扮演的角色，就是有个性、有主见、敢作敢为的现代女性。

土豪

本是汉语中固有词语。在20世纪上半叶，特指有财有势横行乡里的地主恶霸。今日之“土豪”源自网络，最初用于吐槽在网络游戏中“无脑”消费人民币的玩家，后来又泛指现实社会中富而不贵的群体。从字面上解释，就是“很土的富豪”，他们大多文化较低，品位不高，极其富有，有的还酷爱炫富。人们对“土豪”的态度，也不是一味地鄙视，而是既排斥又羡慕。“土豪，我们做朋友吧！”这句广为流传的调侃语，最能反映人们对“土豪”的心态。

奇葩

汉语中本有其词，指珍奇而美丽的花朵，常用来比喻不同寻常的优秀文艺作品，是地道的褒义词。如今广为流行的“奇葩”，则来源于网络，常用来比喻某人某事或某物十分离奇古怪，世上少有，常人不可理解，含有讽刺或调侃的意味。如有媒体曾经盘点全国众多景区“免收门票”的“奇葩”招数，包括“叫妈免票、属猴免票、背古文免票、穿短裙免票、姓朱免票”等等，招招都让人瞠目结舌。

点赞

起源于各大社交网站的“赞”功能。网民对网络上一个帖子、一篇文章或者一条微博的内容表示赞同、欣赏、支持或声援，可以点击一下帖子下面的“赞”图标。“点赞”就是点一个赞，“点”与“赞”是动宾关系。当下频频出现在报刊上的“点赞”，词义有了演变，它成了点评的一种。与点评不同的是，点赞只说好话，即只表示肯定、喜爱、赞美这一类意思。

索 引

说 明

一、本索引采取主题索引也称内容分析索引法编纂。主题词以《北京海淀年鉴》(2014)正文中出现的专业名词、名词词组为主。

二、本索引按汉语拼音音序排列，汉字打头的标目按首字母的音序音调依次排列，首字相同时，则以第二字排序，依此类推；以阿拉伯数字打头的主题词，排在最前面；以英文字母打头的主题词，列于其后。

三、索引词条后的阿拉伯数字表示内容所在的页码，数字后的英文字母（a、b、c）表示正文中的栏别（从左至右）。

四、同一主题的内容在文中多处出现的，在索引中按页码顺序依次列出。

五、本刊的《党和国家领导人在海淀》《特载》《规范性文件选载》《区情概述》《大事记》《人物》《统计资料（选编）》《附录》等栏目内容不在索引范围内。

盘龙柱

龙泉驾校荣誉

校长与海淀区政协主席

北京龙泉机动车驾驶员培训中心（原龙泉驾校），秉承龙的精神。在改革的大潮中勇于进取，奋力拼搏，练就内功创奇迹，追求卓越建奇功。集各路英才，高擎创业大旗，扬起腾飞的翅膀，克服重重困难，以求实创新，与时俱进，科学管理，服务到位，以德治校，以信誉第一、永攀高峰的办学理念，探索了企业可持续发展之路，在时代的浪潮中奋勇崛起，名扬四海，谱写了一曲曲动人的赞歌。

建校十几年来为社会培养了数十万名合格的机动车驾驶员，为首都的交通事业，为发展国民经济做出了巨大贡献。高杨校长身为龙泉驾校的掌舵人，广大民众称她为“西山脚下的火凤凰”，她用惊人的胆识与才智，勇博激流，在浩瀚的商海中激起了朵朵耀眼的浪花，受到了社会各界人士的褒奖，党和政府也给予了她极高的荣誉：全国“三八”红旗手，北京市劳动模范，海淀区政协委员等殊荣。龙泉驾校多次被评为先进驾校、明星驾校、十佳驾校、交管局系统星级驾校等。

现在，当您步入龙泉机动车驾驶员培训中心和教练场，绚丽的风景扑面而来，但见花团锦簇，绿树成荫，雕塑林立，酷似仙境。教练车轰鸣穿梭，学员职工喜笑言开，好一个花园式的教练场。

道者同于道，德者同于德。随着我国市场经济体制的进一步深入，新一轮的竞争将更加激烈，弱者和不合格者将被清理出局，我们将随着时代的节拍前进，按照“道常无为，而无不为”的客观规律办事，以德治企，以和赢利，谋求人商和睦，天人合一的可持续发展之路，不断的为广大学员朋友奉献新举措，新亮点，新思路，将龙泉培训中心打造成永久的知名品牌。同时我们坚信：有广大学员的理解与支持，有各级政府及各界朋友的关心与爱护，我们的目标一定能够实现。

教练车

7月22日，区委书记隋振江参加公司群众路线教育实践活动专题民主生活会

8月22日，海淀区委副书记、区长孙文锴，海淀区委常委、常务副区长穆鹏到中关村壹号项目施工现场调研

北京实创高科技发展有限责任公司
北京实创科技园开发建设股份有限公司
北京威凯建设发展有限责任公司

海淀北部生态科技新区作为中关村国家自主创新示范区核心区的重要组成部分，正在全力打造中关村创新中心区（简称CID），该区域总面积226平方公里，涵盖西北旺、温泉、苏家坨、上庄四镇。目前已初步形成中关村翠湖科技城、永丰基地、中关村软件城（大上地地区）的创新发展格局。

北京实创高科技发展有限责任公司、北京实创科技园开发建设股份有限公司和北京威凯建设发展有限责任公司作为海淀北部生态科技新区的开发与建设主体，根据区委区政府和区国资委的工作部署，聚焦北部园区建设全过程管理，优化资源配置，统筹发展合力，实现产业板块重组整合。通过基于产业链、价值链等园区建设业务层面的纵向整合，运营模式的一致化整合，关键业绩指标的整合等，有效放大三公司资源整合的效能，切实增强园区建设、管理、服务水平。2014年实现园区建设投资75亿元，完成供地地块12宗，为“高精尖”高新技术企业落地聚集释放产业空间；实现开复工面积150余万平方米，加快推进产城融合发展模式，重点推进中关村壹号、国际商务区、北部文化中心、科技企业加速器、人大附中爱文国际学校、永丰公租房和辛店定向安置房保障房项目等；同时把推进重点项目建设与强化园区战略发展相结合，按照同规划、同部署原则，提前布局科技服务业领域工作，以实现园区和企业的可持续发展。

海淀北部生态科技新区鸟瞰图

坚持“用地集约、产业集群、设施配套、生态良好、城乡一体”的原则，加大产业规划、生态规划、智慧园区建设的研究和落地实施，同时强化科技服务业的体系建设，着力打造新兴产业技术创新中心区、专精特新产业创新集群区、产城融合发展智慧新区和城乡统筹发展示范区

10月16日，“生态城市、智慧生活”北部生态科技新区新技术新产品项目推介会在永丰产业基地举行。旨在为更好地宣传展示北部生态科技新区重大项目落地、“高精尖”产业体系构建等工作成果

8月20日，永丰产业基地与天地融科技股份有限公司举行“天地融总部项目”定制合作签约仪式

9月28日，中关村壹号实现结构封顶，计划2015年底竣工。中关村壹号建成后，将有力推动和提升城市化服务体系的建设

10月27日，永丰产业基地首批园区企业定制化班车正式开通。主要解决了永丰科技企业加速器（三区）入驻企业员工上下班难的问题

西北旺镇辛店居住组团A地块定向安置房总占地面积24.70公顷，总建筑面积47.996万㎡，容积率2.5，按照绿色环保原则建设

10月16日，北部生态科技新区配套设施北部文化中心实现结构封顶

10月，上地云中心正式启用。可容纳3300台云主机组成的高性能云服务器集群，具有万亿次计算能力和6GB网络带宽，可为科技园区的中小企业提供云计算服务

11月14日，实创上地能源中心点火供暖。煤改气后总供热面积480万平米，每年将减少二氧化硫排放24吨，减少烟尘排放100吨

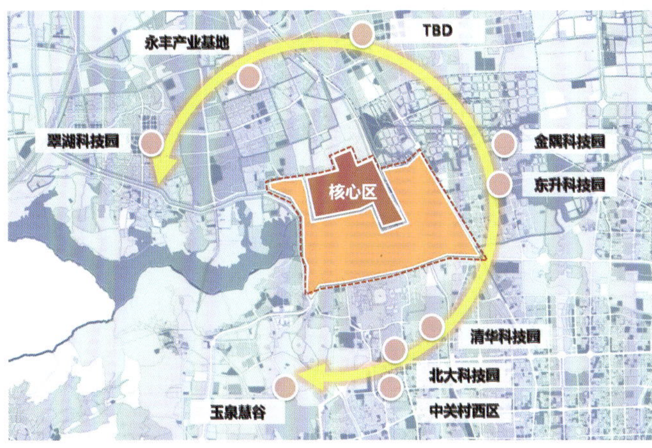

加快中关村软件城（大上地地区）开发建设工作，推进空间资源优化

五矿万科如园　原来如此中国

五矿万科如园，地处西山之畔，毗邻2000亩百望山景，坐拥10万平生态公园，尽赏诸多皇家园林，西侧有昆玉河源头水域流经，形成“三山环抱一水环绕”之势，属京城稀缺宝地。如园在这钟灵毓秀皇脉西山，涵养千载西山风韵。

如园特邀中国新中式园林大师、清华大学朱育帆教授，借助景石、古树、奇花遍布，高低错落，四季常青，倾情打造16个韵味十足的新中式院子——梅兰竹菊、春夏秋冬、琴棋墨画、风华雪月，更因对新中式文化意蕴的诠释，荣膺“英国BALL国家园林奖”。

如园依“厅、堂、廊、卧”，精研居者的家庭结构和生活习惯，量身定制万科独有的“10S全面家居解决方案”及智能家居系统，独创家庭礼序空间，系统化完善人居需求，实现居住品质完美升级。

万科针对如园文化大宅定位，携手中关村二小、首师大附中等名校，打造京城少有的全程名校教育体系，为孩子提供优质的教育氛围，让孩子们有机会获得伴其一生的学习圈、生活圈、社交圈。

如园同时拥有中国物业服务领军企业——万科物业，借助20余年的实践经验，不断创新。如园针对高端社区的生活特点，提供全天候、全方位，更具尊贵感的“睿管家”服务体系，保证居住者高品质生活氛围。

万科，借助区域文化底蕴，吸取中华传统建筑之精髓，打造西山人文景观大宅，重现了渐渐远去的中国人心底的情怀，致敬中国人骨子里的居住情结。

如園

海淀区武装部

召开海淀区民兵预备役工作会议，区委书记及相关领导出席会议并讲话

孙区长与入伍新兵握手

在中关村展示中心召开海淀区新兵欢送大会，区有关领导参加会议并讲话

首都高校大学生征兵启动仪式

上级检查我区民兵应急分队，组织问卷调查

在区政府召开海淀区夏秋季征兵动员工作会议

海淀区召开征兵政治考核工作会议

北京市征兵办相关领导到中关村医院就征兵情况进行检查调研

民兵分队日常训练

在中关村医院组织征兵体检

3月30日，区长孙文锴、区人大主任关成启、区政协主席彭兴业、区园林绿化局局长沙海江在苏家坨镇锦绣大地景观生态林建设项目区参加义务植树

3月31日，部级领导到苏家坨镇锦绣大地景观生态林建设项目区开展共和国部长义务植树活动

海淀区园林绿化局

4月6日，中国科学院8位院士在苏家坨镇锦绣大地景观生态共建“院士林”

万寿路立体花坛“中国梦”

参加第11届中国菊花展览会立体花坛被评为“室外景点大奖”和“最佳组织奖”

参加第九届中国(北京)国际园林博览会立体花坛被评为“立体花坛金奖”

2013年9月22日，翠湖湿地公园向社会预约开放

翠湖湿地公园生态保护项目被住房和城乡建设部评为“2013年中国人居环境范例奖”

南长河公园工程被评为2013年市级精品工程

元土城遗址公园西土城段改造工程

中关村森林公园平原造林集雨工程

苏家坨镇锦绣大地平原造林工程

海淀区民防局

北京市海淀区民防局召开党的群众路线教育实践活动动员部署大会。局长韩顺新在会上作动员讲话

北京市海淀区民防局召开党的群众路线教育集中学习会。指导组现场讲话并指导工作

海淀区民防局邀请北京市平安讲师团5名专家组成员深入辖区部分街道社区、企业和机关组织公共安全知识教育巡讲活动

韩顺新局长带领工作组一行六人到东升镇调研人防工程管理使用和人防工程公益化服务等情况

海淀区民防局与花园路街道联合组织在冠城园社区开展“防灾减灾日”社会宣传活动

海淀区民防局积极响应区委、区政府关于创建全国文明城区工作的号召，结合上地街道的统一部署，组织全局干部到上地南里参加“城市清洁日”活动

海淀区民防局召开党风廉政建设专题会议。党组书记、局长韩顺新主持会议并讲话

海淀区民防局学习贯彻十八届四中全会精神与党风廉政建设专题会，党组书记、局长韩顺新主持会议并讲话。

北京市海淀区民防局积极参与北京军区组织的“京盾—2014”人民防空空袭演习，区民防局在海淀公园进行人员疏散隐蔽现场演练

北京市海淀区民防局邀请北京市平安讲师团5名专家组成员在世纪金源购物中心开展公共安全知识教育巡讲活动

海淀区民防局在八里庄街道辖区的如意酒店开展了人防工程内人员应急疏散演练活动

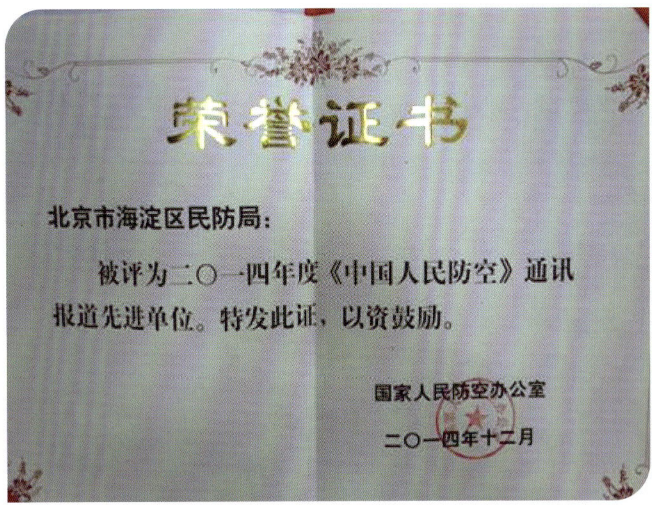

荣誉证书

北京市海淀区民防局：

被评为二〇一四年度《中国人民防空》通讯报道先进单位。特发此证，以资鼓励。

国家人民防空办公室

二〇一四年十二月

荣誉证书

海淀区总工会

科级领导职务公开竞争上岗

2013年党风廉政工作会议

2013年度基层工会干部培训班

“知识型职工标兵”评选

为党的群众路线教育实践活动先行预热–延安干部学院培训

职工摄影大赛影展

把海淀问候带回家

“缘在工会、爱在海淀”单身职工交友联谊会

第二十五届海淀区职工“长春杯”越野赛

五一劳动表彰大会

证书

《劳动者就业能力指数研究》
荣获职业指导优秀成果一等奖
（2013年度）

劳动者就业能力指数研究”获人力社保部职业指导优秀成果一等奖

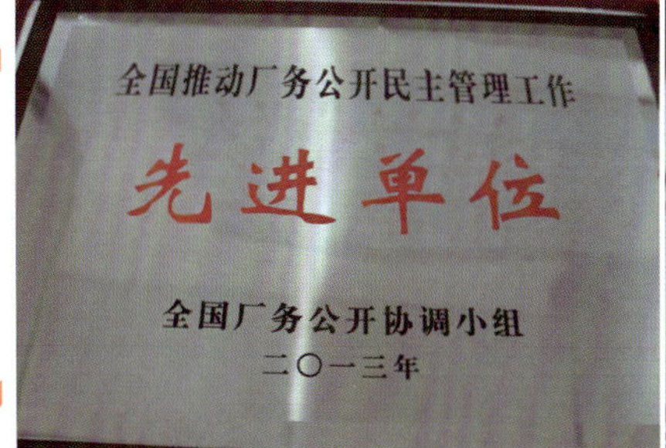
全国推动厂务公开民主管理工作
先进单位
全国厂务公开协调小组
二〇一三年

荣誉证书
授予：海淀区厂务公开协调小组
“北京市推动厂务公开民主管理工作先进单位”称号，特颁此证。
北京市厂务公开协调小组
二〇一三年十一月

厂务公开民主管理工作取得全国及市级荣誉

“劳动者就业能力指数”课题研讨会

2013年海淀区职工大型集体婚礼

海淀区地方税务局

国家税务总局局长王军到海淀地税局科技园税务所调研

北京市委常委、常务副市长李士祥到海淀地税局羊坊店所慰问一线税务干部

海淀区地方税务局组建于1994年8月31日，隶属于北京市地方税务局，负责海淀区地方税收征管工作，主要对17个税费种类进行征收管理。代理征收残疾人就业保障金、工会经费。下设1个稽查局、18个税务所、1个后勤服务中心（事业单位）和税务学会（社会团体）。

2013年全年累计完成各项收入518.1亿元；地方公共财政预算收入355.5亿元；区级收入153.7亿元，为首都、海淀区各项事业发展提供了财力保障。2013年，办理开业税务登记22581户，截至年底累计管户达到232078户。

2013年海淀地税局有效发挥税收职能作用，制定《积极发挥税收职能作用促进区域经济社会发展的工作方案》，提出20项服务经济措施。积极推进“营改增”扩围工作，配合区国税局做好典型调查和数据支持。征管基础工作得到加强，全年共计评估6300户，评估补税1.5亿元；稽查局查补入库税款、滞纳金、罚款合计4.18亿元。加强数据交换，与全区20余家部门开展数据共享，提供数据分析业务服务119次，涉及记录共计17.7万条。对纳税服务工作进行了整体规划和部署。向全区纳税人推行书面一次性告知服务。在海淀地税网站开通了“网上纳税辅导”专栏，更新上传辅导课件31个，向纳税人发放辅导手册、宣传资料35万份。全面加强干部队伍建设，扎实开展群众路线教育活动，制定、完善相关制度15个，整改措施79条。

海淀区科技园税务所为纳税信用A级企业授牌

海淀区地税局召开半年工作总结会

国五条颁布后，海淀区地税局第二税务所大厅挤满了前来咨询的纳税人

海淀地税局举办政策培训会，税政一科干部郭力翔为纳税人解答涉税问题

海淀区地税局贯彻党的群众路线教育实践活动，开展领导讲党课活动

北京市国土资源局海淀分局

市局分局领导现场研究解决问题

市局领导指导创新土地整治实施机制工作

2013年是贯彻执行“十八大”精神的第一年，也是海淀区加快科技核心区建设、推进三大功能区建设、转变经济发展方式的关键一年。按照市局的总体部署和海淀区委区政府的决策意图，分局紧贴海淀区建设需求，最大限度发挥自身职能，发掘国土资源服务保障效能，凝心聚力、攻坚破难、有效完成了各项任务，为海淀区经济社会发展提供了有力支持。

（一）围绕土地节约集约利用，土地整治和优化格局迈上新台阶

（二）围绕海淀社会经济发展建设，积极做好土地供应

（三）围绕未来发展布局，认真做好征地和土地收储

（四）围绕严守耕地红线，严格开展土地执法检查

（五）围绕核心区建设，积极助推全国文明城区创建

（六）围绕全市统一部署，稳步推进农村集体建设用地使用权确权登记发证

（七）围绕确保群众生命财产安全，扎实做好地质灾害防治

（八）围绕改革创新，着力提高依法行政和服务社会能力

（九）围绕核心区建设发展，全力推进中关村科学城指挥部各项工作

（十）围绕群众路线教育实践活动，全面深化党的建设

荣誉奖牌

组织全区土地登记业务培训

注重信访工作沟通研判，召开信访办理通报会

海淀工商分局

2013年1月，国家工商总局局长张茅、市局局长杨艺文等到海淀分局考察调研

2013年5月14日，海淀分局成立青年学习组，提升和更新干部的业务能力和知识结构

2013年6月15日，海淀工商分局执法人员在街头宣传食品安全法

2013年12月27日，海淀分局召开党的群众路线教育实践活动专题民主生活会

2013年，海淀工商分局认真贯彻落实市局党组和区委区政府的工作部署，以建设良好市场生态环境为目标，立足本职，开拓创新，为首都经济社会健康发展做出了积极的贡献。

一、2013年工作完成情况

（一）打造全景式服务体系，优化市场准入环境

一是做好重点企业绿色通道服务，为海淀税源建设提供助力。加强与区属单位沟通配合，为京投公司、江信基金等30余家重点企业开辟了登记绿色通道，促进战略性新兴产业落户核心区。

二是认真做好个转企工作，推动产业结构升级调整。以锦绣大地市场为试点，运行“个转企助成计划”，推动“菜篮子”产业结构升级调整，共完成个转企登记注册128户。

三是把好集中办公区审查关，支持中小微科技企业创业。配合海淀园管委会制定了《海淀区创业期科技型企业集中办公区管理办法（试行）》，9月27日，海淀区首批11家创业期科技型企业集中办公区正式挂牌。

四是全面实施登记网络预约，完善一次性告知服务，做到有告知、有确认、有痕迹。设立登记注册“咨询回访办公室”，每周随机抽取已领取营业执照的200户企业进行电话回访。

截至目前，共办理企业设立登记21913户，同比增长18.1%。海淀区实有市场主体235823户，同比增加6.2%。

（二）提升监管服务水平，维护良好市场经济秩序

一是加强分析调研，掌握社区网格特点，确保对接工作顺畅。编订了29个二级网格和684个三级网格的分析报告，内容涵盖社区环境特点、市场秩序情况和风险防控情况等。

二是加强无证无照经营集中整治，不断提升风险防控能力。推动区政府制定印发了《北京市海淀区人民政府关于治理无证无照经营行为维护市场经营秩序的意见》等文件，建立了“政府领导、属地负责、部门联动、综合治理”的无证无照经营行为治理工作格局。

三是进一步强化落实楼宇工作站工作，狠抓“三项百分百措施”以及“六个一”标准，在全市率先盘清了区域商务楼宇经济的底账。在369座商务楼宇中建立工作站点195个，占全市商务楼宇工作站点一半以上。

四是开展优质的年检验照服务，建立了“一站式集中年检专用通道”。截至目前，个体验照45182户，验照率80.55%，同比增加2.46个百分点；内资企业年检142030户，年检率93.19%，同比增加0.49个百分点。

（三）提高行政执法效能，营造公平有序的竞争环境

一是对于一些事关登记事项等轻微的违法违规行为，采取有条件的“以导代罚”，全面推进行政指导。截至目前，共实施行政指导9542次，其中，助成性行政指导615次。全年查处各类违法案件3052件，罚没款3651.59万元。其中，无照经营956件，擅自改变登记事项479件，广告287件，逾期年检278件。

二是大力整治商业贿赂，涉及医疗、电子、金融、旅游等行业和领域。严厉打击传销，严格规范直销，取缔涉嫌传销窝点4个，清查教育遣散人员100余人次。

三是成立“商标瞭望站”和“商标讲堂”，推动辖区商标战略发展。在金五星百货批发市场成立了“商标瞭望站”，严厉打击侵犯注册商标专用权的违法行为。成立全市首家“商标讲堂”，引导企业提升自我品牌发展。

四是积极培育诚信管理典型市场，推进我区诚信市场建设。指导北京盛宏达商品交易市场开发了“商品交易市场诚信管理多媒体系统”，全力打造诚信管理品牌市场。

（四）健全消保维权体系，营造安全放心的消费环境

一是积极开展“打、净、维”专项整治行动，严把商品质量关。加强商品质量监测，抽检儿童服装、玩具等样品379件，已出结果中有173件不合格，不合格商品占比为45.64%。立案44件，罚没款78.76万元。

二是构建了发展、管理、激励“三位一体”的绿色通道企业区域自治体系。成立了商业零售业绿色通道区域自治联席会，设立分局级区域自治联席会2个，工商所级联席会23个。

三是结合市局绿色通道标准化建设要求，以中关村在线为切入口，制定实施ZOL版“5S”方案，先行先试，逐步在海淀区电商行业推行“5S”服务评价标准，推动电商行业规范化、诚信化体系建设。

四是创建了全市首家“微信”消费者园地，实时发布重点消费提示和警示信息，使广大消费者可以第一时间知晓消费情况，避免上当受骗。

2013年，共接到消费者申诉11487件，调解成功率96.29%，为消费者挽回经济损失547.47万元；举报2891件，办结2382件。

（五）加强干部队伍建设，提高干部综合素质和专业能力

一是圆满完成食药体制改革人员划转，确保干部队伍的稳定。完成了104名同志的平稳划转，确保分局后续各项工作的有序衔接，努力做到“思想不乱，队伍不散，工作不断”。

二是创新培训方式，加大教育培训力度。共组织集中脱产调训6期638人次，专业培训18期1087人次，累计11374学时。

三是切实转变纪律作风，扎实推进党风廉政建设。提高领导干部的“一岗双责”意识，深入开展归口化效能监察，加强服务窗口政风行风建设，提高群众满意度。

二、存在的主要问题

无照经营治理仍然是一项长期而艰巨的工作。虽然经过不断地大力整治，无照经营得到了有效遏制，但是无照经营存续总量仍然较大，监管风险点依然较多。需要进一步加大对城乡结合部及农村地区违章建筑的拆除和遏制力度，积极组织铲除违章建筑等滋生无照经营的空间。

海淀区金融服务办公室

7月29日，中国创投委向海淀区授予“中国创业投资示范基地”称号

12月1日，海淀区委书记隋振江，区长孙文锴，区委常委、区委办主任李彦来，区委常委、常务副区长穆鹏，副区长孟景伟出席“第五届全球PE北京论坛”

10月19日，海淀区正式发布《海淀区关于促进互联网金融创新发展的意见》，孙文锴区长代表海淀区与京东金融等6家互联网金融机构签署入驻协议

2013年，在区委区政府的领导下，区金融办以建设国家科技金融创新中心为目标，围绕“拓空间、聚机构、促创新、强管理”工作思路，大力推动科技金融产业创新发展。

一、厚积薄发，加快互联网金融中心建设

一是在全国各地争先创新发展互联网金融的大背景下，为解决中小微企业融资压力，我区正式发布《海淀区关于促进互联网金融创新发展的意见》，有效聚集了一批实体互联网金融机构落地。二是调动社会各方力量，组织互联网金融系列早餐会，通过市场化运作，举办2013互联网金融峰会和金博会互联网金融专场展览，引起一批行业机构的关注，树立了海淀互联网金融中心的品牌形象。三是初步建立互联网金融产业链。以互联网金融研究院为研究依托，以互联网金融中心、互联网金融产业园、互联网金融基地产业聚集载体，支持重点互联网金融要素机构和行业企业落地。

二、巩固优势，打造全国创新资本中心

一是股权投资行业发展亮点突出。我区成为全国首批首家获得“中国创业投资示范基地”称号的地区。自2010年以来，我区股权投资机构数、管理资金规模和被投案例数量持续位居全国前三，基本确立海淀区股权投资业的领军地位。二是创投引导基金的投资引领作用进一步显现。紧紧围绕科技创新，以引导基金为撬动点，实现财政资金通过市场化方式引导社会资本投资我区初创期科技企业，打造一批具有行业影响的天使投资基金和产业投资基金。截至2013年底，我区引导基金合作基金总规模超过65亿元，在实现做大引导基金规模的同时，基本形成了对科技企业自初创期、成长期到并购期的完整支持链条。三是完善多层次资本市场要素体系。实现北京股权交易中心（四板市场）运营主体落户我区。

三、银企对接，促进中小微企业融资

一是鼓励和支持金融机构开展中小微企业融资产品创新试点。今年政策引导下，各金融机构陆续推出了信用贷款、租金贷、股权信用贷、履约保证保险等系列针对小微企业的创新产品。在去年政策效果和今年政策调整的影响下，带动中小微企业信贷总额达到30亿元，有力地缓解了中小企业融资难题。二是充分发挥园区、协会组织的平台作用，搭建政银企对接平台。先后在软件园、用友产业园召开了多场政金企对接活动，近千家中小企业和百家金融机构从中获益。引导软交所、中关村创投协会、高企协、海新联等协会和中介组织承办了中小微企业对接会50余场。政府引导，园区、中介和协会搭台，金融机构唱戏的中小微企业融资对接机制初步形成。

四、多方联动，构建科技金融综合服务体系

一是完善政策体系。通过科技金融创新发展政策的引导和落实，达到了促进金融机构发展、促进中小微企业融资、促进企业上市的目标，补贴企业超过150家。在服务先行、政策引导下，截至2013年底，我区金融机构累计超过2100家。二是搭建服务平台。成立中国财务公司协会海淀财务公司俱乐部，通过各种联谊活动，形成了机构主动落户我区的良好态势。三是依托区促进企业上市服务机构联盟，调动金融中介服务机构积极性，并纷纷参加海淀企业上市培育工作。通过促进企业上市支持政策以及各方合作培育辅导，在境内监管部门IPO审核暂缓，我国企业在海外资本市场普遍遇冷的大环境下，2013年，海淀区新增62家上市及挂牌公司，其中，包括中铝矿业等4家境外上市公司；新三板挂牌公司40家，占北京市新增的55%，占全国新增的26%；四板挂牌公司18家，占北京市新增的36%。

7月29日，“海淀区创业投资引导基金第三批合作机构签约仪式”举办

12月28日，副区长孟景伟出席北京区域性股权交易市场启动工作会，标志着北京股权交易中心（四板市场）正式落户海淀区

香山街道

“三山五园”历史文化景区中的四王府地区拆迁改造

“绿色小使者，共建绿地球”

文明创建中，对“两街”商户进行规范管理

对地区餐饮企业进行防火夜查行动

文明创建中的“鲜花一条街”活动

文明创建中的“垃圾换灯笼”活动

“文化香山”居民消夏文化汇演

香山青少年宫小学员应邀参加国家大剧院六周年演出

街道青年开展的红色拓展活动

举办“学习十八大 感悟新党章”地区党组织知识竞赛

地区百姓开展义务植树活动

地区失业人员专场招聘会

海淀街道

区长孙文错深入海淀街道合建楼社区慰问老党员

副区长徐永全等领导一行莅临海淀街道友谊社区进行调研考察

海淀街道领导与公安等相关部门实地查看紫金庄园社区群租房整治工作

海淀街道在中关村西区开展“我承诺不闯红灯”文明交通宣传活动

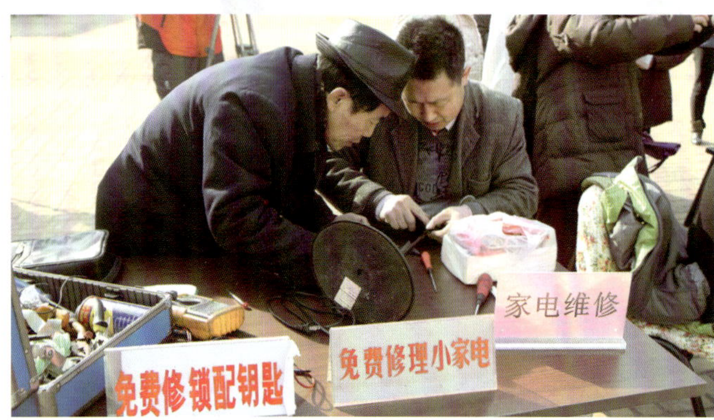

海淀街道各社区纷纷开展学雷锋志愿活动，服务内容丰富多样，吸引居民积极参与

海淀街道在稻香园西社区举办道德讲堂主题活动

海淀街道在海淀剧院举办“幸福海淀 魅力西区——五月的鲜花”文艺汇演

海淀街道在阳春新纪元社区举办“创建文明城区歌唱幸福生活”夏日文化广场

海淀街道各社区举办“我们的节日”主题活动——喜迎端午节包粽子比赛

区委宣传部部长陈名杰、区文明办主任吴琢如到海淀街道康桥蜂鸟园社区实地指导文明创建工作

海淀街道领导与人民大学校领导实地查看校园环境综合整治工作

海淀街道老旧社区改造工程完成后，海淀南路北社区榆树林小区居民向街道赠送锦旗

海淀街道召开创建全国文明城区工作部署和测评体系培训会，为创建全国文明城区攻坚战打好基础

海淀街道举办“我的梦中国梦”百姓宣讲活动

海淀街道非公企业（中关村亿世界大厦）党支部成立活动

海淀街道在阳春新纪元社区举办“小手拉大手 文明齐步走”快乐嘉年华活动

海淀街道与门头沟区雁翅镇开展“手拉手”活动

海淀街道对老旧社区进行环境绿化提升改造，加大为民办实事力度

永定路街道

永定路街道创建全国文明城区2013年工作推进大会

永定路街道创建全国文明城区宣传活动

永定路街道“手牵手 心连心”爱心义卖会

永定路街道交通安全知识竞赛荣获第三名

永定路街道地处海淀区西南部，南面长安街延长线，北接田村路街道，东临西四环五棵松文化体育中心，西部与石景山区部分接壤，是受海淀区政府和航天二院双重管理的大院街道，有16个社区，常住人口近5万人。

2013年永定路街道党工委、办事处在区委区政府、航天二院的正确领导下，围绕创建全国文明城区重点中心工作，在区各职能部门的指导及辖区单位的大力配合下，立足地区特点，为辖区各单位和广大居民群众提供优质服务，维护地区社会安定。智慧城市建设不断推进，完成试点智慧社区的智慧安全、智慧医疗、智慧社区的子系统建设，地区500m2的综合指挥中心成为集城市管理、社会管理、应急管理、物业服务等职能为一体的指挥中枢；积极开展社区活动，获得北京市第六届魅力社区活动优秀组织奖、北京市敬老、爱老、为老服务示范单位、北京市人口与计划生育工作先进集体、六街坊西社区获得北京市第六届魅力社区；完成十件为民实事：改造为民服务大厅、完善社区警务站建设、创建永定路示范大街等项目建设；组织政策法规宣传，制作“文明海淀、文明你我”宣传手册、专项宣传品，广泛动员居民参与社区创建活动，营造创建全国文明城区的浓厚氛围，全力开展全国文明城区创建工作。

永定路街道社保所专场招聘会

永定路街道社区工作者面试

永定路街道城市服务管理指挥分中心

永定路街道四街坊西社区争创市级六型社区

永定路街道为民办实事工程—金沟河路改造

永定路街道智慧医疗展示

北京市魅力社区评选活动永定路街道活动

永定路街群众文艺汇演

清河街道办事处

5月16日，海淀区委书记隋振江、区长孙文锴到地区重点税源企业——华润五彩城视察

5月16日，海淀区委书记隋振江、区长孙文锴到地区重点税源企业——小米科技公司视察

2013年为民办实事项目之一——毛纺南小区封闭工程按时完成

清河地区2013年防汛工作部署会

2013年清河地区创建全国文明城区攻坚动员大会

清河地区民主管理和监督委员会工作评议会召开

5月16日，海淀区委书记隋振江、区长孙文锴到地区重点税源企业——中国石化润滑油分公司视察

5月7日，海淀区人大常委会主任关成启视察清河毛纺南小区

海淀区副区长陈双到清河街道听取党风廉政建设责任制工作汇报

8月1日，组织转业干部开展“八一致青春”活动

“创文明城区、建和谐清河、炫五彩人生”文明承诺签字仪式

八里庄街道

首师大八里庄共建签约仪式

文明引导员培训

创文宣传

南玲珑巷拆迁

签约仪式

联合执法队成立

创文宣传

五路居拆除后

青龙桥街道办事处

海淀区委书记隋振江（左三）考察街道辖区环境建设工作

海淀区区长孙文楷（左二）慰问社区治安志愿者

组织机关党员赴廉政教育基地学习

第三届青龙桥乒乓球超级联赛正式开幕

新建北宫门文化广场

创建文明城区，加强环境建设，开展城市清洁日活动

国家民政部、北京市、海淀区领导参加青龙桥街道慈善超市揭牌仪式

落实群众路线教育实践活动要求，举办领导班子专题民主生活会

签订创建全国文明城区做文明家庭承诺书

举办创建文明城区宣传文艺演出

组织社区工作者拓展培训

举办社区“消防大练兵”运动会

北下关街道

2013年8月7日，海淀区副区长傅首清来到北下关街道对北下关地区“六小门店”工作进行督导检查

2013年9月16日，区委常委、宣传部长陈名杰来到北下关街道指导创建工作

2013年6月17日，海淀区科技部组织发展中国家科技政策与管理研修班，来自东南亚10余个国家的代表，来到北下关街道南二社区居家养老服务中心参观考察

2013年4月21日，在北下关街道大柳树会议室举办“中央民族大学北下关街道社区文化节”

2013年7月2日 在北下关街道南二社区成立“海淀区社会化居家养老服务中心”

2013年6月18日 在华宇时尚购物中心开展“消防应急演练”活动

2013年12月4日　在街道普法广场开展“做讲法制守秩序的好市民 共筑伟大中国梦”为主题的现场法制宣传活动

2013年5月24日　在大钟寺中坤广场东区步行街举行“北下关地区第八届群众文化节开幕式”

2013年5月29日 在钢研礼堂举办“微笑迎创建，和谐建社区”红五月文艺汇演活动

2013年7月11日，由区水务局杨克刚副局长任组长的防汛督查组到北下关街道对防汛工作进行督查指导

2013年7月25日晚，在大钟寺中坤广场举办，“建设美丽海淀、唱响和谐家园”演出季拉开帷幕

2013年7月12日　在国家体育总局冬季运动中心举办北下关地区第五届“弘奥杯”羽毛球比赛

2013年8月22日，在北下关街道皂君庙社区广场，举行了北下关地区第一届“我的梦、中国梦”演讲比赛

2013年10月10日，在农科院图书馆报告厅举办2013年“金辉映晚霞”为老文艺汇演

区领导来田村调研，现场研究解决问题

田村路街道办事处

本年，在区委、区政府的正确领导下，街道党工委、办事处以深入开展党的群众路线教育主题实践活动为统领，党建和精神文明建设全面加强；以文明城区创建工作为主线，陆续对公共基础设施进行升级改造，辖区环境面貌焕然一新；以为民办实事折子工程为着力点，保障与改善民生取得新成效，全年为民办实事项目达百项；以田村山老年嘉年华成功举办为标志，创新理念为群众着想，在永定河引水渠东岸建设一处面积约3000平米、兼具停车功能的休闲绿地广场，创造性开展工作的氛围日趋浓厚；10月中旬，街道牵头协调成功举办“田村山老年快乐周末嘉年华”活动，成为北京市第一个“老年大集”。街道还不断深化党风廉政建设，在勇于创新中不断探索，在反复整改中不断前行，年度各项工作顺利完成，地区整体建设水平得到不断提升。

田村山老年快乐周末嘉年华成功举办

田村路街道领导班子成员参加田村山植树造林活动

党的群众路线教育实践活动总结大会会场

田村路街道“最美北京人”百姓宣讲活动在办公中心举办

万寿路街道

北京市委书记郭金龙视察街道群租房整治工作

区委书记隋振江视察街道

区委常委刘鸿调研今日家园

副区长徐永清视察万甲十五号

总参信息化部慰问演出

妇联主办38节演讲汇演

区长孙文错到万寿路一号院参加活动

区政协主席彭兴业参加万寿路街道民主生活会

街道办事处主任张伟参加街道人大选举投票

清洁周环境整治启动仪式

失业人员招聘

九九重阳节志愿者行动

居民踊跃参加创建全国文明城区承若书签名

宣传第三次全国经济普查工作

上庄镇

在春节来临之际，为使困难过一个欢乐祥和的节日，感受到党和政府部门的关爱及关怀，镇党委书记魏怀中、镇长杜陈生到皂甲屯村慰问困难家庭

“2013年上庄镇政府迎新春文艺节目慰问演出”在李家坟村文化活动中心隆重举行

5月30日，上庄镇上庄家园社区红歌会在社区活动广场举行

4月28日，上庄镇自行车宣传队骑行宣传梦飞翔

3月22日，“2013年海淀区‘春风行动’上庄地区招聘洽谈会”在上庄镇政府门前广场举行

6月21日，根据“建设美丽海淀　助力核心区发展”主题宣传实践活动安排，由区委宣传部主办，中共上庄镇委员会协办的“建设美丽海淀唱响和谐家园”海淀’13文化演出季活动在上庄镇镇政府门前广场上举行

镇领导检查全镇“一村一街”建设推进情况

6月6日上午，冒着蒙蒙细雨，上庄镇在上庄水库后河三角湖平台开展大规模防汛应急演练活动

5月28日上午，翠湖幼儿园全体小朋友和家长欢聚一堂，举行“庆六一”文艺演出

4月26日，上庄镇“两癌”贫困母亲患者获得救助

11月13日，上庄镇开展道德讲堂活动

12月27日，上庄镇义工分会组织社区义工走进上庄敬老院，以一台精彩的演出向老人们献上新年的祝福

甘家口街道

党的群众路线教育实践活动书记讲党课(社区层面)

5月7日上午，甘家口街道社区服务中心，党工委书记赤飞同志为一百余名社区工作者带来一场生动、精彩的党课。党课内容以深入贯彻学习十八大精神为主线，结合党的群众路线教育实践活动工作会议精髓，将“廉政、廉价、连续、联动”八个字贯穿始终，把握中央政策理论的同时，又密切结合了基层工作实际和甘家口地区特点。赤飞书记将理论与实际工作相结合，案例有力度，观点有深度，思想有高度，本次党课既是对中央精神的学习传达，也是一次深刻的思想动员。

党的群众路线教育实践活动动员部署大会

2月28日街道党工委召开党的群众路线教育实践活动动员部署大会，区委第十督导组、机关副科实职以上干部、机关及所属事业单位、离退休支部书记、社区“两委一站”负责人、非公党组织负责人、辖区单位主要负责人代表、“两代表一委员”代表以及党员干部群众代表等共计116人参加会议。会议部署了《甘家口街道党工委深入开展党的群众路线教育实践活动工作方案》，明确了开展活动党的指导思想、目标要求、参加范围以及各环节的工作重点。会上，街道配合区委督导组在参会人员范围内对领导班子和党员领导干部进行了民主评议。

工会“甘美心灵论坛”首讲开讲

结合党的群众路线实践教育活动及创建全国文明城区工作，2014年，甘家口街道联合中央财经大学社会发展学院在街道创办了“甘美心灵”论坛。本论坛持续半年时间，共设八个专题讲座。论坛取“美丽心灵、甘心为民”之意，旨在落实“健康甘家口”理念，培育甘家口街道员工与居民的美丽心灵与健康思维，营造健康的生活方式与健康的社会环境。3月6日下午，“甘美心灵”论坛第一讲在甘家口街道北楼地下会议室举行，来自中央财经大学的专家苑媛副教授就“爱与爱的方式”为在座的听众进行了分析与讲解。

玉渊潭春季健走节

2014年3月13日下午，“甘家口”杯2014玉渊潭春季健走及群众文化展示在玉渊潭公园举行。来自甘家口街道23个社区、10个辖区单位、11个学校及海淀区其他区属单位的一千余人参加了环湖健步走。同时，来自甘家口地区社区文艺团队和部分学校的28支队伍400余人在玉渊潭公园展示了20项丰富多彩，各具特色的文体活动。活动设立了非物质文化遗产展示区，展示了“小灯张”宫灯制作和丝绫堆绣。还设立了手工物品义卖区，社区居民将自己制作的布艺画、编织品拿到这里义卖，所得款项捐献给地区贫困家庭。此外，还进行了义务心理咨询和环保科普宣传。

海淀区及甘家口街道领导亲临阜北社区居委会指导工作

5月29日，海淀区政府副区长徐永全与甘家口街道工委赤飞书记、康云副书记，街道办事处副主任董智杭、宋昭，前往阜北社区居委会指导工作。阜北社区以居民区为主，为老旧小区，也包括立新学校、住宅总公司三分公司等单位。在听取了居委会主任对近期开展工作的情况汇报后，区领导就如何开展社区工作，做好居民服务做了指示。同时，对社区开展与辖区单位共建提出了指导意见。

海淀社区青年汇登塔体验活动在中央塔举行，甘家口街道团委承办活动

5月23日上午，甘家口街道办事处与海淀团区委在中央电视塔举办以“汇集青年正能量，践行核心价值观”为主题的社区青年汇登塔体验活动。来自全区60个青年汇的近300位青年朋友参加本次活动。活动的主题是践行社会主义核心价值观，青年朋友们分为“富强、民主、文明、和谐，自由、平等、公正、法治，爱国、敬业、诚信、友善”12支队伍。活动开场由来自首都师范大学的吟诵国学社为全体选手带来古琴伴奏的《沁园春·长沙》吟唱，选手齐声跟读。全部选手均成功登上电视塔1597级台阶，获得了登塔体验“荣誉证书”。

2014年9月，甘家口街道在社区张贴九小门店“红黑榜”，公布文明商户，曝光不合格门店

为规范市场经营秩序、保障群众健康权益，甘家口街道在辖区全部社区共张贴制作“消费提醒”海报200张，曝光不合格门店共220家，全部为缺少证照、经营管理不规范的餐馆和美容美发类小门店。提醒消费者认清这些门店，理性选择消费场所，维护自身生命及健康权益。2014年是海淀区创建全国文明城区的决战之年，继“文明商户群众评”、“小门店办证指南”、“不合格门店温馨提示”之后，这是甘家口街道与工商、卫生等职能部门推出的又一项动员群众参与市场秩序规范的创新举措。

走进孔庙国子监

5月9日由甘家口街道办事处主办，海淀实验中学承办的“我的中国梦—中华传统文化体验系列活动”在孔庙和国子监博物馆启动。甘家口街道办事处李振山主任、康云副书记、宋昭副主任、学校领导和师生约200人参加了此次活动。同时还有来自海淀区各中学的团干部和海淀区教委后勤管理中心的干部共60多人到现场观摩。活动以“学《弟子规》、立君子品、做文明人”为主题，开展经典诵读和传统文化现场研习。学生身着汉代服饰，持竹简诵读《弟子规》，诵读中穿插学生的汉服乐舞表演和礼仪演示。之后，是一场“传统文化寻宝探秘”活动，学生在孔庙和国子监博物馆参观过程中回答问题，增长传统文化知识。

非遗传承，“小灯张”教学生制作莲花灯

2014年1月21日，海淀区非物质文化遗产“小灯张”传承人张双志在甘家口街道水科院社区为孩子们举办了一场生动的现场教学，来自周边8个社区的20余名青少年参加了此次活动。“小灯张”彩灯制作始于清末民初，是具有老北京民俗特点的工艺品之一，小巧别致、独具特色，于2007年被列入海淀区非物质文化遗产，张双志老人为其第二代传人。他向孩子们讲述了彩灯文化的来源，展示了他亲手制作的各式花灯。在他的指导下，孩子都顺利完成了荷花灯的制作。

中华人民共和国成立65周年，玉渊潭公园游园活动，甘家口街道社区文艺团体参与游园演出

为庆祝中华人民共和国成立65周年，营造欢乐祥和的节庆氛围，甘家口街道于10月1日下午在玉渊潭公园樱花园组织了一场国庆汇演。来自甘家口地区的文艺爱好者为游园群众献上了精彩的演出，演出内容多种多样，有舞蹈、歌曲、时装秀、魔术等。虽然一直下着大雨，也并未影响大家的热情。最后，演出在全场大合唱《歌唱祖国》的歌声中圆满结束。

北京市海淀区邮电局服务区域与海淀区行政规划一致，覆盖海淀区全部辖区，服务面积430.8平方公里，服务340余万人，下属17个邮电局、105个邮电所及商函局、集邮公司、发投公司、代理业务局、电商分销局5个专业经营部门，现有职工3142余人，邮政车辆208辆，服务对象为包含清华大学、北京航空大学等多家高等院校及大、中、小学，圆明园、颐和园、香山等众多名胜古迹、公园，北京电视台等多家央企和总部基地。主要提供普遍服务、便民服务、直邮服务、集邮服务和文化服务五大类邮政业务服务。

海淀区邮电局办公楼全景

北京市海淀区邮电局

海淀区邮电局结合海淀地域特色，以“金蛇献瑞”为主题开展第二届海淀生肖文化季活动。同时，配合海淀区争创全国文明城区活动，宣传弘扬“三山五园”文化，进行集邮集藏展示，刻制“三山五园”主题文化纪念戳，开展“三山五园”主题文化集戳活动。

海淀区邮电局承担友谊宾馆政协委员、远望楼宾馆人大代表邮政服务任务，“两会”邮政服务期间，共收寄各类邮件104808件，销售各类纪念封、邮折、邮册170363枚（册），流动服务376人次，优质的服务得到了代表、委员的高度评价，收到表扬信14件。

3月16日，《桃花》特种邮票发行，海淀区邮电局将《桃花》特种邮票与北京植物园“桃花节”活动相结合，与北京植物园共同举办了《桃花》特种邮票首发仪式。

4月16日，由北京市海淀区人民政府和海淀区邮电局共同承办的第33届全国最佳邮票评选暨2011-2012年度最佳集邮品颁奖仪式在中关村国家自主创新示范区展示中心成功举办。海淀区区长孙文锴、中华全国集邮联合会常务副会长谭小为为颁奖仪式致辞；中华全国集邮联合会六届理事会理事、常务理事、副会长徐建洲、中国邮政集团公司邮票发行部副总经理高山、国家邮政局普遍服务司司长林洪亮、中国集邮总公司总经理刘燕明分别为全国最佳邮票、优秀邮票、最佳邮票设计、最佳邮票印刷和最佳集邮品开奖，中华全国集邮联合会名誉会长、全国政协原副主席黄孟复，中华全国集邮联合会名誉会长、全国人大常委会原副委员长何鲁丽，中华全国集邮联合会名誉会长、全国政协原副主席张怀西，中华全国集邮联合会会长杨贤足，国家邮政局副局长苏和，中国邮政集团公司副总经理李丕征，北京市邮政公司总经理李利华等12位各界领导为奖项颁奖。我局专门开通“第33届全国最佳邮票评选”新浪官方微博，组织社会各界人士参与活动互动，同时，在展示中心提供现场服务，并在17个支局和邮票公司全面开展邮品预定工作。

5月24日，来自北京海淀区的100多名小学生，参加了由中国邮政太空邮局和海淀区团委联合开展的“走进航天城，共铸太空梦”的课外实践互动。在航天城聆听了航天员景海鹏讲述航天故事后，学生们来到中国邮政太空邮局参观。

6月17日，海淀区邮电局和田村中心小学共同举办“废旧报纸换书香”活动。海淀区邮电局向田村中心小学赠送多种青少年书刊。

8月22日，地处海淀区温泉镇的苏家坨邮政所正式开门营业，这是为空白乡镇补充建设的邮政基础设施，解决当地居民用邮问题，极大方便了人民群众生活。

10月18日，清华大学邮局开展北京智慧社区邮政公共综合服务平台现场咨询活动，该平台是围绕北京智慧社区建设而推出的在线邮政便民服务平台。

海淀区邮电局利用“神十”发射契机，围绕火箭、飞船、航天员肖像和签名授权，整合集邮、函件和报刊发行专业资源，设计制作了“神十”题材相关产品20余款，同时，开展了“来自太空的祝福—我的中国梦”大型公众活动。

海淀区邮电局为配合海淀区“三山五园”历史文化区建设工作，成立心香邮局和圆明园邮局，进一步推进邮政服务与旅游产业的融合。

12月7—8日，海淀区邮电局设立的爱情邮局首次进驻中国婚博会，爱情主题的创意邮品受到了市民的热捧。

国网北京海淀供电公司

海淀供电公司领导前往八一大楼现场办公，军民共庆第86个建军节到来

“嫦娥三号”航天任务期间，工作人员全程协助客户保电

海淀供电公司对菊园小区老旧电力设施外电源改造工程正式开工，改造后供电质量将得到有效提高

海淀供电公司在北京市电力公司应急技能竞赛中获得三等奖

国网北京海淀供电公司（以下简称公司）所辖110千伏变电站36座，主变115台，10千伏开闭站116座，小区配电室984座，10千伏架空配电线路237条，10千伏电缆线路2025条。2013年累计完成售电量123.91亿千瓦时，同比增长5.17%，营业收入(不含违约使用电费)累计完成77.57亿元，同比增长6.08%；内部利润累计完成5.67亿元，同比增长5.41%。

2013年，海淀电网成功经受276万千瓦的最高历史负荷考验，圆满完成了“全国两会”、“神十”、“十八届三中全会”、“嫦娥三号”等特、一级供电保障任务，全年完成政治供电任务163项，累计保电302天，实现了政治供电“零闪动”和安全生产“零死亡”的目标，累计安全生产长周期2697天。滚动修编“十二五”电网规划，开展“网格化”配电网规划工作，完成与区政府对接发布，保证海淀区配电网与海淀区社会经济发展和高压网架的发展相协调。公司持续推进供电服务提升工程，完成保障性住房、轨道交通等重点送电任务以及老旧小区居民用电改造工程，惠及居民3762户。不断创新服务举措，开展充值卡和支付宝电费支付业务，在21个社区实现挂牌服务，开展重要客户安全用电评价与评估服务，建立“用电健康档案”。加快推进电力市场开拓和能源替代，累计新增接电容量81.61万千伏安，探索分布式电源并网服务和智能用电建设新模式，完成北京市首个高压户内的个人光伏项目并网工作。

国网北京海淀供电公司将在海淀区委、区政府的正确领导和支持下，顽强拼搏，无私奉献，继续树立“光明使者”的形象，为海淀区经济社会发展、人民供电安全可靠保驾护航。

窦珍志愿服务队到玉福敬老院义务进行线路检查

党员服务队为上庄一所打工子弟小学临时教室接通电源

海淀供电公司加快智能表换装进度，更好服务辖区客户

海淀供电公司在重要政治保电任务时安排发电车确保供电万无一失

发生供电事故后，工作人员全力抢修快速恢复供电

工作人员在鹫峰山上进行线路改造

海淀供电公司积极进行“城中村”电力改造解决客户用电问题

青年志愿者到打工子弟小学讲解安全用电知识

海淀置业集团

常务副市长李士祥调研中关村创业大街

中关村创业大街开街仪式

海淀区区委书记隋振江到中关村创业大街调研指导工作

华光商厦“菜篮子”万泉河店

北京海淀置业集团有限公司是海淀区国资委的一级监管企业，成立于2000年4月，注册资本10亿元，主要从事商业地产经营，持有一批优质写字楼资源及众多商铺，同时开展对外投资业务，现有投资企业22家。

近几年，在海淀区大力发展战略性新兴产业和“一城三街”建设的新形势下，海淀置业积极推进产业结构优化升级，确立了从房产租赁型企业向科技服务型企业转型的目标，将科技服务业和城市服务业作为发展重点，一方面加快构建以创新创业服务为核心的产业体系，为科技创新要素搭建聚集与发展的平台，成功运作了中国技术交易大厦、中关村知识产权大厦、中关村互联网教育创新中心等项目，特别是2014年6月开街的中关村创业大街，更是创造了全国首个步行街模式的创新创业街区；另一方面，积极参与社区服务体系建设，依托公司持有的配套商业网点，发挥超市发连锁公司的经营优势，大力发展社区商业，为社区百姓提供生活便利。

未来，海淀置业将秉持“专注、务实、开放、包容”的企业精神，继续推进产业结构调整，在科技服务业和城市服务业两大领域加快发展，为将海淀区建设成为具有全球影响力的科技创新中心和国际一流的和谐宜居之都而不懈努力。

公司领导深入基层检查安全工作

“试点街区”授牌

开展共产党员献爱心活动

接受警示教育 筑起防腐堤坝

安全生产专题讲座

公司老干部参加海淀区老干部“同心共筑中国梦”文艺汇演

计算机文字录入比赛

“急速穿越 回归自然”野外拉练拓展

青龙桥古镇

青龙桥古镇，位于北京三山五园的核心区——颐和园北宫门，项目规划总建筑面积36万平方米，由创新资本中心、科技金融平台、青龙桥滨河古镇三大功能组成，将秉承历史文化精髓，成为三山五园又一景。颐和园周边的青龙桥地区，历史上是海淀三大古镇之一。作为海淀“三山五园”建设的一项内容，青龙桥古镇风貌将逐步恢复，并结合小清河治污和滨河绿带建设，适当配置传统文化产品展示、交易街区，未来将成为北京又一处文化旅游观光的景点。

北京翠微大厦股份有限公司荣获“北京十大商业品牌金奖”

翠微股份荣获“21315国家级征信企业”称号

北京翠微大厦股份有限公司

翠微股份举办第九届职业礼仪大赛

翠微集团第十六届购物节单日销售破亿

公司党委书记郭庆利向国家级贫困县贵州省纳雍县捐赠了“静新图书基金”

世界著名奢侈品品牌爱马仕（Hermès）入驻翠微百货翠微店

世界顶级化妆品牌—La Mer海蓝之谜入驻翠微百货翠微店

公司信息系统进行全面升级

翠微商学院130名学员喜获大学文凭

玉渊潭农工商总公司

YUYUANTAN CORPORATION

中关村玉渊潭科技商务区被北京市商务委首批认定为“北京市商务服务业集聚区”

玉渊潭农工商总公司是拥有酒店、物业、置业三大集团，集实业投资与资本运营为一体的集团企业。旗下的玉渊潭酒店集团拥有13家星级酒店，玉渊潭物业集团具有国家一级物业管理资质，玉渊潭置业集团下属建筑公司拥有国家一级资质。

由玉渊潭农工商总公司建设和管理的中关村玉渊潭科技商务区是经中关村国家自主创新示范区领导小组批复设立的创新型现代服务功能区和中关村现代服务业产业集聚区，是北京市商务委首批认定的北京市商务服务业集聚区之一。中关村玉渊潭科技商务区以玉渊潭已有物产和新建项目为支撑，丰富“商务服务集聚、国际会议展示、创新环境支撑、科技商务办公、体育休闲娱乐”五大功能，突出“科技、国际、生态、人文”四大特色，逐步实现批复要求的“聚焦创新型现代服务功能基础能力建设和创新型现代服务产业的集聚，形成展示国际化创新型现代服务能力与形象的示范区”的定位目标。

玉渊潭农工商总公司大合唱“美丽的玉渊潭”

中关村玉渊潭科技商务区的建设是玉渊潭发展规划的深化和提升，开启了玉渊潭新一轮科学发展的历史新篇章。站在新的起点，玉渊潭农工商总公司将秉承“发展企业，回馈股东，造福员工，报答社会”的核心价值观，发扬“艰苦奋斗、务实进取、凝心聚力、创新发展”的企业精神，加快实施玉渊潭发展规划、建设中关村玉渊潭科技商务区、构建“富足、活力、和谐”玉渊潭，为北京建设中国特色世界城市和海淀建设具有全球影响力的科技创新中心作出新的更大的贡献。

玉渊潭农工商总公司真诚欢迎各界朋友落户玉渊潭，创业发展，携手共赢！

玉渊潭农工商总公司总经理刘凤英接受“北京市商务服务业集聚区”授牌

玉渊潭科技商务滨河长廊构想效果图

坚持群众路线 助推科学发展

2000年1月9日开业以来，北京甘家口大厦有限责任公司在领导班子的带领下树立了鲜亮的社区商业“亲朋式服务”品牌，在社区生活百货与服务模式的探索上走出一条新路。结合群众路线教育实践活动，公司始终以“四个亲和”即亲和顾客、亲和供应商、亲和员工、亲和社区为中心，积极履行企业职责，回馈社会，回报消费者。先后获得了“中国商业名牌企业”、“中国商业服务名牌企业”、“中国商业信用企业”、“全国商业质量奖”、“全国商业行业顾客满意企业”、“全国3·15荣誉企业”、“北京十大商业品牌”、“北京市诚信服务示范单位”等百余项殊荣。

公司在商业行业中率先通过了ISO9001质量和ISO14001环境管理的双认证，更成为北京市首家通过“SB/T10382-2004服务管理体系”认证和荣获“服务标准化示范单位”的企业。

北京甘家口大厦有限责任公司总经理党委副书记韩建国

甘家口大厦民主生活会

慰问老人

北京超市发连锁股份有限公司

双榆树新LOGO门头

员工健行活动

北京超市发连锁股份有限公司于1999年10月完成股份制改造，成为北京首家国有企业完成股份制改造的连锁公司，是全国著名的超市连锁企业、中国连锁行业百强企业。公司以“超市发”为品牌，主营生鲜日配品、食品、家居用品及代理品牌商品的零售、批发业务，形成综合超市、食品超市、社区超市、社区菜市场四种经营业态，现有连锁店百余家，分布在北京8个区县及张家口和宣化地区，经营面积17万平方米。公司拥有批发、物流配送、农达菜市场、培训中心等全资子公司。物流配送基地达3万余平方米，有近6000平方米的生鲜商品恒温库和低温库。

公司实施“五大满意”工程，力求成为员工成长的同行伙伴、供应商青睐的合作伙伴、消费者推崇的家庭伙伴。以“顾客需要是我们努力的方向，顾客满意是我们追求的目标”为核心价值观，恪守“引领绿色消费 共创幸福家园”的企业使命，秉承“千方百计服务千家万户”的服务宗旨，把诚信经营作为首要责任，始终致力于为社区居民服务，以生鲜商品为经营龙头，立足社区做经营，努力为消费者营造放心、舒适、安全、无障碍的购物环境。

公司获得了ISO9000质量体系国际、国内双重认证及《职业健康安全管理体系》认证，连续三年荣获北京十大商业品牌金奖、荣获全国商业质量奖、全国商业行业顾客满意企业、全国商业质量管理先进企业、商业顾客满意企业、北京市商业名牌企业、北京市守信企业、北京市劳动和谐关系先进单位、首都民族团结进步先进集体等百项殊荣。

公司的发展方向是：构建“立足海淀、辐射北京”的战略格局，成为业内具有引领和示范效应的行业典范。在未来的发展中，公司继续以“家”文化为依托，不断创新经营，强化管理，扩大规模，延伸市场，提升顾客满意度，为实现“根植于社区的一流零售商”的企业愿景而不懈努力！

双榆树店蔬菜陈列

蔬果区

中铁物资集团有限公司

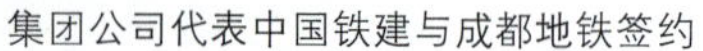
集团公司代表中国铁建与成都地铁签约

集团公司与中铁十五局集团签定战略协议

中铁物资集团有限公司（以下简称“集团”）是世界500强企业——中国铁建核心企业之一,是集贸易、物流、加工、资本运作为一体的跨地区、跨行业、跨国经营大型综合企业集团，主营物流贸易、加工制造、国际业务、资本运营、集采代理和电子商务六大业务板块,是中国最大的城市轨道钢轨供应商和第二大铁路物资供应商，位居全国最具竞争力综合物流企业50强第5位。

2013年，集团积极应对行业调整，致力于优化业务结构，加快企业转型升级。以大宗物资供应链为核心，集团有效整合内部资源，沿供应链上下游均衡发展六大业务板块，打造新的规模效益增长点。在持续巩固铁路工程市场优势前提下拓宽市场面向，积极介入了城际高速公路、城市轨道交通、市政基建工程、房地产、棚户区改造等领域，同时积极对接亚洲、非洲、拉丁美洲铁路物资需求，加快钢轨及线上料出口。依托各大工程项目，建立混凝土等加工产品项目站点，有效延伸产业链。并不断完善网络布局，积极承担中国铁建系统内工程用大宗物资集中采购任务。资本运营方面，运营的南昌红谷滩、成都正公路等项目进入收官阶段，并中标南昌九龙湖、成都地铁10号线等项目，持续推出精品工程。其中，代表中国铁建中标的海南国际旅游岛先行试验区项目总投资额约200亿元，是海南省投资最大的单体项目之一。集团运营的“中国大宗物资网”是大宗物资电子商务领域的先行者，入选国家工信部电子商务集成创新试点工程，不断提高行业影响力。2013年，集团新签合同额近1000亿元、产值超过700亿元，净利润超6亿元。

集团改制十周年庆典

中国大宗物资网上线一周年

中国邮政储蓄银行股份有限公司北京海淀区支行

海淀支行小企业团队应邀参加“中国科技企业微金融创新研讨会暨财富快车启动仪式”，为中关村成长型科技企业互助促进会提供授信2亿元

海淀区支行工会与香山橡胶福利工厂工会联谊，为退休盲人职工们送去福利慰问品

北京海淀区支行于2007年底成立，作为中国邮政储蓄银行股份有限公司北京分行下辖分支机构，一直秉承着“进步与您同步”的企业核心价值观，为驻区企事业单位及个人客户提供专业、优质、高效的金融服务。自成立以来，支行持续创新进取，产品及服务不断丰富，致力于打造一家有特色全功能零售商业银行。

支行一直以来自觉履行着"普之城乡,惠之于民"的社会责任，以服务"三农"、服务中小企业、服务社区为己任,真诚的服务于海淀区驻区企业及个人客户。

支行紧跟政府步伐，积极落实相关惠农政策，创新思路和举措，倾情服务“三农”。为促进海淀区经济的发展，加大对驻区中小企业的信贷支撑力度，支行不断加强对中关村瞪羚企业的融资支持力度，为小微企业的发展解决融资难题。与此同时，支行组建的服务团队将进社区、进校园等公众教育活动常态化，切实落实和履行社会责任。此外，支行着力促进区域及网络支付环境建设，全面加快拓展特约特惠商户广度和覆盖面，进一步改善区内居民用卡环境。

海淀区支行诚邀区VIP客户共同参与“情系邮储，品味幸福”烹饪主题答谢活动

海淀区支行走进北京外国语大学开展“金融知识进万家”暨“金融知识普及月”活动

北京海淀区大西山风景旅游区西埠头旅游配套设施正面图

北京海淀区大西山风景旅游区
西埠头旅游配套设施

北京海淀区大西山风景旅游区西埠头旅游配套设施（以下简称大西山风景西埠头旅游配套设施）地处海淀区大西山麓，位于海淀区西北部高端休闲旅游区。大西山风景西埠头旅游配套设施为五星级高档次会议度假休闲场所，由世界著名的美国克林斯坦斯塔宾斯设计公司及美国喜达屋酒店管理集团进行设计，美国喜达屋酒店管理集团旗下喜来登品牌及管理团队进行运营，总投资为39亿元，将于2015年投入运营。

大西山风景西埠头旅游配套设施为具有国际水准的高档会议休闲度假场所，自然环境怡人，果林茂密，空气清新；地处六环边附近，交通便利，是会议旅游、洽谈业务、休闲度假的好地方。大西山风景西埠头旅游配套设施配备一流的大中小型会议团体所需的会议设施，有最大可容纳1000人的大型会议厅，各种会议厅具备电话会议、视频会议和网络会议功能，并可举办大型展会、车展。大西山风景西埠头旅游配套设施设有总统套房、豪华商务套房及标准间共419间；配备品质一流、别具特色的餐饮设施，包括中西餐厅、咖啡厅、酒吧和茶室。娱乐休闲设施包括绿色农耕区、温泉养生水疗设施SPA、泳池、健身俱乐部、网球场、多功能球场、微型高尔夫场、多功能厅、棋牌室、儿童游乐区、零售廊。大西山风景西埠头旅游配套设施恭迎您的惠顾。

北京海淀区大西山风景旅游区西埠头旅游配套设施平面布置图